文化名家暨“四个一批”人才项目

法治期待

卓泽渊 著

法律出版社 LAW PRESS · CHINA

总　序

2014年底，我申请了文化名家暨“四个一批”人才自主选题项目“中国改革的理想图景”。经过数年来的努力，终于接近完成。这一项目成果由研究报告、本书（全四卷）以及作为阶段性成果的数十篇文章组成。

本项目的研究报告是在既有文本基础上重新整理与补充写作而成的。研究报告最初稿本的写作始于2012年春。那年6月我卸任中央党校研究生院院长后，行政事务大量减少，便能相对地集中精力写作，前后花费了一年左右的时间，以极大的热忱撰写了16万字的研究报告《未来中国：体制改革的理想图景》，提出并论证了中国那时亟须关注的100个重大改革问题。报告于2013年夏一个风雨交加的上午送府右街交中共中央办公厅有关部门，随后又请中央党校常务副校长送交有关领导以及有关文件的起草机构。2013年10月19日，中共中央办公厅领导来电话说，报告得到了有关领导的充分肯定，被有关文件部分采纳并将在以后继续采纳。接电话后我填了一首《浪淘

沙令》:"西苑远龙宫,沧海迷蒙。神州安乐梦几重。废忘一年思国是,苦尽心衷。　　盛夏犹寒冬,风雨苍穹。忽闻薪炭可炊中。感谢上天能爱我,昭示无穷。"该研究报告至今也没有发表和出版。2014年底我申请了本项目之后,就在原有文稿基础上,针对尚未启动和尤须深化的改革事项,根据新的形势,重新整理——主要是删除已经改革和过时的部分,写作新的文本,作为本课题的构成部分——研究报告。谁知新的写作倍加艰辛,甚至难以推进。该新的研究报告将按照组织程序报送有关机构。

于我特别幸运的是,上大学的时间(1980年)十分切近中国最新的这场改革的时间起点。本书结集出版的是我大学后期至现在,也就是我在中国改革历史进程中写作包括发表的部分文稿。它包括《法治期待》(法学短文汇编)、《法政讲堂》(在中央党校任教的讲稿汇编)、《法之言说》(与媒体互动的有关文稿与资讯汇编)、《法眼园窥》(任职中央党校研究生院院长期间的演讲文稿等的汇编)四个部分。这远不是我著作的全部,它并不包含我的个人学术专著、教材、篇幅较长的学术论文以及多数合著文稿。我期待这次结集的文稿可以成为自己教学与学术活动的剪影,期待它勾画出当代中国改革历程在一个法学学者心目中的轮廓。

改革是一个国家生生不息的动力,对于中国这个古老的国度更是如此。千百年来,正是一场又一场改革助推历史前行。于当代中国来说,改革更是一幅波澜壮阔的现实画卷。从近代以来这一百多年时间,中华民族一直置身于伟大的改革图景之中,尤其是最近这四十多年的改革,为中国发展注入了新的活力、新的动力,为中华民族赢得了无限生机和灿烂前景。它是中国从传统社会向现代社会的转型,从专制政治向民主政治的转型,从人治国家向法治国家的转型。如何描绘这一历史画卷,中国社会科学学者包括法学学者在内都有义不容辞的责任。

这正是我要申请相应项目,并通过课题研究立足现实、回望历史、走向未来的初衷。经过五年的努力,总算可以作一个小结。我愿意以自己的微薄力量为中国的改革与法治发展点赞、呐喊、加油。

如果说研究报告是前瞻性凝望,那么这四卷著作就是回顾性检索,它们共同构成了作为一个法学学者的我,所编织的中国改革图景的一个片段或者部分。我们曾经的改革是成功的,更期待未来的改革能够沿着既定道路一往无前,将中华民族带进那神圣的现代化理想之中,带进那伟大复兴的梦想之中。

就本项目研究包括相关著作的出版来说,我要特别感谢文化名家暨"四个一批"人才工程项目的领导和同志们的信任,特别感谢中央党校(国家行政学院)组织部前后负责项目工作的张伟、李朝旭、李洁、王宁宁等同志所给予的帮助,特别感谢我在政法部工作时的同事韩宁、赖先进所给予的帮助,特别感谢我的博士研究生卓力雄所提供的协助,特别感谢法律出版社伍彪、孙志华、王政君、孙东育、高山等领导以及这四卷著作的责任编辑王珊、黄琳佳、邓颖君、李军所给予的大力支持。

卓泽渊

2019 年 5 月 3 日于海淀区大有北里

目 录

第一编 歌乐山的遐想

第二编 大有庄的沉思

第三编　自得园的期盼

第一编　歌乐山的遐想

1. 切莫开门揖盗

一些人在明火执仗的敌人面前，从来没有昏过头脑，但却在不法分子的“糖衣炮弹”、软缠硬磨、花言巧语下，自恃可为，被犯罪分子“牵着鼻子走”，打了败仗，成了开门揖盗的“溃败决裂者”。既败坏了党的声誉，损害了国家和人民的利益，又毁了自身，令人痛心。

近读《阅微草堂笔记》，其中有一则故事，读罢掩卷沉思，使人受益匪浅，译编于后，或许对大家都有所教益。

浙江有一僧人，他立志要锐意进取，发誓要不辞艰辛，昼夜苦苦修行，身子从没有倒过床。一天晚上，他发觉有一个艳丽的女子在窗外偷看他，知是妖怪，就装作没看见一样。那女子在那里矫揉造作，摆弄了千姿百态，但始终都未能挨近他的禅榻。从此以后，那女子夜夜必至，但也依然不能使他动一次邪念。那女子无计可施，就远远地对他说：“师父您意志如此坚定，我本来应当断绝妄想。正因为师父您知道挨近我，必定会败坏道行，所以您才像怕虎狼一样怕我。

这样,即使我得到了非分之想,也没有什么温情可言。如果师父您敢让我挨近一下,您又一尘不染,我就不再打搅您了,您也好一意皈依。”这和尚自认为这没有什么大不了的,满以为凭着自己的功夫完全可以无事,便欣然答应了。那女子走向前来偎倚抚摩,一时间这老僧竟然毁了戒体,懊丧失志,前功尽弃。

当然,这只是一则荒诞的传奇。但知果真有这么一个苦苦修行的老和尚,一生功夫毁于一旦的话,也确实令人悲叹。这等事纯属无稽之谈,然而其中深刻的寓意不值得人们深思吗?这老僧之所以做出这等糊涂事,其过错莫过于自恃可为,而开门揖盗。要是他当初就给那妖怪点颜色看看,或者不过高估计自己的道行,又何至于此呢?

警惕啊,切莫自恃可为,而开门揖盗。

(本文原载《法制日报》1984年6月18日,发表时署名北枝,当时作者正在西南政法学院大学本科学习,也算是习作。它是作者在正式刊物发表的第一篇文章。)

2. 可以设立行政法庭

随着社会发展,行政纠纷日益增多,行政诉讼问题迫切需要解决,建立行政司法机构更是刻不容缓。针对我国的具体情况,我认为,在人民法院内设立行政法庭专司行政诉讼,是必要且可行的。

一、建立行政司法机构具有重要作用

首先,设立行政法庭可以加速行政案件的处理和解决。公民、社会组织与国家行政机关之间的纠纷不断增加,而目前的行政案件,除很少一部分由人民法院管辖外,其余绝大部分由有关行政机关处理。这种做法很不适应现实社会的要求。各级国家行政机关各自都有自己的特定使命,对行政案件的处理,并非是其主要工作。因此,它们对许多行政案件常常东推西推,使许多行政纠纷中被侵害一方告状无门;即使得到了有关行政机关的重视,也由于人力不足等原因,被一拖再拖。人民法院中建立行政法庭进行审理,就会比现在主要由各行政机关兼管处理行政纠纷要迅速得多。许多在行政机关一拖数年的案件,在行

政法庭经过法定的诉讼程序就可很快获得依法处理。这有利于及时解决纠纷,消除矛盾。

其次,设立行政法庭,可以提高处理行政案件的质量。设立行政法庭,可以把大量长期拖而不决的案件,集中由一个专门机关审理。行政案件由一个专门机关审理,当然比由多个行政单位自行兼管处理,在调查事实、适用法律上无疑会更为准确。因而有了专门的行政诉讼机关,对行政案件的处理质量会大大提高。

再次,设立行政法庭,可以减轻行政领导机关的负担。由行政法庭处理行政案件,更有利于行政机关集中精力履行自己的职责。如果当事人不服,就起诉于司法机关,那已不是行政机关的事情了。

最后,设立行政法庭,有利于完善人民法院的组织机构,更充分地发挥人民法院实行审判的职能。当今世界,许多国家都设立了专门的行政法院或行政法庭。例如,法国、联邦德国等都有自己专门的行政法院系统,英国、美国、日本等虽然没有专门的行政法院,但他们或将行政案件归普通法院管辖,或直接在普通法院内设立行政法庭。罗马尼亚等国却专门设立了独特的行政司法机关。随着时代和社会的发展,每个国家都必须在其司法系统中设立这样或那样的行政司法机构,尽管形式千差万别,但这样的审判组织却是一个国家司法组织中不可缺少的重要部分。为了完善我国司法组织机构,充分实现我国司法机关的全面职能,可以创造条件,在人民法院中建立行政法庭。

二、我国在人民法院内设立行政法庭是可行的

在我国,可以设立单独的行政法院,也可以在普通法院内设立行政法庭。究竟是设立行政法院还是行政法庭,世界各国都是根据自己本国的情况来确定的。从我国的具体情况考虑,我认为在我国人民法院内设立行政法庭的做法尤为可行。

第一,设立行政法院,在政治体制上就不能不引起较大变化,又难以为广大群众普遍迅速接受。现在如果新增设行政法院,就会涉及修改有关国家机构及其职权的宪法和法律,重新划分国家审判机关的职能,组织一套新的审判机构等。这种较大的变化,不利于社会生活的调整,及社会生活本身的稳定化、秩序化。

第二,从我国行政诉讼要先经有关行政部门处理的特点看,设立专门的行政法院也没有很大必要。在我国,依据现行法规和实际做法,对行政案件处理的方法大多是先经有关行政机关解决,如不服,再由司法机关处理。虽然行政机关对许多行政案件难以完全解决,但是它依然具有不应低估的作用,因而在我国目前还没有设立专门行政法院的必要。

第三,新设行政法院,对人力、物力的要求远比设立一个行政法庭多得多。目前,我国司法人员本已十分缺乏,许多刑、民事案件都难以及时处理,特别是民事案件大量积压。如果要新设行政法院,专门的行政司法干部从何而来? 基于此,我认为目前设立行政法院不太现实。

第四,许多行政案件,都已为现行法律明确规定由人民法院受理。比如,我国《中外合资经营企业所得税法》第 15 条就规定:"合营企业同税务机关在纳税问题上发生争议时,必须先按规定纳税,然后再向上级税务机关申请复议。如果不服复议后的决定,可以向当地人民法院提起诉讼。"如果设立行政法院,就得对这些法规一一予以修改。这样,对我国法制建设也很不利。这一具体情况也说明目前设立单独的行政法院的不必要。

我国各级人民法院从管辖案件的部类分,一般都只有刑事法庭、民事法庭和经济法庭三个。要让刑事审判庭管辖行政诉讼,显然很不合适;而要令民事和经济审判庭受理行政诉讼,也不恰当。行政诉讼,它作为一种独特的诉讼,较之民事诉讼、经济诉讼都有其显著的特点:它是由公民或社会组织对国家行政机关的行政职务行为提出审判请求所引起的；这种诉讼一般要以已由有关行政机关解决过，当事人不服再提起诉讼为前提；在诉讼结果上，行政诉讼也有其显著特点。

（本文原载《政治与法律》1986 年第 2 期，原题为《在人民法院中可以设立行政法庭》。《中国法制报》1986 年 8 月 22 日以《设立行政法庭刻不容缓》为题转载摘登，《法制文摘》1986 年第 10 期以原题转载摘登。根据现有资料查证，这也许是我国第一篇直接建议在人民法院设立行政法庭的文章。）

3. 影响婚姻自由的两个新因素

不论是父母干涉子女的婚姻自由，或是子女干涉父母的婚姻自由，抑或领导干涉群众的婚姻自由，以及其他第三者的干涉，这些影响婚姻自由的因素都久为人们熟知。本文也不拟对此问题进行探讨。在这里，我想谈谈影响婚姻自由的新的社会因素——住房和分居。

一、住房

住房是人们赖以生活的物质条件之一。目前我国城市住房十分紧张，大城市在此问题上表现得尤为突出，住房在人们生活中也就显得更加重要了。它在恋爱婚姻中也居于极其重要的地位。但凡婚姻介绍所无不把住房作为一项重要内容，要求当事人填写在各式表格中。随着达到婚龄青年的不断增多，住房日益成为影响人们婚姻自由的重要社会因素，甚至妨碍人们的婚姻自由。

有的恋人，由于双方都无法解决住房问题，只好忍痛终止恋爱关系（且不说这种做法是否正确），那不是本文所能探求的），使有情人难成眷属。在上海、北京、重庆等地都不乏这样的事例：有的男女青年在共同的劳动和其他社交活动中，建立了较为深厚的感情，但一旦考虑到对方不能提供住房，自己又无能为力，婚后无处安身，也就只好（是否“只好”尚可研究）终止恋爱关系，这实在可叹。

有的人实际本身并不爱对方，但由于考虑到对方具有较好的住房条件，加之本人家庭住房困难，也就仓促恋爱，草率结婚，造成悲剧。据某法制报载，在上海，就有一公共汽车售票员在车上与某乘客邂逅相识，而后往来不到一周，由于男方有较优越的住房条件，而女方家庭属拆迁户，住房十分紧张，就迅速成婚。婚后又没建立起真正的夫妻感情，这座建立在住房基础上的婚姻大厦只得垮了。

也有的婚姻，夫妇双方感情确已破裂，根本无法和好，但是由于住房不好找，现有住房又无法分，人民法院也无力解决住房问题，鉴于此，对此类离婚诉讼，人民法院往往拖而不决。这样一来，既影响了那已“死亡”的婚姻的解除，又使名义上的夫妻双方都不能依法再建家庭。这岂不严重地影响了婚姻自由吗？

二、分居

夫妻双方是否生活在一起，并非衡量婚姻关系的标准。古人就说过：“两情若是久长时，又岂在朝朝暮暮。”但是客观现实告诉我们，夫妻分居无疑是影响婚姻缔结，导致婚姻破裂的一个不可忽视的重要原因。

我们时常都可能听到这样的说法，特别是在高等学校更为突出，“将来我们不能在一起工作，也只得忍痛割爱了”，更有甚者，在谈恋爱之初就立下君子协定，若将来不能生活在一起，就分道扬镳。这种想法、做法是否正确应当别论，但一对恩爱恋人仅因一场分居的威胁就各奔东西,我们不能不为这类悲剧爱情深感痛心和惋惜。要是社会能彻底解决分居问题,那该多好啊!

也有一些夫妻,由于分居两地,感情联系不多,倘若一方意志不坚定,另寻爱情寄托(这种思想固然应当批判),就很容易使其感情破裂,迫使婚姻走上悲剧舞台。

住房和分居这两个严重的社会问题,作为影响婚姻自由的新因素日益突出起来,应当引起我们的足够重视。当然,要彻底解决这两个问题还有待于社会物质文明的发展和精神文明的进步,但在目前条件许可的情况下,我们有关的社会部门应作何努力?我们青年一代又应如何对待呢?

(本文原载《道德与文明》1986 年第 1 期,《新华文摘》1986 年第 10 期以原题转载摘登,《政法社会学论点选编(1978 年底—1987 年初)》将本文作为十年中国哲学社会科学新成果转载,人民大学出版社 1987 年版。)

4. 依法控制信贷

一个时期以来，许多银行没能严格依照政策和法律办事，使信贷资金失控。有的经济组织有贷无还，有的经济组织贷款不是用于正当途径，而是用于计划外基本建设、财政性支出，甚至发放奖金、购买生活消费品，甚至利用所贷资金从事违法犯罪活动。必须采取强有力的法律措施，有效地控制信贷。

第一，对信贷立法尚不健全的方面，要加速健全，在有关信贷法规尚未制定和修改时，或在制定、修改有关法规的时机尚未成熟的情况下，国务院及其主管部、行，可先行制定一些行政法规或行政规章予以调整。

第二，严格执行现有信贷金融法规和有关政策、规定。我国已制定了许多信贷法规，这些法规虽还不够完善，但在政策指导下，切实予以执行，对控制银行贷款具有重大意义。

第三，加强信贷调查、审查和检查。银行对信贷款单位或个人的贷款能力、贷款用途、偿还能力，必须进行调查、审查。对无经营能力、用途不当或无偿还能力者，应拒绝发放贷款。对已发放的贷款，在使用过程中，要依法予以监督，一旦发现问题，要依法停止贷款，追回已贷款项。如遇违法犯罪，应向司法机关检举、揭发。

第四，在信贷金融立法中，既要保证银行有权按国家计划和信贷政策自主地发放贷款，同时也要使其承担相应的责任和风险，以此促进各级各类银行增强对信贷的责任心，健全贷款审批制度和责任制度。

第五，积极采用法律手段，依靠国家司法机关，收回逾期贷款和不合理贷款，对违反信贷法规的，该罚的要罚，构成违法犯罪的应依法制裁。

（本文原载《法制周报》1986 年 12 月 23 日。）

5. 法学学派的形成与法学繁荣

法学学派指在法学研究中，由于不同的学说、观点或使用不同的研究方法形成的学术派别。我们应当促进我国众多法学学派的形成。

一、促使法学学派的形成，有利于促进法学研究的发展

由于法学学派的形成，各学派都将设法加强学派内部的学术交流，开展对本学派研究所关心的问题的集中探索和争鸣。由于学派的存在，各学派为了能在理论和实践中站住脚，都会更加努力地研究自己的学术主张，这在客观上推动了法学研究的繁荣和进步。

二、促使法学学派的形成，有利于形成民主自由的学术空气

由于不同学派的存在，每个学派都会比较容易地把其他学派摆在与自己相平等的地位。在学术争论中认真执行学术讨论规则。这样也就可以减少和消除目前学术研究上的一些不正常现象。使法学研究

的学术民主自由得到充分发挥,真正实现法学研究上的百家争鸣。

三、促使法学学派的形成,有利于加强法学研究的组织性

首先,法学学派形成之后,每一个学派本身就是一个一定范围内的学术组织。其次,为了本学派学术主张的巩固和发展,反驳其他学术派别的批评和指责,它们必然会统筹安排组织本学派的主要研究课题,集中研究本学派所极为热心的学术方面,就自然加强了学法学术研究组织性。最后,在法学学派间的相互争论中,各学派都会在一定程度上采取有组织、有秩序的学术活动。论争的观点和依据都无疑会更系统,这就在客观上使法学学术研究的组织得到了加强。

四、促使法学学派的形成,有利于科学地坚持和发展马克思主义法学

法学学派的形成,更有利于科学地坚持和发展马克思主义法学。因为马克思主义法学要科学、健康地发展,首先要有民主的学术研究气氛,而促使法学学派的形成对坚持和发展马克思主义法学具有不容忽视的重要价值。

(本文原载《法学》1987 年第 6 期。)

6. 重视维护农民合法权益

中国农村人口占全国总人口的80%,农村区域占全国陆地区域的90%以上。农村是否稳定对工农联盟的巩固和整个中国的稳定无疑具有极其重要的意义。可以说,没有中国农村的稳定,就没有整个中国的稳定。然而,农村是否稳定又与农民合法权益的实现状况息息相关。

农村联产承包责任制的推行,在使农村生产力得到相当大的发展的同时,也强化了农民的个体权利观念和自主意识。农民提出了比以前集体生产时代更多的权益要求,而这些权益要求又以经济权利要求为首要和核心。但目前农民受到侵犯的又恰恰是以经济权利为主的一系列合法权益。

其一,各种机构过多、过滥地对农民征收款、税、费,严重地侵犯了农民的经济权利。目前,各地农民承担的各种款、税、费普遍过于繁重,有的地方甚至多达40余项。过重的负担往往导致农民的逆反心态。当前农民对公益公务的抵触情绪不容低估。

其二,农民因田边地角、水利使用等方面的财产纠纷日益增加,很难得到及时而公正的解决,致使农民被侵犯的合法权益无法得到应有的法律保障。长期积累下去,就完全可能激化矛盾,成为农村的不稳定因素。

必须充分看到,农民以经济权利为核心的权益要求在不断增长的同时,以经济权利为核心的权益侵犯也在不断增加。二者的反差极大,而目前化解这种反差的手段却又相当贫弱。面对这种情况,有的农民忍气吞声;有的农民却奋力抗争,甚至用非法手段去谋求本应通过合法手段实现的权益,造成一个违法犯罪导致另一个违法犯罪,形成违法犯罪的叠加;有的农民则转而依靠宗法势力,结果往往导致更大的悲剧,产生家族冲突,甚至发展为家族械斗。由它来维护农民的本应通过法律得以维护的权益,就难免成为农村不安定的诱因。

总之,如果农民的合法权益没有保障,中国农村的稳定就不可能真正实现,也不可能有中国社会的真正稳定。因此,我们应当清醒认识和充分重视维护农民的合法权益,维护社会稳定。

(本文原载《中国法学》1991 年第 2 期,原标题为《重视维护农民合法权益,巩固工农联盟》。)

7. 明星也须守法

时下社会关于明星的传闻不绝于耳。早就听说，歌星、笑星、影星中的一些人偷税漏税几十万元，大抵都与法律脱掉了干系。也听说有的明星殴打观众，殴打记者，殴打警察，却逃脱了法律的惩罚。时来又听说某明星在某某军区大闹招待所强闯军事通讯大楼……而后若无其事地离去。难道税法、刑法、治安管理处罚条例等对明星网开一面吗？

遵守法律是每个公民的义务，任何人都不得享有违法犯罪而不受追究的特权。这些明星之所以敢如此无视法律，我看其原因或许有三：一是有的明星因为有了名而自以为腰臂粗圆，在法制极不健全的情况下胆大妄为，可侥幸逃脱法网；二是有的明星有名，个别执法人员在唯权是从、唯名是拜的恶习下，对明星宽容放纵、手下留情；三是有的明星有人事上的依托与倚仗，不自重者就狐假虎威，而有的领导干部又出于对人才的“关心”和“爱护”而心慈手软，来点“法网柔情”予以开脱。

明星违法犯罪的事例并不仅限于中国。在美国有,在日本有,在其他地方也还有。据报载,美国一著名演员也曾因自己打出“一记耳光”而受到审判并承担了该违法行为的全部刑事、民事责任。日本一著名歌手,也曾因烂醉街头对司机大打出手而被司法机关处以拘役,其作品被停止播放,星迷们组织的“后援会”也被宣告解散。

在今天,我们能不能提高明星们的法律素质?也易也难,这有赖于整个民族、整个社会法律意识的提高,还有赖于明星们的法律自觉。然而如何培养明星们的法律自觉呢?我们执法机关所能做的,除了一般的法制宣传教育之外,要坚决地依法办事,让那些违法犯罪的明星们尝尝法律的厉害,知道法律的尊严。这种处罚对违法明星无疑是挽救,对其他明星无疑是教育,而对于社会的其他成员无疑具有更为普遍的意义。

明星应当守法,法律也没有必要回避明星。明星只有在法律的光焰下才会更加耀眼。也只有在明星面前无所畏惧,法律才可能拥有应有的尊严。

(本文原载重庆市政法委主办期刊《治安与治理》1993 年第 2 期。)

8. 走向中兴的中国仲裁

仲裁,一种比法律更悠远的纠纷解决形式,早已发展成为国际社会普遍的纠纷解决机制之一。被法律所认可的仲裁制度,最早起源于 14 世纪的欧洲大陆,距今有 700 多年的历史。1679 年英国颁布了第一个仲裁法,19 世纪以来,许多国家颁布仲裁法并建立仲裁机构。瑞典有国际驰名的斯德哥尔摩商会仲裁院。美国仲裁,从 20 世纪 20 年代以来,以其费用低廉、程序灵活和简便快捷,获得了迅速发展。现在,美国仲裁协会一家一年就可以受理 60 多万件案件,占全美各级联邦法院受理案件量的 1/4。

中国仲裁,起步于 1956 年中国对外贸易仲裁委员会(现名中国国际经济贸易仲裁委员会)的设立。中国国内仲裁是 1983 年开始的。1983 年 8 月,国务院发布《经济合同仲裁条例》,国家工商行政管理局制定《经济合同仲裁委员会组织规则(试行)》,专门从事经济合同仲裁的经济合同仲裁委员会逐步设立。随后,我国相继建立了技术合同仲裁开展了技术合同仲裁,建立了房地产争议仲裁委员会开展了房地产争议仲裁。

检省中国已有的仲裁制度，不难发现其缺陷十分明显。一是在仲裁机构设立上，多为应急设立，缺乏整体考虑。二是在仲裁机构性质上，行政色彩过于浓厚，与国际上仲裁的民间性质背道而驰。三是仲裁规则为不同主管机构拟定，内容参差，与市场经济的要求相去甚远。因此迫切需要考虑如何科学设置仲裁机构。

依照《仲裁法》开展的新仲裁与民事诉讼相比较有其独特的优点：一是解决争议的费用相对较少。诉讼实行两审终审，而仲裁是一裁终局；诉讼费用有可能需要交纳两次，而仲裁费只需交纳一次。二是解决争议的效率提高。由于仲裁实行一裁终局，其所花费的时间当然要少。三是裁决的可信度高。法院及其审判者，原则上当事人是不能选择的，而当事人对仲裁机构和仲裁员都具有一定的选择权。四是公正性和正确性较强。仲裁机构不受行政干预；对于仲裁员，仲裁法要求其公道正派，并具有多达8年以上的仲裁、律师、审判工作经验或具有法学等专业的高级职称，等等。

由于新仲裁的优势，中国仲裁已经并必将走向中兴。

（本文原载《西南工商报》1997年9月4日。）

9. 法治行为浅论

实行法治，建设社会主义法治国家是时代的需要，行为法学就是要顺应时代的需要，探求法治的精髓，为社会主义法治建设进行理论探索，推动社会主义法治建设的发展。

有学者认为：法治是与“礼治”“德治”“人治”相对立的法家的主张，它宣扬以法为本；使法令成为人们言行的唯一标准；信赏必罚；法、势、术之结合。还有学者认为，当代法治与“同民主政治联系在一起的法制”一致。它是社会主义民主的制度化、法律化、并严格依法进行国家管理的一种方式。

在笔者看来，法治，首先是指法的统治，是一种治国原则和治国方略。此外，法治应是以民主为前提和目标的依法办事的社会管理机制、社会活动方式和社会秩序状态。它包括以民主作为前提和目标的依法办事的观念、原则、制度和过程。如果从行为法学的角度来考察法治这一概念，法治还应是一种以民主为前提和目标，以公共权力为代表的依法办事的社会法律行为互动过程、结构及其结果。

法治体现为良好的法律行为制度。法治首先是体现在制度层面上的。任何法治总是首先由法律制度确立的。法律制度规定着各种法律行为的条件、模式及其后果。只有很好地调整了法律行为的法律制度,才可能给社会带来真正的法治。有良好的法律制度,未必有法治;但要有法治,必须要有良好的法律制度。

法治体现为良好的依法立法、依法行政和依法司法的行使公共权力的行为。立法、行政、司法等是否依法而为,是法治的首要问题。

法治体现为良好的法律行为互动状态。法治状态下的法律行为互动:一是指各种法律行为及其所导致或引发的法律行为,应具有合法的性质。二是指各种违法行为一旦出现,会导致相应的校正性的法律行为的产生。这种法律上的校正行为,可能是受害者的控告、起诉等,可能是国家司法机构的查处、侦查、公诉、审判以及具体的法律处罚,也可能是这些法律行为的综合运用。这种互动一定应当具有法律上的合理性。

法治体现为良好的法律行为互动过程。法治行为最主要的是社会法律化的行为互动。这种法律行为的互动不仅是在制度上的,而且应当是在社会状态上的;不仅是在社会状态上的,而且应当是在互动过程中的。比如,在所有权法律关系中,所有权人作出的占有、使用、处分和收益的行为,与非所有权人作出的不予侵犯的不作为行为,就构成了所有权法律秩序。这种法律秩序就是由所有权人与非所有权人互动的法律行为构成的。如果所有权人的权益受到侵害,侵害行为破坏了所有权法律秩序,受害者的求助行为(提起诉讼或请求仲裁等),司法机构的救助行为(审判、仲裁及其有关判决和裁决法律文书的执行),又会使被破坏的所有权法律关系得以恢复,使所有权上的法治得以实现。

如果从法治行为来考察,不难发现,法治观念、法治原则、法治制度乃是法治行为的基础;法治组织乃是法治行为的载体之一;法治过程,从一定意义上说,则是法治行为的运动轨迹,法治行为间结构与互动的状态。法治行为在整个法治构成要素中最有生机与活力,它是从法治基础达到法治现实的桥梁。

法治的实现是以法律行为的法治化作为重要标准的。法治发展的进程以法律行为的法治化程度作为标志。法律行为如果不能很好地法治化,违法行为占了整个法律行为的绝大多数或违法行为得不到有效的法律控制,法治就会成为泡影。

一个社会行为的法治化状况直接受到以下因素的制约和影响:

1. 法律制度对行为的调整状况。这是行为法治化的客观条件,也是制约行为法治化的客观因素。它表明的是立法的科学状况,即立法能否适应行为法治化的要求和在多大程度上适应行为法治化的要求。法律调整的行为只有在质上是能够调整的,在量上是适度调整的,这些被调整的行为才可能在被法律化的基础上进一步被法治化。

2. 行为主体的法律意识水平。这是制约行为法治化状况的主体性因素。行为主体如果具有较强的法律意识,其行为的法治化的可能性就愈大。行为主体对法律的认识程度,直接关系着其行为的法治化程度。熟知法律的人未必一定会依法办事,然而对法律一无所知的人,则一定无法依法办事。对法律知之甚少的人,也一定很难依法办事。

3. 行为主体的守法意愿状态。行为主体在心理上是否愿意遵守或服从法律,愿意在多大程度上遵守或服从法律,也是制约行为法治化的重要因素。行为主体是多样的,即使他们对法律的认识,即法律意识都是一样的,对待法律的心理态度也是不一样的。有的愿意遵守或服从法律,有的不愿遵守或服从法律,有的甚至要违反法律。这些不同的法律心态,就会导致不同的法律行为。

行为的法治化是在多个角度上成立的。这包括:个人行为的法治化状况,组织行为的法治化状况和社会行为的法治化状况。个人行为和组织行为的法治化是社会行为法治化的基础,社会行为的法治化是个人行为、组织行为法治化的结果及其进一步发展。

(本文原载《法制日报》1998年2月28日。)

10. 论反腐倡廉的措施

1993年，最高人民法院工作报告指出，从1988年年初至1992年年底的5年间，全国法院共判处构成贪污、贿赂犯罪的县处级以上干部638人，其中县处级干部596人，司局级干部38人，省部级干部4人。到1998年，最高人民法院的工作报告又指出，从1993年年初到1997年年底的5年间，全国法院共判处构成贪污、贿赂犯罪的县处级以上干部1610人，其中县处级干部1433人，司局级干部171人，省部级干部6人。[1] 短短5年，因贪污、贿赂犯罪被判刑的县处级以上的干部增加了152%，县处级干部增加了140%，司局级增加了350%，省部级增加了50%。在这加大了反腐力度的5年，有关腐败的犯罪非但未能得到有效的控制竟然还发展到了如此严重的程度，不能不引起我们更进一步的警醒。

廉政建设是我国民主和法治建设的重要内容之一。一个时期以来，清除腐败，倡导廉政，成为我国民

[1] 任建新：《最高人民法院工作报告——1998年3月10日在第九届全国人民代表大会第一次会议上》。

主与法治建设的行动口号，并确实着力采取了一系列重大的法律措施，虽然成就不小，但仍然收效甚微。面对现实，我们应当采取怎样的措施？

一、法学工作者的现实责任——为反腐倡廉寻求可操作的实际措施

从有关研究的进程来看，对于反腐倡廉，学者所作的首先是对其进行理论探讨，以认清腐败的现象、原因，进而认识反腐倡廉的意义。实际上，我们对腐败现象的认识和原因的探讨，尽管远未结束，但已经够多了。我们对反腐倡廉意义的认识也已经达到了相当的高度，甚至提高到了不反腐败就要亡党亡国的高度，不可谓认识不深刻。现在最现实的，我们不应再是坐而论道，而是立起而行——为社会现实的反腐倡廉出谋划策、提出最实在的具体措施。这是反腐倡廉最需要的，也应是法学工作者的现实责任。

从社会对腐败的心理变化来看，当初，许多人尤其是我们的领导机关与领导人，尚不承认腐败的存在；进而发展到他们和整个社会都承认了腐败存在的客观事实；再进一步，都认识到了腐败的严重危害，并确立了坚决清除腐败的决心。在这种情形下，作为法学工作者的我们，不应再集中主要精力反复地论证已为社会认同——尽管不太全面——的理论，而应当成为社会的理论先导，为反腐倡廉提供可操作的切实措施。

从反腐倡廉社会实践的现实需要来看，反腐倡廉收效巨大，也收效甚微。以致出现了越反越严重的不正常状态。反腐倡廉的现实提出了运用何种措施才能有效进行的问题。从这个意义上讲，法学工作者应当义无反顾地对此问题进行更加深入的探讨，为社会提供现实可行的

具体方案。我无意反对对反腐倡廉进行理论探讨,它们是必须而很有意义的,我仅是想向法学工作者提出倡议:更多地研究反腐倡廉的实际措施。

二、反腐倡廉的着力点——权力——首重权力赋予、着重权力行使、犹重权力剥夺

反腐倡廉成效并不令人满意,并非腐败不可清除,而是我们的措施未能得其要领,不能击中腐败的要害,以致延宕时日,使我们的种种措施难以奏效。

腐败的根基与要害是什么?

腐败的根基与要害都是权力。廉政或腐败的客观基础都是权力。没有权力,既无腐败之说,也无廉政可言。权力是腐败的前提条件,没有权力的人即使希望腐败,也无能为力;而拥有权力的人要腐败却易如反掌。具体地说,反腐倡廉应首重权力赋予、着重权力行使、犹重权力剥夺。

权力赋予是反腐倡廉的首要环节。要反腐倡廉,就必须增强权力赋予的民主性、公开性。要把德才兼备的优秀人才选拔到公务机关和领导职务上来,对于“跑官要官”的无德无能之辈绝不委用。如果他们能依靠腐败方式获得权力,他们也会以腐败的方式向社会攫取。或者卖官鬻爵或者徇私舞弊。凡是通过不正当手段获得权力者,大多数不是德欠佳,就是才有限,因此绝不能重用。所谓德,首先是思想品德,更是为人品德、从政品德,坚持什么原则固然是重要的,但并不是全部的。因为任何希图仕途发达的人都不可能公开反对什么原则。其实,即使不反对,即使口头上百倍拥护,也未必可信。因此,应特别看重为人之德、从政之德。所谓才,不应考察难以量化的一般管理之才,而更应考

察其专业之才。对于没有相应之才的人，绝不能安排非其所能的职位，这应当是另一层意义上的“用人如器”。“用人如器”是指对于人才，应用其所长；更应指非其所长，则不能用。水桶远比茶杯容量大，但是水桶只能用于装水，根本就不能也不应作茶杯使用。

权力行使是反腐倡廉在主要场所。赋予权力是首要的环节，但是要在赋予权力时完全分辨出腐败者与廉政者，是不可能的。因此，反腐败必须除首重权力赋予外，更必须着眼于权力的行使。权力的行使实际上是腐败的场所。权力行使是腐败产生的温床，反腐倡廉必须着眼于权力的行使。一切行贿者，都是因为受贿者能够行使权力或者左右权力。一切受贿者也都是因为能够行使权力或者左右权力，才成了受贿者的。没有权力的行使就没有贪污、挪用和巨额财产来源不明。腐败一定是与权力的不正当行使相伴随的。在权力行使的正当性上，民主是必不可少的保证。权力拥有者的社会联系与社会活动是多方面的，甚至比一般民众更广泛。权力被其利用来谋取私利，往往都难以被揭露。要防止和纠举其腐败行为，必须依靠社会最普遍的人民大众，必须依靠民主。这方面我们作过大量的尝试，结果，可以说是不完全成功的。

权力剥夺是反腐倡廉的根本手段。所有腐败所依赖的都是权力，都是滥用权力。清除腐败的关键就在于及时而有效地剥夺腐败者的权力，使其失去继续腐败的条件和掩盖腐败的可能。剥夺权力对于腐败者和腐败行为来说都无异于釜底抽薪。对于腐败者，剥夺其权力是最有效的手段。对于因腐败而被剥夺权力者，要有终身不用的决心。这样也许我们会失去一些人才，但是我们可以在更大程度上收到反腐败的成效。反腐倡廉必须抓住腐败者的要害——“权力”，适时地加以剥夺，就能收到事半功倍的效果。

三、反腐倡廉的现实措施——力行新闻自由、重整反腐机构

反腐的现实问题是如何发现腐败,靠人民群众;人民群众靠什么来发现和纠举,靠举报,向主管机关举报,向社会公众举报。通过新闻方式的举报具有向主管机关和社会公众举报的双重含义。并且这二者又是相互联系相互沟通的。这里许多人有一个担心,新闻自由后,出现纠纷和错误怎么办?这一担心是多余的。如果出现了纠纷就由司法裁决;如果出现错误,有关机构和人员就依法承担应有的法律责任。若能如此,反腐监督必将更加有效。反腐倡廉上的新闻自由是必须而有益的,我们必须改变以往忌讳新闻自由的流弊,充分发挥新闻在反腐倡廉中重要作用。

新闻自由至多只是在一定程度上解决发现、纠举腐败的问题。就是发现和纠举腐败,也不是都能由它承担,更不用说处罚的问题了。专门的反腐机构必不可少。现在,我们的反腐机构已经不少了。有党的纪律检查委员会、国家的监察机构、检察机构、政协、人大,等等,实际效果难如人意。为此,我们完全有必要改变多头监督、监督不力的现状,重整反腐机构,使其具有更集中的权力、更有效的权威、更敏捷的行动,并辅之以严密有效的司法手段,使腐败逃无可逃。

四、反腐倡廉的组织机制——“两高一严”与“断源清流”

面对我国国家机关的组织问题,我们可以采取高素质、高待遇、严惩罚的“两高一严”措施。

高素质。面对我们国家机关中相当一部分人素质欠佳,高素质必然是我们对他们的基本要求。这种高素质,当然包括业务的素质、道德的素质、管理的素质在内。其中,学历、学位、实绩都是其素质的外在标志和客观依据。权力行使者理应是社会的优秀分子,具有较高或者相

当高的素质状况。有了高素质的人才才可能减少管理人员、减少社会负担、提高人才待遇。

高待遇。高薪养廉未必一定可行,但社会和国家管理者需要高待遇却是客观现实。他们是社会的优秀分子,其劳动理应得到社会承认。高待遇实际上是社会对他们价值、能力、劳动的一种认可。同时,这也符合按劳分配的法则。他们从事的社会和国家管理工作,是一种复杂劳动,复杂劳动的报酬高于简单劳动也是正常而必需的。而且需要提请注意的是,这种高待遇不是一般地略高于其他社会成员,而是应当大幅度地高于其他社会成员的一般劳动。

严处罚。有了高素质,就应当有高待遇。有了高素质和高待遇就必然有高的社会地位。有了高的社会地位就必须承担相应的义务。这里的“严”:一是指“严密”,任何腐败都无法逃脱法律的追究。二是指“严厉”,如果他们无能、懈怠、舞弊、枉法,就必须承担比一般社会成员更重的法律责任。其中包括刑事制裁,也包括行政制裁。在若干处罚中最基本的则有令其“终身不仕”等。使公务人员因不愿牺牲其职位,不愿损坏其名节,不愿受到法律的制裁,而不愿腐败。一旦腐败发生,即重惩不怠,以除腐败,以儆效尤。

“两高一严”是一个整体。只有同时推行,才可能发挥其应有的效用。在推行“两高一严”的时候,应同步推行“断源清流”。

所谓“断源”是指要首先断绝不合格人员进入国家机关,尤其是司法机关的道路,解决国家机关人员的入口问题。如果说一个国家吏治的腐败是最大的腐败的话,司法的腐败将是最后的腐败。因为司法不腐败,任何腐败都有可能受到制裁,而司法一旦腐败却是再也难以控制腐败。所以在解决司法机关工作人员问题的时候,“断不合格人士进入之源”,是最为首要的。

在“断源”的同时,必须对国家机关进行“清流”的工作。所谓“清流”即纯洁国家机关，将其中滥竽充数者、尸位素餐者、贪赃枉法者、徇私舞弊者之类，分别情况或请君自便或扫地出门，逐步纯洁国家机关的队伍，提供其素质。

“断源”与“清流”是统一的，必须并行采用，否则就可能旷日持久而难以奏效。

（本文原载《法制日报》1999 年 6 月 10 日。）

11. 以身作则：法治对官员的要求

近读忠信学兄《以身作则：人民对法治的责任》(《法制日报》1999年6月10日《法意》)，似以为言犹未尽。我在想：以身作则，除了是人民对法治的责任之外，更是法治对官员的要求。

以身作则，这个"则"可能是"好则"也可能是"坏则"。作为要求提出的，当然是"好则"，作为现实总结的，既可能是"好则"也可能是"坏则"。官员，无论在任何时代，由于其身份特殊，都会为社会所特别瞩目，无论其是否愿意，客观上都在"以身作则"。作"好则"的官即好官，作"坏则"的官即坏官。在法治国家或法治社会中，能真正以身作则，作"好则"的好官理应为法所首肯，而作"坏则"的坏官则应受到人民以及作为人民意志体现的法律的"批评"。

以身作则，在道德方面即为道德要求，在法律方面即为法律要求。在法治国家或法治社会中，这双重要求都是必要的。它当然首先是对官员而非首先对人民而言的。官员更必须在道德和法律的两个方面都以身作则，于官员有比人民更多的以身作则要求。

克林顿因“生活小事”被调查，甚至被司法调查。对于老百姓来说，老套的绯闻除其夫人外，当无人责问。否则，恐怕还是对某种隐私权的侵犯。而于官员，于高级官员则不同，他们可能因此被弹劾、罢免。这是什么原因？简单地说，乃人民、法治都要求官员以身作则也。

我国现行法治状况尚不理想，其重要原因固然有人民不大“以身作则”，但更重要的还是官员的不“以身作则”。多年前曾广泛流传“干部是革命的火车头”，“村看村、户看户，社员看干部”，官员对社会的示范作用是不容低估的。他们的违法犯罪，甚至还会引发新的违法犯罪。官员不能以身作则，相关的违法犯罪就会像失去控制的病毒四处扩散。

以身作则不是以身作“贼”。但是，现实社会中，以身作“贼”者不乏其例。以身作“贼”之民，为“贼民”；以身作“贼”之官，为“贼官”。“贼民”作出了“贼行”，构成违法犯罪，法当然可以治之，而“贼官”作出了“贼行”，即使构成了违法犯罪，法也难以治之。原因就在于“贼官”拥有权力。因此，治“贼官”就不能寄希望于一般的法，而必须是以制约权力为己任的法治之法。治“贼民”，于法则可；治“贼官”，非法治而不能。

法治对于官员的以身作则要求，于官员是以法则己，于民众是以法则官。法始终是官则。官不能循法行事，其官危也，法治将治之。“不要光苛责领袖、官长，也要苛责自己”的观点并没有错，但千万别因此就放弃了对领袖、官长的苛责。

如果说法治既要求官以身作则，也要求民以身作则，那么它们毕竟属两个层面而有重大的差异，理应是民宽而官严。“没有尽到公民义务责任的人，没有资格抱怨自己的权利不兑现；没有对公仆尽监督之责的人，没有资格抱怨官吏贪污腐败；没有在公仆面前表现出主人尊严的人，没有资格抱怨公仆不尊重你甚至践踏你的权利尊严。”作为对部分民众的激愤之言，站在民众自责的角度并无不当，一旦超出此视角，似乎就过苛于民而贿佑于官了。“没有……”的公民并非少数人,他们的“没有……”并不完全是他们的过错,有时本身就是他们受害的结果。如果他们因此而丧失若干之资格,岂不是在“剥夺被剥夺者”?于此,不法官员们当弹冠相庆。有“抱怨资格”的公民越少,他们就越能胡作非为,肆无忌惮。阿Q固然可悲,甚至可气,但是我们绝不能说,阿Q连抱怨赵老太爷、假洋鬼子的“抱怨资格”都不能享有。如是,阿Q岂不是在受到赵老太爷、假洋鬼子的欺负后还要再受我等之虐待,不更可悲乎?

法治所治对象是什么?权也。人民依法治权的具体化,也就是依法治官。在非法治国家或社会中,法是官治民的手段;在法治国家或社会中,法是民治官的工具。这里当然没有法只治官而不治民的意思,但治官无疑是最首要的,它关乎治民治得好与不好、当与不当。不求官之治,而求民之治,乃法治中舍本而逐末也。

古人云:民犹水,水则载舟,水则覆舟。忠信将其改为,民犹水土,法治赖之……我欲将其改为,民犹水,法亦犹水,官若舟,舟不依水而行,必搁浅,必倾覆也,是为法治之理。以以身作则论,民须作则,官尤须作则。

(本文原载《法制日报》1999年6月24日。)

12. 走向新世纪的中国法理学

中国法理学将如何走向 21 世纪,是中国法理学乃至整个中国法学都关注的时代课题之一。根据中国法理学的现状和趋势,我认为 21 世纪的中国法理学——

其一,将从统一发展走向多元发展与综合统一之间彼此互动的良性循环。中国法理学在 20 世纪初创,发展到现在,其主流基本上是统一的。在前五十年,基本上统一于移植的西方法理学模式。在后五十年中,则经历了模仿、冻结、恢复、改革和初步发展的历史过程。"文化大革命"后,我国法理学以恢复"国家与法的理论"为发端,作出了将其变更为"法学基础理论"的改革。随后,中国法理学开始了以"法学基础理论"为主旋律的统一发展。其线索,一是法理学研究的发展,二是法理学教材的发展。从研究来看,经历了恢复、反思、创新三个阶段。研究的成果大多数被不断更新的法理学教材所吸收、固化。如果说法理学研究侧重的是多元发展,法理学教材则侧重的是综合统一。法理学统一发展的格局逐步形成。在 21 世纪，这种状况还将继续，进而形成“多元发展”作龙头、“综合发展”稳步跟进的总体态势。这既符合理论发展的逻辑，也是由学术研究与教材发展的关系、独立教材与统编教材的性质所决定的。多元发展与综合统一将在多元发展的带动下，相互促进，进而促进整个法理学的发展。

其二，将从既有理论走向保存精华与开拓创新相结合，可望形成不同的法理学学派。中国法理学的既有理论，是中国从古以来所产生、形成、借鉴、吸收，延续至今的法学一般理论、观点的总和。对于既有的法学理论，要进行的不是抛弃，而是审视和吸收；不是固守，而是继承和发展。既有的法学理论中包含一代又一代法学家智慧的结晶，其中不乏精华。既有法学理论是未来法学理论萌生的前提和基础。彻底否定了既有法学理论，也就等于彻底否定了新的法学理论存在的依据。新的法学理论并不是与既有法学理论绝对对立的两个事物，它仅是既有法学理论的更新与发展，毋庸置疑地包含既有法学理论的优秀部分。因而，既有法学理论，无论是中国古已有之，还是从苏联、西方得来的舶来品，或是结合中国国情的独创，都应受到理性的善待。在 21 世纪，中国法理学尤其需要开拓创新。目前，我国正处于改革开放的历史时期。随着市场经济的发展和市场经济体制的建立，随着政治体制改革的发展和新型政治体制的建立，随着一国两制的推行和法律全球化的发展，法学理论必然随之发生革命性变革。在世纪之交，中国法理学正经受着如何保存既有精华与如何开拓创新的历史考验。由于创新路径、方法、着眼点的差异，不同的法理学学派将由此而产生，法理学也将因此而更加繁荣。

其三，将从历史积淀的现实走向中国特色与世界潮流的对立统一。现有的中国法理学主要是苏联法理学、西方法理学与中国原有法理学思想相碰撞而积淀形成的。随着具有中国特色的社会主义建设的发展，中国法理学也必然具有中国特色。中国的经济状况，包括生产力、生产关系状况必然会制约中国的法理学状况,不仅决定着中国法理学的过去,而且也决定着中国法理学的现实和未来。中国的文化状况,包括法律意识、政治意识、道德意识等都会影响中国法理学的发展。他们尤其主导着中国法理学的价值取向,进而渗透进法理学的各个方面,乃至浸润整个法学。中国文化的中国特色决定着中国法理学的中国特色。政治体制的中国特色同样会给中国法理学以深深的烙印。中国法理学自身的发展也必然会呈现出无法否认的中国特色。中国法理学的前后相因的传承关系,所传递和保留的必然有中国特色。中国法理学是中国的,也是世界的。正因为它有自己的中国特色,它才得以在世界法理学领域独树一帜,成为世界法理学中独具特色的一部分。这是问题的一个方面。另一方面,中国法理学在具有中国特色的同时,也有一个融入世界大潮的问题。开放的中国法理学必然、也必须走向世界。中国法理学走向世界,不仅是它自身发展的需要,也是中国经济、政治、文化开放的必然结果。在具有中国特色的前提下走向世界,在走向世界的历程中保留中国特色。这是中国法理学走向21世纪的对立统一之路。

其四,将从法理学独自发展走向概括部门法学与指导部门法学二者并重。部门法学是法理学的实证来源和经验支持,它们为法理学的发展提供实践材料。法理学应是部门法学的理论概括,也应是部门法学的理论指导;应是部门法学的力量基础,也应是部门法学的理论升华。法理学必须处于科学的位置,担负起应有的理论责任。长期以来,中国法理学却无视部门法学的发展与要求,我行我素,以致形成了法理学与部门法学各自发展、相互封闭的畸形状况。这种局面的形成,除了部门法学有一定责任之外,主要的责任还应归之于法理学本身。如果法理学有足够的能力,对部门法学既概括又指导,那么,部门法学也就不会无视法理学的存在及其发展。由于法理学自身发展水平的局限,其作用就难以得到充分的发挥。这样,即使部门法学由于缺乏理论概括和理论指导而显得肤浅,也使法理学由于不能概括和指导部门法学而显得难堪;既阻碍了部门法学的发展,也禁锢了法理学的活力。中国法理学的发展中,它概括部门法学、指导部门法学的形象已经初露端倪。经过一个时期的努力,尤其是经过法理学家的辛勤耕耘,21 世纪,实现法理学概括和指导部门法学的目标,已为期不远。

其五,将从老一辈法理学家身先士卒走向老一辈法理学家作指导与中青年法理学家作先锋的时代交替和使命转换。中国法理学在经历了历史浩劫后,恢复它的是历经苦难的老一辈法理学家。他们或参与了共和国法制和法学的缔造,或直接求学于苏联或苏联专家。风风雨雨,使他们备受创伤。一旦春风徐来,他们就强忍着满身伤痛,重振精神,为中国法理学的恢复不辞辛劳,为中国法理学的反思殚精竭虑,为中国法理学的创新赴汤蹈火。应当肯定地说,20 世纪的中国法学家是极其悲壮,极其可敬可佩的。在所有法学家中,法理学家所受的创伤最重,所冒的风险最大。每当回想起中国法理学的重创历程,我们不能不向老一辈法理学家表示由衷的敬意和深深的谢意。现在,老一辈法理学家大多数年事已高。在他们的教导下,新一代中青年法理学家已崭露头角。在世纪之交,中国法理学正面临着时代的交替。老一辈法理学家身先士卒的法理学领域,自然地出现了老一辈法理学家作指导与中青年法理学家作先锋的学术队伍新格局。

值此世纪之交出现的法理学家的新老更替,不仅仅是年龄结构的调整,更是学术使命的转换。如果说老一辈法理学家的历史使命主要是重创中国法理学,那么 21 世纪的青年一代法理学家的使命则主要是更新中国法理学,使中国法理学在 21 世纪获得新的创新和发展。

(本文原载《检察日报》1999 年 10 月 1 日。)

13. 法的价值断想

法的价值是一个十分古老而又新颖的法学命题。早在人类创制法或法律的时候,就开始了关于法或法律的价值思考。人类创制法或法律的行为,绝不是没有意义和目的的盲动。事实上,千百年的法学家和思想家们都一直在思考和探索着法的价值。近十多年来,“法的价值”或“法律价值”两个概念,被人们在法学或法律的领域越来越广泛地使用。那么,什么是法的价值或法律价值呢?在我看来,法的价值与法律价值基本上是同义语。只是由于在论及价值问题时,常常是在泛义上使用法或法律概念的,因此,以采用“法的价值”的表述为宜。法的价值是一个十分艰深的问题,我们可以简要地给法的价值下一个定义。法的价值是以法与人的关系作为基础的,法对于人所具有的意义,是法对人的需要的满足和人关于法的绝对超越指向。法的价值的探究实际上是法的意义的探究,是以法与人的关系为基础,并以人为归宿的法的意义探究。

法的价值即法对人的意义的第一个方面是法对

于人的需要的满足。这是法的价值的最直接、最基本的方面。法是怎么满足人们关于法的需要的？我以为其方式主要是两个：一是将人的需要法律制度化，使之具有合法的、为法律所保护的性质。这是人的需要在制度层面的法律化。例如，刑事立法体现了秩序、正义等，并将其落实在具体的规范之中；民事立法直接规定了效率、平等、公平等，并贯彻在整个法律制度之中；诉讼立法和仲裁立法直接规定公正与效率等，并在具体的制度和程序设计中将其具体化。二是将已经法律制度化了的人的需要现实化为法律的现实。这是法的价值在社会生活意义上的法律化。法的价值在实际生活之中对于人的需要的满足，必须需要法律实施作为中介，并在法律实施中得以完成。这两种方式从不同的角度表现着法的价值。

法的价值即法对人的意义的第二个方面是人关于法的绝对超越指向。其中的"指向"是指法的价值具有目标、导向的意义；"绝对"是指法的价值具有永远的、不断递进的，而又不可彻底到达的性质；"超越"是指法的价值作为人关于法的追求而总是超越人的客观能力和客观的现实状况。法的价值这种"绝对超越指向"性质，为法的价值的崇高与神圣奠定了基础，对人类关于法的行为和思想具有根本的指导意义，甚至是人关于法的精神企求与信仰。人类之所以会为了法的价值理想而不息奋斗和一往无前，最根本的原因之一也就在于法的价值具有绝对超越指向的性质。历代不畏权贵、执法如山的清官们的义行，无不是在一定价值精神指导下的壮举。

法的价值的两个方面的意义，经过了千百年的凝练，固化为了法治、自由、平等、人权、正义、人的全面发展等价值目标或价值准则。正是这些价值目标或价值准则，使历代圣哲、先贤、清官能为法的实现献身，死而无怨、死而无憾；使许多受到制裁的人会感到罪有应得、认罪伏法，甚至感激对其进行处罚的司法官员；使人们为法献身的意义超出了一己之私利与歧见,而更为崇高。集中体现法的价值的价值准则和价值目标:自由、平等、人权、公平、正义,乃至人的全面自由发展等,为法的发展与进步设定了实在的目标与远大的理想。

(本文原载《检察日报》2000 年 1 月 6 日。)

14. 法的价值归宿

说到人,人们就会问,是什么意义上的人。在这里,我所说的人是指拥有自然生命的个体的人,即自然人。作为自然人的人,在法中究竟有何意义常常为人们,甚至为专家学者们所忽略。在法理学家那里,法律中的人,似乎只是作为法律关系中作为权利主体或义务主体等;在民法学家那里,人也不过是作为民事法律关系主体的完全行为能力人、限制行为能力人和无行为能力人等;在刑法学家那里,人不过是犯罪人、被害人;在诉讼法学家那里,人不过是原告、被告,原告人、被告人,诉讼第三人,证人、鉴定人,等等。人们都忘记了那创制法并运用法来服务于人本身的大写的人。而法的价值首先要明确的正是作为法的主体的人。没有人,就不可能有以人作为中心与归宿的法的价值。

不知从何时开始,人们普遍地认为,人都是具体的,没有抽象的人。在法学上也同样如此。谁要主张抽象的人,谁的主张就是资产阶级的观点。这在我看来实在是对人的误解。马克思主义的哲学告诉我们,具体与抽象是相对应的哲学范畴。具体与抽象的两重属性的辩证统一构成了人类认识的相互统一的不同阶段与不同方面。人,既是具体的,也是抽象的。法律视野中的人也是具体与抽象的统一。因为每一个法律制度、法律规范都总是由特定时期、特定条件下的特定的人创制的,并由特定的人来实施。其目的也在于要为特定的人在特定的时空上提供一个具体的行为准则。法律视野中的人也是抽象的人,创制法律的人是人的整体,人的总称。法的产生与存在都不是某个人的杰作或伪作,而是人作为整体发展到一定历史阶段出现的历史现象。它还将伴随人的发展而发展,甚至消亡。在这个意义上的人显然不再是具体意义上的。在特定法律制度中作出特定法律行为的人只是具体的人而不是抽象的人。法的价值所关注的是具体的人与抽象的人的统一。只看到任何一个方面都是对于法律中人的地位的误解与歧见。

法的价值主体,是人而不是物。遗憾的是,它在很长的时间都被人们遗忘了。法律和法学中必须重视人的主体性,只有这样才能运用法律促进而不是阻碍人的发展与解放。我们的法的价值研究正是要探寻法对人的意义。

法的价值即是法对人的价值。真正的法的价值是谋求人的发展与解放的,否则就是法的价值的畸变,就应当为我们所摒弃。凡是与人的发展与解放背道而驰的法的追求,就不是真正的法的追求,也不是真正的法的价值。任何忽视人与抹杀人的法都是对法的价值的反动。

(本文原载《检察日报》2000 年 1 月 14 日。)

15. 人性是善还是恶

法是人的创造物,它与人性之间必然有这样那样的联系,甚至可以说是人性发展的产物。法的价值是法对于人的意义。法律和法学中的价值思考必然会将法的价值与人性联系起来。人性是善或是恶,已经历经了千百年的纷争,至今仍无公认的结论。在笔者看来,是人性的有善有恶与无善无恶的辩证统一,构成了法的价值的人性基础。

有人认为,人性都是善的。其中的典型代表当推孟子。其实,人性并非都是善的,人的物质和精神需求是与生俱来的,根植于人性之中的。由于人的物质和精神的需求与现实物质与精神资源的匮乏,也就会产生人与人之间在物质与精神的两个方面的冲突。不能接受道德和法律约束的人就可能侵犯他人的权利,而成为“恶人”。人人都有“恶性”之所以未成为恶行,并非因其没有恶性,而是他们能够有效地控制自己的恶性,使其不能成为恶行。善人乃能控制自己恶性成为恶行的人,恶人无非是张扬了自己的恶性并具有恶行的人。法律所要制裁的是具有恶行的恶人,而非具有恶性但能自我约束的善人或常人。

有人认为,人性都是恶的。其典型代表当推荀子。其实人性远不尽是恶的。古往今来的法律实践都说明,即使那些恶贯满盈的罪犯,他们也还可能挚爱其儿女,孝顺其父母。他们的行为在总体是恶的,但也并不是一切都是恶的。法律所要惩罚的是他的恶性产生的恶行,而不是那些哪怕是些微的根源于善性的善行。

根据以上分析,人性当是有善有恶的。人性的有善有恶为我们全面把握人性提供了一个新的可信的视角。也使我们对于各种人的性与行有一个准确的分析与认识。人性的善使法的产生成为可能,人性的恶使法的产生成为必要。

其实这也只是在道德关照下的人性分析,从单纯的人性没有道德作用其上的方面来看,人性则可以说是无善无恶的。这种从不同侧面得出的似乎矛盾的结论,并不是诡辩的结果,而是辩证法的具体运用。

对于人性的无善无恶的观点,有学者从多个侧面来分析。我以为只有从人性在无道德关照的意义上讲,人性的无善无恶才是科学的。在道德尚未产生,或虽然道德已经产生了,但却是在将人性与道德相对分离的状态中进行的人性分析,即可以得出人性无善无恶的结论。人性的无善无恶论,有利于人们全面认识道德对于人的心性与行为的影响。在人性与人的行为的两个方面强化道德的作用,最终有利于对人的行为进行更科学的法律调整。

根据以上分析,我们可以认为,人性的有善有恶与无善无恶都有其存在的根据,它们从不同侧面揭示了人性的状况,以及人性对人的行为的影响,为我们更好地认识自身,更好地制定法律、适用法律提供了在人性认识上的理论根据。有善有恶论要求我们,制定法律时,要考虑人性中善的成分,对于恶人加以改造,使其改恶从善;也要考虑人性中恶的成分,对其恶行加以必要的防范与制裁,最终使法律的制定和适用都达到最佳的状态。无善无恶论要求我们,对于人性与人的行为,乃至法律上的道德作用进行充分的估量;认识到人性的无善无恶,也是恶人可以得到改造的人性根据,为改造罪犯制定正确的措施,使法律能为恶人的人性复归作出应有的贡献,从而为人的自由、发展与解放服务。

(本文原载《检察日报》2000 年 1 月 20 日。)

16. 人性：理性还是非理性

人性是理性的还是非理性的,在西方是一个长期争论不休的话题。而且对于理性的理解也千差万别。在这里,我所使用的“理性”一词是指具有思想和意志的属性。而与理性相对应的不是感性、经验、愚昧、迷信,而是非理性。我以为,作为法及其价值的基础的人性,是人的理性与非理性的对立统一。

人性是理性的。这一观点在西方源远流长。柏拉图将人性分为三个部分,即理性、志气、欲望。其中以理性为最高。如果志气获得理性的支配,志气便表现为勇敢;如果欲望获得理性的支配,欲望便表现为节制;如果志气、欲望都获得理性的支配,人便获得正义的德性。法的作用就是禁止人们放纵欲望,使那些不能按照理性行动的人能够约束自己,以维护个人正义的品德。其后的亚里士多德、阿奎那、黑格尔等都对人的理性有重要的论述。在我看来,理性是人所独有的,是人与其他任何生命体的根本区别之所在。没有理性,人类就不可能认识到自身对于法这种社会规范的需求,也不可能自主地创设或者运用法来约束自我、规范自我、制止恶行。正是由于人有了理性,才可能有自知之明。法是理性的产物并随着人的理性的进步而进步,而不是人类非理性的结果。

人性也有非理性的成分。亚里士多德在肯定人的理性的同时,也肯定了人的非理性。中世纪的神学法学,虽然肯定了神的理性和一定程度的人的理性,但由于其把神强调到了无以复加的地步,把神的理性置于了人的理性之上,实际上是使理性被践踏,使非理性的神性占了上风。面对理性主义的兴起,非理性的经验主义也得到了很大的发展。培根、休谟都怀疑和贬低理性的意义,强调情感与直觉等非理性的作用。我认为,在法的起源上,除了人的理性因素的作用之外,不可否认的是,人的非理性因素也发挥了重要的作用。法的起源在一定意义上也是人类迫于社会发展的压力,面对各种从未遇到的社会矛盾,在人类智慧初步发展的基础上,自觉不自觉地发现和采用的社会调整手段。法的产生具有十分特出的非理性色彩。也就是说,人类法的产生,不仅是因为人拥有理性,甚至也是因为人具有非理性。

人具有理性,也具有非理性。理性与非理性不是有或者无的差别,而只是一个主次差别而已。从法的产生历史来看,法是理性和非理性共同作用下的产物。从法的产生根据来看,人的非理性为法的产生提供了必要性,人的理性为法的产生提供了可能性。没有理性或者没有非理性,法都不可能产生。法的价值也因为人的理性与非理性并存而被确立了下来。在法产生以后,人类对于法的把握,在很大程度上都是通过理性或非理性的方式进行和持续的。对于法的价值的理解,对具有法的专业知识的学者和法律工作者来说,主要是理性的。而对于法盲或者半法盲来说,主要是非理性的。即使是法学家或者法律家,他们对待法的价值的理解与追求,也很难全是理性的态度和理性的方法。

非理性依然会在一定层面和一定程度上发挥其作用。理性与非理性的统一,构成了法的人性基础的重要方面,也构成了法的价值的人性基础的重要方面。

(本文原载《检察日报》2000 年 1 月 27 日。)

17. 社会改革与法律秩序

社会改革与法律秩序的关系十分密切。如何在法律秩序下实现社会改革,如何在社会改革中建立并维持新的法律秩序,是摆在社会学家和法学家面前的难题,也是社会改革家和法律实践家的责任。

法律秩序是启动社会改革的先导。除了由社会民众推动的社会改革之外,其他社会改革都是由社会管理者或其国家运用法律秩序作为重要工具来启动的。改革者常常在社会改革之初就创设新的法律秩序,然后运用新的法律秩序来推行改革。任何社会改革如果没有法律秩序上的许可就是非法的。所有社会改革若不在法律秩序的范围内进行,就会因违法而被制止。在社会改革中,首先变革法律秩序,并用这种新的法律秩序来启动社会改革,就可以使社会改革依法进行,也可以避免“先改革后立法”的弊端,更可以避免违宪改革或违法改革。即使是由民众推动的改革,如果没有法律上的根据,改革的推进,及其合法性都会成为问题。如果放任违法改革存在,就必然在或多或少的程度上破坏法治。

法律秩序是推进社会改革的基础。如果社会改革是由权力层启动的,那么权力层就应当首先运用立法手段将自己的改革意图法律化。如果改革是由社会民众发动的,改革行为也应当有一定的法律根据。即使是一种迫不得已的改革,一旦为国家所认可,也应当立即予以立法确认,建立新的法律秩序。改革成果如果不能被转化为法律秩序,不能被纳入法律秩序的范畴受到保护,那么改革就可能受阻,改革的成果也可能得而复失。法律秩序确认社会改革的成果,也为社会改革新的发展提供了新的立足点。这是社会改革继续推进的前提和不断发展的保证。法律秩序对社会改革的确认还有利于保证社会改革的方向,使社会改革不至于在改革的道路上失去自我或无所依归,也才能使社会改革矢志不渝地坚持既定的方向,沿着正确的道路发展,在新的基础上向新的目标迈进。

法律秩序克制社会改革的震荡。社会改革当然不会是一帆风顺的,也会有阻力、有震荡。如果震荡过大,就可能引发社会动乱。任何社会动乱,无论如何辩证地看待其相对性,就其本身来说都是社会的疾患。它可能使社会的发展出现梗阻,使社会的脚步被迫倒退,使社会的文明遭到程度不同的损害,走向社会改革目标的反面。如果震荡过大,还可能葬送社会改革本身。如果建立并保持了良好的法律秩序,使社会改革在法律秩序中进行,就不可能引发过大的社会震荡。即使引发了,改革者也能采取有效的法律措施予以控制。

法律秩序既是静态的模式,也是动态的过程。法律秩序要在社会中发展更新,需要一定的社会动力。在若干社会动力之中,改革无疑是最强大的力量。在社会改革中,法律秩序确认、维护、推进着社会改革的同时,自己也进入一个又一个新天地,获得新的形式和新的内容。社会改革的不断发展会对法律秩序提出不断更新的要求。法律秩序的发展也是社会改革发展的要求。社会不同方面的改革会引发法在不同方面的发展。因为不同的社会方面原本就有不同的法在调整。一旦改革进行了,原有的法就存在过时、需要革新的问题。法所作出的与社会改革相适应的变革,也会引起相应的法律秩序变革。在社会改革——法的变革——法律秩序变革的过程中,法律秩序发展了,更新了,新的法律秩序就会建立并走向新的完善。

(本文原载《检察日报》2000 年 2 月 3 日。)

18. 民主是法的理想

中国传统文化中的“民主”不过是“为民做主”，“民众之主”而已。作为法的理想的“民主”则是由西方人创设的。古希腊人将“人民”与“权力”结合成“民主”一词，意为“人民的权力”“多数人的统治。”历史发展到现代，民主是指一定的国家制度、社会成员的权利自由，以及国家公职人员的民主作风、社会普遍的民主意识；是指一定社会的政治民主、经济民主、文化民主、管理民主、决策民主、监督民主；它以法定民主为基本内容，以选举民主、决策民主、管理民主和监督民主为主要支柱。

法的内在本质要求始终把民主作为自己的理想。法是国家意志的重要表现形式。法所体现的意志既不是个别人的意志，也不是少数人的意志，而是一种整体意志、共同意志。这种整体意志、共同意志的形成必须依赖民主，也体现着民主。在特定历史时期也可能有个别人或少数人的意志占主导地位。如果这种个别人意志、少数人意志与整体意志、共同意志相吻合，这种个别人意志、少数人意志就不仅是个别人的或少数人的意志。如果这种个别人意志、少数人意志与整体意志、共同意志相左、相对立,这种个别人、少数人的意志就会遭到整个整体意志的反对,就会为整体意志所修正、否定或取代。严重时可能导致个别人或少数人被“推翻”,被“赶下台”,被“换马”。一般地说,法不应是个别人、少数人意志的体现,即使出现了这种情形,那也只是偶然的个别现象。只有在严重的专横、专制时期,个别人意志、少数人意志才可能在较长时期内以法的形式成立。这种个别人、少数人意志主宰国家的局面,无疑是人类的悲哀,人类社会的惨祸。它历来受到文明、法制和法治的否定,受到民主的批判。即使在最黑暗的封建时代,个别人(即便是暴君)的意志、少数人的意志也难以僭取整体意志。法是整体意志、共同意志的体现。法的本质的这一命题与民主乃“多数人的统治”的要求完全一致。这种“多数”可能是绝对多数,也可能是相对多数。所以,可以说民主乃法的本质性内在要求。离开了民主,法就失去了应有的本质,法就不能成其为真正的法。从这个意义上,民主是法产生的前提、存在的依据,是法的理想与追求。

法的良性发展要求始终把民主作为自己的理想。法从其产生以来,就不断经历着变革、创新的发展。这种发展是否正常,对于人类的发展具有极为重要的意义。然而何以保证发展的正常,就是一个十分重要的问题。历史的经验和教训都表明,其保证只有一个即民主。因为民主能集中多数人的智慧,民主比专制与集权更接近真理,更加科学,更能趋善远恶、更加符合正义。只有依靠民主,才能使法律的变革是从不完善到完善,而不是从完善到不完善或从不完善到更不完善;也才能使法律的创新是人类进步的反映,而不是人类倒退的记录。民主是法的理想，如果说是源于人们对民主的追求，其实，更可以说是源于人们对真理、科学、善良与正义的向往。

（本文原载《检察日报》2000 年 2 月 10 日。）

19. 法以权利为目的

在权利义务之间,法不应以义务为目的,而恰恰相反的是,它应当也必须以权利为目的。

首先,在法产生意义上法是以权利为目的的。早期的人类无所谓权利和义务,也无所谓法。随着人类社会的发展,人类逐步产生了权利和义务的分别。尤其是在逐步进入阶级社会的历史时期,权利义务的分别愈益明显。这时,由于物质财富的匮乏和人的需要所决定,人人都会有趋向权利、排拒义务的本能倾向。这种倾向体现在社会生产、交换、分配的各个环节,以至发展成为严重的社会问题,人们的权利无法得到保障。其原因就在于缺少关于权利的一般规则。法正是因此需要而产生的"一般规则"。生产力发展,私有普遍化,权利、义务进一步在更大的范围上分离。在社会中居于主导地位的人较能实在地享有权利,甚至实在地享有较多的权利。在社会中的被主导者与社会主导者之间就不可避免地会因权利的分配产生冲突。就是在社会主导者和被主导者内部也有权利分配上的分歧和矛盾。社会的权利之战也包括一定意义上的阶级斗争愈演愈烈。为了保证社会在一定秩序范围内持续下去,社会主导者就利用以暴力为后盾的规则,来确认一定的权利分配办法,划分社会权利,于是法就产生了。

其次,在权利义务相较上的法是以权利为目的的。第一,权利较之义务,其性质更能满足人的需要。各种权利都能直接成为满足权利主体相应需要的现实,各种特定的义务只能通过对特定权利的保障,实现了特定权利以后,才可能满足人的需要。权利可以直接成为人的需要的客体,义务却不能。第二,权利较之义务,更能调动人的积极性和主动性。权利与义务是等量的和对应的。在形式上,法保障权利实现或保障义务履行都可以殊途同归,实际上却大谬不然。由于种种原因,保障权利的法比保障义务的法更能得到人们的自觉遵守与执行。第三,权利较之义务,其扩展更是社会进步与文明的表征。从权利性质上讲,权利的不断扩展、完善,也是人类、人类社会进步和文明的表征。第四,权利较之义务,永远是一个开放的体系。权利比义务更适合人的自然本性和需要,更有益于人类的发展,权利会随着社会的发展而不断充实发展。

简单地说,法似乎应主要规定权利。然而,在实际操作上法要具体规定所有权利和每一种权利却是十分困难的。由于权利义务在社会生活中是对应的、一致的,法可以通过规定义务的方式来达到规定权利的目的。因而,通过具体规定义务来规定权利就十分必要而可行,它比直接规定权利更有益于人类权利的保障和发展。法以规定义务为主,并不意味着要减少权利或削弱权利。其实恰恰相反,它正是为了普遍地扩展权利和保护权利。因为,对于社会成员来说,法不禁止即为权利。只要不违反法,就是可行的。这样,权利不但未被减少或削弱,还得到了增强。法对义务的规定实际上成了对权利的确认和保障。法为更好地追求权利而主要规定义务,为更好地实现权利而适当规定权利。法无论是对义务的规定,还是对权利的规定,其价值目标都只能是为着权利的确认和实现,而绝非义务。

(本文原载《检察日报》2000 年 3 月 2 日。)

20. 法治的国度

建立法治国家已经成为我国社会发展的重要目标。然而,法治国家应当具有怎样的特征,并以此与非法治国家相区别呢?这是许多人都希望知道,甚至在探索的问题。我以为:法治国家必须具有民主完善、人权保障、法律至上和法制完备的特征。

民主完善是法治国家的政治前提。民主是法治国家必备的政治基础,完善的民主是法治国家的重要标志。法治国家是以完善的民主作为基础和目标的。其中,最首要的是政治民主,最直接的是立法民主。政治民主是立法民主的前提和保障,立法民主是法治国家得以建立的首要条件。法律内含法治状态的制度框架或理论格局。从一定意义上讲,法治国家的立法是立法家们对一国法治状况的制度化预想,是具有国家权威性的法治蓝图。

人权保障是法治国家的显著标志。人权权利范围的大小与保护程度好坏是一个国家进步与文明程度的重要表现。国家的进步过程,也是人权内容不断丰富、发展的过程。国家由非法治国家向法治国家的转换，也是人权内容与保护的一次飞跃。人权保障状况的良好与否是区别法治国家与非法治国家的显著标志。法治国家与非法治国家的区别，不是法治国家中没有侵犯人权的事件发生，而仅是在于：法治国家侵犯人权的事件相对较少；侵犯人权的事件一旦发生，即能获得依法处理——侵权者会受到应有制裁，受害者能获得应有保护。

法律至上是法治国家的理性原则。法律至上是法治国家的原则和口号。但由于种种原因，人们对它的误解、歧见长期困扰着我们。有的人认为，法律至上就是对权力的否定；有的人认为，法律至上会导致对道德作用的否定；有的人认为，法律至上会导致对经济决定作用的否定。其实，法律至上并不是对权力的简单否定，而是强调任何权力的获得和行使都应当具有法的依据，受到法的约束。法与道德是两个相互联系而又相互独立的社会规范体系，在各自的领域发挥作用。任何法律都以一定的道德准则作为自己的社会基础，法律至上不仅不会否定道德，甚至可能在一定程度上有助于道德的完善和发展。经济决定法是从法的本源意义上讲的。但就法与具体经济关系、经济活动的关系来说，一切具体的经济关系和经济活动也都得遵守法的规定，符合法的要求。

法制完备是法治国家的形式要件。法制完备表现为法律制度的类别齐全、规范系统而无一遗漏。凡是法律制度所应调整的，均有法律制度调整；凡是由法律制度调整的，均有适当的法律制度调整；调整不同领域的法律制度相互衔接，有机协调；法律制度在执行、遵守、监督中的任何问题，均能在法律制度中找到解决的途径；法制有良好的调节机制，能作出适应客观需要的相应反应，进行有效的自我修正。法制完备对于法治国家的建立具有特别重要的意义。因为法律制度具有确定性、明确性的特点，便于人们掌握与运用;因为法律制度是法制建设的首要环节,没有法律制度就不可能谈及整个法治。

(本文原载《检察日报》2000年3月6日,原题为《法治的国度——谈法治国家的基本特征》。)

21. 再谈法治的国度

法治国家除了应当具有民主完善、人权保障、法律至上和法制完备的特征之外，还应当具有司法公正、制约权力、依法行政和保障权利的特征。

司法公正是法治国家的基本要求。司法历来都以公正作为自己的理想。司法公正是司法的最本质要求。司法就是要公正地解决一定的社会矛盾及其法律上的冲突。它是国家这一公共权力因冲突着的各方无法自主地解决纠纷，而为其设定的由国家专门机关予以裁决的纠纷解决机制。司法权力是国家权力的构成部分，它的最终来源则是民众权力的让渡。司法机关的根基在于人民对其的信赖，这种信赖建立的依据就在于司法公正。

制约权力是法治国家的切实保证。权力的根据在于人民对权力的赋予和对于权力行使的认可。选举、推举，不过是权力赋予的过程而已。从总体上说，权力赋予的过程不可能让所有的人都参与，甚至绝大多数人都无法直接参与，因此，如何保证权力的赋予是正当的，就成了一个十分困难的问题，于是就一个对权力赋予过程的监督问题。至于权力行使,更不可能由每一个人来完成,它必须由公众依靠一定的程序认可的人代为进行。管理社会权力的人的行为是不是为公众利益的,如何保证他们永远为公众的利益而工作,就使对权力行使的制约显得必不可少。在制约机制中,最有效的手段当然是法律。这主要是因为权力的行使最好是以法律制度作为根据的,并以法律制度作为范式与轨迹;在制约权力的规范中唯有法律具有国家强制力做保证,并具有公认公知的特点。

依法行政是法治国家的重要标志。行政是国家行使权力的重要方式,是国家对社会进行管理的基本途径。由于行政权力具有与其他权力不同的独特性质,因此,在强调制约权力的同时,还有必要对依法行政予以特别的重视。行政工作内容最为丰富,涉及的社会范围最为广泛,与社会民众的联系最为普遍,具有连续性、主动性、及时性与灵活性等特点。行政能否依法进行直接关系着一个国家能否实现法治。制约权力是从权力之外考察权力行使而提出的要求,侧重于对权力的外在约束。依法行政是着眼于行政权力本身而对行政权力所提出的内在要求。行政的内容、形式、程序都应当依照法律的规定或要求进行。依照法治原则,凡是在法律上没有根据的行政行为就是违法行政,就应当承担法律上的责任。这与法治对公民行为的要求是截然不同的。公民的行为不必要求具有法律上的根据,他只要不违反法律的规定,即不受法律的追究与制裁。在实际生活中,往往混淆了法治的不同要求,甚至把法治的不同要求完全倒置,这是根本错误的,甚至走到了法治的反面。

保障权利是法治国家的明显特征。法律是特定权利和义务的载体,是一定数量权利义务的集合。无论是强调权利还是强调义务,在逻辑上都具有同等的效果。在实践中,由于权利义务的不同属性和人们对于权利义务的不同心态,情形迥然有别。是首重权利还是首重义务,是法治国家与非法治国家的重要区别。由于每个人都有关心自我的本能,权利对于大多数人来说,具有比义务更大的号召力,因此从保障权利出发带动义务的履行,比从义务出发保障权利更加有效。在终极意义上,权利是权力的基础。在社会现实中,权利往往难以自保,并易于受到权力的侵犯,在这一意义上,也应当特别强调保障权利。

(本文原载《检察日报》2000 年 3 月 16 日,原题为《法治的国度——二谈法治国家的基本特征》。)

22. 人生体验与法律学说

苏格拉底是人们熟悉的思想家、哲学家、教育家，但他在法学上的贡献却常常为人们所遗忘。其实只要仔细考察一下苏格拉底的身世，我们甚至可以说他是最伟大的法学家之一。是他最早用自己的生命去实现了自己的法律理想。想当年，苏格拉底被人诬告陷害，身陷囹圄，其学生愿意并已经着手安排营救，他完全可以逃脱"法律制裁"，但他坚定地回绝了。许多人听到或看到这里总会疑惑地问："他为什么不逃脱呢？"苏格拉底想的却是，我是一个公民，我选择了这个国家，就和这个国家订立了契约。在这个国家享受了公民的权利，当然应当尽公民的义务。否则就是违约。尽管我不认为我有罪，但如果一个公民认为自己无罪就可以不守约，不依法接受审判，那么一个人一个看法，又应当以什么为准则呢？他接受了审判，而且自己进行了无罪辩护，他被判处并执行了死刑。一个深知自己无罪的大学者，在可以不被审判，不被判处或执行死刑的时候，他选择了最糟糕的结果。如果我们不用心去体验他那博大的胸怀，怎么也无法理解他勇敢赴死壮举。剩下的当然只有茫然不解。

法学界每每谈到柏拉图，总是想到他的“哲学王”思想，于是自觉不自觉地推论柏拉图是一个人治论的主张者，并对其对于法治的低觉悟颇有怨艾——因为他始终都没有把法治视为最好的社会管理手段，至多将其放到了第二等好的位置。

其实，想到柏拉图时，我们所应有的心境，不应当是怨艾，而更多的应当是惭愧和无限的崇敬。

柏拉图期望的“哲学王”思想，在广义上是讲应当由哲学家来当国王，当哲学家当不了国王的时候，希望国王能够成为哲学家。其观点或多或少地被误解。其中之一就是把那时的“哲学”理解为今天的“哲学”了，把那时的“哲学王”理解为今天的“哲学王”。正如当时的哲学不是今天的哲学一样，当时的“哲学王”也不是今天的“哲学王”。在柏拉图时代，一切科学都是被包含在哲学之中的，哲学几乎是一切科学的总称。柏拉图的“哲学王”并不是今天的“哲学王”的含义。在今天，与其说他期望的是“哲学王”，还不如说，他期望的是理论家、学问家、思想家来治理国家，或者让治理国家的人成为理论家、学问家和思想家。在几千年前的奴隶制时代，柏拉图能如此重视国王的学识，不能不说，甚至比我们今天都还要高明，有何可以怨艾的呢？

柏拉图从哲学家当国王，到国王成为哲学家，再到退而求其次地把法治国家命名为第二等好的国家，这种思想转变，并不是像我们今天的某些学者的思想转变来得那么轻巧。他付出了青春、乃至生命的代价；而且是其毫无虚饰的生命体验与理性概括。无论他是否正确，这都是多么令人崇敬啊！据说，为了实现或寻求自己的理想，他的一生漂泊不定，甚至到了晚年还被卖身为奴。这些苦难的经历都对其学问与人生产生了深刻的影响。他能够通过自己的人生体验得出在今天也还并不完全落后的法律思想，这不是为我们所否定的问题，而是应当得到我们的肯定和尊重。然而在读、在评价柏拉图时,又有多少人真正理解他呢?我们在评价一个学者的理论学说的时候,对于其生命历程的关注是必要而重要的,只有透过它,我们才可能真正明白它,理解他们,而不是随意地乱发议论,甚至以此为学问。

(本文原载《检察日报》2000 年 3 月 30 日。)

23. 法治的合理性

近来有学者提出了“善待人治”的理论。似乎特别理性和冷静。但我以为这种理论的提出,多少有一些不可思议。人治的被善待,如果不是一种梦幻,那就只能是一个陷阱。人治真的应当被善待么?

从纯粹抽象的意义上讲,人治当然是最好的政治,它比法治具有更多的人情味。如果能达到极致,将比法治具有更大的灵活性和适应性,一点也没有法治的机械与呆板。多少年来也正是因此,不知有多少人曾经醉心于人治。柏拉图就是一个典型的代表。柏拉图曾认为,由“哲学家”来担任国王的人治是最好的人治,而且远比法治好。柏拉图所说的“哲学家”显然不是我们今天的哲学家的含义,而是指那些大智大慧、大彻大悟者的智者。但是结果如何呢?终不可得也。到了柏拉图的晚年,他也认识到了“哲学家”的人治只能是幻想。所以他转而寻求“其次”的法治。

在我看来,法治是在“最好的人治”终不可得情况下的最好选择。那种所谓的“最好的人治”不过是海市蜃楼而已。海市蜃楼对于沙漠之外的人来说,就像一道一道美丽的彩虹组合。多美呀！尽管是虚幻的，但也还是一道风景，而且是一道美丽的风景。但对于在沙漠中长征的人来说，这海市蜃楼就不再是风景，甚至可能是鸦片、海洛因所产生的幻影。人们会在追寻海市蜃楼的途中饿死、渴死，或者坠落悬崖摔死。封建专制不是人治吗？法西斯统治不是人治吗？法治尽管不是绝对最好的，但当绝对的最好不可求时，它也就是最好的了。我不知道"善待人治论"的主张者，是否考虑过他所描绘的"人治"其实可能就是要将人们和社会引向灾难的"海市蜃楼"，引向鸦片、海洛因所导致的那种幻影。尽管美丽，可它是一种毒害，一个陷阱，一条死亡之途。

为什么人治不如法治，粗略看来，主要的原因至少包括：一是人治具有比法治更少的正确性。法治不是不犯错误，而是，法治以民主为基础，有了民主的基础，人们的决策就可能少犯错误。尽管也可能有少数人掌握真理的时候，但是民主并不排除，而且还要提供少数人成为多数人的可能途径。法治使民主的实现具有了客观而有效的可能性和现实性。二是人治具有极大的不确定性。人治的"人"无论是个人还是少数人，这些"人"都可能因主观认识的改变而随意改变自己的意志。社会大众就会生活在不确定之中，也就会缺乏起码的安全感，甚至缺乏安全。但法治却能给社会生活以稳定与安全。三是人治的可信度较低。人治中的决策，既不必经过民主的程序与过程，也不具有法治所具有的确定性与公开性，因此社会对于人治的信赖就缺乏客观的根据。即使是人治的很好的方案也难以得到公众的普遍认可，当然就不可能具有足够的号召力。

如果说追求人治极致的"善待人治论者"多流于梦幻般的臆想，那么提出并期望法治的人是在真正冷静地面对人治极致之不可得的理性选择。中国的法治正是在这样的基础上被提出和启动的。许多对于法制和法治都知之甚少的人之所以能够凭直觉就能在一定程度上接受法治,一个重要的原因就是基于对于“文化大革命”那种人治状态的深恶痛绝。这种认识的缘起也许并不够理性,但是随着人们认识的深入,人治越来越为我们所诟病,法治也就逐步成为我们的理性选择。现在,历史的创伤尚未愈合,我们又要动用只能自我伤害的人治,而且还要善待人治,岂不可畏,岂不悲乎？结论当然是:不可善待人治。

(本文原载《法制日报》2000 年 4 月 2 日,《公民报》2000 年 4 月 12 日转载。)

24. 从“警察”观念说起

乘坐的士或者招手可上的中巴，每当你在街道或者闹市下车时，司机或者售票员常常会对你说：“这里不能下，旁边有警察。”当你要求司机开快车、逆行、闯红灯、违章转弯等，他们也许会告诉你：“不行，因为前边有警察。”

“有警察”，而不敢随意停车下客，不敢随意违反交通法规和规则，这说明了警察的意义。警察是交通法规和规则的专职维护者，因为有了他们，交通秩序才有了保障；才少了许多交通法规和规则的违反者；才减少了许多交通堵塞和交通事故。“有警察”就不敢随意停车，说明警察已经具有一定的权威，这是令人欣慰的。

“有警察”而不敢随意停车，很容易使人联想到在没有警察的时候将会怎么样。没有警察是不是就可以随意停车，就可以不顾交通规则或者交通法规而逆行、闯红灯、违章转弯等呢？显然说话者是没有排除这种想法的。在事实上，有的驾售人员正是以这种心态来对待的。只要见不到警察，似乎就没有了交通法规与规则。他们想在哪里停就在哪里停，想往哪里开就往哪里开。

“有警察”，是驾售人员对顾客的“歉意的解释”。因为在顾客要求停车时，司机不停车，用“有警察”来解释往往可以获得顾客的理解，使顾客不必抱怨司机未能在其最近便的地方停靠或行驶。这种“警察”观念，已经不仅是驾售人员的，而且也是顾客的，他们有共同的认识与观念。为什么驾售人员不用此处停车可能造成堵塞或事故来解释呢？原因既简单也复杂。

“有警察”而不敢违章，不是因为别的，而是因为司机可能会因违章而受到警察的责罚，所以才不敢违章。如果警察没有权威的惩罚权为后盾，又有多少驾售人员自觉地遵守交通规则呢？没有试验过，想必也没有哪一个城市敢于做这样的试验。否则付出的就会是若干财产，若干人的健康，甚至是若干人的生命的代价。

“有警察”而不敢违章，也说明，警察未能得到社会的真正理解。因为司机不违章，实非其本愿，而是因为“有警察”——害怕警察。至于警察是否公正，他们同样是怀疑的，或者是不过问的。甚至，在他们看来，警察也是不公正的，因此才对警察避之犹恐不及。这就反映了人们畸形的法律意识。警察中有个别违法者或不能严格执法者，但是就所有警察来说，则是应当被肯定的。

“有警察”而不敢违章，说明警察执行的规则或者法规，并未得到人们的普遍认同。他们对有关规则或法规的服从，实为不得已而为之，并非出自人们的自愿与自觉，人们守法的自觉性还存在问题。这也说明，强化全社会的法律意识尤其是守法意识，很有必要，还有大量的工作需要我们去做。今天的“警察”观念反映着今天的“法律”观念。

当然，“法律”与“警察”毕竟不同。认识人们对待警察的态度，也许可以给我们考察人们的法律意识提供一些启示。

（本文原载《检察日报》2000 年 4 月 12 日。）

25. 司法官员的责任

司法官员的责任是什么？似乎很难从法律上完全厘清，统而观之，司法官员至少得对自己负责、对国家负责、对人民负责、对法律负责。

司法官员是社会的精英。对他们自己负责尽管不是最重要的，但一定是最首要的。一个不能对自己负责的司法官员是不可能对国家、人民和法律负责的。对自己负责，首先是对自己的形象和司法生命负责。自己是法的化身，如果贪赃枉法或徇私枉法，就必然会失去作为司法官员本质的自我；东窗事发，当然就会失去原本的和应然的自我。尽管可能尸位素餐，饱食终日无所用心，但作为司法官员的躯壳尚在，灵魂却早已出窍。那时的司法官员再不是司法官员了。实际上是“无我”的司法官员。对自己负责，更重要的是对自己的良心和良知负责。无愧于心，对于司法官员之重要，无异于生命之精魂。我曾遇到过两个中级法院院长。一个院长将他签发死刑判决而被执行死刑的罪犯的名字一个一个记在自己的笔记本上，时不时翻阅。一个院长将其主管刑事案件时起的该院死刑判决，一一造册登记。当情势所逼，一个在公开枪决现场喊冤，而又讲不出任何理由的死囚被执行了死刑，她说她心中一直深感不安，曾多次重阅案卷。我认为这就是良知，这就是良心。对得起良心，对于司法官员来说，不是一句轻飘飘的戏言，它可能关乎一辈子的内心宁静。

司法官员是国家的代表，必须对国家负责。对国家负责，就要履行国家交付的职能。失职也就是对国家的极不负责。对国家负责还要表现为对国家的基础——人民的尊重和保护。国家与人民并不是对立的，没有人民就没有国家，动摇了人民对国家的信心，也就动摇了国家的基础。对国家就人民负责，就要有对国家和人民的责任感，对邪恶无所畏惧，对善良保护有加，为人民谋幸福。对人民负责是司法官员的重要责任。其所以出任司法官员就应是人民信任的结果，如果失职，显然是对人民信任的践踏。

司法官员，最终，也是最重要的，必须对法律负责。对法律负责了，也就具有了对自己负责、对国家和人民负责。因为，法律是国家意志，而这种国家意志在根本上又应当是人民的意志。法律作为国家意志并不难，难的是要作为人民意志的体现。如果法律真正是人民意志的体现，那么坚持了法律也就坚持了人民的意志。因此，法律至上就应当是司法官员的行动，而不仅是口号。忠于法律应当是司法官员的生命和根本，是其永远立于不败之地的依据，是其对天、对地、对人、对己的法律保证，也是对自己负责，对国家负责，对人民负责，对法律负责的体现。

（本文原载《检察日报》2000年5月4日。）

26. “检察院两把剑”

不久前，有校友聚会，言谈之中难免彼此玩笑。论及谁当上坐，来自法院的校友对来自检察院的校友调侃说：“你们检察院的该上坐，因为社会上早就说：‘检察院，两把剑，一把刺公安，一把刺法院。’你们是刺我们的，当然最厉害，理当上坐。”来自检察院的同学听后，笑而不答，哑然不语。

事后想来，这一顺口溜也还颇有意思。它至少表明了人民检察院对于公安机关和审判机关的监督权力和监督行为的客观存在，甚至表明它有时也还确实监督有力。这里，多少包含社会对于人民检察院职权和行使职权状况的认识与评价。对此，我们的检察官应当感到欣慰，因为检察院对于公安机关和审判机关的监督得到了民众一定程度的理解和肯定。要知道敢于“刺”——监督公安和法院可不是一件简单的事，至少对于老百姓来说，是不可思议的。敬畏之情溢于言表。

然而这一顺口溜也多少表明了人们对于检察院职权的误解。根据我国宪法的规定，人民检察院是专门的法律监督机关。其监督对象绝不仅限于公安机关和人民法院，还包括其他行政机关等。

那又为什么会出现这种误解呢？恐怕，有以下两种原因：一是，人们未能真切把握宪法和法律中关于人民检察院职权的规定，既不全面——忽视其他方面的监督，也不准确——将监督等同于“剑刺”；二是，人民检察院除对于公安机关、人民法院的监督较有社会影响之外，对于其他行政机关等的监督则相对较差，以致被人们所忽略。

说到法律监督，我们都知道那是一件极其艰难的工作。在一个刚刚开始法治建设的国家，进行法律监督，尤其是要对那些权力拥有者进行法律监督，其难度是可想而知的。但是，为了法治的推进，无论多么艰难，最终我们也还得奋力前行，努力为之。中国法治大厦中必须有人民检察院法律监督作为重要支柱。

对于民众的误解，当然要依靠民众法律意识的提高，然而我们的检察机关自己是否就没有值得深思的呢？民众的误解是不是因我们工作的疏漏所导致？检察机关也可以反思其监督职权是否都全面而准确地履行了。即使它是全由民众误解所导致，而真正要彻底消除这种误解，也肯定离不开检察机关的实际行动。

我现在在想，要是以后，人们能说：“检察院，两把剑，一把护法律，一把刺坏蛋。”人们，或者大多数人能对人民检察院的职权、功能、作用有一个更为全面的了解，就更好了。

（本文原载《检察日报》2000年5月25日。）

27. 法学家的责任

法学家，作为知识分子中的特殊群体，作为理性与良知重要代表之一，应当有独特的责任。在我看来，法学家的责任至少应该包括以下几个方面。

法学家最首要的是对自己负责。对自己负责最起码的应当是学术上的“我”是真实的“我”。尽管必然会有今是而昨非的发展与变化。当年的“我”，可能是错“我”，但不应是伪“我”；今天的“我”，也可能是错“我”，但仍不应是伪“我”。“我”就是“我”，这就是对“我”自己负责。自己写下的文字，至少在若干年以后，面对儿孙还敢承认是“我”写的，哪怕在以后看来是错的。而不是说，那时的“我”并不是“我”。那实际上就是法学家自己在毁坏自己。真我，只是对自己负责的一方面。而无愧于自我，则是另一方面。我们的法学家都有自己生存的时空，这个时空是特定而有限的。我们得对得起自己所生存的时代，得对得起那个世界中曾经存在的我们自己。

法学家更要对社会负责。一个真正法学家也难免媚俗，但不应永远媚俗。如果长此以往，那就是自己的失职了。相对于社会,个人自我的完善是等而次之的了。我佩服那些勇敢承担起社会责任,对民众负责的法学家。他们或者奋力精进,以自己的心得贡献于社会;他们或者教化于社会,以自己的理性引导社会;他们甚至牺牲自己的许多许多,通过自己都感到委屈的方式,以求奉献于社会。这些都常常令我感动。法学家不能有益于社会就算愧对社会了,而用自己的理论有害于社会就更是罪不可恕。为什么会如此,仅仅因为你是法学家,而不是别人。

法学家要对现实负责。关注现实,是任何时代法学家的必修课。即使是从事法史研究的学者也概莫能外。关注现实当然包括实践的现实和理论的现实这两个方面。那种无缘无故超脱于现实的法学家,是否真正具有应有的责任意识,是值得怀疑和不可敬重的。立足于关注现实是一个方面,不得有害于现实法和法学的发展则是另一个方面。作为法学家,你可以阐发许许多多的理论,但你不能对理论进行恶意歪曲以误导现实,也不能以邪恶的理论故意地把社会拉向专制、非法治的倒退。

法学家要对未来负责。我们难以不朽。任何时代,不朽的法学家总是凤毛麟角。人类历史已经数千年了,究竟有多少法学家在历史中留下了不朽的形象呢?追求不朽只能是高级追求,恐怕只对少数大师才具有现实的意义。而对大多数法学家来说,虽然无法企及不朽,但无愧于后世却是应当努力的目标。其实,这又谈何容易。

法学家是法的理性,是法的良知,必须承担起关于法的责任。我常想,不论在任何时代,哪怕是极其专制的时代,至少:你不能说真话,但你不是一定要说假话和坏话。即使你不能不说假话和坏话,你也可以尽量少说假话和坏话。当然,同样不能说不负责任的话。为那点"科研成果”和“稿费”之一两斗米就不负责任的法学家,无疑顶不起法学家的桂冠,五斗米、十斗米、百斗米又其奈何哉。孟子所曰“富贵不能淫,贫贱不能移,威武不能屈”,是也。

(本文原载《检察日报》2000年6月15日。)

28. 法律事实不等于客观事实

实事求是是一个重要原则,尊重客观事实显然是这一原则的必然要求。但是这一原则如果被不恰当地滥用,就会导致始料不及的恶劣后果。在法律实践中,错把法律事实当作客观事实,错把法律事实当作客观事实来认识与评价,就是一个典型例证。

哲学上的客观事实,既已存在就是不以人的意志为转移的客观存在。而法律事实,只是人们能够认识或已经认识的具有法律意义的事实,而不是完全客观的事实。案件本身是客观事实。人们所面对的案情,都不过是警察、检察官、法官,乃至律师都在一定意义上依照法律程序竭力恢复的案件真实情况而已。人们所获得的"事实"只是无限接近于客观事实的"法律事实"而不就是客观事实本身。由于证据的限制,有的案件的真相——客观事实甚至根本、永远都不可知。警察、检察官、法官除了根据法律程序采征和运用法律证据来证明、再现案件事实之外,就只能是根据其主观的臆想。离开证据的臆想,绝对是不可靠的。因此,证据就成了司法官员作出法律决定的唯一凭据。只有证据才是司法官员无限接近客观事实的途径。任何脱离证据的臆想，至多只是寻找证据的先导，而不是证据本身，也不是法律事实。因而，我们必须反对不顾证据的“实事求是”，因为那才是真正的“不实事求是”。

离开证据所证明的法律事实，去寻求所谓的客观事实只能是主观臆想。似乎是在寻求实事求是，而实在是对实事求是的误解。因为实事求是在法律上的体现只能是搜集证据并根据证据最大限度地恢复案件事实。然后，根据这种被证据所证明的“事实”来作出判定。这里的“事实”是最接近客观事实的法律事实，而不是客观事实本身。这正是唯物主义认识论关于认识的无限性与可知论的辩证统一和在法律领域的具体运用。

在司法活动中，“以事实为根据，以法律为准绳”是一个极为重要的原则。这一原则中的“事实”一词，所指的也只能和只应是法律事实，而不是客观事实。“以事实为根据，以法律为准绳”的原则是实事求是哲学原则在法学领域中的具体运用。它与实事求是原则在不同的层面上成立，具有并不相同的意义，不可随意地将二者等同起来，否则，就可能从坚持实事求是的原则出发，以违背实事求是的结果告终。司法官员在司法活动中，只能寻求法律事实，而不能冀望对于不属于法律事实的所谓“客观事实”的找寻，做无用之功。否则，严重者甚至会导致冤假错案的发生，使法律被扭曲，破坏法治。

（本文原载《检察日报》2000 年 6 月 29 日。）

29. 立法法的品性

我们可以说,立法应当是民主和法治的过程,是民主和法治的产物,甚至是民主和法治的化身。这些,都只是我们在应然意义上进行的表述。事实上立法不民主,立法非法治的状态经常存在,甚至成为民主和法治发展的障碍也不是不可能。这就涉及立法的品性问题。如果是民主与法治的立法,就会有好的法律——良法据此而得以产生;如果是专制与人治的立法,就会有坏的法律——恶法据此而得以产生。立法的良善,制约的因素是多重的,但是是否民主与法治,无疑是一个重要的原因。为了保证立法的良性,就必须对立法进行民主与法治的调控,于是立法法便产生了。这也许是立法法得以产生的初衷,这并不意味着有了立法法一切就都有了。要保持立法法应有的品性,还需要我们在制定立法法时和制定立法法后作大量的工作。其中有民主的工作也有法治的工作。也就是说,立法法要具有良好的品性,就必须具有民主的品性和法治的品性。这一说未见先论,但恐怕也还不是谬论。

立法法不可缺少的品性是民主。无论怎样地将民主和立法结合起来论述,都不可否认,立法是国家的一项专有活动,是国家权力的构成部分与实现方式。立法作为一种权力的体现和运作过程,它本身就可能有一种脱离民主的倾向与可能。立法法的一个重要的使命就是保证各种立法的民主性质。现在我国的第一部立法法产生了,对于立法的民主性质也作出了重要的规定。但是这些规定如何被贯彻实施还特别值得我们去思考。立法法实际上是通过立法权限的划分来进行国家权力的分配的,保障各个权力对于人民的忠诚显然是立法法的使命。立法法通过立法与立法冲突的协调来解决权力与权力之间的冲突,维护正常的权力构架与权力关系,这对于保证权力的民主性质具有特别的意义。一个法律、法规乃至规章,在立法上的合法性质也体现着一定的民主性质。擅自扩大权力,侵犯公民权利的立法,在立法法上肯定是非法的,立法法就必然会反对,就应当宣布其为非法而无效。人民在选举立法机关之后,实际上就把直接的立法权委托给了立法机关。立法机关一旦背离人民的意志,人民不但难以修正,而且还将受害于恶法。因此,用立法法来保障立法机关及其对于人民的忠诚——保障民主,制约立法权,防止立法权的滥用,不能不被认为是一个天才的发明。

立法法不可缺少的品性是法治。法并不都是良法,法也并不是都有利于法治。在专制统治下,在人治条件下,法都还是存在的,而且甚至还发挥着重要的“作用”。这也就说明,有法并不一定有法治。创制立法法的目的显然不在于允许专制与人治,更不是要推行专制与人治,而恰恰相反的正是,她要排拒专制与人治。法治的重要特征是保障人权,制约权力。立法法应当担负起的责任也至少包括保障人权、制约权力的两个方面。立法者在最终的主体意义上或许是人民,而在直接的意义上都只是享有立法权的国家机关或者个人。因此,对于立法权的制约就成为了权力制约中最为重要的环节,也成了法治对于立法法的要求。如果说,司法的不公正主要是以个案的方式存在,立法的不公正则都是以普遍的方式存在的。人民可以用种种方式来对抗司法专横,甚至有时可以用合法的方式来对抗司法专横,但是却很少有办法对付立法的专横,更难用合法的方式来对付立法的专横。立法法的恶性远比某个法律法规的恶性危害严重,因此,立法法的价值也就凸显了出来。没有良好的立法法就不会有良好的立法权。立法法没有法治品性,立法的法治品性就没有制度的保障。

立法法不可缺少的品性是成为立法的民主与法治品性的保证,最终才能保证其良性化的存在与发展。立法法已经颁布了,它本身也还有需要在实践中总结完善的问题。但是她的被实施却是一个更为急迫的问题。纸上得来终觉浅,事非经过不知难。立法法所面临的是如何得以全面贯彻实施的问题。贯彻实施中更首要的是如何认识和理解立法法的问题。在立法法尚未制定之前,我们的任务是如何制定一个尽可能完善的立法法,一旦立法法制定出来,我们的使命就应当转化为何以贯彻立法法,并使立法法永远具有其应有的品性——民主与法治。立法法的品性体现在立法法的条文里,更体现在立法法被贯彻实施的行动中。只要立法法关于民主与法治的品性没有失落并能始终拥有,立法法就没有失去它的本质和自我,立法法才是真正的立法法。

(本文原载《法制日报》2000 年 7 月 2 日。)

30. 法治:观念先行

法治观念是法治的重要构成部分,也是法治得以建立的思想基础。法治的建立必然要求法治观念的率先确立,并且应当将法治观念内化为相应主体的自觉意识。法治对于人们的观念的要求甚高,没有良好的法治观念的形成也不可能有真正法治的建立。然而,要确立法治观念并不是一件轻而易举的事情,它远比一种制度的颁行或机构的设立更为困难。

法治观念在形成过程中会受到人们头脑深处根深蒂固的非法治观念的排斥。法治观念的形成过程,也就是非法治观念被清除的过程。因为,在法治观念形成之前,人们的头脑中并不是一片空白,而是为其非法治的观念占据着的。新的法治观念只有在清除旧的非法治观念的基础上才能建立起来。在缺乏法治传统的中国,非法治观念更为深厚。对于非法治观念和法治观念的认识,需要依赖有关主体的自觉,二者之间的区别与除旧布新更需要有关主体主观能动性的发挥。新旧观念的更替过程对于许多主体来说可能都是一个痛苦的过程,都必须经历思想上的阵痛。也许就有一些人难以完成这种转变而固守非法治观念,始终没有形成真正的法治观念。

法治观念的形成也可能为人们漫不经心的错误所妨碍,它需要法治主体的理性认知。以理性的思维来对待自己的思想观念,对于具有非法治观念的人来说,是特别难以办到的。有时,我们这些专门从事法律教学和研究的人尚且会在有意无意之中留恋人治,表露出人治的意识,对于社会一般的民众就更可想而知。因为一些非法治的观念会在有意无意地影响人们的思维,并在不经意之间发挥着重要的作用。我们法治建设之中的许多错误,也正是在这样的情况之下产生的,是对法治观念缺乏理性认识,在惯性思维影响和作用下非法治观念的结果。

在没有法治传统的国度建设法治,非法治的观念的存在形式往往既是大众的,也是潜在的。这就为观念的改变构设了两个方面的困难。观念是大众的和潜在的,也就注定了改变它的艰巨性。对于改变这一现实,我们的法学学者往往过于迫切,我也常常处于这种状态之中。其实,社会法治观念的形成并不会因我们心情的急切而得以加速。只有踏踏实实地为法治鼓与呼,才是我们的力所能及与正得其宜。眼看落后的非法治观念,而又无法改变,这可能是法治进程中法学工作者必须经历的痛苦。但是我们还得奋力前行。法治并不因为我们的愿望而化为现实,但一定会因我们的行动而逐步地向我们靠近。塑造全社会的法治观念是中国法治的必由之路,也是我们努力的方向。

(本文原载《检察日报》2000 年 7 月 20 日。)

31. 法治的无奈

许多关于法治的宣传,往往使人觉得法治是无所不能的圣物。如果这样简单地认识法治,就难免在遇到无奈的情形下,会对法治产生最轻率的怀疑。其实,法治并非万能,而且从一开始就存在于无奈之中。对此,应当有清醒的认识。这样才能使我们对于法治的选择是源于理性而不是盲从。因为只有理性的认识才可能被理性地固守。

就法治来说,首先,就是它自己的文化基础不能依靠自己得以建立。任何法治都需要必要的文化基础,但任何法治都不可能为自己的存在建立一个必要的文化基础。每一个民族都在自己的发展历程中形成自己的既有文化。这种既有文化具有保守的、不容易改变的性质。众多的民族文化中,有的文化适宜法治的生成与发展,有的则不适合法治的生成与发展。对于没有法治文化基础的民族,他们要建设法治就必须对自己的文化进行必要的变革,使之适合法治的生成与发展,而这个变革与发展,法治本身是无能为力的。这恐怕是法治的一个极大的无奈。

其次,法治的启动得依赖优秀的人物——社会精英的卓越贡献,而无可奈何地在人治的基础上开始启动。也就是说,法治的无奈在于法治无法自行启动,并且必须借助于它所反对的人治。任何民族的法治都是在一定程度人治基础上产生的。如果说古希腊已经产生了关于法治的思想和理论,那么这些思想和理论也是面对人治弊病,对人治予以批判的成果。如果说,古罗马存在关于法治的某种社会实践,那么它的启动也离不开古罗马优秀人物的重要作用。至于资产阶级的法治,如果没有那些优秀的资产阶级的革命家、理论家和法学家,其产生和发展是无法想象的。当法治启动的这种人治基础不具备时,法治就无可索求。法治启动的这种尴尬,显然也是法治的无奈。

再次,法治不会是完美无缺的。法治只是相对于人治、德治、礼治有它成功和优越的地方,但并不决然是最好的或完美无缺的。追求完美,是人生与社会的理想。然而人们总是看到,完美的法治只能是期望而非现实。这就为法治被人所诟病提供了客观的基础。如果人们在这一问题上缺乏清醒的认识,在否定人治、弘扬法治时,人们弃人治而求完美的心理就无法获得满足。面对不完美的法治,甚至还会引发轻率者对于法治的责难与敌视。这岂不是法治无奈之又一无奈。

最后,法治无法取代道德、纪律等其他社会规范。法律作为一种社会规范,也只是社会规范的一种。法律既不是全部社会规范,也不能代替其他社会规范。就道德来说,它是一个社会基本的规则,它不仅关乎人的行为,而且连接人的内心。法治要想离开道德而独自存在,都只是一种空想。就纪律来说,它是一定组织内部的规则。只要它不违反法律,得到一定组织形式的认可,就具有自己的效力,并在一定的组织内发挥作用。在一定组织内部最经常发挥作用的常常不是法律,而是纪律。法治不仅不排斥道德与纪律,而且还是以道德与纪律的存在与作用的发挥作为社会基础的。法治如果超出自己的范围而要将其他社会规范所取代,那就只能是空想,就可能引发灾难性的后果。

(本文原载《检察日报》2000 年 8 月 10 日。)

32. “我是公民”

“公民”这一语词和概念都是舶来品。中国历史上所称的是子民而非公民。今天稍懂法律的人都可以说出公民的基本含义,公民者乃具有一国国籍的自然人也。

其实公民的含义还远非仅限于此。

第一,公民不是私民。公民的概念最早出现于古罗马。从其一出现即包含平等的要求。只要是公民,就具有平等的权力和权利。公民和公民之间,没有隶属关系。一个公民无论怎么富有,也不能富有到可以拥有其他公民的程度。只要是公民,至少在公民意义上就与其他公民没有区别。有了这样的公民意识,社会现实的“奴隶制”才可能被彻底消除,公民才可能取得与其他人平等的地位、权力和权利,而不被任何人占有,成为私民。谁也不能奴役谁、歧视谁,当有人想“奴役”或“歧视”你时,你不妨想一想,并对其大喝一声“我是公民”。当你想被别人“奴役”或“歧视”时,你也不妨想一想“我是公民”。

第二,公民是与国家相对应的主体。当说你是公民的时候,也就意味着,你对国家具有作为公民的义务,也意味着你享有公民对国家的权利(含权力);国家对你具有国家的权利(含权力),也含有国家对公民的义务(含职责)。无论是怎样的社会学家、政治学家、法学家,都无法否认公民是国家的基础,都无法否认二者之间的权利义务关系。任何代表国家的机关和官员都必须以对待公民的方式对待公民。与之相较,我们的子民远不是公民了。子民是隶属于父君的。而父君对于子民即享有生杀予夺的大权。“君要臣死,臣不得不死;父要子亡,子不得不亡”。臣尚且如此,在臣之下的民就更可想而知了。人臣被称为人父,所谓父母官即是也。父母官对其子民的生杀予夺也同样是不言而喻的。在君、臣之下的民,只能是君、臣之下的官家私民。在公民概念之下,是不能有中国传统的君、臣、民关系的。认识到了这些,当你对国家未尽公民义务时,应自警一声“我是公民”;当国家对你未尽责任之时,你同样可以大声高呼“我是公民”。并且以主人的身份,享有实在的民主权力,以表明“我是公民”。

第三,公民是一个法律概念。公民的地位是由法律确认的,公民的权利义务也是由法律确认的。国家和其他公民对某一公民的义务也应是法律意义上的。作为公民,当其权利受到他人侵犯时,有请求他人承担责任的权利,有要求国家强制他人承担责任的权利。作为公民,甚至当其权利受到国家侵犯时,也有请求国家予以赔偿的权利。国家必须在这两个方面对公民承担起责任。当他人,尤其是国家忽略了你的权利时,你不妨用法律的武器,向世人和国家表明“我是公民”。

特别不可忘记的是,“公民”意味着权利也意味着义务,意味着义务也意味着权利。

(本文原载《检察日报》2000年8月17日。)

33. 自由是法的时代精神

法的时代精神,就是法的所应当体现的作为特定时代所必须具有的价值取向。在现时代,法的价值取向是多元的,但最根本最主要的应当是自由。自由,是法发展到现代其所应当具有的精神内核。如果说法的最高价值是人的彻底解放,是人的全面发展,自由则是人类走向彻底解放与全面发展的动力、途径和始终相随的法律精神。

在当代,强调自由作为中国法的精神具有特别重要的时代意义,主要有如下原因。

中国是一个在法制历史上缺乏自由传统的国家,自由应当是现代法制建设的重要价值追求。历史上长期的专制严重压抑了人的自由。在制度层面上,不尊重人的自由,漠视人的自由早已成了历史积弊。社会主义国家建立后,在法制上,人民的自由得到了法律的确认,但是,由于历史的原因,这种局面的根本改变还需要长时间的努力和法制的不断建设和发展。虽然已经走过了半个世纪。相对于数千年的传统要寄希望于50年就能彻底解决显然是不现实的,它还需要我们持之以恒地进行关于自由的法制建设。

中国是一个在社会生活的历史上缺乏自由传统的国家,自由应当成为现代社会生活的主旋律。自己自由,也尊重别人的自由,这是自由的两个重要的方面。而在中国社会中,自己不自由,也不期望别人自由的情形屡见不鲜、层出不穷。在社会生活中倡导自由是十分艰难而又特别重要的。法律对于自由的态度是整个社会对待自由的态度的基本坐标。法律应当以自己正常的自由精神引导社会生活中自由的状况与发展。

中国正在进行市场经济建设,而市场经济无疑是自由经济和法治经济,市场经济对于法制和法治都提出了自由作为时代精神的要求。没有自由和法治便无市场经济可言。市场主体的精神需要自由,市场主体的行为更需要自由,这些自由都需要法治予以保障。市场经济中的立法,必须体现自由的精神要求,必须切实地保护市场主体的自由得以真正地实现。市场经济中的执法、司法一定要以实现自由为己任。凡是对于法律所保护的自由的任何侵犯,都应当受到法律的制裁。凡是法律所不禁止的,都是人们不受法律制裁而可以自由行为的。

中国正在进行的改革的一个重要的目标也就是给每个个体和群体以最大限度的自由,从而达成解放生产力、发展生产力的目的,这也包含对法律自由的时代要求。中国的改革是全方位的,包括政治、经济、文化、教育,乃至社会生活的各个方面。这些改革不是对于自由的压制,而是对于自由的张扬与扩展。一个充满自由的社会才是一个具有活力的社会,才是一个有前途的社会、发展的社会。法律在中国改革中的作用已经为历史发展所证明。法的精神必须能够与时代发展的脉搏共振。改革的自由旋律要求法的自由精神相呼应。只有法具有了自由的精神,改革的自由目的才可能在法律的保障下成为现实。

(本文原载《检察日报》2000 年 9 月 7 日。)

34. 法治：路在脚下

法治之路，路在何方？是任何一个谋求法治的国家和民族都必然面对的问题。我以为法治之路就在脚下。

寻求法治之路是法治建设所必须要解决的理论与实践问题。我们要寻求怎样的法治之路呢？回答肯定是，我们寻求的法治之路应当是一条既光明又可行，既从未来着眼也从现实出发的道路。光明，乃成功胜利之所谓也，意味着我们追求的是美好的前景。从未来着眼，意味着我们不能仅仅局限于客观的现实，也不能以小脚女子的观念与做派来对待法治。要求我们要有远大的理想和追求，要有足够的勇气与魄力。

光明固然人之所求，甚至无须论证；但可行却是一个颇费踌躇的问题。从中国的未来着眼固然重要，从中国的现实出发则可能举步维艰。我以为，最可行的法治之路，也就是从现实出发。从中国的现实出发就是要准确把握中国的现实状况。根本的，包括生产力、生产关系；重要的，涉及整个上层建筑；直接的，则包括中国的法律制度、法律实施,以及社会成员的法律意识,等等。离开了这些,我们去寻求法治之路就可能犯历史性的错误,难免误入歧途。

从现实出发对每一个谋求法治的国家或民族来说,都是具体的。它要求我们立足自己本国的政治、法制、历史、传统、观念等的客观现实,而不是好高骛远,不切实际。这种从现实出发的法治建设,不是指要抱残守缺,而是指要革故鼎新;不是指要讳疾忌医,而是指要对症下药。既要临渊羡鱼,更要退而结网。把法治建设落在实处,使法治是在发展,而不是在虚涨。

从现实出发对每一个社会成员来说,也都是具体的。假如您是一个法学理论工作者,不妨检省一下自己的学说和理论中有无非法治甚至反法治的东西。如有,就从现在开始修正。非但如此,您作为理论工作者,您还有为法治进行理论思考与探索的历史责任,您必须为法治鼓与呼。否则您就有愧于时代。辜负了历史对于您的期待。假如您是一个司法官员,您不妨想想,我具备法治要求的素质吗?如果不具备那就赶快提高。如果知道自己实在无法提高,是否可以考虑不一定要继续从事司法工作。这对于社会是一件幸事的同时,对于自我也是一种解脱。不适宜从事司法工作,干吗一定要委屈自己去受那份洋罪。找一个最能体现自我价值的工作,让适合者胜任,岂不比勉强自己担任本不胜任的司法工作更好?岂不会化害而为利?岂不是为社会作出另一种贡献?假如您是前二者之外的公民,我们也不妨想想,我能为法治做点什么?法治应当是全体人民的法治啊!在走向法治国家的征途中,我们每一个人都有自己的使命。

建设法治,就从您的脚下开始吧。只要脚下的大地是坚实的,我们就没有理由懈怠与玩忽,就要为未来追寻,甚至要因理想而超越和为理想而超越。被超越的既有现实,也有我们自己;有现实,更有我们自己。路就在我们的脚下,从我做起,从现在做起。

(本文原载《检察日报》2000 年 9 月 21 日。)

35. 法治化是西部大开发的重要路径

西部大开发的路径，如果从不同侧面来考察就会得出不同的结论。但这些不同的观测结果并不是截然分离的，它们应当是一个协调的统一整体。在我看来，西部大开发的过程也是西部农村城镇化、经济市场化、政治民主化和社会法治化的过程。不仅法治化本身是西部大开发的重要内容和重要路径，就是西部大开发的各个侧面，它们也从不同角度期待和要求整个西部的法治化发展。

农村城市化是许多国家对落后地区进行开发的重要经验。然而我国西部地区，地域辽阔，农民是人口的绝大多数，要实现农村城市化的目标，远比其他国家对于落后区域的开发更为艰难。鉴于西部农村全面城市化的困难，因地制宜地提出"西部农村城镇化"确是西部大开发的必然要求和重要任务。我国西部许多省市区也在自己的十五计划或远景目标中已经将农村城镇化问题摆上了议事日程。西部农村的城镇化建设必将涉及移民、拆迁、土地、规划、城建、环保、农村土地承包等众多的法律问题。这些问题如果没有法律来规范,必然会出更多的纠纷与冲突。一旦发生纠纷或冲突,法制或法治不健全,也还会出现无法可依的局面,城镇化也将因此而受阻。

西部市场经济体制的建立和市场经济机制的形成,正如东部地区的市场经济发展历程一样,它必须依赖法治。市场经济的运行,在东部和西部都必须法治化的轨道。市场经济不仅在东部地区是法治经济,在西部也同样是法治经济。尤其是在经济落后的西部地区,如果要实现跨越式、追赶型的经济发展就更需要法律来规范,使西部沿着法定的轨道行进,以消除或者减少挫折。几年前,西部为了解决资金问题而刮起的集资风潮,就是偏离法律轨道的产物。现在集资风被刹住了,但其影响和危害远未消除,甚至现在仍是西部一些直辖市、省、自治区经济发展的严重障碍,有的还演变为影响西部地区社会稳定的重大问题。为了社会稳定,我们又不能不以牺牲经济发展的速度作为代价,这又从另一个方面妨碍了市场经济的发展。

西部大开发不仅仅是经济的发展,而且还包括西部政治的民主化。由于经济发展和文化状况的局限,西部地区政治民主的发展速度的确比东部地区低。西部的一些落后乡村还保留着旧时代的遗迹,一些不民主的政治运作方式并未经受商品经济的冲击与洗礼。不民主的政治现象还在西部一些不发达地区大行其道。因此,西部大开发的过程也应当是西部政治民主化的过程。政治的民主化必然要求法治的建立与推行。因为没有法治,地区或者乡村的政治依然可能非法与专横,这样也就根本偏离了西部大开发的宗旨,也无法全面实现西部大开发的目的。西部政治的民主化必然要求政治的法治化。

社会法治化对于西部来说,是大开发的题中之义。西部的社会法治化必然包括西部民众法律意识的普遍提高和西部社会普遍的严格依法办事,确保法律至上。其中尤其是要求各级党政机关和党政官员必须严格依法办事。要实现社会法治化，西部远比东部困难。在我国目前，没有开设法律服务电话热线的省区全部都集中在西部。本身就法律意识普遍偏低的西部，加上法律服务的滞后，法治发展的速度就会受到影响，经济发展也会因此而迟缓。司法和执法的水平、能力也相对较低，各种纠纷出现后得不到正确、合法、及时的解决，也同样会制约经济与社会的发展。没有社会的法治化，西部大开发就必然会受到阻碍。

西部大开发的过程也是西部法治化的过程。西部地区的法治化道路还十分漫长，我们必须只争朝夕。

（本文原载《检察日报》2000年11月2日。）

36. 权力权利相去远

权力与权利,在英文中分别为 Power 和 Right,构成单词的字母组合差异很大,极易区别。在汉语中仅有一字之差,是很容易被混淆的,在社会实际生活中也实实在在地被混淆着。在中国的传统社会中,有权力的人肯定有权利,而无权利的人也大抵没有什么权力,因此,权利和权力就被人们有意无意地混同了,甚至被相互取代。随着中国社会的走向法治,对于权力与权利的区分也越来越重要。权力与权利有极为重要的差别。

首先,权力的主体是特定的,而权利的主体是不特定的。在总体的意义上任何权力的主体都是特定的。每一个国家机关以及每一个国家官员,他的权力都是由法律来规定或限定的。至多只是权力的某一部分或者某方面,而绝对不可能拥有无限的权力。即使是拥有无限权力的唯一主体——人民,也是特定的。除人民之外的任何人都不能说,也不可能拥有无限的权力,而成为权力的终极来源与最后归宿。权利的情况则有所不同。在总体上,权利的主体是广泛的。一般的政治、经济、文化权利是任何公民都应当享有的。只有那些经过特定法律程序被剥夺了某些政治权利的人才有例外。即使是被剥夺了政治权利的人，他们也还享有一定的民事经济权利，乃至文化生活的权利。即便是外国人和无国籍人也可以在所在国享有许许多多的法律权利和社会权利。

其次，权力的内容远没有权利的内容广泛。权力的内容总是与相应主体担任的职务相联系的。什么职位拥有什么样的权力，是由法律规定的。例如，人民代表大会依法拥有立法权、监督权、人事任免权、重大事项决定权等，但是它不能拥有行政管理权和案件的侦查权、检察权、审判权。人民法院拥有法定的审判权，但并不拥有行政权、侦查权和检察权。即使是审判权，也会被限定在一定的范围之内，既要受地域或行政区划的限制，也要受审判级别的限制。权利则不然，几乎每一个公民都可以享受到遍及人身、政治、经济、文化、社会生活等各个方面的权利。权利广泛得就是宪法也难以尽行开列，都只能作出原则规定。

最后，权力不能放弃，权利可以放弃。权力，除了指人民当家作主的权力之外，都是与一定的职位或职务相联系的。如果放弃权力，就意味着放弃对于职责的履行，也就意味着对于相关权力的法律规定的违背，也就是一种渎职，一种违法。权力之不可放弃本身是由权力的义务性质所决定的。而单纯的权利则不然，它是完全可以由权利主体自主决定是否行使，以及怎样行使的。权利的放弃并不至于危害社会，而权力的放弃则会形成对于社会的损害，甚至直接损害的就是权利。如人民法院疏于行使审判权，人民检察院疏于行使检察权，那么受害人的合法权利就得不到保护，甚至会受到更大的伤害或者侵害，而权利的放弃则不会构成对于权力的任何伤害或者侵害。当然，一个权利意识淡漠的社会也必然不是一个法治的社会。权利的过多放弃，虽然不至于造成社会的危害，法律也采取放任的态度，但是它必然会使社会缺乏活力,并为蔑视权利者提供了一个作恶的社会条件,社会的公正也会因此而受到伤害。权力的放弃后果远比权利的放弃危害要大,它直接导致的是渎职的违法与犯罪。近期,人民检察院将原有的法纪检察机构更名为渎职检察机构,绝对不仅仅是一个名称的改变,它有着权力法律意识进步的认识基础。

(本文原载《检察日报》2000 年 11 月 9 日。)

37. 依法治国不应被随意扩展

“依法治国”的口号和目标被确定以后,“依法治省”“依法治市”“依法治区”的口号也纷至沓来。如果说这些口号尚无不可的话,那么,以后进一步提出的“依法治乡”“依法治村”“依法治家”“依法治林”“依法治水”“依法治山”“依法治路”就有疑义了,如果演变成简单的“依法治民”就成了法治的悲哀。

依法治国,国首先是一定政治权力结构的整体,是一定权力的化身,并由一定官员作为代表,其次才是指一定的区域,一定数量的居民。治的对象首先只能是权力。因为国是民的,国又是直接由权掌握的。首要的治国者是谁?是民;民通过什么环节来治国?通过治权来治国;民通过什么手段来治国?通过法。所以,才有依法治国是依法治权之说。严格地说,一定的区域是不足作为治的对象的,它至多只是治的范围。作为治的对象的只能是“权”(由官来负载)或者“民”。对于“民”的治是无足强调的,也是容易的。因为治民是“权”的职责。只要有治权就会有治民。而治权则是困难的。谁有权治权,回答是只有“民”,

而“民”是抽象的存在。谁都可以说他是“民”，但其实至多只是“民”的一分子，而不是“民”的全部，也不等于“民”。“民”何以治权，唯一的办法就是通过能够体现民意的法来约束权，使权在体现民意的法的范围内行使，这便是为什么依法治国是治权而非治民的原因了。

依法治国一旦被提出，我们就必须紧紧地把握其根本。将依法治国的随意扩展为“依法治乡”“依法治村”等，除了可以在一定意义上强调法的作用之外，难免会将依法治国简单化，使依法治国远离其本意。如果说其中主要强调的是要治相应区域中的“权”，也还未尝不可。如果是要理解为要治这一定区域中的民，那就恰恰走向了依法治国或法治的反面了。至于从依法治国进而推演出“依法治林”“依法治水”“依法治山”“依法治路”，显然是对依法治国的随意扩展，甚至已经不是依法治国意义上的命题了。“依法治家”明显是对法与治的误解。家是一个主要由道德规范，只有在事关重大或不得已才运用法律调整的社会细胞。也就是说，在家中除了最为重要的关系需要法律予以调整而不能不由法律调整之外，更多的家庭事务是无须法律调整的。如果一个家庭什么都需要法律调整，那么这个家实际上已经早就解体了，至少不是完整意义的家。

“依法治国”的这种被广泛延伸、扩展，从扩大其影响和强调法的作用的意义上讲，当然是有意义的。但是这种意义中无疑包含可能将其畸变的危险。若这种危险成为现实，那就是依法治国的悲哀。

（本文原载《检察日报》2000 年 12 月 14 日。）

38. 假以盛名也是名誉侵权

在民众的心目中,似乎只有对于一个人的贬损性评价或者足以导致贬损性评价的言行才会构成名誉侵权。事实上并非如此。有许多名誉侵权,恰恰是因侵权人对特定主体的过高评价所导致的。用不实之词对于特定主体所予以的过高评价,同样是一种名誉侵权,甚至是一种非常严重的名誉侵权。只不过许多人都乐于接受这种侵权,或者受到这种侵犯而难以言表罢了。

乐于接受侵权者是有的。不是作家的被称为作家,不是科学家的被称为科学家,不是文学家的被称为文学家,不是工程师的被称为工程师,不是教授的被称为教授,等等。有的人愿意接受这种侵权,甚至还会自己给自己侵权。前者至少是被动的,而后者则多少有一些主动性。乐于接受,甚至自己"自作自受"地"戴高帽子",显然不存在侵权的问题;即使有,也不会有追究之说。前不久我到某地开会,一自称的"学术青年"送上了他的名片,上列"法学硕士"诸项,并说其一直并且现在仍然受教于某某著名法学家门下。

我与他言及硕士专业、课程、论文等事项，他只得坦然告诉我，这些都是假的，他不过是某大学的本科生而已，目的在于好接收案子，便于交流。我终于明白了。进而我心里产生了对他本科学历，对他导师之说的疑问。

然而也有例外的情形。有个朋友告诉了我一个故事：有一老先生，年事颇高，一直梦寐以求的是被评上教授职称。眼看各方面的条件都具备了。在评审中，一评委说，该兄早在一年前已经在发表文章时署名为“教授”了。另一评委接着说：“既然他自己已经给自己评上了教授，何需我们再给他评教授呢？”许多评委遂不再将本身就珍贵的票投给他。老先生也就只好“来年再见”了。第二年评职称前他知道了上次的遭遇，遂一一诚恳说明其“教授”署名之冤枉：他根本就没有自称“教授”，而是某刊物编辑以为该先生已经达到了“教授”境界而随意添加的。众人明白后，其教授职称在一年之后，总算得到了落实。而这一年中，老先生所受到的误解、委屈、损失（工资与相关待遇）该由谁来承担呢？显然只能由老先生自己。其实那编辑和那刊物还真应当承担责任才对。他们的确构成了对老先生的名誉侵权，导致了人们对老先生的贬损性评价。

本人也曾遭遇过类似的侵权。数年前一法学刊物发表了我的一篇文章。编辑在索稿时，对我非常礼貌，可以说是尊重有加。在我的文章出来后，我才发现，他们居然在作者介绍时，专门指出我是“法学博士”。这一下我懵了，脸红了。当时我还不是，也根本就没有对外声称过我是“法学博士”，怎么回事？用一个不恰当的话说，可谓是“知我者谓我心忧，不知我者谓我何求”。我立即给编辑与编辑部打电话，查问缘由并恳求订正。他们说：“我们以为您是博士，这实在对不起您，但要订正，订正起来就有些不好处理。好像本可以不了了之的事情却被强化得弄巧成拙了。”这时，我才明白，订正与不订正都很难，只好不了了之。近来又有两家音像出版机构联合推出了我的一套 VCD 光盘,又给我安上了什么“博导”云云。好不容易才使历史上的创伤抚平,又受新伤。我怎么对偶然一观的学界朋友们解释呢?这岂不是又一个“弄巧成拙”的陷阱?

我相信,这并不全是有关编辑或出版机构的故意,其目的也许是很善良的,当然也许是非常邪恶的——不能排除其“只管自己包包满,不管他人升天不升天”的“险恶”用心。总之我是一个受害者,但是我却无法保护自己——多么深重的伤害啊!我的名誉的确受到了伤害,但受到伤害的绝对不仅仅是名誉。

(本文原载《检察日报》2001 年 1 月 16 日。)

39. “两件疑案”断想

前不久,我发表了《法律事实不等于客观事实》的文章,有的学者似乎有完全不同的理解。由于这一认识直接关系到诉讼的一大堆理论和实践问题,甚至关系着法治的实现与否。为了使讨论的问题和本人的观点更加明晰,在这里,我想讲两个并不太典型的案例,或许能给我们更清楚的启示。

某个漆黑的夜晚,一个小偷在单位的家属宿舍区行窃时,被人发现,宿舍区的住户纷纷持棍棒追击。黑暗中,众人见到小偷,就一拥而上,棍棒相加。不知是谁照着小偷的头顶就是一棒,小偷应声倒地。接着又是一阵棍棒。一居民见小偷无动静,立即喊住手。众人停手,小偷已经一命呜呼。小偷偷盗的确可恶,但也罪不至死。这下,小偷被人打死了。公安机关立即来到现场,无法确认谁是杀人凶手;将所有嫌疑人找来,也无济于事。法医鉴定结论为,小偷正是因头上所受一击而毙命的。经过数月侦查,直至最后超过了侦查时限,公安机关依然也未能找到那关键性地击打小偷头部一下的人,也未能找到真正的罪犯。司法机关既不能确定谁是杀人罪犯,当然也就无法判处任何人的故意杀人之罪。司法机关找不到杀人者——这就是法律事实;然而客观上小偷的确是被某人击打头部一下而致死——这就是客观事实。我不知道司法机关何以去查明这已经查不明也没有查明的客观事实,找到"某人"?司法机关要判决,究竟是按照这里的"客观事实"判决,或是按照"法律事实"来判决?没有得到证据证明的"客观事实"根本就不客观,任意给一个嫌疑人定上杀人罪,岂不是在制造冤案错案?

前一段时间,一法官咨询我:有一民事诉讼的原告是一私营企业主。他诉称,在1999年5月5日上午10时左右,他交付给外地来的某人(现被告)6万元整的货款。被告声称回去后,立即开出正式发票寄过来。原告考虑到双方都十分熟悉,而且业务往来多年,关系甚好,也就没有让被告写下收条。被告收款后立即到附近的银行存了起来,带走的是存折。在庭审中原告提交了律师收集的银行关于被告存款的证明材料(这种证明材料,银行是否应当提供是另一个问题)。被告却辩称:原告所称时间,他的确去了原告单位收货款,但原告说暂时无钱,也就离开了。至于他在银行的存款,是其单位安排另有用途的资金,由于临时取消了一个商业安排,携带在身又不安全,就只好把钱存到银行里去了。法官告诉我,他私下里认为原告肯定是付了款的,但是苦于没有证据,简直不知道如何判决。我说,只能按照证据所证明的"事实"判决。原告无法就其已经付款的主张举证,结果只能是驳回起诉。不久,这一法官告诉我,他们经过了反复研究,最后,还是如同我所预料那样地判决了,驳回起诉。在本案中,原告所诉的案件情况可能是客观事实,但是他没有证据证明它,结果原告败诉了。那么,法官或法院是根据什么判决的呢?也是事实。显然不是那种无法证明的客观事实,而是案件审理中所查明的法律事实。

听完两个案例,不论您是检察官,还是法官、警察,还是法律专家学者,乃至一般的社会民众,您都会有您自己的判断。然而法律和法学的理性,乃至一般的人类理性都告诉我们,我们必须,也只能按照法律事实来处理案件,如果执意要去追寻那种最“客观”又无法达到“客观”的“事实”,并以此来处理案件,就难免会导致冤假错案的发生,而且也为真正的法治所不允许。

(本文原载《检察日报》2001年1月23日。)

40. 从桃花盛开的时节到法治的实现

21 世纪的第一个新春到来了,忽然想到前年春节前的一段趣话。从 1998 年 9 月到 1999 年 7 月我客居京华。1999 年春节前正值社科院研究生院放寒假,我打电话给北京的一个朋友辞行。他问:“你何时归来?”我打趣地说:“在那桃花盛开的时节。”他说:“北京的桃花可是四月份才开呀。”我说:“不是三月份吗?”他问:“根据何在?”我说:“唐朝诗人曾说过,人间四月芳菲尽,山寺桃花始盛开。四月份就是迟开的桃花了。”他说:“你错了,北京的桃花盛开的时节只能是四月,而我老家吉林,当是更晚了。”我自我解嘲地说:“天地同沐三月风,南北桃花竟不同。”朋友也没有再调侃我了,幸免于继续尴尬。

搁下电话,想到我的一段话竟然犯了那么多错误。“三月桃花水”大概仅是针对南方而言。“人间四月芳菲尽”的感慨大抵也不在北方。其间的三月、四月,恐怕还不是从西洋引进的公历,而是中国的夏历。“三月”有的地方刮的是春风,有的地方刮的也许还是“冬风”。我们经常毫无疑问地给学生讲述“包括地理环境和气候状况等在内的社会物质生活条件，影响甚至决定着法”，而于此，我却忘记了自己在课堂上所津津乐道的东西，犯了一连串的错误。竟然忽略了南北不同的地理环境、气候状况也决定了南北桃花盛开的不同时节。

近来做“法治国家”的专题研究，其中自然就涉及法治、法治国家何时能够建立的问题，我苦思冥想地企图开列一个最为具体的时间表。猛然想到，一国的法治的实现，包括法治国家的建成又何尝不是如此呢？不同的国家，追求的是相同的法治目标，但由于其国情的不同，要得以实现，则有不同的时间要求，会经历不同的时间过程。有人说，由于政治、经济、文化、传统等因素的影响，中国的法治化必须而且只能立足于自己的本土资源，其实现的情形会完全不同于西方任何国家。我却在想，中国或者西方的法治化，不也都是法治化吗？既然都是法治化，那为什么又会完全不同，既然完全不同又怎能说都是法治化呢？有人说，中国法治必须走西方的法治化道路，我却在想，不同的国家，有不同的政治、经济、文化和传统，其法治化的道路显然是不同的。不同国家法治发展的速度、完成的早晚也会不完全相同。一个走向法治的国家，不是要在别人的身后亦步亦趋，而是要去寻找适合于自己的道路，达成别的国家经历别的路径所达到的法治目的。看来，世界的法治之花都是同样的绚烂，但法治之花盛开的时节却是不同的，需要的时间和条件也是不同的，我们必须关注法治之花所处的地理环境、气候状况等，重视自己的政治、经济、文化与传统，以及其他相关的物质生活条件。只有这样，法治之花才会在不同的国度，在万事俱备的条件下，按照自己的规律尽情绽放。我们所做的不过是，努力地营造法治得以实现的条件或者环境，努力推进法治而已 。

随着时间的推移，随着我们的法治环境与条件的日益具备，中国的法治之花就会像灿烂的鲜花一样，在早春时节，在春风里露出美丽的笑脸，法治也就在中国得到了实现。

（本文原载《检察日报》2001 年 2 月 14 日。）

41. 有感于法学教师不懂法学

不久前,一个朋友满怀忧心而又十分真诚地恳请我,他那从未学习过法学,甚至不知刑事诉讼法学为何物的弟弟就要在某大学执教刑事诉讼法学课程了,希望我能给予一些指点。我随口说:“对于刑事诉讼法学,我也只知其皮毛,恐怕难当此任。不过需要什么资料,凭借我在西南政法大学的便利,倒是可以给一些帮助。”

其后,话题也就被不经意地岔开了。聚会结束回到自己的书房才倒抽了一口凉气。法学还是学问吗?法学教育还可以神圣吗?一个从来没有学习过刑事诉讼法学的人,竟然可以给他们高等学校法学专业的学生讲授刑事诉讼法学!刑事诉讼法可是一部决定被告人罪与非罪、罪轻与罪重的程序法呀!刑事诉讼法学可是一门研究何以保护合法、何以制裁犯罪的科学呀!让一个对于刑事诉讼法学一无所知或者知之甚少的老师教出的学生去给被告人定罪量刑,岂不是要任意出入人罪吗?有谁知道将有多少冤魂、多少苦难从这里产生?

越想,我越害怕;越想,我越不敢想。不懂法学的人从事法律工作,虽然禁而未止、有禁难止,但毕竟已经为人们所诟病,所深恶痛绝。在高等法学教育不适当地膨胀的情况下,一些根本没有足够法学教师的高校也办起了法律系。不懂法学的人也从事起法学教育来,不能不令人恐惧。法学的科学性在过去曾受到践踏。似乎只要认识汉字,就可以充任法官、检察官、警察,其他准司法机关人员更是无须什么法学知识。现在假冒——“掺水”已经发展到了法学教育上去。问题还不严重吗?

法律法规是人类千百年锤炼而得的神圣规则,法学教育是自古就被视为神圣的事业,法学教师所从事的无疑是神圣的职业。如果法学课程不是由法学专家来讲授,实在匪夷所思!中国的法律、法治、司法,乃至法学教育本身无一不令人忧虑。不懂法学的人混迹于法学教师行列,他们或许有这样那样的苦衷,其本身也许有值得大众同情的若干理由。往往是,他们原本从事的是他们熟悉的专业,由于社会的发展,或学校的学科调整而使其无法或者难以继续从事原专业,于是改而从事法学教育。其中有自愿转业的,也有被动转业的。不管转业教师的原因是何,道理都是一样的,法学教授、副教授、讲师都可以不懂法学,更不能理解法之真谛,更况乎教鞭之下的弟子。这种法学教师培养出来的法学专业学生,还是法学专业的学生吗?其危害,不知又要多少年才能清除,其给司法实践造成的灾难恐怕是谁也无法估计的。

法学不被特定时代、特定人群认为是科学或学问,就已经是人类的不幸和悲剧。法学啊,您竟然在现代的个别高等学校甚至其法学专业也不被认为是学问,而被按照江湖术士的办法对待,法学,您会自杀吗?一个对您一无所知或知之甚少的人,也可以从事您那神圣而伟大的事业,这简直就是亵渎、侮辱。在法学教育事业上从事管理与领导职责的先生们,您能对法学、法学教育,对中国的法治,对中国的人民大众和社会负责吗?

(本文原载《检察日报》2001 年 2 月 27 日。)

42. “法”的含义随感

法是什么？对于从事法律工作的官员们来讲应当说不是什么问题，对于所有从事法学教育和研究的学者们来说更不是问题。然而真是这样的吗？我以为，不然。其实许多法律工作者和法学教育、研究工作者都并不一定真正了解“法”的含义。有人会反问我：“你是否真正了解了呢？”我的回答是：“也不一定。”我只是想以此作为由头好谈谈自己的见解而已。

在我看来，以存在状态而论，法有三重含义：一是作为法律制度或规范的法；二是指人们观念中的法；三是指社会现实中的法。人们最常见的是作为制度或规范的法。以制度或者规范状态存在的法，它们都是表现为立法成果的法，是立法机关或享有法律制定权的法官的劳动成果。在人们思想中最普遍存在的法不是这种意义的法而是观念中的法。就一般芸芸众生来说，法首先就是其观念之中的。他们往往根据自己对法的理解来诠释法。其实，以观念形式存在的法也不仅仅存在于一般的社会成员的头脑之中，而且也存在于司法官员的头脑之中。在许多司法官员遇到案件时,他们并不一定要立即去查对法典的规定,而是仅仅凭借他们对法的理解就可以作出大致不差的结论。社会现实中的法实际是指运作中的法和作为法律运行结果的法,这种法或许可以称为“活法”,它才是最具有生命力和影响力的法。我们所要理解和实现的法是制度意义上的法,我们所要特别重视的法是观念中的法和现实中的法。

从法的构成来看,法包括法的原理、原则、制度和规范等几个层面。或者说,它们在不同的角度都具有法的含义。法的原理,是人类千百年进行法律实践成功经验的理性总结。法律原理包含了许多基本的法的规律、人情事理与社会经验。它经常是以学说的方式存在的。因此,学说也具有重要的法律意义。尤其是在法的规范不健全或残缺的时候,法律原理更具有重要的司法意义。当年的古罗马,五大法学家的著作就具有一定的法律效力。在伊斯兰法中,法学家们的学说也具有一定的法律效力。由于法院对于民商事纠纷审判的不可拒绝,于是在民商事法律缺乏明确规定的情况下,法学家们的有关学说就自然地会受到司法官员的重视,而得以在司法中运用。法律原则,常常为我国司法官员所忽视。法律原则在司法实践具有的意义是特别重大的,但在我国一直受到不应有的忽视,以为法律就是各种法律规定。其实不然,法律原则远比法律制度或规范更有意义。对于法律原则,法国法学家似乎更有认识:“一般法律原则往往是判案遇到困难的法官的救生圈。这些原则都是笼统的大框框,这就使人能把它们适用于不同的案情。因此当法官需要时,很少能找到一条能解决问题的一般法律原则的情况。因此,这些原则含义的含糊,也使它们特别富于可塑性。它们可以被援引来适用于各种截然不同的情况。”(米歇尔·维拉利语)法律制度和法律规范都是法律的构成部分。它们对于法律具有更大的具体性和适用性。任何法律规范都是法律制度之中的,因此不可将法律制度与法律规范相分离。真正的法律家必须对于法律原理、法律原则、法律制度和法律规范都有深刻的理解和把握。

在明确法是什么时,还必须明白,法不是道德也不是政策。有人错误地将道德等同于法,或者将法等同于道德。其实在我看来,道德是道德,法是法,不可混淆。如果将道德与法相混同就可能导致极为严重的后果,或者以道德代替法律,或者以法律代替道德。以道德代替法律必然会放纵罪犯,以法律代替道德必然会滥施处罚。二者居其一都必然引发极其严重的后果,或者会随意放纵犯罪,或者会随意出入人罪。历史的教训实在是过于惨重,我们必须吸取。也有人将政策与法律相混淆。政策有国家政策和政党政策之分。国家政策或政党政策如果被上升为法,就不仅仅是政策,而且也是法律。如果是仅仅还是政策,就不可被当作法律来对待。法律和政策有各自的分工和使命,胡乱地将二者混同,就必然导致对于法律和政策的混淆,导致相当严重的后果,在中国历史上曾经有极其沉痛的教训。于是我们可以肯定地说:法不是道德,也不是政策,法就是法。我们只能把法当作法来对待,法才具有法的意义、地位和价值,法也才是法。

(本文原载《检察日报》2001 年 3 月 6 日。)

43. “别人都说好”

别人都说好,就好吗？有可能,不一定。但我们并不都能保持这种清醒的认识。有一种证明方式叫引证,我自己在作文时也不断引证。似乎引证得越多,真理就越多。大有“别人都说好,一定坏不了”的味道。其实,在我看来,引证多,只是具有更大的真理的可能性,而并不意味着有引证或引证多的就是真理。

中国有个典故叫作“三人言而成虎”。尽管有“三人”言,谬误还是谬误,始终成不了真实或真理。就个人而言,难免有无知或者糊涂的时候,就群体而言,也难免有无知或者糊涂的时候。个人的无知与糊涂易于克服,而群体的无知或者糊涂就很难克服了。但群体无知或糊涂时,引证群体中其他成员的语录,恐怕终究还是错误。我赞成学术著作应有一定引证,它体现了对于别人劳动与贡献的尊重,也有利于证明自己理论的成立。恐怕没有这样的逻辑:人家都说好,我也说好,因此我就是正确的。因为共同无知与糊涂的事也时有发生。一本著作一篇文章是不是一定要有引证,我深不以为然,关键是文章或者著作中有多少内容是有道理的。对于其他学科,我不甚了了,对于法学著述略有了解。现在有的法学著作引证多到了令人恐惧的地步,实在是不敢恭维。那种一本书一篇文章除了引证就没有自己的论证的,究竟是否一定是最好的作品,的确大可怀疑。

一直都有人保持着这样的思维,外国人都说好的,就一定好。在法学领域,外国人似乎一直都在称道中国的调解习俗和调解制度,于是调解就是法宝了。于是就有人津津乐道于发扬调解的国粹,甚至不惜滥用调解——强制调解或胡乱调解。对调解的意义,我并无异议,它是当事人权利自主性的充分体现和最经济的纠纷解决方式。但是,如果是因外国人称道,我们才坚持和固守,或由此推论,调解是权利的放弃,放弃权利——息事宁人(息诉宁人)也是最好的,问题也就大了。外国人对于中国调解习俗或制度的称道,恐怕并不是基于放弃权利的考虑,而恰恰是基于对于权利自主性的尊重和解决纠纷的经济性质——成本低而效益大。调解始终应当是自愿的,所以我们才批评那种强迫调解。强迫调解只能是对于权利的漠视与侵犯。

再则,外国人对于权利显然素来比中国人更为重视,有时甚至在我们看来重视得多少有些过分。争讼好斗似乎是外国人的一种秉性。他们在争讼文化下,特别羡慕我们的调解,就不难理解了。就像天天食肉者,特别想吃蔬菜一样。我出生于中国的贫穷农村,从小就以吃肉食作为享受,至今还保留了这一积习。我很能想见,我们天天吃的都是蔬菜,还以外国人都喜欢蔬菜为由而弃肉食于不顾的失之偏颇。如果我们一定以外国人的标准来看问题,不具体问题具体分析,后果当是危险的——体质的下降或者难以强壮是无法避免了,因为营养不良。

别人都说好的,可能好,未必一定好,因此,关键要有自己的思想,而不是人云亦云;关键要具体问题具体分析,实事求是。既不可挟古人以自重,也不可挟洋人以自重。我们属于我们自己,属于我们所处的特定时代与特定环境。所倚重的只能是理性,而不是直觉。

(本文原载《检察日报》2001年3月14日。)

44. 一元钱、一分钱与诉讼

一天,11 岁的女儿与她妈妈逛街归来,她满怀不悦地对我抱怨道:“妈妈有时真是有些烦人!”我急忙问:“怎么了?”她说:“今天妈妈为售货员的态度不好和多收了一块钱,就跟人家售货员争吵起来,弄得我都觉得好没面子。”我笑着问:“有这么严重?你还这么看重你的面子?”她伤心地说:“我再也不跟她逛街了。”我知道妻子的为人,肯定属慷慨之列,断然不会为一块钱的小事与人争执。

于是我就问妻子是怎么一回事,她告诉我说:“售货员的服务态度相当不好,而且账算错了也不道歉,还振振有词地说多收一块钱没有什么了不起,骂我小气,我当然就不服气了,于是就争吵起来。你女儿老在旁边拉我的手,叫我走。”说着她也笑了起来。

近来为一元钱甚或一分钱而争议的诉讼时有发生,于是不同的议论鹊起,肯定“好争者”少之,“批评”“好争者”却越来越多,好像的确是好争者错了。似乎他们既不懂得中国“忍让”的传统美德,也不懂得诉讼成本。

你们看,“忍让”的传统美德多好呀！人家少给了您一元钱,您就当没有这一元钱;人家少给您十元钱,您就当多打了一次的士;人家少给了您一百元钱,您就当被扒手扒了,或者施舍给了乞丐;人家少给您一千元钱,您就当生了一场大病,住了一次医院,等等;您没有不能忍让的。还打什么官司?孔子早就说过,听讼,吾犹人也。必使其无讼乎。没有纠纷,没有诉讼,这世界会变得多好呀。可是这是真的没有纠纷,没有诉讼吗?是善良者在麻木,在忍让。在您的自我麻痹中,邪恶并没有减少,而是被您有意无意地助长了。

为一元钱甚或一分钱去争吵,去打官司,多不值得呀?您算过成本吗?花一千元的诉讼费,将法院折腾一番两番,竟然只是为了一元钱或者一分钱,有病！我在想,人啊,如果只是金钱的动物;人间啊,如果没有正义,这样的看法一定是真理。遗憾得很,人还有比金钱更可贵的东西,那就是权利、公理、尊严、正义,等等。有了这些,也就有了“要说法”“人活一张脸,树活一张皮”“不蒸馒头争口气”等俗语。

其实,我以为,那些敢于为一元钱甚或为一分钱去跟人家打官司的人才是最值得敬佩的。在他的心目中,他的诉讼才是真正未为金钱所累。他们是凭自己的信念,或者是为了自己所认定的“公理”“正义”,或者是为了他人或者社会的利益,去抗争的,而且是循着法律的途径——通过诉讼去抗争,他们是高尚的。请问您和我是否有这样的勇气和精神?对于您,我不敢断言。而于我,却可以肯定地说,我想,但我不会。相比之下,我的怯懦就可见一斑了。您要知道,我可是一个有长达二十年学法历史的学者啊。

那些责备为一元钱或一分钱诉讼的文章,最好不要让我们的法官看见,不要让对司法享有监督权的检察官看见,也不要让人大代表、人大内务司法委员们看见,当然也不能让政法委员会的同志看见。他们看见了,都接受了,那一元钱、一分钱的官司就只有败诉了。我不能不准法官、检察官、人大代表、政法委员等读这样的文字，当然也不敢剥夺那些责备者的“责备权”。唯一希望的是我们的法官、检察官、人大代表、政法委员等能有一点或多一点法治化的“唯权是护”的权利意识、公平正义的价值观念。唯其如此，中国的法治也才有希望。

尽管我赞颂为一元钱、一分钱而“起诉”维权的“原告”，但是我还是认为，作为国家的立法则应有更深层次的考量：如何切实保护每一个公民的每一项合法权益，而从根本上杜绝一元钱、一分钱诉讼的发生？

（本文原载《检察日报》2001年3月20日。）

45. “不予受理”与“驳回起诉”

时有所闻,有的人民检察院惯于对申诉或者控告“不予受理”,人民法院对于原告的起诉惯于“不予受理”或者“驳回起诉”。听罢,不觉总是我心忧忧。

“不予受理”或者“驳回起诉”,是多么轻松的一句话啊! 其实它是那么沉重。假如我不是作为一名法学教育工作者执教于高等院校,或者我是一个检察官或者我是一个法官,也许天天都重复着这样的话语。在以前我没有什么感慨。等我了解了若干案例之后,我终于发现这句话是那么有分量。检察官们,法官们,我们要“不予受理”或“驳回起诉”时,当谨慎啊!

如果您是检察官,当您说出“不予受理”时,也许就意味着犯罪分子从您这句轻描淡写的“不予受理”中逃脱了惩罚而继续为非作歹,危害世人,蛀虫还是蛀虫,罪犯还在犯罪;也许就意味着受害的老百姓或者国家的合法权益无法得到救济,还会遭到无端的侵害,承受着本不应承受的灾难。我不知有关的检察官是否想过:申诉者、控告者或者其他被侵权者也许会因此“不予受理”而不再信任检察机关，不再信任国家机关，不再信任国家；也许会因此而失去生存的信心，或者会永远的失去本不应失去的希望。刻骨铭心的他们难免会抱恨终生。您知道一句轻易的“不予受理”的后果吗？

假如您是法官，后果将同样不堪设想。如果您是立案庭的法官，您与民事（经济）、行政审判庭的法官是不完全相同的。您几乎天天都会以口头的方式宣布对某个起诉“不予受理”。您也许没有想过，由于您的“不予受理”，老百姓甚至连进入司法程序——获得最后救济的可能——的权利也被您剥夺了，当然更不可能有什么上诉的权利。结论只能是“告状无门”。或者是告状者忍气吞声，或者是孕育着更大的纷争和更为严重的后果。如果您是从事民事（包括经济）、行政审判的法官，您或许将立案法官的“不予受理”转变成为了“驳回起诉”。您的理由也许仅仅是在法律制度或法律规范上找不到具体的规定，您就轻易地采用了最简洁的“驳回起诉”。这种现在应当说是比较普遍的司法现实。凡是找不到裁决的现存根据的案件，法官们总是乐于以“不予受理”或“驳回起诉”来解决。殊不知您的行为将会导致受害人的权益无法得到保障。您在表面上没有判决，实际上却作出了剥夺原告诉权的判决。您好像获得了没有审理案件、没有作出任何裁决的“心安理得”，但受害者的权益却可能因此而永远而得不到保护。您是一个智者，您就不应当有内心的安宁与平静。您不是没有审判，您实际上是宣判剥夺原告的诉权。这当然是您始料所不及的，但结果恰恰如此。法官啊，“驳回起诉”与“不予受理”，一样应当慎重。

从这里我想到了这样的问题，为什么有的检察官会随意地对于申诉与控告“不予受理”？为什么有的法官会随意地“不予受理”或“驳回起诉”？原因可能在于您对有关法律缺乏把握，不敢或不能作出确信的法律判断。原因也可能在于缺乏为人民服务的精神。多年来为人民服务已经在有的人的心目中成了口号和套话，实际中并没有放在心上。在遇到自己把握不了的情况时，就以“不予受理”或“驳回起诉”相敷衍。在您的轻松的敷衍中，公民的权益，也许就丧失了获得保护的机会与可能，甚至为您所剥夺。

（本文原载《检察日报》2001年4月3日。）

46. 药方与病症

“对症下药”这一成语兼俗语的正确性，当是无人怀疑。人人吃五谷杂粮，人人有肉体凡胎，都难免会生病；生病了就得服药；所服的药，必须对症。否则，轻者无法治病，重者祸及病体，更为严重者甚至会置病人于死地。对于人体疾病与用药的关系，是一切智力正常者都不会怀疑的，是医疗与医学界所必须重视的，也时时——至少为绝大多数医者在绝大多数的情况下所重视。但对于社会病变与调治药方之间关系的理解与处置则未必尽然了，这是政治、法律、法学界所必须认真对待的。

曾经，某地两所著名高校知识产权被严重侵犯，不法之徒随意侵犯其知识产权，这当然是社会病变了。不知是谁开出了“药方”，由有关工商部门为两所高校进行定点、长期的指导，以维护其知识产权，且已经付诸实施。新闻媒体当然认为这是工商部门的壮举，是两所高校的幸事，是法治之举，予以了表扬。我则认为，这道药方不仅无益而且有害，社会将因此而蒙受不必要的损失，法治不仅得不到维护，而且可能会遭到破坏。

我的意思并不是说两所高校的合法权益不该维护，更不是说违法者不应当受到打击。我的意思是，两所高校的知识产权被侵犯了，而且被严重侵犯了，从社会道义和法律的双重角度，侵权者当然有责任，有关机关也理当予以保护。但是从理性的角度思考，这些知名高校是不是有些缺乏权利意识？知道自己权利受到侵犯，不运用现存的法律来维护，而去谋求行政权力的干预，正常吗？行政权力机构——知识产权行政主管机关直接为两所高校服务，而其他高校则没有或无法得到这种服务，这公平吗？对高校服务，不对研究机构服务，公平吗？行政权力对两校的直接保护，那些被指认为侵权者的主体，可能得到法律面前的公平处罚吗？如果工商部门直接定点保护两高校，工商部门与两高校之间是什么关系？保姆与婴儿的关系？政府与“民人”的关系？上述药方符合二者的正常关系吗？两高校本可分别不同的情况依法求助于有管辖权的司法机关、行政机关，司法机关、行政机关只应将其与其他同类主体平等对待。该保护的坚决地给以保护，而且是与其他主体同等的保护。而这种长期定点保护，当然是“特殊”保护了。这是不是特权？有了如此行政机关，司法机关还有用吗？

以上仅仅是一个小小的例证。其实社会实际中类似的例子实在太多。一个不懂法的机构执行法律，给社会造成了重大的损失，于是人们想方设法去另找一个也不懂法的机构对前者实行监督。一种现存事实有问题，又去用一个有问题的方法去解决。旧的问题没有解决，新的问题又相继产生。一个疾病未能治好，由药所产生的问题又出现了。

数年前，我女儿腹泻不止，持续数月，我夫妇俩为其求医不止。医者为最权威的儿科医疗机构，看病者也是专家门诊中坐堂的专家。西医不行就换用中医。可越服药，情况越糟，我们百思不得其解，后遇一新发药者，特嘱我回家务必将药中的“地黄”炒熟后再熬。我顿时反问：

“以前都没有炒熟啊?”发药者问:“吃过几副药了?”我说,“已经好几副了。”他大惊:“生地黄乃泻药。怎可将生地黄用于止泻呢?”

我顿时明白了女儿腹泻久治不愈且时有加重的原因,我愤怒了,发药者哑然。我向其千恩万谢般地离开了。回家将地黄炒熟后再与其他药同熬,稍服即愈。每想到此,我就感到心忧不已:发药者药发得不对,还能治病吗? 处方、发药者,都要小心!

(本文原载《检察日报》2001 年 4 月 24 日。)

47. 且说“政府不能再败诉”

近来读到一篇文章,其大声疾呼:政府不能再败诉了。文章说,某省各级政府在去年一年的所有行政诉讼中全部败北。其言谈之中充满对于政府的同情与关爱。对此我毫无异议。一个省政府及其属下的各级政府在一年的所有行政诉讼中都败诉的事实,是应当引起我们警醒的。但是其对原因的认识,和所得出的结论,是尤其值得我们注意的。

是什么原因导致了政府的败诉?第一个原因可能是,法院故意与政府过不去,成心要让政府败诉。这不大可能。因为这一原因或结论的成立,必然会是各级法院甚至统管全国的最高人民法院也会与该省有关政府都过不去,我不大相信。一家法院与政府过不去有可能,所有相关法院都与政府过不去,就不太可能。法院与一级政府过不去,有可能,与全省各级政府都过不去,则不可能。如果真是相关的所有法院都与相关的所有政府都过不去,那么该检讨的就不仅仅是法院了,政府可能更应当检讨。其实,那些敢于让无理的政府败诉的法院和法官们是多么值得敬重啊！政府无理就让政府败诉的法院和法官,正是中国建设法治和法治国家所必需的,也是人民法院中“人民”这一规定性的本质要求。他们是在用司法的手段关爱政府和推进法治,依法行政也许就可以在这里起步。

第二个原因可能是,极个别老百姓过于“刁蛮”。“要刁”肯定是“民告官”增多的重要原因之一。但是无论您民怎么告官,告官的案件总不是由民来裁断的,民的胜诉与否并不是由民所决定的。既然是由非民的法院和法官来裁断的,我们有什么理由把政府败诉的责任强加在百姓的头上呢？试想想,多少年来,老百姓总是人为刀俎,我为鱼肉,在共和国走向法治的时代,才获得了一个告官的机会,我们不为老百姓高兴吗？他们不仅可以告,而且还可以胜诉,多么巨大的变化啊！我们应当为之欣喜才是。

第三个原因可能是政府自己违法或不懂法。因为政府的什么原因？可能是政府的违法。政府违法了,当然应当对人民承担责任。只有敢于承担责任的政府才是真正的人民政府。我们的革命,我们的法治,我们的一切的一切不都是为了人民的利益吗？为了人民的利益而败诉又算得了什么？应当！值！关键是我们不能一再地侵犯人民的权益,当然也不能一再地败诉。也有人会说,有些案件不是政府违法,而是政府不懂法或者不懂诉讼,在法庭上“斗法”没有斗得过老百姓。这话就更值得思考了。第一,在一个百姓与政府都作为一方当事人的“斗法”中,政府的法律知识还不如一个百姓,就这一点就足以引起政府的反思了。第二,人民法院也不会因政府不懂“斗法”就让他败诉。我相信绝大多数法院和法官他们所依据的还是事实与法律。

政府败诉了,去找找原因是必需的。什么原因都可以去设想,但是最不可以忽略的还是应当思考:自己的行政行为有无违法？在哪些方面违法了？今后何以不再违法？不违法也就不会败诉,岂不是皆大欢喜？人民的权益有了保障，政府的形象有了光彩，人民法院也少了"讼累"，多好！我们惊呼政府不能再败诉了，是对的。但政府千万不能用对法院施加压力，用违法或非法的方式来胜诉——那本身又是违法，而应当用我们严格的依法行政来减少诉讼和赢得诉讼。若此，则政府幸甚，法院和法官幸甚，人民幸甚。

（本文原载《检察日报》2001年6月。）

48. 抑制不住的浮躁

浮躁已经成为一种新型流感，稍微不注意就可能被感染。据说，人文社会科学界都有这种病毒在传染。对于其他学科的详情我不知道，但法学界的情形的确让我心惊。古人常说“文章千古事”，甚至明誓“语不惊人死不休”。今人也说，“板凳要坐十年冷，文章不写半句空”。这都是就写文章来说的。每每看到或想到这些，我就觉得脸红。

快餐文字，对于消遣性读物尚无不可。在现代高速发展的社会中，谁能说快餐就没有意义呢？您在繁忙之中，没有时间去烹饪，有快餐吃也不错。人们在一定意义上也需要快餐。但是我想，我们不能天天、顿顿都吃快餐。如果全世界都只有快餐，那么高级厨师就没有了，烹饪的艺术也会随之消失，谁还知道有美味；而我们的胃口就可能被彻底败坏，甚而出现既厌食又饥饿的惨态。于此，法学界要特别警醒，因为法学是很容易生产出快餐的。因为一个案例就可以写一篇文章，几十个案例就可以出一本“专著”。因此，法学学者尤其要避免过多地制造快餐文字，否则自己干消灭美食、败坏胃口的傻事，还在那里自以为是，还在那里自鸣得意地盘点生产了多少科研成果。

一个作家一年写数部小说并不鲜见。因为作家从笔底流出的是臆想与情感。臆想与情感，可以若滔滔江水一泻千里，奔腾而出。人物与场景的描述也颇费笔墨。但像写小说那样做学问，显然不行，没有这种做学问的方法。因为做学问需要思考和论证。即使是那些一年能写多少部著作的学者，成果出在某一年，其实其准备工作肯定不止一年，甚至是许多年的积累或连续工作。

因为思考和论证，在一定学术基础上，需要的是心力和时间。对于学问，二者缺一不可。写作不仅是脑力劳动也还是一定意义上的体力劳动。不管是什么劳动，只要是劳动，都得有一个过程。浮躁是害己更害人的恶习。人们就说我们都不浮躁吧，都认真起来。但要不浮躁也难。因为现实并不允许人们有十年磨一剑的精细入微。单单是一个评职称，如果您的意志不够坚定，或者没有注意日积月累，形势就会逼着您去制造若干的文字垃圾。现实中评职称学术成果的"数字化"倾向也助长了这种恶劣的学风。多少人能够彻底超然？那倒霉的职称总是与浮泛的社会评价、单位的工资福利、住房分配条件有这样那样的联系。不为其所动得有些定力才行。

一旦您当上了教授，满以为可以认真做一点真正的学问了。但结果并非如您所料。您所在的学科也许还需要申报博士点，或者您本人还得申请当博导。上博士点、当博导无一不需要大量的科研成果作为条件。您为了在短期内制造出那么多科研成果，岂能不发点水？凑数的文章还不能不做。无论是内行还是外行都不会轻易地说写作 10 万字的教授会比写作 20 万字的教授更有学问。我们可以责备社会，但是您凭什么说您的著作就是精品，别人的著作就是赝品。本以为当了教授就不俗气了，结果当了教授也脱不了俗，甚至还更俗气，以至俗不可奈,连自己都不信任自己。

想想自己这么些年的文字,时常都脸红心跳。究竟有多少文章或者著作能在人家的书架上摆上十年八年?究竟何时能真正免于浮躁?我期待着,但不敢肯定地回答。

(本文原载《检察日报》2001 年 5 月 1 日。)

49. 政报和法律的公开

政报是各级政府行政的重要文件。以前总是多多少少地具有神秘的色彩。两月前,在某直辖市的地方报纸上见到报道,新的一年中在其街头报亭中将可以出售和购买地方政府政报。该报的一短评对此大加赞颂,我亦深为钦服。

在世界上的许多国家,人们都能够在其市政大厅或省政府大厅随便获得政报乃至相关的法律文件,这都不足为奇,在中国的确是一件罕见的事情。先说法律,中国的法也许就是从“临事制刑”开始的,逐步过渡到成文法的产生,才有了成文法的“藏之于官府”。虽然同时也讲“布之于百姓”,而且这也有两千多年的历史了,但是如何让百姓真切地了解法律,确实是中国数千年以来都一直没有解决的问题。在历代的官员看来,民众是否知道法律并不重要,重要的是百姓不要违反法律。一旦胆敢违法,那当然是定惩不饶。至于百姓知道与不知道法律,对于法律的执行来说是没有影响的。这种观念一直影响和延续到现在。细细想来,这是很不公平的。人民既然不知道法律,人民又怎么能遵守法律或者不违反法律呢？制定法律的人不让人民知道法律，又有什么理由要求人民去遵守或者不违反人民并不知道的法律呢？也许是孤陋寡闻，我从来没有看到中国哪一部理论著作发出过这样的疑问。倒是乡间的老百姓一旦稀里糊涂地违法要被追究责任了，他们则会发出这样的疑问：我不知道有这样的法律啊，但违反了也要承担责任?！但是在这时，同样没有人认真对待这种疑问。即便是那些得人钱财为人"辩护"的"辩护人"也多是一本正经地解释说，"法律并不因为你不知道而违反了，您就可以不受处罚。"老百姓也会似懂非懂地带着疑惑承受了处罚，接着又是新的不知法的违法者发出同样的疑问，"辩护人"又重复地解释着，学者们依然熟视无睹，社会依然按照既定的轨道在麻木不仁的路径上前行。那委屈的疑问竟从来没有引起过足够的正视。法律尚且如此，至于那些政府规章或其他各种政令，更是以"藏之于官府"而人所不知著称。

随着法制建设和法治发展，法律的公开性越来越受到人们的重视，普法开展了起来，法律文件的出版发行也受到了空前的重视，并大抵可以在大城市或部分乡镇的书店里买到。但是政府一向以文件形式发布的各种规章、政令，于老百姓来说，还是秘密。往往还是要有一定级别的领导或者干部才能阅读。现在，这一在过去被视为神圣而神秘的文字，也可以在大街上见到；就是一般的老百姓也可以通过购买的方式而获得知悉，多么巨大的变化！我们不能不由衷的高兴，并为之欢呼。

带着美好的感受到哈尔滨参加一个学术讨论会，一到哈尔滨国际机场，一眼便看到在免费阅读架上整齐摆放着的《黑龙江政报》。下榻到某酒店，其酒店简介的塑料文件夹中竟然又有一份最新的《黑龙江政报》。我震惊了，不禁自语："谁说南国春来早，原来法治春来南北同啊！"甚至北国的黑龙江更有创意。我盼望着：在不久的将来最好就在这个春季，在中国的每一个机场，每一个宾馆，乃至每一个公共场所，人们都能自由地、免费地阅读所在地区的地方政报，乃至我们国家和地方的法律法规文本。人民啊，一定会为自己生活在一个开明的社会或地区而庆幸。因为，法律和政令的公开，并不必然导致民主和法治，但民主和法治都需要这种公开作为基础。法律和政令的公开，不仅是人民作为法律遵守者的了解权的内容，也是人民作为国家或者地方主人行使当家作主权力与权利的客观基础与首要条件。

（本文原载《检察日报》2003 年 2 月 11 日。）

50. 法律与英雄

近来,由于一部名叫《英雄》的电影的走红,“英雄”又成了人们谈论与思考的话题。什么是英雄?根据一般的理解,都是指那些才能超群出众,行侠仗义,勇于牺牲的人物。英雄,在武侠故事中总是那些武林高手中敢于行侠仗义的好汉;英雄,在战争中总是舍生忘死的勇士。英雄总是令人起敬的,英雄的行为总是为人们所称道的。在人们看来,但凡英雄都具有很高的才能、很好的德行和牺牲的精神等美好的品质。如果没有好的才能,英雄根本就不能成立,这是英雄得以确立的首要条件。如果没有德行,英雄也无法成立。即使是那些很有才能的人物,如果在道德上为人们所诟病,人们也往往宁愿称其为枭雄,也不愿意把英雄的称号馈赠与他。具有了前面两点之外,还需要有在关键时刻的勇于牺牲的精神。这是对于英雄的最实证的检验。古往今来,人们的英雄观强化了英雄崇拜,反过来,人们对于英雄的崇拜,又不断地强化着人们的英雄观。英雄越来越具有神圣、伟大的光环,矗立在历史中,更矗立在人们的心理与记忆中。当遭遇不幸或面对困难时，人们总是渴望英雄的出现和英雄的帮助。英雄又成了人们的心理寄托和心理期望。想想中国的古代的四大文学名著，其中有三部都是描写英雄的，它们是《西游记》《三国演义》《水浒传》，只有一部《红楼梦》才是少许少了一些英雄的情结，多了一些儿女情长。其实就是《红楼梦》，也还是没有忘记要塑造一个具有英雄气概的柳湘莲和尤三姐。以至于后来的"红楼戏"还要单独将这二位"英雄"的故事独立成篇地加以特别的演义和演绎，可见英雄是多么令人难以忘怀。旧式小说中那些美丽的女性，都被描写成为英雄而侧立，不过是英雄的陪衬和点缀。与英雄并存的美人，不过是英雄塑造者或怀念者奉献在英雄圣坛上的鲜花。

与英雄联系的往往是替天行道、杀富济贫，路见不平，拔刀相助。很难将英雄与法律联系起来。也许是由于职业的原因，在一次偶然的关于"英雄"的对话中，我居然想到了上面这个主题——也是这篇随笔的标题——法律与英雄的关系。有点好笑地自问：法律与英雄是什么关系？法律中的英雄是怎么一个形象？法治中需要英雄和会有英雄产生吗？

我以为这些问题并不能简单地回答。古今中外的英雄们似乎都常常漠视法律，甚至践踏法律。水浒英雄中的武松、鲁智深、林冲，等等，如果我们忽略掉那时法律的本质，就完全可以说他们没有一个是遵纪守法的。他们既是那个时代法律的受害者，也是那个时代法律的破坏者。在孙悟空的眼中，王法是不可怕的。作为齐天大圣的他，天地鬼神尚且不怕，难道还怕人间的法律吗？至于刘备、关羽、张飞和曹操，当然也不好说他们都遵纪守法。曹操有过一次"割发代首"的自罚，就已经是件不得了的壮举了，我们还能希望他会是一个守法的"公民"？还能希望他"国王"犯法与庶民同罪？显然不能。战争常常是不遵守法律的。法律至多只是打扫战场——处罚战犯等的工具，而不是战争本身的准则。至少我们还很难听说那一场战争是完全依法进行的。

那么历史上有没有英雄遵纪守法的？我想应该有，那些见义勇为的英雄中相当多的一部分都是遵纪守法的。至于有没有除见义勇为者之外的遵纪守法英雄，则是由于我的孤陋寡闻而尚未听说。因为遵纪守法者除了见义勇为者外，实在是难以作出英雄的壮举。如果有，我们对他们应当持怎样的态度呢？当然是欢迎和钦佩。为什么见义勇为之外难以产生遵纪守法的英雄呢？我想这是由于：一是法律是一种规则，而且是一种以义务规范或禁止规范作为主要表现形式（尽管实质上也许是以权利为目的）的规则。在严格的义务或禁止规则之下，难以产生壮举，是自然的事情。二是法律特别强调程序。在严格的程序之下，理性就必然成为主导和基本的东西，而英雄更多地依赖情感，甚至依赖的是一种豪情。

难道法律与英雄就是矛盾的吗？不是的。在法治状态中，也还会有英雄，也还需要英雄。因为在法律存在的时代，违法犯罪都是不可避免或难以禁绝的。只要有违法犯罪存在，法律英雄就有存在的价值和意义。其实，在非法治状态之下人们和社会更需要法律的英雄。在中国人治社会中，那位敢于对昏君和奸臣下手的包公，岂不是英雄？那位无视权贵、执法如山的海瑞也堪称英雄。至于古代公案小说中塑造的破案如神、执法如山的狄仁杰，也同样会无愧于英雄的称号。在从非法治走向法治的历程中尤其需要英雄，而且需要的是那些大英雄。他们的英雄行为或许表现为仇视一切违法犯罪，敢于同一切邪恶势力做斗争，并具有大智大勇、无私无畏的气魄；或许表现为无视一切王公贵族，坚持“国王犯法与庶民同罪”，秉公执法。

在非法治状态之中或者在走向法治的历程中，更有一种英雄，他们身居高位，手握重权，但是他们为了法治的实现而敢于牺牲自己。他们是敢于为自己的法治理想而献身的勇士，他们的牺牲是千百万人民能过上民主法治的太平日子的代价。这是一种多么高尚的品德。他们才是法治建设的脊梁和希望,他们才是法治发展中的英雄。这正是我们这个时代的期待。

(本文原载《人民法院报》2003年4月7日。)

51. 老师，学生的引导者

第一次知道李步云教授的大名，是他到西南政法学院（后来的西南政法大学）给全国法学基础理论教师培训班讲课。1980年秋，我刚刚通过高考进入西南政法学院政法专业（后来的法律系）学习。也正是在这一年的秋季，司法部在西南组织了全国法学基础理论教师培训班。全国的许多法学理论的教师都因此来到西南学习。培训班讲课的教授除了西南自身的教授之外，还邀请了一大批名家，其中就有李步云教授。他在西南的讲课被录音、整理出来，由西南政法学院自己印行，后来发给所有的学生作为法学基础理论课程的学习参考资料。在这个资料上，我学习到了许多东西。印象最深刻的是，李老师对于法制的论述。许多见解拿到二十几年后的今天来看，仍然具有不容忽视的深意和新意。即使是对一些细微学术问题的讲解也表现了他治学的严谨和独到。记得在那时他就讲述了“法律部门”与“部门法”，“法学部门”与“部门法学”的差异。我深为老师严密的逻辑思维能力和独到的学术见解所折服。

第一次认识李步云教授,是在1990年11月的一个寒冷的冬夜。当时,中国法学会组织了“全国社会稳定的法律问题研讨会”,会址在北京西直门的国务院第二招待所。临行前,我的硕士研究生导师卢云教授找到我说,到北京去后,你代我去看看李步云教授。我有一封信,你务必带给他。并说,现在是他很困难的时候,朋友们应当给他安慰。

我理解李老师当时的处境,我也理解卢云教授的心思。那年的冬天似乎来得特别早,11月下旬天就冷得不行。白天开会没时间去拜访李老师,只好晚上去。那天晚上,天特别黑,还下着大雪,寒风刺骨,使在西南长大的我感觉像进了天然冷库一般。我走在路上,身子直打颤。我好像赶了两趟车,东问西问,才到了在一个非常黑暗的胡同的四合院中的李老师家。李老师热情地接待了我。我转交了卢老师的信,转达了西南其他几位前辈给他的问候。他一一询问了各位朋友的近况,然后让我代为致谢,并告诉了我关于他的近况,让我转告他的朋友们。我们都知道他那时的困难,甚至是艰难,但他还是那么乐观和豁达。简短的客套与问候之后,就兴致盎然地和我探讨起学问来。其实,作为学生的我,更多的是默默地聆听。

第一次与李步云教授共同开会,是在1991年的夏天。那时,学术界的形势也像天气一样温暖了起来。由卢云教授发起,西南地区的法学理论专家学者汇聚在四川大学法律系,召开“西南法律人权学术理论研讨会”。西南之外的中国社会科学院的李步云教授、韩延龙教授来了,西北政法学院的邵诚教授也来了。会议开得特别成功。这时,国内学术界的人权研究刚刚开始,大家兴致勃勃地探讨了什么是人权,什么是法律人权,国内法律人权的基本状况等基本而重要的问题。会后,我们集体去参观乐山大佛,去登峨眉山。那时的条件还是比较艰苦的,旅途也特别劳累。但是几位老教授都和年轻人一道走完了全程。在几天的学术和游览活动中，我作为游览活动的组织者和参加者之一，有更多的机会和李老师在一起，更多地聆听了他和其他老师们的学术见解。自己的眼界也得到了很大扩展。李老师对于人权与人的社会属性和自然属性的观点，我深为钦佩，对我一直很有影响，而且直至现在乃至将来。

第一次听取李步云教授对自己的学术指导，是在1998年的春季。随着我参加学术活动时间的增加，和李老师见面的机会也多了起来，得到的教益也不断增加。1998年1月，经国务院学位办批复，同意我以同等学力申请中国社会科学院研究生院的博士学位。李老师又与韩延龙老师同时成为我的博士学位导师。登堂入室、名正言顺的师徒关系，给了我更多的向李老师请教的机会。我永远都无法忘记我们一次次师徒夜话的情景，无法忘记他在我博士论文上的圈圈点点。他对学术的宏观把握，自然人所共知，其实，他在句读之间的一丝不苟，也同样透露出他的严谨和严格。对待学术的态度，如同他的为人，总是那么坦诚。赞同与反对，肯定与否定都十分明晰，但是他从不强迫我们。即使我们是他的学生，他也以他的宽厚使我们获得进一步探索的勇气。每当李老师谈起他的学生们，他那种真诚与关爱总是溢于言表。每当我们与他在一起，就有一种受到熏陶与提升的感觉。我从自身的成长中体会到，他是一个非常传统的中国式导师。他所引导的不仅仅是学生的学术，还有学生的人生修为与事业发展。作为导师，他对于学生的指导并不限于他作为导师的工作时间。而是，一旦成为他的学生，他就会关注你的一切，关注你的现在，你的未来。他总是用那理智的思想，引导你而不是强迫你，去寻找你自己应有的人生道路。他以法治与人权理论家的独特思维，明确地引导着你，也充分地尊重着你。

在庆祝老师七十华诞的时刻，作为学生的我，当然要更多地为老师祝福,希望在老师的带领下,与老师一道去探求更多的学术真知。我以为,老师的榜样与教导永远都是照亮我人生与学术的心灵之光。老师,指导着我前行!

(本文原载刘作翔等编:《法治理想的追求》,中国政法大学出版社2003年版。)

第二编　大有庄的沉思

52. 立法发展与司法改革的新契机

完善市场经济体制的宏伟目标,为中国立法发展与司法改革带来了新的发展机遇,也给我们提出了新的挑战。具体地说,立法任务变得更为艰巨,司法改革变得更为紧迫。

一、立法发展依然是法制建设的首要任务

从立法上讲,改革开放 20 年来,我们取得了史无前例的重大成就。据统计,到目前为止,全国人大及其常务委员会所制定的法律性质的文件已经近 440 件,国务院制定的行政法规已达 900 多件,全国各省、自治区、直辖市的地方性法规已达 9000 多件。用成千上万来形容中国现有的法律法规毫不过分。

基于这些数字,有的学者便认为,中国法律法规已经制定得太多了,而制定出来的法律法规又普遍没有得到很好执行,因此得出结论说,中国应该放慢立法速度,提高执法水平。这种认识的前半部分,是颇有道理的。

我们的立法数量的确非常庞大,庞大的立法也的

确没有得到很好实施。据有关法学家调查,目前我国各级人民法院在其裁判文书中所引用的法律法规,总量也只在30~50个,绝大多数法律法规都没有能够进入司法人员进行裁判的视野,至少没有通过司法裁判的方式得以实现。

法律的一个非常重要的属性就是可诉性——可以进入诉讼,作为法院裁判案件和解决纠纷的依据。这种既有立法无法进入诉讼的情形,不能不引起我们对于执法的忧虑,并提出提高执法水平的要求。但是,并不能因此就认为我们的立法已经够了。

尽管改革开放的20多年来我们的立法数量很大,但依然不能满足现实社会的需要。我们要清楚地认识到,中国改革开放之前有30年的立法短缺。改革开放初期的大量立法都是填补空白式的急就章。急就章的量度当然会很大,急就章的质量也就难免粗疏,所以,我们现在面临的任务就由以前的一个——“实现有法可依”,变化为两个:一是继续填补空白,实现有法可依;二是根据形势的发展,对已有的立法进行完善,实现“有良法可依”。

这两个方面都给我们的立法工作提出了不可忽视的要求。从填补空白的意义上讲,作为市场经济基本依据的民法典尚未制定和颁布。

没有民法典,我们的物权制度、人身权制度、知识产权制度都难以很好建立,我们市场经济中许多行为就没有法律的依据,我们市场经济发展中的许多纠纷就没有司法裁决的准则。

从完善立法的意义上讲,我们在市场主体,中介组织,市场交易,以及预算、税收、金融和投资方面已经有了一些初步的立法,但是在改革开放和市场经济的发展进程中,它们已经不能适应形势发展的需要了。完善相关立法,又成了我们立法上的重要任务。

二、司法体制改革是司法改革的第一要务

一个时期以来,司法改革的呼声不断高涨,司法改革的探索也众彩纷呈,然而司法改革似乎很难有效推展。为此,《关于完善社会主义市场经济体制若干问题的决定》特别强调要“推进司法改革,维护司法公正”,把司法体制改革作为司法改革的首要任务加以了特别的确认。这对正在进行的司法改革的深入而有效的进行,具有极为重要的意义。

司法改革从表面上看可以找到很多切入点。我们可以从司法的内在程序入手,也可以从对于司法的外在监督入手。

从司法的程序来看,当然有许多值得改革的方面或环节。但是,司法程序的改革,只能使司法的过程变得更为合理,它并不能使司法在体制上获得革命性变革。因为它是局限于司法体制之内的修补。囿于既有的司法体制,司法程序完善的效用将会是有限的。司法监督是必要的,但是过分强调司法监督的作用,甚至在一定程度上忽略了对于司法体制的改革,显然是舍本而逐末。

我们如果不从司法体制上作文章,一味地强调加强法律监督,结果也许会事与愿违。

我曾经看到一个资料说,英国向澳大利亚移民的时候,当初在英国出发的码头查点人数,根据人数支付运输费给船主。结果被运送的人大量死亡在途中。英国加强了所谓的监督措施,依然无效。后来,英国人将查点人头、支付运费的地点,改在到达澳大利亚的港口。情况一下子就改变了,死亡的人数锐减,甚至整船整船的人都无一伤亡。这一例子对我们关于体制与监督的比较性思考,是非常有意义的。

再如分蛋糕的例证,也是这样。无论你怎么监督,要确保蛋糕被最均匀地分配总是困难的。其实,只要我们采取一个简单的措施,即切蛋糕者始终只能取最后一块蛋糕,问题也就很容易解决了。这不同样也

是体制比监督更为首要的例证吗？

我在这里没有贬低监督或否定监督的意思，仅仅是想说明，我们需要把体制的设计与变革放到首要的位置，加以优先的考虑，我们的司法改革才可能取得事半功倍的效果。司法体制改革，将是司法改革的第一要务。

（本文原载《法制日报》2003 年 11 月 13 日。）

53. 人民陪审团制度应如何建立

据《新京报》报道，来自深圳的广东省人大代表在省人大会议上建议人民法院采用陪审团制度。这是一个值得我们认真考虑的建议。在此之前，中国法学界已对中国是否应该实施人民陪审团制度做了很多讨论，但由人大代表在人民代表大会上提出的情形还不多见。

如果以人民陪审团制度取代现行的人民陪审员制度，我认为，在理论上是有可行性的。确立人民陪审团制度相信在推进司法改革，实现司法公正上可以发挥出更好的作用。陪审团制度源于英美法系国家，这项制度已被它们推行了数百年甚至千年之久，积累了丰富的经验，有了许多成功的范例。远的如英美，近的则如我国香港特别行政区。他们的经验和教训，都可以作为我们改革的借鉴。尽管这是一个很有意义的建议，但是如果某一法院某一地区的法院贸然试验人民陪审团制度，也会遇到法律上的障碍。

因为《立法法》第 8 条明确规定，诉讼制度只能通过制定法律的方式加以确立，或者通过对法律的修改方式和程序加以修改,所以只有全国人大及人大常委会才有权决定是否修改既有的诉讼法律,或者决定在某一地区进行相关的试点。一个享有部分地方立法权的特区人大和享有完整地方立法权的省级人大,都是没有相关立法权的,作为某一法院或某一级别的法院更是无权自主决定。

某个地区或机构如果擅自试验这一制度,就会违反法律,陷入本想通过改革推动法制(法治),事实上改革本身又破坏了法制(法治)的怪圈,这就走向了改革的反面。我们必须对此保持警醒,任何地区要试行这一制度,都必须依法定程序经全国人大或其常务委员会的依法授权。

如果要实行这制度,我们还必须厘清与这个制度相关的新问题。其中有许多重大的制度性的问题都需要我们详加斟酌,并得出相对最好的答案。比如,陪审团的成员由谁来选定,是法院还是人大;如何保证陪审员选择的程序公正,更重要的是如何保证陪审员本身的公正;陪审团和法官的审判权如何划分,是按照英美法那样由陪审团确定罪与非罪,然后由法官来量刑,还是采用其他分权方式;刑事案件需要陪审团,民事、行政案件是否需要陪审团;在各类案件中,什么案子需要陪审团审,什么案子不需要陪审团审等;都需要我们首先在理论上有十分明晰的认识和确定的见解。

还需特别提请注意的是,我们在试行陪审团制度的过程中,绝对不能完全照搬英美法系的模式。主要原因是,中国是成文法国家,具有几千年的成文法作为主流的法律历史,整个法律体系比较接近大陆法系的模式,而陪审团制度则是与英美法系的判例法制度一道生长起来的。中国与英美的诉讼制度在制度文化的生长土壤上存在很大的差异。就英国陪审团的起源和发展来看,也经历了十分复杂的“集权—民主”的历史过程。

我们必须明白,我们推行陪审团制度的价值追求是什么。没有对这一点的清醒的认识,我们实验并建立陪审团的意义就大可怀疑了。我认为,我们务必将推行陪审团制度的目标定位在最终如何实现司法公正上。所以,如果我们要实行陪审团制度,就必须要作出符合中国实际的改造,防止“淮南为橘,淮北为枳”的水土不服现象出现。

如何借鉴并改造英美法系的陪审团制度,建立起我们自己的陪审团制度,这还需要进行模拟试验和实证研究。就目前来说,我们在这方面还几乎没有探索,也无法进行探索,因为任何机构也没有因此获得过国家权力机关的授权。所以,如果全国人大或其常委会能决定由某一城市或某一地区的法院试行陪审团制度,我们也就能有一个进行模拟实验与实证研究的法律根据和必要场所,我也许可以期待从而探索出符合中国国情的科学、民主而公正的陪审团制度。

(本文原载《新京报》2004 年 2 月 18 日。)

54. 不宜强行限制流浪乞讨行为

在现代化的历史进程中，我们自觉不自觉地开始了一场城市化的社会革命。在这一场深刻的社会变革中，相当一部分农民离开了土地，来到了陌生而又向往的城市，开始了他们的城市化生活。他们中的大多数人身体健康，来到城市，成为城市的建设者，也能自食其力，不少人还发家致富了。他们中的极少数人来到城里，难以谋生，流浪乞讨就成为他们得以生存的唯一路径。甚至极少数人在乡下就是乞丐，借着城市化的浪潮，也来城里"淘金"。于是在城里就形成了一支特殊的人群，那就是城市流浪者。

作为城里人，大多数都能享受的贫困救济和医疗保障等，对于进城的乡下人来说，不啻是难以享受的奢侈品。没有这些社会保障，一旦失去工作或者生病、残疾等，就很可能成为城市新的流浪人群。如果既有的流浪者得不到减少，从乡下来的，因失业、残疾和疾病而新增加的流浪者又加入进来，城市流浪者的数量就会有增无减，本身就很严重的社会问题将更加严重。

农村原本就存在乞讨的流浪人群,在城市化的过程中,他们也开始了向城市的移动。这一人群他们本身就是为着流浪乞讨而来的,城市是他们预定的流浪乞讨场所。既来之,当然安之,他们的目的就是流浪乞讨,所以根本就没有想过要根本改变流浪乞讨的生活处境。对于他们来说,还不仅仅是一个为生计而流浪乞讨的问题。他们既有的流浪心理,将会成为改变其流浪乞讨行为方式,最终自食其力的意识障碍。如果设立禁讨区,想通过强制措施将他们从城市中消除或进行限制,不仅是不适宜的,而且是艰难的。

如何防止流浪人群的扩大,如何分解现有的城市流浪人群,法律及其相应的城市管理应当发挥怎样的作用,都是我们必须考虑的。在发达国家,他们也曾经面临过城市流浪人群猛增的情形。而且至今他们也没有能够完全解决这一问题。任何走向现代化的国家都必须重视和解决这一问题。对于这一特殊人群的关注,甚至关爱,都是必要的。我们应当采用怎样的法律措施来有效地解决这一问题,是摆在我们面前的重大课题。

城市流浪者问题,必须引起我们高度的重视。面对他们生活的艰难,我们绝对不能坐视不管,麻木不仁。对于一些城市流浪者来说,他们最需要保障的是作为人的生存权利、健康权利,以及获得物质帮助的权利。随着我国人权保护事业的发展,保障城市流浪人群的人权问题,必将成为我们的重要任务。此外,城市流浪者他们生活在社会的最底层,为了生存,很容易走向违法犯罪,破坏社会秩序。有的甚至已经为黑社会所掌控,成为危害社会的毒瘤。解决城市流浪者的问题,也是保障社会秩序、维护社会安全的需要,是一个社会走向文明与法治所必须解决的重大问题。

(本文原载《新京报》2004年2月29日。)

55. 宪法确认私有财产权具有多重意义

十届全国人大二次会议通过的宪法修正案,增加了保护私有财产权的条款。笔者认为,这一修正案的意义是不容低估的,它至少有这样几方面的意义:

一是将使宪法和法律更好地适应社会经济的实际状况。自人类进入私有制社会以来,私有财产就出现并不断发展壮大起来。随着私有财产的普遍化,社会出现了被政治和法律所固化了的私有制。从此以后,我们一刻都没有离开过私有财产,即使在"一大二公"的年代,私有财产也在一定程度上存在。在其后的改革开放过程中,私有财产的数量越来越多。今天,我们的宪法和法律如果还停留在原来的状态,就会无法反映社会的经济实际,就是对经济反映的严重滞后。这次宪法修正案对于私有财产权保护的规定,就是要使落后于经济实际的宪法制度得以修正,使滞后的宪法规定能够迎头赶上。

二是将使现有的私有财产获得应有的法律地位。我国以前的宪法仅仅是停留在保护公民的合法收入的层面。远比合法收入含义更为广泛的私有财产却被宪法忽略了,使大量而普遍的私有财产在宪法和法律上没有合法的地位和恰当的身份。这次宪法修正案的一个极为重要的意义就在于,使已经普遍存在的私有财产获得法律的认可,使现有和未来的私有财产都能更好地得到法律名正言顺的保护。

三是将使我国经济获得新的发展动力,并因此而获得更广阔的发展空间。随着改革的深入,我国非公有经济所占的比重越来越大,但其发展总有些不够理直气壮。如今有了这一修正案,非公有经济将首次获得与公有经济同等的法律地位,实现不同性质的经济在宪法和法律上的地位平等。我们知道,财产安全是财富增加的前提,如果没有财产的安全,投资者便没有胆量和信心进行投资,经济总量的增长因此受到影响。而在私有财产以及由此而进行的投资享有宪法的保障后,我们有充分的理由期待我国的经济将获得更大的发展。

再作思考,笔者认为,这一宪法修正案也许还有这样的三点意义:

一是将有利于财产性质的明晰,推进廉洁政治的建立。在私有财产没有合法地位的情况下,人们情有可原地怕露富,领导干部们也同样如此,即使是他们的合法财产也不敢对社会公开。这种似乎无可奈何的遮遮掩掩,恰恰使我们无法真正制定和实施阳光法案。而一旦私有财产有了合法的身份和地位,所有的领导干部应当说都没有理由也没有必要再将自己的私有财产掩藏起来,我们就有充分的理由要求他们公布私有财产的数额。在这种背景之下,我们的政治必将更加廉洁。

二是将有利于建立公正而有效的国家税制,为社会公益提供更好的经济支持。在私有财产没有应有的法律地位之前,私有财产不能登大雅之堂。私有财产的数额常常为人们所隐瞒,许多人对自己的财产藏而不露,其他人也为尊者讳。这样,许多该缴纳的税款也被逃税或漏税了。一旦私有财产权为宪法和法律所明确确认,私有财产与公有财产相分别而并存,对于私有财产的依法征税就更为容易,逃税和漏税将大大减少,由此将为社会公共与公益事业提供更多的财政支持。

三是将有利于公有财产的保护和积累。在私有财产没有应有的法律地位,也不能依法公开和保护的情况下,公有与私有是难以划分的,无意间就为化公为私留下了空间。一旦私有财产得到宪法认可,公有和私有二者之间的权界将更加清晰,假公济私、化公为私的情形必将大大减少。个人没有根据拥有的巨额私有财产,将会更多地受到有关司法机关的追究,由此可以有效地制约贪贿行为的发生。于此情形下,公有财产必然会得到更好的法律保护,而有利于公有财产的积累和增加。

(本文原载《检察日报》2004 年 3 月 18 日。)

56. 人民政府应以“民意”为重

新闻背景

据《北京晨报》4月13日报道，北京市政府法制办听取了8位百姓提出的否定性立法意见，决定不再出台原先公布并征求意见的《北京市外地建筑企业在京施工监督管理规定(讨论稿)》。

听到这一消息，我的第一个感受是，北京市政府有关部门正在真正践行“权为民所用”的政府本质，在某些方面能够真正听取人民的意见了。目前，尽管许多地方政府在自己的网站上设置了征求群众意见的信箱，但多半是做样子的。据有关媒体报道，在刚刚结束的有关部门组织的电子政务调查中，全国地方政府的网站中只有14家给咨询办事程序的来信回了邮件，其余的都在“装聋作哑”。对照来看，北京市政府在网站上发布公告征求立法草案意见，还真不是做官样文章，敷衍百姓，而是真心诚意地想听取人民的意见和建议。作为公民，我们期望听到越来越多的地方政府及其部门因为人民提出了什么意见、建议而停止了什么,改正了什么,以及完善了什么,等等。当这些停止、改正、完善不再成为惊世骇俗的消息,而仅仅是有关政府的经常性工作时,我们的政府也就成了真正的人民政府。

听到这个消息,我的第二个感受是,对于市场经济中的自由要求,人民大众有最深刻的感受,政府应该充分重视民众的意见。市场经济是自由经济,作为参与市场交易的民众,他们最能感受到自由对市场与经济发展的影响,而作为市场之外的监管者,政府及其有关部门对市场的了解有时却并不真切。当政府及其有关部门拟订的法规或规章,因认识上的原因而违背自由精神时,尊重民众的意见就变得特别重要。否则,其一旦生效,我们就会将企业定格在计划经济的自然地域与行政区划的坐标,地方保护主义又会公然畅行。所幸的是,北京市政府法制办在这一问题上能从善如流,及时改正自己的错误,给本来就应当自由的市场不再上枷锁,以实际行动来减少市场经济的制度性障碍,促进市场经济发展。其实,如何保证人尽其才、物尽其用、货畅其流的市场自由,是法律在市场经济中应当发挥的作用,也是政府在创造市场条件与维护市场秩序方面的重要责任。

听到这个消息,我的第三个感受是,那几位老百姓对于平等也同样有比我们许多政府官员和政府机构还深刻的认识。他们说:“北京市对外地建筑企业进行监管很有必要,但应该平等地对待外地、本地的企业和人员。不能因为他们是外地企业就进行专门的管理,而对本地企业,尤其是一些分包单位的甲方即总包单位是否给外地施工企业按合同结算、是否给外地施工人员付了工钱却不过问。”的确,市场经济是平等经济,国与国之间的企业都要以国民待遇来谋求平等,更何况是本国的企业呢。我们没有任何理由和必要人为地搞违反市场平等的差别待遇。外地企业与本地企业本来就不应当因隶属的行政区划不同而受到不同待遇。为什么要单独为外地企业规定一个管理规定?法律上的一律平等首先必须以立法上的平等作为前提。没有立法上的平等,真正的市场平等是无法被确立的。

应该说,人民的意见、期盼,只有被政府充分尊重和吸收,才可能真正体现民主和法治的精神。我们早已确立了建设法治政府的目标,而法治政府也就是责任政府和服务政府。因此,可以说,北京市政府在这一事件上所体现出来的尊重群众意见的做法,应当成为各地政府效法的榜样。

(本文原载《检察日报》2004 年 4 月 19 日。)

57. 用司法利剑捍卫人权

新闻背景

《检察日报》5 月 12 日报道，最高人民检察院决定，从 2004 年 5 月起到 2005 年 6 月止，用一年左右时间，在全国开展一次严肃查办国家机关工作人员利用职权侵犯人权犯罪专项活动。此次查办的重点是五类利用职权侵犯人权犯罪案件：渎职造成人民生命财产重大损失的案件；非法拘禁，非法搜查的案件；刑讯逼供，暴力取证的案件；破坏选举，侵犯公民民主权利的案件；虐待被监管人的案件。

这一消息是令人振奋的。人权本来就应当受到足够的尊重，但由于历史的原因，我们曾经在有意无意之间忽略了它。从改革开放，特别是实行依法治国，建设社会主义法治国家以来，我国加入了一系列的国际人权公约，并把“尊重和保障人权”写进了作为国家根本大法的宪法之中。这是中国历史上开天辟地的重大事件，也是中国人权发展史上划时代的壮举。列宁曾经说过，宪法是一张写满人民权利的纸。

要把写在纸上的权利转化为社会现实,还需要我们更为具体,更为艰苦的努力。这次,最高人民检察院决定在全国开展严查国家机关工作人员利用职权实施侵犯人权犯罪的专项活动,是对检察机关作为国家法律监督机关在保障人权方面负有重要职责的清醒认识,是在检察执法实践中用实际行动来践履国家以宪法的形式作出的"尊重和保障人权"诺言,对此我们不能不感到由衷的鼓舞。

从最高人民检察院确定的这五类重点案件来看,笔者认为此举抓住了人权保障的关键,因为这五类违法犯罪代表了侵犯人权的主要方面,且其主体多数是国家机关工作人员,不易查处。我们知道,在保障人权问题上,对于一般公民侵犯人权的违法犯罪,应当说只要执法、司法机关的工作人员能够秉公执法,查处起来不会存在多大困难。但是,如果侵犯人权的犯罪者是国家机关工作人员,情形也许就大为不同了。因为他们的违法犯罪常常会导致更为严重的恶果——它除了可能使已经发生的侵害人权的案件难以得到查处,受害人得不到本应得到的司法救济外,还可能造成一定范围内国家机关工作人员漠视人权的恶习以及由此产生的更严重的侵犯人权事件。身负重任的人民检察院能够从此入手制裁各种严重侵犯人权的行为,不能不说是切中了要害。如果国家机关工作人员侵犯人权的犯罪都一一受到查处,尊重和保障人权就不仅仅是一种法律宣言,而是我国社会中一种普遍的观念和实践。

仔细分析一下这五类违法犯罪案件,我们可以发现,每一类案件都无不与人权的保障密切相关。历史和现实中,不知道有多少无辜者的性命葬送在那些渎职者的手上,饱食终日、尸位素餐者实际上正是人权的侵害者,他们渎职舞弊的罪行往往就是侵害人权的罪行。非法拘禁的犯罪行为是对公民人身自由权的侵犯,而在刑讯逼供、暴力取证者的眼中,公民的人权早就荡然无存了,相关公民的生命权、健康权也因此而被剥夺。在破坏选举、侵犯公民民主权利的案件中,公民的政治权利成为权力滥用者的祭品。虐待被监管人的案件也时有发生,但却被有的人理解为是对“坏人”的“特殊管教”,其实人权正是在这种麻木中被我们所轻视。庆幸的是,今天我们终于能够直面我们的人权问题,树起尊重和保障人权的大旗。对这五类违法犯罪案件的专项查处活动,无疑会积极推进我国人权保障事业的发展。

最高人民检察院作出上述决定,显然是在努力将宪法中保障人权的规定转化为社会的现实。但是这毕竟是一个开始,一年以后,我们将作出怎样的总结,这个总结所涉及的实际情形将是如何,那才是最终的结论。我们期待着每一个检察机关都能得出最好的成绩,向人民交上最好的答卷,在人权保障史上写上浓墨重彩的一笔。

(本文原载《检察日报》2004 年 5 月 17 日。)

58. 国家公共权力与个人权利

人民法院为执行裁判而请求查询被执行人电话通信内容被电话公司拒绝的案例，提出了许多重要的法律问题，不能简单地说是或者非。它主要涉及三个问题：

一是国家公共权力与公民个人权利之间的关系问题。人民法院为了执行而需要查询被执行人电话记录，这是人民法院司法工作的需要，也可以认为是实现司法权力的需要。在人民法院看来至少是如此的。而宪法和法律的确确认了公民的通信自由与通信秘密受法律保护的权利，这是宪法确认的公民基本权利。如果允许查询，公民的权利势必受到了某种侵害；如果不允许查询，国家权力势必会遇到某种障碍。当然，我们也可以说人民法院的执行也是为了保护公民或法人(申请执行人)的合法权益，但是人民法院的执行行为直接表现出来的，还是公共权力，而不是个人权利。所以，对此问题必须慎重，一定不能形成公共权力可以随意侵害个人权利的不良状态。

二是国家公共权力与民事法律关系中当事人权

利义务之间的关系问题。被执行人与电话公司之间显然建立有民事的、关于电话租用的法律关系。在这一法律关系中,作为电话公司毫无疑问地承担着对被执行人通信自由与秘密的保密责任。在这里,保密不仅仅是宪法权利的问题,而且还是被执行人相对于电话公司的民事合同权利。在人民法院要求查询时,电话公司有无权利以对权利人的承诺来对抗人民法院的调查权,是一个值得研究的问题。在人民法院要求查询时,电话公司以谨慎的态度来对待,我认为是对合同对方当事人负责的态度,也同样具有其合法性质,而且在道德上也应当予以充分肯定。因为,在侵害公民权利的情形可能发生的时候,退让的或者暂停的只能是公共权力。

三是人民法院的调查是否合法的问题。法院执行中的调查权与侦查机关的侦查权是有一定差别的。即使是公安机关、安全机关、检察机关的侦查部门也不能随意查询。他们所查询的对象必须是涉嫌犯罪的,在有法律根据的前提下,还需要有立案和查询的法律程序与法律手续。我认为,法院执行中的调查权更不是无限的,它必须有法律上的根据并遵守法定程序。尤其是要有严格的内容限制与程序规制。

说到这里,也许会觉得我是“骑墙”的。其实不是,通过以上三点分析,似乎可以得出这样的几点结论:

第一,国家公共权力在特定的情况下可以优先于公民权利。国家公共权力在总体上必须尊重公民权利,但是为了公共权力的实现,有时公民权利必须作出某种退让,但与此同时,为了保障公民权利不被随意侵害,这种退让必须是有法律根据的。具体到这些案例,就是要看人民法院的调查是否拥有法律的授权,也就是人民法院的查询行为是否具有合法性。我认为在总体上,人民法院是具有向电话公司进行调查的调查权的。

第二,国家公共权力优先于公民权利必须要有法定的限度。人民法院如果要查询被执行人所在的地方，以便寻找到被执行人并对其执行，我认为，法院的查询要求是合理的，而且也只能以此为限。当然，如果查询的事项超出了此范围，我认为电话公司是有权拒绝的。在我看来，人民法院不能直接索要包括全部通话内容的通话详单，只能由电话公司向法院提供特定的情况，如被执行人所在地区或位置。因为移动用户通信资料中的通话详单，清楚地反映了一个人的通话对象、通话时间、通话规律、通话费用等大量个人隐私或秘密。它们都是通信内容的重要组成部分，也属于宪法和法律保护的通信秘密的范畴。其中许多资讯的扩散，对于被执行人是不利的，对于人民法院的执行也未必有价值。公共权力对公民权利无意义地扩大损害，显然是不必要的，也是违反法律精神的。所以，我认为，法院查询的内容只能是与执行密切相关的部分，而不是全部的电话内容。更不能涉及其他任何人。否则，人民法院就会形成对其他人合法权利的侵犯。否则，所侵害的通信自由与通信秘密就不仅仅是被执行人的，甚至已经侵害到了被执行人的朋友或者与其有某种联系的非涉案公民。

第三，国家公共权力要优于公民权利时，权力行使者必须具有法律的根据，履行了必要的法律手续，符合法定程序。从目前我国的有关立法来看，还特别粗疏。人民法院调查的范围是多大，没有一个准确的法律规定。这一方面妨碍了公民权利的有效保护，另一方面也影响了国家公共权力的充分实现。这是我们在立法上必须迅速填补的漏洞。在走向法治、保障权利的时代进程中，面对公民通信自由与通信秘密的基本权利，要因公共权力的行使而对其加以必要的限制，必须有适格的具体的法律法规予以规定。人民法院的调查权既要被赋予，又要予以严格限制，以严格防止公共权力的膨胀与滥用。

总之，在目前法制不完备的状态下，如果人民法院仅仅是查询被执行人身在何处，且在法律文书中载明了仅仅查询这一事项，电话公司是不能拒绝的,应当提供协助;如果人民法院查询的是被执行人通话的全部内容,或查询内容在有关法律文书中没有明确,电话公司有权予以拒绝,并要求人民法院进一步明确其查询的合法而适当的范围后,再予以协助。

总之,国家公共权力必须坚持权利优先原则,服从于人民权利,尊重公民权利。即使是为了保护某些公民或法人的合法权利,公共权力的行使也必须具有根据,遵从法定限度,履行法律手续,符合法定程序。

(本文原载《法制日报》2004 年 5 月 26 日,原题为《国家公共权力优先于个人权利必须要有法定的限度》。)

59. 期待政务公开

新闻背景

根据新华社6月22日电，安徽省阜阳市太和县工商局上报国务院劣质奶粉事件调查组的处理决定并未执行，被处理的人照常上班、领工资。原来，处理决定“是为了应付上级”，“不这样处理，县领导就会被处分”。

阜阳奶粉案轰动全国。一时间有关机关雷厉风行地进行了坚决的处理。当时，为了应付正在阜阳调查的国务院调查组，阜阳市太和县工商局用撤职和辞退的手段处理了四名职工，并且用最快的速度报告给了国务院调查组。然而，这是表面的，事实上，太和县工商局根本就没有将被处理的人员撤职和辞退，他们继续从事着原来的工作。而且从其他媒体提供的情况看，现在除了太和县政府有关领导之外，从当事人到工商局领导，再到司法机关，似乎都认为对这四位当事人的处理决定是错误的。既然明知是错误的，那又为什么要进行虚假的处理呢？为什么还要将虚假的处理决定上报国务院调查组，并通过媒体传遍全国？这岂不是在弄虚作假吗？

按照四位当事人的说法，他们完全就是被冤枉的。因为在宣布对他们的处理决定时，县工商局的领导就向他们解释，处理他们"是为了应付上级"，"不这样处理，县领导就会被处分"，而且承诺对处理决定不上传、不下达，并告诉他们"你们正常上你们的班、执你们的法"。这样情形下的被处理者，他们"感到委屈"是可以理解的。他们究竟冤枉不冤枉，难道就没有一个法律准绳吗？

按照太和县工商局负责人的说法，县工商局党组之所以要处理这四位当事人，完全是"为了应付上级"，是因为"不这样处理，县领导就会被处分"。意思最明显不过，这就是要四位当事人代县领导受过。这里我们不禁要问，太和县工商部门是否真的没有责任？县领导如果真有责任难道就可以由这四位当事人李代桃僵？其实，什么叫罪责自负，法律是有它既定的说法的。

此外，从目前介入阜阳劣质奶粉事件调查的有关司法机关提供的情况看，这四位当事人是无辜的。司法机关认为，太和县工商部门已将有关劣质奶粉案件的查处移交给了公安部门，不存在涉嫌"徇私舞弊不移交刑事案件罪"的可能，加之被查获的劣质奶粉是在厂家的生产车间而非市场上，不属于工商部门监管范围（应由技术监督管理部门负责）。因此，太和县工商局作出的处理决定是没有法律依据的。然而，问题是，既然是移交，那肯定是工商部门有过先行查处而后才移交，那为什么查处后还会有劣质奶粉？工商部门真的就没有责任了？如果一切关于太和县工商局及其有关官员无过错的说法都是对的，那太和县工商局又为什么要用虚假的处理来欺骗国务院调查组呢？为什么不坚持原则让真正有责任的人来承担责任呢？

历史上，官场一直存在欺上瞒下的现象，下级官员为了自身的利益,欺骗糊弄上级,报喜不报忧,造成信息扭曲、失真和决策失误,这方面的教训太多了。虽然随着我国民主与法治的推进,这方面的情况已有所改善,但问题依然存在,阜阳劣质奶粉事件只不过是其中一个突出的例子。其根本原因就在于政务不公开不透明,缺乏社会监督。因此进一步加强政务公开,让政府行为接受全面的社会监督仍有很长的路要走。不过随着民主的日渐发展和法制的日益健全,下级瞒骗上级的问题终将得到解决,阜阳劣质奶粉事件最终得到彻底揭露这一事实即充分证明了这一点。

(本文原载《检察日报》2004 年 6 月 28 日,原题为《治理欺上瞒下,期待政务公开》。)

60. 全国人大法规备案审查制度刍议

2000年10月16日,九届全国人大常委会第三十四次委员长会议制定的《行政法规、地方性法规、自治条例和单行条例、经济特区法规备案审查工作程序》,对立法法中关于法规备案审查的规定进行了具体化。该程序规定了国务院、国家中央军事委员会、最高人民法院、最高人民检察院和各省、自治区、直辖市的人大常委会提出法规审查要求后的审查程序,以及其他国家机关、社会团体、企事业组织以及公民认为法规同宪法或者法律相抵触,向全国人大常委会书面提出审查建议后的审查程序。根据这一程序的规定,全国人大的法规备案审查方式,是被动审查方式。2003年8月,十届全国人大常委会第六次委员长会议修订了这一程序,将法规备案的审查工作方式修改为被动审查和主动审查相结合,并开展适度的主动审查。这一修改的意义是重大的,它将使全国人大常委会的法规备案审查工作在法律程序上处于更加主动的地位,必将有助于加强人大的监督工作,维护国家法制的统一。

有了新的关于法规审查备案程序的规定，但是如果没有具体的工作机构来负责，其修改依然不会具有应有的社会意义。2004 年 5 月，全国人大常委会法律工作委员会新设了一个工作机构——法规审查备案室。在“法规审查备案室”成立的消息被媒体报道之后，一些人便欢呼中国的违宪审查机制终于启动了；另一些人则认为，这距离中国违宪审查制度的真正启动还十分遥远。我要说，这是非常可喜的进步，这一事例给了我们很多很好的启示。

法规备案审查制度是我国立法法中早就确立了的，甚至还由全国人大常委会委员长会议规定了具体的工作程序。按理，应该是进行得很好的了，但遗憾的是一直没有得到很好的实行，甚至流于形式。直至现在，全国人大从工作程序和组织机构双重角度采取措施，我们期待着这些新的程序与机构其工作是有效的。

全国人大的这一做法使我们联想到有法而不被执行的类似情形。我国目前的许多法律法规，似乎都仅仅是纸面上的规定，没有得到实现。这也是我们历史上的深刻教训。我们能不能都像全国人大一样做一点反思，或者将全国人大的经验推而广之，看看还有哪些法律是有规定而无落实的。许多事项原本在法律法规上是有其规定的，但是由于没有具体落实，结果始终只是法律上的规定，成不了社会的现实。这也成为有法不依的表现。现在，我们究竟还有多少这样的法律法规是有规定而无执行的。对此，我们应该做到心中有数。也就是说，我们完全有必要进行一次大检查，清理一下我国的执法状况，看看我们究竟有多少法律，究竟有哪些法律仅仅只是规定而没有被实施。这是法治建设的一个最起码的工作，也是我们必须首先开展的工作，也是我们对法律实施状况予以切实把握的必需。

法律不被执行的原因是很多的，但有一个原因是十分重大而又普遍存在的，即有法律规定而无负责执行法律的机构，或有执行的机构而不负责。我们必须对那些没有执行好的法律进行一番考察。看看是有负责机构而不尽职,还是根本就没有负责的机构。有机构而不负责的,就有渎职和失职的问题。对于失职、渎职的机构,得有一个法律上的问责机制。通过对责任机构和人员的责任追究,给人民和法律一个交代。国家机关的尸位素餐、饱食终日、无所用心的情形,在法治建设中是绝对不应被允许的。肩负着执法重任的机构的懈怠,理当承担失职与渎职的法律责任。

对于那些没有负责机构的法律,如果这个法律不是没有意义的并且继续有效,我们就必须确定其机构,以确保法律的实现。找到了没有具体的执行机构或负责机构的法律法规之后,全国人大的这一做法,就为我们提供了处理类似问题的经验。一旦发现有这样的情形,我们就迅速确定一个法定的负责机构,问题不就很容易解决了吗?看来,人大的做法应该是为我们提供了一个经验。全国人大法规备案审查的措施,也就为我们提供了解决类似问题的范例。将既定的法律规定,予以应有的具体化,并落实到具体的机构加以执行,问题也许就好解决得多,或者至少可以说就有希望得以解决了。现在全国人大注意到了工作程序的问题,并设立了专门的备案工作机构——全国人大法工委法规审查备案室来负责有关的工作,可以相信,我国的法规备案审查的工作必将得到实质性的推进。全国人民对于这一机构及其工作寄予了厚望,以后就看这个机构以及全国人大常委会如何在法规备案审查上给人民交上一张张令人民满意的答卷了。

全国人大的这一事例并不意味着每一个法律事项就一定需要成立一个专门的机构来负责,但每一个法律或法规也总得有一个具体负责的机构来负责实施。或者它是立法机关,或者它是行政机关,或者它是司法机关,或者它仅仅是这些机关的某一个部门。我们当然没有必要为一个法律或法规的执行,就设立一个独立的机构。果真如此,人民也将不堪重负。因为每一个机构都是由人民来供给的。我们所要解决的只是已经存在的法律法规必须得到良好执行的问题,而不是要增加多少个机关或组织。认识到了这一点,我们就可以在不增加人民负担的前提下,把法律确定下来的事情办好,从而得到人民的支持和信任。法规备案审查工作如此,其他许多工作也是如此,我们可以做出很多很好的推论。

(本文原载《学习时报》2004 年 7 月 19 日。)

61. 进步中的中国人权保障

人权在任何国家都有一个历史发展的过程,中国也不例外。我们已经把尊重和保护人权写入了宪法,人权随着经济和社会水平的提高不断发展。尽管仍存在一些问题,但可以说目前的中国人权保障正处于中国最好的历史时期。

一、人权保障进入国家法律体系

第一,中国的宪法已经将保障人权作为公民的权利和国家的义务加以了特别的规定。2004 年的春季,《宪法》新的修正案产生了,其在原有的第 33 条中增加了“国家尊重和保障人权”的规定。这一规定是列在第二章“公民的基本权利和义务”之中的。这一修正案首先就意味着国家在宪法意义上确认了人权的地位。从此,公民的人权不仅仅是社会的习惯权利,也不再是一般的法律权利,而更是被宪法所确认的宪法权利。其次,它也意味着国家以根本大法的形式承诺了保障人权的义务。公民的人权一旦遭到侵犯,就有权请求国家予以法律的救济,使其受到危害的人权得以保护,使其被侵犯的人权得到恢复。宪法的这一规定也就意味着,我国相应的各个法律部门将逐步把这一规定转化为各种具体的规范和规则,人权必将因此而获得更好的制度保障。

第二,中国的刑事法律为保障人权作出了重要的修改。最显著的,莫过于中国刑法典和刑事诉讼法对于人权的保障。为了更好地保障人权,《刑法》和《刑事诉讼法》都作出了重大修改和补充。从刑法典来看,我国刑法典的修正案加强了人权的司法保护。我国刑法典 1997 年修正案根据罪刑法定主义的法无明文规定不为罪原则,废除了类推制度。1996 年 3 月,第八届全国人大四次会议对《刑事诉讼法》作修改时,强化了对于人权的诉讼保障。根据无罪推定原则,一是取消了检察机关对犯罪嫌疑人可以认定有罪而免予起诉的制度;二是规定,对盲、聋、哑或未成年人等社会弱者和可能被判处死刑而没有委托辩护人的被告人,人民法院应当提供法律援助,保证其辩护权的实现。

第三,中国的行政法为人权保障作出了重大的改革。为了进一步保障人权,在中国的行政法治化建设中,严格规范了行政强制措施,依法保障行政相对人的合法权益。2003 年 6 月,国务院在废止 1982 年的《城市流浪乞讨人员收容遣送办法》的同时,颁布了《城市生活无着的流浪乞讨人员救助管理办法》,废止了长期使用的收容遣送制度。禁止对流浪乞讨人员使用强制手段,充分体现自愿、救济、帮助的原则。这一行政法规确认了被救助人的程序性权利和在救助站基本生活保障的权利;规定了行政工作人员的程序性义务,以及违规者的法律责任,等等。2003 年 8 月,我国公安部发布《公安机关办理行政案件程序规定》,明确规定了公安机关限制人身自由行政强制措施的适用对象、条件、期限和程序;明确规定了公安机关"以非法手段取得的证据不能作为定案的根据",更加有效地防止刑讯逼供等非法取证现象的发生。

第四,中国的民事法律为人权受害者提供了获得经济赔偿与补偿的法律措施。一个时期以来,我国强化了包括诸多人权事项的民事权利的法律保护。近年来,我国的人身权、人格权、名誉权诉讼及其裁决都大量增加。这反映了我国公民人权意识的增强。法院通过这些案件的审判活动也有效地保障了相应的人权。通过这些诉讼活动,一些在社会生活中人权受到侵犯的受害人获得了法律保护,其中包括他们所获得的精神抚慰和经济补偿,有效地保护了公民的属于民事权利范畴的人权。

二、人权保障得到进一步改善

在一般的社会生活中,人民的物质文化水平有了显著提高。十几亿人口的温饱问题得到了良好的解决。许多城市贫民和农村贫困人口获得了普遍的救助,脱贫致富,走上了发家致富的道路。许多以前的贫困者他们不仅不再依赖社会和国家的帮助,而且还为社会增加着财富。人民的生存权和发展权得到了进一步改善。有关统计表明,2003 年,我国国内生产总值(GDP)达 116,694 亿元,人均 GDP 首次突破 1000 美元。全国城镇居民人均可支配收入 8472 元,扣除物价上涨因素,比上年实际增长了 9%;农村居民人均纯收入 2622 元,实际增长了 4.3%。即将结束的 2004 年又在 2003 年的基础上又有了更大的提升。

中国特殊人群有了更好的人权保障。失业者、城市贫民、城市无家可归者都获得了更好的保障,老人、儿童和妇女的合法权益都得到了空前的保护。这些特定人权的良好保障,为中国人权的发展提供了最有效的措施,从而也提升了中国人权保障的总体层次。2000 年以来,我国相继制定和修订了《婚姻法》《人口与计划生育法》《农村土地承包法》《计划生育技术服务管理条例》《母婴保健法实施办法》《婚前保健工作规范》等法律法规;颁布实施了《2001—2010 年中国妇女发展纲要》《2001—2010 年中国儿童发展纲要》等。

中国的律师事业获得了良好发展,使当事人的人权获得了更好保障。我国的在职律师已经有20万多人,律师事务所也有1万多家。在实际的社会生活中,一般的社会民众都可以获得普遍的来自律师的法律帮助,以维护包括人权在内的合法权利。与此相适应,我们不断地完善着法律援助制度,把建立和实施法律援助制度纳入了社会发展的规划之中,明确规定提供法律援助是政府的责任。在2003年7月,国务院颁布了《法律援助条例》,规定了法律援助的范围、标准、程序以及相应各方的权利义务、法律责任等。妇女、未成年人、老年人、残疾人等社会弱势群体通过法律援助,合法权益有了更好的保障。

在监狱和劳教场所的管理上,我们强化了人权保障工作。司法行政机关分别实行了狱务公开和所务公开。司法行政机关通过一定形式,向罪犯或劳教人员及其亲属和社会公众公开监狱、劳动教养场所的执法依据和执法程序等,给在押人员以应有的尊重,自觉接受被监管对象的特殊监督和来自社会公众的社会监督。监狱和劳教场所的人权保障得到了极大改善。2003年1月,国务院批转了《司法部关于监狱体制改革试点工作指导意见》,从财政供给体制、教育改造、监狱规范化运行等方面,有效地保障了在押犯人的合法权益,提高了对在押犯人的教育改造质量。

在国际人权事务方面,中国一贯支持并积极参与联合国保障人权的活动。从1981年以来,我国一直连选连任联合国人权委员会成员。积极参与国际人权法律文书的制定工作。具体说来,我国派人参加了联合国《关于保护所有人不遭受强迫失踪的具有法律拘束力的规范性文书》的起草工作;参与了制定《残疾人权利公约》的特委会会议;承办了联合国亚太经社会关于制定《残疾人权利公约》的政府间会议,通过了《北京宣言》;积极参与和推动了第二个"亚太残疾人十年(2003—2012年)"活动;先后参加20多项国际人权公约,并积极履行相关的国际义务;在平等和相互尊重的基础上与世界各国在人权领域积极开展了广泛的国际对话与合作。

三、人权保障仍需要继续努力

当然,中国的人权保障状况并非十全十美。中国是一个人口众多、基础比较薄弱、发展不平衡的发展中国家,尽管中国政府为促进和保障人权作出了巨大努力,但是,受自然、历史和发展水平的制约,中国的人权状况的确还存在许多有待解决的问题。

首先,城乡贫困人口的救助立法还十分缺乏,贫困人口的救助还需要作进一步的努力。在这方面,表现最为突出的是农村贫困人口的救助问题。在这一问题上,在我国无论是中央立法还是地方立法都严重地不敷使用,基本上处于空白状态。农村贫困人口的救助问题已经是中国社会的重要问题,它在一定程度上制约了中国农村的发展和中国人权的保障。在城市,类似的问题依然存在,中国城市贫困人口的救济问题日益突出,成为影响城市人权保障的重要因素。在这方面,目前我们主要依靠的还是政策性文件规定。各地执行的情况也千差万别,相对统一立法还尚付阙如。加速救助贫困人口的立法迫在眉睫,相应的实际工作也还需要有更大的人力和物力投入。

其次,城市流动人口的人权保障在还存在某种欠缺。城市流动人口,生活在他们原本陌生的城市,他们还难以享受到城市人口所能享受到的社会救助包括贫困救助等。他们的人权急需获得有效的保障。他们面临着生活来源问题,就业问题,收入保障问题,文化生活问题,子女受教育问题。这些问题的解决,除了对客观物质条件的依赖之外,对法律的依赖也是显而易见的。

最后,中国的司法程序中还存在一定超期羁押现象。被羁押者的人权保障问题,是中国正在推进的司法体制改革必须努力解决的问题。

一个时期以来,我们一直着力解决这一问题。2003 年,最高人民法院、最高人民检察院和公安部联合下发了《关于严格执行刑事诉讼法,切实纠防超期羁押的通知》,规定了对于超期羁押的追究制度,解决了大量的超期羁押的问题,极大地强化了司法中的人权保障。目前现实情况虽然得到了很大程度的改观,但是并没有得到全面的彻底解决,有关问题的解决还需要我们继续努力。在刑事案件的侦查过程中,许多案件由于证据不足和其他种种原因而使犯罪嫌疑人被长时期拘禁。一些本当释放的在押嫌疑人早该释放而未能及时释放,从而导致犯罪嫌疑人的合法权益受到侵犯。

(本文原载《瞭望新闻周刊》2004 年 12 月 13 日。)

62. 人权保障继续努力的具体措施

如何进一步保障人权,是我们必须思考和努力的方面。我们似应在以下方面做更多的努力,以推进人权保障事业。

第一,发展生产力,为人权保障提供足够的物质基础。人权并不是远离社会物质生活条件的空中楼阁,它必须依赖社会生产力的发展。生产力的发展可以为人权保障提供最有效而且最必不可少的物质基础。没有这样的物质基础,整个社会和国家对于人权的保障,就会有心无力。没有物质基础,许多关于人权保障的美好期待都是画饼。有了生产力的发展未必一定有良好的人权保障,但是没有生产力的足够发展,人权保障一定会受到严重的制约。发展生产力是解决人权问题的物质前提。我们不能脱离社会生产力的发展,仅仅用政治口号来解决现实的人权问题。

第二,完善人权立法,为人权保障奠定制度基础。人权立法随着时间推移还需要不断完善。就现实的情况来说,我国的人权立法还存在立法数量的不足。许多本应建立的法律制度或应该设立的法律规范,还没有建立和设立。在已经制定的法律法规上也还存在诸多方面的缺陷,甚至还很不完善。为此,我们更需要有加强人权立法的决断和行动,切实地加快和完善人权立法,为人权保障事业提供更好的客观条件和制度基础,使人权立法为人权保障开辟道路,成为人权保障社会实践的先导。

第三,改革司法体制,为人权保障提供良好的司法机制。司法担负着保障人权上最实际最权威的责任。一个时期以来,我们都谋求对现有司法体制进行革命性变革,以此来适应中国市场经济、民主政治和法治发展的三重需要。不久,我们新的司法体制改革方案就要出台了,相信适应市场经济、民主政治和法治发展的新司法体制必将更好地适应人权保障的客观需要,为人权保障提供更好更健全的司法机制。

第四,提升法律意识,为人权保障创设社会性的思想条件。人权保障是全社会的事业,也涉及社会生活的各个方面,仅仅有国家和国家机关的重视,是远远不够的。全体社会成员的人权意识和法律意识状况将直接影响全社会的人权保障情形。提升人们关于人权的法律意识,对于人权保障具有重要的意义。它是一个社会充分保障人权的思想基础或者意识条件。没有人权法律意识的提高,人权保障就难以成为人们的自觉行动,人权在实现的过程中就会遭遇到各种障碍。加强人权法律意识的培养和提升,是全社会给人权以充分尊重和足够保障的现实需要。我们必须提升全社会关于人权的法律意识水平。

总之,拟制切实推进人权保障的现实措施是中国人权保障的当务之急和重要工作。中国的人权保障必将在2005年取得更大的成就,进步着的中国人权保障事业必将得到更大的发展。

(本文原载《瞭望新闻周刊》2004年12月13日,原题为《中国人权保障继续努力的具体措施》。)

63. 体现时代发展的要求

法学教材要体现社会主义市场经济发展的要求，必须在法学理论上反映社会主义市场经济条件下法律发展和运行的基本规律，使社会主义市场经济内化为法学教材的基本理念。

法学教材要跟上社会主义民主政治发展的步伐，及时将社会主义民主政治建设的新成果纳入教材体系之中，从法学角度为社会主义民主政治建设提供理论支持。

如何使法学满足构建社会主义和谐社会的需要，及时有效地回答社会主义和谐社会建设中提出的一系列重大问题，是法学建设面临的新课题。

教材是时代的产物，也是时代的标志。法学教材需要论述基本的法律原理和法学理论，但在不同时代，其理论观点也会有所差异。因此，在21世纪，法学教材必须体现时代发展要求，真正做到与时俱进。

体现社会主义市场经济发展的要求。建立完善的社会主义市场经济体制是我国经济体制改革的目标。经济基础决定上层建筑。作为上层建筑重要内容的法律体系和法学理论,必须适应社会主义市场经济发展的要求而不断发展和完善。目前,法学教材在体现社会主义市场经济现状和发展方面还存在较大的差距,对于社会主义市场经济发展要求的反映在整体上还需要进一步深化。一些教材只是在相关文字中提及"社会主义市场经济"这一名词,对社会主义市场经济本身缺乏深刻理解和融会贯通。法学教材要体现社会主义市场经济发展的要求,必须在法学理论上反映社会主义市场经济条件下法律发展和运行的基本规律,使社会主义市场经济内化为法学教材的基本理念。

体现社会主义民主政治建设的要求。法律与政治紧密相联,法学教材不能脱离政治实践,它必须反映民主政治建设的进程,适应民主政治进步的要求。我们党历来以实现和发展人民民主为己任。改革开放以来,我们党坚定不移地推进政治体制改革,有力地促进了社会主义民主政治建设。党的十六大进一步提出了发展社会主义民主政治、建设社会主义政治文明的要求,强调社会主义物质文明、政治文明和精神文明要协调发展。这必将进一步推动社会主义民主政治建设的进程。因此,法学教材要跟上社会主义民主政治发展的步伐,及时将社会主义民主政治建设的新成果纳入教材体系之中,从法学角度为社会主义民主政治建设提供理论支持。

体现建设社会主义法治国家的要求。党的十五大提出了依法治国、建设社会主义法治国家的目标。1999 年,依法治国、建设社会主义法治国家又被写进了宪法修正案。法学应当把法治作为自己的中心命题,加以认真研究,并将其全面地体现在法学教科书之中。教材不仅应增加法治的章节,更要在理论阐释中体现法治精神,在整个法学理论和各个法学部门的学说中内在地体现法治精神。实现这一目标,还需要我们做更深入的理论研究,并贯彻到编写教材的具体工作中去。

体现构建社会主义和谐社会的要求。党的十六届四中全会提出了构建社会主义和谐社会的目标。社会主义和谐社会是充满创造活力的社会，是各方面利益关系不断得到有效协调的社会，是社会管理体制不断创新和健全的社会，是稳定有序的社会。深入研究构建社会主义和谐社会实践中的法律问题和法学理论，是法学研究工作者的时代责任。如何使法学满足构建社会主义和谐社会的需要，及时有效地回答社会主义和谐社会建设中提出的一系列重大问题，是法学建设面临的新课题。因此，法学教材应服务于社会主义和谐社会的建设实践，满足构建社会主义和谐社会在法学上的理论需要，培养构建社会主义和谐社会需要的法律人才。

（本文原载《人民日报》2005 年 1 月 31 日。）

64. 和谐社会是民主法治的社会

我们所要建设的社会主义和谐社会应该是民主法治、公平正义、诚信友爱、充满活力、安定有序、人与自然和谐相处的社会。社会主义和谐社会首先是民主法治的社会，构建社会主义和谐社会必然要求推进民主法治建设。

社会主义和谐社会在本质上是民主法治社会。和谐社会，就是要尊重人民群众的创造精神，让人民群众的积极性得到充分发挥，使各种积极因素得到充分调动；就是要有效解决各种社会矛盾和纠纷，确保社会的稳定团结；就是要在经济发展的基础上，不断满足广大人民群众日益增长的物质文化需要；就是要以人民群众的根本利益作为一切工作的出发点和落脚点，正确反映和兼顾各个方面群众的利益。说到底，和谐社会就是要充分发扬社会主义民主，实行社会主义民主。因此，社会主义和谐社会在本质上是民主社会。同时，社会主义和谐社会在本质上还要求实行法治。和谐社会要求社会依照既定的规则有序运行，反对社会的无序化与无序状态。法治是社会有序运转的重要保证,是社会和谐发展的基石。法治社会中最重要的规则是法律规则。法律是所有社会规范中最具有明确性、确定性和国家强制性的规范。依照法律规则来治理社会,人们就有章可循,有法可依,社会就有了和谐的基础。因此,也可以说和谐社会在本质上是法治社会。

社会主义和谐社会的目标和手段是民主法治。构建社会主义和谐社会,最终都是为了实现人民的利益。人民是社会发展的动力,是社会和谐与否的最终决定性因素。只有以人民的利益为最高利益和最终利益的社会,才具有最深刻的群众基础。只有在人民支持和参与的前提下,社会主义和谐社会才能建立起来。民主是和谐社会得以长期维持与维护的根本保证,是和谐社会的努力方向与理想目标。法治是社会主义和谐社会得以建立的手段和途径。和谐社会是社会矛盾能够获得及时解决的社会。在法治社会,法律为社会提供了明确的行为规则。严格地遵守法制,社会矛盾和冲突就可以最大幅度地降低或者减少,为构建和谐社会创造条件。法治的意义不仅在于可以减少矛盾,而且还在于可以有效地解决矛盾,使已经产生的纷争能够得到及时解决,使不和谐的状态归于和谐。从减少矛盾和解决矛盾这个意义上讲,法治就是达成和维系和谐社会的重要手段与路径。

胡锦涛同志指出:“民主法治,就是社会主义民主得到充分发扬,依法治国基本方略得到切实落实,各方面积极因素得到广泛调动。”加强社会主义民主法治建设,就是要使人民成为国家和社会的主人,让人民群众依法管理国家和社会事务,管理经济和文化事业。民主法治是目标与手段的统一,是社会主义社会持续协调健康发展的重要保证。构建社会主义和谐社会所要实现的公平正义、诚信友爱、充满活力、安定有序、人与自然和谐相处,都需要民主法治的支持,需要以民主法治为基础。因此,我们必须加强社会主义民主法治建设,进一步提高构建社会主义和谐社会的能力。

(本文原载《人民日报》2005 年 3 月 25 日,原题为《怎样理解社会主义和谐社会是民主法治的社会》。)

65. 话说法学专家从政

一个时期以来,不断传来法学专家出任司法机关官员甚至党政官员的消息。一些人为之表现出击节赞叹的首肯,一些人也表现出多多少少的疑惑。疑惑者大多未表明其理由。想来,其潜台词无非是,做学问做得好好的,干吗要去做官呢?

如果有人问我的态度,我则是前者。因为法学专家出仕,既是学者全面展现自身能力,更好实现自身价值的主体自由,更是对于社会的莫大贡献。

人们都有选择职业的自由,也有实现自己价值的自由。有的人愿意终生选择从学,有的愿意先从商或先从政而后从学,当然就应该允许别人先从学而后从政。有的学问家自认为除了有学术才能之外还有些从政的能力,在学术上尝试了之后又想尝试一下做领导的滋味。这是更全面地实现其自我,展现其能力,体现其价值的需要。没有任何不好。

更重要的是他们的从政还可以从新的角度给社会、国家和他人做贡献。我们可以不允许一个人干坏事,我们没有权力阻挠别人做好事。

对法学专家从政,作为个人是可以疑惑的,但是于国家和社会的干部政策则是不应疑惑的。因为法学学者从政有其不争的优越性。第一,法学学者都有相对良好的学识,这是他们从政的优越之处。他们积蓄多年的理论有了施展的社会舞台,一般地说会比学识少的人优秀。第二,法学学者们的从政往往包含组织的特别信赖。虽然不说士为知己者死,但既然社会和人民将责任赋予了自己,可以相信绝大多数学者都会珍视这份信赖与真诚。这种受到信任与尊重的意识,很容易转化为工作的热情。第三,法学学者们从政往往都有某种内在的实现远大抱负的主观愿望和主动心理,这就是其从政积极性的主观依据。有积极性总比没有积极性好。这种积极性完全可能转化为勤勉的工作。有学识,有信赖,有自主,当有可能取得较好政绩。我认为那些从政的法学学者应该是大可期待的。

社会和国家应由有知识的人来管理,作为法学专业来说,对于社会管理更有优势。因为法律是社会的行为规则,是社会管理的手段;法学在一定意义上也可以说是管理社会、治理国家的科学。从事法学研究与教育的法学专家,将比其他专业的学者或者人士在管理方面更有优势,也是理所当然的。

中国正处于建设法治国家的起步阶段,需要大量的法律人才是历史发展的要求。高等院校是人才的摇篮,学生可以从那里走出来,老师当然也可以从那里走出来。学校总可以从学生那里获得师资的补充,而官员则必须来自学校。法学专家能够走出书房从政,如同在学校继续从事着学术研究的学者一样,他们都是同样值得尊敬的。只是他们选择了不同的方式奉献于社会,也选择了不同的方式来展现自己的才能,实现自己的价值。

(本文原载《法制日报》2005 年 7 月 27 日。)

66. 人权的法律保障

一、人权意识的觉醒与人权的法律保障

人权意识是在人类发展过程中逐步形成的。人作为一种独特的物种,原本就有别于世间万物。但是早期的人类对自身并没有足够的认识。人类对自身的认识来源于人类的社会实践。

在社会实践中,人类发现了自己是与同类存在的,自己与他人并存,逐步地萌生了与其他人平等的观念。也许就在人类认识自身个体存在的同时,也意识到了与自己并存的作为个体的他人。不仅仅看到自己应当拥有与别人平等的权利,别人也应当拥有与自己平等的权利。这种在人类社会之中,以个体作为主体而存在权利,也就是人权。

人权是人的权利,而且首先是人的个体权利。人的集体权利是人的个体权利发展的结果,是个体权利的延伸与结合。这也就决定了集体人权与个体人权的基本关系:个体人权是集体人权的基础和前提,集体人权是个体人权的延伸和结合。

导致人权被人类所认识的原因应该是多样的。

在人权不受侵犯的时候,是不存在人权的保障问题的。在人类社会之初,由于一个个体对其他个体的侵害引发了对于人权问题的关注。侵犯人权情形的不断累加,使人权保障作为一个社会问题逐步被人们所认识,并为人们所重视。

人类最初维护人权的手段只是习惯、传统、道德和宗教规则等。在法律出现之后,法律就以其独特的性质,独树一帜地成为人权保障的重要手段。

二、法律:人权保障的重要工具

法律之所以能够成为人权保障的重要工具,根本的原因在于法律所具有的独特性质。法律正是以其普遍的约束性、明确的规范性和外在的强制性而成为人权保障的重要工具。

法律,总是在一定的地域范围内普遍有效的。在政治社会之中,往往是在特定国家或地区的范围内生效的。法律普遍的一体遵行属性,为具有普遍平等意义的人权保障提供了最好的手段。人权是一种平等权利。至少在一定的国家或地区之中,人与人之间在观念上是平等的。这种观念的平等就势必影响手段与路径的选择。法律普遍有效的性质正切合了人权拥有和人权保障的普遍性。

法律是最明确的行为规范。侵害人权的总是相关主体的行为。要保障人权就必须对相关行为进行规范。作为行为规范的有习惯、传统、道德、宗教规则,也有法律。但其中唯有法律,最具有明确性。它可以给人们以最清晰的行为指导,也就能够最清楚地确定什么是侵犯人权的行为,而加以有效禁止。

法律也是最具有外在强制性的规范。作为社会规范,习惯、传统、道德和宗教规则都具有强制性。但是它们更多地依赖人们的内心信念、社会舆论和道德自律来发挥作用。只有法律,它的强制力来自国家,来自国家的暴力。侵害人权的行为如果没有有效的外在强制,是难以或者无法被禁止的。于是法律就成为保障人权的必不可少的手段。

纵观人类的历史,我们也可以发现,法律的确在人权保障上发挥了极为重要的作用。没有法律,我们就没有保障人权的最普遍、最明确、最具有外在强制性的行为规范,所以我们说法律是人权的重要保障。

三、人权:人类发展的价值目标

人是人类社会的主体。对于人权的关注,是人类对自身关注的体现。使人享有作为人的尊严,使每一个人都获得作为人所具有的正当权利,是人类理性发展的结果。人权的进步实际上是人类进步的重要方面与重要表现。不断完善人权状态是人类发展的足迹与追求。

人权对人类来说,是永恒的价值目标。人类是一个无限的发展过程。人权之所以需要保护,这是因为人总是类的存在物,总是社会的人,作为社会人存在,就难免会产生人与人之间的相互的伤害,这种伤害往往就是对人的权利的侵害。对人权的侵害存在,对人权的保障就成为必需。

人权是一个不断演进的目标,不同的时代,人们会有不同的人权要求和标准。人权的不同要求和标准在变化,也就意味着人权的保障必须适应时代发展的需要,与时俱进。人权的变化也给法律变化提出了新的目标。在人权的要求和标准进步了的时候,法律也应该有相应的发展。

保障人权立法的专门化,将是人权立法的发展趋势。在历史上,我们只需要在宪法中对人权有一个基本的宣示,有原则的规定即可。随着时代的发展,仅限于宪法的原则规定,已经无法适应保障人权的需要了。如何给各类人权以法律保障,将是未来立法的重点。人权的专门立法必然会增加,而且会更加细密化。就人权保障的措施来说,将更加具体有效。具体是有效的前提,有效是具体的目标。人类在人权立法上的一切努力都只要通过具体的规范、有效的实施,才可能发挥充分的效用,切实地保障人权。

四、人权法律保障是不断进步的理性化过程

当初,人权的法律保障也许是人类面对大量的侵犯人权的现象,无可奈何的举措。但是随着时代的发展,保障人权逐步成为人类的自觉行动,成为人类的理性自觉。人类作为理性的存在物,情感也被升华到了理性认识的高度。人类自然的同情、怜悯、互助的美德都应该也可以转化为人类保障人权的具体行动,成为相关法律的道德基础。

人类对于法律与人权关系的认识,是一个渐进的过程。这个过程至今也还没有完结。随着人类认识的深化,人权法律保障的范围会不断扩大,方式、手段和机制都会不断创新和完善。随着人权事业的发展,法律和法治的完善,我们有理由期待,人权法律保障,明天会比今天更好。

(2005 年 9 月 4 日至 10 日,第 22 届世界法律大会在北京和上海举行。来自 60 多个国家和国际组织的 1500 多名著名法官、检察官、学者、律师和其他法律界人士参加了此次盛会。本文为作者参加该大会在上海的“人权:世界和平与发展”专题论坛上的演讲稿,原题为《人权的法律保障——人类发展的理性追求》。)

67. 博士教育不能大众化

随着本科教育从精英教育向大众教育的转换，似乎研究生教育也开始了向大众教育的转化。如果认为硕士研究生的教育相对于以前的情形可以更加大众化一些的话，我以为博士研究生教育依然不能大众化。

博士研究生阶段是高等教育的最高阶段，博士学位是整个教育体系中的最高学位。国家和社会，尤其是每个学校都有责任确保博士研究生教育的精英性质。这里所说的精英性质首先还是指其教学对象、教学计划与教学方式必须精英化。任何组织或者个人都无权用泛化博士研究生的方式来亵渎博士研究生教育的精英性，乃至神圣性。

教学方式上，以班级为教学对象的教学方式应当仅限于知识学习和理论探讨部分，这是博士研究生教学的基础部分。博士研究生教育的高端状态还是应该以因材施教、个别指导、教师主导、师生互动的导师制教学方式为主。因为个性化的学术指导，往往具有更大的针对性和有效性，也是培养具有创新能力的博士研究生的必需。千人一面的博士研究生教育一定是不成功的。

个性化的学术指导应该是通过问题讨论与课题研讨的方式来实现的。作为导师应该不断为学生提出讨论主题,提供研究课题,带领和指导学生进行研究。在研究中,导师应该指导学生深化学术认识,把握学术方法,推出学术成果。在博士研究生毕业时,科研成果的数量应该成为博士研究生水平的重要评价标准。

博士研究生教育不仅仅是一般意义的教育,而且也应该是师生的共同研究。在共同研究中让学生感受老师的学术、人格、学品,从而培养出真正品学兼优的新秀。使他们在三两年后离开老师,还能进行独立的学术创造活动。这才是培养博士研究生的目的。

博士研究生必须有一定的科研成果的要求是对的。但是,一个时期以来,一些高校对博士研究生的科研要么不要求学术成果,要么就图表面热闹,这样的两极化趋势十分严重。一些学校甚至要求博士研究生必须有多少篇文章在核心期刊发表。评职称要求在核心期刊发表文章,读硕士博士也要求在核心期刊发表文章。片面追求核心期刊,是图省事——回避对学术成果进行严肃学术评价的结果,往往逼迫一些研究生去搞关系发表文章。使有的学生本该潜心学术的时间被浪费到走关系的路子上去。既毁坏了学子,又败坏了学风,真是得不偿失。

博士研究生教育,从招生方式、培养机制到评价制度都需要我们反思。其中可评可点之处不少。这种反思可以自由进行,似乎更应当有组织地、更理性地进行,也许这样才会有更大的、真正的效用。博士研究生教育才可能因为我们的曾经的失误、教训、成功而变得更好。

(本文原载《法制日报》2005 年 10 月 19 日。)

68. 法政治学的学科定位

法政治学，也许可以称为法律政治学，甚至政治学法学或者法学政治学，是法学和政治学的边缘学科。

法学与政治学具有天然的联系。如果说人类的一切知识最早是被总括在哲学领域的，那么法学知识不仅被总括在哲学领域之中，还在很长的历史时期都被总括在政治学领域之中。早在古希腊，苏格拉底、柏拉图、亚里士多德等就开始了政治学研究，直至政治学被作为一个独立学科的知识领域，即被普遍认可为政治学的一门独立的社会科学。而法学虽然也萌生在古希腊和古罗马，但是与政治学相比较，还是相对较晚。只是由于法学的细密化发展，法学知识和法学理论的不断累加，以至政治学无法完全囊括的时候，法学才从政治学中分离了出来。尽管法学从政治学中分离了出来，这也只是人类在自己知识领域的变化，对于法律现象的政治性质或政治现象的法律性质并没有任何改变，对于分离出来的法学的研究对象与政治学的研究对象之间的交叉重叠并无改变。因此，也就使从古及今,许许多多的哲学家或人文社会科学家,既是政治学家,又是法学家,他们的著作既是政治学著作,也是法学著作。在西方,从古希腊的苏格拉底、柏拉图、亚里士多德,到古罗马的西塞罗,经中世纪的奥古斯丁、阿奎那、马基雅弗利,到资产阶级的洛克、孟德斯鸠、卢梭、康德、黑格尔、杰弗逊等,从政治学和法学的意义上讲,都是一身两任的思想家。除了我们现在无法具体知道苏格拉底是否有自己的专门著作和有什么样的专门著作之外,其他的著名思想家著作,都向我们揭示了政治学与法学的密切联系。我们不妨去查阅:柏拉图的《理想国》《政治家》《法律篇》,亚里士多德的《政治学》《雅典政制》,西塞罗的《共和国》《法律篇》《执政篇》,奥古斯丁的《上帝之城》,阿奎那的《论君主政治》,马基雅弗利的《论君主》,洛克的《政府论》上下篇,孟德斯鸠的《波斯信札》和《论法的精神》,卢梭的《论人类不平等的起源》和《社会契约论》,康德的《政治权利原则》《永久和平》《法律哲学》,黑格尔的《法哲学原理》,杰弗逊起草的美国《独立宣言》,等等。

在中国,从古及今,老子、孔子、庄子、商鞅、荀况,到以后的董仲舒、王夫之、严复、康有为、梁启超,很难说他们仅仅是政治学家或者法学家。他们对于政治学和法学都有精深的研究和精辟的论述,并留下了许多宝贵的政治学、法学论著。在卷帙浩繁的古典著作中,政治学和法学总是紧紧相随。其中有作为老子思想代表的《道德经》,作为孔子思想代表的《论语》,以及孟轲的《孟子》,庄周的《庄子》,商鞅的《商君书》,荀况的《荀子》,董仲舒的《春秋繁露》,王夫之的《读通鉴论》,严复的《论世变之亟》和《救亡决论》,康有为的《大同书》,梁启超的《饮冰室合集》(其中包含《变法通论》《中国法理学发达史论》《先秦政治思想史》),等等。

为什么会出现这样的情形呢,这有其深刻的社会根据。

首先,许多法律现象都是政治现象。

重大法律问题，都是政治问题。在任何时代，国家的政体和国体问题，都是重大的政治问题。政体问题关涉统治者组织政权的基本方式，以及政治运作的基本体系。而这些重大的政治问题无不是法律问题。在现代法律体系中，宪法具有最高的法律地位，号称国家的根本大法。其内容首要解决的就是国家的国体和政体的问题。它首先规定的就是谁掌握国家政权和怎样组织国家政权。

除此之外，其他许多法律问题也同样可能是政治问题。例如对外贸易，参与国际经济合作的法律问题，应该说比国体和政体等问题要平常得多，但是它们也是政治的问题。在现代，是否加入世界贸易组织，看起来是一个国际经济活动的问题。其内在地包含深刻的政治因素。当今世界的各个国家也都把是否加入世界贸易组织，以及在世界贸易组织中的活动，作为本国参与国际政治的活动之一，并深受国际政治的影响，并与国际政治联系在一起。一国是否允许本国企业有对外的进出口贸易权，这在表面上首先是企业法人的进出口法律权利，实际上它表示一个国家的开放程度、民主程度、自由程度。由此看来，它也不是一个单纯的经济或法律的问题。

其次，许多政治现象都是法律现象。

特定的政治现象或特定的法律现象未必具有双重的属性。但是大量的政治现象都与法律现象是交叉或重叠的。就选举来说，选举当然是政治现象，但是只要是属于国家范畴的选举都和法律密切相关。什么人拥有选举权，什么人拥有被选举权，选举需要经历怎样的程序，选举出现的问题如何解决，选举中的舞弊如何制裁，选举的结果具有怎样的效力，等等，都是政治现象和政治问题，也都是法律问题。关于选举的法律所要解决和回答的也就是这些问题。就权力来说，无疑是极为重要的政治现象，但是随着政治民主的发展，所有的权力的获得都必须有法律上的根据，并经过法定的程序。所有的权力的行使都必须具有法律的依据。依法行使权力,是法治的基本要求,也是权力被正当行使的标志和标准。

由于政治现象与法律现象的这种密切的关系,使法学与政治学的联系十分紧密,基于政治现象与法律现象,政治学科与法律学科的密切关系,由此而产生的法政治学,既属于政治学的范畴,也属于法学的范畴,是法学与政治学之间的边缘学科,并在政治学和法学中独树一帜,成为一个相对独立的研究领域和学术空间。

(本文原载《学习时报》2006 年 2 月 13 日。)

69. 重视信访与解民疾苦

信访,一个时期以来成为百姓关注的热门话题。为什么这个时候信访会备受关注呢?这有其深刻的社会背景与现实原因。第一个原因是人民权利意识的增强。信访是中华人民共和国公民的法定权利。我们党和政府也正是通过信访等途径来保障人民合法权益的。随着社会的发展,人民的权利意识不断增强,必然使信访更加为社会所关注。第二个原因是社会矛盾纠纷的增加。改革开放的20多年来,社会生产力得到了极大的解放和发展,社会物质财富得到了快速增长。在这个过程中,也出现了更多的利益差别,甚至利益多元化,就必然会引发多种社会纠纷。第三个原因是我们的社会纠纷解决机制还不完善。我们原有的通过司法等途径来解决社会矛盾的机制还表现出某些不适应。在这种情况下,人民信访也在一定程度上承担了弥补社会纠纷解决机制不完善的责任。第四个原因是人民信访通过自己的努力工作得到了人民群众的信赖。中华人民共和国成立几十年来,信访工作在处理国内群众和境外人士来信来访事项,反映来信来访中提出的重要建议、意见和问题,化解社会矛盾纠纷,确保人民权利等发面发挥了极为重要的作用。正是因此,它也更加受到了人民的信赖与关注。

面对人民群众与社会发展的现实需要,中华人民共和国成立的半个多世纪以来,我们党和政府一直强调和重视信访工作。在刚刚过去的2005年,国务院发布了新的《信访条例》,并于2005年5月1日正式生效实施。随着构建社会主义和谐社会、建设社会主义新农村等目标和任务的提出,可以相信,新的《信访条例》在新的形势下必将更加有力地推动信访工作的发展。

信访工作,从宏观上讲,是我们党和政府联系人民群众的纽带,听取人民群众呼声的桥梁,赢得人民群众信赖的重要途径,也是社会改革、稳定、和谐、发展的重要保障。从微观上讲,它更涉及广大人民群众的切身利益,是保障人民权益的重要手段,是为人民分忧解难的重要方式。在现实社会生活之中,由于种种原因,人民群众的合法权益还难以切实保证,人民群众还有许多困难、许多纠纷、许多委屈,还承受着本不应承受的许多苦难。许多社会问题,如果得不到及时有效的解决,人民的权益没有保障,人民群众必将承受更多的不幸。解除人民疾苦,是我们党和政府根本宗旨的要求。我们必须责无旁贷地加强信访组织建设,提高信访效能,进一步发挥信访的作用,更好地化解社会矛盾,以切实地解除人民群众的疾苦。只有这样,我们的党和政府才能更多地和长久地赢得和拥有人民群众的信赖与支持。为了社会的长治久安,尤其是为了解民疾苦,重视信访是我们党和政府,尤其是我们信访工作本身光荣而又艰巨的任务。

(本文原载《人民日报》2006年3月1日,原题为《重视信访　解民疾苦》。)

70. 司法改革的问题与目标

我国目前进行的司法改革的问题和目标是一体两面的关系,综观这两个方面,必然是从司法不独立到依法独立,从司法不公开到司法公开,从司法无权威到司法权威,以及从司法难公正到司法公正的路径,最终实现独立、公开、权威、公正的目标。

一、从司法不独立到依法独立

司法独立是世界法治发展到现阶段的普遍要求。现代国际社会的众多国际条约都规定了司法独立的法治原则。1948 年《联合国人权宣言》第 10 条,1966 年《公民权利和政治权利国际公约》第 14 条,都规定了司法独立的原则。1985 年联合国第七次防止犯罪与犯人待遇大会专门通过了《司法独立的基本原则》。该文件明确规定:“司法独立应由各国以宪法或法律加以保障,尊重并遵守司法独立是所有政府及其他组织的义务。”1993 年世界人权大会一致通过的《维也纳行动纲领》将司法独立列为实现人权和可持续发展的重要条件。

司法的独立性质,在中国被更明晰地表述为司法机关依法独立行使职权。确保司法机关依法独立行使职权是中国司法的必由之路。对此问题,我国宪法和法律中均有相关规定。司法机关依法独立的关键在于司法机构的内外组织结构具备独立的条件。司法机关的依法独立必然是司法改革的重要目标。

二、从司法不公开到司法公开

司法不公开在现实社会中依然表现得十分突出。在刑事诉讼中,嫌疑人一旦被采取强制措施,其权利就很难得到保障,更不用说其沉默的权利了。案件何以从公安机关移送检察机关,又何以从检察机关移送到人民法院,当事人及其亲属仍然难以透彻地知晓。开庭时,明为公开审理,实际上法院常常以各种理由拒绝或限制公民的旁听,而且假借各种理由阻止或逃避新闻机构的舆论监督。至于从开庭到判决下达之间的过程,更是无人知晓。直到现在人民法院还把公开审理作为司法改革的重要内容,实在说明了中国司法神秘主义影响之深远。在民事诉讼中,何时开庭,何时作出裁决,庭审到判决的过程如何,其间是否经过审判委员会,等等,当事人根本就不清楚,司法官员自己也没有一个定准。

有许多人还认为公开审判等是什么重大的改革措施,还要慢慢来。其实它是早在中华人民共和国成立初期的《共同纲领》和第一部《宪法》就对人民作出的承诺。司法公开的推行,必将有助于司法改革的进行,并切实推进司法改革。

三、从司法无权威到司法权威

司法是神圣的。司法本身应当是有权威的。从法律制度来讲,法是国家意志,具有国家强制力,当然具有权威。司法机关本身也就是国家强制机关,怎么会无权威呢?

司法无权威的一个重要原因和重要表现是司法活动可以被许多因素所支配,可以为社会舆论所左右,没有真正地独立行使职权。可以左右司法者会藐视司法,不能左右司法者也同样会轻视司法。而司法则会在这种藐视与轻视中丧失权威。司法无权威的另一个重要原因和重要表现是司法裁决得不到有效的执行。现在人民法院的裁决得不到执行的现象非常普遍。虽然经过了我们很大的努力,情况有所好转,但问题依然非常严重。人民法院的裁决形同白条,无法兑现。尤其是在民事、经济的审判方面,应当受到法律处罚的可以逃脱法律的处罚,应当承担法律责任的人可以逃避法律责任。在这种情形下,司法绝对不可能有什么权威。再一个重要原因和重要表现是司法机关存在执行观念淡漠,执行力量薄弱的问题。针对司法无权威的实际情况,我以为,我们应当着力重塑司法权威,从司法体制、司法组织、司法官员、司法过程等各个方面努力,使司法机关成为人们敬畏的权威机构。

四、从司法难公正到司法公正

人们对司法的公正性要求,远比对其他任何方面的要求都为高。原因就在于:人们对司法的公正冀望很高。法本身似乎就是公正的化身或者公正的代名词,而司法本身理所当然就应当将法定的"公正"现实化,因此人们总赋予了司法很高的"公正"冀望。正如人们平常所说,"希望愈大失望也就愈大",司法正应了人们的口头禅。一旦司法腐败导致司法不公,它就自然会成为千夫所指。

与司法并存的行政没有裁决的功能,因此,它不会产生公与不公的问题。既然没有公与不公的问题,当然人们就不会迁怒于它。古人谓"不平则鸣"大抵也有这个意思。行政腐败也有不平,它是行政官员与民众的权利和利益的不均衡分配,由于民众是普遍而抽象的,所以难以激起民愤。而司法不公除了有司法官员与民众之间有利益的不均衡分配之外,还直接导致民众内部冲突者双方利益分配的不均衡。而这一点又是当事人特别计较,并作为诉求的东西。即使司法官员是公正的,都还会引起不同的认识,司法官员的偏颇就更易招致民众的愤怒。

司法公正的评价者有三个:一是司法官员的自我确信。司法官员对于自己经手的案件,对于自己的司法行为,必须首先具有内心的确信。确信自己是公正的。否则连自己都不相信自己的裁决,就必然会产生问题。二是当事人的主观认识。当事人对于司法的评价,当然会有比较个体化,欠缺公允性的问题。但是当事人的评价又是特别重要的。尽管各方当事人都满意的裁决是很少的,但一定是很好的。三是社会的普遍认同。社会对于司法公正的普遍认同是一个总体的评价。它具有概括的性质。它不是某一个案件的处理过程或其结果的反映,而是一系列司法活动给人们的一个总的印象,也是人们对于司法的社会化结论。

司法公正的评价对象是什么:一是司法程序,二是司法结果,三是司法行为。这三个方面任何一个方面都可能导致司法不公的结论的产生。司法程序的错误会是十分肯定的错误,它本身可能就是不公正的产物,它常常会导致不公正的司法结果的产生。一些认为程序无所谓的观点显然是极为错误的。司法结果往往比程序更令当事人关注。司法官员对于司法结果负有重要的责任。是公正与否的本质性的决定因素。司法行为,是司法官员在司法过程中的行为,它对当事人和社会都有重要的影响。严格依法办事,坚持法治原则,应贯彻在司法官员的司法活动的每一个行为之中。这也就对司法官员提出了特别的要求,司法官员的本质也决定他必须力求司法公正。

独立、公开、权威和公正是我国司法改革的四个主要的目标。这四个方面是一个共同的整体。在司法改革的过程,必须将这四个方面的努力协调起来,以最终实现司法改革的理想。

(本文原载《学习时报》2006 年 7 月 17 日。)

71. “执法为民”难易说

人们常说,人要言行一致,这也就是我们一直所宣称的“言必信,行必果”。如果我们每个人、每个机关都能做到这一点,就好了。让人困惑的,常常是“口惠而实不至”。以至于毁坏了我们的清名,使我们堕落成为自己都不相信的人。其也可悲欤!“为人民服务”是我们耳熟能详的口号,“全心全意为人民服务”更被作为中国共产党人的宗旨。近来又提出了“执法为民”的法治理念。“执法为民”是社会主义法治的本质要求,是社会主义法治理念的本质特征,“执法为民”要求,要把实现好、维护好、发展好最广大人民的根本利益作为我们的出发点和落脚点,在各项政法工作中,切实做好以人为本、执法公正、一心为民。

但是有某些政法机关和人员却没有从根本上理解和接受“执法为民”的深刻内涵。记得我在春季的时候应邀为某权威报纸写过一篇评论性质的文章《重视信访,解民疾苦》。文章不怎样,但是也就是这篇文章之后,让我的办公室在一个不短的时间一直是一个“信访办”。就在若干的来访中,我看到这样一个事情:某犯罪嫌疑人被判处了5年有期徒刑。他认为自己是被冤枉的,在一审宣判的当庭就提出将上诉。但是他是从看守所医院的急救病房被押解来听宣判的,所以就恳请法院能够通过医院收取他的上诉状。法院当庭表示没有问题。

问题就出在这没有问题上。上诉期只有10天。10天之内他不断地向医院提出转交上诉状的要求,但是医院以他们没有权力管这事为由加以拒绝。他要求看守所转交,看守所说他们没有这个责任。他电话催促法院来取,法官总是搪塞。10天过去了,20天过去了,30天过去了,上诉状交不了,法官不来取。他和他的亲友急得团团转:上诉权丧失了如何办?他们发誓:如果因此就剥夺了上诉权,他们将"告御状"——到最重要的地方上诉,甚至用更严重的手段也要获得一个上诉权的公道。遗憾的是谁都没有管他们。

我愤怒了,一看,那家法院的领导曾经在读研究生时听过我一学期的课,我就直接用电话向院长投诉:对于诉讼结果我们不谈,但上诉是被告人的合法权利,任何人无权剥夺,即使是人民法院也必须予以尊重。希望他能够督促法官践行诺言前去取上诉状,否则被告人自己再行提交就可能因超期而丧失上诉权。但是得到的回答让我大大的失望:我们法院没有义务去取啊!

天啊,医院说没有权力,看守所说没有责任,人民法院又说没有义务,那怎么办?

我就十分严肃地说:第一,医院、看守所、法院都说没有责任和义务,我个人认为都是不对的。这种特殊的医院至少有转交患者文书的道德义务和工作义务。至于看守所和法院的看法更是错误的。一审是法院判的,当事人由于特殊原因不能正常行使上诉权利,作为一审法院毫无疑问地负有收取上诉状的责任。第二,即使你们没有这个法定责任(其实应该是有的),由于你们法官的承诺也产生了相应的义务,怎么能说你们没有这样的义务呢？第三，我们现在不是要讲“执法为民”的法治理念吗？怎么体现“执法为民”？人民就是由一个个原告、被告、原告人、被告人构成的。如果这个事情你们不能解决，投诉你们的不仅仅是当事人，甚至是我。

对方很理性而礼貌地说：“我问问情况吧！”我的心冷冷的、冰冰的。心里一直在问：这个接我电话的院长，是我“教过”的研究生吗？

第二天院长主动打电话给我说，他们的法官已经去取回来了，并说上诉权绝对不会因此而失去，但是依然没有一丝的歉意。我千恩万谢地说着感激的话，当然是由衷地感激。在夜深人静时，我反复回味着：那可怜的被告人的上诉权是保住了，但是那院长是基于对法律的尊重？还是对我这个所谓老师的尊重？抑或是为我的“恫吓”所警醒呢？不得而知。其实我也不必如此费神地猜想，因为这是无法找到答案的。但愿所有类似的被告人，永远不会有这样的痛苦。

“执法为民”理念的提出，直接而响亮地回答了司法工作“相信谁、依靠谁、为了谁”，以及“为谁执法、靠谁执法、怎样执法”的根本问题。由于有些执法人员没有认清这一问题，才出现了缺少群众观念，缺乏群众感情的问题。要从源头上解决这一问题，就必须在全体司法及执法人员中树立和大力弘扬“执法为民”的理念，用这社会主义法治理念统一执法观念和意识，确保政法工作始终保持为人民服务的正确方向。

“执法为民”真不是一句空话。一方面，具体实践起来确实很难；但另一方面也很容易。实际上，只要每一个执法部门，每一个执法人员，都能保持应有的热情与真诚，真正践行社会主义法治理念，那么，再难的事也不会再难。

（本文原载《法制日报》2006年6月5日，原题为《践行“执法为民”难易说》。）

72. “以德报怨”与“以直报怨”

在公的关系上,我们不能挟公权以报私仇,即人们常说的公报私仇。同时,我们也不能为了以德报怨而曲意逢迎,以公益换取私谊。

人生旅途与人类社会一样都难免有些恩恩怨怨。何以对“怨”往往是衡量一个人的人格高尚与否的试金石。我们是应该“以德报怨”还是“以直报怨”是中华民族祖祖辈辈长期争论不休的道德话题,也让每一个正人君子或者期望成为正人君子者困惑。

“以德报怨”源自老子,“以直报怨”源自孔子。《老子 · 六十三章》说:“大小多少,报怨以德。”《论语 · 宪问第十四》:“或曰:‘以德报怨,何如?’子曰:‘何以报德?以直报怨,以德报德’。”表面上,两位至圣先师的教导都有道理,的确让我们莫衷一是。其实,我以为这两位的教导都是对的。我们的困惑,不是源于他们说得不对,而是我们没有理解正确和用对地方。在我看来,只要我们正确理解并在不同方面使用它们,就会恰到好处。

“以德报怨”应该指的是在私人领域,非原则问题上,对待怨恨的指导原则和基本方法。在处理私人关系或非原则问题时,作为君子应当“以德报怨”:您对我不好,我恰恰对您很好甚至更好。您恨我,我不但不恨您,而且还爱您,甚至更爱您,至少可以敬而远之或给予必要的尊重。这样,久而久之,相互之间就可以“路遥知马力,日久见人心”。只要我们持之以恒地以德报怨,就没有消除不了的隔阂、误会,化解不开的矛盾。这里的关键在于,我们要有君子的气度和风范,不能小肚鸡肠,不能冤冤相报。如果是那样,矛盾就会激化,谁都没有安宁与祥和,谁都难以真正获得轻松和快乐。真正以德报怨,我们就不愁没有宽容,就不愁没有亲情和友情,就不愁没有亲人和朋友。人能在私的领域和非原则问题上做到如此,便是一个高尚的人,纯粹的人,脱离了低级趣味的人。

“以直报怨”则是在公的领域或原则问题上处理人际关系的指导原则与重要方法。在公的关系上,我们不能挟公权以报私仇,即人们常说的公报私仇。同时,我们也不能为了以德报怨而曲意逢迎,以公益换取私谊。在公的领域以公益以换私谊,既没有必要,也违反原则。在公的关系上,在原则问题上,我们必须以直报怨,而不能以德报怨。从道理来讲,对我们很好的人,相互无怨无恨的人尚且都不能得到法外的利益,对我们不好的人又怎么可以得到非法的好处呢?所以说,这既不符合情理,也不符合原则。这样的以德报怨实际上既损害公共利益,也是损害个人人格的。我们所需要的不是在公的领域、原则问题上以德报怨,而是需要在公的领域和原则问题上,以直报怨,该如何即如何,绝不公报私仇。既可以内举不避亲,也应当外举不避仇。以直报怨,“直”在其中的道理就在这里。如果我们能在公的领域、原则问题上,无论恩怨,都以直对待,我们就可以赢得理解,赢得尊重,赢得友谊,也可以塑造自己完美的道德形象,在灵魂的深处净化自我。

也许有人会问,在公的领域的非原则问题上可否以德报怨呢?我认为是可以也是应该的。因为既是非原则问题,也就没有那么多是与非。用公权给某些人需要关爱和照顾的人以关爱和照顾也是组织应该做的,它也不存在谋私的问题。在这样的问题上,拥有一定权力者能够以德报怨,实在是人格高尚之表现。不仅不应该反对,还应该加以提倡。若能做到这一点,有某种矛盾的双方就不仅不会继续对立,久而久之还可以化解矛盾,消除误会,使人际关系处于良好的状态。

我们不可混淆了“以德报怨”与“以直报怨”的适用范围。在私的领域以直报怨,显然不是特别高尚。在公的领域和原则问题上以德报怨,必然违反原则。所以二者的使用范围不可混淆,不可模糊。如果我们面对怨恨,能够在公的领域,在原则问题上以直待之,能够在私的领域以德报之,在非原则问题上,我们能够以德而报怨,我们必将因此而高尚起来,实现自我的提升与升华,才可以谓为君子。

千万不可忘记的操守,恐怕毫无疑问当是“以德报德”。如果连这一点都没有,又何谈以德报怨与以直报怨呢?但无论如何,我们都当谨记,道德贵为基础,法律才是依归。谁都难免面对怨艾甚至怨恨,对法律人士来说,更是必然会遇到。在同事之间会遇到,在办理案件与当事人相处中更会遇到。因此,法律人士应更加审慎才是。如何以德报怨,何以以直报怨,实在是人格与原则的体现,也是人生的艺术。人生感悟,随手记来,或可共勉。

(本文原载《法制日报》2006 年 6 月 23 日。)

73. 我为什么写《法政治学》

对法政治学这个学科的研究,有助于使法与政治的研究走向理性。在现实中,对于政治,我们每个人再熟悉不过了:工作中不能犯“政治错误”,历史上不能有“政治问题”,认识上要有“政治高度”,学习上要“讲政治”,等等不一而足。但若问到底什么是“政治”,我想很多人会支支吾吾。这反映了很多人在“政治”这一概念上的一种模糊的、直觉的思维方式:可以感觉,但说不出来。其实,政治不是直觉的产物,它应该是理性的。

但很长时间以来,政治与理性之间出现了极其严重的分裂状态:一方面,政治上需要理性和保持理性;另一方面,现实政治有时又表现出严重的非理性。因此,政治如何保持理性,不仅需要政治学本身的努力,更需要法学等相关学科为此提供必要的条件。可惜,以前我们在这方面的探讨,尤其是成文的著作少之又少。

政治需要理性,法律也是如此。在一些历史时期,法律常为非理性所左右,以至于导致很多悲剧。

法律与政治关系的非理性,一直为学术界尤其是政治学、法学界所诟病,但一直没有一个很好的学科门类对此给以特别关注。在目前的法学著作中,我发现,与法律联系紧密的社会现象与法律的关系,几乎都引起了法学家们的应有重视,并建立了相应的学科,如“经济法学”和“法经济学”、“社会学法学”或“法律社会学”、“法律文化学”、“法伦理学”,等等。但在与之联系最紧密的政治之间,却一直没有一个类似的“法政治学”的学科,至少在我国如此。于是我开始了对法政治学的集中研究。2003 年,当组织上征求我的意见,招收哪个专业方向的博士生,我确定了“法政治学”方向,但到秋季学生入学时,还没有一部较为系统的可以作为博士生辅助教材的《法政治学》专著,于是我放下手头正在修订的《法的价值论》,才有了这本《法政治学》。

研究法政治学,可以防止两个“走偏”

法律现象与政治现象有天然的联系,古今中外,许多政治家又是法学家,许多政治学著作同时还是法学著作,像卢梭的《论人类不平等的起源》、梁启超的《变法通论》等都是如此,以至于有学者从法律的角度来界定政治。正因为二者的关系如此紧密,才使我们很多的著述在处理二者的关系时,经常走偏。较明显的有两点:

一是政治代替法律的现象。在一个很长的历史时期中,理论上,法律被等同于政治,法律成为政治的附属物,甚至为政治所取代,各种法律问题都被贴上政治的标签,各种法律现象都被打上政治的烙印。实践上,法成为政治斗争的工具,“法治低头,人治抬头”。可以说,政治挂帅,政治代替法的历史教训是极为深刻的。

二是法学排拒政治的现象。正因为法律曾被不恰当地等同于政治,或将政治的功用无限夸大,以至于现在有的学者对政治的误解还在法律意识上延伸。有的继续把法律等同于政治,以延续法律的政治化路径,有的将对政治的疏远加之于法律的身上而产生了一种对法律的抵触。于是,在研究法律时故意回避政治,对法律与政治之间的客观关系置若罔闻、视而不见,有的甚至对于谈及政治的法学著作采取不屑一顾的态度。在自己的著作中也唯恐避之不及。实际上,这些态度都不是研究法与政治关系的科学的态度。

政治的法治化是"法政治学"的一个重要关节点

现在,我写《法政治学》,不是要继续混淆学科之间的边界,而是要在正确认识学科界限的基础上,充分发挥法政治学作为边缘学科的优势,对具有政治与法律双重属性的社会现象,如选举、立法、行政、权力等进行更专门的研究。

"法治"已经是现代社会的主题词汇,但法治作为一种整体的社会状态,它涉及的一个重要方面就是政治的法治化。如何把政治纳入法治的轨道?政治权力如何调控?政治责任如何确定?什么样的政治才是文明的政治?……可以说这些难题的解答,不仅需要遵循政治的规律,也要遵循法治的规律,而这些问题,正是法政治学关注的关节点。于是我试图为这些问题的学理思考尝试着去开启一道学术之门,为其去开辟一个新的理论路径。这本书从法与国家、法与政治、法与权力、法与民主等多角度进行逻辑展开,最后落脚到"和谐社会——政治·法治·民主"上。

书中以"为了正义"为题作为结语,我是经过一番深思熟虑的

我在《法政治学》中以"为了正义"为题作为结语,是经过一番考虑的。既然法政治学研究的是与法律和政治的相关问题,那么,在法与政治之间,它们有没有共同的价值追求,法政治学的价值追求与之是否一致?回答是肯定的。法与政治共同追求是善,是正义,同时,正义也是法政治学所追求的理想和目标。在漫长的历史发展中,在人类的法律和政治事务中,正义理想一旦失落,必将使人类进步的脚步受阻,甚至会使人类陷于万劫不复的深渊。这真是法律人和政治人的真正的悲哀。因此,正义也是法政治学的理想。

(本文原载《北京日报》2006 年 9 月 11 日。)

74. 法律：和谐社会的制度蓝图

法治完备状态下的社会运行机制对社会和谐是最恒久而有效的保障。

只有不断实现社会公正，和谐社会才能真正建立。

法律是人们的行为规范。法律的产生，其原因是多重的。但其中一个最为重要的原因就是为了解决社会矛盾，维护和实现社会和谐。

和谐社会是“和而不同”的社会，是承认个体独立性质的社会。和谐社会是“元素互补”的社会，是各个社会元素之间结构互补以至功能互补的社会。和谐社会是“相互协调”的社会，是个体与个体、个体与整体、一个整体与另一个整体之间很好协调的社会。在依照法律规则来治理的社会中，人们有章可循，有法可依，社会才能处于和谐的状态之中。

社会主义和谐社会的六大特征，无一不与法治具有密切的联系，并且需要通过法治得以保证。法治是构建和谐社会的重要手段。

第一，完善的立法为构建和谐社会奠定了制度基础。法治意义的法律是和谐社会的制度蓝图。和谐社会是社会的理想状态。只有将这种理想状态转化成为若干具体而完备的法律规范,构成一系列法律制度,进而形成完备的法律体系,和谐社会才获得了自己的制度根据。可以说法治状态中的法律制度是和谐社会制度设计的法律化。社会纠纷解决机制的法律设计蕴含和谐社会的理想。法律对社会利益的划分和调适起着重要的作用,是利益分配与调整的制度基础。

第二,法律指引减少冲突发生。在市场经济与民主政治的发展中,对于个人利益和社会团体利益的尊重,得到了社会普遍的认同。但是利益的差别常常会引起利益的冲突,从而产生社会矛盾。法律是减少社会矛盾的有效手段,因为法律具有其他社会规范所不具有的最明确的指引功能。法律规范中包括授权性规范、义务性规范和禁止性规范。通过不同类型的规范,法律告诉社会成员有权做什么,必须做什么和不得做什么,从而引导人们的行为,减少矛盾发生。

第三,依法可以有效处置消除矛盾纠纷。一个良好的秩序其实不是没有矛盾的秩序,而是一个有良好的矛盾解决机制的秩序。在具体民事经济活动中,买方与卖方之间,承包人与发包方之间,都难免会有纠纷产生。在具体行政关系之中,上级与下级之间,管理者与被管理者之间,处罚者与被处罚者之间也会产生种种矛盾。在刑事犯罪问题上同样有大量的纠纷。法律的重要使命就是发挥各种机制的作用,化解矛盾。在法治状态之下,通过调解、仲裁、审判等方式依法解决纠纷,直接为构建和谐社会服务。

第四,法制是创新管理体制的先导。和谐社会必须要有与之相适应的社会管理体制。我们要通过立法来整合资源,更新管理理念,创新管理方式,形成新的社会管理格局。要运用法律来规定和协调基层自治组织、社会团体、行业组织,以及社会中介服务机构在社会管理中的作用。要使社会各阶层社会成员的诉求得以反映,权益得以保障,行为得以规范,形成良好的社会管理状态。

第五,法治完备提供运行机制。这种运行机制包括顺畅的社会流动机制,合理的利益协调机制,安全的社会保障机制,有效的社会控制机制和敏感的社会预警机制,有效的矛盾疏导机制,以及人与自然和谐发展的机制。这些机制的建立都需要借助法律及其运行机制。法治完备状态下的社会运行机制对于社会和谐是最恒久而有效的保障。

和谐社会对法治提出了新要求。这些要求涉及法治的方方面面。而最重要的就是通过法治建设促进社会公正的实现。只有不断实现社会公正,我们才可能说这个社会赢得了长治久安的道义基础,和谐社会才能真正建立。

(本文原载《人民日报》2006 年 10 月 25 日。)

75. 公职人员与知法懂法守法

普法应该解决法律从常识、知识到理念的问题

仔细体会法商这个概念，我觉得是一个值得探讨的有意义的话题。我猜想，法商主要是对一定个人法律意识的一个评价指标，它借用智商、情商这些大众熟悉的表达方式，来表示对公民法律意识的评价。我认为这种提法能获得更多人的理解，这一点是值得充分肯定的。

我们的普法工作已经走过了 20 年的历程，中国民众对推动中国法治进程发挥了极大作用。可以这样说，公民法律意识的培育、法商的提高以及我们在法治领域取得的一切成就，都同普法工作分不开。今年是“五五”普法规划的第一年，也是我们总结以往普法工作的方式方法，更新普法手段、优化普法方式的好时机。

法治理念是法律知识和常识的深化。随着普法的深入，我认为，应该解决法律从常识、知识到理念的问题。法治社会发展的根基是人民大众的法律意识，

刚刚起步的“五五”普法应围绕社会主义法治理念来进行，着重于公民社会主义法治理念的培育。

普法提供了社会和谐的意识基础

遇到矛盾纠纷，通过闹事、越级上访等过激方式来寻求解决的途径，这不利于和谐社会的构建。通过普法教育，公民在遇到矛盾纠纷的时候，会主动寻求法律途径通过诉讼来解决，这意味着公民法律意识、法治理念的普遍确立和法商的提高。

但是，随着公民法治观念的进一步发展，一些矛盾、纠纷、冲突发生后，并不一定都要通过诉讼的方式来解决。因为诉讼是要付出较高的社会成本的，这里面包括大量的人力、物力、时间和司法资源的耗费。我们提倡矛盾解决方式的多元化，鼓励公民相互协调谦让，以调解、和解和谦让的方式来解决矛盾，其中包括权利的让渡，这都是实现社会和谐的好方式。

普法工作恰恰为公民提供了矛盾、纠纷、冲突解决的意识基础。双方都站在法律的立场，在处理矛盾、纠纷、冲突时，就容易达成一致。

公职人员要确立权力根源于民、根据在法的理念

近年通过一些媒体的报道，我们了解到，有一些公民提起的公益诉讼，比如有人状告铁路部门火车票涨价不合理等，引起了公众的极大关注，也引起了社会对一些不合理制度的反思。

诸如此类的公益诉讼的提起，表明公民法律意识的提高。公益诉讼其本身可能并无收益可言，甚至某个公民提起公益诉讼可能对其个体并不利，但这种诉讼对社会公众的利益却有很大的保护和促进作用，带来了社会对不合理制度的变革。我认为，这些提起公益诉讼的人是非常可敬可佩的，他们的行为充满“侠义”精神，有力地推动了和谐社会

的法治进程,我由衷地向这些“依法行侠”的人表示敬意。

和谐社会中的良好法治环境意味着我们党依法执政、政府依法行政、司法机关司法公正,社会民众普遍有法律意识和法治理念,法律在社会中得到良好的运行。普法工作重在提高全社会的法律意识和法治理念,其中不仅要提高普通公民的法商,更要注重公职人员法律意识和法治理念的培育。

对于国家权力来说,法无授权即非法。任何权力的行使必须有法律根据。公职人员要确立权力根源于民、根据在法的理念,在履行自己职责的时候,牢记人民权利必须尊重、国家义务必须履行,严格依法执法,真正依法行政,充分保障实现公民各项权利,带头做知法懂法守法的表率。

(本文原载《检察日报》2006 年 12 月 4 日,原题为《公职人员要做知法懂法守法表率》。)

76. 以和谐社会为目标的法治任务

和谐社会对法治提出了新的要求。这些要求涉及法治的方方面面,法治能否在这些方面适应和谐社会的需要,直接关乎法治对于和谐社会构建作用的发挥,也关乎法治在和谐社会建设中自我发展的情形。综观和谐社会对法治的要求,可以认为,法治要以实现和谐社会为目标,在目前就必须承担至少十个方面的重大任务。

一、确立法治理念是构建和谐社会的思想前提

要确立社会主义法治理念,必须转变我们既有的法律观念。在构建和谐社会的过程中,必须首先对法律观念作一个梳理,作出适合构建和谐社会需要的转变。从本质观意义上讲,应当强调社会主义法是人民意志的体现。社会主义法的使命决定了它必须是对旧法律的超越。这种超越也就表现在它不能再把自己定位为新的统治阶级意志的体现,不能再狭隘地以阶级统治作为自己的最高理想,而应当将自己定位为人民共同意志的体现。从价值观意义上讲,必须把公

平正义作为最崇高而又最基本的价值目标来追求。从功能观意义上讲，以前那种简单地认为法律是阶级斗争工具的观念必须改变。要特别重视法律的指引功能、秩序功能、裁判功能和保障功能等。在和谐社会中，法律是指引社会行为的规范，建构社会秩序的规则，裁决社会纠纷的准绳，维护社会安宁的手段，实现社会公正的保障。在构建和谐社会之中，应当深化对法律功能的认识，进而充分发挥其效用，使法律为社会和谐作出应有的贡献。

二、完善法律体系是构建和谐社会的制度需求

完善的法律体系是使各种重要的社会关系获得良好法律调整的制度前提。我国正在建设的，并预期在 2010 年建立的中国特色社会主义法律体系，就应该是一个相对完善的法律体系。

完善的法律体系是和谐社会的保证。没有完善的法律体系，社会生活就难免出现无法可依的情形。一些社会方面或问题的无法可依必然会导致社会的无序。社会一旦无序，就不会有和谐可言。和谐社会不仅仅需要法律调整，而且需要完备的法律调整。凡是需要法律调整的事项，都应当得到法律的调整。所以和谐社会对法律的需求，不是简单的有法可依，而是有良法可依。这里的良法应当是指，技术意义上的表述科学完善，实质意义上的适应社会发展，价值意义上的符合公平正义。

三、力行依法执政是构建和谐社会的根本保障

依法执政与和谐社会一样都是中国社会发展的现实要求，也是我们党在民主和法治建设的过程中所提出，并必须实现的目标。

中国共产党的依法执政对构建和谐社会具有重要的意义。因为依法执政意味着我们党将严格遵守宪法和党章的规定，严格地在宪法和

法律的范围内活动。我们党作为执政党严格遵守法律,必将带动全社会的守法。如果全社会都能守法,和谐社会必将在中国建立。

苏东剧变之后,有许多总结其教训的论著,但几乎都忽略了从依法执政的角度进行总结。其实苏东的惨痛教训中,一定有未能依法执政的教训。就苏联共产党来说,其七大、十一大的中央执行委员会的领导人 60%~70%被非法处决,导致了苏联共产党的严重错误和巨大损失。"文化大革命"也给我们留下了惨痛的教训。我国改革开放以来的成就又从另一个侧面说明了依法执政的意义。

四、推进依法行政是构建和谐社会的政府先导

从行政管理的范围来说,依法行政是和谐社会之必需。行政是由政府承担的,广泛的政府职能和强大的政府权力都要求政府必须依法行政。

从法律适用的数量来看,依法行政也是构建和谐社会之必需。在所有的法律法规之中,依赖政府执行的法律在 80%以上。这就意味着,如果政府不依法行政,那就有 80%形同虚设。可见,政府是最重要的执法主体,也是法治能否实现,社会是否和谐的主导力量。

从和谐社会的角度来看,政府管理的效能如何,政府执法的状况如何,对于社会的状况都有根本的影响。要构建和谐社会必须强调政府的依法行政。

五、实现司法功能是构建和谐社会的重要保证

正如党的十六大所指出的社会主义司法制度必须保障在全社会实现公平和正义。司法体制改革就是要按照公正司法和严格执法的要求,完善司法机关的机构设置、职权划分和管理制度,进一步健全权责明确、相互配合、相互制约、高效运行的司法体制。从和谐社会的角度

来看,改革司法体制的目的就是要保障实现公平正义,从而为社会和谐提供深厚的基础与良好的保障。只有矛盾纠纷通过司法得以良好解决,违法犯罪通过司法得到有效控制,我们才可能建立起真正的和谐社会。

一个时期以来,无序上访成为我国严重的社会问题。它既反映了社会的不和谐,又妨碍着社会的和谐发展。我们在此问题上作出了极大的努力,但是面对的困难依然很多很大。上访问题上的形式违法性与诉求合理性之间的冲突为我们解决上访问题增加了难度。我们必须寻找从根本上消除上访的法律机制。司法必须担负起消除上访的重任。为此,司法体制改革必须从体制和机制上着手,为上访问题的彻底解决,为社会的公平正义作出只有司法能够作出也必须作出的贡献。

六、强化农村法治是构建和谐社会的基本方面

中国的和谐社会也必然和必须包括农村的和谐社会的构建。中国的法治建设必然也必须包括农村的法治建设。我们必须认识中国农村社会的特点,尤其要认识中国农村社会的纠纷特点,因地制宜地准确执法和司法。中国农村不同程度地具有传统性、宗族性、相关性等特征。矛盾的发生与解决都是以其为基础的,我们必须寻找解决农村纠纷的有效办法,促进农村的法治建设与和谐社会建设。

七、保护弱势群体是构建和谐社会的特殊环节

保护弱势群体是构建和谐社会的重要方面。特别注重保护弱势群体,是社会进步文明的表现,是人权保障的现实需要,也是保障国家长治久安的重大举措。必须制定相应的法律,严格执行相应的法律,给弱势群体以应有的社会保障。这些社会保障如果没有确实的法律保障,就无法转化成社会的现实。在社会保障法制建设上,还有大量的立法

任务没有完成。整体的社会保障法制还在建构之中。社会普遍的人权保障,残疾人救助,儿童权利保护,老人权利保障,妇女权利保障,贫困者救济,失业保障,养老保障等方面,法律制度的空白还很多,既有的法律也存在如何进一步完善的问题。

八、应对突发事件是构建和谐社会的必要准备

要消除突发事件的危险,必须采取有效的法律措施。事件是突发的,但法律不应是突发的。我们应当以常备的法律来应对突发事件。具体来说:

一是要建立起从根本上减少和解决社会矛盾的法律体制和机制。突发事件是社会矛盾的产物。社会矛盾产生了,我们就应当为其提供疏解的途径。或者是通过民间的方式,或者是通过行政的途径,或者是通过司法的程序,或者是将几者结合起来将其化解。法律体制和机制为社会矛盾的消除,提供的是最根本最彻底的解决手段。有了这样的手段,突发事件发生的概率就会降低,一旦发生也很容易转化为常规的法律争端,并通过法定途径得以解决。

二是要制定应对突发事件的法律规范,并在紧急的状态下严格执行。制定相关法律以备不时之需。一旦发生突发事件,能够有条不紊地依法办事,应付裕如。既有的法律早已为突发事件的处置提供了足够的制度资源和法律措施,这样就能有效地防止突发事件的恶性发展,及时处置突发事件,确保社会和谐。

九、维护自然环境是构建和谐社会的必然要求

维护自然环境是构建和谐社会的必然要求。自然环境的维护,是早就摆在我们面前的重大难题。建立完善的环境保护法律制度,维护自然资源与生态环境,是人类可持续发展的必需,也是科学发展观的要

求。法律在这一方面担负着远比道德、传统、习惯、政策更为艰巨的任务。历史和现实都说明,不采取法治化的有效措施,自然环境的维护就无法得以有效的开展。

十、实现社会公正是构建和谐社会的深厚根基

社会公正存在于社会的各个方面,就总体来看,最引人注目的是社会的分配公正和司法公正。和谐社会不是没有纷争的社会。要减少纠纷依赖的是社会公正,要消除纠纷依赖的同样是社会公正。如果说前者依赖的是泛义的社会公正,后者依赖的则是特定的司法公正。分配公正和司法公正只是最基本的社会公正。只有整个社会处于全面的公正之中,我们才可能说这个社会赢得了长治久安的道义基础,和谐社会才能真正建立。

(本文原载《学习时报》2007 年 1 月 15 日。)

77. 生命权的法律保障

生命是神圣的，保障人权，就必须首先保障生命权，而法律是生命权的重要保障手段。没有对于生命权的法律保障，一切人权的法律保障都将流于空谈或者化为乌有。

一、法律是生命权的重要保障

保护生命是人类个体和整体的自然责任。何以保护生命，是人类长期不断思考的问题。基于这种自然责任，人类也曾采用多种手段来保护生命。这些手段中有习惯、宗教、政治、法律等，但最有外在强制力的手段还是法律。

习惯对于生命的保护。从原始习惯到现代习惯，维护生命的尊严，始终是人类关注的焦点。在全世界各个民族的传统习惯中，生命都被视为极为重要的价值加以特别保护。他们都对危害生命和剥夺生命的行为予以最严厉的禁止，并予以最严厉的制裁。在世界各个民族之中，对于生命的保护，几乎是自发的共同行为。生活在不同地区和不同历史阶段的人们都有对生命的跨越时空的自然尊重和维护。

宗教对于生命的保护。在人类历史上曾经创造了非常辉煌的宗教文化。世界各大宗教无不把生命作为重要的价值予以珍视。生命状态是它们关注的对象,是它们全部理论的出发点与归宿。虽然它们对生命有不同的阐释,但它们对生命都同样充满了热情。宗教思想在某种意义上就是对生命思考的结论。宗教是对生命关注的思想产物,而且它本身就是为解析生命而产生的。对生命的尊重和保护,是宗教的重要使命。

政治同样关注生命。任何权力都是人创造的。权力的掌控者与行使者都是人。权力拥有者与行使者所对应的主体都是人。生命对于人有如此重大的价值,它必然为所有的人所关注。权力拥有者为了自己的利益,为了赢得对应主体的认同,都必须将生命置于极其重要的位置加以特别的重视和强调。只有这样,才可能使自己的权力能够被长期维系并不断巩固。统治者对于生命的漠视态度和行为都会受到社会发展的否定,甚至会为自己的政治统治埋下隐患,成为危及统治的潜在因素。因此,生命是政治必须关注的。

虽然习惯、宗教、政治对生命的重视,对保障生命具有重要的意义,但它们保障生命的手段都极为有限。在所有社会规范,以及整个社会现象中,唯有法律具有最大的外在权威性和强制力。人类在使习惯、宗教和政治等继续发挥作用的同时,特别强调法的作用。法律在生命保障上发挥了独特的作用。西方的法学家认为:“如果有人问道,西方法律最为重视的个人权利是什么?大部分法学家都会回答:‘生命’。确实,在最原始的法律制度中,人类的生命就得到了保护。”其实,在东方,包括中国,法律也同样对生命给予特别甚至首要的关注和保障。中国历来都认为,命案是最大的案件,而所谓的命案也就是涉及人的生命权利的案件。中国传统的认识里就有“人命关天”的理念,并浸润和体现在历朝历代的法律制度之中。

在当今世界，一系列重要的国际公约确认了“人人有固有的生命权。这个权利应受法律保护。不得任意剥夺任何人的生命”。许多国内法更是明确规定：未经正当法律程序，任何人不得被剥夺生命、自由或财产。

二、法律对生命权的保障方式

第一，赋予人的生命权以崇高的法律地位。在人所拥有的所有权利中，生命权应当被特别强调。法律将人的生命作为最可宝贵的权利，并赋予它神圣不可侵犯的性质。《世界人权宣言》宣布：“人人有权享有生命、自由和人身安全。”《公民权利和政治权利国际公约》规定：“人人有固有的生命权。这个权利应受法律保护。不得任意剥夺任何人的生命。”美国的《独立宣言》则宣布：“我们认为下面这些真理是不言而喻的：造物者创造了平等的个人，并赋予他们若干不可剥夺的权利，其中包括生命权、自由权和追求幸福的权利。为了保障这些权利，人们才在他们之间建立政府，而政府之正当权力，则来自被统治者的同意。”它将“生命权、自由权和追求幸福的权利”列为不可转让的权利。美国宪法则要求：“未经正当法律手续不得剥夺任何人的生命、自由和财产。”

第二，确认个人生命权的具体内容，对伤害生命和剥夺生命的行为予以制裁。如果生命权仅仅被作为一种神圣的抽象权利加以宣布，依然难以使生命得到实实在在的维护，所以各国都进一步通过刑事和民事的法律规范来具体落实对于生命的保障：或者是打击相关的违法犯罪，或者是给相应的受害者提供足够的法律保障。刑事法律对于影响人的生命的伤害犯罪和杀人犯罪都规定了具体的刑事制裁措施。其中，除了管制、拘役、有期徒刑和无期徒刑之外，还有最严厉的剥夺犯罪者生命的死刑。用剥夺生命的方式来保护生命，是人类采用的最为极端的刑罚。保护生命权的民事措施包括侵权者对受害者的赔偿和补偿，以使受害者在经济上得到某种救济。

第三，防止发生危害生命的结果。危害生命的危险难免发生，因此，就如何保障人的生命不受非法侵害，各国法律都作出了具体规定。一般说来，一国刑事法律往往通过对人们进行正当防卫和紧急避险权利的确认，保障人们正当防卫与紧急避险行为，来防止危害生命的结果发生。因为公共权力对人的生命权的外在保障，固然是必要的，但它往往是在伤害事件发生之后才被采取的，所以，必须确认公民对自己生命进行保护的权利。但是这种保护不能造成不必要的伤害，所以法律对正当防卫制度和紧急避险制度进行了特别限定。

第四，通过严格限制死刑来保障生命。死刑曾经是人类普遍适用的刑罚手段。死刑的滥用表明了人类对生命认识的偏差与失误。随着人类对生命认识的提升，一些国家仅仅对那些剥夺他人生命的故意杀人行为等恶性犯罪才适用死刑；一些国家甚至对所有的犯罪都不适用死刑。人类对于死刑的废止，或者对死刑的限制适用，或者对一些剥夺他人生命的重罪而适用死刑，都表现了人类在认识生命问题上的进步与彷徨。法律是保护生命的工具，但法律也在很多时候发挥着剥夺生命的作用。法律究竟在什么意义上是保护生命的工具？在什么意义上又可以剥夺生命？人类曾有几千年适用死刑的法律传统，但近现代以来，开始反思死刑，开始部分或全面废止死刑。在世界死刑存废的论争中，中国法学界没有沉默，他们对于死刑的存废也有不同的见解。无论这些见解正确与否，绝大多数观点特别注意生命的崇高意义，都饱含着对于生命的尊重。即使是那些主张保留死刑的观点，其立足点也不是对生命不负责任的简单否定，而是饱含着对生命的尊重。这是中国改革开放 20 多年来在法律理性上的进步。深入到这些不同的学术见解之中，笔者认为，死刑最终应该废除，但在目前，还有保留极少量死刑适用的必要性。这主要是由我国目前的法律文化(特别是其中的生命观念)和社会情势所决定的。

第五,对其他生命给予特别的保护,以维护世界物种的多样性,维护人类关于生命尊严的情感。人类的生命并不是孤立存在的,而是与其他物种的生命并存。人类认识的局限曾经使人类以为自己是万物之主,狂妄地对待其他生命。有的国家或人群,把自己的生命看得特别重要,却藐视其他生命。人类在藐视其他生命的时候,自己对生命的认识也在贬值;人类在残害其他生命的同时,也败坏着自己的心灵和智慧。所幸的是,现在,越来越多的人认识到了物种多样性的意义,认识到了其他生命的意义。法律对此也给予了极大关注。许多国家都制定了保护其他生命的规则,对残害其他物种生命的行为进行制裁。

三、中国生命权法律保障的急迫任务

第一,在宪法中增加对生命权的法律规定。我国宪法规定公民享有人身自由权和人格尊严权,但是没有规定生命权。我认为,在未来的修宪中,应加以特别注意并作明确规定。生命权只有得到宪法的确认才具有法律上的崇高地位。

第二,在即将制定的民法典中加入保护生命权的内容。我国现行的《民法通则》只对“生命健康权”作出了规定。生命健康权只是生命权的一部分,健康权远不是生命权的全部内容。未来的民事立法尤其是正在起草的民法典中,生命权的具体内容应得到充分认可,并应对之作出全面的规定。只有作为基本法律的民法典对生命权的确认,生命权在整个法律体系之中的地位才可能得到确立。

第三,从现行刑法典中大幅度削减死刑条款。我国的刑法典已经有了保障生命权的一系列规定。诸如对故意杀人、过失杀人,以及故意伤害和过失重伤的刑罚处罚等,都是为了保障生命权。为了保护生命,我们不惜适用死刑。但死刑是一把“双刃剑”,它在保护生命的同时又剥夺着生命。改革开放以来,我国不断进行着削减死刑的努力,这可从我国刑法典的修改中看到。但是从目前的情况来看,我国适用死刑的条款还是相对较多。应该认识到,死刑只是针对最严重的犯罪,应尽可能将其减少到最低限度。在我看来,至少可以考虑规定对经济犯罪不再适用死刑;对于故意伤害致死的犯罪,可以在实际量刑时尽量不再适用死刑。

第四,在全社会强化生命权的法律意识。对于生命的尊重还需要社会道德作为基础。如果全社会在道德上都是藐视生命的,甚至鄙视生命的,那么这个社会就不可能有正常的生命观法律上的生命权也就不可能得到应有的尊重。在法治建设中,我们必须注意培养生命权法律意识,使全社会从法律心理与法律理性上都确信生命是最可贵的,需要尊重和维护。要全面树立生命权的法律意识,不能把眼光仅仅局限于人的生命权的保障上,对于其他物种的生命,作为最有智慧的人类也应承担保护责任。在我国的立法中已经有了许多保护野生动植物和珍稀物种的法律,但还需要做更多的努力。只有对所有生命都给予力所能及的尊重,才有可能倍加珍爱人的生命。

(本文原载《人权》2007 年第 1 期。)

78. 领导干部应尊崇法治、敬畏法律

领导干部身份独特、地位重要、作用突出、影响重大,在走向法治化的当代中国,肩负着特殊的法治使命。要使全体人民成为社会主义法治的忠实崇尚者,领导干部们就必须成为全社会尊法的模范。

尊崇法治

尊崇法治是法治的本质要求,是坚持法律至上的要求,也是对社会公众的普遍要求,尤其是对公权力,在根本上是对领导干部的首要要求。尊崇法治是一种对待的心理状态,必须从领导干部做起。

1. 法治的含义本身就包含对法治的尊崇要求。法治的含义十分丰富,理解也多种多样。从一般的意义上讲,法治是指国家或社会依法而治的体制机制,以及社会普遍的坚持法律至上的思维模式、行为方式、秩序状态等。具体说来,法治首先是指一个国家或者社会在法律至上原则下,依法进行治国理政的体制机制;其次是指国家公权力依法运行的基本方式;最后是指社会成员依法作出社会行为以及处理相互

关系的思维模式、行为方式和秩序状态等。法治的含义就是要法律至上,法律要至上就必须有相关主体发自内心的尊崇。

2. 法治的关键是对公权力的约束。从法治的定义可以看到,法治的核心问题或者关键问题是法律与公权力之间的关系问题。治国理政总是凭借公权力进行的,公权力的运行状况直接决定于其行使者运用的情形。公权力的行使者,在今天就是国家机关或者准国家机关的公务人员。这些公务人员中的领导者就是我们今天所称的领导干部。对于公权力的约束,可以具体化为对公务人员及其领导干部行使公权力行为的约束。当然,法治并不仅仅限于对于公权力的约束,如果这样认识也就显得十分狭隘。法治还要求一般社会成员将依法办事作为思维模式、行为方式,甚至法治还应该是一种社会生活习惯、社会秩序状态等。但就一般社会成员的行为来讲:一是其行为会受公权力法治化程度的制约和影响。二是其相互之间一旦发生矛盾纠纷,也还需要借助公权力运用法律来加以解决。三是社会公众本身还可能与公权力之间发生矛盾,这就要求公权力自觉接受法律约束,依法对待和处理其与社会公众之间的关系。因此,一个国家或者社会,有无法治的最根本的判断标志,就是看公权力是否受到法律的约束。如果受到法律的约束,我们就说是法治,反之则是人治。法律能否约束公权力以及约束的状况,就成为判断法治有无与存废的标志。

3. 领导干部与权力、法治的关系。公权力都是为各级各类国家公务人员所掌握的,由于公务人员都是在一定组织体系之中的,因此可以说,其最终都是由领导干部所掌握的。领导干部是各种公权力的最终决定者和行使者。领导干部与公权力之间的结构关系、公权力与法律之间的结构关系决定了领导干部与法治之间的关系。法治对公权力的约束最终必然落实到对领导干部宏观决策和具体行为的约束上。领导干部能否尊崇法治就成为法治能否建立和维持的关键。

要全面推进依法治国，领导干部就必须成为尊崇法治的模范。

敬畏法律

敬畏法律是法治国家、法治政府、法治社会的要求，是依法治国、依法执政、依法行政的现实需要。与一般社会成员相比较，领导干部更要特别地敬畏法律。为什么领导干部更要敬畏法律？着眼领导干部，就可得出许多极为重要的结论。因为：

1. 忠诚法律就是忠诚国家和人民。公务人员尤其是领导干部是由人民为治理国家或者社会而选任的，他们是必须忠诚于人民和国家的特殊社会成员。必须忠诚国家忠诚于人民，这是对各级各类领导干部的政治要求。只要这一点是坚定不移的，那么领导干部就必须敬畏法治。因为法律是国家意志和人民意志的体现。国家意志的表现形式是多种多样的。在国际上，有国家发布的外交声明、照会、签订的国际条约等；在国内还有法律、国家政策、国家发展规划等。其中唯有法律这种国家意志具有最大的稳定性和最高的权威性。法律是国家意志中最有权威的，它直接伴随着国家的强制力保障。谁违反了法律谁就应当承担法律上的责任。法律的直接意志主体是国家，根本的意志主体是人民。人民是一切权力的终极来源，没有人民，没有人民的授权，就没有公权力。所有的公权力行使者都应当是由人民选任并以法律授权的。在人民民主、人民当家作主的国家，法律是国家意志更是人民意志。在一个领导干部的心目中，如果国家是神圣的，人民是神圣的，就必须敬畏作为国家意志和人民意志的法律。只要其心理和行动上对法律是敬畏的，就必然是忠于国家忠于人民的。

2. 法律以国家强制力为后盾。法律直接伴随着国家强制力，这是法律必须被敬畏的又一重要原因。国家强制力包含警察、法庭、监狱，乃至军队等。在一般的社会管理中，当然是前三者，至于军队的作用越来越局限于维护国家主权与安全、防止外来侵略。违反法律会招致国家的暴力强制，被作为违法犯罪加以惩罚。这是法律与政策、纪律、道德之间的重要差异。法律的国家强制性，是法律的基本特征，也是它与其他社会规范的重要区别。除法律之外，道德、政策、纪律都不具有国家强制力保证实施的性质。正因为法律具有其他社会规范所不具有的国家强制性，它的暴力特征就成为显著标志，也是其令人敬畏的外在原因。对于法律的决定，对于人们来说具有不能不服从的强制性质，只能遵守而不能违反。

3. 法律具有最严厉的惩罚措施。违反任何社会规范都会承担相应的责任。违反道德，可能受到舆论的谴责和良知的自责；违反政策，可能受到某种政治的处罚；违反习惯也可能会受到来自传统力量的惩罚。唯有违反法律却会受到来自国家的处罚。这些处罚有民事的、行政的，更有刑事的。在民事法律上，有停止侵害，排除妨碍，消除危险，返还财产，恢复原状，修理、重作、更换，赔偿损失，支付违约金，消除影响、恢复名誉，赔礼道歉等责任方式。在行政法律上则有精神罚、财产罚和身份罚的区分，对不同的主体来说，法律规定了不同的责任。就行政主体来说，承担行政责任的具体方式有通报批评，赔礼道歉、承认错误，恢复名誉、消除影响，返还权益，恢复原状，停止违法行为，履行职务，撤销违法的行政行为，纠正不适当的行政行为，行政赔偿等。对于公务员来说，承担行政责任的具体方式则有通报批评、承担赔偿损失的责任、接受行政处分等。至于行政相对人，其承担行政责任的具体方式有承认错误、赔礼道歉，接受行政处罚，履行法定义务，恢复原状、返还财产，赔偿损失等。在刑事法律上，惩罚更为严厉。我国目前的刑事处罚包括主刑与附加刑。主刑包括管制、拘役、有期徒刑、无期徒刑、死刑五种，附加刑包括罚金、剥夺政治权利等。由于法律惩罚方式的严厉性，因此也就必然地具有必须敬畏的性质。

作为领导干部必须敬畏法律以做法治之榜样。

（本文原载《人民政协报》2017 年 2 月 14 日，原题为《领导干部应带头尊崇法治、敬畏法律》。）

79. 何止一个“难”字了得

随着社会的发展,尤其是利益多元化的发展,逢年过节之“礼尚往来”,渐渐地有些变味。同时也变成了许多下属与领导的痛苦,这实在是令礼仪初创者匪夷所思的问题。

年关送礼:“难”字当头

就不当目的送礼者与正当送礼者来说,对于送礼的感受是不同的。对不当目的者来说,年关是其公关与攻关的绝好机会,巴不得年年有今日,岁岁有今朝,一年 365 日,天天都过年该有多好啊!对真诚的送礼者来说,送礼是其美好情感的表达,并无丝毫的瑕疵与杂念。但是由于有了前述情况的存在,真诚的送礼者也往往会担心自己的美行被误解,也难免会被误解。这对于真诚的送礼者来说,是极其残忍的,因为,他们要寻找一个表达自己感激与感谢的机会也不易。好不容易等到了春节,又被那些不良分子给玷污了。自己美好的送礼行为也许会被误解为行贿。高尚被误解为低俗,这对高尚者来说无疑是极大的侮辱与伤害,甚至还可能衍生出耻辱感与耻辱。

就不良官员与廉洁领导来说,对于受礼的感受也是不一样的。那些极端的不良官员不惜以权弄法,平时都会以权谋私,到了年关,甚至也许更期望在年节的掩护下,更好地收受礼物,中饱私囊。因为年关对于他们来说,它的到来相当于敛财机会的到来。对于廉洁官员来说,年关也许是他们对于亲情与友情的重温,也可能是一场不大不小的考验。他们既希望年关带来友谊与亲情,他们也多么希望永远没有年关啊。没有了年关,他们就没有了是否接待年节送礼者的痛苦。却之不恭,受之有愧的心态,是其他人所难以体悟的,廉洁的领导无不为之而头疼。

年关的礼尚往来,对于下属与上级来说,也是一个难题。这对诚心要送礼的下属来说,并无什么问题。对于本不想送礼的下属来说,则是一件十分为难的事情。在年节,许多同事都去给领导送礼了,如果自己不去,多少总觉得有些另类;如果自己去了,总觉得有些别扭。去吧,违反自己的本意;不去吧,又担心领导以为自己不给面子。社会上早就有趣语调侃说有的领导“不知道谁送礼,但知道谁没有送礼”。送不送礼,对于不想送礼的下属来说,难啊!

对于上级来说,也一点不比下属轻松。下级说要趁节日来看看自己,欢迎吧,有故意收受礼物的嫌疑;拒绝吧,又有不给面子,脱离群众的嫌疑。下属送来礼物,不收,不给面子——不识抬举;收下又总觉得不舒服——拿人手软啊,而且还冒着收受贿赂之大不韪。其实,对于优秀的领导来说,收受这种礼物,只能是心理负担。将廉洁者收受亲属、朋友、上下级完全出于情感而送来的礼物为受贿,简直可以说是对他们的污蔑。然而谁又能完全分清其中的高洁与庸俗?

跳出困境:改革是唯一的选择

既然年关送礼,对下属难,对领导也难,可不可以不送不收?从逻辑上讲是可以的，但是实际上则是不可以的。因为，年节毕竟是一个盛大的节日，一年才一次啊。有的群众会说，我不是要给领导送礼，而是要对领导表达我的心意，难道不行吗？的确谁都不能说不行。领导说我不收贵重的，只收心意行吗？也不能说不行。行贿不行，表达情感当然毫无疑问。年关啊，原来就使人那么难。下属难，领导难，下属与领导都为难。送礼或是不送，下级上级都为难。怎么办？是送还是不送？如果同意送心意，什么又不是心意？多少数额以上是贿赂，多少数额以下不是贿赂？不同的主体，感受是不一样的。

静心一想，以上的种种想法都未必是错的。我们仅仅是在现行不良状态之下的思考，其实，我们没有必要固守现有的状态。因为现有的状态就是不合理的。于是改革就成了我们唯一而必然的选择。然而改革又从哪里做起呢？

我们不妨追问送礼行贿者的目的何在？其目的显然在于通过有权者权力的滥用来达到自己不可告人的目的。如果权力不能被滥用，还会有人通过送礼来行贿吗？一定不会有。关键在于权力必须依法行使。权力一旦严格依法行使，行贿者就失去了动机，真正以送礼表达感情与感谢者也有了正大光明的形象，而不至于隐晦于行贿嫌疑之中；受礼者也冠冕堂皇，而无受贿嫌疑之累。

何以使权力被严格依法行使，办法只有两个，直接的是法治，根本的是民主。法治是直接的决定力量，民主是最终的决定基础。只有有了真正的法治与民主，权力才不可能被滥用。权力不被滥用，任何行贿就丧失了意义。这时，中华民族作为礼仪之邦、礼尚往来的美德，才可能真正成为完全的美德，而不被邪恶“假汝而行”。年关易过，廉关也易过。

（本文原载《人民论坛》2007 年 3 月。）

80. 视频审案，司法也时尚？

在2007年的新年伊始，有媒体报道，被人们日常用来聊天娱乐的网络QQ也能作为法庭审判的平台。福建某法庭利用QQ网络视频系统成功审理了一起跨国婚姻纠纷案。这一被称为国内首创的网络开庭似乎是一种新的审判方式诞生。其实早在2006年2月利用QQ网络视频系统的尝试就已经在该法庭进行了，只是在当时并没有引起媒体与公众的足够重视。利用网络审判早有先例。早在2005年北京市朝阳区人民法院就将庭审专题现场画面同步传送到网络之上进行网上直播。据媒体报道，这是全国首次对庭审的网上直播。消息传出立即引发了关于网络直播庭审的利弊之辩。如今利用QQ网络视频审判这一创新又触发了社会的神经，引发了各方议论。

有人认为，这样的网上开庭不仅新颖独特，体现出司法审判方式的创新，更能方便那些因为客观原因无法参与实地审判的当事人进行诉讼，节约司法资源，特别是体现出人文关怀。同时，也有人认为作为一种特殊而新颖的审判模式，网络审判不能对传统庭审模式造成冲击。其在证据的交换、质证、确认、当事人身份核实以及庭审连续性的保障上都存在缺陷。因为在这背后更关联着深层次的诉讼文化和司法权威。

面对这两种观点,我认为,前者似乎肯定得有些轻率,后者似乎否定得有些简略。社会在发展,时代在进步,审判及其方式的变化和变革都是必然的。随着网络的发展,审判会延伸到网络之上也许是势所必然。社会生活中网络作用的增强与运用的广泛是网络庭审的客观基础。审判活动中,审判环境与设施的电子化建设则为网络庭审提供了最直接的手段。庭审的网络直播与网络庭审的出现,客观上反映了社会的发展与变化,也在某种程度上预示着审判方式的变革与变化。

网络庭审应慎之又慎。网络直播其实并不是庭审方式的变化,它只不过将法庭的公开审判延伸到了网络之上,扩大了社会对相关案件庭审情况的知悉范围。推行网络直播相对于公开审理来说并无什么矛盾之处。但是,对于网络庭审就不能不审慎。因为除了缺席审理之外,现有法律之所以要求庭审面对面地进行,当然是有其道理的。面对面的庭审,对于法官核对当事人、进行法庭调查、组织法庭调解都是十分便利的。但是在网络庭审之中则必然会在这诸多的方面遇到困难。人们常说的对簿公堂就应当是面对面的开庭审理。网络审理虽然并不是书面审理,但是它将大大地降低了传统的对簿公堂的意味与功效。在网络庭审中由于无法清楚地看到对方的表情,当事人对法庭的把握是会有欠缺的。由于无法清楚地看到双方当事人的表情,法官对庭审状态的把握也会在一定程度上遇到障碍。诉讼当事人之间的诘难与对答、诉讼参与人之间的对话都难免会因网络传输的方式与速度而逊色于传统庭审。可以肯定地说,网络庭审必然缺乏传统法庭的威严感与神圣感,也会在一定程度上减损当事人心理上对于法庭的敬畏。虚假陈述也可能会在利益的驱动下,比在威严的庭审中更多地出现。再说法庭审判方式是法定的。既然是法定的就必须有法定的神圣性。法官的审判权是国家公权，所有的国家公权的行使都必须严格地遵守法律的规定，法官审理案件也概莫能外。

法无授权即非法，这是公权行使的法治化原则，法院法官理当成为这一法治原则的典范。我国各个诉讼法中都没有规定网络庭审的方式，任何人包括法官都不能随意创造这一庭审方式。如果一个法官可以随意创造网络庭审，那么另外的法官又可不可以创造书信庭审、电话庭审呢。如果按照创设网络庭审的逻辑，当然是可以的。那样一来，法律的神圣性也没有了。法官可以随意地创造庭审方式，法官岂不是在游戏法律。从法治的角度来考虑，即使网络庭审是完全可以，完全无障碍，完全应当的，也必须通过修改诉讼法的方式来确立新的庭审方式，然后再加以实施，而绝对不能由法官擅自创设。这种随意的创新实际是对法律的任意违背。在推进法治的过程中绝不可以非法地推进法治，否则将导致对法治更大的伤害。更何况谁也不能肯定网络庭审就具有当然的合理性与正当性，所以随意创设网络庭审并不是严格意义的合法行为。撇开网络庭审的违法与合法不说，网络庭审的确在一定程度上方便了能够运用电脑的当事人的诉讼活动，但是对不懂电脑的当事人，也许他们并不能享有这种便利。当事人为了参加网络庭审就得去参加一个电脑培训，并要设法取得一套相应的设施，恐怕也不会是对公民的正当要求。懂得电脑、拥有相应设施，肯定不能成为诉讼当事人参加庭审的诉讼义务。所以，网络庭审的适用必然是有条件限制的。国外有的国家也有进行网络庭审的，但一定是有严格程序和严格的限制的，而不是随意的。那种在家里甚至在卧室之中，随便坐在一台电脑跟前就可以进行的庭审，实在是对法律的大不敬，对法庭的大不敬。

随着社会发展，未来也许真会将网络庭审作为庭审方式之一，加以立法的确认。但是，这一方式在立法上被认可一定是极为严肃的事情，必须经过严格的立法过程才能得以确立。法律上确立之后,其适用也一定会有诸多条件和明确程序。随意地使用一个大众的、商业的、娱乐的 QQ 作为庭审平台进行庭审,肯定是不行的。理性地面对网络庭审是社会发展提出的时代要求。在现行的法律未做修改或增补之前,任何公民都可以提出立法建议,包括修改的现行法律的建议、进行学术探讨、发表相关见解,但是任何法院和法官都无权突破现有法律的规定而任意创新。否则就可能是对法律的亵渎,甚至本身就是对于法治精神的违背。

(本文原载《人民论坛》2007 年第 4 期。)

81. 法学教育的问题与出路

论及中国的法学教育，必须首先认识中国法学教育的历史演进、现实状况，以及未来的根本出路。

1949年以后，中国新的法学教育是在学习和借鉴苏联模式的基础上建立起来的。它与中国既有的传统律学的联系中断了，与中国从西方借鉴的资本主义法学的联系中断了。很快又由于中苏交恶，导致苏联模式在中国法学教育中被淘汰。一个时期，新中国的法学和法学教育竟然成为没根没底的浮萍，随波逐流，直至被“文化大革命”彻底破坏。

“文化大革命”结束之后，中国法学教育开始恢复重建。那时，我们来不及深入思考、精心构设和良好推进。仓促之中重构的中国法学教育必然是初步的，许多细节都需要在未来的发展中加以完善；许多失误都需要在未来的发展中加以修正。

正当我们需要对法学教育加以完善的时候，中国社会正经历着巨大的变革。一个时期以来，中国社会法治需求不断提升，法律体系日趋完善，法律实践更加纷繁，以急就章形式发展起来的法学教育，如何进一步适应社会发展需要，就成为我们必须认真思考和解决的问题。历史注定了中国目前的法学教育必然处于一个除旧布新、改革发展的新的历史阶段。改革发展理所当然地成了中国法学发展的现实状况和时代主题。

从此，中国法学教育赢得了从未有过的历史机遇。除了既有的政法大学和政法学院继续着悠久的法学教育并以之作为自己的优势学科之外，几乎所有的综合性大学，不管是否具有足够的条件都办起了法学院系。一些不甚合格的师资进入了法学教师的行列，一些质量低劣的教材也纷纷滥竽充数。

中国法学教育的恢复重建是与中国社会的改革开放同步的，是与中国市场经济的发展同步的，是与中国政治的民主发展同步的，也是与中国的依法治国和建设法治国家的进程同步的。

中国法学教育的高速发展正是适应中国社会发展需要的表现。随着数量的增加，质量问题也就日益凸显，中国法学教育存在的主要问题也许是“质量参差”。中国法学如何与国外和国际法学教育同步，中国法学教育在国内如何同步发展都成为问题。

在众多的问题之中，师资的问题无疑是最首要的，优秀法学师资的缺乏更是至为严重的问题。中国最近几年引进法学师资成为中国社会科学领域引进人才价格最高的学科之一，与之是不无联系的。当然它既是热门的话题也是头疼的问题，引发了几多怨恨和几多心酸。

其次是教材问题。法学教材在20世纪80年代还是趋向统一的，此后，法学教材的多元化既是法学教育繁荣的表现，也装点了法学教育和法学研究的繁荣，但是也一直存在散乱、参差的问题。良莠不齐成为法学教材的重大问题。优秀者固然优秀，低劣者过于低劣。这与一些法学教育机构缺乏师资又在编写教材上勉力而为有关，也与一些学校将法学教材作为科研成果在评定职称中予以不适当定位有关。

因此，中国法学教育的质量提升将成为未来的主要路径和根本点。

因为,在量度上,中国法学教育的数量已经达到了一个顶点,难以再有大的发展,也不宜再做数量上的扩大。

现在高等院校正在改革发展之中,面对市场经济的发展与需要,面对法治发展对法律人才的客观需求,再在法学教育上搞计划经济那种指令性计划和行政垄断,既不应该也不可能。在法学教育的持续发展中,恐怕师资问题、教材问题将是其中的难点和重点。如何实现法学师资和法学教材的优化,是推进中国法学教育所必须考虑的重大问题。法学教育机构结合中国法学人才的成长,制作人才更新与代际交替计划应该成为时代主题。

随着一大批教师因退休而离开法学教育舞台,新的法学教育者应该何为,这个问题应该引起高度重视,法学教育人才的发展规划应当与学科发展规划相统一,这将是高校竞争的重要方面,也是确保法学教育质量的长久保障。法学教材的建设问题,首要的是慎重选择,其次是精心制作。教材上的过分统一,将抑制法学教育与研究的个性,从而影响法学的学术自由;过分随意,将使法学教育质量低下,降低法学教育水准。这两个问题中的任何失误都会以牺牲人才质量作为代价,必须迅速加以解决,力求科学决策、正确推行。就一般法学教育机构来说,教材首先不是写作的问题,而是慎重筛选,对于一些法学学术与教学实力很强的高校来说,教材也必须精心制作,并不断完善。

当然,我们必须注意到,法学教育的现状、问题与出路是与整个高等教育体制联系在一起的,也是与其他学科的问题相类似并共存的。因此,对于法学教育问题的解决恐怕还有一个如何与整个高等教育,与其他学科的改革发展同步的问题。说到这些,中国法学教育的发展恐怕又是说来话长了。好在,我们有信心推进其改革,提高其品质。

(本文原载《法制日报》2007 年 6 月 3 日。)

82. 基层官员依法“维权”意义重大

最近,发生了一些地方机关或领导被匿名短信侵扰的现象。这些事件虽算不上大事,具体情况各异,却为各方所关注。

公民都享有法律所保护的人格权、名誉权以及法律所确认的其他种种权利。权利既然为法律所保护,侵权行为就必然为法律所禁止,并承担相应的法律责任。所以,利用手机短信对他人的人格、名誉进行侮辱或作出另外的某种伤害,都必然是为法律所禁止的,严重者都应当依法承担法律的责任。法律对公民人格权、名誉权的保护同样适用于短信领域,这是必须明确的前提性认识。如果没有这种保护存在,人们的人格、名誉就没有安全,人格权与名誉权就会受到侵犯,社会的秩序也就会遭到破坏,人们也就会处于危险之中。

但是我们也必须明白,即使是对侵犯人格权、名誉权的违法犯罪的追究,也必须遵守法定的程序,依照法定的准则来进行,切不可随意地加以追查甚至违法查办。如果是这样,即使原本是真正的受害者,也可能因为追查的方式违法，而又制造出新的违法乃至犯罪。这是我们不能不审慎的。

被短信“侵害”——或许是侵害或许不是侵害，或许是不构成违法犯罪的侵害，如果受害者是一般公民，一般地说，法律机关是能够依法办案的。如果遇到受害者是某某级别的领导，情况就变得复杂了。我们的领导，在平时也许具有一定的法治理念，一旦涉及自身的利害，是否还能坚守法治理念，那就要因人而异了。

具有良好法律意识的领导就会或者视之为警示而不加追究，或者通过法律的途径维护自己的权利。当然不能要求领导对于各种侵权都采取放弃权利的做法。是否依法维护个人权利，那是领导干部自己决定的事情。他们作为受害者要依法维权，没有任何值得疑义和指责的地方。

相应地，法律机关也理当予以如同其他公民一样的同等保护。现实的问题也并不出在领导干部的依法维权上。所存在的问题往往是个别的领导干部不是通过法定的程序，而是通过自己手中的权力来维权。如果是这样，危险和风险就大了，就很容易导致权力的滥用。所以，我们各级领导干部，在自己的权利被侵犯或者觉得自己的权利被侵犯了的时候，所想到的“侵害”是不是一种批评与监督，自己是否需要“维权”，那种“侵权”究竟是真正的侵权，还是一般的误解，还是群众的怨言，总之不可一概视之为侵权行为，更不可随意斥之为犯罪。随意动用警力和拘禁嫌疑人，很可能会导致极为严重的后果，甚至形成新的违法犯罪。所以，作为领导的维权，要多多思考的是，自己是否是在运用自己的权力维权。如果是这样的话，那可能不是对法治的维护，很可能是对法治的破坏；可能不是对自己合法权益的保护，甚至可能是对他人合法权益的侵犯。

我不清楚那些自认为受害的领导是否有过某种干预执法与司法的暗示或者指示,但是作为执法或者司法的机关与官员,面对领导的指令,务必审慎。执法权与司法权是公权,是为社会服务的,是为人民服务的,是为法治服务的,也是为公正服务的。面对领导的指令,执法与司法者有没有勇气秉公执法、公正司法,那才是严峻的考验。其实,有的领导对执法与司法的干预,并不是出于蓄意的破坏,有的也就是因不知法或者缺乏法治理念所致。对这样的领导,只要我们据实以告,相信他们会理解的,也不会挟嫌报复。但是也的确有个别领导,将个人的所谓利益、权威置于法律之上,无视法律,非法施压。

对于此,我们的执法者和司法者恐怕就真要有点执行法律的艺术和坚守法律的美德才行,否则就无法做到临危不惧,一往无前。这样也许会有些悲壮,但是毕竟我们的职守就是维护法治的尊严,就像一个战士的职守就是战斗一样。战士面对战斗,不能也不应该退缩,即便有所牺牲也在所不惜。也许有的读者会觉得,这样的要求过于苛刻。其实这不是苛求,因为所有的执法者和司法者都肩负着神圣的使命,只有忠诚法律的义务和责任,而没有亵渎法律的权利与自由。对于职业的法律官员与法律机关来说,这不是苛求,而仅仅是必然与应当。

如果我们每个领导都能遵守法纪,尤其是在自己被批评时都具有宽容的态度,在自己的权利受到侵犯时都能依法寻求保护,而不是滥用自己的权力,那么我们的法治就可以得到更好推行。如果我们每个执法者与司法者都能秉持执法如山的美德,忠诚地维护法律的神圣与权威,甚至具有为法治牺牲的精神,那么人民就可以真正地获得自由和保障。要实现这二者,权力的依法行使都是必需的。

面对一个一个的短信案件,我们相关的受侵扰领导与法律机关及其工作人员的法治理念也就面临着考验,只有我们的权力都依法受到制约并依法行使的时候，法治才可能成为现实，人民也才可能因法治而获得自由与幸福。

（本文原载《法制日报》2007 年 7 月 29 日。）

83. 法治三大功能促和谐

法治对构建社会主义和谐社会的重要性，已逐步为全社会认识。但是法治促进和谐社会建设的重大作用，还需要我们作进一步的思考。将和谐社会构建中法治的功能与作用加以考察，就不难发现，法治从制度基础、行为指引、矛盾消除三方面促进和谐社会建设。

为什么这样说呢？

制度是人们对社会发展与建设的规范性预期。法治意义的法律正是和谐社会的制度蓝图与预设基础。和谐社会是社会的理想状态。只有将这种理想状态转化成为了若干具体而完备的法律规范，建立一系列法律制度，进而形成完备的法律体系，和谐社会才获得了自己最良好的制度根据。

良好的立法为人们严格依法办事创造了条件，为整个社会的法治建设提供制度性的基础。法律对人们行为的引导与规范是法律的重要功能，也是法治作用的有效发挥；法律对社会利益的划分和调适起着重要的作用,是利益分配与调整的制度基础;法律对各种矛盾纠纷解决程序的制度设计,实际上也蕴含对和谐图景的制度构想。

人与人之间只要有个体的差异,有意志的独立性,有客观利益的分野,就会有不同的行为。如何引导人们的行为,是法律必须回答的重大问题。法律就是为调整人们的行为而产生的,它告诉社会成员有权做什么,必须做什么和不得做什么,从而引导人们的行为。

只要人类还处于各有利益的时代,就会有矛盾纠纷,冲突就不可避免。只要人类是以类似的方式,过着社会生活,矛盾就不可避免在人类社会之中不断发生和解决。人类社会没有矛盾是绝对不可能的,但是解决矛盾则是可能和必需的。社会矛盾一旦产生,化解社会矛盾就是社会发展中始终存在的重要任务。秩序不会一劳永逸。一个良好的秩序其实不是没有矛盾的秩序,而是一个有良好的矛盾解决机制的秩序。在具体民事经济活动中,买方与卖方之间,承包人与发包方之间,招标人与投标人之间,出租人与承租人等之间,都难免会有纠纷产生。在具体行政关系之中,上级与下级之间,管理者与被管理者之间,处罚者与被处罚者之间也会产生种种矛盾。

在刑事犯罪问题上同样有大量的纠纷。在犯罪人与受害人之间,罪犯与受害人亲属之间,罪犯与社会之间都可能产生各种矛盾。这时,如何化解社会矛盾是确保社会和谐运转的关键。法律的重要使命就是发挥各种机制的作用,化解矛盾。在法治状态之下,通过调解、仲裁、审判等方式依法解决纠纷,直接为构建和谐社会服务。和谐社会并不是绝对没有矛盾纠纷的社会,它只是发生得数量少、解决得速度快、解决得效果好。因此,建成了和谐社会,法治对消除社会矛盾纠纷的意义同样不可低估,它甚至是社会能够始终和谐的重要保证。

(本文原载《人民日报》2007 年 8 月 15 日。)

84. 和谐社会与法治建设

和谐社会是社会的理想状态。只有将这种理想状态转化成为若干具体而完备的法律规范,构成一系列法律制度,进而形成完备的法律体系,和谐社会才获得了自己的制度根据。可以认为法治状态中的法律制度是和谐社会制度设计的法律化。

社会纠纷解决机制的法律设计蕴含和谐社会的理想。法律对社会利益的划分和调适起着重要的作用,是利益分配与调整的制度基础。法律对各种矛盾解决的制度设计,实际上也蕴含对和谐图景的制度设计。

法律是减少社会矛盾的有效手段,因为法律具有其他社会规范所不具有的最明确的指引功能。法律的重要使命就是发挥各种机制的作用,化解矛盾。在法治状态之下,通过调解、仲裁、审判等方式依法解决纠纷,直接为构建和谐社会服务。法治完备状态下的社会运行机制必然是法治化的机制,这对社会和谐来说是最恒久而有效的保障。

和谐社会对法治提出了新的要求。这些要求涉及法治的方方面面,法治能否在这些方面适应和谐社会的需要,直接关乎法治对于和谐社会构建作用的发挥,也关乎法治在和谐社会建设中自我发展的情形。

法治为和谐社会服务,主要应在以下几个方面作出努力:确立法治理念是构建和谐社会的思想前提;完善法律体系是构建和谐社会的制度需求;力行依法执政是构建和谐社会的根本保障;推进依法行政是构建和谐社会的政府先导;实现司法功能是构建和谐社会的重要保证;提高法律意识是构建和谐社会的意识基础;保护弱势群体是构建和谐社会的特殊环节;应对突发事件是构建和谐社会的必要准备;维护自然环境是构建和谐社会的必然要求;实现社会公正是构建和谐社会的深刻根基。

(本文原载《法制日报》2007 年 8 月 19 日,系《以法治铺砌社会和谐之路》的一部分。)

85. 慈善期待执法随行

慈善是什么？慈善是人类良知的外化，是人类心灵在闪光。她是许多人内心的慰藉，是许多人前路的星光。慈善是一种美好，甚至是一种神圣。她美好得人们不愿亵渎，她神圣得人们不能亵渎。

如果说"不愿"需要的是主体自觉，那么"不能"则必须德法随行。

当道德无能为力的时候就只能援法而治，执法就成为慈善的保护神。没有法律作为外壳，慈善只能是苍白无力的。

2007 年 8 月 19 日旅经重庆，展读当日的《重庆晚报》，欣喜地获悉重庆晚报社十多年来一直始终不懈地坚持自己的慈善事业。《重庆晚报》的希望小学中走出了 10 名大学生，更有 700 多名小学生从这一希望小学毕业。也就是在这个时候，《重庆晚报》慈善爱心基金正式成立。该报报道了 18 日这一基金成立的盛况，公布了捐款的明细。我们不能不为重庆晚报社叫好。《重庆晚报》是在重庆人民、重庆公众的关爱下发展起来的。他们能够想到社会，想到社会的弱势者,并利用自己作为公共媒体的优势,发展慈善、推进慈善,可敬可佩。

展读同日《重庆晨报》的报道,则让人心情为之黯然。18 日,某某市某某区一场以慈善名义举行的演唱会,观众票价不菲,高达 688 元、488 元、288 元、188 元一张。想来,这场演唱会一定会为慈善事业大大地添砖加瓦。但是仔细阅读,结果让人不可思议。高喊"怀着感恩的心""回馈社会献爱心"的演唱会,实际上是一个企业成立 20 周年的庆典,门票收入让明星们获得了 400 万元,举办者的获利状况不详,但仅仅在演出时捐赠了 50 万元人民币给慈善事业。读完报道,我们不能不为慈善惋惜。惋惜之余又不禁反思,是谁在亵渎慈善。慈善是受害者,那谁又是侵害者?

从逻辑上至少可以得出这样的结论:侵害者是那家企业。它是这场慈善演唱会的发起者和组织者,它以慈善的名义组织演唱会,竟然有一万多人买不到票而无法入场,想必是收入颇丰:既获取了慈善美名,宣传了企业成就,举行了盛大庆典,也许还捞上一笔巨额收入。面对一场以慈善为名的演唱会的巨额门票收入,可怜的是慈善,50 万元的慈善捐赠,足以让任何有良知的人羞愧。

我无意要特别责骂那家企业和那些明星,中国类似的悲哀绝对不会仅此一例。骂也不能解决任何问题。然而,如果神圣的慈善一再被如此亵渎,不禁要问,有谁能还慈善一个公道?社会公众还会相信以后真正的慈善活动吗?丰厚的收入,明星们拿走了多大的比例?企业自己又收归了囊中多少?是不是应该给社会一个交代?我们的工商、文化、税务部门是不是应该核查一下,这种假借慈善之名的演唱会及其收入究竟到哪里去了?组织商业演出活动,是不是那家企业的营业范围?如果是慈善演出,收入被用作了非慈善用途,是否应该有法律规定可以适用,加以收缴与处罚?明星收入是否依法纳税了?所有这些问题,执法部门都可以依法查究,在这一点上回答应该是肯定的。

慈善是美好的,慈善是神圣的,在人类内心与行为还没有净化到可以放任的程度,在借慈善之名行敛财之实的现象还公然肆行的时候,法治尤其是现实的执法,一定是必不可少的。我们期待着执法为慈善而行。

(本文原载《法制日报》2007 年 8 月 26 日。)

86. 法治精神、法的价值、法治实践

只有当法治精神切实为每个社会成员与各个社会组织所共同秉持,法治才可能以最佳的状态呈现在世人面前,法治也才可能得到真正的实现。法治精神是法治的思想内核,是法的价值的体现,是法治思考凝聚而成的思想精华,是法治实践必须奉行的基本原则。法治精神与法的价值、法治实践都有重要的关系,可以认为,法治精神是法的价值的体现并应指导法治的实践。

法治精神应体现法的价值。法的价值是法或法律对人的意义,是人关于法或法律的绝对超越的指向,它既引导着法治的过程也标示着法治的目标。从应然的意义上讲,法的价值体现着法律的主体性和目的性。法的价值中包含生命、自由、平等、人权、民主、公平、正义、人的全面自由发展等众多的价值目标。法的价值是人类法律发展的理性成果,也是人类法律发展的思想结晶。法的价值产生于法律的社会实践,又指导着法律的社会实践,是法律发展的目标与过程的双重统一与保障。法的价值具有极大的涵盖力与

指导性。法治的重要意义就在于实现法的良好价值。法治精神是法治的内核,是法治内涵的指导思想,是法的价值在法治问题上的体现。法治精神理当包含法的价值目标于其中,并将法的价值追求作为自己加以实现的理想。法治精神本身就应该包括对良好价值的追求与实现。只有以良好的法的价值作为自己的理想目标与内在品质,法治精神才可能具有无可怀疑的科学性、崇高性与神圣性。只有以法的价值作为指导,那些体现为法治精神的思想原则和理想目标才可能成为法治的真精神。

法治精神不能背离法的价值。法的价值是美好与神圣的,是人们关于法的期待与追求。法治是人类法律发展的高级阶段,是良好的法律得到良好实施的社会状态。它应该是体现并维护生命、自由、平等、人权、民主、公平、正义、人的全面自由发展等价值准则和目标的。法治与法的价值是根本一致的。法治的目标就在于实现法的价值。法律实践中,对于法的价值的背离,也就是对法治实质与实质法治的背离。背离法的价值的法治精神其实是反法治的精神。我们应当把法治精神与法的美好价值追求统一起来,绝对不可对立起来。只有体现法的应然价值的法治精神才是社会主义法治精神,才符合社会主义对法治的本质要求。

法治实践应贯彻法治精神。法治精神不应仅仅是空洞的口号,它应该是法治实践所奉行的指导思想和基本原则。法治精神应该转化成为社会的现实,即应该转化成为客观的社会实际。法治精神的社会化,是法治社会化的要求,也是法治社会化的精神动力。法治精神社会化的桥梁与途径只能是法治的社会实践,它应该被贯彻在法治的各个实践环节之中。

作为国家的法律机构及其工作人员,必须在立法和执法的工作中严格贯彻法治精神。在立法上,我们也许应该思考,所制定的法律应该如何体现法治精神,既有的立法是否秉持了法治精神,有无违背法治精神的方面。新的立法,如果没有体现法治精神,就应该努力探寻体现法治精神、进行科学立法的路径。如果既有的立法违背了法治精神,就应该对其进行修改,在必要时甚至应该加以废止。在执法上,就应该思考我们的执法措施的采取,法律的具体适用,是否符合法治精神的要求。如果发现有违法治精神之处,就应该反思具体的执法活动和相关的法律文书是否存在对法律立法原意的误解或者曲解,是否符合法的价值要求,从而自觉修正和完善自己的执法行为。

作为社会大众,也有一个坚持法治精神的问题。守法是每个社会成员与社会组织当然的义务。自觉地服从法律就是法治精神的体现。不能因为狭隘的个人利益或者单位与组织利益就置法律于不顾。始终遵守和服从法律,是社会大众包括每个公民对法治精神的贯彻与尊崇。法治精神当然地包含遵守法律的精神和服从法律的精神。此外,社会成员还担负着监督法律实施的道义责任。面对各种违法犯罪行为,社会大众都有举报、申诉、控告的道义责任。坚守法治精神,就应该不畏强暴,不畏强权,勇于依法维护法律的尊严与权威,敢于同各种违法犯罪的邪恶势力作斗争。

法治精神对各个法律主体来说,都具有他律与自律的双重要求。法治精神是他律的,更是自律的。在我们营造法治环境,培育全社会法治精神的同时,必须首先培养自我的法治精神。法治精神应该成为全体社会成员与各个社会组织,在法律问题上共同拥有的认识、原则、信念和目标。每个社会成员与各个社会组织依照法律的原则和规范的自律状态,将是法治精神是否在社会生活中得以确立的根本表征。只有当法治精神切实为每个社会成员与各个社会组织所共同秉持,法治才可能以最佳的状态呈现在世人面前,法治也才可能得到真正的实现。因此,从法治的社会实践视角来看,法律主体运用法治精神进行自律与他律是法治精神得以弘扬的具体表现。

(本文原载《法制日报》2007 年 8 月 13 日,原题为《法治精神应体现法的价值并指导法治实践》。)

87. “特殊保护”不等于“特权保护”

据媒体报道,某地方人大代表张某,涉嫌职务侵占侵吞数千万元财产。面对确凿证据,警方立案侦查并准备对犯罪嫌疑人采取强制措施。但是,几个月过去了,警方都无法行动。原来,张某是市人大代表,对其采取强制措施前,必须经市人大常委会的许可。而警方递交了两次提请报告,该市人大并未正面许可公安机关强制执行。

我国现行《宪法》第74条明确规定:“全国人大代表大会代表,非经全国人民代表大会会议主席团许可,在全国人民代表大会闭会期间非经全国人民代表大会常务委员会许可,不受逮捕或者刑事审判。”另外,很多法律也做了类似的规定。

这些重要的宪法和法律规定,都缘于人大代表是一个神圣的身份,他们肩负着代表人民的神圣职责。法律所规定的对人大代表人身的特殊保护,是基于对人大代表身份与职责的尊重,说到底更是对人民的尊重。这些相关的法律制度是非常重要的,不可废止,但是这些制度和规定绝对不是要赋予人大代表违法犯罪而不受追究的特权，而仅仅是要保障人大代表能够安全地行使职权、充分地行使职权，最终能够代表人民。要说具体某一个代表是否滥用法律的特殊保护，笔者没有调查了解，更无证据材料，不敢妄加评断。但是，的确有人利用人大代表的身份为所欲为，逍遥法外。

如果出现这种情形，相关的宪法和法律规定就再不是对人大代表的应有保护了，简直就是被相关违法犯罪者所恶意利用。特别保护人大代表人身权利的法律被演化为特权的“保护伞”，这实在是对人大代表选举初衷和法律保护的异化。人大代表中只有极少数人是恶意利用法律的违法犯罪者，但是他们对人大代表形象的损害、对法律与法治权威的伤害，都是巨大的。

何以出现如此状况，稍微加以分析，就不难发现问题主要出在两个方面：

一是极少数人大代表的素质存在严重问题。人大代表的素质要求应该是多方面的。从政治能力上讲，应该有参政议政的能力，即有代表人民发表政见、参与政事的能力；从思想道德上讲，应该是社会优秀的道德典范，至少没有重大的道德缺陷；从法律上讲，他们绝对不应该是违法犯罪分子，绝对不应该是假人大代表之名干非法勾当的害群之马。没有这几个方面的基础，任何人都不配当选人大代表，人民也不应选举其成为代表。尤其是第三点，遵纪守法是对人大代表最必需的最起码的要求。

二是我国的代表保护制度尚存疏漏，为个别违法犯罪者混入人大代表的行列提供了可乘之机，为他们假公权以掩盖恶行提供了便利。

人民代表大会代表人身特殊保护的法律规定被恶意利用的问题总是在出现，必须引起高度重视。我们不能因噎废食，当然也不能因此就废止对人大代表人身的特殊保护。这一特殊保护对确保人大代表当家作主，确保人大代表充分行使职权和具有必要尊严都具有重要的意义。

因此,我们只能从完善制度和机制上努力。也就是说,要彻底解决代表素质与制度缺陷的问题,根本的办法不是要取消这一人身特殊保护制度,而是要完善相关的人大代表的选举制度,建立这一人身特殊保护制度被恶意利用的救济机制。

(本文原载《检察日报》2007年8月20日。)

88. 加快建设社会主义法治国家

党的十七大报告明确要求“全面落实依法治国基本方略,加快建设社会主义法治国家”。何以加快社会主义法治国家建设?我们必须从以下几个方面加以特别努力。

一、推进民主政治

在加快社会主义法治国家的事业中,我们必须把推进社会主义民主政治作为根本目标。正如党的十七大报告所指出的,依法治国是社会主义民主政治的基本要求。依法治国必须服务于社会主义民主政治建设。法治对于民主政治的重大意义应当是不言而喻的。因为社会主义的民主政治是人民当家作主的政治,它的目标就在于要切实实现人民民主。在我国目前,基层民主得到了空前的发展,并带动整个社会主义民主事业的进步,无论是目前的基层民主建设还是未来更为宏大的社会主义民主政治建设,都离不开依法治国作用的发挥。甚至可以说,随着社会主义民主政治建设的深入发展,依法治国对于民主政治的意义将更加凸显。法治必须为民主政治的发展提供完善的制度设计、程序保障与机制措施。在发展民主政治的方针确立之后,法治能够为其提供的制度、程序和机制如何,将决定或影响着民主政治建设的快慢与成败。所以推进民主政治必须加快社会主义法治国家建设,加快社会主义法治国家建设必须有利于推进民主政治。

二、完备法律体系

有法可依曾经是我们的重要目标。随着社会主义法治建设的发展,我们党又提出了建立完备的社会主义法律体系的重大目标。1993年《中共中央关于建立社会主义市场经济体制若干问题的决定》就要求在“本世纪末初步建立适应社会主义市场经济的法律体系”。在20世纪末我国的这一目标基本实现之后,1997年,中国共产党在十五大报告中又明确提出“到2010年形成有中国特色社会主义法律体系”。刚刚召开的党的十七大又再一次强调,“坚持科学立法、民主立法,完善中国特色社会主义法律体系”。从改革开放以来,中国的立法任务一直异常艰巨,大量的与市场经济、民主政治相适应的法律亟待制定。然而,新的法律尚未全面建立,既有的法律又逐步过时需要修订甚至废止,构建完备法律体系的任务任重道远,我们必须再接再厉。

三、加强法律实施

有法可依当然是法制和法治的首要环节。然而在法律制度建立之后,法律实施就成为了最重要的事情。面对我国目前许多制定出来的法律得不到有效实施的情形,党中央在十七大报告中明确指出,要“加强宪法和法律实施,坚持公民在法律面前一律平等,维护社会公平正义,维护社会主义法制的统一、尊严、权威”。这是社会主义法治建设的关键与重点。没有对于法律的严格遵守与服从,就绝对没有现实的法治发展。要推动法治进步就必须实实在在地推进法律实施,加强法律实施。法律实施是法律制度的社会化和现实化,是制度演变为实际的桥梁,也是法制和法治权威的体现。没有法律实施,再好的法律制度也仅仅是美好的蓝图,成为不了现实。

四、推进依法行政

推进依法行政是构建法治政府的必由之路。在2004年,国务院在全面推进依法行政实施纲要中就确立了用10年时间构建法治政府的目标。随着时间的推移,我们构建法治政府的任务越来越急迫与艰巨。根据我国政府的法制目标,尤其是根据依法治国,建设社会主义法治国家的宏伟蓝图,我们党在十七大的报告中又明确强调,"公民政治参与有序扩大。依法治国基本方略深入落实,全社会法制观念进一步增强,法治政府建设取得新成效"。这是我们党从实现小康社会目标出发而对依法行政提出的新要求。这既是全面建设小康社会的要求,又是走向法治国家的道路的要求。法治国家必须要求有法治政府,依法行政就是通向法治政府的法治之路。

五、深化司法改革

司法体制改革长期被我们党作为政治体制改革的重要内容加以特别的强调和重视。从2004年我们党作出了司法体制和工作机制改革的初步部署以来,我国的司法体制改革取得了很大的成绩,全面的司法体制改革正在推进之中。党的十七大报告指出,"深化司法体制改革,优化司法职权配置,规范司法行为,建设公正高效权威的社会主义司法制度,保证审判机关、检察机关依法独立公正地行使审判权、检察权"。这就为推进中的司法体制改革指明了方向。司法体制改革要优化职权配置,规范司法行为,建设公正高效权威的社会主义司法制度。公正、高效、权威三者如何实现就成为司法体制改革中司法机关必须回答的问题。人民法院与人民检察院如何依法独立行使审判权与检察权是我们必须关注的两个焦点，我们的司法体制改革：一是必须有宏观的宪政体制设计作为前提，二是必须有科学的改革措施作为路径。这也许是深化司法体制改革所必须注意的两个方面。

六、加强政法队伍

政法队伍是在长期的社会主义法治建设中成长起来的法治力量。他们为社会主义法治建设作出了重要的贡献，他们是依法治国的主力军。在这支队伍的建设中，我们取得了重大的成就。然而不断推进的法治建设并不允许我们懈怠，我们必须如同十七大报告所要求的，继续"加强政法队伍建设做到严格、公正、文明执法"。执法是政法队伍的工作职责也是社会责任。政法队伍建设的目标在哪里？根据十七大精神，就应该在于做到严格、公正、文明执法。严格、公正、文明三者是在新的时期，党对政法队压建设的新要求。我们要深刻领会"严格"在执法中的重大意义。公正首先是立法的价值目标，也是执法的结果要求，但是并不意味着需要执法者自行确定公正的标准。作为执法者来说，正确地"严格"就能实现公正。执法者应当是把法律的公正现实化，而不能随意地确立自己的公正标准，否则就是对法治的破坏，也是对公正的违背。我们的政法干部队伍建设要以此为指针，完善现有的干部培养与培训计划，落实队伍建设措施。此外，我们有关政法队伍的制度设置与改革措施也必须与这一要求相适应，进行全面的检视并加以改革完善。

七、弘扬法治精神

弘扬法治精神是法治建设中不可忽视的重要方面。法治精神应当浸润在我们法治建设的社会实践之中,体现在我们执法与守法的实际过程之中。为此,党的十七大要求我们"深入开展法制宣传教育,弘扬法治精神,形成自觉学法守法用法的社会氛围"。弘扬法治精神对于人民大众与对于司法人员的要求是不同的。作为公民,法治精神是其基本的素质要求;作为司法人员,更是其职业的意识基础。司法人员没有法治精神就无法很好地执法、司法,就可能在执行法律的过程中违背法律,远离法治,甚至走向法治的反面,适得其反。我们要确保每一个案件的处理、每一个法律文书的作出都具有法律的根据,都符合法治的本质要求。要使各项法律裁决既符合法的制度规定,更符合法的价值目标,从制度与价值的两个方面全面实现法律的要求。强化司法人员法治精神的培养是至关重要的,是新时期司法队伍建设的必修课。

八、尊重保障人权

人权保障,从20世纪以来逐步成为世界各国共同的价值目标,也成为衡量一个国家民主与法治的重要指标。尊重保障人权,已经成为我国的宪法原则,成为我国法治建设的重要使命。然而,由于历史与现实的诸多原因,在人权保障方面,我们还存在这样那样的问题。尽管我们非常努力并取得显著成效,但由于我们的基础薄弱和要求日增,尊重和保障人权还有很多工作要做。党的十七大根据我国的国情,明确要求"尊重和保障人权,依法保证全体社会成员平等参与、平等发展的权利",这一要求对于司法机关具有特别重要的意义。如果说人权尊重更多地依赖社会自觉,那么人权保障就会更多地依赖司法保护。如果没有司法机关的有效保障,人权就会遭到更严重的践踏,侵犯人权的违法犯罪就难以或者无法受到制裁,人权就得不到保障。在新的历史时期,司法机关必须对尊重和保障人权有更为深刻的认识,只有这样才能完成人权保障的时代任务。

九、党要坚守法治

中国的社会主义事业是在中国共产党领导下进行的,中国的法治国家建设也同样如此。我们党在十七大上又再次告诫全党“各级党组织和全体党员要自觉在宪法和法律范围内活动,带头维护宪法和法律的权威”。这是我们党从改革开放之初就已经确立的基本原则的强调与发展。中国共产党的党组织和党员必须在法和法律的范围内活动,是我们的宪法原则的要求,也是中国共产党党章的要求。党是法治国家建设的保证,党不能坚守法治,法治就不能取得成功。在新的历史时期,我们党提出了依法执政的要求,并把依法执政确立为党的基本的执政方式。这是党的执政方式的根本变化,也是党走向未来实现自己理想的切实保证。作为中国的执政党,也是中国最大的政党,如何坚守法治,维护法治,确保依法治国、依法执政,对于全党都是极为严肃也极为严峻的任务,我们必须完成,否则社会主义法治国家建设就不可能成功。全党必须坚持法治原则,坚持依法执政,是我们党在十七大所作出的加快建设社会主义法治国家的现实要求。

(本文原载《人民法院报》2007 年 11 月 21 日。)

89. 民主政治的发展路径

如何发展民主政治,我们曾经进行了各种尝试,并取得了一系列重大的成就。但是,面对我国政治体制改革发展的现实需要,面对我国民主政治发展的宏伟目标来说,还有很大的差距,我们还需要在新的起点上,进一步推进民主政治建设,使社会主义民主政治获得新的进展。纵观我国民主政治建设的发展进路,我们也许可以沿着“三个民主带动和两个制度建设”加以特别的努力。

首先,发展党内民主以带动党外民主。这里的党内民主是指的中国共产党内的民主。就整个中国的民主政治来看,中国共产党的党内民主是整个社会民主包括党外民主的先导和核心。党内民主的这一先导地位,是由中国共产党在国家和社会政治生活中的地位和作用所决定的,同样也是由中国民主政治发展的渐进性所决定的。中国共产党党内民主的率先发展,对于全社会来说具有重要的示范意义,同时,党内民主的发展对于整个社会的民主来说也是最具有稳妥性和渐进性的先导。党内民主的发展可以为中国特殊的民主政治建设提供经验与作出表率。先党内后党外的民主推进路径,既可以使党内民主为党外民主提供经验,甚至还可以为党外民主试错,以便发现问题,总结教训,解决问题,顺利发展。通过党内民主的先行可以使党外民主在推进中的失误可以被及早预防乃至有效避免。党内民主的发展可以为党外民主提供更完善的制度与机制设计,避免整个民主政治建设中的仓促推进,以及面对复杂问题的措手不及。

其次,发展基层民主以带动社会民主。基层民主对于整个民主政治来说,都具有基础的意义。我国在基层民主建设方面已经获得了很多经验。在农村,村民委员会普遍的直接选举,在全国早已成功推行,并取得了丰富的经验。村民委员会的直选为我国基层民主政治的发展,提供了成功的范例,也为整个社会的民主发展进行了很好的试验。在城市,我国许多地区也作出了很好的尝试与探索。他们率先发起和推动的城市居民委员会直选,带动了全国许多地方的城市基层民主建设,也为城市的基层民主建设提供了很多有益的经验。我们可以在总结农村村民委员会和城市居民委员会民主选举经验的基础上,逐步提升直接选举的层级,由社区民主向社会民主推进,进而促进整个社会的民主政治发展。社会民主的推进与全面发展,需要一个过程,从基层起步的社会民主,会比一下子全面启动的民主更具有渐进性和稳步性,也可以避免民主政治建设上的大起大落,真正实现循序渐进,有序发展。

最后,发展人大民主以带动国家民主。人大民主是指在人民代表的选举和履职上的民主。人民代表大会制度是我国的基本政治制度。它是一个具有中国特色的代议制政权组织形式。在我国的政体结构之中,人民代表大会是我国的国家权力机关。就全国人民代表大会来说,既是国家最高权力机关也是最高立法机关。它对整个国家和社会的政治生活具有举足轻重的影响。尤其是改革开放以来,我国人民代表大会制度不断完善,人民代表大会的职权也越来越充分和有效。人民代表本身就是人民的代表,如何强化人民代表的代表性,在社会实际生活中更充分地体现人民对其代表的权力委托关系,是我们要着力解决的根本问题。使人民代表真正来自人民和代表人民,是我们努力的方向。改革和完善人民代表的选举制度,实现选举平等,扩大直接选举的层级和范围,使人民代表具有更广泛而深刻的民意基础,使人民代表更好地代表人民并实现人民的当家作主,是我们的责任与使命。由人大民主推动人民代表大会制度建设,进而推动整个国家政治生活的民主,实现国家民主。通过由代表民主促进形成的国家民主,也就是要最终符合人民当家作主这一根本出发点和最终归宿。

为了更好地以党内民主带动党外民主、基层民主带动社会民主,代表民主带动国家民主,我们必须注意加强在民主方面的党内制度建设和国家法制建设。这两个建设是我国民主政治得以顺利推进的有效保障。

制度对于民主的意义是不言而喻的。首先,制度是民主健康发展的保障。自从民主产生以来,有民主存在就会有妨碍或破坏民主的力量与之消长。同理,有选举就必然有贿选与舞弊,制度的效用就在于尽可能地预防和杜绝贿选与舞弊,保障民主包括选举的正常进行。其次,没有制度保障的民主可能是混乱与灾难。人类社会的民主实践表明,没有制度作为前提和保障,任何民主都可能演变成为混乱,严重时,甚至演化为灾难。最后,缺乏制度调整与保障的无序民主随时可能毁坏民主自身。没有应有的制度保障,不但期待中的民主难以实现,就是已经实现了的民主也可能得而复失。无序的民主可以摧毁民主本身,是人类社会发展早已证明了的真理。因此,在党内民主建设中,我们必须重视党内有关民主的制度建设;在党外民主、基层民主和社会民主、人大民主和国家民主的推进中,我们必须重视有关民主的法制建设。民主方面法制的完备与否直接关系着民主的成败与存废,是民主政治的前提、条件、基础和保障。

民主的制度从哪里来？应该认为，它一是来自人类社会的民主认知。人类社会在对民主制度进行探索中，一定会形成既有认知，这些既有的认识是人类宝贵的精神财富。民主并不是全新的东西，有史以来人类就一直在不断探索民主的道路，也包括探索民主的制度。二是来自人民群众的民主实践。民主制度更来自人民群众现实的社会实践，因此，我们要悉心总结既有的群众实践，集中人民群众的智慧，发挥人民群众的创造精神。三是来自党组织或立法机关的制定。我们党的组织或者立法机关要通过党内程序和立法程序，将民主推进过程中的新认识和好经验上升到制度层面，加以规范化和普遍化。在推进民主的过程中不断总结经验和教训，加以提炼并将其上升到制度上来。这种制度既包括党内制度也包括法律制度，我们应当加速这两个方面的制度建设。这样，我们的民主就可以因制度的完备而免受不必要的挫折与失误，并因此得到顺利的推进和发展。

(本文原载《中华英才》2007 年第 21 期。)

90. 立足国情的中国法制发展

回首中国法制发展的历程,《中国的法治建设》白皮书向世人宣示,我们已经建立起了符合中国国情的立法体制和法律体系。这一总结对于我们认识中国法制发展的现实状况,展示中国法制发展的巨大成就,推进中国法制发展的历史进程都具有重要的现实意义。

中国实行统一的分层次立法体制

植根中国五千年的灿烂文化,立足有史为证的四千多年的法制文明,参照现代世界法制发展的典型例证,经过半个多世纪尤其是最近 30 年的努力,中国统一的分层次的立法体制逐步得以建立,并日益发展完善。

统一的立法体制意味着中华人民共和国的法律、法规是统一的,制定这些法律、法规的立法权限,法律、法规的效力等级,法律、法规的相互关系是统一的。这种统一性,首先表现在中国立法体制统一于中国国家的统一性。中国自古以来采用的都是单一制的国家结构形式。现代中国的社会制度与其历史基础相比较虽然发生了根本变化,但仍然是统一的、多民族的、单一制的社会主义国家。国家单一制的统一模式始终没有改变。即使是目前仍然实现着资本主义制度的特定地区,仍然只是中华人民共和国的组成部分。作为统一的国家结构形式的中国就必然要求有统一的立法体制。

其次,中国立法体制统一于中国宪法。中国宪法被赋予和确认具有至高无上的法律地位,具有根本大法的性质。其他的任何立法,包括法律、行政法规和地方性法规都不得与宪法相抵触,凡与宪法相抵触者一律无效。宪法的崇高地位与至上效力,为中国立法体制的统一性提供了制度根据和有力措施。

再次,中国立法体制统一于中国立法权限的统一分配。为了建立和实行统一的立法体制,我国宪法和立法法规定了全国人民代表大会及其常务委员会的专属立法权范围;规定了国务院制定行政法规的权限,各省、自治区、直辖市人民代表大会及其常务委员会在不同宪法和法律抵触的前提下,制定地方性法规的权限,以及民族自治地方的人民代表大会依照当地民族的政治、经济和文化特点制定自治条例和单行条例的权限。

最后,中国的立法体制还统一于中国立法的效力等级体系及其备案与审查程序。我国的宪法和立法法分别而又一致地规定了宪法、法律,行政法规、地方性法规和规章所具有的不同效力及其等级关系。我国建立了专门的立法备案制度,要求法律、行政法规、地方性法规和规章必须分别向全国人民代表大会或国务院备案,并与之相应地设置了立法撤销制度。此外,我国还建立了对行政法规、地方性法规、自治条例和单行条例的合宪性和合法性进行审查的独特程序。我国的立法体制至少是通过以上的五个方面来实现其统一性的。

中国立法体制的分层次则表现在中国的立法体制设置了不同立法

主体的立法权限，以及相应的立法层次位阶。中国是一个统一的多民族大国，既要维护国家及其法律统一和权威，又要适应政府行政管理的需要和各地不同情况的需要，因此，允许行政机关制定行政法规，允许地方立法机关制定地方性法规就必不可少。这决定了中国的立法体制必须是统一而又分层次的。只有分层次的立法，才能使我们的法律能够全面地从实际出发，符合中国的大国国情，最终能够充分发挥作用。为此，我国宪法和法律首先确认了宪法的崇高地位，同时也确认了法律、行政法规、地方性法规和规章、民族自治地区自治条例和单行条例的法律地位。将这些不同层级的法律、法规、规章、条例的制定权分别赋予不同的立法主体，并设置相应的立法权限和基本程序。这一立法体制及相应制度的设立，确保了分层次立法之间的协调统一，有效地防止了不同立法主体之间的立法职权重叠与立法内容冲突问题，使分层次立法体制得以建立，并良好运行。

中国特色的社会主义法律体系基本形成

建立现代法律体系是从清末以来的中华民族孜孜以求的法制目标。建立现代的社会主义法律体系则是从 20 世纪中叶社会主义制度建立以来就努力追求的目标。

1978 年中国共产党的十一届三中全会打开了中国法治建设的大门，建立中国特色的社会主义法律体系成为了我们新的理想。经过 30 年的努力，到了 21 世纪的当今中国，可以告慰世人的是，中国特色的社会主义法律体系已经基本形成。从纵向来看，由我国宪法统领的 3 个不同层级的法律、法规构成了统一的法律体系整体，如果包括宪法在内，也可以认为是由 4 个层级所构成的法律体系的整体，它们包括现行的宪法，法律，行政法规，地方性法规、自治条例和单行条例、规章 4 大部分。这 4 个部分以不同层级关系结构起来和体现出来，构成统一的法律体系。从横向来看,现有的中国7大法律部门成为中国法律体系的7大支柱,它们是宪法及相关法部门、民法商法部门、行政法部门、经济法部门、社会法部门、刑法部门、诉讼和非诉讼程序法部门。

中国特色的社会主义法律体系是中华民族在总结自身的成功经验与失误教训的基础上建立的。从1949年以来的中国社会主义法制建设,有许多成功的经验,尤其是20世纪50年代初的立法为中华人民共和国的立法发展奠定了历史基础,也确立了基本的原则与制度,但"文化大革命"给中国法制发展提供了惨痛的教训。

在1978年中国共产党十一届三中全会之后的新的立法发展中,我们汲取了这些成功的经验与失误的教训,特别注重了保障人民民主权利与国家民主政治的立法。我国现行的1982年《宪法》将保障公民权利自由的法律制度放到极其显著位置,在总纲之后就对其主要内容作出了较为完备的规定。

综观整个中国法律体系,既可以认为现行宪法及其统率下的整个中国法律体系就是以中国自身的历史经验与失误教训作为基础而建立发展起来的,也同样可以认为它是在适应中国社会发展尤其是改革开放的需要的历史进程中发展形成的。

我国法律体系的形成过程是与中国社会发展尤其是改革开放的发展进程前后相继乃至基本同步的。为了适应中国社会改革开放的需要,我们不断完善社会主义法律制度。经过了长达半个世纪尤其是最近30年来的努力,我们逐步建立起了以宪法作为统帅的、由七大法律部门构成的现代法律体系。

不仅如此,中国各个法律部门、各个法律制度的不断修改完善也是与中国社会发展包括改革开放相适应的。现行《宪法》从1982年制定以来,在1988年的修正案中规定,国家允许私营经济在法律规定的范围内存在和发展,土地的使用权可以依照法律的规定转让。1993年的宪法修正案规定，国家实行社会主义市场经济。1999 年的宪法修正案规定国家实行依法治国，建设社会主义法治国家；在社会主义初级阶段，坚持公有制为主体、多种所有制经济共同发展的基本经济制度，坚持按劳分配为主体、多种分配形式并存的分配制度。2004 年的宪法修正案则规定了国家鼓励、支持和引导非公有制经济的发展；公民的合法的私有财产不受侵犯，国家依法保护公民的私有财产权和继承权；国家尊重和保障人权等。现行《宪法》的 4 个修正案的发展历程和内容递进就是中国法律体系适应中国社会发展与改革开放需要的最佳例证。

（本文原载《法制日报》2008 年 3 月 2 日。）

91. 发展是人权进步的动力

法律人权具有应然与实然的双重属性，人权也包括应然的人权理想与实然的人权状况两个方面的内容。但是，无论是应然的人权理想或是实然的人权状况都与发展有内在的联系，发展是人权进步的动力。这种联系主要表现在经济发展、认识发展、法律发展、人类发展推动人权进步的意义上。

一、经济发展与人权进步

经济具有多重含义，不同的学者或者不同著作也许有不同的关于经济的定义。但是，无论怎么理解经济，都可以认为经济发展是人权进步的动力。

"经济"一词也许首先是指的社会生产力发展状况。社会生产力总是社会发展中的最活跃、最积极的因素，而且是社会发展的最终决定力量。生产力的发展为人权的发展提供了物质可能性。人权中的许多权利都是以经济发展作为前提条件的。生命权、生存权、自由权、平等权、发展权等，都与经济发展息息相关。生命权的实现必须以人的生命得以维系作为最基本的要求。人的生命总是以一定的物质生活资料作为必要保障的，没有能够满足人的衣食住行需要的物质条件，人类的生命维持就会成为困难。人类衣食住行的保障与改善都离不开社会生产力的发展。人类要生存、生存质量的好坏及其状况都与特定社会的生产力状况具有密切的联系。人或人类的自由并不是空中楼阁。一定的生产力发展是人类自由大厦的最坚实也是最不可缺少的基础。人类的平等同样需要必要的物质保障。尤其是现代社会中对于弱势群体与个体的物质帮助和困难救助，没有一定的生产力发展，没有一定的经济发展水平作为支撑，国家、社会和个人要保障相关的人权都是困难甚至是不可能的。人类的发展权其中一定包含人类在经济包括在生产力上的发展权。

"经济"也经常被用指社会的经济基础，即社会生产关系的总和。社会的经济基础即一定社会生产关系的状态也决定着人权的状况。在经济活动中，人与人之间的关系如何，法律对于这些经济关系的调整状况不同，也直接影响人权的基本状况。在自然经济状态和市场经济状态之中，人们都有不同的经济关系；在农业社会和工业社会之中，人们有不同的经济关系，这些都构成了特定社会的经济基础。在总体上，我们可以肯定地说，市场经济、工业社会中的人权是在自然经济、农业社会的人权基础上发展起来的，并且将人权提升到了新的阶段。市场经济与工业社会中的人权保护要求与人权保护条件，都发生了重大的变化，都不同于历史上的以往，何以提升人权保护水平正是现代社会的课题。

二、认识发展与人权进步

人类社会的进步总是与人类认识的发展相联系的，甚至可以说，人类认识的发展是人类一切进步的思想根源。在人类的进步之中，人权的进步也不例外。没有人类认识的发展，人类就不可能将人权不断地加以推进。人类的认识发展是人权进步的先导。

首先,人权意识的萌生以及向人权理论的发展是人类认识发展的成果。在原始时代之初,人类原本没有什么人权观念,也就谈不到对人权的自觉保护。随着人类认识的增加,特别是随着人类对自身与相关因素认识的深化,也就逐步为人类人权意识的产生奠定了认识基础。随着人类自我认识的发展,人类逐步发现自己的个体和群体都应当享有作为人的权利。这种权利意识的当初,也许更多依赖的是人的本能,通过自发的方式而产生,但是随着认识的深入,单纯的本能性的、自发式的人权意识逐步发展成为自觉的理性认知,乃至逐步形成某些思想观念,进而建立起必要的理论学说。人权从人类的直觉意识上升为了理性认识,是人类认识发展的重要成果。随着人类社会与人类认识的发展,人们的认识逐步从作为起步的人权意识过渡到比较深刻的人权理论。随之,人权从初步的自发保护逐步发展成为良好而完善的自觉保护,甚至被人们运用道德、宗教和法律等多种手段来进行全面的保护。

其次,人权内容的丰富是人类认识发展的结果。在应然的意义上,人权的内容也许是确定的。之所以说也许,是因为人们认识意义上的应然人权依然是不确定的,它会随着人们认识的变化和深化而发展。但是在实然的意义上,人权的内容更没有一个确定的范围。人权实际发展的历史一再表明,人们所主张和保护的人权的内容是不断发展丰富的。其实,任何时代人们所主张和保护的人权内容都必须是也只能是人类所认识到的内容。人权认识有一个随着社会发展而不断丰富、充实、完善的过程。在人类早期,应然的人权当然也是存在的,但由于人类认识的初步状态也就决定了人们对于人权内容认识的有限性。随着人类认识与社会的发展,人权的内容才被不断更新,日益丰富。发展到现在,人权在所包含的内容上已经成为一个庞大的权利体系。人权内容的丰富多彩,让世人不得不刮目相看,一次又一次地重新认识。人权内容也出现了代际更新与代际扩展。

最后,人权保护的状况受制于人类人权认识发展的水平。在原始社会,在奴隶制时代,人类对于人权认识的初步状态也使人权的实际保护处于极为初步的状态。因为,那时人类远远没有认识到自己个体或集体应当具有的权利,也就当然地无法保护那些尚未认识到的权利。人类对人权的保护状况受着那个时代人权认识的严重局限。如果人们的认识是畸形的,也就不可避免地导致人类人权保护的畸形化。历史和现实中,人类人权保护上的男女不平等性、种族不平等性、地域不平等性、时代不一致性都与特定时代与环境中的人们对于人权的认识相关。人类永远不可能超越自身的认识地保护人权。当今世界,人权发展盛况空前,撇开实质不论,至少在表象上,人权几乎成为一切或真或假的人权维护者的口号,几乎没有任何国家或者社会胆敢公然地否定人权。这与人权成为人类共同的价值观是分不开的。人类共同的价值认知和人类共同的人权价值观,本身就是人类认识的构成部分,是人类认识发展的成果。

三、法律发展与人权进步

尽管有许多学者都认为人权有习惯人权和法律人权等划分。其实,习惯人权不论怎样,由于它的存在方式是在不具有明确的严格确定性和国家的强制保障性的习惯规则之中的,因此也就决定了习惯人权远远不如法律人权那样明确具体和确实有效。人类在原始时代,人权主要依靠作为原始社会规范的习惯规则来确认和维护。在进入法律社会之后,人类才逐步地从主要依靠习惯规则确认和维护人权,发展到主要依靠法律规则来确认和维护人权。这一过程当然地表明了人类在人权保障上的进步。

人类并没有止步于简单地用法律来确认和维护人权,而更在法律的发展中推进人权的进步。在人类的发展中,法律也在不断发展,人权的法律保护也在不断进步。每当法律获得了新的发展,法律对人权的确认和保护水平也随之得到了提升。回顾人类走过的历程,我们很容易发现,在不同的时代,法律对人权的保护有不同的形式和程度。人权的保护状况,总是在法律的不断递进中向前发展的。法律成为人权内容的载体之一,并成为人权保障最有力的手段。法律发展成为推动人权进步的重要力量。

尤其是人类从人治走向法治,法律从主要是政治统治工具逐步过渡到更是社会管理手段,更是人权保护手段。时至今日,是否保障人权,是否能够良好而有效地保护人权,已经成为近现代法治发展的重要标志,成为近现代法律区别于古代法律的重要特征。在现代,一切可以称为法治的法律,都必须将人权作为其法律保护的对象;一切可以称为法治的国家,都必须将人权保护的状况作为其法律进步的体现。人类及其法律发展到现代,人权已经成为法治的要素、价值和目标。中国当代的人权进步就是与中国的发展同步的,特别是在中国提出了依法治国、建设社会主义法治国家的目标之后,人权保障进一步成为中国社会的主题。西方的人权进步是与西方法律的发展分不开的,中国等发展中国家人权保障的良性化发展和重大进步也是它们推进法治发展的重大成就。

四、人类发展与人权进步

人类发展是一个漫长的历史过程,我们难知其始更难知其终。人权是人的权利,人是人权的主体。人的存在方式具有多元性和多样性,统称的人包括人的个体、人的群体乃至人的整体,人权也必然地体现为个体人权、群体人权和整体人权。在人类发展中,人权的内容被不断丰富,尤其是随着经济发展,在人类的认识中,在法律的记载上,人权内容也逐步扩展。经济发展、认识发展、法律发展都既是人类发展的基础,也是人类发展的构成部分。人类发展与人权发展是整体与部分的关系,也是基础与发展的关系。

人类发展的渐进性也决定了人权进步的渐进性。人类在自己的发展之中,不断提出新的人权要求,又不断推进人权的保护状况,使人权保障的层次得到了一次又一次的提升。人类从愚昧向文明,从一个层次文明向更高层次文明的发展,决定和影响着人权从一个层次向更高层次的进步。人权进步与人类发展的关联性及其对人类发展的依赖性、都是不容置疑的。人权从属于人类的属性,也就当然地决定了人类发展对人权进步的意义,也决定了人权进步的程度必须努力与人类发展的程度相适应。

人权进步本身就是人类发展的内容和体现。人类的发展有极为广泛的内容,人权的进步是人类发展的构成部分,而且是其中极为重要的部分。由于人权直接归属于人,直接影响着人,直接表现着人的生存与发展状态,标志这一个国家和社会的文明程度。因此,我们任何人都无法说一个人权遭到普遍轻视或受到广泛侵犯的社会或者国家会是文明的社会或者国家。我们要衡量人类发展的水平,有多种多样的评价指标,在众多的指标之中,人权进步的程度无疑是极为重要的指标之一。我们应当倡导,各国在对社会制度与社会现实进行评价的时候,将人权进步列为一个重要的指标加以运用,以提高整个人类的人权保护水准,促进人类个体、群体和整体的发展。

(本文是作者于2008年4月21日在首届北京人权论坛上的演讲稿,后为《人权》发表。)

92. 法治对科学发展的作用

法治与科学发展是什么样的关系，法治对科学发展有什么样的作用？这里，我简单谈谈我的看法。

第一，法治应该为科学发展确立一个法定的体制

科学发展观是我们的重要指导思想，将长期指导我国社会经济的发展。科学发展是我们长期的任务，也是我们恒久的目标。如何贯彻落实科学发展观，仅有决心和口号是不够的，它需要转化成一种发展的长效机制、一种体制。只有当它体制化了的时候，我们才能说这种科学发展有体制的保障。所以我们的经济体制、政治体制、文化体制、社会管理体制、社会保障体制、司法体制，都应该作出适应于科学发展观的变革，都要体现出科学发展观的要求，能够真正推动社会的更快发展。实现这样的变革和发展，离不开法治这个大环境。

第二，要为科学发展建立法定机制

机制是非常重要的，如果认为体制是宏观的话，

机制就是微观的,没有具体和微观的机制作为基础,要建立起一个科学发展的体制是不可能的。这种机制的建立,对我们来说是一个很具体的工作。实实在在的科学发展在于机制的建设,因为在社会中主体是多元的,参与社会发展的元素也是多元的,在主体与主体之间、主体与元素之间、各个元素相互之间建立什么样的机制,将影响社会的发展,影响发展社会科学。比如说,我们现在的财政预算机制问题、投资管理问题,尤其是大项目的重大投资管理的机制问题、社会保障的机制问题,还有利益协调的机制问题、社会预警的机制问题、矛盾疏导的机制问题、人与自然和谐相处的机制问题,等等,都应该尽可能地法制化。只有法律能够提供这种有效的机制供给。

第三,科学发展需要法治为它设置法律程序

程序就是步骤与方法,如果科学发展没有步骤与方法的保障,何来奢谈什么科学发展。要去追求科学发展观的现实化,程序是必不可少的。比如重大的项目投资,尤其是大到多少金额以上的重大项目投资,是不是要经过人民代表大会,经过哪一级人民代表大会,人民代表大会通过怎样的一个程序来决定投资与否。类似的决策、立法,要制定一个新的法律,为它设置法律程序。当然我们现在有《立法法》,显然《立法法》的宏观性规定要来指导整个创新性立法的全过程,还需要进一步细则化,还需要进一步在法律上加以完备。所以,科学发展观对程序的要求,随着科学发展观的贯彻落实,随着科学发展要求的越来越高,它的法制化要求也就必然突出。

第四,法治的科学发展观要提供法制的措施

措施是路线的保证,措施是原则的具体保证;没有措施原则就只能是原则,它就失去了实现的现实可能性。在科学发展观贯彻的过程中,在追求科学发展的过程中，措施是非常多的。比如一个重大项目的启动，在规划上要有什么样的制度要求，当然有的人说我们现在有《规划法》。尽管有《规划法》，但我们还需要一系列的制度来支撑这个规划的具体实施。比如说我们有环保评估制度，但进行哪些元素的评估，哪些是必需的，这些评估中的法律权利义务是什么，这些问题都需要有一个措施细则化，而不是一个所谓制度性的抽象的规定，它要转化为具体的措施才可能现实化、具体化。所以，法律在这方面应该为科学发展提供更多的手段。

第五，法治要为科学发展提供法定的保障

与科学发展相对应的是：什么是非科学发展。严重的不科学发展必须承担法律责任，但它承担什么样的责任，为什么要让它承担责任，责任怎么追究，这就要法治提供保障。科学发展要付诸责任保障，追究错误的决策者在决策实施过程中的渎职枉法的责任。所以，要说法治对科学发展有什么样的作用，我认为五大作用，就是要确立法定体制，建立法律机制，设置法律程序，提供法定措施，予以法定保障。

（本文原载《北京日报》2009 年 4 月 13 日，原题为《法治对科学发展起什么样的作用》。）

93. 社会主义法治理念

社会主义法治理念的内涵包括依法治国、执法为民、公平正义、服务大局、党的领导五个方面。它对于中国特色社会主义法治建设具有极为重要的意义。

社会主义法治理念指导着社会主义的法治建设。我们正在推进的法治建设是中国特色的社会主义法治建设,它应当是在科学理论指导之下的一项极为重大、十分理性的社会工程,它必须以一定的理论和理念作具体指导。法治理念是法治理论的主体化、内在化和观念化。社会主义法治建设必须以社会主义法治理念作指导,并在其指导下努力推进。

社会主义法治理念深化了依法治国的基本方略。依法治国是我们党,也是我国全体人民治国的基本方略。作为基本的治国方略必须具体化为若干的理念,才能为广大人民群众所接受,并将其付诸实践。如何将依法治国的基本方略具体化为若干的理念,这是全面落实依法治国这一基本方略的现实需要。相对于依法治国这一治国的基本方略来说,执法为民、公平正义、服务大局、党的领导等都是其具体化和重要保证。随着我们对社会主义法治理念认识的深化,可以相信,依法治国的基本方略必将得到更加全面的贯彻落实,并取得应有的成效。

社会主义法治理念体现了法律意识的核心内容。法律意识中包含着法治理论、法治观念和法治理念等。法治理念是法治理论的观念化,是法律意识的重要组成部分,是法治观念的核心内容。提升全社会、全体人民的法律意识,是社会主义法治建设的重要基础,法治理念的普及和深化必将在更高的层次上提升全社会的法律意识水平。

社会主义法治理念促进着法律体系的不断完善。中国特色社会主义法律体系正在完善之中,已经制定的某些法律制度还存在不符合法治,甚至背离法治的问题。如何按照法治的要求建立新的立法,如何使既有的不当立法符合或者回归法治,如何使正在建构中的社会主义法律体系能够日趋完善,都是我们正担负的重要任务。只有用社会主义法治理念指导未来的立法,审视既有的立法,加快法律体系建构与完善的进程,我们才能确保整个法律体系及其每一个法律制度都是法治化的,我们的法律体系才能不断发展,直至相对完备和不断完备。

(本文原载《光明日报》2009 年 9 月 10 日,本文是《法学家眼中的社会主义法治理念》的相关内容摘选,原小标题是《深化了依法治国的基本方略》。)

94. 法治让权力在阳光下运行

“让权力在阳光下运行”,一直是人民的期待,也是法治的要求,是依法治国、依法行政发展到新的历史阶段的急切呼唤。如果说“让权力在阳光下运行”是一个理想的现实目标,人民当家作主则是这个目标的终极目的,法治则是达成这个现实目标与终极目的的法律根据、制度约束和根本保障。

法治是让权力阳光化的法律根据。依法治国、依法执政、依法行政是我们党和政府在改革开放以来,不断推动的法治事业。依法治国的根本就是要求任何国家权力都必须依照法律的规定行使。依法执政、依法行政,都是依法治国的具体化。在法治之中,执政、行政都必须严格依法进行,法律是其根本的依据。权力的运行规则就是法无授权即非法。权力运行的合法性要求,是对权力的最基本要求。我们目前正在推进的法治政府建设就是要求政府一切权力的拥有必须有法律的根据,政府一切权力的行使都必须依照法定的程序进行。2009 年我们的政府工作取得了重要的成就,其每一个方面都与依法行政的努力密不可分。在 2010 年我们将有八个方面的主要任务,这每一个任务都有赖各级人民政府依法行政的全面实施。在提高宏观调控水平、保持经济平稳较快发展方面,有着何以完备宏观调控立法,并贯彻相关立法的问题。在加快转变经济发展方式、调整优化经济结构方面,产业调整需要行政立法的跟进,并需要将相关法规加以坚决执行。在加大统筹城乡发展力度、强化农业农村发展基础方面,要毫不动摇地坚持农村基本经营制度,加快完善有关法律法规和政策;要加强土地承包经营权流转的管理和服务,在依法自愿有偿流转基础上发展多种形式规模经营;要完善集体林权制度改革配套政策,继续推进草原基本经营制度改革;要发展农民专业合作社;要坚持最严格的耕地保护制度和最严格的节约用地制度;要切实保护农民合法权益;要推进户籍制度改革,放宽中小城市和小城镇落户条件。这些方面在一定意义上本身就是行政法制建设的内容。此外,在全面实施科教兴国战略和人才强国战略方面,大力加强文化建设方面,着力保障和改善民生、促进社会和谐进步方面、坚定不移推进改革、进一步扩大开放方面,努力建设人民满意的服务型政府方面:这些方面无一不与我国的依法治国、依法行政具有紧密的联系。法治的发展状况关系着权力运行的状态,要使权力始终在阳光下运行,就必须保障权力始终在法治的轨道上运行。

法治是让权力阳光化的制度约束。权力的终极来源是人民。尤其是社会主义国家更是把人民视为一切权力的终极来源与归属。因此才有中华人民共和国的一切权力属于人民的宪法规定。人民是权力的拥有者,并通过宪法和法律将其权力分配给相关的各级各类国家机关。因此,除了人民拥有的总体而终极的权力之外,任何具体的国家权力都是有限的,但是所有的权力都具有膨胀的趋向。防止权力的膨胀永远是一个重大的难题。权力被滥用就是权力的扩张。人民要防止各种权力的扩张,就必须制定并依赖法律制度对其进行有效的约束,防止权力被滥用。在法治国家或者法治政府之中,法律就成为政府权力的严格界限。什么是政府的权力、什么是人民的权利、什么是社会的自由,其界限都是由法律来确立的,而且是以约束政府权力的方式来实现的。《2010年国务院政府工作报告》明确要求:“要把查处违法违纪大案要案,作为反腐败的重要任务。充分发挥监察、审计部门的作用,加强对行政权力运行的监督。要建立健全惩治和预防腐败体系的各项制度,特别要健全公共资源配置、公共资产交易、公共产品生产等领域的管理制度,增强制度约束力。”这就是中央人民政府从依法行政角度对权力进行制度约束的重要部署。

法治是让权力阳光化的根本保障。权力要在阳光下运行,就必须接受人民的监督。诚如《2010年国务院政府工作报告》所指出:“要发展社会主义民主,切实保障人民当家作主的民主权利,特别是选举权、知情权、参与权、表达权和监督权。”实现人民民主,是权力在阳光下运行的终极目标;人民民主,是权力在阳光下运行的决定力量;法治,是人民运用来确保权力永远在阳光下运行的根本保障。“要坚持依法治国、依法行政。进一步健全法制,特别要重视那些规范和监督权力运行的法律制度建设。创新政府立法工作的方法和机制,扩大立法工作的公众参与。”不仅是政府的立法,政府的执法又何尝不是如此。“切实改进行政执法工作,努力做到规范执法、公正执法、文明执法。加快建立健全决策、执行、监督相互制约又相互协调的行政运行机制。”

“要深入推进政务公开,完善各类公开办事制度和行政复议制度,创造条件让人民批评政府、监督政府,同时充分发挥新闻舆论的监督作用，让权力在阳光下运行。”这是中央人民政府的决心，让我们用正在建设的法治为这一理想而现实的目标提供现实的路径。

（本文原载《中华英才》2010 年第 6 期，文中引文均引自《2010 年国务院政府工作报告》。）

95. 依法行政：期待行与知的统一

我们一再强调要对违反科学民主决策规定、出现决策失误造成重大损失的，追究其责任。各级政府不断进行着各种决策，这些决策的过程和结果的民主性与科学性，都必须由法治来加以保障。法治不能代替决策中的实际状况与客观规律，但是它可以通过严格的程序规定和责任追究，促使决策更加民主与科学。

依法行政是依法治国的核心与关键，没有依法行政就不可能取得依法治国的成功；依法行政是法治政府的路径与要求，没有依法行政就不可能赢得法治政府的建立。依法行政不仅仅是一个认识的问题，更是一个行动的任务。我们在依法行政上必须坚持知与行、行与知的统一，只有这样，依法行政才能顺利推进，依法治国才可能从理想转化为现实。

前不久，国务院召开了全国依法行政工作会议，温家宝发表讲话强调贯彻依法治国基本方略，加快建设法治政府。在他的讲话中，我们可以清楚地看到，作为中央人民政府的国务院在依法行政问题上认识的深化与对行动的部署。如果说“认识”是“知”，“部署”则是对理想状态的现实设计——是连接“知”与“行”的桥梁，它们都还有待于切实的“行”，最终才能达到目标，其中，我们必须努力做到行与知的统一。我们期待在依法行政上行与知能够在法治的层面上得到新的统一，并成为中国社会的实践与现实。

依法行政是规范权力运行、防治腐败治本之策

从知的角度讲，我们必须认识到依法行政的重要性与紧迫性。温家宝的讲话正是从这里开篇的。引人注目的是，他从正反两个方面对依法行政重要性的认识进行了阐述。首先，他从正面强调说，依法行政是现代政治文明的重要标志。贯彻依法治国基本方略，推进依法行政，建设法治政府，是我们党治国理政从理念到方式的革命性变化，是我国政治体制改革迈出的重要一步，具有划时代的重要意义。这是对依法行政认识的首要方面。其次，他从反面强调指出：在和平建设时期，执政党的最大危险是腐败，而孳生腐败的根本原因是权力得不到有效监督和制约；这个问题解决不好，政权的性质就会改变，就会“人亡政息”，这是我们面临的极为严峻的考验；政府严格依法行政，不断推进政府工作制度化、规范化、程序化，是规范权力运行和防治腐败的治本之策。温家宝对依法行政两个方面的认识，从正面澄清了依法行政与政治文明、法治政府建设、治国理念或方式，甚至与政治体制改革之间的关系；从反面阐述了依法行政与规范权力运行与防治腐败之间的关系，发出了“最大危险”“人亡政息”的警告。

认识到依法行政的重要性是十分必要的，只有认识深刻，才能有行动的坚决。认识的高度决定和制约着行动的速度与程度。也就是说，只有知的深刻，才有行的坚决，知的高度决定和制约着行的速度与程度。认识固然首要，但毕竟是起步，更重要的是如何在行动上加以落实。温家宝的讲话要求各级政府和所有工作人员牢固树立法治观念，

严格遵守宪法和法律，严格依法办事、不断推进法治政府建设取得新成效；继续贯彻《全面推进依法行政实施纲要》，推进依法行政、建设法治政府。根据这一要求，他作出了进一步的具体部署：一是加强政府立法和制度建设；二是深入推进科学民主决策；三是严格依法办事；四是全面推进政务公开；五是健全行政监督体系和问责制度。这五个具体行动紧紧围绕依法行政展开，应当认为，是中国依法行政的有效措施与具体行动。

政府所有行政行为都必须于法有据、程序正当

就加强政府立法和制度建设来说，我们必须着眼于服务经济社会发展大局，加强重点领域的立法工作；坚持依法立法、科学立法、民主立法，增强法律制度的科学性、合理性和可操作性。这是行政立法必须解决的大问题。立法目标不明确、重点不突出、方式出错误，就必然会使行政立法误入歧途，不仅无法达到应有的目标，而且可能成为经济与社会发展、民主与法治进步的障碍；政府立法的民主性、科学性、法治化都是摆在我们面前的重要任务。

就深入推进科学民主决策来说，要做到决策的民主化、科学化，根本的途径就是使决策法治化。法治化是决策民主化与科学化的基本路径与程序保障。正因为如此，温家宝强调，坚持依法决策，对重大决策必须进行合法性审查，超出法定权限或与法律法规抵触的，不得作出决策。

就严格依法办事来说，对于政府具有特殊的要求。各级人民政府的所有行政行为都必须于法有据、程序正当。温家宝明确要求，没有法律、法规、规章的规定，行政机关不得作出影响公民、企业、其他社会组织权益和增加他们义务的决定；政府不仅要按法定权限办事，还要按照法定程序办事；要进一步加强和改善行政执法，改进执法方式，不得粗

暴对待当事人,不得侵害执法对象的人身权利和人格尊严。这已经是相当具体的要求,各级人民政府及其工作人员只有拿出具体的依法办事的行动,依法行政才能成为现实。依法办事是对所有公民、法人以及一切法律关系主体所提出的普遍性要求,但是它对包括国家行政机关在内的公共权力来说更具有特别严格的约束意义。

就全面推进政务公开来说,首先就是要使公开透明成为政府依法行政的一项基本制度。温家宝要求凡是不涉及国家秘密、商业秘密和个人隐私的政府信息,都要向社会公开;重点推进财政预算、公共资源配置、重大建设项目、社会公益事业等领域的信息公开;政府所有公共支出、基本建设支出、行政经费支出预算和执行情况都要公开透明,让老百姓清清楚楚地知道政府花了多少钱、办了什么事;面向社会服务的政府部门以及医院、学校、公交、公用等公共事业领域,都要全面推进办事公开制度。这些要求是相当具体的,事项也是十分明确的,我们只要依此清单,逐一细化,并由此推广到整个行政工作,政务公开就不会仅仅停留于口号。

就健全行政监督体系和问责制度来说,法治是必不可少的客观要求。温家宝强调:要更加重视人民群众和社会舆论监督;要依法保障人民群众直接监督政府的权利;支持新闻媒体对违法或者不当行政行为进行曝光,要正确对待和认真做好行政应诉工作;尊重法、尊重当事人、尊重并自觉履行人民法院的判决和裁定;严格行政问责制度,督促和约束政府机关和工作人员依法行使职权、履行职责。监督,就是要使权力在阳光下公开运行;问责,就是要使在阳光下暴露的问题得以根本解决。监督与问责都对法律及其程序有必然的依赖,在这里法律成为行政行为的民主性与科学性的法治保证。所有的监督与问责都必须以法律为根据,既保证监督与问责的公正,也保证监督与问责的严格,使监督与问责成为依法行政、成为实现政府的人民性本质的法治力量。

为法治政府建设作出实实在在的先导性贡献

认识是非常重要的,部署更是必不可少的,但是部署并不等同于行动,我们有理由期待,从国务院到地方各级人民政府及其工作人员都能够严格依法行政,从而为法治政府的建设作出实实在在的先导性贡献。听罢温家宝的讲话,仔细翻阅他特别强调的《全面推进依法行政实施纲要》,感慨良多。这一纲要是在2004年,由国务院发布给各省、自治区、直辖市人民政府,国务院各部委、各直属机构遵照执行的。它确立了建设法治政府的目标,明确规定了其后十年全面推进依法行政的指导思想和具体目标、基本原则和要求、主要任务和措施。它明确要求我们"全面推进依法行政,经过十年左右坚持不懈的努力,基本实现建设法治政府的目标"。光阴荏苒,转眼之间,就过去了6年之久,也就意味着还有4年左右的时间,我们就要基本建成法治政府。于今日看来,完全可以说是时间异常紧迫,任务十分艰巨了。

我们必须不断提升对依法行政的认识,在部署了我们的各项措施之后,我们就必须也就只能付诸实践,恪尽努力了。写到这里,不禁生出了这样的感慨:知之固不易,行之倍艰难;致知犹未足,笃信蔚大观。我们只有在依法行政上实现行与知的统一,才能推动依法行政的早日实现,法治政府的早日建成,并为法治国家的建成奠定最坚实的基础。

(本文原载《法制日报》2010年9月8日。)

96. 法治发展的新期待

王安石《元日》描述道：爆竹声中一岁除，春风送暖入屠苏。千门万户曈曈日，总把新桃换旧符。回顾过往情依依，展望未来意无穷。年年岁岁花相似，今年不与往年同。

又是辞旧迎新的美好时刻，这一刻，意义独特而深远。从远看，具有现代意义的辛亥革命届满百年，历史的回音依然嘹亮；从近看，“十一五”被宣告结束，“十二五”被顺利启动，现实的呼唤异常急迫。作为法律学者，对中国法治的发展同样期待良多。

法治将使民主更加扩大而稳健。在党的十七大精神指引下，中国农村和城市的基层民主一路凯歌，迅猛发展，不断推进。在农村，早已实现了村民委员会的全面直接选举，并不断发展完善；在城市，居民委员会的直接选举日益普遍，甚至扩展到了绝大多数城镇。全国 300 多个乡镇试行了党内公推直选，一大批优秀的基层党务干部在竞争和选择中脱颖而出，展现了时代风采，对党内民主作出了极为重要而且非常有价值的贡献。

随着基层民主与直接民主的发展,如何以法治来推进和保障基层民主、直接民主,愈益成为重要的问题。无论是在农村还是在城镇,基层民主与直接民主都提出了更多更高的法治要求。2011 年,我们有理由期待党内民主和社会民主获得更大的发展,同样期待推进和保障民主的法制建设有着新的突破与重大举措。

立法将步入完善法律体系的新时期。2010 年,中国特色社会主义法律体系宣告形成,紧接着一个重大的任务必将提上议事日程,即完善中国特色社会主义法律体系。中国法律的现代化始自清末。艰难推进了半个世纪,大功难以告成。自 1949 年以来,经过六十年的风雨历程,尤其是经过改革开放三十多年的不懈努力,我们终于构建形成了中国特色的社会主义法律体系。这一体系由成千上万的法律法规构成。其中,各种法律法规的立法质量如何,有无需要进一步修订的地方?整个体系是否完善,有无需要填补的空白?诸如此类,都是我们必须进一步思考和解决的重大问题。解决这些问题是我们极为重要的任务,也是一项浩大的社会工程。被刷新的中国立法史又将进入新的历史时期。完善中国特色社会主义法律体系的漫漫征程,将从 2011 年起步,我们亦将因此而拓展新的视野,走向新的里程,赢得新的发展。

司法改革将迎来新的历史机遇。公正永远是司法的价值追求。司法因追求公正而改革发展。具体说来,在新的一年中,我们将确立“十二五”时期政法工作的总体要求,围绕科学发展这个主题和加快转变经济发展方式这条主线,抓住群众最关心的公共安全、权益保障、社会公平正义问题,以深化三项重点工作为着力点,以深化司法体制机制改革为动力,以加强政法机关党的建设为保证,推动政法事业全面发展进步。在新的一年中,全国政法机关要建立健全预防化解矛盾机制,注重从政策制度层面妥善解决社会矛盾,依法打击暴力恐怖和分裂破坏活动,解决好影响群众安全的突出治安问题,突破人口服务管理中的难点问题，加强对两新组织和新兴媒体的服务管理。在全体政法干警中开展“发扬传统、坚定信念、执法为民”主题教育实践活动，着力解决理想信念、宗旨意识、执法司法等方面存在的突出问题。新的一年，中国司法将描绘出新的图景。

普法事业将开启新的时代篇章。普法是具有中国特色的法治事业，也是一个巨大的、历史性的社会工程。2010年，我国“五五普法”顺利完成了既定的各项任务。2011年我们将开启“六五普法”的大门，担负起新的普法重任。在历史上，普法工作走过了普及法律常识、学习法律知识、树立法治理念一段又一段里程。法律犹如“旧时王谢堂前燕，飞入寻常百姓家”。在“六五普法”中，尤其是在2011年，我们将注重社会主义法治精神的培养，弘扬社会主义法治精神，为“六五普法”谋篇布局，开辟道路。普法是中国法治发展的产物，有力地推动了中国法治的发展。2011年启动的新一轮五年普法，必将在内容上更新，要求上提升，对中国的社会发展必将产生更加重大的影响，成为中国法治发展的助动力或助推器。

法学理论必将获得新的发展，并作出新的贡献。随着社会的更加民主、自由和开放，中国的法学理论必将赢得更好的学术发展空间。理论本身的进步理应是法学发展的必然与要求。实践是理论的源泉，理论是实践的指导。法治发展的社会实践必将对法学理论提出新的要求。法学研究必须以相应的理论供给，服务于法治实践并确保其科学性。中国社会正处于大变革的伟大时代，面对大量的现实问题，法学理论必须作出新的回应和新的解答。法学理论只有立足并服务实践才可能赢得全面的发展，使自己不断进取，在服务中赢得自己发展的机遇。法学理论具有新的时代使命与历史意义，必须作出更大更多努力，才能无愧于社会与公众的期待，才能推进法治，繁荣法学。

辞旧迎新是时间的界点。2011年作为新的五年规划的起点，意味着一个新的开端。辛亥革命的百年梦想会在这一年被重新梳理和时时怀想。历史巨响也会在天空不时回荡。2011 年,是中国法治充满期待的一年。在一个法学学者的视野中,中国的法治必将获得更大的发展,取得更多的成就。2011 年,中国法治,让我们共同期待。

(本文原载《中华英才》2011 年第 1 期,原题为《中国法治发展的新期待》。)

97. 谱写法治建设新篇章

经过新中国成立 60 多年尤其是改革开放 30 多年的立法发展,中国特色社会主义法律体系已经形成。这是我国社会主义民主法治建设史上的里程碑,具有重大的现实意义和深远的历史意义。依法治国、建设社会主义法治国家是一条漫漫长路,我们必须再接再厉,乘着中国特色社会主义法律体系形成的春风,谱写我国法治建设的新篇章。

立法工作依然繁重,法律体系还将不断完善

法律是社会的调节器。在法治建设的进程中,法律体系始终是随着社会的发展而不断完善的。中国特色社会主义法律体系的形成,是中国特色社会主义立法工作的一个里程碑。推动法律体系不断完善,是立法工作的永恒主题。中国特色社会主义法律体系形成后,立法工作任务依然艰巨而繁重。这主要是由以下几个方面决定的。

改革开放在不断深化。改革开放是决定当代中国命运的关键抉择。经过 30 多年不懈努力,我们党

带领全国各族人民成功实现了从高度集中的计划经济体制到充满活力的社会主义市场经济体制、从封闭半封闭到全方位开放的伟大历史转折。我们及时把实践经验上升为法律,极大地推动了中国特色社会主义法律体系的形成和发展。同时,改革开放不断深化,为我国法治建设不仅开辟了广阔空间,也提出了重要任务。

社会主义民主政治在不断发展。人民民主是社会主义的生命。改革开放以来,我国社会主义民主政治展现出更加旺盛的生命力,取得了一系列重要成就。随着社会主义民主政治的不断发展,人民政治参与的积极性不断提高,权利意识越来越强,参与立法的愿望越来越高。这对法治建设特别是立法工作提出了更高的要求。随着社会主义民主政治的发展,会有更多的问题需要用法律来调整,中国特色社会主义法律体系也将因此而得到不断完善和发展。

法律制度需要不断更新。法律制度从来都不是一成不变的,法律制度的更新是一种常态。在所有法律中,宪法一般具有很强的稳定性。但世界上没有永不变动的宪法,即使那些长期没有改动的宪法,也仅仅是文本的稳定,它的修正案会不断推出,它的解释也在不断更新。法律制度本身的变化性是由社会的变化性决定的,而法律制度的变化性决定了法律体系不会始终不变。中国特色社会主义法律体系始终面临着不断完善的问题。

法律实施的意义更加凸显,法治建设进入新的阶段

法律实施是法治的重要环节,是将法律从纸面的规定转化为社会现实的桥梁。中国特色社会主义法律体系的形成解决了有法可依的问题,在这种情况下法律实施的意义更加凸显。这就要求我们在继续加强立法工作的同时,更加重视法律实施工作。

法律实施是法律体系的追求目标。法治的前提是形成完备的法律制度,包括形成良好的法律体系,而法治的关键在于法律实施。没有法律实施,法治的主要部分就无法实现,法治也就无法成为社会现实。法律实施是法律体系形成之后的必然要求与自然延伸,是法治得以建立的重要环节与方面,直接决定和影响着法治的成败。因此,法律体系一旦形成,就必须进一步实施这一体系,使制度性的规定成为社会现实。就法治的基本要求来说,法律体系的形成解决的是第一个环节“有法可依”问题,其后的“有法必依,执法必严,违法必究”都属于法律实施的范畴。

法律实施是维护法律权威的需要。法律实施是法律权威与尊严的外化。法治是以法律至上为标志的,法治要求法律必须具有至上的权威性。如果法律没有权威与尊严,法治就必然遭受严重破坏。只有确保法律的权威与尊严,法治才能成为现实。对法律的尊重,就是对法律背后的意志主体的尊重。中国特色社会主义法律体系是党和人民意志的集中体现。维护法律的权威与尊严,实质上是维护和巩固党的执政地位,维护人民在社会主义国家中的主人翁地位。因此,要从坚持党的领导、尊重人民意志、维护人民利益的高度来认识法律实施问题。

法律实施要求重点抓好法律适用与法律遵守。从法律适用来看,它是特定国家机关将既有的法律制度运用于具体案件处理的过程,包括行政机关的依法行政、公安机关的治安管理与刑事侦查、人民检察院的法律监督及刑事公诉、人民法院的司法审判等。法律适用是法律规范现实化的具体过程。这一过程要求国家机关在适用法律时严格依法办事,尊崇法治。从法律遵守来看,它要求全体社会成员与社会组织普遍提升守法水平,自觉守法。一个社会的守法状况是全体公民、社会组织法律意识的集中反映,社会公众法律意识的提升会增强守法行为的自觉性。社会成员的普遍自觉守法比法律适用的意义更为重大,是法律实施最坚实、最广泛的社会基础。

(本文原载《人民日报》2011 年 3 月 4 日。)

98. 和谐社会与法治建设

和谐社会对法治提出了新的要求。这些要求涉及法治的方方面面,法治能否在这些方面适应和谐社会的需要,直接关乎法治对于和谐社会构建作用的发挥,也关乎法治在和谐社会建设中自我发展的情形。法治为和谐社会服务,主要应在以下几个方面作出努力。

确立法治理念是构建和谐社会的思想前提

要确立社会主义法治理念,必须转变我们既有的法律观念。法律观念是人们关于法律的认识,主导着人们对于法律的态度。观念是行为的思想基础。不同的法律观念指导、制约、影响人们的法律态度与行为。在构建和谐社会的过程中,必须首先对法律观念作一个梳理,作出适合构建和谐社会需要的转变。从本质观意义上讲,应当强调社会主义法是人民意志的体现。社会主义法的使命决定了它必须是对旧法律的超越。这种超越也就表现在它不能再把自己定位为新的统治阶级意志的体现,不能再狭隘地以阶级统治作为自己的最高理想，而应当将自己定位为人民共同意志的体现。从价值观意义上讲，必须把公平正义作为最崇高而又最基本的价值目标来追求。要特别重视法律的指引功能、秩序功能、裁判功能和保障功能等。在和谐社会中，法律是指引社会行为的规范，建构社会秩序的规则，裁决社会纠纷的准绳，维护社会安宁的手段，实现社会公正的保障。在构建和谐社会之中，应当深化对于法律功能的认识，进而充分发挥其效用，使法律为社会和谐作出应有的贡献。

完善法律体系是构建和谐社会的制度需求

完善法律体系是构建和谐社会的制度需求。和谐社会是一个被法律调整得很好的社会，或者也可以说是一个具有良好法治状态的社会。完善的法律体系是使各种重要的社会关系获得良好法律调整的制度前提。我国已经在 2011 年建成的中国特色社会主义法律体系，就是一个相对完善的法律体系。

完善的法律体系是和谐社会的保证。没有完善的法律体系，社会生活就难免出现无法可依的情形。一些社会方面或问题的无法可依必然会导致社会的无序。社会一旦无序，就不会有和谐可言。和谐社会不仅仅需要法律调整，而且需要完备的法律调整。凡是需要法律调整的事项，都应当得到法律的调整。所以和谐社会对法律的需求，不是简单的有法可依，而是有良法可依。这里的良法应当是指，技术意义上的表述科学完善，实质意义上的适应社会发展，价值意义上的符合公平正义。

力行依法执政是构建和谐社会的根本保障

依法执政与和谐社会一样都是中国社会发展的现实要求，也是我们党在民主和法治建设的过程中所提出且必须实现的目标。

中国共产党的依法执政对于构建和谐社会具有重要的意义。因为依法执政意味着我们党将严格遵守宪法和党章的规定,严格地在宪法和法律的范围内活动。我们党作为执政党若能严格遵守法律,必将带动全社会守法。如果全社会都能守法,和谐社会必将在中国建立。

必须依法执政既可以说是国际共产主义运动的教训总结,也可以说是中国共产党维护国家和社会长治久安的成功经验。在苏东社会主义瓦解之后,有许多总结其教训的论著,几乎都忽略了从依法执政的角度进行总结。其实苏东社会主义的惨痛教训中,一定有共产党人未能依法执政的教训。就苏联共产党来说,其七大、十一大的中央执行委员会的领导人60%~70%都被非法处决,导致了党的严重错误和巨大损失。“文化大革命”也给我们留下了同样惨痛的教训。我国改革开放以来的成就从另一个侧面说明了依法执政的意义。

推进依法行政是构建和谐社会的先导

从行政管理的范围来看,依法行政是和谐社会之必需。行政是由政府承担的。世界各国政府的规模有大有小,但无论怎么小的政府,都是特别有权的,从财政、金融、交通、国防、环保,到教育、科技、文化无一不管。广泛的政府职能和强大的政府权力都要求政府必须依法行政。

从法律适用的数量来看,依法行政也是构建和谐社会之必需。在所有的法律法规之中,由政府执行的法律在80%以上。这就意味着,如果政府不依法行政,80%的法律就形同虚设。可见,政府是最重要的执法主体,也是法治能否实现、社会是否和谐的主导力量。

从和谐社会的角度来看,政府管理的效能如何,政府执法的状况如何,对于社会的状况都有着根本的影响。要构建和谐社会必须强调政府的依法行政。

深化司法改革是构建和谐社会的重要保证

司法机关是社会争端的裁决机关,是社会公正的维护机关,担负着极为重要的社会责任。但我们现行的司法体制的基本模式还是新中国成立初期设立的。随着市场经济、民主政治和依法治国的推进,司法体制越来越无法适应社会发展的需要,于是党中央毅然决定对司法体制进行改革。

正如党的十七大报告所指出,我们要"深化司法体制改革,优化司法职权配置,规范司法行为,建设公正高效权威的社会主义司法制度,保证审判机关、检察机关依法独立公正地行使审判权、检察权"。我们要"加强政法队伍建设,做到严格、公正、文明执法"。

一个时期以来,无序上访成为我国严重的社会问题。它既反映了社会的不和谐,又妨碍着社会的和谐发展。我们在此问题上作出了极大的努力,但是面对的困难依然很多很大。上访问题上的形式违法性与诉求合理性之间的冲突为我们解决上访问题增加了难度。我们必须寻找从根本上消除上访的法律机制。司法必须担负起消除上访的重任。为此,司法体制改革必须从体制和机制上着手,为上访问题的彻底解决、为社会的公平正义作出只有司法能够作出也必须作出的贡献。

实现社会公正是构建和谐社会的深刻根基

社会公正存在于社会的各个方面,总体来看,最引人注目的是社会的分配公正和司法公正。

分配公正问题,历来都是世人瞩目的重大问题。在中国实行市场经济以来,社会各个阶层或各个社会成员之间,在收入分配上出现了多元化的情况。多元的分配格局必然导致利益的差异。利益差异的急剧拉大,必将严重危及社会安全与稳定,社会和谐就无法实现。法律在收入分配上应该发挥更大的作用。确定合理的收入比例,是构建和谐社会所必须。法律在分配的税收调节上也应该发挥更大的作用。税收立法始终是对社会分配进行有效调控的手段。

司法公正对于维护社会和谐是特别重要的。和谐社会不是没有纷争的社会。只有能很好解决纷争的社会,才是最好的社会,才是真正的和谐社会。要彻底减少纠纷依赖的是社会公正,要消除纠纷依赖的同样是社会公正。如果说前者依赖的是泛义的社会公正,后者依赖的则是特定的司法公正。那种认为和谐社会无须司法的观念是完全错误的。我们构建和谐社会不是不要司法,而必须使司法发挥充分的效用,为社会和谐提供最有力的手段。以和谐社会作为目标的司法必须以公正作为价值目标。实现公平正义是对法律本质的体现,是司法对于法律本质的展现与归结。正因为如此,与法律公正属性相一致,司法自古以来就具有公正的价值内涵。公正是司法的内在要求,也是和谐社会的价值基础和价值目标。

缺乏公正的社会,必然不会是和谐的。各种社会利益主体如果在法律上得不到公正的对待,他们就会不平则鸣地抗议,也就必然会影响社会的和谐状态。分配公正和司法公正只是最基本的社会公正。只有整个社会处于全面的公正之中,我们才可能说这个社会赢得了长治久安的道义基础,和谐社会才能真正建立。

(本文原载《法制日报》2012 年 5 月 2 日。)

99. 法治与人

法治必须尊重人的主体地位

任何法治都无法脱离人，而且必须正视人，把人摆到重要的主体位置。在“是法大还是人大”的疑问中，肯定的倾向是“法大”，是“法比人大”。如果“法比人大”中的人可以是指任何人的话，“人比法大”中的“人”就不是一般意义的“人”了，而是指那些有权有势的人，是一些足以“大于法”的人。这个问题的提出，所反对的绝不是“人”，而是拥有特权的人对于特权的拥有和运用。也就是说“人大于法”中的人实际是指具有某种特权或可以获得某种特权的人。对于法治来说，其实任何法治都必须尊重人的主体地位，确保人的尊严，确保人的权利与自由。凡是把人不当人对待的所谓法治都不是真正的法治。法治所反对的是某些个人享有法律之外的特权，超越于法律之上。法治所反对的人是破坏法治的人，是享有法外特权的人，而不是创造法治或者维护法治的人民大众的人，也不是依法维护自己合法权益或遵守法律的人。

法治必须依赖人的作用的发挥

任何法治都离不开人的作用的发挥。不管法治多么精妙,都是人的社会劳动的成果,都是人在社会活动和社会生活中创设的。历史上任何法治的形成都是一些优秀人物和人民大众共同作用的结果。在古希腊若没有亚里士多德等法学家,在古罗马若没有乌尔比安、西塞罗等法学家的法律思想的极大贡献,其法治能达到令后人瞩目的境界,根本就不可思议。再说资产阶级法治,如果没有卢梭、洛克、孟德斯鸠、黑格尔等人的思想贡献,也同样不可能成为现实。在社会主义国家法治的创设同样离不开人的作用,离不开领袖人物的作用。假如以邓小平为核心的第二代领导集体不能在痛定思痛中倡导民主和发展民主, 完备法制并推进法治 ;假如当代中国的领导集体不能把“依法治国,建设社会主义法治国家”作为治国方略和发展目标,中国法治或许至今仍然未能被提出,即使提出了,其发展也许还在既有的状态中徘徊,难以取得今天这样的重大突破。作为社会整体的法治更离不开人民大众的参与。法治的最深刻的基础并不在领袖而在人民。没有人民大众对于法治的热情参与,法治就只能是口号,根本就无法成为社会的现实。由于法治对于人的依赖,在许多人那里都错把法治对于人的作用的发挥当作“人治”。法治要依赖人,与人治完全是两回事。但是,的确值得警醒的是,由于法治要依赖于人和人的作用,于是“人”就被不当地放大,以至演变或者强化成人治。

法治得以人的自由发展为目的

对于人,您可以进行种种分类。其中一定有阶级的划分, 而且我要特别说明的是,我并不反对阶级划分方法,而且还认为, 它是一种极为有意义的划分。但是无论我们怎样对人进行划分都不可否认的是,法的发展一定要有利于人。法治作为法发展的目标与高级阶段,其目标更不可离开人去谈论。法治都应将目标设定在更加有利于人的更好生存与自由发展上,真正的法治也都会在一定程度上设定这样的目标。人的更好生存与自由发展总是法应当关注和有所关注的,无论法的阶级局限在某个时期如何严重地制约法的社会性,但不可否认的是,法在整体上一定会沿着使人更好生存和更加自由的方向和道路发展。至于相对优越于人治的法治,当然更会以人的更好生存与自由发展作为自己的目标。社会主义法治之所以比资本主义法治等更为优越,一个重要的方面就在于,它将比资本主义法治更有利于人的自由发展和全面解放。保障人权是所有法治的重要标志或者特征。整个人权中最为重要的是人的自由发展权。

(本文原载《法制资讯》2012年第5期。)

100. 发乎其心，存乎其行

在社会主义核心价值观建设中，广大政法干警创造并实践着自己作为一个特殊群体的核心价值观。它既是社会主义核心价值观的重要构成部分，又自成一体，成为一个内在有机联系的统一整体。它是社会主义核心价值观在政法干警身上以及政法实际工作中的体现，是政法干警价值观的政治性、伦理性与法律性的统一，是政法干警政治本色、宗旨理念、价值追求和基本操守四位一体的凝练与概括。

一、忠诚：关于政治本色的基本要求

忠诚是政法干警核心价值观中关于政治本色的基本要求。忠诚意指真心诚意，尽心竭力，不怀二心。其近义词有忠实、竭诚、真诚、甘心、忠心、忠贞等，反义词则是背叛、叛变、狡诈、狡猾、不忠等。就“忠”来说，为尽心竭力，忠诚无私之意。《说文·心部》解释：“忠，敬也，尽心曰忠。”就“诚”来说，为真心诚意、真实、恭敬之意。《说文·心部》解释：“诚，信也。”朱熹也曾分别解释过“忠”与“诚”，他说，“尽己之谓忠”，

"诚者,真实无妄之谓"。从中,我们不难想到其所理解的"忠诚"之意。

忠诚是政法干警的政治本色与伦理美德的展现。忠诚既是一种品德,也是一种美德。在我国现时代的政法工作中,就是指政法干警对人民利益的忠诚,对党的事业的忠诚,对宪法法律的忠诚。它是党的事业至上、人民利益至上、宪法法律至上在价值观上的体现,也是这三个方面要求的具体化。忠诚是政法干警政治本色与职业品德的展示。"忠诚"中诸多方面的内容,是一个统一整体。忠诚于党的事业、人民利益是政法干警的政治品质;忠诚于宪法法律则是政法干警的职业伦理。政治品质并不是空洞的,它需要通过职业伦理得以体现。不同职业的社会成员,可以也应该通过自己的职业伦理来展现自己的政治品质。因此,我们不能离开职业伦理来奢谈政治品质。作为政法干警来说,政治品质是首要的,职业伦理是主要的;政治品质是根本的,职业伦理是基本的。

法律是政法干警是否忠诚的衡量标准。就"忠诚"来说,"忠"是"在心之中",这个"中"是"不偏不倚、正得其宜"之"中",不是简单的一个"位置"概念,它需要一个相对客观的标准或者尺度。就政法干警来说,要判断其是否居心之中,就是看是否忠于法律,是否通过对于法律的忠诚,实现其对党、对人民的忠诚。就"诚"来说,我理解,有"言必行,行必果,果如其然"之意。对于政法干警来说,判断其是否"果如其然",法律就是"然"的标准。正如马克思所言:"法官除了法律之外没有别的上司,法官的责任是当法律运用到个别场合时,根据他对法律的诚挚的理解来解释法律。"所以,忠诚必须以法律为准绳。法律是判断忠诚与否的根本标准。

忠诚法律就是忠诚党的事业,忠诚人民利益。法官以法律为上司是否意味着法官可以不顾党的事业和人民利益呢?恰恰不是。因为我们的法律是人民利益的反映,是人民意志的体现,而这个意志又是在党的领导下集中起来，上升为法律的。人民的意志实现、利益保障，党的事业的推进，其中一个重要的方面，就是通过法律包括法官的执法活动而得以实现的。我们的法律既以人民利益为基础，是人民意志的体现，也是党的主张的表现。实现人民意志、保障人民利益正是党的事业所系，因此，政法干警坚持法律至上，并不违背其对党的事业和人民利益的忠诚，更是其政治忠诚的法律展现。

二、为民：居于宗旨理念的地位

“为民”在政法干警的整个核心价值观中，居于宗旨理念的地位。它指明了政法干警工作的直接服务对象。人民至上，为人民服务是一切民主政权的根本原则，更是人民民主的首要要求。人民大众是否切实地当家作主，国家权力是否真正地以人民为依归，公务人员是否真实地以人民利益为宗旨，是社会主义国家与资本主义国家的本质区别。在我国，政法干警核心价值观中的“为民”是中国社会主义人民民主政权本质、中国共产党全心全意为人民服务宗旨、中国政法机关性质与职责的重要体现，是核心价值观中的宗旨理念。广大政法干警要树立宗旨意识和服务观念，始终保障各阶层、各领域人民群众包括自然人、法人乃至相关社会组织的合法权益。

政法干警的“为民”包含着立身为民和执法为民的两个方面。立身为民是指政法干警立身于“政法干警”的身份、职责，作为社会管理者，政法干部也是社会的服务者。我们必须摆正自己的位置、调正自己的心态、校正自己的行为。为民，从执法工作来看，也就是要执法为民。行政执法、司法以及司法行政等各项执法工作，都必须以服务人民为宗旨。“为民”中的“民”首先是“人民”的含义。但是“人民”是一个整体概念。如果仅仅止于此，就可能失之于过于抽象而难以落实。所以执法为民的“民”还必须深入至社会的个体及其整体，包括个人以及由个人结合而成的民众，甚至是诉讼参与人。

政法干警的"为民"应体现在自己的政法工作之中。广义的为民包括为人民、为公民、为民众、为社会等广泛的含义。在政法工作中，则具体表现为原告、被告等相关的诉讼当事人，行政执法中的相对人，等等。政法干警必须在每一个法律事务处理，每一个案件办理中，针对各个当事人、相对人等具体的服务对象，表现出服务的精神，作出具体的服务行为。即使面对罪犯，也应尊重其人权，保障其权益。

三、公正：政法干警的价值目标

公正是社会的价值追求，也是法律的崇高理想，更是政法干警的价值目标。在政法干警核心价值观中，公正是目标性的要求。它是政法干警现实而又崇高的理想，是其心与行的统一。要达成公正，首先要依赖于公正的法律制度，有了公正的法律制度之后，执法包括司法才能成为确保公正得以实现的路径。法律制度、司法制度的设计都必须以公正为首先的目标。然而仅有宏观的制度是远远不够的。

公正必须体现在具体的制度与机制设计之中。在我国的立法上必须首先体现社会公正的要求，使公正成为立法终极而又现实的目标。其次，我们的执法包括司法的制度与机制设计也必须体现公正的要求，并确实能为实现公正提供具体而现实的程序与方法。政法干警在执法中的巨大作用是不言而喻的，必须坚守公正的价值目标。具体说来，在查明案件事实，理解和适用法律规范中，都必须坚持以公正为根本指针。执法包括司法的具体制度和机制必须体现公正的要求，成为实现公正的路径与保障。

公正必须依靠政法干警的实际行动才能得以实现。一般说来，法律如果能够被自觉遵守，就不会产生社会矛盾纠纷。一旦法律被违反，政法干警的公正处置就变得必不可少或者异常重要。政法干警是执法包括司法的主体，他们对于公正的态度以及是否能够坚持公正，就必须受重视。如果没有他们的公正，当事人就无法获得公正，相关的矛盾纠纷就无法得到有效解决，也就没有社会的持久和谐与长期稳定。政法干警的行为公正是实现公正的直接动力和根本标志，是实现公正价值追求的具体实践。

公正要求有一支高素质的政法干警队伍。在政法干警核心价值观中，公正对广大政法干警提出了极高的心理要求、行为要求、结果要求和评价要求。公正作为核心价值中的目标，有时随处可见、唾手可得，有时则高不可攀、遥不可及。为此政法干警必须具有相当的知识、素质、能力和修养；为此，政法干警就肩负着使自己不断进取、不断提升、不断完善的修身使命。高素质的政法干警队伍，是公正得以实现的前提与动力。

四、廉洁：属于基本操守的范畴

"廉洁"属于政法干警核心价值观体系中基本操守的范畴。廉洁是对所有公职人员的基本要求，更是政法干警的基本操守。从应然的意义上讲，只有为政廉洁，公职人员才能无愧于民众的重托与期盼。就政法干警来说，廉洁则具有更为重要的意义，它首先是由政法干警的工作性质、职责、使命所决定的。廉洁是忠诚、为民、公正三大价值目标的道德保障，也是主体的自身基础。如果政法干警不能做到廉洁，所有的忠诚、为民、公正都将成为空谈，冤假错案就无法避免，社会的公正将因廉洁的丧失而难以获得，即使有所成就，也难免在各种诱惑面前功亏一篑。

廉洁要依赖政法干警的主体自觉。任何廉洁都是特定权力主体的廉洁。特定主体的个体状况对于其行为具有根本的决定意义。廉洁表现了政法干警的世界观、人生观和价值观，确切地说更直接地表明了他们的金钱观、财富观。能否廉洁、廉洁的程度，表现了政法干警的自律水平和他律成效。在自律和他律之间，自律是基础，他律是条件；自律是内在的，他律是外在的；自律是根本的，他律是必要的。只有将自律与他律统一起来、结合起来，廉洁才能得到政法干警的内心确信和外在坚守。

廉洁要借助必要的制度机制。从宏观方面来说，要保障廉洁，必须要有民主与监督的制度机制，民主是根治腐败的第一良方，监督则是确保廉洁的重要手段。没有民主和监督就无法实现，更无法保持廉洁。但是并不是说有了民主与监督，就一定能确保廉洁。因为对于任何特定主体的廉洁要求，都必须以保障其较好的物质生活条件作为前提。对于政法干警来说，适度的薪酬既是必要的，也是重要的。从政法干警自身来说，当然不宜强调薪酬一定要多高。薪酬的高度也不是政法干警廉洁与否的理由。但是作为国家和社会的制度设计来说，则必须保证政法干警的素质、劳动、尊严得到足够的社会尊重与承认。忽视或者藐视必要的薪酬待遇，没有必要的物质保证，我们就会陷入假大空的观念迷雾之中。在漠视政法干警个人利益的同时，必然会伤害多数政法干警的积极性，廉洁也必然成为困难。片面的思想政治宣传，难免会导致灾难性的后果。对此，我们必须具有唯物主义的理性、冷静与明智，以可能而有效的待遇保证为基础，提出廉洁要求并确保廉政。

五、四位一体，缺一不可

“忠诚、为民、公正、廉洁”这八个字，四位一体，共同构成政法干警的核心价值观体系。之所以认为这是一个价值观整体，是因为：

第一，忠诚、为民、公正、廉洁，各具自己的重要内涵，缺一不可。忠诚、为民、公正、廉洁四个元素，忠诚所强调的是政治本色，为民所强调的是宗旨理念，公正所强调的是价值追求，廉洁所强调的是基本操守，每个元素具有自己的特定内涵。它们任何一个元素都不可以被忽略,并共同构成一个统一整体。没有忠诚,政法干警就失去了最基本的政治前提,就无法对人民、对党、对法律担当起应有的责任。政法干警政治本色的丧失就等于自我的失落,必然在根本上否定政法干警的本质。为民,指出了我们一切工作的宗旨。没有切实的为民宗旨,政法干警就失去了服务的方向。公正是政法干警从事政法工作的价值追求,也是其保持内心宁静、无愧无悔的心理依据。公正执法是法律公正的现实化,更是政法干警良知的外化。廉洁,是政法干警清廉执法的保证,是社会对其最基本的道德要求。没有廉洁,政法干警就会走向腐败,败坏法治,失去应有的社会声誉。

第二,忠诚、为民、公正、廉洁,相互作用,彼此互动,牵一发而动全身。忠诚是品德统帅,是政治主导,是首要的前提,它决定着其他三者的方向。为民,是忠诚的具体表现,也是忠诚的服务主体与公正的评价主体之所系,还是廉洁的宗旨所指。公正,体现着其他三者的价值诉求,也是最终赢得社会尊重并能承受历史考验的神圣目标。廉洁是前三者的保证,没有廉洁作为保证,忠诚、为民、公正都只是虚假的噱头,徒具口号的外表,口惠而实不至。

第三,忠诚、为民、公正、廉洁,共同构成社会主义核心价值观的子系统,是对政法干警的价值观的具体要求。社会主义核心价值观是一个宏大的整体,它由众多的子系统构成,政法干警核心价值观即是其中的重要构成部分。与之相并列的还有公务员价值观、教育工作者价值观、科技工作者价值观等。就政法干警的价值观来说,是一个相对独立而又特别重要的分支。这是由政法干警在政法工作上的重大作用决定的,也是由政法工作在国家和社会生活中的地位与影响力所决定的。作为政法干警必须牢记并坚守核心价值观,将其落实到自己日常的实际工作中,使自己沉浸其中,发乎其心,存乎其行。我们要使政法干警的核心价值观体现在每个政法干警身上，体现在政法工作的各个环节与方面。

（本文原载《人民法院报》2012 年 7 月 9 日，原题为《发乎其心，存乎其行——政法干警核心价值观刍解》。）

第三编　自得园的期盼

101. 必须大力解决农民工问题

外来农民工日益成为中国尤其是广东等地和谐社会建设的重要力量。他们面临的问题也是中国包括广东等地平安建设的重要问题。对此,我谈谈自己的看法。

农民工是城市尤其是广东等城市的新居民。农民工是城市的建设者,但是他们并没有成为城市的主人。他们生活在城市,但是城市里甚至没有他们的家。据有关统计,广东是农民工最多的省份。许多地区,农民工已经在人数上超过了传统意义的城市居民,农民工成了城市新的居民。他们渴望在一定程度上城市化,成为城市人群的构成部分。

外来农民工状况令人担忧,就业无保障、生活无保障、权益无保障、子女教育无保障等问题都十分突出。

外来农民工的状况影响社会的和谐安宁,首先是违法犯罪问题。违法犯罪是一个难以避免的现象。农民工脱离了农村的生活环境,他们中有的人因固有的道德约束松弛,实际生活压力增大,再加上不良道德风气的影响,不能自律自制者,就更容易违法犯罪。这些违法犯罪,所导致的必然是对社会秩序的破坏,形成社会的不和谐因素。

其次是自主维权问题。由于农民工的工资没有保障、劳动条件没有保障、人身安全没有保障,就很容易引发维权行动。农民工的自主维权,在方式和程序上都很难得到制度性质的认可,农民工自身也缺乏通过合法方式维权的意识。于是,以破坏秩序作为代价的维权行动就难以避免。

同时还包括参与公共事件的问题,农民工基于对个人利益的关心,不到万不得已是不会采取对抗行动的。但是一旦发生了某个特定事件,农民工就会以从众的心理参加集体维权行动,参与公共事件。一旦大规模的农民工介入,借机发泄就会成为重要情形,要疏导就十分困难。少数农民工的一时冲动就会成为集体盲动,使事态恶化,难以控制。

解决农民工问题是当前的重要任务,我们要积极关注农民工的诉求。近年来,有农民工成为人大代表、政协委员的个案发生。我认为这应该逐步成为制度。而且农民工不仅要有人大代表、政协委员,他们还可以有党代表及党代表工作室,有工会组织等。通过多种途径,倾听、收集农民工的意见和要求,切实解决他们关心的问题,是解决农民工问题的根本出路。

要有效化解矛盾。农民工所涉及的社会问题,第一个层面的还是工资报酬、工作强度、劳动条件、人身安全等,在这些方面,加强体制、机制建设,强化立法,严格执法,我认为是不难解决的。至于农民工子女入学、升学问题,也需要积极应对,尽快出台具体政策,引导农民工自主安排、早作筹划,在减轻农民工压力的同时,减轻政府和社会负担。

要普及市民待遇。对于农民工问题的根本解决,是将农民工纳入新市民来考虑。如何给予其市民待遇,已经是一个现实而严峻的问题。

如何建立适用于外来农民工且有利于逐步市民化的社保制度、廉租房制度、义务教育制度、中考高考制度，这些问题不解决，早晚会引发严重的社会危机。城市的第一代农民工，他们大多数在50岁以上，他们有计划经济体制下农民的经历作对比，他们相对能够接受农民工的弱势地位。但是就第二代农民工来说，他们在30岁以上，就逐步地难以接受农民工的弱势地位了。至于现在10多岁的第三代农民工，他们大多数在城市长大，看到的是现代文明，但他们面对的是与城市居民的巨大反差，他们内心的痛苦和可能的不满都可想而知。但是他们又没有其父母、祖父母的人生经历，因此，他们将更难接受地位低下的现实。于是他们对平等的呼唤将成为第三代农民工的最强音。对此，我们不能不予以高度的关注，否则广东就没有平安，中国也没有平安。

（本文原载《法制日报》2012年9月12日，原题为《必须下力解决外来农民工问题》，系作者参加广东省政法委一座谈会的发言稿。）

102. 司法事业的神圣使命

坚定不移地走中国特色社会主义道路，夺取中国特色社会主义新胜利，是党的十八大重申与确立的伟大目标。学习党的十八大报告，总体感觉是，党中央要求把司法事业作为中国特色社会主义伟大事业的构成部分加以特别重视。司法及其改革本身就是中国特色社会主义建设的伟大事业。对此，可以从以下几个方面得出这样的结论。

第一，要把司法公信建设作为人民民主和社会文化建设的双重内容。党的十八大报告从人民民主和文化建设的两个视角出发，阐述了司法公信问题，为司法体制改革指出了具体的努力方向。我们要重视司法权威的问题，甚至有必要培养司法神圣与法官神圣的社会意识。

第二，要把司法公开作为政治建设的具体行动。很显然，党中央要求把司法公开作为让权力在阳光下运行的途径。这一公开具有双重意义，它既是司法本身的公开，又是由司法公开导致和促进政治权力的公开。这也就赋予了司法双重公开的神圣使命。

第三,要把司法保障作为社会平安的强化重点。司法在十八大报告里作为社会管理的重要保障被提出,被视为社会管理创新的重要方面加以了强调。这就为司法工作和司法体制改革提出了一个重要的任务,保障社会平安,创新社会管理。十八大报告对司法保障作用的重视,凸显了司法在社会管理及其创新中的作用。在未来相当长的一个时期,社会管理体制创新都是我们的重要任务。将司法纳入社会建设的视野,作为社会管理的最有效的法治手段,必将受到加倍重视,并发挥出更大的作用。

第四,要把公正司法作为全面推进依法治国的重要内容和现实目标。在法制建设上,十八大报告最引人注目的闪光点,恐怕就是提出了全面推进依法治国,而公正司法是作为依法治国的内容和目标来设定的。公正司法对于依法治国具有双重的意义,它既是依法治国的构成部分,又是依法治国的重要目标。司法公正问题的原因诸多,至少包括三个方面:司法的公正供给与社会的公正需求的错位,司法的体制现状与司法的公正理想的错位,司法的自我评价与社会的公正期待的错位。

第五,要把司法体制改革作为政治体制改革的重要环节。将司法体制改革视为政治体制改革的重要目标是改革开放以来的重要决策,充分表明了我们党始终并更加重视司法体制改革,一再确认对司法体制改革的政治定位。也就是说,司法体制改革是政治体制改革的重要环节。司法体制的近期改革可以围绕“二一三”来展开:首先是两个目标——司法公正和司法公信;其次是一个中心——依法独立行使司法权;最后是三个基点——法官制度(法官的选任制度、晋升制度、考评制度)、法院制度(重点是与行政区划关系的制度)和预算制度。

有了以上五个方面使命的基本定位,正在推进的司法事业,在中国特色社会主义事业中的地位和作用就不言自明，司法应该勇敢地担当起历史赋予的神圣使命。

（本文原载《人民法院报》2012 年 11 月 21 日。）

103. 我们的旗帜写着公平正义

公平正义是人类美好的价值追求，理应是共产党人的崇高理想。中国共产党人始终以实现公平正义为己任。在革命年代，正是面对社会的不公平、不正义，共产党人才高举起革命的大旗，号召人民一起推翻了旧制度。在社会主义建设中，在全社会实现公平正义，成为我们党领导人民努力奋斗的现实目标。为此，不断试错，党和人民都付出了极其沉重的代价，也取得了辉煌的成就。在中国特色社会主义建设的新的历史时期，党的十八大报告再次指出，“必须坚持维护社会公平正义”。整个报告充分体现了我们党对维护社会公平正义的新认知和新构想。

首先，十八大报告从思想认识的高度论述了公平正义与中国特色社会主义的关系。它认为“公平正义是中国特色社会主义的内在要求”。这就表明，公平正义不是外附的，而是内在的，它是中国特色社会主义的构成部分。实现公平正义是中国特色社会主义的理想。多少年来，我们的一个重要目标就是要在全社会实现公平正义。当时由于我们不是执政党，没有这种条件与可能;今天我们党有了这样的条件,又有了这样的认知,维护公平正义应该成为我们的实际行动。有了这一认识,就对公平正义有了一个明确的政治定位,就可以旗帜鲜明地追求公平正义,以公平正义为目标和理想。

正确认识并定位公平正义是重要的,但这仅仅是一个前提,更重要的是还要找到如何维护公平正义的路径。十八大报告指出了具体的方向。就是“要在全体人民共同奋斗、经济社会发展的基础上,加紧建设对保障社会公平正义具有重大作用的制度”。制度建设成为我们的首要任务。如何建设保障公平正义的制度,是摆在我们面前的重大难题。建立一套维护公平正义的制度,是我们党的夙愿,但是到目前为止,依然只是在探索之中。十八大报告并没有止步于认识的提升,它还进一步指明了制度建设的路径,即“逐步建立以权利公平、机会公平、规则公平为主要内容的社会保障体系,努力营造公平的社会环境,保证人民平等参与、平等发展权利”。在这里,它提出了公平的社会保障体系、社会环境、平等参与和发展权利等核心问题,表明了中国社会公平正义的制度建设的关键和重心所在。

公平正义的制度建构是重要的,而且是首要的,在加强制度建构的同时,我们还必须予以足够的法治保障。党的十八大报告要求我们必须确立“自由、平等、公正、法治”的社会价值观。在全社会树立公正意识,将公平正义作为社会普遍的价值准则,作为社会共同奉行与崇尚的目标。同时,政府的执法活动必须公正。报告要求“推进依法行政,做到严格规范公正文明执法”。公正的行政执法对于一个国家和社会,都具有极为重要的意义。因为任何国家的绝大多数的法律都是由政府执行的。没有公正的执法,司法将难以尽行纠正,不胜其烦。司法会因无暇顾及而失之效用。最后,维护公平正义必须有公正的司法。党的十八大报告从依法治国基本要求的角度提出“要推进科学立法、严格执法、公正司法、全民守法”。要“进一步深化司法体制改革,确保审判机关、检察机关依法独立公正行使审判权、检察权”。司法公正是一个社会最后的公正,也是最基本的公正,是公正的最后保障。没有司法公正,现实的不公正都失去了纠正的可能性。尤其由权力所带来的不公正,就难以被司法所修正,社会由此也就丧失了公正得以救济的法律底线。

党的十八大报告从公平正义的思想认知、制度建构和法治保障三个视角提出并论述了维护公平正义这一时代主题,为社会的公平正义建设提供了现实的路径。我们应该为此而不懈努力,将理想中的公平正义逐步地演变成为现实,并加以切实维护。

(本文原载《学习时报》2012 年 12 月 18 日。)

104. 走进依法治国全面推进的新时代

全面推进依法治国，就要坚持依法治国、依法执政、依法行政共同推进。依法治国是我国治国的基本方略，是党领导人民治国理政的法宝。依法治国是指国家的各项活动都必须依法开展，任何国家权力的行使都必须依法进行。一切政党、武装力量、社会组织都必须在宪法和法律的范围内活动。中国共产党作为执政党，必须依法执政，必须依法行使治国理政的执政权力。在依法治国的基本方略之下，依法执政是关键和核心，没有中国共产党的依法执政，整个依法治国都不可能实行和实现。在中国共产党实行依法执政的同时，各级人民政府必须依法行政。各级领导干部是否坚守法治、依法办事，是衡量其是否合格的基本标准。具有法治理念、法治思维、法治能力，能够运用法治方式解决问题、推动发展、促进改革、维护稳定，是法治对党的各级领导干部的基本要求。在执政党成为法治政党的同时，人民政府理应成为法治政府。依法治国、依法执政、依法行政是一个整体，它在对一切国家权力提出法治要求的同时，特别对依法执政和依法行政进行强调。通观整个政治权力体系，只要整个国家能够依法治理，尤其是中国共产党能够依法执政、人民政府能够依法行政，我们就有理由期待中国依法治国的事业前景辉煌，依法治国工程的各项建设能够齐头并进、全面推进。依法治国统领着中国共产党的依法执政和行政机关的依法行政。依法执政和依法行政构成依法治国的核心内容和主要方面，依法执政、依法行政必须与依法治国共同推进。

全面推进依法治国，就要坚持法治国家、法治政府、法治社会一体建设。依法治国作为治国的基本方略，它追求的直接目标就是建设社会主义法治国家。国家的法治化，是法制建设最重要的政治成果。就中国来说，法治国家的目标是在一百年前由梁启超先生率先提出的。一个多世纪以来，中华民族在法治的道路上艰难行进，不屈不挠。中国梦，必然是强国梦、民主梦、法治梦，没有法治，就没有现代化的强国与民主。建构一个法治的国家，必然要求建立起法治的政府，没有政府的法治化必无国家的法治化。政府拥有几乎全部的行政管理权，是最为庞大并涉及社会各个方面的服务者和管理者。政府如何行权、如何担责、如何接受人民监督和为人民服务，都影响整个国家和社会状况。法治政府是依法治国的直接要求，是法治国家的具体体现，是依法行政的现实目标。法治国家、法治政府都是社会的历史现象。社会是国家和政府建立与依赖的基础，也是法治国家和法治政府的基础。有了法治的国家、法治的政府，还必须有法治的社会。法治社会是法治国家与法治政府存在的空间。只有这三者都得以全面建立，我们才可以说依法治国取得了全面的胜利和最伟大的成功。

全面推进依法治国，就要不断开创依法治国的新局面。依法治国是一条必由之路，是一个伟大事业。它需要我们开拓进取、持续推进、持之以恒、日积月累。只有经过这样的努力，我们才能完成依法治国的宏伟大业。在依法治国的漫漫征途中，我们要不断总结各种经验教训，其中当然包括国内和国外、现实的和历史的一切可资借鉴的东西;要不断地为依法治国开拓新局面、扩展新视野、取得新成就。依法治国事业是伴随着中国改革开放的事业,我们在改革开放中推进依法治国,依法治国本身也需要改革开放。

全面推进依法治国的号角在中国共产党的第十八次代表大会上已经吹响,伴随着新春的节拍,党中央又开始了对全面推进依法治国事业的具体部署。真可谓:依法治国势所必,全面推进正此时,百年梦想蓝图就,春催法治第一枝。我们有幸能够置身法治国家建设的历史时代,能够躬身于这一宏大工程的建设过程,参与其事、奉献其力,不能不为之庆幸、为之努力、为之竭力。

(本文原载《法制日报》2013 年 3 月 1 日。)

105. 法治是国家治理现代化的基石

党的十八届四中全会即将作出全面推进依法治国的战略部署,法治作为人民在党的领导下治国理政的基本方式,将得到进一步推进与发展。法治在国家治理现代化中将发挥更为重大的作用,甚至是整个国家治理现代化的基石。

法治是国家治理体系现代化的基石

在我国,国家治理体系就是党领导人民治理国家的制度性结构体系。目前,其内含人民代表大会制度、政治协商制度、民族区域自治制度、基层群众自治制度等基本政治制度,以公有制为主体、多种所有制经济共同发展的基本经济制度,经济、政治、文化、社会、生态文明和党的建设等各领域的体制机制,以及中国特色社会主义法律体系等。它包括对国家事务、社会事务、经济文化生活的管理与治理,包含政治治理体系、经济治理体系、文化治理体系、社会治理体系、生态治理体系等。这些治理体系相互联系、作用、影响,共同构成国家治理的整体。人类在政治国家出现之后,就不断建设、完善和更新自己的国家治理体系,最终才有了今天这样的状态。国家治理体系具有深刻的历史传承性,也具有鲜明的时代特殊性。每个时代都有那个时代所需要的国家治理体系。由于发展有先后、进步有快慢,就必然产生不断与时代相适应的国家治理体系变革的要求。这个不断适应的变革过程,就是特定时代国家治理体系"现代化"的过程。所有的国家都有现代化的任务,而未能率先现代化的国家,就更有着现代化的使命。中国正处于现代化的过程之中,在这个过程中的国家治理体系必然是发展的、变革的。实现国家治理体系的现代化就成为现代化的根本内容之一。法治由来已久,但是在现代国家治理之中,它得到了空前甚至全新的发展,越来越具有不可替代的作用,以致成为国家治理的基本方式。在这里,国家现代化中包含国家治理体系的现代化,国家治理体系的现代化必然包含国家的法治化。在国家治理体系的变革上,法治成为现代化的重要标志,也以其基本制度为国家治理体系的现代化建构了最基本的模型。

法治是国家治理能力现代化的基石

国家治理能力,按照一般的解释,即是运用国家制度管理国家事务,管理经济和文化事业、社会事务的能力,核心是对于相关制度的执行力。治理能力体现在治国理政的各个方面,体现为对于各项国家治理制度的执行状况与结果。如果说国家的各项制度都应该表现为法律制度的话,国家治理能力实际上就是法治能力。

法治能力是我们党在全面推进依法治国的进程中,在党的十八大报告中提出的。法治能力就是以法治理念为基础,运用法治思维和法治方式,认识、处理、决策相关问题的能力;在我们今天主要就是运用法治思维和法治方式深化改革、推动发展、化解矛盾、维护稳定的能力。

国家治理能力实际上就是在国家治理中运用法治思维与法治方式的能力。国家治理能力现代化的目标也许是多元的,但是其中一个极为重要的指标,必然是国家治理的法治化。现代国家治理之中,法治无疑是基本的方式,法治化是世界的潮流,也是现代化的历史趋势。国家治理能力的现代化,必然包含并体现为国家治理能力的法治化。

法治是国家治理方式现代化的基石

国家治理的方式在不同的时代是不同的。每一个时代都有自己特定的治理方式。就中国来说,有成功的礼治、德治。礼治、德治所适合的都是特定的时代。礼治、德治是中国传统社会的产物,并且有效地维护了传统社会的秩序与发展。中国传统社会之所以具有温馨美好的人伦情怀,在很大程度上是与我们治理国家的方式分不开的。传统的礼治、德治都具有重要的人文关怀,其对人伦关系的重视、强调甚至具有穿越历史的审美价值。只是到了近代以来,中国社会逐步现代化,经济、政治、文化的发展,对国家治理方式提出了新的要求。传统的礼治、德治逐步地捉襟见肘,不敷使用,于是新型的国家治理方式必须应时而生,否则我国社会就会因此而遭受阻碍。在现代社会,人类的生存方式、生活方式都发生了深刻的变化,国家的治理方式也必须随之变化。正是为了适应中国现代化的需要,作为世界发展潮流的法治受到了中国仁人志士的瞩目。法治开始在中国启动、发展。时至今日,中国社会逐步实现并努力推进着自己的现代化。法治作为现代化国家的治理方式,成为中国国家治理方式的目标被确立起来。当前,我们正面临着这样的国家治理方式的变革。国家治理方式的现代化有着丰富的内容，法治既是现代化的国家治理方式，又为整个法治化的国家治理提供了最基本的平台。在法治的基础上运用现代化的国家治理方式，成为我们急迫的需要。

（本文原载《学习时报》2014 年 10 月 20 日。）

106. 检察改革的最好时空

党的十八届四中全会对全面推进依法治国作出重要部署，作为司法改革的重要组成部分，检察改革应当是这样一种状态——

仰望星空。我们的法治建设是根据执政党的主导设计来建构的。《中共中央关于全面推进依法治国若干重大问题的决定》有顶层、高端、宏观、全局的特点，我们必须遵从这一顶层设计和宏观设计。

环顾左右。检察改革并不“寂寞”，还有法院、公安机关、司法行政部门，乃至政法委和政府机关，都在改革的道路上同行。要推进改革，必须环顾左右，与它们的改革相协调。

脚踏实地。检察改革至少有四个着力点：(1)机构。它包括外在机构和内在机构。外在机构应该考虑检察机构与其他机构的因应和协调的问题，比如与跨行政区划的法院的协调，与最高人民法院巡回法庭的协调，等等。内在机构则要求把这次改革所要求分离的权力进行分解、切割。(2)职能。它包括整体职能和各个机构的职能。《中共中央关于全面推进依法治国若干重大问题决定》突出了检察监督,包括三大诉讼中的检察监督问题。特别是对行政机关进行检察监督,虽然以前也有,但比较泛化,如何将对行政机关的检察监督落到实处,这对检察机关是新的课题。(3)人事。检察官的分类、检察机关工作人员的分类,以及他们的薪酬待遇、职级考核、遴选晋升等问题都应统一规划。(4)机制。它包括外在机制和内在机制,外在机制涉及与其他法律机构等协调衔接的问题,内在机制则可以有很多创新。检察机关应该脚踏实地地改革现有机制,确保检察工作更加科学、法治、顺畅。

奋力前行。检察改革使命神圣,责任重大,任务繁重,困难重重,必须奋力前行。

这一次,党对全面推进依法治国作出了新部署,给检察改革提供了最好的历史时空,所以,理当仰望星空,环顾左右,脚踏实地,奋力前行。

(本文原载《检察日报》2014 年 11 月 4 日;原文主标题为“全面推进依法治国　创新发展检察工作”,副标题为“为检察改革提供了最好的时空”。)

107. 法治理论要立足国情、着眼使命

理论创新不是要去违背人类共同的法治认知与法治理论,而是要在其基础上创造出与国情、与时代、与使命相适应的理论学说。我们需要的必然是立足国情、适应时代、着眼使命的法治理论

党的十八届四中全会明确要求我们,必须从我国基本国情出发,同改革开放不断深化相适应,总结和运用党领导人民实行法治的成功经验,围绕社会主义法治建设重大理论和实践问题,推动法治理论创新,加快建设社会主义法治理论,为依法治国提供理论指导和学理支撑。

我们首先要明确我们要创新什么样的法治理论。我们的创新不是要去违背人类共同的法治认知与法治理论,而是要在其基础上创造出与国情、与时代、与使命相适应的理论学说。要使我们的法治既是人类共同的、一般的,也是中国特定的、具体的,我们需要创新立足国情、适应时代、着眼使命的法治理论。

一是立足国情的法治理论。中国的法治建设是在中国进行的。它必须植根于中国的国情、从中国实

际出发。我们既要仰望星空,更要脚踏实地。中国特色社会主义法治理论,首先就要从中国国情出发。这是我们政治、法律等一切重大决定的出发点。国情的内容异常丰富,包括我国社会的历史阶段即作为社会主义初级阶段的客观现实,包括地理区位、国际环境、资源分布、气候条件,包括经济、政治、文化、社会及其发展的实际状况,包括各种社会关系以及阶级状况与阶级矛盾,包括历史文化、传统习俗、民族心理等。

二是与时俱进的法治理论。人类的法治是一个不断发展的过程。不同的时代有不同的法治需求,法治理论就必须与时俱进。从中国自身来说,我们处于一个改革开放的时代,这个时代,改革开放就是主旋律。我们必须从现实的社会主义改革开放的实际需要出发来构建我们的法治理论。我们的理论必须能阐释我们为什么要改革开放,为什么要深化改革、扩大开放,应该如何深化改革、扩大开放,法治应该如何推动改革深化与开放发展,等等。从国际来看,我们正处于一个全球化的时代。我们必须具有世界眼光、战略思维,必须置于国际大背景之下来考虑中国的法治建设。我们要坚持并继续推动对外开放,我们首先要明白为什么必须对外开放,厘清一个开放的中国具有什么样的意义,其中当然包含对我们自己、对国际社会乃至对人类发展的意义。我们要厘清一个开放的中国对于国际和平发展有什么依赖、有什么贡献,我们要如何运用法治的手段促进国际和平与发展,等等。我们要运用法治的武器来维护自己的合法权益,制裁国际不法行为,推动国际社会朝着和谐世界的目标前行。我们必须正确认识国际冲突,及时应对国际冲突,化解国际矛盾,推动国际社会朝着有利我国社会主义建设的方向发展,朝着有利于世界和平发展的方向进步。

三是着眼使命的法治理论。我们的法治建设是为了谁,为了什么?这是必须明白的问题。我们的法治是为了人民,为了人民的当家作主,为了人民的合法权益,为了人民的和谐幸福。离开这些去谈法治,都是对法治本质的背叛,也是对社会主义法治的严重误读。全面建成小康社会,建设社会主义现代化强国,实现两个一百年目标,实现中华民族伟大复兴的中国梦,都会对法治提出新的要求。不断满足这些法治要求,使法治发展了,我们的事业也进步了。但是法治关乎整个社会主义事业,它具有全局性、整体性,因此,对于法治与中国特色社会主义建设事业,要有全面的认识。

我们还要清楚,需要更新什么理论?说到法治理论创新,我们必须明白的是中国特色社会主义法治需要创建什么理论,更替什么理论。依法治国并不是简单的社会实践,它必须以一系列基本而重大的理论为指导。这些理论也许既是法治理论又是政治理论,我们要改革治国理政的方式,就必须对既有的法治理论乃至政治理论有所创新;必须从理论上回答一系列问题,并以此为契机,创新我们的法学理论,建构社会主义的法治理论。具体说来:

一是要更新法的阶级斗争论。传统的法学理论认为法是以阶级划分、阶级矛盾、阶级斗争作为前提的。我们要在社会主义法治理论中更新法的阶级斗争理论,代之以法的社会矛盾与社会和谐理论。当前的中国社会正处于从阶级社会向无阶级社会过渡的阶段,阶级和一定的阶级矛盾也会在相当长的历史时期存在,但最终将归于消亡。既有阶级和阶级矛盾存在,而又不同于阶级对立社会的情形,必然会以新的形式表现出来。既然阶级和阶级矛盾发生,更不可以倡导斗争或用斗争的方式解决。这毕竟是过渡时期的阶级和阶级矛盾,既不可否认,更不可夸大。

我们的努力方向,并不是要扩大阶级差距与阶级矛盾。我们要化解阶级矛盾而不是故意地诱发阶级矛盾。我们要逐步缩小阶级差距,最终消灭阶级差别,为共产主义社会作准备。我们的党是伟大的党,伟大之处就在于我们要完成消除阶级差别最终消灭阶级的历史任务,我们要完成共产主义的伟大理想,因此,阶级界限会逐步模糊。我们更必须逐步缓和阶级矛盾,进而消除或者化解阶级矛盾在内的各种社会矛盾,促进并实现社会和谐。阶级矛盾作为社会矛盾之一,如同整个社会矛盾一样,都需要解决。在抛弃传统的斗争手段的同时,要更多地运用法律来预防矛盾、减少矛盾、化解矛盾,实现社会的总体和谐、全面和谐与长期和谐。

二是要更新法的阶级本质论。传统的法学理论认为法在本质上是统治阶级意志的体现。我们要更新这一理论,代之以人民意志论。我们过去一直主张的法是统治阶级意志的体现。这在阶级对立的社会是正确的,但是到了今天,我们还说社会主义法是阶级意志的体现,是某个统治阶级意志的体现,就贻笑大方了。贻笑大方事小,背离社会主义中国国情,影响社会主义法治发展事大。我们现在的法已不再是某个阶级或者某几个阶级,乃至统治阶级的意志的体现了,而是人民意志的体现。

我们现实社会中确实有阶级存在,但它是一种残存的阶级状态,并无泾渭分明的阶级划分,更无势不两立的阶级矛盾。谁也无法清楚而准确地确定今日中国的统治阶级是谁,被统治阶级是谁。

我们的社会主义政权是无产阶级革命胜利后建立的。无产阶级是一个伟大的阶级,它的革命并不是狭隘地只为自己,而是要为所有的劳苦大众,甚至最终要为着解放全人类。正是这样的情怀,使无产阶级有阶级意识,但是在其革命成功之后,又不会为狭隘的阶级意识所局限。它要领导全体人民,它要调动全体人民的积极性,它要不断扩大人民的数量与范围,最终消灭阶级。当然消灭阶级是一个漫长的过程,但是它必须不断为此努力。将社会主义法确定为全体人民意志的体现,正是无产阶级伟大气魄的体现,是其使命的要求。

三是我们要更新法的阶级工具论。阶级工具论,也就是法的阶级斗争工具论。在今天,我们要更新阶级工具论与阶级斗争工具论理论,代之以人民权益理论、社会和谐理论、公平正义理论、人民幸福理论。

法作为单纯的阶级斗争工具是阶级对立社会的法的作用。在当代中国法的作用是什么?传统的法学理论认为,法是阶级之间进行斗争的工具。在当代中国,法的重要目的和直接作用就是指引和规范人们的行为,依法化解社会矛盾,有效维护社会稳定,实现国家和社会的长治久安。这次党中央明确提出,依法治国"事关我们党执政兴国、事关人民幸福安康、事关党和国家长治久安"就是此意。我们不是要用法律来挑动并进行阶级斗争,充任阶级斗争工具,而是要用法律来化解包括阶级矛盾在内的各种社会矛盾,促进和谐稳定、长治久安。

(本文原载《法制日报》2014年11月10日。)

108. 平等是社会主义法律的基本属性

平等是人类重要的价值追求。资产阶级在其革命中喊出了法律面前人人平等的口号，但是资产阶级并没有实现平等，即使是在其建立了资本主义制度之后，平等依然只是一个徒有虚名的口号。他们当年的革命口号，在其革命成功之后，就成了贫富差异的遮羞布和资产阶级炫耀的装饰品。无产阶级在其革命历程中也高举起平等的大旗，并把平等作为革命的重要目标。在无产阶级夺取政权、建立社会主义制度之后更是直接将平等作为自己重要的法律原则，写进宪法，以根本大法的形式将其明确认可，并切实地加以坚守。党的十八届四中全会强调要坚持法律面前人人平等，并特别指出平等是社会主义法律的基本属性。

平等作为社会主义法律的基本属性，必然要求公民在法律上人人平等。我国现行《宪法》第 33 条第 1 款、第 2 款对平等作出了明确规定："凡具有中华人民共和国国籍的人都是中华人民共和国公民。中华人民共和国公民在法律面前一律平等。"这既表明了平等主体的广泛性，也意味着把法律意义上的平等加以了明确的宣示和确认。公民在法律上一律平等，也就是人人平等。人人平等最首要的就是指，所有公民在法律地位上人人平等、一律平等，没有特殊与例外。所有公民不分民族、种族、性别、教育水平、文化程度都平等地享有法律权利，承担法律义务。我国宪法权利主体的广泛性与其平等性是并存的。《宪法》第 34 条规定，只要没有依法“被剥夺政治权利”，“中华人民共和国年满十八周岁的公民，不分民族、种族、性别、职业、家庭出身、宗教信仰、教育程度、财产状况、居住期限，都有选举权和被选举权”。这就是平等原则在选举权和被选举权上的反映与体现。其次是指所有公民都必须平等地遵守法律，服从法律。诚如四中全会决定所要求，在社会主义社会之中“任何组织和个人都必须尊重宪法法律权威”。在守法上没有特殊与例外，所有的法律主体都必须对宪法法律一体遵行。我国现行《宪法》第 33 条第 4 款还明确要求“任何公民享有宪法和法律规定的权利，同时必须履行宪法和法律规定的义务”。再次是指所有公民的违法犯罪行为都必须同等地承担应有的法律责任，法律责任承担上必须平等。任何人都不享有违法而不受追究的特权。我们党在四中全会的决定中特别要求任何组织和个人“都必须在宪法法律范围内活动，都必须依照宪法法律行使权力或权利、履行职责或义务”。这里除了普遍的守法要求之外，还特别提出了权力与职责的问题，把平等原则延伸到了公权力及其实施上。作为公权力，更必须在宪法法律范围内活动，依照宪法法律的规定行使。这是由社会主义国家公权力的特殊性决定的。在我国，任何公权力都来自人民，其最终都必须归属于人民，为人民服务。我们的法律是人民意志的体现，是保护人民权利的重要手段，它以其广泛的平等性彰显其普遍的人民性。这是平等原则对于公权力的特殊要求，也是法律在平等意义上一般而普遍的要求。

平等作为社会主义法律的基本属性，必须反对特权。所谓特权就是指特殊的权利,超出一般的权利。它是特定社会成员凭借某种独特的资源与优势,享有的其他社会成员在同等情况或同等条件下无法享有的权利,其实质是一种非法的“权利”。这种权利既不具有道德上的正当性,又不具有法律上的合法性,它是对平等的否定。一旦有了特权就不会具有真正的平等。在法律上一旦出现特权,法律的权威性、严肃性、有效性都会因此而受到影响,就会遇到严峻的挑战。特权一旦现实化就必然使平等遭受践踏,使法律遭到破坏。只要有人享有违法而不被追究的特权,平等被否定了,法治也就被毁于一旦。要切实实现平等,就必须依法否定和反对特权。特权是平等的大敌,允许特权和放任特权就是对平等的伤害。

平等作为社会主义法律的属性,必须严格约束公权力。因为平等原则要求守法上一视同仁与人人平等,因此它必然反对任何组织、任何个人对法治的破坏行为。纵观历史与统观现实,对法律具有最大破坏力的并不是一般社会成员的违法犯罪,而是公权力的滥用。其中的原因是多方面的,最基本的一定包含着这样几个方面:一是公权力天然具有扩张的本性和扩张的条件,故难以控制。因为公权力往往是由国家机关、公共组织、公务人员执掌的。其主体拥有权力的特殊性决定了其不当行使的可能性与难以防范性,因此就更必须着力控制,将其关进法律制度的笼子。否则,公权力就会成为脱缰的野马,不受羁绊;或者如不受拘束的野兽,胡作非为,为所欲为。二是公权力一旦违反法律,必然具有更大的破坏力和影响力。因为,公权力组织或者行使者个人,都拥有国家、政府、社会等诸多方面的独特资源,一旦滥用,其危害性就非一般主体的行为所可比。三是公权力一旦违反法律,往往难以追究。与其他主体比较,公权力拥有者一旦违法,具有逃避法律制裁的更多的有利条件和现实可能。坚决约束公权力并防止其违法,是法治国家、法治政府、法治社会建设的必然要求。因此,我们党在十八届四中全会的决定中指出:“必须以规范和约束公权力为重点,加大监督力度,做到有权必有责、用权受监督、违法必追究,坚决纠正有法不依、执法不严、违法不究行为。”

平等是社会主义的核心价值观之一,是社会主义法律的本质属性之一,是社会主义法治极其重要的原则。社会主义的本质就是解放生产力,发展生产力,消灭剥削,消除两极分化,最终达到共同富裕。社会主义的这一本质,就决定了平等是它的本质追求。其消灭剥削,消除两极分化,最终达到共同富裕,为法律平等提供了政治前提、社会基础和理想目标。我们理当坚定不移地实现这一原则。为此,在立法、执法、司法、守法等各个环节,我们都必须高度重视对社会主义平等原则的实际运用与切实坚守,使社会主义法的平等性成为客观的社会实际。

从立法上讲,社会主义法是人民利益的反映和意志的体现,是人民权利的记录与保障。正因如此,社会主义才具有了人类有史以来最大的正当性,社会主义法才具有了最广泛的社会基础和群众基础。社会主义法必须最大限度地反映全体社会成员最大多数人的意志,并且有效地保护少数人,才能使社会主义法律成为人类历史上最先进、最优越的法,具有最大公约数,最受欢迎、最为公众所接受。

在执法和司法上,社会主义的执法机关和司法机关必须从社会主义法律的平等性出发,平等地保护所有社会成员的合法权益,平等地追究任何违法犯罪者的法律责任。作为执法机关的各级人民政府及其公务人员必须牢固树立平等意识,平等地执行法律,对任何人的合法权益都同等尊重,对任何人的违法行为都同等处罚。作为司法机关的各级人民法院、人民检察院及其法官、检察官,都必须将法律平等地加以适用,并将平等作为司法公正的内在要求和构成部分。通过对各种案件的查究与审判,确保法律准确而全面的实施。在执法和司法活动中必须既反对特权又反对歧视,使我们的行政机关、审判机关、检察机关不仅在制度上而且在现实中成为社会平等的维护者、推动者、实践者和保障者。

在法律遵守上,任何公民都应在思想上确立平等观念,在行动上平等守法。在法律的遵守上,不允许有特殊的公民,绝不允许任何人违法而不受追究。每个社会成员都不可谋求特权而获得法外的利益。任何组织或者个人都不能利用权力、关系、金钱妨碍平等执法,干预公正司法。每个社会成员尤其是我们各级领导机关、领导干部、公务人员、司法官员都应担负起维护平等、努力实现平等的守法责任。这既是道德的要求,更是法律的义务。我们必须深刻认识社会主义法律的平等属性,坚持社会主义法律面前人人平等的原则,确保平等,实现公正。

(本文原载《光明日报》2015 年 3 月 4 日。)

109. 推动改革需要考虑的几个问题

康有为作为一位伟大的改革家，为中国的改革事业作出了极为重要的贡献，在中国的改革史上留下了不可磨灭的光辉。他积极倡导和参与的改革——戊戌变法失败了，甚至惨败。其原因何在，历史上已经有很多解读。近日读其《我史》一书，大有茅塞顿开之感。综观其记述，我以为除了改革方案是否科学可行等之外，至少还有以下几个外在因素，是导致其失败的重要原因。

利益受害者的反对。改革总是要对利益进行调整，重新分配。即便改革的最后结果是多赢的，但是在改革之初或者改革过程中，都存在或多或少的受害者与自认为的"受害者"。这些"受害者"往往成为改革的巨大阻力或者破坏力量。他们会消极对待改革，甚至动用一切力量来抵制改革，必要时不惜否定改革和摧毁改革。在戊戌变法中，这是一个极其典型的问题。当年康有为倡导废除八股考试，在今天看来，也许没有什么大不了，但是在当时可是伤筋动骨的大事，也是许多人的切身利益所系。根据他自己所述，在他的主导下,“科试均废八股而改策论矣”。“时八股士骤失业,恨我甚,直隶士人至欲行刺”。甚至有人建议他“养壮士、住深室、简出游以避之”。我相信康先生所述是实。当时,因八股而得以晋升的人,会以为自己的根基被动摇了,会心神不定;以教授八股为生的人则被敲碎了饭碗;假如有为八股考试出复习资料、进行考前辅导的人更会对其恨之入骨。就是那些平时十分痛恨八股的考生,其中个别人,眼看八股被废,也会觉得自己的八股水平足以让其蟾宫折桂,但是现在希望被康破灭了,也自觉与不自觉地将康恨了起来。不仅是八股的既得利益者,就是错误地以为自己是将得利益者也会愤愤不平。于是他康有为就犯了众怒。旧体制、旧机制的得益者、将得益者、自认为会得益者都不会放过作为改革家的他,确也可悲。

改革方案被畸变。一套原本不错的方案,三下两下就被变味,畸形变化得连改革者本人都不认识,大呼出人意料、无法预料,远非其本意。戊戌变法前,康有为早就有一整套改革方案,至少他本人是这么看的。改革伊始,他就向皇帝提出:“请誓群臣以定国是,开制度局以定新制,别开法律局、度支局、学校局、农局、商局、工局、矿务、铁路、邮信、会社、海军、陆军十二局,以行新法,各省设民政局,举行地方自治。”结果如何呢?他自述是:“所云誓群臣、定国是一条,以为诏书两下,国是已定,此条无庸议。所请选天下通才二十人置左右议制度一条,乃改为选翰詹科道十二人,轮日召见,备顾问。于是制度局一条了矣。我所请令臣民咸得上书一条,改为职官递本衙门,士民递都察院。我所请开法律局,定为每部派员司,改定律例。夫官员无权无才,无从定之,又非采集万国宪法,与我本意大相反矣。学校局一条,则以大学堂及各省中小学堂已经奉旨另办了之……于是所议,我折似无一语驳者,似无一条不行者,上亦无以难之。虽奉旨允行,而此折又皆成为虚文也。”整个改革方案似乎都实施了,其实都被畸变了,根本就没有得到真正实施。宏大的改革方案几经转换,顿时化为无形,确也可惜。

既有体制与官僚之作梗。改革总是在既有体制上启动,实际上是在旧体制基础上由旧官僚来推动的。这就为改革的失败埋下了伏笔。综观整个戊戌变法,我们不难发现,康有为先生等改革家所做的,主要是写折子的工作。改革的推进主要是靠皇帝认同而发圣旨。所有圣旨的执行都交付给既有的体制与官僚。这些圣旨在实际上执行与否,乃至执行的多少都决定于既有的官僚和官僚体制。既有的官员几乎都是既有体制、制度的获益者,改革无异于断了他们的根基、财路、生计。按照既有轨迹满可预期的前程,顿时变得不可预期了,他们难免会心生惶恐。即使未来对于他们可能更好,他们也会基于习惯和惯性的原因而对改革心生抵触,乃至置之死地而后快。体制不动、官僚不动,梦想依靠既有的体制和官僚而达成改革之目标,实乃妄想。这不能不说是戊戌变法必然失败的宿命,确也可叹。

(本文原载《学习时报》2015 年 3 月 9 日。)

110. 不拘一格用人才

最近，中央领导特别强调要破除党外无人才的观念。所见极是。其实我们太需要更新人才观念了，我们需要不拘一格用人才。

人才是最可贵的社会资源，是任何社会最大的主体财富。对于人才的重视程度，决定和影响着一个社会的发展程度。人才资源的匮乏，是最大的匮乏；在人才问题上的偏见，是最大的偏见。

如同对美的态度一样，我们往往不是缺乏美，而是缺乏发现美的眼光。以此来看人才问题，也许可以说，我们不是缺少人才，而是缺乏发现人才的眼光。人才就是人才，只要对社会有用，对国家和人民有用，有自己的一技之长，从不同角度来说，就是不同方面的人才。

在同类人才的评价上，理当有统一的标准，但绝无特定身份之分。在有的单位，有的组织，有的领导那里，的确存在“党内才有人才、党外便无人才”的错误观念。实际上，这是对党外人才的极大歧视，也是对人才本质的严重误解。

人才问题上，必须坚持法律面前人人平等，规则面前人人平等。人才是否入党，是不是共产党员，形成的原因和决定的因素都是多样多元的。有的优秀人才，由于种种原因并未入党。党内毕竟只有几千万成员，也并未囊括所有人才。

党内有优秀人才，党外也有优秀人才。优秀人才中，有的是党员，有的不是党员。是不是共产党员并不是他们优秀与否、是人才与否的分野。中共党员是一个政治身份并不是人才标准。

既要反对"只有党内才有人才"的错误观念，也要反对"只有党外才有优秀人才"的另一个极端认识。我们所呼吁的，不是强调和区分人才的政治身份，而是要在人才问题上实现真正的法律平等、规则平等、人人平等。

人才上的平等问题，是事关社会主义事业成败的大问题。社会主义事业是伟大的事业，这个事业需要无数优秀人才为其殚精竭虑、无私奉献。当前我国社会要深化改革、推动发展、化解矛盾、维护稳定；我们要创造巨大的物质财富让人民幸福、国家强盛，我们要创造巨大的精神财富让社会文明、文化繁荣；我们要创新政治体制，建立民主政治与建成法治国家。所有这些都离不开强大的人才支撑。

人才是社会发展的基础，更是社会进步的动力。没有人才或者不能充分发挥人才的作用，就是最大的社会损失。对此必须予以高度的重视。对于社会主义有用的人才，就不必去区分是党内还是党外，是高贵还是寒微。只要他们有一技之长，能得到社会或专业的认同，能为社会发展作出贡献，就是人才。除此之外，没有别的标准。只要他们乐于为社会主义事业做贡献，就应当大胆启用，用其所长。

人才上的平等问题，是事关人才价值实现的大问题。作为人才来说，无不具有实现人生理想的情怀。没有不拘一格发现人才、不拘一格重用人才的观念，就不可能真正地尊重人才，人才的作用也就无法得到切实的发挥。

人才问题上的不平等观念，恰恰是扼杀人才的认识根源。一旦转化为畸形的制度与实践，就成为人才成长的桎梏、人才发现的障碍、毁坏人才的罪魁。我们必须呼唤并切实坚持人才问题上的法律平等、规则平等、人人平等。既要反对特权，也反对歧视。

要实现人才问题上的平等，必须改革和创新人才的制度机制，必须要有尊重人才、发现人才、重用人才的体制机制。现有体制机制中与之不相适应的部分，必须加以改革。这是人尽其才的要求，是国家和社会的要求，也是人才制度改革的要求。

人才制度改革是全面深化改革的重要构成部分。遗憾的是这一改革并未如同其他方面的改革一样，受到应有的重视。一些狭隘的人才观，还像梦魇一样纠缠着人们的头脑。面对畸形的人才观念与人才制度，我们必须首先从人才制度改革入手。通过制度改革推动观念改革，最终确立社会主义新型的人才制度与人才观念，为我国的改革和发展最大限度地培养、发现和重用人才。

我国清代思想家龚自珍先生曾有这样的诗句："九州生气恃风雷，万马齐喑究可哀。我劝天公重抖擞，不拘一格降人才。"若龚先生能够活到现在，也许他大作的结尾将是，"我劝体制再改革，不拘一格用人才"。

（本文原载《法制日报》2015年5月26日，以法治周末特约评论员卓泽渊署名。）

111. 改革型干部如何避免“中枪”

改革已经成为时代的主题和现实的重任，在中华大地纵横激荡，艰难推进。从 1978 年党的十一届三中全会启动改革以来，改革推进已经 30 多年。30 多年来，一批又一批干部作为改革的中坚发挥了极为重要的作用。党的十八大以来，中国共产党又掀开了全面深化改革的新篇章。在全面深化改革的历史进程中，我们更需要一批又一批优秀的敢于担当、勇挑重担的改革型干部想改革、谋改革和善改革。如何将这样的领导干部选拔到领导岗位上来，如何评价和重用这样的领导干部，改革型干部如何运用法治思维和法治方式推进改革，都显得尤为迫切与特别重要。

要全面深化改革，有着各种需求。在各种需求中，对于改革型干部的需求无疑是最为急迫的。我们需要大量的想改革、谋改革、善改革的领导干部。什么是想改革、谋改革、善改革，中央和有关部门还没有统一的阐释。在我看来，所谓“想改革”就是要志在改革、热衷改革，对改革有期待、信心和决心，能够把改革作为自己的目标与使命，愿意为改革而努力奉献，并愿意投身到改革的实践中去。所谓“谋改革”,就是要为改革而谋划、思考,为改革画蓝图、出主意、想办法、找出路。所谓“善改革”也就是要善于改革,找得到改革的路径,用得对改革的方法,达得到改革的目的,具有深化改革所需要的政治智慧与方式方法。

以改革为标准来衡量干部、评价干部

要推动改革的全面深化,就必须选拔具有改革意识的干部。现实中的确有许多干部具有改革意识,但是也必须看到还有许多干部缺乏改革意识,甚至害怕改革,谈改革而色变。要在众多干部中选拔出真正想改革、谋改革、善改革的干部,并不是一件容易的事情。必须更新干部选拔和评价标准,以改革为标准来衡量干部、评价干部。我们不仅要看一个干部有无改革的愿望,还要看一个干部有无改革的行动。有的干部长期以来,习惯于混日子,醉心于搞关系,拉小团伙。不得罪任何人,不敢做任何虽然有益国家和人民但却招致个别人、少数人反对的事情。宁可不改革,也不触动任何人的利益,做不思改革的“好好先生”。当然实际生活中,改革者往往成为牺牲者。如果不断让改革者牺牲,改革就会被平庸所扼杀,改革就无法得到推进,甚至必然招致失败。

如果说现实中确实缺少具有改革意识并能大胆改革的干部,那么我们更缺少的是如何准确选拔和正确评价这些干部的科学方式。事实上,我们长期混淆了不同干部的评价标准。该让人民选举的政务官长期未能让人民选举,不该让部下投票的事务官处处让部下投票。我们必须明白,对于政务官,必须要让人民来选择,由人民来决定,人民不拥护的,就让他走人。但是要注意的是评价主体是“人民”,而不是根本就代表不了人民的少数人。对于事务官,我们必须用工作来评价。怎么使干部测评科学化,是必须解决的大问题。必须重新审视干部选拔与评价标准。要以改革为基础和核心来重构干部选拔与评价的体制、机制和方式。让改革型干部能够被使用、被重用，而不是“中枪”，更不是成为改革的“祭品”。

改革型干部必须特别重视法治思维和法治方式的运用

改革发展到今天，我们再也不能离开法治搞改革，必须既坚持改革，也坚持法治，并将二者有机地结合起来。领导干部肩负着深化改革、建设法治的双重重任。法治与改革并不矛盾。古往今来，变法就是将法律与改革进行有机结合的先例。中国古代的商鞅变法、王安石变法、张居正变法乃至戊戌变法等，莫不如此。今天的领导干部要以法治思维和法治方式深化改革、推动发展、化解矛盾、维护稳定，就必须具有法治思维，善于运用法治方式。

尤其是想改革、谋改革的干部，必须特别重视法治思维和法治方式的运用。法治对于改革者及其改革具有重要的意义。首先，法治为改革者提供创新手段。现在我们努力使改革于法有据，正在谋求依法进行改革。对于改革中已经成熟的经验，要及时上升为法律。对于改革中需要先行先试的改革措施，也必须依照法定程序获得授权。推动深化改革的干部，必须熟知相关法律并能很好运用法律来推动改革。其次，法治为改革者提供推进程序。改革的推进要循序渐进，改革有一个发展的过程。在改革的每一个阶段都应该依法进行。法治本身就包括实体和程序两个方面的要求。作为改革者不仅要注重实体的法律规定，也要注重程序的法律规则。改革的目标一旦确定，程序就成为决定成败的重要因素。最后，法治为改革者提供护身法宝。改革必然会触动许多人的利益，也必然会招致许多人的反对。有时反对者的力量还十分强大。一些改革者的落马，往往是因为其改革措施没有法律规定作为根据，或者其改革过程没有法律程序作为保障，出现了改革中的瑕疵，授人以柄。改革一旦出现失误，利益受损者就可能群起而攻之，使改革者“出师未捷身先死”。改革者要保护自己，就必须严格依法办事，在运用法治推动改革的同时，也运用法治保护自身。法治应当成为改革者的护身法宝。

（本文原载《人民论坛》2015年第6期。）

112. 医疗法治：我们需要什么

医疗事业是人类最伟大、最神圣的事业之一。人不可能没有病患伤痛，一旦出现就必须医治。医疗事业的发展水平直接决定着人类对疾病的防治水平，影响着人们的健康幸福。发展医疗事业就是对人类生命与健康的珍视与珍爱。畸形的医疗事业不仅无助于人类个体的健康，甚至还会影响人类的生命时间与质量。为此我们就需要运用法律来引导、规范和保障人类医疗事业的健康发展。对于法治，医疗有什么样的需要呢？

第一，完备的医疗制度。医疗制度的先进程度是社会文明程度的重要标志。建立完备的医疗制度，是医疗事业、社会文明与法治发展的多重需要。医疗制度内容十分丰富，是一个庞大的制度系统。它涵盖医药生产者、医疗机构、医生、医护人员、患者等主体，涉及药物生产、销售、使用等行为，关乎药物及其他医疗相关主体的权利和义务，包括治疗过程与纠纷化解，以及作为这些制度之基础的医疗教育事业、科技发展等各个方面。完备的医疗制度是一个良性社会、美好社会的重要保证。这些制度的建立都离不开必要的立法,其遵守和执行都离不开各个社会主体与相关的执法部门。

第二,合格的从医主体。我们需要法律来确保医疗从业者的素质,保证医疗质量。医疗人才是极为重要也要求极为严格的人才,必须具有一定的知识、一定的资质。医疗人员的知识基础、技术要求,都需要一定的标准。这些标准就应当是法律标准。它要通过医师法、护士法等法律来规定。它必然涉及医疗工作者的学历要求、资格认定、技术职称等。为此,我们就必须进一步关注医疗教育事业,确保能培养出合格乃至优秀的医疗从业者。就从医主体而言,当然包括医疗机构的主体资格、法律地位、权利义务等。医疗机构的开设、运营、责任等都需要法律来加以规制。

第三,合法的治疗方式。治疗的目的是减轻或者消除痛苦,其方式就不得危害就医者健康,这是对从医主体的最基本要求。由于医疗方式各式各样、千差万别,何为合法,何为非法,何为必须禁止的医疗方式,就是十分重大而复杂的问题。这是关系医患双方权利的重大问题,尤其是关乎就医者的安全、健康。现实社会中尤其是在一些医疗比较落后或缺乏的偏远地区,这一问题还相当突出。对危害人体健康的医疗方式必须加以法律上的禁止。一旦不幸发生了因为违法方式导致的危害,就应该能够依法追责。

第四,安全的医用药物。药物本来就应该是安全的,但是由于药物本身的复杂性,加之各种社会因素,药物问题一直困扰着我们。一个时期以来,假药、伪药、劣质药严重危害社会的事件不断发生,要求对药物的研制、生产、保管、使用进行法律规制。一定要运用法治化的手段确保药物的安全性和有效性,严防假冒伪劣药物导致的危害后果的发生。那些对人体有害的,依法应该被淘汰的药物,就要禁止生产;那些应当限制使用的药物,必须依法严格限制其使用。

第五,先进的药疗科技。一方面,我们需要运用法律促进医疗科技的发展,推动医疗科技进步。鼓励医疗事业上的科技发现与发明,保护发现与发明的知识产权。对医疗知识产权的保护既是必要的,又是艰难的。没有足够的保护,无法调动医疗科研人员的积极性和创造性,发挥出医疗科技工作者的创造力。另一方面,我们还需要运用法律来发挥医疗成果的效用。对医疗科技成果过度的保护或者无限期的保护,又会防止重大医疗科技成果的普遍运用,难以及时地解除人间疾患,必然会让许多人更长期地遭受疾患的折磨,甚至会因此而失去宝贵的生命。这就不仅仅是医疗科技上的问题,而且是医疗伦理的问题,更是医疗法律上的问题。我们需要运用法律来保护医疗科技成果拥有者的权益,促使相关主体尽快并充分发挥医疗科技成果的效用,让更多人获得这些成果的救助。

第六,规范的医疗收费。我们需要法律确定收费标准。收费标准关乎医生的劳动报酬权利。医生是以医疗事业为生的人,获得劳动收入是其最基本的生活来源。医生的收入来自什么地方,必须有一个明确的认识和制度的根据。医生不该收的钱绝不能收,如红包。但是医生该收的钱必须收,这就是工资或者患者依法支付的费用。医生工资,当然有法定的标准或者一定规章额定的标准。但是患者就特定的医疗行为所支付的费用,何以收取,无论是对大型医疗机构还是对个体医生来说,都需要法律进行规制。

第七,良好的医德医风。医德医风固然属于道德、伦理的范畴,是社会精神文明、道德风尚的缩影,其中包含医者仁心、救死扶伤、悬壶济世、普济众生等崇高的道德追求;但是医德医风的底线是法律确认和保护的。严重违反医德医风的行为,就可能是违法犯罪行为。对于这些违法犯罪行为的有效制裁,是对医德医风底线的法律保护。法律要设定医德医风的底线,并且对这一底线予以有效的保护,任何机构或者个人都不得逾越。有了这样的底线保护,更激励从医主体发扬美德,弘扬美好的道德风尚,医疗就会更加美好。

第八,充分的就医权利。我们需要运用法律来保护患者的就医权益。目前患者的合法权益问题,几乎是学界盲点,极少学者研究。其实这是十分艰难的问题。保障患者的就医权,首先是对政府的要求。政府对于公民的疾病有无义务、有何义务需要法律加以规定。其次是对医院等医疗机构的要求。最后是对医生的要求。对于不同主体,患者的权利是什么,都需要我们加以研究。法律要规定患者对自己病情的了解权。患者对自己的疾病有什么样的了解权;在什么情况下医生或者医疗机构可以或者必须不告诉患者而只告诉家属,如何告诉家属;患者医疗状况的投诉权如何保证,患者对于医生或者医院的投诉权如何行使,投诉的结果如何获得;权利无法实现的救济途径有哪些等,都需要法律来规定。

第九,及时的纠纷化解。医患纠纷难免发生,一旦发生就有一个如何解决的问题。也许有人会说,通过诉讼即可解决。但由于医疗纠纷的专业化、科学性等特殊性质,使得医患纠纷的解决成了超级难题。医患纠纷的解决在诉讼之前有无前置程序问题值得研究。从法律上讲,医患纠纷除了诉讼之外还可以有其他解决手段,有的地方甚至将其作为诉讼的前置程序。有的地方设定有医疗机构自身与患者协商的解决程序,有的设定有同行专家或者行业协会的评议程序,有的设定有医疗主管部门的调解与行政裁决程序。这些程序看来都有道理,但怎么设计、如何协调才是最好的?过少的程序或者没有前置程序,直接进入法院,有可能使法院和法官不堪重负,也不利于矛盾的及时解决。但是如果诉讼前置程序过多,又可能使当事人权利难以及时得到保障,人为拉长了纠纷化解过程,也可能导致矛盾激化。

第十,合理的赔偿标准。医疗责任事故显然是不应发生的,但这只是愿望，实际生活中难免发生。在医疗事故不幸发生之后，我们就需要运用法律来解决医疗机构因自己的过错而产生的赔付问题。确立法定的赔付标准或者数额的确定方式，是化解医疗纠纷所必需的。有了一个法定的、合理的、科学的赔付标准，许多问题就可以迎刃而解。目前的赔付情形参差不齐，与我们现有的法律滞后密切相关。针对什么事故，怎么赔付，赔付多少才是科学合理的，这些问题都需要我们从法律和法治的角度加以认真的研究和严肃的对待，并建立起完备的相关制度。

第十一，全面的医疗保障。医疗保障是全社会绝大多数公民健康的依赖和保证，是现代社会必须建设的基础工程，必须获得政治与法治的双重重视。公民获得医疗保障的方式，有政府主导的社会保障和市场提供的商业保险。如何依法完善社会保障与商业保险体系、制度、机制，确保人民能够获得很好的医疗保障，是必须面对的重大问题和难题。我们必须完备立法，紧紧依靠相关立法并采用法治的手段为人民提供有效的医疗保障。

第十二，应有的医护权益。我们需要运用法律保护医护人员的人身安全。本来这不是一个问题，但是在中国目前的背景下却成为严重的社会问题，必须引起高度重视。严格地说，医生的人身保护权利与一般公民并无二致，但是深入医疗关系中去看，就有它与众不同的地方。因为医生有时面对的是愤怒的患者或者患者家属，有时甚至是病患死者的家属，在这种情况下何以保护医生的人身安全，保护其不受伤害，就显得特别重要。对此，我们在法律上的研究不够，措施也不甚得力，残害医生和护士的案件时有发生。还需要进一步完备法律制度，强化法律实施。

第十三，有效的医疗管理。一个国家或者社会一定需要有效的医疗管理，其中一是医疗机构自身的管理问题，二是政府对医疗的管理问题。这两个方面都需要法治化。作为医疗机构自身有依法治院意义上的依法管理,更多是依法行医,自觉遵守相关法律法规,不得违法等。作为政府还有法治政府意义上的依法管理问题,其范围十分广泛。政府的医疗主管机构如何设立、如何执法都需要特别的法律制度与执行机制。

第十四,严格的医疗执法。医疗执法是执法的构成部分,是政府医疗管理职能的具体实现。如果政府执法不严,医疗秩序就会混乱,就医者权益就无法获得保障,医护人员的合法权益也没有保障。严格的医疗执法对于医疗秩序的维护与修复都具有重要的意义。这是政府医疗管理部门的法定职责。政府必须也只有担负起了严格执法的责任,医疗权利义务才能正确实现,医疗才可以成为人们健康与幸福的保障。

第十五,公正的医疗司法。医疗司法是医疗纠纷的最终化解机制。司法公正,在医疗纠纷的化解上与其他方面一样具有重要的意义,而且还有其专业上的独特性。需要法律确定医疗司法中专家意见的作用及其作用发挥的方式。医患纠纷的司法解决中,医疗专家介入问题,就是一个重大的法律问题。我们常常需要医疗专家的介入,但是专家何以介入才可能消除社会尤其是患者及其家属对于“医医相护”的疑虑与责难,需要法律智慧和制度设计。

第十六,自觉的医疗守法。医疗上有诸多的社会关系包括诸多的法律关系。这些关系的主体都需要依法做出自己的行为。一旦发生疑问,即寻诸法律,在法律的指引下做出相应的行为,避免违法乃至犯罪的行为发生;要依据法律的程序和实体规定化解矛盾纠纷。医疗上的自觉守法是整个社会守法的构成部分,是守法状态在医疗领域的反映与表现。

总之,医疗法治是整个法治的构成部分。我们要把医疗法治纳入法治的视野与领域,作为法治的重要构成部分来加以对待和建设。如果说今天“依法治国花正好”，那么我们也可以说“医疗法治恰当时”。我们期待中国的医疗法治研究硕果累累，更期待医疗事业因法治而使人们更加健康。我们期待法治领域、医疗园地鲜花盛开，人们能够因此而生活得更加健康、幸福、美好。

（本文原载《人民法治》2015 年第 7 期。）

113. 保障律师履职权利

近来由于立法机关就加强司法权威问题,增加了扰乱法庭秩序罪的追责情形,拟用刑法修正案保护法庭秩序,维护法官尊严,提升司法公信力。立意当然非常好。但是这必然会涉及律师的履职权利,也正是因此才引发了专家学者乃至社会公众通过网络包括微博、微信的大讨论。对此问题,我们必须慎重。因为对待律师履职权利的法律态度,事关重大,甚至影响着法治在司法中的存废,务必慎之又慎。

保障律师履职权利是保护当事人权利的需要。律师的履职权利是当事人权利的延伸。在任何诉讼程序之中,如果没有当事人权利,是谈不上律师权利的。律师的履职权利首先是以当事人的授权为起点,并以当事人权利作为基础,以维护当事人的权利为归宿的。无论是刑事案件还是民事案件,一切案件中的律师行为都只是基于当事人的授权才获得了法律上的正当性。律师接受委托出任辩护人或者代理人,都是为当事人工作。他们工作的最后结果在总体上都归于当事人。因此,要保护当事人的权利就必须保护律师的履职权利。可以认为,诉讼中的律师权利是当事人权利的重要保障。尤其在刑事诉讼中,被告人往往处于被羁押状态,要去收集证据、书写各种诉讼文书,从条件和能力上讲都不大方便。律师是刑事诉讼中极为重要的角色,没有他们,法庭容易失衡,当事人权益很难有保障。

保障律师履职权利是保证律师实现法定职责的需要。律师履职权利是律师职责得以履行的保证,是其职业的本质要求。律师作为职业的法律人当然有其法定职责,律师法、诉讼法都有相关的规定。这些职责的实现,需要必要的条件。律师履职中权利的实现过程,就是其履职的过程。律师要履行法定职责,不辜负当事人的委托,不辱没法定的使命,就必须充分行使法定权利。保障律师的履职权利,是保证律师正常履职、依法履职的需要,是其作为律师的职业要求。

保障律师履职权利是适应法治要求和推动法治发展的需要。律师是重要的法治建设者、实践者、推动者。在民事诉讼中,律师作为代理人,表面上是为委托人主张权利。但两造同在,双方律师都行使了自己的职权,就能使法官更好地在两造及其律师的争辩中得其中道,最终作出不偏不倚的裁判,最终谋求的是司法公正。在刑事诉讼中,律师作为被告人的辩护人(或者刑事自诉案件原告人的代理人),同样是极为重要的诉讼角色。尤其是作为被告人的辩护人,他要与作为控方的检察官对抗,使法官能够在控辩双方的对抗中把握事实真相,找到应该适用的法律。律师在诉讼中的存在,是为法治而存在。要充分肯定律师在法治建设中的地位和作用,就必须保障律师在诉讼中的履职权利。

维护法庭秩序,维护法官权威,进而维护司法权威都是必需的。但是,绝不能因此就损害律师的履职权利;否则,将会贻害无穷——损害当事人的相关权益,妨碍律师职责的依法实现,破坏法庭的角色结构,最终从基础上动摇法治、破坏法治。联合国在 1990 年通过的《关于律师作用的基本原则》第 16 条就规定："各国政府应确保律师(a)能够履行其所有职责而不受到恫吓、妨碍或不适当的干涉；(b)能够在国内以及国外旅行并自由地同其委托人进行磋商；(c)不会由于其按照公认的专业职责、准则和道德规范所采取的任何行动而受到或者被威胁会受到起诉或行政、经济或其他制裁。"第 20 条规定："律师对于其书面或口头辩护时所发表的有关言论或作为职责任务出现于某一法院、法庭或其他法律或行政当局之前所发表的有关言论，应享有民事和刑事豁免权。"世界各国也有相关立法保障律师履职权利，直至赋予其豁免权。我们制定维护法庭秩序的规范当然是重要的，但是理当追加律师履职言行不受追究的民事和刑事豁免权之规定。

（本文原载《学习时报》2015 年 7 月 9 日，原题为《维护法庭秩序不能损害律师履职权利》。）

114. 冤假平反：法治进步的动力

近日，安徽省高级人民法院对19年前发生的案件的再审结果公开宣判，以故意杀人罪判处刑罚的5个被告人被宣告无罪。判决一出，立即引起了媒体的广泛关注，也引发了社会的舆论热潮。党的十八大以来，我们集中纠正了一大批冤案。这是令人十分欣喜的好事，但又的确是十分酸楚的欣喜。我们不愿意有冤案发生，但它的确发生了。面对冤案，以什么样的态度、采取什么行动来对待，就成了根本和关键。窃以为绝不可以随意处置，而必须以法治思维认真对待，确实地贯彻有错必纠的法治原则。要像习近平总书记所要求的那样，让人民群众在每一个司法案件中感受到公平正义。

纠正冤案，说起来是件容易的事情，在实际工作中，却异乎寻常的艰难。面对历史沉冤，也许无罪的证据早已消失，能证明无罪的证人也无法找寻。这时，我们可能更须重新审视当年的定罪依据是否确实充分。如果没有证据证明被告人有罪，就理当予以坚决地平反昭雪。我们难免会遇到无法找到坏人的情形，但我们没有任何理由去冤枉任何一个好人。

我们运用刑罚打击犯罪的目的是惩罚真正的罪犯。惩罚的目的是制裁犯罪分子，警示其他社会成员。这也就是法学专业意义上的特殊预防与一般预防。我们如果误将好人当作罪犯，这两个目的都无法实现。不仅无法实现这两个目的，甚至完全是走向了刑罚价值追求的反面。我们不是制裁了罪犯而是冤枉了好人，不是惩办了邪恶而是伤害了正义。面对这样的情形，怎么能够容忍冤案得以继续维持呢？尤其是在已经明知是冤案的时候，就必须义无反顾地予以纠正、予以平反。想想被冤枉的好人，想想被冤枉者的家人、亲友所蒙受的创伤与苦难，我们还有什么理由不予纠正。

纠正冤案的确会使案件的承办人感到压力，甚至引发相应的追责。正常人都会有趋利避害的心理，警察、检察官、法官也不例外。但是这种趋利避害一定是以不违反法律、不伤害公平正义为前提的。如果明知是冤案，还为逃避责任而维持原判、阻挠平反，就不再是趋利避害的问题，而是新的徇私枉法。对当年的承办人来说，当事人所蒙受的冤屈甚至是永远的冤屈，其自身灵魂的不安必将是沉重的心灵负担。当年错了就错了，该纠正就纠正，该担什么责任就担什么责任，以坦率真诚换取内心安宁，又有何不可。与其一辈子灵魂不安，还不如勇敢面对、依法担责。即使是当年的承办人也不必讳疾忌医，更不必阻挠平反昭雪。

对当年承办人的追责是必要的。不管我们当时的体制机制是多么不科学不健全，恐怕也还不至于鼓励我们的司法官员故意地办冤案。在同样的社会背景、法治环境或组织体系下，别人没有办冤案，自己办了，难道就不应该担责吗？同时，也要注意到，并不是所有冤案的责任一律都要全部算到承办人的头上。应实事求是，该追责的坚决追究，该从轻的还必须切实从轻。实事求是地依法对待冤案承办人，也是有效平反冤案、减少平反阻力、彻底实现公平正义的必要保证。

（本文原载《学习时报》2015 年 7 月 23 日。）

115. 法治是时代的强音

每一种具有代表性的理论观点或重要思想，其产生和发展都有相应的时代条件，可以在特定时代找到其来源和根基。人类思想发展历程和思想实践过程充分说明了这一点。习近平同志关于全面依法治国的重要论述适应时代要求，是对世界法治化潮流、中国法治化进程以及现实法治化需求的科学回应。

从奴隶制到封建制再到资本主义制度，法律与人类社会一同发展进步。在人类和国家发展的各个时期，法律都以不同形态在世界上存在、发展、变化。在反封建斗争中，资产阶级喊出了自由、平等、人权的口号，也喊出了法治的口号。随着资产阶级革命及其建立资本主义国家范围的扩展，资本主义法治浪潮不断高涨。1917 年俄国十月社会主义革命后，无产阶级革命的开展与社会主义国家的建立使社会主义法治走上了历史舞台。社会主义法治建立在资本主义法治基础之上，又高于资本主义法治，是人类历史上的新型法治。社会主义法治建设在社会主义国家如火如荼地展开，于是，人类社会的法治就在资本主义和社会主义两条线上向前推进,形成了资本主义法治和社会主义法治两种不同的道路和模式。

新中国成立后,社会主义法制初步创立。我国陆续制定了令世人瞩目的“五四宪法”及其他一系列法律。“五四宪法”是中华人民共和国的第一部宪法,为我国确定了基本的制度体系、权力结构、发展方向。随即我国开始了刑法典、民法典等一系列重要法典的起草工作。党的十一届三中全会开启了改革开放的伟大征程,也重新开启了民主法治进程。党的十八大提出全面推进依法治国,十八届四中全会对全面推进依法治国作出战略部署。从改革开放进程中,我们可以看到我国法治发展和进步的足迹。

全面依法治国是适应我国社会现实需要的时代产物。我国实行的是社会主义市场经济,而社会主义市场经济是法治经济,需要建立与之相适应的法治体系。在我国改革开放快速推进的背景下,世界法治化浪潮必然波及中国,中国也必然成为这个潮流中的“弄潮儿”。这个潮流是经济大潮,也是法治大潮。在文化上,我们所大力倡导的是社会主义先进文化,它理应是超越资本主义的现代新文化;社会主义法治文化吸取资本主义法治文化的经验教训,是对资本主义法治文化的超越和升华。

政治上,我国民主政治发展已经取得很大成绩。发展社会主义民主政治,必须坚持党的领导、人民当家作主、依法治国有机统一。评价一个国家政治制度是不是民主的、有效的,主要看国家领导层能否依法有序更替,全体人民能否依法管理国家事务和社会事务、管理经济和文化事业,人民群众能否畅通表达利益要求,社会各方面能否有效参与国家政治生活,国家决策能否实现科学化、民主化,各方面人才能否通过公平竞争进入国家领导和管理体系,执政党能否依照宪法法律规定实现对国家事务的领导,权力运用能否得到有效制约和监督。这“八个能否”关涉社会主义民主政治的发展，也关涉相关立法及其完善。时代呼唤我国社会主义法治日益完善和依法治国事业全面推进。

（本文原载《人民日报》2015年9月11日。）

116. 影响领导干部法治能力的主观因素

随着依法治国的全面推进,提升领导干部的法治能力已经成为急迫的要求。法治能力可以理解为领导干部具有法治思维、运用法治方式的能力,也就是指领导干部以法治思维为基础,运用法治方式认识、处理、决策相关事务的能力。影响领导干部法治能力的因素是多方面的。就其主观方面的因素来讲,主要有法律基本知识、法律至上意识、法律责任观念三个方面。

掌握法律基本知识,是领导干部具有必要法治能力的前提。法律基本知识是人们对于法律理性化的基本认知,是人们对法律及其相关事物的初步了解。在走向法治的中国,一般的社会成员都应具有一定的法律知识。至于领导干部,如果不具有应有的法律基本知识,就无法成为一个合格的领导干部。掌握法律基本知识是对一个领导干部的基本要求,也是检验其合格的重要标尺。当前,在领导干部的任用上,要考察其法治素养和法治能力;在领导干部的评价上,要考核其法治成效和守法状态。可以说,干部的考察与考核都离不开对法治能力的要求。基于此,法律基本知识就成了领导干部所必需的知识素养和能力基础。但是,法律知识并不是与生俱来的,只能靠后天通过学习才能获得。任何人都不可能不经学习而具有法律知识,领导干部再智慧也概莫能外。任何人包括领导干部也必须依靠必要的学习,才能获得相关的法律知识。学习的方式是多种的,包括课堂学习和自主学习,可以通过教学或者自学来达成。法律知识在任何人的头脑中都不是自发产生的,它并不来自人的直觉,它产生和积累于人类理性化的学习过程。法律知识的内涵非常丰富。作为领导干部必须具有基本的法律知识,其中包括基本的宪法知识、行政法知识、民法知识、商法知识、刑法知识、诉讼法知识,以及自己工作领域中较为专门的法律知识。除了一般的法律知识之外,工商部门的领导,当然应当熟悉工商方面的法律,具有工商法律知识。税务部门的领导应当了解税务方面的法律,具有必要的税务法律知识。金融管理部门的领导必须熟悉金融方面的法律法规,具有必要的金融法律知识。以此类推,各个领域、各个行业的领导干部都必须对自己工作部门的相关法律法规有所了解甚至比较熟悉,必须具有相关的法律知识。面对重大疑难的问题,有关领导可以邀请专家学者和专门机构作出解答或者提供咨询意见。至于专门法律机构如公安机关、国家安全机关、司法行政机关乃至人民检察院、人民法院等部门的领导干部,就不仅是要具有法律基本知识的问题,他们理当是相关法律问题的专家,对与自己工作相关的法律法规,要全面掌握和精深理解,并能良好运用。

领导干部的法律知识是重要的,但也仅仅是前提,最根本的是领导干部都必须具有法律至上的法治意识。法律至上乃法律至高无上之谓也。各级领导干部必须具有法律至高无上的意识,牢固树立法律权利必须保护、法律义务必须履行的观念。牢记法律的红线不可触碰、法律的底线不可逾越。对法律的制度规定,不能取决于自己主观上的好恶,不论赞成与否，都必须严格遵循而不得违反。法律至上意识在领导干部的思想中必然包含着依法行权的意识。领导干部们或多或少拥有一定权力。手中的权切不可滥用，用权必须依法。要坚持以事实为根据、以法律为准绳的原则。以事实为根据，是法律的要求，也是适用法律的基础和前提。从法律为准绳来看，公权的行使必须遵循实体的法律规定，一切权利、义务的确定都必须以法律的规定为根据，不可擅断。同时还必须遵守程序法的规定，严格按照程序法的要求，依法定程序行使权力，尊重相对人的申请复议权、起诉权、申诉权、控告权。法律至上意识在领导干部身上还体现为依法治权的意识。依法治国的关键是依法治权。依法治权是指依法制约公权力。法律所要制约的公权，有别人行使的公权，更有自己行使的公权。法治要治行使公权的他人，也要治行使公权的领导干部自身。说依法治国的关键是依法治权，还必须进一步强调依法治官。依法治官是依法治权的具体化。这里的“官”指的就是各级领导干部。领导干部自身及其权力的运用必须接受法律约束，自觉依法办事、服从法律。

领导干部不仅要有法律基本知识、法律至上意识，还需要有法律责任观念。我国当下的领导干部理应是人民的公仆，是人民的勤务员，全心全意为人服务。这是崇高的理想，具有法律责任观念是对其最基本的要求。从一般意义来讲，领导干部既有政治责任，也有法律责任。但是，在法治国家和法治社会中，领导干部的政治责任也应当法律化、法治化，体现为法律的制度要求和行为规范。领导干部的法律责任观念首先是职责责任，其次才是过错责任。所有的职责责任都是由职务本身所决定的。每一个职务担当什么责任，在国家是由法律设定的，在党内是由党规设定的。任何领导干部都只有履职的义务，绝无失职的权利；一旦失职，没能履行应有的职责，就应当承担失职的责任。除了失职责任之外，领导干部还会因自己行为不当包括履职不当等而承担相应的法律责任。一个领导干部有了法律责任观念，在其认识问题、解决问题、处理事务、作出决策的时候，就会因顾及法律责任而倍加审慎。对于法律要制裁或者惩罚的行为，就会自觉地加以抑制。对于法律禁止的行为方式，就不会采取，转而寻找法律许可的、不为法律所禁止的方式。法律责任与领导干部个人的升降荣辱乃至身家性命都息息相关，法律责任观念具有异乎寻常的意义。切实具有了法律责任观念，权力才不会被滥用。领导干部具有了这样的观念，坚守法治、服从法治才会成为其自觉的行动。

（本文原载《学习时报》2015 年 10 月 12 日。）

117. 法律人才培养与司法工作开展

建立法律研修学者制度是对司法实践发展与法学理论研究相结合所进行的极为重要、极富新意的探索。法律实习生制度的建立与实施对于司法实务乃至整个法律工作的开展,对于法律院校教学任务的完成,对于法律人才的茁壮成长都功莫大焉。

党的十八大和十八届三中、四中全会都一再强调要加强司法机关与法律院校的交流合作,创新法治人才培养机制,弘扬法治精神、传播法治文化。其具体路径是什么,以什么样的制度创新来贯彻落实党中央的宏观构想,最高人民法院为此进行了极为有益的探索。

理论必须以实践为基础,不以实践为基础的理论,必然是空洞而枯燥的,难以具有强大的生命活力。实践必须以理论为支撑,没有理论为支撑的实践,必然是肤浅而短视的,难以具有良好的发展前景。探索实践与理论相结合的具体路径,是社会的现实需要,司法也不例外。最近,最高人民法院发布了《关于建立法律研修学者制度的规定》,对相关制度作出了较为全面的安排。依照上述规定,最高人民法院将定期开展接收全国法律院校、研究机构的专家学者参加法律研修的工作。相应地,一批又一批经法律院校、研究机构推荐或同意,具有副高以上职称,综合素质好、法学功底深厚、科研能力强,有志于推动完善司法制度建设的优秀人才,将作为法律研修学者,进入最高人民法院开展专门的研究工作。研修内容涉及刑事诉讼、民事诉讼、行政诉讼、国家赔偿及司法改革等相关方面的各项重点理论课题。

笔者认为,上述探索为法学与法律领域实践与理论的结合,开辟了新的路径、提供了新的范例。这一制度的施行,必将进一步加强最高人民法院与法律院校、研究机构的交流合作,提升最高人民法院的理论研究能力,推动我国应用法学理论研究的发展,为法学理论与司法实践的结合开辟新的渠道。

培养法律人才乃至培养优秀法律人才,是法律院校的使命,但并不仅仅是它们的责任。司法实务部门如何立足自身工作实际参与法律人才培养,推进司法工作,为司法机构培养后备队伍,是我们努力解决的重大课题。最高人民法院近期推出的法律实习生制度,将人民法院长期实行的、吸纳法律院校学生实习的习惯做法制度化了。依照这一制度,人民法院将根据工作实际,定期接收法律院校学生实习。这一制度的设立将使那些具备良好法律素养和专业知识、具备一定社会实践能力的优秀人才能够顺利进入人民法院,参与司法实务。依照这一制度的安排,法律实习生可以在人民法院中接受司法传统教育、法治精神洗礼,通过刑事、民事、行政诉讼、国家赔偿等审判业务实践活动,全面了解司法审判工作,提高其在实践中认识问题、分析问题和解决问题的能力。人民法院将指定经验丰富的法官或其他工作人员担任其指导老师,实习人员在实习期间担任实习法官助理或实习书记员,在指导老师帮助下参与案件审理、案件记录、起草法律文书以及专题调研等辅助工作。人民法院在为法律人才培养提供服务的同时,也为自己司法工作的开展培养了现实的生力军。随着这一制度的推行和法律院校的改革,法律实习生将成为人民法院日常工作中的重要组成部分与有生力量。

人民法院法律实习生制度的建立与实施,必将带动其他司法和法律机关建立类似的制度,开展类似的人才培养工作。我们乐观其成,并寄予无限的期待。

(本文原载《人民法院报》2015 年 10 月 19 日,原题为《法律人才培养与司法工作开展相结合的路径创新》。)

118. 全面有效地推进依法治国

中国共产党十八届五中全会提出了“十三五”规划的建议,为中国未来五年的发展作出了具体规划。其中“全面推进依法治国”既是其重要内容,又是其重要保障。可以预期,在未来的五年中,中国的依法治国事业必将在诸多方面得到全面而有效的推进。

一是坚持依法治国成为指导原则。中共十八届五中全会关于“十三五”的建议稿,在总结“十二五”期间的成就时指出,全面推进依法治国开启了新的征程。在分析现实状况时指出,法治建设还有待加强。据此,建议稿将“全面推进依法治国”作为“四个全面”的总布局之一、作为指导思想和指导原则之一加以特别强调。它要求坚持依法治国,指出“法治是发展的可靠保障。必须坚定不移走中国特色社会主义法治道路,加快建设中国特色社会主义法治体系,建设社会主义法治国家,推进科学立法、严格执法、公正司法、全民守法,加快建设法治经济和法治社会,把经济社会发展纳入法治轨道”。因此,在未来的五年中,全面推进依法治国的事业必将有更大行动,取得更多成效。

二是依法执政将更加凸显。在依法治国的背景下,依法执政已经被中国共产党确立为执政的基本方式。在未来的五年中,我们党必须坚持依法执政,全面提高党依据宪法法律治国理政、依据党内法规管党治党的能力和水平。治国理政与管党治党这两个方面是一个整体。前者是指以依法执政推进依法治国,后者是指以党规党纪提升党建能力;前者是后者的重要目的,后者是前者的必要基础。没有一个坚强的执政党,就没有有力的依法执政、科学执政、民主执政。在未来五年中,中国共产党的依法执政必将得到凸显。

三是法律体系将日趋完备。早在2011年全国人大常委会就宣布中国特色社会主义法律体系已经形成,但是这一体系还远不完善。未来,我们必须加快重点领域立法,坚持立改废释并举,深入推进科学立法、民主立法,加快形成完备的法律规范体系。在当前,必须推动以民法典起草为重点的一系列立法工作,提升科学立法、民主立法的水平。这是我国立法发展的基本方向。

四是法治政府将逐步形成。根据党的预期和规划,在未来的五年中,我们要基本建成法治政府。为此,就要依法设定权力、行使权力、制约权力、监督权力,依法调控和治理经济,推行综合执法,实现政府活动全面纳入法治轨道。依法行政是建立法治政府的路径,法治政府是依法行政的目标。围绕这一目标,依法行政必将更为世人瞩目,成为中国法治建设的重点。

五是司法改革将愈益深化。司法体制改革启动已久,取得了一系列重要的成就,在当前乃至今后的五年中,必须深化司法体制改革,尊重司法规律,促进司法公正,完善对权利的司法保障、对权力的司法监督。司法作为人民权利的保障和国家公权的监督者的作用将得到强化。司法体制改革将成为依法治国事业发展的重要推动力量。

六是法治经济将逐步形成。对于市场经济是法治经济的认识，我们早已明确。由于“十三五”规划的重点在于规划经济社会发展，所以经济的法治化必然被特别强调。由此，法治经济的地位会被进一步被重视，法治在经济建设中的作用也会得到进一步加强。法治经济建设的加速，必将营造更好的经济环境，提升中国在经济上的竞争力。

七是法治社会将强化建设。在未来的五年中，要弘扬社会主义法治精神，增强全社会特别是公职人员尊法学法守法用法观念，在全社会形成良好法治氛围和法治习惯，推动法治社会建设。社会是法治建设的必要平台和重要动力。法治最深刻的根基在社会，最伟大的力量在人民。必须动员全体人民积极投身法治建设，法治社会才能得以建立。只有当法治成为社会心理、行为习惯、秩序状态之后，我们才能说法治具有了最深刻的社会根基，植根于社会的法治，才可能茁壮成长，成为参天大树。

八是法治思维与法治方式的运用将更为重要。中共“十三五”规划建议稿指出，“法治建设有待加强；领导干部思想作风和能力水平有待提高，党员、干部先锋模范作用有待强化”，必须“运用法治思维和法治方式推动发展”。这些任务都会落实到领导干部的身上，必然会提出如何提高领导干部运用法治思维和法治方式的能力问题。运用法治思维和法治方式确保“十三五”规划的顺利实现是各级领导干部的重要责任。

（本文原载《法制日报》2015 年 11 月 12 日，署名《法制日报》特约评论员，原题为《“十三五”规划将全面有效地推进依法治国》。）

119. 法治思维、法治方式与经济社会发展

运用法治思维和法治方式推动经济社会发展,是“十三五”规划建议的重要内容,它准确指出了当今中国经济社会发展的必要路径和重要保障。

运用法治思维和法治方式推动经济社会发展,是推进依法治国的具体要求。

中国共产党领导的法治建设已有60多年。改革开放以来,尤其是1997年党的十五大提出依法治国这一治国基本方略、1999年《中华人民共和国宪法修正案》确认这一治国基本方略以来,中国的依法治国事业取得了辉煌成就。

根据党的十八届五中全会部署,在未来5年中,将加强执政党建设,继续坚持依法执政,全面提高依法治国理政、依规管党治党的能力和水平。为此,在立法上将加快重点领域立法,深入推进科学立法、民主立法,加快形成完备的法律规范体系。在行政上,将强化依法行政,加强法治政府建设,依法设定权力、行使权力、制约权力、监督权力,依法调控和治理经

济,推行综合执法,实现政府活动全面纳入法治轨道,基本建成法治政府的目标。在司法上,将不断深化司法体制改革,促进司法公正,强化权利保障和权力制约。在守法上,将努力推动法治社会建设,着力弘扬社会主义法治精神,努力在全社会形成良好法治氛围和法治习惯。随着依法治国的全面推进,客观现实必然会提出如何运用法治思维和法治方式推动经济社会发展的问题。

依法治国要得以全面推进,必须在谋划工作时运用法治思维。在全国推进依法治国进程中,我们必须具有以下几个方面的法治思维。第一,必须具有法律至上的思维。法律具有崇高的地位,必须牢记法律的红线不可触碰,法律的底线不可逾越。把法律放在至高无上的地位上加以尊崇,自觉遵从法律,服从法律。第二,必须具有法律程序思维。程序本身就十分重要,不以规则不成方圆。但中国历史上法律程序观念淡漠,因此在当今中国特别强化程序意识就具有独特意义。法定程序必须遵从,不可或缺与遗漏,必须步步到位,全面落实。第三,必须具有法律平等思维。要自觉坚持法律面前人人平等,平等以待人,平等以律己,不要特权,不谋求法外利益。任何人都具有平等的法律地位,享有作为公民应当享有的权利,承担公民必须履行的义务,任何人都不能享有法外特权,也不能被歧视。第四,必须具有权力制约思维。制度上要为依法用权提供法律制度,推进依法用权。权力拥有者要自觉接受法律监督,将权力关进法律的笼子。任何权力都必须受到法律约束,绝对的权力必然导致绝对的腐败。第五,必须具有法律责任思维。用法律责任机制倒逼严格执法和普遍守法。法律责任意识中包括对失职责任与渎职责任的认识。任何失职或渎职的违法行为都应当承担相应的法律责任。有了法律责任思维，才能够更好地自觉服从法律，严格依法办事。

（本文原载《学习时报》2015 年 12 月 31 日，原题为《运用法治思维和法治方式推动经济社会发展》。）

120. 法治精神是法治发展的内在动力

法治精神是在法治建设中逐步形成,并为各个法治主体乃至全体社会成员不断内化而成的思想意识,也是人们将法治作为自觉行为的心理依据和精神支柱。它对法治具有极为重要的推进作用,是法治得以维系的精神依据,是法治得以发展的内在动力。

首先,法治精神是法治发展中主体自觉的依据。法治发展,对一个国家和社会而言,是一次漫长的历史旅程。对于一个渐进的演进型法治来说,其过程甚至需要数百年之久。英国的法治发展就是一个典型的例证。从 17 世纪的资产阶级光荣革命以来,英国的法治就在历史的演进中不断生长,逐步发展。像法国、美国等国家的现代法治也有两百多年的历史。即使是建构型法治的发展,至少也需要一两百年的推进。当今世界的社会主义国家都是采用建构型方式努力推进法治的。中国的法治发展如果从清末起算,到现在也已经是百年之久了,社会主义法治从 1949 年以来也是一轮花甲,现在依然在追求的道路上艰难行进。在法治发展的漫漫长路中,是什么激励着人们世世代代坚韧前行？法治精神无疑是其中最为重要的力量。这是从代际传承的意义上得出的结论。在同一个时代，不同主体要共同地作出法治行为，自觉服从法治乃至推动法治发展，就必须有共同的法治精神。这时的法治精神就成为不同主体共同建构法治的精神粘合剂。法治精神是激励不同主体自觉行动、支撑主体持之以恒的内在依据。它使不同时代的不同主体前仆后继、薪火相传，也使同一时代的不同主体在法治发展中齐心协力，形成合力。

其次，法治精神是法治发展中凝聚力量的核心。法治的建设者包括所有的拥有公共权力的国家机关、社会成员，遍及社会的各种组织。在现实中，不同社会成员和社会组织有着并不相同的利益，他们会自觉不自觉地从自身利益出发。在整体上，法治对任何个人或者组织都是有利的；但是在局部和个别的问题上，对特定主体来说，法治则可能是有害的、不利的。有时人们的自利之心就会阻碍法治发展，成为法治发展的障碍。用以克服过度自利之心的力量也许是多样的，其中不可缺少的因素一定有法治精神。法治精神是鼓舞人们各尽其能地推动法治发展的精神动力。法治精神就是主体之间最为重要的凝结力量和精神纽带。它是连接各类、各种、各个社会主体为法治而努力的粘合剂，也是凝结点。在法治精神的带动和推动下，各个主体都秉持共同的理念，朝着一致的方向，为同一的目标各尽其力，法治就有可能从理想演变为现实。没有法治精神，各个主体都自以为是地各行其是，必然毁坏法治。

最后，法治精神是法治发展中战胜困难的法宝。法治发展不会是一帆风顺的，在其发展中一定会遇到各种阻力，遭遇各种障碍，甚至会遭遇各种挫折。法治精神是在不断战胜困难中形成和发展的。法治必须无所畏惧，不断克服困难乃至克服一切困难，才能得以形成，才能持续发展；否则法治就会止步于困难面前，要么无法得以形成，要么无法得以坚持。考验法治建设者的正是他们如何应对各种挑战,如何百折不挠地坚守。影响和阻碍法治发展的因素可能是历史的、现实的,体制的、机制的,政治的,经济的、文化的,等等,面对这些阻力和障碍,各个主体用什么来凝神聚气,克服困难,回答就是必须要有法治精神。从中国历史发展的大视野来看,中国法治一路走来,支撑中华民族法治追求的,一是客观的现实需要,二是内在的法治精神。没有法治精神这个法宝,人们就可能一蹶不振。正是因为法治精神的现实存在和效能发挥,人类的法治发展才能百折不挠,一往无前甚至愈挫愈奋。我国法治发展为此做出了最好的历史注脚,也许将为后来者提供一个可资借鉴的成功范例。

(本文原载《人民法治》2016 年第 1 期。)

121. 司法体制改革需要激流勇进

目前的司法体制改革正在顺利推进之中,整个改革目标远大、思路清晰、计划缜密、循序推进、成就斐然,令世人瞩目,给中国社会和当今世界都留下了良好的印象。改革正中流击水,我们必须奋力前行,必须从以下几个方面作出努力。

一是要坚定改革信念。信念的作用是极其巨大的。在长期而艰难的司法体制改革中,信念的重要性是不言而喻的。长期与艰难的改革,不可避免地给人以且进且退、且退且进的印象。但是希望的当然是且退且进,而不是且进且退或者只退不进。一些改革措施在推进中难免遭到阻碍,有关部门也可能因此就望而却步。对此,我们必须坚定改革的信念。只有具有了坚定的信念,才可能将改革进行到底。

二是要改革结构关系。事物的结构决定功能,功能制约作用;事物的结构决定现实,现实决定未来。结构的意义是极为重大的,它甚至最终决定改革的成败。在改革结构关系上,有大量的问题需要我们认真地加以研究。

我们要认真研究司法机关和党组织之间的结构关系。究竟党与司法的组织结构关系是什么,党领导司法机关的方式是什么?现在我们找到了一些路径,但是,司法机关内部的党组应该担负什么职能,应如何发挥作用,也同样需要我们去总结和创新。

要认真研究司法机关与人大的结构关系。人大作为权力机关和立法机关,它与司法机关之间的关系具有决定性意义。我们要研究人大对法院、检察院人事权、财政权和监督权的必要性及其行使方式,尤其是对人大监督司法机关的方式,应该进行重新审视。“两院”向人大报告工作起源于何时何因,人大对于个案的监督对于司法机关依法独立行使司法权的影响是什么,如何评价,这些问题都是十分严肃的法律问题,也是政治建设问题,我们必须理性地面对。

要认真研究司法机关与政府之间的关系。在推进司法机关人财物省级统管的改革时,必须关注相应的人财物权力的配置。与此相关的问题至少包括,宪法法律如何修改,实际中的问题如何解决,地方有关机关对于司法机关的既有惯性如何有效革除,并实现制度创新、机制创新。

要认真研究司法机关与其他机关之间的关系。这本来属于司法机关与政府之间的关系。但是,公安机关、司法行政机关是有别于政府的其他机关的,所以有必要进一步研究司法机关与他们之间的关系。

三是要调整司法职权。要清楚地认识司法职权配置的具体问题。法、检、公、司之间,羁押场所的监管权、逮捕权、民商事裁判执行权究竟由谁行使,他们之间的权力如何配置?这些困扰我们多年的问题必须在改革中作出与时俱进的回答,并坚决推动相关的改革。

四是要优化改革措施。改革措施是很多的,必须处理好体制与机制、目标与路径、分权与行权、留人与用人的关系。第一,体制与机制的关系。体制是前提,机制是关键。体制与机制并不是绝对分别的。在改革中要将体制与机制结合起来考量。第二,目标与路径的关系。改革的目标是多层次的,有公正、司法机关独立行使职权、提高司法效率等。这些目标得以实现的路径是什么,需要深入研究。第三,分权与行权的关系。司法机关之间的权力分配与行使,值得我们认真地加以研究。第四,留人与用人的关系。对于司法官员的薪酬要着重研究,要有决心提升他们的薪酬。这对于留住优秀人才来说,无疑是最为首要的。同时还要让司法官员充分发挥作用,使司法官员的作用得以充分发挥。

司法体制改革是一个重大而艰难的问题,也是一个历史过程。这里有个极为重要的问题是,我们发现了问题后是什么态度和什么行为。结论是十分明确的,我们只能用深化司法体制改革的办法来解决改革中的问题。只有将改革进行到底,我们的改革才可能成功,否则就会半途而废。司法体制改革正当中流击水,我们必须奋力前行,激流勇进。

(本文原载《人民法治》2016 年第 2 期。)

122. 学术的创新与论证

说起学术,真的十分羞愧。我从事了三十多年的学术工作,也很难说有什么对于其真谛的把握。有时觉得学术很难,有时觉得颇为简单。说到简单,其实学术的根本也不过是两个词:创新与论证。

创新是学术的生命。没有创新就没有学术,至多只是复述,只是对知识的重复;写出来的文字也不过是普及读物(普及读物是重要的,但不是学术),谈的也只是常识或知识。人类赋予学者的使命是多重的,但是赋予学术的使命则是唯一的,必须是创新。没有创新,就不能叫作学术,更谈不上学术的贡献。所有的学术贡献都以创新作为标志。

我们常说学术要有问题意识,问题意识其实就是创新意识的另类表述。既然是问题,就应当没有现成的答案。学者把没有解决的学术问题科学地解决了,把没人回答的学术问题科学地回答了,就是创新。这里需要特别注意的是,问题要是真问题,而不是假问题。所谓真问题,是指真的没有人科学地回答过,或者说历史上的回答都是不科学的问题。要认识到这点，了解问题本身就是前提和基础，否则就是自以为是，根本就谈不上创新。没有创新的仿冒学术不过是伪学术，其创新也只是伪创新。

怎么才能使学术成为真正的创新，除了对问题本身的认识之外，还有对结论的探索和归结，其中根本的就是论证。论证是非常重要的，发现问题是首要的，论证结论是最根本的，论证过程是最重要的。学者的创新是否为真创新，是否能够得到学术界的认同，就要看他的论证是否科学。论证的成立与否是有学术标准的，绝对不是一堆文字的简单堆砌。论证要讲事实依据，要讲理论考订，要讲逻辑关系，要讲充分论证，以至于最终完美无缺、无懈可击。有的学者，常常是确定一个题目，就去找古人或者伟人的论述，甲乙丙丁等伟人都说过，于是就以为这个论证完成了。其实，如果别人说甲乙丙丁都是错的，学者怎么办？别人说甲是错的，乙丙丁是跟着错的，学者又怎么办？古往今来伟大人物很多。如果有人说甲乙丙丁这么说过，又有人说子丑寅卯却那么说过，学者又怎么办？不是古人或者伟人说是就是，说非就非，而是要立足于事物本身，从事物的状态、性质、表现等各个方面寻找根据。要有依据、合逻辑，才颠扑不破；否则，不过是人云亦云、信口开河。

我的学术也做得不好，说不定，正是人们所反对那样的伪创新。这当然不能归之于时代和环境，在当今同样的时代和环境中，毕竟还有许多学者都在做真学问，也是真在做学问。写到这里，我的脸上也许已经露出了难以掩饰的羞愧。

（本文原载《学习时报》2016年3月21日。）

123. 尊崇法治是法治本质的要求

尊崇法治是法治的本质要求，是坚持法律至上的要求。它是对社会公众的普遍要求，尤其是对公权力，在根本上是对公权力运用者的首要要求。尊崇法治是一种对待法治的心理状态，必须从每个人做起，必须从公权力运用者做起。

法治的含义本身就包含对法治的尊崇要求。说到尊崇法治，不妨让我们重温一下什么叫法治。法治的含义十分丰富，理解也多种多样。从一般的意义上讲，法治是指国家或社会依法而治的体制机制，以及社会普遍坚持法律至上的思维模式、行为方式、秩序状态等。具体来说，法治首先是指一个国家或者社会在法律至上原则下，依法进行治国理政的体制机制；其次是指国家公权力依法运行的基本方式；再次是指社会成员依法作出社会行为以及处理相互关系的思维模式、行为方式和秩序状态等。法治的含义就是法的统治，就是要法律至上，法律要至上就必须有相关主体发自内心的尊崇。

法治的关键是约束公权力的运用。从法治的定义可以看到,法治的核心问题或者关键问题是法律与公权力之间的关系问题。治国理政总是凭借公权力进行的,公权力的运行状况直接决定于其行使者运用的情形。公权力的行使者,在今天就是国家机关或者准国家机关的公务人员。这些公务人员中的领导者就是我们今天所称的领导干部。对于公权力的约束,可以具体化为对公务人员及其领导干部行使公权力行为的约束。当然,法治并不仅仅限于对于公权力的约束,如果这样认识也就显得十分狭隘。法治还要求一般社会成员将依法办事作为思维模式、行为方式,甚至法治还应该是一种社会生活习惯、社会秩序状态等。但就一般社会成员的行为来讲:一是其行为会受公权力法治化程度的制约和影响。二是其相互之间一旦发生矛盾纠纷,也需要借助公权力运用法律来加以解决。三是社会公众本身还可能与公权力之间发生矛盾,这就要求公权力自觉接受法律约束,依法对待和处理其与社会公众之间的关系。因此,一个国家或者社会,有无法治的最根本的判断标志,就是看公权力是否受到法律的约束。如果受到法律的约束,我们就说是法治,反之则是人治。法律能否约束公权力以及约束的状况,就成为判断法治有无与存废的标志。

法治的根本是要约束公权力运用者,约束领导干部。公权力都是为各级各类国家公务人员所掌握的,由于公务人员都是在一定组织体系之中的,因此可以说,其最终都是由领导干部所掌握的。领导干部是各种公权力的最终决定者和行使者。领导干部与公权力之间的结构关系、公权力与法律之间的结构关系决定了领导干部与法治之间的关系。法治对公权力的约束最终必然落实到对于领导干部宏观决策和具体行为的约束上。领导干部能否尊崇法治就成为法治能否建立和维持的关键。要全面推进依法治国,领导干部就必须成为尊崇法治的模范。

尊崇法治就要树立法治信仰。法治信仰对于法治的建构,是十分重要的。人们对于法治没有发自内心的尊崇,没有确立起普遍的信仰,法治终将难以在一个国家或者社会得以建立。美国法学家伯尔曼就认为:“法律必须被信仰,否则它将形同虚设。”但恰恰是在中国的当下,却有人认为法律或者法治是不能被信仰的。其实,法律或者法治都是可以被信仰。试想古人都可以崇拜日月山水,可以信仰日神、月神、山神、水神,为什么我们就不能信仰法律或者法治呢?也有人认为可以信仰法治,但不能信仰法律。当然对于法律的信仰未必是对法治的信仰,法治信仰远比法律信仰具有更为现代的丰富内涵。这当然是对的,但是并不能因此就否认法治信仰。其实,既可以信仰法治,也可以信仰法律。可以信仰法律,更应当信仰法治。这个时代需要法治信仰,必须信仰法治,尊崇法治。

(本文原载《人民法治》2016 年第 3 期。)

124. 必须提升对于国家安全的法治化认知

2015 年 7 月 1 日公布施行的《国家安全法》共 8 章 84 条,是总体国家安全观法治化的新表达。我国的国家安全法治建设的内容由此获得了极大丰富,并进入了新的历史阶段。为了适应国家安全法治建设的需要,必须提升对于国家安全的法治认知。

第一,必须把握国家安全法的立法目的。维护国家安全、制定国家安全法的重要目的在于,保卫人民民主专政的政权和中国特色社会主义制度,保护人民的根本利益,保障改革开放和社会主义现代化建设的顺利进行,实现中华民族伟大复兴。国家安全法所涉及的国家安全包括国家政权、主权、统一和领土完整、人民福祉、经济社会可持续发展和国家其他重大利益相对处于没有危险和不受内外威胁的状态,以及保障持续安全状态的能力。国家安全工作应当坚持总体国家安全观,以人民安全为宗旨,以政治安全为根本,以经济安全为基础,以军事、文化、社会安全为保障,以促进国际安全为依托,维护各领域国家安全,构建国家安全体系,走中国特色国家安全道路。依照这部法律的规定,我国国家安全工作将始终坚持中国共产党的领导,建立集中统一、高效权威的国家安全领导体制。由中央国家安全领导机构负责国家安全工作的决策和议事协调,研究制定、指导实施国家安全战略和有关重大方针政策,统筹协调国家安全重大事项和重要工作,推动国家安全法治建设。国家制定并不断完善国家安全战略,全面评估国际、国内安全形势,明确国家安全战略的指导方针、中长期目标、重点领域的国家安全政策、工作任务和措施。

第二,必须认识国家安全工作的丰富内涵。随着国家安全形势的发展,其涉及的范围愈益广泛,内涵更加丰富。随着我国同国际社会的互联互动变得空前紧密,国家安全工作的任务显著增多,必须拓展思路、扩大视野,除旧布新,勇于创新。维护国家安全,应当与经济社会发展相协调;国家安全工作应当统筹内部安全和外部安全、国土安全和国民安全、传统安全和非传统安全、自身安全和共同安全。要树立总体国家安全观,将各个方面的安全保障统一起来,通盘考虑,全局着眼,统筹安排,分别实施,协调推进。国家安全包括政治安全、人民安全、经济安全、军事安全、文化安全、社会安全、国际安全等内容,涉及政治、经济、文化、司法、国防、外交等各个方面,各地区各部门必须通力合作、相互配合、彼此协调,共同服务于国家安全事业,满足确保国家安全的现实需要。对于国家安全工作内容的全面掌握,是贯彻落实总体国家安全观的法治需要。

第三,必须厘清国家安全与公民权利之间的应有关系。如同其他法律一样,国家安全法也是为保护公民权利而制定的。从根本上讲,制定国家安全法就是要保障人民当家作主的权力,具体来说,必须在国家安全法律关系中,保护公民的实际权益,成为公民的保护神。为此,国家安全法规定,公民和组织支持、协助国家安全工作的行为受法律保护。因支持、协助国家安全工作,本人或者其近亲属的人身安全面临危险的，可以向公安机关、国家安全机关请求予以保护。公安机关、国家安全机关应当会同有关部门依法采取保护措施。公民和组织因支持、协助国家安全工作导致财产损失的，按照国家有关规定给予补偿；造成人身伤害或者死亡的，按照国家有关规定给予抚恤优待。同时，公民和组织对国家安全工作有向国家机关提出批评建议的权利，对国家机关及其工作人员在国家安全工作中的违法失职行为有提出申诉、控告和检举的权利。正是基于公民权利的考量，国家安全法甚至规定，在国家安全工作中，需要采取限制公民权利和自由的特别措施时，应当依法进行，并以维护国家安全的实际需要为限度。这是对国家安全机关及其工作人员的重要要求，也是尊重和保护公民权利的具体体现。

第四，必须明确维护国家安全是全民的应有义务。根据国家安全法的有关规定，维护国家安全，应当坚持预防为主、标本兼治，专门工作与群众路线相结合，充分发挥专门机关和其他有关机关维护国家安全的职能作用，广泛动员公民和组织，防范、制止和依法惩治危害国家安全的行为。所有的中华人民共和国公民、一切国家机关和武装力量、各政党和各人民团体、企业事业组织和其他社会组织，都有维护国家安全的责任和义务。我国的主权和领土完整不容侵犯和分割。维护国家主权、统一和领土完整是包括港澳同胞和台湾同胞在内的全中国人民的共同义务。依照国家安全法的规定，公民和组织都必须遵守宪法、法律法规关于国家安全的有关规定，及时报告危害国家安全活动的线索，如实提供所知悉的涉及危害国家安全活动的证据，为国家安全工作提供便利条件或者其他协助，向国家安全机关、公安机关和有关军事机关提供必要的支持和协助，保守所知悉的国家秘密，以及履行法律、行政法规规定的其他义务等。与此同时，任何个人和组织不得有危害国家安全的行为，不得向危害国家安全的个人或者组织提供任何资助或者协助。

第五，必须树立法治化的国家安全观念。法治化发展是世界的历史潮流，更是中国社会的现实目标。从世界范围来看，整个 20 世纪都可以说是走向法治的世纪；在 21 世纪，法治化依然是不可阻挡的发展趋势。新中国成立尤其是改革开放以来，我国社会主义法治事业取得了重大成就。我国正在建设社会主义法治国家，依法治国已经成为我国的治国基本方略。党的十八大以来，全面依法治国事业得到重新规划、顶层设计，从而进入了法治发展的新阶段。全面依法治国是我国社会健康发展、和谐美好的根本保证，也是维护国家安全的现实需要。维护国家安全当然是必需的，但是必须坚持法治化的国家安全观。在维护国家安全的工作中，必须遵守宪法和法律的规定，坚持社会主义法治原则，尊重和保障人权，依法保护公民的广泛权利和自由。各个有关的国家机关必须依法履行维护国家安全的职责，依法行使相应的法定职权，既不越位，也不缺位，确保准确到位。要使国家安全因我们的严格执法和全民守法而得到更加全面和更加有效的维护，使人民权利因此而得到充分而有力的保障。

（本文原载《法制日报》2016 年 4 月 15 日。）

125.《法庭规则》的神圣目标

伴随春天的节拍，最高人民法院最新修订的《法庭规则》(2016)发布了。粗略读罢便升起了无限的期待，也为其神圣的目标所感动。我深深地期待这一新规则能够实现其神圣的目标，给庄严的法庭带来缕缕春风，以有力地保障权利行使，促进司法公正，彰显司法权威。

一、保障权利行使

维护公民、法人和社会的权利，是法律神圣的使命，也是法庭直接追求的目标。最新发布的《法庭规则》以保障权利行使为目标，将其作为庭审活动的核心。若将新规则与原有规则相比较，不难发现新规则对于权利倍加珍视。可以认为，它使一个似乎纯粹技术的规则变得神圣庄严了起来。具体说来表现在以下几个方面。

首先是保障诉讼参与人的诉讼权利。原有《法庭规则》第1条将立法目的表述为“维护法庭秩序，保障审判活动的正常进行”；而新规则的第1条则将立法目的表述为,“维护法庭安全和秩序,保障庭审活动正常进行,保障诉讼参与人依法行使诉讼权利,方便公众旁听,促进司法公正,彰显司法权威”。新规则大大扩展了立法目的,尤其是将保障权利行使作为最直接的目标追求,凸显了“保障诉讼参与人依法行使诉讼权利”的重要性。只有保障了诉讼参与人权利的充分行使,司法公正才可能得以实现。新规则对此予以了高度重视并将其作为第一位权利保障目标。

其次是保障公众旁听的权利。社会公众对于法院庭审享有知悉与监督的权利,包括了解权和监督权。公众的这两个权利是十分重要的,它可以使之切实地了解人民法院的庭审活动与过程,更可以使之根据亲身体验对法院庭审得出自己的判定与评价。公众要实现了解权和监督权,旁听庭审是关键的环节。新规则在立法目的上对其予以特别强调,将其作为公众权利加以特别保障。新规则在第 9 条中作出了进一步的具体化,“公开的庭审活动,公民可以旁听”。为了确保公众旁听权利的实现,其第 8 条早就规定了,“人民法院应当通过官方网站、电子显示屏、公告栏等向公众公开各法庭的编号、具体位置以及旁听席位数量等信息”。以此努力为公众旁听提供最便利的条件。新规则第 11 条规定,对于公众关注度较高、社会影响较大、法治宣传教育意义较强的案件,依法公开进行的庭审活动,人民法院可以通过电视、互联网或其他公共媒体进行图文、音频、视频直播或录播。如是,旁听的范围得到了大大扩展,能够参与旁听的公众倍增,公众的旁听权利就可以得到更好的保障。

新规则还特别注意对于特殊当事人权利的保障。在众多当事人中,在押刑事被告人是一个特殊主体。新规则针对其特殊情形和现实状况,在第 13 条特别规定,“刑事在押被告人或上诉人出庭受审时,着正装或便装,不着监管机构的识别服”。除人身危险性大,可能危害法庭安全者外,“人民法院在庭审中不得对被告人或上诉人使用戒具”。

这些规定将其纳入诉讼权利的范畴予以保障,充分体现了新规则对被告人的人权保护。此外,新规则还对残疾人的权利予以了特别关注,其第 5 条规定“法庭应当设置残疾人无障碍设施”,体现了人民法院对于残疾人特殊权利的尊重与保障。

二、促进司法公正

司法公正是整个司法活动的最高企求,也是至为神圣的目标。让人民群众在每一个案件中感受到公平正义,庭审就是最不可缺少的环节。新的《法庭规则》将促进司法公正作为庭审最直接、最崇高的目标,并将这一崇高目标体现在了各个方面。

促进司法公正,首先体现在新规则立法目的的设定上。新规则明确设定“促进司法公正”为立法目的之一。司法公正是从多方面体现出来的。判决结果公正当然是最重要的,但是审理过程包括庭审程序公正也十分重要。庭审公正是司法公正的构成部分,也是审判结果公正得以实现的必要路径。没有庭审公正,就难以获得裁判结果公正。在庭审不公的基础上,裁判结果必然是可疑的。因此,庭审公正是审判公正的组成部分,对诉讼参与人尤其是当事人具有极为重大的意义,对于旁听公众具有不可估量的重要影响。因为旁听公众可以凭参加旁听的观感直接得出人民法院及其法官是否公正的结论。新规则将庭审作为促使司法公正的重要环节加以特别强调,对于整个司法公正的实现具有不可忽视的重要意义。

促进司法公正,其次体现在新规则对诉讼参与人包括各方当事人的同等对待上,尤其是体现在对律师与公诉人之间的同等对待上。新规则第 16 条规定,“审判人员在庭审活动中应当平等对待诉讼各方”。这是宏观的整体要求。新规则第 5 条对休息室等的使用问题作出了规定,人民法院“根据需要配备合议庭合议室,检察人员、律师及其他诉讼参与人休息室”。这一规定解决了律师等是否与检察官一同享有休息室的问题。再如新规则第 6 条对于安检的规定,再一次体现了平等的法治精神。对于检察人员和律师违反《法庭规则》的行为,新规则规定了相同的措施,即人民法院可以向人民检察院通报情况并提出处理建议;人民法院可以向司法行政机关及律师协会通报情况并提出处理建议(第 23 条和第 24 条)。这里既体现了对检察官和律师的尊重,更体现了对于他们的同等对待。

促进司法公正,再次体现在新规则对于旁听问题的处理上。新规则第 9 条规定:“旁听席位不能满足需要时,人民法院可以根据申请的先后顺序或者通过抽签、摇号等方式发放旁听证,但是应当优先安排当事人的近亲属或其他与案件有利害关系的人旁听。”这体现了对于当事人近亲属和与案件有利害关系的人的尊重与关切,也体现了对所有旁听公众的公正对待。根据申请的先后,乃至采用抽签、摇号等方式发放旁听证,都体现出了人民法院公正对待每个公众的态度与行动。对旁听公众的公正对待,是司法公正的延伸,也是司法公正的体现,一个公正的司法必然体现在司法活动本身以及相关的各个方面。

三、彰显司法权威

新发布的《法庭规则》,将彰显司法权威列入立法目的,强化了其在庭审中的意义。新规则第 1 条规定“促进司法公正,彰显司法权威”,将司法权威作为紧跟司法公正之后的重要目标加以了确立。紧接着新规则第 2 条对法庭作出了基本的定义,即“法庭是人民法院代表国家依法审判各类案件的专门场所”。为了表现这种代表国家依法审判的神圣性,“法庭正面上方应当悬挂国徽”。法官的入席意味着庭审活动的开始,对此,新规则第 15 条规定“审判人员进入法庭以及审判长或独任审判员宣告判决、裁定、决定时,全体人员应当起立”。这是对法官的尊重,是对法庭的尊重,也是对司法的尊重,它所彰显的就是司法权威。庭审开始后,"全体人员在庭审活动中应当服从审判长或独任审判员的指挥,尊重司法礼仪,遵守法庭纪律"(第 17 条)。新规则的第 19 条规定,"审判长或独任审判员对违反法庭纪律的人员应当予以警告;对不听警告的,予以训诫;对训诫无效的,责令其退出法庭;对拒不退出法庭的,指令司法警察将其强行带出法庭"。尽管这样的情形很少,法官也极少使用相关的手段,但是它对维护司法权威是极具意义的。对于审判人员等出现的违规行为,新规则设定了建议、举报、反映的机制。这样的机制设计既有利于防止司法不当行为发生,防止出现司法专横,同时又能确保庭审的顺利推进,为解决检察官、律师等与法官之间的认识差异提供了法治路径,也为维护司法权威提供了法治机制。

(本文原载《人民法院报》2016 年 4 月 21 日。作者在最高人民法院司法体制改革办公室挂职时,已参与修订的准备工作。在新规则公布时,作者已离开最高人民法院。此文为应最高人民法院司改办有关同志之约,特地撰写的解读文章。在《人民法院报》发表的同时,亦在《人民法治》2016 年第 5 期发表。)

126. 关于案多人少的理论思考

来到了“千年帝都、牡丹花城”洛阳,不禁使我想到了唐朝大诗人王昌龄的诗:“寒雨连江夜入吴,平明送客楚山孤,洛阳亲友如相问,一片冰心在玉壶。”我们正怀着这样的冰心来到洛阳,参加研讨。今天我们要探讨的主题是破解案多人少难题,对此,我作了两点思考。

一、必须面对的案多局面

根据《2014 年最高人民法院工作报告》,2013 年最高人民法院受理案件 11,016 件,审结 9716 件,比 2012 年分别上升 3.2%和 1.6%;地方各级人民法院受理案件 1421.7 万件,审结、执结 1294.7 万件,同比分别上升 7.4%和 4.4%。

根据《2015 年最高人民法院工作报告》,2014 年最高人民法院受理案件 11,210 件,审结 9882 件,比 2013 年分别上升 1.8%和 1.7%;地方各级人民法院受理案件 1565.1 万件,审结、执结 1379.7 万件,结案标的额 2.6 万亿元,同比分别上升 10.1%、6.6%和

15.7%。

根据《2016年最高人民法院工作报告》，2015年最高人民法院受理案件15,985件，审结14,135件，比2014年分别上升42.6%和43%；地方各级人民法院受理案件1951.1万件，审结、执结1671.4万件，结案标的额4万亿元，同比分别上升24.7%、21.1%和54.5%。

根据以上的数据，我们可以毫无疑问地得出结论，人民法院审理的案件数量很多，太多。我们的法官确实很辛苦。如果有人问这是历史的偶然还是时代的必然，我要说，这是别无选择、必须面对的现实。

1. 人口数量庞大的结果

全中国现有人口近14亿。河南省有过亿的人口，超过100万人口的县居然有二十多个。人口多了矛盾纠纷必然多，这是毋庸置疑也无须论证的结论。如果有人问，我们人口是陆续增加的，而为什么案件却是陡增的，这就要思考以下的因素。

2. 市场经济发展的必然

市场经济的发展是案件增多的经济基础。在计划经济之下，各个单位，各种购销都被计划了，极少有矛盾纠纷。即使产生矛盾，还可以通过上级部门解决，也形不成案件。现在不同了，不同经济组织之间一旦发生纠纷，上级组织的行政裁决与调解功能弱化乃至消失，只有寻求司法或者准司法的解决路径，法院案多就成了必然。现在的市场有多活跃，是以前的人们根本无法想象的。2015年的光棍节，阿里巴巴与京东，据说各自网上销售达900亿元人民币之多，两者相加竟然高达1800亿元。一笔简单的网购必然涉及卖家与买家之间的购销合同，买家与银行的支付合同、卖家与银行的代收货款合同、买卖双方开户银行之间的结算合同、卖家与快递公司之间的承运合同、买家与快递公司和买家之间的承运受益合同，不用说还有货物“三包”合同，等等。那么大数额的贸易，涉及的经济合同不计其数。一旦哪一个环节发生矛盾纠纷，就难免成为案件而走进人民法院,人民法院的案多就成为必然;更何况现在经济总体的不景气,企业之间的支付与结算困难,矛盾纠纷就会大增,这时诉讼必然大量增加。

3. 社会多元发展的表现

现代社会是多元的社会,也是社会关系更加复杂的社会。特别是由于通讯、交通的改善乃至巨大进步,人与人之间的交往更加频繁,人们之间的社会联系增多,权利义务关系就多,权利的保障、义务的履行都会导致很多问题。这样的人际交往必然大大增强人与人之间发生纠纷的几率,案件的多发就成为必然。

4. 维权意识提升的产物

权利意识对于诉讼的影响是巨大的。在缺少权利意识的背景下,一些公民就可能对某些侵权行为采取容忍与隐忍的态度,并不会诉诸法院,当然也不会形成案件。在法治宣传教育的推动下,随着我国法制的发展,公民的权利意识不断提升。由于权利意识的提升,维权意识必然提升。维权意识的提升,对于社会来说,当然是文明进步的表现。但是维权意识的提升必然会更多地通过各种途径来维护法律权益,诉讼案件的增加就成为其必然的产物。

5. 立案制度改革的结果

2015 年 5 月全国各级法院系统实行了有案必立、有诉必理的立案登记制度改革,消除了立案门槛。这一改革的意义是不容低估的,也是我们司法改革必须闯过去的难关。立案制度的改革,使案件数量增加是必然的。案件的增加必然对法院和法官提出了裁判的要求,案件的增多成了立案制度变革的必然结果。偏偏我们改革立案制度的同时,又在启动和推动法官员额制度的改革,由此又引发并伴随一定数量的法官辞职风潮,更助推和加剧了案多与人少的矛盾。

二、深化改革才是解决路径

有人会提出提高思想觉悟与提高法官素质等。这当然是重要的，但是我们更要去寻找实实在在的路径，而不仅仅去谈论空泛的思想觉悟和难以捉摸的法官素质等。

1. 强化法官队伍建设

案件增多，本该增加法官，但是现在法官受员额制的推行及辞职风的影响，法官数量不是增加而是大大减少。那么是不是就可以简单地说就是法官数量不够？也还不是。在个别地区、个别法院也有无案可办的情形。再说发达地区与落后地区、城市与农村、专门法院与普通法院之间都还有诸多区别。因此，简单地说增加法官数量，还不如说优化法官员额及其配置。具体说来，一是科学确定法官员额，有计划地充实法官队伍。二是我们确定法官的数量要以辖区案件数量为标准，不是以其他因素来确定。三是在省辖范围内，法官可以根据案件数量及其变化随机配置。

2. 衔接多元解纷机制

以前计划经济和行政集权时代，案件少。行政机构在解决纠纷上发挥了重要作用。现在这一作用被弱化乃至丧失。我们必须探索在新形势下的多元化纠纷解决机制来分解法院的案多压力。认识到这一步还不够，还必须改革司法与其他机制之间的衔接机制。仅以仲裁与审判之间的关系为例，就可以作出很多思考。我们现行的《仲裁法》，其实是一部国家主义的《仲裁法》，是一部不信任仲裁的《仲裁法》，也是一部加重法院负担的《仲裁法》。仲裁是当事人意思自治选择的纠纷解决方式，完全没有必要附加一个人民法院的审查机制。但是我们现在的《仲裁法》偏偏设置了两道多余的关口。它在降低仲裁效用的同时，更增添了法院的负担，法院就更忙不过来。我以为，以后凡是仲裁的裁决,不必再经法院审查,更没有不予执行之说,彻底实现一裁终裁。至于仲裁员的舞弊行为,应从立法和法律监督的角度依法采用另外的程序和机制处理。

3. 完善诉前调解制度

诉前调解是很好的制度,我们很多地方作了很多很成功的尝试,但是许多地方效用还不是最好。要强化诉前调解效用,美国的一个办法可以借鉴。凡是调解法官提出的金钱支付方案不被当事人听取而坚持诉讼的,解决结果在多少比例范围之类的,不服调解方要承担一定的经济责任。有了这样的设计,就可以大大增强诉前调解的效用。当然,我们也要注意绝对不能让调解法官成为审判法官;否则,当事人就不会信任法院,我们也难以保证审判法官的公正。

4. 优化审判组织构成

审判组织从微观上讲的是审判庭的组成。一个主审或者说一个入额法官应该有几个助理,有几个书记员。这个问题需要研究,需要实践检验。但是"一审一助一书"的模式恐怕不行。究竟是怎样的结构,我们要总结实践中的经验,要深入研究。助理少、书记员不够,法官发挥不了应有的最优作用。真正的法官应该是用于裁断的,不是用于辅助性工作的。这就要改革我们的传统认识。只有这样法官才能神圣起来,效率才能提高起来。从中观上讲,要重新设计法官、审判庭、法院之间的结构关系。要建构良好的法官与法院之间的关系。原有的审判庭,该如何进行改革?如果将庭改造为法官专业委员会,其职能也会发生相应的转变。从宏观上讲,要重新构设不同层级法院之间的结构关系,法院与人大、政府、党委包括政法委之间的结构关系。具体地说,人大对法院的监督是什么监督,监督的方式是什么?是不是现在的报告、票决模式?这与"谁审谁判谁负责"的机制是什么关系?此类问题都值得我们去研究。

5. 完善简易速裁机制

对于简单的刑事与民事案件包括小额诉讼等,实行简易审判程序以达成速裁的目的。能否将基层法庭建设成为简易民事案件的速裁机构;在各个基层法院设立刑事速裁的审判组织,对轻微刑事犯罪案件实行速裁?目前的问题是如何判断简易,也就是应该对哪些案件实行速裁?速裁要真正的速,而不是徒有虚名。对于影响速裁的因素,超越我们法院职能的,根据具体情况,或者要请立法机关完善或修改法律制度,或者要请政法委予以协调,乃至提出新的法治化的解决方案。

(本文原载《人民日报·民生周刊》2016年第10期,系作者在洛阳中级人民法院召开的中国行为法学会学术会议的发言。)

127. 敬畏法律是法治的必需

敬畏法律是建设法治国家、法治政府、法治社会的客观要求，是实行依法治国、依法执政、依法行政的现实需要。一般社会成员乃至领导干部都要特别地敬畏法律。为什么要敬畏法律？主要是因为：

其一，忠诚法律就是忠诚国家和人民，国家和人民必须敬畏，因此法律必须敬畏。法律是国家意志和人民意志的体现。国家意志的表现形式是多种多样的。在国际上，有国家发布的外交声明、照会、签订的国际条约等；在国内还有法律、国家政策、国家发展规划等。其中唯有法律这种国家意志具有最大的稳定性和最高的权威性。法律是国家意志中最有权威的，它直接伴随着国家的强制力保障。谁违反了法律，谁就应当承担法律上的责任。法律的直接意志主体是国家，根本的意志主体是人民。人民是一切权力的终极来源；没有人民，没有人民的授权，就没有公权力。所有的公权力行使者都应当是由人民选任并以法律授权的。在人民民主、人民当家作主的国家，法律是国家意志，更是人民意志。判别一个公务人员或者领导干部是否忠于国家、是否忠于人民,最根本的检验标准就是看其是遵行法律或者违反法律。在一个领导干部的心目中,如果国家是神圣的,人民是神圣的,就必须敬畏作为国家意志和人民意志的法律。只要其心理和行动上对法律是敬畏的,就必然是忠于国家忠于人民的。公务人员尤其是领导干部是由人民为治理国家或者社会而选任的,他们是必须忠诚于人民和国家的特殊社会成员。必须忠诚国家、忠诚于人民,这是对各级各类领导干部的政治要求。只要这一点是坚定不移的,那么公务人员及其领导干部就必须特别地敬畏法治。

其二,法律以国家强制力为后盾,国家强制力具有当然的威慑力,必须敬畏。法律直接伴随国家强制力,这是法律必须被敬畏的又一重要原因。国家强制力包含着警察、法庭、监狱,乃至军队等。在一般的社会管理中,当然是前三者,至于军队的作用越来越局限于维护国家主权与安全、防止外来侵略。违反法律会招致国家的暴力强制,被作为违法犯罪加以惩罚。这是法律与政策、纪律、道德之间的重要差异。法律的国家强制性,是法律的基本特征,也是它与其他社会规范的重要区别。正因为法律具有其他社会规范所不具有的国家强制性,它的暴力特征就成为显著标志,也是其令人敬畏的外在原因。法律的决定,对于人们来说具有不能不服从的强制性质,人们只能遵守而不能违反。

其三,法律具有最严厉的惩罚措施,其惩罚的严重性使之具有了必须被敬畏的性质。违反任何社会规范都会承担相应的责任。违反道德,可能受到舆论的谴责和良知的自责;违反政策,可能受到某种政治的处罚;违反习惯也可能会受到来自传统力量的惩罚。唯有违反法律却会受到来自国家的处罚,尤其是其中的刑事处罚更为严厉。我国目前的刑事处罚包括主刑与附加刑。主刑包括管制、拘役、有期徒刑、无期徒刑、死刑五种,附加刑包括罚金、剥夺政治权利等,无不是相当严厉的。由于法律惩罚方式的严厉性,因此也就必然地具有令人必须敬畏的性质。

其四,法律是公正与良知的化身,法治是公正与良知现实化的保障。我们常说法律包含人类的公正认识,其实法律也体现着人类的道德良知。法律的制度与规则中内含伦常与天道。法律必须符合伦常,也必须尊崇天道。公正、良知、伦常、天道都是神圣的,人类对于这些神圣的东西,必须心怀敬意;否则且不说因果报应与天理昭彰,就是心底的罪恶感也足以毁坏美好的人生及内心的宁静。因此,法治必须为人们所敬畏。

(本文原载《人民法治》2016年第4期。)

128. 理性认识司法官员待遇

司法官员待遇改革是司法体制改革中极为引人注目的重大问题,更是所有司法官员乃至全社会关注的问题,必须用改革的态度来思考。这一改革目标是实现司法公正,是使人民群众从每一个司法案件中感受到公平正义。以这个目标来考察,就必须明白,既然是改革,就不是适当修缮,更不是采取一个权宜之计;必须有改革的决心、勇气和行动,绝不能敷衍塞责、草率从事与简单从事。司法官员待遇问题上能否采取超乎寻常的改革措施,是一个试金石,也是一个根本因素,是检验我们是否真正改革的重要标尺。如果以漫不经心的态度来对待这一改革,也许就会葬送改革,错失改革良机。简单比附有关部门的工资、比附其他行政公务员的工资,都是错误的。应该立足司法官员工作性质和身份特征本身,从目标期待着眼,参照国际社会的普遍情形,毅然决然地采取切实的行动。

改革本来就应该是突变性质的进步。但是在社会实践中,改革既有改进,也有打着改革旗号的"改退”。在应然意义上的改革只能是改进而不是改退,绝不能“改退”。比如法院体制与司法官员管理的行政化问题,是个大问题,我们一直想解决,都没有能解决。在这场改革中,千万不能让司法官员待遇制度逆向改革,导致行政化固化或者重新复归。因司法官员待遇而带动既有行政化的固化,或者使司法机关和司法官员行政化管理复归,都必然是错误的,必然得不偿失。司法官员待遇要提升是正确的,是方向。将司法官员待遇等同公务员,司法官员职业就难有吸引力。如果司法官员的待遇不如公务员,能做公务员的法律人恐怕都不愿意做司法官员。优秀的法律人都去做公务员而不做司法官员,我们就不可能赢得神圣的、公正的司法。法院要鼓励司法官员多办案是正确的,对于成绩显著的司法官员予以薪酬意义上的激励,当然有道理。面对司法机关任务繁重,为了激励司法官员多办案,适当增加薪酬是合理而必要的。但是如果用诉讼费激励或者发绩效工资,其后果就十分严重。我们绝不能让人民法院用诉讼费来发放绩效工资等。如果以此来解决司法官员待遇问题,就是一个大灾难、一次大倒退。人民法院因为一个绩效工资的来源就丧失了社会公信,必然是可悲的。这笔钱理当由国家来承担,这本身就是国家的责任。当然说是国家承担的,最终还是人民承担的,但是它却可以有效地预防在此问题上的腐败,增强人民法院的公信力。人民为司法公正而承担的正当花费尽管很高,但仍然是值得的,因为人民会最终受益。

改革司法官员待遇的根本,必须立足司法官员自身的性质与身份要求来作出相应的决策。如何让司法成为令人崇敬、让人羡慕的职业,是尊重司法官员、着眼社会的现实需要。司法官员地位与其薪酬是密切相关的,其地位的提升与其薪酬的提升是密切相关的。在总体上,千万不要设想,低待遇的司法官员能够提供高质量的司法审判。低待遇只能留住低水平的司法官员。在低待遇的条件下,优秀的司法官员一是留不住;二是即使留住了,也会低能化。自认为优秀而因待遇低离开法院者就不说了。那些留下来的优秀者,也会因低工资而懈怠,甚至表现出低能。当然其中一定有乐于奉献的伟大者,但一定不是全部。再说,我们明明可以公正对待司法官员的待遇,却不公正,而去依赖其无私奉献,作为制度设计来说,肯定是不道义的,也是不科学的。对于改革过程中由于员额限制而需要离开司法机关的,组织人事部门理当积极协助;对于少数自愿离职者也应保障其合法权益甚至予以适当补偿,使其愉快离开。在司法改革中司法官员的去留都有其合理性,尤其是那些本来就不适宜在司法机关工作的成员,就应当让其走出去。只是我们必须从制度设计入手将不适当的送出去,将优秀的留下来,并将外面的优秀者引进来。

(本文原载《人民法治》2016 年第 5 期。)

129. 确定司法官员待遇的根据

司法官员待遇的确定，必须以司法官员的工作性质作为首要根据，其次是社会期待，再次是相对比较。这些是设定司法官员待遇制度的出发点和立足点。认识不到这些，就会无所适从。

司法官员工作性质是其待遇的首要根据。司法官员的工作是审理和裁判，这种工作性质也决定他的法官身份。其工作性质和身份特征决定了司法官员必须具有独特的专业能力、特殊的专业属性。不是谁都可以出任司法官员。首先，担当司法官员者必须有法学的专业修养、必要的法律工作经历、智慧的判断能力，以及清廉的高尚品德。其次，司法官员必须公平正义，必须实现公平正义，必须具有最大的公正性。这一要求，是对司法官员心智与能力的双重要求。具有良好心智和能力的司法官员，要予以足够优厚的待遇，也是天经地义的。再次，司法官员必须定分止争，必须谋求并能够最终地解决矛盾纠纷。最后，司法官员一直处于矛盾的焦点处，处于冲突的风口浪尖上，也处于各种利益诱惑中。何以支撑他们廉洁自律，除了高尚的道德、严明的法制之外，必要的优遇一定是支撑他们的重要因素。这是在工作性质与身份特征上与其他公务员的区别所在，也是其享有很高待遇的最大根据之所在。这种待遇的根据不是简单的劳动量和体力消耗状态，否则我们就无法解释工程师与农民工的收入差距。

司法官员职业的社会期待是确定其待遇的重要因素。由于司法官员工作的职业要求，我们就有了对司法官员的职业期待。司法官员必须是精英，具体说来必须业务优秀、工作辛劳、道德崇高、克己奉法，等等。满足这样工作期待的司法官员，必须是法律精英、道德楷模。也许，许多人都会说现实的许多司法官员并非都是这样的精英与楷模。我也赞同，但是确定其待遇时究竟该以什么为根据。如果是以现实的不精英状况为依据，当然可以给其低待遇，但是我们也就丧失了要求其精英的正当性。那必然是“低待遇—低素质—低服务—低待遇”的恶性循环。现在就是在这样的恶性循环之中。如果能够断然给予其高待遇，国家、社会、人民都有理由要求其高素质、高服务。对于素质不高者，就有理由劝其知乎进退，热情欢送。人们当然可以因高待遇而要求在职者和新入职者必须高素质。也可以用高素质之标准淘汰不合格的司法官员，以高素质之标准要求新司法官员。经过一段时间，司法官员队伍就必然精英化，司法官员个体乃至整体的素质提高了，我们就可以有效地避免或者跳出恶性循环的泥坑，“高待遇—高素质—高服务—高待遇”的良性循环就可能形成。

司法官员待遇也是在相对比较中确定的。司法官员对其待遇的满意与否的结论，是在相对比较中得出的。司法官员待遇可以与生活需求比较，可以与国外司法官员比较，等等。但是最直接的，当然是与公务员比较、与法律职业共同体中的其他法律人即与律师、与法学学者比较。与公务员比较，司法官员应该比公务员有更高的待遇。因为司法官员是比公务员职务要求更高更严的职位，专业化程度更高的团队，整体上更精英化的团队。司法官员当然难以与律师比收入。因为律师的收入是市场化的,有高有低,高者颇高。但是司法官员无疑比律师更有尊严,更有职业尊荣感,更少日常工作与总体收入的不确定性。但是如果司法官员与律师的收入相较,悬殊太大,恐怕也会直接诱使司法官员转行从事律师职业,而不利于稳定和优化司法官员队伍。其实,司法官员的收入应该与同资历法学学者大体相当。在司法官员待遇与公务员、律师、法学学者的收入比较中,合理确定其待遇标准,将是适当而科学的方式。事实上,不管制度拟制者比较或者不比较,司法官员一定会将其在职业法律人中进行比较。因此,我们必须将其待遇与相关职业人士的收入相比较,使其待遇得以科学合理地确定。

(本文原载《人民法治》2016 年第 6 期。)

130. 法治呼唤理性

近来一个时期,发生了许多不该发生的故事,其实是事实,更是事故。北京昌平一个小伙子“被怀疑嫖娼而在警察手中失去了生命”,广西南宁一个律师“被法警扯破裤子”,广东深圳两个小女孩因被盘查身份证而“被警察带走审查”,如此等等。微信圈乃至公众媒体,为此分成了两派:一派对警察的执法提出质疑,甚至就认为其涉嫌违法乃至犯罪,必须追究警察的违法犯罪行为;另一派则为警察辩护,声称不要让警察流血又流泪,说警察那么辛苦那么多牺牲,还不应该被原谅吗?

看着这些形形色色的表态,我陷入了深深的沉思。警察怎么了?法治怎么了?中国怎么了?我们的路在何方?我们应走向哪里?

理性,成了最需要的资源。任何凭借直觉的泛泛之论都可能是对事实的误读。作为媒体来说,误读不仅会传达错误信息,必然会误导公众,甚至影响国家有关机关而导致错误决策。

警察部门有没有问题。就具体的事例而言,也许有,也许没有。但是就总体来说,不可能没有问题。那么究竟是怎样的问题？难道我们能因为警察的辛劳和牺牲,我们就不需要仔细地探究么？我们不需要认真地加以解决么？

如果一个人只根据个人的好恶来评价某一事实,也许就是个人自由的表现;但是要诱导公众得出错误的结论,甚至要去误导国家作出措施的决定,恐怕就有些居心不良甚至可恶。社会不拒绝偏见,甚至还会容忍偏见和保护持有偏见者的法定权利。这都是对于个人而言的。对于一个国家、一个政府、一个司法机构、一个立法机关、一个公共媒体来说,他们是不应该有偏见的。他们最需要的是理性。面对纷繁的世界,如果没有理性是多么可怕啊。

理性根本的就是一个“理”字,最害怕的是不讲理。在某地李家庄,有一家庭,父母去世已久,兄弟俩早已分家单过。家中李老大突发奇想,要他弟弟李小弟出钱来给他家盖房子。李小弟说,“我们已经分家了,我怎么还要给您盖房子?”李老大觉得其小弟没有听他的话,顿时火冒三丈,将李小弟一阵暴打。趁李小弟躺着地上呻吟的时候,冲进李小弟家中,将其家中财物乱砸一气,使得小弟家中除房子之外,无一完整物品。

小弟愤怒了,不停地抗议,一会儿要请人评理,一会儿要报警,一会儿要向法院起诉。一时间引来了众多乡邻。大哥拉大嗓门满腹委屈地对邻居们说:“请各位乡邻评评理,看看我们谁错谁对?”

“第一,我有什么错？所有的事情都是李小弟不听话导致的。他是我弟弟,理该听我的话,如果听话,我会砸他家吗？他不听话就是祸根。是他不听话,我才打他人、砸他家的。

“第二,我打了他,砸了他家,我不心痛吗？我比他还心痛,更比你们心痛。因为他是我弟弟。你们看我会去砸别人家吗？会砸你们的家吗？没有啊！之所以打他、砸他家,是因为他是我弟弟。我砸了,是看得上他，是爱他。他闹着一会儿要报警、一会儿要起诉，还把我当哥哥吗？是把我当罪犯，要把我送到牢房去，多么邪恶啊?！世界上有这么陷害自己亲大哥的吗？

“第三，他小时候，我跟爸爸妈妈带着他长大，我的劳动成果他没有享受吗？不然他能成长起来？现在他大了，不需要我照顾了，就不听我话了。刚才他被我打了，家被我砸了，有什么大不了的？还要去告我?！忘恩负义的东西。你们能支持这种忘恩负义的东西吗？”

众人听完后，齐声回答“不能”；纷纷认为大哥说的实在在理，李小弟实在是太不像话。

李小弟听着听着，不禁喃喃自语：“难道我真的错了？天啊，还有天理吗？”

我们呼唤理性，在李家大哥哥那里有理性吗？李家庄的人讲理吗？李家庄人有理性吗？没有理性，哪来法治。现在李家庄没有法治，看来李家庄很长时间也不会有法治。

（本文原载《人民法治》2016年第7期。）

131. 国家治理面临的根本挑战

国家治理体系和治理能力问题为什么会被提出？为什么要确立国家治理现代化与科学化的目标？回答一定是国家治理的实践已经落后于现时代对其水平的要求。现实的国家治理遇到了严重挑战，必须推进国家治理体系和能力的现代化与科学化。

具体说来我们遇到了怎样的挑战呢？

首先是经济上的挑战。历史延续的自然经济仍然具有重要作用，市场经济体制尚未完备。

现在广大农村实行的还是家庭承包责任制，曾经极大地解放了生产力，调动了农民的积极性，使农村乃至整个中国发生了深刻变化，推动了城市管理体制改革和市场经济的发展。但是就家庭承包本身来说，还是准小农经济、自然经济的样态，大规模的、集约化的农村生产方式并未形成。一家一户的生产组织形式，不过是自然经济包括传统农业在当代的历史延续。如何走出家庭承包的藩篱，创新农村与农业的生产方式，是我们面对的重大难题。法律应该怎样推动农业现代化和建设新农村的进程，还莫衷一是。

根据预定的时间表，要在 2020 年前后建成社会主义市场经济体制；但遗憾的是计划经济的痕迹还十分明显，完全的市场经济体制还没有建立。一些本该交由市场调整的领域，继续在由政府调控。政府依然在管那些管不了、管不好的事情。党的十八大以来，我们逐步推行了权力清单制度。实行的结果，不是将权力缩小了，而是权力懈怠了。怠政、惰政成为官僚体制的重大问题。

国有企业在整个国民经济中的作用是极其巨大的，谁都无法否认。但如何深化国企改革，如何用市场经济手段推动国企改革，还是极为重大的难题。国有企业与公有制究竟是什么关系？公有制与社会主义及其初级阶段是什么关系？这是重大的理论问题。其实还有更多的实践问题。国有企业与党的领导是什么关系，企业中党组织的地位、作用问题，党的领导与现代企业法人制度如何衔接、融合的问题，如何建立既有中国特色又符合科学规律的中国企业制度问题，还没有完全认识清楚，还有很多歧见与谬误。

其次是政治上的挑战。民主政治依然在探索之中。从目前来看，村民自治取得了重大成就，但是要靠它带动整个民主政治的建立，还是过于乐观。高层不动而仅动基层，结果是基层无力推动高层，基层自身也乏力。要靠党内民主带动社会民主，看来，效果也不是十分明显。近年来，党内公推直选制度几乎停止了实践。我们是否可以尝试从司法体制和人大制度着手进一步深化政治体制改革？

从司法体制改革来讲，我们党早就意识到它是政治体制改革的突破口之一。党的十八大之后，我们党对司法体制改革予以了从未有过的关注和最有力的推进，但能否因此而推动政治体制改革还是问题。因为，作为改革突破口，它改革了，其他相关部分必须及时跟进。如果不能跟进，一是司法体制改革的引领效用会降低，二是其他应改而未改的因素也会成为司法体制改革的障碍，甚至导致复辟。

现在我们也许应该启动人民代表大会改革，尽快实现人民代表人民选，推动人民代表的直选制和专职化。如果人民代表能充分发挥作用，能够一年365天都在参与国政，那么，这也许是推动政治民主化的最好路径，也许是提升国家治理能力和治理水平的有力措施。

最后，是文化上的挑战。现实的社会文化还是一个混杂的体系，期待中的先进文化还没有完全建立起来，现实的文化冲击尤其是互联网文化冲击又客观地呈现在面前。既然无法关上网络的大门，就必须理性地面对，让网络成为先进文化的载体，成为现代文明的标志。

现实中，国家治理必然会遭受各种因素制约。经济、政治、文化中落后的、顽固的东西还禁锢着我们的头脑，阻碍着前行的步伐。我们必须认真思考和处理国家治理与法律制度、与人的作用、与国家权力的关系，努力使国家治理成为法治下的善治。

（本文原载《人民法治》2016年第8期。）

132. 国家治理必须依法

就国家治理与法律之间的关系,在总体上可以说,国家治理是法律的重要目的,法律是国家治理的重要手段。依照法律来治理国家,让法律在国家治理中发挥最大的权威性作用,确保法律至上,也就是人们所说的依法治国。依法治国也就是国家治理意义上的法治。在现代,国家治理必须也只能选择法治。依法治国是通向国家治理现代化的必由之路。

法律是伴随国家治理的需要而产生的。实现国家治理是法律的重要目的。法律从其产生开始就与国家不可分离,甚至就是国家起源时代与国家同步衍生的产物,也是适应国家的形成和发展需要而产生的。法律伴随国家的出现而出现。国家的形成过程就是政治公共权力的形成过程。原始人类的共同事务是由氏族、部落来处理的。随着部落、部落联盟的出现,乃至需要运用一种具有强制的公共权力而处理公共事务的时候,国家也就产生了。在国家产生的同时,国家这种公共权力用于处理公共事务的规则——法律也就产生了。从这一产生过程可以看到,法律是适应国家的治理而产生的。

法律随着国家治理的发展而发展。法律与国家的不可分离,决定了法律与国家治理的不可分离。国家治理的内容,随着时间流逝与实践发展而不断丰富。国家治理的变化对法律的作用提出了新的要求。国家治理的出现与发展导致了立法机关、执法机关、司法机关的产生和发展。也许早期的这三类机关之间界限还十分模糊,在特定的时期甚至还“和三而一”,只是到了后来才有了“一分为三”。为了适应国家治理的发展,法律的内容愈益丰富,法律的机构也日益完善乃至专门化。法律的制度与机构都需要伴随国家治理的发展而发展。

法律是国家机构及其官员的行为准则。法律是国家治理的规则,国家的构成分子——臣民乃至公民当然需要守法,其国家机构必须守法——依法行权。在民主体制下,国家机关的依法行权,是其忠于人民的表现。这是民主体制与机制的要求。其实在专制体制和机制中,法律也依然是国家治理的工具。在专制的体制机制中,法律依然是存在的,甚至还可能有比较完备的法律制度。可以认为,在民主制度之下,由于法律是人民意志的体现,国家机构及其官员是否守法,是检验其是否尊重民主、服务人民的准则。在专制制度之下,由于法律是专制极权者意志的体现,国家机构及其官员是否守法,是检验其是否尊重王权、效忠王权的准则。

法律机构就是国家机构,国家治理机构的发展就是法律机构的发展。历史经验与客观现实都告诉我们,法律机构就是国家机构,或者完全可以颠倒过来说,国家机构就是法律机构。我们现在的法律机关无非是立法机构、执法机构和司法机构。我们的国家机构呢?也无非是立法机构、执法机构和司法机构。在这里,法律机构与国家机构实现了完全的统一乃至同一。将这些机构称为法律机构还是称为国家机构,只是视角的差异,没有本质的区别。如果说,国家治理是由国家机构来进行的，也完全可以说，国家治理是由法律机构来进行的。

法律与国家之间的密切联系与互动关系，决定了国家的依法治理——依法治国是国家治理现代化的根本方式。

（本文原载《人民法治》2016 年第 9 期。）

133. 当代世界法治与司法改革

全球化至少在以下几个方面推动着国际法治化的进程。第一,全球化推动了世界法治信息的共享,使国际社会形成了走向法治的舆论环境。第二,全球化促进了国际组织的大量增加,必然导致大量国际规则的制定和实施。第三,全球化加大了国际矛盾纠纷发生的概率,促使新的国际法律规则的形成与既有国际法律规则的适用。

最近这三四百年以来,尤其是第二次世界大战之后,法治作为一个世界潮流,席卷了整个世界。世界的法治状况呈何种状态向前发展,在法治发展的过程中司法又出现了怎样的改革倾向,都值得我们认真地加以研究。我们可以以之为参照,着力推进依法治国及司法体制改革的发展。

国际社会法治一往无前

随着历史的发展,法治逐步成为很多国家的共识。正如 2008 年 2 月 2 日我国首次发表的《中国的法治建设》(白皮书)所表述:“法治是政治文明发展到一定历史阶段的标志,凝结着人类智慧,为各国人民所向往和追求。”当今世界的法治在“两组织一浪潮”——联合国、世界贸易组织、全球化的推动下,不断冲突、不断整合,一往无前。

联合国自成立以来,一直致力于法治的倡导。联合国于 1948 年发布的《世界人权宣言》,是人类历史上第一个世界人权宣言。其“序言”就庄严宣布:“鉴于为使人类不致迫不得已铤而走险对暴政和压迫进行反叛,有必要使人权受法治的保护。”2002 年联合国人权事务委员会增进和保护人权小组委员会的文件认为:法治的主要特征是利用法律限制和控制权力的使用,以保障自由。直至现在,联合国网站还专门设立有“促进法治”专栏,在其首页公开宣布:“促进国家和国际各级法治是联合国使命的核心。建立对法治的尊重是冲突后实现持久和平、有效保护人权以及持续的经济进步和发展的根本所在。所有个人乃至国家本身都有责任遵守公开发布、平等实行和独立裁决的法律……”

当前,世界贸易组织(WTO)无疑是最大的国际贸易组织,其规则对于法治原则予以了特别的强调,有力地推动了全球化时代的世界法治发展。众所周知,现在的世界贸易组织是由 1947 年成立的关税与贸易总协定在 1995 年发展演变而来。中国在 2001 年 12 月正式成为世界贸易组织的第 143 个成员。到现在,WTO 已经有 160 多个成员,囊括了世界上绝大多数的国家,它们都在 WTO 规则的推动下,遵循着共同的国际贸易规则。WTO 规则对相关国家的影响是巨大的。中国加入 WTO 前后在法律上的立改废就可见一斑。1999 年 11 月中旬,中美关于中国加入 WTO 双边谈判取得成功,12 月 1 日中国外经贸部(现在的商务部)就成立了法律法规清理小组办公室。国务院为此成立了一个领导小组,制定了详细的立、改、废计划。2000 年 3 月,国务院法制办出台《适应我国加入 WTO 进程有关法律、行政法规的制定、修订工作安排》,列出相应的时间表。4 月,国务院法制办印发了《关于适应我国加入 WTO 进程需要清理部门规章有关事项的通知》,明确由外经贸部和国务院法制办牵头,组织中央 14 个负有经济管理职能的部委动起来,开展与外贸、外商投资有关的部门规章的清理工作。财政部、发改委、农业部等纷纷成立了清理小组。在中国加入 WTO 前两个月,2001 年 9 月,中共中央办公厅、国务院办公厅又专门下发了《关于适应我国加入世界贸易组织进程清理地方性法规、地方政府规章和其他政策措施的意见》,部署开展清理地方性法规、地方政府规章和其他政策措施。有关统计资料表明:从 2000 年 7 月至 2002 年 12 月底,为与 WTO 规则接轨,全国人大常委会制定、修改有关法律 14 件;国务院废止行政法规 12 件,制定、修改有关行政法规 38 件;国务院有关部门制定、修改、废止部门规章和其他政策措施 1000 多件;废止地方性法规、地方政府规章 3370 件、修改 1126 件;决定停止执行省级政府及其部门和较大的市政府及其部门其他政策措施约 18.8 万件;停止执行国务院及其办公厅文件 34 份。

当前,全球化的浪潮一浪高一浪,有力地推动着全球的法治化进程。全球政治、经济、文化等,在互联网的推动下实现了适时的互联互通。全球化至少在以下的几个方面推动着国际法治化的进程。第一,全球化推动了世界法治信息的共享,使国际社会形成了走向法治的舆论环境。第二,全球化促进了国际组织的大量增加,必然导致了大量国际规则的制定和实施。第三,全球化加大了国际矛盾纠纷发生的概率,促使着新的国际法律规则的形成与既有国际法律规则的适用。

司法改革:世界法治的重大主题

从第二次世界大战结束以来,世界很多国家高度重视司法体制改革,逐步形成司法改革的国际潮流。

英美法系的司法改革。英国在 2011 年 3 月宣布对民事司法体系进行重大改革,目的是促进英国司法制度的进一步现代化,让民众接近司法。英国司法改革要求防止昂贵的和不必要的诉讼,确保必要的诉讼费用受到限制,促进更有效地执行判决;为社会提供除诉讼之外的更多有效的替代性纠纷解决方式,创造一个更加简洁、迅速和均衡的体系;创设一个管辖权跨英格兰和威尔士的全国性法院,保证案件和法官更有效地分配,使司法系统更加快捷;促进司法公开,英国最高法院审理案件不再受禁止录制其过程的约束,并使其全部诉讼过程可以通过互联网观看,网站直接与最高法院保持联系;及时提供每起案件的摘要梗概,帮助观众知悉案件的背景,提高最高法院司法的透明度与便利性。

美国从 19 世纪中叶以来就一直不断进行着司法改革尤其是民事司法改革。改革的基本目的在于实现民事诉讼制度的法典化与联邦民事诉讼规则的统一化。在司法改革中,美国强调 ADR(替代性纠纷解决方式)的广泛运用,力图利用非诉讼的多元纠纷解决机制化解矛盾。由于 2014 年 8 月弗格森枪杀黑人事件的发生,民众和美国司法部都提出了推动执法部门和司法系统改革的问题,美国的司法改革扩展至刑事司法体制的改革。2015 年 9 月,美国联邦司法中心对《联邦司法改革纲要》进行了新一轮修订。它是美国联邦司法系统改革的纲领性文件。其司法改革任务中强调,联邦法院是在宪法和国会赋予的管辖权内,提供公平公正司法的独立的国家司法机关。作为平等三权的分支之一,联邦法院在满足不断变化的国家和地方需求的同时,着力维护并强化其核心价值观。而改革的核心价值观则是,践行法治、公平正义、司法独立、可问责性、业绩卓越、忠实服务。它将改革的基本内容确定为:践行司法公正,优化司法资源配置,储备未来司法人力资源,挖掘科技潜能,强化诉讼参与,平衡法院与其他政府分支的关系,增进公众对法院的理解、信任与信心,突出强调对司法履职的有力保障和对司法资源的深度整合。

大陆法系的司法改革。作为大陆法系代表的法德两国，也在积极进行改革司法，以使其司法体制能够更好地适应现代化的需要。法国在司法上积极探索非诉讼纠纷解决机制，扩大简易程序的适用范围。对于轻微刑事案件，重视调停工作；对于民事诉讼，重视调解工作。严格法官选任与培训，防止司法权对行政权的干预。德国也同样积极推动司法体制改革，在非诉讼纠纷解决机制上积极探索。实行诉前强制调解，积极化解矛盾纠纷；将调解案件的法官与审理案件的法官分离，防止调解意见影响案件的最终判决。

日本的司法体制改革正在进行之中。2004 年，它确立了混合法庭制度，于 2009 年正式实施，并用以审理案件。根据这一措施，普通的刑事审判庭由 3 名职业法官和 6 名公民法官组成。规模较小的审判庭由 1 名职业法官和 4 名公民法官组成。公民法官将从普通公民中随机抽选，在审判中与职业法官具有同样的权利。建立知识产权高等法院专门处理知识产权案件，引入劳动争议裁判制度以处理劳动纠纷案件；建立专家咨询意见制度以协助法院审理专业性较强的医疗、建筑等科学领域的案件；制定《快速审理法》使所有一审案件在两年之内得到处理；制定《促进运用 ADR 法》以促进建立替代性纠纷解决机制；成立“法律援助中心”等。

其他社会主义国家的司法改革。社会主义国家在世界的现代化、全球化、法治化进程中，纷纷启动并不懈推动着自己的司法体制改革事业。其中越南、老挝都先后启动并至今继续推进。以越南为例，2002 年，越共中央政治局发布了第 08—NQ/TW 号决议，提出了“今后一段时期加强司法职能建设”的改革要求；2005 年，越共中央政治局发布了第 49—NQ/TW 号司法改革战略决议，制定并实施《2005 年至 2020 年司法改革战略》。该改革战略的内容包括司法改革的目标和原则、方向与任务以及实施三大部分。这一战略还规定了建立司法改革指导委员会,宣布该委员会的任务包括制订改革方案、行动计划、改革项目和建议以及年度司法改革任务“路线图”,监督检查本司法改革战略的执行情况;组织、研究或者分配相关部门对司法改革过程中出现的新问题开展研究,并向相关负责部门及时报告研究成果,以供决策时参考;等等。该委员会由其国家主席担任主任委员,近十年来,卓有成效地开展着司法改革的指导工作。

(本文原载《学习时报》2016 年 10 月 24 日。)

134. 法治是实现中国梦的推动力量

全面推进依法治国是中国共产党十八大的重要战略部署，中共十八届四中全会予以了全面设计，十八届五中全会又予以了特别强调，它标志着中华民族依法治国伟大事业进入了新的历史时期。全面推进依法治国，是在全面深化改革的时代背景下，伴随改革的全面深化进行的，它本身就是全面深化改革的重要内容和重要保障。习近平总书记就全面推进依法治国、建设法治中国与中华民族伟大复兴的中国梦是怎样的关系，作出了一系列重要论述。

一、坚持依法治国、依法执政、依法行政共同推进

习近平总书记在首都各界纪念现行宪法公布施行30周年大会上的讲话和在第十八届中央政治局第四次集体学习时的讲话中，都特别强调，要坚持依法治国、依法执政、依法行政共同推进。

（一）依法治国、依法执政、依法行政是统一整体

依法治国、依法执政、依法行政是一个有机联系

的统一整体。它们统一于中国的社会主义法治事业、统一于中国特色的社会主义建设、统一于人民当家作主。

首先,统一于中国的社会主义法治事业。社会主义法治是一个整体。从法治的结构认识上讲,法治包括立法、执法、司法、守法以及法律监督等环节。从国家、执政党、政府的结构关系上讲,法治则包含国家、政党、政府与法律的结构关系以及对待法律的行为状态。就国家而言,广大人民运用并依照法律治国理政,也就是实行依法治国。就执政党来说,运用法治的方式来执掌国家政权、治国理政,这样的执政方式即是依法执政。就政府来说,依照法律行使国家行政权力,严格依照实体法和程序法的规定作出行政行为,这样的行政行为就是依法行政。依法治国、依法执政、依法行政是实行社会主义法治的基本框架,支撑着整个中国社会主义法治事业。

其次,统一于中国特色的社会主义建设。中国特色社会主义建设涉及社会主义经济、政治、文化、社会以及生态等各个方面。一是需要整体的依法而治,即依法进行治国理政。二是需要执政党率先采用依法执政的执政方式。在政党政治普遍化的当代世界,执政党的执政方式直接关系着一个国家的治理方式,直接影响着政府的行政状态。尤其是在共产党长期执政的中国,它的执政方式对于整个国家治理方式的决定性作用是不言而喻的。三是需要政府管理机关严格依法行政。政府是社会管理的机关,掌控和行使着国家最主要的权力——行政权力。中国特色社会主义建设事业离不开人民群众的积极参与、离不开中国共产党领导、离不开行政机关的行政管理、离不开整个国家的依法办事和依法治理,必须依法治国以推动和保障中国特色社会主义建设。

最后,统一于人民当家作主。中华人民共和国是人民民主的社会主义国家,国家的一切权力属于人民。实现人民民主是我们最根本也是最重要的目标。因此,我们党在定义依法治国的时候,明确地将其目标设定为逐步实现社会主义民主的制度化、法律化。国家的依法治理、党的依法执政、行政机关的依法行政，说到底还是为人民服务、为人民民主服务。习近平总书记在纪念现行宪法公布施行30周年大会上指出："坚持中国特色社会主义政治发展道路，关键是要坚持党的领导、人民当家作主、依法治国有机统一，以保证人民当家作主为根本，以增强党和国家的活力、调动人民积极性为目标，扩大社会主义民主，发展社会主义政治文明。我们要坚持国家一切权力属于人民的宪法理念，最广泛地动员和组织人们依照宪法和法律规定，通过各级人民代表大会行使国家权力，通过各种途径和形式管理国家和社会事务、管理经济和文化事业，共同建设，共同享有，共同发展，成为国家、社会和自己命运的主人。"我们要用人民民主来统领依法治国、依法执政、依法行政。

（二）依法治国、依法执政、依法行政必须共同推进

依法治国、依法执政、依法行政为什么必须共同推进？这是由三者内涵的统一性、目标的一致性、成效的相关性所决定的。

首先，依法治国、依法执政、依法行政的统一性决定了必须共同推进。依法治国、依法执政、依法行政三者在内涵上具有高度的统一性，都是法治的要求，都是法治的构成部分。在一个实行依法治国的国家，所有的政党都必须依法办事。对于执政党来说，除普遍的一般要求之外，还必须要求其严格地依法执政。对于政府来说，法治的要求是依法行政。依法治国的内容十分广泛，但是都必须依赖执政党的依法执政和政府机关的依法行政。如果执政党不能依法执政，依法治国就不可能取得成功，甚至既有的成果也可能丧失。如果庞大的政府机构违法行政，那么整个社会管理将因政府的违法而有法不依。为此，法治就可能因为执政党或者行政机关的非法或违法而被毁坏。

其次，依法治国、依法执政、依法行政的一致性决定了必须共同推

进。依法治国、依法执政、依法行政在直接目标上追求的都是实现法治。从法治的社会目标上讲,它们都要求为建设中国特色社会主义服务,它们本身就是中国特色社会主义建设的重要内容。在社会主义建设中,它们一同为小康社会的目标服务、为中华民族的伟大复兴服务、为人民当家作主服务。它们在目标上不仅是相同的,而且发展阶段都是大体同步的。为着相同的目标,依法治国、依法执政、依法行政都必须共同推进。只有共同推进才能与目标渐行渐近,才能形成推进法治、服务建设、实现民主的合力,而不至于相互牵制,互为羁绊。

最后,依法治国、依法执政、依法行政的相关性决定了必须共同推进。依法治国、依法执政、依法行政在成效上是相互促进,也是相互制约的。从正向的视角来看,要有很好的依法治国,就必然要有很好的依法执政和依法行政;有了很好的依法执政、依法行政,才能为依法治国提供有力的支撑。从依法执政与依法行政的关系来看,中国共产党很好地依法执政,必然会带动政府的依法行政。政府的依法行政必然有利于体现中国共产党的依法执政。换一个视角来考察就不难发现,如果没有依法治国的大背景,依法执政与依法行政都将失去国家意义上的政治前提。依法执政、依法行政作为依法治国的两大元素,任何一个挫折或者失误,都必将影响依法治国的总体进程。

(三)依法治国、依法执政、依法行政何以共同推进

第一,依法治国必须着眼全局,全面部署,在法治发展规划上要努力确保依法执政、依法行政与之齐头并进。依法治国是一个伟大的社会工程,也是国家治理与社会管理方式的历史转型。它涉及方方面面,牵涉各个环节。因此,在对整个法治发展的规划上,要统观依法治国、依法执政、依法行政,做到总揽全局、全面规划、整体着眼、顶层设计。只有这样,依法治国作为治国的基本方略,才能体现全面推进的全局

性、整体性、战略性。

第二,中国共产党依法执政的各项措施必须适应依法治国的总体要求。依法治国的主体是人民群众,依法治国的领导力量是中国共产党。中国共产党在谋划依法执政的大政方针与具体措施时,必须将自己依法执政的政策规章与依法治国的总体要求结合起来。党要自觉体现依法治国的总体要求,与时俱进地将党内规章、决策、措施与依法治国的要求与进程相协调。凡是依法治国所反对的既有做法,坚决地加以改革;凡是依法治国所期待的政治条件,积极地加以准备;凡是依法治国需要的执政措施,认真地加以实施。中国共产党领导法治方向、服从法治需要、推动法治发展的实际行动应当成为社会的表率,成为推动依法治国最重大的政治力量。

第三,依法行政必须适应人民群众依法治国与中国共产党依法执政的双重需要。依法行政是对政府行为的法治化要求。政府作为国家公权力机构之一,在依法治国的过程中,必须率先法治化。人民群众依法治国首要的就是约束公权力,一个极为重要的约束对象当然就是体系最庞大、权力最广泛、官员最集中的各级政府。因此,依法行政就成为依法治国的重中之重。依法行政需要以依法治国的总体目标作为自己的努力方向。我国行政机关在政治上必须坚持党的领导,必须以党的依法执政为导向,适应依法执政的需要,并以此确立自己依法行政的具体目标。中国共产党不仅是政治意义上的领导党,还是法律意义上的执政党,其政策通过立法程序上升为国家意志,表现为法律。行政机关在法律上是立法机关的执行机关,其执行的法律,在政策来源的意义上讲,来自中国共产党的执政主张。从这一视角来认识,我们同样必须强调政府的依法行政必须以党的依法执政作为自己制定行政法规、理解法律精神、指导行政执法的风向标。

第四,依法治国、依法执政、依法行政必须彼此协调,形成合力。依法治国、依法执政、依法行政都是法治的重要元素，它们协调配合才是一个有机联系的整体。因此，只有共同推进，才能形成合力，凝聚成推动法治的综合力量。

二、坚持法治国家、法治政府、法治社会一体建设

习近平总书记在指出依法治国、依法执政、依法行政共同推进的同时，总是强调必须将法治国家、法治政府、法治社会一体建设。法治国家、法治政府、法治社会是法治建设的三大目标，也是三大支柱，缺少任何一个方面，法治就是残缺的，其总体目标就无法实现，依法治国就会出现偏差，法治建设也就无法成功。为此，必须推进法治国家、法治政府、法治社会的一体建设。

(一)法治国家、法治政府、法治社会一体建设的内在依据

法治国家、法治政府、法治社会一体建设的内在依据，是三者及其统一于法治的内在联系。习近平总书记之所以一再强调要将三者一体建设，正是以三者本身的性质及其相互联系作为客观依据的。

首先，法治国家是法治政府的前提条件。任何一个政府要成为法治政府，都必须以其国家的法治化作为前提。一是因为法治政府所依据的法律，必须由法治化的立法机关制定。法治化的立法机关及其立法，显然只能由法治国家予以提供。二是因为法治政府必然是受权力机关依法制约和司法机关依法监督的政府。权力机关的依法制约与司法机关的依法监督，只能在法治国家中才有可能存在并实现。三是因为法治政府必须是受人民群众依法监督的政府。人民群众对政府的监督权力需要国家立法的充分认可和司法的有力保障。这种认可和保障同样需要法治国家予以保证。

其次，法治国家、法治政府共同构成法治社会的政治基础。社会本

来是国家与政府的基础,这是马克思主义基本原理。但是作为法治社会,它已经不再是一般意义的社会。法治社会的政治基础,只能由法治国家和法治政府提供。因为法治社会是以一般意义的社会作为基础的、更高层次的社会状态,它需要有政治权力机构为其创造法治化的政治条件,提供法治化的政治空间。

再次,法治政府是法治国家的重要支柱,是法治社会的决定性因素。政府在国家权力结构中的意义是举足轻重的,是其最主要的部分。国家权力在很大程度上都是由政府行使的,尤其是国家对于社会的管理权,基本上掌握在政府手中。拥有最大、最多社会管理权即行政权的政府,当然是法治国家极为重要的环节。没有政府的法治化必无国家的法治化,没有法治政府必无法治国家。法治政府毫无疑问是法治社会的决定性因素。只要政府不法治化,社会就无法法治化。法治政府是法治社会的先导,影响法治社会建设的成败。

最后,法治社会是法治国家、法治政府的必要条件。法治社会要以法治国家、法治政府作为政治基础,但是法治社会反过来又成为法治国家和法治政府的必要条件。社会的定义十分纷繁、复杂多样。从总体上看,广义的社会一般是指最普遍、最广泛的人与人的组织与活动,甚至包括上层建筑与经济基础的全部,它是法治政府、法治国家建立的空间与基础。狭义的社会往往是指与国家、政府相对应的人群、人的组织机构等,它依然是国家和政府的重要基础。没有社会,便无法谈国家与政府,由此也就决定了法治社会对于法治国家与法治政府的条件意义。没有社会的法治化,法治政府、法治国家就建立不起来。即使有了某种意义的法治国家和法治政府,如果整个社会是非法治的,也必然会因社会的混乱或者动乱而被毁坏。

（二）法治国家、法治政府、法治社会何以一体建设

法治国家、法治政府、法治社会同为依法治国的内容，三者相互联系、内在统一，理当一体建设。立足目前的法治建设实际，我们至少应当做到以下几个方面：

第一，确立全面推进依法治国的宏大战略。全面推进依法治国是一个宏大的事业，必须统筹规划，全面构想，做好顶层设计，作出战略部署。法治国家、法治政府、法治社会是法治的三大方面，共同支撑着社会主义的法治大厦，涉及依法治国的方方面面。没有依法治国的全面推进，就不可能有三个方面的同步发展。只有着眼全局部署依法治国，全面推进依法治国，这三个方面才可能齐头并进，一体建设。正是基于这样的认知，党的十八大提出了全面推进依法治国的法治战略，特别强调了科学立法、严格执法、公正司法、全民守法的新要求、新方针。党的十八届三中全会再次强调必须坚持依法治国、依法执政、依法行政共同推进，坚持法治国家、法治政府、法治社会一体建设。这就进一步为我们全面推进依法治国创造了良好的政治前提。

第二，拟定法治国家、法治政府、法治社会一体建设的具体措施。在依法治国的总体战略确定之后，必须要有具体的贯彻措施。没有具体措施的整体战略必然是空洞的、抽象的，难以具体化，无法落实。在全面推进依法治国的进程中，必须将法治国家、法治政府、法治社会建设同步规划、分步实施、循序渐进、务求实效。要具有前瞻性和预见性地将三者的蓝图一并绘就，再使三者各得其所、彼此协同、整体推进。法治国家、法治政府、法治社会的一体建设，需要具体的行动方案包括具体步骤与方法等。在拟制方案的时候，一定要通盘考虑、全局谋划、左右兼顾，使其相得益彰。

第三，做出法治国家、法治政府、法治社会一体建设的实际行动。

我们既需要坐而论道,更需要起而力行。谋划是前提,行动是关键。法治国家、法治政府、法治社会建设,需要构想谋划,需要宣传鼓动,需要组织发动,但是绝不能仅仅停留在口号和口头上,它更需要实际行动。各级党的组织、立法机关、行政机关、司法机关以及各类社会机构、全体公民都必须行动起来。法治不是某个组织或者某些人的事业,也不是一朝一夕的事业。它需要全党、全军、全国人民共同努力,需要所有国家公权机关及其工作人员、各种社会团体或组织、全体社会成员,长时期地持之以恒、不懈努力。在法治建设上,在推进法治国家、法治政府、法治社会进程中,需要我们拿出将三者一体建设的实际行动。

三、实现中华民族伟大复兴的中国梦与建设法治中国

习近平总书记指出:"实现中华民族伟大复兴的中国梦,就是要实现国家富强、民族振兴、人民幸福,既深深体现了今天中国人的理想,也深深反映了我们先人们不懈追求进步的光荣传统。"中国梦的基本内涵就是,到中国共产党成立100年时全面建成小康社会的目标一定能实现,到新中国成立100年时建成富强民主文明和谐的社会主义现代化国家的目标一定能实现,中华民族伟大复兴的梦想一定能实现。推进法治中国建设,全面推进依法治国是中国梦的重要内容,也是实现中国梦的推动力量和重要措施。

实现中华民族伟大复兴的中国梦,是中华民族的梦想,更是新时代中国共产党人崇高而又现实的目标。中国梦的内容极为丰富,建设和建成法治中国无疑是中国梦的重要内容。中国梦是小康社会梦、现代化国家梦,是富强梦、民主梦、文明梦、和谐梦,也是国家富强梦、民族振兴梦和人民幸福梦,其中必然包含着法治中国梦。诚如习近平总书记在第十二届全国人大第一次会议上描述中国梦时指出:"中国梦是民族的梦,也是每个中国人的梦""中国梦归根到底是人民的梦"。

依法治国,建设社会主义法治国家是我们的总目标。推进法治中国建设,是实现中国梦的必要保障与具体行动。中华民族的伟大复兴绝不是历史的简单复归,它是中华民族在新的历史时期的更新发展。法治中国是中国梦的重要内容,离开了法治发展,中国梦就残缺不全。中国梦的方方面面都需要法治提供制度确认与法律保证,法治对于市场经济、民主政治、先进文化、生态文明等的重要作用,就是法治对中国梦重要价值的集中体现。建设法治中国,就是构建中国梦,就是实现中国梦,它是中国梦现实化的法治表现与过程。全面推进依法治国就是建设法治中国和实现中国梦的法治实践。

(本文原载《法制日报》2016 年 11 月 24 日。)

135. 国家治理与权力

我们这里所讲的权力，指的是国家权力。权力对于国家来说，是与生俱来的。国家本身就是权力的聚合物。没有权力便没有国家。从国家产生或者起源上讲是如此，在国家的存续与运行上讲也是如此。国家治理是国家存续及其运行所必需。国家治理总是要依赖国家权力的。没有国家权力就没有国家治理。没有国家权力，国家治理的任务也就无法完成。国家从其产生开始就具有一系列重大的使命，是由一系列权力组织构成的。其每一个使命与职能都离不开权力作为支点。

国家权力是一个整体，必须科学配置。内部划分为相对独立的立法权、行政权、司法权等。这些权力由立法、执法、司法等机构分别享有并行使。国家的立法机关作为国家的权力机关，掌握着国家的根本权力，包括人事权、立法权、军事权、外交权等。国家的行政机关也被称为政府，享有内容最丰富的权力——行政权。国家的司法权则是一种裁判权，它甚至保证着立法权和行政权的正当与实现，也防止这些权力的废弛与滥用,它是一种国家权力之中的监督权。

国家权力必须受到约束。从国家权力的本性来看,它一是具有膨胀的特性,二是可能被滥用。这似乎是权力与生俱来的性质,我们只能规范和控制,而无法彻底禁绝。正是因为国家权力具有这两种属性,也就导致了我们必须对国家权力的行使予以有效的制约。防止权力的膨胀和滥用,是法治和民主的重要使命和实际功用。

制约国家权力的目的是防止权力的滥用,最终是保障人民的权利。人民设立国家及其机构的目的就是维护自己的权利,使自己的权利不受侵害与剥夺。因此,国家权力必须给人民权利以保护,防止其他公民或者组织的侵害;同时还必须约束自己的行为,防止自己运用公权力的行为对公民构成伤害。这两个方面的任务都是十分艰巨的,而尤其以约束自己行使的国家权力以服务于人民享有的合法权利最难。

制约国家权力的方式只能是法律,也就是实行法治。国家权力的运用,如果没有硬性的规则,就可能是随意的,漫不经心的,本身就可能成为一种任性。为此,我们必须将人民的意志转化为规范权力的制度,将权力关进制度的笼子。这个制度,最为有效的就是法律制度。因为只有法律制度才具有国家强制力的保证,而成为国家强制性的保障力量。国家权力依照法律行使,并受法律的约束,也就是法治。

法治是目的还是手段的问题,法学界曾有激烈的争论。其实根本用不着泛泛而论。法治既是目的也是手段,甚至可以完全颠倒过来,既是手段也是目的。关键是看,相对于谁。相对于权力,相对于立法、执法、司法活动,在总体上法治就是目的。但是相对人民当家作主和人民权利来说,法治就只能是手段。法治只不过是保障人民权利、实现人民民主的工具,当然只是手段。

国家治理中的权力,需要法律约束,是权力本身的属性要求,是实现法治的需要,也是保证和实现民主的需要。将国家治理、国家权力与法治和民主联系起来,并科学界定与切实保证相互之间的正常关系,是国家治理问题上必须解决的难题。

(本文原载《人民法治》2016 年第 11 期。)

136. 国家治理与现代文化

就现实的中国社会文化来说，由于历史的原因，它遭到了严重破坏，正在重建过程中。重建不是推翻重来，它必须以传统文化作为历史基础。我国传统文化中，特别是传统的封建文化还发挥着制约作用，有时甚至成为中国社会发展进步的严重桎梏。

较长一个时期以来，我们兴起了国学热。国学热的兴起意蕴是多方面的。

一是传统国学经历革命尤其是“文化大革命”，被中断了。重续国学文化当然必要，是民族文化正常延续的必需。从实际情况来看，今天的国学热也的确有延续历史文化的意味，也发挥着重要的作用，没有这个延续当然不行。

二是我们在现实中遇到了许多难以解决的问题，尤其是一些思想认识、心灵抚慰的问题，我们希望从传统文化中去汲取营养，寻找到精神支撑与支柱。中国传统文化确实有许多内容是解决我们心灵依归问题的法宝，对于我们精神的抚慰具有极为重要的作用。

三是传统文化对于现实的畸形文化具有某种纠偏的作用。现实社会中的一些畸形现象,本身就是对中国传统文化的反动,无论从历史还是从未来进行考察,都是应该被修正的。

因此,我们希望能找到文化的正道,于是就到传统文化中去寻找工具和手段,也合乎情理。

但是必须注意的是,中国传统文化是与农业社会、自然经济相适应的,也是与专制政治、人治政治甚至极权政治相适应的。在那个时代的优秀文化或先进文化,到了现代,是不是还是优秀文化或者先进文化,就大可疑义。

中国传统文化中有丰富的人治思想包括丰富的德治思想。这些人治甚至德治学说,不仅不能给我们提供新的手段,甚至可能导致严重的恶果。再说,我们传统文化中还有大量的糟粕。中国古代典籍中大量的权术学说,相对于民主政治和文明政治来说,简直可以说是阴谋诡计。历代官场对于权术的滥用,可以说是中国政治文化中的毒瘤。《孙子兵法》《三十六计》等,本来是军事学说,在军事上的伟大意义毋庸赘言,但却在官场中被滥用,甚至被有的人作为官场技法加以运用,实为人所不齿。它严重地败坏着现实政治文化。对于这些东西不仅不应该张扬,恰恰必须予以根除。

我们期待中的先进文化还没有完全建立起来。现实的文化冲击尤其是互联网文化冲击又客观地呈现在我们面前。在互联网尤其是移动互联网时代,面对全新的电子网络和信息世界,人们不能不茫然。现在既然无法关上网络的大门,无法拒绝信息世界,就必须理性地面对,让网络成为先进文化的载体,成为现代文明的标志。先进文化一定是开放的文化,而不是封闭的文化;一定是民主的文化,而不是专制的文化;一定是现代的文化,而不是陈腐的文化。未来要建立什么样的现代文化体制,建构怎样的文化制度,都需要我们认真地加以对待并科学地做出回答。

现代的国家治理必须以现代文化作为其基础，并受现代文化的引导。没有文化的更新就没有思想的更新，也没有社会的巨大变革。我们正处于一个急剧变化的改革年代，我们必须建构现代文化，以之来推动国家治理体制和治理能力的更新。

（本文原载《人民法治》2016年第12期。）

137. 求真方为真学术

如果有人问我究竟什么最不能作假？我的回答一定是：学术。学术当为天下真，求真方为真学术。

求真是社会对学术的要求。学术的使命是为人类探求真知。从古及今，人类社会面临诸多未知，探索未知是人类生存与发展的双重需要，使未知成为已知是学者的神圣使命。从未知到已知，所知者必须是真知，否则就是谬误，就会误导自己、他人和社会。为了完成求得真知这一使命，学者们不能不苦心孤诣，宁可板凳要坐十年冷，文章不写半句空，甚至不惜上穷碧落下黄泉。做学术之不易可见一斑。求得真知就像盗得火种。盗火的学者就应该有普罗米修斯那样的情怀，不惜让烈火焚烧自己，也要为人间盗得那不可或缺的光明。学者若以虚假的东西来哄骗世人，就玷污了人世间对学术的期盼，也就毁灭了学术，人类文明之光就可能因此被遮蔽。

求真是学术对自身的要求。世间难免有假，每一个人包括每一个学者，都无法保证自己什么都真实，更何况人世间还需要一些善意的谎言。但是，学术上不应作假，首先是学术对自身的要求。学术应当是真知的化身，是科学的表达。它本身就不允许作伪，必须真实。学术就是探求真知之术及其得以运用的结果。虚假的学术本身就是对学术的背叛。把伪学术当作学术，就是毁坏学术；故意把伪真知作为真知，就是对于学术自身的反动。人类的文明能够发展到今天，从某种意义上说，就是无数学者在学术上求真的结果，是学术成果的结晶。

求真是学者对自己的要求。每一个人一旦从事了某种职业都应该具有特定的职业操守。学者也一样，学者的言论必须对自己负责。如果说对于人类负责，对于学术负责，多少有些伟大和玄妙，但是对于自己负责恐怕是最为真实、最为基本的要求。在夜深人静的时候，或者夜半醒来，作为学者，能够扪心自问而安然入睡，恐怕也是一种境界。这需要一个有良知的灵魂。尤其是在当今的中国，更需要学者作出这样的努力。学术必须真实，它是学者人格的外化，是学者生命的展示。没有真实的学术就没有名副其实的学者。为某种不可告人的目的而作假学术的学者，本身就不配为学者。故意歪曲真知的学术行为，实际上是毒害他人与社会，毁坏现实与未来。

我们虽不能要求每一个学者都是哥白尼、布鲁诺、伽利略，但是在学术上故意说假话的，一定是学者自身的罪恶。作为学者真不能辜负了这个时代，尤其这个需要真知的时代。用真诚探求学术的真知，张扬真知，是学者的良知，是文明的希望，是进步的动力，是学者最基本也是最神圣的使命。

（本文原载《学习时报》2017 年 1 月 6 日。）

138. 政法队伍必须从严而治

在十八届六中全会召开后不久，中共中央又于近日印发了《关于新形势下加强政法队伍建设的意见》（本文以下简称《意见》）。这一文件的下发可谓正得其宜，正当其时。面对新形势、新任务的政法队伍必须从严而治。

从严而治，政法队伍建设的必然要求

在政法队伍建设上的从严而治，是作为执政党的中国共产党从严治党的必然延伸。刚刚召开的中国共产党十八届六中全会总结了我们党开展党内政治生活的历史经验，分析了全面从严治党面临的形势和任务。会议认为办好中国的事情，关键在党，关键在党要管党、从严治党。党要管党必须从党内政治生活管起，从严治党必须从党内政治生活严起。正因如此，我们党审议通过了《关于新形势下党内政治生活的若干准则》。我们的政法队伍是人民的政法队伍，是党的政法队伍，从严治党必然要求从严开展政法队伍建设。

从严而治是监督公权力行使的现实需要。十八届六中全会认为,监督是权力正确运行的根本保证,是加强和规范党内政治生活的重要举措。必须加强对领导干部的监督,党内不允许有不受制约的权力,也不允许有不受监督的特殊党员。要完善权力运行制约和监督机制,形成有权必有责、用权必担责、滥权必追责的制度安排。为此,我们党在这次全会上审议通过了《中国共产党党内监督条例》。政法队伍的每个成员都或多或少地行使着一定的公权力。从约束公权、强化监督的视角来看,从严而治必然是对政法队伍建设的现实要求。

从严而治是我们国家依法治国的必然要求。依法治国,建设社会主义法治体系,建成社会主义法治国家,是法治建设的总目标。在依法治国的进程中,政法队伍具有极为重要的作用,他们是法治建设的生力军、主力军,必须具有强大的战斗力。没有一支坚强的政法队伍,绝不可能有良好的法治建设。全面推进依法治国,必须强化政法队伍建设。法治发展具有渐进性,随着法治的推进,对于队伍建设的需求也会发生变化。新形势一定会产生新要求。为适应客观形势发展的新要求,对政法队伍建设必须实行依法而治和从严而治。

从严而治是政法队伍任务的必然要求。诚如党中央在《意见》中所说:“政法工作是党和国家工作的重要组成部分,政法队伍是法治中国、平安中国建设的重要力量。”由于面临新的历史使命和繁重任务,必须全面加强政法队伍建设,不断增强其创造力、凝聚力、战斗力,提高执法司法公信力。

从严而治,必须贯彻落实各项具体规定

对于政法队伍的从严而治,要求我们必须严格依照《意见》的各项规定逐一落实,全面贯彻。具体说来,必须注意以下几个方面:

首先,必须加强政法队伍的思想政治建设。在政法队伍建设上,必

须深刻认识理想信念的灵魂作用。要通过加强理想信念教育,确保政法队伍具备较高的思想政治素质,铸就绝对忠诚的政治品格,牢固树立政法干警的政治意识、大局意识、核心意识、看齐意识,增强政治敏锐性和政治鉴别力。要按照《意见》要求,培育和践行政法职业精神,深化忠诚、为民、担当、公正、廉洁为主要内容的政法干警核心价值观教育,进一步培育政法职业精神。要使全体政法干警成为尊法学法守法用法的模范。针对新形势下思想政治工作遇到的新情况、新问题,创新思路、改进方法,增强思想政治工作的时代性和感召力,提高思想政治工作的现代化水平。

其次,必须加强履职能力建设。具体说来,必须按照《意见》要求,强化能力和业绩导向,着力解决执法司法工作中的突出问题,建立健全各类执法司法人员岗位素质能力的基本标准。通过制度机制来体现能力和业绩导向,建立起能者上、庸者下、劣者汰的选人用人机制。与时俱进地提高执法司法的专业能力、群众工作能力、科技应用能力、社会沟通能力,这是打造现代政法队伍的现实需要。要落实《意见》关于研究制定政法专门人才发展规划、建设国家和省部级政法人才库的要求,加快建设与新形势下政法工作相适应的专门人才队伍。推进法学教育及其改革发展,为政法队伍建设提供长期的人力与智力支持。

再次,必须加强政法队伍的纪律作风建设。按照《意见》要求,坚持把纪律挺在前面,做到纪律严明、令行禁止。通过严格执纪来确保严格执法。持续整改作风上的突出问题。对人民群众反映强烈的不正之风要进行分析研判,建立正风肃纪的长效机制。综合治理有案不立、有罪不究、违规立案、越权管辖、刑讯逼供、超期羁押、滥用强制措施等失职渎职行为,着力解决诉讼难、执行难、执法司法不公、办人情案关系案金钱案等问题。完善权力约束监督机制,严格实行责任追究。坚决惩治执法司法腐败,营造全面从严治理政法队伍的浓厚氛围。

最后，必须加强领导班子和领导干部队伍建设。对领导班子和领导干部的引领、导向作用，必须予以高度重视。要按照《意见》要求，以忠诚可靠、执法懂法作为必备条件，选好配强领导班子。健全从严管理监督政法干部的制度体系，从严管理各级政法领导干部，努力营造风清气正、干事创业的良好政治生态。加强干部培养锻炼，改进后备干部的培养工作。对于那些有培养前途的干部，要有计划地安排到地方党政机关或者基层政法部门挂职任职，切实提高他们解决实际问题、驾驭复杂局面的能力。

从严而治，必须高度重视各项保障措施的完善与落实

要使政法队伍建设的各项任务目标顺利实现，就必须严格按照党中央的统一部署要求，高度重视各项保障措施的完善与落实。

一要建设职业保障体系。职业保障是政法队伍建设的客观基础。具体地说，对于政法干警的工资待遇制度要予以有效落实。政法队伍的标准高了、素质高了、任务重了，必然要求待遇的相应提升。否则就难以使这支队伍具有应有的尊荣感和吸引力。同时，要健全依法履职的保护机制，建立救济机制、澄清机制等，保障政法干警的人格尊严和合法权益。落实法官、检察官、人民警察的抚恤优待政策，推进工伤保险制度和人身意外伤害保险制度完善。加大基层保障力度，建立人财物向基层倾斜的政策保障体系，等等。

二要加强组织领导。组织领导始终是各项政策得以贯彻的有效保证，政法队伍建设也是如此。我们应当按照《意见》要求，加强党对政法队伍的思想领导、政治领导、组织领导，完善党委统一领导、政法各单位主抓、有关部门各司其职的政法队伍建设工作格局。必须落实地方党委在政法队伍建设上的领导责任。紧紧依靠各级党委政府落实司法体制改革的各项举措，切实落实领导干部干预司法活动、插手具体案件处

理的记录、通报和责任追究制度，进而营造全社会关心支持政法队伍建设的良好局面。同时，还要充分发挥党委政法委的职能作用。通过政法委加强政法队伍建设的统筹规划、组织协调、监督检查，对政法队伍状况进行分析评估报告，确保党中央关于政法队伍建设的重大决策部署有效贯彻落实。加强政法队伍建设，一定离不开各个政法机关内部的党组织，包括党组和党委，必须担负起队伍建设的主体责任。

从严而治，首先是指在政法队伍建设上的态度、方式、方法，但并不仅限于此。从严而治并不意味着只要一切"从严"，便可天然得"治"。其实，从严而治更有实实在在的具体要求。它要求我们全面而深刻地理解党中央《意见》的精神实质，准确而切实地执行各项具体政策措施。从严而治，既是指对待政法队伍建设的态度、方式、方法，更要求我们在政法队伍建设上作出一个个具体的实际行动。

（本文原载《人民法院报》2017 年 1 月 18 日。）

139. 政治民主化与国家治理现代化

国家治理不适应当代世界时代要求的最直接表现,就是政治体制的不民主。政治民主化是国家治理现代化的重要标志。政治体制本身就是国家治理体系的核心部分,建构民主化的政治体制,是国家治理现代化的重要任务。我们的民主政治依然在探索之中。从目前来看,我们探索的村民自治,取得了重大成就,但是要靠村民自治制度来带动整个民主政治的建立,看来还有很多困难。以基层民主来带动高层民主是很困难的。如果高层不动而仅动基层,其结果必然是在基层无力推动上级的同时,基层自己也缺乏持久的力量支撑。靠党内民主来带动社会民主,效果也不是十分明显。近年来,党内公推直选实践放慢了脚步。也许我们可以尝试从司法体制改革和人大制度完善来着手进一步的深化政治体制改革,推进民主政治建设。

从司法体制改革来讲,我们早就意识到它可能是政治体制改革的突破口。近 20 年来,党和国家对司法体制改革予以了从未有过的关注和最有力的推进,取得了很大的成绩。但是要以此推动政治体制改革,还需要继续努力。因为,作为改革的突破口,它改革了,其他相关部分一定要及时而坚决地跟进。如果不能跟进,一是司法体制改革的引领效用会降低,二是其他应改而未改的因素也会成为司法体制改革的障碍,使司法体制改革无法推进、无法深化,甚至导致倒退。中国的司法改革要进而推动政治体制改革,必须"牵一发而动全身"。当司法体制的"一发"被牵动,全身要随之而动,否则就成为"拔一毛",司法改革的带动作用就被消解了。中国古代有个著名的对联,写的是"双手推开窗前月,以石击破水中天"。"击破水中天"的情形也许很壮观,但是一会儿一切都归于了平静。我们希望司法体制改革能够真正发挥牵引作用,而不是池水波澜。近来我们开始了国家监察委员会的改革试点。也许它可以成为司法体制改革带动政治体制改革进而推动国家治理现代化的强大动力和良好契机。司法体制虽然属于政治体制的构成部分,对于民主政治的建立也具有独特的意义。但是要建设民主政治还需要我们同时启动其他方面的改革,特别是人民代表大会制度的改革与完善。

现在我们也许应该进一步加大人民代表大会的改革力度,完善人民代表大会制度。人民代表大会制度是我国的根本政治制度,是我国民主政治的基石,必须被坚持,也必须与时俱进地加以完善。随着时代的发展,我们逐步认识到要不断提高直接选举的层级,不断扩大直接选举的范围。新形势下,我们既要毫不动摇坚持人民代表大会制度,也要与时俱进完善人民代表大会制度。必须实现人民代表人民选,充分发挥人民代表的重要作用,进一步推动人民代表大会的制度完善,充分发挥人民代表的日常作用、应有作用和全部作用,大幅度增加人民代表大会的会议及参政议政时间。实行各级人民代表大会代表的直选制和专职化。如果每个人大代表以及整个人民代表大会都能充分发挥作用,如果我们的人民代表一年能够 365 天都在思考国政,参政议政,那么,国家治理必将因此而获得进益。这也许是推动政治民主化的最好路径，也许是提升国家治理能力和治理水平的最好措施。

（本文原载《人民法治》2017 年第 1 期，原题为《政治民主化是国家治理现代化的重要标志》。）

140. 信念是学者的精神动力

对于信念,有各种不同的定义。其实最基本的含义不过是特定主体内在具有的、坚定不移的观念。信念是在人生的旅程中逐步形成的,它与每个人出生的环境、接受的教育、从事的工作、经历的世事、切身的体悟等密切相关。一个人的信念一旦形成就很难改变,并成为其行为的内在根据和动力源泉。作为学者来说,则更需要信念,其学术行为无不是在一定信念支配下作出的。信念是学者坚定学术信心、坚持学术奉献、坚守学术认知的精神动力。

信念是坚定学术信心的精神动力。学术是一项艰难的事业,它需要学者日复一日、年复一年的不懈努力,甚至是学者的人生主题与生命体验。在长亭更短亭的学术旅途中,没有信念便无法艰难前行。许多学者穷其一生,也不过是为了弄明一个或者两个问题。也许这就耗费了学者的毕生心力,即便如此也还可能一无所获。在漫漫的学术长路上,如果没有信念的支撑,就可能放弃,半途而废。能坚定学术信心、矢志不渝的也是凤毛麟角。在某种特定的情况下，学术活动被迫中止，如果学者没有信念作为动力，也就难以回归，难免抱恨终生。“文化大革命”之后，一大批学者能够重回学术队伍，投身学术并作出辉煌的业绩，鼓舞他们的就是信心和信念。

信念是坚持学术奉献的精神动力。学术是以奉献作为特征的崇高事业，没有信念，就难以奉献，就无法拥有崇高。学者在总体上是人类中较富有理性的群体，也是比较能超越自己而勇于奉献的群体。他们对于现实和未来的探索，绝非出于一己利益之考量。没有为天下计的雄心壮志，绝难作出伟大的学术事业。人类历史上，无论是自然科学家、社会科学家，还是社会科学家中的历史学家、文化学家、宗教学家、法学家，都会有自己的信念。信念的差异构成了学者之间的重要分别。崇高的信念总是其共同的精神寄托。只有以奉献作为目标的学术成就，才更为世人所景仰。信念是学者内心崇高并勇于奉献的内在动力。

信念是坚守学术认知的精神动力。学者的学术认知理当独步天下，言人之所未言，发人之所未发。一个良性社会总是对学者非常宽容并充分尊重的。然而，他们的新知一旦公之于世，也难免会受到同行和社会的怀疑乃至批评指责，这时的学者更必须有对于信念的执着坚守。要具有不趋时尚、不为五斗米折腰的风骨，要有威武不能屈、富贵不能淫的品格。否则，人云亦云，当然避免了风险，但也铸就了平庸，最终辜负了信念，轻慢了真知，葬送了自我。学者对于学术认知的坚守，需要人格、品格、学格作为保证，其内心必须有坚定不移的信念。偶有云雾，有信念就会迎来云开雾散，天清气爽；偶有冰雪，有信念总能等待冰消雪化，春暖花开。

历史上许多学术大师，都是以坚定的信念作为精神动力，才铸就了人生的辉煌，才有了他们对于人类和社会、对于祖国和人民的杰出贡献，世界才有了令人敬仰的伟大学者。

（本文原载《学习时报》2017 年 2 月 17 日。本文是作者应报社所约，为其“学术人生”栏目刊发记西南政法大学著名法学家李昌麒教授《初挂海帆逢岁暮，却开山馆值春深》一文所配发的评论文章。）

141. 市场经济与国家治理现代化

实现经济的市场化，建立市场经济体制是国家现代化的推动力量和重要标志之一。在国家治理上，我们遇到的挑战也许首先就是经济上的挑战，经济上的挑战又首先是经济体制上的挑战。考察我国现存的经济体制不难发现，历史延续的自然经济仍然具有重要作用，计划经济的影响还十分巨大，市场经济体制尚在构建之中。没有市场经济体制的建立，就没有国家治理的现代化。

现在广大的中国农村实行的是家庭承包责任制。三十多年来这一制度极大地解放了生产力，调动了农民的生产积极性，使农村乃至整个中国社会发生了深刻变化，推动了城市管理体制改革，进而催生了市场经济和市场经济体制的发展。但是就农村的家庭承包制度的实际情形来说，还是准小农经济、自然经济的样态，大规模的、集约化的生产方式并未形成。一家一户的生产组织形式，不过是自然经济包括传统农业在当代的历史性延续。在从农村走出了近三亿名农民工之后，面对大面积的土地荒芜，农村如何跳出现有家庭承包制度的藩篱,创新农村与农业的生产方式,是我们面对的重大难题。法律应该怎样推动农业现代化和新农村建设,还有很多难题待解。现在我们开始了新一轮农村土地制度的改革,实行所有权、承包权、经营权三权分置的新尝试。期待这一改革能够改革准小农经济与准自然经济状态,推动农业的市场化发展。

根据预定的时间表,我们要在2020年前后建成社会主义市场经济体制。但遗憾的是,计划经济的痕迹还十分明显,完善的市场经济体制还没有建立。一些本该交由市场调整的领域,继续在由政府控制,由计划直接调控。政府依然在管理许多不该管、管不了、管不好的事情。中共十一届三中全会以来,我们已经有了一系列重大改革,取得了许多重大成就。党的十八大以来,各级政府坚决地推行了权力清单制度。但是实行的效果并不差强人意,有的地方和有的方面,不是将政府权力缩小了,而是政府权力懈怠了。不该作为的方面或者事项,有些不作为了,但有些还在继续作为;许多本该作为的,反倒变成了不作为。怠政、惰政成为官僚体制中的重大问题,成为既泛化而又无形的不正之风。

国有企业在整个国民经济中的地位和作用都是极其巨大的。谁都无法否认。但是如何深化国企改革,如何用市场手段来推动国企改革的深化,还是极为重大的难题。国有企业与公有制究竟是什么关系,公有制与社会主义及其初级阶段是什么关系,这是重大的理论问题。我们在理论上没有完全理清,在实践中还存在相当多的糊涂认识,还有更多的实践问题持续存在和不断发生。如国有企业与党的领导是什么关系,企业中的党组织的地位如何确定,作用如何发挥,党的领导方式与现代企业法人制度如何衔接,如何建立起既有中国特色又符合科学规律的中国企业制度,我们还没有完全认识清楚,其中还有很多歧见与谬误,还需要不断推进制度和体制的创新。在现实和未来中,尤其需要我们尊重经济规律、符合经济发展潮流,适应市场经济和市场经济体制建构的需要。

(本文原载《人民法治》2017 年第 2 期,原题为《市场经济是国家治理现代化的动力和标志》。)

142. 依法执政与法律实施

依法执政是法治对执政党的基本要求。依法执政对于法律实施来说,它们之间是怎样的关系,应该做怎样的解读,既是一个重要的法治问题,也是一个重要的政治问题。

首先,我们可以认为,依法执政是法律实施的独特方式。

按照传统的法理学理论,法律实施的主要方式是法律适用和法律遵守。但是将依法执政与这二者进行比较,它既不是法律适用,也不是严格意义的法律遵守。从法律适用来看,法律适用是指国家特定机关将法律运用于具体的人或具体的事的活动。它的主体是国家机关,其职能是将法律运用于具体的人或者事。依法执政主体是执政党,作为执政党,它是政治组织,不是国家机关。而且它也不能将法律运用于具体的人或事的处理上,它并不具有法律适用这一职能。显然依法执政不能被称为法律适用。那么依法执政是不是法律遵守呢?显然也不是。因为法律遵守是指国家机关、企事业单位以及公民个人自觉服从法律、依法办事。守法的后果并不直接影响他人,更不影响国家机关。但是依法执政却必须作用于国家机关并对国家治理产生直接效用。所以,依法执政具有某些守法的属性,但也不是严格意义的守法。那么依法执政是什么?它不是法律制定——立法,显然依然只能属于法律实施。所以,称之为独特的法律实施形式,这一特征在中国的现在表现得更为明显。

其次,我们可以认为,依法执政是法律实施的政治标志。

依法执政既是政治也是法治。我们先从政治来看。一个奇葩总统上任了。他的上任,让其他国家感到不安,也让世界感到不安。但是,总体上法院、法官是规则与理性的化身,至少在逻辑上如此。总统也可能受到法院的审判。国会不会疯,其上下两院议员数百人之多,要发疯真不容易。国会可以不通过总统提出的法案,可以通过立法限制总统的权力和作用的发挥,更可以直接地弹劾总统乃至要求罢免总统。这当然是丑陋的资本主义的情形。在中国,我们正在构建法治政治。我们党的依法执政,就是政治法治化的最高表达,也是中国政治法治化的显著标志。因为中国共产党具有作为领导党的政治地位和作为执政党的法律地位。中国共产党的依法执政是法律在政治上得以实施的重要标志。

再次,依法执政是法律实施的法治标志。

法治的根本是什么?是依法治权。传统的政治学认为国家的权力包括立法权、行政权、司法权。这就是传统的三权分立学说的立论基础。三权分立,是由法国孟德斯鸠最早提出的。他生活在1689年1月18日至1755年2月10日,那时世界的政党政治还没有产生,甚至连美国都还没有建立。他根本没有想到政党政治的发展会导致第四种国家权力——执政权的产生。从执政权产生以来,它就成为政党争夺的资源,也成为执政党和在野党划分的根本标志。它对国家、社会乃至人民的影响至为重大,成为多党制国家中各个政党争夺的客体物。如果说法治在根本上是依法治权的话,法律能否约束执政权,也就是执政党能否依法执政,就成为法律能否得到有效实施的法治标志。

(本文原载《人民法治》2017 年第 3 期。)

143. 我们该为农民工做些什么？

看了央视财经城市梦想中的一个名叫《父亲》的专题片，陷入了深深的沉思。该片是一个真人秀节目，会同资本联合创始人——青年企业家杨少峰，隐藏身份，来到重庆一个建设工地体验农民工生活。他的师傅是一个叫余先龙的农民，从事的是建筑工地最苦最危险的工作——为大型建筑打桩。杨少锋的坚韧与亲善、余先龙的质朴与慷慨给我们留下了极为难忘的印象。但是令人想不到的是，一个慷慨地为新徒弟买棉被的师傅，竟然因为上一年被拖欠了 14 个月的工资而无力缴纳孩子上大学的学费，甚至无力承担孩子读书的生活费。孩子只得瞒着父母在外辍学打工。多么令人心酸的现实！专题片给了我们一个看起来很美的结尾。杨总找来了律师帮助余先龙讨要工钱，而且垫付了余先龙被拖欠的全部工资；余先龙打工的单位资助了他孩子全部的学习费用。但是，我的心依然在阵阵发痛。我们的国家还有多少个余先龙？他们并没有他这么幸运能遇到一个体验生活的企业家，他们也未必能遇到这样一个乐助的大型央企。

为什么要欠农民工的工资？谁的工资都不能欠啊！工资是生活的来源，是劳动力存续和再生产的依赖。简单地说，农民工的工资就是自己的吃穿住，就是家里的油盐茶，就是孩子的书学费，就是父母的养老金，就是自己病痛的治疗费，晚年的保障金。可是不知为什么就是解决不了这个小小的工资问题。党中央要求，领导人呼吁，有关机构信誓旦旦地追讨，可是农民工的工资问题依然无法根本解决，这值得我们认真思考。

农民工需要的不是特权，仅仅是要求得到应有的劳动所得。多么卑微的要求，这种要求卑微到接近尘土。但就是这样的要求，也还不能得到满足？我们究竟怎么了？工资领不到，法院判决还是执行不了，不禁要问，如果说我们没有法治，没有法律，难道连良知都没有了？

农民工的工资当然不是依靠良知就能解决的，拖欠农民工工资的人过去有，现在有，将来一定还会有。不要去希望多出几个乐助的老总和企业，而是必须从体制、机制上着眼，改变这些一切不应该有的现实。

由余先龙的工资，我想到了更多“余先龙”。全国的农民工将近3亿人啊。他们为中国的现代化作出了怎样巨大的贡献，现实正在说明，历史将会铭记。可以说，没有农民工，就没有今日中国的现代化。但是谁来保护他们的合法权益？余先龙在专题片里说：“我们就是一个个农民工，活干完了，我们就走了，我们其实都不知道这里建成后是个什么样子，也许一辈子都不会再来这里。”听了这些令人心酸的话语，一种深深的自责油然而生。当城市现代化实现了的时候，一些农民工默默地退出了城市，他们甚至永远都不知道建成后是什么样子，也永远不会再回来。面对这样的内心独白，谁能无动于衷？

当然还有相当一部分农民工会留下来，成为新的市民。中国的城市化正在加速推进。大量的农民工会转化为新市民，这是历史的必然，也是客观的现实。他们的问题远不是被拖欠工资的问题。户口问题、购车问题、购房问题、医疗问题、养老问题……这些辛劳的城市建设者,在城市中被活生生地当着异乡人,承受着二等市民、三等市民的待遇,我们真的公正么?谁来解决他们的户口、购车购房资格?如何解决他们的医保,又怎么保证他们的养老?这些问题都远远不是拖欠工资那么简单。它需要的是公平、公正的制度安排。1980年代进城打工的第一代农民工,现在已是年届退休,新的第二代、第三代农民工正在成长。当第一代农民工慢慢老去,什么才是他们的未来?新一代农民工子女怎么入学?他们还会是新的农民工吗?我们应该建构怎样的制度,需要我们认真思考。

(本文原载《人民法治》2017年4月。)

144. 春风春雨著春华

春天来临，春风和煦，春雨润泽，春花似锦。那些令人景仰的学术前辈们，他们春风化雨，赢得了鲜花盛开，以自己的学问、教诲和贡献，助学子茁壮成长、国家长治久安、社会和谐安宁、人民幸福安康。

前辈们的学问如春风吹拂大地。不管刚刚过去的冬季是如何寒冷，一旦春风徐来，人世间便有了春暖花开。学问是学者的根本标志，其足够的学识是给社会以贡献的先决条件与必要基础。学问，于个人可以改变命运，再造人生；于国家则可以改变历程，隆兴国运。那些令人尊敬的学术前辈们，以其学识让弟子终生受益，奋力前行；助国家长治久安，繁荣昌盛；期社会沐浴清化，惠及苍生。国家安定、社会和谐、人民幸福就是对那些大师们学识的最高礼赞。

前辈们的教诲如春雨滋润心田。任何社会，每一个人都会得益于前辈的教诲。尤其是那些学识渊博、智慧非凡的先辈，他们的教诲若无声之春雨，滋润心田，哺育万物，随风潜入夜，润物细无声。只要您近其身，便得其益。若清泉，清香甘洌；若清流，不染凡尘。

多少前辈的无私教诲,铺就了莘莘学子成才的人生之路。一看那满头的银发和衰老的容颜便知,那苦思冥想的夜晚,那蜡炬成灰的讲台,就是大师们辛勤耕耘的时空。

前辈们的贡献如春花装点大地。他们的学术贡献对于一个国家或者民族来说,恰如春花之绚烂。学术,一个神圣而崇高的词语。尽管人们对其并不一定切实地了解,但是真正的学术总会有挡不住的光辉。这光辉不是外附的,而是由那些学术人内在焕发出来的光彩。只有在理性引导下的民族才可能走向真正的繁盛,而学术恰恰是最高的理性。人类经历了蒙昧与黑暗,才深切认识到了真理的价值。尊重知识、尊重人才、尊重学术,是一个国家或民族自救与繁盛的起点,我们必须从此起步。

春风化雨,丝丝清冽,滴滴甘醇,点点沁人心脾,吹开春花烂漫。对于春风春雨的美好,不管我们有无感知,都深受其益。天地不弃,四季循环,周而复始。春风,给我们以期冀;春雨,给我们以滋润;春花,给我们以美丽。前辈们的榜样,正是后继者仿效的样本。我们应当像众多学术先辈那样,坚韧不拔,奋力前行。

(本文原载《学习时报》2017 年 5 月 12 日。此文为应报社邀请,特别为其“学术人生”栏目刊发记西南政法大学著名法学家金平教授《东风忽起垂杨柳,更作荷心万点声》一文所配发的评论文章。)

145. 法治建设的思想引领

价值观，从学理上讲，是人们关于特定事物对于人所具有的意义的认知。价值观是在人们的社会实践与理性进步中所产生的精神诉求，对人们的行为和思想都具有重大作用和重要影响。核心价值观更是价值观浓缩的结晶，在整个价值观体系中居于主导地位，具有主导作用，指导着人们在各个方面的社会实践。如何发挥社会主义核心价值观的思想引领作用、发挥核心价值观的积极效用，是我国法治建设必须关注的重大问题。

一、核心价值观引领中国法治建设

价值观对于社会实践具有重要的指导意义，人们的社会实践总是在一定价值观引领下进行的，无法离开必要的价值观引领。只有在良好的价值观引领之下，人们才可能作出良好的社会行为，获得良好的社会效果。人们通过自己符合价值要求的社会实践，在满足社会价值要求、实现社会价值的同时，达成自己的人生理想，使自己梦想成真。依法治国是我国治国理政的基本方略,全面推进依法治国已经成为中国共产党十八大以来的重大战略决策。中共十八届四中全会还作出了全面推进依法治国若干重大问题的决定。法治建设对于当今中国的意义是不言而喻的,它是建设法治中国的必由之路,是全面推进依法治国的具体体现,是法治理想现实化的实际行动。法治建设作为一项宏大的社会工程,离不开必要的价值引领。社会主义核心价值观为此提供了最好的价值导向。社会主义核心价值观包括三个不同侧重方面的二十四字要求。大体上可以认为,它包括侧重于国家方面的富强、民主、文明、和谐的价值观念;侧重于社会方面的自由、平等、公正、法治的价值观念;侧重于公民个人方面的爱国、敬业、诚信、友善的价值观念。这三个侧重点有所不同的方面,也只是我们对于社会主义价值观的基本认知,整体社会主义价值体系内容十分丰富。国家、社会、个人三个方面的价值诉求虽然有所分别,但都共同需要以这些价值观作为整体的引领。在法治建设之中,这三个方面二十四字缺一不可。只有在社会主义核心价值观的整体和具体的引领之下,中国的法治建设才能取得预期的成果,才能有力推进全面依法治国伟大事业向前发展。

二、法治建设与富强、民主、文明、和谐的价值观念

就富强、民主、文明、和谐的价值观念来说,他们对于法治建设的意义是极为重大的。富强在表面上与法治建设没有太大的联系。但是稍加分析就不难发现,二者之间密不可分。法治建设的顺利推进必须要有一定的物质基础。在立法上,开展立法调研、收集群众意见、扩宽人民群众参与立法的途径,乃至委托有关机构开展法律草案的起草工作,等等,无不需要一定的物质保障甚至直接就是经费保障。一个法治完备的国家往往都是以一定的经济发展作为前提的。也许可以认为,经济落后的国家很难甚至根本就不可能有健全的法治。市场经济的不断

发展、国家财富的不断累加,本身是法治建设的经济基础和物质基础。在执法和司法上,执法或者司法活动的顺利开展,往往需要必要的物质保障。一支良好的执法专业队伍,必须要有必要的物质保障包括办公场所、车辆配备、装备设施乃至工资待遇等,这些都与经济发展具有重要关系。富强的国家一定能提供更好的执法、司法环境与条件,使法律的实施获得更好的社会效果。法律援助制度、司法救助体系的建立,对于国家财力的依赖是显而易见的。没有乐助的国家,必无快乐之人民;没有财力的国家,难有乐助之善行。我们当然知道,国家的富强一定是以人民的富裕作为基础的。没有民富必无国强,民富必须被摆到首要的位置,这是政治伦理的要求,这是人民共和国本质的体现。至于民主,它本身就与法治紧密联系。民主兴,法治才会兴;法治兴,民主才会兴。没有真正的民主,就没有真正的法治;没有真正的法治,也不可能有真正的民主。那种以为法治可以长期脱离民主而建设的观点,是错误的,在实践上也必然是失败的。民主既是法治的政治基础,也是法治的理想目标。法治的归宿最终一定为了人民,为了人民能够当家作主,能够幸福美好。就文明与法治的关系来说,法治本身就是文明的产物,是文明发展的重要成果,是文明程度的重要标志。法治建设在一定意义上就是为了防止人类的堕落与恶行,以保护人类文明,推动人类社会的文明发展。和谐,是指各种元素之间有机协调的美好状态。一个国家或者社会要赢得和谐美好,就必须依赖法治建设提供良好的制度前提、秩序环境和国家的强制力保障。没有法治,必无和谐。和谐是法治能够顺利推进的前提,法治是和谐能够造就与持续的保障。

三、法治建设与自由、平等、公正、法治的价值观念

就自由、平等、公正、法治的价值观念来说,它们对于法治建设都具有重要的指导意义。具体说来,自由是人天生的渴望,甚至是人的本质

追求。人生而自由,人天生都是热爱自由的。伟大的思想家们早就指出,没有人不喜欢自由,即使是那些反对自由的人,其所反对的也只是别人的自由。在他反对别人自由的同时,所实现的正是他自己的自由。在法治状态之中,自由就是做法律许可的事情。法律是自由的边界,是自由的保障。当然,我们必须明白,自由是法律的目的。法律是为自由或者说最大限度的自由而生的,是为自由服务的,却不是为限制自由或剥夺自由而生的。一切以不自由为目的的法律都是对于人类本性的反动,都是邪恶的,必须遭到人类的反对。法律即使在不得已地限制违法犯罪者自由的同时,也保护着其他所有人的自由。正是为了保护所有人的自由,法律才需要对违法犯罪者的自由加以必要的限制。平等,是法治建设的追求。如果是人类凭其本性就会热爱自由的话,人类只有依靠理性才能很好地维护平等。法律直接为平等确定制度根据,也为平等提供检验尺度,还为平等提供保护措施。要实现平等,就必须反对特权和歧视。对于特权的禁止、对于歧视的防止,需要从法律制定到法律实施的各个环节加以贯彻。尽管平等是人类千百年来的向往,但是实现平等并不是一件容易的事情,它会遭到各种力量的破坏或者阻碍。防止这些破坏,清除这些阻碍,是一个长期的法治重任。就公正来说,它是法治建设最崇高的价值追求,是人世间最美好的价值追求。在法律上的一切努力似乎都可以归结为保卫正义、恢复正义、实现正义。立法如此,执法司法同样如此,甚至可以说法律乃为正义而生。一切法律人,都必须以公正为核心、为依归,在内心中想公正、在行动中求公正,敢于为公正而奋斗、抗争、奉献乃至牺牲。至于法治这一理想状态,当然是法治建设的目标。法治建设是推动法治的具体行为,是实现法治的现实路径,是法治建设的直接诉求。我们所有的法治建设实践,都是围绕法治这一目标来展开。实现法治、保卫法治,是法治建设的直接目标。

四、法治建设与爱国、敬业、诚信、友善的价值观念

爱国、敬业、诚信、友善的价值观念，对于法治建设的引导意义是不言而喻的。爱国对于政治国家状态下的法律来说，当然具有极为重要的目标意义。只要国家还存在，爱国就具有重要的意义。法律为爱国这一价值目标，提供制度确认、行为尺度与评价准则。在法治意义下的爱国具有道义与法律的双重正当性。爱国，会因法律而获得神圣、正当、持久的德性。敬业是每一个公民都应该具有的美德。每一个正当劳动年龄的公民，都应该有自己的职业。职业是一个公民的立身之本，是其物质生活的基本来源，也是其人生价值得以实现的主要平台。世界上没有一个职业是孤立存在的，它都与其他职业、其他人具有千丝万缕的联系。敬业是每个人实现自身价值、获得社会认同、服务社会公众的必需。诚信，对于任何社会都是极为重要的，也是一个人之所以是人的道德要求。《论语》就记载了孔子的高见："人而无信，不知其可也。"孔子的学生曾子也说："吾日三省吾身，为人谋而不忠乎？与朋友交而不信乎？传而不习乎？"其中"为人谋"，一个字的要求就是"忠"；"与朋友交"，一个字的要求就是"信"。忠信之人必然友善。友善是一个人对待他人、对待社会的必要品德。友善才能使他人感觉美好，也才能使自己感受幸福。与邻为壑、与人为敌，都是不友善，对他人是恶待，对自己则是伤害。它会严重破坏自己的社会环境，使自己生活在敌意之中，这样，别人不幸福，自己也不会幸福，严重影响自己的身心健康。法律为建构友善的人际关系提供重要的制度机制。法律通过这些机制及其作用的发挥，协调人际关系，美化人际环境，促进社会和谐，增进共同福祉。这也是法律重要的价值追求。

（本文原载《检察日报》2017 年 6 月 8 日，原题为《核心价值观：法治建设的思想引领》。）

146. 富强的联想

富强乃富足强大之所谓也。它是许多国家的发展目标,也是我们核心价值观之一。但是我们现在仍不富强,还有更多更美好的追求,必须有更多更深入的思考。

我们尤其渴望富强,恐怕更是因为曾经长期贫弱。从1840年鸦片战争惨败以来,贫弱就成为中国人民最沉重的伤痛,相应地,富强也就成为中国人民最热切的呼唤。一个半世纪之后,我国逐步地摆脱了贫弱。但就是到了现在也并不算富强,富强依然只是我们的目标。我国看起来是世界第二大经济体,这是总量,除以14亿人口的基数,顿时变得微薄了起来。大量农村贫困人口和城市贫民,依然没有解决温饱问题。一些儿童还因为贫穷而无法接受九年义务教育,更不用说接受高中教育和大学教育。其实,就那些仅仅接受了九年义务教育的孩子来说,数年之后也许就会降格为文盲与半文盲。整个社会,关于贫弱的痛楚并未消失,对于富强的期待还是那么强烈。

在追求和实现富强的过程中,就有一个如何对待本国人民的问题。国内人民是不是因为国家的富强而富裕了,这是值得思考的首要问题。国家是人民的国家,如果国家的富强不是以人民的富裕作为基础和前提的,那么这样的富强必然是祸害。人民承担着过重的税负,享受不到应有的福利,大量的财富集中在国家手中。国家虽然富强了,但是人民却是十分贫弱。这样的国家富强是以人民贫穷作为代价的,那不仅不是人民的福音,甚至就是人民的灾难。

国家富强了,如何对待他国,是一个很重要的问题。且莫说富国自以为如何,在别国尤其是在邻国看来富国就是威胁。在世界上的大国强国看来,就会担心富国是否会陷入修昔底德陷阱。如果富强起来的国家缺乏足够的制约机制,这种机制既包括国际的也包括国内的,也就会成为国际社会的灾难,当然更会是国内人民的灾难。

国家的富强甚至只是基础性的目标,它与国家的其他价值目标是并列的,远远不是国家追求的全部。国家必须是文明的、自由的、民主的、法治的。富强必须与文明相伴随,没有文明的富强就是野蛮。一个富强的国家,如果没有文明相伴随,连基本的人权都没有保障,就会让野蛮横行,人民就会被粗暴对待。在国际社会中,野蛮的强国必将成为文明的破坏力量。任性的强国是令人恐惧的力量。历史上,法西斯帝国就是典型的例证。在一个富强的国家中,如果人民没有自由,留下的就只是专制,这对国家是无益的、对人民是有害的。如果没有民主,富强也就成为专制的经济基础和力量源泉。这对于国家来说,同样是不幸的。如果没有法治,国家尤其是那些构成和代表国家的公权力不受法律约束,富强不过是强大的暴力,专横将无法得以控制。最高权力拥有者就可以把国家视为一己之天下,就可能像处置私有财产一样随意处置国家财富,甚至远比对其私有财产的处置还更加任性。这样的富强,对于国际社会也许是短期的福利,对于本国人民必然是灾难,最终也难免危害国际社会。也正是因此，一个理性的国家总是把富强作为目标之一，但绝不是唯一目标，也不是根本目标。

（本文原载《人民法治》2017 年第 6 期。）

147. 映日荷花别样红

最高人民法院入额法官宣誓声的响起，意味着我国最高审判机关法官员额制改革取得了重大成功。多年来法学界、法律界的急切呼唤与殷殷期待，在这一刻演化成了司法机关改革的现实。这一改革为中国司法改革树立了新的里程碑，为中国司法审判揭开了新的历史篇章，给人以“风光不与四时同”的感受与感慨，也生出了“映日荷花别样红”的观感与期盼。

法官员额制改革事关法治国家建设的宏伟目标。回想1997年，中国共产党第十五次全国代表大会确立了依法治国，建设社会主义法治国家的治国方略与法治发展目标。1999年，全国人民代表大会以宪法修正案的形式确认了“依法治国”这一治国方略与“建设社会主义法治国家”这一法治目标，同时也确立了依法治国的法治原则。然而，依法治国，建设社会主义法治国家并不是空洞的原则，执政党的确认、宪法的确立并不是它的结束，甚至只是它的开始。它必须依靠体制来保障，依靠一系列制度、机制来贯彻落实。依法治国在司法上的一个具体体现，就是确保司法权的依法独立行使,确保人民群众在每一个司法案件中感受到公平正义。司法是社会公正的最后保障。确保司法公正是司法及其改革的最高追求也是直接目标。每一个案件都是依靠一个个法官来审理的。法官的素质、能力直接关乎司法审判的结果,关乎社会公正的状态。从法官本身入手,包括从其任职资格与具体选任入手,就成了不二之选。在全国法院系统推进法官员额制改革的同时,最高人民法院也启动了这一改革,而且有了现在这一可喜的成果,不能不令人鼓舞,也让人充满期待。

法官员额制改革事关司法队伍建设的主体力量。人民法院的基本职能就是司法审判。从事司法审判的职业工作人员就是法官,他们是司法队伍的主体力量。法官员额制改革,事关人民法院法官队伍建设。建设什么样的法官队伍,最直接的表现就是选任多少合格的法官,选任什么样的合格法官。推进法官员额制改革就是推进法官选任制度改革。入额法官的数量体现了司法审判对于法官人数的要求。入额法官的条件更体现的是对一个称职法官的素质和能力要求。它就是一个标杆,就是一个检验标准与衡量尺度。法官员额制改革为法官队伍确定了一个长远的、可持续的规模与质量样本。同时,这一改革也事关现有法官的切身利益。他们的工资待遇、人生路径、社会评价都将受到或多或少的影响。这种影响是心理的,也是现实的;是精神的,也是物质的;是个人的,也是社会的。所以,推动这一改革的难度也可想而知,它是对每一个法官的检验,是对每一个法院工作人员的检验,也是对最高人民法院领导班子的检验。可以想见包括最高人民法院在内的各级法院,他们作出了怎样的努力。他们成功了,我们要为最高人民法院点赞,要为每一个入额法官点赞,更要为参与这场改革的每一个法院工作人员点赞。

法官员额制改革事关司法机制更新的关键环节。司法机制对于司法体制来说是极为重要的。长期以来累积的司法问题,在相当大程度上都是司法机制的问题。更新司法机制是改革司法体制的重要诉求。司法机制是司法运行的客观基础,也是其良好运行的体制保障。法官员额制改革直接关涉的是谁入额、谁不入额的问题,在根本上直接关乎司法机制的改革重构。由谁担任法官、由谁裁判案件的问题,是谁在进行司法、谁在行使司法权的问题。法官是司法机制中最具有主导性的主体,是司法机制的核心元素。法官好不好决定着司法机制好不好,最终决定着司法好不好。更新司法机制必须从法官选任抓起。从这个意义上说,法官选任是司法机制更新的必然要求与首要环节。党的十八大以来的我国司法改革,其核心是落实司法责任制,其基本的要求就是让审理者裁判,由裁判者负责。推行法官员额制正是建立和完善司法责任制的直接要求。

法官员额制改革事关司法责任落实的最终归宿。司法责任制的建立,是这一轮深化司法改革的核心任务。司法责任由谁来承担,是核心之核心的问题。司法责任,从职责责任来说,是由法官承担的;从错案责任来说,也同样是由法官承担的。法官是司法责任制的关键,素质太低必然无法担负起应有的司法责任。不恰当的法官选任必然导致不合格的法官产生。不合格的法官对司法是悲剧,对社会是危害,对法官本人是灾难,最终是对人民的不负责任。选任合格的法官是对法律负责,对司法负责,对法官负责,最终是对人民负责。法官员额制改革所解决的关键问题就是法官的数量问题与选任问题。最终解决的是司法责任的承担问题。要落实司法责任制,就必须从法官的选任入手,并且始终围绕法官的素质与能力要求来展开。因此,可以说法官是司法责任制得以落实的归宿,实行法官员额制改革就成为落实司法责任制的必然要求。

法官员额制改革事关司法公正理想的实现程度。在司法问题上如何强调公正,都不为过。因为,司法公正是社会最后的公正。说公平正义是司法的终极目标、直接目标、根本目标,都是对的。在逻辑与目标的意义上,一切公正都可以通过司法而获得肯定,一切不公正都可以通过司法而被修正。古今中外,整个司法都应是围绕公正来展开的。完全可以说,不公正即无司法。为此,就必须用最有力、最有效的手段推进司法体制改革,促进司法公正。司法的本质就是对于案件的审和判,审判无一不是由法官来进行的。从法官制度着手的改革必然具有独特的价值。因此,抓住了法官问题,就抓住了审判的首要问题、根本问题、关键问题。在所有的法官问题中,选任又是第一位的问题。法官员额制改革所要解决的就是由谁担任法官的选任问题。相信这一问题的解决对于司法公正必将产生积极的、极大的推动作用。

法官员额制改革是司法改革的重要环节,也是司法体制与机制最基本的环节。司法公正最终仰赖的是入额的法官能够不辱使命、不负众望,担当起法官的责任。我们满怀热情地祝贺最高人民法院和全国法院系统在司法改革尤其是在法官员额制改革上所取得的重要成就,更期待入额的法官们能够成为这个时代的良知,担当起人民共和国法官的使命,成为公平正义的维护者、实践者、推动者,甚至成为公平正义的化身,就是公平正义,美若青莲。在这美丽盛夏,最高人民法院法官员额制改革的成功,使人有着“风光不与四时同”的感慨,我们欣喜地看到并深深地期待在未来的岁月中,“接天莲叶无穷碧,映日荷花别样红”。

(本文原载《人民法院报》2017年7月4日,是应最高人民法院政治部之约请而特别为其撰写的评论。)

148. 法治需要不懈努力

法治是一项伟大事业。作为治国理政的方式，它是从国家出现以来，思想家、理论家、政治家们就开始探讨并逐步进行实践的伟大事业。

人类最早的社会组织体系，应当是氏族，渐次发展成为部落或者部落联盟。在氏族之中，人们从其本性出发，所作出的自发选择都是人治。那时的人治实际上是英雄之治或者说是领袖之治。在原始时代，每个氏族、部落对于英雄的崇拜与期待都是不言而喻的。他们需要英雄，因为英雄可以带领他们去应对风暴雨雪等自然灾害，去开展定居、祭祀、迁徙、战争等重大的组织活动。一个氏族或者部落的繁盛与衰落乃至生与死，都与他们的英雄密不可分。对于英雄的崇拜与服从是当然的现象。从人类的考古发现来看，崇拜英雄也是不争的事实。英雄与领袖在那里常常得到最完美的结合。万众归心的英雄很自然地成为领袖人物。世俗英雄与政治领袖高度统一，合二为一。

最初的政治国家是从氏族、部落、部落联盟等社会组织脱胎而来的。这些组织中的政治领袖必然是公认的英雄,否则其身份的正当性和长期性就会受到严峻挑战。当国家出现之后,从氏族英雄或领袖转化而来的政治家,就成了最初的国家或准国家领导人。他们所实行的国家治理,必然,也只能是英雄之治或领袖之治,即人治。在当时,这种人治没有什么好与坏的问题。它是那个时代文化、观念、传统、习惯、心理等共同作用,尤其是社会物质生活条件和精神生活条件共同作用的结果。

人类及其政治国家早期的人治可以说是自发的结果。对于法治的发现、追求与运用则是人类理性作用的结果。人类发现与人治对应的法治,是有先有后的。发现法治是一回事,实践法治是另一回事。发现有先后,实践更有先后。法治是规则之治,并不等于有了规则就有了法治。法治是以法为治、依法而治之意。在法治的视野中,国家领导人乃至最高领导人及其所代表的公权力,都必须服从法律,坚持法律至上。这就不是一个简单的有无规则的问题。这是一个是权力至上还是法律至上的问题。只有法律至上才可以称得上是法治,哪怕是最初步的法治。

能够坚持法律至上,也还只是初步的法治。为什么?因为,法治的进一步发展提出了其内涵的问题。如果治国理政所依赖的法律是专制的法、集权的法、邪恶的法,是不自由的法、不民主的法、不正义的法,那么,这种法律下的依法而治,即便有法律至上,也还不是现代意义上的法治。

现代意义的法治,必须是形式意义和实质意义的高度统一。它要求在形式上严格依法办事,坚持法律至上,还会在实质上要求法律必须是自由的法、民主的法、公正的法,等等,具有良好的价值内涵。也就是说法治之法,从道德的视角看来,还必须是良法而非恶法。现代法治是良法之治。现代法治对于法律实施有法律至上的形式要求,对于法律具有良法的实质要求。

认识到法治的必要性,是一个艰难的问题和过程,实践法治是一个更为艰难的历史课题。它意味着人类关于国家与社会治理方式的革命性变革,是人类自我管理与治理的一场前所未有的革命。它将开辟出人类治理的新时代、新风貌、新天地。因此,完全可以说法治是一件伟大的历史事业,绝非一蹴而就,绝非轻而易举。法治事业,更需要我们为之不懈努力。

(本文原载《人民法治》2017 年第 7 期。)

149. 地方法治与国家法治

“地方”一词总是与“中央”和“全国”两个词相联系和对应。其实“中央”和“全国”统起来也不过就是一般所说的“国家”的意思。地方法治建设对于国家具有怎样的意义，我以为主要是三个方面：

首先，地方法治建设是国家法治的区域实践。

任何国家都是由地方构成的，没有地方就没有中央，也没有统一的国家。中国也不例外，甚至更为特殊。因为中国的地域辽阔，疆域广大，且具有中央集权的历史传统。为此，地方的法治建设对于中国整个国家的法治建设来说，意义更为重大。

中国由 34 个省级行政区划构成（含港澳台 3 个）。中国的法律体系的外部特征表现为由一个国家、两种制度、三大法系、四大法域构成。一个国家、两种制度就不用过多解释了，就是社会主义制度与资本主义制度同时存在于中国。至于三大法系，则是指社会主义法系、大陆法系、英美法系。四大法域，包括内地、香港和澳门以及我国台湾地区。这样一个国家，没有地方法治建设是不行的。

其次,地方法治建设是国家法治的试验基地。

作为地方法治建设有它自己的独特之处,它至少包括易于启动、成功可喜、风险可控三大特点。

一是易于启动。在一个地方启动法治建设与在一个国家启动法治建设相比,相对要容易得多。它的地域相对较小,公权力结构层级相对简单,社会公众的数量也相对较少,因此,在一个省、一个自治区、一个直辖市启动法治建设,相对地易于启动。

二是成功可喜。地方法治建设可以成为国家法治的"小样"和"范本"。地方法治建设可以成为国家法治建设的小样,为整个国家的法治建设进行试点;也可以成为其他地区法治建设的范本,供其他地方参考。

三是风险可控。地方法治建设毕竟限于地方。它的范围是有限的,即使在创新中出现了什么问题,也是不会成为大问题,即使要调整,也船小好调头。相对于在整个国家范围内的实践来说,风险可控。

最后,地方法治建设是国家法治的特殊表现。

地方法治建设对于地方的优越性是不言而喻的,它可以更有效地推进法治建设。其实它对于国家也是十分重要的。一个国家的法治也是由一个一个地方独特的法治建设构成的。它主要体现在三个方面:

第一,它比全国性的法治建设更能切合地方实际、满足地方的法治需求。国家整体的法治建设当然有它的全局考量。正因为有这种全局考量,也就未必适合各个地方的实际。因此,这就为地方法治建设提供了必要性和可能性。

第二,国家的法治建设是由各个不同地方的法治建设有机组合而成的。每个国家都是由一个一个地方构成的。各个地方的法治建设是国家总体法治建设的组成部分。因此,我们必须高度重视各个地方的实践。只有各个地方的法治建设好了,整个国家的法治才能很好地建立起来。

第三,每个地方会有自己特殊的法治要求,加强地方法治建设是地方自身发展的客观需要。从地理区位来讲,沿海的地方,总有关于海洋与渔业方面的法治要求;在沙化严重或沙漠面积较大的地方,总有防沙固沙甚至治沙的法治需求;在多民族聚居区,就可能有更多的关于民族问题的法律规范。在贫困人口较多的地区就可能需要更多的关于扶贫的法律制度。总之,各个地方的地理、文化、历史、民族等因素的差异,也会影响其对于法治的需求。以此地方实际作为基础来加强法治建设既是必要的,更是重要的,它是国家法治在区域上的具体表现。

(本文原载《人民法治》2017 年第 8 期。)

150. 统筹推进依法治国与制度治党

习近平同志指出，必须坚持依法治国与制度治党、依规治党统筹推进、一体建设。这一论断深刻揭示了治党与治国的内在联系。从法治建设角度看，建设中国特色社会主义法治体系，既要形成完备的法律规范体系，又要形成完善的党内法规制度体系。从提升党的执政能力角度看，制度治党是党依法治国、依法执政的必然要求。全面依法治国，既要求党依据宪法法律治国理政，又要求党依据党内法规管党治党。

党的十八大以来，我们党在制度建设上取得了一系列重大成就，制度治党日益成为从严治党的重要方式。习近平同志指出："坚持思想建党和制度治党紧密结合。从严治党靠教育，也靠制度，二者一柔一刚，要同向发力、同时发力""思想教育要结合落实制度规定来进行，抓住主要矛盾，不搞空对空"。制度要充分发挥作用，不在于数量多，而在于管用有效。这正如习近平同志所指出的，制度不在多，而在于精，在于务实管用，突出针对性和指导性。党的十八大以来，内容协调、程序严密、配套完备、有效管用的党内法规制度体系逐步形成。我们党制定《中国共产党党内法规制定条例》，对党内法规制定的规划计划、起草、审批、发布、解释、备案、清理等程序作出规定；发布《中央党内法规制定工作五年规划纲要（2013—2017 年）》，对党内立法发展作出具体规划。对党章进行修订，并制定、修订和发布《中国共产党问责条例》《关于新形势下党内政治生活的若干准则》《中国共产党党内监督条例》《中国共产党纪律处分条例》等重要党内法规。随着党内法规的日益完善，制度笼子全方位扎紧，制度治党在管党治党中发挥着越来越重要的作用。

依法治国与制度治党是中国特色社会主义法治建设的两个重要方面，密切互动、相辅相成。依法治国是从全局讲的，是治国的基本方略，是治国理政的基本要求；制度治党则是从执政党建设角度讲的，是对执政党提出的法治化要求。

依法治国是制度治党的基础和依托。制度治党既是在依法治国的背景下提出的，也需要在依法治国的框架中推进。依法治国作为治国的基本方略，要贯彻落实到国家和社会治理的方方面面。当前，统筹推进“五位一体”总体布局和协调推进“四个全面”战略布局，尤其需要健全执政党的制度体系，使党治国理政各方面工作进一步制度化、规范化、程序化。

制度治党是依法治国的引领和保障。制度治党是中国共产党管党治党的基本要求和重要方式。制度在党的管理和建设中发挥着基本依据、行为规则、纪律保障等多方面作用。中国共产党处于长期执政地位，需要保证自身的先进性和纯洁性，这就要提升党自我净化、自我完善、自我革新、自我提高的制度化水平和能力。如果在党内不能实行和实现制度治党，就难以在国家和社会生活中实行和实现依法执政。制度治党是依法治国的党内实践，关系整个依法治国进程的推进。

在实践中,应统筹推进依法治国与制度治党,使二者相互协调、相互促进。在推进依法治国的过程中,应充分考虑法律规范对执政党依法执政的要求、对执政党自身建设的要求,充分考虑立法、执法、司法、守法乃至法律监督等各个环节与执政党的关系,从法律角度使法治建设与执政党建设相衔接。在推进制度治党的过程中,应把党规党纪放在法治背景下进行设计,全面准确认识党内法规制度体系的性质,使国家法律与党内法规相互协调、相互补充。坚持党章修改与宪法修改相协调,将宪法法律的精神体现在党规党法之中,使宪法原则与党的路线、方针、政策和目标任务等保持一致。党组织和党员都必须尊重宪法法律,自觉在宪法法律范围内活动。积极适应经济社会发展需要,提高国家立法和党内立规的科学化、民主化、法治化水平,实现国家法治建设与执政党制度建设互促共进。

(本文原载《人民日报》2017 年 9 月 27 日。)

151. “一带一路”与法律服务

论坛推进到讨论“一带一路”法律服务的时间段。说到法律服务,不禁要问,“一带一路”需要什么法律服务?我以为主要有以下四个方面:

一是资金投入的法律服务。2017 年 5 月,我国有关领导人的讲话表明,将向丝路基金新增资金 1000 亿元人民币,鼓励金融机构开展人民币海外基金业务,规模预计约 3000 亿元人民币。中国国家开发银行、进出口银行将分别提供 2500 亿元和 1300 亿元等值人民币专项贷款,用于支持“一带一路”基础设施建设、产能、金融合作。如果统计一下,相关总额高达 7800 亿元人民币。如此巨大的资金投入,何以保障投资安全与回报?这是重大的经济问题,更是重大的法律问题。

二是科技交流的法律服务。根据国家的有关计划,将启动“一带一路”科技创新行动计划,开展科技人文交流、共建联合实验室、科技园区合作、技术转移 4 项行动。将在未来 5 年内安排 2500 人次青年科学家来华从事短期科研工作,培训 5000 人次科学技术和管理人员，投入运行50家联合实验室。如此大规模的科技合作，其中的人身安全、科研经费、知识产权等问题，都需要大量的法律来规范，当然需要法律服务人才的跟进。

三是经济援助的法律服务。中国将在未来3年向参与“一带一路”建设的发展中国家和国际组织提供600亿元人民币援助，建设更多民生项目。将向“一带一路”沿线发展中国家提供20亿元人民币紧急粮食援助，向南南合作援助基金增资10亿美元，在沿线国家实施100个“幸福家园”、100个“爱心助困”、100个“康复助医”等项目。将向有关国际组织提供10亿美元落实一批惠及沿线国家的合作项目。这些经济援助项目何以得到法律机制性的保驾护航，使之切实有效，发挥出应有的作用？

四是国际合作的法律服务。2013年以来，中国已经同40多个国家和国际组织签署了合作协议，同30多个国家开展机制化产能合作。在2017年5月的“一带一路”国际论坛期间，我们又与有关国家签署一批对接合作协议和行动计划，同60多个国家和国际组织共同发出推进“一带一路”贸易畅通合作倡议。如此广泛深入的合作，没有国际法律、没有区域性的法律文件、没有众多双边和多边国际条约作支撑，是无法维系和保证的。

回答了需要什么法律服务之后，我们就要问需要谁来提供法律服务。我认为主要是四个方面：

一是公职律师的法律服务。公职律师应该是第一批服务者。中国发起的“一带一路”计划首先是中国政府主导的。因此，公职律师担负着首要的责任。相关党政机关在决策的时候，公职律师的作用必须得到很好的发挥。否则，政府的投资不但不能产生应有的效益，还可能诱发腐败，导致法律上的后患，成为未来的障碍。因此，在重大决策中的各个环节包括公众参与、专家论证、合法性评估的程序保证应该有公职律师作用的发挥。

二是公司律师的法律服务。我们的大量投资都需要通过众多的银行、公司,并通过市场化的途径进行。公司律师在这方面的作用就不容低估。其作用不但不能低估,还要充分发挥。一些进入“一带一路”建设的企业,他们的公司法律服务早已开展起来,已有一批公司律师随着公司业务进入了“一带一路”的法律工作中,但是恐怕还需要继续强化相关工作。

三是社会律师的法律服务。我们现在最活跃的是社会律师。“一带一路”的法律纠纷在目前还不多。但是可以预期不远的将来一定会逐步增多。社会律师如何提供不同于公司律师的服务,如何运用法律的武器维护自己本国公民或者法人的合法权益,我们都拭目以待。

四是法学专家的法律服务。在这些服务群体中,不可忽略的是法学专家。他们是从学术认知的角度服务于“一带一路”法治建设的。大量的法律资讯需要法学家们提供,大量的立法活动需要法学家们参与,大量的法律问题需要法学家们研究,大量的法律难题需要法学家来解答。

(该文为作者在行为法学会“‘一带一路’法律服务学术研讨会”的发言提纲,原载《人民法治》2017年第9期。)

152. 政府钱的多少

于个人来说,没有钱是不行的。每天一开门,油盐柴米酱醋茶一样都不能少,哪一样都离不开钱。于政府没有钱也是不行的。如果没有钱,政府用什么来支付公务员工资?没有公务员,当然不行。如果政府没有钱,公共事业就难以推进,也无法购买公共服务,那么也就难以很好地服务于人民大众乃至每个公民。

说到钱,人们总觉得是越多越好,这于个人也许在相当大程度上是对,这其实也只能说是在相当大程度上而已。因为过多的钱于某些人来说,也未必都好。但是于政府来说,钱多则大可怀疑。因为政府本身是没有钱的,它的钱都来自人民。如果政府很有钱,也就意味着它从人民那里获得的多。过分从人民那里获取,就难免对人民的盘剥。盘剥多了,对于人民来说就是灾难。于政府,也不是一个好政府。收钱累,用钱也累,钱多还容易滋生腐败。就政府来说,钱够用即可。

有人也许会问,如果政府没有很多钱,如果有急用或者有大用,怎么办?不用担心。因为政府可以用多种方式从公民那里获取。他们获取的一个重要方式就是税收。除了税,他们还发明了费。于当今政府而言,他们还可以发包一个项目、出让一块土地,就可以获得不少的钱。总而言之,政府根本就不愁钱。发明一个税费,出让一块土地,即可满足日用。因此,政府更不必积存太多的钱。再说,政府积存下来的钱,也是死钱,并不像一般公民手上的钱那样,可以活命而必需;也不像企业家手上的钱那样,可以投资而增值。

社会的财富总是有限的,也是相对确定的。政府的钱相对较多了,人民的就必然相对较少。政府要积存很多的钱,就必然构成对于人民的伤害,甚至是对于人民的剥夺。于人民政府来说,不必如此,更不应如此,也不能如此。我们可以有一个非常富裕的国家,它要自立于世界主权国家之林,但是我们不必有一个过度富裕的政府。政府与人民是相对应的概念,当政府过度富裕时,人民必然相对贫困。我们宁可有富裕的人民,而不可以有过于富裕的政府。

政府手上的钱不必太少,少了就会对社会的服务不足;更不必太多,太多了就是权力的滥用,就是对于人民的伤害。其数额大小皆以适度为宜。所谓适度也就是够政府维持其服务即止。但是,这个道理并不为许多领导所懂得。即使懂得,也未必有用。因为,政府的手足很难靠自觉的伟大精神而被约束。根本的是要有一套民主的制度与法治的手段,使政府不能随意扩展其权力,更不能滥用其权力去找钱。当然,政府的钱也就会因适度,而使之成为好政府,使人民生活得更幸福。

(本文原载《人民法治》2017 年第 10 期。)

153. 法治中国赋

中国法制之源流，赓续数以千载；法治中国之探索，构想计有千般。

皋陶折狱，周公制礼，商鞅变法，尊法而为天下之公器；子产刑鼎，李悝法经，唐律疏议，奉法而成中华之法系。

及至近代，战火频仍，长夜难明，缘制度陈腐之祸殃；探寻民主，谋求共和，更新法治，乃仁人志士之期望。

艰难探索，雄鸡一唱，华夏开辟新伟业；改革开放，民主法治，神州展露新气象。

重开民主路，再启法治航。人民作主，奉民意之圭臬；制度创新，越传统之藩篱。

谋定而后动，图良法之大治；思深方益远，成国家之大计。

民主更加进步，法治日益昭彰。依法治国，基本方略；全面推进，崭新篇章。

依法治国，依法执政，依法行政，共同推进之考量；法治国家、法治政府、法治社会，一体建设之希望。

科学立法再起步，体制完备新构想。严格执法乃行政之要求，法治政府实人民之向往。

公正司法彰万众愿景，布人间春光。全民守法动力在，法治社会意气扬。

自由平等，人民享有安乐；民主法治，国家得以安康。世界大势，锐不可当；法治潮流，迎头赶上。

寰球何去，中国何往？中国推进法治化，法治必助中国强。法治中国新起点，人民民主铸辉煌！

（本文原载《人民日报》2017 年 10 月 12 日。）

154. 充分发挥社会合力

长期以来,社会治理的任务被整体地交给了政府,甚至被认为主要是政府的责任。这是对社会治理的误解,我们需要更好地实现社会治理的社会化。

社会治理社会化,意味着要充分发挥社会主体的积极作用,要使各种社会主体天然地成为社会活动的发起者、组织者、参与者、享有者,成为社会中最活跃、最具有活力的因素。在社会治理中,尊重各类主体的自主性、积极性、参与性,使之发挥出应有的效用。

社会治理社会化,意味着要充分发挥人民民主的重要作用,让人民群众对于自己的社会事务有发言权、决定权,在社会治理意义上实现人民当家作主,把人民的事情交由人民自主决策。

社会治理社会化,意味着要发挥社会自治的重大作用,发挥政府治理的保障作用。一般来说,政府都会给社会的自治留下自我调节的空间。社会的自我调节与自我修复的功能发挥得愈好,社会就愈安全稳定,人民愈幸福美好。政府只是在社会治理失灵的时候，才具有独特的意义，它是社会得以良性运行的外在而必要的保障。

（本文原载《人民日报》2017年11月1日。）

155. 国家治理的一场深刻革命

推进国家治理体系和治理能力现代化，离不开全面依法治国。“全面依法治国是国家治理的一场深刻革命”是党的十九大报告提出的科学论断。从历史、未来、现实的三个维度来考察，全面依法治国必然是国家治理的一场深刻革命，也必然是推进国家治理体系和治理能力现代化的最强劲动力。

党的十九大报告提出“全面依法治国是国家治理的一场深刻革命”。如何理解“全面依法治国是国家治理的一场深刻革命”这一论断，是我们学习十九大精神时必须着力解决的问题。

从历史看，中国的国家治理并非法治而是人治。在中国传统社会中，人治尤其是宽仁厚爱的仁君之治、明君之治还是很好的。就是在绝对的意义上讲，它也比暴君之治好。马克思主义唯物史观告诉我们，评价一个社会的上层建筑，根本的是要看它与社会生产力、生产关系包括经济基础是否相适应。中国的人治传统本身就是中国农业社会的产物，它所依赖和体现的是仁君之治、明君之治，是很正常的。农业经济、自然经济的经济基础也决定了它的国家治理方式必然是人治，最好的也就是仁君之治和明君之治。只是到了近现代，我们的经济逐步地过渡到工业经济、商品经济、市场经济，情形就大不一样了。这时若还固守仁君之治、明君之治，也就当然地落后了。

从未来看，中国的国家治理必须法治化。未来，中国的生产力只能是现代工业、现代商业、现代市场经济。在现代市场经济的基础上，我们的国家治理必须也只能是法治。市场经济的核心价值观是什么？其实就是自由、平等、法治。这也是我们社会主义核心价值观的重要内容。再者，我们未来的政治是什么？是人民当家作主的民主政治。作为与民主政治相匹配的国家治理方式，也只能是法治。人民的意志通过什么来表达，通过什么来统一？回答只能是法律。市场经济的逐步完善、民主政治的逐步建立都对中国提出了急迫的法治要求。

从现实看，中国的国家治理正在法治化。我们该怎么办？我们应该近法治而远人治、用法治而弃人治。再过两天，就是中国独创的节日“光棍节”。它实际上是一些青年人和电商有意无意地“合谋”而产生的节日。这个节日在2016年一天的网购销售额高达2000亿元人民币。它由无从数计的合同和法律关系构成，一旦发生了矛盾纠纷，恐怕只能是通过法治化的方式包括诉讼等方式来解决。这就是生产力的伟大作用，也是生产关系的伟大作用。全面依法治国是我们党确立的治国方略，也是对我们党和国家的考验。我们不能不接受这个考验，而且必须在这一考验中获得良好乃至优秀的成绩。这是党的要求、是人民的要求，也是法治的要求。

从历史、未来、现实的三个维度来考察，全面依法治国必然是国家治理的一场深刻革命。我们只能急流勇进，积极投身这场革命，才不会落伍，才能迎头赶上，中国的依法治国事业，才会因为我们的努力而得到更快更好的发展。

（本文原载《学习时报》2017 年 11 月 10 日。）

156. 英雄政治

人类似乎一直有浓厚的英雄情结。崇拜英雄,是古今中外文学作品的重要主题,中国古典文学名著如《西游记》《水浒传》《封神演义》等无不如此。直至今天的好莱坞大片,也无不以塑造英雄为乐事。人们对于英雄的崇拜显然是英雄情结的外化。歌颂英雄的文学作品,在艺术空间,让英雄霸气非凡,并无大碍,但是以英雄来统治现实的世界,也就十分危险,其政治也就必然是英雄政治。英雄政治的实质就是人治政治。

英雄政治中的英雄,有时被称为伟大领袖,有时被称为圣哲、贤人或者显得低微一些的能人。英雄政治,在一定意义上也就是圣人政治、贤人政治、能人政治。实质上,这些政治都是英雄政治,都是人治。它们的表现不同而实质相同,都以具有英雄壮举的人作为歌颂与崇拜的对象,并将其描述成无所不能者。

在地球不同区域的原始人类,最初都是从英雄崇拜中走来的。他们最初的统治都是英雄之治。循着从自发到自觉、从感性到理性的发展逻辑,当初的政治国家所实行的,首先就是人治而不是法治,更不是民主之治。法治与民主是人类理性发展的政治成果,是人类智慧发展与理性进步的产物。

尽管英雄政治有不同的名号或者表现,但是都是人治,都是人治政治。它们都是与法治相对立的。因为,英雄包括领袖、圣人、贤人和能人都具有超人的本领。他们可以藐视人间规则甚至杀人越货、违法犯罪,甚至还可以违法而不受处罚,于是英雄就可能是违法犯罪的英雄。再说,英雄,往往具有超凡的能力,他们不必听取别人的意见,更不必服从民意。对于他们来说,尊重民主和实行民主,简直多余。英雄既不需要法治,更不需要民主,偶尔的也只是听听意见和建议,不过是善于纳谏而已。在走向民主和法治的时代,英雄就具有了反时代的倾向,成为对于时代的反动。

在官僚体制之中,英雄不过是明君或者贤臣而已。明君与贤臣都不是现代政治家的模样。但由于明君与贤臣都具有美好的声誉,于是他们更能为人们所接受,往往也成为君臣的目标。为君作明君,为臣作贤臣,似乎是君臣共同而又分别的理想,但是他们又共同而又分别地反对法治、反对民主。在历史文化深厚的国家,要人们否定明君和贤臣,总是特别困难的,甚至反对者还被视为历史与文化的反动。因此,排除英雄情结、戒除英雄崇拜,实现法治与民主,总是艰难的任务。

英雄之治,对于英雄本人也未必是好事。因为英雄的悲剧也许在于缺乏理性的自觉。在世界名著《唐吉诃德》中,唐吉诃德与风车大战。他始终不明白自己的敌人竟然是一架风车。假如他不是长枪被折断,连人带马被风车甩出去老远,还不知道如何收场,他一直认为自己就是一个不可一世的大英雄,而且战胜了他(假想)的敌人。当然,唐吉诃德最后也没有觉醒,这本身也就是英雄的悲剧。

(本文原载《人民法治》2017 年第 11 期。)

157. 现代治理与民主法治

语词的花样翻新,是经常的、不断的。但是这种翻新并不一定意味着本质改变或者重大变革,有时不过是一种时尚的装饰,并不具有真切的内涵变化。当下,用“治理”一词代替“管理”一词,成为一种时尚。基于种种阐释,人们纷纷认为“治理”就是比“管理”更时髦的用语,似乎更具现代意味,乃至成为现代化的标志。现在要更多使用“治理”而不是“管理”,对此,我也是赞同的。但是,我又在想,难道改个名词就现代化了吗?显然不是。因为,现代政治必须是民主政治和法治政治,现代治理必须是民主治理和法治治理。

现代治理中的政治,理当是民主政治。民主政治就是人民当家作主的政治、人民民主的政治,人民作为国家和社会的主人,当家作主。在民主政治中,重要官员由人民选举,重大事项由人民表决,重大事务由人民决定。人民是政治的根本主体,是政治的最终决定者,人民真正地拥有国家的根本权力,是权力的最终归属。治理如果不是民主的,也不会有别于过去的管理，当然也不是现代的治理。在所谓的“治理”中，依然是“我为君你为臣，我为官你为民”。强大的国家权力或者政治权力依然主宰着社会的发展，决定着国家的命运，制约着每一个国民。国民并不是公民，甚至依然是“臣民”与“子民”，有的还是低人一等的“贱民”。其中，看不出任何现代性，也没有任何现代意味。所谓的“治理”不过是人治中“管理”的翻版，只是徒有了更动听的名号、更为时髦的名词而已。

现代治理中的政治，应该是法治的政治。所谓法治政治，就是由法律规制的政治，依法运作的政治。在法治政治中，政治主体依法运行，政治活动依法开展，政治责任依法承担。政治主体依照法律行使政治权力，自觉在法律范围内活动，并依法承担各种包括违法的法律后果。在法治政治中，法律至上，法律具有至高无上的地位。政治行为的对与错、政治责任的有无与大小一律依法而论、依法而定。治理如果不是法治的，就不是现代治理，换了一个名词，并未改变其管理乃至控制的本质。国家与社会发展到现代，其治理方式上的一个显著标志就是实行法治，或者叫依法而治。没有法治化的治理，其实也就是人治中的管理，也成不了现代物件，不过是徒具虚名的人治古董，还是管理甚至是人治中的管理。

治理的现代内涵，也许相当丰富，有多种现代元素与色彩，但是其根本的内涵就是民主与法治。没有民主与法治作为内在品质，就是历史上的人治式的管理，不具有任何的现代意义。要从传统的管理过渡到现代的治理，请首先关注其内涵的民主与法治本质。现代治理，是民主与法治的统一，甚至就是民主与法治有机统一的集中体现。

（本文原载《人民法治》2017 年第 12 期。）

158. 教学的根本追求

在教与学之间,教是必要的,学是主要的。学要尊重教,教要服务学。教学的根本目的是什么? 在我看来:教是为了传播知识。无论是什么样的教育,都会有知识传播的任务与功能,都要使学生或者学员有所收获。我们作为教师,每一堂课前都要思考听众将会获得什么样的知识。为此,教师就必须在课前有所准备,课中有所贡献,使听课学生或者学员在知识上有所进益。

教是为了传授道理。教学的目的是传授道理。教师必须讲理,所讲之理,必须尊崇于道。讲理布道,是教师比传授知识更高的使命。教师必须传授自己对于真理的体悟与见识,以此来引导学生或者学员接受道理。明白道理,明白更深刻的道理,是教与学双重视角的使命。

教是为了塑造人格。教的最高境界,是为了培养学生或者学员健全的人格,使其人格在教育中得到净化与升华。为此,我们讲述的每一个例证或者故事都应当使学生或者学员在道德上受到熏陶。人格教育是长期的甚至恒久的教育目的。教师应该将自己的人格认知、评价浸润到知识与道理传授之中,润物细无声。

其实,以上三点归结起来,都是为了提升学生或者学员的素质,培养优秀的学生与学员,这是教学的根本追求。为此,作为教师就要特别重视教学对象、教学内容、教学方式。

教学对象,也就是听课的学生或者学员,解决的是谁听的问题,他们是教师关注的焦点,因为教学活动都是围绕他们而展开的。“因材施教,因势利导”是对教师的职责要求。于是,我们就要了解学生和学员,有针对性地开展教学活动。

教学内容,回答的是教什么与学什么的问题。教师对于教学内容必须精心设计:从课程安排、讲题设置到讲课要点,乃至重要例证,都要认真考虑,作出科学的设计;讲课不可随意,即便看上去是信手拈来,也要天然成篇,不可草率。

教学方式,回答的是如何教乃至如何学的问题。教学方式多种多样,要选择能最好完成教学任务、达成最佳教学效果的方式。方式是很重要的,有时关乎教学活动的成败。对于教学方式的高度重视与认真对待,也是一个优秀教师素质外化的重要表现,不可不时时萦怀。

(本文原载《学习时报》2017 年 12 月 8 日,此文系作者在中共中央党校相关会议上的发言稿。)

159. 讲理与讲法

要给“讲理”下一个书面的定义，也许比较复杂。如果用通俗的话说，那就简单多了。“讲理”就是明白道理、服从道理、坚持道理。

按说，具有正常理性的人都能明白道理。但是，人世间就有那么一些人似乎就是不明道理，甚至永远也不明道理。他们不仅不明，而且还有各种歪理邪说。这就更令人愤怒了。有时真恨不得揍他一顿，呵呵，看来这就是我不明道理了。一个明白道理的人怎么可以揍人呢？揍人也不会把别人揍明白呀。要是把别人揍傻了，岂不是让人永远不明了。最可悲的是傻傻地揍人，结果把自己“揍”傻了，被法律追究了，那就更不值当。看来，对于不明道理的人，始终给他讲不明白道理，也还不能揍他，那就只能让他不明白了。他不明白，不害人也就罢了；要是还要害人，也就真害死个人了！

让人明白道理难，让人服从道理更难。有的人其实不是不明道理，而是明知道理，却不愿意服从。原因何在？因为他舍不得自己的利益，其实往往都是私利。为了私利而不顾公义，想来，多少有些令人不齿；但是，这种人也不鲜见。利益远比认识更为坚硬，在有些人那里也更为重要。如果说因为误解会不明道理，因为私利更可能歪曲道理，最后是委屈道理，也就不会服从道理了。

明白道理、服从道理，当然很难。与这二者相比，坚持道理就更难。因为坚持道理有的是为自己，有的是为别人。那种为自己坚持道理还算容易，为了别人而坚持道理就是难上加难。比如面对强权，敢于为他人伸张正义，这需要的更多是崇高的牺牲精神。没有伟大的人格作为基础是绝难做到的。是不是要坚持道理，有时，对有些人，是可以选择的，对有些人则是毫无选择。比如法官，他处于是非对错之间，其职责要求他必须而且只能坚持道理。这里就没有选择，任何妥协都是以良心作交易，甚至是对良知、对自己的背叛。

在正常的社会里，明白道理的人多，服从道理的人也多，坚持道理的人也会不少。但是，在畸形的社会中，那就不好说了，明白道理的人会装糊涂，服从道理的人会不再服从，坚持道理的人则更难坚持。所以我们呼唤一个正常的社会，一个明白道理、服从道理、坚持道理的社会，总之就是要一个讲理的社会。

讲理的社会也应该是讲法的社会。法是理的外化，法是理的延伸，法是理的保障。特别是最后一句，极为重要。面对实在不明道理、不服从道理、不坚持道理的人，怎么办？干脆不再讲道理，直接讲“法”。因为理的力量是内在的，只有法的力量才能由内而外。法律的国家强制力可以不理会不讲理的人，甚至可以强迫不讲理的人而得以有效贯彻。

因此,冷冰冰的法律就变得可爱起来。当然,这法律它自己必须讲理,这也就是对立法者的要求了。讲理的法律能够确实加之于不讲理的人身上,法律实施了,社会也就讲理了。

(本文原载《人民法治》2018 年第 1 期。)

160. 司法改革需要真正的创新

当前,创新被誉为中国社会发展的动力。司法改革正在如火如荼推进之中。司法要改革,创新要重视,都是对的,也是十分必要的。但是司法中的创新也如同其他领域一样必须要讲科学性,要符合法治发展的科学性要求。否则,违背法治规律及其科学性的改革或者创新都必然是错误的,甚至是可怕的;它不是应然的改革,也不是应然的创新,而是徒具改革与创新虚名的瞎折腾。

2017 年上半年,我参加了中央有关部门组织司法体制改革的考察活动,看到有的法院将见习律师作为法院的法官助理,我悄悄地告诉有关部门及其领导此法不可取。此事过去了也就罢了。毕竟我只是一介书生,姑妄言之。不说,是我不对;说了,被不被采纳也不是我能作主的。也就只好听之任之了。

近日又被邀请参加一个法治创新的评估工作,若干创新的改革措施令人眼花缭乱。有的令人欣喜,有的则深深地令人忧虑。有的竟然以促进法律共同体建设为由,组织律师到政法机关挂职,还要申报创新奖励。实在是匪夷所思。

在社会律师的工作中,就诉讼来说,主要的不是代理人,便是辩护人。无论是代理人还是辩护人,都不过是由当事人授权而获得的法律身份。他们当然要忠诚于当事人,当事人的权利当然是私权利;律师们也当然地要以自己的服务收取费用。在总体上可以认为,律师主要是为私权服务。为私权服务并不值得诟病,它恰恰是我们所特别需要的,也是法治所特别需要的。能为私权作出优秀服务的律师就是我们敬重的优秀法律工作者。

但是,以律师身份到政法机关尤其是到法院、检察院挂职,有没有身份混淆的问题,是值得我们思考的。法官、检察官离职或者退休后从事律师工作,都还有种种限制乃至有回避要求。这下可好,让在职的律师公然地作为法院或者检察院的工作人员,参与案件审理活动,与法官、检察官缔结同事关系。这样,如何避免以后可能的不利影响,这里有无回避的问题,恐怕都值得我们深思。难道在法理上真的讲得通吗?

如前所述,除了公职律师之外,无论是社会律师或是公司律师,其服务对象总体上还是属于私权的范畴,其代理权或者辩护权等权利也多半来自私人的委托授权。如何避免挂职律师以公谋私,导致律师与律师的不平等、当事人与当事人的不平等,是不得不考虑的问题。就律师的个体来说,我们是难以批评的,甚至要说,他们中绝大多数都会是公私分明的,但是于制度设计来说,让律师到政法机关尤其是司法机关任职,就多少有些荒诞。

有的地方组织实习律师到法院作法官助理,并将这一法官助理工作视为其实习律师的经历,实在是不妥。初出茅庐的实习律师所实习的理当是律师业务,自己的律师业务不去实习,却到法院去作法官助理。我们要问,他们究竟实习的是律师业务呢还是法官业务?

司法是事关全社会公平正义的国之重器,司法改革必须是极为慎重的改革,必须具有理性的精神。离开科学、离开法治来谈创新和改革,难免是逆向的改革。逆向改革不是真正的改革,逆向创新也不是真正的创新,司法改革如此,其他改革呢?恐怕也是同理。

(本文原载《人民法治》2018 年第 2 期。)

161. 权力与腐败

关于权力与腐败之间的关系，法律人都是熟悉的。先辈们的经典论述，一再告诫世人，有权力就会有腐败，绝对的权力会导致绝对的腐败。后半句一般还难以验证，而就前半句来说，则是在很多地方、很多时候都可以得到验证的。其有效性，有时竟然会让人目瞪口呆。

前不久看到一则新闻，安徽怀远一个小学六年级的孩子，才 12 岁，副班长。他只是拥有老师赋予他的监督背书和检查作业的“权力”。数年间竟然可以收受高达几万元的贿赂，真是触目惊心，闻所未闻。

从其作案的开始时间看，当时也就是小学二年级，才几岁。一个几岁的孩子，竟然可以滥用“公权”，是多么不和谐啊！一个应当是天真无邪的孩子，竟然就可能熟练地运用自己手中的“权力”谋取私利。似乎腐败与年龄无关，但确实与权力相关。

从人的本性来讲，虽不说人之初性本善，但是也完全可以说人之初性非恶吧。我们绝对不愿意说这个孩子是天生的腐败分子,也不能说其本质就有多坏。面对一个小孩,甚至我们还要说,其原本就应该是清纯稚嫩、天真无邪的,为什么会发展成这样?

一个小小的孩子,据说个头也不高,甚至还比向他行贿的人个头低。他是不可能凭借武力征服行贿者的。那又为什么总有人,而且是那个群体的每一个都要向他行贿?真的是匪夷所思。他个头不高,身体并不强壮,但是他有“强大”的“权力”。这也许说明,“权力”就是那个比个头、比体能更厉害的家伙。其实,他如果没有“权力”,就什么都做不了。

据说,他能长期收受贿赂,别人必须交钱给他,并非自愿,而是因为他能利用打手,这使他获得了征服别人的手段——暴力。但是我们想一想,那些交了钱的人为什么甘愿充当他的打手?还不是因为他手中拥有“权力”。暴力只是直接的力量,权力才是根本的动力。

其实,我们还会追问,他就怎么能享有这个“权力”?因为老师授予了他。为什么他能长期享有这个“权力”?因为老师长期授予了他,或者一次授予后就再没有收回、没有变更过。为什么他如此肆无忌惮?因为他不知忌惮,授予他“权力”的老师从来都不顾及他“行权”的情况,没有监督、没有约束,更没有过收回与剥夺,当然也没有再授予。

我们是不是要去咒骂这个孩子?不必,咒骂也没有用。而且他还是一个小孩。他是“魔鬼”——他可以命令其他小孩吃粪便。他也是另类受害人,他的一生也许就毁在这些年幼无知的贪腐上。

权力是一个奇怪的魔鬼,他有着天使般的可爱,他有着恶魔般的可恨,难道我们不应该从这个小小案例中警醒?我们稍加思考就可以获得很多有益的启示。

(本文原载《人民法治》2018 年第 3 期。)

162. 言者无罪的智慧

写下这个标题，顿时觉得中国古人非常伟大。"言者无罪"这一成语居然语出中国古老的经典《诗经》，其有曰："言之者无罪，闻之者足以戒。"

由此联想到宋代陆游的《避暑漫抄》一书的记载，宋太祖时，密镌一碑，上有誓词三行，其中包括："不得杀士大夫及上书言事人。""子孙有渝此誓者，天必殛之。"

由此又联想到宋朝。宋从公元960年起算到南宋灭亡的1279年止，上承五代十国下启元代，经历北南两宋，十八位皇帝，达319年。从公元960年后周的陈桥兵变，拥赵匡胤为帝，建立宋朝，到公元1125年金国南侵，北宋灭亡，北宋也历经165年之久。北宋乃至整个宋代能够绵延一百多年乃至三百多年，与此碑刻有多大关系，无法考订；但是宋太祖这一碑刻的作用，恐怕是无法否定的。

谁都不能不承认，上书言事者多数都是赤胆忠心的，为国、为民、为天下计的仁人志士。对于那些言之凿凿、持之有据的言论，当然应当充分吸纳，以求国是。对国家有益的事情,也可谓天下兴亡、匹夫有责。有人勇敢地上书言事,幸莫大焉。在帝王时代,当然是君之大幸,在任何时代,都可谓国之大幸、民之大幸。

在所有的言事者中,有没有说得不妥当的、不中听的,一定有;有没有别有企图乃至心怀不轨的,也许有。但是,即使面对不当言事者,乃至别有用心、心怀不轨者,都不必大动干戈,更不必大兴责罚。试想想,任由谁也不会平添烦恼要去上书言事,乃至惹火烧身。无论不当言论者还是别有用心者或是心怀不轨者,他们表现出来的都是不当言论。对于其不当言论,也当认真听取,以作了解民意的管道。对于其不经之论,他姑妄言之,您姑妄听之,不必为意,一笑置之即可。如果当权者不恰当地责罚了言事者,就必然会阻挡言路。尽管惩罚的是不当言论者,但是后果可能是,连说真话、献良策的正人君子也会欲言又止。任何真话都听不到,国家也就危险了,对民族,对人民就会是灾难。为了听到真话,就必须谅解那些不当乃至错误的言论,宽容那些不当言事者。

在当代社会,从法学上讲,我们可以将上书言事称为言论自由或者表达自由。既然是表达自由,当然允许自由表达。更何况他们的言论,也不是一下子就能成为国策的。国策的形成还有一系列的决策程序乃至民主程序、立法程序,还会经过更多智者的审视与批评。经过了诸多程序,经过了审视与批评而采纳的言论,已经不单纯是言事者的主张了。即使出现了错误,要追责,恐怕也是追决策者的责任。这种言论观、自由观、法治观、民主观,显然是近现代才普遍地得到世界各国法律所确认的。在中国的宋代,甚至在中国《诗经》形成的先秦时代,居然就已经有了这样的认知,作为中国人,完全可以说,我骄傲,我自豪。其实,我们可以做得更好。

(本文原载《人民法治》2018 年第 4 期。)

163. 资治者何

对于中国传统文化我总是心怀敬意，对于那些经典著作常有高山仰止的感觉。但，也不是传统文化的每一部著作都令我们景仰以至于要将其作为教科书。否则，往往是差之毫厘，失之千里，甚至是差之千里，失之万里。的确，有好多传统著作要是被作为资治教科书，确实会令人不寒而栗。人们常说开卷有益，其实还要看看所开何卷，该卷有何用，教育机构又是何以引导的。

由于工作的关系，我常去一些干部培训机构出差。每到一个学校几乎都能看到他们的学员——领导干部书架上摆放着《资治通鉴》这样的著作。这肯定是学校统一放置，当然也意味着是对于学员学习的要求，大有资治之期待。我不知道，安排这些读物的学校领导读过这些书没有，也不知道他们是否真的希望这些读物成为领导干部们资治之工具。如是想来，我心中生出了丝丝的担忧甚至重重恐惧。

随手翻开《资治通鉴》的第一卷周纪一就看到了“吴起者，卫人，仕于鲁”的故事。这样一个人是不是我们今天领导干部学习的榜样呢？他的所谓智慧与作为能否为今日的资治之用呢？难说。

且看吴起"光辉"的一面："起之为将，与士卒最下者同衣食，卧不设席，行不骑乘，亲裹赢粮，与士卒分劳苦。卒有病疽者，起为吮之。"只知其这些，当然令人肃然起敬。与士卒同衣食、同睡觉、同步行，还一起背负粮食，将士同甘苦。更令人不可思议的是，士卒有毒疮，他甚至为之吸疮，何等高尚啊！

但是我们再一看，就可以看看他"卑劣"的另一面。其一，"齐人伐鲁，鲁人欲以为将，起取齐女为妻，鲁人疑之，起杀妻以求将"。可以为功名利禄而杀妻，罪莫大焉。其二，"起始事曾参，母死不奔丧，曾参绝之"。母亲去世了，居然不奔丧，连老师都愤怒了，与之断绝了来往。其三，就是他最极端的为士兵吸疮的美行也未必美。"卒母闻而哭之。人曰：'子，卒也，而将军自吮其疽，何哭为？'母曰：'非然也。往年吴公吮其父疽，其父战不旋踵，遂死于敌。吴公今又吮其子，妾不知其死所矣，是以哭之。'"至少，在这个士卒母亲的心目中，吴起的"美行"简直就是"恶行"——阴谋。

吴起对妻、对母、对士卒的作为，几乎无一值得歌颂，这样的人究竟应否给予正面的评价？他应否成为领导干部们仿效之楷模？领导们可否用吴起的方式方法来治理国家？回答显然都应该是否定的。

在当时就有人将其称为"残忍薄行"之人，这样的人当然不可仿效。那么将这样的著作作为领导干部扩展知识的读物尚可，作为治国理政之资恐怕就有失偏颇。也许有人会说，将该书列于案头、书架，也许正是为了弘扬核心价值观，而让领导们批判之。若是，当好好引导之。否则，就真成了误人子弟者也。写到这里，是不是意味着我所反对的就是随意在领导书架放书呢？是，更不完全是。因为我更要反对的是将糟粕作为资治之工具:我害怕因此而误官——毁官,更害怕因此而祸国——殃民。

(本文原载《人民法治》2018 年第 5 期。)

164. 灾难的意义

灾难有什么意义？写下这个题目，我自己都懵了。有史以来，我们经历了太多的灾难。个人的灾难就不说了，就是民族、国家、世界的灾难也数不尽数，难以数计。当然，这里所说的灾难主要是因人类自己的作为而导致的，或者是有人的主观因素介入的那种灾难。纯粹的自然灾难暂不在我们讨论之列。

对于灾难，有人说坏事可以给我们提供教训。从教训的角度来看，这倒是灾难等所具有的独特价值。但是我们总不能为了获得教训就去干坏事或者遇到灾难吧！显然不能。否则就只能说我们自己有病。教训的获得，并不是灾难的必然结果。因为面对灾难，还有执迷不悟者，不愿觉悟者。教训的获得，依赖的是主体的理性能力和自觉精神。没有这种能力和精神，灾难还是灾难，更多的灾难只是更多的痛苦，永远产生不出教训的意义。

有人说这是坏事变好事，这更加荒唐。其实，坏事就是坏事。坏事要变成好事，需要过程，需要转换。没有过程就说是好事，那只是狡辩和诡辩。没有转换的过程，就坏事本身来说只能是坏事，谈不上任何意义的好事。千万不可以将“补牢”说成是“亡羊”的贡献，否则我们就属于是非不分，因为“亡羊”并不必然导致“补牢”，“补牢”需要一个从“亡羊”灾难中觉悟的过程。我们所要庆幸的是“补牢”而不是“亡羊”。能够“补牢”，说明的是我们还不太笨，还有点理性能力和自觉精神。

人类经历过太多的灾难，对于自己行为与境遇的反思，并不是一定的。过分深重的灾难甚至会使有关主体长期执迷不悟，乃至产生斯德哥尔摩综合征，不但不诅咒和反对邪恶，甚至还助纣为虐。这于个人，倒也无所谓好坏，因为后果是自己承担的。但是，于一个知识者、一个领导人、一个国家或者一个民族就不然了。因为别的人也许会因另一些人的执迷而重新堕入罪恶的深渊。这时候的不悟就多少有些害人的意味，至于那些斯德哥尔摩综合征的患者甚至就成了罪恶的帮凶。执迷不悟者是具有某种影响力的人物，那么他对于集体灾难的忽略、漠视甚至美化，那就是他的不是乃至罪恶，甚至是一种新的灾难。写到这里，我更有了细思极恐的感觉。

人类应该是理性的，但是人类要发挥出理性的优势，真正具有这种优势并不容易。拿法治与民主来说，就是从许多人治灾难中得出的教训。但是我们是否都能从社会、国家、民族、历史的灾难中得出这样的民主与法治的结论并努力追求，是否都能在“亡羊”之后“补牢”呢？未必，其也可悲焉！

（本文原载《人民法治》2018 年第 6 期。）

165. 法治需要坚守

合法与违法之间的关系是非常复杂的，有时甚至有些诡异。合法与违法，一般来说界限分明，当然也有说不清的时候；说不清也罢了，更有完全颠倒的情形。一些人认为是合法的，却被另外一些人当作了违法；而一些人认为是违法的，却又被另外一些人当作了合法。说起来像是绕口令，也多少有些费解。

有时，一些人认为“合法的”，却被另外一些人当作了违法。一个时期，我国普遍存在“同命不同价”的问题，即使到了今天，这个状况也还没有得到彻底改变。在一个事故中，当然最典型的是车祸事故中，一个城里人死亡了，其家属所获得的赔偿额往往是一个农村人死亡后家属获得赔偿额的两倍或者三倍。反过来说就是，一个乡下人的命价也就是城里人命价的二分之一或者三分之一乃至更低。由于有关交通法规就是这么规定的，所以多数警察、法官都会自觉不自觉地认为这是合法的，就是作为代理人的许多律师也同样会熟视无睹，自觉不自觉地也认为它是合法的。如果把这个问题交给一个老农，一个所谓不熟悉法律的公民，也许他们就会觉得这根本就不合法，甚至这个裁决本身就是违法的，因为他们绝对不会相信会有这样的法律。在他们的心目中，法律一定是平等的，而平等的法律一定是同命同价的。可见“老农”“不熟悉法律的公民”他们所说的“法”并不是文本中“制度的法”，而是他们头脑中“观念的法”。

有时又有另外的例证，一些人认为是违法的，却被另一些人当作了合法。比如父母对于子女的棍棒教育。父母对于儿女当然具有教育的权利，但是并没有任何法律赋予其棍棒教育的权利。任何人，即使是父母也不能侵犯孩子的人身权利。对于父母伤害儿女尤其是伤害未成年人身体的殴打行为，在许多社会成员那里都被认为是合法的，其实它本身就是违法的。那些实施“棍棒教育”的家长，他们心目中的法律并不是“制度的法”，也同样是“观念的法”。

人们评价某一行为所使用的法，有时用的是制度的法，有时则是观念的法。在我写作的教科书和有关著作中，总是把法分为三种：观念的法、制度的法、现实的法。一个社会，最好的法治状态是三者的高度统一，有机协调，而不是各执一端，相互矛盾。

法律的这种划分如果是成立的，也给人们提出了应有的法治要求。作为国家，最好是把制度的法做成合乎理性的观念的法，最好将现实的法建造得与制度的法和观念的法一致。从守法上讲，最好是既能遵守“制度的法”，也能遵守“观念的法”，自觉地与“制度的法”“观念的法”保持一致。社会成员尤其是领导干部切莫以为只要遵守了“制度的法”就无所谓，就等于守法了。其实，只要违反了“观念的法”，在许多老百姓那里都会被理解为“不守法”或者“违法”。作为领导干部，更不能简单地根据自己的意愿制定或者修改法律，然后使自己的不当行为合法。因为“制度的法”变了，人们“观念的法”并没有变，还会有许多人固执地认为您“违法”了，因为您违反人们“观念的法”。对于法律的真正敬畏，就要真正实行法治，就要坚决地服从法律，甚至是服从自己不喜欢或者对于自己不利的法律。即使是那些手握重权的领导人，也不应凭借自己的权力而任性地将法律修改得符合自己个人的意愿。真正的法治需要真正的坚守。人们尤其是政治家们所坚守的既应有“制度的法”，还应有“观念的法”，要努力使自己成为坚守法治的人。

（本文原载《人民法治》2018年第7期。）

166. 安全感与全面小康社会

安全是人们在人身和财产等方面没有受到威胁、危害,没有遭遇风险、损失的状态。一个秩序良好的社会,必须使人们的人身及财产有坚实可靠的安全保障。建设平安中国,切实增强人民群众的安全感,既是国家治理的重要目标,也是人民群众的切身需要。新中国成立以来特别是改革开放以来,政法工作坚持以人民为中心,不断增强守护人民群众生命财产安全的能力。我国社会总体安全状况呈现前所未有的良好局面,平安中国已经成为我国一张亮丽的国际名片。如今,中国特色社会主义进入新时代,人民的美好生活需要日益广泛,在安全等方面的要求日益提高。这更需要我们紧紧围绕人民群众反映强烈的突出问题,更好保障人民群众的生命财产安全,切实增强人民群众的安全感。

人民安全大如天。安全是人民幸福安康的基本要求、改革发展的基本前提,也是新时代政法工作必须提供的“基本公共产品”。增强人民群众的安全感,必须坚持以人民为中心,把维护人民利益作为工作的出发点和归宿。坚持以人民为中心,这是人民当家作主的本质要求,也是我们党为人民服务宗旨的体现。通过立法、执法、司法等各种手段来保证人民的生命财产安全,这是党和政府的重要职责。我们要树立人民安全就是社会安全、国家安全、政治安全的意识,坚持一切为了人民、一切依靠人民,针对人民群众的安全需要开展工作,把坚持以人民为中心的思想落实到维护安全的具体工作中,给人民群众以更加有效、有力的安全保障。

人民群众的安全感是获得感和幸福感的前提。增强人民群众的安全感,必须使人民群众的合法权益得到有力保障,使人民群众能够安全地生产和生活。人民群众的安全需求体现在各个方面,具体说来包括秩序安全、交通安全、食品安全、药品安全、环境安全等。这些安全需求体现在法律上,就是人民群众的各种合法权益要得到法律的确认和切实保障。我国宪法和法律对公民权利作出了较为全面的规定,实现和维护这些合法权益是社会主义法治建设的重要任务。这就要求在立法上充分发扬民主,听取群众意见,反映群众诉求,将人民群众的安全诉求转化为立法的制度设计,完善保障人民群众安全的法律制度。在法治实施方面严格执法、公正司法,维护社会公平正义,对那些危害人民群众安全的违法犯罪活动坚决依法打击,营造安全稳定的社会环境。

维护公共安全,增强人民群众的安全感,还要调动人民群众参与社会治理的积极性、主动性、创造性。社会治理是全体人民共同的事,应当发挥人民群众的主体作用。广大人民群众积极参与、共同维护社会治安是实现安全的可靠基石。尊重人民群众的主体地位和首创精神,使人民群众成为社会治理的参与者、推动者,成为公共安全的享有者、评价者,成为公共安全体系中最具活力的因素。具体而言,尊重和保障人民群众的知情权、参与权、表达权、监督权,完善基层群众自治机制,健全以群众自治组织为主体、社会各方广泛参与的社会治理体系,发动人民群众参与预防、制止、检举、制裁危害公共安全的各种违法犯罪活动,尽早尽快发现问题、解决问题,做到过程有群众参与、成效由群众评判、成果让群众满意。

动员人民群众共建平安中国,需要提升公民在安全问题上的道德意识与法律意识。要善于引导人民群众在社会治理实践中尊法学法守法用法,加强自我约束和自我管理,避免作出可能危害公共安全的不当行为。提高舆论工作实效,大力宣传人民群众参与维护公共安全的先进事迹,促成风尚、树立导向,推动形成全社会共同守护安全、抵制危害安全行为的道德法律共识和自觉行动。让人们认识到,每个公民都是平安的享有者,更是平安的建设者和维护者。通过大家群策群力、群防群治,自觉维护安全,巩固全民参与、社会共治的良好局面,为建设平安中国注入强劲动力,让人民群众带着满满的安全感迈入全面小康社会,让平安中国这张国家名片更加闪亮。

(本文原载《人民日报》2018 年 8 月 5 日,原题为《带着满满的安全感迈入全面小康社会》。)

167. 再说法家非法治

说到法治，许多国人都会想到中国的传统法律文化，想到法家。有的人似乎还会说，法治在中国古已有之。在论及中国古代法律文化时，人们难免会说到商鞅、韩非、李斯等人，说到法家诸多的思想家；人们免不了要引用他们大段的论述来论证今日之法治，恍惚之间，似乎那些法家的先辈们早已是多么重视法治了。其实，这是有意无意的误解，我们很有必要再说法家非法治的话题。

首先，中国古代的法家重视法律，但更重视王权。他们眼中和口里的法律，不管用语如何，首先都是王权下的法律，王权自始就高于法律，甚至永远高于法律。与王权相较。法律并不拥有至上的地位。现代法治的一个直接标志就是法律至上。法律具有至高无上的地位。在中国传统社会，真正至上的不是法律，而是王权，是皇帝。在王权之下的法律，谈不上法治，与现代法治无关。

其次，中国古代的法家强调法律，但并不重视权利，更不重视社会民众的个体权利。任何法家所关注的更多还是义务，尤其是民众的义务，民众个体的义务，一个关键词就是“服从”，服从法律，服从于君王。整个法律思想的价值取向不是张扬权利，而是强化义务，要求人民普遍守法。对于民众个体与群体的权利总是忽略的，对于民众个体的权利更是轻视或者忽视的。

再次，中国古代的法家强调君主，但并不重视民主。他们所拥戴的是君主，并不是人民。对于人民为天下之主的观点虽然有所论及，但是多为浮泛的表述，更无具体的制度设计与程序考量。即使是他们眼中最令人羡慕的唐尧禹舜时代，最崇高权力转移的也只是禅让，根源还是君王的美德。禅让所彰显的是既有圣王的美德与后继圣王的伟大，他们交相辉映，而人民从来都是暗淡无光的，都不是主角。在法家那里，人民没有走上权力舞台的中央，也没有发挥过决定性作用。

是否法律至上，是否保障权利，是否尊重民主，是现代法治与中国古代法家的三大主要区别。我们说传统法家非法治，并不是强求古人，也不是要否定中国优秀的传统法律文化，而是要警醒历史传统的不良影响。不可沉醉在历史文化中，使我们正在建设的法治成为历史的复归。那将是现代法治的不幸，也是我们的不幸。

（本文原载《人民法治》2018 年第 8 期。）

168. 法的价值追寻

价值问题，从人类有精神世界以来，就是其至为关心的问题。价值内含人类个体或者群体的理想，在法律的领域也同样如此。法学在一定的意义上也就是追寻法的价值的学问。

自从有了法律，人类就有了关于法的价值问题的思考。随着人类法律的发展和认识的深化愈益受到高度重视。在中国，从夏商周及至今日，尤其是长期居于主流地位的儒家思想家们，他们始终把法的价值追求作为灵魂，将公平正义，将“治国平天下”或“国治天下平”，将“忠孝仁义”、“礼义廉耻”或“仁义礼智信”作为法律崇高的理想，其实也就是他们心目中法的价值追求。在西方，从古希腊斯多葛学派的思想家，到近代自然法学派的卢梭、洛克、孟德斯鸠等，再到今天的罗尔斯等思想家包括法学家们都无不认为“正义”包括“自由”“平等”“人权”是法崇高的价值追求。到了现代，西方的著名法学家庞德等人更是在其著作中直接使用“法的价值”的表述，并将其作为自己的学术著作的重要内容加以阐述。

在20世纪五六十年代，由于独特的历史原因，法的价值研究遭到了彻底否定。当时，整个法、法律、法治都遭到了否定，何谈法的价值。在哲学领域，价值论是禁区，遭受严重批判。在法学领域，法的价值理论也同样受到了批判，被视为禁区。直到改革开放之后，中国哲学领域包括法学领域才开始重新正视价值问题，开展关于法的价值问题的研究。

20世纪70年代末80年代初，中国的价值论研究开始复苏，中国法的价值论研究也才重新起步。一些哲学家包括法学学者冒着踏破禁区的风险，重新开始了法的价值论的研究与写作。他们把法的价值问题写进法学教科书，甚至写过以法的价值或者法律价值作为书名的学术著作。到了今天，法的价值论已经成为中国理论法学教科书与专业著述的重要篇章，成为法学理论中不可或缺甚至特别重要的组成部分。

在改革开放中，中国社会的政治和学术领域愈来愈重视价值理论的重要意义。近年来，党中央开始了对社会主义核心价值观的总结概括，以至于有了社会主义核心价值观的总体表述，倡导富强、民主、文明、和谐，自由、平等、公正、法治，爱国、敬业、诚信、友善，积极培育和践行社会主义核心价值观。中共十九大认为，社会主义核心价值观是当代中国精神的集中体现，凝结着全体人民共同的价值追求。发挥社会主义核心价值观对国民教育、精神文明创建、精神文化产品创作生产传播的引领作用，把社会主义核心价值观融入社会发展各方面，转化为人们的情感认同和行为习惯。号召全党坚持社会主义核心价值体系，培育和践行社会主义核心价值观，更好构筑中国精神、中国价值、中国力量，为人民提供精神指引。

党的十九大之后，在法律领域，社会主义核心价值观在法律上运用受到高度重视，法的价值问题受到了高度重视。2016年12月，中共中央办公厅、国务院办公厅印发了《关于进一步把社会主义核心价值观融入法治建设的指导意见》。它指出,社会主义核心价值观是社会主义法治建设的灵魂。把社会主义核心价值观融入法治建设,是加强社会主义核心价值观建设的重要途径。它要求培育和践行社会主义核心价值观,运用法律法规和公共政策向社会传导正确价值取向,把社会主义核心价值观融入法治建设之中。

2018年5月,中共中央又印发的《社会主义核心价值观融入法治建设立法修法规划》将法律价值问题提升到新的高度。该规划强调,要以习近平新时代中国特色社会主义思想为指导,坚持全面依法治国,坚持社会主义核心价值体系,着力把社会主义核心价值观融入法律法规的立改废释全过程,确保各项立法导向更加鲜明、要求更加明确、措施更加有力,力争经过5~10年时间,推动社会主义核心价值观全面融入中国特色社会主义法律体系之中,等等。

随着中国改革开放和法治建设的发展,中国法的价值研究必将产生一系列重要的学术成果,法学领域的法的价值理论研究必将获得新的进展。

(本文原载《学习时报》2018年9月8日,署名北枝。)

169. 且由人民自作主

人民的事由人民作主,其乃天经地义。为什么要让人民作主,因为我们说的是人民的事。这也就是政治意义上的主体意思自治。任何人都不能在终极意义上代表人民。人民,只有人民才是国家和社会的主人。因为人民的智商无须忧虑、能力无须怀疑、决策无须担忧、责任自己承担。

人民的智商无须忧虑。人民是聪明的,乃至是智慧的。凡是为人民的智商发愁的人,不是傻子便是疯子。因为人民的智慧是每个个体智慧的最大集合。民主的决定一旦作出,即使他们中每一个个体都受着时代的局限而导致决定错误,这个决定依然是他们共同智慧的结晶。即使人民不能穷尽真理,也能最大限度地接近真理。人民通过必要的程序就能较好或者很好地集中共同智慧,形成最具科学性的政治决策,最有感召力的政治决定,具有最伟大的精神力量。我们所担忧的不是人民的智商,而是要有一套由民主产生的程序,确保人民的智慧得以科学地集中并形成决定。

人民的能力无须怀疑。人民可以组建国家,可以设立政府,当然可以决定自己的一切事情。怀疑人民能力的人,不是白痴便是魔鬼。谁都不能比人民更有能力,只要这个人不是天。因为天也不是任何一个人。他或者她即使是天,也无能为力,因为天没有意志。如果拟人化地说天具有任何人都不可企及的能力,那也是偶然中的必然或者必然中的偶然,是一切无解之解。面对必然或偶然的天意,任由谁都没有办法。在苍穹之下,在政治上,凡是人民无法解决的难题,一定是任何一个英雄都解决不了的。

人民的决策无须担忧。因为人民是众人的集合,是个体组合而成的群体,而且是最大的群体。只要保证其决策权不被少数人乃至独裁者所攫取,人民的决策就无须担忧。人民用他们的表决——民主就可以对于一切作出结论。个体的不理性是存在的,但是个体的任何不理性,都很容易在民主的程序中被消解。当然这个民主的过程必须有制度的保障。如果我们缺乏这样的制度,那最急迫的事情不是去诋毁或者否认人民的智慧,而是要去建构和维护这种制度。

人民的责任自己承担。从严格意义上说,人民是不会犯错误的。因为人民是无错的。当然,人民也可能有集体的误判,还可能被少数人所僭取。从第一个意义上说,"人民"也会犯错误,但是责任是全部由人民承担的。其他任何人,哪怕号称自己可以承担,其实最后还是由人民来承受。如果人民被僭取,但这并不是人民的错,而是"僭取"人民名号的政治家的错。应该被清算的不是人民,而应该是那些流氓政治家。但无论是哪一种错误,最后还是由人民承受了所有的结果。即使人民错了,最终的责任是由人民自己承担的,因此,它也是公正的。谁有错,谁担责。人民为自己的错误买单而无须任何分担,因此,任何人对人民民主都无权指手画脚。对于人民的决定,任何政治家所应有的只是尊重与服从。

于是所有的政治家都应当尊重的结论必然是：人民的事情，应由人民作主，且让人民自作主。

（本文原载《人民法治》2018年第9期。）

170. 核心价值观与法治建设

中央全面依法治国委员会第一次会议的召开,意味着中央全面依法治国委员会的工作揭开了第一个篇章。习近平总书记在会议上的讲话对于全面依法治国具有重要的指导意义。他特别指出:“要推动把社会主义核心价值观贯穿立法、执法、司法、守法各环节,使社会主义法治成为良法善治。”现就社会主义核心价值观在法治建设中的贯彻问题,谈三点体会。

一、要把社会主义核心价值观贯彻到立法工作之中,使法律成为良法

2018 年 5 月,中共中央印发了《社会主义核心价值观融入法治建设立法修法规划》。该规划强调要坚持全面依法治国,坚持社会主义核心价值体系,着力把社会主义核心价值观融入法律法规的立改废释全过程,确保各项立法导向更加鲜明、要求更加明确、措施更加有力,进而推动社会主义核心价值观全面融入中国特色社会主义法律体系。该规划强调,推动社会主义核心价值观入法入规是一项艰巨繁重的任务,要

采取有效措施,认真组织实施,使法律法规更好体现国家的价值目标、社会的价值取向、公民的价值准则。

立法中贯彻核心价值观,实现核心价值观的价值引领,应该体现在三个方面。第一个方面是,立法本身要接受核心价值观的指引,贯彻核心价值观,将核心价值观体现在立法之中。在立法价值观上应该是明确的而不应当是模糊的。立法上的价值观模糊必然导致法律实施上的混乱。第二个方面是,立法要以自己所奉行的核心价值观引领执法、司法、守法。凡是立法上价值观表达不明晰的,必须加以明晰,要准确地向执法、司法、守法主体传达核心价值观的要求。第三个方面是,立法对于核心价值观的体现要转化为实体和程序的规范,而不能是简单的原则,绝不能让具体的法律制度、规范、程序与核心价值观冲突、分离。立法要通过这三个方面的作用,告诉人们、告诉社会:什么是好的,什么是坏的;什么是对的,什么是错的;什么是法律所主张的,什么是法律所反对的;什么是合法的,什么是违法的;什么是正义的,什么是不正义的等价值准则与价值结论。

二、要把社会主义核心价值观贯彻到法律实施之中,使法律实施成为体现核心价值观的实际行动

法律实施包括执法、司法、守法三个主要的方面。其每一个方面都必须自觉接受核心价值观的引导,通过实际的法律实践,体现出核心价值观的要求。如果说社会的价值观是由法律规范引导的话,其实完全可以说,社会的价值观是由法律实施来塑造的。如果我们仔细分析还可以进一步发现,执法、司法、守法三个方面接受和体现价值观的形式是不一样的。执法,是通过政府的依法行政和法治政府建设来体现法律价值观。要把法治政府建设与服务型政府建设结合起来,通过政府

的依法行政、严格执法向社会传递政府的价值导向，引导社会良性发展。司法则是通过对于案件的审理和裁判来体现法律价值观，并对执法价值观进行校正，引导全社会通过一个一个的个案去接受法律的价值指引，达成价值目标。至于守法，则需要全体社会成员对于法律价值观的诚挚理解，接受法律的价值观并且落实到自己的行为中，使自己符合法律的价值要求，实现守法上的心与行的统一，促使社会公众愉快守法与守法愉快。

三、要把社会主义核心价值观贯彻到整个法治建设之中，使法治成为善治

2016 年 12 月，中共中央办公厅、国务院办公厅印发的《关于进一步把社会主义核心价值观融入法治建设的指导意见》认为，社会主义核心价值观是社会主义法治建设的灵魂。要求大力培育和践行社会主义核心价值观，运用法律法规和公共政策向社会传导正确价值取向，把社会主义核心价值观融入法治建设。积极运用法治思维和法治方式，推动以富强、民主、文明、和谐，自由、平等、公正、法治，爱国、敬业、诚信、友善为主要内容的社会主义核心价值观建设，各方面工作呈现向上向好的发展态势。

党中央对于社会主义核心价值观的重视不言而喻。我国当前的全面依法治国事业必须贯彻社会主义核心价值观。前面我们谈到了立法、执法、司法、守法等方面核心价值观的贯彻问题。其实在依法治国、依法执政、依法行政的共同推进之中，在法治国家、法治政府、法治社会的一体建设之中，都离不开核心价值观的引领。没有正确的价值观引领，就会给社会和公众传递错误的道德信号，进而误导整个社会。没有良好的价值观指引，没有体现核心价值观的立法，没有实现核心价值观

的法律实施,没有贯彻核心价值观的法治建设,整个国家和社会都无法善治,也不会出现善治。

(本文原载《法制日报》2018 年 9 月 10 日,原题为《社会主义核心价值观在法治建设中的贯彻》。)

171. 历史、先辈与我们

人们都关注现实。其实现实与历史并无根本的界限,也不是泾渭分明。所有的现实都是历史发展的结果,也是历史发展的延续,还是历史的构成部分,甚至就可以说现实就是历史,现实终将成为历史。人类持续发展的历史,是由无数先辈的接力长跑来演绎的。那些惊心动魄的伟大事件就是历史这一锦缎上的串串珍珠,其壮观与秀美全靠先辈们的心血与行为作为经纬来织造。关注现实必须关注历史,勿忘先辈就是勿忘历史。

我们要牢记先辈们创造的辉煌与艰辛。历史上的那些绚烂的篇章都是先辈们用青春、热血乃至生命来书写的。这些动人心弦的瑰丽色彩,若划破长空的光焰,可以照耀整个星空。先辈们的星光可以照亮夜晚,先辈们的付出可以激励后世。数典忘祖是对不肖子孙的责备,我们应当为先祖自豪。同时,我们更要牢记先辈们付出的艰辛。没有他们的壮怀激烈,没有他们的无畏牺牲,没有他们默默奉献,就没有既有的历史。如果没有先辈的坚忍不拔、忍辱负重甚至慷慨赴死,历史究竟会怎样,我们不得而知。但是我们可以肯定地说,历史就不会是既有的样子。先辈们付出的牺牲有的是必要的,有的则是不必要的。明智的后辈一定是能够从先辈那里获得智慧的人,并永远地感念先辈。

我们要牢记先辈的经验或者教训。人类是一代又一代地接续的,如果我们不能从前人那里获得经验,我们至少是不智;如果我们还要重蹈先辈的覆辙,那简直就是愚蠢。世界上有很多善于总结、善于反思、善于自新的民族。每一次我访问德国都难免要与那里的朋友谈起第二次世界大战和法西斯的灾难。当初,我总是小心翼翼的,总怕触动德国朋友心灵的创伤,但是令我吃惊的是他们坦率真诚的态度。说实话,也许是我的幸运,我多次访德从来没有遇到过为法西斯辩护、为法西斯文过饰非的学者和官员。我深深地为我所遇到的德国朋友感动。坚信一个勿忘苦难、勿忘耻辱的民族一定是有前途的,有希望的,也是最令人尊重的民族。正是他们的坦诚打消了讨论问题时不必要的顾忌和障碍,我们才能更好地获得一致的认知,进行更加友好的交流。这对于我们来说都是受益的。近来从一些媒体信息中也得知,在德国也有为法西斯张目的极少数,但是作为德国国家和社会的主流价值观是没有混乱的,他们用法律来确立了一系列重要的政治和法律原则,并确立了一整套法治化的程序机制,严防法西斯死灰复燃。我相信,这些反省与制度的最大受益者是德国和德国人民,也会是世界人民。由此,我联想到了另外的一些国家、另外的一些人的讳疾忌医和麻木不仁,深深的悲凉也在心头升起。同样是"二战",同样是法西斯的策源地,同样是饱受法西斯式的残害,为什么就有人不能觉醒、没有觉悟呢?

人类需要抚今追昔,需要痛定思痛。我们要勿忘历史,勿忘先辈,让先辈的智慧之光能够照亮我们前行的道路，照亮我们的心境，照亮我们的未来。

（本文原载《学习时报》2018 年 10 月 12 日，署名北枝。）

172. 推进国家治理体系和治理能力现代化

习近平总书记在庆祝改革开放40周年大会上发表了重要讲话，他在对党的十八大以来的改革开放进行总结时说："我们以巨大的政治勇气和智慧，提出全面深化改革总目标是完善和发展中国特色社会主义制度、推进国家治理体系和治理能力现代化……"由此可见，国家治理体系和治理能力现代化在这场伟大改革中的意义重大。

回望历史，细数中国历代伟大政治家包括无数仁人志士经世济国的伟大理想，可谓是"故园东望路漫漫，双袖龙钟泪不干"。从一定意义上说，中国儒家学说乃治国理政之说，修身、齐家、治国、平天下，是中国政治家的历史沉梦。儒家思想维系国脉、影响国运两千多年，不能说它不成功。一种理论学说能够传承、维系如斯，在人类文明发展史上是罕见的，甚至是唯一的。但是到了近现代，它的确落后了，它已经不能适应世界与时代的发展需要，这也同样是不争的事实。从清末以来，中国的许多政治力量、优秀政治家与仁人志士都在探求治国理政的路径，中国共产党就是其中最为特殊的政治力量。在革命战争年代筚路蓝缕，中国共产党一路走来，带领人民创建了中华人民共和国。新中国成立以来，执政的中国共产党开始了新的探索。40 年前党的十一届三中全会所启动的改革开放，开启了中国国家治理探索的新旅程。党的十一届三中全会召开 40 年，也是中国改革开放 40 年，实际上还是中国国家治理体系和治理能力现代化新探索的 40 年。

回首来路，改革开放 40 年的历程，完全可以说是“沉舟侧畔千帆过，病树前头万木春”。1978 年，党的十一届三中全会公报的结语就是为“把我国建成现代化的伟大社会主义强国而奋勇前进”。2013 年，党的十八届三中全会作出了《中共中央关于全面深化体制改革若干重大问题的决定》，再一次明确地宣布“全面深化改革的总目标是完善和发展中国特色社会主义制度，推进国家治理体系和治理能力现代化”。40 年来，我们努力推进国家治理体系和治理能力的现代化。习近平总书记指出，“从以经济体制改革为主到全面深化经济、政治、文化、社会、生态文明体制和党的建设制度改革，党和国家机构改革、行政管理体制改革、依法治国体制改革、司法体制改革、外事体制改革、社会治理体制改革、生态环境督察体制改革、国家安全体制改革、国防和军队改革、党的领导和党的建设制度改革、纪检监察制度改革等一系列重大改革扎实推进”。2014 年，党的十八届四中全会作出了《中共中央关于全面推进依法治国若干重大问题的决定》。习近平总书记指出：“40 年来，我们始终坚持中国特色社会主义政治发展道路，不断深化政治体制改革，发展社会主义民主政治，党和国家领导体制日益完善，全面依法治国深入推进，中国特色社会主义法律体系日益健全，人民当家作主的制度保障和法治保障更加有力……”40 年后的今天乃至未来，我们必须再接再厉，一往无前。

展望未来，我们坚信“等闲识得东风面，万紫千红总是春”。在不久的将来，一场更为声势浩大的深化改革与扩大开放必将展现出崭新的壮丽图景。习近平总书记强调，我们要“牢牢把握改革开放的前进方向。改什么、怎么改必须以是否符合完善和发展中国特色社会主义制度、推进国家治理体系和治理能力现代化的总目标为根本尺度”。在未来，我们的国家治理体系和治理能力的现代化必将作为改革的根本尺度，继续体现在深化改革与扩大开放之中，发挥出应有的巨大作用。

（本文原载《学习时报》2018 年 12 月 21 日。）

173.《大学》应是法律人的国学经典

在当今的法律或者法学领域，可推荐一读的专业著作有很多，但在人们所推荐的著作中，非专业的读物并不多见。我以为，有一部著作倒是所有的法律人应该一读的，它就是中国古老而著名的国学典籍《大学》。《大学》是著名的国学经典，更是中国法律人应读的国学经典。

《大学》实际上是《礼记》中的一篇。《礼记》形成于汉宣帝时代，是一个叫戴圣的人将收集到的、历史上遗留下来的、佚名的儒家著作合编而成的。至唐朝之前，人们对它并不重视。自唐代起，由于韩愈等人在自己的著作中对《礼记》尤其是其中的《大学》篇不断引用，才使之逐步进入人们的视野。至宋代，著名的学术家程颢、程颐对《大学》予以了高度评价，认为它是"孔氏之遗书，而初学入德之门也"。借用朱熹的表述，程氏兄弟"尊信此篇而表章之"。而朱熹本人更是将《大学》纳入他的《四书集注》之中，将《大学》与《论语》《孟子》《中庸》合编，并列在首位加以编注、诠释。到了宋理宗时代，真德秀写作了《大学衍义》，向皇帝进讲《大学》,这一著作由此成了重要的政治读物。

元代起将近600年之久的期间,朱熹编注的《四书集注》成为各级学校的必读书目,甚至被列为士子们参加科举考试的必用书。《大学》成为读书人的应试宝典,其中的章句成为试题的来源。那时,凡不读《大学》者,恐怕都不好意思说自己是读书人。

到近代,孙中山先生对于《大学》亦是情有独钟。他说:"中国有一段最有系统的政治哲学,在外国的大政治家,还没有见到,还没有说到那样清楚的,就是《大学》中说的格物、致知、诚意、正心、修身、齐家、治国、平天下那一段的话,把一个人从内发扬到外,由一个人的内部做起,推到平天下止,像这样精微展开的理论,无论是什么政治哲学家,还没有见到,都没有说出。"

对《大学》究竟是怎样的学问,不同的人可能有不同的看法,于我现在看来:

首先,《大学》是关于人生的学问。它的"大学之道,在明明德,在亲民,在止于至善",提出了著名的人生"三纲领":明明德、亲民、止于至善。所谓"明明德"就是要弘扬光明正大的德行。这是为人之根本。所谓"亲民",应理解为"新民",使人不断更新,不断进步,弃旧图新。每个人都应当不断地塑造新我、新人,乃至"作新民"。"止于至善"就是要达至最完善的境界。就人与人之间的关系来说,至善的境界也就是"为人君,止于仁;为人臣,止于敬;为人子,止于孝;为人父,止于慈;与国人交,止于信"。此外,《大学》还提出了人生的"八条目":"格物、致知、诚意、正心、修身、齐家、治国、平天下。"在我看来,这既是对理想人生的集中概括,也指明了人生八个逐级递进的目标和理想。

其次,《大学》是关于修身的学问。《大学》不仅阐释了人生的理想,而且更进一步指出了何以达成这个理想的根本办法——"修身"。"自天子以至于庶人,一是皆以修身为本。"修身是根本,是基础,是支撑。一个人没有修身作保障，一切理想、目标都无法实现。它明确指出，“其本乱而末治者否矣”，作为根本的“修身”没有做好，其他就必然不会好。这一教导对所有人都是有用的，尤其是对于成长中的青年学者来说，更不是必不可少的忠告与劝诫。对于如何修身，《大学》在不同的部分有不同的论述。

再次，《大学》是关于治国的学问。在《大学》的视野中，人生最高的境界就是“治国平天下”。对何以做到“治国平天下”，《大学》提出了“絜矩之道”，即要处理好治国者与民众之间在行为上的互动关系：“所谓平天下在治其国者，上老老而民兴孝，上长长而民兴弟，上恤孤而民不倍”。（居于上位的尊敬老人，民众就会兴起孝顺的风气；居于上位的人尊重长者，民众就会兴起尊重长者的风气；居于上位的人怜惜孤寡，民众就不会背弃这样的美德。）《大学》也指出了治国者自己的行为标准：“所恶于上，毋以使下，所恶于下，毋以事上；所恶于前，毋以先后；所恶于后，毋以从前；所恶于右，毋以交于左；所恶于左，毋以交于右。”（您讨厌上位的人的某种作为，就不要以此对待下位的人；您讨厌下位的人的某种作为，就不要以此对待上位的人。您讨厌前面的人的某种作为，就不要以此来对待后面的人；您讨厌后面的人的某种作为，就不要以此对待前面的人。您讨厌右边的人的某种作为，就不要以此对待左边的人，您所讨厌的左边的人的某种作为，就不要以此来对待右边的人。）《大学》还告诫治国者必须尊崇民众的意愿与赢得民众的支持：“民之所好好之，民之所恶恶之”（治国者要以民众的好恶为好恶）；“道得众则得国，失众则失国”（您所奉行的道能够获得民众的支持，您就拥有政权，否则就会失去政权）。此外，《大学》还进一步指出了与民争利的恶果：“财聚则民散，财散则民聚”（治国者聚敛财富，就会失去民心；散财于民，民众就会团结在您的周围）；“国不以利为利，以义为利也”（一个国家不能以财货为利益，要以道义为利益）。所有这些治国理念，至今还闪耀着穿越时代的光辉。这于学习法学这一治国理政之学的学子来说,是不可不知的,其意义也不可低估。

最后,《大学》是关于法律的学问。它倡导尊重规则,一再强调“絜矩之道”。絜(xié),是度量;矩,是画直角或方形用的尺子,皆可引申为法度、规则。“絜矩之道”就是强调要讲规则,要讲礼仪、道德、法律。《大学》特别要求治国者必须尊重“絜矩之道”。对于诉讼,《大学》引证孔子的话说,“子曰:‘听讼,吾犹人也。必也使无讼乎!’”法学界对此的诸多解释,多有误读。我以为,这里表现的并不是孔子不重视法律或者诉讼,也不是孔子要否定法律或诉讼,更不是孔子的谬误。它其实是孔子的高见,指出了诉讼乃至法律的最高境界与理想——“无讼”,即所有的诉讼都是为了消除诉讼。为诉讼而诉讼,始终是狭隘的,而通过诉讼来化解矛盾,使社会归于和谐乃至“天下平”,是最美好的法律理想。法律人最伟大而崇高的行动就是“平天下”,而以“平天下”的行动达成“天下平”的伟大理想则应是法律人的最高期求。

《大学》文字简练,总共不到两千字,但其内涵极为丰富。我在此处也只是信手写来,远未论及其所有精华,更未涵盖其全部思想。荐书语中只是从法律人必须认知人生、强化修身、关注治国、精通法理的视角出发,姑妄言之。括弧内的现代汉语翻译也只是为了给部分需要的读者提供参考,未必准确。若读者要得其三昧,还是请认真地阅读原文并悉心体会,相信您必有自己的心得。本文不过是为了引起重视,期望这一著作能使法律与法学、法律人与法学人变得更为崇高和神圣。

(本文原载《法制日报》2018 年 9 月 26 日。)

174. 塑造崇高的学术人格

学术人格是学者社会人格的构成部分,属于私德,又涉及公德,不可不加以珍视。学术人格毁坏容易,维护甚难,作为学术人必须处处小心,时时谨慎,才能得学术端正之始终。

学术不端,不仅是学生本人的事、学生导师的事,也是整个社会的事、国家的事、民族的事,还是危害现实的事、影响未来的事。学校及其院系、国家和政府、社会及公众都必须予以关注。

近来,因为翟天临学术不端事件的发生,使"学术"二字再次成为公众关注的焦点,以至于在网络上卷起了舆论的重重风暴,席卷神州网坛。相信随着新的重大事件的发生,随着新的网络风暴的兴起,翟天临的大名及其学术不端的话题都会成为过去。但是,笔者并不希望完全如此。作为这个事件当然可以随风而逝,但是它留给我们的思考、所带来的启示、所应引发的学术行动,确实不应就此打住,而应该转化为我们新的认知、新的思考和新的行动,成为塑造高尚学术人格的新契机。

学术,可能有多种定义,但是,对它我们也应该有一个基本的共识。也许可以归纳为:学术是一种系统而专门的学问。既然学术的含义如此,我们就应当尊重学术的本来内涵,对学术心存敬畏。近来作为舆论焦点的所谓学术不端,也就是没有敬畏学术,甚至亵渎和玷污了学术的行为。学术不端,并不是学术的不端,而是学术人的不端。学术人,当然是学者。学术要"端",学者必须要先"端"。首先要"端"的是态度,学术态度要端正,而不可存取巧之心,或敷衍或抄袭等。其次要"端"的是状态,形象要端庄。学者不可自暴自弃而自毁形象,应用学术成果来塑造自己的学术人格。最后要"端"的是行为,行为要端正。学者要使自己的所作所为符合学术规则的要求,将学术道德体现在学术行动上。学者的态度是前提和基本,形象是目标和体现,行动是关键和根本。端正的学术态度、目标、行动,是一个学者必须具有的学术人格。

蔡元培先生曾说,"弘奖学术启文明,栽桃种李最多情"。这是对教师使命的概括,也是对教师行为的鼓励。学习学术的学生,包括硕士生、博士生,他们都是从事学术的新人,他们要在导师的指导下开展学术工作,学习学术方法,完成学术成果。他们的学术成果,是其获得硕士学位、博士学位的根据。学位论文的写作是对学术新人的培养,也是学术创新的重要方面。在学术史上,人类许许多多的重大创新都是由那些优秀的硕士生、博士生在其学位论文中提出的、论证的。从总体上说,没有优秀的导师便无优秀的学生。对研究生的学术要求,首先就是对其导师的要求。"弘奖学术启文明"的"栽桃种李"工作是荣耀的,也是辛苦的。作为教师必须真情付出,而且要达到"最多情"的程度。学生的学术不端,既毁坏了自己的学术人格,也毁坏了老师的学术人格,还辜负了学生自身、学生家长、社会公众,乃至时代和历史对教师的期待。培养了一个不仅不合格,而且败坏学术道德的学生,对于老师来说,甚于自己的学术不端,痛莫大焉,悲莫大焉。

蔡元培先生还告诫我们,“教育者,非为已往,非为现在,而专为将来”。我们的先辈对于学术品德是异常重视的,他们总是把学术道德放到极为崇高的位置,像对自己的人格一样珍视。当代中国正在走向法治,依法治校、依法治学也应该成为时代的潮流。为了维护学术秩序和学术道德,国家包括政府,教育主管机构和各个高校都制定了一系列的法规、制度、规范。首先我们要将其完备,形成较为完善的学术制度体系;其次我们要将其付诸实施,使其从制度成为实践,从实践成为现实;最后我们更要将其转化为学人包括学生和教师的自觉行动,自觉地维护学术尊严、尊重学术道德、展现学术品格、培养学术人格,使我们千千万万的学术新人具有创新品格和能力,成为具有崇高学术人格的新秀,滋养我们的学术薪火相传,生生不息,代代相继,欣欣向荣。

(本文原载《学习时报》2019 年 2 月 22 日,署名北枝。)

后　记

本卷是我申请的文化名家暨“四个一批”人才自主选题项目“中国改革的理想图景”的成果之一。

本卷收集的是我从大学毕业之前至现在所公开发表的大部分法学短文,部分文章有所改动。其中也有遗漏,这也是无可奈何的事情。一是“短”与“长”是一个相对的概念,有短文被误作长文而未能收录,当然也有个别长文被作为短文收录了。二是由于时间的久远,以至于难以找到原来的一些文稿和当初发表的刊物与报纸等,当然也就只能阙如或者等待以后弥补。

本卷收集的文稿分为三编。它们的顺序是按照时间先后排列的。第一编是我在西南政法大学学习和任教期间的文字,由于西南政法大学老校区就在歌乐山下,故名“歌乐山的遐想”。第二编是我在中央党校政法部和研究生院工作期间的文字,由于我在中央党校的第一个工作岗位在政法部,它的办公区位于大有庄,故名“大有庄的沉思”。第三编是我离开研究生院、到最高人民法院挂职,以及回中央党校报刊社工作,再从报刊社回政法部工作期间的文字。由于研究生院和当时的报刊社均在自得园(原为颐和园的园中园)内办公,故名“自得园的期盼”,意即发端于自得园的期盼。

本卷收集的法学短文尽管难以系统而详尽地表达自己的思想,更无法全面地阐释或者建构什么理论,但是它的确最简明地表达了自己在中国改革与法治的历史进程中的种种认知。我叫它“短文”而不是“散文”,主要是考虑到有的文字并没有达到散文的美学要求,不过是文字颇短的言说而已。

尽管其中的文字并不系统也不详尽,还有一些文章由于无法找到等原因而未能收录,但是每一篇文章都是我真切的感悟,都代表了我在特定时段的认知。我无法保证自己的看法是正确的,但可以保证它是真实的。能在完成项目之时将自己的短文做一个接近全面的汇集,也是幸莫大焉。

本卷名为《法治期待》,总括了我在西南政法大学和现在的中央党校政法部两个法学教育与研究机构工作期间,到目前为止对于法治的思考,当然也是我的法治期待。

鉴于本卷收集的,都是在公开出版物上发表过的文字,因此要特别向曾经编辑过我的稿件的《法制日报》《检察日报》《人民法院报》《人民法治》《中华英才》等报刊的记者和编辑朋友们,以及各个报刊社的领导表达深深的谢意。

卓泽渊

2019 年 5 月 3 日于海淀区大有北里

图书在版编目(CIP)数据

法治期待 / 卓泽渊著. -- 北京 ：法律出版社，2019

ISBN 978-7-5197-3594-4

Ⅰ. ①法… Ⅱ. ①卓… Ⅲ. ①法治－中国－文集 Ⅳ. ①D920.4-53

中国版本图书馆 CIP 数据核字(2019)第 119412 号

法治期待
FAZHI QIDAI

卓泽渊 著

责任编辑 王　珊
装帧设计 汪奇峰

出版 法律出版社
总发行 中国法律图书有限公司
经销 新华书店
印刷 永清县金鑫印刷有限公司
责任印制 陶　松

编辑统筹 学术 · 对外出版分社
开本 A5
本卷印张 18.625
本卷字数 439 千
版本 2019 年 8 月第 1 版
印次 2019 年 8 月第 1 次印刷

法律出版社／北京市丰台区莲花池西里 7 号(100073)
网址／www.lawpress.com.cn
投稿邮箱／info@lawpress.com.cn
举报维权邮箱／jbwq@lawpress.com.cn
销售热线／400-660-8393
咨询电话／010-63939796

中国法律图书有限公司／北京市丰台区莲花池西里 7 号(100073)
全国各地中法图分、子公司销售电话：
统一销售客服／400-660-8393/6393
第一法律书店／010-83938432/8433　西安分公司／029-85330678　重庆分公司／023-67453036
上海分公司／021-62071639/1636　深圳分公司／0755-83072995

书号：ISBN 978-7-5197-3594-4　**定价**：228.00 元(全四卷)

文化名家暨“四个一批”人才项目

法政讲堂

卓泽渊　著

法律出版社 LAW PRESS · CHINA

总　序

2014年底，我申请了文化名家暨“四个一批”人才自主选题项目“中国改革的理想图景”。经过数年来的努力，终于接近完成。这一项目成果由研究报告、本书（全四卷）以及作为阶段性成果的数十篇文章组成。

本项目的研究报告是在既有文本基础上重新整理与补充写作而成的。研究报告最初稿本的写作始于2012年春。那年6月我卸任中央党校研究生院院长后，行政事务大量减少，便能相对地集中精力写作，前后花费了一年左右的时间，以极大的热忱撰写了16万字的研究报告《未来中国：体制改革的理想图景》，提出并论证了中国那时亟须关注的100个重大改革问题。报告于2013年夏一个风雨交加的上午送府右街交中共中央办公厅有关部门，随后又请中央党校常务副校长送交有关领导以及有关文件的起草机构。2013年10月19日，中共中央办公厅领导来电话说，报告得到了有关领导的充分肯定，被有关文件部分采纳并将在以后继续采纳。接电话后我填了一首《浪淘

沙令》:“西苑远龙宫,沧海迷蒙。神州安乐梦几重。废忘一年思国是,苦尽心衷。　　盛夏犹寒冬,风雨苍穹。忽闻薪炭可炊中。感谢上天能爱我,昭示无穷。”该研究报告至今也没有发表和出版。2014年底我申请了本项目之后,就在原有文稿基础上,针对尚未启动和尤须深化的改革事项,根据新的形势,重新整理——主要是删除已经改革和过时的部分,写作新的文本,作为本课题的构成部分——研究报告。谁知新的写作倍加艰辛,甚至难以推进。该新的研究报告将按照组织程序报送有关机构。

于我特别幸运的是,上大学的时间(1980年)十分切近中国最新的这场改革的时间起点。本书结集出版的是我大学后期至现在,也就是我在中国改革历史进程中写作包括发表的部分文稿。它包括《法治期待》(法学短文汇编)、《法政讲堂》(在中央党校任教的讲稿汇编)、《法之言说》(与媒体互动的有关文稿与资讯汇编)、《法眼园窥》(任职中央党校研究生院院长期间的演讲文稿等的汇编)四个部分。这远不是我著作的全部,它并不包含我的个人学术专著、教材、篇幅较长的学术论文以及多数合著文稿。我期待这次结集的文稿可以成为自己教学与学术活动的剪影,期待它勾画出当代中国改革历程在一个法学学者心目中的轮廓。

改革是一个国家生生不息的动力,对于中国这个古老的国度更是如此。千百年来,正是一场又一场改革助推历史前行。于当代中国来说,改革更是一幅波澜壮阔的现实画卷。从近代以来这一百多年时间,中华民族一直置身于伟大的改革图景之中,尤其是最近这四十多年的改革,为中国发展注入了新的活力、新的动力,为中华民族赢得了无限生机和灿烂前景。它是中国从传统社会向现代社会的转型,从专制政治向民主政治的转型,从人治国家向法治国家的转型。如何描绘这一历史画卷,中国社会科学学者包括法学学者在内都有义不容辞的责任。

这正是我要申请相应项目,并通过课题研究立足现实、回望历史、走向未来的初衷。经过五年的努力,总算可以作一个小结。我愿意以自己的微薄力量为中国的改革与法治发展点赞、呐喊、加油。

如果说研究报告是前瞻性凝望,那么这四卷著作就是回顾性检索,它们共同构成了作为一个法学学者的我,所编织的中国改革图景的一个片段或者部分。我们曾经的改革是成功的,更期待未来的改革能够沿着既定道路一往无前,将中华民族带进那神圣的现代化理想之中,带进那伟大复兴的梦想之中。

就本项目研究包括相关著作的出版来说,我要特别感谢文化名家暨"四个一批"人才工程项目的领导和同志们的信任,特别感谢中央党校(国家行政学院)组织部前后负责项目工作的张伟、李朝旭、李洁、王宁宁等同志所给予的帮助,特别感谢我在政法部工作时的同事韩宁、赖先进所给予的帮助,特别感谢我的博士研究生卓力雄所提供的协助,特别感谢法律出版社伍彪、孙志华、王政君、孙东育、高山等领导以及这四卷著作的责任编辑王珊、黄琳佳、邓颖君、李军所给予的大力支持。

卓泽渊

2019 年 5 月 3 日于海淀区大有北里

目 录

1. 建设社会主义法治国家

一、法治国家的基本含义与历史发展

(一)法治国家的基本含义

法治国家,或称为法治国,也有人称为法律国家或法律国。但是对于“法律国家”或“法律国”的称谓,我认为,并不准确,还是以“法治国家”或“法治国”的称谓为宜。“法治国家”用英文表述为 country ruled by law,legal state, a rule of law nation 或者law-based state。对于法治国或法治国家,梁启超先生在《管子传》中曾定义说:“法治国者,谓以法为治之国也。”在我国目前尚无统一的定义,综观各种观点,可以认为,法治国家,是指依法而治的国家,或者法律统治的国家,是指政治民主、法制完备、行政依法、司法公正、普遍守法,法律至上,权力受到法律有效制约的国家状态。

(二)西方的法治国家探索

我国台湾地区有学者认为,法治国“是不折不扣

的德文用语”,[1]大陆有学者也认为,“‘法治国’至少在其起源之初,纯粹是个德国的概念”。[2] 其实,并不完全是这样。

早在古希腊,法治国家的实践就已经开始。公元前6世纪的梭伦改革开启了古希腊法治国家建设的大门,到伯利克里斯时代,雅典民主制度发展到了相当高的程度,雅典政制成为雅典法治的基石,法治得到了相当大的发展,在后世,就有学者将雅典称为“法治国”。维拉莫维茨在其名著《论雅典国家的壮观》中认为,雅典人的国家就具有法治国的特点,文格尔在《欧洲古代的宪法和行政》一书中也有类似的结论。[3] 古希腊的法治实践是以其法治思想作为先导和支持的。古希腊的苏格拉底,作为一个著名的思想家、法学家,他被人诬告而身陷囹圄,但是他却拒绝越狱,为自己对于法律的理想化认识献出了生命。柏拉图,是一个著名的人治论的思想家,其实他有着他的法治国家思想。他在早年一直希望出现哲学王统治的最好国家。在他的哲学王国家的幻想破灭之后,他又认为最好的是“第二等”的国家,即实行法治的国家。他甚至认为,“如果一个国家的法律处于从属的地位,没有权威,我敢说,这个国家一定要覆灭;然而,我们认为一个国家的法律如果在官吏之上,而这些官吏服从法律,这个国家就会获得诸神的保佑和赐福”。[4] 亚里士多德通过对150个城邦国家进行比对研究后,认为,共和政体是最为理想的政体。其之所以最为理想,就因为它实行的是法治,而不是一人之治。因为法律是一种完全没有感情的中道的权衡。他说:“凡是不凭感情因素治事的统治者总比感情用事的人们较为优良。法律恰正是全

---

[1] 参见陈新民:《国家的法治主义——英国的法治(The Rule of Law)与德国法治国家(Der Rechtsstaat)之概念》,载《台大法学论丛》第28卷第1期,第48页。

[2] 刘军宁:《共和·民主·宪政》,上海三联书店1998年版,第140页。

[3] 参见张中秋:《中西法律文化比较研究》,南京大学出版社1991年版,第298页。

[4] [古希腊]柏拉图:《法律篇》,何勤华、张智仁译,载《西方法律思想史资料选编》,北京大学出版社1983版,第25页。

没有感情的；人类的本性（灵魂）使谁都难免有感情。”[1]他认为，“让一个人来统治，这就在政治中混入了兽性的因素”。[2] 显然只有没有情感的“法律是最优良的统治者”。[3]

如果认为古希腊就具有了法治国家的初步思考和实践，到古罗马时期，法治国家的思考和实践就进入了更务实的新时期。西方中世纪以专制著称，法治国家根本就不可能受到应有的重视。我们今天所说的法治国家应当说是近代资产阶级革命和资本主义发展的产物。在近代以来，资产阶级的学者们对于法治进行了新的探索。英国、德国、法国、美国都有一套自己的法治国家理论和相应的资产阶级的法治国家实践。具体说来：

英国的哈林顿提出了法治共和国的模式构想。洛克从侧重于个人自由权利的角度论证了法治，认为，“政府所有的一切权力，既然只是为社会谋幸福，因而不应该是专断的和凭一时高兴的，而是应该根据既定的和公布的法律来行使；这样，一方面，使人民可以知道他们的责任并在法律范围内得到安全和保障；另一方面，也使统治者被限制在他们的适当范围之内，不致为他们所拥有的权力所诱惑，利用他们本来不熟悉的或不愿承认的手段来行使权力，以达到上述目的”。[4]

德国的法治国家理论尤其具有典型的意义。有法学家在论述德国法治国家概念时说，“将国家的‘属性’侧重在与人民的关系或法律关系上讨论，便产生法治国家理论”。19 世纪德国法学界讨论法治国家蔚为风潮，其中好几篇脍炙人口的著作，不仅讨论了法治国的概念，同时也

---

〔1〕 [古希腊]亚里士多德：《政治学》，吴寿彭译，商务印书馆 1965 年版，第 163 页。

〔2〕 [古希腊]亚里士多德：《政治学》，吴寿彭译，商务印书馆 1965 年版，第 171 页。

〔3〕 [古希腊]亚里士多德：《政治学》，吴寿彭译，商务印书馆 1965 年版，第 171 页。

〔4〕 [英]洛克：《政府论》（下篇），叶启芳、瞿菊农译，商务印书馆 1964 年版，第 86 页。

把法治国当成书名。[1]

法国的孟德斯鸠对法治进行了自己的思考,论证了“法律下的自由和权力”的法治。卢梭以社会契约论、人民主权学说为基础确立了自己的法治学说,倡导自由、平等、人民主权、合法政府和法律至上。

美国的潘恩着眼于以人权为轴心的法治观,杰弗逊倡导洲权联邦主义模式的法治学说,汉密尔顿则倡导国家联邦主义模式的法治学说……

在资产阶级法治学说的指导下,他们开始了资产阶级的法治国家建设。

西方的法治国家理论与实践自古希腊缘起,经古罗马发展,并由中世纪传承,乃至近代经德国为代表的资本主义国家的更新,逐步发展到现代,走过了漫长的历史道路,形成了自己的关于法治国家的理论学说与历史实践。

(三)中国法治国家建设的理论与实践

中国古代,并无严格意义上的法治学说或法治实践,所具有的仅仅是将法作为手段或工具的“以法治国”含义的“法治”。以法治国的“法治”并不等于近现代法治的含义,当然也不是西方资产阶级所主张的法治。资产阶级所主张的法治理论,在中国是近代才从西方引入的。梁启超等就是引入西方法治理念的第一批中国思想家。梁启超多次使用了“法治国”一词,他认为,“法治国者,谓以法为治之国也”。[2] “法治主义是今日救时唯一之主义。”[3]

---

〔1〕 参见陈新民:《国家的法治主义——英国的法治(The Rule of Law)与德国法治国家(Der Rechtsstaat)之概念》,载《台大法学论丛》第28卷第1期,第87页。

〔2〕 梁启超:《管子传》。

〔3〕 梁启超:《中国法理学发达史》。

由此推算，法治国家已经是中国的百年梦想，也可以说是中华民族未了的百年心愿。经过“戊戌变法”，1901 年，中国清政府发布了“变法自强”的上谕，拟制了宪法性文件、民律草案、商律草案、新刑律、刑事诉讼律、民事诉讼律，以及关于警务、新闻、教育、金融、税制，甚至商标、国籍等方面的行政法规。开创了与世界先发达国家类同的六法体系，开始了中国法制发展的重大改革，在中国法治化的漫漫征程上迈开了第一步。

20 世纪上半叶的中华民国时期，也提出并努力探索过中国的法治之路，由于历史的局限和艰难的国际国内环境使它根本就无法把法治国家的口号喊响，更不可能提出建设法治国家的目标。

中国的法治国家是社会主义的法治国家。社会主义法治国家的首先提出，源自第一个社会主义国家苏联。在 20 世纪 20 年代，苏联法学家 A. 马林茨基就提出，“苏维埃共和国是在法律制度条件下进行自己活动的法治国家”。那时，苏联社会主义国家刚刚建立，社会主义法治正在构设之中。在中国，法治国家的提出，却经历了与西方，甚至与苏联都不完全相同的历史过程。

1949 年以后，我们应当明确的法治国家目标并没有得以明确，甚至还没有来得及明确，人为夸大的阶级斗争就取代了一切法治建设。在其后的社会历程中尤其是在“文化大革命”中，法治被作为反动的资产阶级的东西加以了彻底的批判，人们甚至忌讳谈及“法治”二字。

我国 1978 年《宪法》是我国“文化大革命”结束后的急就章，它明确了我国新时期的总任务是实现四个现代化，强调了必须发扬社会主义民主和加强社会主义法制，从而为社会主义法治做了经济、政治、法制三个方面的最初步准备。1978 年 12 月，中国共产党十一届三中全会召开。这次会议制定了以经济建设为中心的政治路线，果断地停止了“以阶级斗争为纲”的口号，作出了把工作重点转移到社会主义现代化建设

上来的战略决策;提出了健全社会主义法制和加强社会主义民主的方针;审查和解决了党的历史上一批重要冤假错案和一些重要领导人的功过是非问题。

1982 年宪法对"文化大革命"结束以来的政治成果予以了宪法确认,确立了发展社会主义民主、健全社会主义法制等重要原则,并将其体现在宪法文本之中。宣布全国各族人民、一切国家机关和武装力量、各政党和各社会团体、各企业事业组织,都必须以宪法为根本的活动准则,并且负有维护宪法尊严、保证宪法实施的职责。

1988 年宪法修正案,从根本大法的角度确立了我国社会主义初级阶段的基本路线为"一个中心,两个基本点"。规定了我国社会主义经济制度的特征为,以生产资料公有制为主体,多种经济成分并存;以按劳分配为主体,多种分配形式并存。这一宪法修正案扩大了全国人民代表大会常务委员会的职权与组织,加强了人民代表大会制度;赋予了省级人大及其常设机构的地方性法规制定权;规定了国家领导人的任期制和限任制,从而废除了国家领导职务的终身制,等等。

1993 年 3 月宪法修正案公布。它又将《宪法》原有第 15 条关于计划经济的规定,修改为"国家实行社会主义市场经济","国家加强经济立法,完善宏观调控","国家依法禁止任何组织或者个人扰乱社会经济秩序"。启动了中国市场经济及其发展中的法治建设。

1996 年 2 月 8 日,江泽民同志在中共中央法制讲座上发表了《坚持实行依法治国,保证国家长治久安》的重要讲话,作为中国共产党的最高领导人,他正式提出了"依法治国,建设社会主义法制国家"的口号。特别是 1997 年 9 月党的十五大报告,对依法治国方针的科学含义、重大意义和战略地位,做了全面的深刻阐述;在新中国第一次提出了"法治国家"的治国方略和奋斗目标,标志着我国社会主义法治建设进入了一个新的发展阶段。

1999 年 3 月全国人民代表大会又对 1982 年《宪法》进行了修改，将法治与法治国家予以了宪法确认，“中华人民共和国实行依法治国，建设社会主义法治国家”。[1] 经过了两年的努力，2002 年中国共产党第十六次全国代表大会和 2003 年 3 月召开的第十届全国人大，又根据新的形势提出了建设社会主义法治国家所必须重视的一系列重大的理论和实践问题。胡锦涛同志代表新一届国家机构工作人员在第十届全国人大一次会议上向全国人民表示，“为了履行好人民赋予的神圣职责，我们一定努力做到：第一，发扬民主，依法办事，坚持党的领导，人民当家作主和依法治国的有机统一，坚定不移地维护社会主义民主的制度和原则，维护社会主义法制的统一和尊严”。[2]

二、社会主义法治国家的基本特征

法治国家以什么特征与非法治国家相区别，是法治国家研究所必须回答的问题。美国联邦最高法院法官罗柏兹 1951 年在牛津大学发表了一个著名演讲，罗柏兹提到一个法治的国家有三个必须的内容：第一，必须是代议制度的；第二，人民的自由及权利必须由法律来保障；第三，政府的权力必须由法律来界定其范围，以防止政府对人民权利的侵犯。牛津大学的古德哈特教授将罗柏兹的见解综合成三个名词：“民主、基本人权和法治。”[3] 俄国的法学家专门探求过法治国家的特征，认为，法治国家的主要特征包括：法治国家拥有人民主权的特征；法律统治的特征；对个人权利和自由的现实保证的特征；以及具有发达的市

[1] 《中华人民共和国宪法修正案》(1999 年 3 月 5 日第九届全国人民代表大会第二次会议通过，并公布)第 13 条规定，在 1982 年《中华人民共和国宪法》第 5 条中增加该段文字为第 1 款。

[2] 胡锦涛在第十届人大一次会议闭幕会上的讲话(2003 年 3 月 19 日)。

[3] 陈新民：《国家的法治主义——英国的法治(The Rule of Law)与德国法治国家(Der Rechtsstaat)之概念》，载《台大法学论丛》第 28 卷第 1 期，第 80~81 页。

民社会;建立政治民主制度等。[1] 建立社会主义法治国家已经成为我国社会发展的重要目标。我们为之努力的社会主义法治国家应当以民主完善、保障人权、法律至上、法制完备、司法公正、制约权力、依法行政、保障权利作为其基本特征并与其他的法治国家或非法治国家相区别。

(一)民主完善:法治国家的政治前提

民主是法治国家必备的政治基础,完善的民主是法治国家的重要标志。法治国家是以完善的民主作为基础和目标的。从法治的角度看,民主完善中最首要的内容是政治民主的完善,最直接的内容是立法民主的完善。

在整个民主中,政治民主具有特别重要的意义。政治民主本身就是法治国家的构成部分和重要表征。政治民主的内容由法律来制度化、定型化,以便于实际操作和运行。政治民主的保障由法律来提供,法律不仅对破坏民主的行为进行打击,而且也要对政治民主的运行进行引导和规范,防止政治民主出现偏差。政治民主的根本内容就是人民当家作主。"发展社会主义民主政治,最根本的是要把坚持党的领导、人民当家作主和依法治国有机统一起来。党的领导是人民当家作主和依法治国的根本保证,人民当家作主是社会主义民主政治的本质要求,依法治国是党领导人民治理国家的基本方略。"[2]

立法民主是法治国家在立法上的首要要求,是法治国家必不可少的重要方面。历史发展已经清楚地说明,现代的法治国家要求立法、执

---

〔1〕 参见[俄]B.B.拉扎列夫主编:《法与国家的一般理论》,王哲等译,法律出版社1999年版,第346~350页。

〔2〕 胡锦涛在纪念宪法施行二十周年大会上的讲话(2002年12月4日)。

法、守法、法律监督的全面法治化。所有这些都是以立法的民主作为首要条件的。立法的民主为法治国家奠定制度基础,它内涵法治状态的制度框架或理论格局。从一定意义上讲,法治国家的立法是立法者对一国法治状况的制度化预想,是一幅具有国家权威性的法治蓝图。执法、守法、法律监督无非是各尽其能地将其现实化而已。民主的立法被良好地实现了,这样的国家才可能是法治国家。民主的立法无法实现,法治国家就成为泡影;如果根本就没有民主的立法,法治国家就毫无任何希望与可能。

(二)人权保障:法治国家的显著标志

人权是以人的自然属性为基础、社会属性作为本质的,作为人所应当享有的权利。人权的权利范围与保护程度是一个国家进步与文明程度的重要表现,是不同类型国家的重要差别。国家的进步过程,其实也是人权内容不断丰富、发展的过程。国家由非法治国家向法治国家的转换,也是人权内容与保护的一次飞跃。人权保障状况是区别法治国家与非法治国家的显著标志。俄国法学家 B. B. 拉扎列夫认为,“法治国家的重要特征之一是对个人权利和自由的现实保证。人权是法治国家的精髓,也是社会整体发展的重要因素之一”。〔1〕

并非任何时候、任何人都能实实在在地享有人权。侵犯人权的事件在有史以来的任何时代都从未绝迹,保障人权几乎是所有国家都必须担负的社会责任。在所有国家中,法治国家是人权最有保障的国家,它本身就是以国家对于公民人权的充分保障作为标志的。

法治国家与非法治国家的区别,不是法治国家中没有侵犯人权的

〔1〕[俄]B. B. 拉扎列夫主编:《法与国家的一般理论》,王哲等译,法律出版社 1999 年版,第 349 页。

事件发生,而仅是在于:法治国家侵犯人权的事件相对较少;侵犯人权的事件一旦发生,即能获得依法处理——侵权者必然受到应有制裁,受害者必能依法获得应有保护。也就是说,在法治国家中,人权能够获得相对较好的法律保障。

(三)法律至上:法治国家的理性原则

法律至上是资产阶级在其法治建设中提出的重要口号和基本原则之一。其意在强调法律在整个社会规范体系中具有至高无上的地位,其他任何社会规范都不能否定法的效力或与法相冲突。

有的人认为,法律至上就是对权力的否定。其实,从一定意义上讲,法是权力的产物,没有权力,绝无法的产生和存在可言。法学理论和法的实践都说明,没有权力就没有法的产生包括制定或认可,也没有法的存在和被贯彻实施。权力始终是法得以存在的依据。撇开这一意义,就恰恰相反,任何具体权力的获得和行使都应当具有法律依据。法相对于权力应当具有至高无上的权威,即使是法的制定和法的实施都概莫能外。即使是革命政权最初的立法,虽然不必遵守旧时代既有的法律规定,但是也还得遵守法的规律,遵照立法的原理乃至法的原理,而不能完全随心所欲。

有的人认为,法律至上会导致对道德作用的否定,这是对法与道德关系的误解。首先,法与道德是两个相互联系而又相互独立的社会规范体系。它们在并不完全相同的领域发挥着各自的作用,肯定法的作用并不等于否定道德的作用。其次,法律至上并不等于肯定法律万能。只能由道德调整的问题,也不能因法律至上而由法取而代之。最后,任何法都以一定的道德准则作为自己的社会基础并在一定程度上引导道德的发展。法律至上不仅不会否定道德,甚至可能在一定程度上有助于道德的完善和发展,所以切不可将法律至上与道德作用对立起来,以

为法律至上会否定道德的意义。

有的人认为,法律至上会导致对经济决定作用的忽视或否定。法律至上与经济决定法律是两个不同层面的问题。经济决定法律是从法律的本源意义上讲的。法律在终极意义上法始终是被经济所决定并为经济服务的。但是离开这一意义,法律对具体的经济关系和经济活动来说,显然就不再是从属的。一切具体的经济关系和经济活动也都得遵守法律规定,符合法律要求,否则就可能导致违法甚至犯罪行为的发生。法律至上是在经济决定法律的基础上对法律的地位的概括和期望,它与经济决定法律并不矛盾。

(四)法制完备:法治国家的形式要件

法制完备是法治国家得以建立的必要条件之一。在中国,法制完备对于法治国家的建立具有特别重要的意义。首先是因为,中国是一个长期实行成文法并以成文法为主的国家,有着重视法的制度建设的历史传统,要建设法治国家必须注意到中国的这一历史传统,把法的制度建设摆到应有的位置。其次是因为,法律制度具有确定性、明确性的特点,便于人们掌握与运用。最后是因为,法律制度是法制建设的首要环节,没有法律制度就不可能谈及执法、司法、守法和法的监督等。而法治也包含着立法、执法、司法、守法、法的监督,乃至更多的方面,而法律制度则是法治建设的最基本的方面与内容。

法制完备表现为法律制度的类别齐全、规范系统而无所遗漏。凡是法律制度所应调整的,均应有法律制度调整;凡是由法律制度调整的,均应有恰当的法律制度调整;调整不同领域的法律制度应当相互衔接,有机协调;法律制度在执行、遵守、监督中的任何问题,均能在法律制度中获得解决的途径;法制有一个调节机制,能作出适应客观需要的相应反映,并能进行有效的自我修正。

(五)司法公正:法治国家的基本要求

司法历来都以公正作为自己的理想。在法治国家建设中,司法公正具有更重要的意义。首先,司法公正是纠纷解决的本质要求。司法就是要公正地解决一定的社会矛盾及其相应的法律冲突。它是国家这一公共权力因冲突着的各方无法自主地解决纠纷,而为其设定的由国家专门机关予以裁决的纠纷解决机制。各方存在利益差异或分歧,如果依其任何一方单方面的意愿裁决,都可能导致裁决的不公正。如果裁决不公正,就不可能平息纠纷,甚至可能使矛盾激化,司法的目的就不可能得以实现,也就违反了司法应有的本质。最后,司法公正是赢得群众的信赖基础。司法权力是国家权力的构成部分,它的直接来源是国家的权力分配与赋予;它的最终来源则是人民权力的让渡。司法权力最终来自人民。司法机关的设立在历史缘起上是人民愿意将其所涉及的纠纷交其裁决的结果,当然包含着人民对其的信赖。司法机关的继续存在,也离不开人民的继续信赖和支持。司法机关能够始终赢得群众,获得人民支持的根本,就有一个是否司法公正的问题。可以说司法公正是司法机关赢得人民支持的最基本、最主要的原因所在。最后,司法公正是社会发展的现实需要。现代社会的快速发展给司法工作提出了大幅度提高裁决效率的要求,而司法公正即能简省诉讼程序,许多案件都可以通过一审终结,从而较快地解决纠纷,否则就必然会导致二审甚至再审程序的发生,这样既不利于司法机关司法工作的顺利进行,也不符合人民群众日益增长的社会生活快节奏的需求。我国社会的飞速发展为人们的公正要求提供了更好的时代背景和社会空间,人们对于司法公正必然有着更高的要求,只有随着时代进步的司法公正才可能适应社会发展的要求。

(六)权力制约:法治国家的切实保证

权力的根据并不在权力的本身,权力的根据在于民众对权力的赋予以及民众对权力行使的认可。所谓选举、推举,不过是权力获得的过程而已。由于权力获得的过程不可能让所有的人都参与,甚至绝大多数人都无法直接参与,因此,怎样保证权力赋予是正当的,就成为一个十分重大而不难以解决的问题,于是就产生了对权力赋予过程进行监督的需求。人民将权力之一部分让渡于公共管理者的过程,站在民众的角度,是权力的赋予,站在管理者的角度,就是权力的获得。赋予与获得是权力移转过程的两个侧面。如果权力赋予与权力获得的过程没有制约,就无法保障这一过程是正当的,就无法保障权力赋予者和权力获得者在这一过程中的行为并未违反公众的意愿,甚至一定是公众意志的反映。至于权力行使,更不可能由每一个人来完成。它必须由公众依靠一定的程序认可的人代为进行,那么这些由公众认可而行使管理社会权力的人,其行为是否为公众利益,如何保证他们永远为公众的利益而工作,这就使对权力获得者的监督或制约显得必不可少。

在制约机制中,最有效的制约手段当然是法律制度。这是由两个主要的因素决定的。一是任何权力的行使一般地都是以法律制度作为根据的,并以法律制度作为权力行使的范式与轨迹;二是在制约权力的规范中唯有法律具有国家强制力做保证的特点。能否用法律制度科学而有效地制约权力,既是一个社会管理状况的评价标准之一,也是一个社会制度优越程度的标志。在人类历史发展的长河中,社会主义社会理应具有最好的社会制度,其对权力赋予和权力行使的制约理应成为人类历史发展中的典范。

（七）依法行政：法治国家的重要标志

行政是国家行使权力的重要方式，是国家对社会进行管理的基本途径。行政的工作内容最为丰富，涉及的社会范围最为广泛，与社会民众的联系最为普遍，而且具有连续性、主动性、及时性与灵活性等特点。行政能否依法进行直接关系着一个国家能否实现法治。任何法治国家都以依法行政作为自己最基本的特征而与非法治国家相区别，依法行政是法治国家的重要标志。

依法行政是指行政行为应当具有法律上的根据。行政行为的内容、形式、程序都应当依照法律的规定或要求进行。凡是在法律上没有根据的行政行为就是违法行政行为，就应当承担法律上的责任。这与法律对公民行为的要求是截然不同的。公民的行为不必要求具有法律上的根据，他只要不违反法律的规定，就不受法律的追究与制裁。但作为国家机关之一的行政机关的行政行为则不同。它必须要有法律的根据，否则就是违法行政。

依法行政一是要保证国家行政权力的依法实现，使国家行政管理的职能被正确行使；二是要防止非法行政，保护公民的合法权益。依法行政是行政机关和行政官员对国家和公民负责的统一。国家利益和公民利益并不都是一致的，行政机关和行政官员只有以法律作为自己行政的根据，才能在国家利益和公民利益中寻找到一个最佳的结合点。只有依法才能使行政符合其本意。

依法行政要求行政官员具有必要的行政能力和法律素质。行政官员是数量最为庞大的官员系统，他们的行政能力与法律素质的参差不齐，是依法行政的极大障碍。在我国目前，改革行政机关，确保行政机关与行政官员依法行政的任务还十分艰巨。

（八）权利本位：法治国家的明显特征

法律是权利和义务的载体，也是一定数量权利义务规则的总和。无论是强调权利还是强调义务，在逻辑上都具有同等的效果。在实践中，由于权利义务的不同属性和人们对于权利义务的不同心态，情形迥然有别。因为以权利为本位更能调动人们在法律上的主动性和积极性。是以权利为本位还是以义务为本位，是法治国家与非法治国家的重要区别。权利本位是法治国家的明显特征。

权利的实现受到两个方面的制约，一是权利受义务的制约；二是权利受权力的制约。

权利本位要求以权利的实现带动义务的履行。权利与义务是构成法的两大要素。在权利与义务之间，作何种选择，是任何法律时代都存在的价值抉择。在权利与义务的关系上有着一种错误的认识，似乎二者之间只有一种关系，学者们的认识也只有一种才是正确的，即只有权利义务一致的理论和口号才是唯一正确的。实际上这是十分褊狭的。从不同的侧面认识权利与义务之间的关系，其结论自然就有所不同。在价值意义上，我们所应提倡的是权利先导，因为权利与义务在总量上是相等的。在理论上似乎强调义务或者权利，都是一样的，都能达到二者实现的目的。然而强调义务和强调权利的实际后果是不同的，因为每个人都有关心自我的本能。权利对于大多数人来说，具有比义务更大的号召力。因此，从保障权利出发带动义务的履行，比从义务出发更加有效。

权利本位要求制约权力。这里的权力，是指国家权力；这里的权利主要是指民众个人或群体的权利。权力与权利有着重大的区别。首先，在终极意义上，权利是权力的基础，权力不是权利的基础。其次，权利要由权力予以保护，而权力本身却有充分的自我保护能力。最后，权

利本身不具有国家强制性,而权力本身则具有一定的国家强制性。权力与权利的区别决定了,权力易于膨胀,而权利难以自保。在权利与权力之间,权利易于受到权力的侵犯。为了保障权利就必须制约权力。

三、建设社会主义法治国家的现实措施

建设社会主义法治国家,是一个漫长的历史过程。在这个历史过程中,我们有很多工作要做。2002 年 12 月中国共产党召开了第十六次全国代表大会,2003 年 3 月全国人大召开了十届一次会议,2003 年 10 月中共中央又召开了十六届三中全会,三次重要会议及其纲领性的文件都为我们依法治国,建设社会主义法治国家提出了具体的现实措施,我们可以将其概括为以下几个主要的方面。

(一)修改宪法,适应社会发展的客观要求

党的十六届三中全会审议通过了《中共中央关于修改宪法部分内容的建议》,并决定提交第十届全国人民代表大会常务委员会审议。根据公报,会议对于宪法修改提出了原则性要求。“全会强调,中华人民共和国宪法是国家的根本法,是治国安邦的总章程,是保持国家统一、民族团结、经济发展、社会进步和长治久安的法制基础。实践证明,现行宪法是一部符合我国国情的好宪法,在国家经济、政治、文化和社会生活中发挥了极其重要的作用,保障了我国改革开放和社会主义现代化建设的顺利进行,应该保持稳定。同时,根据经济社会发展的客观要求,依照法定程序,把十六大确定的重大理论观点和重大方针政策写入宪法,有利于宪法更好地发挥国家根本法的作用。”“全会指出,修改宪法必须坚持四项基本原则,立足我国国情,充分发扬民主,广泛听取各方面的意见,严格依法办事,做到有利于加强和改善党的领导,有利于发挥社会主义制度的优越性,有利于调动广大人民群众的积极性,有利

于维护国家统一、民族团结和社会稳定,有利于促进经济发展和社会全面进步。”

目前来看这次宪法修改会将这次中央全会的几个文件的精神,尤其是概括性的公报的精神体现进去。可以肯定的是,关于私有财产的保护问题,关于非公有制经济的发展问题,都会在宪法中有更好的表述和规定。

(二)完备立法,建立中国特色的法律体系

党的十六大报告要求“适应社会主义市场经济发展、社会全面进步和加入世贸组织的新形势,加强立法工作,提高立法质量,到二〇一〇年形成中国特色社会主义法律体系。”到 2010 年,我们还有 7 年的时间。7 年的时间要完备我们的法律体系,任务依然是十分艰巨的。从大的方面来看,我们最重要的一部基本法——中华人民共和国民法典经过了半个世纪,到现在也还没有公布。我们还只能依据十分简略的《中华人民共和国民法通则》等来处理大量的民事纠纷,各级司法官员在处理大量的民事案件中都有于法无据的感慨。新一届全国人大常委会委员长吴邦国同志在就任时说,他领导的新一届全国人大常委会将根据中国市场经济和社会发展的需要,制定新的法律和完善现有法律,争取在 5 年的任期内,基本形成“中国特色”的法律体系。要在 5 年内建立中国社会主义法律体系,任务还十分艰巨。

党的十六届三中全会《中共中央关于完善社会主义市场经济体制若干问题的决定》中第(38)项要求“全面推进经济法制建设。按照依法治国的基本方略,着眼于确立制度、规范权责、保障权益,加强经济立法。完善市场主体和中介组织法律制度,使各类市场主体真正具有完全的行为能力和责任能力。完善产权法律制度,规范和理顺产权关系,保护各类产权权益。完善市场交易法律制度,保障合同自由和交易安

全,维护公平竞争。完善预算、税收、金融和投资等法律法规,规范经济调节和市场监管。完善劳动、就业和社会保障等方面的法律法规,切实保护劳动者和公民的合法权益。完善社会领域和可持续发展等方面的法律法规,促进经济发展和社会全面进步”。

(三)强化执法,确保法律法规的有效实施

我们目前法制建设中最突出的问题在执法。在我们感叹无法可依的同时,我们更要批评有法不依,所以我们必须强化执法工作。无法可依固然可惜,有法不依更为可悲。在无法可依的情况下,人们没有更好的办法但有更多的希望,在有法不依的情况下,人们没有更好的办法也没有希望,而拥有的是失望。党的十六大报告指出,我们要“坚持法律面前人人平等。加强对执法活动的监督,推进依法行政,维护司法公正,提高执法水平,确保法律的严格实施。维护法制的统一和尊严,防止和克服地方和部门的保护主义。拓展和规范法律服务,积极开展法律援助”。

中国共产党第十六届三中全会《中共中央关于完善社会主义市场经济体制若干问题的决定》中第(39)项指出,“加强执法和监督。加强对法律法规的解释工作,加大执法力度,提高行政执法、司法审判和检察的能力和水平,确保法律法规的有效实施,维护法制的统一和尊严。按照权力与责任挂钩、权力与利益脱钩的要求,建立权责明确、行为规范、监督有效、保障有力的执法体制,防止和纠正地方保护主义和部门本位主义。改革行政执法体制,相对集中行政处罚权,推进综合执法试点。推进司法体制改革,维护司法公正。实行执法责任制和执法过错追究制,做到严格执法、公正执法、文明执法”。

在执法问题上,我们目前存在的主要问题是有法不依。就国家行政机关来说,主要是不依法行政,就法律机关来说,主要是违法执法、执法不力、执法不公。

(四)改革司法,维护司法权威与司法公正

司法体制改革已经在我国启动多年了,也取得了许多重要的成就,但是对于其成效的估价也还无法统一。党的十六大报告为我国目前的司法改革提出了具体的努力方向,“社会主义司法制度必须保障在全社会实现公平和正义。按照公正司法和严格执法的要求,完善司法机关的机构设置、职权划分和管理制度,进一步健全权责明确、相互配合、相互制约、高效运行的司法体制。从制度上保证审判机关和检察机关依法独立公正地行使审判权和检察权。完善诉讼程序,保障公民和法人的合法权益。切实解决执行难问题。改革司法机关的工作机制和人财物管理体制,逐步实现司法审判和检察同司法行政事务相分离。加强对司法工作的监督,惩治司法领域中的腐败。建设一支政治坚定、业务精通、作风优良、执法公正的司法队伍”。在中国共产党十六届三中全会《中共中央关于完善社会主义市场经济体制若干问题的决定》中又提出要“推进司法体制改革,维护司法公正”。

(这是2003年秋季学期,作者为其主体班——包括培训班和进修班学员讲课使用的讲稿。)

2. 司法改革的理论与实践

一、司法概念的种种理解

司法是指司法机关运用或实现国家司法权的活动。何谓司法？我国关于司法概念的理论主要有三种，分别为“四权理论”、“三权理论”和“两权理论”。

（一）“四权理论”

“四权理论”，也被有的学者称为“大司法理论”。它是我国在20世纪中叶以来到90年代初期的占主流地位的基本认识。这种理论认为：

司法是人民法院、人民检察院、公安机关和司法行政机关运用和实现司法权的活动。司法权包括审判权、检察权、侦查权和司法行政权4种权力。即人民法院是国家的审判机关，行使国家审判权；人民检察院是国家的法律监督机关，行使国家检察权；公安机关和国家安全机关是国家的治安保卫机关，行使国家的侦查权；司法行政机关属于国家与司法紧密联系的机关，主管监狱、公证、律师、人民调解等司法行政

事宜,行使国家司法行政权。

从司法权的范围着眼,司法制度就是指审判机关、检察机关、侦查机关、司法行政机关在办理案件过程中行使国家司法权的制度。其中包含着审判制度、检察制度、侦查制度、劳改制度、劳教制度、人民调解制度、仲裁制度、律师制度和公证制度等。

司法人员则是指在上述机关从事司法工作,行使司法权的人员。他们包括审判人员、检察人员、侦查人员、监管人犯的人员,以及律师、公证员等。

在20世纪90年代及其以前,这种认识为我国法学界所普遍公认,并得到了我国第一部《刑法》的认可。1979年《刑法》第84条就明确规定:"本法所说的司法人员是指有侦讯、检察、审判、监管人犯职务的人员。"而且这一规定,在1997年修改后的《刑法》中完全予以保留,并在现在乃至将来一段时间都还会被有效地执行着。[1]

对于"四权理论"即"大司法理论",我国对有关问题进行专门研究的学者得出了这样的基本认识,"'大司法理论'从其诞生之日起,在我国绵延存续了长达近半个世纪之久,对我国的法学理论和司法实践产生了深远的影响。虽然'大司法理论'在我国目前已经基本丧失了理论上的主导地位。其作为一个理论形态也已经成为历史。但是,建立在这种理论基础之上的思维模式和传统观念却仍然深深地残留在人们的脑海之中。我国后来提出的其他司法理论观点,实际上是建立在'大司法理论'基础之上的,或者说是'大司法理论'的一种演变形态"。[2]

---

[1] 1997年修订的《中华人民共和国刑法》第94条规定:"本法所称司法工作人员,是指有侦查、检察、审判、监管职责的工作人员。"

[2] 张卫平等:《司法改革:分析与展开》,法律出版社2003年版,第84~85页。

(二)“三权理论”

“三权理论”的意识出现较早,但较为系统的概念是在20世纪80年代提出的。它所指的司法权,包括公安机关、人民法院、人民检察院三个国家机关在司法活动中代表国家行使的权力,即包括审判权、检察权和侦查权三种权力。在这种理论看来,国家司法机关仅仅是公安机关、人民检察院和人民法院三个。

“三权理论”缩小了司法的范围,比以前的司法的含义大大简明了,将律师、公证、仲裁、调解都排除在了司法之外。但是这一理论并没有得到法学界的普遍承认和响应,它只是以有此一说的状态,在中国法学理论中出现过,存在着。

“三权理论”在实质上并没有给中国司法改革带来更多的东西。它具有“四权理论”或者称“大司法理论”同样的弊端。由于它仅仅是对“四权理论”的技术性的或数量性的改变,没有结构意义上的变化,所以它无法形成对于“四权理论”的实质性的挑战,在占据绝对优势的“四权理论”之下,“三权理论”没有产生实质的影响,也没有转化为法学界的共识。

(三)“两权理论”

“两权理论”是20世纪90年代出现的,现在被普遍接受的理论。“两权理论”,是指司法权包括审判权和检察权的理论。依照这种理论,司法机关也仅仅局限于人民法院和人民检察院两个机关,司法制度也被定义在审判制度和检察制度两个方面。

“两权理论”一出来,立即得到了法学界的普遍认可,一时间成为法学界的主流认识,将“四权理论”或“大司法理论”取而代之。它以大司法理论过于宽泛的范围作为自己挑战的对象,比“三权理论”更进一步

缩小了司法的范围,使司法权更具有和凸显了专属性质。

“两权理论”不仅在理论界获得了广泛的认可,在宪法上也具有一定的根据。我国1982年《宪法》第三章“国家机构”,分别规定的是最高国家权力机关、国家主席、最高国家行政机关、中央军事机关、地方国家权力机关和地方国家行政机关、民族自治地方的自治机关,最后一节规定的是“人民法院和人民检察院”两个机构。从这种排列来看,我们是否可以推论,我国1982年《宪法》中本身就暗含着只有人民法院和人民检察院才是司法机关的寓意呢?对于这一点,我还没有发现宪法起草者在当时是否有此明确认识的资料。

“两权理论”不仅具有一定的宪法根据,而且也得到了作为执政党的中国共产党有关文件的明确认可和肯定。中国共产党第十五次代表大会的报告指出“推进司法改革,从制度上保证司法机关依法独立公正地行使审判权和检察权”。由此,我们不难得出司法机关仅仅包括人民法院和人民检察院,司法制度仅仅包括审判制度和检察制度的结论。中共十六大的报告又对这一认识作出了明确的肯定:“推进司法体制改革。社会主义司法制度必须保障在全社会实现公平和正义。按照公正司法和严格执法的要求,完善司法机关的机构设置、职权划分和管理制度,进一步健全权责明确、相互配合、相互制约、高效运行的司法体制。从制度上保证审判机关和检察机关依法独立公正地行使审判权和检察权。”〔1〕由此看来,“两权理论”就应当是完全正确的了,但是实际情况并非如此,我们目前所面临的司法改革有一系列的难题,其中一个重要的问题就是人民检察院是否应当属于司法机关。

---

〔1〕《高举邓小平理论伟大旗帜,全面贯彻“三个代表”重要思想,继往开来,与时俱进,全面建设小康社会,加快推进社会主义现代化,为开创中国特色社会主义事业新局面而奋斗》(江泽民同志在十六大的报告)。

“两权理论”也有严重的理论缺陷，这些缺陷是集中在人民检察院的职能上的。首先，人民检察院拥有的是公诉权，严格地说公诉权不是司法权。因为公诉权是与自诉权并列，与辩护权相对应而存在的。法院拥有的才是居于公诉权和辩护权之上的裁判权，只有人民法院的裁判权才具有完全的司法意味。其次，人民检察院的侦查权应当归入行政权的范畴。人民检察院的侦查权与公安机关的侦查权没有严格的区别。既然没有严格的区别，侦查权在检察院就是司法权，在公安机关就是行政权，这是没有道理的。最后，人民检察院还拥有法律监督权，一方面，检察院的监督权是立足于司法权之上的，它要对司法权进行监督，从这个意义上讲，它显然已超出了司法权的范畴；另一方面，监督权又是由与辩护权对抗的、行使公诉权的人民检察院来行使的。人民检察院的公诉与被告人的辩护是并行的，而且还要听从人民法院法庭的指挥，那么它又怎么可以实现对于包括人民法院在内的监督呢？这是监督权没有得到科学的行使？还是监督权设置上就出了问题？这是我们进行司法改革时，必须考虑的。

二、如何认识司法改革

（一）司法改革是法律改革的重要内容

法是由国家制定或认可的，并由国家强制力保障实施的行为规则的总和。或者将法定义为：体现为国家意志的，并由国家强制力保障实施的，以权利义务为主要内容的行为规则的总和。其实这些定义的内容都定义的是制度或规范意义上的法，从广义上讲，法还应当包括现实社会生活中的法和人们观念中的法。如果从法的广义上讲，制度上的法不过是法的主要部分，或者是最具有确定性的部分。

中国社会所要进行的改革，当然包括对法律进行的改革在内。而

法律改革又不应当仅仅局限在制度或规范的法的含义上,要对于整个法或法律进行改革,司法就成为了极为重要的内容。因为,没有司法,法就只能是制度意义上的法或观念意义上的法,而不包括现实中的法,这显然不是法的全部内容。只对制度或规范意义上的法进行改革,现实社会生活很难有真正的改变,这样的法律改革也会因缺乏实在的意义而减损其应有的效用。

要对于制度形态的法进行改革,对于观念形态的法进行改革,但这是远远不够的。更根本的是要改革现实中的法,要使制度形态的法和观念形态的法都转化为现实中的法就必须要依赖司法。是司法使制度和观念成为了现实,那么要改革法律就必须对于司法进行改革。司法改革是法律改革的重要内容。

(二)司法改革是法治建设的基本方面

法治与非法治是根本对立的。它们是两种不同的治国方略,不同的社会管理方式、社会活动方式与社会秩序状态,也是两种不同的法律运作方式。其中,法律具有不同的地位和作用。在非法治状态下,司法不过是权力的组成部分,而且是为权力服务的,法律及其司法都不过是权力的工具,而且是可有可无的工具。

法治本身就包括立法、执法、司法、守法、法律监督等方面。中国要建设法治,甚至要建设法治国家就必须对既有的司法进行根本的改革。法治所需要的司法状况必然不是以前历史上的那种非法治状况下的司法。现在中国社会已经启动了法治建设,在法治建设中就必然要对司法进行改革。也就是说,法治状态下的司法必然不同于非法治状态下的司法,从非法治状态向法治状态的变革必然要求进行相应的法治化的司法改革。

（三）司法改革是社会发展的必然要求

历史上法律在社会生活中的地位并不高，在社会中发挥的实际作用也极为有限。但是到了现在，中国的社会已经发生了重大的变化，社会对于司法的要求也发生了根本的变化。

首先是人们的社会生活对于法律的要求逐步增强，亟须司法予以满足。以前人们的社会交往相对较少，社会关系也较简单，但随着市场经济的发展，人们之间的经济关系得到了空前的发展，大量的经济交往，必然会产生大量的经济纠纷。这些纠纷，如果得不到及时的解决，就可能影响经济的正常推进，也会影响当事人的正常社会生活。原有的任何非司法的纠纷解决机制都无法适应经济和社会发展的客观需要。原来偶一为之的司法裁决，将成为解决社会矛盾的主要手段。因此，对于既有的司法就必须进行改革，否则就无法适应社会生活的发展需要。

其次是以前的纠纷解决系统逐步失灵，亟须强化司法以化解社会矛盾。以前有严格的行政管理系统，人们之间的纠葛并不需要通过法律的途径加以解决，因为每个人都归属于自己的社会组织系统，自己不过是某个强大、牢固的组织系统中的一员而已。每一个人无不被确定地定位在一个坐标点上。一旦发生纠纷，如果双方是同一个单位或组织的，首先就是所在单位或组织的领导出面解决、协调。如果不是同一个单位或组织的，单位与组织之间还会共同协调和解决。但是现在情况就大不一样了。原有的组织系统逐步退出了纠纷解决的领域，至少不再是主要裁决机构和最终裁决机构。人们对于法律的依赖逐步增强。婚姻问题、父母子女关系问题、继承问题、住房问题、借贷问题等，这些问题，有可能是有关单位和组织不愿解决的，有可能是有关单位所无力解决的，也有可能是由于各种原因而找不到单位或者组织解决的，

这时司法的地位和作用就得以凸显和特别的强调。

再次是中国社会的经济基础已经发生了重大的变化，作为上层建筑的司法也必然要适应这一发展的需要进行改革。自“文化大革命”结束以来，中国的经济基础发生了翻天覆地的大变化。从严格的计划经济，到有计划的商品经济，再到市场经济，中国经济经历了巨大的历史变革。经济基础发生了变化，就必然要求与之相适应的上层建筑进行变化。而我们现有的司法基本上还是在以前计划经济模式上构筑的，虽然有所改革，但是基本格局与框架还是历史延续的结果。这种司法状况与经济基础的状况是不相适应的，有时甚至是对立的。这时我们只有改革司法才能使先进的经济基础应因先进的司法而顺利发展。

最后是中国民众的法律意识已经得到了普遍的增强，落后的司法不改革，就无法适应人们对于法律的主观要求。经过普法，民众的法律意识有了很大的提高。

（四）司法改革是政治改革的重要内容

目前，我国的经济体制改革已经在向纵深发展，只有经济体制改革的发展，而没有政治体制改革的稳步跟进，显然是不行的。政治体制改革从何处着手？经过一个时期的发展，实践表明，司法改革的确是一个值得一试的启动点。主要原因如下。

司法对于社会分配的公正具有重要的保障意义。一个时期以来的市场经济发展改革中长期的分配模式，也出现了一些不当的利益分配方式和分配结果。其中既包括正常的发家致富，也包括官员的以权谋私和一般公民的非法敛财。以权谋私包括贪污、受贿、挪用公款、公款消费，等等，引发了全社会对于分配机制的责难。运用什么方式能够使分配正常化？法律。唯有法律化的分配方式才能使人们具有公平的感觉，唯有法律化的分配方式，才能校正社会不当的分配结果，对畸形分配予以

调整。

司法是人们在空头政治被淡化后的重要政治领域。以前人们的政治观念十分强烈,随着经济建设被特别的强调,整个社会逐步进入了务实状态之中。人们对于政治的评价,由以前的口号式政治转向了社会生活中的政治。中国社会比历史上任何时代都更加强调法律的作用,法律成为社会生活的重要内容,于是人们对于法律的重视也就成为人们对于政治关心的重要内容。

法制和法治被日益重视,司法必将成为社会更加关注的政治焦点。自"文化大革命"结束以来,中国共产党和中国社会都在不遗余力地宣传和推行法制与法治,以至于到现在,依法治国,建设社会主义法治国家被作为一种社会理想和现实目标写进了宪法和法律之中。当你强调法制时,人们会问你法制实施得怎么样?法的实施主要的内容就是司法。与法制相比较,法治更是一种社会状态。它是怎么成为社会状态的?其中一个重要的桥梁就是司法。没有司法,法治建设将无所作为。

司法改革在所有的改革中具有政治性很强、风险性很小的特征。法律对于一个社会的政治架构与政治运作的影响是不言而喻的。一个国家的基本制度、社会制度、国家机构、公民的基本权利,民事、商事、刑事的纠纷与矛盾无不有赖法律的调整,并经司法得以实现。法律、司法对于一个社会的政治、经济、文化的影响是重大的。但是,法律、司法在本质上都是社会的稳定力量。法律改革及其司法改革都倾向于社会的秩序化,而不是社会的动乱或者动荡。其他任何改革都不具有司法改革的这一优越性质。中国目前的改革就是应当在稳定中进行和完成的,否则就可能使我们的改革事业被摧毁,甚至使我们既有的基础也受到破坏。中国是既要改革,又不能发生动乱或者动荡的一个国家,法律改革既能满足这一要求,同时它又涉及全局,具有由法而社会的特征,所以,在政治改革推进到一定程度时,推出法律改革包括司法改革也就

顺理成章。

三、司法的问题与改革的目标

司法改革的问题和目标是一体两面的关系，综观这两个方面，司法改革将从司法不独立到司法独立，从司法不公开到司法公开，从司法无权威到司法权威，和从司法难公正到司法公正的路径，最终实现司法独立、司法公开、司法权威、司法公正的目标。

（一）从司法不独立到司法独立

司法独立是世界法治发展到现阶段的普遍要求。现代国际社会的众多国际条约都规定了司法独立的法治原则。1948 年《联合国人权宣言》第 10 条，1966 年《公民权利和政治权利国际公约》第 14 条，都规定了司法独立的原则。1985 年联合国第七次防止犯罪与犯人待遇大会专门通过了《司法独立的基本原则》。该文件明确规定："司法独立应由各国以宪法或法律加以保障，尊重并遵守司法独立是所有政府及其他组织的义务。"1993 年世界人权大会一致通过的《维也纳行动纲领》将司法独立列为实现人权和可持续发展的重要条件。到现在，世界各国都在宪法和法律中规定了司法独立的基本原则。司法独立成为人类法治文明的共同成果。

关于司法独立，我国宪法和法律中均有相关规定。中国共产党的十五大报告和十六大报告都提出了司法要依法独立的目标。[1] 中国社会的司法独立主要受以下因素的影响：

---

〔1〕 中国共产党第十五次代表大会的报告要求"推进司法改革，从制度上保证司法机关依法独立公正地行使审判权和检察权"。中共十六大的报告要求"从制度上保证审判机关和检察机关依法独立公正地行使审判权和检察权"。

司法受到严重的行政干预。首先,我国政府系统都有主管政法的行政官员,这些行政官员一旦不能进行有效的自我约束,就可能在有意无意之中干预司法。其次,政府系统掌管着司法机关的财政大权。司法机构很难对行政机关进行司法监督。最后,政府官员中存在以干预司法为政绩的思想观念与实际状况。

司法受到党派与社团干预。中国共产党的领导是司法必须坚持的。但党的领导有一个如何科学领导的问题。在有的地方,司法会受到个别党组织或党的干部的不当干预。此外,司法也受到民主党派和其他社会团体,如工会、妇联等的不当干预。

司法受到人大的不当干预。人大对于司法的监督是必须的,甚至一定意义上,人大的干预也未必错误,但在不当的人大干预之下,司法难以依法独立也是客观事实。现在个别人大领导对于案件的直接指挥,影响司法机关的自主裁决;人大深入案件具体审判的个案监督在个别地方已经演化成为法院的“第三审”。

司法受到不当的新闻舆论干预。新闻舆论的监督是必要的,但是新闻舆论的监督不是干预。它不能对法院的裁决进行引导,使司法跟着新闻舆论走。司法机关应当严格以事实为根据,以法律为准绳,不断提高自身的素质,只有自身素质提高了才可能面对那种莫衷一是的新闻舆论局面,从而固守司法的自我,维护和确保法律的尊严。

(二)从司法不公开到司法公开

司法不公开在现实社会中表现得十分突出。司法过程普遍呈现“暗箱操作”现象。在刑事诉讼中,嫌疑人一旦被采取强制措施,其权利就很难得到保障,更不用说其沉默的权利了。案件何以从公安机关移送检察机关,又何以从检察机关移送到人民法院,其过程当事人不知道,其亲属更不知道。开庭时,明为公开审理,实际上法院常常以各种

理由拒绝或限制公民的旁听，而且假借各种理由阻止或逃避新闻机构的舆论监督。至于从开庭到判决下达之间的过程，更是无人知晓。直到现在人民法院还把公开审理作为司法改革的重要内容，正是说明中国司法神秘主义影响之深远。在民事诉讼中，何时开庭，何时作出裁决，庭审到判决的过程如何，其间是否经过审判委员会，等等，当事人都很难知晓。

司法不公开是源于传统的司法神秘主义。司法如果是神判当然具有不可知性。中国传统文化中就有临事制刑、威不可测的司法传统，其中饱含着司法神秘主义的精神。但这正是中国社会司法专制与司法专横的表现。作为现代司法，公开性已经成为其公正性的客观保障。我们有充分的理由要求司法是公开的。

有许多人还认为公开审判等是一项重大的改革措施，还要慢慢来。其实它是早在中华人民共和国成立初期的《共同纲领》和第一部《宪法》中就对人民作出的承诺。在法治建设中，我们必须对人民兑现承诺。本身就已经迟延的兑付，不能再被迟延了。司法公开的推行，必将有助于司法改革的进行，并切实推进司法改革。

（三）从司法无权威到司法权威

司法是神圣的。司法本身应当是有权威的。从法律制度来讲，法是国家意志，具有国家强制力，当然具有权威。司法机关本身也就是国家强制机关，怎么会无权威呢？然而事实上，司法的确无权威。

司法无权威的一个重要原因和重要表现是司法活动可以被许多组织和个人所支配，可以为社会舆论所左右，没有真正的司法独立。在司法不独立的背景下，寻求司法权威只能是幻想。能够左右司法者会藐视司法，不能左右司法者也同样会轻视司法，而司法则会在这种藐视与轻视中丧失权威。司法无权威的另一个重要原因和重要表现是司法裁

决得不到有效的执行。现在人民法院的裁决得不到执行的现象非常普遍。虽然我们经过很多努力,情况有所好转,但问题依然非常严重。人民法院的裁决如同白条,无法兑现。尤其是在民事、经济的审判方面,应当受到法律处罚的人可以逃脱法律的处罚,应当承担法律责任的人可以逃避法律责任。在这种情形下,司法绝对不可能有什么权威。司法无权威的再一个重要原因和重要表现是司法机关存在执行观念淡漠,执行力量薄弱的问题。当然司法无权威也还与司法的公正性等存在内在的联系,后面我们还将进一步探讨司法公正的问题。

针对司法无权威的实际情况,我们应当着力重塑司法权威,从司法体制、司法组织、司法官员、司法过程等各个方面努力,使司法机关成为人们敬畏的权威机构。

(四)从司法难公正到司法公正

司法公正是人们对于司法程序和结果公平正义性质的要求与评价。谈到司法不公,人们总是责难种种。

我们的司法组织中的确有一批兢兢业业的司法官员。他们辛勤劳作,而不被社会所理解,甚至往往还被社会所误解、曲解。但司法组织中也有一定数量的司法官员滥竽充数,玩忽职守。

我们司法官员的素质参差不齐。有的司法官员十分优秀,有的司法官员是办了错案都不知道。

人们对司法的公正性要求,远比对于其他任何方面的要求都高。原因就在于:人们对于司法的公正冀望很高。法本身就是公正的化身或者公正的代名词,而司法本身理所当然就应当将法定的“公正”现实化,因此人们总赋予司法很高的“公正”期望。一旦司法腐败导致司法不公,它就自然会被千夫所指。

司法公正的评价者有三个,即司法官员、当事人和社会公众。具体

说来,一是司法官员的自我确信。司法官员对于自己经手的案件,对于自己的司法行为,必须首先具有内心的确信,确信自己是公正的;否则连自己都不相信自己的裁决,就必然会产生问题。二是当事人的主观认识。当事人对于司法的评价,当然会有比较个体化、欠缺公允性的问题,但是当事人的评价又是特别重要的,尽管各方当事人都满意的裁决是很少的。三是社会的普遍认同。社会对于司法公正的普遍认同是一个总体的评价,它具有概括的性质。它不是某一个案件的处理过程或其结果的反映,而是一系列司法活动给人们的一个总的印象,也是人们对于司法的社会化结论。

司法公正的评价对象,一是司法程序,二是司法结果,三是司法行为。这三个方面任何一个方面都可能导致司法不公的结论产生。司法程序的错误会是十分肯定的错误,它本身可能就是不公正的产物,它常常会导致不公正的司法结果的产生。一些认为程序无所谓的观点显然是极为错误的。司法结果往往比程序更令当事人所关注。司法官员对于司法结果负有重要的责任,是公正与否的本质性决定因素。司法行为,是司法官员在司法过程中的行为,它对于当事人和社会都具有重要的影响。严格依法办事,坚持法治原则,应贯彻在司法官员的司法活动的每一个行为之中。这也就对司法官员提出了特别的要求,司法官员的本质也决定他必须做到司法公正。

四、司法改革的整体性思考

(一)司法改革应当将构成要素改革与整体结构改革相结合

要素对于任何事物都有基础的意义。任何事物都是由一定要素构成的,没有要素,事物就没有存在的基础。进行司法改革,当然必须对司法的要素进行改革。然而,结构对于整体的意义是不容低估的,它往

往影响着整体作用的发挥，影响着每一个要素的作用。如果我们不重视结构及其整体的改变，而仅仅着眼于要素，就可能犯一叶障目、不见泰山的错误。任何改革如果只有个别要素的改革而没有结构的变化，都是难以持久的。随着时间的推移，已经被改革的要素又会因结构的限制和驱使而回复到改革前的境地，使改革归于失败。对此，我们必须有清楚的认识。在历史上，司法改革并不是现在才提出、才进行的，实际上对于中国司法改革的探索，可以说是早已在进行之中，但效果一直不尽如人意，甚至被理解为没有进行过任何改革。这恰恰是中国以前的司法改革重点在要素改革而忽视了结构改革的原因所致。在新的司法改革中，我们必须首重结构改革并将结构改革与要素改革相结合。

整体大于部分之和。这里的整体显然是指具有良好结构之整体，部分之和是指部分的简单相加。一支配合良好的军队远比一支没有良好配合的庞大的军队具有更强的战斗力。一个结构良好的司法状态，远比各个要素尚且不错而缺乏良好结构的司法状态有效、有力得多。这是我们正在进行的司法改革所必须解决的方法论上的认识问题。既要重视各个要素，也要重视各个要素之间的组合形式，使各个要素都在一个良好的结构体系中运行，发挥出最好的作用。

司法是由司法官员、司法组织、司法过程、司法程序、司法手段等要素构成的。司法改革必然包括司法官员选任、晋升、考评、监督、处罚体制的改革，必然包括司法组织的设置、分工、制约机制的改革，必然包括司法过程的公开化、科学化、效率化，必然包括司法手段的有效化、合理化，等等。这些要素的改革是司法改革的基础和基本内容。我们曾经多次对其中的一个要素或几个要素进行过改革的尝试，有的根本就没有取得成功，有的成功了，经过一段时间又回复到改革之前的状态，使改革成为徒劳。

然而仅有要素的改革是远远不够的，必须有整体的结构改革作为

其背景和条件。因为,司法改革首先是一个体系改革。司法有其独立完整的体系结构,在司法体制内部,至少有审判机构、检察机构之间的分工与合作的结构问题。在司法体制外部,有司法机构与政党组织之间,司法机构与政府机构之间,司法机构与立法机构之间的关系问题;有司法制度与人事制度、干部制度、财政制度等之间的关系问题。结构得不到改革,而要改革结构的某一个或某几个要素,是无法达到整体改革的目标的。即使在某一个或某几个要素上有所改革,而整体结构没有改革,这些细微的改革很快就会被整体结构所消解,从而化为乌有。在以前中国的司法改革中,就有这么一个教训。我们正在推进的司法改革必须注意将其要素改革与整体结构改革结合起来,只有这样,在变革要素的同时,打破既有结构,实行要素重组,建立新的要素结构关系,司法改革才能取得真正的成功。

(二)司法改革应当将内在状况改革与外在环境改革相并重

如果说司法的内在状况是司法作用得以发挥的内因,那么司法的外在环境就是司法作用得以发挥的外因了。我们常说,内因是变化的根据,外因是变化的条件,这并没有什么错误。但是,它往往被人们误解为,内因才是重要的,而外因是次要的,甚至是无足轻重的。这种认识显然是错误的,而且会在实践中导致极为严重的后果。因为,内因与外因之间并没有绝对的决定关系。内因并不能决定外因,也正如外因不能决定内因一样。如果说内因和外因对于特定事物有无决定作用,那么则可以说,一般的是内因起决定作用。但是在内因处于既定的情况下,则是外因起决定作用。没有必要的外因条件,再好的内因也产生不了应有的意义。考察我国现有的司法状况,不能不承认,其在内因上存在问题,在外因上也存在问题,甚至外因在某种情况下,还起着决定性的作用,对司法具有根本的影响。

司法改革第一方面的改革内容当然是司法内在状况的改革,这种状况,包括内在的元素状况与结构状况。从元素角度看,如果认为司法仅仅限于人民法院,那就只有一个元素,如果是两个元素,一是法院,另一是检察院或一是审判,另一是检察。在法院,法官、陪审员、合议庭、审判庭、审判委员会以及各种审判程序等,都是其内在元素。从结构角度看,可以认为,结构的第一层次是审判机构与检察机构之间的关系;第二层次是审判机构与审判机构之间的关系;第三层次是各个审判机构内部的元素关系。在审判机构内部,包括法官与法官之间的关系、法官与合议庭之间的关系、法官与审判委员会之间的关系,法官与庭长、与院长之间的关系,庭长与院长之间的关系。

司法之外的相关因素就构成了司法的外在环境。司法改革当然要与其外在环境的改革相协调。具体地说,司法是在一定经济、政治、文化、道德、意识背景下存在的,它们构成司法的第一层次的外在环境。司法是与立法、守法、法律监督紧密联系的,它们构成司法的第二层次的外在环境。司法改革是与法制改革,乃至整体的社会改革相并存的,司法的外在环境当然包括外在的社会改革环境,司法改革应当与法制系统改革和社会整体改革相协调。我国所进行的改革是全方位的改革,其中有经济改革、政治改革、科技改革、文化改革、教育改革,等等。司法改革仅仅是社会整体改革的构成部分,仅仅是社会整体改革中法律改革的构成部分。

(三)司法改革应当将运行机制改革与监督机制改革相并行

司法改革无非是司法自身运行机制改革和司法监督机制改革这两个方面。这两个方面都不可偏废,而且必须并行。

司法改革的重要方面是司法监督机制的改革。司法监督是多元的,有来自权力机关的监督、新闻媒介的监督、社会舆论的监督等。对

于这些监督,法学界有不同的看法,其中歧见颇多。对于那种以司法独立为由而否定这些监督的意义的观点,我是不敢苟同的。我以为,这些监督都是必要的,但在现实中都是有缺陷的。因此,这些监督一方面必须坚持,但另一方面也必须改革和完善。权力机关监督,尤其是对权力机关的个案监督,人们的认识分歧最大。我以为,权力机关对于司法的监督是必要的,只要权力机关——人民代表大会——的性质没有改变,坚持权力机关对于司法的监督就是必不可少的;只要现有的司法机构的素质和水平没有完全达到独立于权力机关的程度,这种监督也是必要的。至于权力机关对司法的个案进行监督,也有其必要性。但是,个案监督不应成为权力机关的日常工作,也不能将个案监督演化为变相司法。否则司法权就得不到应有的尊重和维护,权力机关的监督就可能演变成为立法对于司法的不当干预,或成为第二司法机构,从而影响立法工作的进行。至于新闻监督、舆论监督,都是必要的,它们不是应否存在的问题。它们一是严重不足,二是有些畸形。由于它们严重不足,人们还难以充分认识它们的作用;由于它们有些畸形,人们还可能对其产生因噎废食的误解。我们现在的监督体系中,新闻和舆论的作用没有得到充分的发挥,这是我国司法监督体系的严重缺失。

司法改革的核心是司法运行机制的改革。这种改革就是要使司法运行良性化。对于这种良性化,不同的学者会有不同的认识,但是它至少应当包括司法运行的法治化、有效化、高效化、廉洁化、理性化、公正化等。这是司法改革必须关注的主要内容与基本方面。运行机制比监督机制更为首要和基本。

(四)司法改革应当是外求司法独立与内求司法公正相协同

司法改革涉及司法体制内外的两个方面。在内外两个方面都有自己的诉求。司法的内在改革目标是多元的,但最根本的是公正,没有公

正，司法就失去了被社会认可的意识基础。司法的权威，当然来自国家的强制保障。但国家强制力仅是外在的，而来自人们内心的确信，才是最深刻、最有力量、最久远的保证。人们内心确信的产生，根源于司法公正。没有司法公正，人们对于司法不仅没有确信可言，而且甚至会是批判、否定。司法改革必须围绕司法公正来进行。能否实现司法公正将是检验司法改革成败的首要且根本的标准。党的十六大报告指出，“推进司法体制改革。社会主义司法制度必须保障在全社会实现公平和正义。按照公正司法和严格执法的要求，完善司法机关的机构设置、职权划分和管理制度，进一步健全权责明确、相互配合、相互制约、高效运行的司法体制”。

从外在方面考察，司法最需要的是独立，是不受干扰地实现法律。司法改革和司法公正都必须依赖司法独立。由于司法与相关因素具有千丝万缕的联系，人们有不同的利益，各种因素都将干扰司法，或司法将受到各种因素的干扰，这些都是必然的。面对各种干扰，关键就在于司法能否独立，能否有效地排除干扰。所以，司法改革，必须将司法公正与司法独立结合起来，形成以司法公正作为内在要求，司法独立作为外在条件的司法改革目标。

司法独立是司法公正的条件，司法公正是司法独立的目的。没有公正，独立就失去了意义，甚至走向了反面；没有独立，公正就没有保障，公正就可能演化为或大或小的偏私。

（这是2003年秋季为学员讲授的同名课程的讲稿。）

3. 全球化与当代法律的新发展

春天是美丽的,美丽的春天很容易使人沉醉。自第二次世界大战结束以来,尽管曾经出现了严重的冷战,但是相对两次世界大战而言,这半个世纪无疑是人类和平发展的春天。似乎,我们一直沉醉在和平与发展的春景中,可是某年某月的某一天我们突然发现:

早在 1998 年世界对外直接投资总额共 6400 亿美元,比上一年猛增 40%。1999 年又达到 8650 亿美元,又比前一年增加了 27%。2000 年世界对外直接投资总额达到了 1 万亿美元。跨国公司迅速成长了起来,国际经济交流出现了前所未有的一体化状态。1905 年,瑞士人亨利·内斯特莱创办的雀巢公司同英瑞浓缩奶公司合并,把厂房开到了英国、德国、西班牙和大洋彼岸的美国。这在当时是一件了不起的大事。当年的内斯特莱恐怕不会想到,将近一个世纪之后,雀巢公司在全球已有 509 家工厂,雀巢的产品几乎遍布世界的各个角落。如今,人们徜徉于超市,把雀巢咖啡放进购物车时,想到的可能只是咖啡的浓香,而

未必会意识到自己正在采撷经济全球化大潮的浪花。从表面上看,经济全球化似乎是一个抽象的概念,而实际上,它就悄然发生在人们的衣食住行当中。商店里的耐克运动服其实不一定产于美国;一台康柏电脑的部件很可能来自美国、中国和新加坡。一部诺基亚全球通,已经同时在另一种意义上把世界各地的人连在一起……经济的全球化发展令我们瞠目结舌。

世界各国之间的交流交往空前频繁,资本主义掀起的全球民主化浪潮一浪高过一浪,加速了政治全球化的进程。2004 年被誉为大选之年。世界上十多个国家都将在当年进行大选。格鲁吉亚、伊朗、希腊、俄罗斯、西班牙、马来西亚、斯里兰卡、印度、菲律宾、印度尼西亚、美国、韩国,等等。现在格鲁吉亚、西班牙大选、马来西亚的大选,都已经尘埃落定。而美国政府的大选正在蓄势待发……这些无一不引起了国际社会的普遍关注,政治的全球化已经令我目不暇接。

美国才因所谓的主持伊拉克与科威特之间的国际正义而发动了海湾战争,科索沃战争又纷沓至来;科索沃战争还没有了结,世界的恐怖主义又用匪夷所思的手段让世人震惊;恐怖主义的硝烟尚未消尽,美国就发动了阿富汗战争与伊拉克战争……对此,我们不能不说,世界的军事已经全球化了。

说起帝国主义的军事侵略,在颐和园和圆明园旁边的我们,不能不有极为痛苦的感受。我们还没有从帝国主义的军事侵略中清醒过来,帝国主义的军事侵略早已改变成了对于社会主义的和平演变。文化的侵略又成为令我们震惊的事实,作为文化载体的宗教又成为西方的旗帜。美国早就与梵蒂冈结成了所谓的神圣同盟。对于中国,现在是每年都以据说 30 万教民的数字累加,通过南边的香港和北边的韩国向我国大陆渗透。中国共产党不得不提出防止文化侵略,保障文化安全的历史任务。文化的全球化需要我们作出积极的回应。

面对全球化,法律并不是无动于衷的,然而它究竟受到了怎样的影响,不同的学者有不同的感受。今天,让我们一起来拉开历史的帷幕,去一窥法律全球化或者全球法律趋同的堂奥。

一、全球化使法律全球化成为众说纷纭的时代话题

尽管不同的学说对于全球化有着不同的评价,但是将经济全球化视为一种发展趋势似乎已经得到了国际社会与学术界的普遍认可。[1]与经济全球化所不同的是,法律的全球趋同或者说法律全球化,却没有经济全球化那么“幸运”,它是不是一种趋势,是一种怎样的趋势都一直受到许多学者的怀疑。

何谓法律全球化,法学界存在明显的分歧。有的认为,法律全球化是指法律的非国家化,以服务于及建构无国界的全球统一市场的需要;有的认为,法律全球化是为整个人类服务的,目的在于保护整个人类的共同利益;有的认为,法律全球化是指全世界法律理念、法律价值观、法律制度、执法标准和原则的趋同化;有的认为,法律全球化是指某个国家或地区通行的法律制度,随着经济全球化的发展,通信手段的日新月异,各国之间交流的日益频繁而为全球普遍接受的现象和过程;有的认为,法律全球化是指一种在市民社会出现的、由私法主体包括跨国公司、工会、新闻媒体联合会等创设的,介于各国国内法和国际法之间的“无国家的全球化”的法律现象;也有的认为,法律全球化是指全球法治化;等等。

法律全球化,是指在经济全球化背景下,世界法制出现的趋同与一

---

〔1〕 新自由主义、依附理论和社会民主主义理论对于经济全球化都有不同的评价。参见朱景文:《关于法律与全球化的几个问题》,载胡元梓、薛晓源主编:《全球化与中国》,中央编译出版社 1998 年版,第 107 页。

致化趋向。

如何评价法律全球化。西方有3种主要的观点。新自由主义认为:经济边境的取消和国家干预的削弱,标志着贸易自由与效益原则的永久性胜利。因而,全球经济一体化及法律改革的进程越深入、越快就越好。依附理论认为:世界资本主义经济体系中,发达国家处于中心,第三世界处于这个体系的外围,其经济服从于这个中心。面对全球化的挑战,第三世界国家发生的市场导向的法律改革的根本目的,只是为了改变法律环境,争取发达国家更多的投资,使自己获得最大的利益。而这种改革代价高昂,已经给这些国家带来了沉重的外债负担,从而加重了它们对跨国资本的依赖。社会民主主义认为:全球化是资本主义政治经济发展的不可避免的趋势,但它毕竟是对公共利益和社会公正的一种威胁。如何保证社会民主和福利,已经成为摆在发达国家面前的社会公正问题。

在中国更有学者对法律上是否存在全球化存有疑问,甚至警告国人要对"法律全球化"理论保持警惕。〔1〕面对于法律全球化,也有许多学者认为,它只能是在商法、知识产权法、税法、商事仲裁、海事法、金融法等私法领域趋同,而在涉及国家主权的公法方面不可能取得超越国家的法律统一。法律全球化理论的提出具有模糊性或隐蔽性,是一种不可能实现的幻想。〔2〕其实,只要不仅仅依赖情绪而更多地关注法律全球化发展的事实,我们就无法否定法律的全球化趋势正在形成,或者说这种趋势已经逐步演变为一种事实。〔3〕听了以上的介绍,大家也许

〔1〕参见《警惕法律全球化理论》,载《当代法学》2000年第4期。

〔2〕参见姚天冲、毛牧然:《"法律全球化"理论刍议》,载《东北大学学报》(社会科学版)2001年第1期。

〔3〕值得特别说明的是,这种事实是一种发展趋势的事实,而不是指全球化完全实现的事实。

会有“山雨欲来风满楼”的感觉。

法律全球化是否能成为结果,在多长的历史时期之后能成为全球化后的现实,尤其是公法方面的全球化能否实现,以及在多大程度上实现都是大有疑问的,但法律全球化作为一种趋势已经出现却是不争的事实。

二、全球化的发展推动着法律的全球化进程

(一)经济发展的全球化要求法律全球化

世界贸易一般是指商品与服务的跨国家和地区的流动。根据有关资料,目前全世界 GDP 总额为 30 多万亿美元,而世界贸易就占了 1/4 左右。20 世纪 90 年代,世界贸易的平均增长速度为 6.5%,至新世纪伊始,这一增长速度曾经达到了两位数。2003 年 4 月 22 日世界贸易组织(WTO)公布的数据表明,2002 年世界商品贸易(出口)额增长 4%,达到 62,400 亿美元;服务贸易达到创纪录的 15,400 亿美元,增长 5%;世界贸易总额增长了 4.2%。经济全球化带来了世界各国之间资本的自由流动、信息的跨国传播,以及资源的全球化配置。跨国公司在其中发挥了极为重要的作用。现在跨国公司已经成为经济全球化的载体,其产值占世界总产值的 1/3 以上,其企业内部和它们相互之间的贸易额已经占世界贸易的 60% 以上。跨国公司对外的直接投资已占全球跨国投资的 90%。我们从这里不难看出,经济发展的全球化进程有多么迅猛。

经济的全球化发展从两个意义上推动着法律的全球化进程。

一是从经济全球化的发展中产生了大量的国际间普遍认可的经济贸易方面的法律制度。世界贸易组织的许多规则,都是在大量的国际经济贸易的基础上产生的,它们直接调整着国际经济贸易关系。其中的许多规范本身就是法律全球化的产物和表现。共同的国际或全球经

济活动必然会提出遵守共同的经济法律规则的要求。首先,在发达国家与发展中国家共同参与的国际经济活动中,发达国家为了它们自身的利益,当然会提出发展中国家与之共同遵守同样行为规则的要求。发展中国家基于种种原因,不可能毫不顾及发达国家的要求。其次,发展中国家也会在一定意义上提出共同遵守相同经济法律规则的要求。一个共同规则是对发达国家有利,还是对发展中国家有利,或者能够实现互惠互利,都要做具体的评估。不同的情形,结果会有所不同。发达国家与发展中国家基于不同的利益考量都会提出适用国际或全球的共同法律规则的要求,这也同样为法律的全球化提供很好的经济条件和认识前提。

二是经济的全球化必然带来经济关系的全球化,在这个意义上,经济全球化的发展推动着作为上层建筑的法律制度的全球化。在现实的经济发展中,世界各国的经济差异越来越大,这种经济差异迫使发展中国家必须奋起直追。发展中国家必须力争在经济活动中与发达国家同步,与发达国家共同参与世界经济的运行,才可能赢得自己迎头赶上的机会和机遇。对于发展中国家来说,放弃与世界经济的共振,也就放弃了自己的发展机遇。发展中国家当然会提出加入和加强世界经济的合作与交流的要求。对于发达国家来说,它们也同样需要世界经济的共振。因为,它们维持其已有的经济优势并继续发展,也需要在国际经济交流中得以实现。国际的经济一体化,也是发达国家经济持续发展的一个最好的平台。它们的经济也是在国际经济的普遍联系中发展的。经济作为法律的基础不仅在国内法中是如此,在国际法律上也是如此。国家之间经济来往的增加必然会影响到政治、文化等方面,有时甚至决定着政治的走向。尤其是在现代国际关系之中,一些政治的、文化的因素被有意无意地纳入了国家经济交流的活动之中。政治因素,有时竟然被一些国家作为经济活动的前提条件加以强调。无论有多少国家反

对把政治因素作为经济交往的前提，但客观上政治就是被作为了国际经济交流的前提。有的国家甚至因政治原因终止与特定国家的经济交往，或者以一定政治理由而终止某些经济活动。

(二)国际交流的全球化催生法律全球化

有资料表明，世界城市的初级综合指标则是，外籍侨民占本地居民的比重为0.6%、市民运用英语交流的普及率为40%、外国金融机构在200家以上、每年举行国际会议200次以上。一个国际化大都市每年至少要举办200次国际会议。北京每年举办的具有一定规模的国际会议数量在60次左右，离每年200个国际会议的世界城市初级标准还有很大差距。2000年全球曾举办过一次国际会议最多的国家排名，美国以234个会议占据榜首。国际交流的频繁使世界各国之间在法律上的交流也以空前的速度向前发展。随着现代国际关系的发展，国家之间的交流更是十分频繁。以前看来无比广大辽阔的地球渐渐演变成为小而又小的地球村，村民之间的联系也越来越紧密。国际交流的加快为各国之间的沟通提供了便利，也加速了全球化发展的进程。法律交流作为国际交流的组成部分也随着整个国际交流的扩大和加速而得到了前所未有的发展。各国法律界、法学界的交流也得到了普遍的扩大和延展。各国议会、法院、警察部门之间的联系和交流都在加强；各国法学教育机构之间也在不断发展着交流合作关系。在频繁的国际交流之中，法律的交流也得到了重大的发展。

(三)国际组织的发展推进着法律全球化

第二次世界大战前，国际组织仅有500多个，第二次世界大战后，国际组织的数量日益增多，活动领域不断扩大。到目前已有4万个。根据有关资料显示："小小瑞士就有近400个国际组织，没有沙漠的德

国争取到了联合国防治荒漠化公约(UNCCD)秘书处设在波恩,连印度和泰国都各有10多个国际组织机构。"国际组织及其规则的大量增加和作用的不断增强也推进了法律的全球化发展。国际组织主要是以主权国家为基本元素而建立的。国际组织的成立和运行,必然会提出建立相应国际规则的要求。国际法律规则的大量积累,为法律全球化提供了现实的可能性。世界贸易组织及其规则的发展就是一个极为典型的例证。欧盟由原来的欧洲经济共同体演变而来,现在,它已经远远超出了经济的范围。到目前,欧洲已经建立起了统一的司法机构,正在制定统一的欧洲宪法。欧盟的出现对于全球化可能有一定的阻碍,区域性的联盟的形成对于要消除区域隔离的全球化来说,当然有一定的影响。但是,欧盟对于法律全球化在欧洲的现实化,除了可能存在一定的障碍因素之外,更有着重要的推动作用——它率先推动着欧洲国家法律的"欧盟化"。这也许可以认为是全球化发展的阶段性成果或者局部表现。全球化的一个重要阶段也许就是部分国家的区域联盟化,然后再从区域联盟中"走出来",形成全球的联盟。这种全球联盟也许正是全球化的表现。

(四)国际人权的发展加速着法律全球化

人权是法律全球化的又一重要动因。作为现代国际社会标志的不仅仅是经济发展的全球化,而且也有人权的全球化。尽管其中包含着少数霸权主义和法律单边主义对于其他弱势国家的不当要求甚至非难。对世界法进行研究的法国法学家米海依尔·戴尔玛斯—马蒂说:"很久以来我一直认为,世界化将自人权而来。"[1]"我所进行的有关法

〔1〕[法]米海依尔·戴尔玛斯—马蒂:《世界法的三个挑战》,罗结珍、郑爱青、赵海峰译,法律出版社2001年版,第2页。

律世界化的研究正是以人权为出发点的。这里所说的法律世界化,不仅是在欧洲或西方范围内的世界化,而且是考虑到了差别甚远的各种法律制度,例如中国的法律制度或伊斯兰国家的法律制度。也就是说,在更加广泛的范围内的法律世界化。"[1]人权霸权主义者或人权单边主义者对于他国人权的要求,有时甚至是苛求,当然不具有完全的正当性质。但是它客观上迫使着不同国家在人权问题上的认识趋同,也会使一定的国际人权认识与标准,在更大的范围内被认可。另外,人权问题上的弱势国家也会从被迫应付中站起来,加快自己的人权建设,并在人权的国际冲突中变被动为主动,化消极为积极。他们也会利用国际舞台,在人权问题上与霸权主义和单边主义进行论争,迫使霸权主义者和单边主义者在一定程度上考虑和接受弱势国家的人权观念,以达成在人权问题上的谅解与共识。

国际人权的许多共同的认识都是以国家之间的条约或国际社会的公约形式表现出来的,往往形成了一些国际人权法律文件。这些国际人权法律文件的形成过程,也就是人权的全球化过程。近代以来,尤其是自第二次世界大战以来,国际人权的立法取得了空前的巨大成就。关于人权的国际公约大量增加。为实施这些人权公约的辅助性的国际人权法律文件也不断产生。国际人权公约及其相关的法律文件,推进着法律的全球化,而其本身也就是法律全球化的重要表现。

自20世纪初以来,人权越来越为国际社会所普遍关注,甚至成为世界各国是否具有现代民主、法治、文明的重要标志。国际社会对于人权问题的重视也达到了前所未有的程度。人权不仅是一些发达国家在强调,发展中国家也逐步予以更多的注意。有关人权保护的国际立法

---

〔1〕 [法]米海依尔·戴尔玛斯—马蒂:《世界法的三个挑战》,罗结珍、郑爱青、赵海峰译,法律出版社2001年版,第4页。

日益增加。有关国际人权问题的争端也在不断发生。因为人权问题而引发的国内矛盾、国际冲突激增。人权问题及其解决,在国际立法和司法的两个领域,促进和推动着法律全球化的进程。

在人权问题上特别值得关注的是中美之间的人权冲突与斗争:2004 年 2 月 25 日,美国国务院发表了《2003 年国别人权报告》,在这个一年一度的报告中,除了美国自己及其盟友外,美国再次对包括中国在内的 190 多个国家和地区的人权状况从各方面进行了批评。中国从 1999 年开始,每年发表美国人权纪录。2004 年 1 月 1 日,中国国务院新闻办公室又发表了《2003 年美国的人权纪录》,用大量事实介绍了美国在人权方面存在的问题以及美国对别国人权的侵犯等问题。中国之所以在人权问题上与美国进行针锋相对的斗争,是因为此事关乎中国的国家主权与安全。紧接着 2004 年 3 月美国又提出签证入境问题和反华人权提案问题。美国执意要在 60 届人权大会上提出反华提案。中国的态度是“感到不解,但是并不惧怕,可以奉陪到底”。

中美两国在联合国人权委员会展开人权交锋的开端也许是 1990 年。从 1990 年到 2001 年的 12 年中,美国或亲自出马,或指派“代理人”出面,先后 10 次在联合国人权委员会中提出所谓谴责中国人权状况的议案,但没有一次获得成功。在最初几年中,美国的提案每次都能顺利进入表决程序,并且最后投票时票数非常接近。因此,每年春季,中美两国都在日内瓦严阵以待,分别展开大规模的游说活动。从 1995 年开始,美国在联合国人权委员会提出的反华提案的得票数越来越少,多次未能进入表决程序。2000 年 3 月,美国在联合国人权会议上以“数千名法轮功练习者被拘捕”为证据,指责中国人权状况恶化,呼吁人权委员会成员国支持美国的反华人权提议。在中国的影响下,该提案再次被人权会议弃置,美国利用人权问题在国际社会抹黑中国的图谋再次被挫败。2001 年美国在联合国人权委员会成员国改选中落选,故在 2002

年的人权会议上,美国未能提出谴责中国人权状况的提案。美国 2003 年又重新当选了人权委员会委员,2004 年又旧戏重演。

改革开放以来,中国政府特别注意人权问题。中国加入了《经济、社会及文化权利国际公约》等重要的国际公约,积极参加联合国和地区组织的国际人权会议,强化了与第三世界、欧洲国家之间的人权对话,成功在北京举办了第八届亚太人权研讨会。尤其是今年的宪法修正案中又增加了“国家尊重和保障人权”的内容。这是一个历史性的重大的进步。世界各国给了中国很好的评价。但是美国总是在人权等问题上与中国展开复杂的斗争。2004 年 3 月,美国首先是准备在人权大会上对中国反华提案,中国政府进行了抗议并中止了人权对话;接着美国又要求中国入境者签证时必须留指纹与照相,中国又予以了抗议并采取了报复措施。对于中美之间的人权争议远不会终结,对于我们的对策也可以进行不同的解读,但是人权问题成为一个国际性的,全球性的话题,已经是不争的事实。

三、全球化对世界法律发展的现实影响

(一)全球化导致国际法的国内化

国际法的国内化是指国际组织的条约、规章为有关国家所接受,并转化成为国内法的情形。这种情形当然加速了法律的全球化进程。

在目前,世界贸易组织、世界银行和国际货币基金组织的规则,越来越得到更多国家的承认。任何国家一旦加入了这些组织,其规则就可能直接在该国适用或为该国国内立法所认可并转化为国内立法。世界贸易组织的《服务贸易总协议》(GATs)、《与贸易有关的知识产权协议》(TRIPs)和《与贸易有关的投资协议》(TRIMs)也因此逐步成为加入世界贸易组织的所有国家的法律规则。

（二）全球化导致国内法的国际化

国内法的国际化是指在一个国家或地区的法律由于某种原因而在其他国家或全世界得以普遍适用的情形。这种情形同样加速了法律的全球化进程。在近代以来，世界上发生了世界范围和发展中国家两个范围的两次国内法的国际化事件。[1]

从世界范围看，一次是私法领域的国内法的国际化，19 世纪到 20 世纪，从欧洲启动的仿照《法国民法典》和《德国民法典》的法典编纂运动；另一次是公法领域的国内法的国际化，即在第二次世界大战以后，在欧美兴起，扩展到亚非拉各国的以建立宪法法院或宪法委员会和司法审查制度为标志的潮流。

从发展中国家范围看，一次是 20 世纪五六十年代的“法律与发展运动”，即美欧国家以“援助第三世界国家”为名，派出的“和平队”行动。他们派出“和平队”或类似的组织到第三世界国家传播美国欧洲的法律模式，参与这些国家的立法和法学教育。另一次是 20 世纪 90 年代，第三世界国家以及苏联东欧国家进行以市场为导向的法律改革。国际货币基金组织、世界银行和一些发达国家的法学家、经济学家被派往第三世界国家和苏联东欧，帮助他们设计和策划经济与法律改革。在苏联解体、东欧剧变之后，他们提出了各种各样的“从计划经济过渡到市场经济”的“私有化”方案。其中最著名的就是他们为俄罗斯提供的“休克疗法”方案。他们帮助这些国家修改或制定了公司法、投资法、贸易法、合同法、税法、金融法、知识产权法、仲裁法、律师法等。

---

〔1〕 参见朱景文：《比较法社会学的框架与方法》，中国人民大学出版社 2001 年版，第 567 页。

(三)全球化发展加速法系的趋同

对于世界的法律,学者们有过不同的分类。在各种分类之中最常见而又最公认的分类方式,是法系的划分。法系是根据历史传统和外在形式等因素的不同而对世界各国的法律所进行的一种分类。这一分类得到了世界各国的普遍认同。即使是在以前根本就不赞成进行法系划分的社会主义国家,也在许多场合被迫使用着"法系"这一词语和概念。

在早期的法系划分上,日本法学家穗积陈重的法系划分见解是特别值得注意的。1884 年,他在著作中将全世界的法律分为 5 大法族,也即 5 大法系,分别为印度法族、支那法族、回回法族、英国法族和罗马法族。1904 年他又在学术报告中增加了日耳曼法族和斯拉夫法族。法国法学家达维德于 1964 年,把世界法律体系划分为罗马—日耳曼法系、社会主义法系、普通法系和其他法系。无论是怎样的分类或怎样的称谓,民法法系和普通法系都是其中最重要的构成部分之二。两大法系对于当今世界法律的影响无疑是巨大的。

普通法法系是自中世纪以来,在英国法的基础上,特别是在英国普通法的基础上发展起来的各国法律的总称。民法法系则是以罗马法为基础,尤其是以《法国民法典》和《德国民法典》为基础而发展形成的各国法律的总称。这两大法系的基本定义也为我们昭示了它们的历史个性和基本特征。

法系之间的趋同,是法律全球化的重要表现,也在一定程度上推动着法律全球化的发展。在众多法系的变化中,两大法系的变化十分明显,尤其是两大法系的趋同趋势越来越明显。"自进入 20 世纪后,这两种法系已相互靠拢,它们之间差别已逐渐缩小。特别是在英国加入欧

洲共同体后,客观形势迫切要求这两种法系之间的融合。”〔1〕“自进入20世纪以来,由于各国之间的经济、政治和文化联系与交流加强,两大法系之间的互相借鉴也随之受到重视,因而它们之间的差别也开始缩小。”〔2〕英美国家的成文法在增多,大陆法系的判例作用在增强。这两大法系之间的相互吸纳与借鉴,也加速了法律全球化的进程,至少可以认为这将有助于法律全球化的发展。

(四)全球化促进国际的司法协助

由于国家主权的影响,面对全球化的浪潮,国际司法协助必然受到前所未有的重视。

截至2003年9月,在国际司法协助的签约方面,目前我国已经签订了65个双边司法协助协定。在司法协助的内容方面,主要涉及送达和取证问题。请求提供司法协助的案件逐年上升,中外互相请求司法协助的案件大体持平,其中涉及民商事送达的案件最多。目前,在司法协助中存在的主要问题是执行的周期过长。当事人提供的材料不齐全、语言不符合要求、送达地址不准确等,从而导致司法协助执行周期的延长。司法部和最高人民法院在2003年8月11日联合召开会议,共同商讨如何简化司法协助程序,尝试由司法部审核后直接将司法协助文书转交省高级人民法院,省去由最高人民法院审核的中间环节。总之,随着国际交往的发展,司法协助的任务将日益繁重。

我们对外签订的司法协助协议还是太少。这其中有意识形态的原因,有法律制度的原因(死刑存废),还有赃款分割的问题(赃款分割协议)。早在2001年1月,最高人民检察院和公安部就曾联合召开电视

〔1〕 沈宗灵主编:《法理学》,高等教育出版社1994年版,第109页。

〔2〕 张文显主编:《法理学》(第3版),高等教育出版社、北京大学出版社1999年版,第148页。

电话会议,部署追捕在逃贪污贿赂等职务犯罪嫌疑人的行动。当天,新华社播发消息称:“据不完全统计,目前有4000多名贪污贿赂犯罪嫌疑人携公款50多亿元在逃。其中,有的已潜逃出境,造成国有资产大量流失,使一些国有公司、企业难以为继,社会危害十分严重。”

四、法律的全球化过程将是矛盾冲突的历史过程

全球化出现以后,对于全球化的不同认识客观地存在着、矛盾着。其实,全球化本身也是一个矛盾的集合体。不同的认识,从不同的角度或侧面揭示了全球化内部矛盾着的各种特性。有学者说,“全球化过程本质上是一个内在的充满矛盾的过程,它是一个矛盾的统一体:它包含有一体化的趋势,同时又包含分裂化的倾向;既有单一化,又有多样化;既是集中化,又是分散化;既是国际化,又是本土化。”〔1〕法律全球化,同样如此。内在充满矛盾的法律全球化,与许多既有的观念和理论之间必然有着多种多样的冲突。可以认为,法律全球化的过程,也就是各种矛盾冲突对立的历史过程,也是全球法律历史进步的过程。但这个过程绝对不是简单的一体化或同质化的过程。正如整个全球化的趋势一样,“把全球化仅仅视为一体化和同质化过程的观点,从根本上说是片面的和不适当的,是缺乏对全球化过程的辩证法性质的认识,由此得出的结论就很可能是错误的,甚至是有害的”。〔2〕

(一)法律全球化与法律的国家主权相互冲突

在法律全球化的趋势出现后,有的国家趁势假借法律的全球化来

---

〔1〕 俞可平:《全球化的二律背反》,载俞可平、黄卫平主编:《全球化的悖论》,中央编译出版社1998年版,第21页。

〔2〕 俞可平:《全球化的二律背反》,载俞可平、黄卫平主编:《全球化的悖论》,中央编译出版社1998年版,第21页。

干预他国事务，推行法律的单边主义，侵犯他国主权。他们认为“全球化的法律是不受任何国家控制的经济或政治势力”，是“超国家的法律”，“是独立于国家之外的立法过程”。基于这种理念，法律全球化当然可以成为个别国家推行法律单边主义的借口。在法律全球化的过程中，必须对全球化中的霸权主义保持必要的警惕。

国家主权是神圣不可侵犯的。“国家主权是国家作为国际法主体所固有的，是当然存在的，并不是国际法所赋予的；相反地，国际法却是在主权国家相互交往的事实的基础上形成发展出来的。国家主权有两方面的意义，即在国内是最高，对国外是独立。”〔1〕在全球化的进程中，利用全球化侵犯他国主权的事情不断发生。全球化在一定意义上也成为霸权主义者干涉他国内政的借口和工具。“国家主权对内是最高的，对外是独立的。即使在全球化时代，维护国家主权仍然是国际关系的最基本准则。要坚决反对那种借口全球化，甚至以一个国家的国内法为标准，干涉其他国家的内政，侵犯别国主权的霸权主义。”〔2〕这一点也正是许多学者害怕全球化，尤其害怕法律全球化，进而否定法律全球化的原因。发达国家与发展中国家之间的贫富差距继续扩大，如同给经济全球化带来的恐惧一样，给法律的全球化也带来了合理的担忧。联合国有关统计资料表明，富国与穷国人均收入的比例，1960 年是 30∶1，1990 年增加到 60∶1，目前已扩大到 74∶1。全球收入最高的 1/5 人口，占有全球生产总值的 86%。有资料表明：就人均 GDP 而言，2003 年发展中国家只有 150 美元，而发达国家则在 45,000 美元以上。发达国家是发展中国家的 300 多倍。如此大的差距的不同国家之间，要在经济

---

〔1〕 周鲠生：《国际法》（上册），商务印书馆 1976 年版，第 58~59 页。

〔2〕 朱景文：《关于法律与全球化的几个问题》，载胡元梓、薛晓源主编：《全球化与中国》，中央编译出版社 1998 年版，第 116~117 页。

和法律上趋同,对于弱势国家来说,有着某种恐惧或者抵触,是可以理解的。

但是我们也必须注意到国家主权的观念,在全球化的背景下会出现变化,而且必须作出相应的变化。"因为主权的概念也是历史的、发展的。它建立在一定的经济基础之上,随着经济基础的变化而变化。闭关自守时代的国家主权概念不同于开放时代的国家主权概念,对外贸易只占很小比重时代的主权概念也不会同于全球化时代的主权概念。"[1]

在全球化的进程中,国家主权并不会消失,但是传统的国家主权观念也一定会发生相应的改变。法律全球化是一个长期的过程,法律全球化与法律上的国家主权观念之间的冲突会长期存在。

(二)法律全球化与法律的多元主义相互矛盾

世界的法律原本就是多元的。多元的法律又是与多元的法或类似法的社会规范相并存的。多元的法律在不同的国家、不同的法系、不同的法域存在着,千姿百态,众彩纷呈。不同的国家由于地理、历史、文化、环境、政治、经济等因素的不同,法律也表现出不同的特征。不同的法系也因为历史和文化等原因而表现迥异。在同一个国家,由于历史的原因,可能还有多个法系的法律传统并存,出现了不同的法域。法律以多元状态存在。1975 年千叶正士出版了《法律多元》的著作,法律多元进一步引起了人们的注意。"法律多元在当代的存在已成为一个不争的事实,因此许多问题也就被提出来有待进一步探索。"[2]法律多元

---

〔1〕 朱景文:《关于法律与全球化的几个问题》,载胡元梓、薛晓源主编:《全球化与中国》,中央编译出版社 1998 年版,第 117 页。

〔2〕 [日]千叶正士:《法律多元》,强世功等译,中国政法大学出版社 1997 年版,第 2 页。

的表现是极为复杂的。在历史上,国家的法律由于其作为人类社会唯一真正的法这一被人们确信不疑的本质,被正统法学简单地、不加任何修饰词限制地称作“法”。当人们发现另外的法律体系与“法”一起作用,无论它们是相互和谐还是相互冲突,这时,法律多元的概念就出现了。它们被许多学者贴上各种各样的标签,比如,当关注于其权威渊源或管辖范围时,就称作非国家法、非官方法、人民的法、地方性法、部落法等;反过来,当关注于其文化起源时,就称作习惯法、传统法、固有法、民间法、初民法、本地法等。与此相对照,正统法学中的“法”反过来就要附加一些修饰词来加以称呼,就像国家法、官方法、国法等,要不然就像西方法、移植法、继受法、强加的法等一样。这样一种国家法与非国家法或习惯法的并存构成了“法律多元”这一概念的基础。〔1〕从全球化中许多法律都不是国家法的意义上讲,法律全球化本身就是法律多元化的表现。从全球化中的法律表现为一定国家之间的条约,区域性质的国际公约,甚至全球性质的国际公约来看,全球化中的法律本身就是国际法律多元化的表现。

法律全球化本身就是法律多元化的产物与表现,它只有循着正确的多元化道路发展,才可能是良性的。法律全球化并不是世界法律的等同或完全一致。“问题已经很清楚,如果我们想要避免霸权主义的世界化,就应当学会将经济与人权紧密结合起来,以创设一种真正多元主义的共同法。”〔2〕多元主义与法律全球化并不矛盾,而且应当把二者协调起来。只有将法律全球化与多元主义结合起来,我们才可能获得法律全球化的正当路径。

---

〔1〕 参见[日]千叶正士:《法律多元》,强世功等译,中国政法大学出版社1997年版,第2页。

〔2〕 [法]米海依尔·戴尔玛斯—马蒂:《世界法的三个挑战》,罗结珍、郑爱青、赵海峰译,法律出版社2001年版,第5页。

法律全球化的主导趋向体现为不同法律体系、法域、法律制度在一定程度和一定意义上的趋同。各国法律之间的许多差异都将在全球化的进程中逐渐消弭，而走向一致。各国之间经济贸易的增加首先就会提出有关贸易法律趋同的问题。尤其是世贸组织这种世界性质的组织和规则的产生，更进一步加速了国际贸易法律制度与规则的一体化进程。

法律的全球化与法律的多元化是并行的两个方面。法律全球化与法律多元化是现代世界法律的两大趋势：一方面法律的共同化趋向十分明显，另一方面法律之间的差异与分歧也空前凸显。

（三）法律全球化和法律本土化的对立与互动

如果认为法律的全球化与法律的国际化是并行的两种接近的法律发展趋势的话，那么法律的全球化与法律的本土化则是相互对立存在的两种趋势。

法律全球化所表现的是法律的跨国性质，跨民族性质。在法律全球化的过程中，不同国家、不同民族的法律具有或表现出同样的规则、形式、价值，以及彼此之间的协调、融通、理解等。法律的本土化是基于法律的非本土化而提出的。哪些情形属于非本土化呢？历史上的殖民化，是非本土化，现实中的全球化同样是非本土化。但是本土化并不是法律的原初形态，因为法律原本就是本土的，它无须本土化。任何一个国家或民族的法律在其自然的——不遭受外来强力强行改变其发展路径的——背景下都会沿着其自然发展的逻辑生长发展，因而它本身就是本土的，根本就无须本土化。

本土化是面对非常法律移植而提出的。殖民者强行改变被殖民国家或地区的法律就是非常法律移植中最具有典型的代表。殖民地的法律被殖民者抛弃并强制推行殖民者的法律，对殖民地的法律进行改造。

这显然不是什么全球化，只是殖民化，是殖民主义强权的产物，也是殖民地国家或者地区人民屈辱的见证。但是随着时间的流逝，强行移入的殖民法律逐步地适应了殖民地的条件与环境，在殖民地生根，并逐步成为一定意义上的殖民地的法律。对于这些殖民地来说，被强行异化或移植的法律当然有法律本土化的问题。这种本土化是相对于殖民者在法律上的异化而言的。

在非殖民时代，本土化更重要的是针对全球化而存在的。无论怎样认识法律全球化，都可以肯定的是它包含着各国法律既有个性和差异的逐步消失，而代之以各国法律之间的共同性和共同点。面对法律的全球化趋势，各国，尤其是发展中国家，害怕自己在全球化的过程中失去自我。这种担心是有道理的，也是可以理解的。在这种心理的支配下，一些国家出现的多少有些不自觉的“全球化”就必然会遭到自觉的“本土化”的对抗。在全球化呼声高涨的同时，本土化的呼声也会高涨起来。二者形成一种对峙的紧张关系。法律的全球整体状态也就是在这种对峙关系中保持稳定和平衡的。值得我们注意的是，面对全球化而出现的过度本土化，或对于本土化的不适当强调，都是有害的。就国际社会而言，它会影响国家之间经济、文化的交流与合作，妨碍国际社会的整合；就各个国家自身而言，则会失去许多与发达国家同步发展的机遇与条件。如果是以本土化为借口走向闭关锁国，出现狭隘的民族主义、地方主义，情形就更加不理性，危害就更为深重。法律的封闭就必然会制约国家的开放，也会阻碍国家的发展。

法律的全球化并不能改变各国已有的历史、文化、传统，也无法改变各国不尽相同的现实。各国的国家结构、民族结构、宗教信仰、经济状况、社会制度的差异都是无法在短期内消除的。全球化并不是空想的“乌托邦”或理想的“共产主义世界”。全球化不可能完全改变各国法律的不同与长期差异的特性。面对全球化，各国在不断应对的同时，

也会努力进行与之相对应的本土化,这也是一个重要的时代特征。全球化过程中,必然还包含着不同国家、民族、法系、法域的彼此理解、共存、融通、协调等。这是在全球未能彻底统一之前的法律全球化的重要表现。因为“法律的全球化决不意味着世界各国都接受同一的法律模式或在统一的世界法下生活。世界各国法律体系的丰富性在于,对同一问题,不同国家往往有不同的解决办法。在一个国家用法律调整的问题,在另一个国家可能用其他社会规范、道德、习俗、社会团体规范调整;在一个国家用一种法律方法调整的问题,在另一个国家可能用另一种法律方法调整”。〔1〕

全球化的发展对于中国的影响是巨大的,我们没有理由否定这种影响的存在。有学者从立法角度考察了全球化对于中国立法的影响,“就中国立法而言,全球化的冲击波的影响是巨大的,主要表现为中国的立法更多地学习、借鉴、吸收甚至移植国外立法和国际立法的成功经验,在经济立法方面更加注意同国际立法接轨,按照国际惯例办事。与此同时,立法体制的民主化、立法行为的程序化、立法技术的规范化等立法环节,也都直接或者间接地受到全球化的影响,而更多地向国际规范靠拢。”〔2〕在法律的实施上,全球化的发展的影响也同样不可低估,一是中国在司法上的国际协助将进一步增强。无论是中国对于国际社会司法协助的需求还是国际社会对于中国司法协助的需求,都正在增强。二是中国对于国际法律实施的参与度也在逐步提高。以前中国基本不参与的联合国维和行动,在近年来,逐步参与并发展迅速。中国在

〔1〕 朱景文:《关于法律与全球化的几个问题》,载胡元梓、薛晓源主编:《全球化与中国》,中央编译出版社 1998 年版,第 118 页。

〔2〕 李林:《全球化背景下的中国立法发展》,载胡元梓、薛晓源主编:《全球化与中国》,中央编译出版社 1998 年版,第 84 页;朱景文:《关于法律与全球化的几个问题》,载胡元梓、薛晓源主编:《全球化与中国》,中央编译出版社 1998 年版,第 117 页。

国际社会的大国形象日益为国际社会所承认,并切实为国际社会的和平与稳定作出了重要的贡献。三是中国更多地参与了国际社会的法律建设。中国加入和缔结了更多的国际公约,并不断努力地保证相关国际公约在中国的贯彻实施,执行国际公约和履行国际义务的自觉性得到了极大的增强。世界将如何迎接全球化时代的到来,全球化究竟会给中国法律带来怎样的影响,我们将拭目以待。只要我们冷静观察,沉着应对,坚守自我,积极参与,我们就可以看到青山依旧在,朝霞正满天的盛景!

(这是2004年春秋季学期使用的讲稿,是中央党校“五当代大报告”之“当代世界法制”课程的教学内容之一。中央党校为了适应学员培养世界眼光的需要,多年来一直开设“五当代大报告”课程。内容涵盖当代世界政治、当代世界经济、当代世界文化、当代世界法制、当代世界军事,时至今日课程名称依然是“五当代大报告”,但是内容扩展到当代世界宗教、军事等。讲课教师2/3为校外著名学者。该课程先后邀请了许多著名法学家前来授课。听课学员为同时在校的各层次学员,后来扩展至中央党校部分分校学员。听课总人数常常达到1000人,最多时近2000人或者更多。)

4. 法治的理论与原则

一、法治的基础理论

法治是一种以民主作为基础的,运用和依照法律来进行国家和社会管理的手段、方式和结果的总称。它包括社会制度状况和社会秩序状态,是一种整体化的社会模式。对于一个非法治的国家和社会来说,实现法治本身就是一场深刻的社会革命。这场革命如果没有自己的理论基础,也就很难进行,甚至根本就不可能取得真正的成功。

(一)法治的基础理论之一:民主治国论

1. 民主治国优于专制治国

民主治国比专制治国更能获得民众的支持。民主治国实为多数人治国。由于治国的意志是多数人的意志,因而,民主治国更符合多数人的意愿,它必然会赢得多数人的支持,多数人都会基于自身的认识,而对治国的方针和策略表示理解和赞同。

民主治国比专制治国少犯错误。民主治国与专

制治国的差别不是犯错误或者不犯错误,而是可能多犯错误或者少犯错误。“在许多事例上,群众比任何一人又可能作较好的裁断。又,物多者比较不易腐败。大泽水多则不朽,小池水少则易朽;多数群众也比少数人不易腐败。单独一人就容易因愤懑或其他任何相似的感情而失去平衡,终致损伤了他的判断力;但全体人民总不会同时发怒,同时错断。”[1]民主治国中由于坚持了多数人的决定,集中了多数人的智慧,因此,多数人犯错误的可能性就比少数人犯错误的可能性低。民主治国即能在相当大程度上避免专制治国的错误。

民主治国比专制治国更易于纠正错误。民主治国除了少犯错误之外,一旦错误发生,还比专制治国更易于纠正。因为民主治国中,多数人比少数人更容易发现错误;保障少数人的权利,保留着由少数人演变为多数人的途径。一旦少数人成为多数人,原有多数人的决定就会为新的多数人纠正,错误就可能被及时地停止并纠正。民主治国对于错误的良性校正机制,同样是民主治国比专制治国优越的重要体现。

民主治国比专制治国更有利于保护少数人或反对者的利益。民主治国并不是民主的专制。在专制治国下,专制者对反对者总是持一种敌对和敌视的态度,甚至会对反对者进行镇压。而民主治国本身是按照多数人的意见办事的,保护少数人并不会影响多数人决定的贯彻;相反,保护持不同见解的少数人正是多数人修正自己错误的必需,是使少数人可能成为多数人的必需。真正的民主治国,不仅不会仇视少数人和反对者,而且还会保护和尊重少数人和反对者。保护少数人和反对者是民主政治发展到高度理性的产物,也是民主与专制的重要区别之所在。

---

〔1〕 [古希腊]亚里士多德:《政治学》,吴寿彭译,商务印书馆1965年版,第163~164页。

2. 民主治国需要法治

首先,必须运用法律从国家制度意义上确认民主的地位。民主的国家制度对于民主是非常重要的,用法律确认国家制度上的民主,是最首要的。若非如此,民主就缺乏存在的法律根据,就可能被篡改或者改变。在国家制度的民主上,最首要的是用法律的形式来宣告民主的国体和政体,运用法律将民主予以具体的制度化。也就是说,不仅要依靠法律来宣告民主,而且必须将民主表现和转化为具体的国体法律制度和政体法律制度,这样民主才可能获得严格的法律保障。

其次,必须运用法律规制权力的行使,保证权力运行的民主。权力的制约是必须的,而制约权力的方式是多样的。综观权力制约权力的方式、权利制约权力的方式、责任制约权力的方式,等等,都离不开法律制约权力的方式,他们都以法律制约权力作为实现的途径。没有法律,权力也会摆脱其他权力的制约,更不会受权利的约束,责任也会变得没有外在的强制意义。要防止权力运行的无序或者混乱,就必须为权力的运行设置轨道和规则。法律的规定正是这样的轨道和规则。

再次,必须运用法律从社会层面上保证人民的民主权力与民主权利,实现社会普遍的民主。在民主治国中保证人民民主权力和民主权利的拥有与实现,是社会普遍民主的最基本、最普遍的部分。没有法律这种统一而普遍的规则,其他任何手段都无法彻底防止人民权力和权利被剥夺。法律不仅是为人民的权力与权利提供了制度根据,而且为它们得以实现提供了程序保障。一旦人民的权力或权利受到侵犯,他们可以通过申诉、控告、检举、诉讼来得以解决。在这些方面,法律的作用是其他任何手段都无法替代的。

复次,必须用法律保护少数人,设置民主的救济措施。民主不是不犯错误,只是少犯错误而已。民主随时都应当有修正机制和救济措施。民主的错误实际上是多数人的失误,要防止民主犯错误,就必须在服从

多数人的同时保护少数人。如果说一时的少数人可以成为另一时的多数人,那么,这种对少数人的保护,也就是对潜在多数人的保护;如果说多数人的错误可以由原来的少数人来纠正,那么,这种对少数人的保护,实际上是对多数人可能失误的救济。服从多数人是容易的,而要保护少数人却可能是困难的。唯有法律能够使保护少数人成为制度,并将其贯彻。只有有了法律的规定,多数人才不至于酿成多数人的专断或者专横,少数人才能具有获得保护的制度根据,民主才是完善的。

最后,必须用法律来防止民主向专制的畸变。一是行使权力的个人可能背离民主。每一个权力的具体行使都是通过具体的个人来进行的。这些个人有独立思维、个人意志、个人利益,就难免会为自己的私利,滥用权力或者扩展权力,破坏民主。此外,由于行使权力的人的偏好、能力、知识的差异,有的人也可能过失地滥用权力或者扩展权力,破坏民主。民主一旦受到侵犯,民主治国就可能逐步被专制治国所取代。二是民主的不完善可能导致民主畸变为专制。民主的发展是一个渐进的过程。民主制度的完善更不是一蹴而就的事。民主和民主制度的疏漏都可能给专制留下可乘之机。三是民主自身的缺陷也有使民主畸变为专制的可能。民主是多数人决定,多数人可能有多数人的误解和多数人的失误。多数人的误解与失误也可能使民主向专制转化。为了防止权力行使者滥用权力和扩展权力,必须依靠法治来规范权力;为了民主不因其不完善而被专制所取代,必须依靠法治来预防;为了民主不因其自身的缺陷而转化为专制,必须要法治来救济。

(二)法治的理论基础之二:权力控制论

1. 权力的来源——权力控制

人民是权力的终极来源。权力从何而来,是政治学和法学探讨的重要课题。盖尤斯说,“一切权利都是从人民来的。皇帝的命令何以有

法律的效力呢？因为皇帝的地位是人民给他的；官吏为什么有权力呢？因为官吏是人民选举出来的。”乌尔比安认为，“皇帝的旨意具有法律效力，因为人民通过 Lex regia(《国王法》)中的一段话把他们自己的全部权力授予了他。”资产阶级学者更是普遍承认并论证了“主权在民”的权力根据。资产阶级的学者们提出了著名的“社会契约理论”，认为社会和国家是人民订立契约而成立的，所以主权必须在人民手上。社会主义基于人民当家作主的理念，其宪法也一再宣布，国家的一切权力属于人民。[1] 随着理论的发展和认识的进步，主权在民已经没有疑问。人民是权力的最终来源。任何权力都是一定社会成员共同赋予的。原始社会的公共权力来自人民，政治国家无非是对原始社会公共权力的取代而已。政治国家的权力仍然是在人民都交出自己的一部分权力的基础上建立起来的。

人民运用法律为权力的运用设定模式，从而控制权力。权力来自人民，一旦与人民相分离，就具有了一种脱离人民的倾向和离心力。要确保权力忠实于作为其基础的人民，就必须有对于权力的必要控制，防止权力远离人民或背叛人民。人民是一个整体，人民的意志，只有通过法律才能得以表达。法律可以为权力的运用预设一个既定的模式，对权力及其行使进行规范，防止权力成为没有约束的权力或者失去约束的权力。

人民还可以运用法律所预设的模式来检测权力运行的状况，并适时校正权力的运行状态。法律具有模式的意义。人民可以通过法律对权力的范围、等级、效力、行使的程序、后果、责任等作出规定。法律，一

[1] 我国从 1949 年的《中国人民政治协商会议共同纲领》，1954 年的《中华人民共和国宪法》，经 1975 年《宪法》、1978 年《宪法》、1982 年《宪法》，虽然起伏跌宕，但“中华人民共和国一切权力属于人民”的宪法原则始终未曾改变。

方面是对权力行使者的要求,另一方面也是人民检验权力行使状况的根据和准则。人民这个权力的终极来源才可能保证其所赋予有关机关和个人的权力被真正、正当地行使。

2. 权力的性质——权力控制

权力具有相对性。从应然的意义讲,权力的相对性至少包括:(1)权力必须受到人民权力的制约。(2)权力总是在一定地域范围内存在的。(3)权力总是在一定社会层面上成立的。(4)不同性质的权力总是有所分别的。(5)不同的权力拥有者拥有不同的权力。权力的相对性要求对权力予以必要的规制,使其不至于超出应有的范围而绝对化,而泛滥,而导致权力的恶性膨胀。绝对的权力必然导致专制。柏拉图曾告诫世人:"绝对的权力对行使这种和服从这种权力的人,对他们自己和他们的子孙及其后裔,都是不好的;这种企图无论是以任何方式都是充满灾难的。"〔1〕法律无疑是确保权力相对性的第一法则。

权力具有支配性。权力的支配性体现在几乎所有的权力定义之中。在西方,关于权力的学派主要为韦伯主义和帕森斯主义。韦伯认为,"权力是某种社会关系中一个行动者将处于不顾反对而贯彻自己意志的地位的概率,不管这种概率所依据的基础是什么"。〔2〕其中"不顾反对而贯彻"显然是权力支配性的结果。作为韦伯权力定义派生的布劳权力定义认为,权力是"个人或集团通过威慑力量不顾反对而把其意志强加于他人的能力"。〔3〕其中"强加于"也同样表明了权力的支配性。帕森斯的权力定义为:"当根据各种义务与集体目标的关系而使这

〔1〕参见[古希腊]柏拉图:《第七封信札》。

〔2〕转引自[英]罗德里克·马丁:《权力社会学》,丰子义、张宁译,三联书店1992年版,第81~82页。

〔3〕转引自[英]罗德里克·马丁:《权力社会学》,丰子义、张宁译,三联书店1992年版,第83页。

些义务合法化时，在如果遇到顽抗就理所当然会有靠消极情境制裁去强制实行（无论这种强制机构可能是什么）的地方，权力是一种保证集体组织系统中各单位履行有约束力的义务的普遍化能力。”[1]其中“强制实行”也同样表明了权力的支配性。在我国，普遍认为：权力首先是指政治上的强制力量，其次是指职责范围以内的指挥或支配力量。权力的支配性使权力具有了相对人不得不服从的性质，也使权力具有滥用的可能性。权力的支配性是不可缺少的，这种不可缺少的属性又使对权力的法律控制成为必须。

权力具有权威性。没有权威性就没有权力。权力权威性的来源主要是两个，一是权力运作的规则性。无规则的权力运作只会导致人们的反感、不安，而绝不可能给人们和社会带来自觉服从与安全稳定。二是权力运作的公开性。公开是权力的必然属性与基本要求。没有公开性，权力就没有权威性。权力的公开性是权力运行的可预测性的必要条件，但权力未必能使自己的公开性得以彻底体现。如果运用法律来规制权力，就可能保证权力的权威性。法律的权威性、公开性和可预测性对于权力的权威性具有保障与规制的双重意义。

3. 权力的行使——权力控制

权力的拥有与行使可否是不同主体，这是一个争议已久的问题。有的学者认为权力是不可分解的，有的学者则认为是可以分解的。在专制统治之下，权力没有可否分解的问题。然而，代议制的产生，[2]人类社会的文明进步已经使民主成为人类普遍的追求（不管这种追求是

---

[1] 转引自[英]罗德里克·马丁：《权力社会学》，丰子义、张宁译，三联书店 1992 年版，第 85~86 页。

[2] 参见[美]托马斯·戴伊：《谁掌管美国》，世界知识出版社 1980 年版，第 5 页。他在该著作中认为，代议制政府或其他形式的现代政府体制建立以后，自然而然地分解了原来权力主体单一的格局。

否成为现实,这是另一个问题)。在民主政治中,权力的不可分解只是在根本意义上的。抽象的整体权力属于人民,在这个意义上,权力不允许被分解。在具体的每一个权力的行使意义上,权力可以分解,也必须被分解。因为人民拥有的全部权力并不都是可以由全体人民共同直接行使的。因此,权力最终归属于人民,但各个具体权力则必须由人民委托其信赖的个人或者组织来行使。受托代表人民行使权力的人或者组织,何以知道人民的愿望、意志,他们行使权力的行为是不是忠诚于人民的,这些都需要法律。需要法律来记载和表明人民的愿望与意志,需要法律作为受托者行为的根据,需要法律作为检验权力行使是否正当的标准——法律是人民控制权力行使的手段。

权力行使之所以需要控制,是由权力行使的主体因素决定的。任何非整体的具体权力都是由一定国家机关及其工作人员具体行使的。各个权力主体都有自己的权力认知能力和水平,都有自己相对独立的利益,因此他们就不可能对权力具有完全统一的行使方式、程度和效果。权力主体的差异性决定了,要保证权力的统一性,就必须对权力的行使进行控制。

权力行使之所以需要控制,是由权力行使的过程因素决定的。权力的行使是一个过程。在这个过程中,除了时间的因素外,还会有各种因素介入并发挥作用。时间的变换中,会发生过程的变化,各种因素的作用更可能改变权力行使的状况和后果。权力的行使过程的各种变数决定了,必须对权力进行必要的控制。

(三)法治的理论基础之三:法治优越论

1.法治优越论的历史发展

法治优于人治,是人类历史的经验教训的总结。在古希腊,柏拉图早年曾主张由哲学家做国王,或者将国王培养成哲学家。经历了世事

变换,他修正了自己的观点,转而认为在无"哲学王统治"的情况下,法治便是最好的。柏拉图进而认为"如果一个国家的法律处于从属地位,没有权威,我敢说,这个国家一定要覆灭;然而,我们认为一个国家的法律如果在官吏之上,而这些官吏服从法律,这个国家就会获得诸神的保佑和赐福"。[1] 亚里士多德通过对150个城邦国家进行比对研究后,认为,共和政体是最为理想的政体。其之所以最为理想,就因为它实行的是法治,而不是一人之治。因为法律是一种完全没有感情的中道的权衡。他说,"凡是不凭感情因素治事的统治者总比感情用事的人们较为优良。法律恰正是全没有感情的;人类的本性(灵魂)便谁都难免有感情"。[2] 他认为,"让一个人来统治,这就在政治中混入了兽性的因素"。[3] "法律是最优良的统治者。"[4]

近代法学家们对法治理论作出了新的贡献。洛克认为,"如果法律不能被执行,那就等于没有法律;而一个没有法律的政府,我以为是政治上的不可思议的事情,非人类的能力所能想象,而且是与人类社会格格不入的"。[5] "法律一经制定,任何人也不能凭他自己的权威逃避法律的制裁;也不能以地位优越为借口,放任自己或任何下属胡作非为,而要求免受法律的制裁。公民社会中的任何人都是不能免受它的法律的制裁的。"[6]法律高于权力,法律至上是法治在近代发展的结果和重要成就。

---

[1] [古希腊]柏拉图:《法律篇》何勤华、张智仁译,载《西方法律思想史资料选编》,北京大学出版社1983年版,第24~25页。

[2] [古希腊]亚里士多德:《政治学》,吴寿彭译,商务印书馆1965年版,第163页。

[3] [古希腊]亚里士多德:《政治学》,吴寿彭译,商务印书馆1965年版,第171页。

[4] [古希腊]亚里士多德:《政治学》,吴寿彭译,商务印书馆1965年版,第171页。

[5] [英]洛克:《政府论》(下篇),叶启芳、瞿菊农译,商务印书馆1981年版,第132页。

[6] [英]洛克:《政府论》(下篇),叶启芳、瞿菊农译,商务印书馆1981年版,第59页。

2. 法治比人治优越

法治以民主为前提和基础,人治则无须民主。真正的法治都是以民主为核心的,人治都是以专制为核心的。法治的法都必须是民主的产物,并以民主为目的。而专制往往都是个人的独裁或者少数人的统治。人治之下即使存在某种听取意见和建议的“民主”,那也是一种不完全的民主。因为这种意见或者建议是否被尊重或者采纳并不决定于民众,而是取决于统治者的主观判断。他认为你是正确的便予以采纳,他认为是错误的便可以置若罔闻。最终的决定权仍然掌握在个别或少数统治者手中,“民主”也许有助于统治者作出明智的判断与选择,也许可以为统治者赢得民心,但它不是真正的民主,不是民主,也没有民主。

法治有利于自由,人治不利于自由。人的自由,除思想自由之外,一切行为的自由都不是无限的。在法治状态下,人们可以按照既定的良好法律作出自己的社会行为,所以只要他严格依法办事,就不可能有不自由的情形。而人治状态下,人们看不到统一的行为规则,其社会生活的行为就缺乏准则。某种有权的人认为某某构成违法犯罪,即构成;认为某某不构成违法犯罪,即不构成。是否违法犯罪的标准存乎掌权者的主观判定。这样,整个社会都不可能有什么安全感,也就不可能有什么自由。在人治状态下实际上是真正的不自由。

法治有利于平等,人治不利于平等。在法治之下,任何人都必须一律守法,不允许任何人有违法而不受追究的特权。其实这也就是法律适用上的人人平等。而人治则以一定人的意志为根据,随一定人的主观意志的变化而变化。即使期望人人平等,也会因缺乏统一的行为规则和客观的评价标准,而无法实现。人治的模式就注定了它不可能有平等可言。即使偶有某种平等,也会在时间的变换中,因缺乏规则而不能持久。

法治有利于社会稳定,而人治不利于社会稳定。社会稳定,需要有

稳定的规则作为前提。只有在统一的社会行为规则之下,人们的行为才有一个基本的准则,人们相互之间才可能减少和消除冲突,使社会处于相对稳定的状态之中。如果人们没有一致遵行的规则,我行我素,各行其是,社会就会陷入动荡之中,而人治正是相对缺乏这种规则的社会管理方式,人治不利于社会稳定。

尽管人治并非一无是处,但是它毕竟不如法治优越。人类付出了一代又一代人的沉重代价,经过了一代又一代人的苦苦思索,才得出了法治优于人治的结论。

二、法治的基本原则

(一)人民主权原则

人民主权是法治必备的政治基础。实现人民主权也就是要实现人民民主。

人民主权,在政治上就是要实现人民当家作主。人民当家作主的内容应由法律来制度化、定型化,以便于实际操作和运行。人民当家作主的保障由法律来提供,法律不仅对破坏人民民主的行为进行打击,而且也要对人民民主的运行进行引导和规范,防止人民民主出现偏差。"发展社会主义民主政治,最根本的是要把坚持党的领导、人民当家作主和依法治国有机统一起来。党的领导是人民当家作主和依法治国的根本保证,人民当家作主是社会主义民主政治的本质要求,依法治国是党领导人民治理国家的基本方略。"[1]

人民主权是法治在立法上的首要要求,是法治必不可少的重要方面。历史发展已经清楚地说明,现代的法治要求立法、执法、守法、法律

---

[1] 胡锦涛在纪念宪法施行二十周年大会上的讲话(2002 年 12 月 4 日)。

监督的全面法治化。所有这些都是以立法的人民民主作为首要条件的。立法为法治奠定制度基础,它内含法治状态的制度框架或理论格局。从一定意义上讲,立法是立法者对一国法治状况的制度化预想,是一幅具有国家权威性的法治蓝图。执法、守法、法律监督无非是各尽其能地将其现实化而已。体现人民主权的立法被良好地实现了,这样的国家才可能是民主国家和法治国家。人民民主的立法无法实现,法治就成为泡影;如果根本就没有人民民主的立法,法治就毫无希望与可能。

(二)人权保障原则

人权是以人的自然属性为基础,社会属性作为本质的,作为人所应当享有的权利。人权的权利范围与保护程度是一个国家进步与文明程度的标志。国家的进步过程,其实也是人权内容不断丰富、发展的过程。国家由非法治国家向法治国家的转换,也是人权内容与保护的一次飞跃。人权保障状况是区别法治与非法治的显著标志。俄国法学家B. B. 拉扎列夫就认为,“法治国家的重要特征之一是对个人权利和自由的现实保证。人权是法治国家的精髓,也是社会整体发展的重要因素之一”。〔1〕

并非任何时候、任何人都能实实在在地享有人权。侵犯人权的事件在有史以来的任何时代都从未绝迹,保障人权几乎是所有国家都必须担负的社会责任。在所有国家中,法治国家是人权最有保障的国家,它本身就是以国家对于公民人权的充分保障作为标志的。

法治与非法治的区别,不是在法治国家中没有侵犯人权的事件发生,而仅是在于:法治国家侵犯人权的事件相对较少;侵犯人权的事件

---

〔1〕[俄]B. B. 拉扎列夫主编:《法与国家的一般理论》,王哲等译,法律出版社 1999 年版,第 349 页。

一旦发生，即能获得依法处理——侵权者必然受到应有制裁，受害者必能依法获得应有保护。也就是说，在法治中，人权能够获得相对较好的法律保障。

（三）法律至上原则

法律至上是资产阶级在其法治建设中提出的重要口号和基本原则之一。其意在强调法律在整个社会规范体系中具有至高无上的地位，其他任何社会规范都不能否定法的效力或与法相冲突。

有的人认为，法律至上就是对权力的否定。其实，从一定意义上讲，法是权力的产物，没有权力，绝无法的产生和存在可言。法学理论和法的实践都说明，没有权力就没有法的产生包括制定或认可，也没有法的存在和被贯彻实施。权力始终是法得以存在的依据。撇开这一意义，就恰恰相反，任何具体权力的获得和行使都应当具有法律依据。法相对于权力应当具有至高无上的权威。即使是法的制定和法的实施，也都概莫能外；即使是革命政权最初的立法，虽然不必遵守旧时代既有的法律规定，但是也还得遵守法的规律，遵照立法的原理乃至法的原理，而不能完全随心所欲。

有的人认为，法律至上会导致对道德作用的否定。这是对法与道德关系的误解。首先，法与道德是两个相互联系而又相互独立的社会规范体系。它们在并不完全相同的领域发挥着各自的作用，肯定法的作用并不等于否定道德的作用。其次，法律至上并不等于肯定法律万能。只能由道德调整的问题，也不能因法律至上而由法取而代之。最后，任何法都以一定的道德准则作为自己的社会基础并在一定程度上引导道德的发展，法律至上不仅不会否定道德，甚至可能在一定程度上有助于道德的完善和发展，所以切不可将法律至上与道德作用对立起来，以为法律至上会否定道德的意义。

有的人认为,法律至上会导致对经济决定作用的忽视或否定。法律至上与经济决定法是两个不同层面的问题。经济决定法是从法的本源意义上讲的。在终极意义上法始终是被经济所决定并为经济服务的。但是离开这一意义,法对具体的经济关系和经济活动来说,显然就不再是从属的。一切具体的经济关系和经济活动也都得遵守法律规定,符合法律要求,否则就可能导致违法甚至犯罪行为的发生。法律至上是在经济决定法律的基础上对法律的地位的概括和期望,它与经济决定法律并不矛盾。

(四)法律平等原则

法律平等,即法律面前人人平等,是法治的基本原则之一。

法律平等有丰富的内容。法律平等包括了法律地位的平等,法律保护上的平等、法律制裁上的平等。法律地位的平等,主要表现为权利义务的平等。任何人作为公民都具有平等的权利和义务。法律上的权利义务的分配不能因人而异,而应一视同仁。法律保护权利上的平等,只要是合法的权利,都同等地受到法律的保护;法律保护的程度不应当因身份不同而有所差异。法律制裁上的平等,同样的违法或者犯罪应当受到同等的法律制裁,不应当有的人罚不当罪,也不能让人罚过其罪,应当是罪罚相适应,罪罚相当。

法律平等反对特权。这对于一个具有漫长封建历史的中国来说,任务尤其艰巨,也尤其必要。任何特权都是对于平等的反动,都是在平等之外的特殊权利。只要有特权,就没有平等。法律平等反对歧视。歧视是平等的另一极端,高于平等,是特权的基本情形,低于平等,是歧视的基本情形。歧视是同类主体受到低于平等的对待。法律平等既反对特权,也反对歧视,只有在法律上将反特权与反歧视结合起来,我们才可能真正赢得法律平等。

(五)司法独立原则

司法独立是法治的基本原则。司法独立的思想渊源,最早可以追溯到1608年英国普通法院首席大法官爱德华·柯克与英王詹姆士一世的冲突。到十七八世纪,资产阶级启蒙思想家针对封建专制制度和等级制度,提出了三权分立的主张,其中著名的代表人物之一是法国的孟德斯鸠。孟德斯鸠认为,国家权力应分为立法权、行政权、司法权,三种权力分属三个不同的国家机关。"如果司法权不同立法权和行政机关分立,自由也就不存在了。如果司法权同立法权合而为一,则将对公民的生命和自由施行专断的权力,因为法官就是立法者。如果司法权同行政权合而为一,法官便握有压迫者的力量。"德国学者将司法独立而不受干涉分为8个方面,分别为:独立于国家和社会间的各种势力;独立于上级官署;独立于政府;独立于议会;独立于政党;独立于新闻舆论;独立于国民时尚与时好;独立于自我偏好、偏见与激情。美国法学家亨廷顿认为,司法机关的独立表现在它只遵循自己特有的司法原则,表现在观念和行为不被其他政治机构和社会团体的观念和行为所左右。1985年联合国大会发表的《关于司法机关独立的基本原则》宣布:"各国应保证司法机关的独立,并将此项原则正式载入其本国的宪法或法律之中。尊重并遵守司法机关的独立,是各国政府机构及其他机构的职责。"我国作为联合国的常任理事国当然有义务遵守联合国的国际法律文件。我国现行《宪法》第131条规定:"人民法院依照法律规定独立行使审判权,不受行政机关、社会团体和个人的干涉。"

司法独立原则是指司法机关或司法官员依法独立行使职权,不受非法干涉。这种独立,是依法独立,而不是非法独立。它是在法律至上下的独立,并不是法官或法院的擅断与随心所欲。它对于保障法律的切实施行具有必须的意义。

（六）权力制约原则

权力的根据并不在权力的本身。权力的根据在于民众对权力的赋予以及民众对权力行使的认可。所谓选举、推举，不过是权力获得的过程而已。由于权力获得的过程不可能让所有的人都参与，甚至绝大多数人都无法直接参与，因此，怎样保证权力的赋予是正当的，就成为一个十分困难的问题，于是就有一个对权力赋予过程的监督问题。赋予与获得是权力移转过程的两个侧面。如果权力赋予与权力获得的过程没有制约，就无法保障这一过程是正当的，就无法保障权力赋予者和权力获得者在这一过程中的行为一定是公众意志的反映。至于权力行使，更不可能由每一个人来完成。它必须由公众依靠一定的程序认可的人代为进行，那么这些由公众认可而行使管理社会权力的人，其行为是不是为公众利益的，如何保证他们永远为公众的利益而工作，这就使对权力获得者的监督或制约显得必不可少。

在制约机制中，最有效的制约手段当然是法律制度。这是由两个主要的因素决定的。一是任何权力的行使一般都是以法律制度为根据的，并以法律制度作为权力行使的范式与轨迹；二是在制约权力的规范中唯有法律具有国家强制力做保证的特点。能否用法律制度科学而有效地制约权力，既是一个社会管理状况的评价标准之一，也是一个社会制度优越程度的标志。

（七）依法行政原则

行政是国家行使权力的重要方式，是国家对社会进行管理的基本途径。行政的工作内容最为丰富，涉及的社会范围最为广泛，与社会民众的联系最为普遍。行政能否依法进行直接关系着一个国家能否实现法治。

依法行政是指行政行为应当具有法律上的根据。行政行为的内容、形式、程序都应当依照法律的规定或要求进行。凡是在法律上没有根据的行政行为就是违法行政行为,就应当承担法律上的责任。这与法律对公民行为的要求是截然不同的。公民的行为不必要求具有法律上的根据,他只要不违反法律的规定,即不受法律的追究与制裁。但作为国家机关之一的行政机关的行政行为则不同,它必须要有法律的根据,否则就是违法行政。

依法行政一是要保证国家行政权力的依法实现,使国家行政管理的职能被正确行使;二是要防止非法行政,保护公民的合法权益。依法行政是行政机关和行政官员对国家和对公民负责的统一。国家利益和公民利益并不都是一致的,行政机关和行政官员只有以法律作为自己行政的根据,才能在国家利益和公民利益中寻找到一个最佳的结合点,只有依法才能使行政符合其本意。

依法行政要求行政官员具有必要的行政能力和法律素质。行政官员是数量最为庞大的官员系统。他们的行政能力与法律素质的参差不齐,是依法行政的极大障碍。在我国目前,改革行政机关,确保行政机关与行政官员依法行政的任务还十分艰巨。

(八)程序正当原则

法治要求严格的程序。正当程序是法治的先决条件和重要前提。借用中国的俗语"不依规矩不成方圆","规矩"就是程序,"方圆"才是结果。如果不遵守作为程序的规矩,就无法实现方圆的目标。程序正当原则是法治的基本原则。

正当法律程序原则起源于 1215 年英国国王签署的《自由大宪章》,它的第 39 条对正当法律程序原则作了初步规定:"凡自由民,如未经其同级贵族之依法裁判,或经国法判决,皆不得被逮捕,监禁,没收财产,

剥夺法律保护权,流放,或加以任何其他损害。”“非经国法判决”不被追究责任或被加以损害这一用语被写入《自由大宪章》之时,仅指刑事诉讼必须采取正式的起诉方式并保障被告人接受陪审裁判的权利,主要用以在刑事诉讼中对封建贵族权利进行保护。在随后的爱德华三世时代,1354 年英国国会通过的第 28 条法令即《自由令》,其第三章规定:“未经法律的正当程序进行答辩,对任何财产和身份的拥有者一律不得剥夺其土地或住所,不得逮捕或监禁,不得剥夺其继承权和生命。”这条规定首次以法令形式表述了正当法律程序原则,并扩大了正当程序的适用范围。

美国在 1787 年的纽约州宪法提出“正当程序”一词,规定,除非依照“正当的法律程序”,否则,任何人都应得到保证,不被剥夺特定的权利。它构成了(美国宪法)第五条修正案和后来的第十四条修正案的正当程序条款的起源。1791 年通过的美国宪法第五条修正案规定:“无论何人,除非根据大陪审团的报告或起诉,不得受判处死罪或者其他不名誉罪行之审判,唯发生在陆、海军中或发生在战时或出现公共危险时服现役的民兵中的案件,不在此限。任何人不得因同一罪行而两次遭受生命或身体的危害;不得在任何刑事案件中被迫自证其罪;不经正当法律程序,不得被剥夺生命、自由和财产。不给予公平赔偿,私有财产不得充作公用。”这条规定适用于联邦政府机关。1868 年通过的美国宪法第十四条修正案规定:“凡在合众国出生或归化合众国并受其管辖的人,均为合众国的和他们居住的州的公民。任何一州,都不得制定或实施限制合众国公民的特权或豁免权的任何法律;不经正当法律程序,不得剥夺任何人的生命、自由或财产;对于在其管辖下的任何人,亦不得拒绝给予平等法律保护。”这条规定适用于各州政府机关。美国宪法第五条、第十四条修正案所包含的“不经正当法律程序,不得剥夺任何人的生命、自由和财产”的内容被称为“正当程序条款”。

从英美开创程序正当原则以来，逐步得到各国的认可，并演变成为普遍认同的法治原则。正当程序对于法治具有保障的意义，其本身也是法治的构成部分或必要内容。坚持程序正当原则，是法治得以建立和维系的基本保证。

（该讲稿为 2004 年春季学期所使用。）

5. 权力制约理论

一、权力的概念

（一）权力的定义

无论如何定义权力，我们都可以说它是指特定主体因为拥有一定的资源或者优势而得到的支配他人或者影响他人的力量。

很多学者都给权力下过定义。美国学者彼得·布劳认为，“权力是个人或群体将其意志强加于其他人的能力，尽管有反抗，这些个人或群体也可以通过威慑这样做”；帕森斯则认为，“权力是一种保证集体组织系统中各单位履行有约束力的义务的普遍化能力”。

按照我们前面的定义，作为权力的资源或者优势可能是经济的，也可能是政治的或者其他方面的权力，如社会文化生活等；因而权力也有经济权力和政治权力等的差别。在经济上，拥有财产或资本会不会产生权力呢？当然会。财产权力或资本权力是社会权力在市场经济条件下的主要表现形式。马克思就

认为,“它是财产或资本的所有者由于对财产或资本享有所有权而获得的支配他人劳动的权力”。[1] 英国哲学家罗素曾将权力分为治人之权和治物之权;传统的权力和新获得的权力。托夫勒(《第三次浪潮》《未来的冲击》的作者)在《权力的转移》中说,“权力是一种有目的地支配他人的力量,是由暴力、财富和知识三者构成的。最简单的体现权力的方式就是行使暴力。这是一种低质量的权力形式,它缺少灵活性,只能用于惩罚,并且风险很大。财富则不仅可用于威胁和惩罚,还可用于奖赏,比暴力灵活得多。高质量的权力则来源于知识,它既可用于惩罚和奖励,也可用于劝说。它既能扩充武力和财富,也能减少达到某个目的所需的武力和财富的数量”。可见,权力的外延已经扩展到何种程度。在政治上存在的权力,这种权力可以被称为政治权力或国家权力。我们今天所讲的权力是指政治权力或者国家权力,也就是被一些人称为的公权力或公共权力。

(二)权力与权利

1. 权利的基本含义

权力与权利,在英文中被称为 power 和 right。权利是指在社会中产生,并以一定社会承认作为前提的,由其享有者自主享有的权能和利益。这个定义告诉我们,权利是在人与人的相对存在的社会状态之中存在的。孤立的个人,无所谓权利。权利也总是以一定的社会承认作为前提。这种承认可能是习惯的、道德的、宗教的和法律的。根据其承认方式的不同或者被称为习惯权利、道德权利、宗教权利和法律权利。这一定义还表明,权利包含权能和利益两个方面。权能是指权利能够得以实现的可能性,它并不要求权利的绝对实现,只是表明权利具有实

[1] 《马克思恩格斯选集》(第1卷),第170页。

现的现实可能,即"非不能为也,而实不愿为也"。利益则是权利的另一主要表现形式,是权能现实化的结果。将二者相比较,权能具有可能性,利益具有现实性。也可以说权能是可以实现但未实现的利益,利益是被实现了的权能。如继承权,在被继承人尚未死亡时,继承人所享有的继承权实际上是一种以权能状态存在的权利。一旦被继承人死亡,继承产生,继承权就由一种权能转化成为了利益。

2. 权力与权利的联系

第一,权力来自权利。在权力与权利谁来自谁的问题上,一直存在误解。其实早在权力产生之前,权利就已经有了。在原始时代,人们已经有了原始的权利,这些权利遍及氏族内部的生产、分配和消费的各个环节。只是那时的权利和义务是不可分离,也无法分离的。而权力的情形则不同,在最初是没有权力存在的。由于人的认识发展和社会的逐步生成,就逐步产生了一些社会公共事务需要一定的人来担任和完成。当初总是由氏族首领来进行的,是全体氏族成员为了自身的利益而委托首领来进行的。于是,根据全体氏族成员的委托和信任,氏族首领就享有了对于氏族公共事务进行管理的力量。这种力量也就是最初的权力。

第二,权力是为维护权利而产生的。在私有出现,权利义务逐步分离以后,权利就不时遭到侵犯。如果完全听由受害者自由复仇,就难免会导致混乱。而且一旦遇到受害者是弱者,复仇也就会成为困难。为了防止因自主复仇导致的混乱和保护弱者,就必须要产生一种公共权力,来维持社会秩序,保护弱者,使人们的权利得到保障。值得特别一提的是,在保护权利中,首先保护的当然是有产者的权利;具体地说,首先是奴隶主的权利。这也就是我们所说的权力和权利的阶级性。

第三,权利优位于权力。由于权力是来自权利的,也由于权力的

目的在于维护和实现权利，相对于权利，权力就是手段和工具，而不是目的。谁要背离了这一点，也就是对于权力的反动和对于权利的否定。明确了这一点，我们在面对权利和权力的冲突时，就不难作出正确的选择，即让权力服从于权利。我在一本书里讲到，一个深夜，有一名嫌疑人跑到一个村子就消失了，我们能不能对全村进行搜查？显然不能，因为那样就会侵犯全体村民的公民权利。

3. 权力与权利的区别

第一，权利的主体是不特定的，而权力的主体是特定的。权利的主体十分普遍。就公民权利而言，所有的公民都有权享有。对于民事经济权利来说，也可以认为，所有的公民都可以享有。但是就权力而言，就不是任何人都可以享有的，它有特定的主体限制。这种限制就是由法律作出的。

第二，权利的内容比权力的内容广泛。权利涉及社会生活的方方面面，诸如政治、经济、文化、社会生活，等等。权力的内容是有限的，仅限于特定程序和方式所赋予或获得的事项。权利往往并不限于法律的规定。法律所规定的一般也只是基本的权利，而权力则是严格以法律规定的内容为限，超出了法律规定的范围，即构成对于其他权力或者权利的侵犯，即构成违法。

第三，权利可以放弃，权力不能放弃。这是由权利的自主性所决定的，而权力，往往都是职权，它是与职责相伴随的。放弃权力则可能意味着渎职，而渎职，不仅为法律所禁止，甚至还要被法律所惩罚。因此，原则上权力也不可由权力享有者随意转让，而权利，除一些最基本的权利之外，许多权利都是可以转让的。

二、权力需要被制约

(一)权力的来源——权力制约

权力从何而来,是政治学和法学探讨的重要课题。对于权力的来源,学者有不同的见解。权力如何获得的?通过什么方式获得的?盖尤斯说,"一切权利都是从人民来的。皇帝的命令何以有法律的效力呢?因为皇帝的地位是人民给他的;官吏为什么有权力呢?因为官吏是人民选举出来的。"乌尔比安认为,"皇帝的旨意具有法律效力,因为人民通过 Lex regia(《国王法》)中的一段话把他们自己的全部权力授予了他。"资产阶级学者更是普遍承认并论证了"主权在民"的权力根据。社会主义的宪法也一再宣布,国家的一切权力属于人民。[1]

随着理论的发展和认识的进步,主权在民已经没有疑问。人民是权力的最终来源。任何权力都是一定社会成员共同赋予的。原始社会的公共权力来自人民,政治国家无非是对原始社会公共权力的取代而已。政治国家的权力仍然是在人民都交出自己的一部分权力的基础上建立起来的。因此,来自人民的权力就绝对不能是任性和任意的,它必须受到多种制约,以保证其对于人民的忠诚,保证人民永远是主权者。

(二)权力的性质——权力制约

国家权力有怎样的性质?学者们的认识非常多,我以为主要有以下 5 个方面的性质:一是具有人民性,二是具有相对性,三是具有支配

〔1〕 我国从 1949 年的《中国人民政治协商会议共同纲领》,1954 年的《中华人民共和国宪法》,经 1975 年《宪法》、1978 年《宪法》、1982 年《宪法》,虽然起伏跌宕,但"中华人民共和国一切权力属于人民"的宪法原则始终未曾改变。

性,四是具有权威性,五是具有组织性。

权力具有人民性。国家权力是人民权力或者人民权利的产物,来自人民的让渡和人民的授权。这也就是人民经常所说的“主权在民”的意思。主权在民的权既可以解释为权力的权,也可以解释为权利的权。而一般为了与国家权力相区别,也常常不把人民所拥有的权力称为权力而称为权利。正因如此,我们才说,人民的权力或权利高于国家权力。任何国家权力都必须最终归结到对人民负责上来,至少在应然的意义上应当如此。权力的人民性就决定了,权力必须受到作为人民意志体现的法律的约束。

权力具有相对性。从应然的意义讲,权力的相对性至少包括:(1)权力必须受到人民权利的制约。在二者各自基本定位的情况下,形成相互消长的关系。(2)权力总是在一定地域范围内存在的。一个绝对普遍的权力是不存在的,事实上,任何权力都要受限于一定的地理范围。(3)权力总是在一定社会层面上成立的。一个能调整任何社会方面的权力不复存在,它要受制于社会领域的范围。(4)不同性质的权力总是有所区别的。不同的权力应由不同的机构行使,权力和权力之间应当有所区别。(5)不同的权力拥有者拥有不同的权力。不同机构之间具有相对独立的性质,权力机构和权力机构之间不能混同其权力。权力的相对性要求对权力予以必要的规制,使其不至于超出应有的范围而绝对化,而泛滥,而导致权力的恶性膨胀。绝对的权力必然导致专制。柏拉图曾告诫世人:“绝对的权力对行使这种和服从这种权力的人,对他们自己和他们的子孙及其后裔,都是不好的;这种企图无论是以任何方式都是充满灾难的。”〔1〕权力的相对性就意味着必须反对权

---

〔1〕[古希腊]柏拉图:《第七封信札》,转引自王人博、程燎原:《法治论》,山东人民出版社 1989 年版,第 7 页。

力的绝对化。要防止权力的绝对化发展,就只能依靠法律的强有力的制约。

权力具有支配性。权力的支配性体现在几乎所有的权力定义之中。在西方,关于权力的学派主要有韦伯主义和帕森斯主义。韦伯认为,“权力是某种社会关系中一个行动者将处于不顾反对而贯彻自己意志的地位的概率,不管这种概率所依据的基础是什么”。〔1〕其中“不顾反对而贯彻”显然是权力支配性的结果。作为韦伯权力定义派生的布劳权力定义认为,权力是“个人或集团通过威慑力量不顾反对而把其意志强加于他人的能力”。〔2〕其中“强加于”也同样表明了权力的支配性。帕森斯的权力定义为,“当根据各种义务与集体目标的关系而使这些义务合法化时,在如果遇到顽抗就理所当然会有靠消极情境制裁去强制实行(无论这种强制机构可能是什么)的地方,权力是一种保证集体组织系统中各单位履行有约束力的义务的普遍化能力”。〔3〕其中“强制实行”也同样表明了权力的支配性。在我国,普遍认为:权力首先就是指政治上的强制力量,其次是指职责范围以内的指挥或支配力量。权力的支配性首先表现为权力是一种支配力量,它可以要求人们作出某种行为,包括允许人们做什么、要求人们做什么和禁止人们做什么。权力的支配性其次表现为权力具有强制性。任何权力都具有一定的强制性。权力都是以相应的服从的存在作为条件的。如果不具有强制性,权力就无法强迫社会成员服从。权利强制性的实现需要法律,防止权力强制性的滥用同样需要法律。权力是具有支配性的。没有支配性

〔1〕转引自[英]罗德里克·马丁:《权力社会学》,丰子义、张宁译,三联书店1992年版,第81~82页。

〔2〕转引自[英]罗德里克·马丁:《权力社会学》,丰子义、张宁译,三联书店1992年版,第83页。

〔3〕转引自[英]罗德里克·马丁:《权力社会学》,丰子义、张宁译,三联书店1992年版,第85~86页。

的权力就失去了权力应有的性质,甚至不称其为权力。权力的支配性使权力具有了相对人不得不服从的性质,也使权力具有滥用的可能性。权力的支配性是不可缺少的,这种不可缺少的属性又使对权力的制约成为必须。

权力具有权威性。没有权威性就没有权力。无论是什么学者,在对权力进行定义或者论述时,都无一例外地肯定权力具有权威性。权力权威性的来源主要有两个,一是权力运作的规则性。无规则的权力运作只会导致人们的反感、不安,而绝不可能给人们和社会带来自觉服从与安全稳定。二是权力运作的公开性。公开是权力的必然属性与基本要求。没有公开性,权力就没有权威性,其特定性就难以明确,强制性就难以体现,权威性就无从产生。权力的公开性是权力运行可预测性的必要条件,但权力未必能使自己的公开性得以彻底贯彻和体现。如果运用法律来规制权力,就可能保证权力的权威性。法律的权威性、公开性和可预测性与权力的权威性相得益彰。

权力具有组织性。国家权力是一种有组织的系统支配力量。它需要有组织的国家机构来分配、行使。由于权力系统是复杂的,因而必须运用法律予以专门的调整。如我国,就有全国人民代表大会组织法、国务院组织法、人民法院组织法、人民检察院组织法,地方各级人民代表大会和地方各级人民政府组织法等。

权力的人民性、相对性、支配性、权威性、组织性都决定了它要正常运行,就必须受到制约。

(三)权力的行使——权力制约

权力的拥有与行使可否是不同主体,是一个争议已久的问题。有的学者认为权力是不可分解的,有的学者则认为是可以分解的。在专

制统治之下,权力是没有可否分解的问题。然而,代议制的产生,[1]人类社会的文明进步已经使民主成为人类普遍的追求(不管这种追求是否成为了现实,这是另一个问题)。在民主政治中,权力的不可分解只是在根本意义上的。抽象的整体的权力属于人民,在这个意义上,权力不允许被分解。在具体的每一个权力的行使意义上,权力是可以分解的,也是必须被分解的。因为人民拥有的全部权力并不都是可以由全体人民共同直接行使的。因此,权力的最终归属,属于人民,整体权力也只能属于人民,但各个具体权力则必须由人民委托其信赖的个人或者组织来行使。受托代表人民行使权力的人或者组织,何以知道人民的愿望、意志,他们行使权力的行为是不是忠诚于人民的,这都表明权力需要制约。

权力行使之所以需要制约,是由权力行使的主体因素决定的。任何非整体的具体权力都是由一定国家机关及其工作人员具体行使的。各个权力主体都有自己的权力认知能力和水平,都有自己相对独立的利益,因此他们就不可能对权力具有完全统一的行使方式、程度和效果。权力主体的差异性决定了,要保证权力的统一性,就必须对权力的行使进行制约。

权力行使之所以需要制约,是由权力行使的过程因素决定的。权力的行使是一个过程。在这个过程中,除了时间的因素外,还会有各种因素介入并发挥作用。时间的变换中,会发生过程的变化,各种因素的作用更可能改变权力行使的状况和后果。权力的行使过程的各种变数决定了,必须对权力进行制约。

---

〔1〕 参见[美]托马斯·戴伊:《谁掌管美国》,世界知识出版社1980年版,第5页。他在该著作中认为,代议制政府或其他形式的现代政府体制建立以后,自然而然地分解了原来权力主体单一的格局。

总之,权力必须受到制约。从制约主体之间的关系来看,这种制约包括权力赋予者对于权力的制约,也包括权力主体相互之间的制约。前者,在当代一般地说,是人民对于权力的制约。在封建帝王时代当然是君主的制约,君主又受谁的制约呢?君主在中国又称为"天子",其权力来自天,所以要受天的制约。后者则是各种权力拥有者之间的制约。如资本主义国家的立法权、行政权和司法权的三权分立就是一个典型代表。在我国,刑事诉讼法所规定的"公检法三机关分工负责、相互配合、相互制约"中的相互制约,也是一个例证。从制约的方式来看,有政治的制约、道德的制约和法律的制约等。在后面我们将进一步探讨。总之,权力必须受到制约。

三、权力何以被制约

面对权力,人类设计了许多制约的手段与方式。最主要的有以下三种,即权利、权力和法律。

(一)权利制约权力

权利制约权力,应当是很有效的方式。因为从人的本性上讲,我们不能说人都是自私的,但是我们完全可以说,人都是自利的。自利的人为了自己的利益,当然会认识自己的权利,享有自己的权利,进而维护自己的权利。权利的认识、享有和维护,都是对于权力的有效制约。

从权利的认识上讲,人们知道了自己的权利,就知道了权力的义务。权利的范围有多大,权力保障权利的责任范围就有多大。这是对权力的制约。比如,人们知道了自己的了解权,他就会明白政府对于人民有公开信息的义务。当权力随意宣布保密的时候,人们就会表示他们的不满,甚至要求权力加以公开化。当人们知道自己有选举权的时候,人们就会正视自己的选举权利,并要求权力予以应有的尊重。

从权利的行使上讲，人们行使了自己的权利，也就必然要求权力承担相应的义务。相对于权利，权力有什么义务呢？有两个主要的义务，一个是当权力主体不是对应的义务主体时(如买卖合同纠纷)，权力主体就有保障权利得以实现的义务。任何权利在实现的过程中遇到障碍权利人都有权要求权力予以保障——对义务人予以强制或制裁。另一个是权利是相对于权力本身的，即权力主体本身就是义务主体(如公民的最低生活保障权利无法实现)，权力就必须主动履行保障义务，公民的权利才可能成为现实。

从权利的维护上讲，人们对于权利的维护，更是对于权力的制约。权利的维护总是在权利被侵害的情况下，才具有实在的意义。权利人可以放弃权利，当其权利受到侵害时，他同样可以忍受，可以放弃对于权利维护的要求。但是他一旦要求，权力的主体就有责任予以应有的保护或保障。

(二)权力制约权力

用权利来制约权力，当然是重要的，它特别能调动制约者的积极性，因为它的立足点在于权利主体对于自己利益的关心。但是权利的主体往往是软弱的，如果没有外力的帮助，甚至是无法自救的。于是人们又思考再去寻找新的方式。显然，用权力来制约权力，无疑是重要的方式。

怎么用权力制约权力？人们的第一个设想，便是将权力按照不同的性质进行不同的分类，交由不同的人或机构来执掌与行使，让不同的权力主体之间相互制约，以防止权力被滥用。于是才有了资本主义发明的“三权分立”的分权理论，也才有了社会主义的权力的分工理论。其目的都是在于以权力制约权力最终实现有效的权力制约。

首先，我们来看分权理论。一提到分权，大家马上会想到“三权分

立”,其实,分权理论是在两个意义上的成立的。一个是权力的等级分配,如中央与地方的分权;另一个是权力的平行分配,如三权分立或五权分立等。分权的目的就在于防止一权独大,导致失去制约,成为专制的权力。对于分权理论,不能笼统地予以否定,至少不同权力级别之间的分权是必须的。中央与地方之间,当然就应有不同的权力划分,否则就会导致中央与地方之间权界不清,责任不明,妨碍国家权力的正常运行和有效运行。但是,由于我们对“三权分立”的排拒态度,以至于一直以为我们是反对分权的。这其实是误解。至多,只能说我们反对的是“三权分立”的分权,而不是中央与地方之间不同权力等级之间的分权。

其次,我们来看分工理论。分工理论是基于对分权理论的排斥态度,又面对权力不能不分而提出的又一个权力制约方案。按照我国目前比较主流的观点:我国宪法规定了横向权力分工关系,明确了国家权力机关、行政机关、审判机关、检察机关、军事统率机关的职权范围;我国宪法规定了纵向权力分工的基本原则,即在中央统一领导下,充分发挥地方的主动性和积极性。

对于分权与分工的理论,我们还需要做进一步的研究,并且从中找出规律性和共同性的东西。对于资本主义的一些理论也要采取马克思主义的扬弃的辩证思维方法,加以科学的对待。如果我们抛开二者之间的分歧,它们有许多共同点,其中一个重要的共同点也就在于用权力来制约权力。

(三)法律制约权力

人民运用法律为权力的运用设定模式,从而制约权力。权力来自人民,当它一旦与人民相分离,就具有了一种脱离人民的倾向和离心力。要确保权力忠实于作为其基础的人民,就必须有对于权力的必要制约,防止权力远离人民或背叛人民。人民是一个整体,人民对于权力

进行制约的意志,只有通过法律才能得以表达。法律可以为权力的运用预设一个既定的模式,也只有法律才能作为人民整体共同意志的表现形式,对权力及其行使进行规范,防止权力成为没有约束的权力或者失去约束的权力。也许正是因此,有的学者直接把权力与法律连接起来,认为权力是法律秩序的效力和实效。“人民所从属的那种国家权力不过是法律秩序的效力和实效,而领土和人民的统一就是从这一秩序的统一性中引申出来的。如果主权被认为是国家‘权力’的一种属性,这一权力一定是国内法律秩序的效力和实效。”[1]

人民还可以运用法律所预设的模式来检测权力运行的状况,并适时校正权力的运行状态。法律具有模式的意义。人民可以通过法律对权力的范围、等级、效力、行使的程序、后果、责任等作出规定。法律,一方面是对权力行使者的要求,另一方面也是人民检验权力行使状况的根据和准则。

(四)法治——权力制约的根本途径

对权力的制约手段很多,除了前面论述的权利、权力和法律之外,还有道德、教规、纪律、政策、利益、责任,等等。在众多的手段中唯有法律是最有效的制约手段。邓小平在论述有关问题时就指出,“必须使民主制度化、法律化,使这种制度和法律不因领导人的改变而改变,不因领导人的看法和注意力的改变而改变”。[2] 这也是邓小平理论中关于运用法律制约权力的重要论述之一。法律之所以能如此,主要是由于法律具有其他任何手段都不具有的公开性、国家强制性、国家意志性和普遍约束力。法律是制约权力的最佳手段,但并不是有了法律,就等于

---

〔1〕 [奥]凯尔森:《法与国家的一般理论》,中国大百科全书出版社 1996 年版,第 283 页。
〔2〕 《邓小平文选》(第 2 卷),人民出版社 1994 年版,第 146 页。

有了权力的良好制约。法律必须在法治化的社会状态中才可能发挥出对权力的制约效用,充分实现其权力制约功能。

对权力制约的方式很多,适度的制约模式必须依赖法治。在对权力的制约中有集权与分权的权力制约方式。任何非专制的权力制约方式都不能离开法律的作用。权力的必要集中是重要的,没有一定的集权,各分散的权力就可能摆脱制约或者不受制约而滥用;如果权力过度分散,高层次权力就难以对低层次权力进行制约。权力的适当分散同样是重要的,没有一定的分权,权力就可能因为过度集中而导致专制,使各个专制的权力不受约束,社会就会蒙受重大的损失。孟德斯鸠认为,"当立法权和行政权集中在同一个人或同一个机关之手,自由便不复存在了。"〔1〕"如果司法权不同立法权和行政权分立,自由也就不存在了。如果司法权同立法权合而为一,则将对公民的生命和自由施行专断的权力,因为法官就是立法者。"〔2〕"如果同一个人或……同一个机关行使这三种权力……则一切便都完了。"〔3〕掌握权力的机构应当是必要的集权与适当的分权的有机结合。然而在权力的社会实践中,常常出现的是两个极端,一是过度强调集中,形成专制集权;二是过度强调分散,出现无政府主义。若要保障权力的适度集中与分散,就必须依靠法律的作用和力量。

中国是一个重视治吏,强调治吏的国家。早在先秦时代,法家就提出了"明主治吏不治民"的观点。中国历代王朝都把治吏放到相当重要的位置加以特别的强调。在夏朝,有就运用派遣使臣、诸侯相互监督、天子巡行等方式对下属官吏进行监督的制度。以后各朝各代都有自己

〔1〕 [法]孟德斯鸠:《论法的精神》(上册),张雁深译,商务印书馆1961年版,第156页。
〔2〕 [法]孟德斯鸠:《论法的精神》(上册),张雁深译,商务印书馆1961年版,第156页。
〔3〕 [法]孟德斯鸠:《论法的精神》(上册),张雁深译,商务印书馆1961年版,第156页。

制约官吏的法律和制度，侧重于对官吏的失职、擅权、贪腐进行惩罚，实行了官吏的考核制度、本籍回避制度和举报制度。

中国的治吏传统在规范权力和防止权力的滥用上与当代法治具有一定的一致性。作为法治来说，其所治之关键在于治权，而治权的实质是治吏。两者的目的都在于防止权力的懈怠与权力的滥用。中国的治吏传统对于倡行法治是有所助益的。法治于权力约束的规定性，应当说在一定程度上是可以为中国文化和历史的传统所接纳的。

但是，中国的传统的治吏不是法治意义上的权力制约。两者的主体是不同的，中国治吏的主体是皇帝，而法治中权力制约的主体是人民；两者的对象是不同的，中国治吏的“吏”是不包括最高权力拥有者——皇帝的，而法治中的权力制约所要制约的是除人民及其终极权力之外的一切权力与权力拥有者；两者所存在的政治体制也是不同的，中国治吏是在专制政体中的权力制约手段，法治中的权力制约是民主政体中的民主和法治措施；两者的制约方式也是不同的，中国治吏所采用的主要是人治的方式，即使运用了法律，法律也仅仅是一个工具，而法治中的权力制约所采用的则是民主和法治的方式，法律虽然也是工具，但它的被实现本身也是权力制约的重要目的。

法治是指以民主作为前提和目标的，以制约权力作为基本特征的社会管理机制、社会活动方式和社会秩序状态。我们党对于依法治国和法治的理解，正如党的十五大报告所说的，就是使国家各项工作逐步走上法制化和规范化；就是广大人民群众在党的领导下，依照宪法和法律的规定，通过各种途径和形式参与管理国家、管理经济文化事业、管理社会事务；就是逐步实现社会主义民主的制度化和法律化。法治原则在权力运行之中的表现就是权力的赋予（获得）、权力的行使和权力的剥夺都必须依法进行。权力的赋予与获得是一个过程的两个方面，对于我们人大来说，我们选举产生或任命一定职位的官员就是权力的

赋予,而对于这些被选举的官员来说,就是权力的获得。权力的行使是权力运行的主要形式。权力行使的关键是不要脱离法治的轨道,而是必须遵循法治的轨迹,即依法用权或依法行权。权力的剥夺也要依法。这里至少有这样的两层含义,一是应当剥夺的必须坚决地依法剥夺;二是对于不应剥夺的必须依法维护而不能剥夺。制约权力,我们还有很多工作要做。中国共产党第十六次代表大会的报告要求全党和全国在政治建设和政治体制改革方面,应当“加强对权力的制约和监督。建立结构合理、配置科学、程序严密、制约有效的权力运行机制,从决策和执行等环节加强对权力的监督,保证把人民赋予的权力真正用来为人民谋利益。重点加强对领导干部特别是主要领导干部的监督,加强对人财物管理和使用的监督。强化领导班子内部监督,完善重大事项和重要干部任免的决定程序。改革和完善党的纪律检查体制,建立和完善巡视制度。发挥司法机关和行政监察、审计等职能部门的作用。实行多种形式的领导干部述职述廉制度,健全重大事项报告制度、质询制度和民主评议制度。认真推行政务公开制度。加强组织监督和民主监督,发挥舆论监督的作用”。

(该讲稿为2004年春季学期民族班教学使用。)

6. 司法公正问题研究

一、司法公正诠释

讨论司法公正，我们必须弄清司法和公正的含义。

司法是指特定的国家机关——司法机关将法适用于具体的人或事项的国家特殊活动。特定的国家机关是哪个机关？一个时期以来，我们产生了种种误解。新中国成立以后，我们不愿意使用司法机关这个似乎是资产阶级概念的词，我们总是习惯地把公检法机关称为专政机关。改革开放以来，随着社会主义法治的发展，我们逐步摒弃了专政机关的概念，司法机关的概念得到了我们的正视，但是对于哪个机关或哪些机关是司法机关，我们产生了各种看法。但是一般认为，最严格意义上的司法机关只是人民法院；在广义上则包括人民法院和人民检察院。当然实际社会生活中使用的司法机关的外延似乎更大，包括公检法司都在内了。

公正至少可以有两种理解，一是指公平正直，二是指公平正义。“法”本身就有公平正直和公平正义

的两层含义。我以为二者是一致的,只是所强调的侧重点有所不同。“公平正直”侧重于对行为主体的品质描述,“公平正义”更侧重于对行为意义的社会评价。我以为,这两个方面都是公正的内涵,其实二者并无严格的区别。因为公平正直有利于公平正义,公平正义必然要求公平正直。因此,我要说,司法公正既包括司法的公平正义也包括司法的公平正直之双重含义。

司法公正作为一个整体,既是司法机关包括司法官员的自我要求,也是社会的外在期望。就司法公正而言,在强调司法机关和司法官员的自我要求时,我倾向于理解为公平正直;在强调社会对于司法的要求与评价时,我更倾向于将其理解为公平正义。司法公正具体到司法活动之中,其基本的内容包括:司法的实体符合法律的规定;司法的程序符合法律的规定;司法的实体和程序都符合社会主流的道德准则。

二、司法公正的评价

司法公正的评价具有主观性和多元性等基本的属性。首先是司法公正的评价具有主观性。公正与否的评价毕竟是有关主体的思想结果,它与评价者的素质,评价者的认识,评价者的利益都具有重要而密切的关系。其次是司法公正的评价具有多元性。司法机关与当事人、当事人与当事人、司法机关与司法机关等不同的评价主体,对于同一司法现象都可能会有不同的评价结论。司法公正在评价上的这两大属性,决定了司法公正得到普遍认同的艰巨性,也为司法机关和司法官员提出了特别的公正要求。

(一)评价主体

1. 司法官员

任何司法官员对于自己承办案件的处理方式和结果,应当自认为

是公正的,是在自认为公正的基础上作出的。也就是说,法官对于自己所下的裁定或判决,必须具有自我的公正确信。如果司法官员自己都不能确信自己的裁判是公正的,那么这一裁判结果必然是值得怀疑的,甚至可以说根本就不可能公正。

首先,法官对于案件有着其他任何人都不具有的对于案情的认识。在民事诉讼中,对于案情的了解,就当事人、律师(包括代理人)和法官三者来说,当事人和律师对于案情的了解都具有片面性,意见也都难免具有倾向性;而法官却可以听各方当事人的意见,克服各方当事人的片面性。法官是中立的裁判者,案件本身及其裁决结果对于法官没有像当事人或律师那样的利害关系。在刑事诉讼中,控辩双方都置身其中,唯有法官的意见具有中立性的特点。在刑事诉讼中,法官裁判的中立性同样是司法公正的保障。法官不应混淆自己与控辩双方的角色差异。

其次,法官是社会的精英,他们具有或应当具有裁判是非的最高智慧。法官只能是由社会的优秀分子来充任,所以全世界都对法官有特别严格的选任要求。法官独特的智慧和对于人生与社会的深刻把握将是他们公正裁判案件的素质基础。

2. 诉讼当事人

案件当事人对于案件的处理结果至为关心。一个刑事案件的判决能得到被告人的公正评价是不容易的。另一个民事案件要能得到双方当事人的公正评价将更难,因为原、被告之间的冲突客观存在,而且会影响他们对于法官的客观评价。案件的裁决对于当事人来说,是很难进行客观评价的,因为他们置身事中。但是诉讼当事人最关系案件的审理过程与裁判结果,他们将是率先对司法的公正性质进行评价的人。他们的评价必然会对社会产生影响,并最终影响社会对于司法公正性的评价。

3. 社会大众

社会大众是对司法进行评价的最广泛的主体。社会大众通过舆论、新闻等渠道了解司法进而评价司法,这种评价具有一定的随意性。因为社会大众的评价可能会受到传媒的误导,这是客观的事实,但是最根本的还是我们司法机关究竟把案件办得怎么样。司法工作,对于司法机关和司法官员来说,是日常事务,没有什么大不了,但对于当事人和社会大众来说则是不得了的大事。司法机关和司法官员对于案件的处理都必须慎之又慎,不可失去公正。社会大众也往往是根据一个个案件是否被公正裁判的印象得出的结论。

(二)评价客体

1. 司法结果

司法结果,是对司法进行公正性评价的最为首要的客体。一个案件处理得是否正确,过程固然重要,但结果尤其重要。如果处理程序上有点小问题,只要结果是公正的,当事人也都还能谅解;但如果处理结果不公正,当事人和社会大众都会不满意,就是司法官员自己也会因失之偏颇而感到愧疚。绝大部分上诉、申诉所针对的都是司法结果而非司法过程。

司法结果主要是指司法裁判的结果。这个结果,首先表现为社会道德和法律都否定的行为,是否受到司法裁判的制裁;社会道德和法律都肯定的行为,是否都受到了司法裁判的保护。如果该制裁的都制裁了,该保护的都保护了,我们就可以说司法裁判的结果是公正的。其次表现为制裁与保护的程度是否适当。如果对于应受制裁者的制裁手段和程度是适当的,我们就可以说这个司法结果是公正的;如果对于应受保护者的保护措施和程度是适当的,也同样可以认为,这个司法结果是公正的。

但这并不意味着司法过程不重要。我下面讲的第二个评价客体就是司法过程。

2. 司法过程

司法过程,是司法公正与否的第二个重要的评价客体。没有过程的公正必然没有结果的公正。然而由于传统的原因,我们一向不太重视过程。常常以为程序是次要的,只要有结果的公正就行了,殊不知没有过程或者程序的公正,就不可能有结果的公正。在司法活动中,处处涉及过程及相应的程序问题。在法庭调查中,法官是否允许各方同等地发表对于证据的意见;在法庭辩论中,法官是否实际赋予了双方同等的辩论权,等等,都可能影响公正。

3. 司法行为

司法行为,同样也是司法公正与否的评价客体,而且是评价的重要的客体。司法官员在审理案件中的一颦一笑都会对当事人产生影响。司法官员在司法过程中,如何向双方交代诉讼权利,如何征求双方的意见,如何对每一个证据进行质证,如何作出司法裁决,都是公正与否的评价客体。这些方面也都体现和包含着法官对待双方当事人的态度与对于事实的认识。法官的有意识与无意识的行为,都可能会引起当事人和其他诉讼参与人的反应,从而影响对于其公正与否的评价。

(三)评价标准

1. 法律标准与道德标准

对于司法的公正性质进行评价,法律标准是第一位的。作为法律标准,就是看其在实体和程序两个方面是否符合法律的规定;作为道德标准则往往是看相关法律行为在法律上的被肯定或否定,以及肯定与否定的程度,并以此作为道德评价的依据。

法律评价标准,具有较大的确定性和一致性,道德评价标准具有很

大的模糊性和多样性。

2. 职业标准与社会标准

职业评价标准是专业人士具有的评价标准，他们使用的是专业的眼光。这种评价又包括职业的有效评价与职业的任意评价。职业的有效评价往往是以裁定或判决的方式来表现的，例如，二审裁定或判决对于一审裁判的评价；职业的任意评价是由专业人士作出的，不具有法律效力的评价。

社会评价标准则是由公众作出的评价，它具有极大的不确定性与多样性。其载体往往根据社会的发展变化而变化。在传统社会中，往往是通过舆论、新闻的方式得以表达；在现代社会，除了新闻舆论的方式之外，还有通过互联网来表达的社会评价。

三、司法公正的制约因素

（一）法律制度

法律制度是否健全直接制约和影响着司法的公正。尤其是在中国这样一个具有成文法传统的国家，法律法规的意义更是不容低估的。在许多时候，只要制度上有的，人们就无话可说。如果是制度上没有的，人们就会怀疑其公正性。而且在法律文件上找不到根据的，法官们常常不敢依照法律的原理和自己的认识来判决，这也就是为什么人民法院拒绝受理许多案件的原因。其实拒绝受理是最大的不公正，因为来起诉的人总是觉得自己是权益受到侵犯的人，他们来到法院起诉，目的就是要寻求公正。结果人家一到法院，还没有进门，法院就在接待室把人家拒之门外了，这样人家寻求的公正显然得不到维护。因此对于人民法院立案范围的许多规定，都是值得我们反思的。

(二) 司法官员

1. 司法官员的道德修养

司法公正要得以实现,首先依赖的是司法官员,依赖司法官员的品德修养和法律修养。司法官员面对各种诱惑和影响,要做到风雨不动安如山,必须依赖其定力。这种定力来自司法官员自身良好的品德修养和良好的法律修养。

司法官员的品德修养对于司法公正与否是决定性的。没有良好德行的人,一定成不了好法官。人们常常讨论“好人”与“好官”的关系,用以讨论“好人”与“好法官”的关系。可以肯定的是,是好人的,不一定是好法官;不是好人的,一定不是好法官;而好法官必定是好人。这里的“好”首先便是道德意义上的好。没有为人之德的人,必然没有为官之德。司法官员对于法律的忠诚是首先取决于其道德水平的。越是缺乏道德修养的人就越是胆大妄为,肆无忌惮,没有什么法律他可以因道德的约束而不违反。

司法官员的法律修养,即是司法官员具有的法律知识水平,对于能否公正司法有着重要的影响。作为司法官员应当具有良好的法律知识修养,对于法律有准确的把握。司法官员应当具有良好的法律理论功底和法律制度知识。法官对于法律理论掌握得好与差,对于其司法有着极为重要的影响。目前,一些法官面对缺乏具体法律规定的案件就束手无策,一次又一次地驳回起诉——实际上是因法官的无知而彻底剥夺了原告的诉权,就是法官法律理论欠缺的表现和恶果。法官对于法律制度的了解范围与程度也直接影响着司法的状况。法律现象之间并不是孤立的,它们之间相互联系。制度与制度之间也不是截然分离的,甚至恰恰相反,他们是紧密联系的。如果法官对于民事审判、刑事审判、行政审判,乃至执行等法律理论和制度

的掌握仅仅局限于自己所从事的审判工作的方面，就必然是欠缺的，他们对自己单一的司法工作就不可能做好。这些人一旦成为领导，在审批各类案件时就只能凭感觉，这样就会严重妨碍司法的科学性，也就无法实现公正司法。

2. 司法官员的业务素质

司法官员的业务素质对于司法具有决定性的影响。再好的法律制度，如果没有良好的司法作为保障，也就失去了应有的意义。影响司法水准的基本因素还是法官的业务素质。

我国法官的知识水平呈现出参差不齐的状态，有的水平很高，有的水平低。就整体而言，素质普遍令人担忧。个别法官的无知也如同其他专业性的组织一样，首先是一般知识的缺乏，其次是专业知识的欠缺。许多法官的裁决文书不堪卒读，连事实和理由都说不清楚，文字粗疏，病句连篇，语义含混。这首先不是一个专业素质的问题，而是一个知识水平，文字功夫的问题。专业知识是需要通过专业教育的训练才能获得的。法官知识的欠缺必然难以做到公正。

法官的能力是非常重要的。法官的无能，是影响司法公正的重要原因。纪晓岚在《阅微草堂笔记》中所记述的著名“鬼案”就是一个例子。献县城的东边有一个双塔村，村里有两个老和尚，共住一寺庙中。一天晚上，来了两个老道士借宿，当初和尚不答应，道士说：“佛与道是不同的宗教，但在出家这一点上却是共同的，师父为什么见解如此不广呢？”和尚就把他们留了下来。第二天晚上，庙门未开，喊也喊不答应，邻居翻墙进去看，4 个人都不见了。和尚房内没有任何东西短少，道士行囊中的数十两黄金仍在，众人被吓坏了，就向官府报了案。县令粟千钟来勘察，一个牧童就说，“在村南 10 多里外，枯井之中像有死人一样”。赶忙去看，四具尸体均在，可是都没有受伤。县令说：“一件物品都没有少就不是偷盗案件；年龄都大了就不是奸

杀案件;邂逅相遇就不可能是仇杀案件;身体没有一点外伤就不是杀害。4个人为什么会同时死亡呢?4具尸体为什么会一起移动?门也未开为什么能够出来?离枯井这么远又怎么能够到达?事情实在出于情理之外,我能够审讯人,但鬼没有办法审,而该案无人可审,只有以疑案不了了之。”县令径直以此向上级长官报告,上级官员也没有反驳追问,竟然同意了县令的看法。这个案件真的如县令所言是鬼案吗?我以为不是,其中的疑点实在是太多了。谁发现4个人死了?怎么发现的?邻居可以越墙而入,为什么杀人者不能越墙运尸?为什么不可以开门运出尸体再关门越墙而出?牧童怎么知道10多里外的枯井之中像有死尸?道士行囊中的黄金究竟有多少,何人知道?数十两黄金尚在,凭什么说就不是谋财害命?身上没有伤,会不会是毒害或窒息死亡?4具尸体,一人搬运固然不易,但数人搬运也未足为难,何以断定只是鬼怪所为?但县令一个真正问题都没有查问过,这就是县令的无能了。当今的司法官员中有这种平庸之辈吗?肯定是有的。

(三)司法机制

司法机制对于司法公正的影响是至关重要的。在好的机制下坏人做不了坏事,在坏的机制下好人做不了好事。司法机制包括司法机构的设置、司法制度的状况和司法程序的设计等。

司法机构的设置既包括在宏观上的司法机关与其他机构之间形成的政治构架,也包括司法机构内部的组织元素和组织形式。如果司法机构受到的外在约束过多,它就不可能具有独立的品格和独立的人格。司法机构不自主的情况下,要公正司法就只能是美好的愿望而不是现实。

司法制度的设计要具有合理性与科学性。如果制度设计本身就不

合理那么就不可能有公正的司法。

(四)客观限制

因为,司法机关所要证明的事实实际上是永远无法完全证明的,其所获得的不过是依赖证据证明的“法律事实”而已。有些真相永远无法知道,因此就会出现失误,使绝对的司法公正不能实现。人类认识的无限性,是从总体上讲的。就每一个案件而言,则未必能完全查明其客观的实际情况。在民事案件中,当事人的举证也无法完全举出所有的证据,有时甚至无法举证。如果因此出现错案,责任当然不在法官,但是就案件本身而言,是没有查明事实的。在刑事案件的处理上,法律对于各个机关办理案件的时间都有严格的期限的规定,司法机关所承担的工作任务也不允许无限地进行审判工作,所以在有限的时空中要完全地了解案件,是不可能的。由于案件本身的复杂性和司法机关的时间限制而不能完全查明案情,显然都会导致司法的失误。

(五)社会意识

社会的公正意识是很重要的,它是司法的外在环境。如果社会的意识是畸形的,即使是公正的司法也会受到不应有的责难。病态的社会意识必将妨碍司法公正。畸形的社会意识是从多个方面影响司法公正的,首先影响的是法官对于案件的认识与评判,这必然会影响法官的裁决;其次是形成不当的社会舆论,构成不良的社会舆论环境,在这种环境下即使是公正的司法也会被曲解或误解。因此,社会有良好的公正意识就能够在一定程度上促进司法公正。

社会仅有公正意识还不够,还应当有追求司法公正的社会良知与良能。对于不公正的司法,社会应当有足够的舆论监督。社会公众也应当具有为社会公正而奉献自我的精神,至少应当有疾恶如仇的美德

和支持弱者的善行。体现在司法上就是要帮助司法机关或司法官员，将维护公正的法律付诸实施，使公正不仅是理想而且是现实。

四、司法公正的促进措施

(一)力行司法改革

我国目前的司法体制已经是非改不可了。审判活动的行政化、司法权力的地方化和法官职业的大众化已经成为了司法公正的严重障碍。司法改革是确保司法公正得到实现的途径。我们的现行司法体制是在计划经济和高度行政集权的背景下建立的，在设立的一般基本理念上都存在误区。现实中，一些畸形的司法制度严重地阻碍着司法公正的实现。有许多司法不公正都可以说是制度性的原因所导致，对此我们必须有清醒的认识，从制度改革抓起，从机制改革入手，从司法官员着眼。由于种种原因，我国司法改革总是推进甚慢，远远不能适应市场经济、民主政治和法治发展的需要，更不能满足新形势下的社会公正要求。司法公正是中国司法改革的目标。建立起科学的司法体制也就是要建立起能够实现司法公正的司法体制。

(二)确保依法独立

司法独立是西方法治的基本原则。司法独立的思想渊源，最早可以追溯到1608年英国普通法院首席大法官爱德华·柯克与英王詹姆士一世的冲突。到十七八世纪，资产阶级启蒙思想家针对封建专制制度和等级制度，提出了三权分立的主张，其中著名的代表人物之一是法国的孟德斯鸠。孟德斯鸠认为，国家权力应分为立法权、行政权、司法权，三种权力分属三个不同的国家机关。“如果司法权不同立法权和行政机关分立，自由也就不存在了。如果司法权同立法权合而为一，则将

对公民的生命和自由施行专断的权力，因为法官就是立法者。如果司法权同行政权合而为一，法官便握有压迫者的力量。”德国学者将司法独立而不受干涉分为 8 个方面：独立于国家和社会间的各种势力；独立于上级官署；独立于政府；独立于议会；独立于政党；独立于新闻舆论；独立于国民时尚与时好；独立于自我偏好、偏见与激情。美国法学家亨廷顿认为，司法机关的独立表现在它只遵循自己特有的司法原则，表现在观念和行为不被其他政治机构和社会团体的观念和行为所左右。1985 年联合国大会发表的《关于司法机关独立的基本原则》宣布：“各国应保证司法机关的独立，并将此项原则正式载入其本国的宪法或法律之中。尊重并遵守司法机关的独立，是各国政府机构及其他机构的职责。”我国现行《宪法》第 126 条规定：“人民法院依照法律规定独立行使审判权，不受行政机关、社会团体和个人的干涉。”其是指司法机关或司法官员依法独立行使职权，不受非法干涉。这种独立，是依法独立，而不是非法独立。它是在法律至上下的独立，并不是法官或法院的擅断与随心所欲。它对于保障法律的切实施行具有重要的意义。只有保证了司法的依法独立，我们才有可能实现司法的公正。

（三）实行司法公开

司法不公开在现实社会中表现得十分突出。司法过程普遍呈现“暗箱操作”现象。在刑事诉讼中，案件何以从公安机关移送检察机关，又何以从检察机关移送到人民法院，其过程当事人不知道，其亲属更不知道。开庭时，明为公开审理，实际上法院常常以各种理由拒绝或限制公民旁听，而且假借各种理由阻止或逃避新闻机构的舆论监督。至于从开庭到判决下达之间的过程，更是无人知晓。在民事诉讼中，何时开庭，何时作出裁决，庭审到判决的过程如何，其间是否经过审判委员会，等等，当事人很难知晓。司法官员自己也没有一个定准。直到现在，人

民法院还把公开审理作为司法改革的重要内容,实在说明了中国司法神秘主义影响之深远。

司法不公开是源于传统的司法神秘主义。司法如果是神判当然具有不可知性,如传统的“油判”“火判”“水判”就不可知其何以裁决。那是传说的神在起作用。今天神早已不存在了,但神判的神秘之风却保留了下来,这实在是时代的悲剧。我们的司法再也不是神判,而是一套科学地裁判是非曲直的机制。只要不是神判,我们就有充分的理由要求将其过程和理由进行公开。

中国传统文化中就有临事制刑、威不可测的司法传统,其中饱含着司法神秘主义的精神。但这正是中国社会司法专制与司法专横的表现。作为现代司法,公开性已经成为其公正性的客观保障。我们有充分的理由要求司法是公开的。有许多人还认为公开审判等是什么重大的改革措施,还要慢慢来,其实它是早在中华人民共和国成立初期的《共同纲领》和第一部《宪法》中就对人民作出的承诺。在法治建设中,我们必须对人民兑现承诺。本身就已经迟延的兑付,不能再被迟延了。司法公开的推行,必将有助于司法改革的进行,并切实推进司法改革。

(四)改善司法环境

司法的内在状况决定着司法的功能与作用,司法的外在环境影响着司法的功能与作用,有时甚至决定着司法的功能与作用。正如淮南为橘淮北为枳一样,并非内因所致,其实,都是外在环境使然。司法改革只有将内在的结构改革与外在的环境改革相并重,才可能取得真正的成功。

司法改革第一方面的改革内容当然是司法内在状况的改革。这种状况,包括内在的元素状况与结构状况。从元素角度看,最大的两个元素,一是法院,另一是检察院或一是审判,另一是检察。在法院,法官、

陪审员、合议庭、审判庭、审判委员会以及各种审判程序等，都是其内在元素；在检察院，检察官、检察的科处局机构、检察委员会以及各种检察工作程序等，都是其内在元素。从结构角度看，可以认为，结构的第一层次是审判机构与检察机构之间的关系；第二层次是审判机构与审判机构之间的关系，检察机构与检察机构之间的关系；第三层次是各个审判机构、检察机构内部的元素关系。在审判机构内部，包括法官与法官之间的关系、法官与合议庭之间的关系、法官与审判委员会之间的关系，法官与庭长、与院长之间的关系，庭长与院长之间的关系；在同一检察机构内部，也存在批捕与起诉之间的关系，侦查与批捕、起诉之间的关系，检察官与检察长之间的关系。

司法之外的相关因素就构成了司法的外在环境。司法改革当然要与其外在环境的改革相协调。具体地说，司法是在一定经济、政治、文化、道德、意识背景下存在的，它们构成司法的第一层次的外在环境。司法是与立法、守法、法律监督紧密联系的，它们构成司法的第二层次的外在环境。司法改革是与法制改革，乃至整体的社会改革相并存的，司法的外在环境当然包括外在的社会改革环境，司法改革应当与法制系统改革和社会整体改革相协调。司法改革仅仅是社会整体改革的构成部分，仅仅是社会整体改革中法制改革的构成部分。为了使司法改革得以推进，为了使司法改革不因环境而夭折或得而复失，就必须将司法改革中的内在状况改革与外在环境改革并重推进。

（该讲稿系 2004 年秋季学期为主体班学员讲课时使用。）

7. 全面落实依法治国方略

一、依法治国方略的全面确立

“依法治国，就是广大人民群众在党的领导下，依照宪法和法律规定，通过各种途径和形式管理国家事务，管理经济文化事业，管理社会事务，保证国家各项工作都依法进行，逐步实现社会主义民主的制度化、法律化。”[1]

（一）西方依法治国的历史发展

依法治国也就是依照法律来治理国家，法律成为国家生活的最高准则。简单地说，依法治国也就是法治。

早在古希腊，依法治国的实践就已经开始。公元前6世纪的梭伦改革开启了古希腊法治国家建设的大门，到伯利克里斯时代，雅典民主制度发展到了相当高的程度，雅典政制成为雅典法治的基石，法治得

---

〔1〕 胡锦涛在纪念宪法施行二十周年大会上的讲话（2002年12月4日）。

到了相当大的发展，在后世，就有学者将雅典称为“法治国”。维拉莫维茨在其名著《论雅典国家的壮观》中认为，雅典人的国家就具有法治国的特点，文格尔在《欧洲古代的宪法和行政》一书中也有类似的结论。〔1〕 古希腊的法治实践是以其法治思想作为先导和支持的。古希腊的苏格拉底，作为一个著名的思想家、法学家，他被人诬告而身陷囹圄，但是他却拒绝越狱，为自己对于法律的理想化认识献出了生命。柏拉图，是一个著名的人治论的思想家，其实他有着自己的法治国家思想。在他早年一直希望出现哲学王统治的最好国家。在他的哲学王国家的幻想破灭之后，他又认为最好的是“第二等”的国家，即实行法治的国家。他甚至认为，“如果一个国家的法律处于从属的地位，没有权威，我敢说，这个国家一定要覆灭；然而，我们认为一个国家的法律如果在官吏之上，而这些官吏服从法律，这个国家就会获得诸神的保佑和赐福”。〔2〕 亚里士多德通过对150个城邦国家进行比对研究后，认为，共和政体是最为理想的政体。其之所以最为理想，就因为它实行的是法治，而不是一人之治。因为法律是一种完全没有感情的中道的权衡。他说，“凡是不凭感情因素治事的统治者总比感情用事的人们较为优良。法律恰正是全没有感情的；人类的本性（灵魂）使谁都难免有感情”。〔3〕 他认为，“让一个人来统治，这就在政治中混入了兽性的因素”。〔4〕 显然只有没有情感的“法律是最优良的统治者”。〔5〕

如果认为古希腊就具有了依法治国的初步思考和实践，到古罗马时期，依法治国的思考和实践就进入了更务实的新时期。西方中世纪

---

〔1〕 参见张中秋：《中西法律文化比较研究》，南京大学出版社1991年版，第298页。

〔2〕 ［古希腊］柏拉图：《法律篇》，载《西方法律思想史资料选编》，北京大学出版社1983年版，第25页。

〔3〕 ［古希腊］亚里士多德：《政治学》，吴寿彭译，商务印书馆1965年版，第163页。

〔4〕 ［古希腊］亚里士多德：《政治学》，吴寿彭译，商务印书馆1965年版，第171页。

〔5〕 ［古希腊］亚里士多德：《政治学》，吴寿彭译，商务印书馆1965年版，第171页。

以专制著称,依法治国根本就不可能受到应有的重视。我们今天所说的依法治国应当说是近代资产阶级革命和资本主义发展的产物。自近代以来,资产阶级的学者们对于法治进行了新的探索。英国、德国、法国、美国的资产阶级都有一套自己的依法治国理论和相应的依法治国实践。

西方的依法治国理论与实践自古希腊缘起,经古罗马发展,并由中世纪传承,乃至到近代几度更新,逐步发展到现代,走过了漫长的历史道路,形成了自己的关于依法治国的理论学说与历史实践。

(二)中国依法治国方略的确立

中国古代,并无严格意义上的依法治国方略,或者说并无严格意义的法治学说或法治实践,所具有的仅仅是将法作为手段或工具的"以法治国"含义的"法治"。以法治国的"法治"并不等于近现代法治的含义,当然也不是西方资产阶级所主张的法治。资产阶级所主张的法治理论,在中国是近代才从西方引入的。梁启超等就是引入西方法治理念的第一批中国思想家。梁启超就多次使用了"法治国"一词,认为,"法治国者,谓以法为治之国也"。〔1〕"法治主义是今日救时唯一之主义。"〔2〕

由此推算,法治国家已经是中国的百年梦想,也可以说是中华民族未了的百年心愿。经过"戊戌变法",1901年,中国清政府发布了"变法自强"的上谕,拟制了宪法性文件、民律草案、商律草案、新刑律、刑事诉讼律、民事诉讼律,以及关于警务、新闻、教育、金融、税制,甚至商标、国籍等方面的行政法规。开创了与世界先发达国家类同的六法体系,开

〔1〕 梁启超:《管子传》。
〔2〕 梁启超:《中国法理学发达史论》。

始了中国法制发展的重大改革,在中国法治化的漫漫征程上迈开了第一步。

20 世纪上半叶的中华民国时期,也提出并努力探索过中国的法治之路,由于历史的局限和艰难的国际国内环境使它根本就无法把法治国家的口号喊响,更不可能提出依法治国,建设法治国家的目标。

中国的法治国家是社会主义的法治国家。社会主义法治国家的首先提出,源自第一个社会主义国家苏联。在 20 世纪 20 年代,苏联法学家 A. 马林茨基就提出,“苏维埃共和国是在法律制度条件下进行自己活动的法治国家”。那时,苏联社会主义国家刚刚建立,社会主义法治正在构设之中。在中国,法治国家的提出,却经历了与西方,甚至与苏联都不完全相同的历史过程。

1949 年以后,我们应当明确的法治国家目标并没有得以明确,甚至还没有来得及明确,人为夸大的阶级斗争就取代了一切法治建设。法治被作为反动的资产阶级的东西加以了彻底的批判,人们甚至忌讳谈及“法治”二字。

我国 1978 年《宪法》明确了我国新时期的总任务是实现四个现代化,强调了必须发扬社会主义民主和加强社会主义法制,从而为社会主义法治作出了经济、政治、法制三个方面的最初步准备。1978 年 12 月,中国共产党第十一届三中全会召开。这次会议制定了以经济建设为中心的政治路线,果断地停止了“以阶级斗争为纲”的口号,作出了把工作重点转移到社会主义现代化建设上来的战略决策;提出了健全社会主义法制和加强社会主义民主的方针;审查和解决了党的历史上一批重要冤假错案和一些重要领导人的功过是非问题。

1988 年宪法修正案,从根本大法的角度确立了我国社会主义初级阶段的基本路线为“一个中心,两个基本点”。规定了我国社会主义经济制度的特征为,以生产资料公有制为主体,多种经济成分并存;以按

劳分配为主体,多种分配形式并存。这一宪法修正案扩大了全国人民代表大会常务委员会的职权与组织,加强了人民代表大会制度;赋予了省级人大及其常设机构的地方性法规制定权;规定了国家领导人的任期制和限任制,从而废除了国家领导职务的终身制,等等。

1993年3月宪法修正案公布。它又将《宪法》原第15条关于计划经济的规定,修改为"国家实行社会主义市场经济","国家加强经济立法,完善宏观调控","国家依法禁止任何组织或者个人扰乱社会经济秩序"。启动了中国市场经济及其发展中的法治建设。

1996年2月8日,江泽民同志在中共中央法制讲座上发表了《坚持实行依法治国,保证国家长治久安》的重要讲话,作为中国共产党的最高领导人,他正式提出了"依法治国,建设社会主义法制国家"的口号。特别是1997年9月党的十五大报告,对依法治国方针的科学含义、重大意义和战略地位,作了全面的深刻阐述;在新中国第一次提出了"依法治国"和"法治国家"的治国方略和奋斗目标,标志着我国社会主义法治建设进入了一个新的发展阶段。

1999年3月全国人民代表大会又对1982年《宪法》进行了修改,将依法治国的方略予以了宪法确认,"中华人民共和国实行依法治国,建设社会主义法治国家"。[1] 经过了两年的努力,2002年中国共产党第十六次全国代表大会,和2003年3月召开的第十届全国人大,又根据新的形势提出了依法治国,建设社会主义法治国家所必须重视的一系列重大的理论和实践问题。2004年9月,中国共产党召开了十六届四中全会,作出了《关于加强党的执政能力建设的决定》,明确提出要"贯彻

〔1〕《中华人民共和国宪法修正案》(1999年3月5日第九届全国人民代表大会第二次会议通过,并公布)第13条规定,在1982年《中华人民共和国宪法》第5条中增加该段文字为第1款。

依法治国基本方略，提高依法执政水平”。

从依法治国作为治国方略被确认的数年来，中国法治建设取得了极为重要的成就。立法数量进一步得到了增加，立法质量得到了空前的重视，尤其是执法的有效性引起了全社会的普遍关注。依法治国展露出了勃勃生机。

二、依法治国方略的理想目标

依法治国的理想目标在于建设社会主义法治国家。什么叫法治国家？法治国家，或称为法治国，是指依法而治的国家，或者法律统治的国家，是指在良好立法的基础上，权力被合理配置与行使，国政被依法治理，社会被依法管理的国家。我们为之努力的社会主义法治国家应当以民主完善、保障人权、法律至上、法制完备、司法公正、制约权力、依法行政、保障权利作为其目标并与其他的法治国家或非法治国家相区别。

（一）民主完善

民主是法治国家必备的政治基础，完善的民主是法治国家的重要标志。法治国家是以完善的民主作为基础和目标的。从法治的角度看，民主完善中最首要的内容是政治民主的完善，最直接的内容是立法民主的完善。

在整个民主中，政治民主具有特别重要的意义。政治民主它本身就是法治国家的构成部分和重要表征。政治民主的内容由法律来制度化、定型化，以便于实际操作和运行。政治民主的保障由法律来提供，法律不仅对破坏民主的行为进行打击，而且也要对政治民主的运行进行引导和规范，防止政治民主出现偏差。政治民主的根本内容就是人民当家作主。“发展社会主义民主政治，最根本的是要把坚持党的领

导、人民当家作主和依法治国有机统一起来。党的领导是人民当家作主和依法治国的根本保证,人民当家作主是社会主义民主政治的本质要求,依法治国是党领导人民治理国家的基本方略。”[1]

立法民主是法治国家在立法上的首要要求,是法治国家必不可少的重要方面。历史发展已经清楚地说明,现代的法治国家要求立法、执法、守法、法律监督的全面法治化。所有这些都是以立法的民主作为首要条件的。立法的民主为法治国家奠定制度基础,它内涵法治状态的制度框架或理论格局。从一定意义上讲,法治国家的立法是立法者对一国法治状况的制度化预想,是一幅具有国家权威性的法治蓝图。执法、守法、法律监督无非是各尽其能地将其现实化而已。民主的立法被良好地实现了,这样的国家才可能是法治国家。民主的立法无法实现,法治国家就成为泡影;如果根本就没有民主的立法,法治国家就毫无任何希望与可能。

(二)人权保障

人权是以人的自然属性为基础社会属性作为本质的,作为人所应当享有的权利。人权的权利范围与保护程度是一个国家进步与文明程度的重要表现,是不同类型国家的重要差别。国家的进步过程,其实也是人权内容不断丰富、发展的过程。国家由非法治国家向法治国家的转换,也是人权内容与保护的一次飞跃。人权保障状况是区别法治国家与非法治国家的显著标志。俄国法学家 B. B. 拉扎列夫认为,“法治国家的重要特征之一是对个人权利和自由的现实保证。人权是法治国

[1] 胡锦涛在纪念宪法施行二十周年大会上的讲话(2002 年 12 月 4 日)。

家的精髓,也是社会整体发展的重要因素之一。"[1]

并非任何时候、任何人都能实实在在地享有人权。侵犯人权的事件在有史以来的任何时代都从未绝迹,保障人权几乎是所有国家都必须担负的社会责任。在所有国家中,法治国家是人权最有保障的国家,它本身就是以国家对于公民人权的充分保障作为标志的。

法治国家与非法治国家的区别,不是法治国家中没有侵犯人权的事件发生,而仅是在于:法治国家侵犯人权的事件相对较少;侵犯人权的事件一旦发生,即能获得依法处理——侵权者必然受到应有制裁,受害者必能依法获得应有保护。也就是说,在法治国家中,人权能够获得相对较好的法律保障。

(三)法律至上

法律至上是资产阶级在其法治建设中提出的重要口号和基本原则之一。其意在强调法律在整个社会规范体系中具有至高无上的地位,其他任何社会规范都不能否定法的效力或与法相冲突。

有的人认为,法律至上就是对权力的否定。其实,从一定意义上讲,法是权力的产物,没有权力,绝无法的产生和存在可言。法学理论和法的实践都说明,没有权力就没有法的产生包括制定或认可,也没有法的存在和被贯彻实施。权力始终是法得以存在的依据。撇开这一意义,就恰恰相反,任何具体权力的获得和行使都应当具有法律依据。法相对于权力应当具有至高无上的权威。即使是法的制定和法的实施都概莫能外。即使是革命政权最初的立法,虽然不必遵守旧时代既有的法律规定,但是也还得遵守法的规律,遵照立法的原理乃至法的原理,

---

[1] [俄]B. B. 拉扎列夫主编:《法与国家的一般理论》,王哲等译,法律出版社1999年版,第349页。

而不能完全随心所欲。

有的人认为,法律至上会导致对道德作用的否定,这是对法与道德关系的误解。首先,法与道德是两个相互联系而又相互独立的社会规范体系。他们在并不完全的领域发挥着各自的作用,肯定法的作用并不等于否定道德的作用。其次,法律至上并不等于肯定法律万能。只能由道德调整的问题,也不能因法律至上而由法取而代之。最后,任何法都以一定的道德准则作为自己的社会基础并在一定程度上引导道德的发展,法律至上不仅不会否定道德,甚至可能在一定程度上有助于道德的完善和发展,所以切不可将法律至上与道德作用对立起来,以为法律至上会否定道德的意义。

有的人认为,法律至上会导致对经济决定作用的忽视或否定。法律至上与经济决定法是两个不同层面的问题。经济决定法是从法的本源意义上讲的。在终极意义上法始终是被经济所决定并为经济服务的。但是离开这一意义,法对具体的经济关系和经济活动来说,显然就不再是从属的。一切具体的经济关系和经济活动也都得遵守法律规定,符合法律要求,否则就可能导致违法甚至犯罪行为的发生。法律至上是在经济决定法律的基础上对法律的地位的概括和期望,它与经济决定法律并不矛盾。

(四)法制完备

法制完备是法治国家得以建立的必要条件之一。在中国,法制完备对于法治国家的建立具有特别重要的意义。首先是因为,中国是一个长期实行成文法并以成文法为主的国家,有着重视法的制度建设的历史传统,要建设法治国家必须注意到中国的这一历史传统,把法的制度建设摆到应有的位置。其次是因为,法律制度具有确定性、明确性的特点,便于人们掌握与运用。最后是因为,法律制度是法制建设的首要

环节，没有法律制度就不可能谈及执法、司法、守法和法的监督等。而法治也包含着立法、执法、司法、守法、法的监督，乃至更多的方面，而法律制度则是法治建设的最基本的方面与内容。

法制完备表现为法律制度的类别齐全、规范系统而无所遗漏。凡是法律制度所应调整的，均应有法律制度调整；凡是由法律制度调整的，均应有恰当的法律制度调整；调整不同领域的法律制度应当相互衔接，有机协调；法律制度在执行、遵守、监督中的任何问题，均能在法律制度中获得解决的途径；法制有一个调节机制，能作出适应客观需要的相应反映，并能进行有效的自我修正。

（五）司法公正

司法历来都以公正作为自己的理想。在法治国家建设中，司法公正具有更重要的意义。首先，司法公正是纠纷解决的本质要求。司法就是要公正地解决一定的社会矛盾及其相应的法律冲突。它是国家这一公共权力因冲突着的各方无法自主地解决纠纷，而为其设定的由国家专门机关予以裁决的纠纷解决机制。双方都存在利益的差异或分歧。如果依其任何一方单方面的意愿裁决，都可能导致裁决的不公正。如果裁决不公正，就不可能平息纠纷，甚至可能使矛盾激化，司法的目的就不可能得以实现，也就违反了司法应有的本质。其次，司法公正是赢得群众的信赖基础。司法权力是国家权力的构成部分，它的直接来源是国家的权力分配与赋予；它的最终来源则是人民权力的让渡。司法权力最终来自人民。司法机关的设立在历史缘起上是人民愿意将其所涉及的纠纷交其裁决的结果，当然包含着人民对其的信赖。司法机关的继续存在，也离不开人民的继续信赖和支持。司法机关能够始终赢得群众，获得人民支持的根本，就有一个是否司法公正的问题。可以说司法公正是司法机关赢得人民的最基本、最主要的所在。最后，司法

公正是社会发展的现实需要。现代社会的快速发展给司法工作提出了大幅度提高裁决效率的要求,而司法公正即能简省诉讼程序,许多案件都可以通过一审终结,较快地解决纠纷,否则就必然会导致二审甚至再审程序发生,既不利于司法机关司法工作的顺利进行,更不利于人民群众的日益加快频率的社会生活。我国社会的飞速发展为人们的公正要求提供了更好的时代背景和社会空间,人们对于司法公正必然有着更高的要求,只有随着时代进步的司法公正才可能适应社会的发展要求。

(六)权力制约

权力的根据并不在权力的本身。权力的根据在于民众对权力的赋予以及民众对权力行使的认可。所谓选举、推举,不过是权力获得的过程而已。由于权力获得的过程不可能让所有的人都参与,甚至绝大多数人都无法直接参与,因此,怎么保证权力的赋予是正当的,就成为一个十分重大而不难以解决的问题,于是就产生了对权力赋予过程进行监督的要求。人民将权力之一部分让渡于公共管理者的过程,站在民众的角度,是权力的赋予,站在管理者的角度,就是权力的获得。赋予与获得是权力移转过程的两个侧面。如果权力赋予与权力获得的过程没有制约,就无法保障这一过程是正当的,就无法保障权力赋予者和权力获得者在这一过程中的行为并未违反公众的意愿,甚至一定是公众意志的反映。至于权力行使,更不可能由每一个人来完成。它必须由公众依靠一定的程序认可的人代为进行,那么这些由公众认可而行使管理社会权力的人,其行为是否为公众利益,如何保证他们永远为公众的利益而工作,这就使对权力获得者的监督或制约显得必不可少。

在制约机制中,最有效的制约手段当然是法律制度。这是由两个主要的因素决定的。一是任何权力的行使一般地都是以法律制度作为根据的,并以法律制度作为权力行使的范式与轨迹;二是在制约权力的

规范中唯有法具有国家强制力做保证的特点。能否用法律制度科学而有效地制约权力,既是一个社会管理状况的评价标准之一,也是一个社会制度优越程度的标志。在人类历史发展的长河中,社会主义社会理应具有最好的社会制度,其对权力赋予和权力行使的制约理应成为人类历史发展中有关方面的典范。

(七)依法行政

行政是国家行使权力的重要方式,是国家对社会进行管理的基本途径。行政的工作内容最为丰富,涉及的社会范围最为广泛,与社会民众的联系最为普遍,而且具有连续性、主动性、及时性与灵活性等特点。行政能否依法进行直接关系着一个国家能否实现法治。任何法治国家都以依法行政作为自己最基本的特征与非法治国家相区别,依法行政是法治国家的重要标志。

依法行政是指行政行为应当具有法律上的根据。行政行为的内容、形式、程序都应当依照法律的规定或要求进行。凡是在法律上没有根据的行政行为就是违法行政行为,就应当承担法律上的责任。这与法律对公民行为的要求是截然不同的。公民的行为不必要求具有法律上的根据,他只要不违反法律的规定,即不受法律的追究与制裁。但作为国家机关之一的行政机关的行政行为则不同。它必须要有法律的根据,否则就是违法行政。

依法行政一是要保证国家行政权力的依法实现,使国家行政管理的职能被正确行使;二是要防止非法行政,保护公民的合法权益。依法行政是行政机关和行政官员对国家和对公民负责的统一。国家利益和公民利益并不都是一致的,行政机关和行政官员只有以法律作为自己行政的根据,才能在国家利益和公民利益中寻找到一个最佳的结合点。只有依法才能使行政符合其本意。

依法行政要求行政官员具有必要的行政能力和法律素质。行政官员是数量最为庞大的官员系统。他们的行政能力与法律素质的参差不齐,是依法行政的极大障碍。在我国目前,改革行政机关,确保行政机关与行政官员依法行政的任务还十分艰巨。

(八)权利本位

法律是权利和义务的载体,也是一定数量权利义务规则的总和。无论是强调权利还是强调义务,在逻辑上都具有同等的效果。在实践中,由于权利义务的不同属性和人们对于权利义务的不同心态,情形迥然有别。因为以权利为本位更能调动人们在法律上的主动性和积极性。是以权利为本位还是以义务为本位,是法治国家与非法治国家的重要区别。权利本位是法治国家的明显特征。

权利的实现受到两个方面的制约,一是权利受义务制约;二是权利受权力的制约。

权利本位要求以权利的实现带动义务的履行。权利与义务是构成法的两大要素。在权利与义务之间,作何种选择,是任何法律时代都存在的价值抉择。在权利与义务的关系上有着一种错误的认识,似乎二者之间只有一种关系,学者们的认识也只有一种才是正确的。即只有权利义务一致的理论和口号才是唯一正确的。实际上这是十分褊狭的。从不同的侧面认识权利与义务之间的关系,其结论自然就有所不同。在价值意义上,我们所应提倡的是权利先导。因为权利与义务在总量上是相等的。在理论上似乎强调义务或者权利,都是一样的,都能达到二者实现的目的。然而强调义务和强调权利的实际后果是不同的,因为每个人都有关心自我的本能。权利对于大多数人来说,具有比义务更大的号召力。因此,从保障权利出发带动义务的履行,比从义务出发更加有效。

权利本位要求制约权力。这里的权力,是指国家权力;这里的权利主要是指民众个人或群体的权利。权力与权利有着重大的区别。首先,在终极意义上,权利是权力的基础,权力不是权利的基础。其次,权利要由权力予以保护,而权力本身却有充分的自我保护能力。最后,权利本身不具有国家强制性,而权力本身则具有一定的国家强制性。权力与权利的区别决定了,权力易于膨胀,而权利难以自保。在权利与权力之间,权利易于受到权力的侵犯。为了保障权利就必须制约权力。

三、依法治国方略的落实措施

(一)发展社会主义民主政治

党的十六届四中全会要求我们“坚持党的领导、人民当家作主和依法治国的有机统一,不断提高发展社会主义民主政治的能力”。明确指出,“坚持和发展人民民主,是我们党执政为民的本质要求和根本途径”。发展社会主义民主政治,是社会主义依法治国的政治基础。

党的十六大报告特别强调,改革和完善党的领导方式和执政方式,对于推进社会主义民主政治建设,具有全局性作用。党的十六大报告再一次指出,党的领导主要是政治、思想和组织领导,通过制定大政方针,提出立法建议,推荐重要干部,进行思想宣传,发挥党组织和党员的作用,坚持依法执政,实施党对国家和社会的领导。党委在同级各种组织中发挥领导核心作用,集中精力抓好大事,支持各方独立负责、步调一致地开展工作。进一步改革和完善党的工作机构和工作机制。按照党总览全局、协调各方的原则,规范党委与人大、政府、政协以及人民团体的关系,支持人大依法履行国家权力机关的职能,经过法定程序,使党的主张成为国家意志,使党组织推荐的人选成为国家政权机关的领导人员,并对他们进行监督;支持政府履行法定职能,依法行政;支持政

协围绕团结和民主两大主题履行职能。加强对工会、共青团和妇联等人民团体的领导,支持它们依照法律和各自章程开展工作,更好地成为党联系广大人民群众的桥梁和纽带。作为共产党的领导干部,我们一定要做到"权为民所用、情为民所系、利为民所谋,始终做人民的公仆"。[1]

(二)提高党的依法执政能力

党的十六届四中全会决定要求全党,贯彻依法治国基本方略,提高依法执政水平。依法执政是新的历史条件下党执政的一个基本方式。党的领导是依法治国的根本保证。加强党对立法工作的领导,善于使党的主张通过法定程序成为国家意志,从制度上、法律上保证党的路线方针政策的贯彻实施,使这种制度和法律不因领导人的改变而改变,不因领导人看法和注意力的改变而改变。全党同志特别是领导干部要牢固树立法制观念,坚持在宪法和法律范围内活动,带头维护宪法和法律的权威。督促、支持和保证国家机关依法行使职权,在法治轨道上推动各项工作的开展,保障公民和法人的合法权益。加强和改进党对政法工作的领导,支持审判机关和检察机关依法独立公正地行使审判权和检察权,提高司法队伍素质,加强对司法活动的监督和保障。以保证司法公正为目标,逐步推进司法体制改革,形成权责明确、相互配合、相互制约、高效运行的司法体制,为在全社会实现公平和正义提供法制保障。

(三)建立社会主义法律体系

党的十六大报告要求"适应社会主义市场经济发展、社会全面进步和加入世贸组织的新形势,加强立法工作,提高立法质量,到二〇一〇

[1] 胡锦涛在十届人大一次会议闭幕会上的讲话(2003年3月19日)。

年形成中国特色社会主义法律体系”。到 2010 年,我们还有 6 年的时间。6 年的时间要完备我们的法律体系,任务依然是十分艰巨的。从大的方面来看,我们最重要的一部基本法——《中华人民共和国民法典》经过了半个世纪,到现在也还没有公布。我们还只能依据十分简略的《中华人民共和国民法通则》等来处理大量的民事纠纷,各级司法官员在处理大量的民事案件中都有于法无据的感慨。时任全国人大常委会委员长吴邦国同志在就任时说,他领导的新一届全国人大常委会将根据中国市场经济和社会发展的需要,制定新的法律和完善现有法律,争取在 5 年的任期内,基本形成“中国特色”的法律体系。要在 5 年内建立中国社会主义法律体系,任务还十分艰巨。

(四)切实推进社会主义法治

切实推进社会主义法治,必须首重社会主义法治意识的培养与形成。法治意识对于依法治国具有重要的意义。我们全党要有法治的意识,我们的全体公民也应当具有法治意识。在党员、党的干部与一般公民之间,党员和党的干部的法治意识又是特别重要的。我们必须意识到,我们党是执政党,我们党的干部是掌握着各种政治权力的干部,我们如果没有法治意识,我们的法治国家将无法建设。在我们的法治意识中最重要的是要有权力必须受法律约束的意识。

切实推进社会主义法治,必须解决有法难依与有法不依的执法问题。我们目前法制建设中最突出的问题在哪里,党的十六大报告是说到了点子上的,在执法。在我们感叹无法可依的同时,我们更要批评有法不依,所以我们必须强化执法工作。无法可依固然可惜,有法不依更为可悲。在无法可依的情况下,人们没有更好的办法但有更多的希望,在有法不依的情况下,人们没有更好的办法也没有希望,而所拥有的是失望。党的十六届四中全会的决定指出,我们要“督促、支持和保证国

家机关依法行使职权,在法治轨道上推动各项工作的开展,保障公民和法人的合法权益”。在执法问题上,我们目前存在的主要问题是有法难依和有法不依。就国家行政机关而言,主要是不依法行政,就法律机关而言,主要是违法执法和“执法白条”的问题。

(五)全面推进司法体制改革

司法体制改革已经在我国启动多年了,也取得了许多重要的成就,但是对于其成效的估价也还是其说不一。党的十六届四中全会的决定为我国目前的司法改革提出了具体的努力方向,“以保证司法公正为目标,逐步推进司法体制改革,形成权责明确、相互配合、相互制约、高效运行的司法体制。为在全社会实现公平和正义提供法制保障”。

(该讲稿为2004年秋季学期所使用。)

8. 司法体制改革的主要问题研究

一、引言：司法体制改革方兴未艾

1949 年《中央人民政府组织法》规定，中央人民政府设立最高人民法院、最高人民检察署、公安部和司法部，分别行使国家的审判、检察、侦查和司法行政职权。这个阶段实行的是审判、检察从属于行政的体制。1954 年我国第一部《宪法》和《人民法院组织法》、《人民检察院组织法》颁布，各级法院、检察院被赋予与同级政府平行的地位，各自对本级国家权力机关负责，同时确立了国家审判权、检察权只能由法院、检察院分别依法独立行使的原则。这一时期，逐步建立起来的人民陪审制度、公开审判制度、辩护制度、两审终审制等。1966—1976 年，历经“文化大革命”，公检法被砸烂，审判权一度由公安机关行使，检察机关被撤销。1978 年 3 月，五届全国人大一次会议修改《宪法》，决定重建检察机关，确定其为国家法律监督机关。司法改革实践的全面启动是在 1997 年的十五大以后，司法改革逐步走上前台，引人瞩目。开始了诉讼程序和管理方式的探索。主要的内容：一是 1999

年10月22日最高人民法院发布了《人民法院五年改革纲要》;2000年2月15日最高人民检察院颁布了《检察改革三年实施意见》,这都是在已有实践基础上,对改革的理性思考和规划。二是2001年6月全国人大修改《检察官法》和《法官法》,强调以明显的司法属性特征来管理司法人员。三是2002年3月开始实行国家统一司法考试制度,它不仅确立了法律职业准入制度,而且有利于法律职业共同体的形成,并将带动司法人员选任、升降、惩戒和退出等一系列深层次的改革。到2003年年底,人民法院陆续完成了普通刑事案件简化审、民事诉讼简易程序的完善、法官任职审核制、书记员单独序列管理等多项改革任务,标志着人民法院第一个五年改革纲要确定的七大方面39项改革任务已经基本完成 。2004年,在认真总结人民法院实施第一个五年改革纲要取得经验的基础上,人民法院将继续围绕理顺完善法院内部管理体制、科学设置诉讼程序、有效监督司法裁判、切实解决执行难、规范法官职业行为等问题进行深入研究,以进一步推进法院司法体制改革。人民检察院也推进着自己的改革,如推行主办检察官制度、主诉检察官制度、检务公开制度等。

2002年党的十六大用300余字的篇幅,勾勒出中国司法改革大势,其目标和方向是:保障在全社会实现公平和正义。2004年9月党的十六届四中全会通过了《中共中央关于加强党的执政能力建设的决定》,再次明确宣布,要"以保证司法公正为目标,逐步推进司法体制改革,形成权责明确、相互配合、相互制约、高效运行的司法体制,为在全社会实现公平和正义提供法制保障。"

中国的司法改革的纵深发展刚刚拉开序幕。我们有充分的理由期待一个司法改革的伟大时代的到来！其中,我们会遇到怎样的困难,主要解决哪些问题。在此我仅根据自己的研究提出初步的意见供同志们思考。

二、改革方案的拟制问题

改革的方案是改革的先导。没有好的改革方案一定不可能有好的改革成果。拟订一个良好的改革方案的条件是:拟制者对于相关的客观情况有良好的把握;拟制者对于相关的理论与业务知识有良好的把握;拟制者与改革事项没有直接的利害得失关系。

现在我们有关部门都提出了自己的方案,正集中由中央政法委员会集中研究并形成最终的改革方案。

三、司法机构的建设问题

一是司法机构的范围问题。一个时期,有的部门或学者认为只有人民法院才配称为司法机关。于是司法改革就是不再保持独立的检察机关,检察机关也不再在司法机关的含义中。这种观点至今还有赞同者。但是从主流的认识上看,主张司法机关仅仅指人民法院的观点,在中国的权威主张中并不占上风。主张将人民法院和人民检察院都列入司法机关的观点,也许会主导未来的改革。我个人认为,检察院是否独立存在并不重要。从目前世界各国的实践来看,美国的司法机关仅仅是指法院,没有独立的检察院。但是英国有独立检察机关,意大利和俄罗斯不仅有独立的检察机关,而检察机关还属于司法机关的组成部分。从抽象的意义上讲两者都可以,但是基于中国的现实状况,为了减少改革的成本与减少阻力,我认为,人民检察院可以独立存在,但以不列入司法机关为宜。

二是司法机构的设置问题。司法机构是否与行政区划相匹配的问题。在机构设置上,我们的高度集权的政治模式被套用到了司法机关的设置上。中央有最高人民法院,全国各省、自治区、直辖市设立有高级人民法院,地区一级行政区划有中级人民法院,县市一级有基层人民

法院。这种体制很容易导致将司法机关纳入行政机关的后果。在各个省市县政府看来,相应的法院和检察院不过是他们的一个附属机构而已。由于区划和经费、人事、组织等因素的影响,司法机关不得不自觉或不自觉地作为地方政府的组成部分。这是司法机关无法独立的体制性原因,也是司法机关实行地方保护主义的重要根源。

三是司法机构的人员问题。1995 年《中华人民共和国法官法》实行后,中国采取“堵”的办法,严把法院“进入关”。从 1995 年至今,由于法院进入控制得很严(现在基本上要达到大学本科或本科以上,不发达地区也要大学法律专科以上),法院系统总人数没有多大的增长,1995 年为 29 万人,2000 年为 31 万人,2002 年年底也大约维持在 31 万人。司法机构人员的问题制约着司法公正的问题,司法效率的问题和法官待遇的问题等。

四、司法机制的设置问题

司法机制上的行政化倾向严重。司法的运行基本上套用了行政管理模式和行政运作方式,蒙上浓厚的行政色彩。

一是人民法院内部机制的行政化问题。在人民法院内部来说,审判员、审判长、合议庭、审判委员会、人民法院之间究竟是什么关系,需要我们厘清。近年来,人民法院对此也做了很大和很多的努力,但是基本的格局应当说还没有改变。其中最典型的是审判委员会制度。根据我的了解目前中国主流的法学观点都认为,审判委员会是中国法院在“文化大革命”后恢复重建中,面对大量司法官员素质不高而不得不采用的权宜之计。但是也有学者认为审判委员会是非常有必要,非常重要的组织,必须在司法改革中加以维持。主张保留审判委员会的观点认为,它能集中很多人的知识或智慧,能比合议庭或法官个体更公正。

二是人民法院内部上下级之间的运行机制的行政化问题。司法机

关的审级形同行政上的上下级关系。下级服从上级是行政的基本准则。这在全世界都大抵如此。而司法机关则不应当是这样的。司法裁判所依据的是法律和司法官员的知识与良知。没有理由认为同样是法官,一定绝对是下级法院的法官就不如上级法院的法官。法院的上下级之间是审级监督关系,不是领导与被领导的关系。上级法院比下级法院一定高明是应当的,但不是必然的和任何时候的。由于上下级法院关系被误解,有些地方组织部门在安排本级法院领导人选时常常要听取上级法院的意见。这是毫无根据的错误做法。在宪法和人民法院组织法上都找不到根据。由于上下级法院的关系被误解,下级法院就会向上级法院请示。革除这一弊端是很好的。但是要改掉这一传统做法,并不是一日之功。

五、依法独立的保障问题

1948 年《联合国人权宣言》第 10 条,1966 年《公民权利和政治权利国际公约》第 14 条,都规定了司法独立的原则。1985 年联合国第七次防止犯罪与犯人待遇大会专门通过了《司法独立的基本原则》。该文件明确规定,"司法独立应由各国以宪法或法律加以保障,尊重并遵守司法独立是所有政府及其他组织的义务。"1993 年世界人权大会一致通过的《维也纳行动纲领》将司法独立列为实现人权和可持续发展的重要条件。到现在,世界各国都在宪法和法律中规定了司法独立的基本原则。司法独立成为了人类法治文明的共同成果。关于司法独立,我国宪法和法律中均有相关规定。中国共产党的十五大报告和十六大报告都提出了司法要依法独立的目标。中国社会的司法依法独立主要受以下因素的影响。

司法受到严重的行政干预。首先,我国政府系统都有主管政法的行政官员,这些行政官员稍微不能进行有效的自我约束,就可能在有意

无意之中干预司法。其次，政府系统掌管着司法机关的财政大权。司法机构很难对行政机关进行司法监督。再次，司法经费由同级政府财政预算划定。这是司法行政化的严重后果之一。既然法院的办案经费，甚至人头费用都来自同级政府，那么法院又怎么可以对政府实行审判监督以要求政府依法行政呢？最后，政府官员中存在以干预司法为政绩的思想观念与实际状况。

司法受到党派与社团干预。中国共产党的领导是司法必须坚持的。但党的领导有一个如何科学领导的问题。在有的地方，司法会受到个别党组织或党的干部的不当干预。其外，司法也受到民主党派和其他社会团体，如工会、妇联等的不当干预。凡是谈到司法改革的文章无一不谈到坚持党的领导。怎么坚持？是一个很大的问题。如果司法体制改革了，党的领导体制一点不改，被改革的司法体制还会恢复。事实上如果党的领导方式不改革，司法体制改革，在根本上就改不了，改不动。这也是我们当前思考提高党的执政能力，尤其是依法执政能力时必须予以考虑的。

司法受到人大的不当干预。人大对于司法的监督是必须的，甚至一定意义上，人大的干预也未必错误，但在不当的人大干预之下，司法难以依法独立也是客观事实。现在个别人大领导对于案件的直接指挥，影响司法机关的自主裁决；人大深入案件具体审判的个案监督在个别地方已经演化成为法院的再审。

司法受到不当的新闻舆论干预。新闻舆论的监督是必要的，但是新闻舆论的监督不是干预。它不能对于法院的裁决进行引导，使司法跟着新闻舆论走。司法机关应当严格以事实为根据，以法律为准绳，不断提高自身的素质。只有自身素质提高了才可能面对那种莫衷一是的新闻舆论局面，而固守司法的自我，维护和确保法律的尊严。

六、司法权威的确立问题

司法是神圣的。司法本身应当是有权威的。从法律制度来讲,法是国家意志,具有国家强制力,当然具有权威。司法机关本身也就是国家强制机关,怎么会无权威呢?然而事实上,司法的确无权威。

司法无权威的一个重要原因和重要表现是司法活动可以被许多组织和个人所支配,可以为社会舆论所左右,没有真正的司法独立。在司法不独立的背景下,寻求司法权威只能是幻想。可以左右司法者会藐视司法,不能左右司法者也同样会轻视司法,而司法则会在这种藐视与轻视中丧失权威。

司法无权威的另一个重要原因和重要表现是司法裁决得不到有效的执行。现在人民法院的裁决得不到执行的现象非常普遍。虽然经过了我们很大的努力,情况有所好转,但问题依然非常严重。人民法院的裁决形同白条,无法兑现。尤其是在民事、经济的审判方面,应当受到法律处罚的可以逃脱法律的处罚,应当承担法律责任的人可以逃避法律责任。在这种情形下,司法绝对不可能有什么权威。

针对司法无权威的实际情况,我们应当着力重塑司法权威,从司法体制、司法组织、司法官员、司法过程等各个方面努力,使司法机关成为人们敬畏的权威机构。这个过程之漫长是可以想见的。它需要的是人们的心理认同,是一个渐进的历史过程。

七、司法公正的实现问题

司法公正是人们对于司法程序和结果公平正义性质的要求与评价。谈到司法不公,人们总是责难种种。司法不公的确已经发展到了令人发指的程度。我们的司法组织中的确有一批兢兢业业司法官员。他们辛勤劳作,而不被社会所理解,甚至往往还被社会所误解、曲解。

但司法组织中也有一定数量的司法官员玩忽职守。我们司法官员的素质参差不齐。有的司法官员十分优秀,有的司法官员是办了错案都不知道。甚至他本身都是法盲或者半法盲。人们对司法的公正性要求,远比对于其他任何方面的要求都为高。原因就在于:人们对于司法的公正冀望很高。法本身似乎就是公正的化身或者公正的代名词,而司法本身理所当然就应当将法定的“公正”现实化,因此人们总赋予司法很高的“公正”期望。

司法公正的评价者有三个,即司法官员、当事人和社会公众。具体说来,一是司法官员的自我确信。司法官员对于自己经手的案件,对于自己的司法行为,必须首先具有内心的确信。确信自己是公正的;否则连自己都不相信自己的裁决,就必然会产生问题。二是当事人的主观认识。当事人对于司法的评价,当然会有比较个体化,欠缺公允性的问题,但是当事人的评价又是特别重要的。尽管各方当事人都满意的裁决是很少的,但一定是很好的。三是社会的普遍认同。社会对于司法公正的普遍认同是一个总体的评价。它具有概括的性质。它不是某一个案件的处理过程或其结果的反映,而是一系列司法活动给人们的一个总的印象,也是人们对于司法的社会化结论。

司法公正的评价对象是什么。一是司法程序,二是司法结果,三是司法行为。这三个方面任何一个方面都可能导致司法不公的结论产生。司法程序的错误会是十分肯定的错误,它本身可能就是不公正的产物,它常常会导致不公正的司法结果的产生。一些认为程序无所谓的观点显然是极为错误的。司法结果往往比程序更令当事人所关注。司法官员对于司法结果负有重要的责任,是公正与否的本质性决定因素。司法行为,是司法官员在司法过程中的行为,它对于当事人和社会都具有重要的影响。严格依法办事,坚持法治原则,应贯彻在司法官员的司法活动的每一个行为之中。这也就对司法官员提出了特别的要

求,司法官员的本质也决定他必须力求司法公正。

综上所述,目前的司法体制改革,在方案拟制、司法机构、司法机制、司法独立、司法权威和司法公正等几个方面都还存在相当大和相当多的难题。但是,集中起来看,应该认为,根本在司法机构的自身建设,条件在社会环境,目标在司法公正。我们选定了司法体制改革作为我们政治体制改革的突破口,我们就应当一往无前地推进这一伟大的事业,以便为我国更为伟大的政治体制改革事业的纵深发展开辟道路。

(该讲稿系 2004 年为主体班学员讲课而写作,2005 年春季学期和秋季学期,该课程所用讲稿只是在此基础上根据形势变化作了适当修改。题目类似的还有"司法体制改革的重点与难点"或"司法体制改革的重大问题研究"等,内容也会因题目不同而有所变化,但为了避免主要内容重复,故未一一收录。)

9. 当代世界法制发展的历史走向

要使中国自立于世界民族之林,就必须认识世界,审时度势,与时俱进。随时把握世界发展的潮流,是我们必须担负的历史责任。认识当代世界法制发展的历史走向,是我们认识世界的组成部分,也是推进中国法治建设的必要条件。综观世界法制发展,可以认为有以下几个基本的历史走向。

一、法律形式趋同化

(一)法系划分与法律形式

对于世界的法律,学者们有过不同的分类。在各种分类之中最常见而又最公认的分类方式,是法系的划分。法系是根据历史传统和外在形式等因素的不同而对于世界各国的法律所进行的一种分类。这一分类得到了世界各国的普遍认同。即使是在以前根本就不赞成进行法系划分的社会主义国家,也在许多场合被迫使用着“法系”这一语词和概念。

全世界的法律主要被分为5大法系,分别为:印度法系、中华法系、伊斯兰法系、英美法系和罗马法

系。有的法学家把世界法律体系划分为罗马—日耳曼法系、社会主义法系、普通法系和其他法系。无论是怎样的分类或怎样的称谓，民法法系和普通法系都是其中最重要的构成部分之二。普通法法系是自中世纪以来，在英国法的基础上，特别是在英国普通法的基础上发展起来的各国法律的总称。民法法系则是以罗马法为基础，尤其是以《法国民法典》和《德国民法典》为基础而发展形成的各国法律的总称。这两大法系的基本定义也为我们昭示了它们的历史个性和基本特征。

各个法系之间差异深刻，趋同明显。法律形式的差异是不同法系的标志，这种差异具有深刻的历史根基。但是历史的潮流则是，英美法系的成文法在增加，大陆法系的判例被重视，其他法系则广泛吸收英美法系和大陆法系的法律形式。

(二)欧美在成文法与判例法上的变化

法系之间的趋同，是法律全球化的重要表现，也在一定程度上推动着法律全球化的发展。在法系的众多变化中，两大法系的变化十分明显，尤其是两大法系的趋同越来越引人注目。“自进入20世纪后，这两种法系已相互靠拢，它们之间差别已逐渐缩小。特别是在英国加入欧洲共同体后，客观形势迫切要求这两种法系之间的融合。”〔1〕“自进入20世纪以来，由于各国之间的经济、政治和文化联系与交流加强，两大法系之间的互相借鉴也随之受到重视，因而它们之间的差别也开始缩小。”〔2〕英美国家的成文法在增多，大陆法系的判例作用在增强。这两大法系之间相互吸纳与借鉴，法律形式的趋同，也加速了法律全球化的

〔1〕 沈宗灵主编：《法理学》，高等教育出版社1994年版，第109页。

〔2〕 张文显主编：《法理学》(第3版)，高等教育出版社、北京大学出版社1999年版，第148页。

进程,必将有助于法律全球化的发展。

二、国内法律国际化

国内法的国际化是指在一个国家或地区的法律由于某种原因而在其他国家或全世界得以普遍适用的情形。在近代以来,世界上不断发生国内法国际化的历史事件。[1]

(一)法典编纂运动

它是私法领域的国内法的国际化。那就是19世纪到20世纪,从欧洲启动的仿照《法国民法典》和《德国民法典》的法典编纂运动。

(二)宪法司法潮流

它是公法领域的国内法的国际化,即在第二次世界大战以后,在欧美兴起,扩展到亚非拉各国的以建立宪法法院或宪法委员会和司法审查制度为标志的潮流。

(三)"法律与发展运动"

20世纪五六十年代的美欧国家以"援助第三世界国家"为名,派出的"和平队"行动。他们派出"和平队"或类似的组织到第三世界国家去传播美国欧洲的法律模式,参与这些国家的立法和法学教育。

(四)"法律改革"

20世纪90年代,第三世界国家,以及苏联东欧国家进行以市场为

---

〔1〕 参见朱景文:《比较法社会学的框架与方法》,中国人民大学出版社2001年版,第567页。

导向的法律改革。是否具有健全的法律保障系统成为判断是否具有良好投资环境的关键性因素。国际货币基金组织、世界银行和一些发达国家的法学家、经济学家被派往第三世界国家和苏联东欧，帮助他们设计和策划经济与法律改革。在苏联东欧事变之后，他们提出了各种各样的“从计划经济过渡到市场经济”的“私有化”方案。其中最著名的就是他们为俄罗斯提供的“休克疗法”方案。帮助这些国家修改或制定了公司法、投资法、贸易法、合同法、税法、金融法、知识产权法、仲裁法、律师法等。

三、国际法律国内化

国际法的国内化是指国际组织的条约、规章为有关国家所接受，并转化成为国内法的情形。

（一）国际政治法律国内化

世界各国之间的交流交往空前频繁，资本主义掀起的全球民主化浪潮一浪高过一浪，加速了政治全球化的进程。在法律全球化的趋势出现后，有的国家趁势假借法律的全球化来干预他国事务，推行法律的单边主义，侵犯他国主权。国际政治关系变得异常复杂，国际相关的法律，也发挥着更为重大的作用。许多国家政治方面的国际公约都被要求和客观上转化为国内的法律制度，加以实现。

（二）国际人权法律国内化

人权是国际法律国内化的又一重要方面。作为现代国际社会的标志的不仅仅是经济发展的全球化，而且也有人权的全球化。尽管其中包含着少数霸权主义和法律单边主义对于其他弱势国家的不当要求，甚至非难。对世界法进行研究的法国法学家米海依尔·戴尔玛斯—马

蒂说,“很久以来我一直认为,世界化将自人权而来。”[1]“我所进行的有关法律世界化的研究正是以人权为出发点的。”[2]人权霸权主义者或人权单边主义者对于他国人权的要求,有时甚至是苛求,当然不具有正当性质。但是它客观上迫使不同国家在人权问题上的认识趋同,也会使一定的国际人权认识与标准,在更大的范围内被认可。在另一方面,人权问题上的弱势国家也会从被迫应付中站起来,加快自己的人权建设,并在人权的国际冲突中变被动为主动,化消极为积极。他们也会利用国际舞台,在人权问题上与霸权主义和单边主义进行论争,迫使霸权主义者和单边主义者在一定程度上考虑和接受弱势国家的人权观念,以达成在人权问题上的谅解与共识。

国际人权的许多共识都是以国家之间的条约或国际社会的公约的形式表现出来的,往往形成一些国际人权法律文件。近代以来,尤其是自第二次世界大战以来,国际人权的立法取得了空前的巨大成就。关于人权的国际公约大量增加。为实施这些人权公约的辅助性的国际人权法律文件也不断产生。

自20世纪初以来,人权越来越为国际社会所普遍关注,甚至成为世界各国是否具有现代民主、法治、文明的重要标志。国际社会对于人权问题的重视也达到了前所未有的程度。人权不仅仅是一些发达国家在强调,发展中国家也逐步予以更多的注意。有关人权保护的国际立法日益增加。有关国际人权问题的争端也在不断发生。因为人权问题而引发的国内矛盾和国际冲突激增。

在人权问题上特别值得关注的是中美之间的人权冲突与斗争:中

---

〔1〕［法］米海依尔·戴尔玛斯—马蒂:《世界法的三个挑战》,罗结珍、郑爱青、赵海峰译,法律出版社2001年版,第2页。

〔2〕［法］米海依尔·戴尔玛斯—马蒂:《世界法的三个挑战》,罗结珍、郑爱青、赵海峰译,法律出版社2001年版,第4页。

美国联合国人权委员展开人权交锋的开端是 1990 年。从 1990 年到 2001 年的 12 年中，美国或亲自出马，或指派“代理人”出面，先后 10 次在联合国人权委员会中提出所谓谴责中国人权状况的议案，但没有一次成功。2000 年 3 月，美国在联合国人权会议上以“数千名法轮功练习者被拘捕”为证据，指责中国人权状况恶化，呼吁人权委员会成员国支持美国的反华人权提议。在中国的影响下，该提案再次被人权会议弃置，美国利用人权问题在国际社会抹黑中国的图谋再次被挫败。2001 年美国在联合国人权委员会成员国改选中落选，故在 2002 年的人权会议上，美国未能提出谴责中国人权状况的提案。美国 2003 年又重新当选了人权委员会委员，2004 年又旧戏重演。

美国国务院 2005 年 3 月 28 日公布了《2004 年度国别人权报告》，对世界上除美国以外的 196 个国家在过去一年中的人权状况一一做了“总结”。在涉及中国的部分，该报告对中国，尤其是中国西藏地区的人权状况进行了长篇累牍和歪曲事实的攻击。报告还对中国政府打击东突恐怖势力的反恐行动横加指责。中国政府对此提出了严重的抗议。中国国务院新闻办公室于 3 月 3 日发表《2004 年美国的人权纪录》。它以大量翔实的资料和客观的事实，揭露美国对外侵略、虐待囚犯以及在生命、自由和人身安全，政治权利和自由，经济、社会、文化权利，种族歧视，妇女、儿童状况等方面侵犯人权的不良记录。

改革开放以来，中国政府特别注意人权问题。加入了《经济、社会及文化权利国际公约》等重要的国际公约，积极参加联合国和地区组织的国际人权会议，强化了与第三世界、欧洲国家之间的人权对话。在宪法修正案中增加了“国家尊重和保障人权”的规定。这是一个历史性的重大进步。世界各国都给了中国很好的评价。

(三)国际经贸法律国内化

在目前,世界贸易组织、世界银行和国际货币基金组织的规则,越来越得到更多国家的承认。任何国家一旦加入了它,其规则就可能直接在该国适用或为该国国内立法所认可转化为国内立法。世界贸易组织的《服务贸易总协议》(GATs),《与贸易有关的知识产权协议》(TRIPs)和《与贸易有关的投资协议》(TRIMs)也因此逐步成为加入世界贸易组织的所有国家的法律规则。

四、国际社会法治化

第59届联合国大会上(2004年9月21日),联合国秘书长安南在致辞中呼吁在当今世界各国实现法治。他说,当今世界各地的法治岌岌可危,仍有人肆无忌惮地违背根本的国际法准则,如伊拉克的暴力事件和虐俘丑闻、俄罗斯别斯兰市的绑架事件等。安南说,在世界各地,都看到有人正煽动对犹太人、对穆斯林、对任何被认定不属于自己群体的人的仇恨,并准备实施这些恶行。他强调,任何事业、任何冤情,无论其本身多么合情合理,都无法为此类恶行作出丝毫辩解。安南表示,国际社会必须坚持任何人都不得凌驾于法律之上的原则,任何国家,如果在国内宣称实行法治,就必须在国外也尊重法治;任何国家,如果在国外倡导法治,就必须在国内也力行法治。

(一)国际经贸要求国际社会法治化

1905年,瑞士人亨利·内斯特莱创办的雀巢公司同英瑞浓缩奶公司合并,把厂房开到了英国、德国、西班牙和大洋彼岸的美国。这在当时是一件了不起的大事。当时的内斯特莱恐怕不会想到,一个世纪之后,雀巢公司在全球已有509家工厂,雀巢的产品几乎遍布世界的各个

角落。从表面上看，经济全球化似乎是一个抽象的概念。而实际上，它就悄然发生在人们的衣食住行当中。

根据有关资料，目前全世界 GDP 总额在 30 多万亿美元，而世界贸易就占 1/4 左右。20 世纪 90 年代，世界贸易的平均增长速度为6.5%，至新世纪伊始，这一增长速度曾经达到了两位数。2003 年世界贸易组织（WTO）公布的数据表明，2002 年世界商品贸易（出口）额增长 4%，达到 6.24 万亿美元；服务贸易达到创纪录的 1.54 万亿美元，增长 5%；世界贸易总额增长了 4.2%。2004 年世界贸易组织公布的数据表明，2003 年全世界货物贸易额为 7.3 万亿美元，比上年名义增长 16%，实际增长 4.5%；服务贸易额为 1.8 万亿美元，比上年名义增长 13%。经济全球化带来了世界各国之间资本的自由流动、信息的跨国传播，以及资源的全球化配置。跨国公司在其中发挥了极为重要的作用。现在跨国公司已经成为经济全球化的载体，其产值占世界总产值的 1/3 以上，其企业内部和他们相互之间的贸易额已经占世界贸易的 60%以上。跨国公司对外的直接投资已占全球跨国投资的 90%。

到 2004 年年底，中国对外贸易已经保持了近 20 年的高速增长。2004 年中国对外贸易高达 1.1547 万亿美元，比上年增长 35.7%，净增 3037 亿美元，相当于“入世”前 2001 年全年贸易规模的 2.3 倍。2004 年进出口总额首次突破万亿美元大关，让中国无可争议地成为贸易大国。预测今年中国出口增长率有望达到 20%，突破 7000 亿美元；进口额将在 6850 亿美元左右，增长率略高于出口增长率，达到 23%左右。我们从这里不难看出，经济发展的全球化进程有多么迅猛。

经济全球化发展从两个意义上推动着国际社会的法治化进程。

一是从经济全球化的发展中产生了大量的国际间普遍认可的经济贸易方面的法律制度。世界贸易组织的许多规则，都是在大量的国际经济贸易的基础上产生的，直接调整国际经济贸易关系。共同的国际

或全球经济活动必然会提出遵守共同的经济法律规则的要求。

二是经济的全球化必然带来经济关系的全球化,在这个意义上,经济全球化的发展推动着作为上层建筑的法律制度的全球化。在现实的经济发展中,发展中国家必须力争在经济活动中与发达国家同步,与发达国家共同参与世界经济的运行,才可能赢得自己迎头赶上的机会和机遇。对于发达国家来说,他们也同样需要世界经济的共振。因为,他们维持已有的经济优势并继续发展,也需要在国际经济交流中得以实现。他们的经济也是在国际经济的普遍联系中发展的。经济作为法律的基础不仅在国内法中是如此,在国际法律上也如此。

国际经济贸易的冲突及其解决也会导致世界的法治化。美、欧、日、俄、中之间的贸易纠纷不断。2005 年 3 月 5 日美国单方面宣布以反倾销名义对钢材进口加收关税 30%,占美国进口钢材 1/5 的欧盟委员会已计划对美国航空公司征收特别关税,此举进一步加剧了欧美之间的贸易冲突。同时欧盟委员会向世界贸易组织提出了解决争端的请求。

但要想跻身世界贸易强国,中国还有很长的一段路要走。与世界人均贸易额近 2400 美元相比,中国人均还不到 850 美元。但是中国要参与国际贸易,就必须遵循国际法治的原则。

(二)国际交流催生国际社会法治化

“世界城市的初级综合指标则是……外籍侨民占本地居民比重 0.6%、市民运用英语交流的普及率 40%、外国金融机构在 200 家以上、每年举行国际会议 200 次以上。”“一个国际化大都市,每年至少要举办 200 次国际会议。巴黎的国际会议最多的一年更是多达 300 多次。北京会展业规模近两年在不断扩大,每年举办的具有一定规模的国际会议数量 60 次左右,平均一周一次,但这与每两天一次,每年 200 次国际

会议的世界城市初级标准还有很大差距。”“2000 年全球曾举办过一次国际会议最多的国家排名,美国以 234 次会议占据榜首”。国际交流的频繁使世界各国之间在法律上的交流也以空前的速度向前发展。随着现代国际关系的发展,国家之间的交流已经是十分频繁。以前看来无比广大辽阔的地球渐渐演变成为小而又小的地球村,村民之间的联系也越来越紧密。国际交流的加快为各国之间的沟通提供了便利,也加速了全球化发展的进程。法律交流作为国际交流的构成部分也随着整个国际交流的扩大和加速而得到了前所未有的发展。各国法律界、法学界的交流也得到了普遍的扩大和延展。各国议会、法院、警察部门之间的联系和交流都在加强;各国法学教育机构之间也在不断发展交流合作关系。在频繁的国际交流之中,法律的交流也得到了重大的发展。

(三)国际组织推进国际社会法治化

第二次世界大战前,国际组织仅有 500 多个,第二次世界大战后,国际组织的数量日益增多,活动领域不断扩大。目前已有 4 万个。根据有关资料“小小瑞士就有近 400 个国际组织,没有沙漠的德国争取到了联合国防治荒漠化公约(UNCCD)秘书处设在波恩,连印度和泰国都各有 10 多个国际组织机构。”国际组织及其规则的大量增加和作用的不断增强也推进了法律的全球化发展和国际社会法治化的进程。国际组织的发展速度盛况空前。国际组织主要是以主权国家为基本元素而建立的。国际组织的成立和运行,必然会提出建立相应国际规则的要求。国际法律规则的大量积累,为法律国际法治化提供了现实的可能。世界贸易组织及其规则的发展就是一个极为典型的例证。欧盟由原来的欧洲经济共同体演变而来。现在,它已经远远超出了经济的范围。到目前,欧洲已经建立起了统一的司法机构,正在制定统一的欧洲宪法。欧盟的出现对于全球化可能有一定的阻碍,区域性的联盟的形成

对于要消除区域隔离的全球化来说,当然有一定的影响。它可能成为全球化发展中的阻碍因素。但是,欧盟对于法律全球化在欧洲的现实化,除了可能存在一定的障碍因素之外,更有着重要的推动作用——它率先推动着欧洲国家法律的“欧盟化”。这也许可以认为是全球化发展的阶段性成果或者局部表现。全球化的一个重要阶段也许就是部分国家的区域联盟化,然后再从区域联盟中“走出来”,形成全球的联盟。这种全球联盟也许正是全球化的表现。这些联盟无一不需要国际条约,无一不需要依赖国际法治。

(四)司法协助推动国际社会法治化

由于国家主权的影响,面对全球化的浪潮,国际司法协助必然受到前所未有的重视。

截至2003年9月,在国际司法协助的签约方面,目前我国已经签订了65个双边司法协助协定。在司法协助的内容方面,主要涉及送达和取证问题。请求提供司法协助的案件逐年上升,中外互相请求司法协助的案件大体持平,其中涉及民商事送达的案件最多。目前,在司法协助中存在的主要问题是执行的周期过长。当事人提供的材料不齐全、语言不符合要求、送达地址不准确等,从而导致司法协助执行周期的延长。司法部和最高人民法院在2003年8月11日联合召开会议,共同商讨如何简化司法协助程序,尝试由司法部审核后直接将司法协助文书转交省高级人民法院,省去由最高人民法院审核的中间环节。总之,随着国际交往的发展,司法协助的任务将日益繁重。

我们对外签订的司法协助协议还是太少。这有意识形态的原因,有法律制度的原因(死刑存废),还有赃款分割的问题(赃款分割协议)。早在2001年1月,最高人民检察院和公安部就曾联合召开电视电话会议,部署追捕在逃贪污贿赂等职务犯罪嫌疑人的战斗。当天,新

华社播发消息称,“据不完全统计,目前有4000多名贪污贿赂犯罪嫌疑人携公款50多亿元在逃。其中,有的已潜逃出境,造成国有资产大量流失,使一些国有公司、企业难以为继,社会危害十分严重。”

世界将正在走向法治,我们必须思考,在全球法治化的背景下,中国如何进行自己的法治建设,如何进行自己的法治国家建设?

(该讲稿于2005年春季学期、秋季学期和2006年春季学期,在全校“五当代大报告”“当代世界法制”课程上使用,听课者为全校在读学员。在2007年、2008年还与“世界视野中的中华法文化”一题目的课程交替为学员讲授。)

10. 构建和谐社会与法治建设

1997年,中国共产党第十五次全国代表大会提出了依法治国,建设社会主义法治国家的治国方略,1999年中华人民共和国宪法修正案将其确认为重要的社会发展目标。从此,中国开启了依法治国,建设社会主义法治国家的崭新历程。在这样的时代背景之下,2002年召开的中国共产党第十六次全国代表大会在阐述全面建设小康社会的目标时强调,要使经济更加发展、民主更加健全、科教更加进步、文化更加繁荣、社会更加和谐、人民生活更加殷实,从而提出了社会和谐的问题。2004年中国共产党十六届四中全会明确将其具体化为"构建社会主义和谐社会"的科学命题,提出了构建社会主义和谐社会的任务。2005年2月,胡锦涛同志在中央党校举办的"省部级主要领导干部提高社会主义和谐社会能力"专题研讨班上,全面阐述了构建社会主义和谐社会的时代背景、重大意义、科学内涵、基本特征、重要原则和主要任务等。构建和谐社会与法治建设是怎么样的关系,需要我们加以认真的思考。

一、构建和谐社会就是构建法治社会

(一)法律是追求社会和谐的产物

法律的产生,其原因是多重的。但其中一个最为重要的原因就是为了解决社会矛盾,维护和实现社会和谐。

从各种法律制度产生的历史原因来看,法律是为了解决社会矛盾而产生的。中国古代的法字,写作"灋",就有解决社会矛盾的意思。《说文解字》:"灋,刑也,平之如水,从水;廌,所以触不直者去之,从去。"[1]其中的"廌"就是独角神兽,就是传说中的纠纷裁判者;"水"旁也就意味着裁判纠纷应当像水一样公平。

从法律文化的认知角度看,法律依然是解决社会矛盾的产物。在西方,柏拉图认为法律的重要作用就在于使各个社会成员各安本分地生活。这种各安本分也就是为了减少社会矛盾。我国春秋时代管子就断言:"法者所以兴功惧暴也,律者所以定分止争也,令者所以令人知事也,法律政令者,吏民规矩绳墨也。"[2]法律的作用在于定分止争、规矩绳墨,其重大意义就在于减少矛盾和化解矛盾,维护和实现社会的和谐。

(二)法治是和谐社会性质的内在要求

和谐社会具有内在的统一性质,这种统一性要求有法治作为其坚实的基础与强大的支柱。

和谐社会是"和而不同"的社会,是承认个体独立性质的社会。其

---

〔1〕 参见《说文解字》中对"法"的解释。

〔2〕《管子·七臣七主》。

中的“和”是指“和谐”;其中的“同”是指“附和”“苟同”“盲从”。“和而不同”,简单地说,也就是指和谐而不盲从。和谐社会的“和”是承认“不同”的“和”。“和”不等于否定个体或者使个体差异的消失。相反,它首先就是建立在承认个体,尤其是承认个体差异的基础之上的,这可以说是关于和谐的认识前提。这种将和与不同相并列的认识远比专制主义和个人主义的认识高明得多。在西周,史伯就提出了“和实生物,同则不继”的理论。他说“声一无听,物一无文,味一无果,物一不讲。”意即一种声音无法组成动听的乐曲,一种颜色无法形成美丽的花纹,一种味道无法成为可口的食物,一种物质无法构成大千的世界。孔子也是“和而不同”的主张者。他甚至将“和而不同”与“同而不和”上升为道德准则,将其作为君子与小人的分野。《论语·子路》就记载有:“君子和而不同,小人同而不和。”[1]各种不同的个体如果要组成一个和谐的整体,必须要有组织法则与运行法则,法律当然是人类社会所不可缺少的。

和谐社会是“元素互补”的社会,是各个社会元素之间结构互补以至功能互补的社会。这一社会需要法治来协调各种社会元素,促使社会的各个元素之间形成良好的互补状态。史伯对于“和”与“同”的分析,也表明了这里的“和”是互补之“和”。音律、色彩、味道、物质的组合也就包含着相互联系和结构上的有机协调。晏婴有着进一步的解释,“所谓和者,君甘则臣酸,君淡则臣咸”。[2] 这是对“和”的互补意义的结构或关系的描述。人类社会的各个分子在社会中如何进行角色分配,如何进行劳动分工,各个个体、群体之间如何协调统一,怎么才能形成互补的社会关系,是人类面对的重要问题。这些结构关系的维护需

〔1〕 参见《论语·子路》。
〔2〕《晏子春秋·内谏篇》。

要法律发挥其作用。

和谐社会是“彼此互动”的社会，是个体与个体的动态关系得到很好对待的社会。这一社会同样需要法治作为调节的手段，并使相互联系着的各个因素形成法定的有机联系。

和谐社会是“相互协调”的社会，是个体与个体，个体与整体很好协调的社会。和谐社会是社会各个元素，包括个体和整体良好组合，有条不紊地顺利运行，良性互补与彼此互动的最佳状态。在依照法律规则来治理的社会中，人们有章可循，有法可依，社会才能处于和谐的状态之中。

（三）法治是和谐社会特征的必然要求

社会主义和谐社会应该是民主法治、公平正义、诚信友爱、充满活力、安定有序、人与自然和谐相处的社会。这六大特征，无一不与法治具有密切的联系，并且需要通过法治的路径而得以实现。

第一，社会的民主法治当然以法治作为其基本内涵。在“民主法治”这一特征中，“法治”之必不可少自不待言，而民主也同样离不开法治。因为，民主，从希腊文的原意上讲是人民的权力，人民的统治。民主发展到现代，一个重要的变化就是被赋予了法治的内涵。因为人民中的每一个人不可能都直接参与国家和社会管理。人民要当家作主，就必须运用法律来记载自己的意志，并要求所有的国家机关及其工作人员严格依法办事，以此来确保人民意志得以实现。民主与法治完全可以说是现代文明政治的车之两轮与鸟之双翼。

第二，社会的公平正义需要法治加以特别维护。公正是社会永恒的理想，但是公正却始终难以获得。公正的对立物是邪恶与偏私。要实现社会公正，就必须有强制力制裁邪恶，克服偏私。人类为此创立了许多道德规范与宗教规则，在众多的规范与规则之中，唯有法律的规则

具有最大的明确性与肯定性,最具有外在的强制性,因而成为维护社会公正的最强大的外在力量。

第三,社会的诚信友爱必须由法治加以有效的保障。诚信友爱,看起来是纯粹的道德状态与要求,或者是纯粹的道德规范与准则,其实它与法律同样密不可分。因为严重的不诚信、不友爱的不道德行为,也许就是违法行为。在民事上的违约、诈欺,在刑事上的诈骗、渎职、遗弃、虐待、侮辱、诽谤等,无一不是对诚信友爱等道德规范的背叛。法律通过对严重违反道德的行为的处罚来维护社会诚信和社会友爱。

第四,社会要充满活力必须有良好的法治环境。和谐社会当然不是僵化也不是混乱的社会,而且一定是充满活力的社会。充满活力的社会,必须有良好的法治环境。我国的改革开放前的惨痛教训与改革开放以来的成功经验都充分说明了这一点。要实现不僵化、不混乱的社会和谐状态,法治就是最重要的保证。

第五,社会的安定有序必须由法治加以维护。安宁祥和是人们对于自身与社会生活的美好向往。安定有序的状态也就是社会秩序良好的状态。只有社会管理达到相应良好程度的社会,才可能出现这种太平盛世的景况。基于人们对于美好社会生活的追求,自从人类进入法律社会以来,法律就担负着维护社会秩序的重任。法治的情形直接影响和决定着社会的安定与否,有序与否。法治是社会安定有序的基石与保障。

第六,社会中人与自然和谐相处,必须由法治在相关问题上对人与人关系进行调整。人与自然的和谐相处,是对人与自然关系的良好认知的产物。要实现人与自然的和谐相处,就必须依法调整在自然问题上的人与人之间的关系。没有关于自然环境保护的法律,没有使这些法律充分实现的法治机制,人与自然的和谐相处就仅仅是一种良好的愿望。

二、法治是构建和谐社会的重要手段

(一)立法发展奠定制度基础

法治意义的法律是和谐社会的制度蓝图。和谐社会是社会的理想状态。只有将这种理想状态转化成为若干具体而完备的法律规范,构成一系列法律制度,进而形成完备的法律体系,和谐社会才获得自己的制度根据。可以认为法治状态中的法律制度是和谐社会制度设计的法律化。在法治状态之下,完备的法律规范、法律制度、法律体系,为社会提供了最明确的行为规则和规则体系。良好的立法为人们严格依法办事创造了条件,为整个社会的法治建设提供制度化的根据。

社会纠纷解决机制的法律设计蕴含和谐社会的理想。法律对社会利益的划分和调适起着重要的作用,是利益分配与调整的制度基础。法律对于各种矛盾解决的制度设计,实际上也蕴含对于和谐图景的制度设计。

(二)法律指引减少冲突发生

人与人之间只要有个体的差异,有利益的分野,冲突就不可避免。甚至只要人类过着社会生活,矛盾就不可避免。在市场经济与民主政治的发展中,对于个人利益和社会团体利益的尊重,得到了社会普遍的认同。但是利益的差别常常会引起利益的冲突,从而产生社会矛盾。社会矛盾的存在就其本身来说是对于秩序的反动,是秩序的破坏因素。社会矛盾就是社会不协调的表现。社会矛盾一旦产生,就会对社会的和谐运行产生不利影响。

在人类社会之中,没有矛盾是绝对不可能的,但是减少矛盾的发生则是可能和必须的。法律是减少社会矛盾的有效手段,因为法律具有

其他社会规范所不具有的最明确的指引功能。法律规范中包括授权性规范、义务性规范和禁止性规范。通过不同类型的规范,法律告诉社会成员有权做什么,必须做什么和不得做什么,从而引导人们的行为。在良好的法制之下,人们依法而行,社会矛盾就会减少发生。和谐社会正是社会矛盾纠纷最小、最少的社会。法治对于纠纷的预防作用的发挥就为和谐社会的建立提供了条件。

(三)依法裁判消除矛盾纠纷

社会矛盾始终会存在,化解社会矛盾是社会发展中始终存在的重要任务。任何秩序都是建立在矛盾被解决的基础上的。秩序不会一劳永逸。一个良好的秩序其实不是没有矛盾的秩序,而是一个有着良好的矛盾解决机制的秩序。在具体的民事经济活动中,买方与卖方之间,承包人与发包方之间,招标人与投标人之间,出租人与承租人之间等,都难免会有纠纷产生;在具体的行政关系之中,上级与下级之间,管理者与被管理者之间,处罚者与被处罚者之间也会产生种种矛盾;在刑事犯罪上同样有着大量的纠纷,在犯罪人与受害人之间,在罪犯与受害人亲属之间,在罪犯与社会之间都可能产生各种矛盾。这时,如何化解社会矛盾是确保社会和谐运转的关键。法律的重要使命就是裁判纠纷,化解矛盾。在法治状态之下,依法裁判纠纷,直接为构建和谐社会服务,使已经产生的社会纷争能够及时得到解决,使不和谐的社会状态归于和谐。从解决矛盾意义上讲,法治是构建和谐社会的重要手段。

(四)法制先导创新管理体制

和谐社会必须要有与之相适应的社会管理体制。为此,我们就必须要探索社会管理的基本规律,并尊重这些规律。按照这些规律的要求,建立和完善社会管理的法律体系,从而完善社会管理体制。我们要

通过立法来整合社会管理资源,更新管理理念,创新管理方式,拓宽服务领域,形成新的社会管理格局。要运用法律来规定和协调基层自治组织、社会团体、行业组织,以及社会中介服务机构在社会管理中的作用。要使社会各阶层社会成员的诉求得以反映,权益得以保障,行为得以规范,形成良好的社会管理状态。在立法上健全社会保险、社会救助、社会福利和慈善事业等社会保障体制,并将其社会化。社会管理体制的创新,是法治适应社会管理发展的新要求,是建构和谐社会的必需。

(五)法治完备提供运行机制

建立和谐社会,重要的就是要建立起社会和谐发展的运行机制。这种运行机制包括了顺畅的社会流动机制,合理的利益协调机制,安全的社会保障机制,有效的社会控制机制和敏感的社会预警机制,有效的矛盾疏导机制,以及人与自然和谐发展的机制。这些机制的建立都需要借助法律及其运行机制。法治完备状态下的社会运行机制必然是法治化的机制,这对于社会和谐来说是最恒久且有效的保障。

三、法治如何服务于和谐社会的构建

和谐社会对法治提出了新的要求。这些要求涉及法治的方方面面,法治能否在这些方面适应和谐社会的需要,直接关乎法治对于和谐社会构建作用的发挥,也关乎法治在和谐社会建设中自我发展的情形。法治为和谐社会服务,主要应在以下几个方面作出努力。

(一)转变法律观念

转变法律观念是构建和谐社会的认识前提。法律观念是人们关于法律的认识,主导着人们对于法律的态度。观念是行为的思想基础。

不同的法律观念指导、制约、影响着人们的法律态度与行为。在构建和谐社会的过程中,必须首先对法律观念作一个梳理,作出适合构建和谐社会需要的转变。

从本质观意义上讲,应当强调社会主义法是人民意志的体现。社会主义法的使命决定了它必须是对旧法律的超越。这种超越也就表现在它不能再把自己定位为另一个统治阶级意志的体现,不能再狭隘地以阶级统治作为自己的最高理想,而应当是人民共同意志的体现。

从价值观意义上讲,必须把公平正义作为最崇高而又最基本的价值目标来追求。历史上,我们曾错误地否定法的价值目标。公平正义作为人类历史积淀形成的美好价值理想,社会主义不仅不应抛弃,而且更要把它发扬光大。社会主义法与资本主义法的区别不是不讲公平正义,而是要将人类最美好的价值理想真正实现,比资本主义更加优越。

从功能观意义上讲,以前那种简单地认为法律是阶级斗争工具的观念必须改变。要特别重视法律的指引功能、秩序功能、裁判功能和保障功能等。在和谐社会中,法律是指引社会行为的规范,建构社会秩序的规则,裁决社会纠纷的准绳,维护社会安宁的手段,实现社会公正的保障。在构建和谐社会之中,应当深化对于法律功能的认识,进而充分发挥其效用,使法律为社会和谐作出应有的贡献。

(二)力行依法执政

依法执政也是我们党在法治发展的过程中提出的。可以说,它与和谐社会一样都是中国社会发展的现实要求。

中国共产党的依法执政对于构建和谐社会具有重要的意义。因为依法执政意味着我们党将严格遵守宪法和党章的规定,严格地在宪法和法律的范围内活动。我们党作为执政党若能严格遵守法律,必将带动全社会的守法。如果全社会都能守法,和谐社会必将在中国建成。

依法执政既可以说是中国共产党维护国家和社会长治久安的经验总结，也可以说是国际共产主义运动的教训所在。在苏东社会主义瓦解之后，有许多总结其教训的论著，其中大部分都忽略了从依法执政的角度进行总结。其实苏东社会主义的惨痛教训中，一定有共产党人未能依法执政的教训。就苏联共产党来说，其七大、十一大的中央执行委员会的领导人中的60%~70%都被非法处决，导致了党的严重错误和巨大损失。我国改革开放以来的成就又从另一个侧面说明了依法执政的意义。

（三）完善法律体系

完善法律体系是构建和谐社会的制度需求。和谐社会是一个被法律调整得很好的社会，或者也可以说是一个具有良好法治状态的社会。完善的法律体系是使各种重要的社会关系获得良好法律调整的制度前提。我国正在建设的，并预期在2010年建立的中国特色社会主义法律体系，就应该是一个相对完善的法律体系。

完善的法律体系是和谐社会的保证。没有完善的法律体系，社会生活就难免会出现无法可依的情形。一些社会方面或问题的无法可依必然会导致社会的无序。社会一旦无序，就不会有和谐可言。

和谐社会不仅仅需要法律调整，而且需要完备的法律调整。凡是需要法律调整的事项，都应当得到法律的调整。所以和谐社会对法律的需求，不是简单的有法可依，而是有良法可依。这里的良法应当是指价值意义上的符合公平正义，技术意义上的表述科学完善，实质意义上的适应社会发展。完备的法律体系应该包含着这三个基本方面的要求。

(四)推进依法行政

从行政管理的范围来说,依法行政是和谐社会之必须。行政是由政府承担的。世界各国政府的规模有大有小,但无论怎么小的政府,都是特别有权的。从财政、金融、交通、国防、环保,到教育、科技、文化无一不管。广泛的政府职能和强大的政府权力都要求政府必须依法行政。

从法律适用的数量来看,依法行政也是构建和谐社会之必须。在所有的法律法规之中,依赖政府执行的法律在80%以上。这就意味着,如果政府不依法行政,那就有80%的法律形同虚设。可见,政府是最重要的执法主体,也是法治能否实现,社会是否和谐的主导力量。

从和谐社会的角度来看,政府管理的效能如何,政府执法的状况如何,对于社会的状况都有着根本的影响。要构建和谐社会必须强调政府的依法行政。

(五)实行司法改革

司法机关是社会争端的裁决机关,是社会公正的维护机关,担负着极为重要的社会责任。但我们现行的司法体制的基本模式还是中华人民共和国成立初期设立的。随着市场经济、民主政治和依法治国的推进,司法体制越来越无法适应社会发展的需要,于是党中央毅然决定对司法体制进行改革。

正如十六大所指出的,社会主义司法制度必须保障在全社会实现公平和正义。司法体制改革就是要按照公正司法和严格执法的要求,完善司法机关的机构设置、职权划分和管理制度,进一步健全权责明确、相互配合、相互制约、高效运行的司法体制。从和谐社会的角度来看,改革司法体制的目的就是要保障实现公平正义,从而为和谐社会提

供深厚的基础与良好的保障。只有矛盾纠纷通过司法得以良好解决，违法犯罪通过司法得到有效控制，我们才可能建立起真正的和谐社会。

一个时期以来，无序上访成为我国严重的社会问题。它既反映了社会的不和谐，又妨碍着社会的和谐发展。我们在此问题上作出了极大的努力，但是面对的困难依然很多、很大。上访问题上的形式违法性与诉求合理性之间的冲突为我们解决上访问题增加了难度。我们必须去寻找从根本上消除上访的法律机制。司法必须担负起消除上访的重任。为此，司法体制改革必须从体制和机制上着手，为上访问题的彻底解决，为社会的公平正义作出只有司法能够作出也必须作出的贡献。

（六）提高法律意识

法律意识对于法律遵守具有重要的影响。对于广大人民群众来说，法律意识的培养主要是通过普法宣传教育来进行的。改革开放以来，我们先后开展了几个“五年普法”。目前进行的四五普法也正在有效开展之中。普及法律知识的宣传教育活动，使广大人民群众获得了较为全面地了解法律的机会，有效地提高了全民族的法律意识水平，在相当大程度上减少了法盲违法的现象，并为整个法治建设提供了普遍的认识基础。普法工作是一项长期工作，它是遵守法律、维护法律，监督法律实施的认识前提。在市场经济和社会发展的过程中，普法对于社会秩序的维护，社会稳定的保持，总之对于社会和谐的意义是不容低估的。我们还要进一步坚持普法宣传教育活动，为社会和谐提供最广泛的法律意识基础和最广泛的思想认识保障。要将普法工作持之以恒，倍加认真地坚持下去，开展起来，使普法成为构建和谐社会的重要力量和意识准备。

（七）保护弱势群体

保护弱势群体是构建和谐社会的重要方面。特别注重保护弱势群体，是社会进步文明的表现，是人权保障的现实需要，也是保障国家长治久安的重大举措。

社会弱势群体，表现为贫困人口、下岗职工、待业青年、残疾人、老人、儿童、重大疾病患者、受灾群众，他们处于社会利益分配与占有的弱势地位，基本利益都难以得到保障。从人权保障的意义上讲，我们有责任和义务保障弱势群体的合法权益，并予以特别的关爱。

从社会稳定的角度看，他们中的一部分人不可避免地对社会抱有一定的不满情绪。如果任由这种情绪发酵，后果就不堪设想。但要减少和消除这种不满情绪，绝对不能靠对弱势群体的忽略，乃至强力控制来加以解决。应当做的只能是对其切身利益的深切关怀，对其现实困难的切实解决，对其不满情绪的彻底消解。只有这样，才能达到社会的进步文明、人权保障、安宁祥和。

要做到这些，就必须制定相应的法律，严格执行相应的法律，给弱势群体以应有的社会保障。这些社会保障如果没有切实的法律保障，就无法转化成社会的现实。在社会保障法制建设上，我国还有大量的立法任务没有完成。整体的社会保障法制还在建构之中。社会普遍的人权保障、残疾人救助、儿童权利保护、老人权利保障、妇女权利保障、贫困者救济、失业保障、养老保障等方面，法律制度的空白还很多，既有的法律也存在如何进一步完善的问题。

（八）应对突发事件

应对突发事件是构建和谐社会的法制准备。突发事件是偶然的，也是必然的。那种认为，突发事件无章可循的看法，是错误的。任何国

家和社会都可能出现突发事件，只是有的国家和社会出现的可能性大些，有的出现的可能性小些；有的多些，有的少些。不同的国家和社会有着不同性质或种类的突发事件。但是处于改革发展中的国家和社会，各种社会关系都处于急剧变化之中，突发事件出现的概率和危险都比其他国家和社会大得多。所以，处于改革和发展阶段的国家和社会就必须在更大程度上关注和警惕突发事件的出现。

任何突发事件，如果没有社会问题和社会矛盾作为基础，便不可怕，可怕的是社会矛盾的不断积聚。在累加的社会矛盾之中，某时某地的一个小小的突发事件就可能演变成为牵一发而动全身的重大事件。要消除突发事件的危险，就必须采取有效的法律措施。事件是突发的，但法律不应是突发的。最经常的法治措施有两个方面：

一是要建立起从根本上减少和消除社会矛盾的法律体制和机制。突发事件几乎都是社会矛盾积淀的产物。社会矛盾产生了，我们就应当为其提供疏解的途径。或者是通过行政的法律途径，或者是通过司法的法律途径，或者是将二者结合起来将其化解。法律体制和机制为社会矛盾的消除，提供的是最根本、最彻底的解决手段。有了这样的手段，突发事件发生的概率就会降低，一旦发生也很容易转化为常规的法律争端，并通过法定途径得以解决。

二是要制定应对突发事件的法律规范，并在紧急的状态下严格执行。制定相关法律以备不时之需。一旦发生突发事件，便能够有条不紊地依法办事，应付裕如。既有的法律早已为突发事件的处置提供了足够的制度资源和法律措施，这样就能有效地防止突发事件的恶性发展，及时处置突发事件，确保社会和谐。

（九）维护自然环境

维护自然环境是构建和谐社会的必然要求。自然环境的维护，是

早就摆在我们面前的重大难题。建立完善的环境保护法律制度,维护自然资源与生态环境,是人类可持续发展的必须,也是科学发展观的要求。

高速发展与环境保护之间的冲突由来已久。以损害自然环境作为代价的快速发展,必将付出更大的代价来修复环境,自然也会加倍地向人类报复。人与自然的和谐相处,是正确处理人类与环境之间关系的客观要求。在追逐利益的强大力量下,如果没有强有力的措施对于危害自然环境的行为加以制止和处罚,毁坏环境的行为就无法得到有效的控制。法律在这方面担负着远比道德、传统、习惯、政策更为艰巨的任务。历史和现实都说明,不采取法治化的有效措施,自然环境的维护就无法得以有效的开展。

(十)实现社会公正

实现社会公正是构建和谐社会的深刻根基。社会公正存在于社会的各个方面,就总体而言,最引人注目的是社会的分配公正和司法公正。

分配公正问题,历来都是世人瞩目的重大问题。在中国实行市场经济以来,社会各个阶层或各个社会成员之间,在收入分配上出现了多元化的格局。多元的分配格局必然导致利益的差异。利益差异的急剧拉大,必将严重危及社会安全与稳定,如此社会和谐就无法实现。法律在收入分配上应该发挥更大的作用。确定合理的收入比例,是构建和谐社会所必须。各种劳动如果无法获得等值的报偿,分配就必然处于不公正的状态。分配不公势必会引发社会矛盾,尤其是引发贫困者与富有者,管理者与被管理者之间的矛盾。法律在分配的税收调节上也应该发挥更大的作用。税收立法始终是对社会分配进行有效调控的手段。科学的税收制度,既可以鼓励劳动者进行劳动创造的积极性,也能

有效地调节社会收入的差距。使高收入者对社会做更大的贡献,担负更多的责任,使低收入者能够获得法律上的照顾,确保其免于贫困而过有尊严的生活。

司法公正对于维护社会和谐是特别重要的。和谐社会不是没有纷争的社会。社会没有纠纷是不可能的,减少纠纷和化解纠纷则是必须的。只有纠纷较少,一旦发生了又能很好解决的社会,才是最好的社会,才是真正的和谐社会。要彻底减少纠纷依赖的是社会公正,要消除纠纷依赖的同样是社会公正。如果说前者依赖的是泛义的社会公正,后者依赖的则是特定的司法公正。那种认为和谐社会无须司法的观念是完全错误的。我们构建和谐社会不是不要司法,而是必须使司法发挥充分的效用,为社会和谐提供最有力的手段。以和谐社会作为目标的司法必须以公正作为价值目标。法律本身就应当是为公平正义而存在的,追求公平正义是法律的理想。实现公平正义是对法律本质的体现,是司法对于法律本质的展现与归结。正因如此,与法律公正属性相一致,司法自古以来就具有公正的价值内涵。每一个社会的司法体制都有实现司法公正的程度问题,没有一个司法体制会公然反对或者否定公正的价值诉求。公正是司法的内在要求,也是和谐社会的价值基础和价值目标。缺乏公正的社会,必然不会是和谐的。各种社会利益主体如果在法律上得不到公正的对待,他们就会不平则鸣地抗议,也就必然会影响社会的和谐状态。

分配公正和司法公正只是最基本的社会公正。只有整个社会处于全面的公正之中,我们才可能说这个社会赢得了长治久安的社会基础、道义基础、制度基础,和谐社会才能真正建立。

(2004 年 9 月,中共十六届四中全会决定提出了要提高中共执政能力包括构建社会主义和谐社会的能力。2005 年 2 月 19 日,中央举办省

部级主要领导干部提高构建社会主义和谐社会能力专题研讨班，胡锦涛同志在研讨班的讲话中明确提出要构建社会主义和谐社会，于是中央党校即开设相应课程。这个讲稿就是2005年为主体班学员写作的，一直使用到2008年秋。各个学期都会根据形势发展作相应调整，但是基本内容一直未变。)

11. 法学基本知识

一、法学的概念

（一）定义与意义

法学也称为法律科学或者法律学，是以法或法律作为研究对象的社会科学。法学作为重要的社会科学，在现代社会中具有重要的社会意义。对其知识的学习，有助于我们树立正确的法律意识，有利于我们正确执行法律，也有利于我们自觉遵守法律，还有利于我们进行法律监督、维护法律的权威，为社会主义法治建设，作出应有的贡献。

（二）法学的产生发展

1. 法学产生的基本标志：一是法律的出现和发展，二是职业法学家阶层的出现。这两个基本的标志，是马克思主义思想家总结人类社会法学产生的历史过程而得出的科学结论。

2. 法学产生与历史发展：在西方为古希腊时代，在中国为春秋战国时期。法学在东西方经历了不同

的历史路径,加强东西方法学的对话与交流是历史时代的需要。

（三）法学的体系

1. 法学体系的含义:是指由法学理论学科和法学分支学科构成的法学的统一整体。法学的体系是十分庞大的,我们应当对法学的学科体系有一个基本的了解和把握。

2. 法学体系中学科划分异常纷繁,主要包括理论法学、应用法学、法律史学、比较法学和边缘法学等。应用法学中包括宪法学、行政法学、刑法学、民法学、婚姻法学、刑事诉讼法学、民事诉讼法学等。

二、法与法律

（一）法律

在广义上,系指体现国家意志的,以权利义务为主要内容的,以国家强制力保障实施的社会行为规范的总称。在狭义上,仅指由国家特定的立法机关制定或认可的,由国家强制力保证实施的行为规则的总称。广义的法律也被称为法。

（二）法律体系

是指由一国现行法律所构成的,以宪法为主导,由各个部门法所构成的整体。其中包括宪法、行政法、民法、刑法、婚姻法、劳动法、军事法、诉讼法等众多的法律部门。

（三）法律部门

在以法律所调整的对象即社会关系的性质为主要标准,以法律调整方法为辅助标准进行法律的类别划分的,由同类的法律所构成的整体。

（四）中国社会主义法律体系正在完备之中

党的十五大提出到2010年形成有中国特色社会主义法律体系。现在时间紧迫，任务艰巨。

三、法治

（一）法治的含义

法的统治是指以民主为基础，保障人权为特征的严格依法办事的社会管理模式、社会秩序状态和社会生活方式。

（二）法治与人治

人治是指以统治者个人或者少数人的意志作为社会管理手段，统治者权力至上的社会管理模式、社会秩序状态和社会生活方式。

人治与法治有着重要的区别：

1. 在价值理念方面：法治强调自由、平等、人权、民主、正义；而人治则强调统治者权威、特权、专制与奴役。

2. 在法律地位方面：法治强调法律至高无上；而人治则强调统治者权威，法律不过是统治者的统治工具。

3. 在法律与权力的关系方面：法治强调法大于权力，任何权力都必须受到法律的制约；而人治则把法律仅仅作为工具，需要时就运用法律，不需要时则抛弃法律。

四、法治国家

（一）法治国家的含义

1. 法治国家的定义：也称为法治国，是指国家法治化的状态或者法

治化的国家。根据国家的治国方式、方法和法律在社会生活中的地位与作用,可以把国家划分为法治国家和非法治国家。

2. 法治国家是政治制度为民主制度的国家。所有的法治国家的政治制度都必须是民主的,而绝非专制。

3. 法治国家是权力结构为分工制约关系的国家。国家权力涉及和体现在社会生活的各个方面,不可能由某一个人或者某一个机关来具体行使,它必须区分权力的性质,由不同的机构来行使不同的权力。对于权力的制约是保障国家权力被正当行使与人民权利有良好保护的基本要求。

4. 法治国家是经济体制为市场经济体制的国家。在市场经济的条件下,经济活动的主体繁多,经济活动的行为纷繁复杂,经济活动的范围也特别广泛,没有法律确立统一的市场规则,市场和经济都会陷入混乱之中,因此市场经济就必然会提出完备法制、实行法治的要求。

5. 法治国家是文化意识具有较高理性程度的国家。对于法治国家模式的正确选择,离不开必要的理性作为基础。法治国家的文化意识中应充满着理性或者理智或者科学。在非理性的文化意识基础上创立不了法治和法治国家,假如创立了,也得不到保持和发展。

6. 法治国家是依靠法律进行社会控制的国家。在若干社会控制措施中,法律是最为可靠的、最为重要的措施。法制和法治是法治国家行为的自觉根据、评价准则和活动方式。

(二)法治国家的特征

1. 民主完善:民主是法治国家必备的政治基础,完善的民主是法治国家的重要标志。法治国家是以完善的民主作为基础和目标的。民主完善最首要的内容是完善政治民主,最直接的内容是完善立法民主。

2. 人权保障：人权是人所应当享有的权利，人权的权利范围与保护程度是一个国家进步与文明程度的重要表现，是不同类型国家的重要差别。人权保障状况是法治国家与非法治国家的重要区别之所在。

3. 法制完备：法律制度的完备是法治国家得以建立的必要条件之一。在中国，法制完备对于法治国家的建立具有特别重要的意义。法制完备表现为法律制度的类别齐全、规范系统而无一遗漏。凡是法律制度所应调整的，均应有法律制度调整；凡是由法律制度调整的，均应有恰当的法律制度调整；调整不同领域的法律制度应当相互衔接、有机协调；法律制度在执行、遵守、监督中的任何问题，均能在法律制度中获得解决的途径；法制有一个调节机制，能作出适应客观需要的相应反应，能进行有效的自我修正。

4. 法律至上：法律至上是指法律在整个社会规范体系中具有最高的权威，任何社会活动主体都必须服从法律、遵守法律的规定，而没有超越法律的公共权力。

5. 司法公正：在法治国家建设中，司法公正具有更重要的意义。司法公正是司法的最本质要求，是司法赢得群众的最基本方面，是社会发展的必然要求。

6. 依法行政：行政能否依法进行直接关系着一个国家能否实现法治。任何法治国家都以依法行政作为自己最基本的特征与非法治国家相区别，依法行政是法治国家的重要标志。

7. 权利保障：权利与权力之间的关系，权利受到尊重的程度，都是法治国家与非法治国家的重要区别。凡是法治国家，必然是注重权利保障的国家。权力要对权利退让并为权利保障服务。

（本文系2006年春季学期为西藏民族班学员讲授相应课程的提纲。中央党校的民族班学员并不是专门学习法律或者法学专业的，给他们开设有多个学科的基本知识介绍课程，以丰富其教学内容。法学只是需要介绍基本知识的诸多学科之一，本人承担了相应的教学任务。）

12. 依法执政的理论与实践

依法执政问题是所有执政党都面临的宏大课题，也是中国共产党人必须担负的历史重任。2004 年，我们党在《关于加强党的执政能力建设的决定》中明确提出要加强依法执政能力建设，从此开启了中国共产党全面走向依法执政的大门。

一、依法执政的基本含义

（一）依法执政的提出

依法执政的问题早在革命根据地局部执政时期就被提了出来，而且中国共产党人作出了当时条件所能允许的极大努力，开始了依法执政的初步尝试。但由于战争的影响和革命根据地的变动，依法执政难以全面推行。1949 年，中国共产党开始全面执政，但是如何在全国范围内依法执政依然是中国共产党面临的现实的重大问题。经过几十年的社会主义的执政实践，2004 年，我们党的十六届四中全会作出的《关于加强党的执政能力建设的决定》中，我们党以长期执政的经验为基础，提出了科学执政、民主执政、依法

执政的命题。把科学执政、民主执政、依法执政作为一个整体完整地提出来，在党的文献中还是第一次。这也是我们党第一次提出依法执政。

（二）依法执政的内涵

依法执政，就是指中国共产党在执政的过程中，要善于使党的主张通过法定程序成为国家意志，从制度上、法律上保证党的路线方针政策的贯彻实施，使这种制度和法律不因领导人的改变而改变，不因领导人看法和注意力的改变而改变。加强党对立法工作的领导，确保立法充分体现人民的智慧并实现人民民主。全党同志特别是领导干部要牢固树立法制观念，坚持在宪法和法律范围内活动，带头维护宪法和法律的权威。督促、支持和保证国家机关依法行使职权，在法治轨道上推动各项工作的开展。

依法执政的主体是中国共产党。依法执政包括四个方面的基本内容：一是依法贯彻党的主张；二是领导立法发展；三是带头遵守法律；四是确保法律实施。

（三）依法执政与科学执政、民主执政的关系

科学执政、民主执政、依法执政是密不可分、相互联系的整体，既完整地提出了我们党执政的目标和原则，又明确规定了我们党执政的方式和途径。

科学执政是依法执政的前提条件。科学执政的目的在于确保执政的正确性。实践证明，民主只有依赖科学的方式、方法、体制、机制才能真正实现。我们过去曾经搞过的“大民主”之所以会变成大灾难，说到底就是缺乏科学性，导致事与愿违。任何一种民主方式都不是十全十美的，它只是可以最大限度地减少错误和失误，并不能彻底免除错误和失误。多数人决策的过程也可能被扭曲。为了尽可能减少决策的失

误,防止多数人决定向少数人决定的畸形演变,我们在强调民主执政的同时必须强调科学执政。同样,依法执政也要以科学执政为前提。因为只有符合客观规律的法律才是良法,才能为人民群众自觉认同和遵守。科学执政的核心是按执政规律执政,而良好的法律正是在人们对政治、经济、社会发展规律不断认识的基础上形成的,反映了人们对这些客观规律的认识。从人类社会由人治向法治发展的历史进程来看,坚持依法执政本身就是符合客观规律、适应客观规律要求的体现。缺乏科学性作保障的执政,即使有法律作保证,也同样会犯错误。所以,依法执政必须符合科学性要求。

民主执政是依法执政的本质要求。民主执政的目的在于确保执政的民主性。要做到依法执政,必须坚持民主执政。因为只有民主执政,才能最大限度地集中人民群众的智慧,最大限度地反映人民群众的意愿,从而把握规律,实现科学执政。民主执政推进得愈好,科学执政就愈有社会基础与群众基础。民主执政可以说是科学执政的社会基础和理想目标。从普遍的决策意义上讲,完全可以说,没有民主执政,就没有科学执政。同样,坚持依法执政也必须坚持民主执政。民主执政在根本上决定着依法执政,因为只有坚持民主执政,有关的法律法规才可能制定得科学,才可能得到人民群众的积极遵守。法治背景下的依法执政,归根结底就是要按照大多数人的意志执政,按民意执政。在我国,人民是国家的主人。国家制定的法律,所反映的应当是人民意志,应当是人民群众的利益、愿望和要求。民主执政所提供的是依法执政的社会基础和群众基础,它也是依法执政的本质要求与反映。依法执政以民主执政作为自己质的规定性。

依法执政是科学执政和民主执政的基本方式。依法执政的目的在于确保执政的法治化水平。要使民主执政成为坚定不移的政治原则,要使民主执政获得有效的程序保证和实质保证,依法执政就成为民主

执政在形式上的基本要求。民主执政需要依法执政予以程序和方式的保证。科学执政也必须依赖依法执政。因为科学执政的目标需要法律予以确立,科学执政的程序需要法律加以设定,科学执政的成果需要法律予以保障。在执政活动中,必须依法推行科学执政,使违反科学的执政行为受到应有的法律限制,才能保证科学执政的全面实现。

科学执政、民主执政、依法执政是一个有着共同目标的统一整体。这三者的统一,是坚持党的领导、人民当家作主和依法治国的有机统一的体现,是我们党执政的手段与目标相统一的体现,是我们党自身建设与实现党的历史使命相统一的体现。全面坚持“三个执政”必将使党的执政方略更加完善、执政体制更加健全、执政方式更加科学、执政基础更加巩固,进而确保党的长期执政与良好执政,确保国家富强、民族振兴、社会和谐、人民幸福。

二、依法执政的客观依据

(一)依法执政是社会发展进程的需要

1. 适应社会转型的需要

中国社会正经历着双重意义的社会转型。谈到中国目前正处于转型期,中国现实的社会是一个转型期的社会,人们往往是指我们在20世纪末期进行的社会改革。这是对的,但是这并不全面,甚至还缺乏用历史的眼光来看待中国的整个历史发展,尤其没有能够很好地认识中国的近现代历史。

中国社会正在经历的第一个重要意义的社会转型,是中国从传统社会向现代社会的转型。从鸦片战争、洋务运动、戊戌变法、五四运动以来,中国社会开始了现代化的历程。从传统社会向现代社会的过渡,是中国社会尚未完结的历史使命。这一过程也就是中国的现代化过

程。它已经有一百年的历史了,至今它还持续地进行着。现代化的进程是以世界各国,尤其是世界上的先发展国家作为参照系的,现代化的标准具有明显的时代性。中国的现代化进程全面地更新着中国的经济、政治和文化的传统,使中国社会谋求的是“与万国同制”与“与万国同行”,目的在于使中国社会适应时代和世界的发展趋势,自立于世界民族、国家之林。在整整一个半世纪乃至更长的历史中,中国社会一直持续不断地发展着、更新着,朝着现代化的目标迈进。为此涌现了一代又一代杰出的思想家、政治家,尤其是革命家和改革家。

中国社会正在经历的第二个重要意义的社会转型,是指从20世纪末期的最后20年以来,中国社会正在进行的新一轮社会变革。中国社会,经过了几千年的发展,经历了奴隶制、封建制和半殖民地半封建社会,并进入了社会主义社会。在社会主义社会初期,我国的社会曾经在政治上实行着高度的集权、经济上实行着高度的计划、文化上曾经一度出现过严重的专制。随着社会的发展,我们因应时代的要求开始了一场社会主义的自我改革的革命。我们正在推进政治的民主化进步、经济的市场化进程、文化的多元化发展。中国社会在20世纪后期所发动的这场改革正与第一重意义的社会转型相契合。

在两个意义上社会转型中,社会的政治、经济和文化的更新都对中国提出了从专制向法制,进而向法治进步的要求。所以一百多年来,法治就成为了中国人民的梦想。尤其是经历了社会主义的几十年的社会实践,我们更深刻地感受到了在中国推行法治的必要性和重要性,以及不要法治的灾难性后果。双重的社会转型都提出了一个共同的要求——法治化变革。在法治口号和目标被重新提出之后,依法治国,建设社会主义法治国家成为社会的整体要求,也成了改革开放的需要。在这种背景下,提出并实行依法执政,是中国社会对执政者的要求,是中国社会要完成百年的现代化变革与完成当前的体制改革所必须的,

也是中国执政者政治自觉的客观反映,和政治进步的外在表现。

2. 推进法治进程的需要

中国的法治发展经历了百年之久,新一轮彻底的法治化变革已经如火如荼。中国法治是中国从传统社会向现代社会过渡的需要,也是近半个世纪历史的经验与教训结晶。到现代,法治已经成为中国社会不可逆转的发展方向。社会的法治化发展不断推进,取得了令世人瞩目的重大成就。建设法治国家成为了理想目标、与现实的任务。在这样的背景之下,执政党的依法执政就成为法治发展的客观需要,也是我国法治建设向纵深发展的必由之路。

法治内在地要求制约权力,必然要求制约执政党。权力是社会的产物,社会不可没有权力,但社会也不能容忍权力的滥用。任何权力的滥用都是对人民权力和人民权利的侵犯,也都是对权力本身的败坏。法治之治首先就在于规范权力,防止权力滥用,保障权力的正当性和合法性。执政权力显然是重要的社会权力之一。在政党政治中执政权力都是为执政党所掌握的。在政党政治中,政党作用是不容忽视的。无论人们是否认可,政党都发挥着重要的作用。尤其是执政党主导着一个社会的政治,也主导着一个国家的发展。由于执政党拥有执政的权力,法治对于执政党执政权力的规制必然首先体现在对于执政党的规制之上。

依法执政是中国宪法与中国共产党党章的共同要求。就中国当代社会的实际情况而言,1982 年的《中华人民共和国宪法》就确立了一切政党都必须在宪法和法律范围内活动的原则。作为执政党的中国共产党也于同期,在自己的“宪法”中写进了党的组织和党员必须在宪法和法律的范围内活动的组织规则。但是一直没有进一步的具体化。随着法治的发展,如何使宪法的规定和执政党党章的规定具体化,是中国社会和共产党都面对的问题。在这种情形之下,提出并实行依法执政,是

法治发展的客观要求,也是任何政党必须在宪法和法律范围内活动原则的具体化和进一步法治化。

依法执政是中国社会全面法治化的重要启动点。法治发展过程是社会整体化的演进过程,这个过程需要一个客观的启动。法治不是一蹴而就的,有其不断推进的历史进程。这个进程有其发展的规律,但是人们对其进程并不是无能为力的。人们完全可以发挥自己的主观能动性推进法治的迅速发展,使法治得以加速推进。在法治的发展中也有众多的因素产生着影响。影响法治的因素中政治的因素是尤其不可忽略的。在政治因素中,执政党如何认识法治,是一个思想前提。解决了思想认识问题的执政党也就能够正确地面对法治。但是法治毕竟是一种独特的社会实践。它需要在社会中发挥着重要政治作用的执政党身体力行地推进。既是法治的动力,又是法治的典范。从典范的意义上讲,依法执政无疑是执政党的最佳表现。执政党的依法执政,将会给社会一个守法的范式,供社会效仿,并提高全社会的法治观念和守法水准。执政党若能严格地依法执政,必将极大地促进法治的发展,推进法治发展的进程。

3. 政党建设发展的需要

世界各国不同的执政党有着并不完全相同的执政方式,执掌着国家的政治权力。执政党的执政方式,反映着执政党的执政能力与执政水平。是否依法执政,能否依法执政,是执政党是否成熟的标志。任何成熟的执政党,都会寻求最佳的执政方式来实现自己的执政目标。在执政的方式中,依法执政是最具有严肃性、稳定性和连续性的方式,也是优秀的执政党所特别注重的方式。

执政党依法执政的提出,本身就表明了执政党认识水平的提升。执政党若能实实在在地推行依法执政,对于社会的益处自不待言,就是对于执政党自身来说,也是执政能力的重大提高。在依法执政的过程

中,执政党必须具有足够的政治意识、法律意识和艺术地达成自己执政目的的政治技巧。依法执政会给执政党提出全方位的素质要求与能力要求。执政党实行依法执政的过程,也是执政党自我提高的过程。在依法执政的发展中,执政党的能力也会自然而然地得以增强,依法执政的推行必然会加强执政党的建设。

(二)依法执政是党的现实任务的要求

十六届四中全会的决定指出,"当前和今后一个时期,加强党的执政能力建设的主要任务是:按照推动社会主义物质文明、政治文明、精神文明协调发展的要求,不断提高驾驭社会主义市场经济的能力、发展社会主义民主政治的能力、建设社会主义先进文化的能力、构建社会主义和谐社会的能力、应对国际局势和处理国际事务的能力"。提高党的依法执政能力,正是这一主要任务的要求。

1. 驾驭市场经济的要求

执政总有其时代背景和社会背景,依法执政如此,中国共产党的依法执政也同样如此。21 世纪初期的中国,正是走向市场经济的时期,整个社会也面临着建设市场经济的重任。在走向市场经济的时代背景和社会背景之下,如何进行依法执政,是一个崭新的课题。依法执政必须是在能够有效地驾驭市场经济的基础上的。没有对于市场经济的良好把握,没有对于市场经济的法律规制,市场经济就会遭受严重障碍,就无法得到顺利发展。

市场经济建设是中国历史的选择,是中国共产党领导人民应时代的需要,提出了市场经济的目标,也只有中国共产党担负起市场经济建设的重任,市场经济才能顺利的发展。驾驭市场经济是社会的历史性要求。如何适应社会发展的需要,发展市场经济是历史发展到特定历史时期的必然。驾驭市场经济的能力,实际上也是中国共产党与时俱

进能力的表现。只有顺应历史的要求,与市场经济的发展协调一致,市场经济才能发展,中国共产党也才能赢得自己的历史性的进步。

市场经济是法治经济。市场经济与法治是密切联系,不可分割的。市场经济的发展必然要求法治的形成和发展。如果可以说没有市场经济就没有法治,我们也完全可以说没有法治就没有市场经济。市场经济对于法治的需求,以及与法治之间的内在联系,也就要求我们必须在发展市场经济的同时,加快法治发展的进程。依法治国本身就是市场经济发展的必然要求。中国共产党的依法执政,是在市场经济和依法治国双重背景下进行的,要全面建立起完善的社会主义市场经济体制,就必须学会依法驾驭市场经济。

2. 发展民主政治的要求

党的十六届四中全会的决定指出,“坚持和发展人民民主,是我们党执政为民的本质要求和根本途径。要坚定不移地走中国共产党和中国人民自己选择的政治发展道路,坚持四项基本原则,积极稳妥地推进政治体制改革,发挥社会主义政治制度的特点和优势,巩固和发展民主团结、生动活泼、安定和谐的政治局面”。

(1)党的依法执政是保证人民当家作主的要求。推进社会主义民主的制度化、规范化和程序化,保证人民当家作主。健全民主制度,丰富民主形式,扩大公民有序的政治参与,保证人民依法实行民主选举、民主决策、民主管理、民主监督。坚持和完善人民代表大会制度,保证各级人民代表大会都由民主选举产生、对人民负责、受人民监督,支持人民通过人民代表大会行使国家权力,支持人民代表大会及其常委会依法履行职能,密切人大代表同人民群众的联系,使国家的立法、决策、执行、监督等工作更好地体现人民的意志,维护人民的利益。尊重和保障人权,保证人民依法享有广泛的权利和自由。

(2)党的依法执政是保证社会主义民主决策的要求。民主除了社

会制度意义的,还有决策意义的。现代民主要求我们,坚持少数服从多数的原则。这是坚定不移的原则。同时,我们还要坚持尊重和保护少数,尊重和保护反对者的原则。这是确保我们的民主长期有效,永远被坚持的需要。这些方面为什么一直得不到有效地贯彻,关键在于我们没有将这些原则制度化、法律化。执行得好坏,没有一个法定的评价机制和标准,而主要的是依靠领导人的个人素质。在我们未来的发展中一定要重视相关的制度建设和法律建设,使我们的决策永远是民主而科学的,我们的政权就永远不会丧失,我们就永远立于不败之地!

(3)党的依法执政是保证社会主义基层民主的要求。十六届四中全会的决定指出,我们要"扩大基层民主,完善基层政权、基层群众性自治组织、企事业单位的民主管理制度,坚持和完善政务公开、厂务公开、村务公开等办事公开制度,保证基层群众依法行使选举权、知情权、参与权、监督权等民主权利"。这些方面无一不需要我们加强法制建设,并切实依法办事。

3. 建设先进文化的要求

(1)提高依法执政能力是解放和发展文化生产力的要求。一谈到生产力,我们就想到的是物质生产力。其实就生产力而言,包含着物质生产力和精神文化的生产力两个方面。满足人民的物质需求固然重要,但是满足人民日益增长的文化需求也非常重要。满足人民群众的精神文化需求和促进人的全面发展,始终是我们的文化发展的目标。现在我们的文化生产力还有一个调动积极性,发展生产力的问题。文化市场的活跃和规范,是一个两难的问题。我们要促进文化事业的全面繁荣和文化产业的快速发展,增强我国文化的总体实力,我们就必须以体制创新为重点,增强微观活力,健全文化市场体系,依法加强管理。

(2)提高依法执政能力是发展社会主义科教事业的要求。教育和科技在我国的现代化建设中具有基础性、先导性和全局性的作用。发

展教育和科技事业是我们必须重视的,但是我们在这方面的法治建设还十分薄弱。首先是立法少,其次是有法难依和有法不依。我们党也一直没有能够培养起依法管理教育、科技事业的良好的能力。这需要引起我们的高度重视。

(3)提高依法执政能力是抵制不良文化的现实要求。在我国目前不良文化主要是两个方面:一个是封建文化的残余,另一个是资本主义的文化侵蚀。从文化层面来说,清除封建残余将是一个长期的过程,抵御资本主义文化的侵蚀也同样是一个长期的过程。在现实社会中,西方资本主义对于我们的文化渗透是十分明显的。我们不能闭关锁国,我们也不能无动于衷。我们最好的办法就是拿起法律的武器,依法管理文化建设和文化市场,对不良文化依法处置。

4. 构建和谐社会的要求

(1)增强创造活力。和谐的社会是稳定的,是各种因素能得到良好运转的社会,但是和谐社会并不是僵化的社会,也不是停滞不前的社会,而是充满活力、饱含生机的社会。这个社会的创造活力的有无与多少,直接制约着发展的状况与进程。

和谐社会的动力在于发展。发展才是硬道理,对于生产力来说,这是不可辩驳的真理。没有发展,社会就失去了前途,就失去了走向未来的可能。社会的良好发展必然要依赖各种因素或元素作用的充分发挥。各种因素或元素是否具有活力,是作为整体的社会是否能够发展的基本前提。这种活力绝对不是一种故步自封或举步维艰,它需要具有创造的性质、开拓的性质、自我增长生命能力的性质。只有充满活力的因素和元素产生着效用,社会的整体才会因此而获得进步与发展。

增强创造活力,是构建和谐社会的动力源泉。任何事物都有产生发展的过程。要使发展成为无限延展的过程,就必须获得发展的动力。没有新动力随时予以补充和支撑的事物终究难免走向衰落。社会发展

也是同样的。要使一个社会不停地发展和具有无限的未来,找到并依靠其动力源泉就是最为重要的。能够为社会提供无限发展动力的,是一个社会的创造活力。增强创造活力如果能确实地被作为一个社会发展的基础和依据,这个社会就能在不断的发展中又赢得不断发展的动力,而一往无前。

(2)解决社会矛盾。社会矛盾是客观地存在的。面对人类社会的重重矛盾,我们一是尽力使其少发生;二是使其尽快得以解决。这是我们对待社会矛盾的最基本的正确态度。我们要构建的和谐社会,也应是社会矛盾较少发生,或发生之后能够得到有效解决的社会。

社会矛盾是阻碍社会发展的因素,社会矛盾的累加不但会减缓社会发展的速度,而且也会形成社会的破坏力量。社会矛盾的存在及其冲突往往导致社会的分裂,甚至对抗。分裂与对抗的社会,当然不是和谐的社会。社会为了消除已经产生的社会矛盾就会消耗必要的社会成本,付出必要的社会代价。通过这些社会成本或代价的付出,社会矛盾解决了,社会当然赢得了继续发展的机会。但是这些成本和代价本身就是以减缓社会发展的速度作为牺牲的。

社会矛盾的解决方式是很多的。有道德的方式、政治的方式,也有法律的方式。我们不可以否认道德方式、政治方式的作用,但是我们必须清楚地认识到,在众多的解决方式之中,唯有法律的方式最具有外在的强制意义。只有法律的解决方式,才具有迫使人们不得不服从的性质。用任何方式来解决社会矛盾都是可以的,但是这些方式中断然不可缺少法律的方式,所有方式都必须在法律的范围内加以适用,并不得与法律相冲突、相对立。

依法执政就是要有效地防止社会矛盾和有效地化解社会矛盾,推进和谐社会的建立,并推进和谐社会的发展。对于依法执政来说,过多过大的社会矛盾必然会影响依法执政的推行。社会矛盾总是难免涉及

这样那样的违法甚至犯罪,违法犯罪的存在就会成为执政的威胁。对社会矛盾的有效控制,既是依法执政的前提,又是依法执政的目标,不能将其与依法执政割裂开来。构建和谐社会,依法执政是其必然的要求,减少和消除社会矛盾是其内在的基本方面。

上访可以说是中国独特的社会现象。这一现象的产生具有历史的、文化的、政治的多种因素的原因。有人说它就是社会矛盾,而且是极为重大的社会矛盾。这种认识是有一定的道理的。但是,如果仅仅认识到这个层面是不彻底的。因为上访本身还是社会矛盾的体现。上访的诱因才是第一层面的社会矛盾。相对于上访的诱因来说,上访是第二位的社会矛盾。说到作为上访诱因的社会矛盾,那是更为复杂的社会存在。

(3)创新社会管理体制。创新社会管理体制,是我国面临的重要任务。党的十六届四中全会决定要求我们,“完善社会管理体系和政策法规,整合社会管理资源,建立健全党委领导、政府负责、社会协同、公众参与的社会管理格局。更新管理理念,创新管理方式,拓宽服务领域,发挥基层党组织和共产党员服务群众、凝聚人心的作用,发挥城乡基层自治组织协调利益、化解矛盾、排忧解难的作用,发挥社团、行业组织和社会中介组织提供服务、反映诉求、规范行为的作用,形成社会管理和社会服务的合力。健全社会保险、社会救助、社会福利和慈善事业相衔接的社会保障体系。加强和改进对各类社会组织的管理和监督。”社会管理体制的创新离不开,我们党的依法执政。

(4)维护社会稳定。党的十六届四中全会决定要求我们,“建立社会舆情汇集和分析机制,畅通社情民意反映渠道。建立健全社会预警体系,形成统一指挥、功能齐全、反应灵敏、运转高效的应急机制,提高保障公共安全和处置突发事件的能力。有效发挥司法机关惩治犯罪、化解矛盾和维护稳定的职能作用。坚持打防结合、预防为主,专群结

合、依靠群众,加强和完善社会治安综合治理工作机制,依法打击各种犯罪活动,保障人民生命财产安全”。这些都需要我们熟练地运用法律的手段,严格依法办事。只有这样,我们才能真正为党分忧,确保我们党的执政下的中国长治久安。

5. 处理国际事务的要求

党的十六届四中全会决定指出:“在复杂多变的国际形势下,党要领导人民抓住机遇、应对挑战,实现全面建设小康社会的宏伟目标,为维护世界和平与促进共同发展作出贡献,必须正确应对国际局势,妥善处理国际事务和国际关系,争取良好的国际环境和周边环境。”决定要求我们“全面认识和把握国际因素对我国的影响,不断提高同国际社会交往的本领。全面分析和妥善应对来自外部环境的机遇和挑战,善于扬长避短,坚持平等互利、共赢共存,充分利用有利因素,积极化解不利因素,努力变挑战为机遇。加快熟悉和善于运用国际规则和国际惯例,积极参与有关国际事务和国际规则的磋商和制定,充分反映合理主张,坚决维护我国人民和各国人民的共同权益。妥善回应国际社会对我国情况的关注。加强和改进对外宣传工作,积极开展对外文化交流,进一步推动形成有利于我国发展的国际舆论环境”。我们需要积极参与国际法治活动,我们需要运用法律的武器来处理复杂国际的政治、经济、军事法律问题。

三、依法执政的主要措施

(一)党要自觉遵守法律

党要自觉遵守法律,是我国宪法的根本原则。1982 年春,在修订宪法时,就明确要求“所有政党、武装力量、社会组织都必须在宪法和法律的范围内活动。”

党要自觉遵守法律,是我们党早在 1982 年秋召开的十二大得出的历史结论。党的十二大修订的党章就明确要求党的组织和全体党员必须在宪法和法律的范围内活动。

依法执政是宪法和党章原则规定的具体化,也是其得以实现的基本方式。

党的守法表现为党的组织和党的成员两个方面,都要守法。

(二)党要通过法律执政

党要守法,但是党不能被动守法。在守法的同时,党还要通过法律来执政。党既要严格守法,又要引导法律发展。

在守法的意义上,党必须严格遵守法律。党的组织和党员,面对法律没有任何特权。无论其地位多高,权力多大,都必须在宪法和法律的范围内活动。

在立法的意义上,党必须领导立法发展。党要领导人民,集中人民的意志;党要代表人民,体现人民意志。将需要制定的法律制定出来,将需要修改的法律作出修改。这里所要强调的,这就是中国共产党依法执政的重要体现,这一切都必须依照法治的方式与程序进行。

(三)党要领导立法发展

党领导立法发展,在形式上就是要通过法定程序向立法机关提出各种立法建议,创制或者修改法律。

党领导立法发展,在实质上就是要把党的意志归根结底是要把人民意志体现为法律。党期待立法体现的意志,直接的是党的意志,根本的是人民意志。

（四）党要监督法律实施

政党监督法律实施是天经地义的。我们的现实问题不是党该不该监督法律实施，而应该是党应该如何监督法律实施。这是一个极大的难题。这也是改革开放以来一直困扰我们的难题。为什么说是改革开放以来的难题。因为在改革开放之前，党包揽一切。

（本文是2006年为主体班上课的讲授提纲。）

13. 世界视野中的中华法文化

中华文明是世界视野中的中华文明，中华法文化是世界视野中的中华法文化。如何在世界的视野中认识中华法文化，并开创中华法文化的未来，这是中国新时代的领导者们必须考虑的重大问题。这是一个极为宏大的题目。本讲座仅仅是想以此为题，拉开我们身边的一扇窗，与同志们一起观察与思考。马克思主义经典作家曾一再教导我们，“历史就是我们的一切”。让我们拉开历史的帷幕去回顾那辉煌的过去。

一、辉煌历史：中华法文化的世界影响

中华法文化历经数千年的风雨一路走来，创造了举世瞩目的辉煌，在全世界产生了重大而深远的影响。

（一）中国法律在法国的影响

1672 年，法国巴黎就出版了由殷铎泽等翻译的

《中庸》拉丁文译本[1]。伏尔泰(1694—1778年)说:“在别的国家法律是惩治罪犯的;在中国,法律还有更多的作用,它奖励道德实践。”[2]孟德斯鸠在其著作之中多达100多处论及中国。他的名著《论法的精神》中,就有5节以中国为题:“中华帝国”“中国的奢侈”“中国人的礼仪”“中国的良好风俗”“中国政体的特质”。他对中国立法中的预防犯罪给予了充分的肯定,中国立法者“关于预防犯罪,多于惩罚犯罪,注意激励良好的风俗,多于施用刑罚”。[3] 对中国的礼即法的状态给予了赞赏:“中国的立法者们主要的目标,是要使他们的人民能够平静地生活。他们要人人互相尊重,要每个人时时刻刻都感到对他人负有许多义务;要每个公民在某个方面都依赖其他公民,因此,他们制定了最广泛的‘礼’的规则;这是养成宽仁温厚,维持人民内部和平和良好秩序,以及消灭由暴戾性情所发生的一切邪恶的极其适当的方法。”[4]对中国法律符合中国实际予以了肯定,“中国的立法者(孔子或是服膺他的教义的人们)是比较明智的;他们不是从人类将来可能享受的和平状态去考虑人类,而是从适宜于履行生活义务的行动去考虑人类,所以他们使他们的宗教、哲学和法律都合乎实际”。[5]

魁奈(1694—1774年)是法国的经济学家,重农学派的领袖,曾以御医的身份进驻皇宫15年。他除了写作经济学著作之外,还写作了《中国的专制制度》一书,被称为欧洲的孔子,极力向欧洲人灌输中国的政治法律思想。就是在他的劝告下,1768年6月15日法国皇太子,举行典礼,亲自用扎着丝绸的耕犁模型在众人面前炫示。1769年奥地利的

---

[1] 参见史彤彪:《中国法文化对西方的影响》,河北人民出版社1999年版,第4页。

[2] 《伏尔泰全集》(第11卷),转引自范存忠:《中国文化在启蒙时期的英国》,上海外语教育出版社1991年版,第176页。

[3] [法]孟德斯鸠:《论法的精神》(上),张雁深译,商务印书馆1982年版,第94页。

[4] 同上书,第312页。

[5] 同上书,第232页。

皇帝也仿照中国皇帝的做法,驾犁耕地。魁奈对孔子特别崇敬。他说:“中国人把孔子看作所有学者中最伟大的人物,是他们国家从其光辉的古代留传下来的各种法律、道德和宗教的伟大的革新者。”[1]他歌颂中国的法制,“中国的法制系建立于明智和确定不移的法律之上,皇帝执行这些法律,而他自身也审慎地遵守这些法律”。[2]

(二)中国法律在英国的影响

坦普尔(1628—1699年),是英国的政治家、散文家。他对孔子的为人极为推崇,他认为孔子是一位极其杰出的天才,学问渊博,德行可佩,品行高超,既爱自己的国家,也爱整个人类。他在《讨论古今的学术》中说,“中国好比是一个伟大的蓄水池或湖泊,是知识的总汇”。他认为,“希腊人注意个人的或家庭的幸福;至于中国人,则注重国家的康泰”。18世纪英国人巴杰尔写的《致斯巴达克国王利奥米尼斯书》中提出,高官厚禄要属于确有功勋的人。这是一条准则。他说,“如果现在还有政治家觉得这条准则,尽管它本身十分完美,在土地那么大、人口那么多的大不列颠王国不可能实行的话,我可以奉告那位政治家,此刻现在,最认真地遵守和执行那条完美准则的是世界上幅员最大,人口最多的帝国,就是中国”。[3] 哥尔斯密(1730?—1774年)是英国著名的文学家和政治家,他在《世界公民》中表明了对中国法律的赞赏,一是法律的稳定性质。他说:“一个帝国换了多少朝代,还是这个样子;随后虽然给鞑靼人征服,但仍保持古代的法典、古代的学术。因此,如果说其屈服于外国的侵略者,倒不如说它兼并了鞑靼。一个国家,论幅员可以抵欧

---

[1] 史彤彪:《中国法文化对西方的影响》,河北人民出版社1999年版,第50页。

[2] 史彤彪:《中国法文化对西方的影响》,河北人民出版社1999年版,第57页。

[3] 范存忠:《中国文化在启蒙时期的英国》,上海外语教育出版社1991年版,第6页。

洲全部，但是服从一种法律，只听命于一个君主，四千年来只经过一度长期革命。这是它的特别伟大之处。因此，我觉得别的国家和它相比，真是微不足道的了。”[1]二是法律对于道德的作用。他说：“英国人的法律只是惩治罪恶；中国的法律进了一步，它还奖励善行。”[2]

(三)中国法律在德国的影响

莱布尼茨(1646—1716年)，德国近代的哲学家，同时是杰出的数学家。他创造了数理逻辑，发明了微积分，改进了计算器并设计制造了手摇计算机。在物理、语言、历史、法律等多个方面都有重要的贡献。1679年发表了《中国新论》。马克思在给恩格斯的信件中也说，“你知道，我是佩服莱布尼茨的”。[3] 莱布尼茨认为：“中国是一个大国，它在版图上次于文明的欧洲，并且在人数上和国家的治理上远胜于文明的欧洲。在中国某种意义上，有一个极其令人赞佩的道德，再加上有一个哲学学说，或者有一个自然神论，因其古老而受到尊敬。这种哲学学说或自然神论是自三千年以来建立的，并且富有权威，远在希腊人的哲学很久很久以前。”[4]“中国民族，在可能范围内，相互团结以实现公共的安全与人类的秩序。这与他国的法律相比较，其优劣当不可同日而语。对于人类的害恶，由人类自身所发生的，返还到人类自身。所以人心如狼的谚语，在中国永不适合。我们的愚昧，使我们沉沦于不幸之中，同时我们自身，又创造了苦难。如果理性是一付清凉的解毒剂，那么中国民族便是首先获得此药剂的民族。中国全社会获得的效果，较之欧洲

[1] 转引自史彤彪：《中国法文化对西方的影响》，河北人民出版社1999年版，第16页。

[2] 转引自史彤彪：《中国法文化对西方的影响》，河北人民出版社1999年版，第17页。

[3] 《马克思恩格斯全集》(第32卷)，第489页。

[4] [德]莱布尼茨：《致德雷蒙先生的信：论中国哲学》，载柳御林主编：《世界名人论中国文化》，湖北人民出版社1991年版，第139~140页。

宗教团体所获得的,更为优良。”[1]

沃尔弗(1679—1754年),是莱布尼茨的学生。德国18世纪著名的哲学家和数学家。1721年7月,他在哈佛大学做了题为《中国人的实践哲学》的演讲,宣扬孔子的人的理性凭自身的努力即可达到道德上的至善观点。因此触怒了他所属哈勒大学神学部的教授,他们马上开会列举了他的27条谬误,当面质询并向国王腓特烈·威廉一世告状。国王于11月下令,沃尔弗必须在48小时内离境,结果反而使其名声大震,一下子全世界居然有200多种书评论他的学说。瑞典国王、俄国彼得大帝都向他发出聘书,邀请其演讲。1739年威廉一世意识到自己的错误,同意普鲁士各个大学讲授沃尔弗的哲学。沃尔弗非常崇尚中国儒家的“修身、齐家、治国、平天下”的理论。在《自然法》一书中,论述了“君主与臣民的义务”,深受中国儒家思想影响。他认为君主应有德、不能滥用权力,臣民具有服从的义务。他认为:“中国最古老的君主都是哲学家。柏拉图以为幸福的国家,应该由哲学家来支配。中国人便是此原则的实行者。在国王的光荣系列中,最初的是伏羲。他创立了中华帝国,同时也创造了文字。其后继者是神农、黄帝、尧、舜,一直到夏、殷、周三代,都能坚持最完全的法律与政府。”[2]

(四)中国法律在日本的影响

如果认为中国法律对欧洲的影响还主要是文化观念意义的话,中国对日本的影响则更多是制度规范意义的,而且从观念与制度的双重意义上全面地影响了日本的法制发展。

---

〔1〕 转引自史彤彪:《中国法文化对西方的影响》,河北人民出版社1999年版,第110页。

〔2〕 转引自[日]五来欣造:《儒教对于德国政治思想的影响》,刘百闵、刘燕谷译,商务印书馆1938年版,第322页。

在公元前3世纪前期，日本的邪马台国就多次遣使来中国，主要带回去的是稻作、农耕、服饰方面的文化与技术。3世纪中叶到5世纪，日本的大和国时期，作为一个国家得到了中国如同对高句丽、百济一样的承认。日本广泛学习中国儒学。从公元6世纪末到12世纪末的600年，中国处于隋、唐、五代、北宋期间，日本处于飞鸟、奈良、平安时代，中国的法制在日本得到了全面移植。日本最早的成文法为604年4月公布的《十七条宪法》，它就是汲取中国文化，结合日本实际而制定的。随后的立法从体例、名目到刑名、刑罚都无一不仿效中国的法律。到了公元759年，日本淳仁天皇发布敕令，要求官吏以儒家的仁义礼智信作为治民之道。其具体的标准为：不滥杀生，能矜贫苦为仁；断诸邪恶，修诸善行为义；事上尽忠，抚下有慈为礼；遍知庶事，断决是非为智；与物不妄，触事皆正为信。[1]

从12世纪末到19世纪中叶，即中国的南宋、元、明、清时代，日本的镰仓、足利、德川时代，日本参酌中国法制建立了自己的法制。19世纪后期，1868年日本爆发明治维新，开始了近代化，改而学习西方，并反过来影响中国的立法发展。综观日本法制的发展，正如日本许多学者所言："自奈良朝至平安朝吾国王朝时代之法律，无论形式上与精神上，皆根据《唐律》。自德川时代至明治之初及明治十三年顷为止，所谓日本之法律者，直接间接皆受明律之影响。"[2]

二、隔窗听雨：中华法文化的西方批评

（一）法国学者对中国法律的批评

孟德斯鸠不仅赞颂了中华法文化，而且更对于中国法律予以了十

[1] 王金林：《汉唐文化与古代日本文化》，天津人民出版社1996年版，第256~257页。
[2] 杨鸿烈：《中国法律对东亚诸国之影响》，中国政法大学出版社1999年版，第4页。

分尖锐的批评。(1)是对专制主义作出了极为严肃的批判,并认为这是中国法律没有力量的原因。“人们曾经想使法律和专制主义并行,但是任何东西和专制主义联系起来,便失掉了自己的力量。中国的专制主义,在祸患无穷的压力下,虽然曾经愿意给自己带上锁链,但却徒劳无益;它用自己的锁链武装了自己,而变得更为凶猛”。[1] 他认为太监的祸患和对妇女的歧视都缘自专制主义。(2)批评了中国法律对思想的惩办。“如果大逆罪含义不明,便足以使一个政府堕落到专制主义中去”。[2] “如果不谨慎的言词可以作为犯大逆罪的理由的话,则人们便可武断地任意判处大逆罪。语言可以作出许多不同的解释。不慎和恶意二者之间存在极大的区别。而二者所用的词句则区别极小。因此法律几乎不可能因言语而处人以死刑,除非法律规定哪些言语应处死刑”。[3] “中国法律规定,任何人对皇帝不敬就要处死刑。因为法律没有明确规定什么叫大不敬,所以任何事情都可以拿来作借口剥夺任何人的生命,去灭绝任何家族”。[4] (3)对中国法律的残酷进行了批评。“那里经常施行暴政,和依据常例——也就是无情地——对人性进行残害”。(4)批评了中国法律的不平等,尤其是专制体制对妇女的奴役。“对妇女的奴役是极符合于专制政体的特质的。专制政体所欢喜的就是滥用一切权力。因此,在亚洲,无论什么时代,我们都看到家庭的奴役和专制的统治总是相辅而行的”。[5] 孟德斯鸠对中国传统法律的批判,有的是很有道理的。有的则并不完全正确。经过历史学家考证,孟德斯鸠对中国的认识主要来自两个人物:一个是黄嘉略(1679—1716

---

〔1〕 [法]孟德斯鸠:《论法的精神》(上),张雁深译,商务印书馆1982年版,第129页。
〔2〕 [法]孟德斯鸠:《论法的精神》(上),张雁深译,商务印书馆1982年版,第194页。
〔3〕 [法]孟德斯鸠:《论法的精神》(上),张雁深译,商务印书馆1982年版,第197页。
〔4〕 [法]孟德斯鸠:《论法的精神》(上),张雁深译,商务印书馆1982年版,第278页。
〔5〕 [法]孟德斯鸠:《论法的精神》(上),张雁深译,商务印书馆1982年版,第265页。

年)，另一个是傅圣泽(1665—1741年)。黄嘉略是中国人，是孟德斯鸠遇到的第一个也是唯一一个中国人。这个人是福建莆田人，被法国传教士李斐收为义子，作为秘书跟随法国另一传教士梁宏仁到了法国。后来成为路易十四的中文翻译，1713年22岁的法律学学生孟德斯鸠认识了黄嘉略。黄嘉略受法国传教士影响，对中国文化心存偏见，对中国社会的弊端津津乐道。孟德斯鸠第二个认识的对中国很有了解的人是傅圣泽。1729年孟德斯鸠在欧洲做学术旅行的时候，遇到了他的第二个关于中国问题的老师傅圣泽。傅圣泽1699年到中国传教并生活了20年。他因为对待中国礼仪的问题被召回罗马，他对中国存有病态的偏见。有法国人这样评价他"当属荒谬之辈，凡涉及中国的种种事物，他都凭空乱想"。[1]孟德斯鸠的认识首先就来自这两个具有偏见的人，另外就靠阅读来了解中国。因此，他对中国的评论就难免失之偏颇。

（二）英国学者对中国法律的批评

亚当·斯密(1723—1790年)对中国法制阻碍经济发展和经济贸易进行了批判。在经济上，第一，中国是停滞的；第二，停滞的原因之一是法律制度的局限。他说，"中国一向是世界最富的国家，也就是说，土地最肥沃，耕作最精细，人民最多而且最勤勉的国家。然而许久以来，它似乎就停滞于静止状态了。今日旅行家关于中国耕作、勤劳及人口稠密状况报告，与500年前视察该国的马可·波罗的记述比较，似乎没有什么区别"。[2]"中国似乎长期处于静止状态，其财富也许在很久以前已完全达到了该国法律制度所允许有的限度。若易以其他法制，那么

---

〔1〕［法］艾田浦：《中国之欧洲》(下)，许均、钱林森译，河南人民出版社1992年版，第96页。

〔2〕［英］亚当·斯密：《国民财富的性质和原因的研究》(上卷)，郭大力、王亚南译，商务印书馆1972年版，第65页。

该国土壤、气候和位置所可允许的限度，可能比上述限度大得多。一个忽视或鄙视国外贸易、只允许外国船舶驶入一二港口的国家，不能经营在不同法制下所可经营的那么多交易”。[1] “近代中国人极轻视国外贸易，不给予国外贸易以法律的正当保护”。[2] 这是他找到的外贸方面的原因，第二是国内税收的原因。当时中国的税收主要是来自农业。但是中国的税收制度是“可变额土地税”，随各年丰歉的不同，租税也一年不同于一年。这种税制使君主和政府能够坐享地主和农夫改良和精心耕作土地的利益，却抑制和伤害了土地经营者、耕作者的积极性，所以这种税制具有“破坏性”，是一种“恶税”。这种税制的症结在于重农主义的理论和政策[3]。

(三)德国学者对中国法律的批评

18 世纪的欧洲，“中国趣味”风行。对中国绘画、园林、建筑、陶瓷、漆器、丝绸等的爱好与仿制都达到了狂热的程度。当时著名的德国历史学家、哲学家赫尔德(1744—1804 年)对这些“中国癖”深恶痛绝。他在《关于人类历史哲学的思想》中对中国进行了严厉的批评，其中当然也包括对中国法律的批评。他认为当时中国土地不属于人，人却变成土地附属品的状况，就很可能导致可怕的专制主义。“中国像古老的废墟一样兀立在世界的一角”。儒家传统阻碍了教育和政治方面的任何进步，而专制主义又阻碍了任何其他学说、派别与之争雄。环境、生产方式、文化传统三者交互作用的结果，便是一个完全静态的社会制度，并且这一制度一旦建立，它又以对人们进行政治和思想的禁锢来确保

[1] [英]亚当·斯密：《国民财富的性质和原因的研究》(下卷)，郭大力、王亚南译，商务印书馆 1972 年版，第 87 页。

[2] [英]亚当·斯密：《国民财富的性质和原因的研究》(下卷)，郭大力、王亚南译，商务印书馆 1972 年版，第 67 页。

[3] 参见史彤彪：《中国法文化对西方的影响》，河北人民出版社 1999 年版，第 23 页。

自己的统治。[1] 他甚至说出了令我们这些法律人在内的中国人感到羞辱并且有失偏颇的话，"拿欧洲人的标准来衡量，这个民族在科学上的建树甚微。几千年来，他们始终停滞不前。我们能不对此感到惊讶吗？就连他们那些谈论道德和法令的书本也总是变着法儿，反反复复、详详细细地在同一个话题上兜圈子，千篇一律地吹捧那种孩童的义务。他们的天文学、音乐、诗歌、兵法、绘画和建筑如同千百年前一样，仍旧是他们永恒法令和千古不变的幼稚可笑的政体的孩子。这个帝国是一具木乃伊，它周身涂有防腐香料，描绘有象形文字，并且以丝绸包裹起来；它体内血液循环已经停止，犹如冬眠的动物一般。所以它对一切外来事物都采取隔绝、窥测、阻挠的态度"。[2] 他还认为"中国人的立法与道德乃是中国这块土地上人类理智幼稚的尝试，不可能在地球的其他某个地方如此根深蒂固地存在"。[3]

在赫尔德之后，黑格尔对中国也有过批评，主要是以欧洲中心论来抵销欧洲的"中国趣味"。黑格尔（1770—1831 年）对中国法律的批评比赫尔德要温和得多。主要认为家庭精神是中国的宪法精神，中国的政府必然是专制主义的政府，"在中国人那里，道德义务的本身就是法律、命令的规定。所以中国人既没有我们所谓的法律，也没有我们所谓的道德。那乃是一个国家的道德"。

在黑格尔之后的还有韦伯（1864—1920 年），他认为中国的儒教伦理及其法律文化阻碍了中国资本主义的发展。他说，"在意大利城市的商法中，早就有了经济的理性物化了的资本主义'经营'的法律形式与社会基础，但是在中国这些都不存在。中国早就有了私人信贷发展的

[1] 参见史彤彪：《中国法文化对西方的影响》，河北人民出版社 1999 年版，第 125 页。
[2] 柳御林主编：《世界名人论中国文化》，湖北人民出版社 1991 年版，第 177～178 页。
[3] 柳御林主编：《世界名人论中国文化》，湖北人民出版社 1991 年版，第 177～178 页。

萌芽:宗族为其成员担保,但却仅仅存在于税收和政治刑法之中”。[1]“世袭制的国家形态,尤其是与行政与法律适应的世袭性质,在政治上产生的典型后果是:不可动摇的神圣的传统王国与绝对自由的专横与恩宠的国王并存。……在中国,至少在这方面特别敏感的产业资本主义,在其发展道路上,行政与司法没有发挥出可以计算的理性功能来,这种功能正是向理性经营发展的产业所必须的”。[2]“中国没有一种互助式地调节自由工商业的受到公认的、正规的、牢固可靠的法律基础,这种基础为西方所熟知,并且促进了中世纪手工业中的小资本主义发展”。[3]

(四)日本学者对中国法律的批评

日本的近代化过程中,广泛汲取西方启蒙思想家的思想,用以批评中国的法律文化,并以此达到变革日本法律的目的。当时最著名的思想家是福泽谕吉(1834—1901年),他终身对儒学进行批判。他说,“在亚洲各国,称国君为民之父母,称人民为臣子或赤子,称政府的工作为牧民之职,在中国有时称地方官为某州之牧。这个牧民,若照饲养兽类的解释,便是把一州的人民当作牛羊看待,把这个名称公然标榜出来,真是无礼之极”。[4]“中国自周朝以来……其所谓仁政含有强迫性质,企图强使人民‘仰沐圣恩’一变而为骚乱,仁政一变而为苛政,怎么还想要人来歌颂太平呢?如果真想歌颂,恐怕只有自己独唱,无人奉和,其谋划之迂阔,可怜亦复可笑”。[5]“治天下国家,政刑之治乃正道。德礼

[1] [德]马克斯·韦伯:《儒教与道教》,王容芬译,商务印书馆2004年版,第139页。
[2] [德]马克斯·韦伯:《儒教与道教》,王容芬译,商务印书馆2004年版,第154页。
[3] [德]马克斯·韦伯:《儒教与道教》,王容芬译,商务印书馆2004年版,第64页。
[4] [日]福泽谕吉:《劝学篇》,群力译,商务印书馆1958年版,第61页。
[5] [日]福泽谕吉:《劝学篇》,群力译,商务印书馆1958年版,第62页。

之化为孔孟之梦,迄今此天地、地球上,无论西东今古尚未曾有过”。[1]

听了以上的讲解,同志们也许会提出一个疑问:为什么没有论述中国法律对美国的影响,这主要是因为美国立国(1776 年)时中国已开始衰落。美国直接接受的是英国法律文化,即使受到中国的影响也是极为间接的。所以美国对于中国的法制,更多的不是受中国的文化和制度影响,而是隔岸观火式的评论,这种评论更集中到现代。

三、西风东渐:西方法文化的近代渗透

(一)引进法律文化

中国对西方的看法有一个演变的过程。费正清的《剑桥中国晚清史》描述了这个过程:“关键性术语使用的变化雄辩地证实了在对西方理解过程中的这种进步。与西方有关的事务在六十年代以前大体称为‘夷务’,在七十年代和八十年代称为‘洋务’和‘西学’,在九十年代就称为‘新学’。第一个名词体现了中国中心主义;第二个名词颇为不褒不贬;而最后一个名词则清楚地含有赞许的意思。”[2]1865 年江南制造局开始翻译西方著作,至 19 世纪 90 年代,其译局共卖出 13,000 部译著。[3] 在西方思想的影响下,康有为、梁启超发动了维新运动,推动了戊戌变法,组织学会,创办报刊,宣传西方新学,推进了中国的思想进步。在 1880~1940 年有 2204 种日文著作被翻译到中国,其中一半是社会科学的著作。在这些著作中,西方的法学著作也随之进入。康有为、

---

[1] 王家骅:《儒家思想与日本的现代化》,浙江人民出版社 1995 年版,第 27 页。

[2] [美]费正清、刘广京编:《剑桥中国晚清史》(下卷),中国社会科学院历史研究所编译室译,中国社会科学出版社 1985 年版,第 235 页。

[3] 同时期的日本明治维新,福泽谕吉的《西洋事情》在 1866 年出版后几乎立即卖掉了 250,000 本(包括私印本)。参见[美]费正清、刘广京编:《剑桥中国晚清史》(下卷),中国社会科学院历史研究所编译室译,中国社会科学出版社 1985 年版,第 324 页。

梁启超、严复、沈家本等都成为宣扬西方法治学说的先锋。严复翻译的国外名著中就有孟德斯鸠的《法意》(《论法的精神》)和穆勒的《群己权界论》(《论自由》)等。如果说康有为、梁启超主要是传播西方法律思想的革命家,严复则主要是翻译家和思想家,而沈家本则主要是法律家。他们都是引进西方法文化的先锋。

(二)参酌西方法制

1901 年 1 月,清王朝下诏实行“新政”;1902 年 2 月和 4 月相继发布变法修律的诏书:“现在通商交涉事益繁多,著派沈家本、伍廷芳将一切现行律例按照交涉情形,参酌各国法律,悉心考订,妥为拟议,务期中外通行,有裨治理。”中国法制向西方大规模学习从此开始,直至 1911 年辛亥革命爆发。“这场变革突破了传统法典编纂的诸法合体的体例,用西方近代法律的原则和内容取代了传统法律中纲常名教的原则和内容。沿袭数千年的中华法系从此发生了根本的转变。清末制定的各种现代性的法律,尽管没有来得及全部颁行,但这些法律为民国时期各种现代法律的制定,开辟了道路,提供了参照的依据,奠定了重要的基础。”[1]它在宪法上,创制了宪法,将皇权至上的专制主义修正为了皇权至上下的三权分立;在刑法上,废除了中国数千年极为残酷的肉刑;在民法上,建立了中国历史上从未有过的公司制度、破产制度等。为此,沈家本作出了极为重要的贡献。杨鸿烈先生在《中国法律发达史》中称,“沈氏是深了解中国法系且明白欧美日本法律的一个近代大法家,中国法系全在他手里承先启后,并且又是媒介东西方几大法系成为眷属的一个冰人”。[2]

---

〔1〕 怀效锋:《中国法制史》,中国政法大学出版社 1998 年版,第 445 页。
〔2〕 参见杨鸿烈:《中国法律发达史》,中国政法大学出版社 2009 年版。

（三）学习西方宪政

1905 年 12 月，清政府派遣以载泽为首的 5 位大臣到日本、英国、美国、德国和法国考察它们的政府，并详细调查中国实行立宪政体的可能性。1906 年 7 月该使团回国，每位成员都推荐立宪政体。海外的使节也纷纷上奏说，宪法决不会损害皇室权力，事实上它是维护皇室权力的最好手段。因此，皇太后和皇帝召开御前会议，经过长时间的商讨，决定采取立宪政体。1906 年 9 月光绪皇帝在慈禧太后的指使下，命令开始宪政的准备工作。[1] 宣布实行宪政的方案之后，就对政治制度进行改革，一是将行政、立法、司法三权分立；二是精简冗员，明确官员责任。由于当时中国还没有立法机关，所以其实首先进行的只是行政机关和司法机关的改革。

四、再造辉煌：中华法文化的当代发展

（一）传承中华法文化

中华法文化中有许多糟粕，如人治观念、专制主义、皇权思想、等级观念、特权意识、重刑轻民、司法与行政合一等，它们都远离现代法治。但是，中华法文化源远流长，根深蒂固。经历了数千年漫长的历史发展。早在春秋战国时期中国就有了职业法学家，或者是以“律学”研究为其职业的人，中国的法学由是便产生了。从此之后，经过日积月累，出现了浩如烟海、汗牛充栋的相关论著。传统法文化中蕴含丰富的思想资源，并且与整个中华民族和中华文化具有内在的联系。积淀和内

---

〔1〕 参见［美］费正清、刘广京编：《剑桥中国晚清史》（下卷），中国社会科学院历史研究所编译室译，中国社会科学出版社 1985 年版，第 450 页。

化在我们的心灵深处。然而,从清末以来,中华传统法文化如同整个中华传统文化一样,被刻意批判的多,被着意继承的少。从戊戌变法,到五四运动,到新文化运动,再到新中国的社会主义改造,到“文化大革命”,包含着法文化在内的整个文化,一次一次地因各种原因而备受批判,这种批判在相当大意义上都是必须的。但是,很少或者基本上没有被理性地解析,进行客观而冷静的梳理,给予应有的扬弃。传统几乎不再在制度的层面保留,而以内化的残缺状态存在于社会与观念之中。其实,我们有许多极为宝贵的历史财富。

1. 人本主义与民本主义的指导思想

人本主义在中国具有深刻的思想基础。人本主义至少包括这样的两个方面:一是人与自然的关系;二是人与神之间的关系。在这两重关系中,中国传统文化都特别强调人的重要地位。就人与神的关系而言,西周的周公就说:“天不可信,我道惟宁王德延。”春秋时期郑国的子产也说:“天道远,人道迩,非所及也。”(《左传·昭公十八年》)孔子学生子路问如何对待鬼神,孔子答:“未能事人,焉能事鬼。”就人与自然的关系而言,中国从董仲舒以来就主张“人副天数”“天人合一”“人能胜乎天者,法也”,其中的人与自然之间的关系,对于我们处理人与自然的关系,以及进行生态与环保立法都是有借鉴意义的。

民本主义是中华传统法文化的又一哲学基础。民本主义的内涵也是很丰富的,在传统社会中,至少包含着国与民之间的关系,国君与人民之间的关系。西周时期的周公就提出要“敬德保民”,要“惠民”“裕民”。春秋时期的《管子·牧民》就认为:“政之所兴,在顺民心;政之所废,在逆民心。”孔子认为:“君者,舟也;庶人者,水也。水则载舟,水则覆舟。”其后孟子全面总结了民、国、君之间的关系:“民为贵,社稷次之,君为轻。”荀子说:“天之生民,非为君也;天之立君,以为民也。”西汉时期的贾谊说:“闻之于政也,民无不为本也。”这些对于我们今天处理国

家、权力与人民之间的关系也是很有借鉴意义的。

2. 慎刑的法律原则

慎刑是指慎重实施刑罚处罚。它包含不错误施行刑罚,不随意施行刑罚,绝对不罪及无辜,期刑于无刑。西周时期中国有这样的原则。中国古老的《尚书》中就记载:“钦哉,钦哉,惟刑之恤哉!”皋陶之“罪疑为轻,功疑为重;与其杀不辜,宁失不经;好生之德,洽于民心。”〔1〕在错杀与错放之间,宁愿错放也不错杀。据史书记载曹操曾作《慎刑令》:“夫刑,百姓之命也。而军中典狱者或非其人,而任以三军死生之事,吾甚惧之。其选明达法理者,使持典刑。”历史证明慎刑是非常科学的法律原则。这正符合了疑罪从无与疑罪从轻的现代法治原则与观念。

为了慎刑,中国传统法律制度中设立过很多制度。例如录囚制度。它是指我国古代的帝王或上级官吏定期或不定期审讯囚犯,借以平反冤狱的制度。录囚制度经过了一个发展的过程,从西周到隋朝,录囚制度主要为地方官员定期或不定期巡视监狱,了解案件及其裁判情况。从唐至元,皇帝也亲自参与录囚工作,并且成为定制。历年举行,录囚制度成为实行宽赦的重要制度。录囚既是平反冤案的制度,也是张扬慎刑仁政的制度。明清两朝进一步发展,创造出会官审录制度,达到了录囚制度的最高峰。分为秋审、朝审两类,清朝参与秋审的司法官包括中央六部、大理寺、都察院、通政司以及军机处的重要官员,甚至皇帝也亲自参与录囚工作。每年8月,正是秋季,就在北京天安门金水桥西由相关官员出席会同审理,对于该平反的坚决平反。

我国目前将死刑复核权重新收归最高人民法院,有很多很大的意义,其中一个意义也就是慎刑。其实中国自古就有死刑复奏制度。从

〔1〕《尚书·大禹谟》。

北魏时期至隋朝，法律上都有对死刑实行三复奏的制度性规定。死刑复奏就是指判处死刑的案件要三次报请皇帝批准。到了唐太宗时期，他除了继续坚持地方案件三复奏制度之外，还将京师判决的死刑案件改为了五复奏。我们一定要贯彻“可关可不关的不关，可杀可不杀的不杀”的慎刑原则。即使要判，要杀，也必须坚持严格的法律程序，而不可随意为之。但是，在目前我们的关、捕、诉、判和杀的数量都是特别值得研究的。

3. 传统的人伦精神

这方面的例证可以说是不胜枚举，但是为了简要地说明问题，我仅仅论述亲亲相隐制度以说明之。

亲亲相隐是指在一定范围之内的血亲和夫妻之间，除谋反、大逆外，均可互相隐匿犯罪行为，而且减免刑罚的制度。自汉朝以来，这就是中国刑法的一项重要原则。其主要内容包括：一是亲属有罪相隐，不予论罪或者予以减刑；二是控告应相隐的亲属者要被处以刑罚；三是国事重罪不适用相隐原则。这一制度源自“父子偷羊案”。《论语》有记载：“叶公语孔子曰：‘吾党有直躬者，其父攘羊，而子证之。’孔子曰：‘吾党之直者异于是：父为子隐，子为父隐。——直在其中矣，”〔1〕亲亲相隐与大义灭亲是相对应的。儒家也并非一味主张亲亲相隐。《左传·隐公四年》载，石厚参与州吁弑其君桓公，其父石碏使人杀了石厚，孔子便称赞说：“石碏，纯臣也。恶州吁而厚与焉。‘大义灭亲’，其是之谓乎！”于是，我国古代法律也就规定，危害最大的一些犯罪不适用亲亲相隐制度。这其实是很好的制度设计。但是我们许多人认为这是中国的封建主义独有的东西，殊不知这是人类十分美好的共同良知的产物。

---

〔1〕《论语·子路》。

在西方,直到今天资本主义还有这样的相隐制度,甚至还扩大了其范围。在资本主义社会建立之前,西方国家普遍有“相隐制度”,但也有“国事重罪不得隐匿”的规定,但从近代以来,西方法律几乎完全取消这一限制。1810 年《法国刑法典》、1871 年《德国刑法典》等均没有作出国事罪不得隐匿的规定。现代西方的一些刑法甚至公然规定包庇藏匿犯间谍、叛逆、侵略战争等重罪之亲属者也不予处罚。如 1975 年《法国刑法典》第 100 条,1976 年《德国刑法典》第 139 条,1968 年《意大利刑法典》第 307 条等。而且诉讼法方面,也规定亲属既可以拒绝作证,也可以自愿作证,但有权不宣誓担保证据的真实。1988 年《意大利刑事诉讼法典》第 199 条规定就是典型的例证[1]。西方法律同时还规定,司法官有义务保护证人的这一权利。《德国刑事诉讼法典》第 68 条、《意大利刑事诉讼法典》第 199 条均规定,法官一般不得就可能有损于证人亲属的名誉的事实发问;法官应告知被告人的近亲属有拒绝作证的权利;不得强迫其作证或宣誓。

(二)借鉴西方法文化

西方法文化,也是人类法文化的构成部分。我们既要传承自己的文明,也要借鉴西方法文化中的宝贵财富,只有这样我们才能达成自己的目标。

1. 西方法文化是人类法文化的构成部分

人类的法文化是人类共同的文明成果,是人类共同的财富。在自然科学领域,火车、飞机、计算机都首先出现在西方,我们没有拒绝;在社会科学领域,我们也没有理由加以拒绝。社会科学揭示的是社会发

---

[1] 其规定为:近亲属可以拒绝作证,即使自愿作证也有权不宣誓担保证词无伪;证人可以拒绝回答可能使自己的近亲属负刑事责任的问题。

展的规律,涉及的是社会生活的方式,社会管理的模式,其中当然有客观规律在发挥作用。历史上中华民族异常强大的时候,西方没有拒绝中华的文明,今天中华民族复兴的时候,我们也不应拒绝目前在一些领域领先的西方文明。

2. 西方法文化中的确有许多进步的方面

必须学习与借鉴西方现代法文化。我国目前正在进行现代化建设。就现代化而言,中国无疑是迟到者。中国现代化的起点在清末,但是特殊的历史原因——帝国主义的入侵、中国自我变革的滞后、中国发展的失误等,使中国落后了,中国必须奋起直追。中国法学与法律也同样如此,我们必须注意学习与借鉴西方的现代法文化。

必须学习与借鉴西方市场经济的法文化。市场经济在西方已经有数百年的历史了,而中国传统社会是自然经济的社会,直至中华民国退出大陆之前,中国也没有建立起市场经济体制,自然经济仍然占据主导地位。新中国成立之后,我们又实行的是计划经济。数百年来,西方一直推行市场经济,市场经济是法治经济。市场经济的法律调整,西方积累了宝贵的财富,那甚至是他们若干的失败教训换来的,我们需要学习和借鉴。

现代社会的一些独特问题的法律调整,需要认真对待。比如如何对待毒品问题、计算机犯罪问题、同性恋问题等,西方社会有很多经验和教训,我们有必要对此加以充分地研讨。

我国目前的法制建设需要学习与借鉴西方的法文化,在实体立法方面如民事立法、经济立法、行政立法;在程序立法如听证制度、鉴定制度、死刑执行制度,我们都需要认真地对西方的法文化进行学习和借鉴。

(三)构建新型法文化:社会主义法文化

我们的目标应是立足中国,放眼世界,创立具有中国特色的社会主义法文化。如何缔造这样的法文化,可以做很多构想,在这里仅仅是把我认为最重要的两个方面加以说明。

1. 确立新型的法文化心态

一个国家与世界是什么样的关系,既是一个理论问题,更是一个实践问题。中国与世界之间的关系上,似乎一直都存在这样那样的误解。自傲、自卑、自闭是我们处理中国与世界关系的三种不正常状态。文化上的这种状态也一直影响中国法学理论的发展。

封建制度的确制造过灿烂的文明,包括灿烂的法制文明。曾经,我们是那么自信的天朝大国,期待着四方来朝、八方进贡。几千年封建王朝养成的天朝大国之气一直影响着我们的思维。直到八国联军火烧圆明园,我们的祖辈还在那里沉醉于曾经的辉煌。过度的自傲使我们失去了整个世界。

自傲与自卑时常是一体两面共生的。在我们始终保持着世间少有的自傲时,另外,我们又是那么的自卑。当西方列强侵略中国的时候,我们又不得不师夷以自强。法律制度的全盘西化,过度的自卑又使我们失去了整个自我。

在自傲、自卑两种情形之外,我们还由于意识形态原因而排斥整个世界,走向了自闭。自闭是以自傲作为内在的思想基础的。无视世界的自傲往往演化为自由,我们被人称为铁幕的国度。在极端的意识形态的左右之下,无须数典,本来就已经忘祖;无须崇洋,当然地不会媚外。自闭中看不清自身也看不清世界,于是在忽略世界的同时,自己也失去了发展完善的可能。我们需要自立、自主和自新的法文化心态,只有这样我们才能永远自立于世界民族文化之林。

2. 构建新型的法文化体系

如何对西方的法文化进行科学取舍。西方法文化也并不是同一的，英美法系与大陆法系就有着重要的差别。如何才能在马克思主义思想路线指引下，将西方法文化与中华法文化同冶一炉呢？

例如，刑事公诉案件中的控诉证据问题。我们 1979 年的《刑事诉讼法》要求的是，人民检察院的公诉人要全面收集证据。既然是全面收集就应该包括有罪的证据、无罪的证据，罪重的证据和罪轻的证据。听起来很好，但是在实践中遇到了两个麻烦：一是公诉人本身就是控诉被告人有罪的，如果他还要提供无罪的证据，为什么还要起诉呢？二是如果把全部证据都移交到了法院，庭审就会成为走过场，因为所有的证据，法官事前都看过了。所以在 1997 年我们借鉴了西方诉讼法的规定，修改《刑事诉讼法》时予以了修改。那么就必然不是全部证据了，于是"主要证据"的概念就出来了。但什么是主要证据，法院和检察院，检察院和检察院认识就不一样了。有的甚至把一个证据材料掐头去尾，仅仅把说明有罪那两页移送到法院，加之证人普遍不出庭。结果不仅是在庭审前，就是在庭审中也不明白那个作证的人到底是谁？性别、年龄、文化程度、工作职业为何？那又怎么使法官和诉讼参加人清楚整个证据呢？

再如，民事诉讼中的鉴定人的身份性质问题。鉴定人，在我国以前的诉讼法中，基本上采用的是大陆法系的制度模式，鉴定人被作为法院选定的中间人，其鉴定结论是不容置疑的定案依据。但是 2012 年《民事诉讼法》出来了，采取了英美法系的模式，将鉴定人确定为证人的身份。那你原告可以请鉴定人，我被告当然也可以请鉴定人。那谁的鉴定结论应该被采信呢？谁的结论又被谁高明呢？这也是问题。

需要我们去探索、去思考的问题还很多。我们不要保守，传统法文化中的糟粕要抛弃，精华要继承；我们不要西化，西方法文化中的精华

要借鉴,糟粕要抛弃。我们要继承,我们要借鉴。立足传统,借鉴先进,开拓未来——构建中国特色的社会主义法文化就是我们的理想。我们需要自主而开放,理性而执著地走向未来。

(这是作者2007年秋季学期为全校“五当代大报告”“当代世界法制”课程写作的讲稿。)

14. 依法治国与建设社会主义法治国家

一、依法治国方略在中国的全面确立

“依法治国，就是广大人民群众在党的领导下，依照宪法和法律规定，通过各种途径和形式管理国家事务，管理经济文化事业，管理社会事务，保证国家各项工作都依法进行，逐步实现社会主义民主的制度化、法律化。”[1]

中国古代，并无严格意义上的依法治国方略，或者说并无严格意义的法治学说或法治实践，所具有的仅仅是将法作为手段或工具的“以法治国”含义的“法治”。1949 年以后，我们应当明确的法治国家目标并没有得以明确，甚至还没有来得及明确，人为夸大的阶级斗争就取代了一切法治建设。法治被作为反动的资产阶级的东西加以了彻底的批判，人们甚至忌讳谈及“法治”二字。

我国 1978 年《宪法》明确了我国新时期的总任务

---

〔1〕 胡锦涛在纪念宪法施行二十周年大会上的讲话（2002 年 12 月 4 日）。

是实现四个现代化，强调了必须发扬社会主义民主和加强社会主义法制。从而为社会主义法治作出了经济、政治、法制三个方面的最初步准备。1978 年 12 月，中国共产党第十一届三中全会召开。这次会议制定了以经济建设为中心的政治路线，果断地停止了“以阶级斗争为纲”的做法，作出了把工作重点转移到社会主义现代化建设上来的战略决策；提出了健全社会主义法制和加强社会主义民主的方针；审查和解决了党的历史上一批重要冤假错案，全面总结一些重要领导人的功过是非。

1982 年宪法明确宣布发展社会主义民主，健全社会主义法制。扩大了全国人民代表大会常务委员会的职权与组织，加强了人民代表大会制度；赋予了省级人大及其常设机构的地方性法规制定权；规定了国家领导人的任期制和限任制，从而废除了国家领导职务的终身制，等等。

1993 年 3 月宪法修正案公布，它将宪法原有第 15 条关于计划经济的规定，修改为“国家实行社会主义市场经济”，“国家加强经济立法，完善宏观调控”，“国家依法禁止任何组织或者个人扰乱社会经济秩序”，启动了中国市场经济及其发展中的法治建设。

1996 年 2 月 8 日，江泽民同志在中共中央法制讲座上发表了《坚持实行依法治国，保证国家长治久安》的重要讲话，作为中国共产党的最高领导人，正式提出了“依法治国，建设社会主义法制国家”的口号。特别是 1997 年 9 月党的十五大报告，对依法治国方针的科学含义、重大意义和战略地位，作了全面的深刻阐述；在新中国第一次提出了“依法治国”和“法治国家”的治国方略和奋斗目标，标志着我国社会主义法治建设进入了一个新的发展阶段。

1999 年 3 月全国人民代表大会对 1982 年《宪法》进行了修改，将依法治国的方略予以了宪法确认，“中华人民共和国实行依法治国，建设

社会主义法治国家”。[1] 经过了两年的努力,2002 年中国共产党第十六次全国代表大会和 2003 年 3 月召开的第十届全国人大,又根据新的形势提出了依法治国,建设社会主义法治国家所必须重视的一系列重大的理论和实践问题。2004 年 9 月,中国共产党召开了十六届四中全会,作出了《关于加强党的执政能力建设的决定》,明确提出要“贯彻依法治国基本方略,提高依法执政水平”。

自依法治国作为治国方略被确认以来,中国法治建设取得了极为重要的成就。立法数量进一步得到了增加,立法质量得到了空前的重视,尤其是执法的有效性引起了全社会的普遍关注。依法治国展露出了勃勃生机,依法治国的理想目标也就是建立起社会主义的法治国家。

二、社会主义法治国家的理想目标

依法治国的理想目标在于建设社会主义法治国家。什么叫法治国家?法治国家,或称为法治国,是指依法而治的国家,或者法律统治的国家,是指在良好立法的基础上,权力被合理配置与行使,国政被依法治理,社会被依法管理的国家。我们为之努力的社会主义法治国家应当以民主完善、保障人权、法律至上、法制完备、司法公正、制约权力、依法行政、保障权利作为其目标并与其他的法治国家或非法治国家相区别。

(一)民主完善

民主是法治国家必备的政治基础,完善的民主是法治国家的重要

[1] 《中华人民共和国宪法修正案》(1999 年 3 月 15 日第九届全国人民代表大会第二次会议通过,并公布)第 13 条规定,在 1982 年《中华人民共和国宪法》第 5 条中增加该段文字为第 1 款。

标志。法治国家是以完善的民主作为基础和目标的。从法治的角度看,民主完善中最首要的内容是政治民主的完善,最直接的内容是立法民主的完善。

在整个民主中,政治民主具有特别重要的意义。政治民主本身就是法治国家的构成部分和重要表征。政治民主的内容由法律来制度化、定型化,以便于实际操作和运行。政治民主的保障由法律来提供,法律不仅对破坏民主的行为进行打击,而且也要对政治民主的运行进行引导和规范,防止政治民主出现偏差。政治民主的根本内容就是人民当家作主。"发展社会主义民主政治,最根本的是要把坚持党的领导、人民当家作主和依法治国有机统一起来。党的领导是人民当家作主和依法治国的根本保证,人民当家作主是社会主义民主政治的本质要求,依法治国是党领导人民治理国家的基本方略"。[1]

立法民主是法治国家在立法上的首要要求,是法治国家必不可少的重要方面。历史发展已经清楚地说明,现代的法治国家要求立法、执法、守法、法律监督的全面法治化。所有这些都是以立法的民主作为首要条件的。立法的民主为法治国家奠定制度基础,它包含法治状态的制度框架或理论格局。从一定意义上讲,法治国家的立法是立法者对一国法治状况的制度化预想,是一幅具有国家权威性的法治蓝图。执法、守法、法律监督无非是各尽其能地将其现实化而已。民主的立法被良好地实现了,这样的国家才可能是法治国家。民主的立法无法实现,法治国家就成为泡影;如果根本就没有民主的立法,法治国家就毫无任何希望与可能。

---

〔1〕 胡锦涛在纪念宪法施行二十周年大会上的讲话(2002年12月4日)。

（二）人权保障

人权是以人的自然属性为基础，社会属性为本质的，是作为人所应当享有的权利。人权的权利范围与保护程度是一个国家进步与文明程度的重要表现，是不同类型国家的重要差别。国家的进步过程，其实也是人权内容不断丰富、发展的过程。国家由非法治国家向法治国家的转换，也是人权内容与保护的一次飞跃。人权保障状况是区别法治国家与非法治国家的显著标志。俄国法学家 B. B. 拉扎列夫就认为，“法治国家的重要特征之一是对个人权利和自由的现实保证。人权是法治国家的精髓，也是社会整体发展的重要因素之一”。[1]

并非任何时候、任何人都能实实在在地享有人权。侵犯人权的事件在有史以来的任何时代都从未绝迹，保障人权几乎是所有国家都必须担负的社会责任。在所有国家中，法治国家是人权最有保障的国家，它本身就是以国家对于公民人权的充分保障作为标志的。

法治国家与非法治国家的区别，不是法治国家中没有侵犯人权的事件发生，而仅是在于：法治国家侵犯人权的事件相对较少；侵犯人权的事件一旦发生，即能获得依法处理——侵权者必然受到应有制裁，受害者必能依法获得应有保护。也就是说，在法治国家中，人权能够获得相对较好的法律保障。

（三）法律至上

法律至上是资产阶级在其法治建设中提出的重要口号和基本原则之一。其意在强调法律在整个社会规范体系中具有至高无上的地位，

---

〔1〕［俄］B. B. 拉扎列夫主编：《法与国家的一般理论》，王哲等译，法律出版社 1999 年版，第 349 页。

其他任何社会规范都不能否定法的效力或与法相冲突。

有的人认为,法律至上就是对权力的否定。其实,从一定意义上讲,法是权力的产物,没有权力,绝无法的产生和存在可言。法学理论和法的实践都说明,没有权力就没有法的产生包括制定或认可,也没有法的存在和被贯彻实施。权力始终是法得以存在的依据。撇开这一意义,就恰恰相反,任何具体权力的获得和行使都应当具有法律依据。法相对于权力应当具有至高无上的权威。即使是法的制定和法的实施都概莫能外。即使是革命政权最初的立法,虽然不必遵守旧时代既有的法律规定,但是也还得遵守法的规律,遵照立法的原理乃至法的原理,而不能完全随心所欲。

有的人认为,法律至上会导致对道德作用的否定。这是对法与道德关系的误解。首先,法与道德是两个相互联系而又相互独立的社会规范体系。他们在并不完全相同的领域发挥着各自的作用,肯定法的作用并不等于否定道德的作用。其次,法律至上并不等于肯定法律万能。只能由道德调整的问题,也不能因法律至上而由法取而代之。最后,任何法都以一定的道德准则作为自己的社会基础并在一定程度上引导道德的发展,法律至上不仅不会否定道德,甚至可能会在一定程度上有助于道德的完善和发展,所以切不可将法律至上与道德作用对立起来,以为法律至上会否定道德的意义。

有的人认为,法律至上会导致对经济决定作用的忽视或否定。法律至上与经济决定法是两个不同层面的问题。经济决定法是从法的本源意义上讲的。在终极意义上法始终是被经济所决定并为经济服务的。但是离开这一意义,法对具体的经济关系和经济活动来说,显然就不再是从属的。一切具体的经济关系和经济活动也都得遵守法律规定,符合法律要求,否则就可能导致违法甚至犯罪行为的发生。法律至上是在经济决定法律的基础上对法律的地位的概括和期望,它与经济

决定法律并不矛盾。

(四)法制完备

法制完备是法治国家得以建立的必要条件之一。在中国,法制完备对于法治国家的建立具有特别重要的意义。首先,是因为中国是一个长期实行成文法并以成文法为主的国家,有着重视法的制度建设的历史传统,要建设法治国家必须注意到中国的这一历史传统,把法的制度建设摆到应有的位置。其次,是因为法律制度具有确定性、明确性的特点,便于人们掌握与运用。最后,是因为法律制度是法制建设的首要环节,没有法律制度就不可能谈及执法、司法、守法和法的监督等。而法治也包含着立法、执法、司法、守法、法的监督,乃至更多的方面,而法律制度则是法治建设的最基本的方面与内容。

法制完备表现为法律制度的类别齐全、规范系统而无所遗漏。凡是法律制度所应调整的,均应有法律制度调整;凡是由法律制度调整的,均应有恰当的法律制度调整;调整不同领域的法律制度应当相互衔接,有机协调;法律制度在执行、遵守、监督中的任何问题,均能在法律制度中获得解决的途径;法制有一个调节机制,能作出适应客观需要的相应反映,并能进行有效的自我修正。

(五)司法公正

司法历来都以公正作为自己的理想。在法治国家建设中,司法公正具有更重要的意义。首先,司法公正是纠纷解决的本质要求。司法就是要公正地解决一定的社会矛盾及其相应的法律冲突。它是国家这一公共权力因冲突着的各方无法自主地解决纠纷,而为其设定的由国家专门机关予以裁决的纠纷解决机制。冲突着的双方都存在利益的差异或分歧。如果依其任何一方单方面的意愿裁决,都可能导致裁决的

不公正。如果裁决不公正，就不可能平息纠纷，甚至可能使矛盾激化，司法的目的就不可能得以实现，也就违反了司法应有的本质。其次，司法公正是赢得群众的信赖基础。司法权力是国家权力的构成部分，它的直接来源是国家的权力分配与赋予；它的最终来源则是人民权力的让渡。司法权力最终来自人民。司法机关的设立在历史缘起上是人民愿意将其所涉及的纠纷交其裁决的结果，当然包含着人民对其的信赖。司法机关的继续存在，也离不开人民的继续信赖和支持。司法机关能够始终赢得群众，获得人民支持的根本，就涉及司法公正的问题。可以说司法公正是司法机关赢得人民的最基本、最主要的所在。最后，司法公正是社会发展的现实需要。现代社会的快速发展给司法工作提出了大幅度提高裁决效率的要求，而司法如公正则能简省诉讼程序，许多案件都可以通过一审终结，较快地解决纠纷，否则就必然会导致二审、甚至再审程序发生，既不利于司法机关司法工作的顺利进行，更不利于人民群众的日益加快频率的社会生活。我国社会的飞速发展为人们的公正要求提供了更好的时代背景和社会空间，人们对于司法公正必然有着更高的要求，只有随着时代进步的司法公正才可能适应社会的发展要求。

（六）权力制约

权力的根据并不在权力的本身。权力的根据在于民众对权力的赋予以及民众对权力行使的认可。所谓选举、推举，不过是权力获得的过程而已。由于权力获得的过程不可能让所有的人都参与，甚至绝大多数人都无法直接参与，因此，怎么保证权力的赋予是正当的就成为一个十分困难的问题。于是就产生了对权力赋予过程的监督问题。人民将权力之一部分让渡于公共管理者的过程，站在民众的角度，是权力的赋予，站在管理者的角度，就是权力的获得。赋予与获得是权力移转过程

的两个侧面。如果权力赋予与权力获得的过程没有制约,就无法保障这一过程是正当的,就无法保障权力赋予者和权力获得者在这一过程中的行为并未违反公众的意愿,甚至一定是公众意志的反映。至于权力行使,更不可能由每一个人来完成。它必须由公众依靠一定的程序认可的人代为进行,那么这些由公众认可而行使管理社会权力的人,其行为是不是为公众利益的,如何保证他们永远为公众的利益而工作,这就使对权力获得者的监督或制约显得必不可少。

在制约机制中,最有效的制约手段当然是法律制度。这是由两个主要的因素决定的:一是任何权力的行使一般都是以法律制度为根据的,并以法律制度作为权力行使的范式与轨迹;二是在制约权力的规范中唯有法具有国家强制力做保证的特点。能否用法律制度科学而有效地制约权力,既是一个社会管理状况的评价标准之一,也是一个社会制度优越程度的标志。在人类的历史发展的长河中,社会主义社会理应具有最好的社会制度,其对权力赋予和权力行使的制约理应成为人类历史发展中有关方面的典范。

(七)依法行政

行政是国家行使权力的重要方式,是国家对社会进行管理的基本途径。行政的工作内容最为丰富,涉及的社会范围最为广泛,与社会民众的联系最为普遍,而且具有连续性、主动性、及时性与灵活性等特点。行政能否依法进行直接关系着一个国家能否实现法治。任何法治国家都以依法行政作为自己最基本的特征与非法治国家相区别,依法行政是法治国家的重要标志。

依法行政是指行政行为应当具有法律上的根据。行政行为的内容、形式、程序都应当依照法律的规定或要求进行。凡是在法律上没有根据的行政行为就是违法行政行为,就应当承担法律上的责任。这与

法律对公民行为的要求是截然不同的。公民的行为不必要求具有法律上的根据,他只要不违反法律的规定,即不受法律的追究与制裁。但作为国家机关之一的行政机关则不同;行政行为必须要有法律的根据,否则就是违法行政。

依法行政一是要保证国家行政权力的依法实现,使国家行政管理的职能被正确行使;二是要防止非法行政,保护公民的合法权益。依法行政是行政机关和行政官员对国家和对公民负责的统一。国家利益和公民利益并不都是一致的,行政机关和行政官员只有以法律作为自己行政的根据,才能在国家利益和公民利益中寻找到一个最佳的结合点,只有依法才能使行政符合其本意。

依法行政要求行政官员具有必要的行政能力和法律素质。行政官员是数量最为庞大的官员系统。他们的行政能力与法律素质的参差不齐,是依法行政的极大障碍。在我国,改革行政机关,确保行政机关与行政官员依法行政的任务还十分艰巨。

(八)权利保护

法律是权利和义务的载体,也是一定数量权利义务规则的总和。无论是强调权利还是强调义务,在逻辑上都具有同等的效果。在实践中,由于权利义务的不同属性和人们对于权利义务的不同心态,情形迥然有别,因为保护权利更能调动人们在法律上的主动性和积极性。是强调权利还是强调义务,是法治国家与非法治国家的重要区别。权利保护是法治国家的明显特征。

权利的实现受到两个方面的制约:一是权利受义务制约;二是权利受权力的制约。

权利保护要求以权利的实现带动义务的履行。权利与义务是构成法的两大要素。在权利与义务之间作何种选择,是任何法律时代都存

在的价值抉择。在权利与义务的关系上有着一种错误的认识,似乎二者之间只有一种关系,学者们的认识也只有一种才是正确的,即只有权利义务一致的理论和口号才是唯一正确的。实际上这是十分褊狭的观点。从不同的侧面认识权利与义务之间的关系,其结论自然就有所不同。在价值意义上,我们所应提倡的是权利先导。因为权利与义务在总量上是相等的。在理论上似乎强调义务或者权利,都是一样的,都能达到二者实现的目的,然而强调义务和强调权利的实际后果是不同的,因为每个人都有关心自我的本能。权利对于大多数人来说,具有比义务更大的号召力。因此,从保障权利出发带动义务的履行,比从义务出发更加有效。

权利保护要求制约权力。这里的权力,是指国家权力;权利主要是指民众个人或群体的权利。权力与权利有着重大的区别。首先,在终极意义上,权利是权力的基础,权力不是权利的基础。其次,权利要由权力予以保护,而权力本身却有充分的自我保护能力。最后,权利本身不具有国家强制性,而权力本身则具有一定的国家强制性。权力与权利的区别决定了权力易于膨胀,而权利难以自保。在权利与权力之间,权利易受到权力的侵犯。为了保障权利就必须制约权力。

三、依法治国,建设社会主义法治国家的现实措施

落实依法治国方略,是一个漫长的历史过程。在这个历史过程之中,我们有很多工作要做。立足中国现实,我们目前应当注重以下现实措施:

(一)加快立法,完备法律体系

党的十六大报告要求“加强立法工作,提高立法质量,到二〇一〇年形成中国特色社会主义法律体系”。到 2010 年,我们还有 5 年的时

间,任务依然是十分艰巨的。从大的方面来看,我们最重要的一部基本法——中华人民共和国民法典经过了半个世纪,到现在也还没有公布。我们还只能依据十分简略的《中华人民共和国民法通则》等来处理大量的民事纠纷,各级司法官员在处理大量的民事案件中都有于法无据的感慨。我们的立法任务还十分艰巨。

(二)依法执政,改革执政方式

依法执政是我们党在十六届四中全会上提出了的全党的重要任务。我们党要求全党一定要提高依法执政的能力。要提高党的依法执政能力,就意味着党的执政方式必须转变,要从以前的依靠政策执政过渡到依靠法律执政,要从过去的非法治的执政方式改变到法治化的执政方式。

依法执政是我们党作为执政党的地位和使命的要求,是我国民主和法治发展的要求,是国际共产主义运动的经验和教训的总结,也是中国共产党自己的教训和经验的结晶。

(三)依法行政,建立法治政府

依法行政是中国法治发展的必然要求,是中国法治的重要组成部分,甚至是中国法治成败的关键之所在。之所以这样说,是由法治的要求所决定的,是由人民政府的地位和作用所决定的,是由我国政府机关的执法状况所决定的。依法行政的目标就是要建立法治政府。

2004 年国务院发布了《全面推进依法行政实施纲要》这一重要文件。这一文件规划了中国未来 10 年的政府法治建设。它可以说是我国政府法治化的纲领性文件,在中国法治发展中占有重要的地位,具有重要的作用。

(四)改革司法,实现司法公正

司法体制改革已经在我国启动多年了,也取得了许多重要的成就,但是对于其成效的估计也还是说法不一。党的十六大提出,“社会主义司法制度必须保障在全社会实现公平和正义。按照公正司法和严格执法的要求,完善司法机关的机构设置、职权划分和管理制度,进一步健全权责明确、相互配合、相互制约、高效运行的司法体制。从制度上保证审判机关和检察机关依法独立公正地行使审判权和检察权。完善诉讼程序,保障公民和法人的合法权益。切实解决执行难问题。改革司法机关的工作机制和人财物管理体制,逐步实现司法审判和检察同司法行政事务相分离。加强对司法工作的监督,惩治司法领域中的腐败。建设一支政治坚定、业务精通、作风优良、执法公正的司法队伍”。

(五)强化普法,确立法治理念

中国社会从2006年起将开始进行“五五普法”,20年来中国的普法工作取得了重要的成就。

但是中国的普法工作也面临着方式更新与内容更新的历史任务。从方式上讲,我们尝试过发放学习资料、实行过关考试、开展集中培训等多种方式,从目前来看,这几种手段和方式还需要继续保留,但是应该更加注重集中培训的方式。从内容来看,我们经历了普及法律常识,然后是普及法律知识,我认为下一个5年我们也许应该强调普及法律观念。作为领导干部则应当要求确立法治理念。我们要全面确立社会主义法治理念,切实践行社会主义依法治国、公平正义、执法为民、服务大局、党的领导的法治理念。

（六）推动和谐，构建和谐社会

党的十六大确定了小康社会的目标。在建成小康社会的历程中，我们发现了我国社会所存在的各种不和谐因素，乃至矛盾冲突。其中有能源需求紧张问题，体制改革深化问题，违法犯罪增加问题，干部群众关系问题，社会阶层冲突问题，地区发展差距问题，自然环境保护问题，等等，于是我们党在十六届四中全会又提出了比小康社会更加宏伟和长远的社会目标——构建社会主义和谐社会。我们党十六届六中全会的主题也是构建社会主义和谐社会。和谐社会的第一特征就是民主法治。和谐的国家就是法治的国家，和谐的社会就是法治社会。

（这是作者为2007年秋季学期主体班学员讲课使用的讲稿。）

15. 我国法治建设的若干问题研究

一、完备法律体系任重道远

(一)完备法律体系是既定目标

法律体系指一国现行法律规范按照一定方式组成的有机统一整体。法律体系中的全部法律规范,根据不同调整对象和调整方法,划分为不同的法律部门。这些法律部门及其所包含的法律规范所形成的有机联系的统一整体,就是法律体系。根据我国全国人大的权威表述,我国目前的法律体系可以划分为七个主要部门:宪法及相关法部门、民法商法部门、行政法部门、经济法部门、社会法部门、刑法部门、诉讼与非诉讼程序法部门。

1993 年《关于建立社会主义市场经济体制若干问题的决定》指出,要遵循宪法规定的原则,加快经济立法,进一步完善民商法律、刑事法律、有关国家机构和行政管理方面的法律,本世纪末初步建立适应社会主义市场经济的法律体系。1997 年,党的十五大更加明确地提出,要"加强立法工作,提高立法质量,到二

零一零年形成有中国特色社会主义法律体系”。

（二）完备法律体系的理论标准

完备的法律体系应该包括一些基本的标志，这些标志主要的理论标准有：第一，各个法律部门门类齐全；第二，各个法律部门中基本而主要的法律得以制定；第三，以法律为主干，以相应行政法规、地方性法规、自治条例和单行条例与之配套的法律部门体系完善；第四，法律体系内部各个法律部门与法律规范之间彼此协调；第五，整个法律体系切合社会的实际状况；第六，整个法律体系能够适应社会发展的需要。这基本上是我国法学界具有代表性的学术观点，法律体系应当是内容完备、结构严密、内部协调、形式统一的整体。[1] 在总体上也可以认为，完备的法律体系应该是内容上完备、结构上科学、形式上规范、价值上公正的整体。

（三）建立完备法律体系的现实困难

一是立法要求更高。社会对立法提出了“有良法可依”的新要求。在改革开放之初，邓小平同志在党的十一届三中全会前召开的中央工作会议上，提出了著名的十六字方针：“有法可依、有法必依、执法必严、违法必究。”现在看来，这十六字中针对立法的“有法可依”，必须上升到“有良法可依”的新高度。以前毫无疑问的法律制度，在市场经济和民主政治的发展中遇到了严重挑战，遭到了严重的怀疑。如国家在市场中的地位和作用的法律问题，房地产登记与合同效力的关系问题，舆论集中关注的“同命不同价”等制度都受到了严峻挑战。

二是立法任务仍重。我国目前新闻法、出版法和大量的社会保障

[1] 李步云：《走向法治》，湖南人民出版社 1998 年版，第 539~541 页。

法律等,但都还没有制定出来。尤其是民法典的制定工作任务特别艰巨,也许可以认为物权法的制定只是进一步推进了我国民法典的制定工作。

三是立法速度减缓。以前我们基本能按照既有的立法计划完成立法任务。但是近年来立法任务难以按预期完成。物权法的制定成为其中的典型例证。物权法的立法过程被一再延长,客观上延缓了我国法律体系的完备进程。

完备的法律体系的建立是我们重要的目标,但并不是我们的终极目标。任何法律再好,都必须得以实现才可能真正地产生效用。于是,法律实施问题就出现在了我们的面前,有法不依就成为我们必须关注的重大问题。

二、有法不依仍是突出问题

(一)个人不当因素

有法不依的情形之所以出现,与执法者有着重大的关系。法律意识缺乏、法治理念欠缺、金钱财物贿赂、人情世故干扰依然是我国有法不依的重要诱因。

(二)地方保护主义

由于传统、人情,以及体制等原因,地方司法机关喊出地方司法机关要为地方经济建设服务等似是而非的口号,破坏了司法公正性与统一性。中国的文化传统为地方保护主义提供了文化基础,司法结构为地方保护主义提供了现实路径,畸形体制为地方保护主义提供了制度前提。

(三)部门保护主义

部门保护是与地方保护相类似的问题。出现了利益部门化考虑,一旦涉及本部门的利益就可能是非颠倒,难以自我约束。往往表现为“肥水不流外人田”“胳膊肘往里拐”“自家的刀削不了自家的柄”等几大实际问题。法律上的部门保护严重地妨碍着法治的统一与公正。

(四)改革司法体制是保障

要解决有法不依的问题,方案有多种,最根本的是改革司法体制。只要人们能够通过司法救济使自己的权益得到保障,就能在相当大程度上使有法不依被制裁、被遏制。良好的司法必然会抑制有法不依的动机,并阻止其向行动转化;良好的司法也能使违法受到应有制裁,使违法者受到震慑而放弃违法。依靠既有体制来司法是必然不行的,我们必须改革司法体制。

三、司法体制改革推进艰难

(一)体制难以触动

2004年12月,中共中央转发了中央司法体制改革领导小组《关于司法体制和工作机制改革的初步意见》,我们司法体制改革全面启动。但整个方案还主要是在工作机制上进行的改革。首先,党组织、政府、人大与人民法院之间的体制性格局几乎没有改变。其次,法律机构之间的体制性格局也没有变化。最后,司法的经济、文化、环境短期内还不可能变革。因此,体制改革就必然难以触动体制,不改革体制,就必然只是适当修正,改革的目标就难以实现。

(二)人事没有改革

司法机关的人事体制基本是沿袭的旧体制和机制。作为权力机关的人大没有足够的对于司法机关的人事权力。而司法机关本身,也没有用人权,即使是事务性的工作人员,法院也不能完全享有应有的权力。"该来的不来,该走的不走"还是普遍现象。

(三)改革的困难很大

即使就是现在正在推进的改革也是困难重重。尤其是在体制不动、环境不变的情况进行改革,改革者必然更加艰难与痛苦。目前刚刚收归最高人民法院的死刑复核权问题就是一个典型的例证,究竟还有哪些问题需要拭目以待。

(四)出路在体制更新

我们必须把司法体制改革的重点放到体制本身上来。从民主政治、依法治国、市场经济、现代社会等视角出发,全面研究,提出更全面的司法体制改革方案。加速推进改革,是十分紧迫的工作。新的司法体制的设计中必然涉及法律监督的改革和完善问题。它是司法体制改革中必须考虑的问题,也是司法体制得以改革完善的重要条件。

四、法律监督需要改革完善

(一)法律监督是十分重要的

法律要得到有效的切实施行,法律监督始终是必要的。没有监督,任何人都可能肆无忌惮。对于权力行使者来说,法律监督更是必须。没有监督也如同没有制约一样,权力必然会走向腐败。法律监督是保

证政治廉洁和推进法治建设的双重需要。

（二）监督重在制度与机制建设

但是法律监督相对于制度与机制设置来说，还是第二位的。如果制度与机制原本就设计得有问题，那么法律监督一是会不胜其烦，二是会难治其本。所谓不胜其烦也就是说，监督不过来，无暇顾及；所谓难治其本，是说它只能是应急处理，无法根治。

（三）法律监督难以受到监督

法律监督被一再强化，这当然是对的。但是法律监督本身如何受到监督就是一个问题。监督者不受监督，就会使监督本身成为特权，监督就会成为对于法律的滥用与违反。

（四）法律监督必须法治化和民主化

法律监督必须法治化，必须被纳入法治的范围内加以考量和设置。同时，法律监督更必须推进民主，始终坚持专门机构与人民群众相结合的群众路线。只有真正植根于民主土壤的法律监督才会充分并有效地推进法治发展。

（这是作者为 2007 年主体班学员讲课时使用的教学提纲。）

16. 加快建设社会主义法治国家

中国共产党第十七次全国代表大会特别强调要“全面落实依法治国基本方略,加快建设社会主义法治国家”。围绕加快建设社会主义法治国家的主题,党的十七大作出了科学而全面的回答。首先,它总结了十六大以来我们取得的辉煌成就,即告诉了我们应在什么样的基础上加快建设社会主义法治国家;其次,它告诉了全党我们为什么要加快建设社会主义法治国家;最后,它更特别地指出了加快建设社会主义法治国家的现实措施。

一、社会主义法治国家建设的辉煌成就

(一)法治国家的历史发展

中国的思想家们从清末就开始了对法治国家的理论探索,以梁启超为代表的思想家和改革家们早在100年前就提出了建设“法治国”的理想。大清王朝的封建集权严重阻碍了中国的法治化发展,结束君主专制的是辛亥革命。中华民国时期,中国的法治和法治国家建设取得了一些成绩,但由于国民党政权的阶

级本质和时代局限，根本就无法完成建设法治国家这样的历史使命。时代把历史重任交给了中国共产党人，交给了社会主义这一历史时代。20世纪50年代初，中国法治建设取得了令世人瞩目的重大成就。但是50年代中后期“反右运动”的扩大化与60年代中后期的“文化大革命”，无疑都是对中国既有法治的大破坏。党的十一届三中全会明确提出发扬社会主义民主、健全社会主义法制的目标，从而又一次开启了新时代中国法治建设的大门。1982年宪法提出了发展社会主义民主，健全社会主义法制的目标。1997年党的十五大确立了“依法治国，建设社会主义法治国家”的基本方略与社会发展目标。1999年《中华人民共和国宪法修正案》确认了“依法治国，建设社会主义法治国家”的方略与目标，使之成为宪法原则。2002年中国共产党的十六大进一步提出了“依法治国基本方略得到全面落实”的要求。2007年党的十七大在十六大的基础上更进一步提出了新的目标：加快建设社会主义法治国家。

（二）法治国家建设的现实成就

中国法治国家的道路走到了哪里，这是我国目前加快建设社会主义法治国家的客观基础。2008年2月28日我国政府发布的《中国的法治建设》白皮书总结了新中国50年，尤其是改革开放30年以来，中国法治建设取得的辉煌成就，即确立了依法治国基本方略；中国共产党依法执政能力显著增强；中国特色社会主义法律体系基本形成；人权得到可靠的法制保障；促进经济发展与社会和谐的法治环境不断改善；依法行政和公正司法水平不断提高；对权力的制约和监督得到加强。

党的十七大报告总结了过去的5年里中国法治国家建设取得的三大成就，即中国特色社会主义法律体系基本形成，依法治国基本方略切实贯彻，司法体制改革不断深化。

1. 中国特色社会主义法律体系基本形成

到目前为止,我国法律体系的7大法律部门基本形成,从而构建起了具有中国特色的社会主义法律体系。这7大法律部门是宪法及相关法;民法和商法;行政法;经济法;社会法;刑法;诉讼与非诉讼程序法。现在我国已经制定和发布了上万部法律法规,基本实现了“有法可依”,中国已经进入了需要“有良法可依”的新时代。完善具有中国特色的社会主义法律体系成为我们新的历史任务。

2. 依法治国基本方略切实贯彻

在2002年,我们党的十六大提出要全面落实依法治国方略;2004年,党的十六届四中全会将依法执政作为党执政的基本方式与执政能力之一加以了特别强调;2004年,国务院发布了《全面推进依法行政实施纲要》,提出了要用10年时间初步建成中国的法治政府;2004年,中共中央发布了《关于司法体制及工作机制改革的初步意见》新一轮的司法体制改革拉开帷幕;2006年中央启动的“五五普法”工程,将全面树立社会主义法治理念作为这次普法的中心任务。

3. 司法体制改革不断深化

2003年5月,根据中央的决定,中央政法委牵头成立中央司法体制改革领导小组,起草《关于司法体制与工作机制改革的初步意见》。2004年12月,这一方案获得了中央高层首肯,并相继下发实施。随着司法体制改革的推进,我国原有在企业设立的司法机关全面撤销,合并到地方司法机关之中;各级司法机关的对外司法鉴定组织,全面撤销或者脱钩;劳改劳教场所,已经统一划归司法行政部门管理;司法人员的待遇得到并正在逐步提高;死刑复核权已经于2007年1月1日全面收归了最高人民法院;等等。司法体制改革取得了新的成效,也赢得了新的深化改革的历史前提。

二、加快建设社会主义法治国家的紧迫性

为什么要加快建设社会主义法治国家？我们党在十七大上作出了科学的回答，那就是因为“社会主义民主政治不断发展、依法治国基本方略扎实贯彻，同时民主法制建设与扩大人民民主和经济社会发展的要求还不完全适应…… ”为了解决这两个不适应，我们就必须加快建设社会主义法治国家。加快社会主义法治国家建设是扩大人民民主、发展市场经济、实现社会和谐、改善民生状态的急迫需要。

（一）扩大人民民主的政治需要

扩大人民民主本身就是中国共产党人的理想。针对现实社会中对于人民民主的种种误解，我们党的十七大报告十分庄严地指出：“人民民主是社会主义的生命。发展社会主义民主政治是我们党始终不渝的奋斗目标。”社会主义的法治建设对于人民民主的意义是什么，十七大报告也同样作出了说明，“全面落实依法治国基本方略，加快建设社会主义法治国家。依法治国是社会主义民主政治的基本要求”。

人民民主是目标，但是实现和保障人民民主必须要有法治。没有法治的人民民主就可能导致混乱、导致专制，走向民主的反面，最终摧毁民主本身。因此，法治对于民主具有保障和促进的双重作用，我们必须在扩大人民民主的同时，加快法治国家建设，确保人民民主的不断扩大与顺利推进。

（二）发展市场经济的急切要求

经过了十多年的不懈努力，市场经济是法治经济的观念，已经得到了社会的普遍认可，也受到了各级领导干部的高度重视。那是因为市场经济的主体需要法律确认，规则需要法律确立，秩序需要法律维护，

发展需要法律保障。

市场经济的纵深发展更需要法治。随着我国市场经济的发展，首先，诚信机制需要法治建立。没有诚信就没有市场经济，市场经济的诚信基础是依靠法律来维系和保障的。其次，历史问题需要法治面对。在市场经济发展初期的虚假出资问题、商业贿赂问题、偷税漏税问题都需要我们作出法治化的解答。最后，依法管理需要法治支持。市场经济的发展愈来愈提出了更高水平的法治化管理要求。如何使经济既快又好地发展是摆在我们全党全国人民面前的大难题。市场经济的纵深发展必然提出更多更高的法治化要求。

市场经济的国际竞争需要法律武器。党的十七大报告指出，我们“面临的国际竞争日趋激烈，发达国家在经济科技上占优势的压力长期存在，可以预见和难以预见的风险增多，统筹国内发展和对外开放要求更高”。“我们将继续按照通行的国际经贸规则，扩大市场准入，依法保护合作者权益”。“我们支持完善国际贸易和金融体制，推进贸易和投资自由化便利化，通过磋商协作妥善处理经贸摩擦”。法律在促进对外开放，维护国际经济贸易中的自身权益等方面，都具有重要的作用。面对日益复杂的国际经济竞争，法律上的竞争已经成为不容忽视的重要领域和根本手段，因此，加快法治国家建设也是应对国际经济竞争的法治化需要。

（三）实现社会和谐的有力保障

中国古代典籍《礼记》就曾描述道：“大道之行也，天下为公，选贤与能，讲信修睦。故人不独亲其亲，不独子其子，使老有所终，壮有所用，幼有所长，矜、寡、孤、独、废、疾者皆有所养。”[1]这是中国古代社会

---

[1] 其中的“矜、寡、孤、独、废、疾者皆有所养”，有的版本写作“鳏、寡、孤、独、废、疾者皆有所养”，此系版本不同所致，含义并无更多差别。

的和谐梦想。在今天,“构建社会主义和谐社会是贯穿中国特色社会主义事业全过程的长期历史任务,是在发展的基础上正确处理各种社会矛盾的历史过程和社会结果”。根据我们党一贯的主张和十七大精神,建设社会主义法治国家,“要按照民主法治、公平正义、诚信友爱、充满活力、安定有序、人与自然和谐相处的总要求和共同建设、共同享有的原则,着力解决人民最关心、最直接、最现实的利益问题,努力形成全体人民各尽其能、各得其所而又和谐相处的局面,为发展提供良好社会环境”。和谐社会的六大总体要求每一个方面都需要法治作为保障。

(四)改善民生状态的制度需求

一切为了人民是中国共产党人永远的宗旨。只是不同的时代有不同的任务。曾经是一切为了人民的自由和解放,现在是一切为了人民的富裕和幸福。党的十七大报告指出,我们“必须在经济发展的基础上,更加注重社会建设,着力保障和改善民生,推进社会体制改革,扩大公共服务,完善社会管理,促进社会公平正义,努力使全体人民学有所教、劳有所得、病有所医、老有所养、住有所居,推动建设和谐社会”。社会的教育、就业、分配、社保、医疗等都与民生息息相关。人民的生活质量在改革开放中有了很大的提升,但是各地经济发展的不平衡依然是严重的问题。在许多地方,贫困还是人民幸福的大敌。如何使人民尽快富裕起来,获得很好的民生状态,在这些方面的制度都必须予以法治化。只有这样,人民的生活才有最基本的保障。

三、加快建设社会主义法治国家的具体措施

(一)提高立法质量,完善法律体系

如前所述,我国具有中国特色的社会主义法律体系已经基本建立,

下一步的努力目标就是要完善这一体系。为此,十七大报告提出了“坚持科学立法、民主立法,完善中国特色社会主义法律体系”的要求。提高立法质量,完善中国特色的社会主义法律体系还任重道远。

什么是完善的社会主义法律体系,人们有不同的理解,但是无论从什么意义来认识,我们都可以得出这样的结论:良好的法律体系必须是满足社会需要、适应社会发展的;良好的法律体系必须是内在结构完整、组成井然有序的;良好的法律体系也必须是促进社会公平、维护社会正义的;等等。由是观之,我们在立法上还有很多值得努力的地方。

(二)推进依法行政,建设法治政府

我们党在十七大特别强调要“推进依法行政”。“依法治国基本方略深入落实,全社会法制观念进一步增强,法治政府建设取得新成效”这是党的要求,也是时代的要求。早在 2004 年党中央、国务院就通过《全面推进依法行政实施纲要》提出要用 10 年的时间初步建成法治政府。如何使依法行政得到有效推进,法治政府能够如期建立,这就需要我们加快法治建设来达成。

我国法治政府建设的困难众多,首先在于政府机构庞大、人员众多。数百万的行政官员,要全面法治化,是一个极其巨大的社会工程。其次是积习难改。行政行为的惯性是在历史和现实中形成的,而且被不断重复固化。这些积习早已成为思维定式和行为定势,要在短期内改变,实在是特别艰难。目前最重要的是,要将依法行政的法治政府建设落实到行政行为和行政过程之中,将建设法治政府与服务型政府统一起来,深刻认识到服务型政府实质上也就是法治政府。

(三)深化司法改革,维护社会公正

党的十七大报告针对正在深化的司法体制改革明确指出:“深化司

法体制改革,优化司法职权配置,规范司法行为,建设公正高效权威的社会主义司法制度,保证审判机关、检察机关依法独立公正地行使审判权、检察权。”从中不难看出,“公正”是整个司法制度设计的最重要的目标与任务。因此党中央将“公正”列在第一的位置。在司法体制改革之中,如何加强政法队伍建设备受党中央重视。十七大报告进一步明确指出,“加强政法队伍建设,做到严格、公正、文明执法”。之所以在政法队伍建设上要求“严格”第一,这是特别值得注意的重要方面。因为对于执法来说,“严格”必须第一。“公正”是指导也是目标,但是它不是直接的根据。只有坚持了执法上的“严格”第一,并以“公正”作为指导与目标,执法队伍建设才可能取得最终的成功。党的十七大报告对司法体制与政法队伍建设提出了不同的要求,体现了党的认识的深化,体现了新时代党对司法体制与执法队伍与时俱进的新目标和新要求。

我国的司法体制改革还有许多问题,并非短期能够解决。目前的改革措施主要是机制改革方面的,改革措施更多的是针对机制改革而设定的。要深化司法体制改革,还必须从体制入手。改革体制远比改革机制更加艰难。体制改革大到涉及国家整体的权力配置,小到处理司法机构之间的相互关系,都需要从体制重构与调整来加以解决。

(四)开展法制教育,弘扬法治精神

加快建设社会主义法治国家的基础在人民群众,必须动员和组织广大人民群众,动员和组织全社会的力量。没有全社会将法治精神内化并体现出来,法治就缺乏心理依据,更无法转化为社会行为而受到应有的重视。于是十七大报告要求“深入开展法制宣传教育,弘扬法治精神,形成自觉学法守法用法的社会氛围”。

法治精神应当是一种内化于心、外化于行的精神,但是我们从领导干部到大众、从公民到媒体都没有能够确立法治的精神。个别领导干

部的知法犯法,部分一般公民的法外牟利都是证明。公民的“法律后门观”、媒体的“畸形法治观”都值得我们反思和总结。深入开展普法宣传,提升全民的法律意识,树立社会主义法治理念,是我国法制教育的重要任务。这一任务的完成状况直接关系着社会主义法治国家建设的进程与成败,对此我们必须予以高度的重视。

(这是2008年春季学期的讲稿。)

17. 全面落实依法治国基本方略

胡锦涛同志在党的十七大报告中指出,“全面落实依法治国基本方略,加快建设社会主义法治国家。依法治国是社会主义民主政治的基本要求”。在中国,依法治国已经在政治和社会、理论与实践等各个方面成为中国治国的基本方略,“依法治国,就是广大人民群众在党的领导下,依照宪法和法律规定,通过各种途径和形式管理国家事务,管理经济文化事业,管理社会事务,保证国家各项工作都依法进行,逐步实现社会主义民主的制度化、法律化”。[1]

一、依法治国的辉煌成就

(一)依法治国的历史发展

早在古希腊,西方依法治国的实践就已经开始。到古罗马时期,依法治国的思考和实践就进入了更务实的新阶段。西方中世纪以专制著称,依法治国根本

〔1〕 胡锦涛在纪念宪法施行二十周年大会上的讲话(2002年12月4日)。

就不可能得到应有的重视，但是法学披着神学的外衣并未被彻底否定。近代以来，资产阶级对法治进行了新的探索。英国、德国、法国、美国等资本主义国家都有一套自己的依法治国理论和相应的依法治国实践。

中国古代，并无严格意义上的依法治国方略，或者说并无严格意义的法治学说或法治实践，所具有的仅仅是将法作为手段或工具的“以法治国”含义的“法治”。近现代法治理论，是近代才从西方引入中国的，梁启超等就是引入西方法治理念的第一批中国思想家。梁启超先生多次使用“法治国”一词，认为，“法治国者，谓以法为治之国也”。[1] “法治主义是今日救时唯一之主义”。[2] 由此推算，法治国家已经是中国的百年梦想，也可以说是中华民族未了的百年心愿。经过“戊戌变法”，1901年，中国清政府发布了“变法自强”的上谕，推行变法，开创了与世界先进国家类同的六法体系，开始了中国法制发展的重大改革，在中国法治化的漫漫征程上迈开了第一步。20世纪上半叶的中华民国时期，也提出并努力探索过中国的法治之路，由于本质和历史的局限，它根本就无法切实实现依法治国。

（二）依法治国的巨大成就

中国的法治国家是社会主义的法治国家。在20世纪20年代，苏联法学家A. 马林茨基就提出，“苏维埃共和国是在法律制度条件下进行自己活动的法治国家”。在中国，法治国家的提出，却经历了与西方、与苏联都不完全相同的历史过程。

1949年以后，我们应当明确的法治国家目标并没有得以明确，甚至还没有来得及明确，人为夸大的阶级斗争就否定了法治。法治被作为

〔1〕 梁启超：《管子传》。
〔2〕 梁启超：《中国法理学发达史》。

资产阶级的东西加以了彻底的批判，人们甚至忌讳谈及“法治”二字。我国1978年宪法明确了我国新时期的总任务是实现四个现代化，强调了必须发扬社会主义民主和加强社会主义法制，从而为社会主义依法治国作出了经济、政治、法制三个方面的最初步准备。1978年12月，中国共产党第十一届三中全会召开，制定了以经济建设为中心的政治路线，果断地停止了“以阶级斗争为纲”的做法，作出了把工作重点转移到社会主义现代化建设上来的战略决策；提出了健全社会主义法制和加强社会主义民主的方针；审查和解决了党的历史上一批重要冤假错案，全面总结一些重要领导人的功过是非。1997年9月党的十五大报告对依法治国方针的科学含义、重大意义和战略地位作了全面的深刻阐述。1999年3月，全国人民代表大会又对宪法进行了修改，将依法治国的方略予以了宪法确认，“中华人民共和国实行依法治国，建设社会主义法治国家”。[1] 2002我们党的十六大再次对依法治国的基本方略的贯彻落实作出了具体部署，我国的依法治国事业取得了辉煌的成就。

2007年，党的十七大报告总结道：“中国特色社会主义法律体系基本形成，依法治国基本方略切实贯彻。行政管理体制、司法体制改革不断深化。”可以认为自十六大以来我国法治建设的三大成就就是：

第一，中国特色社会主义法律体系基本形成。到我国目前，我国法律体系的7大法律部门构成了社会主义法律体系的总体：宪法及相关法；民法和商法；行政法；经济法；社会法；刑法；诉讼与非诉讼程序法。我国中央和地方已经制定和发布上万部法律法规，基本实现“有法可依”，中国进入须“有良法可依”的新时代。

---

〔1〕《中华人民共和国宪法修正案》(1999年3月15日第九届全国人民代表大会第二次会议通过，并公布)第13条规定，在1982年《中华人民共和国宪法》第5条中增加该段文字为第1款。

第二，依法治国基本方略切实贯彻。2002 年党的十六大提出要全面落实依法治国方略；2004 年党的十六届四中全会将依法执政作为党的执政的基本方式与执政的能力之一；2004 年国务院发布《全面推进依法行政实施纲要》；2004 年中共中央发布了《关于司法体制及工作机制改革的初步意见》；2006 年中央启动"五五普法"工程全面提高社会主义法治理念；2007 年中国共产党十七大又一次要求全面落实依法治国基本方略，加快建设社会主义法治国家。

第三，司法体制改革不断深化。2003 年 5 月，根据中央的决定，中央政法委牵头成立中央司法体制改革领导小组，起草方案。2004 年 12 月，中共中央发布了《关于司法体制与工作机制改革的初步意见》，并相继下发各省市司法机构贯彻实施。

国务院新闻办公室 2008 年 2 月 28 日发表《中国的法治建设》白皮书，总结了新中国成立以来，尤其是改革开放以来法治建设的重大成就，它们包括 7 个方面：确立了依法治国基本方略；中国共产党依法执政能力显著增强；中国特色社会主义法律体系基本形成；人权得到可靠的法制保障；促进经济发展与社会和谐的法治环境不断改善；依法行政和公正司法水平不断提高；对权力的制约和监督得到加强。

二、依法治国是现实要求

（一）改革开放与法治发展

党的十七大报告总结道，"新时期最鲜明的特点是改革开放。从农村到城市、从经济领域到其他各个领域，全面改革的进程势不可当地展开了；从沿海到沿江沿边，从东部到中西部，对外开放的大门毅然决然地打开了。这场历史上从未有过的大改革大开放，极大地调动了亿万人民的积极性，使我国成功实现了从高度集中的计划经济体制到充满

活力的社会主义市场经济体制、从封闭半封闭到全方位开放的伟大历史转折。”

对于中国新时期的改革开放，我们可以从不同的角度进行总结。如果我们从法治发展的视角进行总结，不难得出这样的结论，即中国的改革开放带动了中国的依法治国，同时中国的依法治国又为改革开放保驾护航。中国的整个改革开放事业都是在中国新时代法治的护卫下顺利发展的。

（二）科学发展与法治发展

科学发展的问题，涉及现代化建设的各个方面，如果从宏观来看，我们的创新型国家建设、新农村建设、增强可持续发展能力、推动区域协调发展、完善基本经济制度、深化财税体制改革等都是科学发展的重要内容与基本方面。

在经济发展上，我们要提高外向型经济的水平。正如十七大报告所指出：“面临的国际竞争日趋激烈，发达国家在经济科技上占优势的压力长期存在，可以预见和难以预见的风险增多，统筹国内发展和对外开放要求更高。”“我们将继续按照通行的国际经贸规则，扩大市场准入，依法保护合作者权益”。“我们支持完善国际贸易和金融体制，推进贸易和投资自由化便利化，通过磋商协作妥善处理经贸摩擦”。这种外向型经济发展提出了一系列新的法治要求。我们如何为新的经济发展提供制度根据、调整手段、保护措施，都是亟待解决的重大问题。

（三）小康社会与法治发展

党的十六大明确指出了小康社会的目标，即使经济更加发展、民主更加健全、科教更加进步、文化更加繁荣、社会更加和谐、人民生活更加殷实。党的十七大又明确指出，“扩大社会主义民主，更好保障人民权

益和社会公平正义。公民政治参与有序扩大。依法治国基本方略深入落实,全社会法制观念进一步增强,法治政府建设取得新成效。基层民主制度更加完善。政府提供基本公共服务能力显著增强”。

小康社会是一个中国社会综合发展的特定阶段,并不仅仅局限于经济的发展。小康社会的全面建立,提出了诸多的法律要求。如何推进现实的法治建设,推进依法治国为小康社会的目标服务,还是我们面临的重大课题。

(四)民主政治与法治发展

民主政治本身就是社会主义政治的本质。党的十七大报告指出:“人民民主是社会主义的生命。发展社会主义民主政治是我们党始终不渝的奋斗目标。”“全面落实依法治国基本方略,加快建设社会主义法治国家。依法治国是社会主义民主政治的基本要求”。

民主政治建设必须要有稳定的社会秩序,良好的法治环境,否则政治的快速民主化就可能是灾难。历史的教训是十分深刻的,我们必须循序渐进地推进中国的民主政治建设。循序之“序”必须依靠法治来提供和保障。

(五)先进文化与法治发展

党的十七大报告指出:“社会主义文化更加繁荣,同时人民精神文化需求日趋旺盛,人们思想活动的独立性、选择性、多变性、差异性明显增强,对发展社会主义先进文化提出了更高要求。”

在当代中国现实文化中,对中国传统文化没有能够进行很好的梳理,西方资本主义的文化又在不断侵蚀。如何继承传统文化,借鉴西方文化,开创先进文化必须法律与之相伴。法律应当有效阻止不良文化的传播,倡导先进文化,保护先进文化的发展。

(六)改善民生与法治发展

党的十七大报告指出："必须在经济发展的基础上，更加注重社会建设，着力保障和改善民生，推进社会体制改革，扩大公共服务，完善社会管理，促进社会公平正义，努力使全体人民学有所教、劳有所得、病有所医、老有所养、住有所居，推动建设和谐社会。"

全心全意为人民服务，是我们党的宗旨。改善民生是我们党执政爱民的要求与体现。改善民生与法治保障是密切联系的。没有法治化的民生保障，就没有和谐稳定的生活，就没有绝大多数人民的幸福安康。

(七)社会和谐与法治发展

中国古代典籍《礼记》就描绘到"大道之行也，天下为公，选贤与能，讲信修睦。故人不独亲其亲，不独子其子，使老有所终，壮有所用，幼有所长，矜、寡、孤、独、废、疾者皆有所养。"党的十七大报告指出："构建社会主义和谐社会是贯穿中国特色社会主义事业全过程的长期历史任务，是在发展的基础上正确处理各种社会矛盾的历史过程和社会结果。""要按照民主法治、公平正义、诚信友爱、充满活力、安定有序、人与自然和谐相处的总要求和共同建设、共同享有的原则，着力解决人民最关心、最直接、最现实的利益问题，努力形成全体人民各尽其能、各得其所而又和谐相处的局面，为发展提供良好社会环境"。

三、依法治国的落实措施

党的十七大报告明确要求"全面落实依法治国基本方略，加快建设社会主义法治国家"。何以加快社会主义法治国家建设，报告作出了全面的阐述，综观十七大报告，我们必须从以下几个方面加以特别努力。

(一)推进民主政治

在加快社会主义法治国家建设的事业中,我们必须把推进社会主义民主政治作为根本目标。正如十七大报告所指出的“依法治国是社会主义民主政治的基本要求”。依法治国必须服务于社会主义民主政治建设。法治对于民主政治的重大意义应当是不言而喻的。因为社会主义的民主政治是人民当家作主的政治,它的目标就在于要切实实现人民民主。在我国目前,基层民主得到了空前的发展,并正待带动整个社会主义民主事业的进步,无论是目前的基层民主建设还是未来更为宏大的社会民主政治建设,都离不开依法治国作用的发挥。甚至可以说,随着社会主义民主政治建设的深化发展,依法治国对于民主政治的意义将更加凸显。法治必须为民主政治的发展提供完善的制度设计、程序保障与机制措施。在发展民主政治的方针确立之后,法治能够为其提供的制度、程序和机制如何将决定或影响着民主政治建设的快慢与成败。所以推进民主政治必须加快社会主义法治国家建设,加快社会主义法治国家建设必须有利于推进民主政治。

(二)完备法律体系

有法可依曾经是我们的重要目标。随着社会主义法治建设的发展,我们党又提出了建立完备的社会主义法律体系的重大目标。1993年《关于建立社会主义市场经济体制若干问题的决定》就要求在本世纪末初步建立适应社会主义市场经济的法律体系。在20世纪末我国的这一目标基本实现之后,1997年,党的十五大报告中又明确提出“到二零一零年形成有中国特色社会主义法律体系”。党的十七大又再一次强调,“坚持科学立法、民主立法,完善中国特色社会主义法律体系”。从改革开放以来,中国的立法任务一直异常艰巨。大量的与市场经济、

民主政治相适应的法律亟待制定。然而,新的法律尚未全面建立,既有的法律又逐步过时需要修订甚至废止。构建完备法律体系的任务任重道远,我们必须再接再厉。

(三)加强法律实施

有法可依当然是法制和法治的首要环节。然而在法律制度建立之后,法律实施就成为最重要的事情。面对我国目前许多法律制定出来后得不到有效实施的情形,党中央在十七大报告中明确指出,要“加强宪法和法律实施,坚持公民在法律面前一律平等,维护社会公平正义,维护社会主义法制的统一、尊严、权威”。这是社会主义法治建设的关键与重点。没有对于法律的严格遵守与服从,就绝对没有现实的法治发展。要推动法治进步就必须实实在在地推进法律实施,加强法律实施。法律实施是法律制度的社会化和现实化,是制度演变为实际的桥梁;也是法制和法治权威的体现。没有法律实施,再好的法律制度也仅仅是美好的蓝图,成为不了现实。

(四)推进依法行政

推进依法行政是构建法治政府的必由之路。在2004年,国务院在《全面推进依法行政实施纲要》中就确立了用10年时间构建法治政府的目标。随着时间的推移,我们构建法治政府的任务越来越急迫与艰巨。这是我们党从实现小康社会目标出发而对依法行政提出的新要求。这既是全面建成小康社会的要求,又是建设法治国家的需要。法治国家必须要求有法治政府,依法行政就是通向法治政府的法治之路。

(五)深化司法改革

司法体制改革长期被我们党作为政治体制改革的重要内容加以

特别的强调和重视。从2004年我们党作出了司法体制和工作机制改革的初步部署以来，我国的司法体制改革取得了很大的成绩。全面的司法体制改革正在推进之中。党的十七大报告指出，"深化司法体制改革，优化司法职权配置，规范司法行为，建设公正高效权威的社会主义司法制度，保证审判机关、检察机关依法独立公正地行使审判权、检察权"。这就为进一步推进中的司法体制改革指明了方向。司法体制改革要优化职权配置，规范司法行为，建设公正高效权威的社会主义司法制度。公正、高效、权威三者如何实现就成为司法体制改革中司法机关必须回答的问题。人民法院与人民检察院如何依法独立行使审判权与检察权，是我们必须关注的两个焦点。我们的司法体制改革，一是必须有宏观的宪政体制设计作为前提；二是必须有科学的改革措施作为路径。这也许是深化司法体制改革所必须注意的两个方面。

（六）加强政法队伍建设

政法队伍是在长期的社会主义法治建设中成长起来的法治力量。他们为社会主义法治建设作出了重要的贡献，他们是依法治国的主力军。在这支队伍的建设中，我们取得了重大的成就。然而不断推进的法治建设并不允许我们懈怠，我们必须如同十七大报告所要求的，继续"加强政法队伍建设，做到严格、公正、文明执法"。执法是政法队伍的工作职责也是社会责任。政法队伍建设的目标在哪里？根据十七大精神，就应该在于做到严格、公正、文明执法。严格、公正、文明三者是在新的时期，党对政法队伍建设的新要求。"公正"首先是立法的价值目标，也是执法的结果要求。但是并不意味着需要执法者自行确定公正的标准。作为执法者来说，正确地严格就能实现公正。执法者应当是把法律的公正现实化，而不能随意地确立自己的公正标准，否则就是对

法治的破坏,也是对于公正的违背。我们的政法干部队伍建设要以此为指针,完善现有的干部培养与培训计划,落实队伍建设措施。此外,我们有关政法队伍的制度设置与改革措施也必须与这一要求相适应,进行全面的检视,并加以改革完善。

(七)弘扬法治精神

弘扬法治精神是整个法治建设中不可忽视的重要方面。法治精神应当浸润在我们法治建设的社会实践之中,体现在我们执法与守法的实际过程之中。为此,党的十七大要求我们"深入开展法制宣传教育,弘扬法治精神,形成自觉学法守法用法的社会氛围"。弘扬法治精神对于人民大众与司法官员的要求是不同的。作为公民,法治精神是其基本的素质要求;作为司法官员更是其职业的意识基础。没有法治精神就无法很好地执法、司法,就可能在执行法律的过程中违背法律,远离法治,甚至走向法治的反面,适得其反。我们要确保每一个案件的处理,每一个法律文书的作出都具有法律的根据,都符合法治的本质要求。要使各项法律裁决既符合法的制度规定,更符合法的价值目标。从制度与价值的两个方面实现法律的要求。强化司法官员法治精神的培养是至关重要的,是新时期司法队伍建设的必修课。

(八)尊重保障人权

人权保障,从20世纪以来逐步成为世界各国共同的价值目标,也成为衡量一个国家民主与法治的重要指标。尊重保障人权,已经成为我国的宪法原则,成为我国法治建设的重要使命。然而由于历史与现实的诸多原因,在人权保障方面,我们还存在这样那样的问题。尽管我们非常努力也成效显著,但由于我们的基础薄弱和要求日增,尊重和保

障人权还有很多工作要做。党的十七大根据我国的国情,明确要求"尊重和保障人权,依法保证全体社会成员平等参与、平等发展的权利"。这一要求对于司法机关具有特别重要的意义。如果说人权尊重更多地依赖社会自觉,那么人权保障就会更多地依赖司法保护。如果没有司法机关的有效保障,人权就会遭到更严重地践踏,侵犯人权的违法犯罪就难以或者无法受到制裁,人权就得不到保障。在新的历史时期,司法机关必须对于尊重和保障人权有着更为深刻地认识,只有这样才能完成人权保障的时代任务。

（九）党要坚守法治

中国的社会主义事业是在中国共产党领导下进行的。中国的法治国家建设也是同样如此,党在十七大上又再次告诫全党"各级党组织和全体党员要自觉在宪法和法律范围内活动,带头维护宪法和法律的权威"。这是我们党从改革开放之初就已经确立的基本原则的强调与发展。中国共产党的党组织和党员必须在宪法和法律的范围内活动,是我们的宪法原则的要求,也是中国共产党党章的要求。党是依法治国的保证,党不能坚守法治,法治就不能取得成功。在新的历史时期,我们党提出了依法执政的要求,并把依法执政确立为党的基本的执政方式。这是党的执政方式的根本变化,也是党走向未来实现自己理想的切实保证。作为中国的执政党,也是中国最大的政党,如何坚守法治,维护法治,确保依法治国、依法执政,对于全党都是极为严肃也极为严峻的任务,我们必须完成,否则社会主义法治国家建设就不可能成功。全党必须坚持法治原则,坚持依法执政,是我们党在十七大所作出的加快建设社会主义法治国家的现实要求。

（该文是2008年春季学期的讲稿，与前一讲稿“加快建设社会主义法治国家”为同一学期，都是为了贯彻党的十七大精神，故内容有许多雷同之处，这是由于课程及其题目的相似性所导致。经过比对，亦有一定区别。为了使本书收录讲稿具有一定的完整性，也予以收录，特此说明。）

18. 构建和谐社会与弘扬法治精神

建设法治国家是中华民族的百年梦想,构建和谐社会则是中国数千年的历史期待。在新的历史时期,中国开始了自己新的法治里程与和谐之路。构建和谐社会与法治建设是怎么样的关系,我们何以宏扬社会主义法治精神、推动和谐社会建设,需要我们认真地思考。

一、构建和谐社会就是构建法治社会

(一)法律是追求社会和谐的行为规范

法律是人们的行为规范。法律的产生,其原因是多重的。但其中一个最为重要的原因就是为了解决社会矛盾,维护和实现社会和谐。

从各种法律制度产生的历史原因来看,法律是为了解决社会矛盾而产生的。中国古代的法字,写作“灋”,就有解决社会矛盾的意思。《说文解字》:“灋,刑也,平之如水,从水;廌,所以触不直者去之,从去。”其中的“廌”就是独角神兽,是传说中的纠纷裁判者;

“水”旁也就意味着裁判纠纷应当像水一样公平。从法律文化的认知角度看，法律依然是解决社会矛盾的产物。我国春秋时代管子就断言，“法者所以兴功惧暴也，律者所以定分止争也，令者所以令人知事也，法律政令者，吏民规矩绳墨也”。[1] 法律的作用在于定分止争、规矩绳墨，其重大意义就在于减少矛盾和化解矛盾，维护和实现社会的和谐。

在西方，对于法的起源的认识是性善论与性恶论两种。霍布斯等认为法律起源于人性之恶，起源于人与人之间的矛盾纠纷。人对人就像狼对狼一样，人类为了防止纠纷导致人类毁灭，于是创设了法律。在洛克等法学家看来，法则起源于人性之善。人与人之间原本是和谐相处的。洛克认为，自然社会中人们缺少明确的法律，缺少裁判纠纷的裁判者，缺少确保判决执行的权力。每个人自己充当自己的裁判官，就使判决难以执行，纠纷无法解决，而且造成矛盾和混乱，所以就需要法律。

（二）法治是和谐社会性质的内在需要

和谐社会具有内在的统一性，这种统一性要求法治作为其坚实的基础与强大的支柱。

和谐社会是“和而不同”的社会，是承认个体独立性质的社会。其中的“和”是指“和谐”；其中的“同”是指“附和”“苟同”“盲从”。“和而不同”，简单地说，也就是指和谐而不盲从。和谐社会的“和”是承认“不同”的“和”。“和”不等于否定个体或者使个体差异消失，相反，它首先就是建立在承认个体，尤其是承认个体差异的基础之上的，这可以说是关于和谐的认识前提。这种将“和”与“不同”相并列的认识远比专制主义和个人主义的认识高明得多。在西周，史伯就提出了“和实生

[1] 《管子·七臣七主》。

物,同则不继”的理论。他说:“声一无听,物一无文,味一无果,物一不讲。”意即一种声音无法组成动听的乐曲,一种颜色无法形成美丽的花纹,一种味道无法成为可口的食物,一种物质无法构成大千的世界。孔子也是“和而不同”的主张者。他甚至将“和而不同”与“同而不和”上升为道德准则,将其作为君子与小人的分野。《论语·子路》就记载有:“君子和而不同,小人同而不和。”[1]各种不同的个体如何组成一个和谐的整体,并确保“和而不同”,就必须要有组织法则与运行法则,法律正是这样的法则。

和谐社会是“元素互补”的社会,是各个社会元素之间结构互补以至功能互补的社会。这一社会需要法治来协调各种社会元素,促使社会的各个元素之间形成良好的互补状态。史伯对于“和”与“同”的分析,也表明了这里的“和”是互补之“和”。音律、色彩、味道、物质的组合也就包含着相互联系和结构上的有机协调。晏婴有着进一步的解释,“所谓和者,君甘则臣酸,君淡则臣咸”。[2] 这是对“和”的互补意义的结构或关系的描述。人类社会的各个分子在社会中如何进行角色分配,如何进行劳动分工,各个个体、群体之间如何协调统一,怎么才能形成互补的社会关系,是人类面对的重要问题。这些结构关系的维护需要法律发挥其作用。

和谐社会是“相互协调”的社会,是个体与个体、个体与整体、整体与整体之间很好协调的社会。和谐社会是社会各个元素之间良好组合,有条不紊地顺利运行,良性互补与彼此互动的最佳状态。从行为规范的意义上讲,习惯、道德、宗教、传统、法律各自有自己的作用空间与范围,应该相互协调。从纠纷解决的意义上讲,一个社会的民间纠纷解

---

〔1〕《论语·子路》。
〔2〕《晏子春秋·内谏篇》。

决机制、国家纠纷解决机制、社会纠纷解决机制之间应该有一个分工协调。我们有必要处理好民间调解、行政调解、司法裁判与社会仲裁之间的分工与协调关系。在依照法律规则来治理的社会中,人们有章可循,有法可依,社会才能处于和谐的状态之中。

(三)法治是和谐社会特征的必然要求

社会主义和谐社会应该是民主法治、公平正义、诚信友爱、充满活力、安定有序、人与自然和谐相处的社会。这六大特征,无一不与法治具有密切的联系,并且需要通过法治而得以保证。

第一,社会的民主法治当然以法治作为其基本内涵。在"民主法治"这一特征中,"法治"之必不可少自不待言,而民主也同样离不开法治。民主,从希腊文的原意上讲是人民的权力、人民的统治,民主发展到现代,一个重要的变化就是被赋予了法治的内涵。因为人民中的每一个人不可能直接参与国家和社会管理,人民要当家作主,就必须运用法律来记载自己的意志,并以要求所有的国家机关及其工作人员严格依法办事,以此来确保人民意志得以实现。民主与法治完全可以说是现代文明政治的车之两轮与鸟之双翼。

第二,社会的公平正义需要法治加以特别维护。公正是社会永恒的理想,但是公正却始终难以获得。公正的对立物是邪恶与偏私。要实现社会公正,就必须有强制力制裁邪恶,克服偏私。人类为此创立了许多道德规范与宗教规则,在众多的规范与规则之中,唯有法律的规则具有最大的明确性与肯定性,最具有外在的强制性,因而成为维护社会公正的最强大的外在力量。

第三,社会的诚信友爱必须法治加以有效的保障。诚信友爱,看起来是纯粹的道德状态与要求,或者是纯粹的道德规范与准则,其实它与法律同样密不可分。因为严重的不诚信、不友爱的不道德行为,也许就

是违法行为。在民事上的违约、欺诈,在刑事上的诈骗、渎职、遗弃、虐待、侮辱、诽谤等,无一不是对诚信友爱等道德规范的背叛。法律通过对严重违反道德的行为的处罚来维护社会诚信和社会友爱。

第四,社会要充满活力必须有良好的法治环境。和谐社会当然不是僵化也不是混乱的社会,而且一定是充满活力的社会。充满活力的社会,必须有良好的法治环境。我国改革开放前的惨痛教训与改革开放以来的成功经验都充分说明了这一点。要实现不僵化、不混乱的社会和谐状态,法治就是最重要的保证。

第五,社会的安定有序必须法治加以维护。安宁祥和是人们对于自身与社会生活的美好向往。安定有序的状态也就是社会秩序良好的状态。只有社会管理达到相应良好程度的社会,才可能出现这种太平盛世的景况。基于人们对于美好社会生活的追求,自从人类进入法律社会以来,法律就担负着维护社会秩序的重任。法治的情形直接影响和决定着社会的安定与否、有序与否。法治是社会安定有序的基石与保障。

第六,社会中人与自然和谐相处,必须法治对相关问题上人与人关系的调整。人与自然的和谐相处,是对人与自然关系的良好认知的产物。要实现人与自然的和谐相处,必须依法调整在自然问题上的人与人之间的关系。没有关于自然环境保护的法律,没有把这些法律充分实现的法治机制,人与自然的和谐相处就仅仅是一种良好的愿望。

二、法治是构建和谐社会的重要手段

(一)立法发展奠定制度基础

法治意义的法律是和谐社会的制度蓝图。和谐社会是社会的理想状态。只有将这种理想状态转化成为若干具体而完备的法律规范,构

成一系列法律制度,进而形成完备的法律体系,和谐社会才获得自己的制度根据。可以认为法治状态中的法律制度是和谐社会制度设计的法律化。在法治状态之下,完备的法律规范、法律制度、法律体系,为社会提供了最明确的行为规则和规则体系。良好的立法为人们严格依法办事创造了条件,为整个社会的法治建设提供制度化的根据。

社会纠纷解决机制的法律设计蕴含和谐社会的理想。法律对社会利益的划分和调适起着重要的作用,是利益分配与调整的制度基础。法律对于各种矛盾解决的制度设计,实际上也蕴含对于和谐图景的制度设计。

(二)法律指引减少冲突发生

人与人之间只要有个体的差异,有利益的分野,冲突就不可避免。甚至只要人类过着社会生活,矛盾就不可避免。在市场经济与民主政治的发展中,对于个人利益和社会团体利益的尊重,得到了社会普遍的认同。但是利益的差别常常会引起利益的冲突,从而产生社会矛盾。社会矛盾一旦产生,就会对社会的和谐运行产生不利影响。

在人类社会之中,没有矛盾是绝对不可能的,但是减少矛盾的发生则是可能和必须的。法律是减少社会矛盾的有效手段,因为法律具有其他社会规范所不具有的最明确的指引功能。法律规范中包括授权性规范、义务性规范和禁止性规范。通过不同类型的规范,法律告诉社会成员有权做什么,必须做什么和不得做什么,从而引导人们的行为。在良好的法制之下,人们依法而行,社会矛盾就会减少发生。

(三)依法处置消除矛盾纠纷

社会矛盾始终会存在,化解社会矛盾是社会发展中始终存在的重要任务。秩序不会一劳永逸,一个良好的秩序其实不是没有矛盾的秩

序，而是一个有着良好的矛盾解决机制的秩序。在具体民事经济活动中，买方与卖方之间，承包人与发包方之间，招标人与投标人之间，出租人与承租人之间，都难免会有纠纷产生；在具体行政关系之中，上级与下级之间，管理者与被管理者之间，处罚者与被处罚者之间也会产生种种矛盾；在刑事犯罪问题上，在犯罪人与受害人之间，罪犯与受害人亲属之间，罪犯与社会之间都可能产生各种矛盾。这时，如何化解社会矛盾是确保社会和谐运转的关键。法律的重要使命就是发挥各种机制的作用，化解矛盾。在法治状态之下，通过调解、仲裁、审判等方式依法解决纠纷，直接为构建和谐社会服务。

(四)法制先导创新管理体制

和谐社会必须要有与之相适应的社会管理体制。为此，我们就必须要探索社会管理的基本规律，并尊重这些规律。按照这些规律的要求，建立和完善社会管理的法律体系，从而完善社会管理体制。我们要通过立法来整合社会管理资源，更新管理理念，创新管理方式，拓宽服务领域，形成新的社会管理格局。要运用法律来规定和协调基层自治组织、社会团体、行业组织，以及社会中介服务机构在社会管理中的作用。要使社会各阶层社会成员的诉求得以反映，权益得以保障，行为得以规范，形成良好的社会管理状态。在立法上健全社会保险、社会救助、社会福利和慈善事业等社会保障体制，并将其社会化。社会管理体制的创新，是法治适应社会管理发展的新要求，是构建和谐社会的必需。

(五)法治完备提供运行机制

建立和谐社会，重要的就是要建立起社会和谐发展的运行机制。这种运行机制包括顺畅的社会流动机制、合理的利益协调机制、安全的社会保障机制、有效的社会控制机制、敏感的社会预警机制、有效的矛

盾疏导机制以及人与自然和谐发展的机制。这些机制的建立都需要借助法律及其运行机制。法治完备状态下的社会运行机制必然是法治化的机制,这对于社会和谐来说是最恒久而有效的保障。

三、弘扬法治精神以构建和谐社会

和谐社会对法治提出了新的要求。这些要求涉及法治的方方面面,如何弘扬法治精神,采取实际行动来构建社会主义和谐社会,是我们的重要任务。

(一)确立法治理念是构建和谐社会的思想前提

要确立社会主义法治理念,必须转变我们既有的法律观念。法律观念是人们关于法律的认识,主导着人们对于法律的态度。观念是行为的思想基础。不同的法律观念指导、制约、影响着人们的法律态度与行为。在构建和谐社会的过程中,必须首先对法律观念作一个梳理,作出适合构建和谐社会需要的转变。从本质观意义上讲,应当强调社会主义法是人民意志的体现。社会主义法的使命决定了它必须是对旧法律的超越。这种超越也就表现在它不能再把自己定位为新的统治阶级意志的体现,不能再狭隘地以阶级统治作为自己的最高理想,而应当将自己定位为人民共同意志的体现。从价值观意义上讲,必须把公平正义作为最崇高而又最基本的价值目标来追求。历史上,我们曾错误地否定法的价值目标。公平正义作为人类历史积淀形成的美好价值理想,社会主义不仅不应抛弃,而且更要发扬光大。社会主义法与资本主义法的区别不是讲不讲公平正义,而是要将人类的价值理想真正实现,比资本主义更加优越,最终实现每个人乃至一切人的全面发展。从功能观意义上讲,以前那种简单地认为法律是阶级斗争工具的观念必须改变。要特别重视法律的指引功能、秩序功能、裁判功能和保障功能

等。在和谐社会中,法律是指引社会行为的规范,构建社会秩序的规则,裁决社会纠纷的准绳,维护社会安宁的手段,实现社会公正的保障。在构建和谐社会之中,应当深化对于法律功能的认识,进而充分发挥其效用,使法律为社会和谐作出应有的贡献。

社会主义法治理念之中,依法治国是社会主义法治的核心内容,执法为民是社会主义法治的本质要求,公平正义是社会主义法治的价值目标,服务大局是社会主义法治的重要使命,党的领导是社会主义法治的根本保障。

(二)完善法律体系是构建和谐社会的制度需求

完善法律体系是构建和谐社会的制度需求。和谐社会是一个被法律调整得很好的社会,或者也可以说是一个具有良好法治状态的社会。完善的法律体系是使各种重要的社会关系获得良好法律调整的制度前提。我国正在建设的,并预期在2010年建立的中国特色社会主义法律体系,就应该是一个相对完善的法律体系。

完善的法律体系是和谐社会的保证。没有完善的法律体系,社会生活就难免出现无法可依的情形。一些社会方面或问题的无法可依必然会导致社会的无序。社会一旦无序,就不会有和谐可言。和谐社会不仅需要法律调整,而且需要完备的法律调整。凡是需要法律调整的事项,都应当得到法律的调整。所以和谐社会对法律的需求,不是简单的"有法可依",而是"有良法可依"。这里的"良法"应当是指,技术意义上的表述科学完善,实质意义上的适应社会发展,价值意义上的符合公平正义。

(三)力行依法执政是构建和谐社会的根本保障

依法执政与和谐社会一样都是中国社会发展的现实要求,也是我

们党在民主和法治建设的过程中所提出并必须实现的目标。

中国共产党的依法执政对于构建和谐社会具有重要的意义。因为依法执政意味着我们党将严格遵守宪法和党章的规定,严格地在宪法和法律的范围内活动。我们党作为执政党若能严格遵守法律,必将带动全社会的守法。如果全社会都能守法,和谐社会必将在中国建立。

必须依法执政既可以说是国际共产主义运动的教训总结,也可以说是中国共产党维护国家和社会长治久安的成功经验。在苏联解体之后,虽有许多总结其教训的论著,但多数忽略了从依法执政的角度进行总结。其实苏联的惨痛教训中,一定有共产党人未能依法执政的教训。从苏联共产党来说,其七大、十一大的中央执行委员会的领导人60%~70%都被非法处决,导致了党的严重错误和巨大损失。我国的“文化大革命”也给我们留下了同样惨痛的教训。我国改革开放以来的成就从另一个侧面说明了依法执政的意义。

(四)推进依法行政是构建和谐社会的政府先导

从行政管理的范围来说,依法行政是和谐社会之必须。行政是由政府承担的。世界各国政府的规模有大有小,但无论怎么小的政府,都是特别有权的。从财政、金融、交通、国防、环保,到教育、科技、文化无一不管。广泛的政府职能和强大的政府权力都要求政府必须依法行政。

从法律适用的数量来看,依法行政也是构建和谐社会之必须。在所有的法律法规之中,由政府执行的法律在80%以上。这就意味着,如果政府不依法行政,80%法律就形同虚设。可见,政府是最重要的执法主体,也是法治能否实现,社会是否和谐的主导力量。

从和谐社会的角度来看,政府管理的效能如何,政府执法的状况如何,对于社会的状况都有着根本的影响。要构建和谐社会必须强调政

府的依法行政。

(五)深化司法改革是构建和谐社会的重要保证

司法机关是社会争端的裁决机关,是社会公正的维护机关,担负着极为重要的社会责任。但我们现行的司法体制的基本模式还是新中国成立初期设立的。随着市场经济、民主政治和依法治国的推进,司法体制越来越无法适应社会发展的需要,于是党中央毅然决定对司法体制进行改革。

正如十七大报告所指出的,我们要“深化司法体制改革,优化司法职权配置,规范司法行为,建设公正高效权威的社会主义司法制度,保证审判机关、检察机关依法独立公正地行使审判权、检察权”。我们要“加强政法队伍建设,做到严格、公正、文明执法”。

一个时期以来,无序上访成为我国严重的社会问题。它既反映了社会的不和谐,又妨碍着社会的和谐发展。我们在此问题上作出了极大的努力,但是面对的困难依然很多、很大。上访问题上的形式违法性与诉求合理性之间的冲突为我们解决上访问题增加了难度。我们必须寻找从根本上消除上访的法律机制。司法必须担负起消除上访的重任。为此,司法体制改革必须从体制和机制上着手,为上访问题的彻底解决,为社会的公平正义作出只有司法能够作出也必须作出的贡献。

(六)强化农村法治是构建和谐社会的艰巨任务

目前,农村人口依然是全国总人口的大多数,农村还是最大的社会区域。中国的和谐社会必然也必须包括农村的和谐社会的构建。中国的法治建设必然也必须包括农村的法治建设。任何忽略农村的和谐社会构建和法治建设都必然是错误的。当前我国正在进行的社会主义新农村建设,必须将法治建设和和谐社会构建纳入视野,同步推进,相互

整合，最终建设起法治的、和谐的社会主义新农村。

中国的和谐社会构建与法治建设是完全一致的。我们必须认识中国农村社会的特点，尤其要认识中国农村社会的纠纷特点，因地制宜地准确执法和司法。中国农村不同程度地具有传统性、宗族性、相关性等特征，矛盾的发生与解决都是以其为基础的，我们必须寻找解决农村纠纷的有效办法，促进农村的法治建设与和谐社会建设，建设社会主义新农村。

(七)保护弱势群体是构建和谐社会的重要方面

注重保护弱势群体，是社会进步文明的表现，是人权保障的现实需要，也是保障国家长治久安的重大举措。

社会弱势群体，表现为贫困人口、下岗职工、待业青年、残疾人、老人、儿童、重大疾病患者、受灾群众等，他们处于社会利益分配与占有的弱势地位，基本利益难以得到保障。从人权保障的意义上讲，我们有责任和义务保障弱势群体的合法权益，并予以特别的关爱。从社会稳定的角度看，他们中的一部分人不可避免地对社会抱有一定的不满情绪。如果任由这种情绪发酵，后果将不堪设想。但要减少和消除这种不满情绪，绝对不能靠对弱势群体的忽略或强力控制来加以解决，只能是对其切身利益的深切关怀，对其现实困难的切实解决，对其不满情绪的彻底消解。只有这样，才能获得社会的进步文明、人权保障、安宁祥和。

要做到这些，就必须制定相应的法律，严格执行相应的法律，给弱势群体以应有的社会保障。这些社会保障如果没有确实的法律保障，就无法转化成社会的现实。在社会保障法制建设上，还有大量的立法任务没有完成。整体的社会保障法制还在构建之中。社会普遍的人权保障、残疾人救助、儿童权利保护、老人权利保障、妇女权利保障、贫困者救济、失业保障、养老保障等方面，法律制度的空白还很多，既有的法

律也存在如何进一步完善的问题。

（八）应对突发事件是构建和谐社会的必要准备

突发事件是偶然的，也是必然的。那种认为突发事件无章可循的看法是错误的。任何国家和社会都可能出现突发事件，只是有的国家和社会出现的可能性大，有的出现的可能性小；有的多，有的少。不同的国家和社会有着不同性质或种类的突发事件。但是处于改革发展中的国家和社会，各种社会关系都处于急剧变化之中，突发事件出现的概率和危险都比其他国家和社会大得多。所以，处于改革和发展阶段的国家和社会就必须在更大程度上关注和警惕突发事件的出现。

如果没有社会问题和社会矛盾作为基础，突发事件并不可怕。可怕的是社会矛盾的不断积聚，在累加的社会矛盾之中，某时某地的一个小小的突发事件就可能演变成为牵一发而动全身的重大事件。要消除突发事件的危险，必须采取有效的法律措施。事件是突发的，但法律不应是突发的。我们应当以常备的法律来应对突发事件。具体说来：

一是要建立起从根本上减少和消除社会矛盾的法律体制和机制。突发事件是社会矛盾的产物。社会矛盾产生了，我们就应当为其提供疏解的途径，或者是通过民间的方式，或者行政的途径，或者是通过司法的程序，或者是将几者结合起来将其化解。法律体制和机制为社会矛盾的消除，提供的是最根本、最彻底的解决手段。有了这样的手段，突发事件发生的概率就会降低，一旦发生也很容易转化为常规的法律争端，并通过法定途径得以解决。

二是要制定应对突发事件的法律规范，并在紧急的状态下严格执行。制定相关法律以备不时之需，一旦发生突发事件，能够有条不紊的依法办事，应付裕如。既有的法律早已为突发事件的处置提供了足够的制度资源和法律措施，这样就能有效地防止突发事件的恶性发展，及

时处置突发事件，确保社会和谐。

（九）维护自然环境是构建和谐社会的客观要求

维护自然环境是构建和谐社会的必然要求。自然环境的维护，是早就摆在我们面前的重大难题。建立完善的环境保护法律制度，维护自然资源与生态环境，是人类可持续发展的必须，也是科学发展观的要求。

高速发展与环境保护之间的冲突由来已久。以损害自然环境作为代价的快速发展，必将付出更大的代价来修复环境，自然也会加倍地向人类报复。人与自然的和谐相处，是正确处理人类与环境之间关系的客观要求。在追逐利益的强大力量下，如果没有强有力的措施对于危害自然环境的行为加以制止和处罚，毁坏环境的行为就无法受到有效的控制。法律在这一方面担负着远比道德、传统、习惯、政策更为艰巨的任务。历史和现实都说明，不采取法治化的有效措施，自然环境的维护就无法得以有效的开展。

（十）实现社会公正是构建和谐社会的深刻根基

社会公正存在于社会的各个方面，从总体来看，最引人注目的是社会的分配公正和司法公正。

分配公正问题，历来都是世人瞩目的重大问题。自中国实行市场经济以来，社会各个阶层或各个社会成员之间，在收入分配上出现了多元化的情况。多元的分配格局必然导致利益的差异。利益差异的急剧拉大，必将严重危及社会安全与稳定，社会和谐就无法实现。法律在收入分配上应该发挥更大的作用。确定合理的收入比例，是构建和谐社会所必须。各种劳动如果无法获得等值的报偿，分配就必然处于不公正的状态。分配不公势必会引发社会矛盾，尤其是引发贫困者与富有

者,管理者与被管理者之间的矛盾。法律在分配的税收调节上也应该发挥更大的作用。税收立法始终是对社会分配进行有效调控的手段。科学的税收制度,既可以鼓励劳动者进行劳动创造的积极性,也能有效地调节社会收入的差距。使高收入者对社会做更大的贡献,担负更多的责任,使低收入者能够获得法律上的照顾,确保其免于贫困、过有尊严的生活。

司法公正对于维护社会和谐是特别重要的。和谐社会不是没有纷争的社会。只有发生了又能很好解决的社会,才是最好的社会,才是真正的和谐社会。要彻底减少纠纷依赖的是社会公正,要消除纠纷依赖的同样是社会公正。如果说前者依赖的是泛义的社会公正,后者依赖的则是特定的司法公正。那种认为和谐社会无须司法的观念是完全错误的。我们构建和谐社会不是不要司法,而是必须使司法发挥充分的效用,为社会和谐提供最有力的手段。以和谐社会作为目标的司法必须以公正作为价值目标。实现公平正义是对法律本质的体现,是司法对于法律本质的展现与归结。正因如此,与法律公正属性相一致,司法自古以来就具有公正的价值内涵。公正是司法的内在要求,也是和谐社会的价值基础和价值目标。

缺乏公正的社会,必然不会是和谐的。各种社会利益主体如果在法律上得不到公正的对待,他们就会不平则鸣地抗议,也就必然会影响社会的和谐状态。分配公正和司法公正只是最基本的社会公正。只有整个社会处于全面的公正之中,我们才可能说这个社会赢得了长治久安的道义基础,和谐社会才能真正建立。

(本文为作者在2009年春季学期使用的讲稿。)

19. 科学发展观与中国特色社会主义法治建设

科学发展观,第一要义是发展,核心是以人为本,基本要求是全面协调可持续,根本方法是统筹兼顾。如何在科学发展观的指导下推进中国特色的社会主义法治建设,是摆在法学和法律工作者面前的重大任务。为了论述的简便,我们将中国特色的社会主义法治建设一般简称为中国法治建设。面对科学发展观与中国法治建设的重大课题,我们也许可以从以下几个方面来加以认识:

一、中国法治建设需要科学发展观指导

在中国特色的社会主义法治建设中,我们必须坚持科学发展观作指导。然而中国特色社会主义法治建设的特色何在,法治建设如何需要科学发展观做指导,都是我们必须深入认识的重大问题。

(一)中国社会主义法治建设的特色

中国特色社会主义法治建设的特色何在?这是我们必须思考的首要问题。对此,学术界并无统一的

认识,也许我们可以这样来认识:

第一,中国法治建设是以中国共产党作为政治领导的法治建设。这是无可否认也不能否认的客观事实。这个特色就提出了一个极为重大的问题:既要在全社会坚持党的领导,又要中国共产党严格依法执政。

第二,中国法治建设是以中国国情作为现实基础的法治建设。就国情而言,可以从不同的角度进行总结,我们党一直认为,我国仍处于并将长期处于社会主义初级阶段。这是从社会性质和社会发展阶段上对我国国情所作的总体性、根本性判断。建设中国特色社会主义法治必须从我国实际出发,首先就必须从这个最大的实际出发。所谓社会主义初级阶段,简要地说,就是社会主义的不发达阶段。我们人口众多,基础差、底子薄,人均资源占有量有限。改革开放以来我们取得了重大的成就,但是总体依然落后的国情,决定了法治建设必须服务于发展;赶超型与跨越式的发展目标更要求我们必须服务于科学发展。

第三,中国法治建设是以中国历史文化作为思想背景的法治建设。中国的历史文化总体上不利于现代化,但是又必须正视并以之作为出发点。这就决定了我们在始终坚持经济建设为中心的同时,必须重视经济之外的社会、文化发展,实现经济与社会的全面、协调和可持续的发展。我们的历史文化基础是中国的,我们对于中国传统文化一直没有进行很好的梳理。从五四运动以来,我们对传统历史文化口号性的原则批判多,但是理性的具体分析少。历史文化并不因为我们没有去梳理而不影响中国法治建设,因此,中国特色的社会主义法治建设必然是在中国历史文化作为背景的前提下进行的。

第四,中国法治建设是以社会主义作为社会道路的法治建设。社会主义道路是区别于资本主义的根本之所在。“社会主义的本质,是解

放生产力，发展生产力，消灭剥削，消除两极分化，最终达到共同富裕。”[1]中国特色的社会主义法治建设就必然是以经济建设为中心，以实现共同富裕为目标的。这就与资本主义法治区别了开来。这一特点也就决定了它伴随并保障着社会主义市场经济的发展，最终要以人为本，实现全体人民的共同富裕。坚持社会主义道路，切实实现人民当家作主，关注民生，重视民生，改善民生，就必然是中国法治建设的使命。

第五，中国法治建设是以中国现代化作为发展载体的法治建设。中国的法治建设无论从何时起算，几乎是与中国的现代化纠结在一起的。它们可以说是相伴而生，相随而行。中国现代化的后发性质也决定了中国法治建设的后发性质。中国现代化的进程严重受制于中国城乡二元结构，我国目前推进的社会主义新农村建设根本的目的就在于解决这个问题。但是这个问题的解决是相当困难的。2007 年 2 月 28 日国家统计局发布的公报显示，2006 年年末，中国城镇人口占总人口的比例达到了 43.9%。全国人口 131，448 万人中，城镇人口为 57，706 万人，乡村人口为 73，742 万人。国家统计局官员预计，到 2050 年时，我国的城镇化率将达到 70%。中国包括农村在内的法治建设，都是中国现代化建设的构成部分。我们重庆市，作为统筹城乡综合配套改革试验区，正在推进城乡一体化工作，我们对此一定有更多的经验与体会。农村与城市的法治一体化与其现代化是同步的。

（二）法治建设需要体制的科学设置

法治是一个社会现象，法治建设是一个社会建设的问题。在法治建设中，最根本的是体制建设问题。在我国目前，体制建设中最大的任务是政治体制，其中当然包括属于政治体制范畴，同时具有自身特性的

---

〔1〕《邓小平文选》（第 3 卷），第 373 页。

司法体制。我们的司法体制改革,已经取得了一定的成效,正在深化之中。目前司法体制改革存在的问题:一是没有能够真正将其放到政治体制的高度来认识;二是职权配置的不合理;三是内部的结构与层级关系的不科学;等等。

2004 年的中央司法体制改革领导小组《关于司法体制和工作机制改革的初步意见》(以下简称初步意见),积极推进了司法体制和工作机制改革,在解决诉讼难、执行难、超期羁押、刑讯逼供等人民群众反映强烈的突出问题上取得了明显成效。2008 年,中央政法委会同中央和国家机关的 17 个部门和有关地方,在进行深入调研论证,集中方方面面的意见和智慧的基础上,提出了《关于深化司法体制和工作机制改革若干问题的意见》(以下简称改革意见),经党中央批准下发贯彻执行。目前,各项改革实施工作正在积极稳妥推进之中。无论是 2004 年的初步意见还是 2008 年的改革意见,根本的问题还是体制问题。改革意见从优化司法职权配置、落实宽严相济刑事政策、加强政法队伍建设、加强政法经费保障四个方面提出了改革措施。首要的就是司法职权配置,这个职权配置其实就是体制改革,目的就是要建设公正、高效、权威的社会主义司法制度,为中国特色社会主义事业提供可靠的司法保障与和谐稳定的社会主义司法制度。

(三)法治建设需要机制的科学运行

法治建设包含着法治各个子系统,法治建设要顺利推进必然要求各个子系统及法治整体内在的良好运行。这种运行机制首先决定于体制的状态,在体制确定之后,各个子系统与元素之间的运动与互动状态就成为了决定性的因素。法治建设要求由各个元素构成的子系统、由各个子系统构成的整体必须有良好的运动与互动状态。

(四)法治建设需要组织的科学建立

法治建设中的组织建设当然是法治建设的基础和前提。从整体来说,有没有一支优秀的法治队伍,有没有健全的法治组织,决定着法治建设的成败。从具体组织来说,主要就是指领导干部选任、领导班子建设、整体形象建设。任何一个组织要为社会所承认,并发挥其效能都必须加强组织建设,使整个组织具有整体的最佳状态,确保整体大于部分之和。作为领导干部首先是如何被选任的问题;一旦被选任,就有一个如何带好一个班子,建好一个组织的问题。

(五)法治建设需要干部的科学选任

法治建设需要全社会的参与,更需要一支专业干部队伍。他们就是检察官队伍、法官队伍、公安警察队伍,等等。这一支支干部队伍是由一个个人组成的。这些人如何成为法治建设的力量,而不是法治建设的障碍,需要我们认真思考。对于新进这支队伍的人就有一个如何科学选拔任用的问题,对于已经进入这支队伍的人就有一个如何科学培养提高的问题。科学选拔与科学培养是两个重要的问题。在这两个问题上的任何错误都可能导致严重的后果,进而影响整个法治建设的速度与成败。

二、贯彻科学发展观促进法治建设

(一)贯彻科学发展观为法治发展准备物质条件

科学发展的内涵十分丰富,科学发展观的第一要义是发展,全面贯彻科学发展首要的就是要推进社会生产力发展,促进社会的进步繁荣。法治建设并不是空中楼阁,它需要一定的物质条件作为基础。不同时

代的法治建设对物质资料有着不同的要求。尤其是现代社会,社会治安的普遍维护,刑事案件的侦查、起诉、审判、执行,民事案件、行政案件的审判与执行,都越来越需要更好更多的经济发展作为基础。只有实现科学发展,更好地发展社会生产力,法治建设所需要的物质基础才可能得到有效的供给,法治建设也才能顺利推进。

(二)贯彻科学发展观为政法工作确立根本目标

胡锦涛同志指出,"进一步实现好、维护好、发展好最广大人民的根本利益。着力把最广大人民的根本利益作为贯彻落实科学发展观的根本出发点和落脚点,努力兴办人民群众希望办的实事好事,使贯彻落实科学发展观的过程成为不断为民造福的过程,成为不断提高人民生活质量和水平的过程,成为不断提高人民思想道德素质、科学文化素质和健康素质的过程,成为不断保障人民经济、政治、文化、社会权益的过程,让发展成果惠及广大人民群众"。这是科学发展的根本目标,这一目标在执法中的具体运用与实践就是执法为民。

(三)贯彻科学发展观为司法改革提供创新思路

司法体制改革,也可以说是司法体制上的创新。科学发展观作指导就是要为司法体制的改革提供新的思路。我们需要着力构建充满活力、富有效率、更加开放、有利于科学发展的体制机制,其中也包括司法体制与机制。我们的司法体制改革正在深化推进之中。司法权的配置问题,司法机制建设问题,司法队伍建设问题,如何科学化都需要我们具有改革创新的精神。这里所要特别注意的是,我们需要的是创新而不是倒退。我们要特别防止逆向改革。逆向改革不是改革,其根本的原因就是缺乏科学的创新。

（四）贯彻科学发展观为队伍建设作出思想指导

教育事业发展、法律人才培养、干部制度改革是否贯彻科学发展观，对于政法队伍的建设都具有重要的影响。首先，教育事业的科学发展有利于政法队伍建设。教育是一个国家和社会发展的根本决定因素，当然也决定着需要高层次人才的政法队伍。其次，法律人才的科学培养有利于政法队伍建设。法律人才的培养有着自己的独特规律与专业要求。法律人才的培养是否科学直接关系着政法队伍的状况。最后，干部制度的科学改革有利于政法队伍建设。我国的干部体制正在改革之中，如何使人民切实成为干部的选择者、决定者和监督者是我们面临的重大的问题。

（五）贯彻科学发展观为法治推进建立群众基础

法治是全体人民的共同事业，必须依赖广泛的群众基础。没有群众基础，我们就无法达成法治的目标，无法建立法治。科学发展观就告诉我们必须动员人民群众，组织人民群众来建设法治。要调动人民参与法治建设的积极性与主动性，充分尊重人民在法治建设上的主体地位，发挥其主体作用，从而为法治建设奠定良好的群众基础。

三、贯彻科学发展观需要法治建设

（一）贯彻科学发展观的体制需要立法确立

科学发展观作为指导思想，目标在于社会的全面、协调、可持续发展。贯彻科学发展观不是一个临时任务，也不是一个近期目标，而是一个长期的任务和长远目标。为此，就必须保证科学发展的长期性。要保证科学发展的长期性就必须建立科学的体制。只有具有了这样的体

制,我们才能具有长期发展的制度前提。如何建立适合科学发展的体制并保证这种体制具有法定的权威性与现实的有效性,法律就成为必不可少的工具。

(二)贯彻科学发展观的机制需要依法建设

科学发展只有体制是不够的,还必须有机制保障。这种机制需要政策指引,也需要政治道德做保证,但是不能仅仅依赖政策和道德。政策的时效性、道德的模糊性都难以使贯彻科学发展观获得长效机制。要使科学发展获得长效机制就必须依赖最具有确定性的法治手段。通过法治化的手段使科学发展观的实践获得持久的保证。

法治化的机制就更具有确定性,不能轻易改变。法治化的机制更具有强制性,必须有效实施。法治化的机制也更具有权威性,必须普遍服从。法治化的独特优越性决定了科学发展观应当尽可能地将其机制法治化,以法律的形式与手段来保证科学发展成为一个又一个完善的机制,顺利运行。

(三)贯彻科学发展观的程序需要法律设置

程序是十分重要的,它是通往成功的桥梁,没有程序的保证甚至就没有最终的胜利。在现代社会中,重大的科学发展事项必须要有程序保障。没有程序的发展就可能具有更大的风险,有时就是灾难。日益复杂的社会管理、高科技的社会运用、重大项目的建设都提出程序化的要求。有的程序也许只需要纪律就可以保证,有的也许只要短期的政策足可应对,但是对于本身重大、影响重大、后果严重的工程建设与社会建设,没有科学的法治化的程序做保证就无法确保严格的科学发展。没有程序,科学发展观的贯彻就会流于空谈。对于程序最有效的保证就是尽可能地将必要而重大的程序法律化,以法律来保证程序的严格

执行,进而保证顺利成功。

(四)贯彻科学发展观的措施需要司法保障

科学发展是一个口号,但是决不能仅仅局限于一个口号。科学发展必须要具体化为各种促进发展的现实措施。这些措施包括政治的、经济的、文化的、科技的、社会的,等等,当然也包括法治的。不仅法治领域的措施需要借助法治,其他领域的许多措施也需要借助法治予以贯彻。于此,法治也就成为实现科学发展措施的贯彻者和实现者。

在城市建设中,各项工程的可行性论证、招投标制度等,都需要具体化为相关的措施,才不至于落空。这些措施中重大的、确定的部分就有必要上升为法律的规范要求。在新农村建设中,家庭承包责任制的坚持与发展、宅基地的权属与权利范围、土地使用权包括承包经营权等的流转制度的建立,都需要大量的具体措施来加以实施,这些都需要法治提供必要的制度与规范供给。在社会管理中,各项管理措施,比如户籍制度的改革与更新、身份证制度的完善、贫困救助措施的落实等都需要相关的法律作出具体的规定。

(五)违反科学发展观的责任需要依法追究

科学发展总是与非科学发展相对应和相对立的,科学发展是我们所倡导的,那么非科学发展就必然是我们所反对的。那些非科学发展要为法律所禁止,必须要有法律的责任规定。

发展中的环境破坏问题。许多不科学发展都是以对环境的大破坏作为代价的。对于轻微的环境危害也许可以容忍,也许可以通过治理来加以改善,也许根本就必须禁止。尤其是破坏者的责任、违禁者的责任,无一不需要法律予以明确。只有这样才能以儆效尤,以绝后患。

发展中的社会安全问题。社会发展必须科学才可能是安全的。不

科学的发展必然是对安全的威胁和危害。现在我们面临着严重的环境安全、食品安全问题。这些安全问题,有的是发展所难免的,有的则是完全可以避免的。但是,由于我们的疏忽或者由于牟利者的胆大妄为而无可避免,为此就必须设定具体的法律制度对其予以有效的调整。为针对非科学发展行为,建立科学的责任制度与机制是我国法治建设的当务之急。

(本文是作者在2009年春季学期使用的讲稿。)

20. 突发性群体事件及其处置

改革开放以来,中国社会高速发展,各个方面都取得了辉煌的成就,也暴露出了诸多问题。作为社会安全稳定重要指标的群体性突发事件不断涌现,而且呈现出极速上升的趋势,不能不引起我们的高度重视。各类突发性群体性事件频仍不断,令人猝不及防。它们都是对所发生区域主要领导和各级干部的严峻考验。那些涉及全国或者在全国影响重大的突发事件,甚至是对中央高层领导的严峻考验,也对各级领导干部提出了新的要求。

一、突发性群体事件的急速上升

有学者提供的资料表明,我国发生的群体性事件,1993 年 8709 起,1994 年 10,000 起,1995 年11,000 起,1996 年 12,000 起,1997 年 17,000 起,1998 年 25,000 起,1999 年 32,000 起,2002~2003 年均 40,000 起以上,2004 年 74,000 起,2005 年 87,000 起。2005

年度总量是 12 年前的 10 倍,每年递增 9%~10%。[1] 有关研究机构的报告表明:从 1993~2003 年全国群体性事件由 10,000 起增加至 60,000 多起,参加人数由 70 万人增至 300 多万人。[2] 重庆万州事件、湖北天门城管事件、云南事件、贵州瓮安事件,乃至"3·14"拉萨事件、"7·5"乌鲁木齐事件等不断发生。

2007 年 8 月制定的《突发事件应对法》第 3 条对突发事件作出了具有法律权威性的界定,"本法所称突发事件,是指突然发生,造成或者可能造成严重社会危害,需要采取应急处置措施予以应对的自然灾害、事故灾难、公共卫生事件和社会安全事件"。其中的社会安全事件也许可以扩展到群体性事件上,但是这一法律所规制的突发事件还主要是公共灾害事件而不是群体性事件。群体性事件由来已久,对其的处理也许比灾害公共事件的处置更加艰难。

突发性群体性事件也可以称为群体性突发事件,它综合了突发事件与群体性事件的双重性质,远比单一的突发事件或者群体事件更为复杂。我们可以认为:突发性群体事件是指突然发生的、由众多社会成员共同参与的、使事态扩大、冲突加剧、甚至滥施暴力,扰乱、破坏或直接威胁社会秩序,危害公共安全,应予立即处置的重大事件。它具有突发性、群体性和重大性三大基本性质。

突发性意味着难以预期,甚至无法预期什么时间、什么地点、什么人、发生什么事件。这种突发性增加了处置的难度。群体性,则意味着参与者的构成复杂,它会导致难以控制和难以协调两大难题。难以控制,首先是处置者难以控制,其次也常常是发动者本身也难以控制事态的走向。难以协调是指在处置过程中,难以形成统一意志,歧见迭出。

---

[1] 菅强主编:《中国突发事件报告》,中国时代经济出版社 2009 年版,第 188 页。
[2] 菅强主编:《中国突发事件报告》,中国时代经济出版社 2009 年版,第 188 页。

重大性是指其危害、影响的重大性。一旦群体性事件发生就可能使不特定的多数人成为受害者,甚至使直接受害者的生命、财产受到侵犯。对于整个社会秩序、社会心理的影响是十分巨大的,它可能破坏一个社区、乃至一个地区的安全稳定与和平安宁。

二、突发性群体事件的主要诱因

突发性群体事件的诱因很多,仅就目前的情况而言,主要包括以下几个方面:

1. 土地权益

因土地权益产生的纠纷主要是农民与政府、开发商之间的纠纷。中国的失地农民,至少每年有 250 万人。中国农民人均拥有土地 1 亩,我们每年至少占用耕地 250 万亩。有数据表明情况远比这个严重:1996 年中国拥有耕地 21 亿亩,2002 年只有 18.89 亿亩,仅 2002 年就减少了 2529 万亩;到 2003 年减少到 18.51 万亩,又减少了 3800 万亩。仅仅是四川瀑布沟水电站库区淹没耕地就达 4 万亩,也正是这里发生了汉源移民骚乱。

2. 拆迁安置

我国城市建设高速发展,旧城改造成绩斐然,但是都是以拆迁安置为前提的。1998 年前为实物补偿,2000 年以后以货币补偿为主。拆迁安置问题成为困扰我们的历史性难题。因为拆迁而导致的上访甚至群体性事件层出不穷。

3. 劳动争议

这里的劳动争议是广义的。一是下岗职工包括提前退休职工、买断工龄职工因社会保障数额而进行抗议。其实他们抗议的对象常常是由以前企业改制而来的新企业,因为他们将现有的低保障归结为原有企业改制政策的不合理。二是农民工为获得劳动报酬而抗议。三是企

业集中解聘或解除劳动合同引发职工抗议。

4. 环境污染

由于一些企业不重视环保,政府监督与处罚不力,导致环境不断恶化,影响群众生活环境与质量,引发群众抗议。其矛头多数对准的是企业、政府或者政府环保部门。他们或者静坐、示威、游行抗议,与政府发生冲突;或者阻挠企业生产,与企业产生冲突。

5. 执法违法

执法队伍的素质一直是一个严重的问题,粗暴执法、违法执法的情形时有发生。人民群众对执法不满,主要集中在城管执法和公安执法两个方面。群众往往采取集体抗议、游行、示威、静坐、暴力抗法等方式。

6. 机关搬迁

这里所说的机关搬迁是指某级党政机关因为特定原因而另选新址、建设新办公场所的情形。实际的情形往往是,由于地震、规划失误等原因,导致党政机关选择新址另建办公场所,导致人民群众经济损失、人心紊乱,引发群体性大规模抗议。

7. 司法不公

对司法裁判不服,申诉无门,就采取聚集群众,到司法机关静坐示威,或者包围司法机关。比较经常的是,被群众认为的不公正的司法裁判,由人民法院强制执行时,被执行人邀约群众集体暴力抗法,进而引发群体性事件。

三、突发性群体事件的表现形式

突发性群体事件的表现形式多样,对于不同表现形式的认识是十分重要的。分别不同形式才能采取不同的处置措施。一般来说,突发性群体事件的表现形式主要有以下几个大类:

1. 群体性纠缠领导

这种方式常常表现为，聚集群众与领导长时间对话，谩骂领导或者危害领导人身安全，迫使领导按照其意志行事，干扰领导正常工作，不准领导离开现场。

2. 罢工、罢课、罢市

这主要是指从事生产的工人、从事服务和管理工作的人员，以及学校师生为了表达抗议而采取的停产、停工、停课行动。它常常因国企职工为改制、欠薪，三资企业职工因合法权益被侵犯，出租汽车司机因管理费用过高，学生因违法招生等引发。

3. 游行、示威、静坐

目前这种形式的群体事件常常与上访联系在一起。据统计，在我国目前大约40%的群体上访都伴随游行、示威和静坐等。它具有给党和政府施加压力的特性，并可能随时恶化。

4. 群体性械斗

不同群体的群众相互使用刀枪、棍棒等凶器相互对峙、殴打、厮杀，常常因为争夺滩地、水源、山林等资源而发生。

5. 冲击党政机关

冲击党政机关常常由到党政机关投诉、上访不被接待或者对接待不满，而由少数人煽动发生，继而聚集人群，形成强大的破坏力。它包括集体哄闹、封锁道路、强行闯入办公场所，等等。

6. 堵塞交通干线

抗议者到公路、铁路干线设置路障，阻断交通，目的在于引起领导重视，以求问题解决。堵塞交通会使交通遭受直接经济损失，使社会秩序混乱，使矛盾升级和影响快速扩大。

7. 群体性打砸抢烧

群体聚集导致秩序失控，某些人制造混乱和利用混乱进行打砸抢

烧活动。这是最为严重的群体事件,直接威胁社会秩序与人民群众的生命、财产安全。

四、突发性群体事件的处置原则

对于突发性群体事件的处置,有许多宏观的政治性和政策性的指导原则,但是就操作层面而言,也有一些基本的原则是必须遵循的。

1. 及时有效原则

及时有效是处置突发性群体事件的第一位的原则。必须及时而有效地控制事态发展,防止事态恶化。及时是时间要求,有效是效果要求。我们必须将及时与有效结合起来。一是及时,这是事件的突发性所决定的;二是有效,这是事件的重大性决定的。

2. 慎用武力原则

武力包括警力与部队。一般只要没有打砸抢,没有发展到不可控制的程度均不应使用。但是要备而不用。

3. 因势利导原则

这是一个堵与疏的问题。群体性事件一定是众多矛盾积淀的结果,有着深层次的原因。我们必须因势利导,把群众的注意力引领到正常生活、生产建设上来。要尊重人民的合法权益,趁机解决人民长期希望解决而得不到解决的问题。

4. 化害为利原则

这是对因势利导的进一步提升,我们要能化害为利,就超越了因势利导,更超越了事件本身。事物的多面性是客观存在的。我们要理性面对群体性事件,及时有效、合理合法地解决事件本身,使合法权益得以保护、合法诉求得以满足。同时还要举一反三,设法清除相关的诱发因素,彻底清除隐患,使偶然发生和突然发生之害,转化为防微杜渐、长治久安之利。

5. 人民至上原则

所有的纠纷解决目的必须是最终为了人民，没有比人民更高的利益归宿。这是我们坚定不移的原则。人民利益永远是我们的坚强基石与终极的目标。因此，凡是人民拥护的，我们就坚决支持；凡是人民不愿意的，我们就坚决反对。

6. 法治保障原则

在处置突发性群体事件时，即使是应急处置措施也要力争合法，至于最终解决方案则更必须坚持法治原则。不依法的处置措施，本身就难以平息事态；即使可以应对一时，也难免后患甚至后患无穷。法治是应对措施的保障，是解决问题的保障，是永无后患的保障。只有坚守法治原则，才能使相关问题及其解决不“翻烧饼”，一劳永逸。

五、突发性群体事件的应对措施

对于突发性群体事件，我们必须采取适当的应对措施。这些措施直接作用于事件和事件的参与者，对于事件的处置效果具有直接的决定作用，因此必须予以高度重视。

1. 准确判断性质

准确判断性质是指应对主体应当对事件的性质有一个准确的判定，为应对措施的采取提供前提。在性质判断中，坚决反对随意定性，尤其反对随意将定性政治化。动不动就定性为“反党反社会主义”“敌对分子的破坏”“少数犯罪分子的阴谋煽动”“黑社会”等，都可能导致意想不到的严重后果。

2. 作出快速反应

突发事件处置的成败，首先取决于反应的速度。一定要以快制快、快中有慢、快慢得当。现实的许多问题都是由于反应迟钝，错过了处置时机，迁延发展所至。有的甚至无可挽救。比如停尸闹事事件，往往都

是公安机关反应迟钝所致。

3. 及时查明因由

因由在这里包括两个方面：一是起因；二是诉求。真相无法了解，但起因必须立即查明；处理难以到位，但诉求必须查明。例如瓮安事件，那女孩的死因当然无法一下查清，但是事件因女孩死亡而起是必须明白的。虽然处理短期内无法完成，但是对于参与者尤其是事主的要求必须查明。

4. 迅速控制事态

控制事件的扩大，是应急处置中必须考虑的重大问题。只有有效地控制了事态，我们才能从容不迫、将事态大事化小和小事化了。只要不违反法律的禁止性规定，不引起更大的反弹，“摆平就是水平，无事就是本事”。

5. 切实依靠组织

这里的组织包括各级党政组织、社会团体、企业事业单位，甚至街道、社区，乡镇、村社。现代社会的每个公民都是各种组织之中的人，要充分利用各种组织力量，削减冲突力量，缓解矛盾冲突，控制事态发展。

6. 主导媒体舆论

在现代社会中，现代民主政治的发展，加之传媒的发展，二者相互结合就形成了重要的社会环境。媒体的作用是不可忽视的，我们必须利用媒体的作用，因势利导地引导社会舆论朝着有利于问题解决的方向发展。

7. 防止并发事件

处置突发事件的措施必须周密得当，即措施必须无所遗漏，甚至即使不幸发生了遗漏，也有一个开放的机制来修正或者校正。在制定应对方案的时候，要有效地防止顾此失彼，防止和阻止诱发相关事件。

8. 措施合理合法

应对措施必须合理合法,这是得到当事人理解,赢得广大群众支持的关键。措施不合理就必然遭致群众的反感和反对,不仅无助于问题的解决甚至还可能扩大矛盾。措施不合法就必然得不到法律的保障,也会因缺乏法律根据而埋下隐患。解决措施的不合理与不合法必然经不住实践与时间的检验,很容易出现反复,使现实问题成为历史问题,挥之不去。

本讲题注重的是实际操作层面的探讨,至于当今时代突发性群体事件大量发生的深层次原因,以及社会矛盾结构的理论解析等,都是本讲题无法容纳的,只有留待其他讲题来阐述以及学员同志们的进一步思考。各位领导要处置好突发性群体事件,最终要依赖的还是自己的政治智慧、法治能力以及二者的有机结合与高度统一。

(本文是作者在2009年春季、秋季学期相关班次相关课程所使用的讲稿。)

21. 科学发展观与依法执政

一、科学发展观与依法执政的提出

（一）科学发展观的提出

2003年上半年，我国出现了严重的“非典”疫情。7月28日，胡锦涛在全国防治“非典”工作会议上，发表了重要讲话，在讲话中他第一次提出了“全面发展、协调发展、可持续发展的发展观”。2003年10月，党的十六届三中全会，审议通过了《关于完善社会主义市场经济体制若干问题的决定》，该决定要求全党要“坚持以人为本，树立全面、协调、可持续的发展观”。2007年党的十七大召开，将科学发展观写入党章，成为中国共产党的指导思想之一。什么是科学发展观，十七大报告的权威解释是科学发展观的“第一要义是发展，核心是以人为本，基本要求是全面协调可持续，根本方法是统筹兼顾”。胡锦涛在全党深入学习实践科学发展观活动动员大会暨省部级主要领导干部专题研讨班开班式上发表重要讲话，指出“继续坚定不移地把改革创新精神贯彻到治国理政各个环节，加快

重要领域和关键环节改革步伐，着力构建充满活力、富有效率、更加开放、有利于科学发展的体制机制。”这个体制和机制必须依赖法治，中国的法治是在中国共产党的领导下进行的，建设社会主义法治国家必须要有中国共产党的依法执政。

（二）依法执政的提出

2002年党的十六大指出，我们要“坚持依法执政，实施党对国家和社会的领导”。2003年党的十六届三中全会作出了《关于完善社会主义市场经济体制若干问题的决定》，该决定指出：“要自觉适应社会主义市场经济发展的新形势，改革和完善党的领导方式和执政方式，坚持谋全局、把方向、管大事，进一步提高科学判断形势的能力、驾驭市场经济的能力、应对复杂局面的能力、依法执政的能力和总揽全局的能力。”2004年党的十六届四中全会召开，作出了《关于加强党的执政能力建设的决定》，把依法执政和科学执政、民主执政并列，提出“依法执政是新的历史条件下党执政的一个基本方式”。2007年党的十七大明确要求：“提高党科学执政、民主执政、依法执政水平，保证党领导人民有效治理国家。”什么是依法执政，我们党在《关于加强党的执政能力建设的决定》中明确表述为：“依法执政是新的历史条件下党执政的一个基本方式。党的领导是依法治国的根本保证。加强党对立法工作的领导，善于使党的主张通过法定程序成为国家意志，从制度上、法律上保证党的路线方针政策的贯彻实施，使这种制度和法律不因领导人的改变而改变，不因领导人看法和注意力的改变而改变。全党同志特别是领导干部要牢固树立法制观念，坚持在宪法和法律范围内活动，带头维护宪法和法律的权威。督促、支持和保证国家机关依法行使职权，在法治轨道上推动各项工作的开展，保障公民和法人的合法权益。加强和改进党对政法工作的领导，支持审判机关和检察机关依法独立公正地行使审

判权和检察权,提高司法队伍素质,加强对司法活动的监督和保障。以保证司法公正为目标,逐步推进司法体制改革,形成权责明确、相互配合、相互制约、高效运行的司法体制,为在全社会实现公平和正义提供法制保障。”

2009 年党的十七届四中全会通过了《关于加强和改进新形势下党的建设若干重大问题的决定》,认为历史的经验告诉我们,必须“把执政能力建设和先进性建设作为执政党建设的根本任务,坚持科学执政、民主执政、依法执政”。

二、依法执政:历史发展的科学要求

(一)依法执政是社会发展的需要

中国社会正处于巨大的社会转型期。这个转型是从计划经济向市场经济的转型,是从高度集权到政治民主的转型。这只是最近这 30 年的转型。我们必须看到中国社会正在经历一个长达百年的更大的转型,这个转型是从自然经济—计划经济—市场经济;从封建专制—高度集权—民主政治;从人治传统—英明领导—依法执政的转型。依法执政是 30 年改革开放转型的需要,也是近代以来实现现代化的百年转型的需要。

(二)依法执政是法治发展的需要

中国法治已经启动百年,百年来中国人民孜孜以求,但是遭受了一次又一次的失败。在清末,法治国家建设失败了;国民党的法治国家建设依然失败了。历史把责任交给了社会主义,交给了中国共产党人。我们必须肩负起历史的责任,推进中国的法治建设大业。中国共产党要完成这样的使命,就必须依法执政。相信中国的百年梦,一定可以在

中国共产党的依法执政中成为现实。

(三)依法执政是政党建设的需要

党的领导方式问题是中国共产党领导革命与建设的重大问题。一个优秀的政党其领导方式必然是与时俱进、因时而异的。在不同的历史时期,中国共产党应该而且也确实具有不同的领导方式。这种领导方式的确定与确立,是以它所面对的历史任务,自身的政治地位与历史方位作为依据的。当党的性质、地位和任务发生变化的时候,党的领导方式也必须进行相应的变革与转换,否则就可能成为自己正确行使领导权的严重障碍,给自己和人民的事业造成难以挽回的损失。[1] 回顾我们党的领导方式的变化历程,可以认为它经历了依靠政策进行领导的阶段和政策为主导并辅之以法律进行领导的阶段,正在向主要依靠法律并辅之以政策的依法执政阶段转换,依法执政成为中国共产党在现时代基本的执政方式和领导方式。

经过10多年的改革开放,我们党在十五大上明确确认依法执政是党执政的基本方式。依法执政是指依照并依靠法律进行的执政。作为执政党,手中执掌着政权,具有将人民意志上升为法律的独特便利。通过立法程序,制定法律,然后严格依法办事,成为社会守法的模范,这是中国共产党推进法治的必由之路。宪法和法律是党领导人民制定的,它反映了人民的利益和意志,也体现了党的根本主张,我们党就应当在自己指导立法和拟制政策中,加以贯彻。宪法和法律的相关规定随之成为党执政的根据、手段、方式。作为执政党绝对没有否定和违反法律的理由,恰恰相反的,它要带头守法,充分运用法律来维护自己的执政地位,体现自己的执政理念,实现自己的执政目标。依法执政就是依照

[1] 这里所提及的党的性质主要是指党的革命党性质与执政党性质。

法律执政,法律不仅不是执政的羁绊,而是执政的根据和依托。

依法执政的实现过程也是一个艰难的过程。中国共产党是一个具有八十多年革命和建设历程的政党,依靠政策执政可以说是历史的惯性。依照惯性运行,在人们的心理上顺理成章,一旦要改弦易辙或另辟蹊径就会遭到各种因素的阻碍,最终形成改革发展的阻力。因此,我们党在推进依法执政上还需要坚定不移和锲而不舍的努力。没有长期的养成,我们要彻底消除既有依靠政策或主要依靠政策来执政的习惯,还有困难。我们党是一个理性的党,也是一个具有理论自觉的党,认识依法执政的重要性,坚定地实行和推进依法执政应当成为我们党未来建设的重要任务。

(四)依法执政是经验教训的结晶

在革命年代,中国共产党无法依靠法律来实现自己的领导。那时的法律是敌对者的法律,甚至是镇压革命的法律。中国共产党不能也不可能运用这样的法律来实现自己的领导。马克思认为,“革命并不是靠法律来实行的”。[1] 列宁曾说,“无产阶级的革命专政是由无产阶级对资产阶级采用暴力手段来获得和维持的政权,是不受任何法律约束的政权”。[2] 这一论断正是在这样的意义和背景下提出的。在当时,它无疑是科学的、是革命的真理。无论是当年的苏联共产党还是我们中国共产党都清醒地认识到了这一点,在革命斗争之中,不仅不会为反动法律所约束,甚至将推动旧法统作为革命的目标。在激烈的革命斗争之中,我们党不会为国民党的法律所羁绊,在革命即将全面胜利的时候,我们党还确立废除国民党六法全书体系的目标。中共中央于1949

---

〔1〕 马克思:《资本论》(第1卷),人民出版社1975年版,第819页。

〔2〕 《列宁全集》(第35卷),人民出版社1985年版,第237页。

年2月发布了《关于废除国民党的〈六法全书〉与确定解放区的司法原则的指示》。

在我国社会主义建设时期,中国共产党全面执政,其执政方式具有更为重大的影响。新中国成立初期,1954年《宪法》经过了广泛的社会宣传,逐步深入人心。各项行政、刑事、民事的重要立法都在进行之中。国家理当逐步进入依法治国的历史时期,党也应随之而依法执政。但是正是在这样的历史时刻,我们出现了严重的失误,未能及时地实现治国方略的改变和领导方式的转换。我们在法制发展朝气蓬勃的时候,减缓甚至中止了发展的进程。在效能上本该逐步强化的法律未能得到强化,本该在社会管理领域被逐步弱化的政党政策未能得到弱化。"反右斗争"的扩大出现了,导致了党内外的许多同志蒙受了冤屈,被错划为"右派"。随之,发生的"文化大革命"导致了更为严重的灾难性后果。党的十一届三中全会经过总结历史,才重新开启民主与法治的大门,使中国重新开启了法治的里程。我们提出了发扬社会主义民主,健全社会主义法制的原则和口号,大规模平反冤假错案,公开审判林彪、江青集团,开展大规模的立法活动,等等。

改革开放以来,我们取得了一个又一个重大的胜利,这些都与我们发扬社会主义民主,健全社会主义法制的努力分不开。我们坚持法治,坚持依法治国,坚持依法执政,我们就能成功;反之,我们就难免遭受失败。

三、依法执政:科学发展的推动力量

(一)依法执政与驾驭市场经济

市场经济的需要。在党的十一届三中全会上,我们进行了拨乱反正,成功地实现了工作重心的大转移。具体地说,否定了"以阶级斗争

为纲”，将全党全国人民的注意力与工作重心转移到以经济建设为中心上来，即现代化建设上来。正是从这里起步，我们在农村建立了普遍的家庭承包责任制，在城市开始了扶持个体工商户，改革国有企业。我们的经济开始了从“计划经济”向“计划为主、市场为辅”，向“社会主义有计划的商品经济”，向“计划与市场相结合”，再向“社会主义市场经济”的递进式改革。市场经济是法治经济逐步成为共识，也逐步成为不争的事实。因为市场经济的主体需要法律来确认，市场经济的关系需要法律来调整，市场经济的秩序需要法律来维护、市场经济的成果需要法律来保护。随着市场经济的深化发展，法治成为经济发展的必然要求，领导市场经济发展的中国共产党必须依法执政，也成为市场经济发展的必然要求。

（二）依法执政与发展民主政治

党的十七大报告就人民民主指出，“人民民主是社会主义的生命。发展社会主义民主政治是我们党始终不渝的奋斗目标”。就依法治国与人民民主之间的关系指出，“依法治国是社会主义民主政治的基本要求”。

在改革开放中，我们党重新开启了中国政治民主化的大门。党的十一届三中全会作出了“发扬社会主义民主，健全社会主义法制”的决策。我国的政治民主化迈开了新的步伐，开始尝试对党和国家的领导制度进行改革，确定了改革开放的目标。《中国共产党第十一届中央委员会第三次全体会议公报》指出，“为了适应社会主义现代化建设的需要，全会决定在党的生活和国家政治生活中加强民主，明确党的思想路线”。“必须有充分的民主，才能做到正确的集中。由于在过去一个时期内，民主集中制没有真正实行，离开民主讲集中，民主太少，当前这个时期特别需要强调民主，强调民主和集中的辩证统一关系，使党的统一

领导和各个生产组织的有效指挥建立在群众路线的基础上。在人民内部的思想政治生活中，只能实行民主方法，不能采取压制、打击手段。要重申不抓辫子、不扣帽子、不打棍子的'三不主义'。各级领导要善于集中人民群众的正确意见，对不正确的意见进行适当的解释说服。宪法规定的公民权利，必须坚决保障，任何人不得侵犯”。

（三）依法执政与建设先进文化

社会主义文化体现在思想、道德、文艺、影视等各个方面。一个时期以来“三俗”文化甚嚣尘上。低俗、庸俗、媚俗文化严重地损害了我们文化的良性发展。我们面临的问题，一是中国文化未能始终成为中国现实文化的主流；二是中国文化的“三俗”之风禁而不止；三是文化建设严重滞后。解决上述问题一要靠文化自觉，二要靠道德自律，三要靠法律强制。但是第三个方面不是可有可无的，甚至始终是最基本，最必要的部分。

我们长期以来在文化的道德建设上存在一个错误的认识，认为文化与道德的问题，只能靠文化与道德自己来解决。其实文化与道德必须靠法律来引导。具体说来，首先，对于思想问题，不可诉诸法律。因为法律从不惩办思想，但是必须由法律来影响人们的思想。如对犯罪嫌疑人进行公开逮捕与公开判决的问题，游街的问题。其次，对于严重的不道德行为，必须绳之以法，用法律来保护道德的底线。因为严重的不道德就是违法，就是犯罪，绝对不能不予处罚，否则就是放任与放纵。我们用法律保护了道德的底线，我们的思想文化建设才能真正高雅与高尚，我们的思想文化才能真正先进起来。

（四）依法执政与构建和谐社会

中国古老的典籍《礼记》提出：“大道之行也，天下为公，选贤与能，

讲信修睦。故人不独亲其亲,不独子其子,使老有所终,壮有所用,幼有所长,矜、寡、孤、独、废、疾者皆有所养。”这是中国古代社会的和谐梦想。在今天,按照我们党关于社会主义和谐社会的构想,社会主义和谐社会的六大特征和总体要求都是民主法治、公平正义、诚信友爱、充满活力、安定有序,以及人与自然和谐相处。这六个方面都与法治密不可分,都与党的依法执政密不可分。

(五)依法执政与处理国际事务

国际局势日益复杂,如何应对国际局势是作为执政者的我们党必须考虑的。我们必须依法处理与自己相关的国际关系,必须依法对待国际法规则,必须依法评估和处理其他国际事务。总之,只有依法和很好地运用法律的武器才能维护自己的国家主权和领土完整,才能有效抵御国际非法的政治干涉,才能维护自己的经济利益等合法权益。

四、科学发展观:指导依法执政科学实施

(一)确立理念以成为法治的领导

理念是科学的观念,是法律意识中关于法治的科学认识。我们全党必须正确认识法治,树立法治理念。我们还必须坚守社会主义法治理念。2005 年 11 月,胡锦涛同志提出开展社会主义法治理念教育,并作出“开展社会主义法治理念教育是加强政法队伍思想政治建设的一项重大举措”的重要批示。党的十七大报告中指出:“坚持依法治国基本方略,树立社会主义法治理念,实现国家各项工作法治化。”“维护社会公平正义,维护社会主义法制的统一、尊严、权威。推进依法行政。深化司法体制改革,优化司法职权配置,规范司法行为,建设公正高效权威的社会主义司法制度,保证审判机关、检察机关依法独立公正地行

使审判权、检察权”。“尊重和保障人权,依法保证全体社会成员平等参与、平等发展的权利”。我们要牢记并切实贯彻法治理念的基本要求,做到依法治国、执法为民、公平正义、服务大局、党的领导社会主义法治理念基本内涵的五个方面。

(二)领导立法以成为法治的先导

在法制与法治的双重意义上,立法都是依法治国的首先环节。从法制的意义来看,立法是所有法律制度得以建立的前提。因为它是将某种意志也包括代表人民的意志和体现人民意志的政党意志等上升为法律的路径和方式。执法、司法、守法或者法律监督莫不是以法律制度的先决存在作为前提的。领导立法是执政党体现其执政地位,实现其执政目标的首要措施。

当中国共产党发现既有的宪法和法律不足以适应现实需要的时候,就应该提出创制新法律的建议,发现既有宪法法律的规定与现实和需要发生严重脱节的现象时,就建议对既有的宪法规定或者法律制度做出修订。中国共产党的这一作用,对于快速发展的当今中国法制是特别重要的。因为当代中国处于有史以来最高速发展的阶段,社会主义现代化建设正在全面展开。社会正经历着巨大变革和飞速发展。面对这样的时局与巨变,中国共产党必须把握时代发展的脉搏,并与时代一起律动,甚至要引领这个时代中国社会的发展与进程。在这样的时代背景之下,中国共产党对于立法就担负着更大更多的责任。

执政党要通过立法来领导国家和社会发展,必须领导立法工作。在西方,政党制度也是与其议会制度紧密联系的,各个政党都力图通过议会来操控和影响立法。中国共产党对国家和社会的领导也应该体现为对立法工作的领导。它的这种领导表现为它为人民代表大会确定工作的指导思想,它对人民代表大会的构成发挥作为执政党的领导作用,

它的党员代表应该在立法机关中发挥主导的积极作用,它为立法机关适时提出创制新法、修改或者废止既有法律制度的立法建议。

（三）模范守法以成为法治的楷模

中国共产党必须模范守法,这是由中国共产党自己的本质、宗旨、使命等决定的,我们党对此必须有高度自觉的理性认识。

对于应否严格守法的问题,这是我们党在过去长期没有正确认识的问题。我们党打天下的目标绝对不是也不应是为了我们党坐天下。因为在我们党之上的还有广大人民。人民的解放和全面自由发展才是中国共产党革命的目标。革命解决人民的解放问题,但是还必须通过建设来解决人民富裕最终全面自由发展的问题。正因为中国共产党领导革命和建设不是为了自己,而是为了人民,就决定了中国共产党必须尊重与遵从作为人民意志体现的法律。再说,我国目前的整个立法工作都是在中国共产党的领导下开展的。我们党自己领导下制定的法律,我们党没有任何理由不予遵守。

首先,中国共产党是中国工人阶级、中国人民和中华民族的先锋队。这一先锋队的本质也就决定了它必须是守法的先锋。它对待法律的态度以及对于法律的遵守,应该成为工人阶级、中国人民和中华民族的典范。其次,中国共产党是全心全意为人民服务的政党。人民的利益反映为人民的意志,人民的意志通过法定的程序体现为法律,因为要绝对以人民为依归的中国共产党就必须把守法作为一个基本的前提。人民衡量一个政党的标准是多元的,但是一个起码的标准就是这个党能否守法。守法与中国共产党的宗旨是根本一致的。坚持人民利益至上,就必须坚持宪法法律至上。否则就是对人民的不尊重,就是对自己根本宗旨的违背。最后,中国共产党负有独特的历史使命。在终极的意义上,它所追求的是建立共产主义的社会制度。在现实的意义上,它

所追求的则是建设中国特色的社会主义。这些任务的完成没有中国共产党的领导是不可能的,没有中国共产党的模范守法也同样是不可能的。这些目标、任务、使命的实现,都必须要依靠我们党在法治上严格坚持在宪法和法律的范围内活动,自觉地做守法的模范。

(四)改革司法以实现公平与正义

从党的十一届三中全会以来,我们党就把改革司法体制作为自己的重要目标,并且不断进行一次又一次对于司法体制的改革。就大规模的改革而言,应该是始自2004年。2004~2008年,我们党对司法体制进行了初步改革。2008年年底和2009年年初,我们党又启动了深化司法体制改革的行动。我们党在十七大已经明确地为司法体制改革确定了具体的目标:“加强宪法和法律实施,坚持公民在法律面前一律平等,维护社会公平正义,维护社会主义法制的统一、尊严、权威。推进依法行政。深化司法体制改革,优化司法职权配置,规范司法行为,建设公正高效权威的社会主义司法制度,保证审判机关、检察机关依法独立公正地行使审判权、检察权。”对于政法队伍也提出了新的要求,“加强政法队伍建设,做到严格、公正、文明执法”。

(本文是2010年教学的讲稿。)

22. 法学研究方法与能力的培养

立德、立功、立言，乃人生三大不朽之事业。从事学术研究，进而著书立说，当属立言之列。作为法学学者，法学教师，从事法学研究应当是立言的不二法门。面对党校系统法学界的各位同事、同行，这个题目几乎是无法开讲的。但既然组织安排了我来讲，就只能不揣冒昧地谈谈自己一些粗浅的看法，以就教于各位。下面我们不妨从一个法学教师的学术素养谈起。

一、法学教师的学术素养

具备一定的学术修养，是任何从事学术研究工作的人必须具有的重要前提。法学教师必须具有应有的学术素养，它是我们从事法学学术研究的必要条件。所以我们首先从这一问题开始，对学术研究方法与能力这一主题展开讨论。

(一)良好的专业修养

首先，法学教师必须具有良好的专业修养，这就

是由法学独特的专业性质所决定的。法学它具有自己独特的专有名词术语和学术理论。就说一个法律上的“主体”一语就有很多概念与名词:自然人、法人;原告、原告人;被告、被告人;诉讼当事人、诉讼参与人、诉讼第三人、案外人;受害人、加害人;证人、鉴定人;法官、独任法官、审判员、合议庭组成人员;等等。就法学理论而言,刑法中有犯罪构成理论、故意犯罪理论、过失犯罪理论、正当防卫理论,等等。在民法中有物权法理论、侵权法理论、公司法理论、继承权理论、知识产权法理论,等等。

其次,法学专业具有独特的教育要求。当今世界各国的法学教育都是独特的教育。在英美国家,其法学教育是第二学位教育,只有获得第一个学士学位之后,才能从事法学本科学习。因此,大陆法系国家的法学本科毕业生,常常无法获得英美国家在学位上的简单认可。也许有的人会认为大陆法系国家的法学教育就比较一般。其实也不是。法、德两国的法学院本科毕业生,要从事法官工作,其前提必须是做律师,再必须通过司法官资格考试,还必须接受长达不低于36个月的司法官业务培训,而且还有淘汰率。综观世界的多数法治发达的国家,法学的专业要求都是相当独特。

最后,法学教育必须面对独特的司法实务要求。法学专业的教育目的主要是为社会培养律师、法官、检察官。至于培养出的法学教授,除了从事法学的学术研究之外,还要为律师、检察官、法官等的“生产”或“提升”服务。法学研究、律师事务、包括检察官、法官在内的司法官工作都是以法律的实际运用作为重要平台的。法学学者中的绝大多数都离不开司法实务。因为他们要传授司法实务知识,就必须要了解法律事务状况,甚至作为兼职律师,或者以调研者的身份深入司法实践。

(二)必要的实践经验

法学教授必须具有必要的实践经验。首先,这是因为法学具有实践的性质。法学是实践性质的科学。法学是因法律而存在的,也是在法律实践的基础上发展起来的。法学具有理论性,法学更具有实践性。所以世界上许多国家在学科划分上都把法学归入应用学科。法学是经验的科学,法学教师理当重视自己的司法实务能力的培养以及对于司法实务的真切了解。

其次,法学必须以实践为基础。法律事务的处理,包括律师的代理、辩护,警察的侦查、拘留、逮捕,检察官的批捕、起诉、抗诉,法官的审理、宣判等无不是实践性质的。因此,法学教育中离不开案例教学,也离不开模拟法庭。法庭永远是法律人的核心和焦点。在法学院校必须通过案例教学、模拟法庭、庭审旁听等来培养学生的法律实务能力。

最后,法学必须以实践为目标。法学的目标当然有学术积累的意义,也有实践的目标。但是即使是学术积累,也必须以法律的实际应用作为基础。法学教育所培养的人才,除了少量从事理论研究与法学教育外,他们不外乎是律师、法官、检察官。这些职业的基本要求,都是以实践作为舞台和目标的。衡量一个法学院办得是否成功的重要标准之一,就是看其培养了多少优秀的法官、检察官和知名律师。

(三)丰富的相关知识

作为法学教师,除了对法学的专业要有精深的把握之外,首先,必须具有良好的人文知识。对历史、文化、社会要有相当的了解,并以此作为法学修养的人文基础。没有对于历史、文化、社会的相当了解,是不可能成为一个合格的法学教师的。

其次,法学教师还得对哲学知识有相当的了解。哲学是世界观与

方法论的学问,关乎一个学者的思辨能力和水平。一个法学学者没有很好的哲学修养,必然会影响其思维、观念和学术研究,必然会影响其法学理论的科学性水平。

最后,法学教师还必须了解法学之外的其他社会科学,诸如政治学、经济学、社会学等相关知识。法学必须以众多人文社会科学为知识基础。如果法学教师对这些学科没有起码的了解,那么我们对于法学理论的把握、法律现象的解析必然是有严重局限的。

二、法学研究的具体方法

法学研究的方法是很多的,我们可以从不同的角度展开论述。在这里,我仅就如何进行法学的论著写作,谈谈自己粗浅的看法,以请教于同行。

(一)论题选择、发现问题

任何研究总需要一个论题。论题的寻找过程,也就是发现问题的过程。如何去发现问题,不外乎以下的几个可能的路径。一是在理论学习中发现。我们在看书、听讲座中,受著作和演讲的影响,对一些自己缺乏认识的问题产生兴趣,形成自己的研究主题。二是在司法实践中体悟。理论常常是苍白的,而实践之树总是常青的。我们在书房中看不到的问题,一到实践中就发现了。要很好地回答这些问题,就需要我们开展相应的研究。这些研究主题就是来自司法实践的。三是来自在社会生活中观察。我们通过对社会的调查、考察、体悟,就会发现许多原本没有引起注意或者重视的问题,会发现人们一直没有找到的解决方案。对于这些问题的初步思考与考察就可能形成新的研究主题。

（二）收集资料、比较分析

一是广泛收集。一旦确定了研究的主题，就要围绕主题，收集资料。要尽可能穷尽现有的所有资料。这个是近乎苛刻的要求。但是只有这样，才可能产生真正名副其实的研究成果，才能作出真正意义的学术创新。二是阅读比较。在收集资料的基础上，就要阅读资料，没有阅读的收集，所有的收集都没有意义。阅读的过程就是比较分析的过程。比较各种不同观点，并从中找出各自的差异所在，进而探析不同观点产生的原因。三是分别评判。对各种观点之正确或错误进行评判，并找到这种评判的理由。如果认为自己的结论不正确，或者自己的新发现已经是别人已经证成了的东西，就应该停止研究，因为这种研究已经没有意义。这种研究停止了，是因为对社会来说是没有意义的。但是对自己深化认识、提升水平来讲却是非常有意义的。这个过程就是学习的过程，就是提高的过程，甚至在这个过程中还会有新的发现。四是提出新论。在以上的基础上，我们就可以作出自己最新的结论。将自己得出的新论断，加以初步的提炼、精练，然后再加以全面的论证。

（三）深入论证、解决问题

自己具有创新意义的基本观点一旦形成，就应该进入专门的论证过程中。这种论证分为证成与证伪。所谓证成，就是通过自己的学术研究，证明某种观点是成立的。这种研究主要是创新自己的认识，填补学术的空白，丰富人类的认知。这种研究是最经常的研究。在理论方面，比如有学者证明“法的价值是人类超越的指向”。如果能够证明这一结论，就极大丰富了法的价值论的内容，就可以使“法的价值”彻底区别于“法的功能”“法的作用”。但是这一结论，在20年前也许会被认为是唯心主义的东西。在实践中，比如有人认为“人民法院中可以设立行

政法庭”。如果有人能为此做出较好的论证,证明这个结论是成立的。它就为我国行政诉讼制度的建立找到了可行的路径。这在今天看来毫不稀奇。如果是在 30 年前,可能就是极大的创新。所谓证伪,即是通过我们的研究证明某个或者某些既有的结论是不成立的,是谬误。证伪的学术研究如同证成一样重要。因为一些既有的认知与结论未必是正确的,但是它们却被一直以为是正确的,误导着人们的行为。对于这些既有的认知或者结论,如果不能证明其不成立,就可能使人们长期执迷不悟。如果从文化与学术的传承上讲,还会使后继者误入歧途。比如“法律是人性恶的产物”这可以说是千百年来多少人认为的结论。这个结论科学吗?其实也许并不科学。如果有人能推翻它,就为我们寻找新的结论创造了前提。

(四)独辟蹊径、刻意创新

文贵乎新,研究更在乎新。学术研究中的老生常谈,司空见惯的论调,令人生厌。它根本就不是学术,不过是讲解知识乃至常识。创新是人类进步的动力,是最能激发热情的智力劳动,是人类智慧的闪光。学术创新还是人类系统性思维的理论成果。创新是学术的生命。首先,创新是学术的使命。我们为什么要做学术,就是要探索未知。也许探索是失败的,但是使命是不可放弃的。人们总是在不断尝试中推进学术,在不断更新的学术发展中,积累知识,为新的发展创造更好的知识基础,提供更大的精神动力。其次,创新是学术的尺度。一个学术研究有无意义,有多大的意义,都是以其创新性作为衡量标准的。远的,如中国古人对“道”、对“阴阳”的发现,为我们提供了古老而又永恒的认识手段、分析工具。中国古代的四大发明为我们生产力的提高,现代电子计算机等的发明为我们文明的进步发展提供了前所未有的动力,这就是创新,而且是极大的创新。在法学上,例如对“法政治学”的发现,

虽然远不及上述的宏大创新,但依然是重要的。它可以丰富法学理论、丰富政治学理论,为政治和法律的发展寻找新的理论视角,开拓新的理论视野,提供新的理论成果。最后,创新是学术的动力。创新是学术发展不竭的动力。有时我们会为一个新的发现而狂欢、激动。我们相信在座的每一位都有这样的体验。这是一种独特的快乐。这仅是个人的学术感受,作为社会来说,学术的不断创新,则是社会不断进步发展的重要推动力量。在推动社会进步的同时,也为学术的进步提供了强大的动力。

三、法学研究的能力培养

法学研究的发展水平如同任何研究一样,首先决定于研究者的能力。如何培养研究能力,是至关重要的学术研究问题和主体建设问题。一个学者要具有良好的学养,优秀的学术研究能力,必须广采博览、统观全局、锐意创新、笔耕不辍、行文谨严,等等。在这里,我们仅仅择其要者而阐释之。

(一)广采博览

学术的高度决定于我们学术基础的广度。正如金字塔的高度决定于金字塔底座的宽度一样。我们无法想象,一个小小的底座之上能够建立起宏伟的金字塔。为此,我们就要广采博览。作为一个理论法学学者,您必须对法理学有良好的把握,必须对法史学、宪法学、行政法学、刑法学、民法学、刑诉法学、民诉法学、行政诉讼法学有良好的把握。没有这些,恐怕就不是一个好的理论法学学者。即便如此,依然不够,您得对哲学、社会学、政治学、经济学、文化学、历史学、逻辑学等都有所了解。这些都是必要的知识基础。甚至我们在中学时代所学的数学、物理学、化学都是一定意义的知识储备。从不同学科那里得到的是什

么,是知识,是对道和理的把握。因为天不变道亦不变,理相同道相通。我们要把握道理。现象是最表面的,而理才是深刻的,道才是根本的。我们怎么才不流俗,唯有知识、学术。知识和学术就是学者的良知和良能。此外,“他山之石,可以攻玉。”通过对不同学科知识的了解,我们常常可以从别的学科得到启发,甚至推动综合性学科、边缘性学科、交叉性学科的创立与发展。

(二)统观全局

在学术研究中,每个人都应该不断克服自己的局限性和片面性,所要达成的,就是全面性和全局性。我们的学术研究不能只顾一点不及其余,否则就必会当然地有失偏颇。古人对此有很多感悟可以供我们去品味。如唐朝诗人杜甫说:“会当凌绝顶,一览众山小。”王之涣说:“欲穷千里目,更上一层楼。”还有一个更早的传说,据说汉朝的司马光曾经口诵过这样一首诗,“一上一上又一上,一上上到岭头上。乾坤尽在掌中握,四海五湖归一望”。最后所把握的就是全局。做学术要把握全局,要力戒片面,不断深入。有学者主张“片面的深刻”或者“片面才深刻”。其实我认为这种说法是值得推敲的。对于学术来说,我们说的“片面深刻”,要看是对什么讲的。如果是指其研究的专门化。比如说他几十年或者一辈子都研究这个问题,所以“片面就深刻”,这不是说其观点片面,而是说的他研究范围与对象的专门化。再说“片面的深刻”还有作为目标和作为评价的双重视角。在评价意义上被认为是“片面”的学者,在他们自己看来也许并不这么认为。这仅仅是评价意义上的。其目标也许还是总在追求全面。我们要在不断“全面”,其实是在不断扩展认知的同时,深化认知。最终要使自己的认识符合实际、揭示规律、达至真知,去发现和体现“道”和“理”,为学术的进步与社会的发展做出自己应有的贡献。

(三)锐意创新

创新要成为学者的心理追求。就是要有“敢为天下先”的精神,甚至在表述上都需要由“语不惊人死不休”的气魄与精神。想想古人“僧敲月下门”的意境。是用“推”,是用“敲”,反复斟酌。这不过是一首诗,如果是一篇论文一部著作,又当如何。要创新,首先要抓住创新观点,再就是要用为创新观点服务的提纲设计。如果我们不能很好设计,一开始就是起了个平庸的头,怎么做下去。怎么做都不行。创新始于创意。在进行观点提炼、提纲设计的时候,就要做到立意高远、用心良苦。严格地说,真正的学术研究,要避免知识包括常识的讲述, 甚至还要避免重复式的理论阐释。至于那些非常具有思想性的散文,也不应被归入严格的学术研究范围。学术研究在根本上就是指学术论文、学术著作的写作。在创新问题上,我们要清晰地分清知识、常识、思想、理论、学术的界限,准确把握学术的真谛。

(四)笔耕不辍

任何学者都是练出来的。说到练就是不停地写,不断否定,不断超越。我们指导博士生总是要他们自己在阅读和实践中去发现博士论文题目,然后我们一起商讨,最后才确定选题。否定的过程就是进步的过程。当我们觉得今是而昨非的时候,不要丧失信心,而要倍增勇气、倍加自信。因为我们进步了,进步了才能知道以前之不是。笔耕不辍应该是不断超越的实践活动。一个学者不能不断地自我重复,尤其是不能低水平地自我重复。我们要不怕丢丑,这是一个成长的过程。我们这个班的许多老师都是年轻学者,更要无所畏惧。任何学者都有一个成长过程。作为年长的老师怎么看,我以为也没有关系,学术是这样的一个规律,我们就坦然地面对它。笔耕很辛苦,但是也很有乐趣。不停

地思考,不停地写作,也许就是一个法学学者的人生。

(五)行文谨严

行文谨严是必需的。如何做到,我以为必须关注以下的几个方面。一是概念准确。准确的概念是先决的条件。不要小瞧概念的意义。有很多看起来了不起的大争论,结果也许就是概念的不同定义所致。我们必须注意概念准确。准确的概念可以使我们的学术建立在大厦的基石上。这也是与别人沟通,让别人可以理解我们的主张的桥梁,是达成学术共识的首要基础。二是逻辑严密。一个优秀学者必须具有较强的逻辑思维能力,必须尊崇逻辑。逻辑的力量是非常伟大的。一个学者最不能犯的错误有两个:一个是知识错误,另一个就是逻辑错误。这两个错误是致命的错误,也是学者最容易犯、最不可饶恕的错误。一旦犯下这两个错误,将是追悔莫及,因为它是绝对的错误。三是语言简明。大道至简,要言不烦。发现真理才难,阐述真理并不难。共产主义理想,要找到,多难呀。但是要给工人阐释共产主义,共产党人做的不是很好吗?我们要用通俗的、明确的语言来表达自己的学术思想。道理的深刻与语言的简明并不矛盾。法学教师应该是学术与语言的大师。做到这一点,许多大师都是我们的榜样。中国传统哲学够难了吧?其实各位去读我们前辈冯友兰、胡适、杨献珍等人的著作,他们的文字给您的感觉也许是行云流水般优美。四是文法标准。这也许可以说是不值一提的问题,但这是我们的基本功的表现。不要看它简易,但是落到实处确实不易。文章的推敲往往在句读之间。五是注释规范。注释规范虽属末节,但至关重要。从投稿的角度来看,鉴于许多刊物在注释方式上并不统一,我们就要注意相关期刊的要求。当然,我们自身整个文章或整部著作的注释,必须有统一的方式,不可花样百出,相互参差。

以上只是一些细碎的心得,绝无任何自夸之意。偶有不慎导致误解,一定是我言不及义所致。我也只是法学界一个小小的教师,在这个领域中不断摸索而已。写下了以上的文字,只是企求与同事们一起商讨,共同提高。

(本文是2015年春季学期为当年中央党校全国党校系统法学政治学师资培训班的老师们讲课所用的讲稿。)

23. 全面依法治国与提高领导干部的法治能力

全面依法治国是我国社会发展的迫切要求,它与全面建成小康社会、全面深化改革、全面从严治党,构成我们党的重大战略布局。全面依法治国对所有领导干部提出了提高法治能力的新要求。也就是说,“全面推进依法治国,必须不断提高各级领导干部运用法治思维和法治方式的能力”。[1] 法治能力是什么?全面依法治国为什么会提出提高领导干部法治能力的要求?应当如何提升领导干部的法治能力?这些问题都值得我们认真地加以研究、科学地予以回答。

一、法治能力是具有法治思维与运用法治方式的能力

什么是法治能力,什么是法治思维、法治方式,它们各自是什么含义,相互之间是什么关系,都必须首先从理论上加以厘清,进而为提升领导干部的法治能力提供理论支撑。

---

〔1〕 何毅亭:《学习习近平总书记重要讲话》,人民出版社 2014 年版,第 53 页。

(一)法治能力

领导干部的能力是多方面的,法治能力只是领导能力之一种或者一部分。什么是法治能力呢?学术界目前尚无统一的定义。根据基本的学理逻辑和现有的学术认知,一般可以认为,法治能力是指特定主体具有法治思维,运用法治方式,认识、处理和决策相关问题的能力。法治能力首先是一种认识能力,其次是一种处理能力和决策能力。认识是处理和决策的前提,没有很好的认识,就不可能有很好的处理和决策。处理和决策则是认识基础的实践,也是认识的意义体现。再良好的认识,对于领导干部来说,如果不能体现在处理问题和决策事务之中,就无法产生应有的社会效用。所有的领导干部所担负的工作,无不包括对有关问题的认识、处理和决策。在认识、处理、决策的过程中,是否较好地运用法治思维,能否较好地选择法治方式,就决定了有关问题能否得到法治化解决,是否符合法治化要求。

从法治思维与法治方式来说,在领导干部与法相关事务的认识、处理和决策中,都必须以法治思维的先决存在作为基础,也必须正确地选择与运用法治方式。如果说法治能力是领导能力的构成部分,是法治思维与法治方式运用能力的总和,那么具有法治思维就应该是领导干部的能力基础和认知素养,选择法治方式就应该是领导干部的知识准备和重要工作。

(二)法治思维

人类思维有诸多的模式,极为复杂。一般地说,有线性思维与非线性思维,发散思维与收敛思维,点思维、面思维与体思维,纵向思维、横向思维与侧向思维,正向思维与逆向思维,静态思维与动态思维,逻辑思维与辩证思维,惯性思维与创意思维,感性思维与理性思维,等等。

此外还有批判思维、求证思维、递进思维、想象思维、推理思维、对比思维、形象思维、艺术思维、语言思维、直观思维、定性思维、定量思维、归纳思维、演绎思维、科学思维和价值思维等。所有这些多是从思维的形式上讲的,如果从思维的内容来看,还会有政治思维、经济思维、文化思维、法律思维,或者等级思维、特权思维、人治思维、法治思维等。至于其他思维模式,我们还是留给其他学科来阐释。作为法学课程来说,则必须回答什么是法治思维。那么什么是法治思维呢?法学界并无既定的认识。根据法学的一般学理,可以认为,法治思维是指一定主体以法治理念为基础,运用法律规范、原则、精神对相关问题进行分析、判断、综合、推理以至形成结论,作出决定的思维模式。法治思维与政治思维、经济思维、文化思维、哲学思维等相并列。它并列但并不取代这些思维,我们具有其他思维的同时必须具有法治思维。没有法治思维,就无法全面依法治国,就无法做好依法治国中的领导工作。

法治思维的内容十分丰富。它包括法律至上思维、依法行权思维、权利义务思维、公平合理思维、法律责任思维、权力制约思维,等等。这些思维,对于我们处理涉法事务,开展领导工作是极为重要的。作为领导干部必须坚持法律至上,严格依法行权,明确权利义务,实现公平合理,了解法律责任,接受法律监督。这些都是领导干部开展领导工作所必需的法治思维。

(三)法治方式

如同法治思维,法学界尚无统一定义一样,法治方式也没有确定而统一的定义。尊崇一般的学术逻辑,我们可以作出这样一个基本的定义,即法治方式是指一定主体依法对待和处理相关问题的方法与形式。法治方式的表现是多方面的。在治国理政上,就法治方式而言,一个国家就是要依法治国,一个执政党就是要依法执政,一个立法机关就是要

科学立法、民主立法,各级政府就是要依法行政,各个司法机关就是要依法独立行使司法权。在社会一般矛盾纠纷的解决上,公民、法人乃至国家机关,所应采取的法治方式,就是协商方式、调解方式、仲裁方式、诉讼方式等。

在具体的情况下,可以采用的法治方式有时是唯一的,有时是多项的,有时甚至是多种兼用的。如何选择、如何运用法治方式是领导干部法治能力高低的重要表现。法治化的领导干部就是要能恰当地选择和运用法治方式来处理日常政务,来治国理政,来深化改革、推动发展、化解矛盾、维护稳定。

法治方式多种多样,但是所有法治方式都是与非法治方式相对应的,与人治方式、运动方式等根本对立的。法治方式与非法治方式泾渭分明。不恰当地选择了非法治方式尤其是人治方式,就可能导致严重的社会后果,有时甚至是灾难性的恶果。在法治的国家和社会里,必须反对人治方式等非法治方式。因为“在社会主义条件下,法治与人治之间存在着根本的对立,是不能相互‘结合’的”。[1] 只有不断运用法治方式来处理政务、治国理政,领导干部才会少犯错误和不犯错误,更不会违法犯罪。

选择和运用法治方式的主体是广泛的,但首要的就是各级领导机关和领导干部。如果说各级领导机关也是由领导干部构成的话,领导干部能否很好地运用法治方式就成为基础和关键。领导干部作为关键少数,必须采用法治方式来处理政务、治国理政。在此问题上毫无疑问,它是领导干部的法定职责。

---

〔1〕 李步云:《论法治》,社会科学文献出版社 2008 年版,第 116 页。

二、全面依法治国要求提高领导干部的法治能力

(一)全面依法治国是领导干部的重要责任

我国法治建设已有百年之久。中国共产党领导的社会主义法治建设已经是半个多世纪。六十多年来,我们党领导人民对依法治国进行了艰苦的探索。尤其是最近这改革开放的三十多年来,我们党在依法治国上取得了前所未有的巨大成就。1997年党的十五大提出了“依法治国,建设社会主义法治国家”的宏伟目标。到现在,我们党所领导的依法治国事业取得了一系列重大成就,主要体现在以下六个方面,第一,依法治国被确定为党领导人民治理国家的基本方略。这是首要的重大成就,它为中国依法治国事业的发展确定了最宏观的方针和最根本的原则。第二,将依法执政确定为党治国理政的基本方式。这就为中国共产党如何执政找到了科学的方式,是中国共产党执政理念与执政方式的巨大变革。第三,中国特色社会主义法律体系已经形成。在2011年3月,全国人民代表大会常务委员会宣布中国特色社会主义法律体系已经形成。成千上万的法律法规为中国的依法治国事业奠定了坚实的制度基础。第四,法治政府建设稳步推进。从十一届三中全会以来,尤其是在党的十五大之后,依法行政被空前重视,建设法治政府成为我国政府建设的重要目标。经过二十多年的努力,我国的法治政府建设取得了明显的成效。第五,司法体制不断完善。通过改革开放以来法制建设的恢复和发展,尤其是依法治国的不断推进,司法体制改革也取得了重大成就,改革中的司法为社会主义现代化建设提供了最现实的法治保障。第六,全社会法治观念明显增强。这是我国依法治国事业在社会法治化建设上取得的重要成效。广大人民群众对于法治的认识水平得到了空前提升,法治观念日益增强,为整个社会主义法治

建设提供了最广泛、最深厚的群众基础和思想基础。

但是我国的法治建设还存在一系列重大的问题。在立法上，表现为有的法律法规未能全面反映客观规律和人民意愿，针对性、可操作性不强，立法工作中部门化倾向、争权诿责现象较为突出。如何科学立法、民主立法已经成为立法工作上最为急迫的任务。要加快民法典等重要法律的立法进程，完善中国特色社会主义法律体系成为依法治国的首要任务。在执法包括司法上，主要表现为有法不依、执法不严、违法不究现象比较严重，执法体制权责脱节、多头执法、选择性执法现象仍然存在，执法司法不规范、不严格、不透明、不文明现象较为突出，群众对执法司法不公和腐败问题反映强烈。执法包括司法上的这些问题，严重地制约和影响我国依法治国的进程。在守法上，现实地存在一部分社会成员遵法信法守法用法、依法维权意识不强，一些国家工作人员特别是领导干部依法办事观念不强、能力不足，知法犯法、以言代法、以权压法、徇私枉法现象依然存在。法治社会建设还是依法治国的薄弱环节。我们应当理性地看待这些问题和瑕疵。诚如柏拉图所说，“批评我们的法律时请不要犹豫；被指出有瑕疵并没有什么不光彩。的确，如果一个人汲取了正确的批评，而不是被它困扰，那他通常会得到补救”。[1] 立法、执法、守法上的这些问题都要求我们必须全面推进依法治国以推进整个中国特色社会主义法治建设的顺利发展。

根据我国法治发展的历史进程和我国法治建设面临的现实问题，中国共产党及时作出了全面依法治国的伟大决策。党的十八大报告明确提出，“全面推进依法治国。法治是治国理政的基本方式。要推进科学立法、严格执法、公正司法、全民守法，坚持法律面前人人平等，保证

---

〔1〕［古希腊］柏拉图：《法律篇》，张智仁、何勤华译，上海人民出版社2001年版，第15页。

有法必依、执法必严、违法必究。完善中国特色社会主义法律体系，加强重点领域立法，拓展人民有序参与立法途径。推进依法行政，切实做到严格规范公正文明执法。进一步深化司法体制改革，坚持和完善中国特色社会主义司法制度，确保审判机关、检察机关依法独立公正行使审判权、检察权。深入开展法制宣传教育，弘扬社会主义法治精神，树立社会主义法治理念，增强全社会学法、遵法、守法、用法意识。提高领导干部运用法治思维和法治方式深化改革、推动发展、化解矛盾、维护稳定能力”。这段精练的概括性论述，对全面依法治国在立法、执法、司法、守法方面的重要任务予以了宏观设计。党的十八届四中全会又作出了《关于全面推进依法治国若干重大问题的决定》，对全面依法治国事业作出了具体而全面的部署。全面依法治国是中国共产党的历史使命，是全国人民为之努力的奋斗目标。完成这一历史任务，实现这一奋斗目标是所有党政领导干部必须肩负的重要责任。

（二）全面依法治国要求提高领导干部的法治能力

全面依法治国是全党全国人民的重要任务，更是各级领导干部肩负的时代责任。必须提高自己的法治能力来适应全面依法治国的现实需要。党中央十八届四中全会的决定着重从组织建设的角度对法治能力加以了从未有过的强调。它从班子建设的角度指出，要“抓住立法、执法、司法机关各级领导班子建设这个关键，突出政治标准，把善于运用法治思维和法治方式推动工作的人选拔到领导岗位上来”。同时还从干部考核与考察的两个角度强化了法治能力的重要意义。“党员干部是全面推进依法治国的重要组织者、推动者、实践者，要自觉提高运用法治思维和法治方式深化改革、推动发展、化解矛盾、维护稳定能力，高级干部尤其要以身作则、以上率下。把法治建设成效作为衡量各级领导班子和领导干部工作实绩重要内容，纳入政绩考核指标体系。把

能不能遵守法律、依法办事作为考察干部重要内容,在相同条件下,优先提拔使用法治素养好、依法办事能力强的干部”。

党的十八大后,习近平总书记对领导干部的法治能力作出了一系列崭新的论述。2012 年 12 月 4 日,习近平总书记《在首都各界纪念现行宪法公布施行 30 周年纪念大会上的讲话》中指出,“各级领导干部要提高运用法治思维和法治方式深化改革、推动发展、化解矛盾、维护稳定能力”。其表述非常接近于十八大报告,但是一个重大的不同是他特别强调了法治能力的主体是“各级领导干部”。在十八届中共中央政治局就全面推进依法治国进行第四次集体学习时,习近平总书记再次要求“各级领导机关和领导干部要提高运用法治思维和法治方式的能力”。这一讲话将法治能力的主体,从各级领导干部扩展到了各级领导机关。2015 年 2 月,习近平总书记在省部级主要领导干部学习贯彻十八届四中全会精神全面推进依法治国专题研讨班开班式上讲话,再次对领导干部的法治能力提出新的要求:“领导干部要牢记法律红线不可逾越、法律底线不可触碰,带头遵守法律、执行法律,带头营造办事依法、遇事找法、解决问题用法、化解矛盾靠法的法治环境。谋划工作要运用法治思维,处理问题要运用法治方式,说话做事要先考虑一下是不是合法。领导干部要把对法治的尊崇、对法律的敬畏转化成思维方式和行为方式,做到在法治之下、而不是法治之外、更不是法治之上想问题、作决策、办事情。”习近平总书记的以上论述充分表明了党中央对提高领导干部法治能力的高度重视。

(三)领导干部的法治能力水平制约着整个依法治国事业的历史进程

在全面依法治国的主体力量中,人民是最深刻、最伟大的力量。没有广大人民群众的积极参与和热情推动,依法治国事业不可达成预期

的目标。但不可忽略的是,广大人民群众的发动、组织都离不开领导干部的努力,领导干部是带领人民推进依法治国的关键少数。

首先,领导干部的法治能力决定着他们对待自身法律事务即遵守法律的水平。守法是每个公民的法定义务,更是领导干部的责任。领导干部必须带头守法。他们自身的法治能力直接决定着他们守法的水平。没有良好法治能力的领导干部,对法律没有很好的理解,没有应有的法治思维,也不可能很好地选择法治方式,必然无法很好地遵守法律。要提高领导干部的守法水平必须提高领导干部的法治能力。

其次,领导干部的法治能力制约着他们处理法律事务即适用法律的水平。领导干部的法治能力决定着他们能否依法办事,直接制约着他们的用法情形。领导干部不仅自己要守法,还要在工作中用法。他们要用法来认识、处理和决策相关的法律问题。深化改革、推动发展、化解矛盾、维护稳定无一不需要他们运用法律。他们能否很好地用法与他们的法治能力密切相关。

最后,领导干部的法治能力影响着社会公众的法治意识。每一个领导干部都是一定群众的领导,都处于一定的层级之中。他的周边与属下直接感受着其法治能力。低下的法治能力必然会使下属受其影响,有的甚至误导群众,给群众作出不良的行为示范。领导干部的法治能力,对于社会公众具有以身垂范的重要意义。

三、在全面依法治国进程中如何提升领导干部法治能力

(一)健全法治制度, 完善决策机制

制度和机制总是决定性的,属于政治生态中的硬件部分,对每个领导干部都具有极为重要的影响。健全法治制度与完善决策机制,是必须首先予以关注的重大措施。我们要把公众参与、专家论证、风险评

估、合法性审查、集体讨论决定确定为重大行政决策法定程序,进而确保决策制度科学、程序正当、过程公开、责任明确。要建立起行政机关内部重大决策合法性审查机制,未经合法性审查或经审查不合法的,不得提交讨论,不得作出决定。为此,各级党政机关就必须积极推行政府法律顾问制度,并使法律顾问制度真正发挥作用,产生实效。

责任是制度的保证,法律责任是必不可少的重要保障。我们要建立重大决策终身责任追究制度及责任倒查机制。对于那些决策严重失误或者依法应该及时作出决策但久拖不决造成重大损失、恶劣影响的,要严格追究行政首长、负有责任的其他领导人员和相关责任人员的法律责任。其中负有责任的其他领导人员,应该是指的负有责任的党的领导干部。我们党对决策责任的这一认识变化,以及由此推进的制度机制变革,必将有力地全面推动领导干部法治能力的提高。

(二)带头学习法律,树立法治意识

领导干部要带头学习法律,切实树立法治意识。2015 年 2 月 2 日,习近平同志在省部级主要领导干部学习贯彻十八届四中全会精神全面推进依法治国专题研讨班开班式上的讲话特别强调了领导干部的学法问题。他要求领导干部要做学法的模范。法律知识是比较系统而专门的知识,不经过认真学习是不可能获得的。简单的直觉产生不了法治意识,更不可能具有科学性质的法治理念。学习法律知识是具有法治意识的必要前提,应该成为领导干部们的一种自觉要求。

领导干部学法的目的在哪里?直接的目的就在于树立法治意识,根本的目的在于适应法治要求与推动法治发展,完成应有职责。学习法律是前提,树立法治意识是目标。只有具有了法治意识,法治思维、法治方式才可能受到重视,才可能发挥出应有的作用。只有在法治意识之下,领导干部才可能做到带头遵守法律,带头依法办事;绝不违法

行使权力,更不以言代法、以权压法、徇私枉法。要做到这些,都必须依赖领导干部的法治意识。

(三)遵守党内规章,促进带头守法

党内规章与国家法律是并行的。二者之间并行而互动,完全可以说,相得益彰。中国的各级领导干部,与西方政治家的极大不同是,他们既是国家机关的领导人,也是党的组织的领导人。因此,他们就既要遵守国法,又要遵守党规,并要将党规与国法自觉地结合起来,一并遵从。从制度设计与要求上讲,我们一定要把党内规章与国家法律结合起来,使二者既分别,而又共同地作用于依法治国的伟大事业。

党纪与国法具有不同的属性,一般说来,党规党纪严于国家法律,高于国家法律。党的各级组织和广大党员干部既要模范遵守国家法律,还要按照党规用更高标准严格要求自己。党规要求更高,国法处罚更重,要使二者协调起来、共同作用。充分利用党章比国法要求更严的性质,从严治党,以严肃党纪促尊重法治。还要充分利用国法比党章处罚更重的性质,确保法律的权威、法治的权威,真正实现宪法法律至上。

(四)强化组织监督,防止违法用权

监督在法治状态下总是与权力相伴随行。监督是多样的,作为领导干部来说,在各种监督之中,最首要的还是组织的监督。因为我们总是在一定的组织机构中工作的。要保证各级领导干部守法而不违法,最基本的保证就是来自各级组织的内部监督。一旦问题要交由组织外部来解决,甚至要动用司法机关,问题就相当严重了。未雨绸缪,防患于未然,就必须首重组织监督,发挥组织内部监督力量和机制的作用。

监督的根本目的当然是实现人民民主,但其最直接的目的则是防止违法用权。对于各种违法用权行为,要尽可能消除在萌芽状态,使其

难以发生。一旦发生也要通过组织监督尽快将其纠正,避免导致严重后果或者重大损失。违法用权被有效制止了,权力被依法行使了,权力就真正被关进了制度的笼子。我们党一再努力构建的权力笼子,最首要的就是法律的笼子,就是要把权力放置在法律之下,而不是之上,更不是之外行使。

(五)考核法治成效,考察法治能力

如何考核评价领导班子和领导干部总是一个极为困难的问题。对于各级领导班子、各个领导干部的考核有诸多指标,必须把法治建设成效作为政绩考核的内容之一。要把法治建设成效作为衡量各级领导班子和领导干部工作实绩重要内容,纳入政绩考核指标体系。

在提拔使用干部的问题上,要把法治能力作为重要的内容。对于具有法治能力或者法治能力强的干部要优先使用。诚如我们党在十八届四中全会所要求的那样,要把能不能遵守法律、依法办事作为考察干部重要内容。在相同条件下,要优先提拔使用法治素养好、依法办事能力强的干部。这是确保领导干部具有必要法治能力的组织措施,对于提高领导干部的法治能力具有极为重要的推动作用。

(本文是2015~2016年春秋学期为主体班学员授课所使用的讲稿。)

24. 当代世界法治与中国司法改革

近一百多年来,中国法治之河奔流不息,时而低回婉转,时而凯歌行进。综观其发展历程可以说是青山挡不住,毕竟水东流。时至今日,已经浩浩汤汤,一往无前,可谓“惊涛拍岸,卷起千堆雪”。其实在更早的时候,世界的法治化浪潮就已经兴起,并以燎原之势不断扩展;世界的司法体制改革已经启动,正以澎湃之势奔腾向前;中国的司法体制改革在世界法治发展、司法体制改革的行列中异军突起,独领风骚。

一、法治:当代世界的历史潮流

人类的历史总是不断向前发展的。十七八世纪的资产阶级革命,在政治上全面推翻封建专制的统治,建立资本主义统治;在法律上废除封建主义法律制度,创建资本主义法治。格劳秀斯(1583—1645 年)、霍布斯(1588—1679 年)、洛克(1632—1704 年)、孟德斯鸠(1689—1755 年)、卢梭(1712—1778 年)等资产阶级思想家、法学家为资本主义法治的创立,奠定了重要的思想基础,提供了丰富的理论资源。他们在资产阶级

革命中提出了自由、平等、人权的口号，也提出了法治的口号。在资本主义社会制度建立之后，法治就成为资本主义国家的目标，也成为资本主义世界的历史潮流。

（一）资本主义法治的创立发展

首先，我们来看英国资本主义法治的创立发展。资本主义法治首先发端于英国1688~1689年的光荣革命。在资本主义制度建立之前，英国已有其法治的历史基础。但是在强大的封建制度之下，法律臣服于王权，根本谈不上什么现代意义的法治，更不是资产阶级法治，是资产阶级的光荣革命为资产阶级的法治创造了历史前提。1689年英国议会颁布了《权利法案》。该法案宣布取消国王经常用以干涉法官独立司法的法律豁免权和中止权。明确规定国王不得中止法律的实施，未经议会同意不得行使法律豁免权，不经议会同意不能征收赋税等。从此起步，英国的资本主义法治逐步形成。

其次，我们来看美国的资本主义法治的创立发展。美国资产阶级法治的形成是与美国独立发展的历史密切联系的。在1775~1783年的独立战争后，美国颁布的联邦宪法和《权利法案》等确立了权利神圣和以宪法为中心的法律至上的一般观念，奠定了美国资产阶级法治的基础。随后的工业国家时期通过的宪法修正案，确立了"正当法律程序"，有力地推动了美国资产阶级法治发展。再后来的福利国家时期，美国资产阶级法制从注重财产保护转向注重人身保护，从注重个人自由转向注重社会平等。由此发展，渐次形成了现在的美国资本主义法治。

再次，我们来看看法国资本主义法治的创立发展。早在法国资产阶级革命发生之前，法国的一些著名的思想家、法学家就为法国资产阶级革命进行着思想和理论的准备。1789年7月14日，巴黎人民攻占巴士底狱的起义，揭开了法国资产阶级革命的序幕。法国资产阶级革命

浪潮迅速席卷法国。第三等级中的大资产阶级攫取革命领导权,控制制宪会议,开始了资本主义的法治建设。从1789~1875年宪法公布,法国政体交替演变。在这86年内,法国颁布了12部宪法,平均7年颁布一部。法国宪法的频仍更迭引起了政体的复杂多变,先后经历了君主立宪制、帝制、民主共和制、专制制等政体。其中有过三次君主立宪政体,两次帝制和三次共和政体。在大革命发生后,随着资产阶级革命的全面胜利,资本主义制度的全面确立,资本主义法治日益巩固、发展、完善,以致形成了今日之状态。

最后,我们来看看德国资本主义法治的创立发展。19世纪前期,德国是一个四分五裂的国家。1848年,欧洲大陆爆发了大规模的革命运动,德国也发生了革命。德国革命就是一场资产阶级民主革命。它的任务就是消灭封建专制主义的统治,结束政治上的分裂,建立统一的民族国家。德国的资产阶级法治正是伴随这场革命而诞生和发展起来的。德国是最早提出"法治国"概念的国家。其法治国理念起源于康德的法治国家学说。其法治发展经历了多个阶段,19世纪早期是其第一个时期即"自由法治国"时期。这个时期的法治国家理念,是自由主义法治思想的表达。它要反对的是警察国家。法治国家的发展要求限制国家行为的范围以实现法律对公民权利的保护。从19世纪中期到1945年,是德国法治国发展的第二个时期即"形式法治国"时期。其法治国家概念被认为应与任何实质内容无关,其坚持"恶法亦法"的理念。第二次世界大战之后,德国兴起了其法治发展的第三个时期即"实质法治国"时期。根据实质法治的理念,法治国家必须建立在正义的基础之上,必须具有民主的内涵,必须具有自由、平等、人权等价值。

在总体上,以资产阶级革命为发端,资本主义法治经历了从形式法治,向实质法治乃至实质法治与形式法治并重的转换。法治在资本主义世界中不断发展,逐步成为资本主义区别于封建主义的重要特征,也

成为其自诩与标榜的所谓资本主义优越性。

(二)社会主义法治的超越推进

在资本主义革命发生发展的同时,无产阶级也壮大起来。一场比资产阶级革命更加声势浩大的无产阶级革命在资本主义世界中发生、发展。随着无产阶级革命的胜利,社会主义法治随之得以建立。社会主义法治以史无前例的先进性展现在人类历史上,成为对资本主义法治的历史性超越。

作为社会主义法治发展代表的是苏联的社会主义法治建设。1917年11月7日(俄历10月25日),在列宁等的领导下,俄国共产党(布尔什维克)领导工人士兵发动了武装起义。起义成功后,建立了苏维埃政权。苏维埃政权及时颁布了一系列革命法令,由此奠定了苏联社会主义法治的基础。在苏联社会主义的一个很长的历史时期,都把法治国家作为资本主义的东西加以批判。自20世纪60年代开始,苏联学术界对法治国家理论的认识逐步深化;到70年代,相当多学者积极支持法治国家理论;80年代初,苏联学术界进一步解放思想,对法治建设许多问题达成共识。1988年苏联第十九次全国代表会议,在对社会主义再认识的基础上,吸取历史经验和教训,正式提出要将苏联建设成为“社会主义的法治国家”的重要目标。根据苏联的社会主义法治国家理论,一是要确保表达人民意志的法律具有至高无上的地位。无论是党的组织,还是国家机关、公职人员、劳动集体、社会团体,还是公民个人,都必须遵守法律。二是充实并保障公民的权利与自由。建立公民与国家相互负责的关系,这一原则改变了只有公民对国家负责而国家不对公民负责的传统观念。三是确认了这样的基本原则,法律所不禁止的,都是允许的。

与苏联社会主义法治发展相呼应的是其他社会主义国家的法治跟

进。在苏联提出了建设社会主义法治国家的目标之后,老挝、越南相继在自己的宪法中确立了与依法治国类似的社会主义法治原则。老挝人民民主共和国宪法(1991 年)规定,“国家政权以宪法和法律治理国家。党和国家的各部门、各群众团体、各社会组织和各阶层人民都必须在宪法和法律的范围内进行活动”。越南社会主义共和国宪法(1992 年)规定,“所有政党组织都应在宪法和法律的范围内活动”。“国家按照法律管理社会,并不断加强社会主义法制”。越共在 2011 年的十一大上确立的新的发展目标是“建设共产党领导,属于人民、依靠人民、服务人民的社会主义法治国家”。2014 年 11 月,中越两国还在越南召开了以“建设社会主义法治国家的经验”为主题的第十次中越两党理论研讨会。

(三)国际社会法治一往无前

随着历史的发展,法治逐步成为各国的共识。正如 2008 年 2 月 2 日我国首次发表的《中国的法治建设》(白皮书)所表述:“法治是政治文明发展到一定历史阶段的标志,凝结着人类智慧,为各国人民所向往和追求。”当今世界的法治在“两组织一浪潮”——联合国(United Nations,UN)、世界贸易组织(World Trade Organization,WTO)、全球化浪潮的推动下,不断冲突、不断整合,一往无前。

联合国自其成立以来,一直致力于法治的倡导。1948 年的联合国《世界人权宣言》,是人类历史上第一个世界人权宣言。其“序言”就庄严宣布:“鉴于为使人类不致迫不得已铤而走险对暴政和压迫进行反叛,有必要使人权受法治的保护。”2002 年联合国人权事务委员会增进和保护人权小组委员会的文件认为,法治的主要特征是利用法律限制和控制权力的使用,以保障自由。为此,法治要求至少从三个方面来限制国家权力:一是物质限制,涉及尊重和保障基本自由和人权;二是职能限制,采用分权形式;三是时间限制,其表现形式为人民的意志通过

自由和公正的选举来定期重新表达。直至现在，联合国网站还专门设立有“促进法治”专栏，在其首页公开宣布，“促进国家和国际各级法治是联合国使命的核心。建立对法治的尊重是冲突后实现持久和平、有效保护人权以及持续的经济进步和发展的根本所在。所有个人乃至国家本身都有责任遵守公开发布、平等实行和独立裁决的法律……”

当前，WTO 无疑是最大的国际贸易组织。其规则对于法治原则予以了特别的强调，有力地推动了全球化时代的世界法治发展。众所周知，现在的 WTO 是由 1947 年成立的关税及贸易总协定在 1995 年发展演变而来。中国在 2001 年 12 月正式成为 WTO 的第 143 个成员。到现在，WTO 已经有 160 多个成员，囊括了世界上的相当多的国家和地区，他们都在 WTO 规则的推动下，遵循着共同的国际贸易规则。WTO 规则对各成员方的影响是相当巨大的。中国“入世”前后在法律上的立改废就可见一斑。1999 年 11 月中旬，中美关于中国加入 WTO 双边谈判取得成功，12 月 1 日中国外经贸部（后来的商务部）就成立了法律法规清理小组办公室。国务院为此成立了一个领导小组，制订了详细的立、改、废计划。2000 年 3 月，国务院法制办出台《适应我国加入 WTO 进程有关法律、行政法规的制定、修订工作安排》，列出相应的时间表。4 月，国务院法制办印发了《关于适应我国加入 WTO 进程需要清理部门规章有关事项的通知》，明确由外经贸部和国务院法制办牵头，组织中央 14 个负有经济管理职能的部委开展与外贸、外商投资有关的部门规章的清理工作。财政部、国家发改委、农业部等纷纷成立了清理小组。2001 年 9 月，中共中央办公厅、国务院办公厅又专门下发了《关于适应我国加入世界贸易组织进程清理地方性法规、地方政府规章和其他政策措施的意见》，部署开展清理地方性法规、地方政府规章和其他政策措施。有关统计资料表明：从 2000 年 7 月至 2002 年 12 月底，为与 WTO 规则接轨，全国人大常委会制定、修改有关法律 14 件；国务院废止行政法规

12件，制定、修改有关行政法规38件；国务院有关部门制定、修改、废止部门规章和其他政策措施1000多件；废止地方性法规、地方政府规章3370件、修改1126件；决定停止执行省级政府及其部门和较大的市政府及其部门其他政策措施约18.8万件；停止执行国务院及其办公厅文件34份。

当前，全球化的浪潮一浪高一浪，有力地推动着全球的法治化进程。全球政治、经济、文化等在互联网的推动下实现了适时的互联互通。全球化至少在以下的几个方面，推动着国际法治化的进程：第一，全球化推动了世界法治信息的共享，使国际社会形成了走向法治的舆论环境；第二，全球化促进了国际组织的大量增加，必然导致了大量国际规则的制定和实施；第三，全球化加大了国际矛盾纠纷发生的概率，促使新的国际法律规则的形成与既有国际法律规则的适用。

二、司法改革：世界法治的重大主题

从第二次世界大战结束以来，世界各国高度重视司法体制改革，逐步形成司法改革的国际潮流。

（一）英美法系的司法改革

英国在2011年3月宣布对民事司法体系进行重大改革。目的是促进英国司法制度的进一步现代化，让民众接近司法。要求防止昂贵的和不必要的诉讼，确保必要的诉讼费用受到限制，促进更有效地执行判决。为社会提供除诉讼之外的更多有效的替代性纠纷解决方式，创造一个更加简洁、迅速和均衡的体系。创设一个管辖权跨英格兰和威尔士的全国性法院，保证案件和法官更有效地分配，使司法系统更加快捷。促进司法公开，英国最高法院审理案件不再受禁止录制其过程的约束，并使其全部诉讼过程可以通过互联网观看，网站直接与最高法院

保持联系。及时提供每起案件的摘要梗概,帮助观众知悉案件的背景,提高最高法院司法的透明度与便利性。

有学者认为,美国从19世纪中叶以来就一直不断进行着民事司法改革。基本目的在于实现民事诉讼制度的法典化与联邦民事诉讼规则的统一化。强调非诉讼纠纷解决程序的广泛运用,力图利用多元纠纷解决机制化解矛盾。近年来,由于弗格森枪杀黑人事件的发生,民众和美国司法部都提出了推动执法部门和司法系统改革的问题,也许可以从一个新的角度推动美国刑事司法体制的改革。

(二)大陆法系的司法改革

作为大陆法系代表的法德两国,也在积极改革司法,以使其司法体制能够更好地适应现代化的需要。法国在司法上积极探索非诉讼纠纷解决机制,扩大简易程序的适用范围。对于轻微刑事案件,重视调停工作;对于民事诉讼,重视调解工作。严格法官选任与培训,防止司法权对行政权的干预。在德国,也同样积极推动司法体制改革,在非诉讼纠纷解决机制上积极探索。实行诉前强制调解,积极化解矛盾纠纷;将调解案件的法官与审理案件的法官分离,防止调解意见影响案件的最终判决。

日本的司法体制改革正在进行之中。2004年,它确立了混合法庭制度,于2009年正式实施,并用以审理案件。根据这一措施,普通的刑事审判庭由3名职业法官和6名公民法官组成。规模较小的审判庭由1名职业法官和4名公民法官组成。公民法官将从普通公民中随机抽选,在审判中与职业法官具有同样的权利。建立知识产权高等法院专门处理知识产权案件,引入劳动争议裁判制度以处理劳动纠纷案件;建立专家咨询意见制度以协助法院审理专业性较强的医疗、建筑等科学领域的案件;制定《快速审理法》使所有一审案件在两年之内得到处理;

制定《促进运用ADR法》以促进建立替代性纠纷解决机制；成立“法律援助中心”等。

（三）其他社会主义国家的司法改革

社会主义国家在世界的现代化、全球化、法治化进程中，纷纷启动并不懈推动着自己的司法体制改革事业。其中越南、老挝都先后启动并至今继续推进。其中尤其以越南为典型。2002年，越共中央政治局发布了08-NQ/TW号决议，提出了“今后一段时期加强司法职能建设”的改革要求；2005年，越共中央政治局发布了第49-NQ/TW号司法改革战略决议，制定并实施《2005年至2020年司法改革战略》。该改革战略的内容包括司法改革的目标和原则、方向与任务以及实施三大部分。这一战略还规定了建立司法改革指导委员会。宣布该委员会的任务包括制订改革方案、行动计划、改革项目和建议以及年度司法改革任务“路线图”，监督检查本司法改革战略的执行情况；组织、研究或者分配相关部门对司法改革过程中出现的新问题开展研究，并向相关负责部门及时报告研究成果，以供决策时参考，等等。该委员会由其国家主席担任主任委员，近十年来，卓有成效地开展着司法改革的指导工作。

三、司法改革：中国法治发展的重大主题

在世界法治发展与司法改革的历史大潮中，中国的司法体制改革正以空前强大的势头向前推进。当前的司法改革，主要是由中国共产党十八届三中全会、四中全会的两个决定，即《关于全面深化改革若干重大问题的决定》《关于全面推进依法治国若干重大问题的决定》作顶层设计而进行的。

(一)确保司法公正

司法的目标就是公平正义。在这里,司法公正具有三个层面的要求:一是司法自身必须公平正义;二是司法必须维护社会的公平正义;三是司法必须让人民群众感受到公平正义。《关于全面深化改革若干重大问题的决定》明确要求,“深化司法体制改革,加快建设公正高效权威的社会主义司法制度,维护人民权益,让人民群众在每一个司法案件中都感受到公平正义”。《关于全面推进依法治国若干重大问题的决定》明确要求,“必须完善司法管理体制和司法权力运行机制,规范司法行为,加强对司法活动的监督,努力让人民群众在每一个司法案件中感受到公平正义”。这是一个崇高而又现实的司法目标。这一目标是整个司法体制改革的出发点和落脚点,也是检验司法体制改革成败的标准。

(二)改革管理体制

我国正在进行的司法体制改革首先是管理体制的改革。根据党中央的统一部署,我们正在推动省以下地方法院、检察院人财物统一管理,将现有的中央、省、地市、县区的四级管理体制,改变为中央和省级两级管理体制。从人的角度讲,未来法官、检察官将统一由省级遴选委员会产生,再由人大依照法定程序任命。从财与物的角度讲,今后省级及其以下的法院、检察院的财政,将由省级财政统一作出预算安排。

(三)优化职权配置

我们将着力优化司法职权配置,健全司法权力分工负责、互相配合、互相制约机制。由公安机关、检察机关、审判机关、司法行政机关各司其职,实现侦查权、检察权、审判权、执行权的相互配合与相互制约。

我们传统上惯于讲公检法,现在要更多地讲法检公司。按照新的改革设计,司法行政机关一是有可能获得完整执行权,包括与刑事裁判相关的刑罚执行权和与民事裁判相关的民事执行权;二是有可能获得司法行政事务管理权。相应地现有的执行权力行使机构或者部门将会向其移转相关权力。由于国家监察委员会制度的创新,既有司法机关的职权配置面临新的课题。

(四)排除内外干预

如何排除来自司法机关内外的干扰,一直是我国司法工作中的超级难题。这次党中央痛下决心,采取三管齐下综合治理。一是建立防止外部干预制度。即建立领导干部干预司法活动、插手具体案件处理的记录、通报和责任追究制度。对干预司法机关办案的领导干部,要给予党纪政纪处分;造成冤假错案或者其他严重后果的,依法追究刑事责任。这一措施必将有力地制约司法的外部干预,增强司法机关的独立性,确保司法的对外独立。二是建立防止内部干预制度。即要求司法机关内部人员不得违反规定干预其他人员正在办理的案件,建立司法机关内部人员过问案件的记录制度和责任追究制度。这一措施必将增强司法人员的独立性,确保司法人员的对内独立性。三是建立健全司法人员履行法定职责保护机制。设立制度对司法人员予以特别的职业保障,即非因法定事由,非经法定程序,不得将法官、检察官调离、辞退或者作出免职、降级等处分。

(五)实行严格司法

实行严格司法制度,一是要求司法人员以事实为根据、以法律为准绳。设立在事实认定上必须符合客观真相,在办案结果上必须符合实体公正,在办案过程上必须符合程序公正的法律制度。二是推进以审

判为中心的诉讼制度改革。确保侦查、审查起诉的案件事实证据经得起法律的检验,全面贯彻证据裁判规则。三是从制度上明确各类司法人员工作职责、工作流程、工作标准,实行办案质量终身负责制和错案责任倒查问责制。严格司法就是要确保案件处理经得起法律和历史检验,其目的在于有效防止冤假错案的发生,确保司法公正。

(六)推进司法公开

司法公开是司法的人民性、社会性、公共性所决定和要求的。全面推进司法公开,就是要构建开放、动态、透明、便民的阳光司法机制。推进审判公开、检务公开、警务公开、狱务公开,依法及时公开执法司法依据、程序、流程、结果和生效法律文书,杜绝“暗箱操作”。全面建立生效法律文书统一上网和公开查询制度。此外,还要完善人民陪审员制度,以此增强司法的公开性和公信力。保障公民陪审权利,扩大参审范围,完善随机抽选方式,利用科学而公开的选任方式,提高人民陪审制度公信度。人民陪审员不再审理法律适用问题,只参与审理事实认定问题。这是对世界法治发达国家成功经验的重要借鉴,必将有力地推动我国陪审员制度的转型升级。

(七)加强人权保障

司法是人权的重要保障。为此,一是要通过司法来保障人权;二是要强化诉讼过程中当事人和其他诉讼参与人的知情权、陈述权、辩护辩论权、申请权、申诉权的制度保障;三是要健全落实罪刑法定、疑罪从无、非法证据排除等法律原则和法律制度,防止冤假错案的发生。在刑事司法上,有效打击犯罪、制裁违法,是对人权的重要保障;防止冤假错案的发生,也是对人权的重大保障,二者都不可偏废。2016 年 9 月 12 日,国务院新闻办公室发表了《中国司法领域人权保障的新进展》白皮

书。约13,900字,除前言外共包括四个部分,分别是不断健全人权司法保障机制、进一步完善人权司法保障程序、努力提高人权司法保障执行力和切实保障被羁押人合法权利。

(八)强化司法监督

一是要依法规范司法人员与当事人、律师、特殊关系人、中介组织的接触、交往行为。严禁司法人员私下接触当事人及律师、泄露或者为其打探案情、接受吃请或者收受其财物、为律师介绍代理和辩护业务等违法违纪行为,坚决惩治司法掮客行为,防止利益输送,防止司法贪腐,确保司法公正。二是要完善人民检察机关对刑事诉讼、民事诉讼、行政诉讼的法律监督。三是完善对检察机关查办职务犯罪的立案、羁押、扣押冻结财物、起诉等环节的执法活动的监督。四是规范媒体对案件的报道,既要防止舆论影响司法公正,又要实现新闻及舆论对司法的有力监督。

(九)改革人事制度

司法体制改革中的人事制度改革,是极为重要的组成部分。其内容也极为丰富,主要包括以下几个方面:一是对司法机关的工作人员实行分类管理,将司法官员与司法部门的行政人员、辅助人员相区别,实行不同的管理制度。二是建立司法人员统一招录、有序交流的制度。这是推进法治专门队伍正规化、专业化、职业化,提高职业素养和专业水平的现实需要。三是对法官、检察官实行逐级遴选。确保上一级司法机关的司法官员来自下一级司法机关,确保上级司法官员具有更大的权威性和公信力。四是实行司法人员职业保障制度。其中包括职位、身份、薪酬等职业保障在内,从而为司法人员消除后顾之忧,并具有令人敬重的职业尊荣。

(十)完备法律服务

完善法律服务体系,是推进司法体制改革的必然要求。没有相应的服务体系建设,司法体制改革的措施就难以到位,也难以收到预期的效果。具体说来,一是要建设完备的法律服务体系。要推进覆盖城乡居民的公共法律服务体系建设,确保法律服务全覆盖。二是要完善法律援助制度。除了传统诉讼费减免和提供律师援助之外,对不服司法机关生效裁判、决定的申诉,逐步实行由律师代理制度。对需要律师辩护而又无钱聘请律师的当事人包括被告人,对聘不起律师的申诉人,纳入法律援助范围。三是健全司法救助体系。四是要加大律师队伍建设力度,构建社会律师、公职律师、公司律师等优势互补、结构合理的律师队伍。五是引导公众通过司法来化解矛盾纠纷,包括由过错方承担律师费用等。

(本文是2015~2019年为全校“五当代大报告”“当代世界法制”课程所写的讲稿。)

25. 全面推进依法治国

依法治国是全国人民在中国共产党领导下治国理政的基本方略;全面推进依法治国是我们党确定的新时期的法治任务。2014 年 11 月,中共十八届四中全会作出了《关于全面推进依法治国若干重大问题的决定》。随之,一场声势更为浩大的法治实践在神州大地上演绎,形成了法治发展的时代合奏。习近平总书记在《关于〈中共中央关于全面推进依法治国若干重大问题的决定〉的说明》中指出,“全面推进依法治国是关系我们党执政兴国、关系人民幸福安康、关系党和国家长治久安的重大战略问题,是完善和发展中国特色社会主义制度、推进国家治理体系和治理能力现代化的重要方面。我们要实现党的十八大和十八届三中全会作出的一系列战略部署,全面建成小康社会、实现中华民族伟大复兴的中国梦,全面深化改革、完善和发展中国特色社会主义制度,就必须在全面推进依法治国上作出总体部署、采取切实措施、迈出坚实步伐”。

一、全面推进依法治国是时代要求

(一)全面推进依法治国——认识深化的结论

对于依法治国的认识,我们经历了一个曲折的过程。到了21世纪的当下,我们党进一步认识到全面推进依法治国具有极为重要的意义。

一是全面依法治国是中国特色社会主义的本质要求和重要保障。其一,依法治国是人民民主的要求。中国特色社会主义国家是人民民主的国家,人民的民主只有依靠依法治国才能得到切实实现。依法治国是人民民主的实现路径。其二,依法治国是超越资本主义的要求。中国特色的社会主义必须超越资本主义。其重要标志之一就是建设比资本主义更加完备的法治。其三,依法治国是典范于其他社会主义国家的要求。许多社会主义国家确立了依法治国的目标,中国的依法治国理当成为社会主义法治建设的典范。

二是全面推进依法治国是国家治理体系和治理能力现代化的必然要求。当前,我们面临着国家治理体系和治理能力现代化的重要任务。从国家治理体系来看,现代国家治理体系必须是法治体系。从国家治理能力来看,法治已经成为国家治理能力的核心元素与根本力量。我们目前推进的全面深化改革,目的正在于实现国家治理体系和治理能力的现代化。为此,必须全面推进依法治国。

三是全面推进依法治国事关我们党执政兴国,事关人民幸福安康,事关党和国家长治久安。中国共产党作为执政党,执政兴国是其现实任务和神圣使命。人民幸福安康是中国共产党人的最大愿望,也是人民的现实期盼。谋求党和国家的长治久安,是我国经验教训的结晶,是国泰民安的客观要求。为了达成执政兴国、幸福安康、长治久安三大目标,必须全面推进依法治国。

（二）全面推进依法治国——历史发展的要求

我国的现代法治进程发端于清末，作为思想家和改革家的梁启超先生就对“法治国”作出了自己的诠释，并致力于中国的法治初创。清王朝在自己的最后岁月开始了现代化内容之一的法制变革，开始了中国最初的法治化。遗憾的是它没能成功。随之而来的辛亥革命推翻了清王朝，在中华民国时期，中国的法治建设向前推进，也取得了一些重要的成绩，但是同样没有能够建立起法治国家。1949 年中国共产党领导人民创建了社会主义的人民共和国。20 世纪 50 年代，中国法治建设取得了重大成就。遗憾的是又遭受了反右斗争扩大化和“文化大革命”对法治的大破坏。1978 年中共十一届三中全会提出发扬社会主义民主，健全社会主义法制。社会主义法治建设重新启航。1997 年中国共产党十五大召开，确立了“依法治国，建设社会主义法治国家”的基本方略。1999 年全国人民代表大会通过宪法修正案确认“依法治国，建设社会主义法治国家”的宪法原则。2002 年中国共产党十六大提出全面落实依法治国方略。2007 年中国共产党十七大要求加快建设社会主义法治国家。2012 年中国共产党十八大提出全面推进依法治国。2014 年中国共产党十八届四中全会作出了《关于全面推进依法治国若干重大问题的决定》。全面推进依法治国是社会主义法治发展的历史要求。

（三）全面推进依法治国——战略目标的需要

面对当前的国际国内形势，我们党新的战略目标是经济发展、政治清明、文化昌盛、社会公正、生态良好、和平发展。着眼目标，就必须去寻找达成目标的路径。路径在哪里？有的人错误地认为，在于抓住阶级斗争的主线索。其实这是根本错误的。因为随着无产阶级革命任务的完成，随着社会主义建设事业的展开，阶级斗争已不再是社会主义社

会的主要矛盾。运用阶级斗争来解决建设问题,必然是错误的。为此,我们才全面否定阶级斗争为纲,将全党全国人民的工作重心和注意力转移到经济建设上来,始终立足在以经济建设为中心之上。我们要坚持改革创新,坚持和平发展,坚持建设好党,坚持谦虚谨慎,坚持高举团结旗帜。必须一切为了团结。要实现这一战略目标,就必须更好地发挥法治的引领和规范作用。

(四)全面推进依法治国——现实问题的要求

从新中国成立以来,尤其是党的十一届三中全会以来,我国依法治国事业取得了一系列重大成就。我们也面临严峻的现实问题。在立法上表现为,有的法律法规未能全面反映客观规律和人民意愿,其针对性、可操作性不强,立法工作中部门化倾向、争权诿责现象较为突出。立法中的地方保护主义和部门利益法律化成为必须解决的问题。在执法上,有法不依、执法不严、违法不究现象还比较严重。执法体制权责脱节、多头执法、选择性执法现象仍然存在,执法司法不规范、不严格、不透明、不文明现象较为突出,群众对执法司法不公和腐败问题反映强烈。在守法上,一部分社会成员遵法信法守法用法、依法维权意识不强,一些国家工作人员特别是领导干部依法办事观念不强、能力不足,知法犯法、以言代法、以权压法、徇私枉法现象依然存在。这些问题只有通过全面推进依法治国才可能得以有效解决。

二、全面推进依法治国的重大任务

(一)依宪治国——强化宪法实施

坚持依法治国首先要坚持依宪治国,坚持依法执政首先要坚持依宪执政。宪法在治国与执政上的作用不言而喻,我们必须健全宪法实

施制度。具体说来,一是要健全宪法解释程序机制,为宪法实施创造条件。二是要加强人民代表大会的备案审查制度和能力建设。要把所有规范性文件纳入备案审查范围,对于违宪违法的规范性文件坚决地依法撤销和纠正。三是设立国家宪法日,开展国家宪法日纪念活动。在全社会普遍开展宪法教育,弘扬宪法精神。四是建立宪法宣誓制度。通过宣誓制度的实施,强化宪法意识。

(二)科学立法——完善法律体系

首先,完善立法体制。一要加强党对立法工作的领导,完善党对立法工作中重大问题的决策程序。二要健全有立法权的人大主导立法工作的体制机制,发挥人大及其常委会在立法工作中的主导作用。三要加强和改进政府立法制度建设,完善行政法规、规章制定程序,完善公众参与政府立法机制。重要行政管理法律法规由政府法制机构组织起草。四要明确立法权力边界,从体制机制和工作程序上有效防止部门利益和地方保护主义法律化。

其次,推进民主立法。要加强人大对立法工作的组织协调,健全立法起草、论证、协调、审议机制,健全向下级人大征询立法意见机制,建立基层立法联系点制度,推进立法精细化。要健全立法机关和社会公众沟通机制,开展立法协商,对立法中涉及的重大利益调整设立论证咨询机制。拓宽公民参与立法的途径,凝聚社会共识。健全法律法规规章草案公开征求意见和公众意见采纳情况反馈机制。要完善法律草案表决程序,对重要条款可以单独表决。

再次,加强重点立法。依法保障公民权利,加快完善体现权利公平、机会公平、规则公平的法律制度,实现公民权利内容法治化。保障公民人身权、财产权、基本政治权利等各项权利不受侵犯,保障公民经济、文化、社会等各方面权利得到落实,实现公民权利保障法治化。重

点抓住市场经济、民主政治、先进文化、民生保障、国家安全、生态维护等方面的法制建设，尽快完成民法典的编纂，制定完成中华人民共和国民法典。

最后，以立法促改革。法律的趋向是稳定和不变；改革的趋向是变革和突变。稳定的法律与突变的改革如何协调，是一个极为困难的问题。自古以来的政治家、改革家都发现并运用了一个法宝，就是变法。通过变革法律制度的方式来实现改革——将新的改革措施制定为法律，将不适应改革需要的法律加以修改，将阻碍改革的法律予以废止，继而通过法律的实施来实现改革的目标。我们要实现立法和改革决策相衔接，做到重大改革措施于法有据、立法主动适应改革和经济社会发展需要，采取法律上的立改废来推进改革发展和适应改革需要。

（三）依法行政——建设法治政府

1. 确定法治目标，实现政府职能

法治政府是职能科学、权责法定、执法严明、公开公正、廉洁高效、守法诚信的政府。这一目标需要法律来确认，继而需要法律将其具体化和现实化。为此就必须推进政府在机构、职能、权限、程序上的改革而实现行政责任法定化，推行政府权力清单制度。就政府的法定职权而言，既不可缺位，也不可越位，只能是到位。是否到位的标准就是法律的职权设定与职责要求，也就是法律的具体规定。

2. 健全决策机制，推动依法决策

一是要把公众参与、专家论证、风险评估、合法性审查、集体讨论决定确定为重大行政决策的法定程序。二是要建立行政机关内部的合法性审查机制。凡是未经合法性审查或经审查不合法的重大决策，不得提交会议讨论。三是积极推行政府法律顾问制度。既要设立政府法律顾问，更要让其确实地发挥作用。四是建立重大决策终身责任追究制

度及责任倒查机制。对决策严重失误或者依法应该及时作出决策但久拖不决造成重大损失、恶劣影响的情形,严格追究行政首长、负有责任的其他领导人员和相关责任人员的法律责任。

3. 改革行政执法,着眼体制更新

行政就是执法。人民政府的全部工作就是执行法律、实现法律的规定。针对我国目前的执法状况,首先是推进综合执法,大幅减少市县两级政府执法队伍种类,尽快改变目前队伍杂乱参差的状态。其次是严格实行行政执法人员持证上岗和资格管理制度,彻底纠正临时工执法等畸形现象。最后是严格执行罚缴分离和收支两条线管理制度,严禁收费罚没收入同部门利益直接或者变相挂钩,防止行政执法人员变相贪腐。

4. 完善执法程序,确保严格执法

程序对于执法来说是其基本规程,是严格执法的制度保障。首先,通过法律的具体规定,明确具体操作流程,重点规范行政许可、行政处罚、行政强制、行政征收、行政收费、行政检查等执法行为。其次,建立健全行政裁量权基准制度,防止行政权力行使的随意性。细化、量化行政裁量标准,规范裁量范围、种类、幅度。再次,严格执行重大执法决定法制审核制度。最后,要建立执法全过程记录制度,全面落实行政执法责任制。严格执法必须责任保证,没有责任追究就没有严格执法。

5. 强化行政监督,确保依法行政

对于行政来说,完备的监督制度是依法行政的制度保证。从行政机构外部来讲,要加强对行政工作的党内监督、人大监督、民主监督、行政监督、司法监督、审计监督、社会监督、舆论监督的制度建设,努力形成科学有效的权力运行制约和监督体系。从行政机构内部来讲,要进一步完善政府内部层级监督和专门监督,改进上级机关对下级机关的监督,建立常态化监督制度。此外,还要进一步完善纠错问责机制,健

全责令公开道歉、停职检查、引咎辞职、责令辞职、罢免等问责方式和程序，使问责制度成为依法行政的有力保障。

（四）公正司法——维护公平正义

1. 完善依法独立制度

司法机关依法独立行使司法权是对司法机关的基本要求，也是司法机关发挥职能作用的基本要求。必须排除各种干扰，强化司法官员的保护机制。具体说来，要建立领导干部干预司法活动、插手具体案件处理的记录、通报和责任追究制度。对那些干预司法机关办案的，给予党纪政纪处分；造成冤假错案或者其他严重后果的，依法追究刑事责任。建立司法机关内部人员过问案件的记录制度和责任追究制度。迅速建立健全司法人员履行法定职责保护机制。非因法定事由，非经法定程序，不得将法官、检察官调离、辞退或者作出免职、降级等处分。

2. 优化司法职权配置

司法机关良好的职权配置，是确保其有效而良好运行的基础。要健全公安机关、检察机关、审判机关、司法行政机关各司其职，将侦查权、检察权、审判权、执行权等各项权力重新配置，对侦查权、羁押场所管理权、逮捕权、公诉权、审判权、执行权、行政事务管理权进行科学分配。重点是要推动实行审判权和执行权相分离的体制改革试点，完善刑罚执行制度，统一刑罚执行体制。改革司法机关人财物管理体制，探索实行法院、检察院司法行政事务管理权和审判权、检察权相分离的体制机制。在司法机关内部，探索职能职权的合理配置，最高人民法院设立巡回法庭，审理跨行政区域重大行政和民商事案件；设立跨行政区划的人民法院和人民检察院，办理跨地区案件。

3. 建立严格司法制度

司法机关必须严格地坚持以事实为根据、以法律为准绳。为此，一

要制度严格。从制度上确保事实认定符合客观真相、办案结果符合实体公正、办案过程符合程序公正。二要工作严格。明确各类司法人员工作职责、工作流程、工作标准。三要责任严格。实行办案质量终身负责制和错案责任倒查问责制,确保案件处理经得起法律和历史检验。以严格司法促进和提升司法质量,确保司法公正。

4. 构建阳光司法机制

推进司法公开,用公开促进,用公开倒逼公正。完善人民陪审员制度,保障公民陪审权利,扩大参审范围。对于陪审员的选择要完善随机抽选方式,提高人民陪审制度的公信度。逐步实行人民陪审员不再审理法律适用问题,只参与审理事实认定问题。加大司法公开力度,构建开放、动态、透明、便民的阳光司法机制,推进审判公开、检务公开、警务公开、狱务公开。依法及时公开执法司法依据、程序、流程、结果和生效法律文书,杜绝“暗箱操作”。充分利用网络手段,建立生效法律文书统一上网和公开查询制度。

5. 加强司法人权保障

司法作为一个整体是保障人权的重要手段,在司法过程中也有重要的人权保障问题。要强化诉讼过程中当事人和其他诉讼参与人的知情权、陈述权、辩护辩论权、申请权、申诉权的制度保障;要健全落实罪刑法定、疑罪从无、非法证据排除等法律原则的法律制度。对不服司法机关生效裁判、决定的,逐步实行由律师代理申诉的制度;对聘不起律师的申诉人,纳入法律援助范围予以帮助和救助。

6. 加强司法活动监督

司法的独立性与司法的受监督性是并存的。其独立与被监督的制度设计都必须科学,否则就危害匪浅。关于独立问题已经在前面有所论述,从监督来说,我们要完善检察机关行使监督权的法律制度,加强对刑事诉讼、民事诉讼、行政诉讼的法律监督。要重点监督检察机关查

办职务犯罪的立案、羁押、扣押冻结财物、起诉等环节的执法活动。规范媒体对案件的报道,既要防止舆论影响司法公正,又要发挥媒体的监督功能促进司法公正。依法规范司法人员与当事人、律师、特殊关系人、中介组织的接触、交往行为。严禁司法人员私下接触当事人及律师、泄露或者为其打探案情、接受吃请或者收受其财物、为律师介绍代理和辩护业务等违法违纪行为,坚决惩治司法掮客行为,防止利益输送。司法必须独立,更必须公正,必须以独立和监督保证公正。

(五)强化监督——深化监察体制改革

2016 年 11 月 7 日,中央办公厅印发了《关于在北京市、山西省、浙江省开展国家监察体制改革试点方案》按照方案的设计,新设立监察委员会。监察委员会由省(市)人民代表大会产生;党的纪律检查委员会、监察委员会合署办公。中央成立深化监察体制改革试点工作领导小组,对试点工作进行指导、协调和服务;试点地区党组织对试点工作负总责,也要成立深化监察体制改革试点工作小组,由省(市)委书记担任组长。12 月 25 日下午,十二届全国人大常委会第二十五次会议表决通过《关于在北京市、山西省、浙江省开展国家监察体制改革试点工作的决定》。决定自 2016 年 12 月 26 日起施行。

根据全国人大常委会的决定,设立国家监察委员会制度的基本要点:一是在北京、山西、浙江三省市试点设立各级监察委员会,监察委员会是在党统一领导下的国家反腐败工作机构;监察委员会由省(市)人民代表大会产生,作为行使国家监察职能的专责机关;党的纪律检查委员会、监察委员会合署办公;将建立监察委员会与司法机关的协调衔接机制;试点地区人民政府的监察厅(局)、预防腐败局及人民检察院查处贪污贿赂、失职渎职以及预防职务犯罪等部门的相关职能整合至监察委员会;试点地区监察委员会由本级人民代表大会产生,监察委员会主

任由本级人民代表大会选举产生,监察委员会副主任、委员由监察委员会主任提请本级人民代表大会常务委员会任免。监察委员会对本级人民代表大会及其常务委员会和上一级监察委员会负责,并接受监督。试点地区监察委员会按照管理权限,对本地区所有行使公权力的公职人员依法实施监察;履行监督、调查、处置职责,监督检查公职人员依法履职、秉公用权、廉洁从政以及道德操守情况,调查涉嫌贪污贿赂、滥用职权、玩忽职守、权力寻租、利益输送、徇私舞弊以及浪费国家资财等职务违法和职务犯罪行为并作出处置决定,对涉嫌职务犯罪的,移送检察机关依法提起公诉。为履行上述职权,监察委员会可以采取谈话、讯问、询问、查询、冻结、调取、查封、扣押、搜查、勘验检查、鉴定、留置等措施。

国家监察体制改革是事关全局的重大政治改革,是国家监察制度的顶层设计。深化国家监察体制改革的目标,是建立党统一领导下的国家反腐败工作机构。实施组织和制度创新,整合反腐败资源力量,扩大监察范围,丰富监察手段,实现对行使公权力的公职人员监察全面覆盖,建立集中统一、权威高效的监察体系,履行反腐败职责。

(六)全民守法——构建法治社会

1. 树立法治意识

法治意识是法治社会化的思想基础。要坚持把全民普法作为依法治国的基础工作,健全普法宣传教育机制,深入开展法治宣传教育,引导全民自觉守法、遇事找法、解决问题靠法。特别要强调领导干部带头学法、模范守法,牢固树立有权力就有责任、有权利就有义务观念。这是全社会树立法治意识的关键。完善国家工作人员学法用法制度,把法律列入党委(党组)中心组学习内容。同时加强公民道德建设,增强法治的道德底蕴。要把法治建设与市场经济建设、精神文明建设结合

起来,强化规则意识,倡导契约精神,弘扬公序良俗,使法律、经济、道德有机结合,良性互动。

2. 推进依法治理

依法治理是依法治国的社会化和具体化。要推进全社会多层次多领域依法治理。其中的系统治理、综合治理、源头治理等都要体现出法治的精神,实现依法治理。各类社会主体要依法自我约束、自我管理,自觉守法。充分发挥市民公约、乡规民约、行业规章、团体章程等社会规范在社会治理中的积极作用,使之成为依法治理的构成部分和必要延伸。充分发挥人民团体和社会组织在法治社会建设中的积极作用,依法妥善处置涉及民族、宗教等因素的社会问题,依法、科学、智慧地构建民族关系和宗教关系。

3. 完备法律服务

完备的法律服务是依法治国所必须。在法治下的政府必须推动完备的法律服务体系建设。这一体系要覆盖城乡居民的公共法律服务领域,重点是完善法律援助制度,健全司法救助体系。党组织、政府、社会组织,都可以参与法律服务工作,使法律服务网络全覆盖、无遗漏,成为社会安全稳定的保障机制。

4. 化解矛盾纠纷

中国社会正处于转型期、改革期,这个时候矛盾多发突发。要强化法律在维护群众权益、化解社会矛盾中的权威地位,引导和支持人们理性表达诉求、依法维护权益,解决好群众最关心、最直接、最现实的利益问题。要建立健全社会矛盾预警机制、利益表达机制、协商沟通机制、救济救助机制。全方位地畅通群众利益协调、权益保障法律渠道,推动信访法治化,保障合理合法诉求依照法律规定和程序就能得到合理合法的结果。完善调解、仲裁、行政裁决、行政复议、诉讼等有机衔接、相互协调的多元化纠纷解决机制,矛盾纠纷一旦出现就有化解路径和救

济手段。

三、全面推进依法治国的重要保障

全面推进依法治国的任务十分重大,要完成如此艰巨的任务,需要一系列重要的保障。在一系列重要的保障措施中,人才保障和党的保障是必不可少的两大方面。

(一)加强法治工作队伍建设

加强法治工作队伍建设,是法治建设的基础工程。法治工作队伍的素质、法律服务队伍的水平制约着法治发展的程度。他们都与法律人才培养机制密切相关。人才从最基础的意义上严重地影响着依法治国的进程。

1. 建设高素质的专门队伍

法治专门队伍包括立法队伍、行政执法队伍、司法队伍。在立法、执法、司法机关,要加强其领导班子建设。在突出政治标准的同时,要把善于运用法治思维和法治方式推动工作的人选拔到领导岗位上来。在总体上要推进专门队伍的正规化、专业化、职业化,提高职业素养和专业水平。要完善法律职业准入制度,完善司法考试制度。建立从律师、法学专家中招录立法工作者、法官、检察官制度。建立法官、检察官逐级遴选制度。

2. 加强法律服务队伍建设

法律服务队伍,对于法治建设具有独特的不可替代的意义。要加强法律服务队伍建设,建立起社会律师、公职律师、公司律师等优势互补、结构合理的律师队伍。要充分运用法治原则、市场方式、行政措施、社会力量、志愿服务、慈善救助等来加强法律服务队伍建设,最终是强化法律服务,使人民受益,社会和谐。

3. 创新法律人才培养机制

法律人才是法治的力量所系。法学院校是法律人才的根本来源，为此，我们要创新法治人才培养机制，形成完善的中国特色社会主义法学理论体系、学科体系、课程体系，推动中国特色社会主义法治理论进教材进课堂进头脑，培养造就熟悉和坚持中国特色社会主义法治体系的法治人才及后备力量。法学教育必须被认真对待、科学设置。

（二）加强和改进党对全面推进依法治国的领导

中国共产党是法律上的执政党，还是政治上的领导党。它对全面推进依法治国的影响是至关重要的。没有党的正确领导就没有依法治国的成功建设。加强和改进党的领导，是全面推进依法治国的重要保障。

1. 坚持党的依法执政

中国共产党的依法执政是依法治国成败的关键。一是要确立依法执政的意识；二是要健全党领导依法治国的制度和工作机制；三是完善党内的依法决策机制；四是人大、政府、政协、审判机关、检察机关的党组织要领导和监督本单位模范遵守宪法法律，坚决查处执法犯法、违法用权等行为。

2. 加强党内制度建设

党内规章制度是党内法规。它是管党治党、从严治党的重要依据，也是建设社会主义法治国家的有力保障。我们要完善党内规章制定体制机制，建立配套完备的党内制度体系。要特别注意将党规同国法相衔接，提高党规执行力。全党要运用党规把党要管党、从严治党落到实处，以党规来促进党员、干部带头遵守国法。

3. 提高干部法治能力

领导干部的法治能力是党在法治建设中发挥重要作用的主体基

础。各级领导干部是全面推进依法治国的重要组织者、推动者、实践者。必须自觉提高运用法治思维和法治方式深化改革、推动发展、化解矛盾、维护稳定能力。党的组织要把法治建设成效作为衡量各级领导班子和领导干部工作实绩重要内容,纳入政绩考核指标体系。在干部选拔上,要把能不能遵守法律、依法办事作为考察干部重要内容,在相同条件下,优先提拔使用法治素养好、依法办事能力强的干部。

(本文是2016年后为主体班相应课程所写作的讲稿。)

26. 加强法治思维

全面推进依法治国，要求各级领导干部加强法治思维。如何认识加强法治思维对于领导干部的意义，法治思维、法治方式以及法治能力具有怎样的内涵，加强法治思维是历史时代的要求，以及如何加强法治思维，这些重大的问题，都需要我们予以认真思考和准确回答。

一、加强法治思维是领导干部面临的崭新课题

对于法治思维的重视，起始于 2012 年 11 月 8 日召开的中国共产党第十八次全国代表大会。十八大报告指出，“提高领导干部运用法治思维和法治方式深化改革、推动发展、化解矛盾、维护稳定能力”。12 月 4 日，习近平总书记出席首都各界纪念现行宪法公布施行 30 周年大会，他在讲话中强调指出，“各级领导干部要提高运用法治思维和法治方式深化改革、推动发展、化解矛盾、维护稳定能力”。

2013 年 2 月 23 日，习近平总书记在十八届中共中央政治局就全面推进依法治国进行第四次集体学

习时讲话中指出,“各级领导机关和领导干部要提高运用法治思维和法治方式的能力,努力以法治凝聚改革共识、规范发展行为、促进矛盾化解、保障社会和谐”。2013 年 11 月 12 日,中国共产党十八届三中全会召开,会议作出了《关于全面深化改革的若干重大问题的决定》,它要求“坚持依法治理,加强法治保障,运用法治思维和法治方式化解社会矛盾”。

2014 年 10 月,中国共产党十八届四中全会专题研究全面依法治国的主题,其《关于全面推进依法治国若干重大问题的决定》强调,“抓住立法、执法、司法机关各级领导班子建设这个关键,突出政治标准,把善于运用法治思维和法治方式推动工作的人选拔到领导岗位上来”。“党员干部是全面推进依法治国的重要组织者、推动者、实践者,要自觉提高运用法治思维和法治方式深化改革、推动发展、化解矛盾、维护稳定能力,高级干部尤其要以身作则、以上率下。把法治建设成效作为衡量各级领导班子和领导干部工作实绩重要内容,纳入政绩考核指标体系”。这是我们党从人事组织制度上强调加强法治思维。

2015 年 2 月 2 日,习近平总书记在省部级主要领导干部学习贯彻十八届四中全会精神全面推进依法治国专题研讨班开班式上发表重要讲话,要求“领导干部要牢记法律红线不可逾越、法律底线不可触碰,带头遵守法律、执行法律,带头营造办事依法、遇事找法、解决问题用法、化解矛盾靠法的法治环境。谋划工作要运用法治思维,处理问题要运用法治方式,说话做事要先考虑一下是不是合法。领导干部要把对法治的尊崇、对法律的敬畏转化成思维方式和行为方式,做到在法治之下、而不是法治之外、更不是法治之上想问题、作决策、办事情”。同年 10 月中国共产党十八届五中全会召开,大会作出了《关于制定国民经济和社会发展第十三个五年规划的建议》(2015 年 10 月 29 日)要求运用法治思维和法治方式推动发展。厉行法治是发展社会主义市场经济的

内在要求。必须坚持依法执政,全面提高党依据宪法法律治国理政、依据党内法规管党治党的能力和水平。

2017 年 10 月,党的十九大召开,习近平总书记在政治报告中指出,“增强政治领导本领,坚持战略思维、创新思维、辩证思维、法治思维、底线思维,科学制定和坚决执行党的路线方针政策,把党总览全局、协调各方落到实处”。

毋庸赘述,加强法治思维,已经成为新时代中国共产党及其领导干部的崭新课题,我们必须认真而又理性地加以对待。

二、法治思维与法治方式是法治能力的基本内容

什么是法治思维、法治方式、法治能力,它们各自是什么含义,相互之间是什么关系,都必须首先从理论上加以厘清,进而为领导干部坚持法治思维提供理论支撑。

(一)法治思维

人类思维有诸多的模式,极为复杂。一般地说,有线性思维与非线性思维,发散思维与收敛思维,点思维、面思维与体思维,纵向思维、横向思维与侧向思维,正向思维与逆向思维,静态思维与动态思维,逻辑思维与辩证思维,惯性思维与创意思维,感性思维与理性思维等。此外还有批判思维、求证思维、递进思维、想象思维、推理思维、对比思维、形象思维、艺术思维、语言思维、直观思维、定性思维、定量思维、归纳思维、演绎思维、科学思维和价值思维等。所有这些几乎都是从思维的形式上讲的,如果从思维的内容来看,还会有政治思维、经济思维、文化思维、法律思维,或者等级思维、特权思维、人治思维、法治思维等。至于其他思维模式,我们还是留给其他学科来阐释。作为法学课程来说,则必须回答什么是法治思维。那么什么是法治思维呢?法学界并无既定

的认识。根据法学的一般学理,可以认为,法治思维是指一定主体以法治理念为基础,运用法律规范、原则、精神对相关问题进行分析、判断、综合、推理以致形成结论,作出决定的思维模式。法治思维与政治思维、经济思维、文化思维、哲学思维等相并列。它并列但并不取代这些思维,我们具有其他思维的同时必须具有法治思维。没有法治思维,就无法全面依法治国,就无法做好依法治国中的领导工作。

法治思维的内容十分丰富。它包括人民民主思维、法律至上思维、依法行权思维、权利义务思维、公平合理思维、法律责任思维、权力制约思维,等等。这些思维,对于我们处理涉法事务,开展领导工作是极为重要的。作为领导干部必须尊重人民民主,坚持法律至上,严格依法行权,明确权利义务,实现公平合理,深知法律责任,接受法律监督。这些都是领导干部开展领导工作所必须,它们都依赖领导干部所应当具有的法治思维。

(二)法治方式

如同法治思维,法学界尚无统一定义一样,法治方式也没有确定而统一的定义。尊崇一般的学术逻辑,我们可以作出这样一个基本的定义:即法治方式是指一定主体依法对待和处理相关问题的方法与形式。法治方式的表现是多方面的。在治国理政上,就法治方式而言,一个国家就是要依法治国,一个执政党就是要依法执政,一个立法机关就是要科学立法、民主立法、依法立法,各级政府就是要依法行政,各个司法机关就是要依法独立公正行使司法权。在社会一般矛盾纠纷的解决上,公民、法人乃至国家机关,所应采取的法治方式,就是协商方式、调解方式、仲裁方式、诉讼方式乃至举报方式等。

在具体的情况下,可以采用的法治方式有时是唯一的,有时是多种的,有时甚至是多种兼用的。如何选择、如何运用法治方式是领导干部

法治能力高低的重要表现。法治化的领导干部就是要能恰当地选择和运用法治方式来处理日常政务，来治国理政，来深化改革、推动发展、化解矛盾、维护稳定。

法治方式多种多样，但是所有法治方式都是与非法治方式相对应的，与人治方式、运动方式等根本对立的。法治方式与非法治方式泾渭分明。不恰当地选择了人治方式，就可能导致严重的社会后果，有时甚至是灾难性的恶果。在法治国家和社会里，必须反对人治方式等非法治方式。因为，“在社会主义条件下，法治与人治之间存在根本的对立，是不能相互‘结合’的。”[1]只有不断运用法治方式来处理政务、治国理政，领导干部才会少犯错误和不犯错误，更不会违法犯罪。

选择和运用法治方式的主体是广泛的，但首要的就是各级领导机关和领导干部。如果说各级领导机关也是由领导干部构成的话，领导干部能否很好地运用法治方式就成为基础和关键。领导干部作为关键少数，必须采用法治方式来处理政务、治国理政。在此问题上毫无疑问，它是领导干部的法定职责。

（三）法治能力

领导干部的能力是多方面的，法治能力只是领导能力之一种或者一部分。什么是法治能力呢？学术界目前尚无统一的定义。根据基本的学理逻辑和现有的学术认知，一般可以认为，法治能力是指特定主体具有法治思维，运用法治方式，认识、处理和决策相关问题的能力。法治能力首先是一种认识能力，其次是一种处理能力和决策能力。认识是处理和决策的前提，没有很好的认识，就不可能有很好的处理和决策。处理和决策则是认识基础的实践，也是认识的意义体现。再良好

---

〔1〕 李步云：《论法治》，社会科学出版社 2008 年版，第 116 页。

的认识，对于领导干部来说，如果不能体现在处理问题和决策事务之中，就无法产生应有的社会效用。所有的领导干部所担负的工作，无不包括对有关问题的认识、处理和决策。在认识、处理、决策的过程中，是否较好地运用法治思维，能否较好地选择法治方式，就决定了有关问题能否得到法治化解决，是否符合法治化要求。

就法治思维与法治方式而言，在领导干部们与法相关事务的认识、处理和决策中，都必须以法治思维的先决存在作为基础，也必须正确地选择与运用法治方式。如果说法治能力是领导能力的构成部分，是法治思维与法治方式运用能力的总和，那么，具有法治思维就应该是领导干部的能力基础和认知素养，选择法治方式就应该是领导干部的知识准备和重要工作。

三、加强领导干部的法治思维是新的时代要求

(一)深化改革需要法治思维

改革开放已经40年了，我们取得了巨大的成就。这些重大的成就都是与改革开放分不开的。在改革开放问题上，中国没有回头路。现实中的确有很多问题，但是这些问题的解决，只能靠深化改革来解决，而深化改革离不开法治思维的运用。

历史上的改革都被称为变法。商鞅改革被称为商鞅变法，王安石改革被称为王安石变法，张居正改革被称为张居正变法。历朝历代的政治家和改革家们都十分智慧。他们总是运用法律手段，将改革措施上升为法律，然后通过执行法律来实现改革目标、达成改革目的，因此，几乎所有的改革都被称为变法。

习近平总书记对改革与法律之间的关系有着许多精彩的论述。他认为改革与立法，若车之两轮、鸟之两翼，须臾不可分离。中国正在进

行的这一场伟大改革，正是通过法律来实施的。中国未来的深化改革也必须通过法律来实施。运用法治思维来深化改革，是继续改革的必由之路。

（二）推动发展需要法治思维

在当今中国，发展依然是硬道理，科学发展是硬道理中的硬道理。如何坚持发展，如何坚持科学发展，法治思维就成为必不可少的思维方式。

只有加强法治思维，我们才能坚持以发展为中心不动摇。党的十一届三中全会以来，我们党始终坚持以经济建设为中心不动摇。不管遇到了多大困难，遇到了怎样的障碍，在经济建设为中心的原则立场上从来都没有动摇过。这是我们能够获得今天这样重大成就的政治法宝和根本保障。要继续通过立法来体现这一中心，并坚持这一中心，使之不可动摇，不被动摇。

只有加强法治思维，才能很好地贯彻新的发展理念。在发展中，我们党提出来新的发展理念，它包括创新发展、协调发展、绿色发展、开放发展、共享发展在内。要使这五大发展理念被长期坚持，就必须将其体现立法中，并通过法治化的方式加以实现。创新发展需要大量的科技立法和知识产权保护的立法，用法治的方式充分发挥科技的伟大作用。协调发展需要相关的规划立法、行政立法，要为协调发展提供法治手段。绿色发展需要大量的生态维护、环境保护方面的立法及其实施，生态环境立法还需要特别加强。开放发展必须相关法律与国际接轨，遵守国际法律，忠实履行国际条约和国际义务，正确处理国际关系，解决国际矛盾纠纷，维护国际合法权益。共享发展，需要我们依法解决社会分配问题、社会贫困问题、社会保障问题、税收问题、食品药品安全问题，等等。这些方面需要完备的法律制度与之相适应。

只有加强法治思维,才能解决发展中的问题。发展总是有阶段和进程的。处于不同发展阶段和不同的发展进程,会遇到不同的问题。不管是位于哪个阶段、处于何种进程,面对各种重大问题,都需要通过法治的方式来加以解决。当前,我们所遇到的教育问题、住房问题、社保问题、税收问题、城市管理问题等,都需要科学立法、严格执法、公正司法、全民守法。

(三)化解矛盾需要法治思维

中国社会正处于社会转型期,同时也是矛盾多发期、突发期。各种矛盾相互交织,大量积聚,已经成为中国社会发展的严重障碍,隐藏着严重的不稳定、不确定风险。对此风险必须有足够的认知和高度的警惕,防微杜渐。

面对矛盾纠纷,最根本的是要减少矛盾发生,消除矛盾产生的根源。这是釜底抽薪。防止矛盾发生的根本方法就是为社会提供确定的、权威的法律规则,营造依法办事、全民守法的社会氛围,建设法治化的社会环境。人们依法而行、循法而行,自觉服从法律,使矛盾不发生。

面对大量的矛盾纠纷,最直接的是要运用法治方式迅速而有效化解矛盾纠纷。一是要迅速,防止各种矛盾叠加,避免剪不断、理还乱的局面出现。二是要有效化解矛盾纠纷,防止矛盾的迁延发展乃至恶性演变。这些都提出了改革司法体制、提升司法效率、发挥司法效用、确保司法公正等要求。

(四)维护稳定需要法治思维

社会稳定对于中国社会的意义是不言自明的。没有安全稳定的社会环境,社会秩序被破坏了,中国的改革、发展都会遭到严重的阻碍,甚至被葬送,维护稳定十分重要。现在我们面对的问题不是要不要稳定

的问题,而是何以维护稳定的问题。综观所用的维稳手段,可以肯定地说唯有法治才靠得住。

要通过社会主义法治体系的建设为社会稳定提供有力的制度支撑。加快立法进程,实现科学立法,确保社会生活各个方面有法可依和有良法可依。法律要真正成为社会的“镇静剂”“稳定器”。

要通过法治手段维护人民的合法权益。维稳的根本是维权。尊重人民群众的合法权益是维稳的根本。要树立尊重权利、维护权利、依法用权等理念。只有尊重人民群众的合法权益,人民群众才可能遵守法律,社会才可能得以真正的稳定。

要通过法治手段打击破坏稳定的违法犯罪。对于破坏稳定的行为必须坚决打击。说到打击相关的违法犯罪,我们首先想到的也许是老百姓的违法犯罪,其实对于国家机关及其工作人员的违法犯罪也必须坚决打击,甚至更要坚决打击。例如,个别城管在执法中对于公民财产权和人身权的侵犯问题,就是违法,就是犯罪,也必须依法打击。

要通过法治手段防止权力的滥用,防止矛盾激化、事态恶化。法治的关键就是依法治权,所治理的重点是公权。公权力不受法律约束,必然导致矛盾激化。如果我们在处置中有意无意地偏袒国家公权力,就必然会引发人民群众的不满,成为矛盾激化、事态恶化的导火线。因此,执法、司法队伍的建设是极为重要的,容不得半点懈怠。

四、如何加强领导干部运用法治思维的能力

(一)健全法治制度, 完善决策机制

法治化的制度和机制总是决定性的,属于政治生态中的硬件部分,对每个领导干部都具有极为重要的影响。法律制度的完善与否直接关乎领导干部的法治思维的形成与法治方式的运用。同时要进一步完善

决策机制，要把公众参与、专家论证、风险评估、合法性审查、集体讨论决定确定为重大行政决策法定程序，进而确保决策制度科学、程序正当、过程公开、责任明确。

责任是制度的保证，法律责任是必不可少的重要保障。要建立重大决策终身责任追究制度及责任倒查机制。对于那些决策严重失误或者依法应该及时作出决策但久拖不决造成重大损失、恶劣影响的，要严格追究行政首长、负有责任的其他领导人员和相关责任人员的法律责任。其中负有责任的其他领导人员，应该是指的负有责任的党的领导干部。我们党对决策责任的这一认识变化，以及由此推进的制度机制变革，必将有力地全面推动领导干部法治能力的提高。

（二）带头学习法律，树立法治意识

领导干部要带头学习法律，切实树立法治意识。2015 年 2 月 2 日，习近平总书记在省部级主要领导研讨班开班式上的讲话特别强调了领导干部的学法问题。他要求领导干部要做学法的模范。法律知识是比较系统而专门的知识，不经过认真学习是不可能获得的。简单的直觉产生不了法治意识，更不可能具有科学性质的法治理念。学习法律知识是具有法治意识的必要前提，应该成为领导干部们的一种自觉要求。

领导干部学法的目的在哪里？直接的目的就在于树立法治意识，根本的目的在于适应法治要求与推动法治发展，完成应有职责。学习法律是前提，树立法治意识是目标。只有具有了法治意识，法治思维、法治方式才可能受到重视，才可能发挥出应有的作用。只有在法治意识之下，领导干部才可能做到带头遵守法律，带头依法办事；绝不违法行使权力，更不以言代法、以权压法、徇私枉法。要做到这些，都必须依赖领导干部的法治意识。

(三)遵守党内规章,促进带头守法

党内规章与国家法律是并行的。二者之间并行而互动,完全可以说,相得益彰。中国的各级领导干部,与西方政治家的极大不同是,他们既是国家机关的领导人,也是党的组织的领导人。因此,他们就既要遵守国法,还必须遵守党规,并要将党规与国法自觉地结合起来,一并遵从。从制度设计与要求上讲,我们一定要把党内规章与国家法律结合起来,使二者既分别,而又共同地作用于依法治国的伟大事业。

党纪与国法具有不同的属性,一般来说,党规党纪严于国家法律,要求高于国家法律。党的各级组织和广大党员干部既要模范遵守国家法律,还要按照党规用更高标准严格要求自己。党规要求更高,国法处罚更重,要使二者协调起来、共同作用。充分利用党规比国法要求更严的属性,从严治党,以严肃党纪促进尊重法治。还要充分利用国法比党章处罚更重的性质,确保法律的权威、法治的权威,真正实现宪法法律至上。

(四)强化组织监督,防止违法用权

监督在法治状态下总是与权力相伴随行的。监督是多样的,作为领导干部来说,在各种监督之中,最首要的还是组织监督。因为领导干部们总是在一定的组织机构中工作的。要保证各级领导干部守法而不违法,最基本的保证就是来自各级组织的内部监督。一旦问题要交由组织外部来解决,甚至要动用司法机关,问题就相当严重了。未雨绸缪,防患于未然,必须首重组织监督,发挥组织内部监督力量和机制的作用。

监督的根本目的当然是实现人民民主,但其最直接的目的则是防止违法用权。对于各种违法用权行为,要尽可能消除在萌芽状态,使其

难以发生。一旦发生也要通过组织监督尽快将其纠正,避免导致严重后果或者重大损失。违法用权被有效制止了,权力被依法行使了,权力就真正被关进了制度的笼子。我们党一再努力构建的权力笼子,最首要的就是法律的笼子,就是要把权力放置在法律之下,而不是之上,更不是之外行使。

(五)考核法治成效,考察法治能力

如何考核评价领导班子和领导干部总是一个极为困难的问题。对于各级领导班子、各个领导干部的考核,有诸多指标,必须把法治建设成效作为政绩考核的内容之一。要把法治建设成效作为衡量各级领导班子和领导干部工作实绩重要内容,纳入政绩考核指标体系。

在提拔使用干部的问题上,要把法治能力作为重要的内容。对于具有法治能力或者法治能力强的干部要优先提拔使用。诚如我们党在十八届四中全会所要求的那样,要把能不能遵守法律、依法办事作为考察干部重要内容。在相同条件下,要优先提拔使用法治素养好、依法办事能力强的干部。这是确保领导干部具有必要法治能力的组织措施,对于提高领导干部的法治能力具有极为重要的推动作用。

(本文是2017年为主体班教学而写作的讲稿,并在2018~2019年的教学活动中继续使用。)

27. 关于全面推进依法治国的重要论述

“全面推进依法治国是关系我们党执政兴国、关系人民幸福安康、关系党和国家长治久安的重大战略问题，是完善和发展中国特色社会主义制度、推进国家治理体系和治理能力现代化的重要方面。我们要实现党的十八大和十八届三中全会作出的一系列战略部署，全面建成小康社会、实现中华民族伟大复兴的中国梦，全面深化改革、完善和发展中国特色社会主义制度，就必须在全面推进依法治国上作出总体部署、采取切实措施、迈出坚实步伐。”（习近平：《关于〈中共中央关于全面推进依法治国若干重大问题的决定〉的说明》，2014 年 10 月 20 日）习近平总书记认为依法治国如此重要，他究竟有哪些重要的论述呢？

一、法治是治国理政的基本方式

“依法治国是党领导人民治理国家的基本方略，法治是治国理政的基本方式，要更加注重发挥法治在国家治理和社会管理中的重要作用，全面推进依法治国，加快建设社会主义法治国家。”（习近平：《在首都

各界纪念现行宪法公布施行30周年大会上的讲话》)

(一)党的领导和依法治国的关系

首先,党和法治的关系是法治建设的核心问题。在《关于〈中共中央关于全面推进法治国若干重大问题的决定〉的说明》中,习近平总书记指出,党和法治的关系问题是法治建设的核心问题。事关全面推进依法治国的方向和政治保证。在2015年2月省部级主要领导干部学习贯彻党的十八届四中全会精神全面推进依法治国专题研讨班上,他再次强调了这一核心问题。其次,必须坚持党对法治的领导。在他看来"具体讲就是坚持党的领导,坚持中国特色社会主义制度,贯彻中国特色社会主义法治理论"。最后,坚持党的领导是一条基本经验和根本的政治规矩。2015年1月,中共中央政治局常务委员会听取中央有关机关党组工作汇报时,习近平总书记指出,中国共产党是执政党,党的领导是中国特色社会主义最本质的特征,是做好党和国家各项工作的根本保证。坚持党的领导,首先是要坚持党中央的集中统一领导,这是一条根本的政治规矩。习近平总书记《在庆祝中国共产党成立95周年大会上的讲话》中说,"我们要坚持走中国特色社会主义法治道路,加快构建中国特色社会主义法治体系,建设社会主义法治国家。全面依法治国,核心是坚持党的领导、人民当家作主、依法治国有机统一,关键在于坚持党领导立法、保证执法、支持司法、带头守法。要在全社会牢固树立宪法法律权威,弘扬宪法精神,任何组织和个人都必须在宪法法律范围内活动,都不得有超越宪法法律的特权"。实现"两个一百年"奋斗目标、实现中华民族伟大复兴的中国梦,统筹全面建成小康社会、全面深化改革、全面依法治国、全面从严治党,是前无古人的伟大事业,是艰巨繁重的系统工程,必须加强党中央的集中统一领导,以保证正确方向、形成强大合力。

（二）坚持党的领导、人民当家作主、依法治国有机统一

坚持党的领导、人民当家作主、依法治国有机统一，是中国共产党长期执政、发展社会主义民主政治和建设社会主义法治国家的时代要求。首先，三者统一是社会主义法治建设的基本经验。习近平总书记指出："坚持中国特色社会主义政治发展道路，关键是坚持党的领导、人民当家作主、依法治国有机统一，以保证人民当家作主为根本，以增强党和国家活力、调动人民积极性为目标，扩大社会主义民主，发展社会主义政治文明。"（习近平：《在首都各界纪念现行宪法公布施行30周年大会上的讲话》）在《关于〈中共中央关于全面推进依法治国若干重大问题的决定〉的说明》中，习近平总书记指出，"把坚持党的领导、人民当家作主、依法治国有机统一起来是我国社会主义法治建设的一条基本经验。我国宪法以根本法的形式反映了党领导人民进行革命、建设、改革取得的成果，确立了在历史和人民选择中形成的中国共产党的领导地位。对这一点，要理直气壮讲、大张旗鼓讲。"其次，坚持党的领导是社会主义法治的根本要求。习近平总书记在《关于〈中共中央关于全面推进依法治国若干重大问题的决定〉的说明》中，特别强调"坚持党的领导，是社会主义法治的根本要求，是党和国家的根本所在、命脉所在，是全国各族人民的利益所系、幸福所系，是全面推进依法治国的题中应有之义"。再次，人民代表大会制度是其根本的制度安排。习近平总书记《在庆祝全国人民代表大会成立60周年大会上的讲话》中进行了系统阐述，他强调，"在中国，发展社会主义民主政治，保证人民当家作主，保证国家政治生活既充满活力又安定有序，关键是要坚持党的领导、人民当家作主、依法治国有机统一。人民代表大会制度是坚持党的领导、人民当家作主、依法治国有机统一的根本制度安排"。最后，要正确处理党的政策和国家法律的关系。习近平总书记指出，"坚持党的领导，就

是要支持人民当家作主,实施好依法治国这个党领导人民治理国家的基本方略。既要坚持党对政法工作的领导不动摇,又要加强和改善党对政法工作的领导,不断提高党领导政法工作能力和水平”。(习近平:《在2014年中央政法工作会议上的讲话》)“我们党的政策和国家法律都是人民根本意志的反映,在本质上是一致的。党既领导人民制定宪法法律,也领导人民执行宪法法律,做到党领导立法、保证执法、带头守法。政法工作要自觉维护党的政策和国家法律的权威性,确保党的政策和国家法律得到统一正确实施”。(习近平:《在2014年中央政法工作会议上的讲话》)

(三)党要在宪法法律范围内活动

2013年2月,在主持中共中央政治局就全面推进依法治国进行第四次集体学习时,习近平总书记指出,任何组织或者个人都必须在宪法和法律范围内活动,任何公民、社会组织和国家机关都要以宪法和法律为行为准则,依照宪法和法律行使权利或权力、履行义务或职责。习近平总书记在对2015年中央政法工作会议的批示中强调,各级党委要带头依法办事,支持人民法院、人民检察院依法独立公正行使审判权、检察权,支持政法各单位依照宪法法律独立负责、协调一致开展工作,为政法机关依法履行职责创造良好环境。

(四)提高领导干部运用法治思维和法治方式的能力

党的十八大报告第一次明确提出,“提高领导干部运用法治思维和法治方式深化改革、推动发展、化解矛盾、维护稳定能力”。2012年12月《在首都各界纪念现行宪法公布施行30周年大会上的讲话》中,习近平总书记进一步强调,“各级领导干部要提高运用法治思维和法治方式深化改革、推动发展、化解矛盾、维护稳定能力”。2013年2月在十八

届中共中央政治局就全面推进依法治国进行第四次集体学习时，他又提出，“各级领导机关和领导干部要提高运用法治思维和法治方式的能力”。2014 年 1 月，习近平总书记在中央政法工作会议上指出，要“善于运用法治思维和法治方式领导政法工作，在推进国家治理体系和治理能力现代化中发挥重要作用”。2015 年 2 月，在省部级主要领导干部学习贯彻党的十八届四中全会精神全面推进依法治国专题研讨班的开班式上，他特别强调，领导干部“谋划工作要运用法治思维，处理问题要运用法治方式，说话做事要先考虑一下是不是合法。领导干部要把对法治的尊崇、对法律的敬畏转化成思维方式和行为方式，做到在法治之下、而不是法治之外、更不是法治之上想问题、作决策、办事情”。

二、全面推进依法治国的总体构想

（一）建设中国特色社会主义法治体系，建设社会主义法治国家

党的十八届四中全会明确提出了全面推进依法治国的总目标，即建设中国特色社会主义法治体系，建设社会主义法治国家。习近平总书记指出：“提出这个总目标，既明确了全面推进依法治国的性质和方向，又突出了全面推进依法治国的工作重点和总抓手”。中国特色社会主义法治体系是一个内容丰富的整体。这个体系包括五个方面的具体内容：一是完备的法律规范体系；二是高效的法治实施体系；三是严密的法治监督体系；四是有力的法治保障体系；五是完善的党内法规体系。

（二）坚持依法治国、依法执政、依法行政共同推进

2012 年 12 月，在首都各界纪念现行宪法公布施行 30 周年大会上，习近平总书记首次提出，坚持依法治国、依法执政、依法行政共同推进。2013 年 2 月，在主持中共中央政治局就全面推进依法治国进行第四次

集体学习时的讲话中，他又指出："坚持依法治国、依法执政、依法行政共同推进。"依法治国、依法执政、依法行政是一个有机联系的整体，三者具有内涵的统一性、目标的一致性、作用的相关性，必须彼此协调、共同推进、形成合力。依法治国必须着眼全局、全面部署，努力确保依法执政、依法行政与之齐头并进。

（三）坚持法治国家、法治政府、法治社会一体建设

2012年12月4日，在首都各界纪念现行宪法公布施行30周年大会上，习近平总书记首次提出，坚持法治国家、法治政府、法治社会一体建设。2013年2月23日，在主持十八届中共中央政治局就全面推进依法治国进行第四次集体学习时的讲话中，他又指出："坚持法治国家、法治政府、法治社会一体建设，不断开创依法治国新局面。"法治国家、法治政府、法治社会，三者相互联系、内在统一，是法治建设的三个方面，缺少任何一个方面，全面推进依法治国的总目标就无法实现。在全面推进依法治国进程中，必须将法治国家、法治政府、法治社会建设同步规划、同步实施、一体建设。

（四）实现科学立法、严格执法、公正司法、全民守法

党的十八大提出"科学立法、严格执法、公正司法、全民守法"后，习近平总书记多次具体阐释。就科学立法而言，在首都各界纪念现行宪法公布施行30周年大会上习近平总书记要求，要以宪法为最高法律规范，继续完善以宪法为统帅的中国特色社会主义法律体系，实现国家和社会生活制度化、法制化。在十八届中共中央政治局就全面推进依法治国进行第四次集体学习时他又提出，要提高立法科学化、民主化水平。就严格执法来说，习近平总书记多次强调要求要严格执法。他指出，国务院和地方各级人民政府作为国家权力机关的执行机关，作为国

家行政机关,负有严格贯彻实施宪法和法律的重要职责,要规范政府行为,切实做到严格规范公正文明执法。就公正司法而言,他认为公平正义是政法工作生命线,要"努力让人民群众在每一个司法案件中都感受到公平正义"。主持十八届中共中央政治局就全面推进依法治国进行第四次集体学习时,他又指出这是所有司法机关的工作目标,要围绕这一目标重点解决影响司法公正和制约司法能力的深层次问题。就全民守法,他在首都各界纪念现行宪法公布施行30周年大会上指出:"我们要通过不懈努力,在全社会牢固树立宪法和法律的权威,让广大人民群众充分相信法律、自觉运用法律,使广大人民群众认识到宪法不仅是全体公民必须遵循的行为规范,而且是保障公民权利的法律武器"。

（五）尊重和保障人权

人权是作为人所应当享有的权利,是十分丰富复杂的法律、政治、道德概念。习近平总书记《在首都各界纪念现行宪法公布施行30周年大会上的讲话》中指出:"只有保证公民在法律面前一律平等,尊重和保障人权,保证人民依法享有广泛的权利和自由,宪法才能深入人心,走入人民群众,宪法实施才能真正成为全体人民的自觉行动。"在《关于〈中共中央关于全面推进依法治国若干重大问题的决定〉说明》中,习近平总书记坦承我国"人权司法保障不健全",进而特别强调"全会决定还就加强人权司法保障和加强对司法活动的监督提出了重要改革措施"。

三、推动全面贯彻实施宪法

（一）树立宪法权威

习近平总书记在首都各界纪念现行宪法公布施行30周年的大会上指出:"维护宪法权威,就是维护党和人民共同意志的权威。"他在《关

于〈中共中央关于全面推进依法治国若干重大问题的决定〉的说明》中强调:“必须把宣传和树立宪法权威作为全面推进依法治国的重大事项抓紧抓好。”“法治权威能不能树立起来,首先要看宪法有没有权威”。在党的十八届四中全会召开后,我们已经依法设立了国家宪法日,建立宪法宣誓制度等。

(二)依法治国首先是依宪治国

宪法与国家前途、人民命运息息相关。习近平总书记认为“依法治国,首先是依宪治国”。宪法规定了国家的基本政治制度、基本原则和治国方略,规定了公民的基本权利,确定了人民主权原则、法治原则、人权保障原则等基本原则。宪法把人民民主和社会主义道路固定下来,它是治国理政的总章程,所以依法治国首先是依宪治国。

(三)依法执政关键是依宪执政

习近平总书记在首都各界纪念现行宪法公布施行30周年大会上的讲话指出:“依法执政,关键是依宪执政。”依法执政的内涵包括三个层面;党要领导和推进依法治国,即依法执政要体现在党对依法治国推进的领导上;党要按照宪法法律治国理政,即党自身必须在宪法和法律范围内活动,真正做到党领导立法、保证执法、维护司法、带头守法,依照宪法法律的要求运用领导权力;党要依据党内法规治党管党,即党要完善党内法规,严格依照党内法规治党管党。如同习近平总书记所指出,要“善于使党的主张成为国家意志,善于使党组织推荐的人选成为国家政权机关的领导人员,善于通过国家政权机关实施党对国家和社会的领导”。

（四）健全宪法实施制度

在首都各界纪念现行宪法公布施行30周年大会上，习近平总书记指出："宪法的生命在于实施，宪法的权威也在于实施。"要"通过完备的法律推动宪法实施，保证宪法确立的制度和原则得到落实"。在《关于〈中共中央关于全面推进依法治国若干重大问题的决定〉的说明》中他强调，要完善全国人大及其常委会宪法监督制度，健全宪法解释程序机制，并加强备案审查制度和能力建设，依法撤销和纠正违宪违法的规范性文件。这些将促进建立与完善符合中国国情的违宪审查制度，宪法的具体内容也会得到进一步的实施。

四、完善立法体制

（一）完善法律体系

党的十八大以来，习近平总书记在多个场合阐述了以"良法"促进"善治"的立法工作思路，提出要"完善中国特色社会主义法律体系，健全立法起草、论证、协调、审议机制，提高立法质量，防止地方保护和部门利益法制化"。指出："经过长期努力，中国特色社会主义法律体系已经形成，我们国家和社会生活各方面总体上实现了有法可依，这是我们取得的重大成就，也是我们继续前进的新起点。形势在发展，时代在前进，法律体系必须随着时代和实践发展而不断发展。"在《关于〈中共中央关于全面推进依法治国若干重大问题的决定〉的说明》中，他又继续强调指出："法律是治国之重器"。他十分冷静地指出："新中国成立以来特别是改革开放以来，经过长期努力，我国形成了中国特色社会主义法律体系，国家生活和社会生活各方面总体上实现了有法可依，这是一个了不起的重大成就。同时，我们也要看到，实践发展永无止境，立法

工作也永无止境，完善中国特色社会主义法律体系任务依然很重”。

（二）科学立法与民主立法

全面推进依法治国对科学立法、民主立法提出了更高要求。只有推进科学立法、民主立法，才能实现公正立法、高质立法。在《关于〈中共中央关于全国推进依法治国若干重大问题的决定〉的说明》中，习近平总书记直指我国民主立法方面存在的主要问题，即“我们在立法领域面临着一些突出问题，比如，立法质量需要进一步提高，有的法律法规全面反映客观规律和人民意愿不够，解决实际问题有效性不足，针对性、可操作性不强；立法效率需要进一步提高”。就加强和改进立法工作，习近平总书记提出“推进科学立法、民主立法，是提高立法质量的根本途径。科学立法的核心在于尊重和体现客观规律，民主立法的核心在于为了人民、依靠人民。要完善科学立法、民主立法机制，创新公众参与立法方式，广泛听取各方面意见和建议”。他还强调“抓住提高立法质量这个关键，深入推进科学立法、民主立法，完善立法体制和程序，努力使每一项立法都符合宪法精神、反映人民意愿、得到人民拥护”。

（三）健全有立法权的人大主导立法工作的体制机制

人大立法是以人民的名义来行使立法权。必须理顺人大立法与政府立法之间的关系，充分发挥人大及其常委会的民主立法职能，转变人大及其常委会被动立法、消极立法的工作局面，从体制机制和工作程序上有效防止部门利益和地方保护主义法律化。2014 年 9 月，习近平总书记在庆祝全国人民代表大会成立 60 周年大会上指出，人民代表大会制度是中国特色社会主义制度的重要组成部分，也是支撑中国国家治理体系和治理能力的根本政治制度。当前和今后一个时期，要着重抓好五项重要工作：加强和改进立法工作、加强和改进法律实施工作、加

强和改进监督工作、加强同人大代表和人民群众的联系、加强和改进人大工作。

(四)发挥立法对改革的引领和推动作用

在全面推进依法治国的目标要求之下,改革应当在法治轨道内进行。实践当中,我们坚持改革决策与立法决策相统一,立法进程与改革进程相适应。《关于全面推进依法治国若干重大问题的决定》就此指出:“实践证明行之有效的,要及时上升为法律。实践条件还不成熟的、需要先行先试的,要按照法定程序作出授权。对不适应改革要求的法律法规,要及时修改和废止”。习近平总书记在《决定》的说明中,专门强调指出:“我们要加强重要领域立法,确保国家发展、重大改革于法有据,把发展改革决策同立法决策更好结合起来。要坚持问题导向,提高立法的针对性、及时性、系统性、可操作性,发挥立法引领和推动作用”。

五、加快建设法治政府

(一)法治政府建设的现实目标

习近平总书记在十八届中共中央政治局就全面推进依法治国进行第四次集体学习时明确要求“加快建设法治政府”,再次重申十八大确定的法治政府建设目标。推进依法治国,建设社会主义法治国家,关键是推进依法行政,建设法治政府。习近平总书记要求“加快建设职能科学、权责法定、执法严明、公正公开、廉洁高效、守法诚信的法治政府”。

(二)推进依法履行政府职能

行政机关必须依法全面履行职能,依法全面履行政府职能是建设法治政府的基础和前提。习近平总书记在2015年年初与中央党校县

委书记研修班学员座谈时指出，“我们的权力是党和人民赋予的，是为党和人民做事用的，姓公不姓私，只能用来为党分忧、为国干事、为民谋利”。他在庆祝全国人民代表大会成立60周年大会上的讲话中指出“各级行政机关必须依法履行职责，坚持法定职责必须为、法无授权不可为，决不允许任何组织或者个人有超越法律的特权”。他在《关于〈中共中央关于全面推进依法治国若干重大问题的决定〉的说明》中还强调要“推行政府权力清单制度”。

(三)健全行政决策机制

习近平总书记在《关于〈中共中央关于全面推进依法治国若干重大问题的决定〉的说明》中指出，要“建立行政机关内部重大决策合法性审查机制”，党的《关于全面推进依法治国若干重大问题的决定》也强调在保障行政决策科学性方面，要把公众参与、专家论证、风险评估、合法性审查、集体讨论决定作为重大决策的一项必经的重要程序设计。习近平总书记还强调要“积极推行政府法律顾问制度，保证法律顾问在制定重大行政决策、推进依法行政中发挥积极作用；建立重大决策终身责任追究制度及责任倒查机制”。

(四)推进行政执法体制改革

建设法治政府，必须规范执法行为，创新执法体制，推进行政执法体制改革。习近平总书记在《关于〈中共中央关于全面推进依法治国若干重大问题的决定〉的说明》中指出，要“推行综合执法，理顺城管执法体制，完善执法程序，建立执法全过程记录制度，严格执行重大执法决定法制审核制度，全面落实行政执法责任制”。当前，政府机关要注意改进执法方式，建立完善相应制度，深化行政体制改革，把追求效率与实现公正、执法形式与执法目的有机结合起来，文明执法、公正执法。

六、深化司法体制改革

(一)司法体制改革是政治体制改革的重要组成部分

习近平总书记在2014年中央政法工作会议上的讲话中指出,“司法体制改革是政治体制改革的重要组成部分,对推进国家治理体系和治理能力现代化具有十分重要的意义”。现代司法所承担的功能在解决社会纠纷之外,还有更加扩展的维系社会秩序、实现社会整合、维护国家统一等功能。这些功能本身就是现代化国家治理能力的构成部分。

(二)让人民群众在每一个司法案件中感受到公平正义

习近平总书记在十八届中共中央政治局就全面推进依法治国进行第四次集体学习时强调指出,我们要努力让人民群众在每一个司法案件中都感受到公平正义,所有司法机关都要紧紧围绕这个目标来改进工作,重点解决影响司法公正和制约司法能力的深层次问题。这为当前推进的司法体制改革提出了应追求的价值目标。在2014年中央政法工作会议上,他进一步指出,政法战线要肩扛公正天平、手持正义之剑,以实际行动维护社会公平正义,让人民群众切实感受到公平正义就在身边。要重点解决好损害群众权益的突出问题,决不允许对群众的报警求助置之不理,决不允许让普通群众打不起官司,决不允许滥用权力侵犯群众合法权益,决不允许执法犯法造成冤假错案。

(三)解决影响司法公正和制约司法能力的深层次问题

习近平总书记在十八届中共中央政治局就全面推进依法治国进行第四次集体学习时指出,司法体制改革就是要着力解决影响司法公正

和制约司法能力的深层次问题。其后,他又在《关于〈中共中央关于全面推进依法治国若干重大问题的决定〉的说明》中指出,当前,司法领域存在的主要问题是,司法不公、司法公信力不高问题十分突出,一些司法人员作风不正、办案不廉,办金钱案、关系案、人情案,“吃了原告吃被告”,等等。司法不公的深层次原因在于司法体制不完善、司法职权配置和权力运行机制不科学、人权司法保障制度不健全。

(四)保证司法机关依法独立公正行使职权

2013年2月习近平总书记在十八届中共中央政治局就全面推进依法治国进行第四次学习时讲话指出,“要确保审判机关、检察机关依法独立公正行使审判权、检察权”。这是我们党和国家的一贯主张,党的十八大继续强调了这一点。司法权不能受权力干扰,不能受金钱、人情、关系干扰,防范这些干扰要有制度保障。2014年中央政法工作会上他在讲话中指出,“保证司法机关依法独立公正行使职权”是我们党的明确主张。

(五)强化对司法活动的监督

要实现司法的公正高效权威,提高司法公信力,加强对司法的监督必不可少。对司法的监督,既是对法律实施进行监督的重要环节,更是法治监督体系不可或缺的重要组成部分。强化对司法活动的监督,习近平总书记在2014年中央政法工作会议上明确指出:一是要靠制度的保障。要在执法办案各个环节都设置隔离墙、通上高压线,谁违反制度就要给予最严厉的处罚,构成犯罪的要依法追究刑事责任。二是要通过司法公开,让司法权在阳光下运行。要坚持以公开促公正、以透明保廉洁,增强主动公开、主动接受监督的意识,让“暗箱操作”没有空间,让司法腐败无法藏身。

七、坚持全民守法

(一)全民守法的基本要求

习近平总书记在2013年2月在十八届中共中央政治局就全面推进依法治国进行第四次集体学习时的讲话指出,全面推进依法治国,必须坚持全民守法。全民守法,就是任何组织或者个人都必须在宪法和法律范围内活动,任何公民、社会组织和国家机关都要以宪法和法律为行为准则,依照宪法和法律行使权利或权力、履行义务或职责。

(二)坚持法制教育与法治实践相结合

习近平总书记指出,要深入开展法制宣传教育,在全社会弘扬社会主义法治精神,传播法律知识,培养法律意识,在全社会形成宪法至上、守法光荣的良好氛围。要坚持法制教育与法治实践相结合,广泛开展依法治理活动,提高社会管理法治化水平。(在2013年2月中央政治局第四次集体学习时的讲话)

(三)坚持保障人民权益与维护法律权威相统一

习近平总书记在《加快建设社会主义法治国家》(《求是》2015年1月)一文中特别强调,人民权益要靠法律保障,法律权威要靠人民维护。要充分调动人民群众投身依法治国实践的积极性和主动性,使全体人民都成为社会主义法治的忠实崇尚者、自觉遵守者、坚定捍卫者,使遵法、信法、守法、用法、护法成为全体人民的共同追求。

(本文是2014年及其以后在党校有关班次教学中使用的讲稿。)

28. 全面依法治国新理念新思想新战略

2019年新春伊始，习近平总书记在《求是》2019年第4期上发表了《加强党对全面依法治国的领导》。该文是其2018年8月24日在中央全面依法治国委员会第一次会议上讲话的一部分。在这一文章中，习近平总书记说，“党的十八大以来，我们提出一系列全面依法治国新理念新思想新战略，明确了全面依法治国的指导思想、发展道路、工作布局、重点任务。概括起来，主要有以下10方面”。[1] 这10个方面是对全面依法治国新理念新思想新战略的最新概括，也是我们全面依法治国所要遵循的重要指导思想。

一、坚持加强党对依法治国的领导

习近平总书记认为，党的领导是社会主义法治最根本的保证。全面依法治国绝不是要削弱党的领导，而是要加强和改善党的领导，不断提高党领导依法治国的能力和水平，巩固党的执政地位。必须坚持实现

〔1〕 习近平：《加强党对全面依法治国的领导》，载《求是》2019年第4期。

党领导立法、保证执法、支持司法、带头守法,健全党领导全面依法治国的制度和工作机制,通过法定程序使党的主张成为国家意志、形成法律,通过法律保障党的政策有效实施,确保全面依法治国正确方向。[1]

早在2012年12月4日,习近平总书记《在首都各界纪念现行宪法公布施行30周年大会上的讲话》中就指出,"依法治国是党领导人民治理国家的基本方略,法治是治国理政的基本方式,要更加注重发挥法治在国家治理和社会管理中的重要作用,全面推进依法治国,加快建设社会主义法治国家"。其中明确肯定了党的领导地位。2017年党的十九大报告中,习近平总书记更是明确提出"必须把党的领导贯彻落实到依法治国全过程和各方面,坚定不移走中国特色社会主义法治道路,完善以宪法为核心的中国特色社会主义法律体系,建设中国特色社会主义法治体系,建设社会主义法治国家"。

2019年1月,为了坚持和加强党对政法工作的绝对领导,做好新时代党的政法工作,中共中央印发了《中国共产党政法工作条例》,并发出通知,要求各地区各部门认真遵照执行。该条例是中央和县级以上地方党委、党委政法委员会、政法单位党组(党委)领导和组织开展政法工作必须遵循的党内法规。它在加强党对政法工作乃至依法治国工作的领导方面都具有重要意义,必将发挥出重大作用。

二、坚持人民主体地位

在习近平总书记眼中,"法治建设要为了人民、依靠人民、造福人民、保护人民。必须牢牢把握社会公平正义这一法治价值追求,努力让人民群众在每一项法律制度、每一个执法决定、每一宗司法案件中都感受到公平正义。要把体现人民利益、反映人民愿望、维护人民权益、增

---

〔1〕 参见习近平:《加强党对全面依法治国的领导》,载《求是》2019年第4期。

进人民福祉落实到依法治国全过程,保证人民在党的领导下通过各种途径和形式管理国家事务,管理经济和文化事业,管理社会事务”。[1]

人民的主体地位来自我们的社会主义制度,他们既是国家的主人也是依法治国的主人,具有多重的主体地位。“我国社会主义制度保证了人民当家作主的主体地位,也保证了人民在全面推进依法治国中的主体地位。这是我们的制度优势,也是中国特色社会主义法治区别于资本主义法治的根本所在”。何以坚持人民的主体地位,习近平总书记有着深入的思考,“坚持人民主体地位,必须坚持法治为了人民、依靠人民、造福人民、保护人民。要保证人民在党的领导下,依照法律规定,通过各种途径和形式管理国家事务,管理经济和文化事业,管理社会事务。要把体现人民利益、反映人民愿望、维护人民权益、增进人民福祉落实到依法治国全过程,使法律及其实施充分体现人民意志”。[2]

三、坚持中国特色社会主义法治道路

习近平总书记强调全面推进依法治国必须走对路。要从中国国情和实际出发,走适合自己的法治道路,决不能照搬别国模式和做法,决不能走西方“宪政”“三权鼎立”“司法独立”的路子。[3]

这条道路在习近平总书记心目中具有极为崇高的地位,在2014年《关于〈中共中央关于全面推进依法治国若干重大问题的决定〉的说明》中,他指出,“中国特色社会主义法治道路,是社会主义法治建设成就和经验的集中体现,是建设社会主义法治国家的唯一正确道路”。“中国特色社会主义法治道路是一个管总的东西。具体讲我国法治建

---

〔1〕 习近平:《加强党对全面依法治国的领导》,载《求是》2019年第4期。
〔2〕 习近平:《加快建设社会主义法治国家》,载《求是》2015年第1期。
〔3〕 参见习近平:《加强党对全面依法治国的领导》,载《求是》2019年第4期。

设的成就……归结起来就是开辟了中国特色社会主义法治道路这一条”。特别坚定地强调,“在坚持和拓展中国特色社会主义法治道路这个根本问题上,我们要树立自信、保持定力。走中国特色社会主义法治道路是一个重大课题,有许多东西需要深入探索,但基本的东西必须长期坚持”。[1] 在道路的问题上不许含糊,我们既不走历史的老路,那是死路一条,也不走西方的邪路,那也同样会葬送社会主义法治。

四、坚持建设中国特色社会主义法治体系

对于这一体系的意义,习近平总书记在《关于〈中共中央关于全面推进依法治国若干重大问题的决定〉的说明》中有过这样的评价,“提出这个总目标,既明确了全面推进依法治国的性质和方向,又突出了全面推进依法治国的工作重点和总抓手”。

2019 年春他在《求是》杂志发表的文章又指出,中国特色社会主义法治体系是中国特色社会主义制度的法律表现形式。必须抓住建设中国特色社会主义法治体系这个总抓手,努力形成完备的法律规范体系、高效的法治实施体系、严密的法治监督体系、有力的法治保障体系,形成完善的党内法规体系,不断开创全面依法治国新局面。[2]

五、坚持共同推进与一体建设

习近平总书记一再强调,必须坚持依法治国、依法执政、依法行政共同推进,法治国家、法治政府、法治社会一体建设。在习近平总书记看来,全面依法治国是一个系统工程,必须统筹兼顾、把握重点、整体谋划,更加注重系统性、整体性、协同性。依法治国、依法执政、依法行政

---

〔1〕 习近平:《加快建设社会主义法治国家》,载《求是》2015 年第 1 期。
〔2〕 参见习近平:《加强党对全面依法治国的领导》,载《求是》2019 年第 4 期。

是一个有机整体,关键在于党要坚持依法执政、各级政府要坚持依法行政。法治国家、法治政府、法治社会三者各有侧重、相辅相成,法治国家是法治建设的目标,法治政府是建设法治国家的主体,法治社会是构筑法治国家的基础。要善于运用制度和法律治理国家,提高党科学执政、民主执政、依法执政水平。[1]

对于"共同推进"和"一体建设",习近平总书记总是一并提及,一并论述,一并强调。2013 年 2 月他在《十八届中共中央政治局第四次集体学习时的讲话》中就要求,"坚持依法治国、依法执政、依法行政共同推进,坚持法治国家、法治政府、法治社会一体建设,不断开创依法治国新局面"。到了十八届四中全会,他提出"坚持依法治国、依法执政、依法行政共同推进,坚持法治国家、法治政府、法治社会一体建设,实现科学立法、严格执法、公正司法、全民守法,促进国家治理体系和治理能力现代化。"将它们与国家治理联系起来加以通盘考虑。2017 年他在党的十九大报告中对未来进行规划时这样描绘了未来的法治发展,"从二〇二〇年到二〇三五年,在全面建成小康社会的基础上,再奋斗十五年,基本实现社会主义现代化。……法治国家、法治政府、法治社会基本建成"。

六、坚持依宪治国、依宪执政

2012 年习近平总书记《在首都各界纪念现行宪法公布施行 30 周年大会上的讲话》中将依宪治国和依宪执政概括为三个善于:"善于使党的主张通过法定程序成为国家意志,善于使党组织推荐的人选成为国家政权机关的领导人员,善于通过国家政权机关实施党对国家和社会的领导……"习近平总书记阐释了这样的道理,要实现依宪治国和依宪

---

[1] 参见习近平:《加强党对全面依法治国的领导》,载《求是》2019 年第 4 期。

执政就必须树立宪法权威,“法治权威能不能树立起来,首先要看宪法有没有权威”。树立宪法权威的关键是宪法的是实施,“宪法的生命在于实施,宪法的权威也在于实施。”而确保宪法的实施必须依靠制度和原则的落实,开展合宪性审查工作。要“通过完备的法律推动宪法实施,保证宪法确立的制度和原则得到落实”。在党的十九大报告中他进一步指出,“加强宪法实施和监督,推进合宪性审查工作,维护宪法权威。”

依宪治国和依宪执政都要求党自身必须在宪法和法律的范围内活动。习近平在2019年在《求是》发表的文章中指出,依法治国首先要坚持依宪治国,依法执政首先要坚持依宪执政。党领导人民制定宪法法律,领导人民实施宪法法律,党自身必须在宪法法律范围内活动。任何公民、社会组织和国家机关都必须以宪法法律为行为准则,依照宪法法律行使权利或权力,履行义务或职责,都不得有超越宪法法律的特权,一切违反宪法法律的行为都必须予以追究。[1]

七、坚持全面推进科学立法、严格执法、公正司法、全民守法

从习近平总书记2019年在《求是》发表的文章看来,必须解决好立法、执法、司法、守法等领域的突出矛盾和问题,必须坚定不移推进法治领域改革,紧紧抓住全面依法治国的关键环节。在立法上,要完善立法体制,提高立法质量。在执法上,要推进严格执法,理顺执法体制,完善行政执法程序,全面落实行政执法责任制。在司法上,要支持司法机关依法独立行使职权,健全司法权力分工负责、相互配合、相互制约的制度安排。在守法上,要加大全民普法力度,培育全社会办事依法、遇事找法、解决问题用法、化解矛盾靠法的法治环境。

---

[1] 参见习近平:《加强党对全面依法治国的领导》,载《求是》2019年第4期。

2015年习近平总书记在《求是》上发表的另外一篇文章对此已经有过论述。这些论述在今天读来依然具有重要的意义。他说,推进科学立法,关键是完善立法体制,深入推进科学立法、民主立法,抓住提高立法质量这个关键。要优化立法职权配置,发挥人大及其常委会在立法工作中的主导作用,健全立法起草、论证、协调、审议机制,完善法律草案表决程序,增强法律法规的及时性、系统性、针对性、有效性,提高法律法规的可执行性、可操作性。推进严格执法,重点是解决执法不规范、不严格、不透明、不文明以及不作为、乱作为等突出问题。要以建设法治政府为目标,建立行政机关内部重大决策合法性审查机制,积极推行政府法律顾问制度,推进机构、职能、权限、程序、责任法定化,推进各级政府事权规范化、法律化。要全面推进政务公开,强化对行政权力的制约和监督,建立权责统一、权威高效的依法行政体制。推进公正司法,要以优化司法职权配置为重点,健全司法权力分工负责、相互配合、相互制约的制度安排。各级党组织和领导干部都要旗帜鲜明支持司法机关依法独立行使职权,绝不容许利用职权干预司法。推进全民守法,必须着力增强全民法治观念。要坚持把全民普法和守法作为依法治国的长期基础性工作,采取有力措施加强法制宣传教育。形成守法光荣、违法可耻的社会氛围,使遵法守法成为全体人民共同追求和自觉行动。[1]

八、坚持处理好全面依法治国的辩证关系

全面依法治国必须正确处理政治和法治、改革和法治、依法治国和以德治国、依法治国和依规治党的关系。[2]

---

〔1〕 习近平:《加快建设社会主义法治国家》,载《求是》2015年第1期。

〔2〕 习近平:《加强党对全面依法治国的领导》,载《求是》2019年第4期。

从政治与法治的关系来说，根本是社会主义法治必须坚持党的领导，党的领导必须依靠社会主义法治。“党和法的关系是政治和法治关系的集中反映。法治当中有政治，没有脱离政治的法治。西方法学家也认为公法只是一种复杂的政治话语形态。公法领域内的争论只是政治争论的延伸。每一种法治形态背后都有一套政治理论，每一种法治模式当中都有一种政治逻辑，每一条法治道路底下都有一种政治立场。”〔1〕

从改革和法治的关系来说，“改革与法治如鸟之两翼、车之两轮”，要坚持在法治下推进改革，在改革中完善法治。“我们要加强重要领域立法，确保国家发展、重大改革于法有据，把发展改革决策同立法决策更好结合起来。要坚持问题导向，提高立法的针对性、及时性、系统性、可操作性，发挥立法引领和推动作用。”〔2〕“实践证明行之有效的，要及时上升为法律。实践条件还不成熟的、需要先行先试的，要按照法定程序作出授权。对不适应改革要求的法律法规，要及时修改和废止”。〔3〕

就依法治国和以德治国的关系而言，要坚持依法治国和以德治国相结合，实现法治和德治相辅相成、相得益彰。习近平总书记认为，首先，法律是成文的道德，道德是内心的法律，法律和道德都具有规范社会行为、维护社会秩序的作用。治理国家、治理社会必须一手抓法治、一手抓德治，既重视发挥法律的规范作用，又重视发挥道德的教化作用，实现法律和道德相辅相成、法治和德治相得益彰。其次，发挥好法律的规范作用，必须以法治体现道德理念、强化法律对道德建设的促进

〔1〕 习近平：《关于〈中共中央关于全面推进依法治国若干重大问题的决定〉的说明》(2014 年)。

〔2〕 习近平：《关于〈中共中央关于全面推进依法治国若干重大问题的决定〉的说明》(2014 年)。

〔3〕 习近平：《中共中央关于全面推进依法治国若干重大问题的决定》(2014 年)。

作用。一方面，道德是法律的基础，只有那些合乎道德、具有深厚道德基础的法律才能为更多人所自觉遵行。另一方面，法律是道德的保障，可以通过强制性规范人们行为、惩罚违法行为来引领道德风尚。最后，发挥好道德的教化作用，必须以道德滋养法治精神、强化道德对法治文化的支撑作用。在推进依法治国过程中，必须大力弘扬社会主义核心价值观，弘扬中华传统美德，培育社会公德、职业道德、家庭美德、个人品德，提高全民族思想道德水平，为依法治国创造良好人文环境。〔1〕

从依法治国和依规治党的关系来说，要发挥依法治国和依规治党的互补性作用，确保党既依据宪法法律治国理政，又依据党内法规管党治党、从严治党。〔2〕在2017年党的十九大中，习近平总书记就强调"坚持依法治国和以德治国相结合，依法治国和依规治党有机统一"。"增强依法执政本领，加快形成覆盖党的领导和党的建设各方面的党内法规制度体系"。此外，我们还要加强党内法规与国家法律之间的协调。

九、坚持建设德才兼备的高素质法治工作队伍

"全面推进依法治国，建设一支德才兼备的高素质法治队伍至关重要。"〔3〕习近平总书记2019年年初再次强调全面推进依法治国，必须着力建设一支忠于党、忠于国家、忠于人民、忠于法律的社会主义法治工作队伍。对于这支队伍，要加强理想信念教育，深入开展社会主义核心价值观和社会主义法治理念教育，推进法治专门队伍正规化、专业化、职业化，提高职业素养和专业水平。要坚持立德树人，德法兼修，创

〔1〕参见习近平：《加快建设社会主义法治国家》，载《求是》2015年第1期。
〔2〕参见习近平：《加强党对全面依法治国的领导》，载《求是》2019年第4期。
〔3〕习近平：《加快建设社会主义法治国家》，载《求是》2015年第1期。

新法治人才培养机制，努力培养造就一大批高素质法治人才及后备力量。

根据新华社报道，习近平总书记在2019年中央政法工作会议上讲话指出，一是要旗帜鲜明把政治建设放在首位，努力打造一支党中央放心、人民群众满意的高素质政法队伍。要抓好科学理论武装，教育引导广大干警学深悟透新时代中国特色社会主义思想，要敢于刀刃向内、刮骨疗毒，坚决清除害群之马。二是要把专业化建设摆到更加重要的位置来抓。专业化建设要突出实战、实用、实效导向，全面提升政法干警的法律政策运用能力、防控风险能力、群众工作能力、科技应用能力、舆论引导能力。政法队伍是和平年代奉献最多、牺牲最大的队伍。对这支特殊的队伍，要给予特殊的关爱，做到政治上激励、工作上鼓劲、待遇上保障、人文上关怀，千方百计帮助解决各种实际困难，让干警安身、安心、安业。三是要加强政法领导班子和干部队伍建设，加强政法机关基层党组织建设。各级党组织和领导干部要支持政法单位开展工作，支持司法机关依法独立公正行使职权。各级党委政法委要把工作着力点放在把握政治方向、协调各方职能、统筹政法工作、建设政法队伍、督促依法履职、创造公正司法环境上，健全完善政治督察、综治督导、执法监督、纪律作风督查巡查等制度机制。

十、坚持抓住领导干部这个“关键少数”

习近平总书记对于领导干部这个“关键少数”一向极为重视。他认为，领导干部具体行使党的执政权和国家立法权、行政权、监察权、司法权，是全面依法治国的关键。领导干部必须带头尊崇法治、敬畏法律，了解法律、掌握法律，遵纪守法、捍卫法治，厉行法治、依法办事，不断提高运用法治思维和法治方式深化改革、推动发展、化解矛盾、维护稳定的能力，做遵法学法守法用法的模范，以实际行动带动全社会遵法学法

守法用法。[1]

2015年2月,习近平总书记在省部级主要领导干部学习贯彻十八届四中全会精神全面推进依法治国专题研讨班开班式上讲话中,语重心长地告诫领导干部们:“领导干部要把对法治的尊崇、对法律的敬畏转化成思维方式和行为方式,做到在法治之下、而不是法治之外、更不是法治之上想问题、作决策、办事情。”在这里习近平总书记提出并强调了领导干部的法治思维和法治方式的运用问题。

习近平总书记在2018年8月24日在中央全面依法治国委员会第一次会议上的讲话中,在《求是》杂志《加强党对全面依法治国的领导》一文的结尾处,都明确指出:“这些新理念新思想新战略,是马克思主义法治思想中国化的最新成果,是全面依法治国的根本遵循,必须长期坚持、不断丰富发展。”[2]

(这是作者2019年春季学期为相应课程写作的讲稿。)

[1] 习近平:《加强党对全面依法治国的领导》,载《求是》2019年第4期。
[2] 习近平:《加强党对全面依法治国的领导》,载《求是》2019年第4期。

后　记

本卷是我申请的文化名家暨“四个一批”人才自主选题项目“中国改革的理想图景”的成果之一。

从2003年秋季进入党校以来，我就开始了给党和国家中高级领导干部讲课的教学工作，写作讲稿就是我重要的工作内容。《法政讲堂》所收录的就是从2003年秋季到2019年春季在中央党校即现在中央党校（国家行政学院）教学中撰写和使用讲稿的大部分文稿。

其间，根据组织安排，我四次走进中南海为中共中央政治局、中共中央办公厅、国务院办公厅领导集体学习授课。其中包括：

2006年6月，与中央党校党建部时任副主任张志明教授在怀仁堂为中共十六届中央政治局集体学习主讲《坚持科学执政、民主执政、依法执政》；

2011年3月，与国家行政学院时任法学部主任胡建淼教授在怀仁堂为中共十七届中央政治局集体学习主讲《依法行政，弘扬社会主义法治精神》；

2011年8月，在国务院小礼堂为国务院办公厅领

导讲授《认真贯彻执行宪法,加快法治政府建设》;

2017 年 5 月,在中央警卫局礼堂为中共中央办公厅领导讲授《全面依法治国》。

此外,接受有关部门邀请和组织安排,先后为中央有关法律机关做了一系列法治讲座。据不完全统计,其中包括:

为全国人大代表培训班讲授《马克思主义法理学和中国特色社会主义法律体系》(2011 年 6 月在成都,2011 年 9 月在哈尔滨,2011 年 11 月在厦门);

为全国政协社会与法制委员会工作座谈会讲授《加强法治文化建设》(2011 年 11 月在南宁);

为最高人民法院机关领导先后讲授《司法公正的问题研究》(2006 年 3 月在最高人民法院大审判厅)《坚持全面推进依法治国,加快建设法治中国》(2017 年 12 月在国家法官学院);

为最高人民检察院机关领导保持先进性教育活动作有关法治讲座,为其科学发展观教育活动讲授《科学发展与法治建设》(2008 年 10 月在北京市检察官学院),为其重点工作讲授《人民检察机关与社会矛盾化解、社会管理创新、公正廉洁司法三项重点工作》(2011 年 2 月),为其群众路线教育活动讲授《刑事错案:群众关注的司法焦点》(2013 年在检察官学院);

为公安部讲授《领导干部运用法治思维和法治方式能力的提升》(2015 年 6 月,公安部机关大讲堂第 31 场活动暨公安部 2015 年系列法律讲座第二讲,全国直播);

为司法部机关全体、为司法部党务工作者讲授《和谐社会与法治建设》(机关礼堂)、《学习习近平总书记关于全面推进依法治国的重要论述》(2016 年 5 月,司法部机关礼堂)等;

为国家安全部机关讲授《依法执政的理论与实践》(2007 年 5 月,

国家安全部礼堂)。

基于种种考虑,本卷所收录的只是作者在中央党校课堂教学中所使用讲稿的主要部分。中央党校政法部包括法学、政治学、公共管理三大学科,因此,我的教学工作也是以法学为主兼及另外两个方面。中央党校的干部培训与进修教学,除了传统的讲课形式之外,还有案例教学、现场教学、研讨式教学等。2003 年 11 月至 2008 年 7 月,我在政法部分管教学,牵头并参与了相关学科的案例教学、现场教学(庭审旁听与解读)、研讨式教学课程模式的开创工作。2015 年 1 月至 2018 年 8 月,我又重新回到政法部工作,继续参与相关教学活动。我在中央党校参加课堂讲授式教学活动的大部分讲稿收录进了本卷,但群体性突发公共事件等案例教学课程的讲稿系集体成果和内容不便收录而未辑入。

中央党校对于教学讲稿的有关要求也是变化的,有时需要提交较为详细的讲稿(一般限制在 10000 字以内),有时则可以提交讲授提纲。因此,本卷收录的讲稿虽然都名为讲稿,其实有的是完整的讲稿,字数就多一些,甚至还有部分口语化的表述;有的只是讲授提纲,只有要点,字数就少些。近年中央党校要求讲稿中标明"阅读书目""参考文献"等内容,基于有关考虑,在收入本卷时这些内容都作了删除,希望得到读者的理解。

最后需要特别说明的还有:一是本卷所收集的讲稿中使用的一些政治话语,若涉及原则问题的,均依照有关要求在编辑时予以处理;若不涉及原则问题的,基于尊重历史和记录历史等考量而未作改动。二是本卷所收集的讲稿,其中使用的一些数据,是讲课当时的资料,作为史料不可也不必更改,因此予以保留并不作变更。三是本卷收集的教学讲稿,并不涉及机密和保密问题。因为,在讲稿写作时一般都没有使用保密材料。至于个别讲稿有不适宜出版的文字,在编辑时都予以严格审视和认真删除。四是,本卷中的讲稿之间可能有一些重复,这是相

关讲题的相关性所导致的，希望读者理解。五是，本卷讲稿所体现的学术观点未必正确，也许还有文字的错漏，真诚地希望得到读者的雅正和谅解。

卓泽渊

2019 年 5 月 3 日于海淀区大有北里

图书在版编目(CIP)数据

法政讲堂 / 卓泽渊著. -- 北京 : 法律出版社，
2019
ISBN 978-7-5197-3594-4

Ⅰ. ①法… Ⅱ. ①卓… Ⅲ. ①法治-中国-文集
Ⅳ. ①D920.4-53

中国版本图书馆 CIP 数据核字(2019)第 119415 号

法政讲堂
FA ZHENG JIANGTANG

卓泽渊 著

责任编辑 黄琳佳
装帧设计 汪奇峰

出版 法律出版社
总发行 中国法律图书有限公司
经销 新华书店
印刷 永清县金鑫印刷有限公司
责任印制 陶 松

编辑统筹 学术·对外出版分社
开本 A5
本卷印张 12.5
本卷字数 295 千
版本 2019 年 8 月第 1 版
印次 2019 年 8 月第 1 次印刷

法律出版社/北京市丰台区莲花池西里 7 号(100073)
网址/www.lawpress.com.cn
投稿邮箱/info@lawpress.com.cn
举报维权邮箱/jbwq@lawpress.com.cn
销售热线/400-660-8393
咨询电话/010-63939796

中国法律图书有限公司/北京市丰台区莲花池西里 7 号(100073)
全国各地中法图分、子公司销售电话：
统一销售客服/400-660-8393/6393
第一法律书店/010-83938432/8433 西安分公司/029-85330678 重庆分公司/023-67453036
上海分公司/021-62071639/1636 深圳分公司/0755-83072995

书号:ISBN 978-7-5197-3594-4
定价:228.00 元(全四卷)
(如有缺页或倒装,中国法律图书有限公司负责退换)

文化名家暨“四个一批”人才项目

法之言说

卓泽渊　著

法律出版社 LAW PRESS · CHINA

总　序

2014年底，我申请了文化名家暨“四个一批”人才自主选题项目“中国改革的理想图景”。经过数年来的努力，终于接近完成。这一项目成果由研究报告、本书（全四卷）以及作为阶段性成果的数十篇文章组成。

本项目的研究报告是在既有文本基础上重新整理与补充写作而成的。研究报告最初稿本的写作始于2012年春。那年6月我卸任中央党校研究生院院长后，行政事务大量减少，便能相对地集中精力写作，前后花费了一年左右的时间，以极大的热忱撰写了16万字的研究报告《未来中国：体制改革的理想图景》，提出并论证了中国那时亟须关注的100个重大改革问题。报告于2013年夏一个风雨交加的上午送府右街交中共中央办公厅有关部门，随后又请中央党校常务副校长送交有关领导以及有关文件的起草机构。2013年10月19日，中共中央办公厅领导来电话说，报告得到了有关领导的充分肯定，被有关文件部分采纳并将在以后继续采纳。接电话后我填了一首《浪淘

沙令》:“西苑远龙宫,沧海迷蒙。神州安乐梦几重。废忘一年思国是,苦尽心衷。　　盛夏犹寒冬,风雨苍穹。忽闻薪炭可炊中。感谢上天能爱我,昭示无穷。”该研究报告至今也没有发表和出版。2014年底我申请了本项目之后,就在原有文稿基础上,针对尚未启动和尤须深化的改革事项,根据新的形势,重新整理——主要是删除已经改革和过时的部分,写作新的文本,作为本课题的构成部分——研究报告。谁知新的写作倍加艰辛,甚至难以推进。该新的研究报告将按照组织程序报送有关机构。

于我特别幸运的是,上大学的时间(1980年)十分切近中国最新的这场改革的时间起点。本书结集出版的是我大学后期至现在,也就是我在中国改革历史进程中写作包括发表的部分文稿。它包括《法治期待》(法学短文汇编)、《法政讲堂》(在中央党校任教的讲稿汇编)、《法之言说》(与媒体互动的有关文稿与资讯汇编)、《法眼园窥》(任职中央党校研究生院院长期间的演讲文稿等的汇编)四个部分。这远不是我著作的全部,它并不包含我的个人学术专著、教材、篇幅较长的学术论文以及多数合著文稿。我期待这次结集的文稿可以成为自己教学与学术活动的剪影,期待它勾画出当代中国改革历程在一个法学学者心目中的轮廓。

改革是一个国家生生不息的动力,对于中国这个古老的国度更是如此。千百年来,正是一场又一场改革助推历史前行。于当代中国来说,改革更是一幅波澜壮阔的现实画卷。从近代以来这一百多年时间,中华民族一直置身于伟大的改革图景之中,尤其是最近这四十多年的改革,为中国发展注入了新的活力、新的动力,为中华民族赢得了无限生机和灿烂前景。它是中国从传统社会向现代社会的转型,从专制政治向民主政治的转型,从人治国家向法治国家的转型。如何描绘这一历史画卷,中国社会科学学者包括法学学者在内都有义不容辞的责任。

这正是我要申请相应项目，并通过课题研究立足现实、回望历史、走向未来的初衷。经过五年的努力，总算可以作一个小结。我愿意以自己的微薄力量为中国的改革与法治发展点赞、呐喊、加油。

如果说研究报告是前瞻性凝望，那么这四卷著作就是回顾性检索，它们共同构成了作为一个法学学者的我，所编织的中国改革图景的一个片段或者部分。我们曾经的改革是成功的，更期待未来的改革能够沿着既定道路一往无前，将中华民族带进那神圣的现代化理想之中，带进那伟大复兴的梦想之中。

就本项目研究包括相关著作的出版来说，我要特别感谢文化名家暨“四个一批”人才工程项目的领导和同志们的信任，特别感谢中央党校（国家行政学院）组织部前后负责项目工作的张伟、李朝旭、李洁、王宁宁等同志所给予的帮助，特别感谢我在政法部工作时的同事韩宁、赖先进所给予的帮助，特别感谢我的博士研究生卓力雄所提供的协助，特别感谢法律出版社伍彪、孙志华、王政君、孙东育、高山等领导以及这四卷著作的责任编辑王珊、黄琳佳、邓颖君、李军所给予的大力支持。

卓泽渊

2019 年 5 月 3 日于海淀区大有北里

引言：年轻教授之谜

【世纪之光】

卓泽渊，男，1963 年生，四川长寿县人，1980 年考入西南政法大学，1984 年毕业获法学学士学位留校执教，1987 年攻读法学理论专业硕士研究生，1990 年获法学硕士学位，1991 年晋升为讲师，1993 年破格晋升为副教授，1995 年年底又破格晋升为教授。

6 年中，他从助教到教授，32 岁时就坐上了专业职称的最高席位，这本身就是个谜。而今年 1 月，从北京传来消息，卓泽渊又获全国杰出青年法学家提名奖，这就更不由得人们不对这位年轻后生刮目相看了。

“奋斗加机遇等于成功，我不过是时代的幸运儿罢了。”腼腆和谦逊是从他那略显土气的长寿口音表现出来的。

先做“汉子”后当“学子”

卓泽渊身上具备学子与汉子两种素质。说他是学子，他除了具有“人皆我师”的谦逊之外，做起学问来,确有一股子“扎进书房不看表”的钻劲,再加上他那张有点“秀气”的脸上架着一副近视眼镜,的确也不失知识分子的温文尔雅;说他是汉子,是因为他酒量大,拳也划得不错,第一次见面,他与我还有西南政法大学另一名讲师,3 人喝了两瓶特曲,“你我皆醉他独醒”,不过,这只不过是卓泽渊“汉子之风”的“擦边球”罢了,唯有他从一个农民的儿子,成长为我国法学理论界比较知名的年轻教授的奋斗历程,才是他“汉子”秉性的真实写照。

“我是编草帽编进大学的”,贫寒的家境,门第无书香。卓泽渊很小便失去了母亲,他是在父亲哥嫂的照顾下长大的。6 岁时就学会了编草帽,从小学到中学,均是“半农半读”,编草帽编到 17 岁,或许正是那一根根麦草,构成那严密的“十八圈”(重庆方言中指草帽),发掘出了他逻辑思维的天赋,他不负哥嫂养育情,17 岁那年,终于从田坎走进了政法大学的校门。

情系法学理论

大学 4 年,卓泽渊顺利地拿到学士学位,留校任教,并不意味着他学子生涯的结束,在任教过程中,他一边从事法学理论研究,一边积极准备继续深造。他的第一篇论文《在人民法院中可以设立行政法庭》提出一个崭新的观点,由我国人民法院中设立的行政法庭行使西方国家行政法院的职能。这篇论文在上海《政治与法律》发表后又被《法制日报》《法制文摘》等转载,在国内外引起较大反响。1986 年,他的另一篇论文《影响婚姻自由的两个新因素》提出的住房和分居是影响结婚自由、离婚自由和爱情发展的重要因素的观点,被《新华文摘》转载并被列为中国改革 10 年新论点之一,收入《政法社会学新论点汇编》。1986 年,全国行政法学术讨论会在重庆召开,到会的有我国行政法学理论界的泰斗、著名学者和国家政法领导人,当时年仅 23 岁的卓泽渊,抱着与同学合写的论文《制定我国行政诉讼法的构想》,第一次从学理上拟制了我国行政诉讼法的基本框架和20多个具体条文,向大会作了如何制定中国行政诉讼法的专题发言,受到大会的普遍重视。该论文对我国某些地区率先制定行政诉讼规则起到了理论借鉴的作用。

随着这些法学论文的发表,卓泽渊对法学理论研究的兴趣越加浓厚。1987年,他考取了理论法学研究生,开始向更高目标前进。1990年,他顺利通过了硕士研究生的毕业答辩,接踵而来的便是一个更重大的研究课题:司法部和四川省的重点科研项目“马克思主义法学的创立和发展”研究,老教授薛伦倬担纲,要卓泽渊拟出提纲和编写人员组织方案,对于领导的信任和老教授的器重,卓泽渊当然义不容辞。第二天就将编辑大纲、人员组织方案准备就绪。接下来的编写工作可谓艰苦卓绝。卓泽渊花了两年多的时间,详细研究了50卷马恩著作。卓泽渊的妻子龚瑜回忆说,“不知道多少个日日夜夜,他把自己关在书房不让打扰。那年夏天,他每天连续用电扇对着背吹,写作10小时以上,后来发现,背部已失去了知觉,做了好长时间的理疗才恢复过来”。

两年后,被法学界称为我国第一部系统研究马克思主义法学思想的法学专著《马克思主义法学新探》问世了,全书37万字,共21章,5位作者,卓泽渊一个人就写了8章13万字。

头衔后面看谜底

爱因斯坦说过,“兴趣是最好的老师”。卓泽渊对法学理论研究的兴趣逐渐发展到超乎寻常的地步,他可以在书房坐十几小时,不吃饭不喝水,就看书和写字。卓泽渊的成功除了他常挂嘴边的老师的教导之外,那就是兴趣,兴趣带着他在浩瀚的法学理论领域里遨游,兴趣带着他涉猎了大量中外法学理论的经典著作,从而使他不断地完善自我,充实自我,重新创造一个崭新的自我。他开始向法学理论深层次领域进军。卓泽渊发现,法律的价值问题,一直是法学研究的一个薄弱环节,也是古今中外法学研究中的重大课题。于是,他集多年思考之大成,又经过数年笔耕,独立完成的40万字专著《法律价值》,1994年出版后,被誉为国内目前“最高水平”的法律价值专著。中国理论法学研究会总干事,北京大学刘升平教授评价,这本书是一本难得的创新之作。卓泽渊的硕士导师,全国理论法学研究会副总干事卢云教授在书中作序时这样写道:“作者的这一著作是相当严肃的理论力作,具有相当的理论深度和学术价值,对促进法律价值理论的研究,丰富法理学的内容有着不可忽视的意义。”

辛勤的劳动,得到社会的认可,得到法学界权威人士的高度评价,卓泽渊喜不自胜,犹如发动机加足了油,紧接着又参加由他的导师卢云教授和民法学著名学者金平教授担纲的国家社会科学基金科研项目——《社会主义市场经济法律问题研究》一书的撰写,此书由四川人民出版社出版,全书40万字,卓泽渊就写了10多万字,集中研究了“市场经济运行的法律规制”“市场价格机制的法律需求”“市场公平竞争的法律保障”“社会分配与社会保障的法律规制”等5个专题。

近几年来,卓泽渊总共完成了150万字的著述,发表论文30多篇,独立或与人合作完成著作十余部,在香港、内地出版,其中有国家、司法部、四川省重点研究项目。如果说现已33岁的卓泽渊在32岁时能当上教授是个谜的话,那么,那教授头衔后面的艰辛和用艰辛换来的成果就是谜底。

(蒙光忠,《现代工人报》1996年4月21日。)

目 录

第一编 法言片语

第二编 法下独语

第三编　法边附录

第一编　法言片语

1. 依法治市，任重道远

在卓泽渊教授获得“全国十大杰出中青年法学家”的殊荣后，我们萌发了要采访他的念头，急切地想知道年仅36岁的中国最年轻的法学家，是如何评价重庆依法治市工作的。

卓泽渊1984年毕业于西南政法大学（原西南政法学院），之后留校攻读法学理论专业硕士学位。由于他在法律价值研究方面成绩卓著，很快便从讲师晋升为副教授、教授。他不仅完成了心血力作《法律价值》《法的价值论》，而且在担任法理学教研室主任期间，还在全国率先进行了法学基础理论教学改革，效果显著。为此，他被许多人赞誉为“法学界升起的一颗新星”。

说到重庆的依法治市工作，卓泽渊教授打开了话匣子，侃侃而谈。他说，要搞好依法治市工作，必须要建立和完善法规。重庆直辖以来，完成了对原有地方性法规的全面清理，并根据全市经济、政治、文化和社会发展的客观需要制定了一大批地方性法规，尤其是开创性地制定了一些适合本市需要、适应社会主义市场经济和民主发展进程要求的新法规，初步建立了重庆市的地方性法规体系。应当说，重庆市的立法速度在全国是最快的，开创了新设行政区如何加速地方法制建设的先例。当然，随着地方性法规在数量上的增加，立法质量问题、执法监督问题又摆在了我们面前。这将是一个需要迅速而又持久进行的工作。

作为重庆市人大立法咨询专家的卓泽渊教授，先后参与了直辖市成立前后的地方立法咨询工作，尤其是参加了对重庆市原有法规的全面清理工作。在谈到重庆市今后的立法工作时，卓泽渊教授坦言：要谈重庆市的立法，必须首先明确重庆市立法权的地位。重庆市的立法是地方立法，它应当定位在对中央立法的补充上。既然是地方立法，在效力上就低于中央的立法，这就意味着两点，一是它不能与中央立法相冲突，二是在中央立法发生了变化的时候，重庆市的地方立法也应作相应的变化。既然是补充，它就不是中央立法的翻版。中央立法中有的，就不必制定雷同的地方法规。他认为，从重庆市的地方立法的法律地位的角度，重庆地方立法应当从以下三个方面着手：一是中央立法不能具体在本市操作的情况下，为了实施中央的立法，根据本市的实际情况，制定在本市实施中央立法的地方性法规，如实施条例等。这是重庆市立法工作的一个重要方面。二是针对本市的特定问题或事项，根据本市的特殊情况，独创性地制定适用于本市的地方法规。三是尽管是普遍性的问题，但中央立法中没有，重庆市又急需，也可以制定地方法规予以调整。

重庆已确定今年为“依法治市推进年”，面对重庆市法制建设的未来，卓泽渊教授语气坚定地说，重庆市法律机关的队伍建设有望进入良性运行的轨道，即实行公开的招考与录用，和正常的淘汰与分流，德能勤绩将成为考察执法官员的重要标准。随着依法治国的推进，重庆市各级领导干部的法治意识也会逐步增强，并会逐步把依法治市作为自己的自觉行动。权力的法治化运作将成为政治法治化的坚实基础。随着社会主义市场经济体制的建立和发展，将为重庆市的依法治市工作提供必要的经济基础，也会给法治建设的发展提出新的要求。只要我们在立法和执法两方面都把“创一流”作为目标，重庆市依法治市工作的明天会更加美好！

（冉彪，《重庆日报》2000 年 4 月 19 日。）

2. 消除“怕富”和“仇富”畸形财富观念

近日，中共中央关于修改宪法的十四条建议已经公布于众。此次宪法的每处修订都颇引人注目，尤其是关于私有财产的保护成为大家关注的焦点。这对中国民营经济意味着什么？对推动中国经济的发展有何意义？

就此，本报记者专访了中共中央党校法学教授、中国法理学研究会副会长卓泽渊。

记者：我们注意到，在这次宪法修订中，原先私有财产的保护提法变成了私有财产不受侵犯和保护私有财产权，这一转变说明了什么？它有哪些主要的意义？

卓泽渊：这一转变，说明私有财产权这一概念得到了我国根本法宪法的确认，说明我们在财产权问题上的政治认识和法律认识都发生了很大转变。在此以前，我国宪法所规定的仅仅是“保护公民的合法的收入、储蓄、房屋和其他合法的财产所有权”，远没有涉及对整个私有财产的保护，更没有赋予私有财产的拥有者法律上的所有权——私有财产权。这次修宪，对于私有财产的确认和对于私有财产权的保护，意义是不容低估的。

首先，这一转变发展是社会主义市场经济的需要。市场经济本身就需要以明确的财产权利划分与确定。没有这一点，市场经济主体的确定就会出现问题，财产权利的界限不清楚，法律在财产权利上的作用就难以得到有效的发挥。如果私有财产和私有财产权不受法律保护，市场经济所产生的财富增加就没有明确的归属，投资者和生产者当然就不会有积极性。现在的投资者所考虑的既有利润的因素，更有财产安全的因素。如果原有的财产和增加的财富都得不到法律的保护，那么投资者就不可能有投资的积极性。所以私有财产及其权利的确认与保护就成了市场经济的前提与要求。

其次，这一转变也是公民人权与公民权得到保障的需要。公民作为人当然享有人权，但是人权本身就是以人的自然属性作为基础的。人的生命的维持需要一定物质条件，需要一定的财产。人的发展也同样离不开一定的财产作为其基础。至于公民的公民权利，无论是政治权利，还是经济权利、文化权利，乃至其他社会生活权利，都必须以必要的财产作为客观的基础或条件，否则权利的实现就可能遇到障碍。

最后，这一转变也是实现民主、法治的需要。民主、法治都是我们社会发展的目标。依法治国，建设社会主义法治国家早就为我国宪法所确认。民主和法治得以实现的一个重要条件，就是要有效地实现对于公共权力的制约，促使公共权力的依法行使。私有财产和私有财产权的保护必然要求公共权力依法行使并受法律的约束。确认并保护私有财产和私有财产权，必将成为推进民主和法治的重要动力。

记者：当前对公民财产的侵犯较严重的表现是城市拆迁和对农民的土地征用。老百姓的房子说拆就拆，而且给予极不合理的补偿，多是根据地方性法规、政府规章，甚至是城市的一个拆迁办法。这次提出私产入宪有哪些方面的作用?

卓泽渊:合法的私有财产不受侵犯,国家依法保护公民的私有财产权的宪法规定一旦确立,我们的许多法律法规都将作出相应的调整和变化。其中应该包括我们现行的城市拆迁和农村土地征用方面的法律法规。既然私有财产不受侵犯,既然私有财产权受法律保护,当然任何单位都不能将公民私有的房屋说拆就拆。要拆迁,就必须考虑,第一,你的拆迁是不是为着公共利益的需要;第二,你的拆迁是否给予了相应的权利人适当的补偿。有关地方立法的修订也将被提上日程,甚至是否有必要制定全国统一的拆迁法律、法规也将会被提出来。至于农村土地的征用也有类似的问题。

记者:我们注意到,对于非公有制经济加入了"鼓励、支持"的表述。这说明我们对非公有制经济的态度转变表现在哪些方面?

卓泽渊:我们以前使用的是"引导、监督和管理"的表述,这种表述多少表明了我们以前对非公有制经济的认识,反映了我们害怕"姓资姓社"的问题,反映了我们还不敢完全肯定非公有制经济的社会主义性质。这次修宪中的转变,即加入"鼓励、支持"两个动词,不是简单的文字完善。它标志着我们在非公有制经济认识上的深化与进步,标志着我们把非公有制经济真正纳入了社会主义经济组成部分的高度来认识,更进一步地标志着非公有制经济将获得与公有制经济同等的法律地位,共同发展。这在对非公有制经济的认识上是一次质的飞跃,而且是一次以修订宪法的方式所展现出来的根本性变革。

记者:从总体来看,这次修宪对于中国经济的发展将起到什么作用?

卓泽渊:我认为这次修宪将会对中国经济的发展起到极大的推动作用。第一,它对私有财产不受侵犯和保护私有财产权的规定,结束了新中国宪法史上关于财产和财产权的性质歧视,第一次使私有财产和私有财产权获得了宪法确认，必将为中国经济的新一轮发展乃至今后的长期发展奠定重要的制度基础。第二，它将以修订后的宪法和随即修订的法律为武器，在确认和保护私有财产及私有财产权的同时，有效地消除我国社会现存的“怕富”和“仇富”等畸形的财富观念，使不正常的财富心态得到矫正，为经济的高速发展提供思想支撑。第三，它对非公有制经济的重新定位，是与对私有财产和私有财产权的宪法保护相适应的，它将极大地调动非公有制经济的积极性，激发非公有制经济的发展热情，促进非公有制经济进一步发展。

（姜蓉，《中国经营报》2003 年 12 月 29 日。）

3. 私产入宪改变中国

将使私有财产权得到全社会在政治、社会、心理及文化层面上的全面认可。

将为未来经济的发展、生产关系的发展开辟道路。

将带动我国民事、商事及财产流动方面一系列法律法规的诞生。

将面临如何对待历史上遗留的财产权的问题。

宪法修正案通过后，中央党校法学教授、中国法理研究会副会长卓泽渊昨天接受《民营经济报》记者采访时认为，此次修宪的生效对中国经济的影响深远。但宪法是国家根本大法，只是作出原则上的确认。因此对于一个社会的法制建设来说，立法仅仅只是开端。

卓泽渊认为，宪法确认私有财产权的合法地位，将使私有财产权得到全社会在政治、社会、心理及文化层面上的全面的认可。而且以前对私有财产的政治异类、社会心理障碍、社会意识上的种种误解，都会随着新的宪法修正案的生效而得到有效清除。

卓泽渊还认为,此次修宪生效将会对中国未来经济的发展尤其是非公有制经济的发展开辟道路。因为任何法律无非是现实经济的反映,同时对经济的反映也不绝对是跟在经济的后面亦步亦趋,它还会引导经济的发展,促进经济的进步。从这个意义上讲,此次宪法对私有财产的保护不仅仅是既有生产关系、经济关系的一种反映,同时也将为未来经济的发展、生产关系的发展开辟道路,并将为未来经济的进一步繁荣提供更广阔的法律空间和更美好的发展前景。卓泽渊认为,随着宪法对私有财产权的确认,随之而来的是一些相关对私有财产权保护的法律措施的完善和对一些法律措施的增加。这对于我国在财产权保护上的制度完善、措施完备和手段的丰富都具有非常重要的意义。而且,我们相应的行政法规、政府规章、地方立法都还有很多工作要做,这也为我国进行新的立法提出了新的要求,也为私有财产权的法律保障提供更有效的措施。

卓泽渊说,事实上在我国历史上曾经留下关于财产产权上的一些争议。尤其是私有财产权由于过去没有适当的法律上的确认而受到的一些歧视和不公正的对待。现在随着宪法修正案的生效,历史上遗留的一些问题将随之纳入司法考虑的视野,甚至直接进入司法裁判的领域,成为司法工作的重要内容。因此在这方面我们还有非常多的工作要做,而且甚至可以说有很多历史性的难题。比如,在我国 20 世纪 50 年代社会主义改造期间留下的一些当时政策允许的私有财产,当时已经通过法律手续确认的私有财产权,后来又由于“大公有”等影响被“忽略”。但这些问题只是遗留下来并没有终结,也没有一个恰当的处理。

因此,卓泽渊认为,宪法对私有财产权确认以后,我国将面临如何对待历史上遗留的财产权的问题,这可能会成为我们今后司法的一个非常重要的工作。而这方面问题的良好解决又会切实为未来经济的发展开辟出法律上的路径,使未来的经济发展能够在法律的途径上有一个良好的保障系统和保障机制。

卓泽渊认为,宪法对私有财产权的确认是具有普遍意义的,因为它不仅保护富人也保护普通民众。卓泽渊预计,随着此次修宪的生效,将会带动我国在民事、商事以及有关部门财产权保护和财产流动方面的一些法律法规的诞生。但这还决定于全国相关立法机构和司法机关的认识水准的提升状态以及社会民众的认识和要求。

(叶红菱、伊晓霞、张伟湘,《民营经济报》2004 年 3 月 15 日。)

4. 改变民企老板财富观

中央党校法学教授、中国法理研究会副会长卓泽渊接受本报记者专访时纵论修宪。

修宪是此次全国两会人大代表和政协委员的最大关注点。“我认为，‘立法保护私有财产写进宪法’是中国社会、政治和经济发展的必然要求。”中央党校法学教授、中国法理研究会副会长卓泽渊昨日在北京接受本报记者专访时如是表示。

修宪推动经济纵深化发展

记者：全国人大代表和政协委员对本次修宪都投入了很大的关注。您能否谈谈把保护私有财产写进宪法有什么意义？

卓泽渊：修正财产在宪法中的地位，主要有几个意义：其一，以宪法为主导，整个法律体制能够突破中国现有状况。因为实际生活中存在大量的私有财产，但我国的法律一直仅限于规定保护公民的合法收入和合法财产，而没有提升到保护私有财产的高度，这本身就是法律的滞后。所以这次修宪有利于使滞后的宪法和法律适应客观经济发展需要。其二,能使私有财产在我国获得宪法和整个法律的认可,具有合法甚至合宪的法律地位,私有财产更能够名正言顺地在宪法和法律意义上被确认和被尊重,成为宪法意义上的权利,从而得到相关法律的确认、认可及保护。其三,它必将推动中国经济的发展,尤其是推动经济的纵深化发展。因为市场经济发展的前提必然是产权明晰。在产权不明晰的情况下是没有办法进行市场经济建设的,而且会导致经济上的混乱,同时也会严重阻碍各种财产所有权人的财产保值、增值、创造更多社会财富的积极性。法律对私有财产的确认,无疑将会推动中国经济的发展,加速市场经济体制的建立和完善。

将引起财产保护革命性变革

记者:有评论说宪法对私有财产权保护的确认是"政治意义大于现实意义"。

卓泽渊:我个人非常赞成宪法和法律对私有财产的确认,但我不认为此举是政治意义大于法律意义。我认为它的政治意义是巨大的,因为中华人民共和国成立半个多世纪,现在是第一次名正言顺地在宪法意义上确认私有财产,因此具有非常重大的政治意义。但同时不仅是政治意义,随之而来的是引起中国整个法律制度中关于财产权利保护的革命性变革。因为,以前对财产所有权的保护总是羞羞答答的,立场不坚定,态度也不鲜明,但如果宪法确认,在法律上就可以进行实质化财产权保护的立法工作。它除了没有政治上的顾虑外,还为以后进一步的立法奠定基础和提供制度上的宪法依据。

修宪将改变民企老板财富观

记者:您能否对此次修宪作一预期,如获通过是否能改变民营企业家们的财富观?

卓泽渊:可以预期此次如宪法对私有财产权保护进行确认,我国的民事、商事立法以及相关的财产所有权保护的立法都将有重大发展。这次宪法修正案对私营经济具有特别重大的意义。因为原来只是保护公民的合法收入和公民的个人财产,这对非投资者、非私营企业主的一般公民的法律保护虽然具有很大意义,但对要投资办私营企业的公民来说,显然不够,必然要上升到保护私有财产权的高度。从这个意义上讲,宪法修正案对私营企业主来说意义更特殊。

另外,民营企业家的某种财富观也将得到改变。因为,任何企业都追求财产的保值、增值效益的最大化,任何效益的获得和增加总是与财产受到充分的法律保护相关。如果财产得不到法律保护,何谈财产的增值和财富的增加。实际上以法律来保护基本的财产权利,是私营企业发展的一个法律基础。有了规定,私营企业主可名正言顺谋求自己财产的增值,而且增值财产同样可获得法律的保护,从这个意义上讲,如何依法让自己的财富增加,而且不会担心自己的财产是否有法律保障,这个问题已解决。

民企将成为平等财产主体

记者:如何评价我国四次修宪与民营企业社会地位变迁的关系?

卓泽渊:我国私营企业经历了没有法律地位到获得部分法律认可到具有一定法律地位,直到现在法律地位将被完全确认,成为平等的财产主体,而且受到同等的财产权的法律保护。从对私营企业的不信任到信任再到保护,直至今天将获得名正言顺的平等的法律保护权利,这发生了根本的转变。

其实,私有财产不可侵犯如写进宪法,意味着保护所有的财产权,私有财产就不是受歧视的对象,而应该获得与公有权的平等的法律保护，获得在财产权上与公有权的平等。立法保护私有财产权不是要求特权，而是要求与公有财产同等的保护。

修宪仅是保护私产第一步

记者：私有财产权保护如获得宪法确认，如何使它更好地贯彻落实？

卓泽渊：第一，要对以前的关于民营财产的有限保护的法律条款进行修改，真正实现私有财产与其他财产权利的同等化和平等化；第二，在相关的民事立法中，应该把宪法的保护私有财产权的法律规定具体化，在已有的《民法通则》中加进保护私有财产权的规定，在我们正在拟制中的民法典中应该有完整的保护私有财产权的法律规定；第三，在打击侵犯财产权的违法犯罪的法律规定中，应把对私有财产的保护上升到与保护其他财产权同等的法律地位。

记者：那么，对私有财产权的保护在各级部门执行中是否还存在一个渐进的过程？

卓泽渊：应该是。获得宪法确认，只是完成私有财产法律保护的第一步。真正把宪法确认的保护私有财产权利具体化是第二步。第三步要把宪法和其他法律确认的财产权现实化。如果把私有财产保护宪法化、具体法律化以及把宪法和法律都现实化，那么还有利于消除社会上存在的仇富心态。

（叶红菱、张伟湘、伊晓霞，《民营经济报》2004 年 3 月 3 日。）

5. 用正当的“恶”抑制非法的“恶”

观点提要：

被日本男人暴打的两个中国女人依法维护人权，最现实有效的措施有两条。其一，由于加害人是外国公民，为防止其离境造成追诉上的困难，受害人应该迅速提起民事诉讼。且受害人在提起诉讼的同时应提出诉讼保全申请，要求法院诉讼财产保全。其二，受害人也可以提出申诉控告，要求公安机关侦查加害人的犯罪行为。如果公安机关认为是刑事犯罪，海关边检就会拒绝加害人出境。此外，受害人若不服警方的处理，还可以要求重新进行司法鉴定，而不必提起旷日持久的行政诉讼耗费很多精力。如果发现受害人的伤不是轻微伤而是轻伤，受害人当然可以追诉。

“阜阳奶粉案”反映我们以前的立法没有体现尊重人权和保障人权这个指导思想。尤其没有把作为特殊种类人权的主体——儿童加以特殊保护。另外执法上还是没有能够把食品的安全问题、食品对人身权利的危害问题摆到突出位置。

保护人权无非是来自三种力量。一是个人，人权保护的请求权是在个人的。二是国家。三是社会力量,包括社会组织、社会舆论。当前,中国人权保护方面的问题是,许多个人没找到正确的维权路径,要么如沉默的羔羊逆来顺受,要么以非法途径解决。国家机关没有体现出人权问题在法律问题中的优先性。社会上以维护人权为使命的社会组织还没有形成。

法律上的公正终究是有限的。我们只能尽可能维护自己的人权,争取社会的公正。人家侵害你的人权是一个错误或者是违法犯罪,你为了保护自己的人权又用非正当手段侵害别人的人权,等于人家的错误加上你的错误,一个错误加上一个错误绝对不等于正确。人权需要超越。我们提倡用正当的“恶”去抑制非法的“恶”。

当一个公民发现我们自己的人权,法律保护的人权被侵害了,最简便的方式就是举报控告,找有管理权的机构,如工商、质监、公安机关等举报控告。如果举报控告无效,可以向法院提起民事诉讼。如果得不到司法救济,可以通过新闻媒体曝光,通过人大对司法机关实行监督,当然也不排除通过信访方式解决。

一、公民人权被外国人侵犯该如何理性处理?

公众对一个案件的处理情况发表他们的评论意见是很正常的,但是如果从法律程序意义上讲该怎么处理,那还得从证据出发,由证据说话。

主持人:今天我们的人权访谈请到的是中共中央党校政法部副主任卓泽渊教授。卓教授曾经任职西南政法大学副校长,并当过多年的兼职律师,他的律师职业经历对我们怎样依法维护人权也能提供一些帮助。先谈一个热门的人权案例,两个日本男人在大连暴打了两个中国女人,纠纷很简单。因为是邻居,仅仅因为中国女人无法忍受日本人半夜发出刺耳声响影响睡觉,敲了一下墙提醒对方。两个日本男人便闯进门把两个中国女人暴打一通，一人鼻骨骨折了，两人均被打出脑震荡。被打的过程没有第三人在场，警方认定只是其中一个日本人打人，处以行政拘留15天，处理依据是这两个女人被打成轻微伤。网友的意见集中在几点：是一个人打人还是两个人打人？是轻微伤还是轻伤？轻微伤在法律里面是什么概念？应该适用《治安管理处罚条例》还是《刑法》？

卓泽渊：受害人不服警方处理，可以要求司法鉴定或者重新进行司法鉴定。公众对一个案件的处理情况发表他们的评论意见是很正常的，但是如果从法律程序意义上讲该怎么处理，那还得从证据出发，由证据说话。现在，在我们无法确知法医鉴定是否科学的情况下，我们没有理由认定警方的处理是错的。有的伤害要很长时间才表现出来，这在法医学上是有道理的。当然，这也是一种推测，不能因为这种推测就说是事实。我认为，如果以后发现受害人的伤不是轻微伤而是轻伤，受害人当然可以追诉。

卓泽渊：像这类人身伤害案件的处理主要决定于伤害状况。这种伤害当然是故意伤害，故意伤害构不构成犯罪就要看是构成轻伤还是轻微伤，如果是轻伤有可能构成犯罪，轻微伤按照《治安管理处罚条例》处理就可以。是轻伤还是轻微伤有司法鉴定，有关机关有专门的关于人身伤害的鉴定标准，这是一个技术标准。我作为一名法律工作者，不好说法医的鉴定是对还是错，如果这个案子真的是一个轻微伤害的话，那么应该说公安机关的处理是没错的。如果是轻伤甚至是重伤，那就必须依法追究刑事责任。受害人对法医鉴定不服，可以要求重新鉴定。

主持人：这个事情由法医鉴定是轻微伤还是轻伤才是权威鉴定？

卓泽渊：当然需要法医，法医的鉴定标准也是根据法律上的人身伤害标准来确定的。

主持人：有些人怀疑警方有意袒护日本人，想大事化小，小事化了。

卓泽渊:还是那句话,公众对一个案件的处理情况发表他们的评论意见,是很正常的,但是如果从法律程序意义上讲该怎么处理,那还得从证据出发,由证据说话。现在在无法确知法医鉴定是否科学的情况下,我们没有理由认定公安机关的处理是错的。

主持人:法医迅速做了鉴定,网友有一种说法,如果是内伤,当时可能表现不出来,需要一个礼拜才能显现。假设日本人走掉的话,刑事责任无法追究。

卓泽渊:这涉及伤害情况鉴定的时间点问题。网友说的在法医学上应该是有道理的。但是这也是一种怀疑,一种推测,不能将这种推测当作事实,不能因为有这种可能性,就认为伤害一定不是轻微伤。我认为,如果以后发现这两个中国公民的伤不是轻微伤而是轻伤,当然可以追诉。

主持人:如果这两个日本人离开大连回到日本,是否无法追诉?

卓泽渊:关于这个问题,我认为公安机关本身既是治安管理的机关,也是刑事犯罪的侦查机关,如果他认为这个案子应该构成刑事犯罪,当然会转为刑事案件。

主持人:根据最新的消息,当地派出所认为对这件事的处理已经结束了。

卓泽渊:我认为,作为一般公民,我们应该尊重公安部门的处理程序。

主持人:受害一方已经表示要打官司,而且已经聘请了律师。昨天我们向专家咨询,可以提起民事诉讼和行政诉讼,行政诉讼等于不服公安的裁决,民事诉讼是直接向加害方索赔。这里面有一个问题,如果这两个日本人在法院立案之前离开大连,甚至离开中国,法院是否无法进行判决?

卓泽渊:不能这样说。加害人回到日本,不来中国,在追诉上当然会造成困难。因此受害人应该迅速向法院提起诉讼,以保护自己的权利。

主持人:民事法律判决有办法执行吗?

卓泽渊:从法律制度和理论上来讲,应该是可以执行的,但在实际操作上是很难的。因为他们已经离开中国回到日本,很难就民事赔偿部分追诉到日本,而且诉讼成本也会很高。

主持人:假设日本人暂时没有走,法院开庭作出判决要求日本人赔偿,但日本人拒绝赔偿,在下令强制执行前日本人离境走掉了,这种情况下也会造成无法执行。

卓泽渊:如果到这一步的话,说明当事人太没有保护自己权利的意识了。受害人在提起诉讼的同时应提出诉前财产保全申请,要求法院对诉讼财产进行保全,即使诉讼开始后还可以提出诉讼中的保全。

我认为,不必提起行政诉讼,旷日持久的行政诉讼会耗费很多精力。最现实有效的措施是,直接提起民事诉讼,同时要求财产保全,在合理范围内预计可能有多少经济损失。同时也可以要求公安机关侦查他的犯罪行为,提出申诉控告,提出要求。至于要求会不会被满足,要依照法律程序,但是作为公民你有这个权利。刑事案件优先于民事案件,如果公安机关认为是刑事犯罪的话,那他就走不了,海关边检会拒绝他出境。最现实的两条路径,一是提起民事诉讼,同时提出财产保全申请,这是最现实的措施;二是要求公安机关转为刑事案件进行立案侦查,但这只是作为一个公民的要求,是否被公安机关允许得依照他们的程序来办理。当然,当事人能自主地提起民事诉讼。

主持人:网友对警方执法的公正性有质疑,是否从宽处理?到底是轻伤还是轻微伤,法医的鉴定是否受命而为?两个人打人变成一个人打人,您觉得怎么来判断公安机关的处理合适?

卓泽渊:任何案件的处理都得依据案件本身的事实,这在法律上表现为证据。这两个问题,究竟是一个人打的还是两个人打的,是轻伤还是轻微伤甚至是重伤,我认为作为一个法律人是不能随便发表意见的。我不了解事实,所以对这个问题不发表意见。

主持人:除了两个打人的人和被打的人外,没有第三人在场,只有地上的血和被打的人作为证据。假设您是警方,会如何判断一个人打还是两个人打?

卓泽渊:完全要看现场的情况、受伤害的状态,还有这四个人对整个过程的描述。从法律上来讲,最后的裁决结果只能以法律上证明的事实为依据。因为这个案件我的确没有看到任何调查记录,没有去现场,也没有看到他们的询问笔录,无法作出判定。

主持人:这种纠纷,在中国来讲作为普通的治安案件很常见。但因为这件事涉及日本人,所以这个事情在网上引起轩然大波。根据您掌握的情况,执法部门在处理涉外案件的时候,是否真正做到了一碗水端平,还是考虑到外交关系而出现内外有别的处理?

卓泽渊:这方面我了解不多,不好发表评论。

主持人:昨天有专家说,裁决公正与否要看公安机关是否越权,如果确实是轻微伤适用《治安管理处罚条例》没问题,《治安管理处罚条例》规定的三种处罚情况:警告、罚款、拘留,警方可以决定采取哪种,这是权力范围内的事情应该没有违法。

卓泽渊:怎样处理,应根据公安机关所掌握的证据和法律事实情况作出裁决。

主持人:假如这个事情是两个中国男人打了两个中国女人,处理结果也会是一样的吗?

卓泽渊:我认为也是这样,没有什么差别。当然也可能出现不公正,但是这只是一种可能性。

主持人:这件事情涉及的人权至少是四个人的人权,我们既要保护中国人的人权,也要保护日本人的人权,怎样体现公平,人权面前人人平等?

卓泽渊:人权问题一旦在法律领域,循着法律途径解决就行了,没有什么特别的东西,不能因为是人权问题就作为另外的法律问题。法律问题里面包括很多内容,有人权问题当然还有财产权问题,还有其他问题。不能说每个案件都是一个特殊种类,都来看有什么不同,从依法办事来说,都需要依法,这没有什么不同。从执法角度来看,严格依法办事就是人权面前人人平等。

二、制度缺位:立法执法对人权保护重视不够

“阜阳奶粉案”反映了我们以前的立法,没有体现出尊重人权和保障人权这个指导思想。尤其没有把有特殊种类人权的儿童加以特殊保护。另外执法上还是没有把食品的安全问题,食品对人身权利的危害问题摆到突出位置。

主持人:“阜阳奶粉案”暴露出一个问题,法律存在许许多多的缺陷和漏洞,首先立法有缺陷,奶粉厂家质量自检,卫生部门半年抽检一次,违法处罚的成本远远低于违法获得的暴利。这么多法律缺陷导致维护人权不力,中国法律体系或者法律构建是不是有一些问题?

卓泽渊:首先暴露了我们以前的立法对人权重视不够,对人权没有充分考量。凡是关于食品的都应有非常严格的法律保护,有严格的法律界定。对生产者、销售者有一定的法律上的要求。尤其对儿童食品,因为儿童是尤其需要社会关注的一个群体,他们的重要性和意义自不必言。对儿童的保护应该是优先的,甚至是一个社会更加关注的,至少涉及健康和生命这两个因素时必须如此。儿童未来的生命里程还很长。这主要表现了我们以前的立法,没有体现出尊重人权和保障人权这个指导思想。尤其没有把特殊种类人权的主体——儿童加以特殊保

护。另外,执法上还是没有能够把食品的安全问题、食品对人身权利的危害问题摆到突出位置。

主持人:很多法规跟人权相关,但是大家没有感觉到这么多法保护着大家,这是为什么?

卓泽渊:有多少个法规与人权相关,这句话要认真分析,与人权相关的法律并不等于是保护人权的法律。与人权相关的法律还可以剥夺人权,还可以限制人权,还可以侵害人权。这是我们要明白的一点。其实,所谓的人权相关法律有三类,第一类是法律本身非常有利于人权,很好地保护了人权。第二类是法律保护人权还不到位,有缺陷。第三类是不但不保护人权,反而侵害人权。我们现成法律里面还有一些不利于人权的东西,要举某一部法律总体评价是很难的,中国现在的法律数以万计。我可以举一个案件当中的某个条款。比如,《道路交通安全法》,对全国很多大中城市搞的畅通工程中"撞了白撞"的条款进行修正,主张行人优先,是很好的条款。机动车辆是强者,行人是弱者。我们只听说车撞了人,但是从来没有听过人撞了车。这种情况下要求驾驶车辆的人特别注意保护行人安全,显然是合理合情的。

《食品卫生法》这方面应当是有欠缺的,儿童食品属于特殊产品,质量由厂家自己来检查。对一些不负责任的厂家来说就成了不检查,社会责任感不强的厂家也是可检查可不检查。这直接危害到社会,所以说这样的法律是有欠缺的,对人权保护得不好。

主持人:《婚姻法》是不是在某些条款上也是有欠缺的?今年4月审判了两起妻子杀死恶夫的案件。在这个过程中妻子投诉给公安机关,一家被认为这是家务事不好干预;另一家恶夫倒是拘留了几天,可恶夫回来后打妻子更凶了。针对这件事,有人认为是因为相关法律的可操作性差,《婚姻法》中只有一句"反对家庭暴力"的规定,没有说实施家庭暴力后怎么制裁,法律这方面是缺乏保护手段吗?

卓泽渊:家庭暴力,是特别复杂的,同时家庭暴力又很特殊,特殊在什么地方?涉及家庭成员间的关系问题,家庭成员间主要是伦理关系,法律关系是第二位的,道德关系是第一位的。中国传统观念是清官难断家务事,凡是家里面的事司法部门不愿介入。对这个问题,我认为首先有一个传统文化与社会观念的问题。

第二个因素,的确有人权意识不到位的问题。人权意识的问题涉及两个层面,作为家庭成员,本身要有尊重其他家庭成员的意识,如果充分尊重对方人权的话,丈夫很尊重妻子,妻子很尊重丈夫,根本不会有这个情况。家庭暴力不仅是夫妻,还有父母对儿女,甚至儿女对父母采取暴力措施。实际上,有的家庭成员人权意识淡漠,认为父母打儿子天经地义,丈夫打妻子天经地义。法律机关人权观念淡漠,再加上不健全的人权意识,一旦发生家庭暴力事件就听之任之。要改变这种状况,我认为我们可以从多个角度入手。在认识方面确立整个社会的人权意识,包括司法机关,包括每个家庭成员每个人的人权意识,这是比较虚但也是比较实的方面。

另外,我们所能做的,而且最有效的应该是改变我们法律机关对这一问题的认识。不要以为家庭暴力是一般的家务纠纷,听之任之,疏于处理或者不愿处理。既然是法律机关,肯定比一般老百姓具有更高的法律知识水平,既然是法律机构,当然担负着保护人权的责任,应该率先从观念上强化对家庭暴力案件的认识,对它危害性的认识。

主持人:有人说可以用虐待罪。

卓泽渊:家庭暴力本身涉及两个方面,一个是专门处理家庭成员存在的犯罪,包括虐待罪。还有非家庭成员也存在的故意伤害罪、杀人罪,家庭成员之间如果不是虐待的,故意杀人就是故意杀人,故意伤害就是故意伤害,不能都归入虐待罪。因为对家庭内的虐待罪的处罚,相对于故意伤害罪、故意杀人罪的处罚来说还是比较轻。现在不是要制定有别于以前的各种法律,而是把现有的法律用好、用到位。

主持人:当事人并不是没有法律意识,已经求助司法部门。“阜阳奶粉案”投诉一年是这样的结果。当公民要求保护自己人权的时候,他有这个意识的时候,好像不知道怎样来有效保护自己。不是意识的问题,而是一种手段的问题。不管在执法部门配合与不配合的情况下,怎么维护自己的人权。如果您是在家庭虐待罪中受害的妇女,或者是“阜阳奶粉案”当中受害婴儿的家长,您应该走什么途径维护自己的权益?

卓泽渊:类似“奶粉案”这样的事情发生,当一个公民发现我们自己的人权,法律保护的人权,发现我们的法律权利被侵害了,最简便的方式,第一步想到的就是举报控告,找有管理权的机构。有管理权的机构,不同的情形是不同的,有产品质量问题就找工商,技术监督就找质监部门,如果你认为有制假造假,也可以向公安机关举报。这是第一步,举报控告。

如果无效,而且你又是确实的受害者,你可以向法院提起诉讼,你求助于人不行,那么求助于己。自己拿起法律武器向法院提起诉讼。

主持人:提起民事诉讼还是刑事诉讼?

卓泽渊:当然是民事诉讼。对于劣质产品控告还是民事诉讼,告厂家。告厂家可以联合其他受害人提起共同诉讼,也可以自己提起诉讼。共同诉讼比自己诉讼麻烦,但是力量更大,会有更大的社会影响。可以在诉讼过程中集中更多人的意志,它可以使维权者由个人维权转化为社会群体性的维权行动,可以使违法行为受到应有的惩罚。

主持人:法院由于种种原因长期不能裁决,或者裁决以后不能得到执行,怎么办?

卓泽渊:作为一般公民来说是很难办的,在司法裁决不能有效地执行的情况下,公民的救济行为是很有限的。在这种情况下,我认为公民可以通过另外的方式获得救济,一个是通过新闻媒体的方式曝光,通过人大对司法机关实行监督，当然也不排除通过信访的方式解决问题。

主持人：“阜阳奶粉案”是制假贩假造成死人，死一个是不是可以构成刑事案件？

卓泽渊：制假造假案不是看死一个人还是死多个人，我认为首先要保障消费者的合法权益，国家的经济秩序是第二位的，但是也有这个含义在里面。该构成刑事案件就构成，并不是以死人数量为标准。

主持人：您如果是受害妇女怎么办？

卓泽渊：如果我是那个受害妇女，首先应该找派出所，控告它侵犯人权的事。其实妇女除了向法律机构求助外，还要有一些自助的措施。既然有家庭虐待、家庭暴力存在，可不可以考虑分居，可不可以考虑离婚。最现实的也许是分居，适当地避免家庭暴力的发生。

主持人：一旦出现这种情况，男的追到女的家去威胁，如果不跟我回来，我杀你全家。往往这种情况下，女的就跟着回去了。这种情况下怎么保护自己的生命，能找警方吗？

卓泽渊：当然可以求助于警方。如此威胁一个人的话，我认为本身就是违法行为。公安机关当然可以对他进行训诫，进行处罚。现实问题是，有的公安机关怠于行使这种权力，不愿、不想去做这种事，这个事情不是老百姓的问题，而是政府的问题。

卓泽渊：虐待罪可以向法院告。应该说这也是一个救助途径，找妇联也可以形成一种社会舆论，其实全世界社会组织都在保障人权上发挥作用。

三、保障人权的三种力量不足

保护人权无非是来自三种力量。一是个人，人权保护的请求权是个人的。二是国家。三是社会力量，包括社会的组织、社会的舆论。现在，中国人权保护的问题是，个人没找到正确的维权路径，要么如沉默的羔羊逆来顺受，要么以非法途径解决。国家机关没有体现出人权问题在法律问题中的优先性。社会上以维护人权为使命的社会组织还没有形成。

主持人：有专家有这样一种观点，中国应该有专门的人权组织或者人权保障机构保障人权，比仅仅由政府或者司法机关保障人权可能做得更好一些，您对此有什么看法？

卓泽渊：我认为这个建议很有意义，实际上，大凡保护人权无非是来自三种力量。第一种力量是每个个体，出于对自己权利的关心，我们自己要保护自己的权利，这是我们每一个人的力量，这个力量有时候显得很微弱，但毕竟是一个原动力，是最基本的一种力量。第二种力量是国家的力量，既然老百姓是国家的公民，遵守了国家的法律，也给国家交了税负，那么国家就有责任保障这些公民的人权。国家不能推卸责任，必须担负起保障人权的责任，要运用的主要是法律的资源、法律机构的资源来保障。由于法律机构保障，常常具有很强的程序性，有启动的过程。由于司法表现出一种保守性，公民权利要得到很及时的保障常常是很困难的。那么就需要第三种力量，社会力量。社会力量是什么？社会力量是一个共同体，应该包括社会的组织、社会的舆论，包括大众舆论和新闻媒体的舆论。社会组织，指妇联、儿童保护组织、老年保护组织、残疾人救助组织或者某种特种群体的机构。这些就是社会组织，不是国家机关，它也不是公民个人，它的救助不具有法律上启动程序那么复杂，同时具有群团性的理性，比个人力量大。我们现在这一块没有发挥很好的作用。

主持人：社会组织在维护人权上没有发挥很好的作用，是不是因为没有维护人权这种专门的机构？

卓泽渊：以维护人权为使命的社会组织没有形成。现在有的组织也是以官办准国家机关的形式出现的。它转化成了国家机关的分店，保护的理念机关化了，因为个人、国家和社会，在保护人权上有不同功能。人权的保护就个人来说，保护的请求权是在个人的，许多权利都是这样的。另外国家的人权保护具有强制性，它的力度非常大，人们不得不服从，另外它有很强的规则性，能保证处罚的适度与合理，能保证公正性，应该认为这是国家的优势。另外社会组织具有的保护人权的力量远比个人大，又没有国家机关保护人权的复杂程序性，而且它还有以保障人权为价值诉求的内在精神动力，它组建的使命就是保障人权的。有一种内在的驱动力，不是一种外在的我不得不为，而是我的机构设置就是为干这个事的。这三种力量有不同的作用，有不同的定位，这三支力量不可相互取代。

主持人：作为个人力量，往往是属于要么如沉默的羔羊忍辱负重，把人权问题埋在冰山之下，要么以不正当的手段奋起反抗。政府是把法律问题和人权问题混在一块儿，处理就是按法律处理，似乎很冷冰冰，法律上能管就管，法律上不能管就不管。社会组织力量似乎管不了什么事。

卓泽渊：对个人来说，你讲的是对的。有的如沉默的羔羊逆来顺受，有的以非法途径解决。对于个人来说，保护人权最大的问题是不知道用什么法律途径来维护自己的人权，不知道用正当途径寻求社会组织的帮助。不知道用正当途径来维护自己的法律权利，这是公民个人存在的问题。对于国家来说，它存在的问题是什么？没有认识到人权问题在法律问题中的重要地位，司法机关处理的人权问题既是人权问题又是法律问题，但在处理这些人权的法律问题上没有把这个问题摆到应有的高度，没有体现出人权问题在法律问题中的优先性。这种特别重要的意义，没有得到充分考虑。由于我们的人权保障组织社会性程度不高，现存的社会组织多半是官方和半官方组织，参与这个社会组织的成员相当一部分人是当作领工资的工作来完成的，不一定是以保障某种特定人权或者保障普遍的人权为自己的使命,缺乏内在的驱动力量和主体自觉。所以说面对人权的求助者就很冷漠,漠然置之,成了第二位的国家机关,没有起到社会组织应起到的保障人权的作用,实际是缺位。保障人权的社会组织是有所缺位的。除了组织之外还有媒体,我们的媒体客观地说良莠不齐,有的媒体很有社会责任感,但是有的媒体社会责任感相当低。媒体由于种种原因,不可能顾及所有的人权问题,因为追求新闻价值永远是它们的生命线,过分关注新闻的意义,对人权的普适性关注就降低了。往往是出事了,它很关心,不出事没有新闻价值就很少关心。这样一来,还有社会大众的舆论,舆论具有很大的不确定性,而且缺乏整体性,所以只是作为一个社会基础而存在,形成不了整体化的力量。这样一来,个人找不到正确的路径,国家机关又没把它摆到应有的位置去认识。社会这块不是不到位就是不健全、不全面,那怎么办?所以就出现了人权现在的保护不良状态。

主持人:有人说要改变这种状态主要是需要进行人权教育,提高人权意识,也有人认为需要完善跟人权有关的法律调整,现在急需的是什么手段?

卓泽渊:我认为还是多管齐下,其实在处理人权问题上,应该说人权的观念没有建立是一个非常严重的问题。但是人权观念怎么才能建立起来?一定要通过若干关于人权的制度、人权事务的直接处理才能起到推动作用。应该把观念认识的提升、制度建设和人权实践这三者结合起来,即观念、制度、实践这三者要结合起来。

四、人权的核心价值

人权是指以人的自然属性为基础,人的社会属性为本质,作为人所应当享有的权利。权利的基础是人的自然属性,人首先就是一个自然的生命体。生命权、生存权、安全权、健康权,还有自我发展权、追求幸福权,这些都是人权基于自然属性所具有的权利。但是这些基于自然属性所具有的权利必须通过社会实现,社会还派生出人格权、自由权、平等权等。鲁宾逊一个人在荒岛上不会提出这些权利。

主持人:想听听您的看法,到底什么是人权?人权到底是从哪儿来的?

卓泽渊:人权是指以人的自然属性为基础,以人的社会属性为本质,作为人所应当享有的权利。这种权利的基础是人的自然属性,由于人是一个自然的生命体,首先必须拥有生命权,所以生命权就成了人权之中的第一权利。但生命要维持下去,它就要生存,这就涉及生存权的问题。生存还要不受到威胁,要有一个让其继续存在下去的安定状态,那么这种状态就要求一种安全的权利。同时由于人是生命体,这个生命体本身不应该受到伤害,于是会提出健康权的要求。与此相适应的,人是生命体,生命体有发展和获得幸福的权利,所以说人还有自我发展的权利,同时还有追求幸福的权利,这都是人基于自然属性所具有的权利。每一种权利都是人作为社会的存在者才有的,如果是孤立的个人,如鲁宾逊一个人在荒岛上就不会提出健康权、安全权、发展权这些问题。社会除了使这些自然属性决定的权利得以实现外,本身社会的存在还带来一些权利。社会就是人和人的结合,在人和人的结合中每一个人就有自己生存的空间,每个人都有每个人的领域,那么每个人有生存与活动的领域,就有了自由的权利。一个人在社会中是和其他人并存的,在自己和他人并存中会产生比较,即自己跟别人比较起来怎么样,是不是被当作了同等的人来对待,所以就产生了平等权。一个人被不被人尊重,被不被人当作人来对待,因此有了人格权。人在社会生活,社会是由很多人组成的,人和人会产生共同理性上的认识,所谓共同的道义,产生了公正的概念,相应地就有了人们获得公正对待的权利。有了这些之后,人们有一个谋求个人乃至由个人结合成群体充分的全面自由发展的问题，所以说就有全面的自由的发展权，这应该认为是人的最高权利，也就是人的全面、自由发展。

主持人：您能把这些权利搭成一个人权的金字塔吗？哪一项是最底下最基本的？公正、自由、发展是最上面的，那么下面的是什么？最底下是生存权？

卓泽渊：我认为这里面要搭成一个很准确的数据化的金字塔是不可能的。但是作为定性的金字塔可以有。生命权肯定是最底下的，生命权之上的健康、安全、生存乃至人格这些都是最基本的权利。再上一层就是人的发展、自由平等这些权利以及最后追求人的幸福、快乐这些权利。

主持人：美军虐待伊拉克战俘，主要还是侵犯了人格的权利，对人格进行了侮辱。为什么在全世界引起很大愤怒？

卓泽渊：人格权作为人的人身权利，就是被人当作人的权利。美军没有把俘虏当作人，直接动摇了人权的定义。美军不把人当人对待，把人当动物、当野兽，像狗一样牵着，不把人当人。这在人权观念高涨，人权呼声越来越高的世界里，都会受到责备。人格权是人在意识上被作为人对待的最基本的权利，如果说生命权有很大的物质性，人格权则有很大的精神性。

主持人：有专家认为人权就是人所有的权利，那么您认为这些权利有没有包括人所有的权利？

卓泽渊：人权的内容很多，它包括人身权利、政治权利、经济权利等各种权利。

主持人：选举权、财产权属于还是不属于基本人权？

卓泽渊：不是都属于基本人权，可以属于广义上的人权。广义上的人权包括人的所有权利。

主持人：您认为人权有阶级性吗？

卓泽渊：人权，在一定意义上说是有阶级性的。

主持人：我们搞的是无产阶级社会主义人权？

卓泽渊：我认为人权具有两个属性，一个是人权具有共通性，或者说人权的普遍性；另一个是人权的特殊性，这二者是并存的。阶级性无非是人权特殊性的表现状态之一。

主持人：无产阶级人权和资产阶级人权最本质的区别是什么？

卓泽渊：我的想法就是，资产阶级在保护人权上，口口声声说要很好地保护人权，那么社会主义就是要比资产阶级保护得更好、更真实、更广泛。

主持人：有专家有一种观点，美国对自己国家的人权保护相对好一些，对别的国家人权尊重差一些。

卓泽渊：是这样，人权上也有单边主义、霸权主义，表现就是除了把自己的人权观念强加于别人外，对自己的人权很看重，但对别人的人权视而不见或者有所忽略。

五、人权认识的误区

实际上无论多数人还是少数人，只要是人就要给他一个作为人的待遇，人权是一种普遍化的权利，作为人都应该享有的权利，那么无论他是谁，都应该享有这个权利。

主持人：关于少数人的人权和多数人的人权，过去社会太强调大家共同的一面，对少数人的人权尊重不够。现在似乎又有另一种倾向，当我们尊重少数人权利的时候，会不会反过头来影响了多数人的人权？我们现在很尊重犯人的人权，司法人性化进步的标志就是尊重犯人的人权。我们是不是尊重过了？在监狱里待得甚至比在外面要饭的更好？

卓泽渊：不能这么说。这里讲少数人的人权，又谈到罪犯人权的问题。对于少数人人权和多数人人权问题,我认为,既然都是人权就应该平等保护,在人权上我认为本质上谈不上多数和少数的问题。只要是人,符合人的定义,就应该享有人的权利。

人权理论上一个重大误区,以为只要照顾了多数人的人权,少数人权就可以忽略一点,为了多数人甚至不管少数人,这是非常错误的。人权是一种普遍化的权利,作为人都应该享有的权利,那么无论他是谁,都应该享有这个权利。资源有限的情况下,也不能说为了多数人就可以不顾少数人。

主持人:现在国家取消了公费医疗,去年的非典病人享受公费医疗,艾滋病人也有这种倾向,费用由国家来掏。这些少数人享用的是公共资源,当国家拿出财力保障这些人的时候,某些人得到资源的概率是否受到影响?

卓泽渊:人权有一个基本底线,要使处于最低层次生存状态的人不至于不能生存,不至于不能过人的生活,是这个意义。最低生活保障费怎么也得给,如果给不起,我们降低生活标准也得有一个标准。为什么我们老在人权的多数和少数上相互纠缠?实际上无论多数人还是少数人,只要是人就要给他一个作为人的待遇。作为人可能由于生存状态不同,在权利实现度上有差距。

主持人:关于房地产的价格,有些人说政府应该干预房产价格,使老百姓都能买得起房子。但是另有观点说不是这样的,即使在发达国家也不能保证每个人都能买得起房子,政府能保证住得起房子就行了。市场价格住不了,政府提供廉租房住得起就可以了。

卓泽渊:政府要顾及社会整个财富收入状况和适度均衡,但是不能杀富济贫,它可以通过税收方式,通过社会救助方式,使处于社会最低生活底线以下的人获得某种救助,而使他不至于生活在社会的基准线以下,是这个意义。政府想方设法为人们提供一些低价的房屋如经济适用房，廉租房，对于无家可归者提供房子都是可以的、必要的。总之要避免使人沦落于最低生活基准线以下。政府在这个问题上不保证每个人都能过上最幸福快乐的日子，但应当保障你不至于低于社会基准线。

主持人：有网友说现在失业，政府应当保障的人权包括劳动权，政府应当保障劳动的权利，政府应该给他工作。

卓泽渊：政府要提供一个劳动就业的平台，提供一些制度保障，制度上要不具有歧视性，不具有限制性，不能制定一个政策出来使大家的就业空间越来越小。提供平等的就业机会，政府的责任就尽到了；不能就业的时候，政府提供最低生活保障，政府就完成了这个任务。而不是政府兜里揣了很多就业机会，每个人发一个，不是这个意思。

主持人：今天讨论法律和人权的关系，您是法律工作者，也一直搞人权研究。从您的感觉来看，法律是实践人权和保障人权的主要手段，我们现在谈人权，但过去不谈人权的时候，法律也在保障人权，谈了人权，法律就能更好地保障人权吗？法律和人权之间到底是什么关系？法律是不是比人权更强有力一些？法律可以保障人权，可以限制人权，法律和人权之间谁的力量更大一些？

卓泽渊：法律和人权之间不是同序位的关系，而是手段和目的的关系。尽管法律的目的不仅仅是保障人权，但是保障人权肯定是法律的一个很重要的目的，甚至是最重要的目的之一。目的比手段更重要，但是不要以为手段就不重要。

六、公共权力不能侵犯人权

面对国家行政管理权力和公民个人权利在法律上的冲突，我就会认为公民的个人人权高于国家的某种行政管理权。那么在某种管理权力、公共权力和个人权利产生冲突的时候，而公共权力的某种让步又不至于导致其他人权受到伤害,那么公共权力必须退让。

主持人:在人权入宪前与入宪后,律师办案会有差别吗?

卓泽渊:会有区别,会对人权问题更为注重。比如,面对国家行政管理权力和公民个人权利在法律上的冲突,我就会认为公民的个人人权高于国家的某种行政管理权。那么在某种管理权力、公共权力和个人权利产生冲突的时候,而公共权力的某种让步又不至于导致其他人权受到伤害,那么公共权力必须退让。

主持人:拆迁是个人权利和公共权利产生冲突的例子,被拆迁者应该用什么人权维护自己的财产权?提起民事诉讼还是刑事诉讼?个人诉讼还是所有拆迁户团结起来诉讼?

卓泽渊:法律的路径非常多,可以根据当时所处的情况自主选择某种路径,如果说是政府决定拆迁的,政府决定有具体行政文件,它是具体行政行为,就可以通过行政诉讼解决。如果是开发商未经允许就拆迁,你就可以告他侵权赔偿。如果房子拆了,赔偿没有达成协议,跟拆迁者是一个赔偿的民事关系,就可以通过平等的民事诉讼来解决这个问题。

主持人:农民工、打不起官司的人怎么维护自己的人权?法律援助怎么寻求?

卓泽渊:现在全国司法部、厅、局都在搞法律援助,可以找有关的法律援助机构寻求帮助。你能不能打得起官司是你的判断,法律援助机构还有他的判断,他会根据你提供的材料来判定你是否合乎援助对象的标准。标准是权利受到侵犯又无钱维护自己权利。

主持人:一个律师事务所为农民工打了几千起官司,上千起官司的农民工赢了就跑掉了,没有付律师费,这个问题是否很尴尬?

卓泽渊:这是一个道德问题,当然也是一个法律上的问题。农民工委托他打官司,肯定会签合同,那么农民工拿到了钱就跑了,违约了,违反了委托代理协议。律师也可以打官司要钱，但是觉得不合算也可以不要钱，这是法律上的问题。

这个律师在以后的服务中可以适当调整，比如，法院裁决之后马上要给钱，或者先支付一部分差旅费，或者把代理费一部分提前支付，这也是可以变化的。对于万般无奈实在没钱的人，只好做法律援助了。

主持人：中国法律赔偿上比较注重物质上的赔偿，忽视精神上的赔偿。像强奸案裁决很少附带精神赔偿，刚才我们说的两个被暴打的女人，什么样的情况能够提起精神赔偿？

卓泽渊：对精神赔偿我研究不多，中国整体上对精神赔偿是认识不足的。原因倒不是认为精神赔偿不重要，恰恰相反，我们认为精神很高贵，高贵得不可赔偿，这是我们以前的观点。似乎精神损失不可折算为金钱，因此就不赔了，因为它太高贵了，所以不赔。如果将精神赔偿彻底物化，绝对物化，真是办不到。相对地说应该是可行，而且也是必要的。

主持人：道歉是一种精神赔偿吗？

卓泽渊：赔偿本身就是物质化的，道歉不能算赔偿。道歉只能算是精神上的一个安慰，道歉属于安慰。要求道歉是不是一种处罚要看法律规定，法律没有把它规定为一种处罚之前当然不算处罚。道歉的处罚意义相当低，登报道歉就更多地有这个意义，就有名誉挽回、精神安慰这个意义。我认为把道歉作为一种处罚也是可以的，但应有法律依据。

主持人：深圳曾经出现过美国流氓侮辱中国妇女，最后警方只是要求美国人道歉，美国人最后鞠躬道歉走人了。如果中国流氓侮辱中国妇女能道歉完就走吗？《治安管理处罚条例》没有道歉这一说。

卓泽渊：道歉是不是处罚，关键在于法律上的规定，如果法律规定，公开道歉或者登报道歉是一种法律处罚措施，那就是了。

主持人：日本人打算对暴打的中国女人道歉。但是道歉并不能减轻该负的法律责任。

卓泽渊:不能减轻,但是可以求得受害人的谅解。

主持人:一旦出现重大事故,行政第一把手出来道歉,这个道歉有意义吗?

卓泽渊:道歉是有意义的,道歉不能减轻他的法律责任,这和法律责任是两回事,它是一种道义上的责任。工作不到位或者下属没有做到位,或者某种疏忽,甚至根本不是你的原因而是出于你介入了这件事,但是你为了表达对受害者的关切和你自己的一种自责和内疚,都可以道歉。这种自责和内疚是一种道德评价,不是法律上的评价。在这种情况下,只要你感觉到自己内疚就可以道歉。

主持人:布什出来为虐俘道歉了也算承担责任。

卓泽渊:责任是多种责任,道歉是一种道义责任,严格来说道歉是道义责任不是法律责任,除非被法律界定为法律责任之一才是法律责任。

七、用正当的“恶”去抑制非法的“恶”

如果人和人之间永远是这种以恶制恶、冤冤相报的话,人权境界怎么能得到提升呢?人权需要超越。我们提倡用正当的“恶”去抑制非法的“恶”。

主持人:中国目前非常重视人权,而今天大家又不知道怎么来有效维护人权,那么我们应该怎样来维护自己的人权?

卓泽渊:当我们发现一种侵害人权的行为是一种普遍化行为的时候,或者说侵害面比较广泛的时候,我们要充分利用宪法赋予我们的举报申诉控告的权利,帮助法律机构查缉或者阻止有关侵害人权的违法犯罪事件的发生以及打击有关的违法犯罪者。这是第一个观点。

第二,当你发现侵犯人权的个案存在的时候,你发现某一个人被人伤害了,那么这时候我们就应该举报犯罪,同时应该积极地出庭作证,指认违法者。实际上不要理解为,为人家证明违法者、犯罪者,仅仅是帮助人家维护人权,其实我们每个人这样做也就是在帮助维护我们自己的人权。因为当你的人权受到侵害的时候,别人也会为你作证。如果不制止这种侵害行为,下一次就可能侵害到你。

第三,当自己发现权利受到侵害的时候,你就应该谋求得到救助的路径,这个路径情况可能很复杂,可能根据案件情况,根据事实情况,可能是通过行政诉讼方式,也可能是通过民事诉讼方式,当然也可能通过一般的来信来访的方式,当然还可以通过向有关的监督部门进行举报控告的方式。总之,你得寻求法定的方式,正当的方式,寻求国家和社会组织的帮助,沿着法治化的路径来使这些权利得到最大保护。

第四,当自己权利受到侵害的时候,如果自己无法判定可以采取什么措施的话,可以向律师,向一些义务的法律援助机构求助,向他们咨询,寻求一个最经济的、最有效的、维护权利最大化的途径。现在我们有一些这样的机构,如一些高校有法律援助中心,有一些地区也成立了义务性的法律援助中心,这种法律援助中心本身就担负着提供法律咨询服务的任务。有些地方有“148”电话服务,也能够提供法律咨询服务,当然也可以寻求律师的帮助。据我了解,一般的咨询服务,律师常常是收费很低,或者不收费的。如果真进入诉讼的时候,可以聘请给你咨询的律师,之前的咨询也许可以是免费的。

主持人:有些人因为人权受到侵害,去维护人权反而受到更残酷打击的时候怎么办?某人被警方检察院误抓,最后平反出来,去申请国家赔偿,结果以同一罪名又把他再抓起来。

卓泽渊:我相信有这种事情发生,这种事情比较戏剧化,现实中的问题有可能是比较戏剧化的。假定这种情况出现的话,只能是继续寻求人权保护的路径,如果不寻求,等于以前受到的所有委屈都无法得以彻底消除,甚至还会继续被社会误解。国家赔偿法有严格的程序规定,按照国家赔偿法执行,如果得不到救助,按照法律的路径,该起诉起诉,该上诉上诉,该申诉申诉。

法律上的公正终究是有限的,绝对的公正实现的日子恐怕还很远。我们只能在尽可能、最大限度内维护自己的人权,争取社会的公正。人家侵害你的人权是一个错误或者是违法犯罪,你为了保护自己的人权又用非正当手段侵害别人的人权,等于人家的错误加上你的错误,一个错误加上一个错误绝对不等于正确。

主持人:网民的评论当中很流行以恶报恶。如果警方不给予公正处理就是把两个打人的日本人暴打一顿。

卓泽渊:这是一种情绪表达,这种情绪表达非常不理性。当你的人权被侵害了,你都可以寻求司法帮助,为什么你又去侵犯人家的人权呢?你不就是用你的行为认可了人家侵害行为的合理性吗?如果人和人之间永远是这种以恶制恶、冤冤相报的话,人权境界怎么能得到提升呢?人权需要超越。我们提倡用正当的"恶"去抑制非法的"恶"。

主持人:有人家里出了逆子,开家庭会议就把他给杀了。

卓泽渊:这是私权利代替公权力,是对国家司法权的藐视,甚至对国家公权力是一种侵害,实际这种大义灭亲无法把握尺度,往往采取极端的手段,导致犯罪的累加,破坏了国家的司法体制与程序。一个国家如果允许这样大义灭亲的话,国家的司法秩序就没有了,实际是非常不利于社会生活的。

主持人:中国性骚扰是普遍存在的,但是不受法律管辖的性骚扰受害者如何维护人权?

卓泽渊:性骚扰证据的采集、证明有很多障碍,没有上升到法律的事,就还是道德问题,希望寻求道德路径解决。

如果确实构成法律问题,而法律上无法可依,如果没有审就拒绝受理，当事人会觉得申告无门。法院有一个受理机制，一个是对侵权行为的人有一种制约，另外对随意控告的人也有一个制约，因为未必能胜诉，因此在行使诉讼权的时候要慎重。以免又输了钱，官司还败诉。这样会使那些没有受到严重伤害的人不会提起诉讼。恰恰是严重伤害了别人又让别人说不出话来的人最应该付出一定的代价，这样人家告了他，他要应诉，他还得承担一定的名誉损失。性骚扰这个问题需要慎重对待，因为这里面稍有不慎就会导致新的名誉侵权。这不仅是中国的问题，也是世界的难题，这恰恰是在道德和法律边缘的问题。

（中国人权研究会，搜狐新闻网，2004 年 5 月 12 日。）

6. 国家公权力与公民权利

背景一：电信条例“拒绝”法院调查取证

据记者了解，今年4月20日，某县人民法院到江西省移动公司某县分公司，欲查询被执行人朱某的长子朱乙的手机号码及通话记录。因被执行人朱某在广东东莞，但具体在东莞的什么地方不清楚，案件无法执行。该院执行局遂决定到某县电信分公司，查询朱乙手机号码及近一段时间的通话记录，以确定被执行人在东莞的电话，并最终锁定被执行人的所在地，完成案件执行。

背景二：法院“无权”调话单

据《三湘都市报》报道，2003年，某县人民法院在执行一起行政诉讼案件时，因该县移动通信营业部拒绝提供某通信用户的电话详单，对该营业部处以3万元罚款。而根据电信条例和某某省通信条例，移动通信公司有义务保护用户的通信自由和通信秘密。2003年11月6日，有关当事人请求省人大法工委就人民法院是否有权检查移动通信用户通信资料做出法律解答。2004 年 5 月 17 日，某某省人大法工委、省法院、省监察厅、省通信管理局召开座谈会，省人大法工委通报了全国人大法工委有关法律问题的交换意见：用户通信资料中的通话详单属于宪法保护的通信秘密范畴，人民法院依照民事诉讼法调查取证时，应符合宪法的规定，不得侵犯公民的基本权利。

某某省人大常委会法工委认为，公民通信自由和通信秘密是宪法赋予的基本权利，该项权利的限制仅限于宪法明文规定的特定情况，即因国家安全或追查刑事犯罪的需要，由公安机关、国家安全机关和检察机关依法检查外，任何组织和个人不得以任何理由对电信内容进行检查。《民事诉讼法》第 65 条规定中的有关单位和个人，主要是指与案件有关的单位和个人，与《宪法》第 40 条并不矛盾。人民法院依照民事诉讼法调查取证，不得超出法定的范围，应符合宪法的规定，不侵犯公民的基本权利。在省、市人大常委会有关机构的依法监督下，相关法院退还了 5 起纠纷的罚款并予以赔礼道歉。

观点：国家公共权力优先于个人权利必须要有法定的限度。

卓泽渊（中央党校政法部副主任、教授）：

人民法院为执行裁判而请求查询被执行人电话通信内容被电话公司拒绝的案例，提出了许多重要的法律问题，不能简单地说是或者非。它主要涉及三个问题：

一是国家公共权力与公民个人权利之间的关系问题。人民法院为了执行查询被执行人电话记录，这是人民法院司法工作的需要，也可以认为是实现司法权力的需要。在人民法院看来至少是如此的。而宪法和法律的确确认了公民的通信自由与通信秘密受法律保护的权利，这是宪法确认的公民基本权利。如果允许查询,公民的权利势必受到了某种侵害;如果不允许查询,国家权力势必会遇到某种障碍。当然,我们也可以说人民法院的执行也是为了保护公民或法人(申请执行人)的合法权益,但是人民法院的执行行为直接表现出来的,还是公共权力而不是个人权利。所以,对此问题必须慎重,一定不能形成公共权力可以随意侵害个人权利的不良状态。

二是国家公共权力与民事法律关系中当事人权利义务之间的关系问题。被执行人与电话公司之间显然建立有民事的、关于电话租用的法律关系。在这一法律关系中,作为电话公司毫无疑问地承担着对对方当事人通信自由与秘密的保密责任。在这里,保密不仅仅是宪法权利的问题,而且还是对方当事人相对于电话公司的民事合同权利。在人民法院要求查询时,电话公司有无权利以对权利人的承诺来对抗人民法院的调查权,是一个值得研究的问题。在人民法院要求查询时,电话公司以谨慎的态度来对待,我认为是对合同对方当事人负责的态度,也同样具有合法性质,而且在道德上也应当予以充分的肯定。因为,在侵害公民权利的情形可能发生的时候,退让的或者暂停的只能是公共权力。

三是人民法院的调查是否合法的问题。法院执行中的调查权与侦查机关的侦查权是有一定差别的。即使是公安机关、安全机关、检察机关的侦查部门也不能随意查询。他们查询的对象必须是涉嫌犯罪的,在有法律根据的前提下,还需要有立案和查询的法律程序与法律手续。我个人认为,法院执行中的调查权更不是无限的,它必须有法律上的根据并遵守法定程序。尤其是要有严格的内容限制与程序规制。

说到这里,也许会觉得我是“骑墙”的。其实不是,通过以上三点分析,似乎可以得出这样的几点结论:

第一,国家公共权力在特定的情况下可以优先于公民权利。国家公共权力在总体上必须尊重公民权利，但是为了公共权力的实现，有时公民权利必须作出某种退让，但与此同时，为了保障公民权利不被随意侵害，这种退让必须是有法律根据的。具体到这些案例，就是要看，人民法院的调查是否拥有法律的授权，也就是人民法院的查询行为是否具有合法性。我认为在总体上，人民法院是具有向电话公司进行调查的调查权的。

第二，国家公共权力优先于公民权利必须要有法定的限度。人民法院如果要查询被执行人所在的地方，以便寻找被执行人并对其执行，我认为，法院的查询要求是合理的，而且也只能以此为限。当然，如果查询的事项超出了此范围，我认为电话公司是有权拒绝的。在我看来，人民法院不能直接索要包括全部通话内容的通话详单，只能由电话公司向法院提供特定的情况，如被执行人所在地区或位置。因为移动用户通信资料中的通话详单，清楚地反映了一个人的通话对象、通话时间、通话规律、通话费用等大量个人隐私或秘密。它们都是通信内容的重要组成部分，也属于宪法和法律保护的通信秘密的范畴。其中许多资讯的扩散，对被执行人是不利的，对人民法院的执行也未必有价值。公共权力对于公民权利的无意义的扩大损害，显然是不必要的，也是违反法律精神的。所以，我认为，法院查询的内容只能是与执行密切相关的部分，而不是全部的电话内容，更不能涉及其他任何人。否则，人民法院就会形成对其他人合法权利的侵犯。否则，所侵害的通信自由与通信秘密就不仅是被执行人的，甚至已经侵害了被执行人的朋友或者与其有某种联系的非涉案公民。

第三，国家公共权力要优于公民权利时，权力行使者必须具有法律的根据，履行了必要的法律手续，符合法定程序。从目前我国的有关立法来看，还特别粗疏。人民法院调查的范围多大，没有准确的法律规定。这一方面妨碍了公民权利的有效保护，另一方面也影响了国家公共权力的充分实现。这是我们在立法上必须迅速填补的漏洞。在走向法治、保障权利的时代进程中,面对公民通信自由与通信秘密的基本权利,要因公共权力的行使而对其加以必要的限制,必须有适格的具体的法律法规予以规定。人民法院的调查权既要被赋予,又要予以严格限制,以严格防止公共权力的膨胀与滥用。

总之,在目前法制不完备的状态下,如果人民法院仅仅是查询被执行人身在何处,且在法律文书中载明了仅仅查询这一事项,电话公司是不能拒绝的,应当提供协助;如果人民法院查询的是被执行人通话的全部内容,或查询内容在有关法律文书中没有明确,电话公司有权予以拒绝,并要求人民法院进一步明确其查询的合法而适当的范围后,再予以协助。

(《法治时代周刊》第166期,2004年5月26日。该采访的有关观点,在后来,由作者整理成为了一篇独立的短文发表,另见拙著《法治期待》。)

7. 弘扬法治精神

法治向来是一项在具体实践中扎实推进的事业。任何先进的精神和理念，只有得到具体、有效的贯彻实施，才能发挥其应有的作用，释放蕴含其中的巨大能量。正因如此，我们看到卓泽渊教授一再强调指出：法治精神不应仅仅是空洞的口号，它应该是法治实践所奉行的指导思想和基本原则。法治精神应该转化为社会的现实，即应该转化为客观的社会实际。

卓泽渊（中共中央党校政法教研部教授、副主任）：

法治精神是法治的思想内核，是法的价值的体现，是法治思考凝聚而成的思想精华，是法治实践必须奉行的基本原则。法治精神与法的价值、法治实践都有着重要的关系，可以认为，法治精神是法的价值的体现并应指导法治的实践。

法治精神应体现法的价值。法的价值是法或法律对于人的意义，是人关于法或法律的绝对超越的指向，它既引导着法治的过程也标示着法治的目标。从应然的意义上讲,法的价值体现着法律的主体性和目的性。法的价值中包含着生命、自由、平等、人权、民主、公平、正义、人的全面自由发展等众多的价值目标。法的价值是人类法律发展的理性成果,也是人类法律发展的思想结晶。法的价值产生于法律的社会实践,又指导着法律的社会实践,是法律发展的目标与过程的双重统一与保障。法的价值具有极大的涵盖力与指导性。法治的重要意义就在于实现法的良好价值。法治精神是法治的内核,是法治内涵的指导思想,是法的价值在法治问题上的体现。法治精神理当包含法的价值目标于其中,并将法的价值追求作为自己加以实现的理想。法治精神本身就应该包括对于良好价值的追求与实现。只有以良好的法的价值作为自己的理想目标与内在品质,法治精神才可能具有无可怀疑的科学性、崇高性与神圣性。只有以法的价值作为指导,那些体现为法治精神的思想原则和理想目标才可能成为法治的真精神。

法治精神不能背离法的价值。法的价值是美好与神圣的,是人们关于法的期待与追求。法治是人类法律发展的高级阶段,是良好的法律得到良好实施的社会状态。它应该是体现并维护生命、自由、平等、人权、民主、公平、正义、人的全面自由发展等价值准则和目标的。法治与法的价值是根本一致的。法治的目标就在于实现法的价值。法律实践中,对于法的价值的背离,也就是对于法治实质与实质法治的背离。背离法的价值的法治精神其实是反法治的精神。我们应当把法治精神与法的美好价值追求统一起来,绝对不可对立起来。只有体现法的应然价值的法治精神才是社会主义法治精神,才符合社会主义对于法治的本质要求。

法治实践应贯彻法治精神。法治精神不应仅仅是空洞的口号,它应该是法治实践所奉行的指导思想和基本原则。法治精神应该转化为社会的现实,即应该转化为客观的社会实际。法治精神的社会化,是法治社会化的要求，也是法治社会化的精神动力。法治精神社会化的桥梁与途径只能是法治的社会实践，它应该被贯彻在法治的各个实践环节之中。

作为国家的法律机构及其工作人员，必须在立法和执法的工作中严格贯彻法治精神。在立法上，我们也许应该思考，所制定的法律应该如何体现法治精神，既有的立法是否秉持了法治精神，有无违背法治精神的方面。新的立法，如果没有体现法治精神，就应该努力探寻体现法治精神、进行科学立法的路径。如果既有的立法违背了法治精神，就应该对其进行修改，在必要时甚至应该加以废止。在执法上，就应该思考我们的执法措施的采取，法律的具体适用，是否符合法治精神的要求。如果发现有违法治精神之处，就应该反思具体的执法活动和相关的法律文书是否存在对于法律立法原意的误解或者曲解，是否符合法的价值要求，从而自觉修正和完善自己的执法行为。

作为社会大众，也有一个坚持法治精神的问题。守法是每个社会成员与社会组织当然的义务。自觉地服从法律就是法治精神的体现。不能因为狭隘的个人利益或者单位与组织利益就置法律于不顾。始终遵守和服从法律，是社会大众包括每个公民对法治精神的贯彻与尊崇。法治精神当然地包含着遵守法律的精神和服从法律的精神。此外，社会成员还担负着监督法律实施的道义责任。面对各种违法犯罪行为，社会大众都有举报、申诉、控告的道义责任。坚守法治精神，就应该不畏强暴，不畏强权，勇于依法维护法律的尊严与权威，敢于同各种违法犯罪的邪恶势力作斗争。

法治精神对于各个法律主体来说，都具有他律与自律的双重要求。法治精神是他律的，更是自律的。在我们营造法治环境，培育全社会法治精神的同时，必须首先培养自我的法治精神。法治精神应该成为全体社会成员与各个社会组织，在法律问题上共同拥有的认识、原则、信念和目标。每个社会成员与各个社会组织依照法律的原则和规范的自律状态,将是法治精神是否在社会生活中得以确立的根本表征。只有当法治精神切实为每个社会成员与各个社会组织所共同秉持,法治才可能以最佳的状态呈现在世人面前,法治也才可能得到真正的实现。因此,从法治的社会实践视角来看,法律主体运用法治精神进行自律与他律是法治精神得以弘扬的具体表现。

(原题为《弘扬法治精神三人谈》,载《法制日报》2007 年 8 月 31 日。)

8. 依法决策自觉性明显增强

在依法治国基本方略实施十周年之际，记者来到卓泽渊在中共中央党校的办公室进行了采访，卓泽渊教授从五个方面发表了宏论和切身感受。

依法治国十年成绩

这十年来，我们在推动依法治国的进程中，从最宏观的视角来看，我们找到了树立社会主义法治理念以提高全社会法治意识的现实路径，确立了实行依法执政以实现依法治国的执政方式，提出了建设法治政府以推进依法行政的具体目标，启动了改革司法体制以适应法治发展的社会工程。随着和谐社会建设的推进，中国的依法治国获得了新的历史机遇。

法治建设面临问题

目前我们面临的最大问题，应该在于有法不依，执法不严，社会还没有形成真正严格执法与自觉守法的氛围。如今很多人更多地还是在被动地遵循法律，法律本身应有的预期性的指导功能还没有得到应有的发挥。如今不少人一遇到麻烦和问题,首先不是想到如何利用现有的法律程序进行处理,而是千方百计去寻找各种所谓的关系,去寻求对现有法律制度和程序的突破。这是一种值得警惕的畸形的社会心理,它与法治国家或法治社会是格格不入的。当然,目前社会之所以还没有很好地普遍培养起良好的法治精神,以执法、司法为代表的公权部门的消极表现确实是很直接和主要的原因。从某种程度来说,正是因为某些执法者和司法者自身没有很好地执行和遵循法律,才使更多的社会民众开始寻求对于法治规则的非常的也是非法的突破。因此,在将来的依法治国进程中,迫切需要我们采取系统、有效的措施加以纠正和清除。

对于目前依法治国过程中出现的一些问题,我认为需要理性辩证地看待。首先,这其中不少问题实在是短期内难以解决的,对此我们不必坐而论道,更不必求全责备,而应该在具体实践中不断寻找积极的解决办法;其次,依法治国本身将是一个长期、艰难的社会发展过程,对此各方面都要有思想准备,要进行不懈的努力。

但不管怎么样,我认为我国依法治国的将来是非常乐观的,因为依法治国本身是不可逆转的。正因如此,任何时候,法治本身不必停也不能停,法治必须在具体实践中不断前行。

完善法治建设措施

我认为我们今后应该继续强化执法司法行为的规范化和有序化,切实解决目前这种有法不依、执法不严的情况。当然,近年来我们在这方面没少努力,但今后我们还应该更好地推进司法体制的改革。在我看来,司法体制改革本身绝对不是局部的单方面的问题,我们必须注重和强调法治的整体性,在宏观上考虑,从体制上入手,从根本上重新调整党、人大、政府以及法律机构之间的关系。我认为这其中有两个抓手,一是对现有司法、执法的公务人员实行断源清流,切实清除不合格人员,真正大幅度提升法律机关人员的素质;二是积极进行人事制度改革,将高素质的人才引入司法、执法机关。

政府公民责任作用

我国法治建设之所以选择由国家主导推进的法治模式,其实是由我们的现实国情所决定的。因为中国社会缺乏历史的法治传统,缺乏现实的法治基础。在这种情况下,国家或政府无疑应扮演主导者的角色,发挥主要推动的作用。而足以让人欣慰的是,这些年来我们的国家或者政府确实也正在全力推进法治进程,建设法治国家和法治政府,取得了巨大的成绩。

但任何时候,法治建设都离不开社会民众的参与,民众的广泛深入参与才是法治建设最为深刻的社会基础。这些年来,我注意到一个很好的现象,就是越来越多的社会民众尤其是一些法律工作者,开始频繁地以影响性诉讼的方式来向某些不尽公平、合理的霸王条款及社会行为宣战。虽然这其中或许有某些个人作秀和渲染的因素,即使是作秀也是无害而有益的。其本身大多是在以一种合法合理有序的方式来维护自己乃至整个社会的利益,这一点确实难能可贵。从某种程度来说,目前我们这个社会这种人不是多了,而是太少了。当然,这还需要各法律机构和非法律机构进一步提高解决各种社会矛盾和纠纷的能力,确保公正、高效、权威地解决各种社会问题,从而避免出现诉讼爆炸等新的社会问题。

依法治国不断深化

这几年来,中央先后提出了科学发展观、和谐社会以及社会主义法治理念等理念。应该说,这些理念的不断提出,为我们的依法治国提供了日益进步和发展的思想、政治、社会背景,依法治国也正是在这样的背景下得以日益明确、深化和细致。树立社会主义法治理念、贯彻落实科学发展观、构建社会主义和谐社会之间有着密切的内在逻辑关系,三者不仅相辅相成,而且有机统一地作用于依法治国这个整体,为推进依法治国创造了更好的社会环境。在将来的依法治国进程中,只有把经济、政治、社会生活和满足人的全面需求、促进人的全面自由发展等各个方面都纳入制度化、法治化、程序化的轨道,坚持以人为本、公平正义,为科学发展提供合理、科学的法律规则,为和谐社会提供法治基石,我们的法治建设才能更加规范、有序,社会也才能更加和谐、稳定。

(阮占江,《法制日报》2007 年 9 月 15 日。)

9. 感受基本方略提出前后之变

依法治国方略的提出给社会带来很大影响，也给每个社会成员带来影响，应记者要求，卓教授谈了他的切身感受。

对我个人来说，影响可谓是深刻和全方位的，主要可用“两部著作”和“两个变化”来概括。

“两部著作”分别是：2001 年出版的《法治国家论》，主要研究的是法治国家的基本特征，法治国家建设的必要条件，我国建设法治国家的主要障碍，建设法治国家的模式与路径选择等；2005 年出版的《法政治学》，主要研究依法治国背景下法与政治、法与国家、法与权力、法与民主之间的关系。

“两个变化”是指：我从比较单纯地从事法学理论研究转向更多地关注依法治国上的法治实践；从主要从事法学的国民教育转向更多地参与依法治国中的干部法律培训。近年来，我参加了许多法律宣传和演讲活动，比如，2006 年 6 月 29 日曾到中南海为中央政治局讲授法制课程，从 2006 年开始参加“百名法学家百场报告会”的巡回演讲活动。

当然,目前我本人也还面临一些现实的困扰。比如,我的著作整段、整页乃至连续40多个页码被人在其著作和论文中抄袭。在维权方面,不仅是我,很多的人,都还面临诸多困难。这可能不仅是我个人的遗憾,恐怕也是整个法治建设中的一些常见的遗憾。

说感触,我感触最深的是法学家或者法律理论工作者应当更多地参与社会法治实践或者说是参与社会法治建设。中国的依法治国的事业实在是急迫地需要法学理论工作者走出书房,更多地宣讲法制、传播法制。

(阮占江,《法制日报》2007年9月15日。)

10. 进入依法执政阶段

记忆录:2004 年 9 月,中共十六届四中全会召开,会议通过了《中共中央关于加强党的执政能力建设的决定》。

依法执政:党执政方式的历史性跨越。

本报记者对话中央党校政法教研部副主任、博士生导师卓泽渊教授。

当“依法治国”成为人们耳熟能详的话语,当法治日益走进普通百姓的生活,我们不禁回想起 5 年前党的十六大的重大决策:全面贯彻依法治国基本方略。

那么,党的十六大以来的 5 年间,党领导我们在依法治国道路上取得了哪些成绩?未来的 5 年乃至更长时间,我们的法治建设将会朝着什么样的方向发展?党的十七大召开前夕,记者来到位于北京西郊的中共中央党校,专访了中央党校政法教研部副主任、博士生导师卓泽渊教授。

记者:一个政党的治国理政途径有多种,中国共产党选择依法治国道路的历史背景是什么?

卓泽渊:中国共产党选择依法治国的道路,其历史背景我想主要有五个。

第一,是社会历史发展进程的反映。中国的现代法治肇始于清末,戊戌变法、清末改制等都是其中标志性的历史事件,但作为一个封建专制的政权,清王朝不具备建立法治的前提。辛亥革命后,国民党政权受本身阶级属性和战乱环境的局限,也不可能完成现代法治建设的任务。于是,大约半个世纪就过去了,这一任务历史性地落到了中国共产党的身上。中华人民共和国成立后,社会主义法治得到迅速发展,但在反"右"斗争和"文化大革命"期间又遭受到严重破坏。到了十一届三中全会提出"发扬社会主义民主、建设社会主义法制",中国法治建设重新开启了大门。一直到了1996年,党中央请法学家走进中南海,说明党已经意识到了法治的重要性。1997年党的十五大提出了依法治国的治国方略,1999年宪法加以确认,此后,中国依法治国道路进入了一个高歌猛进的新时代。

第二,是中国社会经济发展的客观要求。中国在传统社会中基本是以自然经济为主,中华人民共和国成立后实行的是高度计划经济。随着社会的发展,我们的经济体制逐步从商品经济、有计划的商品经济,转化到市场经济。经济的市场化速度进一步加快。如果说自然经济条件下对法治的需求相对最小的话,市场经济对法治的要求却是最高的,因为市场主体、市场关系、市场活动秩序等无一不需要法治来保障,所以人们常说,市场经济就是法治经济。也就是说,市场经济建设要求推行依法治国。

第三,是中国民主政治发展的必然要求。中国社会经历了长期的专制统治,但经过辛亥革命的洗礼,特别是中国共产党在领导社会主义革命和建设期间,中国的政治经历了一系列民主化发展过程。党在总结经验教训的基础上,提出了民主政治的口号,以真正实现人民当家作主。而毋庸置疑,法治是民主的最好路径和最有力的保障。

第四,是党自身发展,即完成从革命党到执政党转变的需要。1949年,党建立了全国性政权,革命的任务已经完成。但其后几十年间,我们党有一个很大的失误——没有自觉完成从一个革命党向执政党的转变。革命党与执政党之间存在很大区别:前者要通过暴力手段夺权,而且“革命从来都不需要法律”(列宁语);而后者却要通过管理和建设手段掌好权,主要靠法律来治理国家。现在我们坚持走依法治国道路,正是党领导人民群众从革命夺权到制度治国的转变。

第五,是国际共产主义运动和党自身发展教训和经验的总结。从国际共产主义运动角度来看,苏联共产党有着极其惨痛的教训,苏联的非法治化甚至反法治化错误十分严重,尤其是肃反扩大化等过度夸大的阶级斗争事件,严重伤害了党内许多同志,伤害了人民群众,导致了大量的冤假错案,最后使苏共被人民抛弃。我们党也经历了“文化大革命”非常沉痛的历史过程,这个教训非常深刻。整个共产主义运动和中国共产党的实践都告诉我们,没有法治是不行的。

记者:我们说依法治国,又说党领导人民群众治理国家,那么,如何看待党的领导与依法治国的关系?

卓泽渊:这个问题提得好,这也是在学理上曾经长期没有搞清楚的问题。实际上,这是两个层面上的问题。党领导人民治理国家是政治层面的问题,在政治上,党要通过自己的组织、党员的作用、政策引导和必要的组织措施,集中群众智慧和意志,反映群众的愿望和要求,通过法定程序把人民的意志上升为国家意志,必要时还可以依照法定程序修改和废止已经制定的法律,总之要按照人民群众的愿望和要求来治国理政。但在具体的法律关系和法律事务上,党的组织和党员个人都必须按照宪法和党章的规定,在宪法和法律范围内活动。法律面前人人平等,党的组织和个人当然也不能例外。

记者:依法治国是个长期进程,自党的十六大以来的5年,我们取得了哪些令人瞩目的成就?在依法治国整体进程中有何重大影响?

卓泽渊:5年不过是历史长河中的一瞬,但这5年确实是全面贯彻依法治国方略的不平凡的5年,从宏观的视角来看,主要成就有四点。第一,也是最具标志性意义的,找到了党作为执政党领导人民创建法治的根本路径——我们党提出了"依法执政"的原则。2004年9月,党的十六届四中全会《关于加强党的执政能力建设的决定》明确提出:把依法执政作为党执政的基本方式。依法治国表现在政党行动上就是依法执政,"依法执政"原则的提出使我们党的活动原则和宪法的规定被具体化,是5年中对国家法治建设的最重大贡献,也标志着我们党的执政方式开始了历史性的跨越。

第二,提出了建设法治政府以推进依法行政的具体目标。2004年3月,国务院颁布了《全面推进依法行政实施纲要》,提出了用10年时间打造法治政府的目标,这是依法治国在行政上的体现,也为依法行政找到了具体努力的方向。

第三,启动了改革司法体制以适应法治发展的重大工程。2004年年底,中央发布了《关于司法体制和工作机制改革的初步意见》,明确了司法体制改革的指导思想、工作原则和目标任务,为司法体制改革指明了方向。目前,各项改革正在有序推进。

第四,找到了通过树立社会主义法治理念以提高全社会法治意识的现实途径。2005年年底,党中央作出了要牢固树立社会主义法治理念的重大战略决策。目前,学习、践行社会主义法治理念活动正在深入进行,它对于建设社会主义法治国家、法治政府和法治社会必将起到强有力的推动作用。

记者:诚如您所言,5年法治建设成果喜人,"依法执政"标志着党执政方式开始了历史性的跨越,但要顺利完成这次跨越,您认为还有哪几项关键性工作要做?

卓泽渊:依法治国是一个长期的艰难的社会发展过程,要实现法治国家的目标,我们党还面临着很艰巨的任务,我认为目前要抓好四个方面。

第一,全党要切实树立起法治的理念,在思想认识上迈出先导的一步,真正把依法治国作为党的行为方式,把建设法治国家作为党的政治目标。

第二,党的组织和党员都必须模范地带头守法,按宪法和党章要求在宪法和法律范围内活动,在行动上坚持和实现法治原则。党守法,则法治兴;党违法,则法治废。

第三,党要加强对立法的领导,改革、改善对立法的领导方式,确保立法始终体现人民的意志。

第四,通过科学的方式,完成对中国司法体制的科学设计;通过法治化的程序,将这种设计转化成为国家意志,真正对司法体制进行一次全面的梳理、构造,把司法体制改革提高到宪政体制设计的高度,纳入政治体制改革大局中去考量,达到结构上的科学、目标上的公正,以适应中国社会和法治发展的要求。

记者:即将召开的十七大意义深远、世人瞩目,又是一个“新的历史起点”,您预计未来几年我国法治建设将出现什么新的变化?

卓泽渊:未来几年,中国法治建设将在六大方面引人关注。

第一,与和谐社会相适应,将是中国法治建设的宏大主题。这并不是一个赶时髦的话题。随着中国社会改革的进一步深化,市场经济的进一步发展,社会民主进程的进一步加快,社会矛盾在一个时期内还会频发,成为社会关注的焦点,与此相适应,和谐社会建设就变得更加迫切。化解矛盾纠纷、增强社会凝聚力、营造安全稳定和谐的社会环境,将成为法治建设的宏大主题。

第二,落实科学发展观,将成为中国法治建设的一个重大主题。中国经过将近30年的快速发展之后,要想进一步发展,必须走全面、协调、可持续的道路。如何科学发展,法治在此方面应该大有作为,它可以增强决策的科学性、有效性,为落实科学发展观提供有力保障。

第三,民主政治建设方面的法治将得到进一步强化。社会主义民主政治建设正在逐步推进,但有一个重要前提,这种推进必须是有序化的,因为混乱的民主肯定不是社会所需要的民主。而法治是保障民主得以良性推进的根本保证。

第四,涉及民生和社会保障方面的法治将受到更大程度的重视。随着国家经济实力的增强,我们已经具备更好的条件为民生提供保障,使人民免于贫穷、不受生计所迫,让人权保障进一步落到实处,提升整个社会的文明进步程度,这些任务要借助法治去完成。

第五,国家的法律体系将进一步趋向于完善。依法治国的基本前提是有法可依,党的十六大提出,到2010年要建立起较为完善的社会主义法律体系,目前还剩下两年多的时间,可以预见,今后几年中国的立法一定会出现高增长,法律体系将趋向完备。

第六,司法体制改革将进一步走向深入。从2004年党中央发布《关于司法体制和工作机制改革的初步意见》以来,各项改革正在稳步推进之中。可以预见,未来几年,司法体制改革将逐步成为贯彻依法治国方略的具体行动,也将成为实现党依法执政的制度设计,并将成为促进司法适应社会发展的推动力。当然,司法体制改革也将影响全体中国人的法治化生活,将越来越受到关注。

(原题为《党执政方式实现历史性跨越,进入依法执政阶段》,载《检察日报》2007年10月10日,该文发表时没有记者署名。)

11. 服务型政府必须是法治政府

3月11日下午,大部制改革方案尘埃落定,第六次国务院机构改革的帷幕正式拉开。美丽的舞台,服务型政府的角色格外引人关注,如何演绎精彩?如何赢得掌声?人们拭目以待。

《南方周末》的评论一语中的"无论大部还是小部,只要能多快好省地为纳税人提供服务就是好部",如何多快好省?这是一个话题,更是一种观念;这是一种思路,更是一个过程。中央党校政法部副主任卓泽渊教授直言"实现政府职能的本质性转变,使政府不偏离服务的本质与目标,一个极为重要的办法就是将政府职能法定化,将各个部门或者机关的职权法定化"。

2004年,国务院颁布《全面推进依法行政实施纲要》,宣布要用10年时间建设成为法治政府。党的十七大报告在谈到依法行政时,用了"在阳光下行使权力"这样充满感性的表述。只有法治化的权力才是阳光的,如何解读服务型政府与法治政府的关系?法治化进程中的种种问题如何应对?建设服务型政府需要怎样的法治化措施？卓泽渊教授详细解读，破解法治政府难题。

如何理解服务型政府必须是法治政府？

早在2002年8月，成都就在全国范围内最早提出了建设“规范化服务型政府”的理念。作为取代“管制型政府”的一种新模式，它引起了学界和政府管理部门的广泛兴趣和高度重视。随后的2004年2月24日，温家宝总理在中央党校省部级主要领导干部班上正式提出“建设服务型政府”的要求，自此“服务型政府”的提法遍地开花，并引起了全社会的极大关注。学者们纷纷撰文给出“服务型政府”的定义，虽然学界对服务型政府的概念基本上已有共识，但对其内涵的理解却存在很大的不同。

在卓泽渊看来“服务型政府不过就是以服务作为价值目标、政策导向、行为准则的政府。用通俗的话来说，服务型政府就是从理念到行动上都做到了为人民服务、为公众服务、为社会服务的政府”。对于诸如“服务型政府是民主政府、责任政府、有限政府、绩效政府”的提法，他认为“这些提法都是正确的，但是必须注意到的是，服务型政府必须是法治政府”。

政府在其发展的过程中，经常被认为是以“管理者”的角色而存在，您觉得这是政府设立的初衷吗？

卓泽渊：政府从其设立开始就应该是服务的，它应该服务于人民、服务于公众、服务于社会。政府在应然的本质上是为人民服务的工具。但是政府在其发展中又常常背离了它的初衷，甚至走向了它的反面，成为管理甚至统治人民的工具。政府的这种发展，也就是政府的异化和悲哀。政府在这种畸形发展的历史进程中被不断重复，以致人们舍本逐末地误解了政府，以为政府就是管理，就是统治。

按照您的说法，政府从管理型向服务型的转变，应该是政府角色的本质回归,那您觉得如何才能使政府不偏离服务的本质与目标?

卓泽渊:现在,我们将政府从管理型向服务型的转变,实际上是为了使政府更好地符合其被设立的初衷,使政府更好地符合其质的规定性。何以使政府不偏离服务的本质与目标?一个极为重要的办法就是将政府职能法定化,将各个部门或者机关的职权法定化。既使其担当起应有的责任,又使其不滥用自己的权力。要做到这两个方面,服务型政府也就必须是法治政府;建设服务型政府也就是建设法治政府。

有人说,服务型政府就是民主政府,您怎么看?

卓泽渊:这当然是正确的。政府的本质就应该是民主的产物并体现民主。但是政府从其出现以来,就有一种背离民主本质的趋向。如何防止政府背离民主,一直是一个极为重大而艰巨的课题。服务型政府的价值目标、政策导向与行为准则就使政府必须为人民服务,实现并服务于人民民主。

您觉得保障政府民主性的关键是什么?

卓泽渊:如果追问人民的民主最好通过什么来记载并确保,我们不能不想到法律。在众多的社会规范之中,法律以其独特的明确性、确定性、稳定性、神圣性和国家强制性,成为独树一帜的社会规范,成为约束政府包括政府机关及其工作人员的法宝。从民主的性质来看,法治就是确保政府权力到位而不越位的重要手段。人民也就通过法治确保政府的民主性质,进而体现政府的服务性质。从服务型政府是民主政府的意义上看,我们也可以得出服务型政府必须是法治政府的结论。

您如何看待服务型政府的作为与不作为?

卓泽渊:服务型政府是必须作为,又不能随意作为的政府。用通俗的话来说,是必须服务而又不能滥用服务的政府。政府是公共权力的拥有机构,具有远非公民个人所能匹敌的资源与优势,如果随意行政,就可能危害政府自身,使政府背离自己的本质,失去自己的宗旨与依归。如果有法律，我们就有一个判别的根据。因此，无论是从保障人民权益，还是从维护政府本质的意义来看，政府都必须依法行政。依法行政的政府必须是法治政府。我们可以说法治政府是服务型政府的另一个侧面，另一个解读。

建设服务型政府的法治努力？

一个被授予权力的人，总是面临着滥用权力的诱惑。约翰·亚当斯曾说：法治意味着在一个国家中"所有的人，富人与穷人、管理者与被管理者、官员与民众、主人与农仆、第一公民与最低贬者都平等地服从法律"。依法行政是现代政府的一个基本特征，是建立合理的政府与社会、政府与市场、政府与人民关系的前提。

中国的服务型政府建设是在中国社会逐步建设社会主义市场经济的过程中提出并推进的。市场经济与民主政治的立法发展成为建设服务型政府法治化的制度基础。从全民所有制工业企业法、三资企业法、个人独资企业法、合伙企业法、公司法等，到商标法、专利法、反不正当竞争法、消费者权益保护法、合同法等，市场经济立法的发展促进和推动了服务型政府建设的相关上层建筑。

不仅如此，卓泽渊认为"中国政治民主化立法的发展也为服务型政府建设提供了具有法律意义的政治前提"。综观改革开放以来，从宪法的制定与修正，到民族区域自治法、特别行政区基本法的出台；从政府与人民代表大会的立法建设，到政府责任与政府监督的立法情况，他觉得"政治民主化立法的发展，为服务型政府建设开辟了道路，减少了障碍"。

在谈到以行政诉讼为核心的司法发展时，卓泽渊为记者展示了2007年的这样一组数字：

最高人民法院审理行政案件1242件，国家赔偿案件313件，监督和指导地方各级人民法院审结一审行政案件47万余件；审结国家赔偿案件 1.3 万件,涉及赔偿金额 1.8 亿元。

最高人民法院审查申诉和申请再审案件 9860 件,监督和指导地方各级人民法院审查申诉案件 55.7 万件,其中申诉符合再审事由进入再审程序的案件 18.4 万件,占全部生效案件总数的 0.71%。5 年来,全国法院涉诉信访总量逐年下降。

作为最早公开发表论文倡导在人民法院中设立行政法庭,开展"民告官"诉讼的学者,卓泽渊对今天以行政诉讼为核心的司法实践的发展,深感欣慰,他坦言"'民告官'的司法实践,实实在在地推动了中国的法治建设。不仅使人民提升了权利意识,更使各级人民政府在司法监督和人民监督的共同作用下,提升了服务意识。公民法律权利意识的觉醒是服务型政府建设的社会思想基础。如果公民普遍地漠视权利,任何国家都是无法构建服务型政府的"。

建设服务型政府的法治化措施?

随风潜入夜,润物细无声,一切都在悄然发生变化……

从行政审批制度改革到行政许可法的实施,从行政体制改革到科技、卫生、文化体制改革,从随意的作为与不作为到以人为本、依法行政,5 年间,各级政府积极地在全能型、管制型与管理型、服务型、法制型中不断转换自己的角色,这种积极的努力在改变社会,也在改变老百姓的生活,常常听到这样的声音"你看,政府的'脸'悄悄在变"。

"只有全面坚持依法行政,努力做到有权必有责、用权受监督、侵权要赔偿、违法要追究,让权力在阳光下运行,才能保证人民赋予的权力始终用于为人民谋利益。"2008 年"两会",温家宝铿锵有力的声音,在老百姓的心中久久回荡。他们说"有法律支撑的民生才是有保障的民生"。5 年来,国务院共向全国人大常委会提交了 39 件法律议案,制定、修改了 137 件行政法规。

成绩有目共睹，但是，一路走过的成绩并不代表前进道路的一帆风顺，政府机构仍然存在诸多问题，人员膨胀，职能交叉、重叠，权限冲突；政府机构职能与行政机关职权法定、职能法定的要求不相适应；一些官员法律意识淡薄，责任意识差，都成为建设服务型政府的“绊脚石”，如何加速服务型政府的法治化进程？如何实现真正意义上的职能转变？在卓泽渊看来“能否用法律来固化政府职能改革的成果，是改革成败的重要因素”。

用法律正确设定政府职能

经过从20世纪80年代以来的5次政府机构改革，我们的政府机构仍然存在很多问题，改革的效果并不明显，人员依然膨胀，机构依然很多，职能依然交叉、重叠，权限之间的冲突依然存在。您怎么看待这个问题？您觉得这些问题解决的关键点是什么？

卓泽渊：政府的职能在不同的时代不同，在不同的经济条件下不同，在不同的社会制度中也不同。我们历次的体制改革多为机构改革。被改革的机构不断被恢复或复辟，改革的成果在社会发展中效能逐步降低，乃至最后所剩无几，形成“膨胀—精简—膨胀—精简”的不良循环。问题就出在我们没有能够很好地从职能出发。只要政府的职能不清、机构重叠、职责交叉，就必然会政出多门、各自为政、相互扯皮。政府的职能状态不改变，单纯的机构改革就难以彻底成功。

中国共产党十七大所确定的，这次十一届人民代表大会所推进的改革，重点确定在“转变职能、理顺关系、优化结构、提高效能”上是非常有道理的，也是对历次改革经验与教训进行总结的基础上得出的结论。政府及其各个部门职能的确定，必须根据中国社会发展的实际，根据市场经济、民主政治等发展来取舍与设定。否则，我们政府某些原来职能该放的不放，某些应设的职能当列的不列，就必然会导致政府不该管的一直在管,应该管的无法去管的局面。后果是,不该管的,管不了;该管的,管不好。政府职能一旦确定,就必须用法律固定下来,确定起来,而不可随意变更。否则,改革的成果又会得而复失。能否用法律来固化政府职能改革这一成果,是改革成败的重要因素。

政府机构及其公务人员必须严格依法行政

没有一支法律意识强、执法能力强的公务员队伍,依法执政的理念、方式都可能化为泡影。20 多年的普法教育,公务人员个人法律素质和修养得到了较大的提升。但是仍存在上级官员的法律意识强,下级官员的法律意识淡;干部的权力意识强,责任意识差的失衡现象。您怎么看这个问题?

卓泽渊:政府的行为都是通过其公务员的行为得以体现的,因此,政府官员不得滥用职权,必须严格依法行政。政府及其工作人员的依法行政,对于政府官员提出了很高的法治化要求。但是直到现在为止,我们许多政府官员还没有“行政就是执法”的意识,甚至错误地理解为只有那些罚款、扣押等行政强制措施的实施才是执法。其实,任何行政行为都必须具有法律的根据。只要是在法律上没有根据的行政行为,就可能是违法的行政行为。各级人民政府及其官员必须树立“法无授权即非法”的行政意识,全面确立行政法治理念。这对于我们多达数百万的政府官员来说,是一个特别艰巨的任务。没有每一个政府官员的法治自觉,要他们都严格依法行政实在是一件困难的事情。如何培养政府全体官员的法治理念尤其是依法行政意识,将是中国法治政府也同样是服务型政府建设中的重大难题。

卓泽渊精彩语录:

· 政府本质上是为人民服务的工具,但在其发展中又常常背离初衷,成为管理甚至统治人民的工具。既使政府担当起应有的责任,又使其不滥用自己的权力,服务型政府必须是法治政府。

·政府的本质应该是民主产物并体现民主,但政府从其出现以来就有背离民主本质的趋向。在应然意义上,从民主的性质来看,法治就是确保政府权力到位而不越位的重要手段。

·政府的缺位就是失职,政府的越位就是侵权。判别政府缺位与越位以及失职与侵权的标准是法律。

·政府职能一旦确定,就必须用法律固定下来,不可随意变更。否则,改革的成果又会得而复失。能否用法律来固化政府职能改革这一成果,是改革成败的重要因素。

·直到现在为止,我们许多政府官员还没有"行政就是执法"的意识,甚至错误地理解为只有那些罚款、扣押等行政强制措施的实施才是执法。其实,任何行政行为都必须具有法律的根据。只要是在法律上没有根据的行政行为,就可能是违法的行政行为。

·没有每一个政府官员的法治自觉,要他们都严格依法行政实在是一件困难的事情。如何培养政府全体官员的法治理念尤其是依法行政意识,将是中国法治政府也同样是服务型政府建设中的重大难题。

(王爽,《中华英才》2008年3月。)

12. 考问领导能力的时代课题

社会发展对公共事件的处理提出越来越高的要求。党政领导干部是否具有正确处理公共事件的能力,标志着其执政能力与水平的高低,但是正确处理公共事件绝非易事。

近来,现实社会与网络媒体交叉互动的公共事件接二连三:

2007 年 12 月 25 日,陕西省某某县职业中学校长高勇为落实国家对贫困生补助款,追着县长两次打开其车门请求签字,为此,某某县教育局决定让校长停职检查,公安局对其作出了行政拘留七天暂缓处理的决定。消息一出,恶评如潮……

2008 年 1 月 1 日,《法制日报》主办的《法人》杂志发表《辽宁西丰:一场官商较量》一文,因报道涉及某某县县委书记张某某,某某县公安局多名民警赶到法制日报社以“涉嫌诽谤罪”为由对记者朱某某进行拘传,未果,引发轩然大波……

2008 年 1 月 7 日,湖北省某某市城市管理执法局

50多名执法人员因填埋垃圾与农民发生冲突，恰好路过的某某市水利建筑公司总经理魏某某用手机录像，遭到城管人员群殴致死。事件发生后，灵堂公设，群众示威抗议不断，网络批评随之跟进……

随着群体上访、集体游行、示威、静坐、网络风暴等公共事件的频发，“公共事件”一词越来越被广泛使用，但至今仍没有一个公认的定义。也许可以认为，公共事件就是指由公共参与的，涉及公共利益的，并具有公共影响的重大社会事件。公共事件的增多与频发，是中国社会发展到现阶段的必然现象，也早已成为中国这一特定时代的重大社会问题。如何认识公共事件，尤其是如何处理公共事件，是党政领导干部尤其是各地区各部门主要党政领导所面临的重大难题，必须理性地面对，科学地处理，只有这样，我们才可能临危不乱、应付自如。

公共事件的“公共性”

公共事件的特点在于其公共性质，这种公共性质主要体现在三个方面：

参与主体的公共性。任何公共事件都是由公共参与的，否则就不能称其为公共事件。作为公共事件的参与者，他们或者以传统的方式聚集在一起表达共同的意愿，提出共同的诉求；或者以非传统的方式聚集在一起，诸如同时或者先后在网络论坛上发帖，当这些言论累加至产生重大公共影响的时候，即形成网络上的公共事件。那些在网络上发表言论的人其实也都是这些公共事件的参与者。

涉及利益的公共性。公共事件本身就可能涉及公共利益，其处理的结果也会对公共利益产生影响。公共事件引发因素也许只是个人利益，但事件的发展可能超出个人范畴成为某种公共利益。比如，“进京拘传《法制日报》记者”的消息，一经网络传播，就可能被公众视为自己获得媒体帮助的权利受到了侵害，媒体和新闻从业人员就可能将其理解为采访报道权和舆论监督权也受到侵犯。因此，对特定记者人身权利侵害的特定事件，便被扩大为对不特定社会群体权利侵害的公共事件。

社会影响的公共性。公共事件一旦发生，便会引发多方反响，吸引社会大众的注意力，成为社会关注的焦点。正因为公共事件影响巨大，因此，我们必须高度关注，认真对待，避免引发更大规模和更大范围的事件。公共事件的影响力往往超越事件本身，蔓延到相关问题的争端上。有些地方甚至因一个治安案件而引发群体上访，演变成为公共事件。其他团体或人群也可能借机表达自己的愿望，乘机集会、游行、示威，引发其他公共事件。

时代孕育的“多胞胎”

公共事件的频发是中国社会现代化的必然产物。在传统农业社会中，由于地理距离、交通工具、通信方式等限制，人们之间交往较少，社会生活节奏缓慢，公共事件较少发生。而在当代，现代通信工具的发展为人们之间的交流提供了便捷的手段，大大缩短了空间距离，尤其是网络、电讯等为公共事件的频发创造了条件。

公共事件的频发是中国社会转型发展的结果。中国社会正处于巨大的历史转型之中。从计划经济向市场经济变革，从非法治向法治转化，从非民主向民主过渡。旧的体制尚未完全退出，新的体制尚未完全形成，新旧体制之间的矛盾在所难免。过去的习惯与做法，会在市场经济的背景下遭受挫折。历史积淀的问题，会在新形势下谋求新的解决路径，这必然会造成矛盾的凸显与频发。

公共事件的频发也是社会民主发展的产物。在人们不具有民主意识的时代，不可能有强烈的权利意识。即使偶然产生了这样的意识也很快会在强大的政治压力下湮灭，即使偶有公共事件发生也很容易在强大的政治威胁之下加以处理。在社会日益民主的背景之下，严格的政治约束消失了，人们的意志可以更大程度地得到表达，公共事件就成了他们表达与要求的集中体现。因此，随着民主政治的逐步建立和发展，社会大众的民主意识日益增强，他们参与政治的积极性增加，公共事件发生的可能性陡增。

公共事件多发是政治钳制退却而民主法治尚未到位的结果。在“文化大革命”及其以前的高度政治钳制中，人们有意见也难以表达。在政治钳制解除之后，社会调控必须建立新的民主与法治机制。但是民主与法治的建立和完善不是一蹴而就的，因此，在民主和法治没有建立或完善时，必然会出现社会调控机制的空档。在民主和法治缺位的情况下，公共事件也就更容易成为表达诉求，实现权利的重要选项。

领导手中的“烫山芋”

社会发展对公共事件的处理提出了越来越高的要求。党政领导是否具有正确处理公共事件的能力，标志着其执政能力与水平的高低，但是正确处理公共事件绝非易事。

首先，公共事件的参与者人数众多。“众怒难犯”“众口难调”都是公共事件处理的难点。引发公共事件的事由常常关乎大众利益，因此，解决时必须兼顾各方利益与诉求。一旦处理不当就会引发新的社会问题。

其次，公共事件参与者的利益要求强烈。一般来说，演化为公共事件的问题往往是长期得不到解决的问题。参与者在长期的呼吁、奔走或者投诉中已经逐步丧失了耐心，也逐步丧失了对有关组织的信任，解决问题的最佳时机已经错过。发动与参与公共事件者的目的非常明确，就是要满足自己的利益要求。有的甚至提出“不达目的，誓不罢休”的口号。面对这样的情形，要彻底满足他们的愿望，会特别困难。

最后，公共事件参与者的利益结构复杂。虽然参加的是同一公共事件，但仔细分析各个参与者，不难发现他们并不具有完全相同的动因与动机、心理状态与利益诉求。各级领导要对具有不同动机的群体做好说服工作并解决其问题,实属困难。

化解矛盾的"掌中宝"

对于公共事件的处理,最根本的是化解矛盾,彻底消除纠纷。要真正做到这一点,就必须严格依法办事。只有法律才是彻底化解矛盾纠纷的法宝。对于法律是解决公共事件意义的理解一定要准确。

首先,处理公共事件中所采取的可能有损群众利益的措施必须是合法的。从严格的意义上讲,政府本身是执法者,绝不可在解决矛盾中违反法律,否则,可能恶化事态而难以善后,使政府处于更加被动的状态。

其次,处理公共事件的变通措施不得违反法律的禁止性规定。如果我们不慎违反了法律的禁止性规定,损害了群众利益,原则上,一旦发现就必须立即制止,迅速追究责任者的责任,并及时让公众知晓,否则群众就会不服。政府的违法行为,完全可能为少数发动者利用,使之成为事态扩大的诱因。

再次,反对违法犯罪的态度必须鲜明。为了避免激化矛盾,可以变通处理方法,但不可放弃原则和立场,更不能纵容违法犯罪。所有的变通都必须在法律允许的范围之内,绝对不能使事态发展到无法无天的地步。领导干部一定要善意和准确地利用法律来达成平息事态与化解矛盾的目的。

最后,法律是处理公共事件的强大威慑力量。法律以其独有的国家强制力而具有强大的威慑力,这种力量是处理公共事件的有力保障。领导干部一定要运用好法律,并及时采取行动,依法处理违法的闹事者,但是必须注意把握分寸——力争恰如其分、恰到好处。惩罚不是目的,平息事态与化解矛盾才是根本,因此更重要的是要充分运用法律将发动力量转化为制动力量。只要违法闹事者愿意协助化解矛盾,就应该依法灵活处理。对于无须处理的，应当予以批评、教育或者依法警告。但绝对不应因滥用法律措施而恶化事态。

坚定不移的“民为本”

处理公共事件，不能简单地弹压。要本着化解矛盾、维护群众利益和为人民服务的宗旨，应与人民群众一起寻找解决办法。这里的“民为本”是指的以“人民”为本，绝对不是以“子民”或“草民”为本，人民必须是崇高而神圣的。

“一切为了人民”是处理措施的出发点与归宿。一切为了人民应体现在处理公共事件的原则和措施中。平息公共事件最终是为了人民群众安居乐业、生活幸福。因此，在指导思想上要从群众利益出发，想人民之所想，急人民之所急，这也是处理公共事件的根本原则。

要善于动员和依靠人民群众中的积极力量。处理公共事件必须听取人民群众的意见，充分利用人民群众尊重上级领导、响应政府号召、服从组织决定的积极心态，发现和发动人民群众中的积极分子，让人民群众自己去做自己人的思想工作。这样，我们的政策和措施就可能得到更多群众的理解与支持，最终平息事态，彻底消除矛盾。

要彻底解决人民的现实问题和客观困难。要相信绝大多数人民群众是理性的，不会无故闹事。他们的诉求有其合理性，对于合理的诉求要予以肯定，对于不合法的表达形式要坚决反对和制止。最终一定要落实到真正为人民群众解决问题、克服困难上去。只有这样，人民群众才会真正心悦诚服地配合和服从我们的处理措施，使社会恢复和谐。

（王爽，《中华英才》2008年第14期，原题为《考问党政领导能力的时代课题》。）

13. 根除人治，树立法治

思想病症

法治正在成为一种新的思维方式，但观念总要经过多次反复，才能将旧的生活方式送进坟墓。新的生活方式的形成毕竟要有一个过程：依法决策还没有完全替代拍脑袋决策，权大于法的现象还没有完全根除，一些地方和行业还存在特权意识，积淀在一些领导干部意识深处的封建意识、人治思维遇有适当气候还会以各种方式表现出来。远如人治导致灾难的“文化大革命”之痛；近如“孙志刚案”“佘祥林案”等案件的教训……

专家处方

卓泽渊：

社会中大量存在的矛盾必须积极主动地去正视和化解，而化解矛盾不论用什么方式，都只有在法治的轨道上进行，才能达成或保持社会的和谐。

从历史文化来看，人治在中国具有数千年的历史传统，可谓根深蒂固。在现实生活中，却还有众多的相关社会因素是与人治相纠结而与法治相对立的。因此，在当今的某些地方，沿袭人治还比较容易，而推行法治还倍加艰难。因此，要彻底消除人治，实现法治，绝非易事。这是一个长期的历史性的任务，它需要我们长期不断的努力才可能完成。然而，中国市场经济、民主政治与社会文明的快速发展，又急切地要求我们迅速消除人治，彻底实现法治，这也就自然地形成了极大的反差。一方面，历史的人治还在现实中延续；另一方面，未来的法治更被人们急切地呼唤，于是根除人治、树立法治也就成了众多领导和广大群众的一致呼声。这是时代发展的呼声，这是历史进步的呼声，相信在这一呼声之中只要我们不断努力，中国必将彻底根除人治，全面树立法治。

（《人民论坛》2009 年 1 月 3 日。）

14. “不要把读书节都做成一副面孔”

2002年,法学家卓泽渊应邀作为演讲嘉宾来到“深圳读书月”。卓泽渊现任中共中央党校政法教研部教授、副主任,法学理论专业包括法政治学方向博士研究生导师;西南政法大学法学理论博士研究生导师;中国法学会法理学研究会副会长。出版过《法的价值论》《法的价值总论》《法律价值》《法治国家论》《法治泛论》《法政治学》等专著,主编《法学论点要览》(10卷)、《社会主义市场经济法律问题研究》等。曾任西南政法大学党委常委、副校长、《现代法学》主编等职,1999年被评为第二届“中国十大杰出中青年法学家”。

卓泽渊说,“我所担心的不是我们阅读的方式与内容的多元,而是我们阅读的内容越来越单调,旨趣越来越功利”。

阅读不仅仅是实用,而且是审美的

《文化广场》:您是我国著名的法学专家,我们很想知道一位法学家的阅读经验是怎么样的?还有就是关于您读书、写书的一些事情或者经验。

卓泽渊：从入学至今，总没有离开“读书”、“用书”和“写书”。其实读书总是基础和基本的。即使是在“用书”和“写书”的过程中，也还在不断地读书。读书，对于我来说是一种工作，一种生活，很难说有什么经验。我读书的范围非常广泛。专业书籍是必须读的，它们是我的立身之本。读专业书籍是学习、工作和生活的多重要求。但是，我的阅读并不局限于专业书籍。关于历史、文化、经济、哲学、逻辑、文学、艺术、管理等方面的书籍，只要在我粗略看来感兴趣的，都会有所涉猎。其实，专业知识主要是来自专业书籍的，但是要对专业有深刻的把握，还必须延伸到专业书籍之外的其他知识或者学科领域。非专业的书籍对于启迪我们的专业思维具有重要的“他山之石”的效用。只读专业书籍甚至是学不好专业的，非专业书籍常常可以提升我们的专业能力，扩大我们的专业视野。这就有利于我们把自己的专业问题放到更宏大的背景中去考量，这种益处是一般狭隘的阅读者所难以领略到的美妙。

《文化广场》：现在，几乎所有人都在不同程度地使用网络阅读。对您个人经验来讲，网络阅读可以取代纸质阅读的主导地位吗？您对纸质读物有怎样一种看法？

卓泽渊：网络阅读越来越普遍和重要是不言而喻的，但是我认为，无论电子阅读怎么发展或者进步，都无法完全取代纸质阅读。因为，阅读不仅仅是实用的，而且是审美的。它在满足知识需求的同时，还在满足人的心理需求。无论网络在未来会如何发达，纸质读物都将是不可或缺的。就纸质读物来说，其从心把读的随意、手捧读物的惬意、信笔批注的快意、版本装潢的满意，都是网络读物所无法企及的。如果认为电子阅读更多体现的是现代与快捷的话，纸质阅读更多地体现的是经典与优雅。我的电子阅读往往不是基于喜欢，而更多的是无奈。因为每天大量的时事新闻和实时信息都只能从屏幕中以最快的方式获得。

如果要从美感和舒适的角度进行选择，我宁可选择纸质读物而不是电脑屏幕。

给“读书月”增加吸引大众的生动元素

《文化广场》：深圳有一个“读书月”，香港有一个“香港书展”。“深圳读书月”邀请海内外的学者开坛布道，同时在各个层面组织丰富多彩的读书活动；而“香港书展”主要是图书优惠的大卖场，当然也有国内名学者的讲座。据您了解到的“深圳读书月”的情况，请您谈一点建设性意见。

卓泽渊：“深圳读书月”以往的活动应该是很成功的。我对它很关注，但是缺乏深入的研究与思考。我感觉，“深圳读书月”活动如何持续下去，可能还有一个如何深化发展与横向延展的问题。如何发展和延展，我们可以通过多种途径，收集深圳内外各界人士的意见。在各种意见的基础上，加以总结、提炼，不断更新其内容，变化其形式。比如，能不能围绕一部经典著作搞一个专题。如《论语》专题、《老子》专题等，其中甚至可以把影像、影视都纳入。我也是随便提及，未必妥当。总之，不要把读书节都做成一副面孔，一个程式，千篇一律，如果是这样，我们的读书节就会失去活力，最终失去大众，就办不下去了。我们可以给“读书月”增加一些吸引大众参与的生动元素。

经典阅读的欠缺令人忧伤

《文化广场》：围绕一部经典著作搞一个专题，我觉得是一个非常好的点子。我们常常谈读书，但是“读书”其实也不断在变化。据我了解，很长时间以来，励志书、生活指南类书、职场技巧等类型的书，似乎占据的比例越来越大，经典著作或者学术著作的读者越来越少。相当一部分的读者读书只是为了消磨时间、提高生活、生存技巧，对生活的细节有直接的帮助。一句话,就是读书方式的构成越来越多元了。您怎么看这个问题?

卓泽渊:读书的方式的确是越来越多元了,读书的内容也越来越多元了,都是正常的现象,也是社会发展的必然。但是无论怎么多元,人类的阅读还是万变不离其宗的。我所担心的不是我们阅读的方式与内容的多元,而是我们阅读的内容越来越单调,旨趣越来越功利。实用书籍的阅读是重要的,但是它不是全部的,也不是深远地影响人生的。我们文化修养书籍的欠缺,尤其是精品文化修养著作的欠缺,是很令人忧伤的。我们读文化修养著作的人越来越少更令人忧伤。就说中国传统文化读物《大学》《论语》《孟子》《中庸》《老子》等经典,现代人要直接去读原文当然是困难的,现代解读就成了必需。但是现代解读的版本,其中真正的精品似乎很少并很难找到,也严重缺乏读者。我们能不能在办"读书月"的时候,协助推出我们的精品图书的出版与宣传。只是要特别注意的是,您所推出的必须是精品,千万不能是冒充经典的赝品。

法律其实很生动,并不晦涩难懂

《文化广场》:一般看来,法学有很强的专业性,所涉及的往往也是条文细节。因此,除了专业性读者,一般读者可能对法学类书敬而远之。也就是说,法学书专业性太强,也相对枯燥无味。这样就可能让法学书籍在浩浩荡荡的阅读大潮中显得相对比较清静。您觉得普通读者能用什么样的方式接近法学著作?

卓泽渊:您这是对我们法学人士的批评啊!法学书籍在专业领域是比较枯燥的,的确如此,但是并非全都如此。一是大众读物性质的普法读物总体还是比较通俗的。我国已经出版了不少这样的著作。二是有些专业书籍也还是容易阅读的。比如,刑事、民事、行政的案例书籍,都具有很强的可读性。三是有些宏观的法治包括宪政读物,还是很容易阅读和理解的。法律其实是很生动的,也是与大众生活密切联系的,很多法学书籍,看起来吓人,一旦读起来,也不是那么晦涩难懂。我觉得普通读者可以选择普法读物、案例读物、宏观读物作为入门,一旦登堂入室,一睹堂奥,那时,也许一发而不可收,说不定从普通读者中走出一些法学爱好者,一些法学或法律专家也未可知。

(关万维,《深圳商报》2009 年 9 月 3 日。)

15. 不懈努力育精英

记者:《中国共产党党校工作条例》的颁布,对党校学位研究生教育提出了新的要求。请您谈一谈新形势下,党校学位研究生教育面临着哪些新的机遇与挑战?

卓泽渊:《中国共产党党校工作条例》的颁布给党校学位研究生带来了新的机遇,我认为主要有三点。党中央再一次对党校学位研究生教育的国民教育性质进行了确认。党校工作条例明确地将党校学位研究生定位于,与全日制普通高校学位研究生教育性质相同的国民教育,这就为党校尤其是中央党校学位研究生教育的发展确定了方向,为之奠定了一个制度和政策的基础。条例的宣传、贯彻、实施必将使党校、全党乃至全国对党校的学位研究生教育,都有一个再一次的认知。为此我们党校正在采取一系列发展学位研究生教育的措施。所以说,一是条例和我们党校自己的认识与行动所带来的机遇。二是全国学位研究生教育的改革发展。全国学位研究生教育正处在改革发展之中,必然要求中央党校学位研究生教育与之同步,使之在整体改革发展之中完成自身的改革发展。三是研究生生源的扩大与优化。中国社会发展所处的特定历史阶段,本科生数量极为庞大,相应地硕士生、博士生数量也在加大,这就必然使我们的生源比历史上任何时候都更好。这也同样是研究生院所面临的发展机遇。

就我们研究生院而言,挑战主要来自三个方面:第一,来自全国众多学位研究生教育机构之间的竞争。第二,来自党校学位研究生教育面临的历史性误解。在特定的历史环境下,中央党校完成党交给的任务,担当自己的社会责任,开展了干部培训轮训以外的本专科教育,这些教育随着时代的变化,渐渐退出了历史的舞台。但是这些教育的影响却导致了对我们学位研究生的误解。有一些同志只知道党校有干部培训而不知道党校有学位研究生教育,就将我们的学位研究生教育等同于干部教育中的培训轮训。这要靠我们宣传,靠我们优秀的毕业生以及由他们所产生的社会影响来展现我们党校研究生教育的实力。第三,来自党校学位研究生教育自身发展的局限。中央党校的学位研究生教育发展将近 30 年,已形成了一整套教育理念、管理模式、组织结构,因此要改革它、发展它,还有一个认识提升、自我完善的过程。这是一个如何改进、发展,最终超越自我的问题。这对研究生院来说,还是一个很大的挑战。

记者:党校工作条例中提到“学位研究生教育要注重质量,坚持国家标准,办出党校特色”,中央党校研究生院在这一方面做了哪些努力?

卓泽渊:党校研究生教育要注重质量,质量为先,这个基本的定位和要求是非常准确的。质量的提升要通过“坚持国家标准,办出党校特色”来实现。“党校特色”和“国家标准”的关系就是:中央党校学位研究生教育必须达到国家标准,同时在此基础之上,作为一个独特的教育机构,它还应具有自身的特点。

中央党校研究生院一直坚持国家标准。在招录方面,我们的硕士研究生入学考试为全国统一的硕士研究生入学统考。我们的博士研究生入学考试严格按照国务院学位委员会和教育部的要求,举行统一考试。我们的专业考试在国内一直享有严格、认真和较高学术水平的社会评价;外语考试一直被认为是中国博士研究生入学考试中最难的考试试题之一。我们拥有良好的生源,硕士研究生和博士研究生考生每年分别在1000人左右。现有143个博士研究生导师每年只招录110个左右的博士研究生;117个硕士研究生导师,每年只招收110个左右的硕士研究生,人均师生比在国内处于最好之列。在培养方面,我们严格执行国家学位研究生教育的培养计划、课程设置与论文答辩等规定。我们的硕士研究生至今还是统一的最长的学习期限要求——三年。博士研究生在历史上一直是三年,在2009年,我们又作出了可以延长论文写作时间,以确保学位论文及其答辩质量的学习期限调整。我们恪尽努力地推介硕士、博士毕业生。2009年,我们的总就业率达到了96%以上,其中博士研究生的就业率达到了100%。

中央党校学位研究生注重将政治与学术相结合,实践与理论相结合,能力与素质相结合的传统优势将进一步得到强化。通过不断努力,相信党校学位研究生固有的特色一定能够得以充实、更新与提升。

记者:您认为党校学位研究生教育与干部教育之间的关系应当是怎样的?如何促进二者的良性互动、协调发展?

卓泽渊:现在的干部教育与国民教育的区分已经很明显,国民教育注重学科性、学科的逻辑性以及学科理论的完备性。干部教育的教学内容体现了研讨主题的重大性、教学内容的专题性、知识范围的广泛性。所有课程都是以专题、讲座的形式开设的,实际上是立足学科又超越学科的讲座式教学;是以学科为基础的跨学科、综合性专题教学。这种教学必须要有其学科基础,这种学科基础就是靠学位研究生教育来提供和强化的。学位研究生教育为干部教育的发展提供了学科基础与平台。我认为这是学位研究生教育对干部教育的第一个意义，即学位研究生教育为干部教育强化学科平台。第二个意义就是学位研究生教育为干部教育提供了学术平台。干部教育中的教学内容，更多体现的是理论对实践的指导性，包括对现实问题的关注与对社会实践的指导。干部教育必须依赖于教授们积累学术、创新学术，并立足于学术高地之上，从理论的高度涵括现实，面对现实指点江山。这个高地就是在导师教育和指导学位研究生的过程中构筑的。第三个意义是学位研究生教育是党校教授与普通高校教授之间的一个对接平台。怎么把党校的专家学者与其他学术机构包括高等院校之间的专家学者在一个平台上来加以认知、沟通、连接，那么硕导、博导、博士后指导教师就是这样一个连结点。所以说在学科、学术、学人这三个意义上，学位研究生教育是干部教育的一个强大的支撑、基础、平台。

同样，干部教育对研究生教育的影响也非常大。第一，干部教育的高端性。中央党校以培养中高级党和国家领导干部为己任，教学内容的宏大主题以及政治性、实践性有利于开拓研究生教育的视野，也为我们学位研究生教育提供了一个很高的平台。第二，干部教育的政治性。我们每周都有重要领导人的专题时事报告，对于急需了解中国、关注世界，最终致力于治国平天下的莘莘学子来说是非常难得的。我们每周要邀请一名国内一流学者来作关于当代世界的、具有最新信息和丰富学术含量的“当代世界”学术讲座。第三，干部教育的实践性。干部教育具有独特的实践性。他们会探讨大量的现实问题，这些现实问题为学位研究生们提供了可以参照的研究主题以及需要去完成的学术任务。每一期干部学员都会有“两带来”，即他们会带来大量的实践中需要解决的问题和他们所在部门的实际情况。这些既是带给中央党校的，带给导师们的，同时也通过各种途径带给了学位研究生。党校教授针对学员带来的问题所进行的教学也同样具有很强的实践性，这也会对研究生教育产生潜移默化的影响。所以我认为干部教育的高端性、政治性、实践性这三个方面的资源为学位研究生提供了很好的养分。

我们要将两个方面的优势集中起来,发挥出来,协调互补,共同发展。这就是中央党校在国民教育和干部教育两个方面相互结合,形成并彰显自己特色的重要基础和根据。

记者:请您谈谈如何培养党校学位研究生的理论创新能力?

卓泽渊:作为中央党校的研究生院,理论创新是我们的宗旨。我们培养硕士、博士、博士后的目的就是要完成理论创新,推出更多的理论创新成果。创新的目的在于指导实践、推进实践。我们主要注意两个方面:第一,培养学生的创新思维。我们研究生院每年都有学术征文比赛,并参与国内的学术创新活动。我们支持学位研究生参加全国各类机构开办的与研究生教育相关的学术论坛、学术会议。并且还发起和主办一些学术创新活动,比如,我们从2008~2009学年度开始每年举办一次全国性的社会科学研究生学术征文及论坛研讨,2009年还举办了全国哲学博士生学术会议。通过这些活动培养学生的创新思维。第二,营造创新氛围。我们对学生中优秀的创新成果实行奖励,并且对所有的硕士、博士论文进行创新性检测,凡是发现涉嫌学术不端行为、在创新上存疑的情形,我们就会向学生发出警示。我们研究生院还组织其他各种学术论坛、讲座,长期开设"求是大讲堂",把全国甚至世界上的著名学者请来作演讲。我们把学生的创新性学术成果作为衡量导师指导工作是否优秀的一个重要因素。我们的研究生会采用演讲竞选的方式实行全面直选,学生在竞争中学习民主和规则,并在这种民主和规则之下去开展学生的自我服务、自我教育、自我管理。所以说创新性的思维不仅表现在学术上,也表现在学生自治上。

记者:请您描绘一下中央党校学位研究生教育的未来走向。

卓泽渊:我想可以概括为三句话:争创一流、高端发展、勤勉进取。

争创一流一定是我们的目标。我们要高端发展,要将硕士研究生的招生数量保持稳定,博士研究生数量在稳定中逐步扩大,博士后将是发展的重点。勤勉进取是争创一流与高端发展的路径和保证,我们将脚踏实地,孜孜以求,恪尽努力。

记者:中央党校的研究生教育是要走精英化道路吗?

卓泽渊:一定是。中央党校基于自身的状况和它应有的定位,学位研究生教育必须走精英化道路,否则对不起中央党校这个平台,也与中央党校的地位与形象不相匹配。中央党校的教育资源是很丰富的。说丰富,是我们导师数量庞大,专家学者很多,拥有很多国内一流的专家学者。中央党校的博士教育、博士后教育就是精英教育,就是要出成果的教育,我们的要求是在校期间就要推出自己的创新性学术成果,就应该为中国学术理论的发展、为中国重大的社会实践问题作出自己的贡献。高端发展、走精英化教育的道路是中央党校研究生教育的未来之路。大众教育固然是非常重要的,但是它不是我们中央党校研究生院的使命。这是分工问题,不是价值观问题。为了高端发展,我们在招生制度、培养体制、毕业要求上都要作出更高的要求,并制定相应的制度来保证。今年我们研究生院开始组织有关教授编写出版涉及各个学科的"中央党校学位研究生必读经典书目",每个学科 1 卷,拟在近三五年乃至更长一点的时间内完成。我们还要不懈努力,研究生院怎么在国内、国际的研究生教育层次上占有一席之地,不落后于国内的发展和国际的潮流,这是我们必须不断思考的一个问题。我们要一点一滴地去努力,一步一步地往前走,力争有所作为。中央党校的研究生院经过一个时期的不懈努力,一定会更加接近自己的目标,与自己所担负的责任和社会对它的期待更加适应。

(戴菁,《学习时报》2010 年 3 月 22 日。)

16. 法律体系：法治一个新的开端

卓泽渊，现任中央党校研究生院院长、法学教授、博士研究生导师；兼任中国法学会常务理事、法理学研究会副会长等。曾任西南政法大学副校长，近年分别为十六届和十七届中央政治局集体学习主讲“坚持科学执政、民主执政、依法执政”“推进依法行政和弘扬社会主义法治精神”专题讲座。

记者：在今年“两会”上，全国人大常委会委员长吴邦国宣布，中国特色社会主义法律体系已经形成。这是社会主义法制建设新的里程碑，更是推进依法治国基本方略新的起点。那么在这一新的起点上，我们应该如何更加理性、科学地在依法治国道路上继续前行？

卓泽渊：中国特色社会主义法律体系已经形成，但展望未来，我们还任重道远。因为在法治建设的历程中，法律体系的发展始终是阶段性的，中国特色社会主义法律体系也同样如此。目前我们所说的中国特色社会主义法律体系的形成也只是中国特色社会主义立法发展中的一个重大的节点。推动法律体系的不断完善，将是立法工作永恒的主题，立法任务依然艰巨而繁重。

记者：为什么这么说呢？

卓泽渊：这是由多种因素所决定的。

首先，社会发展是无限的。社会，从横向看是一个广阔的领域，从纵向看则是一个无限的过程。法律是社会的调节器，是政治社会中，人类进行社会管理，调整社会关系的重要工具。社会发展的无限性决定了法律发展的无限性。社会发展了，法律就必须以相应的发展来与之相适应。从社会发展的视角来考察法律，任何法律体系，无论在特定的时间点上是多么完备，随着时间的推移都会出现新的不适应，并应不断完善。法律体系将是一个随着社会发展而不断更新的体系。社会主义初级阶段的中国正处于飞速发展的历史阶段，社会因发展而带来的不确定性是人所共见的客观事实，法律体系形成后的稳定性更是相对的。因此，我们要有追求一劳永逸的决心、精神和行动，但是我们绝对不能迷信一劳永逸的法律体系。只有随着社会发展而不断完善的法律体系才具有无限的生命力。我们中国特色社会主义法律体系也将随着中国特色社会主义的发展而不断完善。

其次，社会改革正在深化。中国正处于巨大变革的历史进程中。它所经历的这一场改革是前无古人的伟大事业。从最近30多年来看，中国社会正在经历从计划经济向市场经济，从权力过度集中向人民当家作主，从非法治向法治，从自我封闭向对外开放的变革。从长达百年的现代史来看，中国社会则正经历着一个更大的革命性改革。那就是从封建社会向社会主义社会，从自然经济向市场经济，从专制向民主，从人治向法治的变革。这也就是我们所说的双重社会转型，即从既有的计划经济社会向市场经济社会，从传统的封建社会向现代的社会主义社会的转型。中国正在经历的巨大社会改革，为法律发展提供了无限的空间，也提出了繁重的任务。随着中国改革事业的发展，中国的法律体系将不断发展，不断完善。从这一视角出发，我们就可以认为，只要中国的改革与转型没有完成，中国特色社会主义法律体系就需要不断完善。所以可以认为，目前我国中国特色社会主义法律体系的形成，是我国立法发展的阶段性成果。尽管非常重大，但是它并没有终结立法的发展，只是使我们的立法工作有了新的起点。随着中国改革事业的推进和发展，我国的法律体系必将更加完善。

再次，民主政治不断发展。民主政治的逐步建立是人类社会的历史潮流，社会主义社会正是适应人类社会发展的先进代表。社会主义社会是人民当家做主的社会。人民民主是社会主义质的规定性，没有人民民主作为基础与目标，社会主义就失去了自己的本质与灵魂。人民民主的建立过程是一个漫长的历史过程。在中国，从封建帝制结束，到现在也才 100 年，从社会主义国家建立起算，人民民主也才 60 多年。我国的人民民主取得了重大成就，但是人民民主的各项制度与机制的建立还远远没有完成。民主实践方兴未艾，它们在为法治发展开辟道路的同时，本身都还需要法治予以程序支持和制度保障。法治如何为民主提供程序、机制和制度的保障，是摆在立法工作上的重大问题。随着民主政治的发展，必然有更多的政治民主问题需要法律调整，中国特色社会主义法律体系必将因此而得到发展和完善。随着民主政治的发展，法律体系及其制度的变革也成了必然和必需。

最后，法律制度需要更新。法律制度从来都不是一成不变的。即使是那些号称法律体系与制度具有极大稳定性的国家，其法律也会与时俱进。法律制度的更新，是法律体系的常态。世界上所有的法律中，最稳定者莫过于宪法。但是世界上就没有永不变动的宪法。即使是那些一两百年不动的宪法文本，也仅仅是既有文本的稳定，它的修正案也在不断推出，并会依照特定的程序而逐步增加；它的解释也在发展，许多既有的解释都会因应现实需要并依照特定程序而得以更新。法律制度本身的变化性是由社会的变化性决定的,法律制度的变化性也就决定了法律体系不会始终不变。中国特色社会主义法律体系始终会面临一个不断完善的问题。

记者:中国特色社会主义法体系的形成,总体上实现了“有法可依”,但法律的生命力在于实施,如何解决“有法必依,执法必严,违法必究”问题,对此您怎么看?

卓泽渊:的确,法律实施是法治的重要环节,是将法律从纸面的规定转化为社会现实的桥梁。在中国特色社会主义法律体系形成之后,法律实施的意义倍加凸显,必将受到更多的重视,并成为法治建设中特别引人注目的焦点。

其一,法律实施是法律体系追寻的目标。法律体系的形成所解决的是有法可依的问题,它曾经并一直是我们追求的目标,但是法律体系本身并不能成为其自身的目的。法律体系一旦建立,我们就必须进一步实现这一体系的现实追求,也就是要使制度性的规定成为社会的现实。就“有法可依,有法必依,执法必严,违法必究”的法治基本要求来说,中国特色社会主义法律体系的形成解决的仅仅是第一个环节“有法可依”的问题。其后的“有法必依,执法必严,违法必究”都属于法律实施的范畴。没有法律实施,法治的主要部分都无法得以实现,法治就无法成为社会的实际。法治的前提是完备的法律制度,包括形成良好的法律体系,法治的关键还在于良好的法律实施。法律体系的形成,是法律制定取得重大成就的标志,但并不意味着法治就建立了或者就实现了。可以认为,法律实施是法律体系形成之后的必然要求与自然延伸,是法治得以建立的更为重要的环节与方面。它直接决定和影响着法治的成败。当然,我们也十分清楚,法律实施也还不是终结的目的,作为法律实施目的的,还有整个法治的建立,以及人民民主的实现与权利的保障,以及社会公正的实现与维护等。

其二,法律实施是维护法律权威的需要。法治是以法律至上作为标志的,法治要求法律必须具有至上的权威性。法律一旦制定就应当被遵守与服从,任何人都不得违反法律的规定,任何违法犯罪行为都必须受到法律的追究;承担应有的法律责任。只有这样,法律才可能具有应有的权威。如果法律没有权威与尊严,就可以被任意违反,违法者就可能胡作非为而逍遥法外,法治就必然遭受严重的破坏。只有确保法律的权威与尊严,法治才能成为现实。对于法律的尊重,更是对于法律背后的意志主体的尊重。法律实施是法律权威与尊严的外化,是其具体的体现。因此,我们必须从维护人民利益,尊重人民意志的高度来认识法律实施的意义与价值度重视法律实施。

其三,法律实施要求重点突出法律适用。法律实施包含着法律的适用与遵守。从法律适用来看,它是特定国家机关将既有的法律制度运用于具体案件处理的过程,是对特定主体和特定事项适用法律的过程。它包括各级人民政府的依法行政,公安机关的治安管理与刑事侦查,人民检察院的法律监督及其刑事公诉,人民法院的司法审判等。法律适用是国家特定机关依照法定职权和法律程字,将法律规范现实化的具体过程。这个过程要求各级人民政府严格依法办事,建设法治政府;要求司法机关严格司法,公正司法。从这个意义来看,法律实施就是对国家机关的法治要求。要求它们力行法治,通过法律适用来实现法治。

其四,法律实施要求普遍提升守法水平。法律实施除了包括法律适用之外,还包括法律遵守。法律实施既会要求全体国家机关在适用法律时严格依法,尊崇法治,也会要求全体社会成员与社会组织自觉守法。一个社会的守法状况是全体公民、社会组织法律意识的反映,也是其是否依法办事、服从法律的具体行为。守法状况对于社会公众的法律意识与行为具有极大的依赖性,同时,社会公众的法律意识的提升也会提升守法自觉性,对守法提出新要求。从严格的意义上来说,一个社会的法律在总体上不应当是被适用的而更应当是被遵守的。因为,一个国家的执法和司法机关无论多么强大和普遍,都无法把法律执行得无所遗漏。社会成员普遍的自觉守法比法律适用的意义更为重大,它是法律得到实施的最坚实最广泛的社会基础。

记者:实现法治是一个漫长的历史过程,您刚才谈到全面实现法治还任重道远,我们在中国特色社会主义法律体系形成之后,还应该作出怎样的努力?

卓泽渊:中国特色社会主义法体系的形成只是法治的首要环节和重要方面的重大成就,但它远不是法治的全部内容,为此,我们必须作出更多更大的努力。

一是要用法治制约公共权力,如果说法治的前提是法律制度,法治的核心是法律实施,法治的关键就是依法治权。没有对于权力的有效制约,人民的权利就没有保障。在民主的社会中,在中国特色的社会主义社会中,法治应当并能够成为人民约束公共权力最佳的选项和最有效的手段。

二是要使法治得到全面推进。法治是包括立法、执法、司法、守法和法律监督等各个环节与方面的整体。法治需要各个环节与方面相对独立的发展,更需要各个环节与方面的协同并进。中国特色社会主义法律体系的形成主要是立法上的巨大成就。它不但不能取代执法、司法、守法和法律监督,而且对这些环节或者方面还提出了更高的要求。在中国特色社会主义法律体系形成之后,我们必须更加集中精力于相关方面的法治建设,推动法治的全面发展。我们除了必须继续完善法律体系外,还将担负更为繁重和艰巨的推进法治其他方面加快发展的重任。

三是要使法治成为行为方式,法治不是某一个人或者少数人就能建构的。就社会来说,法治要求法律得到人们的心理认同,成为社会多数人实际的行为准则。人们要不假思索地自觉尊崇法律、服从法律,并落实在行动之中。只有多数人甚至绝大多数人在行为上都严格依法办事,自觉服从法律。我们才能说这个社会是一个法治的社会。只有当依法办事成为人们的行为方式与生活习惯的时侯,少数人的违法犯罪才可能受到社会最有效的监督与最有力的遏制,法治才能得以建立。也就是说,当法律作为一种社会普遍化的行为准则,依法办事成为一种普遍化的行为模式,法治就建立了。在法律体系形成之后,立法发展就有了一个阶段性的重要成就,如何使法律成为人们的行为准则,形成社会普遍的法治化的行为方式,就成为新的法治任务。

四是要使法治成为社会状态。法治不是一个单一的现象,法治应与社会的其他方面相联系与共振,法治应该是一种整体化并具有整体性的社会状态。它是社会依法运行的整体状态。这种状态要依赖人们对法律的自觉遵守,和国家机关对法律的良好适用。它是社会法治化的结果状态,而且这一状态应当是持续和恒久的,不因某一个案件或者某一个特例而被动摇。法治的社会状态是最稳定、最安宁、最和谐的社会。只有在这样的社会中,良好的道德才可能最大限度地美化人们的心灵,美化社会生活,从而提升整个社会的道德水准。如果在良好的法治基础上,崇高的道德又能发挥出应有的作用,我们的社会就能达到我们期待的美好状态。

(戴菁,《学习时报》2011 年 4 月 18 日。)

17. 要做中国法治的奉行者和推动者

4月18日上午，第23期衢州人文大讲堂在市区国际大酒店一楼中华厅举行，主讲者是中共中央党校研究生院院长卓泽渊教授，他的讲座题目是《推进依法行政和弘扬社会主义法治精神》。讲座历时两个半小时，本报记者现场记录，整理精彩内容经其审阅刊登于此，以飨读者。

这必然是一段漫长的征程，是一条艰难曲折的道路

说到“推进依法行政和弘扬社会主义法治精神”，我们就会把目光推回到4年前。党的十七大报告，向全党发出了一个行动号令：要推进依法行政，使法治政府建设取得新成效，要深入开展法治宣传教育，弘扬法治精神，形成自觉学法、守法、用法的社会氛围。概括起来，实际是提出了一个全面落实依法治国的方略，加快建设社会主义法治国家的要求。

什么叫依法行政？简单地解释，是各级人民政府和政府的各个部门都要严格按照法律的规定开展行

政工作。而法治精神,则是反映法治所包含的崇尚宪法、法律,法律面前人人平等,公平、正义等精神的总称。

虽说依法行政在我们国家已经开始了很久,但历史告诉我们,这必然是一段漫长的征程,是一条艰难曲折的道路。

1949 年中华人民共和国成立,这一年颁布的中国人民政治协商会议的《共同纲领》,其实就包含了政府必须依法行政的要求。1954 年《宪法》从正面规定了“一切国家机关都必须服从宪法、法律”。一切国家机关,显然包含了人民政府。十一届三中全提出了 16 字方针:有法可依,有法必依,执法必严,违法必究。这是第一次对依法行政进行阐述。

要完善依法行政行为,我们就必须建立一套完整的体制机制。说到体制机制,我就想到农民工工资。对于农民,党中央国务院非常重视。有这样一个故事,2003 年,温总理到三峡库区考察,说要去看看农民。见到一个农妇熊德明,总理问她有什么困难,她说,没什么困难,就是老公打工的工钱一直拿不到。因总理过问了,结果连夜就有人把钱送到了她家。

还有一个故事是在 2009 年,温总理到天津坐京津高铁,在候车室,一个妇女抱着一个孩子,总理得知这孩子患白血病到天津看病,没有钱了,医院把他们赶出来了。结果,总理把他们送到北京儿童医院,给他们捐了 1 万元钱。

这样的好总理真的难找呀!但是,总理这样就能解决中国所有问题吗?不行的。中国有多少农民工?2.5 亿农民工。有多少农民工妻子?少说有 5000 万人。怎么给 5000 万农民工妻子都讨回工钱?有白血病儿童 30 万名,30 万名儿童都能进北京儿童医院吗?不可能。一方面我很感动,我们的总理太好了。另一方面我也在思考,这不是解决问题的办法。这时我就想起宋朝诗人陆游一首写梅花的诗:“闻道梅花坼晓风,雪堆遍满四山中;何方可化身千亿,一树梅花一放翁。”我改了一下,“何方可化身千亿,一个病儿一总理”,“何方可化身千亿,一个农妇一总理”。

怎么能保证每个农民工能拿到工资,每个病儿能得到救治?两年前温总理在与网民交流的时候就说了:“这不能靠我,要靠体制机制。”没有这个,我们永远也无法彻底解决问题。

用地方的“土规定”来代替法律,不符合科学发展观的要求

坚持文明执法。在这个问题上,我们的教训不少,必须高度重视。比如 2008 年湖北“某某事件”,为了处理垃圾问题,50 多名城管执法人员,手持棍棒殴打村民。恰逢路过的某某市水利建筑公司总经理魏文华,拿出手机摄像,然后这些执法人员就集体冲上去,将魏文华当场打死。市民在大街上、市政府门口,公开祭奠魏文华。这个事件导致了该市长达 10 多天的社会混乱,严重失控,这是对我们行政执法工作的警示。

中国社会的矛盾纠纷进入了一个高发期,这是我们目前短时间内难以解决的问题,也是我们必须面对的问题。我们要引导人民通过合理的方式方法解决社会矛盾纠纷。我们现在非常重视信访工作,但是从法制的角度出发,我们不能依靠信访、上访来解决矛盾纠纷。这是不正常的现象。我们现在之所以重视信访,是因为面对目前社会矛盾高发的现状,不得已而为之。中国最终的发展,必须走法治的道路,依法化解社会矛盾纠纷,才是根本出路。

邓小平同志有一句非常著名的话:“还是要靠法制,搞法制靠得住些。”这是经验教训,是他的人生体验,也是他由政治历程得出的结论。

讲到这里,我们就得思考一个问题,如何推进依法行政?依法行政的根本,是要建设一套完备的制度。为什么如此强调制度的重要性?

因为制度带有根本性、全局性、稳定性和长期性。

社会主义法律体系形成后，必然会要求我们把依法行政摆上突出位置。法律体系形成了，人们就会问两个问题：一是这些法律的质量怎么样？二是执行得如何？如果只有完备的法律体系，那“有法可依，有法必依，执法必严，违法必究”的16字方针，我们就只做到了前面4个字，而后面12个字的关键则是依法行政。

从西方的法学理论来讲，法治最关键的因素不是老百姓，而是政府。所以严格控制政府的执法，是法治理论的一个重要基点。依法治国的关键在于依法治权，也因政府的权力最大，依法治权就必须依法执政、依法行政。我们之所以提出法治政府的目标，也就是基于政府地位、作用的重大。

比如，在北方一些地方，老百姓喜欢焚烧秸秆，因为很少下雨，所以秸秆焚烧的烟雾就很难散开，影响航空、环境，危害比较大。怎么办？当地一些政府部门就想了办法，出台规定，要求凡是要把秸秆进行焚烧的，就得办焚烧证，甚至还有秸秆砍伐证、运输证等。为此，当地政府还成立了执法大队，对那些没有按规定办事的老百姓，进行处罚。

其实，当地政府这一系列的行为，都属于违法行政。而要做到依法行政，其实也很简单，我们的《环境保护法》对破坏、污染环境的行为，早就有明确规定，当地政府只要依据该法规定办事就足够了，这才是依法行政。这种用地方的“土规定”来代替法律的做法，不符合科学发展观的要求。

法官的道德，永远会引导着对案件的裁决和认知

在此之外，我们的司法工作人员，在对待某些案子的时候，应该做到具体问题具体分析，要知道，良知永远会发挥很重要的作用，法官的道德，永远会引导着对案件的裁决和认知。

举个例子。有个老先生觉得村干部不公正,他就去上访,但是没人理他,他只好又回到了村里。后来他发现村里有一片荒地,就在荒地上种了两百多棵树。因为是荒地,村干部也没有去制止他,觉得他爱种就种吧。老先生种了树之后,天天都去管理,也不去上访了,他想,等这些树长大些,自己就有收益了。

可是这块地的产权毕竟还是属于村里的。结果不久之后,村里把这块地租给了一个企业建造厂房,企业要平整土地,就用推土机把树全部铲倒了。后来事情闹到法院,判决老先生败诉,一分钱没得补,老先生只好又去上访了。

这个案子,租用这块土地的人是不是可以一分钱不用补偿?生产队是不是可以绝对剥夺老先生对这块土地的使用权?在法理上,我们是可以研究的。那么站在老先生的角度,这里原本是一块荒地,他付出了这么多年的劳动,种起了这么多树,可到头来,他们说铲就给铲掉了,他能不痛心吗?

像这个案子,我认为,当时的法官裁决一分钱不补偿是有问题的。这中间是否公正,值得研究。后来,这个案子经过重新调解处理,考虑到生产队通过出租这块地,得到了一大笔收益,而且承租方也是确确实实铲掉了人家种的树,最后就由双方共同对老先生给予一定数额的补偿,后来老先生也就不再上访了。

那么,法院后来的解决方案是不是就有问题呢?我认为没有问题。而且就民事案件来说,我认为只要不具有强迫性的因素,调解就比判决好。尤其是中国乡间的民事纠纷,大多数亲朋邻居之间,如果调解了,和解了,双方接下去就有可能友好相处;如果通过司法裁决执行了,他们就很可能结为子孙仇,世世代代难以和解。

那么我们为什么要这样做呢?我们苦口婆心,多做一点工作,让双方在权利上有所让步,最后达成一个和美的结局,这样做,简单地按照律条,按照我们的认知,未必尽妥,但是当事人愿意部分放弃自己的权利,以达到和解,这有什么不好呢?这符合西方最著名的法学原则:契约自由,权利自主,其实也是被西方誉为“东方经验”——调解的重要作用。

(徐肖富,《衢州日报》2011 年 4 月 21 日。)

18. 只有法治才有希望

“我们在座的每一位必须明白，在中国，只有法治才有希望，不搞法治只有失望和绝望。身为当代中国执法官员和普通民众，都要有这样的决心，不为当代，而为后代；不为今世，而为后世；不为一己，而为天下……”4 月 18 日上午，做客衢州人文大讲堂的卓泽渊教授以这样充满理想与激情的话语，结束了他的精彩讲座。

48 岁的卓泽渊是中国著名的法律学人，他曾两度走进中南海，为中央政治局委员集体学习进行讲课，最近一次是今年 3 月 28 日，卓泽渊和国家行政学院胡建淼教授一同向中央领导讲解了“推进依法行政和弘扬社会主义法治精神”课题。

根据新华社的报道，主持学习会的中共中央总书记胡锦涛指出，推进依法行政，关键在领导，重点在落实。此番，卓泽渊应衢州市中级人民法院之邀，来衢开坛再讲“推进依法行政和弘扬社会主义法治精神”，无疑也是为了努力向基层普及“推进依法行政”的理念。

事实上,卓泽渊已是包括胡建淼之后,第四位出现在衢州人文大讲堂上的法学家,而与会的听众也大多集中在公安、综合行政执法等行政机关和法院、检察院等司法机关,他们都是贯彻“依法行政”的中坚力量。对这些执法官员,卓泽渊教授在讲座中告诫他们:“不要成为中国法治的祭品,要成为中国法治的奉行者和推动者。”

卓泽渊还现场为法官们打气,他认为行政机关在应对行政诉讼时“应当自觉接受人民法院的审判监督”,他说:“如果判输了就勇敢直面,引以为戒。只有这样才能知道法律的力量,知道依法行政的重要性。”

作为“依法行政”的忠实拥护者,卓泽渊心中有个美丽的梦想,他动情地对听众们说:“通过我们的不懈努力,也许再过五十年,再过一百年,我们就能奔向东海之滨,去眺望法治国家包括法治政府最灿烂最美丽的日出!”

现场听众、市中院行政庭法官朱桂英在接受本报记者采访时,表示自己对卓教授关于法律如何实现由“知”到“行”的华丽转身的论述印象深刻,“不仅提醒了公务人员的执法要式,也点出了一般公民对于法治的匹夫之责”。

市中级人民法院院长章俊主持了本期大讲堂,他总结:卓泽渊教授的讲座,必将对推进我市依法行政工作和法治衢州建设起到积极作用。

(李啸,《衢州日报》2011年4月21日。)

19. 中南海的10年必修课

中南海怀仁堂,既是会议厅,又是大讲堂。6月28日下午,中共中央政治局第30次集体学习在这里举行。

十六大以来,在胡锦涛总书记主持下,中共中央政治局已连续10年进行了74次集体学习。学习课程涵盖经济、政治、法律、文化、社会、国际问题、军事、党建等方面的重大问题。从2002年12月26日至今,有142位专家学者相继走进中南海讲课。

课程涉猎广

以集体学习凝聚共识,在中国共产党历史上早已有之,但固化下来却是始于十六届政治局。2002年12月26日政治局首次集体学习时,胡锦涛说:集体学习"要作为一项制度长期坚持"。

从政治局集体学习的课程表看,国家领导人的学习内容涵盖范围十分广泛。其中经济议题出现的频率最高:从世界经济形势到国内的经济增长方式转变、产业结构调整、金融体制改革、财税体制改革、维护国家经济安全等重大话题都包括其中。“法治”也是学习的重要主题。此外,军事、科技、文化、教育、医疗、就业、社会保障等话题也成为高度关注的内容。

集体学习是一个信号、一个加速点。2008 年 4 月,中央政治局举行集体学习,内容为“我国加快转变经济发展方式研究”。此时,即将席卷全球的金融风暴初露端倪。转变经济发展方式被迅速推上议事日程前列,成为刻不容缓的战略任务。

中央党校的卓泽渊教授曾于 2006 年和 2011 年讲过两次课。第一次的题目为“坚持科学执政、民主执政、依法执政”。第二次的题目为“推进依法行政弘扬社会主义法治精神,充分发挥法律促进经济社会发展作用”。在卓泽渊眼中,两次主题的变化反映了中国的法治推进。如果说第一次学习强调的是党自身的依法执政,第二次强调的则是如何保证政府依法行政。

当“老师”不容易

从目前公开的报道看,中央领导集体学习基本上是由中央办公厅、相关部委、相关科研机构三层协作实施的。每次题目确定后,就会挑选老师。

担任“中南海的老师”并不容易。据曾讲课的老师介绍,通常约 4 个月前接获通知,然后开始备课。正式授课前,基本要经过三轮试讲,试讲之后是正式讲课。

据记者统计,从 2002 年至今连续 10 年,有 142 位专家学者相继走进中南海。来自中国社会科学院的人数最多,有 24 人;国务院发展研究中心以 11 人位居第二;中国人民大学 10 人;国家发改委宏观经济研究院和军事科学院均为 8 人;中央党校和中央党史研究室分别以 7 人和 6 人紧随其后。

许多老师都说，他们不是去中南海上课，只是讲解。参与过两次法治主题讲解的卓泽渊告诉记者，为中南海讲解与为学生讲课有着根本区别，“既不是对法律常识的普及，也不是对法律知识的讲授，所探讨的都是如何运用法律理论解决现存的法律问题，推动法制发展，推动社会的科学发展”。

为全党树立榜样

今年是建党 90 周年。“七一”前夕，中央政治局专门就中国共产党保持和发展党的先进性研究进行集体学习，而且要求：“始终把党的先进性建设摆在突出位置来抓，不断保持和发展党的先进性。”

保持党在实践上的先进性，必须重视学习、善于学习。2003 年至 2011 年，中共中央政治局关于党建问题的集体学习达到 10 次之多，十分注重党的修养和先进性建设的学习。“建设学习型政党需要全党共同学习才能完成，党中央发挥很大作用。中央政治局学习是具有标志性的重要活动，也是建设学习型政党的重要举措。”卓泽渊表示。

卓泽渊认为，建设学习型政党是中国共产党的一种主体自觉，政治局集体学习制度为全党树立了一个榜样。“政治局里每个人都承担重要责任，有繁杂的工作任务，集体学习必须找出所有人共同的时间，比单个人抽出时间还难。能作为一项制度长期坚持，这是国家领导人身体力行、率先垂范的表现，也是中国共产党在新历史时期适应新时代变化、新时期执政任务的治国共识。”卓泽渊说。

[作者郑娜，原载《人民日报》(海外版) 2011 年 8 月 1 日，原题为《政治局集体学习揭秘：老师需要提前 4 个月备课》。]

20. 法的价值就是实现公正

“我是一个乐观的人。”卓泽渊教授这样评价自己。

8月10日上午,卓教授应邀到郑州市检察院与本报联办的“检察官大讲堂”授课。原定前一天晚上乘坐的飞机被雷雨阻滞,第二天一早换机莅郑匆匆赶至讲课现场,他上台第一句话是:“经过了一场大雨,迎来的是更清新的空气和更美好的阳光。”

卓泽渊的乐观,不唯是性格色彩的外现,更体现于他在对法的终极价值深入探索,熟稔法治建设脉象的前提下,对我国法治进程的积极心态。

“尽管我们的法治建设还有一个过程,但我可以和大家一起期待,若干年后的一天,那轮最为灿烂的法治朝阳一定会在东方冉冉升起。”

无论是讲课还是课后的访谈,卓教授都是纵横捭阖,旁征博引,妙语连珠,法学史实顺手拈来,经典论述娓娓道出。引述的大量自己的诗词,承载着他对中国法治的思考,也浸润着他忧国悯民的中国古典知识分子情怀。“法治必须有其道德情操,其价值就是关注人,给每一个个体生命以公正,以自由全面发展的可能,否则法就失去了神圣的意义。"

法的目标指向
自由、平等、公正

卓泽渊是对"法的价值"这一课题研究最为深入,也是出版此类著述最多的法学专家之一。

他在专著《法的价值论》中提出,法治精神是法治的思想内核,是法的价值的体现,是法治思考凝聚而成的思想精华,是法治实践必须奉行的基本原则。法治精神与法的价值、法治实践都有着重要的关系,可以认为,法治精神是法的价值的体现并应指导法治的实践。法治精神应体现法的价值,法治精神不能背离法的价值,法治实践应贯彻法治精神。

采访中,谈及中国特色社会主义法制体系建立后法的具象价值体现时,卓泽渊教授直指法的价值目标。

"法的价值目标所在,是对人需要的满足。"卓泽渊说,"这个目标指向自由、平等与公正,不以此为目标的法治建设就会变得狭隘,失去法的神圣意义"。

卓泽渊说,人的生活需要秩序,法律的建设、更新,以及宗教、风俗习惯、国家政策,就都可以成为维护秩序的手段。法律的价值首先是维护生命,在法律用最强有力的手段将生命予以保障后,自由的问题就产生了。

"自由其实是生命的外化。法律此时必须保护人的自由,同时,平等必然被提出。也就是每个人被当做人来看待。"卓教授说:"所有这些,也即是公正的来源。公正是法的价值的社会意义的实现。给每个个体生命以公正,给每个人以自由全面发展的可能,便是法的价值所在。”

对于现有的法治实践,卓泽渊说,法的目标的实现,体现在每一起案件之中,每一个执法活动之中,执法者只要公平公正地处理每一起案件,就会体现出法的价值。

法治有东西,人间有正道

卓泽渊教授在授课中讲到,我国的法治国家建设,取得了了不起的现实成就:确立了依法治国的基本方略,中国共产党依法执政能力显著增强,中国特色社会主义法律体系形成,人权得到了可靠的法律保障,促进经济发展与社会和谐的法治环境不断改善,依法行政和公正司法水平不断提高,对权力的制约和监督得到加强。

但时至今日,国内法律界仍有一些研究者喜欢言必称西方法治,并以此对国内的法治建设提出过于苛求的质疑。

对此现象,卓泽渊对之以一句古话:“橘生淮南则为橘,生于淮北则为枳。”

“法治有东西,人间有正道。”卓泽渊说,“打个比方,两个人都从河南往北京去,你跑在前面了不能就说我跟随你的脚步。也不能说你走这条路,我走了别的路我就是错误的”。

“看待法治的发展也要实事求是,它和政治、经济、文化发展一样,不可能完美无缺、万无一失,总会有一些不足。批评有善意的,也有出于误解的;有爱之深责之切的,也有苛求于完美的。不管哪一种批评,我们都要理性、冷静地对待,明确自己应该做什么,着眼于自身的法制建设发展才是一切的根本。”

服务与法治是政府的两面

卓泽渊是法政治学这一学科的奠基人。他在这门学科的第一部专著《法政治学》中提出,法学与政治学具有天然的联系,重大法律问题,都是政治问题,特定的政治现象或特定的法律现象未必具有双重的属性,大量的政治现象与法律现象是交叉或重叠的。

他还提出,加快建设社会主义法治国家,需要提高立法质量,完善中国特色的社会主义法律体系;需要强化法律实施,确保法律至上;需要深化改革,维护社会公正;还需要推进依法行政,建设法治政府。

卓泽渊教授说,一个政府的发展,最终要走向服务型政府和法治型政府。服务和法治,其实是一个政府的两个面。

当话题引向司法体制改革时,卓泽渊说:"我认为不应当把司法体制改革拿出来单独看待,司法体制改革应当是政治体制改革的一部分。比如人民法院和人民检察院的分工,其实本身就是属于政治体制的问题,不应当将司法体制和政治体制割裂看待。"

卓泽渊认为,政治体制改革的推进,决定了司法体制改革的进度和成效。司法体制改革作为政治体制改革的一个重要组成部分,不仅要与整个政治体制改革相协调,还要与经济体制改革相适应;不仅是涉及机构设置、权力配置、运行方式等诸多方面的全面改革,而且是由统一的组织机构进行整体规划、统一部署的系统改革。

"目前国内贪污腐败、渎职侵权等事件不绝于耳,政府也对此尤为重视。建设服务型和法治型政府,是否应当以有效的监督为前提?"

卓泽渊说:"这里有一个误区。很多观点只是关注到'监督',但他们往往忽略了这个'监督'其实有个'民主'的前提。"

卓泽渊引述了1945年毛泽东和黄炎培的一段谈话。当黄炎培谈到中国历代统治的兴衰存亡似乎存在一个不可逾越的周期率时,毛泽东道:“我们已经找到了新路,我们能跳出这周期率。这条新路,就是民主。只有让人民来监督政府,政府才不敢松懈;只有人人起来负责,才不会人亡政息。”

“只有‘民主’这个前提的存在,我们才能真正‘监督’。所以,我认为监督是民主的体现和内容,是民主的一部分。”卓泽渊教授说。

法治媒体
浑身洋溢着法治精神

卓泽渊教授饶有兴趣地翻看着《河南法制报》,脱口引出马克思关于新闻的论述的一句话,“自由出版物是人民精神的慧眼,是人民自我信任的体现,是把个人同国家和整个世界联系起来的有声的纽带……自由出版物是人民用来观察自己的一面精神上的镜子”。

“新闻媒体是社会良知的表达,能最及时地反映社会的各种状况,应当始终保持着忠于人民的本质。”卓泽渊说,“新闻媒体是社会法治的良心,是社会良知的代表,要坚守良知与操守,引导公民的道德和修养,淳化社会,张扬美德与善良,推动社会于法律之上,于道德之中,真正实现社会的大和谐”。

“尤其是法治媒体,要浑身洋溢着法治的精神,浸润、体现出法治的精神,引导法治建设,监督所有的公权力的使用,勇敢地担当社会民主、法治的推动者。”

针对政府与媒体的互动,他说:“作为政府,关爱、尊重新闻媒体,是政府要做的。媒体揭露问题,也是为了帮助社会找到需要改良的对象,我觉得一些所谓如何‘应对’媒体的讲法并不合适,应当是正确地发挥媒体的作用,运用媒体独特的功能,来帮助政府完成其应有之使命。”

为方便与大家交流学术感悟和成果,卓泽渊教授在网上有自己的网站“法学·卓泽渊”。至于那个“卓泽渊的博客”,他摆手说:“那个并不是我的,是‘好事者’建立的,收集了一些我的文章而已。”

与网络早已建立“密切”联系的卓泽渊认为,“微博、论坛等新兴媒体形式,为公民广泛参与民主提供了新的路径”。

“对待新兴媒体的民意表达,要特别地审慎、理性、稳妥。对新兴媒介的不当干扰,则是阻碍民意的表达。”

卓泽渊教授对本报“见证法制进程,建设法治中原”,以新闻传播的方式弘扬法治精神的办报理念很是赞赏,提笔写下:“法治在根本上决定于我们的努力——与《河南法制报》及读者共勉。”

(记者李葆童、李向华,特约记者李慧织,大河网,2011 年 8 月 15 日。)

21. 政府理应回避

在日前召开的“第五届京津沪渝法治论坛”上，中共中央党校政法部常务副主任卓泽渊教授提出，根据“十三五规划”建议稿精神，未来 5 年中，政府和人大的关系将发生深刻变革。凡是该由人大制定的法律，政府都应适当回避。

建议稿提出，坚持依法治国，法治是发展的可靠保障，必须坚定不移走中国特色社会主义法治道路，加快建设中国特色社会主义法治体系，建设社会主义法治国家，推进科学立法、严格执法、公正司法、全面守法。这说明未来 5 年与法治密切相关。

建议稿指出，必须坚持依法执政，全面提高党依据宪法法律治国理政、依据党内法规管党治党的能力和水平。卓泽渊说，这说明，未来 5 年将更加强化宪法的实施。

卓泽渊表示，“依法治国首先要依宪治国，依法执政首先要依宪执政”这两个基本理念并不矛盾。

从严格意义上讲，依法治国的主体应该是人民，党在依法治国中是领导力量。依法治国应该是指人民在党的领导下依法治国,这才符合宪法定位的国家本质——人民共和国,符合政治民主化的进程和人民当家作主的宪法要求。

同时,党强调要依法执政,而依法执政首先要依宪执政。人民依法治国和党依法执政中都必须强调宪法的崇高地位。

党要依宪执政,首先就要健全宪法解释制度。世界上许多国家的宪法和法律在长达几十年乃至数百年期间都没有做大的修正。之所以能够长期适用,除了必要的修正案外,主要是靠法律解释。我国也应强化法律解释,以适应社会发展需要。

专家建议　政府是执法部门　不应参与立法

卓泽渊说,未来 5 年,我国应进一步推进科学立法。科学立法的核心任务是完善法律体系。

首先要完善立法体制。目前我国有规范性法律文件制定权的至少有十个层级:全国人大、全国人大常委会、国务院、国务院各部委、各省人大、省人大常委会、省人民政府、省人民政府各部门、设区的地级市、民族自治地区(有权制定自治条例和单行条例)。

卓泽渊表示,十八届四中全会提出,要"健全有立法权的人大主导立法工作的体制机制"。这句话将影响中国未来立法体制的变化,政府和人大的关系也将发生深刻变革。

他认为,今后,要充分发挥人民代表大会的作用,凡是该由人大制定的法律,规划和起草都应由人大负责。人大起草不过来,可以委托专家起草;专家起草不过来,委托第三方起草。在这个过程中,政府理应适当回避。

卓泽渊说,"不是政府不好,而是政府不应。政府的性质决定了它是执法部门,而非立法机构"。

人大备案审查制将强化

卓泽渊认为，未来5年，人大将强化备案审查制度。他表示，中国特色的社会主义法律体系已然形成，目前已拥有全国人大法律242部、国务院法规737部，以及由各省、自治区、直辖市乃至新扩至的有立法权的设区的地级市制定的大量法规。

但是，在现有的这些法律法规中，究竟有多少存在违宪问题，还没有人能说清楚。因此，有必要设立一个备案审查制度，或者直接设立违宪审查制度，以保障宪法的有效实施。

（汪红、王硕，《法制晚报》2015年11月17日。）

22. 要用公平正义目标检验司改措施效果

在今日召开的司法体制改革研讨会上，中央党校政法部常务副主任卓泽渊表示，正在进行的司法体制改革可以用“思路清晰、推进有力、计划周密、成绩斐然”形容。

卓泽渊建议，司法体制要改革成功，四个层面的结构关系必须考虑到，即党的组织与司法机关之间的结构关系，司法机关与人大、政府之间的结构关系，司法权与其他法律机关之间的结构关系和司法机关内部相互之间的结构关系。

在肯定优化司法职权配置已经做的大量工作的前提下，卓泽渊指出，在职权配置中，首先需要配置的是法、检、公、司四家各自有什么职能、有什么职权，权力必须各归其位，“行使了别人职权的就得拿出来，没有行使的就得行使起来，职权的优化是摆在我们面前一个艰巨的任务”。

最后，卓泽渊还建议，在四个基础性的制度、措施正在推进的同时，要用目标来检验措施的有效性，目标即让人民群众在每一个司法案件中感受到公平正义。“如果不能达成目标,说明我们的措施可能不到位,量度不够、力度不够,或者我们就错了,所以要实施目标来校正措施。”

卓泽渊还从岗位性质、能力要求、目标需求、相对比较四个方面,主张法官的薪酬改革力度必须加强。

(人民网,2015 年 12 月 3 日。)

23. 社会管理体制改革需注重创新

近日，由中央党校、中国博士后科学基金会、光明日报社和中共北京市朝阳区委共同主办的“社会管理体制改革与创新”高端论坛暨中央党校第二届博士后论坛在中央党校举行。会后，中央党校研究生院院长卓泽渊在接受本网记者专访时表示，随着改革开放的深入，社会利益结构调整已经成为一个非常重大的政策问题。

卓泽渊表示，中国在社会管理方面已经取得了一定的成就，给公众带来了很大的信心。但是，我们不能就这样满足，还要勇于开拓创新，在模式、体制、机制上革旧出新，延续社会管理体制改革的积极成果。

卓泽渊认为，创新是对于守旧而言的，既包括在模式、体制、机制上革旧出新，也包括取其精华去其糟粕，不能彻底摒弃原有的改革经验，通过一种延续的方式继续推进社会管理改革的进程。

目前，由于社会发展关系的变化，旧的体制虽然还残留活力的成分，但是已经不能适应当今形势发展了，不能再调整新的社会关系，不能再解决新的社会问题,不能再化解新的社会矛盾,不能再重复被使用了。而创新,便被摆在了一个显著的位置。

实际上,创新的判定标准之一是看它是否能适应社会新的发展,能适应就是有效的创新举措,反之则不是。卓泽渊最后表示,我们谈创新,向来都不能脱离社会现实状况,随着社会快速的发展变化,我们要想推动中国社会的和谐发展,就要沿着这样的思路去寻找社会管理的新措施、新方法,这就是创新。

(王雅洁,中国经济网,2011 年 12 月 6 日。)

24. 道德需要法律来保驾护航

面对2011年一系列引起广泛关注的道德事件，中国社会“道德重建”的呼声越来越强烈。除了呼唤良知，还需要什么？记者专访了中央党校研究生院院长卓泽渊。他认为，应该善于运用法律手段为道德保驾护航。以下是他的谈话：

我们走出道德困境靠什么？靠发扬什么精神，以及美好的召唤，会有一定效用，但是它的有效性不足或者相当有限的。今天，我们面临道德困境的问题出在道德的自身属性上，要对症下药。

道德本身是模糊的，缺乏明确肯定的属性；道德还是多元的，不同人也许有不同的道德认识。同时，道德还缺乏外在强制性，最终要通过良知发挥作用，强调自律自觉。所以一旦出现道德问题，完全靠道德是难以解决的。

真正能保卫道德的是法律。因为法律是明确的，有章可循，有据可考。法律是唯一的，同时法律还是外在强制的。所以说，法律和道德是相映成趣的、相辅相成的。

道德底线以上的是善良、是鼓励,法律不必介入。如果一定要介入,也就是如何予以褒扬的问题。道德底线以下的,则必须法律介入。法律如果能把严重不道德的违法犯罪行为打击了,也就保卫了道德底线。所以说,道德的疾病需要法律的药方来治理。事实上,一些非道德行为本身就是违法乃至犯罪行为,如严重的不守信用,是道德问题,也是欺骗、诈骗、违约的违法或者犯罪。

道德张扬的是高尚、是美德、是崇高,法律是最低的道德要求。对有些行为,用道德来惩治,就是用高尚来治理卑劣,那是治理不了的,一定要用法律来治理卑劣。所以说,道德和法律应该各归其位。道德张扬崇高,法律惩治邪恶;道德是一种高尚的善良引导,法律是一种世俗化的惩恶工具。

法律在价值追求上,从来都不保护坏人。只要不是专制的法律、邪恶的法律,在立法者的主观上一定是保护善良,并追求美德的。

但我们还需要警惕执法上的偏颇。有的执法者没有把法律的道德目标体现在执法实践中,这就是法律实施上的悲哀。现在司法审判越来越成为社会关注的焦点,司法裁判越来越具有社会公共政策的意味。这就给司法提出了一个非常重要的要求,司法人员必须具有道德价值判断能力。法律要通过惩治邪恶来彰显高尚,并始终为道德服务。

法律的作用就是裁判是非,从逻辑上讲,没有法律裁判不了的是非。假定“无解也是解”——裁决不予受理或者驳回起诉都是解,法律是“无所不能”的。如在“彭宇案”中,法官完全可以分两段来裁决:第一段是“救”,对救援本身进行道德上的肯定和弘扬;第二段是“撞”,依据客观证据来判定“撞没撞”,绝不能用“如果没撞,为什么要去救”这种低俗的道德推论,那样只会让道德陷入困境之中。

崇高者也许并不祈求得到等额的回报,也不能用等额的回报来引导。但崇高者需要法律保护，因为善良是美好的，也是娇弱的、脆弱的。如果整个社会都能最大限度地保护好人，那么就不会有“小悦悦事件”中的冷漠者。

立法还需要准确地表达我们的道德追求，要在法律的字里行间，清楚表达道德追求，体现作为人，作为特定时代普遍的核心价值观。要将道德追求贯穿在立法的制度设置、程序设计等方面。在规则制定和程序设计的时候，一定要更加明确其道德的价值目标。

（李柯勇、侯大伟，新华网，2011年12月30日。）

25. 法治是现代化的治国理念

中国共产党第十八次全国代表大会于2012年11月8日开幕。胡锦涛报告提出全面推进依法治国，进一步深化司法体制改革，新华网、凤凰网就此连线中共中央党校教授卓泽渊，解读十八大报告对依法治国的阐释以及司法体制改革的发展方向。卓泽渊认为报告中提出“全面推进依法治国”，表明了中国共产党在新形势下的新部署。

以下为对话实录：

问：在民主法治建设方面，此次报告有何特点？

卓泽渊：第一，十八大报告提出全面推进依法治国，这是对依法治国在新形势下的新部署，是治国的机制方略和行动纲领，说明中国共产党对依法治国认识的提升，坚定进一步全面推进依法治国的信心。

第二，报告重申加快建设社会主义法治国家，并强调法治在推进经济体制改革、政治体制改革以及党建和社会建设上的作用。

第三，报告强调了法律在社会管理和国家建设中的作用，实际上是对依法治国、建设社会主义法治国家的具体化。推进依法治国和法治国家建设，必须落实在整个社会管理活动中。就这一点来说，中国共产党对于法治建设有了进一步的行动方案和具体措施。

从党的十八大报告可以看到，法治是关系到中国现代化建设各个方面的总体治国理念。

问：党的十八大报告提出进一步深化司法体制改革，下一步司法体制改革的方向是什么？

卓泽渊：司法体制改革是中国共产党早已确定的目标，而且一直在推进，党的十八大报告进一步具体部署了司法体制改革，是对已经开展的司法体制改革的肯定，也是对未来进一步推进司法体制改革的新谋划。

司法体制改革的推进需要在现有基础上进行，目标依然是实现社会公正。我相信，在党的十八大的指引下，新一轮司法体制改革即将作出新部署。

（新华网，2012 年 11 月 26 日，原题为《法治是关系中国现代化建设的治国理论》，发表时没有署名记者。）

26. 中国梦 · 民主法治梦

作为中国法政治学学科奠基人，卓泽渊曾于2006年和2011年两次被邀请进入中南海为中央政治局讲授法制课。他熟稔法治建设脉象，对法的价值有深入思考，并对中国法治进程始终抱积极心态。在他看来，法治的发展不可能完美无缺，要实事求是地看待，只有着眼于自身的法治建设发展才是一切的根本。

在中国法治建设进程中，对法的价值的研究还有待进一步深入与完善，而法的价值中的秩序、自由、平等、人权、正义常常被忽略。卓泽渊用20多年的时间不间断地对法的价值进行探求，成为国内“法的价值”这一课题研究最为深入、也是出版此类著述最多的法学专家之一。他坦言：“法治必须有其道德情操，其价值就是关注人，给每一个个体生命以公正，以自由全面发展的可能，否则法就失去了神圣的意义。”他的诸多论著承载了他对中国法治的思考，也浸润着他忧国悯民的中国当代知识分子情怀。

梦想不是未来，但没有梦想就没有美好的未来。

一个时期以来,中国梦成为新时代中国人的期待和希冀。无数的中国人都在阐释着自己的中国梦,说中国梦是强国梦、文明梦、法治梦等,不一而足。这就有人担心了,说这种随意解读难免以偏概全、挂一漏万。

在我看来,既然是梦,就必然多姿多彩、浪漫妖娆。中国梦是众多梦的综合与总和,无论怎样解读中国梦,历史发展到当代,基于中国的国情和世界的潮流,不可否认的是,其中,一定应该有民主法治梦。

江山与天下都属于人民

人民应该是国家和社会的主人,这是一句耳熟能详的话。国家常常被称为天下或者江山,天下与江山都应该归属于人民,但这也是千百年来,人民最难实现的梦想。

在几千年的帝王时代,国家都是君王的。人民不过是君王脚下的臣民,或者是颇具温情的“子民”。遇到爱民若子的皇帝就是人民的万幸,遇到暴君,也就“君要臣死,臣不得不死”。人民不断地起义,不断的王朝变更,但是变化的最终只有君王,人民受奴役的地位从来都没有真正改变过。江山也罢,天下也罢,都不过是君王的所有物。

历史上我们经历了无数革命,但是所有的革命都不过是以一个朝代取代另一个朝代而已。只有那些将君王权力夺取后,返还给人民的革命者,才是最崇高的革命者。历史上没有出现过这样的革命者。在具有共产主义美德的革命者出现之后,情形得以改观。共产党人具有这种伟大而神圣的情怀。他们以革命的方式,把被历代王朝攫取的权力夺回来,归还人民。于是共产党人的革命就具有了史无前例的牺牲精神与崇高性质。在共产党人的革命之后,人民才有可能成为社会和国家的主人,才当家作主。

党带领人民,为人民夺得了政权,但如何将这个权力真正交还给人民,是我们一直希望解决,但并未彻底解决的问题。几十年来,我们尝试、努力,尤其是改革开放这几十年来,我们党率先推进党内民主,建设基层民主,尝试寻找还政于民的道路。坚持这条道路,人民民主就能逐步实现,人民就能成为国家和社会真正的主人。那种“对上拍、对下骗、左右斗”的现象,其实早已人神共愤,我们痛恨之又不能改变之,实在是悲剧。真正的人民民主必能为此提供一个化解的良方。因为,人民的选举与监督必然使所有的领导人忠于人民,人民就有可能切实地享有作为主人的权威。

民主政治应成为一种政治体制

对民主政治有着非常多的解读。但是在诸多的解读中,我们必须注意的是,它要成为社会的现实必须是种客观的政治体制。

第一,民主政治应该成为人民当家作主的体制。人民是社会、国家的主人,实现难,坚守更难。何以使人民成为社会和国家永远的主人,更是一个艰难的问题。只有实行民主政治,将人民民主体制化、制度化、机制化,人民的地位才可能有切实的保证,人民的主人地位才可能永世延续。民主政治就是人民当家作主的政治,也是确保人民当家作主的政治。民主政治之所以能够保证人民当家作主,是因为它是一种由人民当家作主的政治体制。

第二,民主政治应该是种与非民主政治相对立的政治体制。人类的政治发展,经历了君主制、寡头制和独裁制等,民主政治与他们是对立的。民主政治是对他们否定的基础上建立的。人类解决冲突,建立和维系政治秩序的方式多种多样,经历了神权政治、王权政治、权威政治等,民主政治正是在否定这些政治方式的基础上建立起来的。正是因此,要实现并保持人民当家作主,就只能和必须实行民主政治。

第三,民主政治应该是一种可持续的政治体制。民主政治是具有自我更新能力的政治机制。正因为它有这样机制,才能不断地焕发出内在活力。民主政治一旦建立并确立,就具有了难以颠覆的力量。任何与之相对立的其他任何政治体制,都难以与之相比拟,更难以取代。民主政治一旦被确立并长期坚守,也就具有自我修复的功能。它首先是可以有效地阻止不民主的发生。其次是不幸地发生了不民主的情形,民主政治也将通过自己的修复机制来加以恢复,使政治回归其本质。

第四,民主政治应该是一种法治保障的政治体制。民主政治是一种法治化的政治体制,它因法治而具有国家强制力的有力保障。由于法治的保障作用,民主政治就具有了难以破坏的性质。因为,任何对于民主政治的违背与破坏,都有可能因被作为违法乃至犯罪而受到法律制裁。法治作为民主政治的要素,与之随行,随时为其提供有力的保证。法治化的民主才是有可能开创万世之太平。只有把人民的权力交由人民行使,才能使后代永无改朝换代的折腾与忧虑,永无王朝更替、江山易主的战乱。套用历史的惯用语,那时人民的江山、人民的天下才会千秋万代永不变色。

第五,民主政治应该是一种趋向于崇高的政治体制。政治应当是清明的,我们要使理应清明的政治永远清明。在民主政治体制之下,政治是政治家的事业,是政治精英人士奉献于社会的崇高旨趣与最大功绩。

直选人民代表应成为民主政治的基本标志

选举是民主政治的显著标志。虽然选举不等于民主,但是没有选举一定不会有民主。政治领袖由既有领导禅让,这大概是古老而美好的政治选秀机制。相传唐尧虞舜就是依靠这样的方式传承权力的。很遗憾的是它被夏禹王给破坏了,而此后朝代的家天下将政治权力私有化为家族私产。国家权力如同私有财产一样,在家族内部传递,原本作为主人的人民,成为权力的奴仆或者被权力所奴役。近代以来,尤其是资产阶级革命摧毁了这样的家族主义的政权制度,人民逐步地拥有了选举权和被选举权。

是资本主义社会让被帝王剥夺的权力,在形式上回归于人民。人民在形式上拥有了选举政治领袖的权力。这无疑是人类政治发展的巨大变革,是人类政治文明的巨大进步。当然我们也清楚地知道,资产阶级所倡导并推行的民选制度存在诸多问题。其中最根本的问题,也就是我们一直批评的它的虚伪性。面对资产阶级的民主,社会主义所要达成的,是在批判资本主义的基础上,创造出比资本主义真实的人民民主。

本着这样的初衷,无产阶级、共产党人进行了艰苦卓绝的奋斗,要将被封建帝王、资产阶级攫取的政权归还给人民。人民怎么才能享有自己当家作主的权力,一个重要的措施就是选举自己信赖的人出任政治领袖,主导国家和社会的发展,于是直选就成了首要而根本的选项。正是因此,我们的延安政权,才有了一人一票的选举。当时的民众,文化知识缺乏,甚至许多人还是文盲。但是,优秀的共产党人发明了适应当时情况的民主选举形式。他们甚至用投豆子的方式来进行选举。他们在每个候选人背后放一个小碗,并用纸或布遮掩碗口,这些精细而严密的程序设计,足以让后人击节称赞、惊叹不已。延安共产党人的这些天才创造,目的就是一个,让人民真正当家作主,让人民真切地选举自己的领袖。

在今天,与延安的情形相较,我们没有任何理由放弃民主选举。共产党人的浴血奋战,终于把人民的政权夺回来了。人民掌握政权的首要所在,就是由人民选择人民代表来掌握政权,代行政治权力。当然这仅是开端,人民还必须监督自己选举的政治领袖。这就需要更多的民主制度保证。

在民选中，最重要的就是对国家的议决者和领导人的直选，其中对人民代表的直选又是最基本的标志。这种直选，是民主政治发展程度的重要标志。对于整个民主政治的有无来说，甚至是显著标志。从1949年到现在，我们经过了长达60年的准备，没有理由说尚未做好准备，没有任何理由可以拒绝对人民代表的直选。对人民代表实行直选已经成为中国社会的普遍呼唤和强烈要求。

一直以来，许多人的顾虑就是中国国家太大，无法实现直选。其实，这都是没有具体分析，没有进入制度设计的望而生畏与望而却步。其实大可不必做这样的担忧。如果说全国人大代表有几百人，将几百个名额，分到各省、市、区。各个省、市、区内部再划分为若干个地、市选区，每个地、市选区产生一两个代表。即使是两千多人，我们每个县产生一个全国人大代表又有何难？我们的县级人大代表已经是直接选举的。其实县级人大代表能够直选，省级、全国人大代表也能直选。因为，经过体制改革的全国人大代表必将大大减少。说直选难，往往是在泛泛而论的结果。只要我们行动起来，人大代表的直接选举，没有无法操作之说。至于说，中国现今公民的素质差之类的理由，更是荒唐。在延安时代，存在大量的文盲，那时的人民居然可以用投豆子的方式进行选举并成为中国民主的代表与先锋，经过了半个多世纪的努力，到了现代社会，我们还不如战争年代，实在只能认为是虚委以词，搪塞而已。

可以预期，通过人民直选，社会主义一定可以获得比资本主义更多、更大的舆论支持。倡导并领导人民直选的中国共产党也必将因此而获得更高的社会声望，并赢得世界的尊重。

（卓泽渊口述，记者王爽整理，《中华英才》2013年第10期。）

27. 普法有成效，方式待更新

目前，国家已经进入"六五"普法阶段，公民法治意识的提升有目共睹。但记者注意到，仍有很多人并不清楚自己的问题该到哪个部门解决，一味地寻求"上级领导解决"，或是私底下采取违法犯罪的方式进行"私力救济"。到底是法律制定不合理，法律执行者不可信，还是普及法律不成功？针对这些关涉普法成果的问题，记者采访了中国法理学研究会副会长、中共中央党校博士研究生导师卓泽渊教授。

记者：现在是"六五"普法阶段，前几次普法效果如何？

卓泽渊：从过去27年的普法情况来看，成效是显著的。特别是各地开展的法律进机关、进社区、进乡村、进学校、进企业、进单位的法律"六进"活动，让大量的公民、单位知道了什么是自己的权利、义务，越来越多的民事案件被诉到法院，从这个意义上讲，也就意味着公民的法律意识在不断增强。

普法的另一个成效是，制定法律与守法行为之间形成了良好的互动关系：老百姓通过自己的守法行为反馈给法律制定者，让制定者修改并出台更多的造福于民的社会保障制度，支持社会主义新农村建设、城市发展等方面的法律法规，以更好地保障全体公民的权益。

为此，我们也要更多地让人民群众参与立法，让人民群众的意志能够更直接、更准确、更科学地体现在立法当中。这也为法律更为人民乐于接受奠定了基础、提供了条件。

记者：普法卓有成效，但为什么仍有人分不清哪些行为是违法行为？

卓泽渊：时代是进步的，很多生活方式正在转变中，这就产生了法律内容的滞后性，所以法律总是在不断地修订中。很多人对自己的行为是否违法不了解，也是正常的。这正说明了普法的意义所在。随着社会的发展，普法的方式方法和重点内容也应该随之变化。法律知识的普及除了“六进”以外，还要适时、顺势。现在已经是信息时代了，“90后”的年轻人多在网络上活动，如果仍旧用走学校、进社区的普法方式就有些不合时宜了。应当注意开辟年轻人所喜闻乐见的新形式。如美国最高法院大法官奥康纳特别协助网络公司开发出一款名为“我们的法院”的在线游戏，方便广大民众熟悉美国的宪政架构和法院的审判流程。

另外，老百姓的法律需求在各个时期是不一样的，要顺应民众的需求进行重点宣传。解放初期主要是打击刑事犯罪，十一届三中全会之后主要是经济法制的普及，现在更多地应该是民主权利、基本人权等法治理念的彰显。

记者：有些人感觉到自己遭受了不公平待遇，但他们不愿意寻求司法救济，而是自己采用极端的方式来报复社会，是法律执行者不可靠，还是普及法律不成功？

卓泽渊：这里有社会原因，不能排除某些法律执行者的任意妄为；当然，也有个人心理承受能力的原因，但这并不说明普法没有成效，只是说明这个成效离理想目标还有差距甚至较大的差距。当个人觉得自己的权利受到了侵犯，他不愿意委曲求全，他应该用什么方式来维权？这是普法应该告诉公民和法人的。因此，普法也面临着“升级”的问题。

首先是提高司法从业人员的素质，法律最终是要靠人来实施的，并通过法律的实施状况来彰显。因此，如果法律实施者不能奉行法制，就必然会让法律失去其信用，最终导致社会失去规制。

其次要将法律制度、法律知识作为在校学生的必修课程与教学内容。从娃娃抓起，让孩子们从小就培养遵纪守法的良好习惯。儿童的可塑性是很大的，心理学一再证明，童年对人的影响最大。小时候学习的东西潜移默化地体现在成年后的各种行为中。因此，对于儿童的法制教育是不能缺失的。我们可以考虑设置专门的法律课程，更可以在各种课程中学习法律制度与法律知识。比如，可以将宪法序言作为相应年级学生语文课中的课文，可以将一些守法故事载入相应的学生教材，等等。

最后是要建设尊崇法律的法治文化。尊崇法律，任何人任何情况都不得践踏。即便有特殊的情况发生，也必须有特别的法律规定才能予以变通。规则是为所有人制定的，一旦为例外情况所破例，就会导致规则丧失权威，进而影响法律信用。而法律的权威被破坏，其后果是毁灭性的。我们要建构学法、尊法、用法、守法的社会文化，这就是法治文化。只有这种法治文化真正建立起来了，我们的普法才可以说是大功告成。到了那时，我们还需要继续推进普法。只不过，那时候可能出现新时代新方式的普法。

（赵衡，《检察日报》2013 年 12 月 4 日。）

28. 建设美丽中国的路径选择

“法治是治国理政的基本方式”,“依法治国基本方略全面落实”,“提高领导干部运用法治思维和法治方式深化改革、推动发展、化解矛盾、维护稳定能力”,“要围绕构建中国特色社会主义社会管理体系,加快形成党委领导、政府负责、社会协同、公众参与、法治保障的社会管理体制”……党的十八大报告中重视法治的精神贯穿始终,引人关注。回顾法治建设的实践,中国特色社会主义法律体系已经形成,法治政府建设取得明显成效,中国特色社会主义司法制度不断完善,社会主义法治理念逐步深入人心,全社会法律意识和法治观念普遍增强;展望法治建设的明天,对法治文明的追求态度鲜明,决心坚定。结合党的十八大报告有关法治的要求,就新形势下的法治发展、法治保障与法律监督等问题,本刊记者采访了中共中央党校卓泽渊教授。

记者:党的十八大报告将全面推进依法治国确立为推进政治建设和政治体制改革的重要任务,并对加快建设社会主义法治国家作出重要部署。法治,这个人类文明进步的重要标志,在中国正日益发挥着全局性、基础性作用。通过依法治国方略关于“推进科学立法、严格执法、公正司法、全民守法”的表述,您认为,法治的基本要求体现在哪些方面?依法治国新阶段的目标任务是什么?

卓泽渊:党的十八大提出了全面推进依法治国的宏伟目标。将此前党的十五大、十六大、十七大以来的“全面落实依法治国”提升到了“全面推进依法治国”。尽管只是两个字的改变,却包含和反映了党在依法治国认识上的深化和行动上的发展。就“推进”与“落实”相比较而言,“推进”比“落实”更具有主动性、积极性、能动性、创造性。依法治国是一个历史过程,在这个过程之初,当然要在全党和全国人民之中统一认识、准确理解、宣传普及,等等。全面推进依法治国是法治发展的现实结果,也是法治发展的崭新要求。

随着依法治国的发展,我国法治的基本要求也发生着深刻的变化。党的十一届三中全会确立了发扬社会主义民主,健全社会主义法制的原则,提出了社会主义法治的基本要求:有法可依、有法必依、执法必严、违法必究。经过长达30多年的改革开放和法治发展,我国的法制建设取得了辉煌的成就。社会主义法治的基本要求必将发生深刻的变化。党的十八大与时俱进地提出了社会主义法治的基本要求,即科学立法、严格执法、公正司法、全民守法,对法治所包含的立法、执法、司法、守法四个基本方面提出了全新的要求。

关于依法治国在新的发展阶段的目标任务,党的十八大报告从总体、近期、长远三个方面作出了部署:一是在总体上要坚持依法治国这个党领导人民治理国家的基本方略,最广泛地动员和组织人民依法管理国家事务、管理经济和文化事业、积极投身社会主义现代化建设,更好保障人民权益,更好保障人民当家作主。二是从近期来看,在全面建成小康社会的时刻,我们要做到依法治国基本方略的全面落实,法治政府基本建成,司法公信力不断提高,人权得到切实尊重和保障。三是从长远来看,必须坚持党的领导、人民当家作主、依法治国的有机统一,以保证人民当家作主为根本,以增强党和国家活力、调动人民积极性为目标,扩大社会主义民主,加快建设社会主义法治国家。

记者:党的十八大报告明确指出,确保到 2020 年实现全面建成小康社会宏伟目标。其中,一项重要要求就是依法治国基本方略全面落实,法治政府基本建成,司法公信力不断提高,人权得到切实尊重和保障。从中可知,建设“法治小康”,已成为全面建成小康社会的题中之意。在您看来,法治与小康社会呈现出何种关系?应从哪几个方面评判法治是否达到小康标准?要实现法治小康,重点从几个方面着手?

卓泽渊:法治与小康之间的关系,可以先考察小康对于法治来说意味着什么。个人认为,建成小康社会是法治发展的阶段性目标,建设小康社会是法治发展的社会环境,未来的小康社会是法治再发展的社会基础。目前的法治建设必须为我国正在推进的小康社会建设服务。任何一个时代的法律都是特定时代的产物,也都与特定社会的发展目标紧密联系。小康社会及其建设是一个整体,阶段性的法制建设也是其中的一个单元、一个子系统,作为小康社会的法治必须担负起为小康社会建设作出自己贡献的责任。中国从现在到未来 10 年左右的时间,都是建设小康社会的时期。在小康社会的建设中,推进法治必然成为法治建设的背景或者环境。这是不以我们的主观意志为转移的。法律必须从属并依赖于现实社会。在小康社会建成之后,小康社会成了现实,不再是目标,而法制建设包括法治还要深入推进,继续发展。这时的小康社会就是法治再发展的基础。可以相信,随着小康社会的建成,法治必将获得更好的社会基础,得到更好的社会支撑,赢得更大的未来发展。

就法治对小康社会的意义而言,法治是小康的内在要求、基本内容、重要保障。尤其是现代化意义的小康社会,必须具有现代社会的基本元素:民主和法治。同时,小康社会的建设过程和重要成果还需要法治的保障。没有法治的强有力保护,小康社会建设难以顺利推进,小康社会的现实成就也难以得到法治的有效保障。

党的十八大报告从总体到具体提出的明确要求,既是判断法治是否达到小康的标准,也是我们努力的方向,即"依法治国基本方略全面落实,法治政府基本建成,司法公信力不断提高,人权得到切实尊重和保障"。具体来说,有以下四方面:一是在总体上,依法治国基本方略要全面落实。根据党的十八大报告在"全面推进依法治国"具体措施中的要求,必须抓住立法、执法、司法、守法四大环节,全面实施、全面落实、全面推进。二是从依法行政的目标上讲,就是法治政府基本建成。党和政府早在2004年就确立了建设法治政府的目标,此后一直没有停止过这一努力。这次党中央将其时间表予以了具体化,就是在未来的10年之内,在全面建成小康社会的同时,基本建成中国的法治政府。这对于我们来说是既明确又艰巨的任务。三是从公正司法的意义上讲,司法公信力要不断提高。公正司法是本质目标、现实目标,也是终极目标,而司法公信是直接目标。必须用司法公正的实际行动赢得人民的信赖,使司法成为社会良知的代表者、实践者和维护者,以其公正赢得公信。四是人权得到切实尊重和保障。人权问题,是党长期关注的焦点。目前,我国已经加入了一系列重要的国际人权公约,国内的人权保护状况得到了相当改善。保障人权成了我国的宪法原则,也为我国的刑法、刑事诉讼法等基本法律所奉行和贯彻。随着我国法治的发展、司法的改革,可以预期人权得到切实尊重和有效保障的目标并不遥远。

记者:"提高领导干部运用法治思维和法治方式深化改革、推动发展、化解矛盾、维护稳定能力"是党的十八大报告关于法治建设内容的一个突出亮点。您认为，何以如此强调法治思维与法治方式在国家治理中的重要作用？如何养成法治思维，怎样运用法治方式，其关键点又是什么？

卓泽渊：国家治理需要法治，并且必须法治化。法治思维与法治方式首先是针对领导干部提出的。之所以如此强调法治思维与法治方式，是因为，作为领导干部必须首先具有法治思维和法治方式，才能在法治国家中治国理政。法治只有以思维与方式进入领导干部的意识和行为之中，才能被切实地坚持和实现。只有在领导干部确立了法治思维之后，法治才可能成为领导干部思想深处的自觉观念，他们才会自发而自觉地坚守法治，实行法治，法治才能内化为其素养与素质。只有当法治方式成为领导干部的行为方式之时，领导干部才会在有意识与无意识之中坚守法治，服从法治，并自觉地运用法治认识问题、面对问题和解决问题。

如何养成法治思维，的确是我们面临的重大难题。法治思维不是随意就可以具有的，它要求特定主体对于法治要具有良好的认知，要真切地信任法治。其一，对法治要有服从的精神。当自己的认识与法治的要求发生冲突的时候，要自觉地服从宪法和法律，尊崇法治。其二，对法治要有坚守的行动。当自己的个人意气、愿望、利益与法律冲突的时候，坚定不移地服从法律，放弃个人的私欲与利害。运用法治方式，是现代领导干部必须具备的基本素养。法治方式的运用，首先，要求所有的领导干部尤其是司法官员必须熟悉法治方式，这是基本前提。其次，要自觉运用法治方式，不能学习时明白，运用时糊涂，行动中得过且过。最后，要敢于对非法治方式说不，自觉抵制非法治方式。法治方式与人治方式等是根本对立的。养成法治思维和运用法治方式，其关键就是要具有法治理念和弘扬法治精神。没有法治理念，法治思维具备不了，就不会真正懂得法治方式，法治方式就运用不了；没有法治精神，法治思维和法治方式都不可能具有实在的意义，更不可能成为治国理政的实践指导与具体行动。

记者：在加强和创新社会管理方面，党的十八大报告提出“四个加快”的论断。其中，“加快形成党委领导、政府负责、社会协同、公众参与、法治保障的社会管理体制”是新提法。对于“法治保障”内容的加入，有何重大意义？在法治的轨道上进行社会管理创新，应遵循哪些法治原则？检察机关作为司法机关，须重点从哪些方面参与和加强社会管理创新？

卓泽渊：把法治保障纳入社会管理体制之中，是对社会管理认识深化的结果，是对社会管理体制进行改革的重要创新。现代社会管理，一定也只能是法治状态下的管理。增加法治保障，首先，可以使社会管理的内涵更加完善。因为社会管理的方方面面都涉及法治，法治要体现在各个方面，蕴含在社会管理的政策拟制、程序设计、操作实践等各个环节。其次，可以使社会管理的内容更加丰富。在社会管理的手段和方式上，可以更多地考虑完备现行法制，实现法律权利，履行法定义务，尊重复议申请，保障诉讼权益，善用司法调处，等等。最后，可以提高社会管理水平。进行社会管理，有人治、法治等多种方式。社会管理离不开人，需要依赖人和发挥人的积极性，但是这并不意味着社会管理就需要人治。恰恰相反，在人治之下的社会管理，必然是长官意志、因人而异、混乱无序的。以法治的方式来进行社会管理，必然增强管理的规则性、有序性与有效性，提升整个管理的制度化、现代化乃至科学化水平。

检察机关在社会管理中扮演着极为重要的角色。第一，检察机关可以通过行使刑事追诉权来参与社会管理。打击犯罪、制裁犯罪本身就是社会管理中最为艰难的部分。检察机关确保批捕、起诉、抗诉的质量，就是在进行社会管理，而且是法治化的社会管理。第二，检察机关可以通过对民事行政案件的法律监督来参与社会管理。民事、行政诉讼涉及大量的社会关系和广泛的社会利益，检察机关对于民事行政诉讼案件实行检察监督，无疑是通过本职工作参与社会管理的又一法治化形式。第三，检察机关可以通过对羁押场所的检察监督来确保相关当事人的合法权益和国家公权的依法行使。第四，检察机关还可以通过制发纠正违法通知书和送达检察建议等方式参与社会管理。也就是说，检察机关将自己在检察工作中发现的违法情形，提请有关部门加以纠正；将自己认为需要特别注意的问题，提请有关组织或者单位予以重视。检察机关参与社会管理创新，就是指检察机关立足本职工作，更加充分地实现法律所赋予、也是法律所要求的职权与职责，参与社会管理，为社会管理服务。

记者：党的十八大报告首次将“加强党内监督、民主监督、法律监督、舆论监督”作为一套完整的监督体系明确提出，旨在建立健全权力运行制约和监督体系。关于权力的监督制约，其提法经历了怎样的变化？法律监督作为监督体系的重要内容，与其他监督方式的关系如何？对于作为国家法律监督机关的检察机关，在推进权力制约监督机制建设方面有何新期待？

卓泽渊：对监督体系的认识有一个深化的过程，5年前党的十七大报告提出，要完善制约和监督机制，“落实党内监督条例，加强民主监督，发挥好舆论监督作用，增强监督合力和实效”。这次党的十八大报告将“加强党内监督、民主监督、法律监督、舆论监督”作为一个整体提出，大大深化了我们既有的认识，法律监督作为监督体系的重要内容得以强调。我国正在建设法治国家，法治国家的任何公权都必须依法行使，对于任何权力的监督也必须依法进行。只有用权与用权监督都法治化了，才可以说权力被法治化了。因为监督权依然是一种权力，而且是一种更为重要的权力。在整个监督体系中，法律监督首先是一种监督形式，其次又是其他所有监督形式的法治化要求。在众多的监督之中，法律监督与党内监督、民主监督、舆论监督相并列、互动，同时又是这三大监督的要求和保障。党内监督、民主监督、舆论监督都应该依法进行，更不能违法进行甚至破坏法治。

在强化法律监督、强调监督法治化的当下中国，作为国家法律监督机关的检察机关，在推进权力制约监督机制建设方面，肩负着党和人民的新期待。检察机关必须更深刻地认识其宪法地位和法律定位。必须把全面履职、忠实履职、依法履职与自身的体制改革结合起来，立足本职以谋划改革，着手改革以实现职能。检察机关的职权、职责、职能，概括为最核心的字眼就是“法律监督”。当然，要切实履行法定职权，实现法律监督，仅有检察机关的努力是远远不够的。党中央在谋划整个司法体制和政治体制改革时，应当也一定会对检察机关如何真正实现宪法和法律所确定的“法律监督”权作出统一部署、整体设计。

记者：公平正义是中国特色社会主义的内在要求，而依法治国是公平正义的坚强保障。创造公平正义的法治环境，您认为主要从哪些方面予以推进完善？在法治建设的进程中，检察机关应如何强化法律监督职责，维护公平正义，为全面建成小康社会提供司法保障？

卓泽渊：创造公平正义的法治环境，对于整个国家和社会都是极为重要的。要有公平正义的法治环境，首先，必须有公平正义的立法。没有立法的公正，其他公正都无从谈起。其次，执法要公平正义。执法者要把坚守法律与维护公正有机结合起来，并确保执法是公正的路径与保障，公正是执法的指引与目标。最后，司法要成为公平正义最后也是最有力的救济手段。如果立法不公正，司法就应该反馈到立法程序之中，使立法机关通过法定程序对既有的立法作出修正。如果执法不公正，司法要通过既有的法律程序予以修正。

检察机关在营造法治环境中的作用是独特而有效的。因为我国检察机关除了具有追诉犯罪的职能，还依法履行法律监督职能。第一，检察机关可以通过自身在刑事诉讼、民事诉讼、行政诉讼中的作用来强化和实现自己的监督职责。第二,检察机关可以通过对刑事、民事、行政案件的执行监督来强化监督职责。第三,检察机关还可以通过非诉讼的纠正违法行为与提出检察建议的方式发挥监督职责。当然,检察机关如何在营造公平正义法治环境中发挥出自己的法律监督作用,需要体制机制的不断改革和行动上的不断努力。

记者:依法治国离不开深入推进司法体制和工作机制改革。党的十八大报告强调,要进一步深化司法体制改革,坚持和完善中国特色社会主义司法制度,确保审判机关、检察机关依法独立公正行使审判权、检察权。在影响司法公正的制度性问题基本得以解决的当下中国,司法体制和工作机制改革的方向和着力点是什么?您认为,有关检察业务领域司法体制和工作机制改革的重点和关键点主要体现在哪些方面?

卓泽渊:中国司法体制改革是一个整体,是整个政治体制改革的构成部分。必须将司法体制改革作为一个整体,放到整个政治体制改革方案中加以谋划。个人认为,司法体制改革要整体设计、分步实施、超然谋划,毅然推进。司法体制改革的零散改革、个别措施,即使正确也难以成功,所以必须总体设计。改革具有程序性,不可随意,必须有条不紊,循序渐进,因此需要分步实施。司法体制改革的设计必须具有超然性,任何受制于部门利益与局部考量的改革方案,都会毁坏司法、毁坏司法改革。各个机构的改革,各个机构当然要研究、实施,但是整体设计应该由中共中央及全国人大来组织,由具有理论修养的专家与具有实践经验的学者参与,最终由全国人大通过立法的方式进行颁布。

对检察机关来说,整个司法体制改革必须以司法公正和司法公信为目标,以司法机关依法独立行使职权为中心。人民检察院参与的司法体制改革,应当与其他司法机关的改革相协调,更应该与人民法院的改革相协调,近期应重点把握以下三个突破点:一是推进法官、检察官的录用、晋升、考评、薪酬的制度改革;二是推进法院、检察院机构有别于行政区划的设置改革;三是推进司法经费预算主体及统筹方式的财政改革。检察业务领域司法体制和工作机制改革的重点和关键点,主要体现在实现"检察"或者称为"法律监督"的职能上。为此,要更加明确人民检察院与其他监督机构之间的关系,细化人民检察院的法律监督职权,确保一切公权力的法治化运行,确保司法公信与司法公正,从而维护全社会的法治与公正。

(金园园,《人民检察》2013 年第 1 期。)

29. 深化司法体制改革，建立法治中国

编者按：十八届三中全会《中共中央关于全面深化改革若干重大问题的决定》(以下简称《决定》)在司法体制改革方面有很多亮点，提出维护宪法法律权威；深化行政执法体制改革；改革司法管理体制，推动省以下地方法院、检察院人财物统一管理；逐步减少适用死刑罪名，废止劳动教养制度，完善人权司法保障制度；强调运用法治思维和法治方式化解社会矛盾，再次强调“法治思维”。针对以上亮点，理论网记者专访了中共中央党校报刊社副总编辑卓泽渊教授。

记者：十八届三中全会《决定》中提出“维护宪法法律权威”，您怎样看待这个问题？

卓泽渊：第一，维护宪法法律权威是一个国家法治建设的根本与重点。在任何一个法治国家中宪法总是最重要的，因为宪法是一个国家的总章程，记载着一个国家的根本制度。我们国家要依法治国就必须依宪治国，执政党要依法执政就必须依宪执政。因此从政治权力这个角度上来说，执政党和国家公权力

都必须把宪法作为其行权的根据、行权的准则。法律是将宪法具体化的规则,宪法法律理所当然就应当成为一切公权力的根本依据、根本准则,推进法治建设必然要求维护宪法法律的权威。

第二,宪法法律是人民权力和权利的保障。人民权力和权利要得到保障,首先就要实施宪法,因为宪法理当是人民权力和权利的记录,是治国理政的总章程。要保障人民的权力和权利,就必须保证宪法及其法律得到有效实施。

第三,从宪法法律在整个社会生活中的作用、地位、意义这样一个角度来考虑,一个社会生活的有序化、规则化,一个社会的和平安宁和谐,需要规则化的治理。这种规则化的治理必然依赖于一个庞大的法律体系,而宪法是这个庞大法律体系的统率。宪法在整个法律体系中的地位决定了它在整个社会生活中的地位,我们要保障整个社会生活的有序化,就必须维护宪法权威。一个社会要有规则,要规范化地运行,要营造出在规范统率下的有序状态,必须重视宪法法律。维护宪法权威,保障宪法法律实施,这是一个走向法治的国家,乃至一个已经实现法治的国家都不可忽略的根本。

记者:深化行政执法体制改革的着力点是增强政府公信力和执行力,目标是建设法治政府和服务型政府,那么您认为应该怎样深化行政执法体制改革?

卓泽渊:深化行政执法体制的改革实际上是深化整个法律执行体系的改革,是深化政治体制改革非常重要的构成部分。政府行政的根本方式必须是依法行政,依法行政的效果影响着政府与人民之间的关系状态。政府与人民之间的关系状态直接决定着它的公信力与执行力。当一个国家的人民都不信任他的政府的时候,这个政府必然是没有执行力的,它也不会赢得人民的支持与拥护。我们建设政府的目标是建立服务型政府和法治政府,法治政府和服务型政府是完全一致的,是一体两面的东西，政府提供什么样的服务，如何提供服务，政府的服务不到位或者服务出问题应该承担什么样的责任，都要依赖法治来回答。法律为政府设定的职责，或者说是政府被法律所赋予的职权，它的出发点和归宿都是服务于人民。我们在推进法治的时候，在实现政府执法职能的时候，必须要考虑到决定政府这些行为的最根本的因素是什么，是我们政府的那个定义——人民，因为我们的政府是人民政府。法律应该是人民意志的体现。政府权力来自人民，政府就必须服务于人民。政府的服务性质和政府的法治属性在“人民”那里得到了统一。人民怎样管束自己的政府，怎样评价自己的政府，人民凭什么要相信政府，其实政府的民主化和法治化状态就是根本。人民想要政府怎么办，人民就通过宪法、法律来设定政府的责任。政府履行了宪法、法律赋予你的职责，就忠于了人民，就实现了人民的愿望和意志。政府履行了宪法设定的义务、责任，就忠于了人民。原则上讲，一个法治的政府它必然是民主的政府，一个民主而又法治的政府，它必然是服务型政府。服务政府、法治政府、人民政府是高度一致的概念，深化行政执法体制改革就必然会归结到使人民政府更体现它最深层次的本质——民主，直接表现为为人民服务，表现为政府的依法办事、依法行政。

如何深化行政执法体制改革这是我们的政府具体如何操作的事。《决定》已经对此作出了许多规定，相信三中全会以后，以国务院为代表的各级人民政府一定会拿出一套具体的方案来推进行政执法体制改革。

记者：《决定》指出，确保依法独立公正行使审判权、检察权，您认为怎样才能做到独立呢？

卓泽渊：独立的关键是必须有体制上的独立、机制上的独立，这是我们多少年改革所得出的结论。关于体制上的独立，这一次三中全会的《决定》作出了一个非常重大的部署，就是“推动省以下地方法院、检察院人财物统一管理，探索建立与行政区划适当分离的司法管辖制度”。这是我们多年来希望采取而又难以采取的改革措施。若能如此，必将有效地克服中国长期存在的“司法地方化”的问题，在增强司法的统一性的同时，必将增强司法的独立性。与“司法地方化”对应存在的有两个问题，一个是司法的统一性，另一个是司法的独立性，而司法的独立性和统一性又具有一致性，只要司法是统一的，它就很容易独立，司法一旦分散在不同的地方，不统一了，其实它也就依附于不同的地方，也就不独立了。司法的这种体制改革针对的就是“司法地方化”，它要达成的目的就是推动司法的独立性、统一性，实现司法的统一，法治的统一，进而维护国家的统一、民族的统一，用法治来整合国家，整合民族，使中华人民共和国、中华民族因法治而得到整合，得到巩固。“司法地方化”是指司法遭受各种地方因素的干扰，如地方权力的干扰，地方利益的干扰，地方人际关系的干扰，地方管理体制的干扰。这些都会导致一些案件无法被司法机关独立公正地裁判，就会影响司法的公信力、公正性、权威性。我们必须下决心，从体制上克服“司法地方化”问题。

确保依法独立公正行使审判权、检察权，这是司法发挥作用的先决性条件。司法要发挥裁判功能，要实现公正的目标，就必须要具有独立性。独立不是指可以任意妄为，随意裁判，这个独立是依照法律来独立。独立的整个目的都是实现法律，独立的所有行为都得依照法律，遵守法律，所有独立的目标最后都是为了实现公正。独立是要依法的，独立是为了公正的，所以把它连在一起就是依法独立公正地行使审判权。对于司法来说，依法是它的路径，公正是它的目标，独立是它的方式。

司法机关要在中国法治建设中担负起宪法法律赋予的责任，必须具有法定的独立性，必须要依法独立，必须要去实现公正的价值追求。三中全会《决定》的要求既是立足于司法本身的性质、职能、功用，也是立足于中国社会发展、法治发展对司法的要求，更是基于人民群众的愿望,立足于实践的经验和教训的。正是在这样一些基础上,我们党提出来了现在这样的改革方案与目标。

记者:十八届三中全会指出“完善人权司法保障制度”,这是司法改革的新亮点,您怎样看待这个新亮点?

卓泽渊:人权司法保障问题,在中国提出很久了,自从我们人权入宪后,人权的司法保障就成为中国法治建设的现实问题。我国的人权保障具体体现在宪法、行政法、社会保障法、刑法、刑事诉讼法及相关法律的制订、修改、补充之中。这一次我们党中央把人权的司法保障在《决定》中特别地提出来加以强化,这体现了我们党在新的历史时期对人权认识的进步和发展,也表现了我们党保障人权的决心。这表明我们已经认识到人权的意义,认识到保障人权的社会功用,将对人权的认识表现为具体的制度设计,进而使之成为社会现实。人权保障有原则,但人权保障不仅仅是原则,人权保障必须演化为社会的实践,人权的司法保障正是达成人权保障目标的那座桥梁,那个路径。

记者:“逐步减少适用死刑罪名”体现司法文明,您对这个问题怎样看待?

卓泽渊:“逐步减少适用死刑罪名”这实际上是我们党中央对人权认识进一步深化和提升的具体反映。就整个人类社会而言,“适用死刑”发展趋势实际上是越来越少,死刑只适用于那些罪大恶极的案件,只适用于那些罪大恶极的罪犯。刑罚的效用并不是说使用得越普遍越有效,尤其像死刑(剥夺生命)这种刑罚,如果让它具有充分的威慑力,那一定是该用的时候才用,不该用的时候不用。滥用死刑的结果,反而会使死刑的效用降低,而且也违背人类对人权包括生命权认识的发展趋势。随着中国社会的文明化,中国经济社会的发展,剥夺自由的刑罚效用越来越高,越来越大。原本采用死刑来阻遏的许多犯罪,应当可以用剥夺自由、限制自由的方式来控制。我们限制死刑的使用,既是人类刑罚文明、法治文明发展的体现，也是中国社会进步发展的要求。在现代社会，死刑的过多使用，有些时候还不如自由刑的使用更能发挥效用。所谓自由刑，就是限制自由的刑罚，分为有期徒刑和无期徒刑，以及管制、拘役等。限制自由有时候比判处死刑更加有效，更加文明。我们不用死刑，可以更加文明，更加有效，那我们有什么必要，还要过多去用那种极端性的刑罚呢？

记者：《决定》提出“废止劳动教养制度”，劳动教养制度是在怎样的历史背景下提出的，为什么近年来废止呼声高涨？

卓泽渊：劳动教养制度的产生有特定的历史背景，它是在经济管理上高度计划，社会管理上高度强制，又面对复杂的社会现状，政治意识和政治斗争都异常纷繁复杂的背景下产生的。现在中国社会早已不是以前的状态了。在走向法治化的进程中，劳动教养的适用越来越不适应法治发展的要求、司法发展的要求了。面对人权保障、法治推进、社会文明的进步，劳动教养被废止是必然的，是早晚的。这一次党中央决定废止劳动教养制度，是一个坚决的行动，也是慎重决策，是在法治发展、人权保障和政治文明上的一个重要决定，也是一个重要进步。废止劳动教养制度对我国来说，还要变革相关的具体制度，协调相关的惩罚措施，改进相关的社会管理，这些都是必要的，也是可以做到的。因此，现在废除劳动教养制度是正得其宜，正得其时，我们早就该这样做。废止劳动教养制度有个法律过程，要依照立法程序来废止劳动教养制度，要依照立法法的相应规定予以废除。

记者：十八届三中全会《决定》中强调要“坚持依法治理，加强法治保障，运用法治思维和法治方式化解社会矛盾”，再次强调“法治思维”，党中央为什么一再强调“法治思维”？

卓泽渊：法治思维是一种思维模式。法治思维与经济思维、政治思维、道德思维是并列的。在社会日益法治化的进程中，各级领导干部，乃至社会成员、每个公民，都面临如何培养自己法治思维的问题。我们要了解相应的法治方式，并能很好地运用法治方式来处理社会事务，维护合法权益，化解矛盾纠纷，维护社会稳定，等等。党中央多次向领导干部提出和强调要提高运用法治思维和法治方式的能力。2012 年 11 月，党的十八大明确要求“提高领导干部运用法治思维和法治方式深化改革、推动发展、化解矛盾、维护稳定能力”；2012 年 12 月 4 日，习近平同志《在首都各界纪念现行宪法公布实施 30 周年大会上的讲话》中又说“各级领导干部要提高运用法治思维和法治方式深化改革、推动发展、化解矛盾、维护稳定能力，努力推动形成办事依法、遇事找法、解决问题用法、化解矛盾靠法的良好法治环境，在法治轨道上推动各项工作”。2013 年 2 月 23 日，习近平同志在中共中央政治局第四次集体学习时讲话要求，“各级领导机关和领导干部要提高运用法治思维和法治方式的能力，努力以法治凝聚改革共识、规范发展行为、促进矛盾化解、保障社会和谐”。这次十八届三中全会《决定》，再次强调要“坚持依法治理，加强法治保障，运用法治思维和法治方式化解社会矛盾”。反复强调“法治思维”，这是我们在走向法治的过程中对领导干部和社会成员的素质提出的要求，也是依法治国的必不可少的法治文化建设，也是出于人的素质提升和社会治理的现实需要。

如果一个社会要用惩罚的手段来管理的话，实在是万不得已、无可奈何的选择。一个最好的社会是人们自觉依法办事、全民守法的社会。自觉依法办事、全民守法状态的出现需要我们全体社会成员具有法治思维，采用法治方式来处理我们面临的一切相关事务，尤其是法律事务。我们都能够运用法治思维和法治方式来解决所面临的问题，那这个社会就法治化了，这个社会的法律就非常有效了，这才是真正的法治社会。法治社会是人们自觉守法、自觉依法办事的社会。法治思维要成为一种普遍的思维模式，内化成社会成员的素养，法治方式要成为普遍采用的行为方式，这样一个社会才是真正的法治社会。

一个社会法治建设的根本在于权力的法治化，但最宏大的是整个社会的法治化。整个社会的法治化对全社会提出了必须具有法治思维和采用法治方式的问题。依法治国最根本的就是依法治权，培养法治思维，提高运用法治方式的能力，也尤其是对领导干部提出的，当然我们更进一步期待全社会都具有法治思维，都运用法治方式。

（张婷，理论网，2013 年 12 月 31 日。）

30. 中国法学家访谈录

1963 年 3 月生于重庆市长寿县云台镇的农民家庭,1980 年考取西南政法大学法律系,1984 年毕业留校,1987 年考取西南政法大学法理学专业硕士学位研究生,1990 年毕业再度留校任教。1991 年晋升讲师,1993 年破格晋升副教授,并于同年当选为司法部优秀教师,1995 年破格晋升教授。卓老师于 1999 年获得“第二届中国十大杰出中青年法学家”称号,司法部法学教育优秀育人奖,重庆市“九五立功”奖章,并于同年开始享受国务院政府津贴。2000 年 6 月,卓老师在中国社会科学院研究生院获得法学理论博士学位,获得重庆市“五四青年”奖章,同年入选中国“跨世纪百千万人才工程”(一二层次)。1999~2003 年,卓老师任西南政法大学党委常委、副校长,兼《现代法学》主编,2003 年 10 月根据组织决定调入中共中央党校政法部工作,任政法部副主任,成为中央马克思主义理论研究与实施工程法学学科核心成员,2004 年入选宣传文化系统首届“四个一批”人才人选。现为中共中央党校教授、研究生院院长,法学理论专业博士研究生导师;西南政法大学法学理论博士研究生导师;中国法学会常务理事、法理学研究会副会长、中国行为法学会副会长、北京市法学会副会长。

卓老师的主要学术专著有《法的价值论》《法的价值总论》《法律价值》《法治国家论》《法治泛论》《法政治学》等,主编或参与编写《法学论点要览》(10卷)、《法律小全书》、《马克思主义法学新探》、《社会主义市场经济法律问题研究》等,个人编写有国家"十一五"规划教材《法学导论》,发表有150余篇法学文章。

"六十寒暑一学府,光耀法界天地殊。窗灯映红歌乐霞,书声驱散嘉陵雾。立雪校园蒙深恩,执教杏坛播春露。多少才俊脱颖地,母校重辉启新途。"——卓泽渊写于2010年8月18日庆祝母校六十华诞。

"壁立千仞化奇峰,绿垒云山叠万重。三瀑飞挂飘天锦,九龙凌空有仙踪。未见霓虹迎晓日,尤留希冀盼重逢。崖边挺立非松柏,野草杂树更英雄。"——卓泽渊写于2004年8月河南洛阳记白云山。

"诗无达诂,法有正解",很多诗人都与法律有一种不解之缘,很多法学家也常常以诗传情,以诗达意。卓泽渊老师正是这样一位才华横溢的法学家,他的出口成章中尽显翩翩风度和精神气质。

记者(以下简称记):卓老师,您好!首先请您结合时代背景谈谈您大学之前的经历和对一些政治运动的认识。

卓泽渊(以下简称卓):我是1963年生人,所有对"三年大跃进""四清运动"等了解都是来自史料著作。至于"文化大革命",当时我虽然很小,但是给我印象特别深,"文化大革命"给我的印象就是一个失序的状态,我当时四五岁,印象特别深的原因是,我们家所处的战争环境,社会的伦理失序,社会的管理的失序,严重无序状态的出现,就像是一个无父无子,无师无生的状态。最主要的就是管理秩序的失控。我们经常瞭望“文化大革命”战场，也时常听到迫击炮的声音。大人告诉我们不要睡在床上，以躲避枪炮。我们家处于石油矿区所在地，在一条国道线的主干线旁。经常可以看到“文化大革命”的“武斗”之中，很多武器都被用上了，工人甚至驾驶自己制造的坦克互相攻击、斗争。总之，总的感觉就是混乱，一切都失去了秩序，最主要的是失去了伦理和管理秩序。

记：“文化大革命”结束后，听到恢复高考的消息，您是不是也像很多同时期青年人一样，开始准备复习呢？

卓：当时我在读中学，我是 1979 年高中毕业，由于家庭成分不好，我的初中是在农业中学就读的，1977 年上高中时我看到了希望，现在回想起来，那真是我们的唯一的希望，“知识改变命运”也是我的肺腑之言。时代给了我们机遇，如果没有恢复高考，没有中国重新改革开放，我们的人生会如同我们的兄长和父辈一样，现在很感念时代的巨变。历史提供给我们巨大的机遇，尤其是那个时代生活中的青少年，受时代发展所左右。

我 1979 年时报考的文科，遗憾的是，两分之差未能上线。后来我自学地理和历史，1980 年复读并最终考上了重点大学，被西南政法大学录取。

记：您当时报考的专业就是法律吗？

卓：当时能想到的就是文学，财经，法律，我的确认为学中文不是我的第一目标，而且重庆的财经系不著名，于是就报了法律。1980 年的西南政法学院只招收政法和刑侦两个专业的学生。尽管我的第一志愿是西南政法学院的政法专业（法律系），但我还是被招生的老师录取到了刑侦专业。我觉得当时西南政法学院的风气和氛围非常好，而且很宽松，可以换系。在进入西南政法学院学习后，我即向当时的年级办公室的赵光全老师反映，希望能够将我调整到政法专业去，因为我填报的志愿是政法专业。其后大约一个月多，不到两个月的时间，我就被调整到了政法专业。于是我就更贴切地走进了法学的领域。

记：当时西南政法大学的法律系师资情况如何？

卓：我刚进法律系的时候，感觉非常不错。西南政法大学提供了最优秀的一批老师，老师对待学生就像对待自己的孩子一样，他们几乎都是学富五车，才高八斗，每个人都是一部书，由于经历了太多的苦难，一个一个老师的苦难就是一部一部的著作，饱经沧桑，他们的人生就是我们学习的最好教材。我现在还怀念那些日子、学风，那个时期的同学友谊都非常独特。浸润其中，感觉不出有明显的提高和进步，回头看起来，却收获颇丰。我从没有怀疑过自己的专业，非常热爱自己的专业，并在一定意义上对自己的专业有一些期待和愿望。我的学习兴趣非常广泛，书里书外都有很深的了解。从学习的角度讲，我的大学 4 年很充实和丰富。

记：看得出来，您对母校的深厚情谊，能否请您谈谈在大学学习中，感觉印象最深的是哪位教师？

卓：我敬仰的老师有很多位，并且从未颠覆过这种情感。首先，我想说的是韩天森夫妇的热忱、关爱与善良。那种美好都是我永远难忘的，在我的大学 4 年中他们给了我最多的关爱，对我们的情感中完全是无私的。

大学毕业后，给我很多帮助和教育的是卢云教授，他是西政法理学教研室的主任，是我的硕士生导师，也是我的博士推荐人。先生人格高尚，是我人生中一个非常重要的老师，也是引导我走上法理学研究的人。临毕业之际，韩天森老师问我就职去向，得知我想从事教学研究工作后，积极支持我的选择，推荐我到法理学教研室。某日，卢云老师、师母刘桂林老师邀我散步，从学校一直走到渣滓洞，走了一个多小时，路上卢云老师不时地问我一些专业问题，其实是对我进行面试，临分手时，卢云老师通知我不要找任何工作，意味着我可以进入法理学教研室工作。整个留校过程顺理成章,水到渠成。

记:也就是说,您对法理学研究的兴趣是大学时期形成的。

卓:对,我大学本科时就有了对法理学的兴趣,一接触法学就对法学理论研究很有热情和兴趣。我当时想到法理学教研室的原因是,我认为从事某一专业,都要有专业功底,都必须要从宏观上把握。中国的法理学当时不乏过度政治化和意识形态化。但是仍然对我有吸引力。也许正是这样,我深爱法理学。与此同时,我涉足法史、宪法、行政法,特别是助教讲师期间,都有所尝试。在我早期学术研究中,最大篇幅的著作还是法理学,1985 年的《青海社会科学》发了我 5000 字的论文,是我的大学毕业论文。早在 1986 年《政治与法律》上发表的论文中,我就提出建立行政法庭的想法。我当时看了一个老前辈倡导建立行政法院,觉得可以研究,就去图书馆查资料,逐渐发现在中国设立一个行政法院不太现实,最接近的是设立行政法庭。这篇文章被当时的《中国法制报》和《法制文摘》转载,同时我还在《道德与文明》发表了《论影响婚姻自由的两个新因素》,认为住房和分居是影响婚姻自由的两个重要因素,被《新华文摘》转载。这一时期我在调研过程中不断积累材料和开拓思维。1986 年是我成果丰富的一年,我不断在学术上尝试各种东西,以法理学为主,兼及各个学科。我觉得很有乐趣。我在法理教研室助教时,有多达 10 个讲师,40 岁左右,后来都颇有名气,我给他们做助教。当时教授非常少,可是光我们教研室,就有 4 个。他们每一个人的课我都听,很多讨论课,我作为青年老师,去参加讨论会的辅导。在这样的氛围中,我收获颇多,我的笔记本上通常有 1/3 是我的感受、相关的语言与表达艺术,另外 2/3 是讲课内容。

我上课很早,1984 年 7 月留校,同年 12 月就已经给学生们上课了,法律 84 级法理学的“法律关系”一章是我讲的。经济学 85 级全年的课程都是我上的,到了经济学 86 级时,我讲课已经是轻车熟路。1991 年我就是讲师,1995 年破格晋升为教授,是当时中国最年轻的法学教授,1997 年申请社科院同等学历的博士生学位,1999 年 12 月我开始担任西政的副校长。2001 年我到加拿大的奥斯古德法学院做了 1 年的客座教授,2002 年 7 月回国,继续担任西政副校长。2003 年调往中央党校,2003 年到 2008 年在中央党校政法部做副主任,2008 年 7 月到研究生院做院长,就到现在。

记:大学 4 年中,您印象最深的是哪件事情呢?

卓:在西政 4 年的本科学习中,曾经的许许多多事情都忘怀了,唯有几个片段还留在心头。

一是大学一年级时张紫葛教授的表扬。我一向以为自己的语文是学习得相当不错的。在高考前的各种模拟考试中,本人似乎从来都没有吃过败仗。但是恰恰上帝给我开了一个很大的玩笑。在高考中,我考了一个至今也难以相信的 65 分的成绩。尽管我不服气,但现实就是现实。大学一年级时,学校开设有大学语文课。张紫葛老师就是我们甲大班的语文老师。那是一次关于《陈涉世家》的古文今译的作业,要求在课堂上完成。全大班两百多位同学,他唯独在我的作业之后写了一个“跋”做评语。除了肯定我的文笔与工整之外,还给我提出了做“当代况钟”的期望。我知道自己难以践履老师的期望,但这一直是鼓励我前行的动力。更令我吃惊的是,在 20 年后我去成都拜访他的时候,张老师竟能回忆起当年他给我写的评语。

二是我大学二年级时参加过的一次演讲。有一天,我看到海报说学校要搞一个演讲比赛。我就思考着自己去讲点什么?那时中国社会刚刚走向开放,外部世界的确令我们吃惊,中国的贫穷也的确令我们感到忧虑。许多人都自觉不自觉地羡慕西方的进步与文明。“儿不嫌母丑”地为母亲而奋发努力,似乎应当成为一种时代精神。我就以此为题(具体题目记不得了),十分勇敢地报名参加了演讲比赛。结果还得了一个三等奖。那可真是一次令我脸红的演讲。粗糙的演讲准备,加上我那永远都令我脸红的四川普通话(我的普通话现在也不好),随时想起来都会耳热。真不知道我当时怎么有那么大的勇气去出那么大的丑。那次参加演讲的难堪与欣慰的感受,与我后来的不断自责与不断进取,可能有某种内在的联系。

记:您的个人经历真是充满乐趣,接下来能否请您谈谈您在学术研究方面的主要观点?

卓:作为一个学者,对任何事物都有自己的认知。最能体现我学术见解的是5本书:《法律价值》《法的价值论》《法的价值总论》《法治泛论》《法治国家论》。

法的价值是一个十分古老而又新颖的法学命题。早在人类创制法或法律的时候,就开始了关于法或法律的价值思考。人类创制法或法律的行为,绝不是没有意义和目的的盲动。在法理学的研究过程中,我一直都对法的价值有所关注和思考。

法的价值是以法与人的关系作为基础的,法对于人所具有的意义,是法对人的需要的满足和人关于法的绝对超越指向。法的价值的探究实际上是法的意义的探究,是以法与人的关系为基础,并以人为归宿的法的意义探究。

法的价值即法对人的意义的第一个方面,是法对于人的需要的满足。这是法的价值的最直接、最基本的体现。法是怎么满足人们关于法的需要的?我以为其方式主要有两个,一是将人的需要法律制度化,使之具有合法的、为法律所保护的性质。这是人的需要在制度层面的法律化。例如,刑事立法体现了秩序、正义等,并将其落实在具体的规范之中;民事立法直接规定了效率、平等、公平等,并贯彻在整个法律制度之中;诉讼立法和仲裁立法直接规定公正与效率等,并在具体的制度和程序设计中将其体现出来。二是将已经法律制度化了的人的需要现实化为法律的现实。这是法的价值在社会生活意义上的法律化。法的价值在实际生活之中对于人的需要的满足,必须需要法律实施作为中介,并在法律实施中得以完成。这两种方式从不同的角度表现法的价值。

法的价值即法对人的意义的第二个方面,是人关于法的绝对超越指向。其中的“指向”是指法的价值具有目标、导向的意义;“绝对”是指法的价值具有永远的、不断递进的,而又不可彻底到达的性质;“超越”是指法的价值作为人类关于法的追求而总是超越人的客观能力和客观现实的状况。法的价值的这种“绝对超越指向”性质,为法的价值的崇高与神圣奠定了基础,对人类关于法的行为和思想具有根本的指导意义,甚至是人关于法的精神企求与信仰。人类之所以会为了法的价值理想而不息奋斗和一往无前,最根本的原因,也就在于法的价值具有绝对超越指向的性质。历代不畏权贵、执法如山的清官的义行,无不是在一定价值精神指导下的壮举。

法的价值的两个方面的意义,经过了千百年的凝练,固化为了法治、自由、平等、人权、正义、人的全面发展等价值目标或价值准则。

记:您认为就法理学而言,中国与其他国家的差距在哪里呢?

卓:中国的法理学与法学比较发达的国家比较,非法学化倾向过于严重。主要体现两个方面,一是附庸于政治。特别是极其简单的附庸而非理性的接受,容易把假大空的政治口号作为自己的信条,要么简单地排拒政治以体现自己的非政治性。二是附和现实。似乎把现实的存在都当作合理的存在,想方设法地解读现实。现实是研究对象,但是现实也是要改造的对象,也是改革的对象,在改革之前,是批评的对象,理论要服务现实,但是在理论面对现实时要有自己独立的品格。归纳起来,对政治和对现实的问题都是非法学的问题,法学应有的理性的秉性没有受到应有的重视。

记:在各种法学研究方法中,您最欣赏哪一种呢?

卓:应该是综合的,所有方法该用的都要用,只要能达到研究的目的,都可以使用。任何一种方法都有其存在的合理性,不同方法有不同的价值和意义,不要刻意排拒任何一种研究方法,各种研究方法都曾作出了重要的理论贡献。如果多元方法都能解析,就要综合使用。

记:能否请您就中国法学的学术现状进行一个简单的评价?

卓:中国法学目前是有一个欣欣向荣的大好局面,同时,也有形式发展上很快,但实质上无法匹配的问题。中国法学一方面对政治的畸形迎合,另一方面对政治的简单排斥。还有一个问题,是法学和社会的协调问题。法学是整个社会的一个缩影,中国法学不能回应中国社会现实的问题,不敷使用。另外,中国法学本身的学术性增长和他自身的学术累积不成比例。

就青年学者而言,第一,我认为他们比我更加锐气,后继有人。第二,略显浮躁。不过浮躁已经是 21 世纪的通病,整个社会都是浮躁的,不只是青年法学家的问题。专业特性和学术问题要求我们不浮躁,因此,法学界的浮躁从这个意义上讲应该受到更多的批评。我发现我的《法的价值论》曾被抄袭,可面对这种情形,也只有苦笑,这也是让我很痛苦的一个事情。过于浮躁的学风应是抄袭大量存在的原因。

学术规范是我们每一个学者都要严格遵守和努力维护的,这是基本律条。在学术规范执行的问题上,一个靠社会倡导,另一个是学者自律。外在强制还处于一个无序状态,理应被处罚者要么被处罚得很惨,要么一直逍遥法外。受害者的心态很难平衡,学术违规处罚的不规范、不公平,也是一个问题。

记:您感觉您对法理学的最大贡献在哪里?

卓:谈不上什么贡献,仅仅是给法理学加了一块砖。这块砖由两头四部分构成。一头是法理学的学科建设,我做了两件事:第一个是把传统的、畸形的“法学基础理论”分解为“法学导论”和“法理学”的课程结构模式,“法学导论”开在大学一年级作为入门引导,“法理学”作为大部分学科学完之后的理论提升,开在大学三年级或大学四年级,符合法学教育和法学学科的理论逻辑。这一改革改善的不仅是“法理学”的课程而是整个法学的教学模式。为此我推出了所主编的各四个版本的《法学导论》和《法理学》教材。我还出版了个人独自写作《法学导论》和《法理学》,这是在学科意义上的一件事。第二个是我倡导“法政治学”研究,发表了《论中国法政治学的创立》,出版了《法政治学》和《法政治学研究》。最终,法政治学作为一门新兴的交叉和边缘学科,逐步得到了法学界的认可,中国法学会曾经把发展法政治学等作为重要的工作内容。我不遗余力地倡导和推进法政治学,近期推出了我的新作《法政治学研究》。

这块砖的另一头,是我的法的价值理论,我对此沉醉已久。我 1987~1990 年攻读硕士学位,硕士论文是《中国的法律价值观》;1997 年申请博士学位,博士论文是《法的价值总论》。20 世纪 90 年代初,我出版了我的第一部法的价值论著作《法律价值》,目前有四个版本,其间经过长达 20 年从不间断的研究,系统化的归结,不断推进。同时还开辟了对法治国家的研究,出版了《法治国家论》,该书已经出了四个版本,有一个版本是中国方正出版社的,其余都是法律出版社的,对我关注的法治国家建设问题进行了系统化的探讨。

记:您能为我们法科学子推荐一些优秀的阅读书目吗?

卓:首先,教科书是必读的,没有读过几本教科书是不行的。要好好读几本像样的经典的教科书。其次,阅读的专业书籍的范围不能太局限,相关学科都可以也都应当涉猎。最后,不要仅仅局限于法学著作。法学的、非法学的、中国的、国外的,都应该广泛涉猎,你才是一个真正的法学人。优秀的文学、历史、哲学、政治学、经济学等名著中蕴藏了很多人生智慧和人类理性的瑰宝,要把它们都汇聚于己,才能净化我们的内心,照亮我们的双眼,如此才可以登上巨人的肩膀瞭望。

记:最后,能否请您给我们年轻学子提几点希望。

卓:六个字,三点,多读、深思、践行。这是最简单的做学术的方式,玉汝于成的方式。必须要多读,踏遍青山,这是最基础的。必须要深思,每一部经典折射出的光芒都是不一样的,它们可能会刺痛我们的双眼,但是更能照亮我们的前程。要用心地体会和进入先哲们的精神世界,在他们的引导下走出自己的小天地。另外,就是要践行,要将理论付诸实践,将理论与实践相结合。作为学者的践行,就是要把自己的思想记下来,奉献给社会,每一段文字就是自己的一个脚印,一串向前的足迹,是我们曾经的历程。当然,对于不打算走学术道路的同学们,他们的践行就是将理论运用于实践、指导实践,践行理论。

(记者李明倩,何勤华主编:《中国法学家访谈录》,北京大学出版社 2014 年版,第 191~198 页。)

31. 全面推进依法治国呼唤法治理论创新

记者:党的十八届四中全会描绘了全面推进依法治国的路线图,揭开了法治中国建设的新篇章。全会提出,全面推进依法治国,总目标是建设中国特色社会主义法治体系,建设社会主义法治国家。首先请您谈一谈,中国特色社会主义法治的特点是什么,它和历史上的法治有什么不同?

卓泽渊:依法治国在一定意义上也可以称为法治,可谓古老而又现代的治国方式。千百年来人类在治国理政的方式上不断探索,最终得出了历史性的结论,只有法治才是最靠得住的。法治在其发展历程中,尤其是在经历了近代资产阶级革命的洗礼之后,又经历了资本主义的发展,到了今天,它与古代社会的法治已经有了天壤之别。至于我们今天建设的中国特色的社会主义法治,更是以崭新的面貌出现在世人的面前。它与历史上任何法治都不完全相同,对资本主义法治也是一种超越。中国特色的社会主义法治既不同于历史上的法治,也不同于现今世界的资本主义法治,还不同于其他社会主义国家的法治。这种法治,它需要尊重一般的社会发展规律和法治发展规律,但是它又有自己的特点。它要以一般的法治理论作指导,又要根据不同时空来创新自己的理论,使法治适合本国国情,符合时代要求。

记者:回顾一下改革开放以来我们法治建设的每一项成就,都与科学的法治理论的指导是分不开的。那么在当前全面深化改革的背景下,中国特色社会主义法治需要怎样的法治理论指导?

卓泽渊:中国特色社会主义法治在其构建的过程中,必然有自己独特的理论需求。传统的理论不敷使用,现实的理论也捉襟见肘。中国特色社会主义法治的发展呼唤法学和法治理论的更新,我们必须创新社会主义法治理论,才能因应社会主义法治发展的需要,以创新的中国特色社会主义法治理论推动中国特色社会主义法治实践。也正是因此,这次党的十八届四中全会明确要求我们,必须从我国基本国情出发,同改革开放不断深化相适应,总结和运用党领导人民实行法治的成功经验,围绕社会主义法治建设重大理论和实践问题,推动法治理论创新,加快建设社会主义法治理论,为依法治国提供理论指导和学理支撑。

记者:您认为传统的和现实的法治理论都满足不了中国特色社会主义法治发展的需求,因此要推动法治理论创新,那么创新法治理论要遵循怎样的规律与原则?

卓泽渊:我们的创新不是要去违背人类共同的法治认知与法治理论,而是要在其基础上创造出与国情、与时代、与使命相适应的理论学说。要使我们的法治既是人类共同的、一般的,也是中国特定的、具体的。我们需要的必然是立足国情、适应时代、着眼使命的法治理论。

记者:请您具体谈一谈这种"立足国情、适应时代、着眼使命"的法治理论。

卓泽渊:立足国情的法治理论。中国的法治建设是在中国进行的。它必须植根中国的国情,从中国实际出发。我们既要仰望星空,更要脚踏实地。中国特色社会主义法治理论，首先就要从中国国情出发。这是我们政治、法律等一切重大决定的出发点。国情的内容异常丰富，包括我国社会的历史阶段即作为社会主义初级阶段的客观现实，包括地理区位、国际环境、资源分布、气候条件，包括经济、政治、文化、社会及其发展的实际状况，包括各种社会关系以及阶级状况与阶级矛盾，包括历史文化、传统习俗、民族心理等。

与时俱进的法治理论。人类的法治是一个不断发展的过程。不同的时代有不同的法治需求，法治理论就必须与时俱进。从中国自身来说，我们处于一个改革开放的时代，这个时代，改革开放就是主旋律。必须从现实的社会主义改革开放的实际需要出发来构建我们的法治理论。我们的理论必须能阐释我们为什么要改革开放，为什么要深化改革，扩大开放，应该如何深化改革、扩大开放，法治应该如何推动改革深化与开放发展，等等。从国际来看，我们正处于一个全球化的时代。这个时代必须具有世界眼光、战略思维，必须置于国际大背景之下来考虑中国的法治建设。我们要坚持并继续推动对外开放。我们首先要明白为什么必须对外开放，厘清一个开放的中国具有什么样的意义，其中当然包含着对我们自己，对国际社会，乃至对人类发展的意义。我们要厘清一个开放的中国对于国际和平发展有什么依赖，有什么贡献。我们要如何运用法治的手段促进国际和平与发展等。法治在国际社会中具有什么样的意义，我们要运用法治的武器来维护自己的合法权益，制裁国际不法行为，推动国际社会朝着和谐世界的目标前行。我们必须正确认识国际冲突，及时应对国际冲突，化解国际矛盾，推动国际社会朝着有利于我国社会主义建设的方向发展，朝着有利于世界和平发展的方向进步。

着眼使命的法治理论。我们的法治建设是为了谁，为了什么，这是必须明白的问题。我们的法治是为了人民，为了人民的当家作主，为了人民的合法权益,为了人民的和谐幸福。离开这些去谈法治,都是对法治本质的背离,也是对中国社会主义法治的严重误读。全面建成小康社会,建设社会主义现代化强国,实现两个一百年目标,实现中华民族伟大复兴的中国梦,都会对法治提出新的要求。不断满足这些法治要求,法治发展了,我们的事业也进步了。尽管法治是我们的一种事业,但是法治又关乎整个社会主义事业。它具有全局性、整体性,因此,对于法治与我们中国特色社会主义建设事业,要有全面的认识。

记者:“创新”在一定意义上意味着更新与改变,具体而言,您认为我们的法治理论有哪些与社会发展需求不相符合,或者说,我们需要创新哪些法治理论?

卓泽渊:说到法治理论创新,我们必须明白的是中国特色社会主义法治需要创建什么理论,更替什么理论。依法治国并不是简单的社会实践,它必须以一系列基本而重大的理论为指导。这些理论也许既是法治理论又是政治理论,我们要改革治国理政的方式,就必须对既有的法治理论乃至政治理论作出坚决的更新。必须从理论上回答一系列问题,并以此为契机,创新我们的法学理论,建构社会主义的法治理论。具体说来:

创新实现人民民主的理论。实现人民民主是中国共产党在上层建筑最为重大的现实任务。人民当家作主是中国共产党人的崇高追求。我们曾经的苦难与牺牲,归结到一点就是为了人民。今天我们执政了,我们最有条件将权力交给人民并保障人民充分行使。我们一直在寻找实现人民民主的路径,虽然已经有了很大的收获,但是离我们的目标还有很大的差距。因此,我们需要求索,需要不断努力地积极尝试,以促成人民民主在中国的全面实现。中国共产党的无私决定了它无畏并需要法治,更决定了它热爱并实行民主。全面推进依法治国,进而全面实现人民民主才是中国共产党人崇高理想在当代的现实化。

创新建设法治国家的理论。依法治国，建设社会主义法治国家是我们坚定不移的目标。我们要不断开拓中国特色社会主义的法治道路，创新社会主义法治理论，为法治国家建设提供更多更好的理论支持。法治国家的理论，在我国还十分薄弱，还需要我们在推进法治国家建设的过程中，不断总结经验，回应现实需要，在实践中发展完善。

创新确实保障人权的理论。人权是人被作为人来对待的权利。人权是基本的，也是神圣的。社会主义的发展就是为了人。一切为了人，为了人的生存、发展、进步。这与共产主义的理想是可以贯通的，也是能够和需要贯通的。但是，维护和保障人权的道路总是充满荆棘、坎坷。客观上，在人权问题上的弱势者往往都是社会话语权的弱势者。他们的人权主张如何表达、人权权益如何维护，很容易停留在社会的表层，难以落到实处。尤其是在人权表达渠道有限和受限的情况下，如何保障弱势者的人权，成为世界各国的难题，也是中国的难题。我们理当首先在理论上加以探讨，并在实践中加以重视。

创新促进社会和谐的理论。社会矛盾的存在是客观的，有时还会很激烈，这也是事实。关键不在于是否承认这些矛盾，而在于在准确认识的基础上进一步化解这些矛盾。如果我们用传统的阶级斗争思维，必将激化矛盾，并无助于真正地实现社会和解与和谐。我们必须遵循法治的路径来解决这些矛盾，推进并实现社会和谐。由于历史和现实，阶级和阶级斗争尚未清除，人们还有诸多误解和歧见，为此，我们必须创建社会和谐理论以取代不适当的传统的阶级斗争理论。

创新实现公平正义的理论。公平正义是人类的理想，既现实而又遥远。如何实现公平正义是一个极为重大的难题。我们需要深刻把握什么是当今时代的公平正义，如何实现真正的公平正义；特别是在公平正义受到危害的时候，何以救济；一旦出现不公平不正义的现象，如何加以消除，最终使公平正义成为现实。这些问题都需要我们首先从理论上加以探讨和解决。

总之,我们需要依法治国的时代新理论。理论供给不足,是中国理论界的短板和有愧于时代的心灵重负。现实中国所需要的是理论创新和创新理论。我们绝不是要到历史失误中搜寻错误理论并将其起死回生。我们必须从中国的实际出发,从中国改革发展的实际需要出发,从中国依法治国的实践需要出发,来创新我们的理论。

(戴菁,《学习时报》2014 年 11 月 3 日。)

32. 司法不能听任地方化

十八届三中全会《中共中央关于全面深化改革若干重大问题的决定》(以下简称《决定》)明确提出,“确保依法独立公正行使审判权检察权。改革司法管理体制,推动省以下地方法院、检察院人财物统一管理,探索建立与行政区划适当分离的司法管辖制度,保证国家法律统一正确实施”。这是我国司法管辖制度的重大改革,它意味着,“两院”受地方党政组织的行政性干涉将大大减少。按照这一改革思路,基层人民法院和中级人民法院,以及对应的人民检察院及其司法管辖,再不会严格按照行政区划一一对应。近日,记者专访了中共中央党校教授卓泽渊。

为什么要进行司法管辖改革

记者:目前,我国的人民法院、人民检察院基本上是按照行政区划设置,改革这一现状的目标在于,建立与行政区划适当分离的司法管辖制度,也就意味着未来的“两院”将适当跨行政区域设置并进行司法管辖。您认为,这一改革设计的出发点是什么?

卓泽渊：创建新的司法管辖制度，既是对现有国家治理体系与社会治理体制的改革，也是创立新的国家与社会治理体制的具体实践。目前我国的党组织、政府组织、立法组织等都是以行政区划为依托的。然而司法有其独特性，司法机关必须不受地方行政的、政治的、人事的羁绊，而能坚守其独立性、维护其统一性、体现其公正性。《决定》对于跨行政区划司法管辖制度的创新，正是要从体制上确保审判独立。

在整个社会治理中，法治无疑是重要的手段。在不远的将来，我们变革司法管辖制度，不仅使社会治理的体制发生重大变化，而且也为整个社会的治理方式提供新的路径。司法对于地方党政组织的依赖必将大大降低甚或在一定层面消除，也就为司法效能的发挥、作用的体现创造了条件。

司法管辖改革与审判独立的关系

记者：我国《宪法》规定，"人民法院依照法律规定独立行使审判权，不受行政机关、社会团体和个人的干涉"。但目前，我国司法权地方化、法院组织机构行政化以及法官素质不高，严重影响了审判独立。改革司法管辖制度，对落实宪法精神，实行审判独立有什么促进作用？

卓泽渊：审判不独立的根本原因是，没有建立这样的体制和机制，没有得以实现的路径与方式。其实，无论是什么时代的司法机关，只要没有机构上的相对超然与独立，就难以做到独立、公正审判。我国长期将司法管辖与行政区划重叠，导致了司法地方化的积弊甚至是痼疾，严重伤害审判独立。司法管辖的跨行政区划，一个重要目标就是革除司法的地方化。

由于"两院"与行政区划的对应设置，行政机关就必然会将触角延伸到司法机关。加之地方人事编制与财政预算体制的原因，各级人民检察院、人民法院不得不听命于同级人民政府，甚至同级财政部门。司法机关对于人民政府及其官员的司法监督权力与效果,就必然严重受限。

司法管辖改革与法制统一的关系

记者:我国《宪法》明确规定,"国家维护社会主义法制的统一和尊严"。法制统一,是一个主权独立的国家所必需的。您认为,改革司法管辖制度与维护法制统一有联系吗?

卓泽渊:在当今世界,无论一个主权国家是什么结构形式,法制统一都是必然要求。没有法制的统一,就没有国家的统一性。中国领土辽阔,56个民族,又具有不同的历史、文化,语言和习俗也有差异。这样的国情,必须保持并维护法制的统一。

法制统一必须表现为司法的统一。法制统一首先是立法及其制度意义上的统一,才能演化为现实生活中的统一。从立法上的制度统一到现实中的法制统一,应有一个极为重要的桥梁,这个桥梁就是司法。如果我们听任司法的地方化发展,法制统一性必将因此而受到严重削弱,甚至演化为法律上的地方割据。司法的统一,是法制统一的生动展现和具体实践。离开司法统一,谈法制统一便形同无本之木。

(王比学,《人民日报》2014年3月26日。)

33. 让宪法“看得见、摸得着、用得上”

编者按:2014 年 12 月 4 日,中国迎来首个国家宪法日,法官们的宣誓,学者们的宣讲,学生们的读宪,都是国人在以一种崭新而生动的形式向宪法表达敬畏,这也是宪法在中国政治生活中地位凸显的重要之举。有评论直言:缺乏法治传统的中国,格外需要这样的文化浸润,因为尊宪、守宪、护宪,都要从“知”开始。列宁曾说,宪法是一张写满公民权利的纸。但如何真正树立宪法权威,通过宪法保障公民权利的实现,依然任重道远。在卓泽渊看来,只有加强宪法实施的路径,创新宪法实施的举措,真正落实宪法的要义,才能实现中国人的宪法梦。

全面推进依法治国已经成为中国的时代潮流和宏大主题。在依法治国之中,依宪治国具有不言而喻的根本意义。

宪法是一个国家法律体系的最高统帅,是一国法律体系的灵魂所系,被誉为治国理政的总章程。在庞大的法律体系中,作为国家根本大法,宪法对其整体的政治方向、价值选择、制度设计都具有根本性的决定作用。宪法至关重要,而宪法作用的发挥必须依赖宪法实施,加强宪法实施成为发挥宪法效用的不二法门。

十八届四中全会《中共中央关于全面推进依法治国若干重大问题的决定》(以下简称《决定》)认为,“宪法是党和人民意志的集中体现,是通过科学民主程序形成的根本法。坚持依法治国首先要坚持依宪治国,坚持依法执政首先要坚持依宪执政”。“坚决维护宪法法律权威”,“坚持宪法的最高法律地位和最高法律效力”。为此,必须“健全宪法实施和监督制度”,“切实保证宪法法律有效实施”。

《决定》对宪法实施加以了特别的强调,予以了空前的极大关注,并作出了重要的战略部署。我国宪法“说起来重要、干起来不要”的“闲法”状态,是历史形成的,今天已经到了必须予以高度重视并加以切实改变的时候。从学理上思考,我们要切实加强宪法实施,必须从以下几个方面进行考量。

宪法何以成为“闲法”

在我国,所有的政治读物、法学教科书、普法宣传教育乃至法学学术著作中,宪法的地位从来都没有被轻视过或者贬低过。但是我们的宪法,却多半处于“说起来重要、干起来不要”的“闲法”状态。究其原因,当然是多方面的。

一是由宪法本身的性质所决定。宪法是根本大法,宏观的原则性规定居多,正是由于其内容过于原则、抽象、宏观,确实有难以具体操作的问题,往往都必须借助具体的部门法规范或者具体的法律规定才能得以实施和实现。

二是在认识上的问题。人们常常把宪法作为政治宣言性质的文献,将其律条作为口号与原则,并不将其作为具体的行为规则加以遵循,于是宪法被整体地悬空了。

三是在司法上的问题。我国各级人民法院长期将宪法规则排除在司法裁判援引的法律依据之外。从 1949 年,尤其是第一部宪法颁布到现在的 60 年间,只有其中不到十年的时间里,宪法可以在人民法院裁判文书中被正式引用。人民法院长时期地将宪法排除在司法裁判之外,助推了宪法的悬空化和空壳化倾向。

四是我国缺乏具体的宪法解释制度。宪法本身虽然规定了自己的解释制度,但却十分原则,没有具体的制度设计和程序规定。社会实践中,也几乎没有出现过全国人大及其常委会依照特定程序慎重解释宪法的情形。

五是缺乏运用宪法进行违宪审查的制度机制。我国一直没有将宪法用于衡量特定政治行为、法律、行政法规、地方性法规是否合宪的审查制度与机制,导致本可在违宪审查中被经常而又普遍运用的宪法规范,被长期闲置,缺乏强制性和威慑力。以上诸种原因分别或结合在一起,也就必然导致宪法在“说起来重要、干起来不要”的结果。

创新制度使宪法“忙”起来

加强宪法实施,到目前已经不是一个单纯的宣传、认识问题,而是一个行动的问题。思想认识是很重要的,必须首先加以解决。但是比思想认识更重要的是行动。就加强宪法实施的社会实践来说,必须首先从行动的制度设计着手。我们要分别设立违宪审查制度、宪法解释制度和司法适用制度,以创新宪法实施制度。

首先,创建违宪审查制度。《决定》指出,要“加强备案审查制度和能力建设,把所有规范性文件纳入备案审查范围,依法撤销和纠正违宪违法的规范性文件,禁止地方制发带有立法性质的文件”。中国特色的社会主义违宪审查制度呼之欲出。所谓违宪审查,是指由特定机构对有关行为、规范性法律文件,是否违反宪法进行审查并作出结论的特定法律制度、机制和程序。我国目前的法律体系中,包含成千上万部法律、法规。其中,截至四中全会前,全国人大的法律只有 242 件、国务院的行政法规也只有 737 件,而全国各省、自治区、直辖市的地方性法规和民族自治地区的自治条例、单行条例多达 9000 多部。如此众多的行政法规、地方性法规是否合法合宪,如果发生或发现了违宪违法的情形,如何处理,都没有相关的制度设置,存在严重的疑问。对于这些被怀疑违宪违法的法律、法规,必须有一个审查机制,才能确保宪法法律的权威,确保国家法制的统一性。创建违宪审查制度,已经是我们迫在眉睫的法治与宪制任务。这一制度还有广阔的发展前景,也许在 30 年、50 年乃至 100 年之后,就成为未来中国宪法法院的雏形。

其次,创设宪法解释制度。《决定》要求"完善全国人大及其常委会宪法监督制度,健全宪法解释程序机制"。我国现行《宪法》第 67 条在对全国人民代表大会常务委员会的职权作出规定时,明确赋予其宪法解释权,即"解释宪法,监督宪法的实施"。宪法解释制度,已经成为我国目前加强宪法实施的重要举措。宪法解释制度是十分重要的。它是我国宪法被准确理解和正确实施的制度保证与前置条件。由于宪法规定的原则性、宪法文字的简略性、宪法修改的严肃性,以及社会事务的丰富性、社会生活的多样性、社会发展的变化性等,都决定了对于宪法的实施必须有一套完备的解释制度与机制。我国宪法规定了全国人大常委会具有宪法解释权,但并没有其他法律作出进一步的制度规定、程序规则和操作机制。这个解释权力因何而行使,如何行使,行使的方式、程序与效力等,都缺乏具体的规范。随着依法治国的全面推进,建立完备的宪法解释制度越来越成为法治发展的必然要求。对于宪法规则的解释,越来越需要一套严密的制度。这是体现宪法地位的神圣性所要求的,也是保障宪法解释的严肃性所必需的,还是整个法治发展的必然要求。

最后,创制宪法的司法适用制度。我国的宪法不被实际重视的一个极为重要的原因,是它不被司法裁判所援用。在此问题上我们长期存在严重的误解。早在20世纪50年代(1955年),新疆维吾尔自治区高级人民法院就意识到这个问题,于是向最高人民法院提出了请示,最高人民法院在相应的批示中否定了司法裁判对于宪法条款的适用。在40多年后的2001年山东省高级人民法院因一教育权纠纷案件的审判,向最高人民法院请示,获得了援引宪法进行审判的许可。从此,宪法被许可进入了司法裁判。但是不幸的是,只有仅仅10年不到的实践,最高人民法院又宣布废止了这一司法解释。再次使宪法是否可以在司法裁判中援用成为疑问。其实,司法裁判援引宪法本来就无可疑义,又怎么会成为问题呢?也许是因为有的人担心,人民法院在裁判中援引宪法条款可能会僭越立法机关的宪法解释权。其实这是严重的误解。因为,法院对于宪法的解释仅仅限于司法裁判的个案,并不及于其他案件,更不具有普遍的法律约束力。全国人大常委会具有的是具有法律效力的、普遍约束力的解释权,具有立法的性质,而不仅仅是针对个案的解释权。全国人大常委会从宪法中获得的是立法或补充立法意义上的解释权,因为它在本质上属于国家的立法活动或准立法活动。人民法院行使的是司法权,即使对宪法进行了某种解释,也仅仅是针对特定案件的,并不具有一般的立法性质。显然这种担心是不必要的。既尊重人大常委会的解释权,又认可人民法院的司法适用权,是最佳的方案;既符合了宪法的权力分配原则,也适合了人大常委会与人民法院的不同性质。如果二者之间发生了分歧,当然还可以启动立法程序、启动人大常委会的解释机制或者审查程序,对人民法院的相关解释予以修正。

完善机构和程序使宪法“忙”而有序

我们急切地需要在全国人民代表大会设立宪法委员会,担负起违宪审查和宪法解释以及相关的宪法实施使命。之所以要建立常设的宪法实施机构,首先,违宪审查与宪法解释,都应该是日常的工作。以会议方式开展工作的人民代表大会,如果没有一个特定而专门的委员会就无法日常地开展工作,就无法满足客观的日常需要。其次,违宪审查与宪法解释工作与狭义的立法工作不同,它们往往有特定的时限要求甚至是紧急需要。狭义的立法可以等待特定的会议时间进行,而违宪审查与宪法解释都有一个应急反应、循序推进、遵守时限、依法进行的问题。它理当有一套严密的、不间断的法律程序。最后,这是对人民和宪法负责的双重需要。具体说来,设置专门机构开展日常工作,是对人民群众负责,便于其作为申请者的人民群众提出申请,切实体现我国宪法的人民性、民主性;也是对国家和社会负责,便于国家和社会的顺利运行;还是对人大自身的职责负责,有利于全面实现人大所担负的宪法职能。

违宪审查与宪法解释需要严密的程序设置。程序的意义从来都不容许被低估。有时它严重地制约与影响着实体法律的实效。程序是实体的保证,是实现实体规范的路径与条件。违宪审查、宪法解释都是极为严肃的法治行为,必须要有明确而刚性的程序规则。这些程序规则应当包含着丰富的内容。至少包括如何受理违宪审查和宪法解释的申请,审查和解释组织如何组成,如何进行审议,如何做出决定,决定的效力为何,相应决定如何执行,决定不被执行时的救济措施是什么,相关责任人有无责任,违宪责任是何,如何追究违宪责任,等等,都需要具体的制度规范和程序规定。

“坚持依法治国首先要坚持依宪治国,坚持依法执政首先要坚持依宪执政”,党的十八届四中全会《决定》中这样的深刻认识,已经表明了我们党在思想上的飞跃和巨大进步。对于我们一向倍加珍视的宪法文本,在根本上已经不再是简单的宣传、认识、普及问题,而更必须的是实施再实施,确保宪法制度规范的现实化、社会化。加强宪法的实施,需要的是更加丰富、更加具体的制度设计和切实行动。

(王爽,《中华英才》2015 年第 1 期。)

34. 让新闻监督与公正司法良性互动

新闻监督与公正司法难舍难分。从大处讲，二者都为了实现社会公平正义，都是法治中国的组成要素。但二者有时又会在具体案件中发生冲突。如何把握二者的关系，实现新闻监督与公正司法的良性互动呢？1月18日，记者在第三届中国新闻法治建设学术峰会上专访了中央党校教授卓泽渊。

记者：新闻监督应该客观、真实、平衡，并且有利于司法公正，这是新闻人的职业良知和社会责任的体现。请问如何做到这一点？

卓泽渊：第一，让媒体来自律。媒体不是记者的媒体，尤其不是某个记者的媒体，记者写的稿子代表媒体的立场和声音。因此，媒体内部要有健全的审稿、签发程序，这个程序就是自律。此外，媒体出于塑造自身社会形象、社会声望、社会评价的目的，也应加强自律。

第二，让市场来选择。如果一家媒体经常说假话，作虚假报道，它所发出一个个新闻经常被其他媒体修正,那么它在未来的市场中还有点击量、收视量、订阅量吗？公众还会相信它吗？没有了消费者,媒体将很难在市场上立足。因此,要借助市场的力量,让新闻的真善美战胜假恶丑,凝聚新闻正能量。

第三,让诉讼来约束。不管媒体是帮原告说话还是帮被告说话,虚假的新闻和不良的新闻,都有受害者。如果有人认为自己受害了,向法院控告,法院就要受理。凡是利用新闻来谋取不当利益,构成侵权的案件,法院都应公正裁判,让违法的新闻报道承担应有的法律责任。

记者:新闻监督的聚焦效应和放大效应,难免会对司法造成冲击。如何对待新闻监督带来的这种影响呢?

卓泽渊:司法不能是一棵草,风一吹来两边倒。司法应该如山,任凭狂风暴雨,我自岿然不动。但是,没有法官如山,哪来司法如山？因此,党的十八届三中全会、四中全会要求,让审理者裁判,由裁判者负责。法院应不受干扰,必须排除来自法院内部和外部的各种干扰。如果做不到这一点,何谈裁判者的坚定性、自主性、公正性呢?

新闻监督会干扰公正司法吗？我认为不会。我没有看到哪一个新闻监督直接干扰了公正司法。准确地说,所有的干扰,都是新闻通过权力,让权力作用于司法,才使司法失去了坚定性、自主性、公正性。正是有权主宰司法的人经不起新闻报道的动摇,而动用权力影响了司法,才对正常司法造成了干扰。

所以,不要怕新闻监督,只要有坚定如山的司法,有独立的、公正的、权威的司法,就能无所畏惧。

(徐隽,《人民日报》2015 年 1 月 21 日。)

35. 深化司法体制改革的建议

刚才听了姜伟秘书长、李少平院长和张德利专委的介绍，看到上海司法改革的经验介绍，深感振奋，我们欣喜地看到，一场声势浩大、功在当代、利在后世的改革——司法改革如火如荼地在神州大地上推演。我听了几位的介绍后，一个总体的感觉是四句话：思路清晰、推进有力、计划周密、成绩斐然。听了介绍之后我也有了很多的联想、体会，对于深化司法体制改革，我有四个建议与同志们分享：

第一，扩展参与主体。司法体制改革是哪些主体参与这样一场改革，我以为，从宏观上参与这场改革的一定有我们党——执政党中国共产党。另外，也有我们的人大——立法机关，有我们的政府——行政机构，当然有我们司法机关，其实还应该有社会主体。司法体制的改革以及建设，这里面每一个方面之间都具有密不可分的联系，甚至在每一个方面都关系着我们这场改革的成败。这是从宏观上讲的。在微观上，法院、检察院当然需要参与，公安、司法行政部门也一定是这场改革不可缺少的主角。很高兴的是今天听到了政法委领导、最高人民法院、最高人民检察院领导的介绍，在这里我也有一丝丝遗憾，未听到公安机关、司法行政部门关于这场改革的一些行动，他们所取得的成绩，他们下一步的打算。当然，这里面有这么多的人士，因为会议不可能无限地开下去，但是我感觉我们关注的主体不应该局限在会议的参与者这么一个范围，而应该关注的是更加宏大的、更加有整体性的、系统性的、权威性的范围。这是第一点，要扩展参与主体。

第二，改革结构关系。司法体制要改革就是改革结构关系，司法体制要改革成功，我认为至少四个层面的结构关系是必须考虑的。第一个，党的组织与司法机关之间的结构关系，就是党法结构关系，这是必须首要解决的问题。第二个，司法机关与人大、政府之间的结构关系，就是司法权与立法权、行政权之间的结构关系。第三个，司法权与其他法律机关之间的结构关系，就是说我们法检两家与司法行政部门、与公安机关之间的结构关系。第四个，司法机关内部相互之间的结构关系，就是法检两家及其内部的结构关系。我以为至少有这四重结构关系，考量司法体制改革的方案设计，才具有科学性。我们要深刻理解我们党十八大以来的重大部署，十八大后的改革是政治体制改革的重要组成部分，要牵引整个改革向前发展。

第三，优化职权配置。我们欣喜地看到，优化司法职权配置在我们党的三中全会、四中全会中做了极为重要部署；我们欣喜地看到，在中央政法委的指导、支持下，我们法院、检察院做了大量的工作。但是我们要注意到，在职权配置中，首先需要配置的是法、检、公、司四家各自有什么职能、有什么职权，权力必须各归其位。行使了别人职权的就得拿出来，没有行使自己应有职权的就得行使起来。职权的优化是摆在我们面前一个艰巨的任务，但是我们认准了目标，无论多么艰难，都应该一往无前。只有实现了职权上的整体规划，各归其位、各行其权、科学运行、有效制约，才能说我们职权优化的改革取得成功。

第四，完善制度措施。我们这场改革要做制度性措施的设计和推进，这是极其复杂而广泛的。我们欣喜地看到，前景很好。但是这场改革的这些具体措施，我们应该用什么来衡量？用目标来衡量。措施是要用目标来检验的，如果能达成我们的目标，这些措施就是正确的，如果不能达成目标，说明我们的措施可能不到位，量度不够、力度不够，或者我们就错了，所以要使用目标来校正措施。目标是什么？司法公正，保证司法公正。具体来说，就是要人民群众在每一个司法案件中感受到公平正义。

前不久，我们炒得很热的就是法官和检察官的薪酬待遇，媒体莫名其妙出来一篇文章，说“法官的薪酬待遇是不重要的”，微信上盛传这样的文章，我当然不赞同。法官的职业尊严、职业荣誉、职业保障、权力行使是非常重要的，但是绝不可能说薪酬不重要。法官的薪酬改革力度必须加强。决定法官薪酬的是什么？我认为主要有四个元素，我说出来供大家商讨。

第一，岗位性质。司法官员是一个什么岗位，要思考为什么一个工程师要比一个体力劳动者的收入多得多。工程师所付出的劳动尤其是体力劳动，未必比一个农民工要多，但其薪酬一定比农民工要高得多。第二，职责作用。司法官员的职责神圣，作用巨大，必须以应有的薪酬体现其重要价值。第三，能力要求。国家、社会对司法官员都有极高的能力要求，非一般社会成员所能充任。他要能保护合法、打击犯罪，维护公正；要能在错综复杂、是非难辨中条分缕析、明辨是非，作出公正裁判。第四，责任重大。司法裁判事关是非，绝不允许并严厉制裁任何贪腐，具有严格的廉洁要求与追错机制。司法人员需要尊严，尊严当然需要职业保障，需要对其劳动的认可，需要薪酬保障，或者优厚的薪酬保障。

下一步的改革,我们希望看到,能在司法的参与主体上、司法的结构关系上、司法的职权配置上、司法的措施设定上做更多的考量,使中国司法体制改革,严谨而勇敢的改革达成它预期的目标。谢谢大家!

(2015 年 12 月 3 日,中央司改办会同最高人民法院、最高人民检察院召开司法体制改革研讨会,这是作者在研讨会上的发言。)

36. 规范权力运行是衡量法治政府核心标准

“行政权力规范透明运行”是衡量法治政府的核心标准之一。《法治政府建设实施纲要(2015—2020年)》(以下简称《纲要》)对此也是着墨最多的。就此话题,中共中央党校政法部主任卓泽渊教授接受了《法制日报》记者专访。

政府第一位的法治任务

记者:在法治政府建设的各项任务中,《纲要》把“依法全面履职”放在第一位。在《纲要》确定的宏观调控、市场监管、社会管理、公共服务、环境保护等各项职能中,哪些是容易失职或被弱化的?《纲要》提出了哪些针对措施?

卓泽渊:依法全面履职,是政府第一位的法治任务。首先,它表明政府必须履职。政府必须是有能政府和有为政府,不能是无能政府和无为政府。政府的履职行为是政府存在的价值体现。没有履职,政府就没有了存在的意义。人民设立政府的目的,就是要通过政府的履职来实现人民管理国家和社会事务,管理经济文化事业的使命。

其次,它表明政府履职必须全面。政府的职能要全面实现,就必须全面履职。政府不能全面履职,就一定是选择性履职。如果允许政府选择性履职,公民、公众、社会所需要的政府服务就无法得到满足,我们的政府就不再是服务型政府,而是“官老爷”式的政府。高兴就履职,不高兴就不履职,这样的政府公务员就不是勤务员而是官老爷。

最后,政府的履职还必须依法进行。不依法的政府就是专制政府、专横政府。在民主政治中,在法治国家和社会中都不能容忍这样的政府。政府拥有最大的权力——行政权,它如果不能依法履职,人民的权利就没有保障。政府就随时都有背叛自己本质的可能性,成为虐待人民的政府。

就宏观调控、市场监管、社会管理、公共服务、环境保护几个方面来说,哪个方面都可能失职。这关键在于如何理解您所说的失职。比如,不当履职叫不叫失职?如果不履职和不正确履职都算失职的话,范围就非常广泛了。政府在哪方面都存在失职的可能性。正因为都存在失职的可能性,这次的《纲要》提出了一系列针对性极强的措施。

在完善宏观调控方面,《纲要》提出要切实转变政府投资管理职能,确立企业投资主体地位,制定并公开企业投资项目核准目录清单。完善主要由市场决定价格的机制,大幅缩减政府定价种类和项目,制定并公布政府定价目录,全面放开竞争性领域商品和服务价格。

在加强市场监管方面,《纲要》要求清理、废除妨碍全国统一市场和公平竞争的各种规定和做法,破除部门保护、地区封锁和行业垄断。深化商事制度改革,继续清理工商登记前置审批,加快工商登记后置审批改革。进一步推进工商注册登记制度便利化,甚至明确要求加强事中事后监管,创新市场监管方式,完善市场监管体系,建立透明、规范、高效的投资项目纵横联动、协同监管机制，实行综合监管，推广随机抽查，探索"智能"监管。加强社会信用体系建设，建立健全全国统一的社会信用代码制度和信用信息共享交换平台。

在创新社会治理方面，《纲要》提出要加强社会治理法律、体制机制、能力、人才队伍和信息化建设，提高社会治理科学化和法治化水平。完善社会组织登记管理制度。适合由社会组织提供的公共服务和解决的事项，交由社会组织承担。全方位强化安全生产，全过程保障食品药品安全等。

在优化公共服务方面，《纲要》强调要着力促进教育、卫生、文化等社会事业健康发展，强化政府促进就业、调节收入分配和完善社会保障职能，加快形成政府主导、覆盖城乡、持续的基本公共服务体系，实现基本公共服务标准化、均等化、法定化等。我认为这些措施必将有力地推动政府全面依法履职。

清单是对权力的制度性管控

记者：为了厘清政府的职责和权限，《纲要》多次提到"清单"管理，比如权力清单、负面清单、责任清单、收费目录清单等。清单管理有哪些好处？

卓泽渊：政府的职责和权限都是权力的构成部分。不同的清单对政府权力具有不同的效用。

有的清单是要求政府全面履职的，比如有了权力清单和责任清单，我们就可以对政府行权范围心中有数，更可以对其执法状况照单验收，防止其失职。当然，权力清单和责任清单更有制约政府权力的作用。清单之外的权力就是随意扩展的权力，就是权力的滥用。

有的清单是直接保护公民、法人、公众乃至社会权利的，比如负面清单，除负面清单之内的行为或者事项具有禁止性质之外，其他所有行为或事项都属于法律不禁止的范围,从而给予了公民、法人、公众、社会更多的自由权利。

权力总是与权利和义务紧密相关的。政府机关及其工作人员存在失职与渎职的可能性,其权力也存在滥用的倾向,于是,政府权力要有效行使、全面行使就必须依法行使。清单化管理实际上是对政府权力的制度性管控和法治化约束。

推动政府行为程序法治化

记者:在规范权力运行方面,《纲要》强调“程序”的重要性。如决策程序、执法程序、公务员任用程序、案件移送程序等。为什么政府工作人员要强化程序意识?

卓泽渊:法治政府建设,必须推动行政法治化。行政法治化的一个根本的措施就是行政程序的法治化。俗语说,“不以规矩不能成方圆”,就是这个意思。程序就是规矩。

要建设的法治政府,政府行为的规矩就是法律制度,我们在程序上所作的一个重要努力就是推动政府行为在程序上的法治化。中国传统的法律文化和社会文化,相对比较忽视程序,所以,在推进法治政府建设,严格依法行政的过程中,强化政府工作人员的法治意识,具有特别重要的意义。

防止扩展权力形成行政专横

记者:在规范权力运行上,您还有哪些建议?

卓泽渊:权力运行问题是法治政府建设中的核心问题。必须着力加以解决。

一方面,我们要依法约束政府权力,防止政府权力膨胀,防止政府伤害公民、法人、公众和社会的权利;另一方面,还必须防止政府不作为,防止政府怠于行使职权进而失职,使政府失去效用,这同样会使公民、法人、公众和社会的利益受损。

一方面,要强调政府全面履职,防止政府的无能无为;另一方面,必须防止政府及其公务人员在有意无意中扩展权力,形成行政专横。

所以对行政权力的规范,如何才能把握适度,拿捏精准,恐怕还需要认真地加以总结,不断进行探索。

同时,在实践中必须借助立法上的制度设置,行政机关内部的复议等纠错机制,以及司法上的检察监督与审判监督等,来实现对行政权力的科学化和法治化的规范。

(张维,《法制日报》2016年1月16日。)

37. 超稳定社会不是真稳定

卓泽渊指出，僵化的社会是一种“超稳定”，没有活力的社会不会有真稳定。

中国长安网“十个坚持”系列解读第三篇，请来中共中央党校政法部主任、法学教授、博士生导师卓泽渊，就“社会安定”与“社会活力”、打击违法犯罪和保障公民合法权益等关系问题，从法理学角度作出解读。文章如下：

依长安君近期观察，长安网选专家采访，不仅看法学功力，还看气质。

在这次访问中，卓泽渊教授提出了“僵化的社会实际上是一种‘超稳定’”“没有活力就不会有真稳定”“打击违法犯罪要以保障人民权益为依归”等，都令长安君有耳目一新之感，到底说得有没有道理，大家快一起来看看吧。

中国长安网：孟建柱书记所说的“社会安定”与“社会活力”，两者之间是什么关系？从法理学角度如何解读？

卓泽渊：首先，社会稳定与社会活力之间是正相关关系。社会越稳定，就越有活力；越有活力，也就越稳定。社会如果不稳定，社会的活力就激发不出来。在一个混乱的社会之中，缺乏必要的基本的秩序保证，公民的生命财产安全都没有保障，人们活命都难，何谈活力？

其次，社会活力是社会发展的动力，社会活力、社会发展都要依赖社会稳定。社会稳定是激发社会活力的秩序基础；社会没有活力，也不会有真正持久的社会稳定。因为，社会稳定不是秩序的僵化状态。完全僵化、铁板一块的社会，虽然表面上稳定，实际上是一种“超稳定”。表面的“超稳定”掩盖着深层次的不稳定，社会的深层矛盾就可能演化为急剧的社会动荡。世界历史告诉我们，不能被表象上的超稳定所麻痹，其后果是不堪设想的。

最后，要依靠法治才能将必要的社会稳定与充分的社会活力统一起来。稳定是前提、是基础，并不是终极目标。当然，社会活力也不是目标。但是，只有社会具有了活力，才可能推动我们达成理想的目标。只有法治才可能为我们创造条件，将社会稳定和社会活力很好地结合起来。

中国长安网：您认为，怎样才能实现孟书记所说的“使社会既生机勃勃又井然有序”的目标呢？

卓泽渊：要实现生机勃勃与井然有序相统一的目标，我们要确立法治化的权利观念。

社会要生机勃勃，就必须保障公民的法定权利。要切实让人们充分享有、充分实现法定的权利，而不是简单的口号，人民才会有满腔的守法热情，才有坚决的护法勇气，才可能同侵犯其权利的违法犯罪行为作坚决斗争。为此，我们要建设一个确保公民法定权利的法治国家。

要切实而持续地享有公民权利，就必须有法治的保障。行使权利要依法，保障权利也要依法。为此，作为国家公权力，必须确立维护公民合法权利的法治观念和作出依法保障公民权利的公权行为。立法上要完善保障公民合法权利的法律制度；执法和司法上，国家行政机关和司法机关要用法治措施，切实保护公民和法人的法定权利。

在充分保障公民权利的基础上，我们要对违法犯罪予以坚决的制裁。任何违法犯罪都是对他人合法权利的侵犯，要保障社会的民主与自由，就必须有效地打击相应的违法犯罪，维护应有的社会秩序，使社会既生机勃勃又井然有序。

中国长安网：如何通过日常的公正执法和严格管理，来维护良好的社会秩序？

卓泽渊：国家机关包括各级人民政府的执法和管理活动状况，直接关乎社会秩序的状况。它是维护社会秩序的最基础的工作，也是最有力的保证。

政府的执法和管理活动涉及的范围非常广泛，内容繁多，影响极大。执法和管理人员必须不断提升法治意识，提高运用法治思维和法治方式处理相关事务的能力。

公正执法与严格管理是社会秩序的基石，社会秩序是执法与管理活动的晴雨表，也是重要的检验尺度。没有公正执法和严格管理，必无良好的社会秩序。

中国长安网：坚持打击违法犯罪和保障公民、法人合法权益，是两个重要的方面，请问如何将二者统一起来？

卓泽渊：我们必须明白，打击违法犯罪是十分必要的。现实社会中，侵犯公民、法人合法权益的违法犯罪行为客观存在，有时还比较突出，因此，打击的必要性就更加凸显。

打击违法犯罪是保护合法权益的有力手段。这个手段不能弱化，更不能放弃。对违法犯罪的软弱，就是对合法权益的伤害，就是对人民群众的伤害。对此，必须立场坚定、旗帜鲜明。这个立场就是法治的立场,这个旗帜就是法治的旗帜。

同时,我们还必须明白,保障公民、法人的合法权益是目的,打击违法犯罪是手段,是路径。后者是为前者服务的,一定要以人民的权益为依归。这不是空话。当执法、司法活动的结果,不但无益甚至还有害于人民权益时,公权力行为就该止步,否则就是公权力滥用,就是对公民、法人合法权益的侵犯。

中国长安网:如何运用法治思维和法治方式来最大限度激发社会活力、促进社会和谐?

卓泽渊:激发社会活力、促进社会和谐是我们的两大目标。只有社会有活力并确实和谐了,社会才会美好。何以达成这两个目标,一直是十分重大的问题。我们一直在寻找出路。现在终于认识到了,必须依靠法治。

那么,怎么依靠?

首先,要依靠法治思维。所谓法治思维,就是根据法律的原则、精神、规范,来进行判断、分析、推理,从而得出结论、作出决定的思维模式。在走向法治的当代中国,法治思维越来越重要。尤其是在一个法治国家、法治社会中,法治思维是必不可少的元素。法治思维并不必然排斥其他思维模式,但是,在具有其他思维模式的时候,法治思维必须放在首位。

其次,要依靠法治方式。除了要具有法治思维之外,还必须很好地运用法治方式。法治方式是多样的,我们要学会选择和运用法治方式。一旦社会矛盾、纠纷发生了,就可以依法选择相互协调解决,请求组织或者他人调解,还可以请求仲裁,甚至依法起诉,这些都是法治方式。法治方式可以选择,但就是不能选择非法治的方式,更不能选择违法犯罪。

学会运用法治思维和法治方式,是全社会的任务。作为掌握国家公权力的各级国家机关,必须率先运用法治思维和法治方式。此外,全社会也有一个如何运用法治思维和法治方式的问题。法治最深刻的根基在社会,只有植根社会的法治,才是根深蒂固的法治,才不会动摇。法治最伟大的推动力量来自人民,只有全体人民自觉守法、依法办事,法律才能获得最根本的推动力量,无坚不摧,一往无前。

(中国长安网,2016 年 3 月 25 日。)

38. 政法队伍必须从严而治

中共中央近日印发了《关于新形势下加强政法队伍建设的意见》(以下简称《意见》)。法学专家、中央党校政法部主任卓泽渊在接受中国警察网记者采访时表示,面对新形势、新任务,政法队伍必须从严而治。我们要全面而深刻地理解《意见》的精神实质,准确而切实地执行各项具体政策措施。从严而治,既是指对待政法队伍建设的态度、方式、方法,更是要求我们在政法队伍建设上作出一个个实际行动。

从严治党必然要求从严开展政法队伍建设

记者:新形势下为何要在政法队伍建设上从严而治?

卓泽渊:在政法队伍建设上的从严而治,是从严治党的必然延伸。刚刚召开的中国共产党十八届六中全会总结了我们党开展党内政治生活的历史经验,分析了全面从严治党面临的形势和任务。正因如此,我们党审议通过了《关于新形势下党内政治生活的若干准则》。我们的政法队伍是人民的政法队伍、是党的政法队伍，从严治党必然要求从严开展政法队伍建设。

从严而治是监督公权力行使的现实需要。十八届六中全会认为，监督是权力正确运行的根本保证，是加强和规范党内政治生活的重要举措。为此，我们党在这次全会上审议通过了《中国共产党党内监督条例》。从约束公权、强化监督的视角来看，从严而治必然是对政法队伍建设的现实要求。

同时，从严而治是我们国家依法治国的必然要求。全面推进依法治国，总目标是建设中国特色社会主义法治体系，建设社会主义法治国家。在依法治国的进程中，政法队伍具有极为重要的作用，他们是法治建设的生力军、主力军，必须具有强大的战斗力。

从严而治是政法队伍承担任务的必然要求。诚如《意见》所明确：政法工作是党和国家工作的重要组成部分，政法队伍是法治中国、平安中国建设的重要力量。由于面临新的历史使命和繁重任务，必须全面加强政法队伍建设，不断增强其创造力、凝聚力、战斗力，提高执法司法公信力。

从严而治首先要加强政法队伍的思想政治建设

记者：全面贯彻落实《意见》，确保政法队伍从严而治需要注意哪些方面？

卓泽渊：首先，必须加强政法队伍的思想政治建设。在政法队伍建设上，必须深刻认识理想信念的灵魂作用。要按照《意见》要求，培育和践行政法职业精神，深化忠诚、为民、担当、公正、廉洁为主要内容的政法干警核心价值观教育，进一步培育政法职业精神。要使全体政法干警成为尊法学法守法用法的模范。针对新形势下思想政治工作遇到的新情况新问题，创新思路、改进方法，增强思想政治工作的时代性和感召力。

其次，必须加强履职能力建设。具体来说，必须按照《意见》要求，强化能力和业绩导向，着力解决执法司法工作中的突出问题，建立健全各类执法司法人员岗位素质能力的基本标准；通过制度机制来体现能力和业绩导向，建立起能者上、庸者下、劣者汰的选人用人机制；与时俱进地提高政法干警执法司法的专业能力、群众工作能力、科技应用能力、社会沟通能力，这是打造现代政法队伍的现实需要。要落实《意见》关于研究制定政法专门人才发展规划、建设国家和省部级政法人才库的要求，加快建设与新形势下政法工作相适应的专门人才队伍；推进法学教育及其改革发展，为政法队伍建设提供长期的人力与智力支持。

再次，必须加强政法队伍的纪律作风建设。按照《意见》要求，坚持把纪律挺在前面，做到纪律严明、令行禁止。通过严格执纪来确保严格执法，持续整改作风上的突出问题。对人民群众反映强烈的不正之风要进行分析研判，建立正风肃纪的长效机制。综合治理有案不立、有罪不究、违规立案、越权管辖、刑讯逼供、超期羁押、滥用强制措施等失职渎职行为，着力解决诉讼难、执行难、执法司法不公、办人情案关系案金钱案等问题。完善权力约束监督机制，严格实行责任追究，营造全面从严治理政法队伍的浓厚氛围。

最后，必须加强领导班子和领导干部队伍建设。对领导班子和领导干部的引领、导向作用，必须予以高度重视。要按照《意见》要求，以忠诚可靠、执法懂法作为必备条件，选好配强领导班子。健全从严管理监督政法干部的制度体系，从严管理各级政法领导干部，加强干部培养锻炼，改进后备干部的培养工作。对于那些有培养前途的干部，要有计划地安排到地方党政机关或者基层政法部门挂职任职，切实提高他们解决实际问题、驾驭复杂局面的能力。

严格落实党中央部署,完善和落实各项保障措施

记者:如何顺利实现政法队伍从严而治?

卓泽渊:要使政法队伍建设的各项任务目标顺利实现,就必须严格按照党中央的统一部署要求,高度重视各项保障措施的完善与落实。

一要建设职业保障体系。职业保障是政法队伍建设的客观基础。具体地说,对于政法干警的工资待遇制度要予以有效落实。同时,要健全依法履职的保护机制,建立救济机制、澄清机制等,保障政法干警的人格尊严和合法权益。落实法官、检察官、人民警察的抚恤优待政策,推进工伤保险制度和人身意外伤害保险制度完善,加大基层保障力度等。

二要加强组织领导。组织领导始终是各项政策得以贯彻的有效保证,政法队伍建设也是如此。我们应当按照《意见》要求,加强党对政法队伍的思想领导、政治领导、组织领导,完善党委统一领导、政法各单位主抓、有关部门各司其职的政法队伍建设工作格局。必须落实地方党委在政法队伍建设上的领导责任。同时,还要充分发挥党委政法委的职能作用,通过政法委加强政法队伍建设的统筹规划、组织协调、监督检查,对政法队伍状况进行分析评估,确保党中央关于政法队伍建设的重大决策部署有效贯彻落实。

(中国警察网,2017 年 1 月 18 日。)

39. 热话题与冷思考

一、社会主义核心价值观引领法治建设

记者：2016 年 12 月，中共中央办公厅、国务院办公厅印发了《关于进一步把社会主义核心价值观融入法治建设的指导意见》。首先请您谈一谈什么是价值观？什么是核心价值观？

卓泽渊：价值观，从学理上讲，是人们关于特定事物对于人的意义的认识。价值观是人们在社会实践中由理性自觉而产生的精神诉求，对于人们的思想和行为都具有重大作用和重要影响。核心价值观更是价值观浓缩的结晶，在整个价值观体系中居于主导地位，具有主导作用，指导着人们在各个方面的社会实践。在我国当前的法治建设中，如何发挥社会主义核心价值观的引领作用和积极效用，是必须关注的重大问题。

记者：您认为社会主义核心价值观主要包含哪几个方面的内容？

卓泽渊：社会主义核心价值观是对现实和理想的社会价值观念的整合与提炼，是浓缩的价值观念，成

为整个社会价值观念的核心部分。概括起来说,它包括三个不同侧重方面的要求。大体上可以认为,它包括侧重于国家方面的富强、民主、文明、和谐的价值观念,侧重于社会方面的自由、平等、公正、法治的价值观念,侧重于公民个人方面的爱国、敬业、诚信、友善价值观念。这三个侧重点有所不同的方面,也只是我们对于社会主义价值观的基本认知,整体社会主义价值体系内容十分丰富,极为庞大。国家、社会、个人三个方面的价值诉求虽然有所分别,但全社会都共同需要以之作为引领。由于法治建设涉及社会的方方面面,因此,这三个方面、24 字均缺一不可,需要加以全面贯彻。

记者:能否请您具体解释一下,为什么社会主义法治建设需要核心价值观的引领?

卓泽渊:价值观对于社会实践具有重要的指导意义,人们的社会实践总是在一定价值观引领下进行的,无法离开必要的价值观引领。只有在良好的价值观引领之下,人们才可能作出良好的社会行为,获得良好的社会效果。人们通过自己符合价值要求的社会实践,在满足社会价值要求、实现社会价值的同时,达成自己的人生理想,使自己梦想成真。社会通过必要的价值观引领,统率整个社会的价值观念,使其得以整合、协调、融合,凝聚出共同的价值诉求。依法治国是我国治国理政的基本方略,全面推进依法治国已经成为国家治理和发展的重大战略决策。中国发展到今天,法治已经成为不二之选。只有实行法治,这个国家才能得到良好治理,社会才能得到和谐安宁,人民才能得到幸福美好,这个国家和民族才会有未来。法治建设对于当今中国的意义是不言而喻的,它是走向法治中国的必由之路,是全面推进依法治国的具体体现,是实现法治理想的实际行动。法治建设作为一项宏大的社会工程,离不开必要的价值引领。社会主义核心价值观为此提供了最好的价值导向。只有在核心价值观的整体而具体的引领之下,法治建设才不会迷失方向,才能赢得人民群众与社会公众的认同与支持,才能取得预期的成果,才能有力推进全面依法治国伟大事业向前发展。

二、法治建设与“富强、民主、文明、和谐”

记者:从国家的视角出发来看,我们核心价值观中的富强、民主、文明、和谐的价值观念,与法治建设具有怎样的内在联系?

卓泽渊:就富强、民主、文明、和谐的价值观念而言,他们对法治建设的意义都是极为重大的。首先来看富强这一价值观念。富强在表面上与法治建设没有太大的联系。但是稍加分析就不难发现,二者之间密不可分。法治建设的顺利推进,必须要有一定的物质基础。法治完备的国家必须是以一定的经济发展作为前提的。也许可以认为,经济落后的国家,很难甚至根本就不可能有健全的法治。生产力的一定发展,市场经济的良好运行、国家财富的不断累加,本身是法治建设的经济基础和物质基础。现代法治并不是建立在落后的生产力基础之上的。在立法上,要开展立法调研、收集群众意见、拓宽人民群众参与立法的途径,乃至延请专家参与立法、委托有关机构进行法律草案的起草工作,等等,无不需要一定的物质保障甚至直接就是经费保障。在执法和司法上,执法或者司法活动的顺利开展,需要必要的物质保障。一支良好的执法专业队伍,必须要有必要的办公场所、车辆配备、装备设施等物质保证乃至工资待遇等经费支持,这些都与经济发展具有重要关系。富强的国家一定能提供更好的执法、司法条件,使法律的实施获得更好的社会效果。法律公共服务体系的建立与运行,法律援助制度、司法救助体系的建立及其作用的发挥,对于国家财力的依赖是显而易见的。没有财力的国家,难有乐助之善行;没有乐助的国家,必无快乐之人民。当然我们也知道,国家的富强一定是以人民的富裕作为基础的。没有民富必无国强,民富必须被摆到首要的位置,这是政治伦理的要求,这是人民共和国本质的体现。如何让人民富裕起来,如何让富裕起来的人民具有良好的法治保障,是我们在法治建设中必须考虑和切实重视的问题。

记者:“没有民主就没有社会主义。”“民主”是社会主义的生命,是社会主义核心价值观中不可缺少的部分,它与法治建设之间是怎样的关系?

卓泽渊:“民主”本身就与法治联系紧密,二者是不可分离的。我们甚至可以说:民主兴,法治才会兴;法治兴,民主才会兴。没有真正的民主,就没有真正的法治;没有真正的法治,也不可能有真正的民主。法治的确可以在一定阶段先于民主发展,尤其是对于发展中国家,对于人口大国来说,在矛盾多发、频发的时代背景下,更需要如此。但法治先行总是片段的,一个时期的。法治并不可以长期脱离民主而发展。那种以为法治能够在没有民主的情况下而得以建设的观点,是错误的,在实践上也必然是失败的。民主既是法治的政治基础,也是法治的理想目标。法治的归宿最终一定为了人民,为了人民当家作主,为了人民幸福美好。民主比法治还更为基本,更为具有目的的意义。这是当然的,就是把民主与法治比喻为人之双足、车之两轮也可以得到启示。人之双足,怎么可以一足先行再先行呢?如果法治在进步,民主没有进步,就会出现单足前行的情形,一是会过于劳顿,二是悲剧也难免会发生。无论行走者如何强大,单足前行的步幅与步数都是有限的。如果是单足跳跃,任何一个行走者都不可能持续与持久;如果是双足前行,前行的单脚步幅太大、步数太多,后一只脚跟不上,都会使行走者无法前行。单脚孤行者甚至会有倒下的危险。行走者越身强力壮,跌倒的后果就越严重。对于法治与民主,若人之双足,其同步性、协同性必须引起我们的高度重视。作为车之两轮来说,更是须臾不可离开。缺少任何一个,车都无法前行。无论是人之双足还是车之两轮,都要求我们将法治与民主统一起来，协调推进。在法治得以较好发展的时候，必须给予民主更多的关注、更多的重视，采取更多的行动。

记者：文明作为一种价值理念，体现出社会主义现代化建设的本质要求，那么，您认为法治建设与“文明”之间是怎样一种结构关系？

卓泽渊：就“文明”与法治的结构关系来说，法治本身就是文明的产物，是文明发展的重要成果，是文明进步的重要标志，也可以说法治本身就是人类文明的构成部分。我们要去考察任何一个法律社会的文明程度，对于法律自身的考察都是必不可少的。法律、法治的文明状态，是整个社会文明程度的重要标志，也是其外化的符号。文明对于法治来说具有内在的要求。法律的权利确认要文明，法律的义务设定要文明，法律的制裁措施也要文明。当然，文明也是相对的，我们从历史视角得出的今是昨非的结论，也许就是对文明程度进行判断的结果。因为用更加文明之“今”，去反观相对不文明之“昨”，“今是而昨非”就是文明或者更文明，就是进步，就是发展。法律不仅体现着文明，还保护着文明。保护文明，是法律的神圣使命，是防止法律堕落和人的堕落的精神诉求和实际行动。法治建设的目的，在相当大程度上就是为了防止人类的堕落与恶行，保护人类文明，推动人类社会的文明发展。

记者：中国历史上曾经历了长期的战乱，改革开放几十年来，我们一直都在谋求国家的长治久安、社会的安全稳定、人民的幸福安康，在纷争不断的当代社会，“和谐”更成为必然的价值追求。在您看来，“和谐”对中国法治建设具有怎样的意义？

卓泽渊：“和谐”是指各种元素之间有机协调的美好状态。人类总体上都是喜欢和谐的，和谐是一种宁静的美，是一种安适的生活情形，是一种协调的社会状态。一个国家只有在和谐中才能得到更好的发展。自古以来，中国人就特别爱好和平宁静的生活。一代又一代都将和谐作为一种自身、家庭、国家、社会的审美需求与理想状态。“日出而作，日落而息”“采菊东篱下，悠然见南山”就是一种美，一种和谐而宁静的美。和谐的价值观在中国可以说是深入人心。历史上，自然经济的社会中，只要能够让人民有 10 年以上的休养生息，社会就可以逐步地显露出生机与活力。只要远离内乱或者战争，有 10～15 年的社会和谐与安宁，就会出现太平盛世的景象，人民安居乐业，社会繁荣昌盛。中国人历来都渴望和谐。夫妻和、家庭和、邻里和、国家和，国泰民安就是和谐的一种重要表现。中国人对和谐向往，是持久的、长期的、祖祖辈辈的。和谐是心灵的慰藉，对于这个我们这个民族具有极大吸引力。当前，中国正处于矛盾的多发期、频发期，这个时候强调和谐具有更为重大的意义。当代世界，一个国家或者社会要赢得和谐美好，就必须依赖法治建设，由其提供良好的制度前提、秩序环境和国家保障。没有法治，必无和谐。和谐是法治能够顺利推进的前提，法治是和谐能够造就与持续的、最有力的制度性保证。

三、法治建设与“自由、平等、公正、法治”

记者：前面您从国家层面谈了核心价值观对法治建设的意义。其实，许多价值观还是从社会的意义被强调和重视的。“自由、平等、公正、法治”正是从社会层面提出的价值要求。您认为在法治建设中如何体现这几大价值观呢？

卓泽渊：“自由、平等、公正、法治”是对美好生活的生动表述，也是从社会层面对社会主义核心价值观基本理念的凝练，它们对于法治建设都具有重要的指导意义。具体说来，“自由”是生命的本能，是人天生的渴望，甚至是人的本质追求。人生而自由，人天生都是热爱自由的，没有人真正地反对自由。伟大的思想家们早就指出，没有人不喜欢自由，即使是那些反对自由的人，其所反对的，最多也只是别人的自由。

在他反对别人自由的同时,所实现的正是他自己的自由。在法治状态之中,自由就是做法律许可的事情。法律是自由的边界,是自由的保障。自由是法律的目的。法律是为自由或者说最大限度的自由而生的,是为自由服务的,却不是为限制自由或剥夺自由而生的。一切扼杀自由的法律都是对于人本性的反动,都是邪恶的,必须遭到人类的反对。法律即使在不得已地限制违法犯罪者自由的同时,也保护着其他人的自由。正是为了保护所有人的自由,法律才对违法犯罪者的自由加以必要的限制,甚至予以剥夺。法律是自由的边界。因为,人人都渴望自由,都希望自己获得自由,就难免会产生摩擦、碰撞、冲突、伤害,以至于最终伤害到自由本身,使人们不自由。于是,为了减少人们在自由上的冲突,就有必要通过法律来划定人们的权利范围、自由范围,避免自由之间的冲突。法律也就成为人们行为的边界。只要不超越法律的界限,就不会侵害他人,也不会危害别人的自由,自己的自由也就有了保证。法律作为自由的保证,内涵着惩罚相应违法犯罪的要求。因为,许多违法犯罪都是对他人自由的侵害,因此对侵害者就必须予以惩罚。法律为这种惩罚提供手段。法律打击危害自由的犯罪,就是对于自由的保证,就是对于受害者自由的保护。

记者:自由是人人所向往的,但人并不是孤立存在的。只要有两个以上的人的存在,还会出现“平等”的问题。您对“平等”与法治建设之间的关系怎样理解的?

卓泽渊:平等是法治建设追求的目标之一。如果说自由是人的天性,平等却不是。平等是人类理性发展的产物,是人类将自己与他人的关系进行认识,将自己与他人进行比较才得出的结论。没有理性,没有自觉,人类就不会产生平等的诉求。对于弱势者来说,追求平等是自然而然的理性结论,而对于强势者来说,追求平等则是理性认知的道德自觉。只有在理性上认识到别人也是与自己同样的人,理当具有同样的人格尊严，才会产生出追求平等的动因，才会有追求平等的行为。平等的实现，是很艰难的。在人们创造出法律之后，基于对于平等的认知，也就有了将二者结合起来，运用法律确认与保护平等的实际行动。法律直接为平等确定制度根据，也为平等提供检验尺度，还为平等提供保护措施。要实现平等，就必须反对特权和歧视。对于特权的禁止、对于歧视的防止，需要从法律制定到法律实施的各个环节加以贯彻。相对来说，反对特权是容易得到人们的响应的，而反对歧视则更加艰难。反对歧视，需要反对者具有更美好的情怀。尤其是社会的强势者或者特权者们，他们要反对歧视，更加不易。尽管平等是人类千百年来的向往，但是实现平等并不是一件容易的事情，它会遭到各种力量的破坏或者阻碍。防止这些破坏，清除这些阻碍，是一个长期的法治重任。

记者：在法律上，自由、平等都是重要的，然而比他们更重要的恐怕是“公正”。您认为呢？

卓泽渊：的确如此。法律要保护人的自由，也要维护人的平等。但是比二者更为人们津津乐道与心驰神往的还是公正。就公正来说，它是法治建设最崇高的价值追求，是人世间最美好的价值目标。人们在法律上的一切努力似乎都可以归结为正义，即保卫正义、恢复正义、实现正义。立法如此，执法、司法同样如此，甚至可以说法律乃为正义而生。正义这一价值观还具有宏大的概括性，内涵极为丰富，外延也极为广泛，不同的人甚至还会有不同的见解。一切法律人，都必须以公正为核心，为依归，在内心中想公正、在行动中求公正，敢于为公正而奋斗、抗争、奉献乃至牺牲。

记者：与作为治国理政基本方式的“法治”不同，作为价值目标的“法治”是社会主义核心价值观的内容之一，是否可以理解为也是法治建设的目标？您认为“法治”对“法治建设”意味着什么？

卓泽渊："法治"，简单地说就是法的统治或者称为法律主治、法律之治，它要求法律至上、依法治权等。法律至上是法治的显著标志。这些都是从根本意义上说的，其实，法治除了约束权力与依法治权的根本要求之外，还有社会秩序状态、社会生活方式、社会秩序状态、人们行为模式等含义。法治这一理想状态，当然是法治建设的目标，甚至是法治建设的直接目标。法治建设并不等于法治，它是实现和维系法治的过程，是推动法治的具体行为，是实现法治的现实路径。法治是法治建设的直接诉求和理想状态。所有的法治建设实践，都是围绕法治这一目标来展开的，为的是实现法治、保卫法治、坚守法治，并使法治不断完善、更新发展。

四、法治建设与"爱国、敬业、诚信、友善"

记者：社会上的每一个人都是以个体状态存在的，作为一个社会成员、作为一个公民，应该具有怎样的核心价值观？这些核心价值观对于法治建设会产生什么样的影响呢？

卓泽渊：从公民个体的视角来说，"爱国、敬业、诚信、友善"是社会主义核心价值观规定的价值准则。它们对于法治建设的引导意义是不言而喻的。就"爱国"来说，它是一种美好的情怀，也是参与国家建设的重要动力来源，对于国家状态下的法律来说当然具有极为重要的目标意义。只要国家还存在，爱国就具有重要的意义。法律为爱国这一价值目标提供制度确认、行为尺度与评价准则。在法治意义下的爱国具有道义与法律的双重正当性。但是，爱国的行为也不得违反法律的规定。那种假爱国之名，对公共财物和私人财产进行损害的行为，轻则违法，重则犯罪。我们坚决反对以爱国为名而进行的各种破坏行为。爱国行为如同其他任何行为一样都必须在法律范围之内进行。因为法律本身就内涵着也体现着爱国的价值诉求。法律不但不反对，而且还引导着人们理性爱国、依法爱国,因此,爱国会因法律而获得神圣、正当、持久的德性,而不是相反,爱国也不能突破法律和危害法律。

记者:“敬业”是对自身所从事的工作的热爱、敬重和责任,它对于法治建设有何意义?

卓泽渊:“敬业”,是每一个公民、每一个社会成员都应该具有的美德。每一个达到劳动年龄、具有劳动能力的公民,都应该有自己的职业。职业是一个公民的立身之本,是其物质生活的基本来源,也是其人生价值得以实现的重要平台。世界上每一种职业都是令人尊敬的,它都以自己独特的形式为社会作出贡献。但是没有一个职业是孤立存在的,都与其他职业、其他人具有千丝万缕的联系。敬业是每个人实现自身价值、获得社会认同、服务社会公众的必需。每一个人的敬业在表面上是为了他人,其实最终是为了每一个人自己。因为,敬业可以使自己勤于所从事的职业,以至于业精于勤,成为相应行业的行家里手,甚至工匠大师。敬业者,在奉献社会的同时,也是在完善自己,使自己具有更好的业务能力,获得更好的经济收益,得到更多的同行、同业、同事乃至社会的认同,完善自我与实现自我。法律要对敬业予以价值上的肯定,鼓励和激励在各种岗位上的创造发明以及默默付出,保护每一个从业者的合法权益。法律要使劳动者、敬业者得到尊重,其权益得到保障。

记者:如果说敬业主要还是立足于每一个公民相对于自身的道德要求,那么“诚信”更多的是一个公民对他人对社会应负的道德义务。“诚信”与法治建设之间是什么样的关系呢?

卓泽渊:“诚信”对于任何人、对于任何社会都是极为重要的,也是一个人之所以是人的道德要求。《论语》就记载了孔子的高见:“人而无信,不知其可也。”孔子的学生曾子也说:“吾日三省吾身,为人谋而不忠乎?与朋友交而不信乎?传而不习乎?”其中“为人谋”的要求就是

“忠”;“与朋友交”,一个字的要求就是“信”。诚信是个体的立身之本,是个体在群体得以生存并得到群体认可的品德。对于群体来说,或者是法人或者非法人组织,都有诚信的问题。诚信问题,轻则是道德问题,重则是法律问题。不讲诚信,轻则道德谴责,重则法律处罚。在一般的社会生活中,言而无信,背信弃义,都是人所鄙弃的行为。在法律关系上违背合同、不守诚信,不仅是道德上的恶行,而且是法律上的违法。对于不守诚信的违法行为,必须予以法律制裁,用法律手段予以打击。目前,我国民商事违约案件频发以及裁判文书得不到执行,与社会诚信的丧失具有极大的关系。法律上尤其是司法上绝不能让违约失信者因违约失信而得益。要使违约失信者受到应有的严惩,才能匡正社会不良风气,伸张正义。一个时期以来,个别法院或者法官在司法裁判上的是非不分,甚至助长了违约失信的嚣张气焰,助纣为虐,实在令人唏嘘。至于人民法院裁判文书的执行难,成为严重的社会灾难,也严重地伤害了司法公正。老赖横行所暴露的是人心不古、世风日下,更暴露的是立法不公与司法无能。近年来我们加大了执行力度,采取了限制消费等措施,有力地提高了司法裁判的执行率,对于纠正社会风气,发挥了重要的作用。当然,时至今日问题也还远未解决,还需要我们持之以恒,不懈努力。对于违约失信者的法律制裁既是对法律秩序的维护,也是对道德准则的维护,都是社会主义核心价值观的要求,也是社会主义法治建设的要求。

记者:一个公民对待他人和社会必须诚信,也必须友善。“友善”是一个人对待他人的基本立场与态度,从法治的视角来看友善具有怎样的意义呢?

卓泽渊:诚信之人必然友善,但是诚信并不直接等同于友善。友善是人与人之间,一个人对待他人,对待社会的必要品德。友善才能使他人感觉美好,也才能使自己感受幸福,使自己变得美好。以邻为壑、与人为敌，都是不友善，对他人是恶待，对自己则是伤害。它会严重破坏自己的生活环境与社会环境，使自己生活在敌意之中。这样，别人不幸福，自己也不会幸福，严重影响破坏社会道德，损害自己的身心健康。自然经济下的中国社会，人与人总体都是友善的，但是，在最近的几十年来，我们的人际关系发生来不可思议的变化。恶意的斗争意识，曾经严重地破坏来本应美好的人际关系。斗争观念的泛滥成为中国社会人际关系的重大灾难。人整人甚至在一度成为常态，令人不寒而栗。中国传统文化中优秀的部分，当然是民族和世界的瑰宝。但是其中也有许多糟粕，这些糟粕的滥用更是深重的祸害。比如“三十六计”之类作为军事著作来说是极为宝贵的财富。但是滥用于人际关系、社会生活和政治生活，就是对友善的伤害，就是对社会与政治的玷污，就是罪恶。当别人对其心怀友善的时候，他却想的或者做的是“瞒天过海”“借刀杀人”“李代桃僵”“上屋抽梯”等恶行，多么不齿啊。友善是法律的追求，法律为建构友善的人际关系提供重要的制度机制。通过友善等价值追求及其作用的发挥，协调人际关系，美化人际环境，促进社会和谐，增进共同福祉，这也是法律重要的价值追求。

五、将社会主义核心价值观融入法治建设的途径

记者：推动社会主义核心价值观融入法治建设首先要靠“良法”。您认为在立法环节如何保证“良法”的实现？

卓泽渊：立法总是为一定的价值观所主导的。每一部法律都有其价值取向，甚至每一个法律规范都有其内涵的价值导向。立法所体现的价值观念，首先，是为立法者所预设的价值目标所决定的。立法的文字表达不过是为了准确地体现事前设定的价值目标而已。立法价值目标预设上的错误，将误导整个法律，这样的法律就不可能是公正的，不可能是良法，甚至就是恶法。其次，立法所体现的价值观念体现得好不

好,与立法者的水平和能力是密切相关的。在好的立法者那里,法的价值观念能够得到较好的体现;在水平较低、能力较差的立法者那里,法的价值观念就可能体现得较差或者不好。最后,立法价值观的体现还依赖立法组织及其成员不同意见的表达、争议与妥协,是立法者总体素质和能力包括价值认知的外化。立法总是由诸多立法工作者共同完成的,尤其是在民主国家,更是如此,不同意见之间的相互辩论,是对价值观和立法成果进行校正的必须和过程。因此,立法上要体现出良好的核心价值观,就必须要求预设的立法价值目标正确,立法者表达准确,立法者整体具有较高的法的价值认知水平,以及良好的立法程序保证。

记者:立法环节制定出“良法”以后,法律价值的实现还得依靠执法过程。您认为在执法过程中如何体现社会主义核心价值观呢?

卓泽渊:的确如此,执法的过程,从价值的视角就是立法所预设的价值目标得以实现的过程。这就对执法者提出了很高的价值要求。一是执法者必须要深切地理解和真切地把握法律制度与规范中的价值内涵,努力通过执法活动来实现立法的价值期待。法律要惩办邪恶,法律要保护善良,都是通过执法来实现的。没有执法,立法所体现的价值观念再好也是空中楼阁与海市蜃楼。二是执法者在执法过程中,要不断与立法的价值目标对照,并用立法的价值观念来校正执法行为,确保执法始终与立法的价值目标保持一致。三是执法者自身要具有良好的价值素养。执法者的价值素养太差,本身都无法理解和体会立法中所设定的价值目标,也就不可能有很好的执法结果。这样,也就应了民间老百姓的说法,法律的真经被“歪嘴和尚”给念歪了。从这个意义上讲,执法者的价值观是很重要的,其价值观的培养也是很重要的。

记者:“司法是维护社会公平正义的最后一道防线”,在司法过程中践行社会主义核心价值观可能更为重要。您对此是如何看待的?我们应如何通过司法公正引领社会公正,推动社会主义核心价值观落地生根？

卓泽渊：我赞成您的看法，司法过程中的价值运用，是法律意义上价值正当性的最后保障，也是正当价值观得以保护的最后机会。社会上的矛盾纠纷都是因为当事人双方之间的利益冲突导致的，而对于当事人行为起着引导作用的，一定有他们各自的价值观。如果双方当事人的价值观是完全一致，恐怕很难发生纠纷。一旦发生纠纷，也不难获得解决。但是，对于他们的价值观的评断是通过对于案件的审理和裁判来进行的。司法就是对于纠纷的审理与裁判的过程，司法官员就是案件的审理与裁判者。司法官员的价值观状态对于案件的裁判就具有决定性的影响。因此，首先，我们必须要求司法官员的价值观念正常且符合社会主流的价值取向。其次，我们还会要求司法官员能够准确把握法律制度与规范中的价值内涵，通过司法活动实现法定的价值目标。法官的责任就是使法律制度上的价值标准成为案件裁判上的价值尺度，成为社会实践意义上的价值现实。最后，我们还会要求司法官员具有价值意义上的坚定性。司法官员必须忠于法律，坚守良知，坚守自己对于法律的诚挚理解，不受自身偏好的影响，不受事实与法律之外因素的影响，依法独立而公正地行使司法权。

记者：全民守法，是法治中国建设的基础，是社会主义法治文化建设的核心。您认为怎样才能使全体人民都成为社会主义法治的忠实崇尚者、社会主义核心价值观的自觉践行者？

卓泽渊：守法是每一个公民和法人包括社会组织、国家机关、企业事业单位，乃至非法人组织，分别或者共同担负的责任。在法治国家或者社会之中，任何公民或者组织都必须自觉地在法律范围内活动，都必须遵守法律。否则，一旦出现违法犯罪就可能会受到法律的强制甚至法律的制裁。相应主体怎么才能守法？首先，必须要有正确的价值观念，要把守法作为一种行为习惯，把尊重和服从法律作为自己的义务。

只有具有良好的价值观,公民或者法人等才能真正理解法律的价值内涵,使自己的思想与行为都与法律的价值取向保持一致。良好的价值观念是人们能自觉守法的内在根据。尽管在应然上,法律并不会惩罚思想,但是思想对行为的影响是不容忽视的。其次,相应主体要有守法的实际行动,也就是守法行为。凡是法律要求作出的行为,就为之;凡是法律所反对或者禁止的行为,就绝不为之,这就是守法。守法是一种行为。没有行为上对法律的服从,再好的价值观也无法防止违法犯罪的发生。具体说来,守法就是依法享有权利,依法履行义务。由于权利可以放弃、义务必须履行,因此,放弃权利一般来说并不构成违法,但是拒绝义务、不履行义务,就可能导致违法甚至被追究法律责任。再次,相应主体守法的具体表现就是服从和执行司法裁判。在社会生活中,公民或者法人都会遇到各种执法行为,他们当然可以依法对执法行为或者相应的决定申请复议、提起诉讼等,但是,司法的终局裁判一旦生效,即应服从和执行。在生效裁判未经法定程序变更之前,相应主体都有执行的义务。最后,每一个守法的主体都有对自己的违法乃至犯罪行为承担责任的义务。对于自己的故意违法,违法者必须依法担责,此乃天经地义,毫无疑义。但是,违法犯罪并不都是故意的,也存在过失违法犯罪的情形。过失违法犯罪的结果一旦发生,相应的责任人也有承担责任的义务。行为人既要对自己的故意行为负责,也要对自己的行为过失或者过失行为负责。依法履行司法裁判是对社会成员的价值要求和守法要求。

记者:在整个法治建设中,社会主义核心价值观是不是全部的价值观要求?多元的价值观之间能否得到统一?

卓泽渊:其实,社会主义核心价值观只是核心的价值观,并不是所有的价值观。价值观的多元性、多样性、多层次性决定了人们要具有完全相同的价值观,是十分困难的,甚至是不可能的。但是,由于人都具有共同的人性和理性，人们都处于共同的物质生活条件与精神生活条件之下，也就会有共同的价值认识，这也是必然的、一定的。尤其是关于核心价值观，它总是能够更多地得到人们的认同。法律必须是多数人乃至绝大多数人价值观的体现，必须体现那个特定时代、特定社会的核心价值观，因此，对于核心价值观的体现、理解、认知、实践，都非常必要和重要。价值观的多元性与多元状态都是客观的，要承认它。但是多元的价值观也一定是能够或者可以在大体上得到统一的。立法中的价值分歧，往往都是通过立法过程中不同观点的博弈来妥协或者折中的，实现大体的统一。民主的立法过程，从价值论的视角考察，就是不同价值观对立、冲突、妥协、统一的过程，因此，立法民主非常重要。至于执法呢？执法中的价值分歧不是用对立、冲突、妥协来统一的，也许这几个情形都存在。它在根本上是用“立法原意”包括“立法的价值原意”来统一的。任何执法者，都可能有不同的价值观念和价值认知，但是最终在适用法律时都必须回到“立法原意”，包括“立法的价值原意”上来，用“立法的价值原意”统率分歧，消除分歧。

记者：最后，您认为法律追求的终极价值目标是什么？这一目标对于整合人们的多元价值观有何意义？

卓泽渊：社会主义核心价值观，是对社会主义社会各个领域的价值引领。作为一个整体是普遍适用的。但是在不同的领域有着并不完全相同的运用状况。在法律领域，各个价值观的运用，相互之间的结构关系，可能与其他领域有一定差异。就整个法律领域来说，公正还是最终极的价值目标。因为法律的一切问题及其解决方案包括司法裁判，最终都可以用公正与否来加以评价。在立法上，只有公正的法律，才会是良好的法律——良法；在执法上，只有公正的执法，才会得到相对人与社会公众的认同，法律才能得到良好的执行；在司法上，只有公正的审理及其裁判，才可能体现和维护社会正义，赢得当事人和社会公众的认可；在守法上，只有以公正之心理解法律的内在要求，自觉地依法办事、自觉地服从法律，使自己的内心宁静、行为适当，才能过上守法者的幸福生活。

（王瑶，《当代世界与社会主义》2017 年第 4 期。）

40. 保障人民权益激发人民活力

党的十九大报告提出，推进社会主义民主政治制度化、规范化、法治化、程序化。这对健全人民当家作主制度体系、发展社会主义民主政治作出部署要求。对此，记者采访了中央党校政法部主任、教授卓泽渊。

记者：如何理解“四化建设”的要求？

卓泽渊：制度化、规范化、法治化、程序化是一个有机整体，都是为了健全人民当家作主制度体系。制度具有根本性、全局性、稳定性和长期性，是确保社会主义民主政治各项活动制度化、常态化并且不断发展的重要保障。因此，要把中央要求、群众期盼、实际需要、鲜活经验结合起来，着力健全人民当家作主制度体系。具体而言，制度化，是要建立一套成熟完善的顶层设计和制度安排，确保民主政治有序运行；规范化，是要设定必要的运行规则，力求民主实践依规操作、协调统一，避免出现各行其是、参差不齐的情况；法治化，就是要注重强调法治的作用，使各项民主活动依法开展，确保民主权利得到充分保障，有关义务得到切实履行;程序化,就是各项民主活动都要有章可循、有序开展,以程序的严格性保证民主政治的充分实现。

记者:如何理解“四化建设”的重要意义?

卓泽渊:推进社会主义民主政治制度化、规范化、法治化、程序化,是长期坚持、不断发展我国社会主义民主政治的需要,是积极稳妥推进政治体制改革的需要。民主政治是一个不断发展的过程,既需要长期坚持,也需要与时俱进。着力推进社会主义民主政治制度化、规范化、法治化、程序化,健全人民当家作主制度体系,既是对其历史发展的总结,也是其不断发展的客观基础,制度体系越健全,越有利于营造一个安全稳定的制度环境,越有利于确保民主政治有序发展、充满活力,越有利于巩固和发展生动活泼、安定团结的政治局面。

体现人民意志、保障人民权益、激发人民创造活力,是社会主义民主政治的根本追求。推进社会主义民主政治制度化、规范化、法治化、程序化,根本目的在于保证人民依法通过各种途径和形式管理国家事务,管理经济文化事业,管理社会事务,最终实现人民当家作主。

(王明峰,《人民日报》2017 年 10 月 24 日。)

第二编　法下独语

41. 卢云教授轶事

一、聚餐

卢云教授原是西南政法大学国家与法的理论教研室(后称法理教研室)主任。他是我 1984 年 7 月留校任教时的教研室主任。其后又任法律系主任,是我的硕士研究生导师。

卢云老师,素以慷慨著称。平时他并不请客,一般是,每次与他一道出差,他总是要请同行者共进一餐,以示慰劳。另外对于他的研究生,在毕业时,他总会亲自下厨做一席饭菜与他的学生们共享。随着“同事”时间的延长,共同出差的机会增多,他请我吃饭的时候也多了起来。但是第一次与他聚餐,还是 1984 年的秋天。

1984 年我被留到西南政法大学法理教研室任教。刚到不久,即面临教研室的大批图书需要编码的情况,在教研室资料员熊丽华老师的带领下,程燎原、梁琼芳、李鸿才和我共同劳动了两个星期,总算告一段落。鉴于我们的辛劳,当时的教研室主任卢云老师应熊老师的请求,将我们出售废旧报刊所得的 15 元钱,奖励给我们几个小年轻人聚餐,以作酬劳。

这点钱,要到餐馆吃饭当然是不够了。于是我们就到烈士墓街上买菜,自己操作。在教研室用小电炉“炒作”起来。可我们并不怎么会炒菜,而且什么佐料也没有。做川菜,没有佐料是断然不行的。我们一合计,根据熊老师的主意,打算剥削一下卢老师,同时也算请他与我们共享,于是就打电话给他。他欣然前往并让其儿子小川与其一道带来了不少佐料。他亲自“上厨”,在一个直径不超过20公分的小铝锅上,炒了一道他颇为得意的干煸鳝鱼和其他一些菜。吃饭时,他竟把小川打发回家吃饭了。我们都说他不对,他笑笑,说:“他本来就只是给大家送佐料来的。”这是我与卢老师的第一次共餐。至今想起来,那干煸鳝鱼的余香似乎还留在口中。

二、尽快回校

1993年夏季,我去深圳做课题调查。课题是由卢云、金平两位教授负责的。当时的深圳,经济状况已经不错,城市发展也初具规模。调查是公开的任务,其中一个私人目的,也是想到深圳看看有无恰当的机会——找个单位挪动挪动。

到深圳我做了两个月的调查,中央某部机关驻深办事处兼某培训中心大有收留之意,我还为他们起草了一份递交给该部的,关于设立某某律师事务所的请示报告。办事处已有关于我去后的工作设想。正在这关键时刻,我爱人急电我说:“卢老师让我通知你,尽快回校,课题组的许多工作都等着你。”

有老师的召唤,师命难违呀!我立即乘火车返回学校,途经一个中等城市的中转车站,上午八九点钟,在车站一个旅馆的窗口换车票,待了约40分钟,竟然要收每人15元的住宿费。我批评其收费不当并问其收费根据,其打手当场将我打伤。我带着伤痛回到学校,与卢老师谈起,他问了我的受伤及康复情况,什么也没说,沉吟良久,我知道他当时内心的痛苦。忽又转换话题,和我谈起了课题,交谈后方知,其实课题组也无甚大事。我没有细想,更没有责怪老师,一切都那么自然。

今天想来,那个"尽快回校"的召唤,实际上是那次我伺机行动,打算逃离学校、逃离学术行动的句号。

三、真理与老师

1991年夏季暑期,在四川大学举办了西南地区法律人权学术研讨会。会议是由卢老师以中国法理学研究会副总干事、西南片区负责人的身份召集的,由四川大学法律系承办。会议邀请了当时对人权问题做专门研究的李步云教授和韩延龙教授,以及西北政法学院的邵诚教授等。西南片区的法理学者们自不必言,大多到会。

会议期间,我与卢老师同住一室。晚上他与我谈及第二天他的大会发言。在他看来,个人人权和集体人权之间,不能偏重个人人权,尤其是在中国集体主义日益式微的情况下,更应强调集体人权。我谈了与他不同的看法。他说:"这样吧,你也在明天的会上谈谈你的看法。"我问:"这好吗?"他说:"这有什么?学术讨论嘛。"

次日,卢老师首先在大会上谈了他对个人人权与集体人权关系的见解。我举手发言。我说:"西方有哲人说,吾爱吾师,吾更爱真理。我不认为我拥有真理,但我愿意在我的老师的带领下,与老师一道去探求真理。"全场给了我掌声。当我发表完与卢老师完全不同的观点,再次获得了包括卢老师在内的所有与会者的掌声鼓励。

数年后,竟然有谣传:"小卓在学术会议上自认为拥有真理,而说其老师没有真理。"我觉得有些委屈。当我与卢老师随意聊起时,他反问:"可有此说?"于是哈哈大笑:"学术嘛,师生也是平等的,你不赞同我的见解,但你并没有不尊重我呀!而且现在想起来,还是你是对的。我可不是他们那样认为的哟!”

我被他的情绪深深地感染和感动了。面对老师的风范,我算什么?

四、下峨眉——不识抬举

1991年夏天,在四川大学开完西南地区法律人权讨论会后,与会者共赴峨眉山。

那天上金顶,是先坐车到接引殿,然后再乘索道而上。中午12时下山时,我们在接引殿分三支队伍,一支由接引殿坐车到万年寺,再步行到五显岗;一支在万年寺不下车直奔五显岗;一支由接引殿步行到五显岗。

我与卢云老师、王威老师、贵州大学和云南政法干部管理学院的两位老师,还有四川大学一位老师的孩子,一行数人,作为第三支队伍,步行下山。

一出接引殿,卢老师就被轿夫盯上了。他身穿西装,头戴一顶时髦的礼帽。微胖的身躯,加上如此的打扮,在我们看来还是一个儒雅的学者。而在不知学者为何方神圣的轿夫们看来,他只能是归国华侨或港商了,当然属于无法长途跋涉之列。轿夫竭力动员卢老师乘轿,卢老师一次又一次地回绝了轿夫们的请求,并劝他们另找业务。轿夫们很自信地说:“老先生,你走吧,我们跟着您,您什么时候走不动了,就让我们抬您。”卢老师又劝他们去另找业务,而两个轿夫却始终相信他们的直觉,坚信他们能揽上这笔业务。可是,他们跟着我们走了20多里地以后,彻底失望了。卢老师仍步履矫健,丝毫没有需要坐轿的意思。他们在做了几番思想工作后,悄然离开了我们。

就这样,长达90里地的山路,卢老师竟然走完了全程,似乎还没有我们这帮小后生那种气喘吁吁、举步维艰的样子。我们下午4时到达五显岗,当4时30分黎国智教授、吴光辉教授、李权教授等到达时,我们把这一故事告诉了他们。黎老师顿时得一歇后语:“卢云下峨眉——不识抬举。”全体欣然。

事后想来,黎老师的一句话,竟包含了那么丰富的内容,显然不仅是指下峨眉山。但似乎又错了,卢老师他终究未能更长久地坚持。登山未必如人生,至少此前他未能拒绝出任法律系第一任主任,辛劳异常;此后未能拒绝出任司法部(1996 年)教学评价组副组长,到各个政法学院评估,终因劳累过度,引发脑血栓和脑溢血,而于 1997 年不幸早逝。

42. 法与罚

“法”与“罚”虽然同音,但相差甚远。据辞书解释,“法”的含义很多,但首先指的是由国家制定或认可的特定行为规则,而“罚”则是“处罚”的意思。但是在现实社会生活中,“法”却经常地被“罚”所取代,“罚”又被简单地理解为“罚款”。“以罚代法”,法即是罚,不仅是一些部门的偏见,而且是一些部门的利益之所在。由于工作的关系,我曾经了解了某地区的地方立法,其地方法规有 60 余件,而有罚款规定的就有近 60 件。在许多城市,行走在街头,均能见到若干手臂戴着红袖章的义务卫生执法人员,手持一叠罚款单,专寻那随地吐痰、乱扔垃圾或准备随地吐痰、准备乱扔垃圾者罚款。甚至某个义务交通执勤员也许会守候在某个路口而手持一叠罚款单。至于那些城市执法队等更是享有充分的罚款权,不时就会对那些不懂经商规矩而沿街叫卖的乡下人恶语相向、拳脚相加,最终开出罚款单罚款了事。一些地方,有“法”的方面有“罚”,没有“法”的方面也有“罚”,大有以“罚”而治的味道。至于风景名胜地区,更是以“罚”

见长,似乎不这样就不能保护风景区的环境。如果说人们对于其他方面的罚款责难颇多,对于风景区的罚款这一点,则少见责难。

暑期,去峨眉山,始发觉即使在风景区,罚款也未必是一剂良药。峨眉山整个风景区都没有在其他风景区所常见的罚款警告,也没有寻常可见的“罚款员”。常见的则是一个个漂亮的垃圾箱和漂亮且免费的厕所,一个一个清洁工不停地在自己分工的路段或场所反复拾捡垃圾。即使他(她)看到你扔下垃圾,他(她)也没有责怪,而是不厌其烦地往他(她)手上的垃圾袋或兜里捡,直到你停止为止。如果你有正常人的理性与良知,你就不能不感动并自觉约束自己的行为。许多带着孩子的家长总是自觉地告诫自己的孩子要爱护卫生,尊重清洁工的劳动。行人也会自觉地约束自己的行为或相互监督。我们一行十数人,总是严格地要求自己的孩子,自己不慎掉下了垃圾也会赶紧拾起,放到垃圾箱去。峨眉山并不因没有罚款而比其他风景区更脏,而是比其他风景区更清洁,她清洁的不仅仅是环境,而更有人们的灵魂;她的清洁工净化的不仅是环境,也有人们的灵魂。

在峨眉山的旅游是愉快的,她没有其他风景区因罚款而产生的争执,也没有因罚款而产生的不快,却更有为游客服务、为环境服务的行动,更有默默带动他人、感化他人自觉维护环境、保护环境的意识。其中包含的是一种发自内心的要求与愿望。从峨眉山回来已经很久了,但峨眉山管理机构及其员工的罚款意识一直令我感动。作为一个从事法学教育与研究的工作人员,我受到的启迪不知能否给其他朋友以启示。法与罚的关系值得我们深入去探究。

“法”尚且无法万能,“罚”还会万能吗?在我们立法时,是不是可以少一点“罚”,至少不能在该不该罚的地方都规定罚。我们在行政管理中,是不是可以多一点服务少一点罚款,不要以“罚”代管,更不要以“罚”创收。有机会不妨去一趟峨眉山,那里的秀美山川,特别是良好的环境管理与服务意识，会给您新的启示：法不是罚，罚更不是法；罚不能实现法的理想；我们还有比罚更有效、更可亲，更深得人心的手段与方法……

（本文应是1999年暑假我夫妇与程燎原、张永和、汪太贤三位教授及其夫人前往峨眉山写作兼休假期间的作品。）

43. 人·猴·法

暑期，去峨眉山小住，这是我第三次去峨眉也是我第二次见峨眉灵猴。灵猴在林间腾越翻飞，在路旁清纯宜人的可爱身影，引发了我心中无限的感慨。

峨眉灵猴，早已是国家二级保护动物，谁要故意伤害它，轻则违法，重则犯罪。如果有谁要去捕杀它以满足自己吃吃猴脑的梦想等，恐怕也是在以生命与法律相搏。由此看来，在法律上，猴子似乎比人还重要。其实，猴终究是猴，在人、猴、法之间还有许许多多已被大众认识或未被大众认识的道理。

遥想猴子还不受法律保护的当年，尽管道义与宗教还在不同意义上保护着猴子，但猴子远没有今日的高贵。无佛无神，甚至也无道义的人们可以随意地伤害它捕杀它，而无所顾及。面对猴子，人狂妄到了极点。在人的潜意识中，人是最了不起的，人可以对包括猴子在内的一切生灵发号施令，乃至胡作非为。对于人的专横，法律如果不是怂恿的，至少也是放任的。随着世界物类在人类任性下的减少、绝灭，乃至威胁到了人类自己的生存，人类才猛然发现，自己的任性曾经犯下了何等严重的错误,于是才开始了自己面对其他生命的行为自律。包括猴子在内的其他生命也才逐步地得到了人们的尊重和保护,法律也才为此而发挥出在保护野生动植物方面的作用。对于野生动植物的法律保护,是人类觉悟的结果,也是人类自律的产物。人类为什么会保护野生动植物?我以为这缘于人类理性进步而产生的自觉,更缘于人类肆意残杀野生动植物所带来恶果和教训。

人保护猴子是缘于人的,最终也是为了人自身的,法律在保护猴子的同时并不保护猴子的任性。如果在猴子被惯养到危害人的地步,猴子的行为也必然要受到法的约束。峨眉山的灵猴,特通人性,人们把它们当作明星来顶礼膜拜。不惜千里迢迢,甚至远涉重洋地赶来,看上几眼,或喂上几块饼干,几块面包,几个糖果。一个个猴子被喂养得肥肥胖胖,有的猴子甚至以为所有的人都必须将它们供奉,贪婪的欲望不断升腾。这就多少有些过分了。行人一旦不予满足,恶猴还会向行人发起攻击。有一恶猴甚至发展到抢人行囊、伤害路人,虽经惩戒亦顽劣不化的地步。有关组织经过必要的法律审批程序,最终对它采取了最严厉的制裁手段——枪决。这恐怕是肆无忌惮的恶猴所未能料到的,当然这猴儿是没有办法后悔了。其他猴子也大抵从中获得了教训,顽劣的野性受到了削减。

此次赴峨眉,从一线天至洪椿坪的野生猴群养殖区下来,在清音阁又见一漂亮小姐为猴所伤,未及询问何故所致。如果是又一恶猴所为,而它又无所改悔地一意孤行的话,对于这恶猴,当是结局可忧。如果是该小姐逗猴不当或伤猴所致,也可以给行人一些启迪:人啊,您不能这样不自知、不自律。何不与猴友好相处,友好相待?似乎,法律在这里还保持着沉默。

人为了自身,为了克服自私,为了更为和谐美满的世界而保护灵猴。被保护的灵猴如果发展到可以伤害人的程度,显然就不再是保护灵猴法律的本意,猴也会受到合法的制裁。其中包含着人对于法的价值、猴的价值,尤其是对于人本身的认知。法对于灵猴的保护与制裁,都缘于人本身,但所依赖的都不是人的任性,而是人的理性。

(本文写作于1999年暑假在峨眉山度假期间。)

44. 百年法治开新禧

千年新禧，百年新禧，新的历史，新的里程。从法治发展的视角，中国的新世纪完全可以说是中国法治的新世纪。中国有了整个 20 世纪法治发展的社会基础和历史准备，未来 21 世纪的法治建设必将赢得更好的发展机会和更好的发展前景。似乎历史特别厚爱中国，尤其是法治发展的进程特别具有兴味。在 19~20 世纪的世纪之交，中国开始了法治的觉醒，从社会意识和国家制度两个层面开启了法治的大门。康有为、梁启超、严复等人最初的法治宣传，就是中国社会法治意识初步奠基的反映。清末的法制改革就是中国法治在制度层面进行尝试的开端，而且确实取得了令后继者叹服的“业绩”。在 20~21 世纪的世纪之交，中国又开启了依法治国，建设社会主义法治国家的大门。经过 20 世纪一百年准备的法治，必将进入一个崭新的发展阶段，走上法治国家和法治社会建设的新征程。

21 世纪的前 50 年，中国渴望走完法治国家的历程，实现法治国家的梦想。将国家法治化已经是中国的百年梦想,中国人民已经期待了一个世纪。随着中国达到中等发达国家水平,随着中国政治民主的进步,以及中国社会现代文化的发展,到下个世纪中叶,只要没有特别的意外,沿着既定的方向顺利发展,就可以相信,中国一定会在2050年左右初步建成法治国家。可以预期在未来的50年中,中国法治将把主要的任务定位于实现国家的法治化,规范,甚至约束国家权力将成为法治的主题。与之相伴随的政治民主将得到更大程度的发展,它既是法治发展的前提也是法治发展的要求。

在后50年的发展中,中国将步入法治社会的历程,开始法治建设的新里程。法治国家的建立并不是法治的终点,而是法治的新起点。法治社会的建设在这时才获得了新的基础。法治建设逐步由法治国家建设过渡到法治社会建设的新阶段。2100年到来的时候,中国的法治社会将初露端倪。在这50年中,国家将会自觉地服从法律,大众将更加注重法律的社会意义。法律的社会化,是这一时期法治发展的根本任务。普遍守法不仅是法律的原则而且是社会的现实。

经过21世纪的百年发展,中国在经历了建设法治国家和开创法治社会后又走向新的世纪。中国法治将在更高层次上获得新的发展、新的生机,与古老而年轻的中国一样弥古常新。世纪更替,祝福与期盼同在,唯愿百年法治开新禧。

(本文应是2000年到来之际迎接元旦的作品。)

45. 世纪转换中的法治和法学发展

有的学者认为,新世纪不过是旧世纪的延续,没有什么特定的含义,也没有必要去探求新世纪与旧世纪有何不同,或以为新世纪一定有什么新发展。如果纯粹从时间的延续上讲,固然如此。如果我们超出纯粹的时间视野,审视时代更迭与社会发展的关系,就可能会看到新的情形。世纪转换与法治、法学发展的关系也大抵如此。

出于人们对于自己命运的关注和力图把握未来的期望,在任何时代转换的时候,就总体而言,人们都会预测自己的未来,并努力地设计自己的未来。人们设定了世纪的纪年方式,在人们的心理上就会产生一些随着时代更迭而谋求新发展的内在期望。这种期望在一定的历史条件之下就会转化为社会行为的动因,从而引发人们新的社会行为。于是,时代的更迭就可能与人们新的行为期望、行为方式、行为内容联系在一起。新世纪就会有新的计划、新的行动,新世纪就会有新的变化。历史也可能会在有意无意之间出现某种巧合,令人震惊。

无言的世纪变换,在中国恰恰有偶然的历史巧合。回想 19 世纪末 20 世纪初,那时,中国正处于封建社会向半殖民地半封建社会转型的过程中。也正是在这一世纪之交,中国的知识分子们怀着拳拳的赤子之心推动着中国民众的觉醒,图谋对中国的封建法制进行资产阶级化的变革。清末的法制变革也正是在这一时期进行的。中国百年法治梦的开篇也正书写在这一历史的世纪之交。康有为、梁启超、沈家本、严复等,都在这一时刻,从不同的侧面不懈努力,甚至为此付出了生命的代价,中国赢得了自己的法制发展和法治萌生。时代的历史转换与社会的重大变革的偶然巧合并非仅限于此。很有意思的是,在 20 世纪中叶,中国竟然又出现了社会的重大的变革:结束了国民党政权对于整个中国的统治,共产党政权得以全面确立,法制和法治都进入了一个全新的历史时期。前 50 年与后 50 年的法制、法治与法学形成了鲜明的对比。

谁能排拒人们对于未来命运的关注和力图把握未来的心愿?谁能说从 20 世纪向 21 世纪过渡的中国就不会有历史的飞跃呢?我们期待着新世纪给中国法治和法学带来新的希望。

在 20 世纪末,中国共产党确定了依法治国、建设社会主义法治国家的社会目标,并将其确定在了宪法的规定之中。21 世纪的到来,必将成为中国法治现代化的契机,构成中国法治国家逐步形成与完善的历史阶段。为此,我们的法治观念将会发生重大的变化,法律制度将会发生重大的变革,法治机制将会被历史更新。具体地说,法律至上,将是社会主导的法律观念与共同的行为准则;党必须在宪法和法律的范围内活动的原则,将逐步现实化;国家官员的选任,将逐步循着民主与法治的轨道运行,法盲将不会再进入法律机关或入主法律机关;权力机关充分发挥作用,将逐步成为人民当家作主的根本途径;依法行政不再是口号,而应成为行政机关行动的指南;司法改革将成为司法公正的途径,并最终达成司法公正的理想。

世纪转换中的法学将回归其科学的本位,科学化将是世纪之交法学的使命与前景。主要的趋向将是:第一,法学将摆脱庸俗政治论的影响。法学不可能完全不受政治的影响,但是,这种影响绝不是被庸俗化了的政治影响。法学话语不再是政治语言的翻版,不再被简单地归入政治领域而成为政治的传声筒;法学教科书将有自己的理论稳定性,而不会成为政治时事的追逐者;法律的学习也将不再是政治学习的构成部分,而成为人生学习和专业学习的重要内容。第二,法学将摆脱简单现实论的影响。法学与现实具有联系,也会受到现实的影响,但是这种联系和影响,并不是简单的附和现实。法学的教科书和法学论著不再是现行法律制度的文本复述和简单阐释;法学理论不再迁就被畸形化了的法律现实,并将生长出作为科学的品性。第三,法学将摆脱无知非学论的影响。一个时期,许多法学门外之人或者自称为门内的门外人,纷纷认为或在思想的深处以为,法学非学问,是任何认识汉字的人都可以经营的。不学法学的人(既没有接受法学教育,也没有进行自我法学学习的人)可以从事法律工作,也可以从事法学教育和法学研究。在新世纪里,随着法学人才的积累,这一状况必将有根本的改观。回归科学的法学将经历去伪存真、去粗取精、由表及里的学术历程。

46. 州官放火与百姓点灯

中国有一个成语叫作“只许州官放火,不许百姓点灯”。据说是源自宋朝,陆游在《老学庵笔记》中记有:田登当了郡守,十分忌讳自己的名字,凡有冒犯者出现,田登大人必然生气,部下常常因此受到榜笞。于是举州都称“灯”为“火”。到了上元佳节,全州要依例放灯,书写告示的官员只好把应写“灯”的地方全都写成“火”。于是“本州依例放火三日”的文字就写了出来,也就产生了中国的这一成语。看来田登大人的功劳还着实不小。后来人们就用这一成语来比喻,只许有权者胡作非为,而老百姓的正当言行也要受到限制的情形。从法学的角度,似乎可以用另外的语言表述,即允许有权者滥用权力,而不允许老百姓正当行使权利。其实它表述的是一个权力与权利的关系问题。我以为,旧时代遗留的畸形的权力与权利观念,在法治建设中必然也必须受到清理。

偶读《××晨报》(2000 年 7 月 31 日)报道:某县一55 岁老农谢某被某劳教管理委员会处以劳教 3 年,经复议,仍不服,乃于法定期间内起诉于某人民法院。

不巧的是误将“诉状”写成了“上诉书”,被法院认为是“信访申诉材料而转交给了其他部门”。劳教解除后,谢某到该法院询问邮寄“上诉书”的后续情况,方得知,因自己的笔误而丧失了诉权。谢某再次向法院请求“恢复”诉权,被正式裁定“丧失诉权”。谢某请求撤销劳教决定的实体权利应否予以保护是问题的另一方面,现在的关键是他有没有诉讼的权利。老农由于自己的无知,将“行政诉状”写成了“上诉书”,显然有错误。人民法院将“上诉书”理解为“信访申诉材料”就没有错吗?老农怎么错,也还有一个“诉”字在,这一个“诉”字至少表明了他在诉讼时效期间内对于劳教决定的不服,并请求人民法院审判。而人民法院的工作人员竟然会将有“诉”字的文书当作“信访申诉材料而转交给了其他部门”,是否连老农都不如呢?结果是老农的小错导致了法院的大错,错的责任全都要由老农一方承担,这合理吗?需知道的是,老农现在所要求的仅仅是一个诉权啊!我们的法院是否也太吝啬了一些呢?即使是给老农一个诉权,对于人民法院有何损害呢?在人民法院的工作人员滥用“权力”和老农不当行使权利之间,为什么我们法院看到的总是老农的“错”而不顾及自己的“错”呢?权力,包括审判权力,您也同样不能对权利专横。

我们许多法律工作者大抵上也会知道,权力来自于权利,权力应当服务于权利,当权力与权利相冲突时,应当退让的是权力而不是权利。这是民主的要求,这也是民主和法治的诉讼制度的理念。走向民主与法治的中国,司法中如何摆正审判权力与公民权利之间的关系,认识上有困难,科学对待上更有困难。

我进而想到的是,对于权力与权利的误解,仅仅出现在法院的工作中么?其实远非如此,我们的立法、行政,以及专门性的侦查、检察等,在权力与权利的关系上,是否还有许多我们觉察到或者尚未觉察到的误解呢?然也。

47. 多元与宽容

2002 年夏天，世界杯足球赛在日韩两国举行。加拿大这个以“联合国”为其雅号的移民国家也异常热闹。每当我从住地附近的 FENCH 大街走过，就会看到一辆插满各国国旗的大货车停靠在靠近 Keele 大街的约克大学附近兜售。该货车的车顶和车身四周的花台上都插满了各国国旗。不时有汽车司机前去买下旗子，当即插在自己的车子上。

放眼大街上来来往往的车辆，竟然挂着不同国家的国旗。我原以为都是悬挂自己祖国的国旗，结果有朋友告诉我，多数挂的是自己祖国的国旗，有的国家没有参赛或者在比赛中失利，于是那些国家的人就插的是他们所支持的——希望其取胜的国家的国旗。对此，加拿大政府，包括警察部门从不过问，听之任之。

其实在世界杯比赛还没有进行或结束了以后，一直都有许多人在自己的车上，自己家房子的阳台上插着或贴着自己喜爱的国家的国旗。意大利的、日本的、韩国的、美国的，甚至你根本就不熟悉的那些莫名小国,也有国旗在空中飞扬,当然也有大中国的五星红旗。偶尔,有的人毫不忌讳地将国旗画在脸上,做成衣服穿在自己的身上,最不雅的人竟把国旗作成裤子穿在身上,被做成裤子者又以美国国旗为多。我真不知道他们是在尊重美国还是要侮辱美国。

加拿大为什么不禁止悬挂别国国旗呢?在他们看来,在公共场所悬挂的官方性质的国旗是加拿大的就行了。悬挂国旗,对于公民来说是人们表达自由的表现,您高兴挂谁的国旗都行。只要是你自己的领域,那是您的自由。只要您不去干涉和干扰别人,谁也不会因此来干涉或干扰您。

有趣的思维。其实是很好的思维。加拿大是一个多元文化的国家,据说有 90 多种语言在被使用。宽容成为多元的要素之一。如果没有宽容,哪里去寻找多元呢?没有宽容,没有多元,哪里又有今天的加拿大呢?想来加拿大的立法者和官员们在这个问题上是智者,至少在这个问题上明智地作出了取舍。

在加拿大,人们的穿着是极为随意的。有的人西装革履,有的人寻常衣着。无论你理个什么发型,在大街上走,没有人驻足观望。你尽最大努力地乔装自己,别人偶尔的一瞥后,就是粲然一笑了之。得个结论,有趣。他或者她照做他或她自己的事情,走他或她的路,根本就不在乎别人的评价如何或者要如何地评价别人。呵呵,宽容,就是允许多元,就是对于异己的善待。若能如此,真会应中国的一句古话:与人方便与己方便。您尊重别人的个性存在,您的个性存在才会有保障。一个国家一个民族允许多元的存在,也才会更加丰富,多姿多彩,充满活力。在宽容中,最难得的是国家、政府、立法机关、司法机构的宽容。如果没有这种宽容,就会使社会失去生机与活力。一个死气沉沉的社会,您能说它好吗?

48. 多元、宽容与尊重

加拿大悬挂的国旗是多元的,加拿大的发型服式更是多元的。那些小伙子,看来多数是中学生和大学生,男孩们有的留着鸡冠一样的发型,有的留着中国阴阳头一样的发型,据说这是雅皮士们很喜欢的发型之二。至于女孩,也有她们表达个性的方式。许多女孩总是要把肚脐眼露在外面,而且还要特意地戴个环在其上,以引人注目。为此,那碍眼的裤腰当然是坚决地剪掉。剪齐整了太没有意思,于是干脆撕掉,或特意设法留个不整齐的边。一些露出的肚子和背部还会展示一些文身图案,让您欣赏。我猜想,他们发型和服式的极度个性化就是为了引人注目。但是大家也无非是随便地看看。初见时,还评论两句,见多了连评论的兴趣都没有了。他们就只落得用个性张扬来自我陶醉。我夫人问我,假如你的儿子或女儿是这样,你怎么办?我说我会不同意他们这样打扮的。夫人又问,他们不听呢?我说,气死我了。我又不能揍他呀——在中国,老子可以随便揍儿子,在加拿大却是绝对不行的,因为揍了儿子一旦被举报,照样会身陷囹圄，更可怜的是还要被剥夺监护权，多么可怕啊。

对于这些，加拿大人是司空见惯了，他们没有我们的心理和心态。他们有的是宽容和尊重。一说到宽容和尊重，我总觉得他们不是同义的。宽容好像总是上对下的，正统对歧见的。尊重才更具有平权的味道。父母对于儿女的独异行为，需要宽容；政府、国会、国家，对于公民的独异行为需要宽容；而一个公民对另一公民的独异行为，更准确的还是尊重，而不是宽容。否则就是没有摆正自己的位子，过分地“自以为是”了。假如有一天，政府等放弃居高临下的宽容心态，改为尊重，政府等一定会可爱一些。

在我看来，多元需要的宽容首先是对强势者所说的。他的居高临下地位，使他的宽容变得特别重要。一个公民反对奇装异服，不要紧，只要是仅仅限于反对，而不是去干涉。但是如果一个国家，一个政府或者一个类似的强权机构，它要反对什么，并诉诸行动，就麻烦了。假如加拿大国会或政府用法规禁止悬挂他国国旗，后果是可想而知的。假如加拿大国会或者政府用法律禁止怪头怪脑的发型或奇装异服，也同样不难想象它的危害有多么深重。

如果把公民的隐私与个性自由视为一个独立而不可侵犯的领域，我倒想说，作为强势者的国家，包括国会、政府、法院，都应当具有尊重而不仅是宽容的秉性。因为尊重比宽容更体现着平等，更显示着强势者的美德。历来高高在上的国家等强权者，能有这种比宽容更高层次的对公民尊重的德行，那简直可以说是美德了。

我不能确信加拿大国会、政府、法院的每一个官员都能达到这种境界，但是社会现实中的这种宽容，进而尊重的风尚，无疑是由国家作为先导与社会大众一起来建设的。

49. 多元、宽容、尊重与社会的淳化

多元是客观的事实。任何时候,如果只尊一元就很可能是武断的、专横的、自以为是的。其实就是以统一著称的法律,也应当是立足于对于多元的宽容与尊重而拟制的。至于道德等非法律的领域,多元的状态更是比一元的情形更为普遍。

我们都期待一个美好的世界。当你早上起床晨练。在你跑步的时候,对面过来一个素不相识的黑人小伙或者姑娘,对您友好地说一声:早上好!您一定会很美好地回应着,从而奠定了这美好一天的基础。当您上班时,要路过一个街区而横穿公路了,那里没有设置红绿灯,两边的来车都在你身前停了下来。一个年迈的印度老人透过车前的玻璃,挥手示意请您先过,您边走边自然地举手致谢。一切都那么温馨。您来到办公室,你的非洲同事会用亲切话语向您问好,或者您会友好地率先问候他。

当您工作的时候,需要帮助了,不言语,人家会当成您的个人事务而不予干预,只要请求别人帮助您,被请求者则会非常乐意地办理,而绝对不会给您半点

脸色。他并不考虑你是否来自所谓的"自由国家"或"邪恶国家";不问你是中国人,还是日本人、韩国人,您还能说什么?

多元——每个个体就是一个独立的单元;宽容——不必计较,充满着谅解和忘却;尊重——使人具有平等单元的尊严,即使不理解别人也同样会尊敬别人。如此,社会就会淳化起来。一天比一天美好,我们的世界就会是一个美好的世界。

法律怎么以多元为基础来建构?从理论上来解说,我还真没有尝试过,但凭感性而言,比如,容许并保护多民族的风俗习惯的存在和发扬,容许并保护不同的宗教信仰自由,容许并保护不同语言的使用,容许并保护不同个人的兴趣、偏好不受干涉和不被侵犯等,这岂不是法律对于多元的宽容与尊重?

我们的道德能够更宽容,能更多地给异象以尊重;我们的法律也尽可能地宽容和给人以尊重,社会的淳化就是必然的。再加以生产的发展,物质的丰富,社会救济的充分完善,我们便都能过上美好的生活。淳化的社会,就会使我们每一个成员获得益处,使我们更多地享有幸福和快乐。法学和法也不是绝对的呆板,法和法学依然需要浪漫的思维和追求美好的情趣。我是不是过于浪漫了?我不怕被视为异质的单元,非常希望读者给我一份宽容和尊重,让我也更多地感受到我们社会的这种美好。

50. 诚信与宽容

时常听到有人感叹，人心不古，世风日下。“什么诚信，什么宽容都让现今的时尚给毁了，还谈什么法治？”法治并不是不讲诚信，诚信与宽容是法治的道德基础。一日有人问起我诚信和宽容究竟有何意义，二者有何关系，我难以回答。突然想起了朋友告诉我的一个关于他自己的故事，我讲给了问话者听，他听后说，“我似乎明白了。”辑录于后，或许可以给我们一些启示。

我朋友张某是一个骨科名医，由于他是武行出身，没有经过现代医疗科学的训练，其医术来自师父祖辈的口口相传，所以几乎难以得到现代医学的承认。但是在治疗跌打损伤方面，张医生的确是高手，甚至可以说是高手之中的高手。有一患者曾某由于身负重伤，在一家正规的大医院治疗了大半年之久，仅医药费就花了 2 万元以上，最终医生告诉他，其伤已经无法再有根本好转，建议转院治疗或出院休养。曾某寻思，既然如此有名的大医院都无法治疗，其他医院也未见得能有更高明的手段，干脆回家休养。曾某在家中度日如年地过着痛苦的日子,突然听说张医生是跌打损伤医疗方面的高手,也就四处打听求医于张。在没有任何讨价还价的情况下,张医生亲自到曾某家精心治疗,曾某竟然在一个月后痊愈了,大大出乎曾某及其家人的预料。曾某心想,我在医院医治了半年多,花了2万多元,未见好转,这一下医好了,他岂不是会要我三五万元。于是就一再对张说,“伤有很大好转但并没有痊愈”,其内心怕的是被张“敲竹杠”。我朋友经过对曾某的仔细检查认为曾某应当已经痊愈了,但又不愿与坚持说未愈的病员相违拗,便十分友好地说:“到现在,您尚未痊愈,我也无能为力继续对您采取治疗措施了,因为这已经是我竭尽全力的结果。如果您没有痊愈,希望您根据自己的考虑,适当给我一点医疗费用,另寻高明吧,以免耽误了您的进一步治疗。”曾某沉吟良久后小心翼翼地问张医生:“给您4000元医疗费好吗?如果不行,我可以再给您增加。”我的朋友立即十分平静地告诉他:“要不了这么多,您的药费是1400元,我的出诊和治疗费用是300元,您给我1700元得了。”曾某简直不敢相信自己的耳朵。张某再次说是1700元以后,曾某感动了,非常惭愧地说:“其实我已经完全好了,只是我担心您要多收我的医疗费用,才一直对您说我还没有痊愈。对不起啊!这样吧,我给你1万元好吗?”我的朋友谢绝了他,只收取了1700元。从此,他们俩成为了朋友,时常互致问候,相互往来。

这个故事令我感动。张医生的诚信是十分难得的:在不谈价钱的情况下便开始了对患者的治疗,而且是全心全意的治疗。尤其是曾某对他大玩心计时,他几乎木讷地接受了未痊愈的结论。当曾某提出要给他4000元时,他完全可以再多要一些,这也正在曾某的预料之中。曾某的出价本身就留有涨价的空间,但是张医生没有涨价。不但没有涨价而且还告诉他只收取1700元。张医生是值得赞颂的,他为什么能这么做呢?因为他有着对曾的人格与人品的信赖。张与曾素不相识,何以会信赖曾？我以为这是一种对所有人的自然的信赖，而无须去区分他是谁。其实换了任何一个患者，张基于其品德都会同样地对待。尤其难得的是张在明知他被曾误解，又被曾玩心计之后，还不改初衷，依然对曾诚信相待。甚至不忍心揭穿曾的谎言，这里就不仅是诚信了，而且还有一种宽容。记得有学生问我什么是宽容时，我曾经回答说："于公，以直报怨应是宽容；于私，以德报怨才是宽容。因为以德报德是情理使然，不过类同于等价交换；以怨报德又有违常理，多为君子不齿；只有以德报怨才可以说真正具有宽容的美德。"细细想来，张医生不正是这样的吗？如果张医生面对曾的狭隘而放弃诚信，不宽容对待曾，张医生本人不也狭隘了吗？他的诚信不也因曾的狭隘而丧失了吗？是张的诚信赢得了曾某的信赖，又是张的宽容深深地感动了曾某。试想想，如果没有诚信和宽容，张和曾的关系将会如何？他们不仅不会成为朋友，甚至还会因一点小小的狭隘与怨气而相互伤害，绝对不会有这擦肩而过时结下的友谊。张用自己的诚信固守了自我，又用诚信与宽容改善了曾某的心灵。张是平凡的，其实不少的张医生就在我们的身边，平凡的张医生足以令我们感动。我们需要诚信，需要宽容。没有诚信，宽容就没有基础；没有宽容，诚信就难以被固守或者坚持。如果我们都能像张医生那样去对待任何一个与我们有所交往或无所交往的友人与路人，世界将会变得更加美好。法官、检察官和律师们不知道要省多少工夫，法治、社会，我们自身都会变得更加美好。

51. 让我们为法治行动起来

法治伴着春天的脚步声，在万物复苏，万花争荣，一派生机盎然的景象中，一步一步地向我们走来。对于法治到来的这一时刻，多少中国民众经历了多少时日的期待啊！她就要来了，她将像阳光一样洒满大地，像暖流一样抚慰人心。尽管法治的美好前景还没有尽情展现，但我们已经从春风、从阳光中得知了她正伴随着春天走来的讯息。我们已经欣喜地看到，从几年前确立依法治国，建设社会主义法治国家的战略目标以来，我们的国家、社会、人民发生了怎样的变化，我们的立法、执法、司法和法律监督又以怎样的速度高歌猛进。各级人民代表大会担负着重要的法律任务，全国性与地方性的立法得到了空前发展，改革开放以来的 40 年彻底改变了我国历史上无法可依的状况。市场经济和民主政治所要求的法律体系正在形成。各级司法和执法机关的组织结构日益完备，法治意识得到了切实增强，有法必依、执法必严成为重要的法治要求和行动口号。以事实为根据，以法律为准绳，法律面前一律平等，依法行政与司法独立等法治原则逐步成为法律机构和司法、执法官员的共识。执法、司法效能得到了较好的发挥，许许多多重大疑难的案件都通过法律的途径得到了法治化的审理和裁决，司法裁判的公正性和权威性得到了特别强化，也具有了良好的社会认同。由于历史的原因，原本对于法律十分冷漠的人民大众，通过普法学习对于法律有了更为深刻的认识。过去藏于官府的法律，逐步成了人民普遍可以了解，并用以维护自己合法权益的手段。天下争议皆可一断于律的日子已经为期不远。中国法治的发展如同中国经济的重新崛起一样，以前所未有的风姿展现在世人的面前。我们在这美丽的春天为法治的到来欢呼！

在初春的日子，人们难免还有丝丝寒意。春天里也会有寒流和寒冷。料峭的寒风还会刮过耳际，还会吹动我们稍显单薄的衣襟。在春雨撒播的日子，也还可能有阴暗的天气。稚嫩的幼芽也许会在春风中哭泣，柔弱的小草还会在春风中战栗。冬天才刚过去，就是那冷冻的心，一时也难以消除对寒冷的恐惧。我们应当清楚地知道，中国的法治毕竟才刚刚起步。从戊戌变法和清末改制以来的百年间，中国历史经历了太多的变故。什么八国联军入侵，什么日本帝国主义的侵略，还有两次声势浩大、历时漫长的国内战争。中国人民近代以来的确经受了太多的苦难。在中国，20 世纪后期近 50 年相对和平发展的历史中，又有一个以破坏法治为主要特征之一的“文化大革命”。“文化大革命”不仅没有给我们法治建设以任何贡献，甚至连已有的一点法治基础也被其摧毁殆尽。曾经有过一丝希望的法治之门，又在我们的眼前紧闭。一时间我们竟然在法治的大门外找不到前进的路径。从实际出发，思想解放需要时间，观念转变需要时间，法治建设从漠视法制、重视法制到重新开启法治大门也需要时间。我们现在开始了法治建设，未来的路也还有坎坷，法治发展还会有阻碍与不平衡。已有的法律制度还很不完备，建立新法与修订现有立法的任务都特别艰巨；执法的良性机制还未建立,现有的机制还不能协调运转,甚至需要根本变革;司法队伍还需要加强建设,需要坚决更新;人民大众对于法治的认识还需要普及与提升。

法治是一种状态,法治更是一个过程,而且是一个动态的过程。这个过程,是一个国家或民族历史发展的必要阶段。法治并不是一朝一夕就可以成就的,它甚至需要好多代人的共同努力,才可能得以建立。法治的发展与实现都离不开所有社会成员的行为和行动。无论对法治行为、法治的行为和法治中的行为做怎样的理解或阐释,法治与行为的关系都是密不可分的。法治本身就可以说是由若干行为所构成、所表现的整体。建设法治更是一种行为,而且是无数个行为的综合体。具体来说,每一个人的行为不应违反法治的要求,背离法治;每一个人的每一个行为也同样不应成为法治的破坏力量去阻碍法治的发展。这对于我们来说,肯定是一个极高的要求,但法治也就是在我们的这种不断追求的行为中得以实现的。

有人说行动是行为的另一种表述,行动也就是行为。如果认为行为比行动具有更大的涵盖力和概括性,我觉得行动给人的感觉似乎比行为更为宏大,更为有气魄,更具有动感。让我们在这春天的日子,行动起来,用我们的实际行动建设我们的法治!

52. 诚信需要践行

诚信是什么？诚是“成”与“言”组合而成，想来也就是“言必行，行必果”或“言而有成”之意。诚就是真诚，坦率，实事求是，不弄虚作假。“信”则是“言”与“人”的组合，想来也就是强调人应“言而有信”。信就是讲求信用，言而有信，不信口雌黄，不轻诺寡信。将“诚”与“信”并列起来，或如《说文解字》所说，“诚，信也”；“信，诚也”。或将“诚信”作偏正词素结构来理解。信是基本内容，诚是基本属性。意即我们之信是诚实之信，诚恳之信。总而言之，无论如何理解诚信，诚信也就是诚实信用，不虚妄，不欺瞒，有一是一，有二是二。落实到行动上，则需要远无聊，去无耻，行无妄。于是，我们就会想到那个高叫“狼来了”的坏小孩；就会想到那个好话说尽、坏事干绝的“中山狼”；更会想到那“移木立信”的社会改革家商鞅。

相传古时候有个放羊的小朋友，为了好玩就大喊“狼来了”。第一次喊时，人们赶来帮助他，结果人们被他戏弄了。第二次他又无缘无故地大叫“狼来了”

时，人们又来帮助他，结果受到了第二次欺骗。如是者三，在他第四次真正遇到狼来了而呼救时，人们还以为他是在闹着玩，于是都不理睬他，那小孩的羊就被饿狼给吃掉了，他为自己的无聊付出了沉重的代价。这也就是不讲诚信的血的教训。说到这里，也许有人会说那小孩是可恶的，活该有此报应。现实的社会生活中，不知为什么，无聊的欺骗随处可见。但是这也只是可怜、可笑，当然也有几分可悲。那种比调皮小朋友更可恨的人多了去了，他们并不是简单地高喊狼来了，他们本身就是狼，甚至是一只穷凶极恶的狼。

说到狼，难免会想到东郭先生。传说古代还有一个东郭先生，路遇一被猎人追赶的受伤的狼。狼花言巧语地说服了东郭先生，并许诺只要保护了它，它就要好好地报答他。结果在东郭先生无私地将其保护下来之后，它竟然毫不留情地要将东郭先生吃掉。这个狼简直不能用泛泛的不守信用来形容，简直就是蛇蝎心肠。将小朋友与中山狼比较，小朋友是无聊，那中山狼则是无耻。现在的许多骗子，他们不是小朋友，而是中山狼。轻则吃“羊”，重则吃“人”。他们危害的是满怀善良的东郭先生。东郭先生是迂腐了些，但是与那小朋友相比则是完全不同的。他善良，无私，但是却被无情地被伤害了，甚至面临了丧失生命的危险。

说到诚信，当然会想到商鞅。春秋时代，商鞅要推行改革，又害怕人们不信赖改革的措施，于是就令人在城的南门立一根不沉重的木头，贴一告示：将其移动到北门者奖赏十金。人们议论纷纷，并表示出难以置信，没有人动。这时，商鞅将奖金数额涨为五十金，终于有那么个愿意一试的人，移动那根木头到了北门，商鞅依照告示发出了那份巨额的奖金。于是商鞅的改革也就有了信任基础，得到了社会公众的信赖。想来，在商鞅那个时代，早已礼崩乐坏，社会信用遭遇了严重挑战，诚信出现了危机。假如不是这样的话，商鞅为什么要移木立信呢？但是商鞅用行动重塑着社会的诚信，他如数地支付了奖金，毫无虚妄。

在历史上，可以发现因守信而获得成功的无数范例，也可以发现因背信而遭到不幸的无数恶行。我们应当吸取小朋友戏要真诚的教训，鄙弃中山狼背信弃义之恶行，倡导商鞅言而有信之精神。远无知，去无耻，行无妄。只要我们共同营造与维护诚信、坚守诚信、践行诚信，整个社会完美的诚信就不会遥远，大可期待。

53. 依法维护诚信

中华民族原本是一个以诚信为本的民族。不信，你可以查看一下我们老祖宗的典籍和那些传家的宝贝。“五常”不就是“仁义礼智信”吗？“八德”不就是“忠、孝、仁、爱、信、义、和、平”吗？

很遗憾的是，不知道是从什么时候开始，我们的诚信开始了大面积的衰落。言而无信，背信弃义，竟然成了一种社会疾病。令人奇怪的是，在人神共愤的声讨中，不诚不信的恶行不但没有减少反而还时有增加，这不能不认为是极为可悲的。是什么地方出了问题？在我看来，套个时髦的说法，大概是我们没有能够与时俱进。传统的中国社会，是一个伦理的社会，道德规范发挥着远比法律规则更为重要的作用。传统社会由道德来调整，而且还有条不紊，实在要归功于其自然经济的经济基础。在计划经济之中，什么都由国家权力做好了计划，人们只要依“计”而行便罢了。在计划在强大作用下，辅之以传统道德的一定作用，人们也还不会感觉到诚信问题上有多大危机。然而到了市场经济的背景下，情况迥然不同了。传统的伦理废弛了,强硬的计划没有了,法律的地位也就凸显了出来。但是法律的到位,是有一个过程的。在这个过程中,那些背信弃义的恶行就泛滥了起来。如果法律有意无意地疲软了,在诚信问题上就会出现灾难性的状况。

在这种情形下,我们怎么办?如果能够恢复“五常”的道德风尚,固然好。但是,道德作为主导的,自然经济的社会条件已经完全不具备了。再说,废弛的道德要在短期重振,根本就办不到。现实中,多少不诚信的问题需要我们解决哟!那我们就恢复计划经济吧。这无异于痴人说梦。中国好不容易才从过度拔高的计划经济的梦幻中走出,来到了现实世界。要让我们重回痛苦的梦境,也绝对没有可能。所剩下的似乎只有一条路,依法制裁不诚信的恶行,依法维护诚信的准则。

为什么法律能够维护诚信?这是由法律本身的属性决定的。首先,法律具有明确肯定的属性,它可以引导人们的行为,这就为社会的诚信,确立了制度和规则的基础。其次,法律具有强制惩罚的属性。任何违反诚信的行为,一旦超出了道德的范畴,进入法律的视野,法律就将发挥它所独具的国家强制性和国家强制力的特点,强迫不诚不信者信守约定或接受处罚。法律不如道德那么温文尔雅,但是法律却有自己的铁面无私,必须服从的禀性。

一个时期以来,执法如山被动摇了。人民法院大量的民事、经济的裁判文书得不到执行。这种情形的出现,使人民法院的权威,乃至整个法律的权威都受到了严重的挑战;一些当事人的权利,在受到相对当事人背信弃义的损害后,无法得到司法的有效救济;社会的公正受到了无情的践踏,而难以寻找到真正的公正。人们不住的疑问着:我们的民事诉讼法不是规定了,拒不执行人民法院生效法律文书的强制处罚措施吗?我们的刑法中不是还有惩罚有关犯罪的刑法条款吗?其实,不是法律上缺乏规定,而是我们的司法机关由于种种原因而心太软。看来,除更宏大而根本的司法体制改革之外，我们的司法机关及其工作人员也需要提高对诚信的法律认识。

令人感到欣慰的是，我们已经深刻地认识到了这一点，加强生效司法裁判文书的执行，已经成了司法机关的重要任务。可以相信，随着那些违反诚信原则的违法行为逐一受到追究和制裁，市场经济所需要的，符合道德要求的社会诚信就一定能够逐步地建立起来。

54. 让生命受到珍爱与尊重

2001年3月,江西萍乡发生特大烟花爆竹爆炸事故,死亡33人;河北石家庄大爆炸,死亡100多人。4月,陕西韩城小煤窑矿井事故,死亡48人。7月,陕西农民因爆炸事故,死亡70人;广西柳州因坠车事故,死亡79人;广西南丹锡矿透水事故,死亡81人;上海龙门吊事故,死亡36人;徐州煤矿爆炸,死亡92人。8月江西萍乡烟花爆炸,再次死亡27人。11月山西9天5起煤矿瓦斯爆炸,85人死亡。到了2001年的12月底,江西居然又发生了烟花爆竹爆炸案,让60公里以内的人感到震荡,很多人生死不明……

2001年对于中国几乎可以说是爆炸不断的一年,事故频发的一年,生命极为不幸的一年。多少生命就在这爆炸与事故中消失了。他或者她,也许是某两位老人的儿子或者女儿,也许是某个男士或者女士的妻子或者丈夫,也许是某个可爱孩子的父亲或者母亲,也许还是三五个男男女女的兄弟姐妹,也许是许多许多人的朋友……在这爆炸声中他们走了,走得如此匆忙,来不及与亲人与朋友说声再见,甚至没有一声的叹息与悔恨,就走了。他们也是如同我们一样的人啊!我们能摸着良心拷问我们自己吗?我们能翻开法律的文本正视自己吗?我们能面对同类生命的无谓牺牲而麻木不仁吗?

生命为什么如此之轻?比鸿毛还轻,轻得没有了分量,甚至不如空气,不如空气中的丝丝微尘。在新年钟声即将敲响的时候,我们心底有的是抑制不住的悲哀。我们不是早就有处置与管理易燃易爆物品的法律法规吗?我们不是早就有防范责任事故的法律法规吗?我们不是早就有解决社会矛盾的法律、法院,以及一切司法与执法的机关么?我们不是早就在生命丧失的痛苦之中痛下决心要坚决依法办事,防止爆炸事故发生吗?为什么?为什么?为什么我们中某些有权有责的人,其心灵中就没有那一丝的善良,伸手去给灾难一点制约?为什么我们还能心安理得地高谈阔论?

我们需要那种事故后立即赶往现场的父母官和青天大老爷,我们更需要的是以民为主,为民而生,珍爱人民生命的大众公仆。人的生命比什么都珍贵。佛说,人有来世,可是现世都如此,来世又如何啊?如果都把希望寄托于来世,我们的努力就会被大打折扣,甚至被全盘否定。基督说,善良的人死后可以进入天国,可是走向天国的路为什么是那么急速而残忍,急速而残忍得使人怀疑,那不是去天国,而是去地狱;为什么现实的状况是那么残酷,残酷得每一个有良知的人心都会发抖。

逝者足可悲,他们或许真正去了天国也未可知。真正生活在精神地狱中的却是生者,他们要经历失去亲人的痛苦,至少是失去同类的悲伤。他们拥有的是不尽的思念,和千百万次没有任何回应的呼喊。多少人能理解失去亲人者心灵的哀歌?又有谁能给失去亲人者家人团聚、相亲相爱的欢乐?

我们的法律难道仅仅是摆设?长此以往,那些不幸的人们又怎么能够在未来的人生中相信法律、服从法律?他们的生命都不被珍爱,他们还会去珍爱别人的生命吗？我们倒是应当期待的是，从对于生命的漠视中升华出对于生命的尊重。让既有的痛苦到此为止，让未来的每一个人都充满欢乐与幸福。

在新年的钟声中，我在为那些失去的生命悲歌，我在为我们现实无用的法律叹息。我心孤寂，我心流血，我心在哭！我更期待，生命在我们的法律，在我们的现实中切实地受到膜拜与尊重。那才是我们的重要目的与真正企求！

55. 莫将无罪判有罪

“有日月朝暮悬，有鬼神掌着生死权。天地也，只合把清浊分辨，可怎生糊涂了盗跖颜渊：为善的受贫穷更命短，造恶的享富贵又寿延。天地也！做得个怕硬欺软，却原来也这般顺水推船！地也，你不分好歹何为地！天也，你错勘贤愚枉做天！哎，只落得两泪涟涟。”

这是关汉卿的《窦娥冤》中的著名唱段。《窦娥冤》描述了一个少年女子窦娥被屈打成招，枉判死刑的案件。临刑前窦娥对监斩官说，如果我窦娥确实冤枉，刀过头落，血全洒在白练之上；此三伏天中，天将降三尺瑞雪；山阳县内，将大旱三年。窦娥死了，窦娥的誓愿都显现了，但是窦娥的生命却永远没有复生。窦娥的故事引发了无数的哀叹，于是才有了数百年“感天动地窦娥冤”之说。

为什么人们都觉得窦娥冤呢？首先就是因为，罪与非罪的判别直接关系着犯罪嫌疑人的合法权益。犯罪嫌疑人一旦被确认为罪犯，除了极少数被免予刑事处罚者外，大多数人都会受到刑事处罚。除了其人身将因此而受到限制之外，甚至生命还会因此而被剥夺。此外，他们还将付出沉重的名誉代价。他们会因此而受到道德的谴责和舆论的批评。如果他们是公职人员，其担任公职的政治前途也将因此而毁灭。相反，一旦犯罪嫌疑人被宣告无罪，他们不仅不受刑事处罚，还可以因被非法羁押而获得国家赔偿，道德形象也将因此而得以恢复，政治生命和政治前途也会重获生机。对于犯罪嫌疑人来说，罪与非罪实在是至关重要，涉及其身家性命。

罪与非罪不仅是犯罪嫌疑人个人的事情，其判别直接关系着犯罪嫌疑人亲属的生活与名誉。犯罪嫌疑人都有自己的家人和亲属。一旦其被确认为罪犯，家庭生活就会受到严重的干扰，甚至导致家破人亡、妻离子散的悲剧。其配偶、父母、儿女都会因此受到不同程度的影响。家庭成员都会为其所带来的名誉所困扰，背负沉重的精神负担。尽管法律上反对株连，但包括其家庭成员在内的亲属，因此所受到的道德与名誉伤害是无法估计的，也是客观存在的。一个犯罪嫌疑人背后站立着许多亲属，或者是其配偶，或者是其子女，或者是其父母。这些人与犯罪并不相干，仅仅是因为他们与犯罪嫌疑人具有某种婚姻或血缘的关系。其实，他们都是无辜的。

罪与非罪的判别直接关系着司法机关和司法官员的工作状况。司法机关及其官员是专司法律适用的特定主体。其工作是职责的要求，也是社会和谐与稳定的有效保障。司法机关及其官员享有极大的权威和神圣的权力，但是司法机关及其官员并不能随意出入人罪，而必须实事求是。对于该制裁的犯罪，必须使其受到应有的法律制裁；对于该保护的合法权益也理当使其获得应有的法律保护。只有这样，才能说司法机关及其官员实现了其职能，担负起了应有的责任。能否正确判别罪与非罪，对于司法工作来说，是对其进行评价的重要指标。从严格的意义上来说，司法机关及其官员没有任何理由可以作出错误的判决。

即使不幸发生了错误,也应当毫不迟疑地加以纠正。

罪与非罪的判别关系着法律能否被准确适用。法律的制定只是法治的首要环节,更重要的还在于法律实施。在法律实施之中,除了公民和有关组织的自觉守法,行政机关的依法行政之外,司法机关的法律适用就具有特别的意义。正确的法律适用所要求的是,案件办理的不偏不倚,不枉不纵,真正严格地依法办案。对于犯罪分子的制裁,当然是必要的、必须的,是法治的要求与表现。只有这样,才能惩治邪恶,维护善良,司法机关的作用才能得以发挥,并真正实现社会公正。同时,对于没有构成犯罪的,不起诉,或者将其宣告为无罪,同样也是对法律的尊重,甚至是法律适用中更重要的方面。法律只有在被准确适用之后,才有可能赢得民众的信赖与社会的支持。法律被准确适用了,其权威才具有客观基础。

罪与非罪,关系着法治的尊严与权威。法治当然地具有尊严与权威,这种尊严与权威构成了法治神圣的精神依据。法治是神圣的,神圣的法治要求是非分明,惩恶扬善,容不得冤假错案。在罪与非罪问题上的判别错误,就是对于法治的伤害,就是对法治本质的背离。法治应当是严格的、清明的,既不使坏人逃脱惩罚,更不使好人蒙受冤屈。无数个正确判决都是法治的要求,一个错误都应为法治所不允许。这就是法治的高标准与严要求。错误地将有罪确定为无罪是对法治的亵渎,错误地将无罪确定为有罪是对法治的破坏。对于罪与非罪的判定直接关系着法治的水平与状态,也严重地影响着社会成员和组织对于法治的信心。

罪与非罪的判定关系着法律公正与否。法律理当是公正的化身。失去了公正,法律不仅毫无意义,甚至会演化为邪恶的帮凶,成为不正义。无罪的人遭受冤屈,有罪的人不能被绳之以法,既是法律的悲哀也是公正的耻辱。所以司法机关设定的价值目标,就是要在全社会实现公平正义。但是,如果无罪的人受到了不应有的追究,法律的公正同样得不到实现,甚至会产生更为严重的恶果。在罪与非罪问题上的错误,法律的正义性质不仅不能体现,甚至会导致严重的不正义发生。一旦发生了冤假错案,法律的公正就必然受到严重的伤害,社会要修复被伤害的公正将付出更大的努力。有时,这种努力怎么也无法挽回失去的生命,抚平受伤的心灵与追偿逝去的岁月。

面对罪与非罪的判别,借用《窦娥冤》的台词,反其意而用之,莫道是,"天公不可期,人心不可怜",其实,"皇天也肯从人愿"。窦娥能平反实在是遇上了她的父亲手握重权,重审此案,否则窦娥之冤也只能是史海沉冤。历史上真正能够平反昭雪的冤案实在不多,大量的冤案都是沉冤不白。想及此不能不警醒:我们应慎之又慎!

56. 闲话法学学者

法学学者,我不知道有没有人给他下过定义。我以为法学学者可以被简单定义为,以法学研究或法学教育作为其职业的人。

法学学者应有相当的知识积累。对于法学没有相当知识积累的人,即使勉强从事着法学学者的工作,其实也不能称为法学学者。他不过是法学学者中的滥竽充数者。那么我们有没有必要去把那些混迹其中的南郭先生找出来呢?大可不必。如果一个社会的用人机制和评价机制正常的话,问题是不难解决的。如果用人机制正常,谁也不会雇佣对于法学无知的人来担任法学学者的工作。即使偶有南郭先生混入,也会因正常的评价机制而使其难以久居其中。所以,我们不必首先去计较法学学者中谁是真学者或谁不是真学者,而是要去建立一套法学学者的人才机制,包括用人机制与评价机制,使法学学者的主体得以自动而有效地调节,从而确保法学学者是有相当法学知识的人。您要问我什么叫相当?我说,我也不知道,似乎很实在,似乎也只是一种感觉。

法学学者应有重要的社会责任。法学学者有没有自己的社会责任？我认为是有的。其实法学学者有着与其他许多行业类似，甚至更重要的社会责任。由于其所属的知识领域——法或法律的特殊性质，我以为，一个法学学者怎么也不能去宣扬背叛法或法律，去张扬明显的恶法。法学学者总得有一定法治信仰，对于法本身就不信仰的人，要成为名副其实的法学学者，是不可能的，即使身居其中也往往具有破坏的意义。法学学者所信仰的法即使不是实在法，也应当是自然法或类似自然法的圣物。总之，得有他的信仰在，并时不时有一点为某个冤案拍案而起的锐气和精神，有点路见不平拔刀相助的勇气。也许只是一个“百无一能”的书生，但他总得有点血性。

法学学者应有必要的社会良知。社会良知，对于法学发展具有特别的意义，对于社会法治的发展也具有重要的影响。法学学者不能放弃良知，如果某些学科的学者放弃良知，对于社会的影响还相对有限的话，法学学者如果放弃良知，对社会的影响却是十分重大的。作为法学研究者，您经常要发布您的研究成果，这些研究成果，是促进法治的，还是对法治的反动，就是重要的检验标准。您作为教师，更有如何引导后学，帮助他们确立良知甚至净化灵魂的使命。使学生们确立关于法的良好理念，以至于遇到任何法律事务，都可以不假思索地依法办事，无私秉法，甚至敢于为法的神圣而牺牲。若能如此，从事法学教育的教师堪称神圣也，其良知当然不会泯灭，甚至还会在人生的薄雾中闪现出晨曦般的光彩。

法学学者应有自己的学术个性。既然是学者，就应当有自己的见解。我们不能要求一个学者在任何方面都独立特行，但是我们也不能纷纷地人云亦云，毫无个性。学术的生命在于创新，创新就必然有个性，个性就是与众不同。我们不需要太多的紧随人后的亦步亦趋者，尤其需要的是独到领先的学术先锋。只有在学者们争先恐后的创新中，社会才可能因学者们的领先而得以更快地进步和发展,学术也才能在精彩纷呈的创新中走向繁荣。

法学学者应有虔诚的法治梦想。法学学者在中国的现代,遇到了走向法治的历史时机,这是多少代人所期望的。我们也明白,中国的法治要在短期内得以实现并无可能。我曾经预测过还需要 50~100 年,但它总是一步一步建立起来的。能够为它添砖加瓦,总比我们苦苦地望洋兴叹要好。法治是一个梦,一个好沉好沉的梦。在梦幻可能成真的时刻,我们没有理由停步,更没有理由放弃。也许在历史的长河中,我们将是可笑的追梦者,但总比无梦可追者要强。当梦境都不美丽的时候,那才不幸。法学学者生在法治尚未实现的时节,是不幸的。法学学者能够生在为法治而奉献的时刻,又是最幸运的。愿法学学者们都能忘却不幸,紧紧抓住幸运之神的手,使中国法治,哪怕因为您,因为我,而推进那么一分一寸,我们就无愧于自己,无愧于子孙。也许可能说,尽管我们的学问还很粗疏,但是我们已经为中国法治贡献了能够贡献的许多许多……

57. 由法院不许官告民所想到的

近日读报,方知北方某中级人民法院只知道有民告官,而不知道有官告民,竟然把民事纠纷中的官告民,以主体不平等为由给驳回起诉而不予受理了,实在是让人觉得匪夷所思。

话得从头说起。某市国有燃料油公司,在数年前划出200万元人民币,购买了1660多平方米的房屋,交D民营公司使用。燃料油公司从国有公司改制为民营公司时,竟然忘记了这200万元以及用其所购买的1660多平方米的房屋。改制结束后,新的总经理到任,无意中发现几年前划出去的200万元支票存根,没有款项用途和用款单位。一查问,方得知以上情况。新的民营燃料油公司是改制后的,当然不能对国有时期的200万元国有财产享有请求权。市财政局得知后,作为国有资产的管理机构,便以原告身份提起了诉讼。这本来是个极为简单的官司。然而,受理该案的市中级人民法院并不否认原告的起诉资格,而是以官不该告民,主体不平等为由,驳回了起诉,以致这笔巨大的国有资产一直有家难回。甚至由于人民法院的驳回起诉,连收回的门都没有了(这是根据报道所说的,财政局为什么没有上诉等情况不得而知)。

看完这个报道,使人不明白的是,为什么官就不能告民?财政局作为国有资产的管理者,就国有资产被侵害提起民事的返还诉讼有何不可?人民法院并没有对其主体资格提出怀疑,仅仅是因为财政局是“官”便不可告“民”。因而,它所代表的国家利益、全民利益或者也可以称为人民利益,就不能被维护了。依照法院的观点,在国有资产被侵犯以后,是不是政府只能运用国家权力进行非法运作,像以前许多地方政府一样,利用职权动用工商、税务,甚至警察的力量给民营公司出难题逼其就范才对。这样岂不是要求政府违法吗?

政府非依法定职权不得指控人民构成刑事犯罪。对于官——官府或官员——告民的刑事犯罪案件,我们倒还真应当小心。然而在民事上的,官能俯身就民地听任法院裁决,确实是中国法治进步的体现。历来高高在上的政府,包括政府的财政局,能放下架子,以与企业平等的身份,向法院寻求公正的裁判,多么难得的进步啊!这是在历史上的中国所无法预想的。可惜的是这种进步被人民法院,甚至只是人民法院的个别审判员的任性给糟蹋了。我们很难想象,遭此失败的财政局还会有信心向人民法院提其同样的其他诉讼吗?那么我们的其他公共财产还会有保障吗?看到这一报道,实在是为我们个别地方的人民法院感到羞愧。

或许是人民法院就真的认定,官就是不能告民。如果真是那样,官毕竟只是人民利益的代表,他们既然不能告民,那么由他们所代表的人民一旦被侵害又怎么能够得到维护呢?这对于财政局官员的个人利益来说,是没有任何损失的。无论怎样,他们还不至于因此而丢官。因为至少那200万元财产还不是直接由他们损失掉的。其他人把国有资产做人情奉送给别人,政府还能代表人民去收回吗?

在这个案件中,真正有损失的是人民。人民公共的 200 万元的财产,被人无偿地占用,甚至长久拥有着。人民的财产损失,又有谁在心痛呢？一些正直的、义愤的人,也无非是在听到这一案例后的片刻之内,愤怒、伤心,知道的多了,时间久了,也就麻木了麻痹了。心痛的程度会逐步减轻,甚至消失。但是人民的财产却实实在在的被损失,D 公司对于人民财产的占有至少是不当得利吧？却在人民法院的歧见下长期占有着,也许还会莫名其妙地化公为私。

针对现实,我们当然要反对在财产权保护上对于私有财产的歧视,但是也要同样保护公有财产。现实中,公有财产也同样没有得到很好的保护,甚至正在遭受着各种严重的侵害。坚持法律平等,是指在财产纷争中不能因为财产所有权人的身份不同便给予不同的对待。歧视私有财产不对,难道歧视公有财产就对吗？历史发展到现在,在呼唤给予私有财产以平等保护的同时,同样也要保护公有财产。公有财产是全国人民几代人甚至更久远的历史积存。在体制改革的过程,公有财产绝对不是可以随意被侵占的“唐僧肉”。

作出那个裁判的人民法院有损失吗？也许可以说没有。法官照样领着人民的工资,法院已经并照样收取着过去和未来的诉讼费,而真正的人民利益却被他们忽略了。在我看来,他们的损失正是最大的。他们损失了法院和法官的本质,他们失去了自己的灵魂。

58. 谁能逃过良知的审判

“法”字为什么会有三点水？中国人说求“平之若水也”，法不过是我们裁判争议、惩办邪恶、维护公正的工具。“Justice”为什么可以被设定为“法律”“正义”“公正”“法官”“正义女神”等含义？西方人就认为法律、法官本身就应当是公正的化身。但是被希望或被看待为公正化身的法律，却也难免背离公正。这种背离，首先是立法上的，被称为立法的不公正。立法上的不公正只是法律不公正的第一种形式，更多的法律不公正或许是在执法或司法之中的。不公正是执法上的，被称为执法不公正；是司法上的，被称为司法不公正。无论是什么样的不公正，其实都没有真正的受益者，甚至所有的人都是受害者。要对所有的不公正都进行论述，显然难以进行，本文只想对不公正的司法做一个简要的分析。

司法活动中被不公正对待的当事人当然是不公正的第一受害者。在民事诉讼中，原告绝大多数都是为追求公正而起诉的，被告也无不期待着公正。在刑事案件中，受害人当然期待着公正的司法结论，而被告人也没有一个愿意接受不公正。在不公正的司法之下，一定有人会因此而惨遭败诉，或者因此而无辜受害。这样的败诉者与受害者，其痛苦是其他人难以想见的。即使他们经过努力，错案被纠正，但是其间的焦虑、困惑、伤痛、失望、抗争都是不可避免的。司法不公正对于他们来说，无异于是伤害，是虐待，是折磨。对他们来说，他们当然不是受益者。至于那些沉冤始终难雪的人，更是因此而备受摧残。他们也许会为此消耗时间、损失金钱、耗尽心力，有的会为此付出半生或者一世的代价。如果因无法从司法上获得公正而选择了上访，那更是苦不堪言。漫长的上访征程绝对不意味着快乐，何处是终点遥不可知，其沉痛与惨重更是难以言表。

从司法人员的角度来看，冤假错案的承办人也不是受益者。他们随时担负着案件被纠正，或者舞弊被揭露的风险。一旦出现冤假错案被纠正的情形，司法人员制造冤假错案的所有劳动都将被否定。其中的某些行为还会被宣布为道德恶行或者违法犯罪，并可能因此而受到惩罚，承担法律的责任。如果没有收受贿赂还好，如果有，这些罪行一旦事发，那又是追悔莫及。昨日的享乐必将转化为未来的痛苦。将他人送进班房者又被别人送进班房。可悲的人生将从此拉开序幕。父母妻子儿女终将因自己的违法犯罪而蒙羞。即使错案永远不会被发现或者纠正，司法官员在某一个难眠的夜晚或者清醒的凌晨，或者在告老还乡、解甲归田的时候，当年的错案或许都会成为终老的心灵负担，而永远自责。尽管这时的司法官员已经悔悟，但是他却永远失去了修正自己错误的机会与可能。那种痛苦的心灵折磨也许会伴随终生。灿烂的夕阳红必将被遮上层层乌云，美好的晚年不也悲乎。我们可以逃避法律的责任，但永远也逃脱不了良知的审判和自责。由此看来，司法官员在任何意义上都不是冤假错案的受益者，甚至始终是冤假错案的受害者。

在不公正的司法之下,胜诉人是受益者吗?其实也未必。从时间意义来看,司法不公正,对胜诉者仍然是不利的。因为其胜诉毕竟是不公正的,随时都存在被修正的可能性。不被修正,存在担忧与恐惧;一旦被修正,以前为此所耗费的精力、时间、金钱都无法得到补偿。曾经的畸形受益者又演变为最终的受害者。即使畸形胜诉的案件永远都不会被纠正,但畸形受益者将不得不面对受害者的责骂,永远背负良知的谴责,以及推卸不掉的道义责任,内心的审判将伴随终生。假若不公正的司法是一种普遍现象,在司法不公正的社会中,今天的受益者就可能是明天的受害者;此案的受益者就可能是彼案的受害者。

其实,不公正的司法,对于受害者,对于司法官员,甚至对于胜诉者来说,都是灾难。因为,我们都无法逃避良知的审判。

59. 一片冰心在玉壶

从小就开始背的唐人的一首诗,诗虽然短小,却给我留下了永远不会忘怀的记忆,而且还不时在心底回味:“寒雨连江夜入吴,平明送客楚山孤。洛阳亲友如相问,一片冰心在玉壶。”这是王昌龄的七绝《芙蓉楼送辛渐》。

当年只是背下来了,但并不理解它的寓意。随着年岁的增长,阅历的添加,体会也就越来越多。稍微加以查考,原来这是王昌龄先生的委屈之作。王昌龄,字少伯,生活于公元698~757年。他是唐朝开元15年的进士,开元22年中博学宏词科,升校书郎。后被贬为江宁丞,再贬为龙标县尉。就是在王昌龄因不拘小节而再次被贬为龙标县(今湖南省黔阳县)县尉时,他写下了这首诗。其忧郁之情、自信之气跃然纸上。在得知王昌龄的境遇后,李白也十分关切,他为此专门写有这样一首《闻王昌龄左迁龙标,遥有此寄》:“杨花落尽子规啼,闻道龙标过五溪。我寄愁心与明月,随风直到夜郎西。”关切之情、同情之意溢于言表。

按理,一再贬谪,王昌龄就会很颓唐了,但是王并没有因被贬官而失志。他依然有深沉而高度的自信:“洛阳亲友如相问,一片冰心在玉壶。”其失意并不失志的坚贞品德的确是令人感佩。历代以来,这首诗一直为许多官宦所引用,并以此来安慰自己或宣示自己。现在的许多领导也有这样自我鼓励和自我评价。我以为真正能够这么自我鼓励和评价的,当然是很不错的了。父老者,人民也。面对人民的相问,我们都能够无愧于心,坦然面对,当然是所有公权执掌者都应有的精神风貌。但是这种自信不是凭空产生的,它意味着的必然是高度自警、自知、自律和自制的自励。

人生短暂,在有限的生命中,我们要经受的,的确太多太多。有时真有不能承受之重的感觉。尤其是手中有权的领导者,更是会感觉到任务艰巨,责任重大。大千世界,许许多多诱惑难以拒绝,兼济天下不易,独善其身也难。要始终得到人民和组织的信赖,就必须有卓越的成绩,廉洁的操守,必须时时具有高度自警、自知、自律和自制的自励精神。

从法律的职业官员来看,法官、警察、检察官,以及那些享有某种行政执法权的官员,都手握重权。有时有的人手上的权力就是可以大到生杀予夺。老百姓的得失成败乃至身家性命,就在某些掌权者的一念之间。一旦拥有了这么大的权力,领导者不能不如履薄冰,如临深渊。理当战战兢兢,深恐有负人民之重托,有负国家之重望。任何级别的领导都不能趾高气扬,飞扬跋扈。如何接受他律,如何搞好自律,实在是一个令人困惑也令人担忧的事情。对于权力的行使,不能不慎之又慎。因为人民随时关注着,期待着。如果等到夜深人静时,等到告老还乡时,我们扪心自问还能自语“一片冰心在玉壶”;如果面对人民期待的眼神,面对列祖列宗的灵位,我们还敢说“一片冰心在玉壶”。可曰:“此生足矣!”

从社会法律服务者的视角来看，我们的律师、公证员、法学教师，乃至仲裁员等，尽管没有什么公权，但还是拥有某种特别能耐与优势者。相对于芸芸众生，还是以法律为生者，具有一般民众所不具有的优势。如果也能以“一片冰心在玉壶”以自励，身体力行地行善积德，重法为民，天下岂不更美哉？和谐社会，法治社会，都需要我们热忱的付出。法治需要无数的人为之努力，尤其是法律服务工作者。乐善好施、行善积德是更应具有的基本修养。

我们当然不期望遇到王昌龄的那样遭遇，事实上，绝大多数的领导也不会有王昌龄那样的命运，但应该有王昌龄先生的那种感慨。“一片冰心在玉壶”是自信也是自励。

60. 逆向改革非改革

一段时期以来，我们都在采取各种措施推进改革。各种措施的主观出发点无疑都是好的。然而由于对改革措施本身的认识不足，难免导致事与愿违，产生适得其反的后果，不能不令人扼腕叹息。

从改革措施的内容来看，必须努力确保改革措施在实质上是正确的。但是我们常常缺乏对改革措施的认真研究，并未把问题吃透，也没有将改革措施认识清楚。在进行改革方案设计时，必须与改革的目标追求精确对表，确保是正向改革而不是逆向改革。必须清楚其追求的目标是什么，以及它与整个改革的目标之间是什么关系。它们之间是否吻合，是否一致，都是我们必须考虑的方面。必须考虑每一个改革措施可能带来的负面影响以及引发的连锁反应，要杜绝这些负面影响和连锁反应对整个改革的影响。

从改革决策的方式来看，每一个改革措施都应该是经过法定程序或者制度程序而慎重决策的产物，都应该通过应有的程序对其进行深入的论证。实际生活中，有的改革措施的提出并不慎重，有的仅仅是有关领导的一句话,一个拍板,甚至就是其一时心血来潮。这样的改革决策太过随意。没有反复的论证和正反两个方面的求证,其实施的效果都是大可疑问的。因此,我们必须迅速建立决策制度,使改革措施的出台,没有随意性,只有严肃性和科学性。

从改革措施贯彻方式来看,我们常常喜欢用搞运动的方式来搞改革。运动的方式有运动的方式的好处。它力度大、见效快,但是它的弊端也是十分明显的。运动式改革的一个严重的后果是,在运动过后,难以避免的状况是雨过地皮湿,不久又恢复原状,被改革的事项或者被消除的弊端又死灰复燃,故态萌发。

我们必须用民主和法治的方式来推进改革,但是由于思维定式,动力定型的习惯,人们常常自觉不自觉地用老办法,甚至是用不民主、非法治的方法来推动改革。这就远离了改革。这种改革措施的不当,常常会使我们欲速则不达,使改革措施成为阻碍改革的力量。细细考究我们所采取的一些改革措施,就不能不警醒,不能不小心翼翼地认真论证和谨慎行事。千万不可使改革的措施成为改革的障碍。错误的改革即是逆向的改革。谨记:逆向改革非改革。

61. 人民法院裁判的不被执行

人民法院的裁判不被执行,一直是非常令人头疼的事情,甚至发展成为中国当今社会的积弊。其危害深重,虽然为人们所痛责,但是长期没有得到应有的重视。数年来,有关部门也在努力,甚至竭尽全力抓执行,可就是收效甚微。问题的根源在哪里?直接的原因也许就在某些执行官员及其执行部门认识不到位,执法不严格。当然,更深层次的体制机制乃至制度的原因,还需要我们做更深入的探究,作更宏大的体制改革。

人民法院的裁判不被执行,极大地降低了人民法院的效率,严重损害了人民法院的形象和权威。人民法院作为国家的司法机关,专司纠纷裁决,权利维护,依法及时有效地解决社会争端,是人民法院工作的本质要求。人民法院的裁判作出了,生效了,就是得不到执行,人民法院的效率就因此而大打折扣,甚至丧失了效率。人民法院作为国家的司法机关理当具有极大的权威,其司法的裁判,当然具有必须执行的性质。任何拒不执行司法裁判的行为都只能是徒劳的,一旦构成违法或者犯罪都必须承担应有的法律后果。人民法院的裁判不被执行,人民法院就不可能具有自己应有的权威。现实生活中人民法院权威丧失的一个重要的原因,就是其裁判无法得到执行。司法的权威被事实上弱化。

人民法院的裁判不能被执行,绝对不仅仅是人民法院自己的事情,这直接关涉法律的权威。法律被制定了,发布了,余下的就是执行的问题。怎么考察某个法律是否被执行了,一个重要的检验标准,就是看这一法律是否被法院用来处理案件、裁判案件,以及依据这些法律所作出的裁判是否得以执行。最后还是要落脚到裁判文书的执行上。这些裁判如果被当作一纸空文的话,相应的法律也就变成了毫无意义的空气振动。法院的裁判得不到执行就会使人民失去对于法律的信赖。如果法律的效用还不如当事人的私力救济,当事人一定不会花费诉讼费用去等待人民法院所给予的失望。在这种情形下,当事人还会依法办事,服从法律吗?法律还会受到尊重并具有权威吗?我国目前的法律权威无法树立,与人民法院的裁判文书不被执行,有极大的关系。

人民法院的裁判不被执行,更关乎相关自然人、法人的权利能否得到切实保障。对于权利被侵害或有争议发生而请求法院裁判的当事人来说,法院就是他们的救星,就是他们权利的保障。他们之所以要诉至法院,就是因为他们的权益可能遭到侵犯,或者已经遭到了侵犯,需要法院代表国家和社会,对违法行为予以制止或者制裁,使其合法权利得到保护。如果法院的裁判作出了,但始终得不到执行,相关当事人的权利就必然无法获得保障。至此,当事人寻求法院保护的意义也就丧失殆尽,社会的自然人、法人的权利就只能处于自生自灭的无政府状态。在权利救济上,法院的意义消失了,法律的意义也消失了。又有谁来保障权利的正当性和合法性?又有谁来保证被侵害的权利能够被有效地维护?

人民法院的裁判不被执行,关系社会公正能否存在,能否被维护。社会公正是一个社会最基本的价值目标,也是一个社会能够良性发展的伦理保障。伦理的底线也就是相关法律对人们所提出的义务要求。当社会的不公正发生了,人民法院作出了公正的裁判,公正也就眼看着回归了,可公正的裁判就是不能被执行,这种公正的裁判不也化为乌有了吗?一个没有公正的社会必然是十分混乱的,也必然是令人恐惧的。任其发展到严重的程度,甚至会导致人们对社会和人生意义的否定。如果是那样,人类社会将不可避免地陷入罪恶的泥潭而难以自拔。

为什么许多人民法院的裁判始终得不到执行?我们可以去找若干个原因,甚至责怪人心不古,世风日下,其实最直接的原因也许就是:某些机构没有很好适用执行裁判的法律规定,说到底还是个别领导与法律官员对人民负责的精神出了问题,背离了自己的本质。根源于我们现行体制及其制度机制的不科学。因为,我国的民事诉讼法早已规定了对于拒不执行生效法律文书所确定的义务的处罚措施;我们的刑法早就规定了对于相关犯罪的刑罚处罚。所幸的是,我们许多人民法院已经开始了对于这一问题的重视,而且开始强硬了起来,更为深刻的司法体制改革也已经启动。我们期待着的,人民法院裁判文书不再是废纸的日子,也许已经为期不远。

62. 酒——奉酒

酒，是奇怪的。首先就奇怪在它的出现上。全世界人民在不同地域生存、繁衍，创造了许许多多作品，也当然地创造了无数个令后人叹为观止的奇迹。这些奇迹是千差万别的，其中也有某些相同或相似的东西。在众多的杰作中，酒的发明就是一个。几乎全世界所有地方的古代人类，都发明了那种被我们叫作酒的东西。如果我们排除酒的弊害，无疑它是一种美妙的圣物。它可以幻化出神奇和精彩。

说到酒，我们仿佛可以看到曹操正在低吟《短歌行》："对酒当歌，人生几何？……何以解忧，惟有杜康。"说到酒，我们仿佛可以想到"煮酒论英雄"的美谈以及"温酒斩华雄"的勇猛。

说到酒，我们仿佛看到杜甫的思念，"何时一樽酒，重与细论文"。说到酒，我们仿佛听到白居易在轻问，"绿蚁新醅酒，红泥小火炉。晚来天欲雪，能饮一杯无？"

也许正因如此，人类才因酒而生出了无限美丽与豪情。我有一个感觉，咱们中国人和世界上那些对酒最感兴趣的民族一样,最能体会其中的味道。

中国人不但创造了酒,喜欢喝酒,而且还创造了灿烂的酒文化。说起酒文化,我们不能不想起河南朋友。正如一个广告所说“河南最中国”,我深以为然。河南酒文化的深厚在中国理当是首屈一指的,从来都为世人所称道。这也难怪,传说中的酒仙杜康大人可就是河南人。河南作为中国酒的发源地,当然也可以创造灿烂的酒文化。河南朋友的酒德从来都没有被世人怀疑过。但是改革开放这20年来,河南朋友的酒文化越来越受到各种批评,有的人甚至用鄙夷的神情来批评河南的酒文化。当初,我总是感到这种情绪有些不可理喻,但是又无足够的理由反驳,也就听之任之了。后来去了几次河南,与河南的朋友交往多了,酒也喝多了,才更真切地了解了河南朋友关于酒的情怀。以至于现在,谁再对我用同样的态度谈起河南的酒文化,我会用羞愧的眼神望着他或者他们,直到他们听完我的感悟。

我以为河南酒文化,是一种境界至高的文化。当主人与客人共饮,主人总是先发表主题祝酒词。三杯之后,主人和陪客者再轮流为客人奉酒——这也就是河南人受批评的缘由。他们所谓的奉酒,俗称端酒,是指敬酒者恭恭敬敬地双手捧酒,走到客人座位边,站立在客人的座位旁,向客人表达祝福或感激之意后,再将酒高高奉上,等客人喝完,退回酒杯后再离开。这一礼俗之周到,堪为中国敬酒之极致。时下批评河南朋友的也就是这一酒礼。理由似乎是,敬酒者自己不喝,只要求别人喝,似乎太不平等。责怪的话语常常是:为什么他们不与客人一同干杯呢?

每每与河南朋友谈起他们的这一酒礼,他们总是不好意思地解释说,这是因为历史上河南很穷,老是担心客人酒没有喝好,于是就自己不喝,尽让着客人喝。这种解释也许是有一定道理的。小时候,我父母就给我讲过类似的故事。有一家人家里很穷,穷得大米饭都吃不上。客人来了,无以待客,于是用少量的米做出饭来。为了让客人吃饱,主人就在自己的碗底放上杂粮(我家里就这样做),有时甚至是放上鹅卵石垫底(我虽然没有这样的经历,但是完全可以想见),以使客人能够没有心理负担地吃饭。这是一种多么令人感动的情怀啊!

其实对端酒的这种责怪是没有道理的,河南朋友的解释也是在给我们面子。他们没有把自己说得很伟大,也没有责怪我们那种把好心当作驴肝肺的无理责难,而仅仅是用自己过去的贫穷来解释。我认为这种解释的情怀本身也就表现了河南朋友的风格。其实他们的这一解释也只是对特定历史条件下的情形进行的解释,我一点不怀疑其真实性。但是历史上,河南并不穷啊!想想数百年前,上千年前的河南,它的富饶,远不是我那曾经被称为烟瘴之地的老家可以比拟的。在河南的经济没有衰落之前,他们早就已经有了端酒的习俗。这一习俗只是适应了极度贫困时的表达需要罢了,并不是河南朋友自古以来就贫穷,就需要忍己待客啊。

其实,同饮是同饮的礼节,端酒是端酒的礼节。您豪放的同饮没有错,为什么人家的端酒就错了呢?事实上,同饮也许只是同辈或朋友之间的喝酒方式。当我们面对特别珍贵的客人,甚至我们的尊长,用什么方式来表达我们的情感呢?端酒无疑比同饮更具有敬重的意味,更能表达尊重与敬仰的心情。我认为,即使是物质财富丰富了,酒多了,我们也还有必要保留河南朋友的传统。这是一个可以称得上是上好嘉礼的美行,我们为什么要放弃呢?为什么要去亵渎呢?难道物质财富丰富了,我们就不可不论尊卑、不讲礼仪地与任何人都“同归于尽”吗?我不以为然。当我们与父母、与老师、与尊长一道喝酒,也许更愿意采用河南朋友端酒的礼俗向他们表达一次我们内心的敬意。如果有这个礼俗,我们一点不会感到别扭;如果真没有这个礼俗,反倒还欠缺了一个极好的表达方式。

端酒只是一种礼俗,它并不意味着要喝一满杯,也同样不意味着要干完。只要是心意的表达,酒的多少,是否干完,又算得了什么呢？近年来,河南朋友也逐步改变了满杯端酒,必须干完的习俗。渐渐地,端酒更成了一种友好诚挚的美俗。我们深深地感受到了河南朋友酒文化的与时俱进,感受到了文化的传承与创新。

但是国人对河南朋友的误解却是很深的。以致河南朋友也不敢理直气壮地坚持他们的美行了。甚至有的河南朋友已经被误解得不知道自己如何是好了。我认为这深深地伤害了河南朋友。一次,我的一个学生给我发了一条短信,表示要请我喝酒以改变国人对河南朋友的误解。我觉得他们受到的伤害实在太深了。我立即回信给他说:“我没有误解河南朋友。我本来就有很多很好的朋友在河南。”

看来是我们这些嘲笑者错了。畸形的价值观和我们开了一个不大不小的玩笑,让我们去嘲笑本应嘉励的礼俗。这种无端的嘲笑,难道不是美丑的颠倒吗？难道不是错把恭敬当非礼吗？想到这里,我们不能不为我们曾经有过的不智而羞愧。

我愿意得到河南朋友的端酒。我也如同河南朋友一样,期望能给我敬爱的、敬重的、景仰的尊长端上一杯酒。那将是我们心意的一种极好的表达——尤其当对方是一个酒的爱好者时更是如此。如果对方并不好酒,我们也不妨意思意思,“点到为止”。

让我们为所敬重的尊长和同辈,或者是我们所敬重的客人端起酒杯,虔诚地说一声:祝福您！请您喝了这杯酒！那世界将会因此而更加美好,我们也会因此而得到升华。

63. 监督成效大，法治隐忧多

我们经常可以从各种媒体上看到或听到,法律监督成效巨大的报道。近日《检察日报》(3 月 23 日)又有报道《以罚代刑法不容》,指出“检察机关开展经济犯罪立案监督专项行动效果显著,去年(2003 年)要求公安机关说明不立案理由 1818 件,公安机关主动立案 1128 件”。检察机关和公安机关双双受到了褒奖。他们为中国法治的贡献展现在整个报道的字里行间,看来的确鼓舞人心。每每得知这类消息,我们真不知道是应庆幸呢,还是该忧伤。

2003 年,检察机关向公安机关提出的经济犯罪立案监督案件(要求公安机关说明不立案理由的)为 1818 件,公安机关因此而主动立案 1128 件,说明检察机关在这方面的工作是很有成效的。公安机关主动立案的达 62%,也说明公安机关是有勇气有错必纠,并有能力依法办事的。我们不能不为这样的检察机关和公安机关感到骄傲。然而仔细一想,仅仅做这样的思考或下这样的结论又好像有些幼稚。因为,这一报道首先就说明了公安机关并没有尽职尽责,甚至是疏于职守。1100多件公安机关自己都认为应该立案的案件,却没有立案。而要检察机关来监督后才"主动"立案,这究竟是"主动"或是"被动",也就不言而自明了。那剩下的38%是不是就没有该立案而未立案的呢?一定会有。由此看来,对某些公安机关的表扬还是慎重些为好,我们总不至于把疏于职守作为壮举来歌颂吧?

其次,公安机关疏忽了这么大数量的该立案而未立案的案件。至少其中的62%的案件,既不是公安机关的素质差——他们也认为应该立案;也不是它与检察机关有什么认识分歧——后来也接受了检察机关的立案意见,而仅仅是公安机关自身的懈怠与疏漏。这也同样应当引起我们的重视:为什么会懈怠与疏漏呢?是责任心不强,或是另有隐情?

最后,某些公安机关不立案当然有其原因,也许就是这个报道的标题所说的"以罚代刑"。这就涉及问题的实质了。那些公安机关为什么会"以罚代刑"而不立案侦查呢?是不是其中的"罚"与某些公安机关存在某种内在的联系,以致这种"联系"成了不立案的决定因素?报道没有说明。显然我们也不能要求一个捷报来说这些不愉快的事情。但是法治需要的并不是直觉,甚至更需要的是理性。

监督的成效大,固然可喜;需要监督才取得成效,就更令人忧虑了。万一监督乏力或监督缺位呢?岂不是就不了了之,或没有成效了吗?在检察机关的监督下公安机关纠正了,相关的公安机关及其有关人员该不该承担点什么责任呢?如果不承担任何责任,何以避免以后再次发生?去年(2003年)检察机关受理的不过是比前年(2002年)增加了4.2%而已,也就是说在前年(2002年)也已经是将近2000件了。那今年呢?明年呢?看来,我们检察机关还得坚持不懈地年年努力下去。如果幸运的话,年年都会有这样的捷报传来,只是我们法治的实现就为时更早了。监督成效取得了,留给我们的问题更需要我们认真去解决,否则,监督的成效越大,法治的隐忧就越多。

64. 必须“依法治骗”

“××奶粉案”轰动全国，甚至震惊全世界。一时间有关机关雷厉风行地进行了坚决的处理。现在才数十天，根据《中国青年报》近日的报道，当时，为了应付正在××市调查的国务院调查组，××工商部门用撤职和开除的手段处理了四个职工，并且用最快的速度报告给了国务院调查组。这是表面的，然而事实上，工商部门根本就没有将渎职的官员撤职和开除，四个被撤职和开除的人继续着他们的工作。现在，除了某某县的那位领导之外，从当事人到工商局领导，再到人民检察院，似乎都认定对于这四个人的处理是错误的。既然明知是错误的，又为什么要处理？为什么要进行虚假的处理而且还要将虚假处理上报国务院调查组，并通过媒体传遍全国？这岂不是在欺骗国务院，在欺骗全国人民吗？

按照四个当事人的说法，他们完全就是被冤枉的。因为在宣布对他们的处理时，县局的领导就向他们解释，处理他们“是为了应付上级”，“不这样处理，县领导就会被处分”，而且承诺对处理决定不上传、不下达,并告诉他们说"你们正常上你们的班、执你们的法"。这样情形下的受处理者,他们"感到委屈"是可以理解的。据说他们已经递交了《申诉书》,要求以书面形式撤销处理决定、在有关媒体公开声明恢复名誉、赔偿精神损失。看来他们真是觉得有些冤枉。他们究竟冤枉不冤枉,难道就没有一个法律准绳吗?

如果按照他们的说法,按照他们组织上的做法来推论,组织上之所以要处理他们,目的完全"是为了应付上级",是因为"不这样处理,县领导就会被处分"。明显就是要这些工商部门的人代县领导受过。这里我们不禁要问的是,工商部门是否真的没有责任?县领导如果真有责任难道就可以由这四个人李代桃僵?什么叫罪责自负?法律是有它既定的说法的。

如果按照检察官的说法,这四个人也同样是无辜的。检察官从工商部门将案件移交到了公安部门,没有涉嫌"徇私舞弊不移交刑事案件",推论出工商官员不应被撤职和开除。但是检察官的道理,我始终没有弄明白。既然移交了,那肯定有过先行查处才移交,那为什么查处了还会有?查处了又出现,工商部门就没有责任了?也许真没有构成犯罪,但是工商部门的撤职和开除并不是因为已经构成犯罪才作出的呀?难道非犯罪的违法渎职就不该承担撤职或开除的责任吗?再说,接受移交的公安机关又干什么去了呢?

如果一切关于工商官员无过错的说法都是对的,那又为什么要用虚假的处理来欺骗国务院调查组呢?为什么不坚持原则让真正有责任的人来承担责任呢?这倒真应了一个我们都认为有些过火的顺口溜,"村骗乡,乡骗县,一直骗到国务院"。历史上,我们骗人与受骗的惨痛教训还少吗?我们为什么还要骗人与受骗呢?这在没有法治的年代尚可理解,在依法治国的今天,我们则不敢相信,我们就无法根治这骗的病根?

不信,对“××奶粉案”有管辖权的法律机构你们就认真地试试。我想对于骗人者,法律总是有办法的！在骗局丛生中,也许只有法律是最明白的。

65.“农夫与蛇”新解

2005年1月的一天,我们夫妇,同友人一家登香山。那天恰巧也正是友人儿子韬韬6岁的生日。在山野,夫人见一可怜的小猫游弋路旁,似向路人乞食,就用零食喂它。路人称这是被主人扔到香山来的野猫。我担心夫人被小猫抓伤,便嘱咐她注意安全。这时,同行的小朋友韬韬对我们说:“有些动物,我们就是不能同情它。”我问:“为什么?”他煞有介事地说:“我给你们讲一个幼儿园里听来的故事吧!”

原来他讲的是中国传统的“农夫和蛇”的故事,说的是一农夫将冻僵的蛇放于怀中,后来被苏醒的蛇咬死了。故事讲完了,他总结道:“我们就是不能同情有些动物。”我大吃一惊!

记得我们读小学时,课本里就有这个寓言故事。老师们总是告诉我们说,要时刻不忘对敌斗争,不能同情阶级敌人,不能同敌人讲仁慈。因为同情和怜悯敌人的人最终会为敌人所害。这不仅是老师所说的,也是课文提示中所说的,想来老师教学参考资料中也必定少不了这样的高论,老师不过是照本宣科而已。

没想到,在阶级敌人观念淡化了的今天,小朋友们居然想到的是有些小动物不值得同情。

韬韬的话引起了我的深思:我们究竟应该怎么解读这个寓言?我以为,蛇未必就是敌人啊。农夫对于蛇的同情和怜悯并没有错,错的是农夫同情、怜悯的方式。农夫完全可以把冻僵的蛇放到一个相对暖和的地方使其苏醒,所不该的是将其放到自己的怀中。因为,蛇是在农夫怀中暖和过来之后,在农夫的不知不觉之中把农夫害死的。

农夫同情与怜悯这蛇有错吗?我认为没有。其他农夫或非农夫得知这一故事也不应该产生出不要同情与怜悯的情绪。其实,蛇也有生命,蛇为什么就是我们的敌人呢?我们为什么不可以同情与怜悯它呢?如果我们因为农夫的悲剧,就再也没有了同情与怜悯,那损失才是真正巨大。因为我们失去了至为宝贵的东西——同情与怜悯。人类正是靠自己独有的悲悯之心,才会如此富有人性。同情与怜悯是人类独有的也共有的美德。

我问韬韬说:“如果这个农夫不是把蛇揣在怀中,而是将它放到暖和的地方呢?其实那个农夫的同情与怜悯没有错,错的仅仅是他的方式。即使是一些可能危害我们的动物,也应该同情和怜悯它们。所应注意的是,我们不要被它伤害了。”他不解地望着我。

说到这里,我摇了摇头。这些道理,对于一个五六岁的孩子,实在是深奥了,我能让他懂得吗?他以后会懂的。

66. 台湾纪行

一、开花不累

2005 年 3 月 24 日，我随大陆法学教育代表团离开北京前往香港，25 日从香港启程前往我国台湾地区。在香港转机赴台，可以说是颇费周章。其间的麻烦并不比出入国境轻松，旅途的挫折多少毁坏了原本十分美丽的心境。但是一到中正机场，心情就为之一振。我国台湾地区同行的笑脸和热情，让我们感受到了回家的温暖。沿途盛开的鲜花，更为美丽的春天作出了最好的注解，也使心情美好起来。

突然教授甲问道，这里的鲜花，看来是四季开放的。这些树和草，它们老开花，就不累吗？

乙教授接着说，当然累啊，花是树的心血。花开的越多，付出就越多。花是心血的外化，是生命的闪光，它们的生命也会因此受到伤害。

丙教授则提出了新的观点：没有什么累吧？树、草的开花就相当于体育运动员做体育运动，他们累吗？也累，也不累。也像工人做工，累吗？也累，也不累。开花是这里的树和草适应节气与气候变化而作出的本能反应,它累吗?不累。

我打趣地说,这也许就像我们这帮教授写著作,或者教书上课,累吗?也累,似乎也不累。

于是,大家哈哈大笑起来,讨论也就终止了。望着窗外的鲜花,我的思想还在思维的空间驰骋。

鲜花能不开吗?当然不能。在春天到来的时候,鲜花只有开放才是正常的,不开则是不正常的。一般来说,没有一种鲜花是到了节令而不开的。如果真不开,人们就要怀疑这树或草是否遭遇了异常气候而迟延开花,或者其自身出现了某种病变。

花开了,当然会有付出。这种付出,是其花要开放的必需。如果花不开,树与草关于花的美丽又有何人知晓。树和草也就失去了展示自己的机会,我们不能不为其感到深深的遗憾。好不容易获得的生命,竟然没有瞬间的灿烂,那岂不是令人哀叹?

如果花永远不开放,花树的精力倒是保存了,但是它对世界的贡献至少是不完整的。树在世间分享着阳光、雨露,这显然是获得,它理当给世界以回报。但是,如果它只是获得,而不做应有的贡献,岂不是过于自私了?

该开放的,不开放,应是遗憾的事。这种不开花,如果是因为意外的原因所导致,我们真得为鲜花和那草木感到悲悯;如果是因为草木自身的原因而不开放,我们也同样应该为之感到惋惜。开花也一生,不开花也一生,展现自己也装点了世界,装点了世界也成就了自己,何乐而不为呢?

这些都是我的感想,其实没有任何一棵树、一株草会像我们这么来思考,更不会有放弃开花那样的自私。它们也许没有思维,但是它们却始终实践着一个原则:奉献了自我也就实现了自我,或者说是,实现了自我也就奉献了世界,奉献就是实现。

人生也大抵如是。

二、挫折中成行

世间事有难易乎?古人早就告诫我们,为之难者亦易也,不为易者亦难也。这次的台湾之行,又一次给我以体验,确实信然。

台湾是我一直很想游历的一个地方。随法学教育代表团的台湾之行,对我来说,是很不顺利的。东吴法学院院长潘维大先生早在2004年夏天就当面向我发出了邀请,并表达了非常希望我能前去的愿望。我也是礼貌性地答应了,因为这中间还有若干的审批,无论是他还是我都不敢肯定一定能够成行。为了避免党校教授身份的麻烦,也有朋友建议我以其他高校教授的名义出访。尽管这也许是可以想见的变通之术,但我实在不愿。想起来,自己会觉得委屈,传出去也惹人笑话。

转眼之间就到了2004年的秋季,东吴法学院发来了邀请,我向学校外事部门有关人士了解,得到的回答并不乐观。我也就在心底放弃了此行,但多少有些惋惜。但是东吴法学院负责此项事务的赖佩霞助教根据潘院长的意见,不断来电,执意恳请,盛情难却。我也就如他们所请,将个人资料邮寄到东吴法学院,由他们在台湾申请我的手续——《台湾地区入出境许可证》。我国台湾地区有关部门在发放入境证件时偏偏漏掉了我的。在法学院询问时,他们则说刚审批到我的材料时就下班了,所以没有能够审批我的申请材料。东吴法学院希望他们继续审批,他们又说时间来不及了,建议不再审批。在法学院的一再坚持之下,有关部门也还颇能体谅,再次进行审查,终于发放了我的《台湾地区入出境许可证》。

2005年3月15日,我收到东吴大学法学院传真来的入台证,学校外事部门的同志说,此行一定不行了,因为复杂的审批至少要半个月以上。但是他们还是本着姑妄一试的心态帮助我。16 日学校外事部门办完校内审批,并上报了国台办。17 日国台办竟然批复同意我前行。然后由我向公安机关申请赴台证。24 日出发,23 日取得《大陆居民往来台湾通行证》,总算可以成行。

到了台湾,从东道主的口中才知道,我是党校系统以党校学者名义到访的第一人。他们为我高兴,我也为这一访问感到高兴。我毕竟没有假借其他单位的名义前往,而堂堂正正地进行了自己的访问。

我不知道两岸的统一还有多远的路要走,也不知道这一旅程还将遇到多少、多大的困难。其实,我们不妨勇敢地一试。我个人的出访当然是小事了,作为大事的 2005 年的春节包机,不也是在许多人都难以相信的情况下成功了吗? 谁又能说我们以后的创意不能成功呢? 看来,我们最需要的还是努力,还是不畏艰险的勉力而为。

为之,难者亦易也;不为,易者亦难也。古人说过,我们也都读过,还需要奉行。

三、伤痛的幸运

2005 年 3 月 15 日,我得到台湾当局颁发的《台湾地区入出境许可证》传真件时,离代表团的动身时间只有 8 天了,好在我们国台办和有关部门还能着速办理。与此同时,大量的工作也需要及时处理。临行前一日才拿到了大陆颁发的《大陆居民往来台湾通行证》。也许是由于太过紧张,口鼻都上火了。同行的学者都关怀着我口鼻的伤痛。

25 日到达台湾,26 日在市内参观,同时我口鼻处的火气也有所下降。27 日随团参观完九族文化村,夜宿曾文水库。晚饭后信步漫游,却又不幸摔伤了左脚。在路边买了膏药,清华大学法学院的王振民副院长将我扶回了宾馆。为了不给东吴法学院的老师和同行学者添麻烦,我就悄无声息地自己将膏药贴上并强忍着,只是祈祷快点康复,不要给主人和朋友增添麻烦。

躺在床上,越来越疼痛,竟然无法安眠。那就看电视吧。一个宗教谈话节目深深吸引了我,这次的题目叫作“傲慢与谦虚”。来自佛教学者的解释令我获益匪浅,他们认为傲慢来自“痴愚心”。

想来也是:所有的傲慢莫不是由“痴”“愚”所致。由此联想,我以为,“痴”也就是过度迷恋自我,乃至于迷失了自我。“愚”在看不到别人的长处,作井蛙状。“痴”的表现不过是“愚”,其根源还在于“心”。找到了“痴愚心”,就找到了傲慢的根源。如何克服“痴愚心”,办法有两个,一是要正确估量自己,尤其是要避免高估自己;二是要正确估量别人,尤其是要避免轻视别人。有了这两个平常的妙方,大抵就可以变得明智起来,我们所拥有的就不再是“痴愚心”而是“明智心”了。想到这些,心里觉得颇有心得。到了凌晨4点多钟,朦胧中睡着了。

到了早餐时分,难以行走的我,不得不暴露了。才因火气上升而备受关爱的我,这一下又因脚伤而闻名全团。团长曾宪义教授将其购买的纪念品拐杖给我使用(分别时送给了我)。随行的老师们帮我提行李,搀扶我,尤其是东吴法学院的同事们更是百般慰问,随时关照。他们希望我能去医院就诊,我当然不愿意因此而影响大家的行程,或给主人增添太多的麻烦,于是就力主与大家同登阿里山。

车快到阿里山了——由于是东吴法学院的客人之故——当地警察分局的局长亲自驾车来接我们,并为我们开道。到了阿里山风景区,午餐后,朋友们都去登山了,分局长和派出所所长就扶我去茶社,陪我喝茶。我向他们了解当地的犯罪情形。他们告诉我说当地很少发生刑事案件,除了极为偶尔的强盗案(相当于大陆的抢劫案)之外,便没有什么犯罪了。局长到任近一年了,辖区(三个镇)内仅仅发生了3起关于财产的犯罪案件。局长的朋友,茶社的女老板亲自来为我们泡茶。她丈夫经营着一个20公顷的茶场,她经营着一个餐馆和这个茶社,一个女儿正在高雄读大学。快结束阿里山之行了,局长用警车带我在阿里山做了一个快速的车上游览,这也大抵可以慰藉我对阿里山的眷念之情了。

夜宿嘉义市,市警察局的程局长已经为我联系好了专治跌打损伤的刘医生。医生捏了两把,然后用冰袋敷了一会儿,让我去照了 X 光片,说骨头没有受伤。刘医生为我贴上膏药,嘱咐我当夜少活动,次日便可少量行走。果然,两三日间,也就日渐轻松,乃至在 30 日就扔掉了拐杖。回到台北,东道主极力动员我再去看医生。几经周折后,我们找到了一家专治跌打损伤的医生,请他给开一膏药。在医生治疗完后,一定要请我们吃饭,理由是我是大陆来的,十分难得。我猜想他所收的那医疗费是无法支付饭钱的,更主要是主人还等我回去共进午餐。想想,还是一客不烦二主的好,也就告辞而去。那医生是又忙着招的士,又开车门,还不住地鞠躬,说着留恋的话,那场景着实动人。

在这受伤的日子,大陆和台湾地区的学者们纷纷照顾我,使我随时都处于感动之中。尤其是来自西藏民族学院法学院的侯明副院长,自称师弟和学生,更是不离我的左右,帮助我。

回想台湾之旅,应该说是伤痛的,又是幸运的。我不希望再有这样的挫折乃至灾难,但是我将会永远怀想我在那个苦难之夜的心灵启迪,还有在整个行程中得到的种种关爱。那一份份诚挚的友谊像星光与我相伴。

67. 明荣知耻乃法治之道德基础

有个传统笑话，说有一老财去找一书生写春联。书生灵机一动就写了一个上联："一二三四五六七"，下联又写了个"忠孝仁义礼义廉"。老财要求书生再写个横额，书生说写不出来了。老财顿时无赖起来，就说如果不写横额，我便不给钱。书生笑笑，老财便将这没有横额的春联无偿地拿回家贴了起来，自以为占了大便宜。第二天早上起来一看，横额不知被谁给补上了：王八无耻。老财当然是被重重地教训了一把。

这固然是笑话，但是没有正常的荣辱观的确还是不行的。明荣知耻是非常重要的。光荣是人所期待的。人是社会的人，作为社会的人必然也当然具有荣誉感。树立良好的道德形象，是一个人在社会中获得信赖，赢得理解，受人尊重的根据。没有荣誉感的人，难免会自甘堕落、自暴自弃。如果一个人不知道光荣并不一定会妨碍他人的话，但不知道耻辱则是万万不行的。因为不知道耻辱就可能混淆美丑荣辱的界限，甚至将丑恶视为荣誉，把耻辱当作光荣。如果真的出现并陷入这样的境地，就难免会为非作歹，坑害世人。这是我们每个人都应当慎重对待的，它关乎个人的声望名节和周遭朋友的得失利害。我们绝不可视此为细节而加以忽略，否则我们就可能成为不受欢迎的人，甚至是被别人所憎恶或诅咒的人。知耻与明荣一样重要，甚至更为重要。

明荣知耻的意义不仅仅局限于道德的层面，它甚至是法律的基础。任何法律都是建立在一定的道德基础之上的。没有道德作为基础的法律是无法得到社会成员认同的。没有道德作为基础的法治，只是对于法治的空想。孤立的法治将葬送在道德的深渊之中。明荣知耻是道德的基本要求，也是法律的道德基础。不知道光荣与耻辱必然有害于法律，必然会摧毁法律的大厦，成为法律的障碍。

法律的基点在哪里？我们可以说在经济、在文化、在政治，这些说法都各有各的道理。它们的确都是法律的基础。但是在众多的不同层次的基础之中，道德无疑是不可忽略的基础之一。无论是从社会文化或是从社会意识等各个角度，都不可否认道德是法律的重要的基础。在一个视违法为道德的社会，要制止和制裁违法都是困难的。它会受到社会成员既有道德观的抵制而化为虚无，无法得到社会成员的切实遵行。

在商言商，在法似乎就该言法。还有三句不离本行之说。其实，这些说的都只是职业与人之间的关系，并不意味着从商的人就把从商说得至高无上，学法的人就把法奉为唯一的准则。道德是法律的基础，没有良好的道德风尚绝无良好的法治状态。真正的法律学者和法律专家从来都不否认道德的作用，只是他们对于法律与道德不同意义的认识，比常人更为深刻罢了。道德绝对不可代替法律，至少在法律社会一定如此。法律不但不可废弃道德，相反还必须以道德为基础。只要我们不荒唐到要用道德来代替法律的地步，怎么强调道德的意义都不为过。

明荣知耻,近荣远耻,实乃法之基础。只要不以德治代替法治以误导世人,张扬法治必须张扬道德;弘扬道德必须弘扬法治。荣耻混淆,法治必难建立,道德乃法治的基础。

68. 立警为公与执法为民

立警为公、执法为民，是人民警察落实全心全意为人民服务宗旨的具体要求与体现。“立警”是人民警察的身份要求，“执法”是人民警察的工作内容；“为公”与“为民”都是我们人民警察的工作所必须达成的目标。

立警为公的要求很多，首先就是“为公”而“去私”的要求。公和私是相对应的。公与私在许多场合都能被统一起来，然而在许多时候，他们也可能被对立起来。在二者协调统一的时候，能够兼顾，当然没有任何不可。人民警察也有自己正当的个人利益与合法权益，这些个人利益和合法权益同样应当受到尊重和保护。但是在公与私冲突或对立的时候，也就是考验和检验我们人民警察的素质的时候，我们只有去私而为公，才对得住人民警察的称号，才可能忠实履行好人民警察的职责。

立警为公也还有对人民警察当出以公心而无所偏颇的要求。人民警察的工作性质决定了常常会面对各种社会矛盾与社会纠纷。这些矛盾与纠纷，也许与人民警察的个人利益毫不相干,但是在这里,同样也有立警为公的问题。解决社会纠纷的警察,除了要严格依法办事之外,还得要有一颗“公心”。这应当是一颗公平之心、公正之心、公益之心。这种公心所要求的就是要尽力排除我们的个人任性或个人偏见,使社会纠纷得到最合理最公正的解决。

立警为公还要求我们始终要把国家利益、社会利益放到极为重要的位置。国家与社会在一定意义上都是“公”的组成部分,是“公”的利益代表。我们人民警察执法活动的立警为公,应当贯彻在每一天的每一件公务活动之中。我们是代表国家在行政的警察,因此维护国家的利益,当然成了我们的工作使命。国家最终归属于社会,服务于社会,因此我们还应当把社会利益放到一个崇高的地位来加以认识。对于国家利益和社会利益的保卫和维护,最终要归结到全心全意为人民服务之上去,也即是我们还必须坚持执法为民。

执法为民对我们人民警察提出了更高的要求。“警察”是我们的身份,“执法”是我们的工作。身为警察就必须为公,置身执法就必须为民。

执法为民是全心全意为人民服务的宗旨的具体体现,它要求我们在执法工作中必须贯彻人民利益高于一切的政治口号和行动准则。人民利益高于一切理当成为我们人民警察的政治口号和行动准则。执法为民就是要使我们的执法工作服务于人民的根本利益。以人民利益的实现与保护的程度来检验和评价我们人民警察的工作。

执法为民是我们确保执法正确性的根本要求。因为一切良好的执法都不过是立法原意的现实化。我们的法律在本质上就是全国人民意志的体现,人民性是我国法律的本质属性。在我国,法律的制定本身就应当或就是人民意志与利益的集中体现。执法中以人民为本,是对法的本质的尊重。执法为民是社会主义法的质的规定性对我们执法工作的本质要求。我们只有严格坚持了执法为民,才可能真正把法律执行好,使执法符合立法的本意和法律所要追求的目标。

执法为民是切实尊重和保护人民的合法权益的要求。我们的执法目的是保护人民的合法权益,我们的执法过程也同样要尊重和保护人民的合法权益。野蛮执法、违法执法尽管在一定意义上也是“执法”,也许还是为了保护一定意义的人民合法权益的“执法”,但是由于其过程的不合法,同样是对法律的违背,本身也是违法的。所以,执法为民体现在执法的目的上,也同样体现在执法的过程中。执法为民是对于执法的全面要求和最终要求。

69. 确立执法的人权观念

依法治国,建设社会主义法治国家已经成了我们的宪法目标。法治原则已经成为我们各项执法工作的重要原则。现代法治与古代法治的一个极为重要的区别就在于,现代法治尤其注重对人权的尊重和保护。人权已经成为现代法治的重要标志。在执法中确立人权观念对提高执法水平,切实实现执法为民具有重要意义。

人权是什么?人权就是一个人被作为人来对待的权利。人权是所有的人都应当享有的权利。它有着广泛的内容,包括人身权利、政治权利、经济权利和文化教育权利等。

人权的第一位权利是人的人身权利。人身权利中有人的生存权、健康权和行动权。在众多的人身权利中最为重要的是人的生存权利。生存权利中又包含人获得温饱的权利与生命不被非法剥夺的权利。法律对于杀人罪的追究与制裁也就是对于受害者生命权利的保护。任何国家无不把杀人罪作为重罪加以处罚,一个极为重要的原因就在于人的生命权是人权中最基本的权利，离开生命权，其他任何人权都将无法存在。

作为人权重要内容的还有人的政治权利。政治权利是一个人政治人格得到社会承认的表现和标志。在现代社会中人们知悉政治的权利、参与政治的权利、评价政治的权利和监督政治的权利，都得到了世界各国的普遍认可。法律对于人的政治权利的保护，主要就是围绕着这些权利来进行的。就执法而言，也就是要将这些为法律所保护的人权现实化。

经济权利也是人权的重要内容，它包含财产权利、劳动权利等。财产权利的内容特别丰富，物权、准物权、继承权都属于财产权利，都是极为重要的人权。经济权利是人权的内容，也是人权的重要基础。

文化权利，包括人的受教育权利，享受文化生活的权利，进行科学研究的权利和文艺创作的权利等。这些权利具有极强的人身性质。受教育权利的实现程度直接影响着人的未来发展与生存状况。在现代社会中，享受文化生活是必须的人权，文化生活本身就是人的现代生活的构成部分。凡是有能力从事科学研究和文艺创作的人，其研究与创作的权利也同样应当获得法律的保护。

执法的重要目的之一就在于保障人权。从刑事立法上讲，我们惩罚侵犯公民人权的犯罪，目的就是对于公民人权的保护。例如，惩罚杀人罪，目的是保护人的生命权；惩罚伤害罪、虐待罪，目的是保护人的健康权；惩罚侮辱罪、诽谤罪，目的是保护人的人格权、名誉权、荣誉权。从民事立法上讲，例如，我们解决抚养纠纷、扶养纠纷、赡养纠纷，保护的是人的生存权；解决继承纠纷、债权纠纷，保护的是人的财产权；解决姓名权、名誉权纠纷其保护的人权内容就不言自明了。从行政法律上讲，我们的行政拘留、罚款无不涉及人的人身权利和财产权利，等等。

警察作为与人民群众联系最密切的行政执法者，在日常工作中涉及大量的公民人权的保护问题。我们不仅要把人权的保护作为目标，而且要在保护人权的过程中特别注意对于相关人权的尊重和保护。事实上,我们最容易忽略的也是在保护人权过程中对于人权的尊重和保护。面对犯罪嫌疑人,为了惩罚犯罪必须对其采取有效的法律措施。但是,我们也要注意到,即使他们是罪犯,也同样享有人权。面对行政违法者,我们当然要对其违反行政法规的行为加以处罚,但是,也要注意尊重违法者的人格、名誉。我们的目的是使违法者得到应有的处罚,而不是使其受到不应有的人权上的伤害。尊重和保护人权的观念是执法的重要目标与基本要求,我们应当在执法中树立起牢固的人权观念,切实尊重和保护人权。

70. 依法办案亦英雄

在中国的远古时代,祖先们并不知道螃蟹能吃。不知道是什么时候,有了“第一个吃螃蟹的人”,并得出了正确的结论,于是人们才发现了这一人间美味。与此类似的是西方人眼中的西红柿。传说,在很久以前的西方,西红柿也是没有人吃过的。既然没有人吃过,大家当然有着莫名的恐惧,于是就没有人知道西红柿可以吃而且很好吃。只是到了后来的某一天,有一个人勇敢地吃了西红柿,才发现它居然是如此美味,后来又发现它甚至是富含营养的佳品,众人才效仿,进而“敬重”起西红柿来。也许是这两个创举给人类的印象太深了,在其他众多发现都被忽略的时候,唯有关于螃蟹与西红柿等不多的发现一直为人们念念不忘。那第一个尝试者——尽管我们谁也不知道他或她的名字——却一直深受人们的怀念,一直为人类所感激。于是,才有了这样悠久的赞美,中国人说,天下第一个吃螃蟹的人是勇敢的;西方人说,天下第一个吃西红柿的人是勇敢的。这“第一吃”的勇士一直都被人们当作英雄,一次又一次被人们提起。

到了今天,无论是东方人或是西方人,只要精神正常,都不会再恐惧螃蟹或西红柿是毒物;也同样不会把敢于吃螃蟹或西红柿的人视为英雄。似乎习惯了的,正常的,应当的,天经地义的,都不需要勇气,都不必需要英雄,都不值得褒奖。其实不然,有许多事情即使被千百遍地重复,但依然是值得褒扬的,也仍然需要英雄和英雄的壮举。在若干的事例中,严格依法办案就是一个典型。司法,已经有数千年的历史了。数千年来,司法官员们天天的工作就是处理案件。依法办案也早已不是第一次了,显然这中间没有什么英雄或英雄行为可言。因为依法办案应该早就是习惯了的,正常的,应当的,天经地义的。

其实,这"非第一次"的看法也未必尽然正确。因为司法官员们每一次依法办案都可能给人以第一次吃螃蟹或西红柿的感觉。随着时间的流逝,到 21 世纪这种感觉似乎更加强烈。仿佛每一次依法办案都有新感觉,每一次依法办案都是头一遭。对于司法官员来说,每一次办案就是一次新考验。一个时期以来,案子送到司法官员手上,没有关系户说情的越来越少了,没有领导打招呼的越来越少了。每一次来说人情的,来打招呼的,几乎都是不同的人。他们或请客、行贿,或要求、批示,对于他们本人来说,大多数都是第一次。面对特定的说情者或领导人,司法官员总感觉是第一次面对。要拒绝,也都需要第一次吃螃蟹或西红柿的勇气。面对金钱、权力和人情,许多司法官员顶住了,一次又一次依法办案。但也有司法官员或司法机关都顶不住的情形。

此外,更有内在的因素,使司法官员难以严格依法办案。那就是司法官员的道德趋向、知识局限和个人偏好。这些因素在不同程度上影响司法官员对案件性质的认识和处置方法的选择。一个司法官员要克服金钱、权力和人情的制约,也许比战胜自己更容易。如何按照法律的规定行事,如何以法律的价值趋向指导自己的裁判工作,如何克服自身知识的局限而达成对事实和法律的真切把握,如何摆脱个人的偏好而出以公心，持以公论，都是一道又一道的难题。

司法官员天天依法办案，天天都需要勇气面对金钱、权力和人情，都需要勇敢地克服自己在道德趋向、知识结构与个人偏好上的限制，最终实现对每一个案件的依法处理和公平正义。于是，我们说司法官员对于各种障碍因素，都需要勇气。因为只有能战胜敌人和自己的人，才是真正的勇士。面对每一个案子，每一个司法官员也许经历的都是第一次，所以只有他们每天不断地吃着“依法办案”的螃蟹与西红柿，人民才可能对螃蟹与西红柿的认识具有内心确信，并坚定不移。所以，我要说，依法办案亦英雄。

71. 律师与人大常委职务

人大常委会委员，顾名思义就是常务的委员。既然是常务委员，这委员本身就当然地是其职务。于是，律师一旦担任，还是以常委作为其本职为好。因为只有这样，才有利于他很好地履行人大常委的职责，而不是仅仅把这一职位作为荣誉。作为人大常委而又不以其为本职工作者，往往会徒有常委之虚名。一旦循名责实，就可能遇到困难。在现行的制度之下，绝大多数人大常委都是兼职的，要回答律师常委是否应该继续执业的问题，是一个十分困难的问题。

从严格的职责上来讲，任何人一旦出任常委都不应该再担任其他公职。因为卓有成效的工作必须要有时间和精力的保证。从事律师工作的人要从事常委工作必然会相互影响。由于律师工作的特性，影响律师执业，还是小事。但如果影响了人大常委的工作就不再是小事，而是事关人民利益、国家利益和社会利益的大事。仅仅从集中精力搞好人大常委工作的角度来看，可以打个不恰当的比方，这也许就如同税务局长不可再担任工商局长一样。人的精力总是有限的，既然是人民代表大会中的常委，一旦当选并乐于担当，就应当专心致志，而心无旁骛。如果同时再从事律师职业，就势必影响常委工作的质量，就可能把本应用于做常委工作的时间，花费在了律师工作之上。

从法律监督的角度来看，作为人大常委，对相应的法院、检察院、政府包括公安机关都有监督的权力。这种权力如果仅仅用于常委工作，当然是无可挑剔的，也是正常的。但如果被用于与自己业务相关的监督，就有用公权谋私利的嫌疑。尽管并不能肯定其中就有私利，但是有这种嫌疑就不好，就应该从制度上加以限制和排除。执业律师，其执业的过程也是他了解社会的过程。在办理案件中发现了不良现象，监督之有谋私之嫌，默认之则有放纵之弊，必然使其处于两难境地。如果中止了律师工作，坦然地监督则没有任何顾虑，既保持了常委的名节，又维护了公正，何乐而不为呢？

从律师执业的公平角度来看，如果听任常委继续从事律师工作，这也会在无意之中导致律师之间的不公平竞争。在我国目前的情况之下，权力有着特殊的意义和作用。人大常委对于官员们的影响还是不可低估的。随着人大权力的强化和有效化，人大常委的作用得到了提升与凸显。在这样的背景之下，在律师业务活动中，有常委身份的人就一定比没有这个身份的人具有更多的优势。如果允许具有常委身份的律师继续执业，就难免会导致不同政治身份的律师之间的不公平竞争，也会破坏法律适用上的平等性与严肃性。

我们要鼓励担任常委的律师停止执业。如果担任常委职务的律师都不从事律师执业，也的确存在如何保证其生活来源的问题。对此问题当然要予以应有的重视。对于从事常委工作的律师自动中止执业的，人大应该为其提供专职常委的工资待遇，确保其没有衣食之忧。这不是个案的问题，应该将其作为一项制度来加以建设。若能如此，具有律师水平和法律知识的人担任常委必将有力地推动人大工作，强化人大的法律监督,并使人大常委的监督工作良性发展。至于既想从事律师职业,又要担任人大常委的,我们可以征求其意见,劝其选择其一。现在,全国许多地方都已经有其他行业的人大常委(如企业法定代表人等)辞职的先例,我们也应尊重律师们的选择。

在目前全国各级人大常委普遍都是兼职常委的情况下,那些担任了常委而又不愿意中止律师业务的,应该中止受理所在人大常委会辖区内的业务。至于辖区之外的律师业务,则以不予限制为宜。也许有人会提出这样的限制性规定,即担任常委的律师不得利用常委职务开展律师工作。这个规定的效果也如同前者,这些都只是对现实制度的考虑,并不能彻底解决问题。因为要真正对自由受理案件的律师设置这些限制,既不切实际,也难以做到。许多“智者”也一定可以找到规避的“好办法”。这种权宜之计难免会成为儿戏。但是在体制没有改变的情况下,这些限制或许也是不得已而为之的重要选项。

72. 领导干部与依法办事

中国的法治能否建立,最关键在于领导干部能否依法办事。如果领导干部不能依法办事,中国的法治就没有希望。

领导干部的依法办事是指我们的党务机关、权力机关、行政机关、司法机关的各级官员,其公务行为的内容必须符合法律的实体规定,其公务行为的方式必须符合法定的程序要求。因为,他们权力的滥用,或者会破坏权力的结构机制与运行秩序,或者会侵犯人民或社会的合法权益。这两个方面受到的任何损害,都会影响我国法治发展的进程,影响社会主义事业的发展。长期以来,我们形成了一些错误的观念,似乎领导干部的行为不必有法律的根据,而一般公民的行为才必须循法而行。这恰恰是对于法治的完全倒置的误解。真正的法治状态中,对一般的公民来说,法不禁止即为自由,法不禁止即不受制裁。对领导干部的职务行为而言,则恰好相反,凡是法无授权,即为非法。在法治中,法律对领导干部的要求远比对一般公民的要求更为严格。

领导干部的依法办事是确保权力依法行使的必然要求。领导干部是社会权力的实际掌握者和运用者,权力是法治的依赖因素。没有权力,法就无从产生;没有权力,法也无法被强制施行。但这仅仅是从权力有利于法治的意义上说的。从侧面来看,法治的多元阻碍因素中最大的阻碍因素必然是权力。其他任何力量一旦阻碍法治,都可能因受到法律及其所依赖的权力的制裁而被克服。但当权力被非法行使,成为法治的障碍时,人们就难以找到比权力更强大的力量来克服不当的权力。当权力成为法治的障碍,法治就难以成为现实。要保证权力依法行使就必然要求领导干部依法办事,因为每一个具体的权力都是由特定的领导干部所拥有和行使的。

领导干部的依法办事是制约权力的必然途径。权力本身的性质决定了如果权力没有制约就必然会走向腐败,就必然会被滥用。为了制约权力,人类寻找到了权力制约权力和法律制约权力的两剂良方。其实,用权力制约权力和用法律制约权力,最终都必须是用法律制约权力。因为,权力对于权力的制约也绝对不是权力的任性或任意,而是权力依法对权力进行的监督与约束。也就是说,即使运用权力或法律来约束权力,防止权力的滥用,也必须要有权力者的依法办事和严格守法。尤其是在法治化的过程中更应当如此。领导干部都是一定权力的拥有者,他们依法办事的状态直接关乎权力的运行和对权力进行监督的结果。

领导干部的依法办事是由领导干部的自身性质、社会地位和社会影响力所决定的。领导干部理应是社会的公仆,在守法上也理应是一般公民的榜样。法治在我看来是一种社会化的整体状态。在社会的法治化过程中,社会的主导者显然是居于社会优势地位的领导干部,而不是相对于领导干部的一般公民。领导干部的依法办事必然会带动一般公民的依法办事。领导干部的违法犯罪必然具有更大的危害性和破坏力,也容易在社会中形成更为恶劣的社会影响,而且对于有关违法犯罪的追究也许会因为领导干部的不依法办事而难以进行。

任何法治的初创都是以权力拥有者的先导作为推动力的。法治反对非法的优秀人物,但法治总是在优秀人物尤其是优秀领导的引导下得以建立的。他们对待法律的态度与守法的状况,直接关系着法治的兴衰与成败。在法治开创的过程中,社会精英包括领导干部的率先垂范总是必不可少的。领导干部面对法治而自愿地牺牲不当的自我利益,是走向法治的过程中必不可少的历史期待。作为领导干部既要有清醒的法律意识,也要有良好的道德修养。面对个人的非法利益,领导干部要有"牺牲我一个,幸福百代人"的气魄,而不是斤斤计较个人得失,甚至不惜牺牲法治。领导干部尤其是高级领导干部,如果没有这种气魄,我们这个民族、这个国家的法治就永远没有希望。

73. 宪法信仰

信仰是人们对于某种客体所予以的极度尊重、崇尚、信服乃至作为其行为信念、准则与目标的状态。法律和法治要具有应有的权威必须首先要得到人民的内心拥护和真诚信仰。树立宪法信仰是树立法律信仰、法治信仰的首要内容。诚如卢梭所言:"一切法律之中最重要的法律既不是铭刻在大理石上,也不是铭刻在铜表上,而是铭刻在公民们的内心里,它形成了国家的真正的宪法。"宪法信仰就是要使纸面的宪法成为人们心中的宪法,成为人们行为的宪法。我们倡导宪法信仰的目的在于使人们尊重宪法、尊崇宪法、敬仰宪法,使人民因为宪法而获得权利的保障,而获得幸福的生活。

法律信仰有广义与狭义之分。从广义上讲,宪法信仰属于法律信仰的范畴,是法律信仰的构成部分。在广义的法律信仰里,宪法是龙头,宪法信仰牵引着整个法律信仰。它虽然是法律信仰之一部分,但是,如果没有宪法信仰便没有法律信仰。宪法信仰又与狭义的法律信仰相并列,具有自己的特殊性和重要性。宪法内容、地位、效力的特殊性和重要性决定了宪法信仰对于法律信仰的意义。之所以要树立宪法信仰,首先因为宪法是人民治国理政意志的重要体现,是人民当家作主的制度保证。

当然,在法律信仰基础之上的是法治信仰。法治信仰是对法治的信奉与尊崇,是在一般法律信仰之上的更高理性的部分。没有对于法治的信仰,宪法信仰也不可能建立。在法治信仰中,宪法信仰无疑是其中最为重要的构成部分。法治首先是约束公权的,而宪法的全部内容几乎都是规范公权、调整公权的相关关系的。宪法要对国家机关进行职能划分、职权配置,是各个国家公权机构职权和职责的制度根据,也是国家公权力行使的最高规则。宪法对于公民权利的确认和保护,实际上是对于公权力的根本要求和目标设定。法治关于约束公权的根本点决定了宪法信仰在法治信仰中的特殊地位。任何一个法治国家,在具有法治信仰的同时,都必须具有极为重要的宪法信仰。既然要有法治信仰,当然就必须要有宪法信仰,因为宪法是法上之法,是根本大法。没有法治信仰顶端的宪法信仰,整个法治信仰都不可能建立。

宪法是法律体系顶端的明珠,是法律体系最为重要的构成部分。它是整个法律体系的统帅,其基本原则与精神都贯彻在各个具体的法律制度之中。对于法治的信仰,当然包括对于整个法律体系的尊崇。对于整个法律体系的尊崇又必然以对宪法的尊崇为首要内容。因为宪法以外的一切法律法规,在逻辑上都还存在因违反宪法而被撤销的可能性。一切与宪法抵触的法律法规都将归于无效。正是因此,宪法的地位是神圣的,是不可违反的,是一切法律法规都必须予以尊崇的。在一个国家的法律体系之中,没有比宪法更高的法律。比宪法更高的只有人民意志,宪法是直接从人民意志中衍生出来的最为神圣和权威的规则体系。

有人不赞成法治信仰,当然也不赞同宪法信仰。其理由往往是,人们无法知道这个法或者这个宪法是良法还是恶法。这个理由表面上看来十分有道理。法有善良与邪恶之分,对于恶法当然不能信仰。其实这种认识也未必周延。我们当然要反对恶法,当然不会也不能信仰恶法。人类社会千百年来的法律,在总体上都还是良法做主导的,否则人们就无法看到人类社会的进步。至于偶然的恶法,正是我们要努力消除的对象,但是这绝不能成为我们信仰法律的障碍。正如人们说"人是要吃饭的",但是如果有人反对这样说,理由是"无法知道这饭里是否暗藏着有毒物质"。显然这个理由是不能成立的。内含有毒物质的"饭",的确有,那只是个别,不是多数,更不是全部。所以要以"某些饭"含有毒物质就否定所有的"饭",显然是错误的。因此就不吃饭,那更是荒唐的。再说,人们一般所讲的宪法信仰都是对良法性质的宪法而言的。只要没有特别说明,就只能也必须作出这样的理解。绝不能因为有偶然的恶法性质的宪法存在,就使我们丧失或者拒绝普遍的宪法信仰。如此,则必然流于荒谬。

明确宪法信仰的意义是重要的,但是,树立宪法信仰是更为艰难的。树立宪法信仰需要一个历史过程。在这个过程中,需要不懈努力,不断地强化宪法的意义,并切实地施行宪法。要树立宪法信仰,必须从以下几个方面入手。

一是要使宪法成为公认的法律。宪法必须在人民和社会中获得公认,必须赢得社会成员的普遍认可。宪法只有成为普遍的法律,才可能具有社会化的公共权威性,才能赢得全社会的尊重并被全社会所遵循。宪法具有普遍的意义,为公众所认可是特别重要的。不被公众认可的宪法是不可能被信仰的。社会诸多的责难与怀疑,必然会减损宪法所应有的权威与人们对其应有的信仰。社会的公认,是宪法成为信仰对象的前提。宪法要成为人们的信仰,就必须充分体现最大多数人的意志,赢得最大多数人的认同与支持。这是宪法的民意基础、群众基础、社会基础。这就对宪法的制定和修正提出了最高的要求，即必须是人民意志的体现。宪法是一个国家最高的法律，因此，如果让人民参与立宪、修宪，如何保障人民的立宪权和修宪权，是法学研究和法治实践都必须关注的根本问题。如果法律应当是人民意志的体现，那么宪法更必须首先是人民意志的体现。

二是要使宪法成为权利的法律。宪法是人民权利的记录，是人民权利的保障。这一点必须成为现实，才能真正赢得人民的遵循。人民是最广泛的社会主体，谁能赢得人民，谁就赢得了权威。必须用宪法来记载和保障人民的权利。只有使宪法成为人民权利的保障，我们才能真正赢得人民的支持和拥护。这也是宪法能否成为人民信仰的决定性因素。人民的权利因宪法而得到保障，宪法就可以得到人民的信赖，如果有人违反或者破坏，人民就可能奋起维护宪法。否则，宪法就会失去自己的群众基础，为人民所抛弃，成为人民的弃儿，根本就不可能被人民所信赖，更不可能成为人民的信仰。宪法的权利保障属性，必须在宪法条文中得到体现，必须在宪法实施中得到实现。宪法不能保护权利，或者只是做虚假的权利承诺，就必然为人民所反对所怨恨，当然就不可能赢得人民的信任，更不会成为普遍的信仰。

三是要使宪法成为民主的法律。宪法是民主的产物，必须始终是民主的保障。如果宪法不能保障民主，宪法的生命就必然会结束。就一般的宪法制度而言，它都应该是由人民或者人民的代表来拟制、制定的。其内容必然体现人民的意志，确认和保护着人民的各项民主权利。其中包括一系列民主范畴的政治自由与权利。诸如言论自由、出版自由、结社集会自由，以及选举权、被选举权、人身权、人格权、财产权等。广大人民维护宪法，说到底维护的是人民的利益和意志，维护的是人民当家作主的权力和权利。如果宪法成为专制的工具，不为人民民主服务，就必然为人民所抛弃。宪法的民主性质与民主追求是宪法能够得到人民信仰的根本原因。宪法的民主性质要体现在宪法的制定、内容、修订、程序等各个方面。只有属于人民的宪法,体现和保障民主权利的宪法,才会是人民信仰的宪法。

四是要使宪法成为法治的法律。宪法是为了反对封建专制而在资本主义社会产生的。宪法必须为法治服务,必须以法治作为自己最直接的目标。只有使宪法成为公权运行的规则,成为制约公权的武器,宪法才可能成为法治化的法律。同时,也只有使宪法成为法治化的法律,才能制约公权,防止权力的滥用。制约权力、防止权力滥用永远是法治的直接目标。公权的状况与人民权利的状况是此消彼长的。当国家公权膨胀的时候,公民权利必然萎缩;当国家公权受到抑制的时候,公民权利必然有所保障。所以为了人民的权利就必须约束公权。防止公权的膨胀与滥用,是保障人民权利的现实要求。法治正是约束公权、保障人民权利的产物,并以此为使命。因此,只有始终保障法治的宪法,才是具有权威并为人民信仰的宪法。

五是要使宪法成为有用的法律。宪法要成为信仰,必须使宪法有用起来。一个软弱的宪法,没有实际效用的宪法,是不可能被信仰的。如何使宪法切实有效一直是我们面对的难题。宪法的司法适用与违宪审查问题,已经是我们无法回避的现实。我们必须使宪法真正成为生活中的法律,成为任何机关、组织或者个人都不得违反的法律。只有宪法被实施了,宪法才能享有应有的权威,宪法才可能被信仰。尤其是在宪法的司法化与违宪审查上还需要不断作出更多的探索。

74. 法治实施的困难与出路

各位领导、各位专家学者、同志们，早上好！今天可谓桃红柳绿花千树，冬去春来万象新。在这个春日的早晨，我们聆听了《中国法治实施报告》。我要向以来自中南大学为主的法学团队的同人表示敬意、表示祝贺，也表示对未来进一步推动中国法治实施的无限期待！

说到法治实施，刚才有领导讲到，在“四个全面”中，比较滞后的是全面依法治国；在五个法治子体系中，比较差的是法治实施体系。究竟我们法治实施的状况如何，让我们静下心来读一读我们今天的法治实施报告，就可以心知而肚明也。

中国的法律有人认为实施得好，也有人认为实施得不好。当然，我认为主要是好的，次要是不好的。绝大多数是很好的，少数是不好的。

不好的原因在哪里？这就是我要讲的第一个论点，叫作“事出公权滥用”。我认为公权滥用表现在以下三个方面：

一是公权力不守信。党中央、国务院一直号召我们的各级领导机关、政府组织、各个机构要有契约精神，也要有规则意识。但是我们看到，的确有一些公权力机构，甚至就是政府机构也不守信。我们可以发现个别地方只要一换届，领导人一变，政策就变了，规划就要变。前不久我去给某省的法官讲课，参观的时候遇到了一个企业界的朋友跟我说，我们企业一般只做五年以内的项目，一般都不超过十年。为什么？因为领导一变你就不知道这里变成什么了。如果能在一届政府内完成我们的工作就万事大吉。实际上折射出什么？就是我们政府的不守信在个别地方还是存在的。

二是执法机构不依法。执法机构不依法什么意思？据有关部门统计，土地违法事件百分之九十几以上都是政府造成的。我们的拆迁，我们的城管，大家想想是不是全是依法拆迁，依法进行城市管理的。城管带着执法车来，见着违章摆摊设点的就把人家的财物往车上扔，人家一护摊就肢体接触，甚至肢体强制。城市管理拥有的是管理权，谁赋予了财产侵犯权？谁赋予了人身控制权？这是典型的公权滥用。你把一个城市管理的权力、秩序维护的权力，扩大到可以侵犯别人财产，可以限制人家人身自由的程度，你说你在依法吗？

三是政府机构不服判。不服谁的判？不服人民法院的判决。我刚才在认真学习我们《中国法治实施报告》中宪法和行政法这部分，我一直想核实，今天最高人民法院的领导在这里，2018 年 8 月听说全国法院系统公布了 480 家政府是老赖政府。什么叫老赖政府？我们都很清楚，就是拒不执行法院判决的政府。我们在报告上没有看到这个数据。假如这个数据是真实的话，一个不遵守法院裁判的政府，你说它是法治政府？一个不遵守法院裁判的政府，你说它是依法办事的政府？所以其也可忧焉。

今天早上，我怀着无比喜悦的心情直奔会场，带了一张交通一卡通，一到地铁入口就告诉我说无法入闸。为什么无法入闸呢？说我地铁卡过期。我地铁卡里还有几十元钱，为什么就过期了呢？想想，办一个一卡通20元钱手续费、成本费。可我是拿钱来存在里面的。这就相当于储蓄要付“存折费”，有这个道理吗？这个存折是不记名的。我丢了卡，钱就给他了，为什么我要付相当于“存折费”的钱？为什么你可以占有我的财产？还有过期之说，我是用钱买的，里面存的是钱，是人民币的代用券。人民币有过期之说吗？为什么要过期？叫我重新激活。我排队排得很长，为什么要增加我的负担？这折射出什么问题？公共服务机构把服务演化为管理，把管理演化为公共权力，又把公共权力加以滥用。各位，像这样的公共权力或准公共权力都存在不守信，不依法，不服判，我们的公权滥用就可以见之一斑了。

第二，根在哪里？“根在领导干部”。领导干部是关键少数，最近的吏治非常好。仔细地分析，我们的吏治主要是反腐吏治，到依法治吏还有一个过程。反腐反的是什么？控制的是私利，但是并未控制行政和执法行为。

第三，路在哪里？“路在体制改革”。我们要去建构领导干部的法律约束的体制机制。我们要去建构法律实施的体制机制，我们要去建构司法监督的体制机制。正如习近平同志深刻指出的，司法体制改革的根本问题、深层问题在体制机制制度。我们影响法治实施的根本又在哪里？肯定如同习近平同志所说，还是我们的体制机制制度。我们希望我们的法治更好，希望我们的民主如同习近平同志期待的那样有更大的提升，甚至成为社会主义的生命，能够得到蓬勃发展。若此，中国的法治实施必将迎来更美丽的春天。谢谢大家！

[本文为作者在2019年3月31日，《中国法治实施报告(2018)》发布会暨“全面提升法治实施质效　加快推进法治中国建设”专题研讨会上的发言，为多家媒体刊载。]

第三编　法边附录

75. 迈向新世纪

二十一集电视政论片《突破》

第一集　迈向新世纪

[北京。十五大会场]

江泽民总书记原声:“让我们高举邓小平理论的伟大旗帜,紧密团结在党中央周围,同心同德,不屈不挠,艰苦奋斗,把建设有中国特色的社会主义伟大事业全面推向21世纪!”

[掌声混响,江湖澎湃]

[转换到重庆航拍镜头]

[推出本集名:《迈向新世纪》]

1997年9月12~18日,中国共产党第十五次全国代表大会在首都北京隆重举行。它是在我国改革开放和社会主义现代化建设的重要时期召开的具有重大意义的大会。

党的十五大的召开为我们开启了新世纪的大门,前进的队伍中,当然有我们重庆直辖市。在十五大精神的指引下,我们重庆应当怎样走向未来,走向新的世纪？

邓小平理论是毛泽东思想的继承和发展，是当代中国的马克思主义，是马克思主义在中国发展的新阶段，是振兴中华民族的强大精神支柱。党的十五大把邓小平理论正式写在了党的旗帜上。旗帜问题至关重要，旗帜就是方向，旗帜就是形象。十五大高举的邓小平理论的伟大旗帜，为我们指明了方向。

[插入重庆大学党委副书记采访]

重庆人民有着坚韧不拔的品德，一定能在邓小平理论这一旗帜的指引下，统一思想、坚定信念、结合实际、实干苦干，沿着邓小平同志开辟的建设有中国特色的社会主义道路奋勇前进，努力开创重庆现代化建设的新局面。

[插入社科联主席采访]

[插入图书馆讲座听众采访：十五大之后，你最关心的事是什么？你最想做的事情是什么？你觉得重庆首先应解决的问题是什么？]

重庆人民有坚强的信心，实现自己宏伟的目标。

重庆，曾有过光辉灿烂的历史：蔓子将军以自己的头颅捍卫了巴国的尊严；以张珏为代表的重庆军民在合川钓鱼城击毙了蒙哥大汗。抗战时期，重庆又成了中国战时的首都和陪都，成了世界反法西斯同盟中国战区的指挥中心，形成了自己救亡图存的爱国精神，不畏艰险的奋斗精神，同舟共济的团结精神，勇于牺牲、敢于奉献的红岩精神。

长江两岸的纤道、大宁河峭壁上的栈道孔，都可以告诉我们，巴渝先民曾经历了多少苦难，但这一切都没有把他们吓倒。他们或西进或东下，与恶劣的生存环境进行了坚苦卓绝的斗争。绵延逶迤的大巴山、巍峨壮丽的歌乐山，都可以告诉我们，重庆人民曾经为共和国的诞生做出了怎样的牺牲。

[字幕]《突破》(第一集):迈向新世纪

重庆,有着上百年发展的工业基础,是新中国内陆最重要的工业基地之一。在20世纪50年代中期,重庆作为四川省的省辖市,其钢和钢材的生产在四川独占鳌头。在20世纪60年代,经过三线建设,重庆的工业门类更加齐全、整体经济实力和科技水平跃上了一个新的台阶,重庆的小城镇建设和基础设施建设得到了较大发展。

光荣属于历史,奋斗属于未来。要使重庆大踏步迈进21世纪的门槛,我们还必须实事求是,一切从实际出发。

江泽民总书记在十五大报告中指出:"我们讲一切从实际出发,最大的实际就是中国现在处于并将长期处于社会主义初级阶段。"重庆,也是社会主义初级阶段的重庆,它还有人们难以想象的困难:重庆具有大城市与大农村并存的特点,城市人口仅占1/6,农村人口却占5/6。人口多,人均收入水平低,特别是有100万名库区移民、21个贫困区市县、300多万贫困人口和相当数量的城镇贫困人口,这不能不说是一极大的压力。

重庆,与同是直辖市的京津沪相比,无论是在经济总量、综合实力,还是在城市发展水平、社会文明程度等许多方面都还存在极大的差距。重庆的土地面积是其他三个直辖市总面积的2.39倍,人口是其他三个直辖市人口总量的83.2%,但是人均国内生产总值只是北京的1/3,上海的1/5,天津的1/3;地方财政收入仅是北京的30%,上海的21%,天津的74%。人均国内生产总值仅是成都的44.2%,西安的30.5%。工业、全社会固定资产、财政收入、财政支出均位居全国第20~30位。也就是说有的项目甚至为全国倒数第一。

[电视图表或字幕]

我们非但经济落后,而且人口素质令人忧虑。3000万人口中,文盲远未绝迹。市民素质和干部素质亟待提高。文化教育状况与直辖市发展的要求还很不适应。

面对这一切，我们不能不深深地感到，我们肩上的担子过于沉重，我们脚下的道路太多艰难。

我们不能再浪费时间。

为了实现党的十五大确定的，推进经济体制根本性转变的重点任务，我们必须结合重庆实际，在大胆探索公有制的多种形式方面取得新的突破，在调整和完善所有制结构方面取得新的突破，在推进配套改革方面取得新的突破，在利用外资方面取得新的突破，在把重庆产品推向国际市场方面取得新的突破。重庆的私营经济也将得到很大的发展。

[插入对私营企业主采访]

历史已经证明并将继续证明，只有把马克思主义同当代中国实践和时代特征结合起来的邓小平理论，才可能正确解决我国社会主义的前途和命运问题；只有高举邓小平理论的伟大旗帜，重庆人民才可能大胆突破，取得历史性的伟大成就，把重庆的各项工作全面推向21世纪。只要我们高举邓小平理论的伟大旗帜，“重庆要后来居上”的要求与期望就一定能够实现。迎接我们的，必将是新世纪喷薄而出的一轮朝阳。

[结尾：重庆市委书记谈十五大是解决重庆问题，加快重庆发展的金钥匙，是重庆千载难逢的好机遇，引出下集]

76. 机不可失

二十一集电视政论片《突破》

第二集　机不可失

[演播厅。中国大地图。一位专家讲珠江流域、长江流域和重庆的发展机遇]

[推出本集片名:机不可失]

重庆,已经迎来了千载难逢的大好时机:开发三峡、中央直辖、党的十五大召开。

重庆曾经获得了巨大的成功,更失去了很多很多的机遇,机遇稍纵即逝,回想我们过去的疏忽,我们再也不能无动于衷。否则,再过三五年,我们将错过不可多得的良机;我们将愧对祖辈,愧对子孙。

[插入对某教授的采访之一:十五大给重庆带来哪些新的机遇?]

江泽民总书记在十五大报告中说:“把我们的事业全面推向21世纪,就是要抓住机遇而不可丧失机遇,开拓进取而不可因循守旧……”

“在新世纪将要到来的时刻,我们面对着严峻的挑战，更面对着前所未有的有利条件和大好机遇。”

“能否抓住机遇，历来是关系革命和建设兴衰成败的大问题。过去我们抓住了重要历史机遇，也丧失过某些机遇。”

是啊，我们不能再失去机遇。

历史曾经给了重庆很多很多的机遇：

1891年，重庆作为中国第一批开放城市被迫开放；抗日战争时期，重庆成为国民政府的陪都，成为中国大后方政治、经济及文化的中心。这些机遇充满了忧伤，但重庆人民没有放弃这些机遇，他们抓住机遇，赢得了重庆一次又一次的发展。

1949年以来，历史给了重庆更多的机遇。新中国成立初期，重庆作为中央的直辖市，是中共中央西南局、西南军政委员会和西南军区所在地；1964~1967年，中央将全国七大工业城市纳入全国的计划综合平衡，对重庆实行计划单列；党的十一届三中全会以后的1983年，党中央、国务院批准重庆作为全国第一个经济体制综合改革试点大城市；1984年，中央再次对重庆实行计划单列……多少次机遇，幸运地降临在我们重庆的头上。但是，多少次本该获得的成功，却与我们重庆擦肩而过。

[插入对某教授的采访之二：在重庆失去的机遇中，哪一次最令你痛惜？]

于是有人说，重庆是一个只开花不结果的城市。她产生或总结的许许多多经验曾在全国推广，别人根据她的经验获得了成功。然而她自己，除了对自己创造的经验津津乐道之外，似乎与巨大的成功无缘。

机遇不可多得，而我们重庆失去的机遇又太多太多。

[字幕]《突破》（第二集）：机不可失

党中央、国务院曾经给了重庆许许多多的优惠政策。当人家在把中央政策用足用够，甚至用超的时候，我们却让这些优惠的政策失去了效用。有的仅仅用了极少部分，有的根本就被搁置不用。

1997 年，有关领导调查了解发现，1984 年中央确定重庆为计划单列市时，给了重庆 21 条优惠政策。这无异于给了重庆 21 个大好机遇。然而令人遗憾的是，十多年来，我们仅仅用了 2 条。还不到整个优惠政策的 10%。大量的政策被搁置未用。

这搁置的就是重庆发展的机遇，随着时间流逝的，不仅是党和国家的关心与期望，更是我们重庆人自己的前景。

为什么会出现如此令人难以置信的事实？然而事实终归是事实，它并不因我们的好恶而有所改变。

[插入对某教授的采访之三：在抓住机遇的问题上，我们有哪些教训可以记取？]

有的领导干部对重庆的发展缺乏最起码的责任心和事业心，缺乏一颗为重庆而奉献的赤子之心。

每当人家的经验传来，总免不了畏首畏尾地讨论、研究、争论，无休无止。一年、两年过去了，我们的工作却不能快速进展。

深圳、珠海成功了，温州、大连上去了，以致成都、西安都超过了我们。我们有的人还在高谈阔论：某某经验不适合我们，某某经验还值得研究。我们不反对怀疑，也不反对研究。可一味地怀疑与研究，就只能说明我们的心理不正常。

[插入体改委主任的采访：十五大将给重庆带来哪些新机遇？]

重庆，今天你必须警醒！今天你必须抓住最大的机遇，最后的机遇。

[插入对国企领导的采访：十五大给重钢这样的国有企业带来什么样的新机遇？]

三峡工程启动了，历史又给重庆带来了新的机遇。

1997 年 3 月 14 日，一个令 3000 万巴渝儿女难忘的日子，第八届全国人民代表大会第五次会议传来消息，会议审议通过了国务院关于提请设立重庆直辖市的议案，批准设立重庆直辖市。

1997 年 9 月 12 日，中国共产党第十五次全国代表大会在北京胜利召开。

三峡工程的启动、重庆直辖市的设立、党的十五大的召开，一个又一个令人振奋的消息，历史机遇的大聚会，给重庆带来了千载难逢的好时机。作为重庆人，我们没有理由再观望，再等待，我们必须奋起直追。

[结尾：重庆市长谈机遇：从客观原因引入，人们主观思想意识，思想不解放，观念不更新，什么机遇也抓不住]

77. 撞开山门

二十一集电视政论片《突破》

第三集　撞开山门

[巍峨的群山,沉闷的空间,迂回曲折的江水,迭加的思想者头像,清晰,回前,江水阻滞欲出]

[演播厅大屏幕前,某教授激情而富于冲击力的话:解放思想,更新观念]

[一声巨响,江河奔流]

[推出本集片名:撞开山门]

我们不能以山为王,夜郎自大,故步自封。

是时候了,已经到了我们必须走出山地的时节。山挡不住我们前进的脚步,也挡不住我们心头的向往。

自十一届三中全会以来,我们党经历了两次思想大解放。1978 年在邓小平同志《解放思想,实事求是,团结一致向前看》的指引下,中国冲破了两个"凡是"的禁锢,进行了第一次思想大解放。1992 年,邓小平同志的南方谈话发表后,掀起了中国把改革开放和现代化建设推进到新阶段的第二次思想大解放。今天，党的十五大通过破除所有制问题上“公”和“私”的思想束缚，确立了以社会主义生产资料公有制为主体、多种所有制经济成分共同发展的基本经济制度。从而开始了第三次思想大解放。

要解放思想，要解放的是什么思想？

[插入市政府研究室主任的采访：当前人们有哪些旧的思想观念需要解放更新？]

党的十五大把经济体制改革和经济发展战略放到了极其重要的位置。调整和完善所有制结构，是我们的首要任务。不要问姓“社”姓“资”，也不要问姓公姓私，只要有利于发展社会主义社会的生产力，有利于增强社会主义国家的综合国力，有利于提高人民的生活水平，我们就应该坚决向前推进。

要解放思想，我们就必须破除根深蒂固的“左”的思想束缚，跳出姓“资”姓“社”的困扰，消除怕犯错误的疑虑，树立“敢”字当头的思想。

[插入对私营企业董事长的采访：谈为一个国土证跑了三个月的事]

为一个国土证，在上级领导一律开“绿灯”的情况下，还跑了三个多月，这是为什么呢？我们为什么要有那么多繁杂的手续？这说明我们的思想上还有许多框框，观念上还因循守旧。

要解放思想，我们必须破除根深蒂固的计划经济思想和做法，坚决摒弃脱离发展生产力实际、死抱条文、照搬照抄的僵化思想；强化市场经济意识，树立用经济办法管理经济的观念，从重庆的特殊市情和特殊需要出发，坚决做到“不唯书、不唯上、只唯实”，大胆用好、用活、用足中央政策。

[字幕]《突破》(第三集)：撞开山门

要解放思想，我们必须破除根深蒂固的自我封闭、地方和部门利益至上的狭隘意识，坚持用改革的观点认识、分析和解决实践过程中的各种问题，真正做到以改革统揽全市工作。

如何进行第三次思想大解放？

有人说，重庆连第一次、第二次思想大解放所欠的课都尚未补上，更何谈第三次思想大解放。这种说法或许有欠精当。但历史的疏漏，绝不可以敷衍塞责。思想的解放，必须靠我们身体力行。

要解放思想，最首要的是我们重庆的各级领导机关和领导干部必须解放思想。

重庆是全国经济体制综合改革试点城市，但是回想十多年来，就是在我们作为改革试点城市，应该比其他任何城市都要先行的时候，我们却落后了。深圳、珠海、温州、大连、西安、成都，一个个走到了我们的前面。我们曾经创造过许多改革的经验，曾经审理了全国第一个依法破产的案件。而老工业城市沈阳，根据重庆的经验，一下子破产了 60 多家企业，重庆的经验在千里之外的沈阳“结了果”。

市场经济是生产要素自由组合、有机组合的经济，是使各生产要素最大化地发挥效用的经济。

重庆市民都不会忘记商业服务部门关门时间的变化，原有的重庆，每过晚上 8:30，街上许多商店都关上了门，热闹的街市变得悄无声息，这不像一个大都市的形象。有关市领导和新闻部门曾经多次呼吁商业部门延时关门，但毫无效果。一些外资商业企业在重庆开业了，他们比所有的国有商业服务部门关门时间都晚。一些私营企业也自行延长了服务时间。重庆的夜晚顿时明亮了许多。由于许多国有商店关门时间早，这种延时关门一时难成气候。重庆市政府决定，商业服务部门延时关门一小时。但是当这个建议被推行时，一些国营商家首先提出的却是政府必须为其付加班工资。

这其中有我们体制的原因，但是某些国有商业服务部门思想观念未能跟上市场经济的发展，不能不说是一个重要的原因。

重庆的公共交通一直是一件令人头疼的事情。对于市民来说，是交通的拥挤；对于政府来说，则是巨大的亏损与财政补贴。公交的四个公司有 3000 多辆客车在 100 余条线路上营运。车不少，效益应该不少，但其实际效益状况令人难以置信。市财政每年拨给市公交部门的财政补贴是 2000 万元人民币。但目前四个公司亏损已经高达 1 亿元以上。

今年夏季，香港一家企业竟然愿意花 1080 万元，免费提供 30 辆空调大巴给重庆的公交公司，所要求的仅是 10 年的全部车身广告权。在十五大开幕的同一天，这种空调大巴又增加 20 辆，合作的范围还将扩大。

[字幕]《突破》(第三集)：撞开山门

[插入对公交公司负责人的采访]

多少年来，我们公交公司一直亏损，可是谁又完全估计了车身的价值呢？思想一解放，没有钱，变得有钱；观念一更新，没有车，变得有车。

我们重庆干部群众上上下下都必须解放思想。

思想解放的过程，或许并不如我们想象得那么轻松。有时，甚至要经历思想的痛苦。

山间的农民，或许他们没有什么高深的文化，但他们深深懂得，我国的初级阶段；深深懂得，我们重庆市的初级阶段；他们更懂得，发展才是硬道理。一个个小小的盐茶蛋，讲述着一个思想观念上因循守旧的故事。

[插入采访信访办主任讲述盐茶蛋的故事]

加快推进国有企业改革，已经迫在眉睫。我们必须鼓励兼并、规范破产、下岗分流、减员增效，建设再就业工程，形成企业优胜劣汰的竞争机制。然而我们的许多职工还始终抱着几十年形成的陈旧观念不放。

下岗了,并不是绝望了。当一个希望破灭的时候,一个新的希望又在升起。人生不是没有机遇,而缺少的是发现机遇的眼光,尤其是抓住机遇的勇气。

政府不断为下岗职工解决困难。用专门的地方为他们设立下岗职工经营点,以最快的速度为他们办理工商登记手续,在工商、税收等各个方面予以优惠,并且设立了灯光夜市、下岗职工一条街。市领导也多次到现场视察。可是这些摊位却一个一个租给了到城里打工的农民。

[插入对灯光夜市摊主的采访]

也有的下岗职工,他们勇敢地承担起生活的责任。他们或者另行应聘,或者去回收废旧物品,甚至去当"棒棒"。生活没有抛弃他们,他们从此获得了新的生机,新的起点。他们知道:我们没有理由非要吊死在某一棵树上。

[插入对重大、建院送奶工的采访,如果时间不够,不能采访,就由丁小中教授讲述他们思想观念转变的故事]

我们的身体不可离开山地,但是我们的思想却可以腾空而起,飞越山地,飞越盆地,遨游九霄。我们的思想绝不能因山而受局限,我们的心中不能永远是山的阴影。我们必须解放自己。

青山挡不住,毕竟水东流。

只要在党的十五大精神指引下,高举邓小平理论的旗帜,解放思想,大胆创新,就一定能如唐朝大诗人李白所言:两岸猿声啼不住,轻舟已过万重山。

撞开山门,山外是海;

撞开山门,山外有潮……

[编后记]关于《突破》前三集

1997年冬季的一天,重庆文化界的朋友罗小文邀请我去给重庆电视台最近要拍摄深度报道和宣传党的十五大的大型政论片《突破》的总论(前三集)的构思做参谋。我带着学习与会友的心情前往重庆电视台。讨论中,我发表了自己不甚成熟的想法。大抵是因为自己不是学文学的,也不是搞电视的,所以无知者无畏,竟然无所顾及地侃侃而谈起来。最后,电视台的导演戈扬青、制片主任尹安贵和工作小组的李晓海、陈薇莉等诸君,请我留下来,要再听我个人的意见。我也只好献璞了。

数日后他们又约我去一起审稿。工作结束,已经到了晚餐的时候。于是我们就在沙坪坝转盘往烈士墓方向的沙坪坝饭店里晚餐。在晚餐中,也许是乘着酒兴,他们竟然一再要求我来写。我推辞不过,只好应承下来。时间十分紧迫,离开播只有十来天的时间了,近日就要开拍,必须在一两天内拿出脚本文稿。回到家已经是晚上十点左右,我立即开始写作,连续工作了一个通宵写出了初稿。第二天早晨我打电话告诉尹安贵和戈扬青,初稿已经完成。在电话里分别读给他们两位听,他们十分高兴。与我约定,晚上到我家看稿子。记得晚上是尹安贵、戈扬青、陈微莉一起来的。尹安贵先生与我一起到书房看稿子。他看完就说,太好了。然后他就在我的电脑上操作分解镜头,终于成了现在这个样子。其他同志在我家客厅等着我和尹安贵先生的工作完成。第二天稿子即送宣传部和市主要领导审定,同时投入拍摄。

片子第一集播出时改名为《重庆发展的金钥匙》,其余名称未改。由于工作小组的努力,整个片子制作得很美。据说,在播出前,有关部门对于片子的某些言辞以及是否该播出有过激烈的争论。这些都是他们的事情,我不知详情。片子播出后,社会反响十分强烈。后来它获得了重庆市“五个一工程特等奖”。辑录在这里,纯粹是为了一种纪念。难忘那些与我一道为此废寝忘食、无私奉献的朋友们。

78. 崛起的新重庆

[郁郁葱葱的莽莽群山、奔腾的江河]

[现代化的大重庆]

[人民大会堂表决重庆直辖市议案]

1997年3月14日,重庆迎来了千载难逢的好时机。第八届全国人民代表大会第五次会议审议通过了国务院关于提请设立重庆直辖市的议案,批准设立重庆直辖市。1997年6月18日,中国第四个直辖市——重庆市正式挂牌。

[挂牌大会场景,李鹏总理宣布或祝贺重庆直辖市成立的原声]

一个新的重庆已经崛起,她正以其前所未有的风姿展现在世人的面前。

[推出片名:崛起的新重庆]

[重庆万家灯火的夜景,日出,游船飞驶的长江,高速公路的奔忙、飞机的起飞、高大的城市建筑]

"万家灯火气如虹,水势西回复折东。重镇天开巴子国,大城山压禹王宫。楼台市气笙歌外,朝暮江声鼓角中。自古全川财富地,津亭红烛醉春风。”这里灿烂的巴渝文化,为举世闻名的长江文明增光添彩;这里曾培育了坚贞不屈的蔓子将军,击毙了蒙哥大汗,抗击了英国侵略军,让侵略者胆战心惊、闻风丧胆;这里曾是世界反法西斯同盟国中国战区的指挥中心,中华儿女与侵略者进行了勇敢的斗争;这里曾作为中国最早的开放城市走向世界,为中国民族工业的发展作出了巨大的贡献;这里至今还躺着在共和国黎明时牺牲的先烈;这里曾是中央直辖市,中共中央西南局、西南军政委员会和西南军区所在地;这里曾作为全国第一个经济体制综合改革试点大城市、全国第一批计划单列市……

这些都属于历史,新重庆的人民更着眼的是新重庆的发展与未来。

重庆直辖市设立以后,新重庆现辖原重庆市、万县市、涪陵市及黔江地区,有八万二千四百万平方公里的土地,三千万人口,四十三个区市县……重庆人民正乘坐第四号直辖市的特快列车,鸣笛远行。

[采访重庆市委书记、市长,谈新重庆的建立,及其对新重庆未来的展望]

[采访市民对新重庆未来的看法]

[采访重庆市交通部门负责人,谈新重庆的交通发展及其给新重庆带来的活力]

[重庆旅游局负责人谈新重庆旅游的现状与前景]

[采访市体改委领导]

[采访嘉陵化工厂职工]

1997年10月29日,重庆朝阳化工厂,一个历经32年风雨,曾在国内颇有影响的国有企业,由于年年亏损,负债率高达80%,而被迫由职工民主决定,走上了被兼并的道路。从而又开启了新重庆国有企业改革的更新之门。

重庆具有大城市与大农村并存的特点,城市人口仅占1/6,农村人口却占 5/6。人口多,人均收入水平低,特别是有 100 万库区移民、21 个贫困区市县,还有 300 多万贫困人口和相当数量的城镇贫困人口。

重庆,与同是直辖市的京津沪相比,无论是在经济总量、综合实力,还是在城市发展水平、社会文明程度等许多方面都还存在相当大的差距。重庆的土地面积是其他三个直辖市总面积的 2. 39 倍,人口是其他三个直辖市人口总量的 83. 2%,但是人均国内生产总值只是北京的 1/3,上海的 1/5,天津的 1/3;地方财政收入仅是北京的 30%,上海的 21%,天津的 74%。人均国内生产总值甚至仅是成都的 44. 2%,西安的 30. 5%。工业、全社会固定资产、财政收入、财政支出均位居全国第 20~30 位。

[群山巍巍、波涛汹涌、不屈的蔓子将军像、烈士群雕、拳头雕塑]

面对重重困难,重庆人民一定能像大巴山那样坚韧不拔,像长江水那样奔腾不息。救亡图存的爱国精神,不畏艰险的奋斗精神,同舟共济的团结精神,勇于牺牲、敢于奉献的红岩精神,将激励重庆人民一往无前。

[高楼林立、列车飞奔、飞机凌空而起,朝阳中的重庆]

“春风吹绿草,今古此江山。”新重庆已经在中国,在世界崛起。

[编后记]

本文是 1997 年应重庆电视台邀请,为庆祝重庆成为我国新的直辖市,由重庆电视台等拍摄、在央视播出的系列节目的第一集而撰写的稿子。

79. 胎盘哪儿去了

背景链接

依据中医说法和民间传说，产妇胎盘有滋补男女肾亏弱症、美容、提高人体免疫力等功效。于是，在广州、南宁、山东等地相继曝出医院倒卖胎盘的丑闻。更有甚者，哈尔滨一家饭店公然将胎盘引上餐桌，办起了胎盘宴。另有多家媒体披露，根据医疗行业约定俗成的习惯，医院根本不向产妇或其家属打招呼就将胎盘自行处理。在南京等地的一些医院还出现了这样的现象，如果产妇想要回自己的胎盘，甚至需要付钱购买。种种关于胎盘的报道见诸媒体之后，使过去并不为人们所关心的胎盘处置权问题一下子浮出水面。

何家弘(以下简称何):泽渊，你好！今天咱们谈一谈胎盘的问题。说老实话，导演让我们谈这个问题时，我心里觉得这是一个难以启齿的话题。

卓泽渊(以下简称卓):我也有这个感觉。

何:就是，你说谈点别的什么不好，让我们来这里谈胎盘,而且是两位大男子。但是,咱们这里是难以启齿,有的人则是真敢开牙,他们不仅津津乐道,还津津乐吃。刚才看到的小片里已经介绍了,有的人专门吃胎盘,还有胎盘宴。你没吃过胎盘吧?

卓:没有,不敢不敢。

何:我一直在想,这些人吃胎盘是一种什么样的心态?作为一个人来讲,为什么要吃胎盘?

卓:根据我所了解的情况,在中国吃胎盘,无非是传统中有个说法,就是吃胎盘是一种大补,可以使身体强壮,或者可以驱除某些固有的疾病。另外还有一个因素就是猎奇,那个东西很难吃到,为了猎奇而吃胎盘。我觉得第一个原因可能是主要的。

何:我倒觉得第二个原因也很主要。胎盘可能是有一定的营养价值,但是我倒觉得你说的那个"猎奇"心理可能很普遍。现在中国人的饮食文化太发达了,中国人吃的东西太多了,而且因为生活水平提高了,一些人在宴请的时候觉得吃普通的东西好像已经不过瘾了,甚至觉得有点拿不出手,一定要请人吃点什么新鲜的,所以就吃一些珍稀动物,现在还要吃胎盘。

卓:我想,人们吃东西时不能只考虑营养的问题,饮食也有个伦理的问题。你不能说什么稀奇,我就想吃它。那可不行,把人的尊严都吃掉了。

何:就是,看一个社会的文明程度,不仅要看人对人的态度,还要看人对动物的态度。咱们还说胎盘的问题,现在不仅有人吃,还有人买卖,甚至有的医院把胎盘收集来,专门卖给个人或者某些商家。那么,这里首先就有一个所有权的问题:这个胎盘究竟应该属于谁?是属于医院还是属于产妇?

卓:这要看胎盘是怎么来的,它是母亲在生育孩子的过程中产生的,后来随着生育的完成,胎盘就排出了母体。

何:你对这个还挺内行的。

卓:没有没有。这是医学常识。

何:你有孩子吧?

何:你夫人生小孩的时候,你们那个胎盘是怎么处理的?

卓:我夫人生孩子的时候,我岳母他们很懂这个,然后我们就向医院提出,能不能把孩子的胎盘交给我们。

何:这个事咱们得说一说。你说是你的岳母岳父很懂?

卓:他们了解。

何:所以他们觉得应该把胎盘要回来,那医院给你们了吗?

卓:他不给啊!

何:那最后怎么办了呢?

卓:不给就不给了,我们也就没有要回来。

何:这里确实也反映出一个问题,就是现在恐怕很多父母生孩子之后,并没有想到向医院要胎盘,或者也可能会像你们遇到的情况,跟医院去要胎盘,但是医院没给。我觉得,从法律上看,这个胎盘本来应该是属于产妇的。

卓:理所当然。

何:产妇和医院之间在生产过程中有一种合同关系。但是在这个合同中,恐怕没有说到这个胎盘最后怎么处理。在多数情况下,医院就自己处理了。怎么处理?这可能有几种情况,一般情况下,有的从中提取一些营养来制药;也有的就作为医院垃圾处理掉了;还有的把胎盘拿出去卖。对这些行为,你怎么看待?

卓:我认为首先医院是一种侵权行为。无论医院用于什么目的,都是第二位的,第一位的是胎盘属于谁?谁享有胎盘的所有权?谁才有处置权?那么医院在没有征得产妇同意的情况下,就把胎盘出售了,或者自己拿来制药了,或者是当作垃圾处理掉了,我认为这都是对产妇权利的侵犯。

何:我看到一个材料,山东省卫生厅针对胎盘处理权的问题请示过卫生部,卫生部在批复中是这样写的,产妇分娩后胎盘应当归产妇所有,产妇放弃或者捐献胎盘的,可以由医疗机构进行处理,任何单位和个人不得买卖胎盘;如果胎盘可能导致传染病传播的,医疗机构应当及时告知产妇,按照有关的法律规定进行处理。这个说明,卫生部或者我们国家的有关机关也已经注意到了这个问题。胎盘应该是属于产妇所有的,那么产妇处理胎盘有没有什么限制?

卓:我认为,还是应该有限制的。因为我们的行为不仅是法律意义上的行为,还有道德性。

何:如果从所有权角度来讲,产妇对一个物品有所有权,那就可以处理它,也可以转让它。那么产妇是不是可以说,这个胎盘是我的,我就可以去卖?

卓:从严格的意义上讲,我认为不能卖。原因是她所卖的胎盘是人体的组织,这不是一个民法上的物权问题,它不是一般的物质,是人体组织。这就涉及人体组织的神圣性问题。

何:是不是所有的人体组织都不能买卖?

卓:我认为是的。

何:那比如说,头发可不可以买卖?我觉得肯定是可以卖的,现在就有收购头发的。再者,血液能不能卖?肾脏可不可以卖?咱们一般讲要捐肾,但实际上有的国家是可以买卖肾脏的。

卓:对,是这样。可是这就涉及人的尊严,人的权利,还有人的能力。人的尊严问题,我们可以说人格的问题,它是每一个主体自身具有的。那么人权呢?它是法律意义上的,或者是道德意义上的,是一个人相对于另外人的。而人伦是相对于若干人的,人与人之间关系上的道德。我们在处理人体组织或者人体器官的时候,务必考虑人格尊严的问题,人的权利的问题,人伦道德的问题。

何:你讲到人格尊严问题,我赞成,但是你说涉及人的权利问题,这恐怕就值得讨论讨论。每个人都有权利,产妇也有她的权利。有人可能会说,既然这个东西归我所有,那么我的权利就是要处置它,要卖它,为什么不允许?

卓:我认为,这个权利也是有限制的,不等于说任何权利都是没限制的,权利有边界。

何:这个我也赞成。但是你说产妇要卖自己的胎盘,她侵犯了谁的权利?

卓:如果是产妇个别性的,把自己的胎盘拿来出售,我认为这是在法律可容忍的范围内的。

何:法律可以容忍吗?

卓:是个别性的。

何:就是个别性的,产妇可以卖吗?

卓:我认为这种情况还是不宜把它作为一个普遍的法律现象来规定的好。

何:但是这个问题是客观存在的。有人就提出这样的问题,产妇自己就是想卖。如果你说法律是允许的,那其实也就无所谓个别不个别了,如果这个产妇可以卖,另一个产妇也就可以卖,所以这是法律要回答的问题。

卓:我认为,社会中有一些领域是法律可以不介入的。当你开办一家公司来收购胎盘的时候,法律就要管你了。但是胎盘的确有一定的药用价值。有的人需要胎盘做药引子,有个产妇把胎盘给他,他给一点补偿。我认为这可能在道德范围内还是可以接受的。

何:我倒觉得,这种行为在法律的范畴内是可以接受的,至于在道德范畴内能不能够接受,其实还值得讨论。这就涉及你刚才谈的第三个问题,就是我们考虑胎盘买卖问题的时候,还有人的伦理道德问题。虽然胎盘属于产妇所有,产妇有权处置它,但是在处置的时候必须要考虑公序良俗。其实,这又回归到最深层次的问题,还是你刚才提到的人性和人的尊严问题。如果在一个社会里面,大家都觉得胎盘可以随便处理,那你去卖当然也就无所谓了。但是,如果在一个社会,人们认为它是人体很神圣的一个组成部分,如果把人体的组成部分作为一个商品去买卖,这恐怕在道德上就难以接受了。

卓:我还是这样想,如果在制度上来确定胎盘可不可以卖,那要非常慎重,而对于胎盘在社会中的个别化自由处置,法律应该有一种相对的宽容度。

何:咱们还谈胎盘的处置权,或者其他人体器官的处置权。现在捐献器官是一种常见的现象,也是社会中鼓励的做法,比如说人的角膜或脏器。有人需要它,我把自己的捐献出来,或生前决定死后捐献。这对人类、对社会都是很好的一件事情。

卓:这不等于说一件好事我们就可以完全无可顾忌地做。就人体器官的捐献问题而言,我认为它在道德层面是值得张扬的,法律上也允许甚至鼓励,但是必须得有足够的、正当的法律程序,否则的话,后果是不堪设想的。

何:是的,程序很重要,要保证是自愿的捐献,而不是被迫的,或者有暗中的金钱交易。正当的程序可以有效地规范人们的行为。当然,如果这种规范能够转化为人们自觉的行动,那我们的社会就会更加美好。

(中央电视台 CCTV2,2005 年 10 月 14 日播出。转引自何家弘编:《换位的视角——多媒体对话录》,中国人民公安大学出版社 2009 年版,第 56~62 页。)

80. 拒绝“信”骚扰

何家弘（以下简称何）：泽渊，你好！今天咱们聊聊手机的问题。你有没有收到过垃圾短信？

卓泽渊（以下简称卓）：当然了，我想在中国但凡用手机的人，没有收到垃圾短信的，是没有的。

何：你收到的大概是什么样的垃圾短信？

卓：车船信息、机票信息，等等。

何：实际就是广告。

卓：对，其实垃圾短信种类多样。我在想，起码可以分为三种，第一种是最常见的，叫无用短信，也叫无用信息。

何：但是对他们可能是有用的，万一抓到一个客户，找他来定机票，那就来钱了。

卓：第二种可以称它不良信息，这是从道德评价上讲的，比如黄色短信，又如一些带有迷信色彩的短信。第三种就应该归类叫违法信息了。它传播的往往是，我这里有什么二手黑车需要出售，或者是我这里要卖枪支弹药。这种信息其实就涉嫌违法甚至犯罪了。

何:说句老实话,我对手机用得不太多。我往往用手机都是为自己方便,我外出需要打电话,再开机。但是开机以后,也会呼呼进来一大堆短信。我的做法是看到确实是我认识的人,我才打开,其他就统统删掉了。不过删除也很麻烦,你得一条一条地删。所以我觉得垃圾短信的危害,对我来讲主要是麻烦。那么,它还有没有其他的危害?

卓:你讲的这个在我看来就是最直接的危害,就是造成接收短信的人的信息污染。他要去处理繁杂的、与自己无关的短信信息。它还有另外的危害,甚至也使你的权益受到侵害。

何:比如说,什么权益呢?

卓:你在家休息得很好,突然短信来了,结果你打开一看,是个垃圾信息。你才放下一会儿,手机又响了。

何:对,有时深更半夜的,信息就给你发过来了,很影响你的休息。所以晚上一定要关机。

卓:或者你正在工作,它就可能影响你工作的正常进行。那么你作为手机消费者来说,你的正当消费权也就受到侵害了。

何:可能还更为严重,比如利用手机短信来诈骗,传播一些违法的信息。我就接过这样的短信,说你中了什么什么大奖,让你马上跟什么什么电话号码联系。

卓:从目前揭露的情况来看,这些短信说你中了什么什么大奖,尽快与我们联系,当你一打电话跟他联系的时候,他就会说先寄来八百元、九百元、一千元的邮寄费,然后再把你得的奖品寄给你。当你把邮费寄给他之后,那就石沉大海了。

何:而且他有时候会一步一步地拉着你走,开始让你先寄几百元钱,然后接下来可能又会以什么理由说需要再寄几千元钱。这个钱数不断地涨,我听说最后有人把几万元钱给寄过去了,结果什么也没得到。这就是一种诈骗犯罪,其实短信只是他犯罪的一种手段,一种工具。

卓：有时候，他还引诱接收短信的人跟他共同犯罪。比如说他号称有什么犯罪赃物要出售，让你去购买，你购买赃物也是违法犯罪。

何：你说这些违法信息是真的吗？他说能卖枪支弹药，或者能卖什么赃物，很便宜。我觉得，这里面很可能还有圈套。

卓：在我们国家的法律规定中，非法持有枪支弹药本身就是犯罪。你去购买也是犯罪，你买来放到家里也是犯罪，所以说它还引诱犯罪。

何：短信可以采取群发的方式，而且可以借用他人的电话号码，这个对第三者还会构成一种权利的侵犯。比如说，我前不久到新疆去，在报纸上看到一则消息，乌鲁木齐市市长的接待电话被人盗用来发这种垃圾短信，当然不是真用那个电话，只是用那个号码。后来在一段时间内，这个市长接待电话的工作人员接到了很多电话，都是外地的，问这是什么地方的电话，怎么老给我们发这种非常低级下流的短信。这也构成一种侵权。由此可见，垃圾短信危害很大，而且是多方面的。但是“垃圾短信”也是一个新的概念，应该给它界定一下。

卓：垃圾短信和我们日常中用的“垃圾”这个词是有很大区别的。我们说的垃圾，往往都是主体自己制造的，自己生活所带来的。这些没有用的物品或者残留物，我们称它垃圾。但是垃圾短信很有趣的是，它往往是人家强加给你的，因为没有主体意志。只要你开着机，你就能收到，不是你想要就有，不想要就没有了。你想不想要，你爱不爱它，它都爱你。只要你有手机，垃圾就倾倒到你这个手机里面来了，所以说垃圾短信的受害者具有被动性，而且不可拒绝。你怎么拒绝呢？

何：我可以教你一招，拒绝垃圾短信最好的办法就是不用手机。

卓：但是这有点因噎废食的味道，你手机不用了，垃圾也没有了，这倒是好了，但是你和朋友、同事、亲人之间的联系也因此受到影响了。

何：所以你在享受手机给你带来便利的时候，也就没有办法拒绝手机给你带来的麻烦。另外,你刚才谈到垃圾短信包括带有色情或者黄色的短信。现在这种黄色短信,或者“黄段子”确实很多,有时也很难界定。比如今天做节目之前,导演就给我讲了一个“黄段子”,我在这里给你重复一遍——啊,导演不让重复,算了,在这里讲可能不太好。简单说,这个黄段子里面有些内容确实能够引起关于性的或色情方面的联想,但不是直接的。人们可能只觉得这个笑话有点低级。那么这些是不是都算“黄段子”,都算色情短信?

卓:我认为这个尺度还是宜松不宜紧,因为涉及公民的正常生活和正常的文化娱乐问题。文化具有多层次性和多元性,传播文化、接受文化,传播信息、接受信息的人,格调有高有低,爱好有所不同。这要体现社会的宽容度。

何:我觉得,如果你就是对一个或几个熟悉的朋友发送的,哪怕里面有比较明显的色情,其实也无所谓。朋友之间嘛!但是,如果你向一定范围的公众发放,那可能就有问题了。

卓:如果信息发布量很大,那恐怕就有违法的问题了。

何:其实,传播淫秽物品本身就是一种违法犯罪行为,但是我们平常讲的主要是淫秽书刊、录像带等。那么,黄色短信是不是也可以适用同样的标准?

卓:我认为不能,因为它毕竟表达方式还是文字性的,内容界定很困难。不过,它至少是无用,可以归到无用信息里面去。

何:有人可能利用发短信从事其他违法的事情,比如卖淫嫖娼,那就不是简单的发送黄色短信的问题,而是将其作为违法犯罪的工具了。另外,发送有害短信也可能包含违法犯罪行为。

卓:还有恐吓性的,比如前不久我接到一条短信,说今天是某某菩萨的生日,你必须把这个短信发送给十个人、二十个人。如果你发送了就能保你一家平安,如果不发送,你就会受到某种报应。发这种短信的人，有的还是比较有文化的人，很是不可思议。见到这个短信，我立即删掉绝不往我朋友那里发，否则我会把一种不良的情绪传达给朋友，而使我的朋友感觉为难。发出去吧，很低级，很庸俗；不发出去吧，他心里老觉得有一种威胁，要受到上帝的惩罚或者遇到什么灾难。

何：总之心里觉得有点别扭。他们就是利用人们的这种心理。我在想，这些垃圾短信，无论是无用信息、有害信息，还是那种违法犯罪的信息，确实对社会造成了危害，那么怎么查处，怎么禁止？虽然我们国家目前法律还没有明确的规定，但是一些城市已经开始采取一些措施来解决垃圾短信的问题。从技术手段来讲，可以采取一些屏蔽措施，把垃圾短信过滤掉。但是这样会不会影响人们通信的自由？

卓：对垃圾短信的处置，务必慎重，因为这关系到公民的通信自由与通信秘密的问题。如果你人为地设置了所谓垃圾短信的屏蔽措施，说不定屏蔽的就有人家客户消费者希望得到的信息。

何：是啊，这个确实很困难。一方面我们必须管；另一方面我们又不能随便管。一般来讲，对通信进行监控得由特定的国家机关经过特定的程序才能做。如果电信部门使用屏蔽的技术手段，确实会对人的通信自由构成限制甚至侵犯。

卓：通信服务部门没有权力对每一个短信实行监控。如果他要监控的话，那你我要想聊点什么私事的话，就要担心了，我跟你聊的话，在你知道之前，还被服务商知道了。那我的通信秘密呢？通信安全呢？

何：就是，而且他可能还会以某种理由把你的短信给删除了。这就像我们通信一样，我给你写一封信，邮政部门还打开看看，那绝对是侵犯了我的通信自由。

卓：所以我想，对垃圾短信的控制，只能建立一种举报追究制度？我反对由服务商来对信息进行控制和检查，但凡是收到垃圾短信的人，都有举报的权利，可以向有关的司法机关、执法机关举报。

何:但是这类案件有一个很现实的问题,就是发短信的人很难找,因为他的身份很难确定。

卓:他常常会留下联系电话,因为他发送的目的是什么?至少有相当一部分人,发送的目的还是为了营利。

何:就算留下电话号码,有时候也不好查。这个手机的电话号码究竟是谁用的,人在什么地方,查找很难,成本很高。现在有人提议,在买手机卡的时候采取实名制,而且要登记,那就好查了。

卓:但是,我们在考虑一种法律措施的时候,一定要考虑对公民权利所带来的负面影响。你都实名制了,公民就有担心,我打的每一个电话或者我发的每一个短信都能被人家知悉。这就有被窥探监视的感觉。

何:政府要加强管理,可能就要对公民权利进行限制。说到实名制登记,其实近代以来很多人提出过类似的建议,比如搞全民指纹登记。孙中山先生就曾经讲过,他日革命成功,应该搞全民指膜登记。那时候叫打指膜,就是捺手印。还有人提出来要搞全民的DNA登记。这会提高社会管理和打击犯罪的效率,但是会影响人的自由,甚至侵犯人权。

卓:社会在立法的时候,一定要平衡各种因素之间的关系,要有价值权衡。虽然说多打击了一些违法犯罪,但是使所有购买手机卡的人都有一种被偷窥的感觉,这对社会的损害是很大的。

何:现在还有人主张,对垃圾短信或者其他类似现象,像什么小广告,要加大处罚的力度。抓到以后,就要狠罚。因为你的目的就是赚钱,所以就要狠狠地罚你的钱。你觉得这个有没有效?

卓:我觉得是有效的。但是我认为,一个社会要保证它的宽容度的话,绝对不是用强力控制的方式,把每个人都盯紧,都盯死,而是有人违法、有人举报、有举报必查办,有犯罪必追究。另外,举报追究制还要辅之以主动查究制。现在有些网站是专门制造短信的,点击一次,下载一个短信交多少钱。既然短信是在网站公开化的,那么我们的工商部门,有关的法律机构,就有义务来检查这些网站。如果发现他出售的短信包含色情或违法的内容,就应该主动查究。

何:是的,在治理垃圾短信的问题上,我们要加强惩罚的严厉性,也要提高查处的力度和效力。让那些实施违法行为的人,一伸手就被捉住,这样社会中制作和发布垃圾短信的人就会越来越少了。

(中央电视台 CCTV2,2005 年 11 月 4 日播出。转引自何家弘编:《换位的视角——多媒体对话录》,中国人民公安大学出版社 2009 年版,第 72~78 页。)

81. 少男少女法外留情

背景链接

2006年2月,温州市苍南法院审结了一起故意伤害案件,犯罪嫌疑人之一的黄某案发时不满18周岁。为了给朋友报仇,黄某等3名年轻人共同预谋,殴打被害人致轻伤。案发后,3人先后向公安机关投案,在刑事部分的审理过程中,法院对2名已经成年的被告人判处了三年以下有期徒刑并缓期执行,而这名未满18周岁的在校生虽然罪名成立,但被免予刑事处罚。这份免予处罚的判决是为了充分保护未成年人的利益,有着明确的法律依据。根据2006年1月23日实施的《最高人民法院关于审理未成年人刑事案件具体应用法律若干问题的解释》的规定,未成年罪犯根据其所犯罪行,可能被判处拘役、三年以下有期徒刑,如果悔罪表现好,并在犯罪后自首或者有立功表现,应当免予刑事处罚。与1995年的司法解释相比较,本次司法解释把未成年人犯罪和成年人犯罪明确区别开来,充分体现了全社会对未成年人加大保护力度,对未成年人犯罪"教育为主、惩罚为辅"的司法理念，对于未成年人犯罪的认定和量刑，也尽量在法定范围内从轻和减轻，彰显对未成年人犯罪的关怀和宽容。本次司法解释还对很多司法实践中长期存在争议的问题作出了明确的界定，有利于人民法院在审理未成年人刑事案件中正确适用法律，最大限度地教育、感化和挽救违法犯罪的未成年人。但是，也有人提出了一些担心和疑问，认为把一些过去认为是未成年人的犯罪行为不作为犯罪处理，会诱发、助长未成年人犯罪，不利于社会和谐稳定。尤其是其中关于“情节轻微的罪行可以不认为是犯罪”的三项规定：(1)强行索要其他同学少量财物有可能不算犯罪；(2)盗窃自家亲属财物，亲属不予追究的，不认为是犯罪；(3)已满14周岁不满16周岁的人偶尔与幼女发生性行为，情节轻微、未造成严重后果的，不认为是犯罪。

何家弘(以下简称何)：泽渊教授，你好！对这三条规定，你有什么看法？

卓泽渊(以下简称卓)：我认为，这个司法解释的立意是在力图实现我们《刑法》、《未成年人保护法》和《预防未成年人犯罪法》的基本规定。它比较充分地考虑了未成年人犯罪的社会危害性问题。

何：这些行为肯定造成了社会危害，偷东西、抢劫、发生性行为等。那么关键是行为主体具有特殊性。咱们国家法律本来有一些具体的规定，一般来说，16周岁以上的人要负刑事责任；14周岁以下的人绝对不负刑事责任；14周岁到16周岁的人实施了严重的犯罪行为才负刑事责任。

卓：他们在法律上被称为相对刑事责任年龄。

何：法律为什么作这样的规定呢？

卓：他们从知识和心理的成熟这两个方面上讲，都还处在走向成熟的过程之中，那么他对于自己行为的承担责任的能力，相对地说也还是有限的。

何:这个司法解释中讲到的三种情况,如果按照刑事责任年龄的规定,本来都是应该负刑事责任的。因为抢劫和强奸,14 周岁就可以负刑事责任;那么盗窃是 16 周岁以上才负刑事责任。这个司法解释给人一种印象,就是把原来的规定给放宽了。咱们可以做一点具体的分析。第一个问题,该司法解释第 7 条规定,已满 14 周岁不满 18 周岁的人强行索要其他未成年人少量钱物一般不认为是犯罪。

卓:比如说强行向同学索要财物。

何:那么它的社会危害性究竟有多大?

卓:它的社会危害性显然不同于在大街上或者在公共场合的持刀抢劫或者用暴力威胁的抢劫行为。

何:和其他抢劫行为来比,它是比较轻微的。我也注意到,这个司法解释中的用语还是比较谨慎的。它说的是使用轻微暴力或者威胁,强行索要其他未成年人携带的生活学习用品或者钱财数量不大,而且没有造成被害人轻微伤以上的。

卓:就是说不能有严重的危害后果。

何:本来《刑法》关于抢劫罪的规定对钱财数额是没有要求的,只要你采取暴力或者威胁等手段抢劫他人财物,就构成抢劫罪,不考虑你抢的是什么财物,也不考虑你抢的钱究竟有多少。

卓:抢劫罪的危害后果是放到情节里边考虑的,对于是否构成犯罪,它并不影响。但是在这里,由于青少年独特的主体身份,也由于我们限制在后果不太严重、比较轻微的范围内,所以才予以适度地从宽或者不认为构成犯罪。

何:第二种属于盗窃行为。盗窃罪本来的规定在《刑法》第 264 条,就是盗窃公私财物,数额较大;或者多次盗窃的行为。盗窃罪本身的界定要有数额限定,不是说你偷一块钱也算盗窃罪。这里没有讲数额,就是说偷自家的钱或者近亲属的钱,不认为是犯罪。那么偷自家的钱算不算偷?

卓:这就涉及刑法学上的理论,实际上是犯罪客体的问题。这里的犯罪客体是自家的或者近亲属的财物。刑法学理论认为,主体对犯罪对象的认识错误,并不影响罪名的成立。

何:但是这里面有什么认识对象的错误?

卓:认识对象就是,这是别人的钱还是自己家里的钱。

何:这得解释一下,就是他在家里偷钱,如果这个钱本来是别人的,他以为是自家的钱,这可以说是一种认识对象上的错误。但如果就是自家的钱,他也认为是自家的钱没有认识对象错误的问题,他偷了,你说应不应该算犯罪?

卓:你打击盗窃犯罪目的在哪里?是保护公民的财产所有权。而这个财产本身就是他们家的,或者是他近亲属的,从我国目前的财产所有制讲,家庭财产基本上还是家庭财产共有制。

何:也就是说,实际这个孩子对这个财产也有所有权。

卓:对,那么他为什么要偷呢?因为他要想通过他父母或者他的近亲属同意而得到这个钱,不可能,于是采取了不正当的手段获得这个钱。

何:实际上这个钱本来应该也有他一份,但是因为是父母掌管着,孩子平常没有办法得到,所以才采取了偷窃的方法把它拿到手。这样的行为其实社会危害性也不是太大,而且一般从家长来讲,恐怕也不太愿意因为这种事情就把自己的孩子送进监狱。你觉得是不是这样的道理?

卓:那当然是家长不愿意。另外作为他侵犯的对象来讲,毕竟是家庭财产,跟其他人的财产还是有区别的。第三种涉及强奸罪。按照刑法的规定,凡是与14周岁以下的幼女发生性关系的,就构成强奸罪,就是奸淫幼女罪。那么从我们前面讲的刑事责任年龄来看,因为强奸罪是在14周岁到16周岁这个年龄段的人应该负刑事责任的一种罪名,所以14周岁到16周岁的人与幼女发生性行为,就构成奸淫幼女罪。

卓:我认为,司法解释这一条在用语上还值得推敲,当然从它的立法原意上讲,应该说还是符合法律精神的。

何:我们不能否认,现在社会中青少年的性行为是比较多的。如果凡是14周岁到16周岁的人和幼女发生性行为就构成奸淫幼女罪,那恐怕得有相当数量的青少年被关进监狱。这个后果是什么?会影响他一生的成长,也会影响他的家长对社会的态度。我们在制定刑法规则的时候,要考虑社会现实的这种情况。所以我个人赞同这条规定。

卓:这个解释有两个问题值得我们思考。第一个问题就是在立法学意义上,比如"偶尔"的法律含义是什么?

何:就是一次算不算"偶尔",两次算不算"偶尔"?

卓:我认为,这个司法解释在这方面恐怕还需要做进一步的说明,这是一个问题。第二个问题,这种违法行为虽然不构成犯罪,但他至少是违法行为,那么对这种行为不追究刑事责任,是不是就不追究责任?

何:你的观点呢?

卓:他不承担刑法责任,但是他还是应该承担非刑法责任。所以我们的司法机关在作出司法解释的时候,第一,应该从立法学意义上对这个条款本身的文字及其内容做必要的阐释;第二,还得对非刑法处罚方法与这一个司法解释之间的衔接进行说明。

何:这里我也想到法学的一个基本问题,就是立法机关和司法机关的职能分工问题。司法解释的功能是解释法律。我们前面已经谈到了,《刑法》里关于未成年人的刑事责任年龄规定得很明确,14周岁到16周岁的人对哪些犯罪应该承担刑事责任。但是这个司法解释却说这些可以不视为犯罪了,换句话说,可以不承担刑事责任了。这个是否和原来的立法有冲突？

卓：我个人认为，它没有超出这个原则。原因是什么呢？《刑法》是一个一般法，所有刑事犯罪问题及其处罚问题都由《刑法》来一般规定。但是我们必须注意到，我们还有《未成年人保护法》，还有《预防未成年人犯罪法》，它们都确定了对未成年人的违法犯罪行为进行特殊处理的一些法律原则，都有特别的规定。那么按照法律的原理，特别法优于一般法，所以说这些专门保护未成年人的法律，专门预防未成年人犯罪的法律，它们对于《刑法》来说具有优先的地位。

何：但是它里面的规定能不能拿来改变《刑法》里的内容？

卓：我们的《预防未成年人犯罪法》里面就把勒索财物、偷盗财物，作为未成年人的不良行为来规定。那么这里为什么把它作为不良行为来规定，而不直接规定为犯罪行为？我想这在立法的原意上讲，一定有对未成年人这一特殊主体需要特殊保护的考虑。

何：它这里说属于不良行为，这也无可厚非，因为不良行为包括犯罪行为，是广义的嘛，而且有些很轻微的索要财物行为可能就不构成犯罪。但是究竟什么行为构成犯罪，还应该由《刑法》来规定。从未成年人问题这个意义上讲，我倒觉得《未成年人保护法》和《预防未成年人犯罪法》具有一般法的性质，而《刑法》具有特殊法的性质。对这个问题我还有一个想法，不知道能不能说得通。我看这个司法解释里面都用的是“不认为是犯罪”的说法，而没有使用“不负刑事责任”的说法。咱们前面讲的《刑法》里关于刑事责任年龄的规定，其实讲的是刑事责任问题。这个司法解释的内容是不是可以套用《刑法》第 13 条的规定，就是各种犯罪行为里面，“情节显著轻微危害不大的，不认为是犯罪”？

卓：如果做这样的理解，我认为也是可以的。

何：实际上刚才你分析的都是它实际社会危害不大。

卓：《预防未成年人犯罪法》里面讲的不良行为，我赞同你的看法，有犯罪行为,也有非犯罪的一般违法行为。那么这次司法解释里面提到的向同学勒索财物,严格限制了勒索的后果不严重,这既符合《预防未成年人犯罪法》里面的不良行为的规定,也符合你说的《刑法》里面的"情节显著轻微危害不大的,不认为是犯罪"的规定。

何:对,我觉得如果这样讲,这个司法解释还是符合法律规定的基本精神。我还在想一个问题,就是社会中的这些不正当行为,或者说违法行为,我们把它规定为犯罪究竟是利大于弊,还是弊大于利?有人觉得,我们规定它是犯罪,好像这个行为就可以禁止了,对于政府来讲,或者说对于法律来讲,就尽到责任了。但是你把它规定为犯罪,作为犯罪行为追究他的责任的时候,在社会中还会有一种负面的影响,对社会还会有一种侵害。你把这个孩子关进监狱了,他家里周围的人对社会会是一种什么样的态度?

卓:法律要把一种行为宣布为犯罪加以刑法的处罚,它一定要考虑两个因素。第一,把这个行为宣布为犯罪对社会有益还是有害?如果既有益又有害是利大于弊,还是弊大于利?第二,用什么量度的刑法处罚才是恰当的?因为过于宽泛的刑法处罚,就会导致不应有的法律伤害。法律不仅可以保护人,也可以伤害人。法律不适度扩大了打击范围,就会使无罪的人受到追究,或者使罪轻的人受到重的处罚。

何:就是本来可以不追究的也追究了。所以你这里讲的刑罚的"宽泛",实际是指它的适用范围大,而不是说刑罚很"宽"不严。

卓:对。另外在惩罚的量度上也要注意,要罚当其罪。对有些行为如果给了过重的处罚,后果是不堪设想的,它不但不能制止犯罪,还会导致新的伤害。从当今世界的刑事政策上讲,对青少年的违法甚至犯罪行为,应该尽量避免使用监禁的手段。我们在《未成年人保护法》和《预防未成年人犯罪法》上也有类似的规定,确立了"挽救教育"的方针,以"教育为主、惩罚为辅"的原则。

何:这就涉及刚才你提出的那个问题,这个司法解释里面只说“不视为犯罪”,没有其他一些衔接的非刑法处罚措施。但这个司法解释里是不是一定非得规定其他措施?恐怕人们也会有不同的观点,因为这个司法解释讲的就是构不构成犯罪的问题,其他措施应该由其他法律或者法规来规定。你刚才也提到了,《预防未成年人犯罪法》等法律里实际上也有相应的一些规定。这个司法解释规定的这些行为不被认为是犯罪,不负刑事责任,但是他可能还要负其他一些责任,包括可能的赔偿。

卓:这个司法解释如果从立法学理论上讲,是否该在后面加上其他措施的处罚,可能会存在争议的,但是,从有助于公众准确理解法律的意义上讲,我认为,我们的司法机关有义务对全面实施这个司法解释作出必要的说明。

何:你现在可能是给我们最高人民法院提了一个很好的建议,就是要对这个司法解释做一些补充的说明。这个司法解释就是这些内容,但是与它衔接的一些问题在其他某个法律中已经有规定了。不是说这个司法解释中规定它不是犯罪了,你就可以随便去做这些行为了。那是绝对不允许的。

卓:对,刑法上对青少年犯罪行为的特殊照顾性处置,不是纵容青少年去犯罪,更不是鼓励他们去违法,只是基于他们行为的社会后果和自身的特殊性予以的考量。

何:其实这也是社会对他们的一种特殊关爱。

(中央电视台 CCTV2,2006 年 3 月 24 日播出。转引自何家弘编:《换位的视角——多媒体对话录》,中国人民公安大学出版社 2009 年版,第 180~188 页。)

82. 离婚公司是与非

背景链接

俗话说,“宁拆一座庙,不破一桩婚”。2006 年 1 月 8 日,大连市首家以承办婚姻状态分析评价和婚姻涉法服务的“离婚公司”成立。继大连第一家离婚公司开张之后,沈阳、济南、成都、杭州等地的“离婚公司”一夜之间异军突起,生意红火。“离婚公司”是老百姓的叫法儿,其实这些专为离婚人群提供心理咨询和法律咨询的商业机构,更愿意称自己为“婚姻咨询公司”或者“维情公司”。“离婚公司”大都实行明码标价,婚姻心理咨询每小时 80 元至 200 元;外遇心理咨询,每小时 300 元至 400 元;一些著名律师收费竟高达每小时 2000 元;撮合一对夫妻的最低价是 5000 元;肯定要离婚的收费最低是 3000 元;如果客户要求对婚外情调查取证,价格至少 20,000 元。在离婚率居高不下的今天,离婚竟然也成了一项“产业”。另外,2004 年 6 月 16 日,成都人李正芳创办全国首家“复婚公司”,主营心理咨询、健康咨询、情感咨询、家庭纠纷调解等业务,每小时收费 150 元至 300 元。其中,使离婚后需要复婚的人破镜重圆是该公司的特色业务。

何家弘(以下简称何):泽渊教授,你对离婚公司这个问题怎么看待?

卓泽渊(以下简称卓):其实我认为,离婚公司出现的最直接的原因,就是离婚率的上升。

何:也就是说有很大的市场需求。

卓:对,如果没有人来离婚,没有大量增加的离婚数量,他办离婚公司去哪找市场啊?谁来求他服务啊?

何:现在中国的离婚率据说是节节攀升。

卓:的确在升。我看到的数据,2002 年通过民政系统登记离婚的,全国是 110 多万件;2003 年一下跃升到了 130 多万件。这里还得注意一个细节,2003 年发生了"非典",长达几个月时间,人们没法去离婚,还离了 130 万件。2004 年增加到了 160 万件。三年时间,登记离婚的从 110 多万件到 160 多万件。当然,我们一方面要看到离婚率在上升,另一方面也要看到我国的离婚率在全世界还是算比较低的。

何:这个离婚率上升,你觉得它是好事还是坏事?

卓:它还是两个方面。一方面,离婚率在上升,表现了社会自由度的增加,包括家庭生活的选择度也在扩大。这应该是表现了社会一定的进步,一定的开放。另一方面也要看到,家庭的解体毕竟是婚姻的死亡,它对于双方当事人来说都是极大的精力耗费,甚至是对他们多年积累的感情的一次毁灭性打击。

何:有时候离婚的过程也是挺漫长的,耗费精力,成本很高。有人说这是"中国式离婚",不像国外,离婚比较痛快,俩人说离就离了。不过,我们现在社会生活的自由度确实提高了。如果在 20 年以前,中国人要离婚,那是一件很不好的事情。所以有些人即使婚姻关系已经很难维持了,也不愿意去离婚。

卓:法律在赋予结婚自由的同时也赋予了离婚自由,每个人都享有这个自由。

何:婚姻是两个人的事情,如果是两个人都想离,我觉得不应有任何障碍。但是一个人想离,另一个人不想离,怎么办?婚姻还有一种责任,一种义务。如果只讲自由,那么你想离就离,他想不离就不离,这就出现矛盾啦!

卓:婚姻的问题实际上涉及三大责任。一是对自己的责任。任何婚姻都是有付出的,谈恋爱有付出,操办婚礼有付出,对社会发布结婚的公告、举行结婚仪式也得有付出。对自己的责任就是对你曾经的付出的责任。二是对对方的责任。人家嫁给你了,或者人家娶了你了,那你总得对对方负责吧。三是对子女负责的问题,还有对父母、对双方父母负责的问题。当然对子女的负责是一种法律意义上的负责,对双方父母的负责是一种道义上的负责。

何:你这个范围越说越大,那么他还有没有一种对社会的责任?

卓:如果再从这三者延伸出来,就是一个对社会负责的问题。

何:现在出现的离婚公司是社会离婚率高的一种产物。但是也有人提出,离婚公司是不是干涉了别人的事情?两个人要离婚,是他们的私事,究竟离不离,也还很难说。本来可能人家两个人没真想离,离婚公司一插手、一搅和,就给人真离了。

卓:我认为,这种情形是可能出现的。就是夫妻俩的问题,限于当事人双方之间来解决,也许会好解决一些;如果有第三者介入——

何:当然这个"第三者"指的不是那个意义上的"第三者"。

卓:不是感情上的第三者,是事务处理上的第三者,比如行政组织、某个机构,或者是一个商业机构。离婚公司的介入有可能就加速了婚姻解体。

何:一开始听到离婚公司这个事,我还以为它就像那种婚庆公司呢。现在结婚有公司给你办喜事,离婚也讲好和好散,有公司给你操办一下,设计一个地点,一种氛围,你们吃一个离婚宴。我以为是这种服务呢,后来才发现不是这么回事。

卓:如果真像你说的那样,我倒觉得有利于社会主义精神文明建设。但是通过现在媒体报道,离婚公司无非是提供了两大服务。一个是离婚咨询,当然据离婚公司说,他们还包括劝和好的咨询性意见。

何:其实不单是离婚公司,我们有一些社会机构,包括心理咨询机构,也提供这种咨询服务。但是心理咨询基本来讲是劝人和。现在这个离婚公司,它基本功能是让你离,帮你离婚。你想不想离,反正就帮你离了。

卓:这使我想起了一首唐诗,“天长地久有时尽,此恨绵绵无绝期”。这是指相爱的人不能结合在一起,但是如果相爱的人因为一次偶然就分手了,恐怕也会导致“此恨绵绵无绝期”。

何:所以人们面对离婚的时候,还是要慎重一些,特别是经过长期经营、培养起来的感情,不要简单地一下就抛弃它。但是对于真想离婚的人来说,有些咨询还是需要的。可能有人要离婚,不知道财产应该怎么分割,子女抚养问题究竟法律是怎么规定的,需要咨询。

卓:但是这种咨询需要完善。在咨询者和提供咨询服务的人之间会建立一种服务关系,那么请求服务者需要一个满足度。另外国家公权力也会介入,比如你有没有资格提供心理咨询,有没有资格提供相应的法律咨询。如果说咨询还可以进一步完善的话,那么第二个问题更应该引起我们的重视,那就是调查取证的问题。

何:说到调查取证,有些离婚的人确实有可能需要这种服务。那么我就在想,这离婚的人在什么情况下会需要别人提供这种服务?比如说泽渊,你要离婚——

卓:我没想过这问题。

何:我知道,你不是真的想离婚,就是打比方说你要离婚。那么在什么情况下你会需要别人去帮助你离婚呢?如果说你们夫妻俩关系维持不下去了,感情没有了,都同意分手,那你们找婚姻登记机关办理手续就可以了。你什么情况下会需要离婚公司来帮你离婚呢?

卓:对,如果双方当事人在离婚问题上非常合作,关于财产问题、子女抚养问题,双方能够好说好散,那他们自己一块儿去民政部门的婚姻登记机关登记离婚,很快就可以解决。现在法律程序越来越简单,据说10元钱就可以办完全部手续,也很快,而且还不需要单位领导签字同意,不需要单位加盖公章,自愿就可以办。所以,问题不出在双方同意离婚,问题出在双方不同意离婚。

何:如果双方都不同意,那就别离了。

卓:一般是有一方不同意,而且往往有这种情况,就是要了解对方对婚姻的不忠实,或者是需要了解对方隐匿财产,需要这方面的证据。

何:这就讲到需求的实质问题了。我看到一个报道,挺有意思。这个离婚公司60元可以帮人策划离婚方案;8000元可以帮人收集配偶红杏出墙的证据;如果配偶没有外遇而你却一心想要离婚,那么花上15,000元,一场精心策划的艳遇就会不期而至地落到配偶头上。这是一种什么样的离婚公司啊?

卓:那就是罗织陷害了。没有红杏出墙,那么我给你制造一个红杏出墙的场景,一个故事,然后收集证据。

何:可能咱们这个说法不太准确,就是那些找离婚公司的人一般也有问题。正常人离婚其实不需要我这种离婚公司。你需要咨询,心理咨询也好,法律咨询也好,这都没问题。但是你的配偶本来没有什么毛病,你就是怀疑,或者就想离婚,于是去找离婚公司,这可能就有问题了。这些替人调查取证的离婚公司很像前些年社会上讨论很多的民间调查公司，或者所谓的“私人侦探公司”。这好像是一种新的形式，专门帮助你收集离婚证据。

卓：我认为，这种商业公司行使了国家公权，因为对相关案件的调查权是要法律特别赋予的，目前拥有这个权力的——如果是刑事犯罪，那是公安机关、检察机关和一定条件下的人民法院；如果是民事上的，那么除了法院以外，就是律师，而且律师还得持有律师执照、依照法定的程序和手续来进行调查取证。由于律师虽然是社会法律工作者，但他毕竟不同于国家公权，律师的调查权也是受到相当制约的。

何：在民事纠纷里面，包括民事诉讼里面，当事人肯定是可以调查取证的，当事人有这种权利。那么当事人委托他人代替自己行使这种权利，有什么不可以吗？比如说我现在要离婚，我觉得咱们俩是朋友，我自己有些证据收集不到，我知道泽渊你在这方面还是挺有特长的，那么我请你去替我收集证据。这有什么不可以吗？

卓：我认为，如果能达到你所保证的这个程度，根本不侵害对方当事人，也不侵害其他人的合法权益的情况下，进行调查，当然没什么不可以。如果说，你要委托其他人，你怎么保证他不侵害其他人的合法权益，不侵犯人家的隐私，不影响人家的安全。

何：我觉得这个问题不能这么笼统地否定。你委托律师来调查，律师就一定不会侵犯他人权利吗？恐怕也不能这么说。

卓：不能这么说。

何：所以委托其他公民，我认为也是可以的。

卓：你委托我可以，但是我必须在法律的范围内提供服务。

何：对，这个问题就明确了。我是可以委托的，民间可以进行这种调查取证，但是你调查取证的行为不能违反法律的规定，比如秘密拍照和秘密录音的问题。按照最高人民法院的有关司法解释，在民事诉讼中，你通过秘密拍照、秘密录音的方式得来的证据，只要没有严重地侵犯他人的合法权利,没有违反法律的禁止性规定,那么这就是可以使用的证据。从另外一个角度来说,这种调查取证难免会侵犯有关人的隐私权,但关键要看侵犯的严重程度。比如你在大街上或公园里与他人幽会,我偷偷把你给照下来了。这就没有严重侵犯你的隐私权,因为你是在公共场所。但是如果说我跑到你住的地方,或者你开的旅馆,破门而入,把你和他人约会的场景拍下来,这就严重侵犯了你的权利,这个证据就不能用。

卓:我认为,就目前我们法律的意义上讲,你这种分析是对的。法律并没有禁止公民委托他人通过合法的途径来收集证据。按照法制的原则,公民是法不禁止即不受制裁。但是对于一家商业公司来说,目前在我们国家的商业经营活动、经营的范围、经营的方式,应该还不是不受法律约束的。

何:那这种调查取证的活动,一家商业公司可不可以做?

卓:这就涉及我们在法律上能不能允许商业公司行使或者代为行使调查权。我认为这是立法者必须考虑的,是一个价值衡量的问题。如果赋予了商业公司这样的调查权,那么马上涉及一个问题,赋予到什么程度?什么程度才使对方当事人的隐私权、安全权、名誉权、人格权不受侵犯,怎么才能保障社会本身的秩序与安宁。当然立法者也可以考虑,基于这个量度不好界定,于是不赋予商业公司这样的调查权。

何:这可能是一种过于简单的做法。我觉得作为管理者,如果说什么事情不好管就禁止,这个思路恐怕不太适合。

卓:这是两个路径,一个路径是"一刀切",所有商业公司不得受托进行调查活动。这当然有你所说的问题,显得简单化,而且在一定程度上限制了委托人权利的实现。另一个路径就是允许,但是必须规定一个限度,你的调查必须遵从什么样的规则,一条红线,哪几个原则不得违反。我认为在相关的法律制度没有健全起来的时候,如果允许这些公司随意发展,社会为此付出的代价将会是很大的。

何:谈到民间调查取证的权利,它也不完全是这种婚姻案件,其他一些经济纠纷也需要民间的调查取证。比方说债务人就是不还钱,甚至躲起来,那么债权人可不可以委托一些个人或者公司去帮助他调查取证,例如债务人躲在什么地方,他在什么地方有财产,等等。

卓:我认为,它既然是以商业公司来登记注册,那么工商管理部门理所当然应该以工商经营范围、经营方式的法律规范来要求它。同时有关机关还应该进行立法调查,尽快使相关的法律关系有法可依,或者是使相关的法律原则更加明晰化、更加具体化,以便于社会生活的有序。

何:离婚公司的出现是适应市场的一种需要。这也是市场经济自身的一种规律。我在想,是不是市场上有需求,那么有人来提供服务,就是合理的、就是正当的呢?

卓:当然不能这样了,法律的最重大的意义就是对合法需求的保障,但是对不合法的,法律当然要制止。

何:这就有个界定的问题。我现在看到一种倾向,因为多年来我们中国社会相对来说比较强调社会整体利益,改革开放以后开始转向个人利益,有些人就觉得个性可以无限制张扬,于是就觉得只要我有需求,社会就应该满足;有人有需求,我来提供服务就是合理的。总之,民间的证据调查可以存在,但是我们应该把它纳入法律规范的轨道来运行。

(中央电视台 CCTV2,2006 年 3 月 31 日播出。转引自何家弘编:《换位的视角——多媒体对话录》,中国人民公安大学出版社 2009 年版,第 189~197 页。)

83. 中国法政治学的开路者

卓泽渊认为法政治学是一个大有作为的领域，而这种判断不仅是出自学术敏感，更多的是源于学者的良心。他又认为当局强调依法执政，为中国法政治学研究提供了最好的历史机遇。

“政治的发展需要理性化，如果空谈依法治国而没有理论支撑，政治将会自由滑行，其随意性扩大必将导致政治任性，从而祸及国家和人民。”著名的法学学者卓泽渊教授深感中国法政治学的研究已经十分迫切，“中国许多学者刻意回避政治话题多年，其实，特别是研究法律的学者，更不可避免地与政治有着交集，赋予政治以理性，是学者的天职”。

青年才俊　勤思有为

现任中共中央党校政法部副主任的卓泽渊教授，1963 年 3 月生于重庆市长寿县云台镇一户普通农家。忆起童年，卓泽渊很自豪地提起自己精湛的草帽编织技艺。为了贴补家用，5 个兄弟姐妹中最小的卓泽渊从 6 岁起就与哥哥姐姐一起编草帽，直至 17 岁考取西南政法大学。尽管家境贫寒和出身中农对少年卓泽渊的学习之路带来了障碍,但幸运的是他遇到了很多学业和人生上的好导师,使聪慧过人富有个性的卓泽渊得以发挥天性和才华。这位重情尊师的学者每次回故里都要探望已 80 岁高龄的启蒙老师和其他中小学老师。

考取大学后,原本就读刑事侦查系的卓泽渊转投法律系,兴趣加上勤奋令他在学业上如鱼得水,大学期间就开始发表论文和随笔。1984 年他毕业留校,从事法理教研工作。1986 年就发表了我国最早的关于设立行政法庭受理“民告官”案件的论文《在人民法院中可以设立行政法庭》,随后又与其他学者合作发表《制定我国行政诉讼法的构想》等。其同期发表的《影响婚姻自由的两个新因素》被新华社作为改革开放 10 年的理论新成果收录进了相应的论点摘编著作中。

1987 年卓泽渊考取西南政法大学法理学专业硕士研究生,其间发表了 20 多篇论文。1990 年毕业后他再度留校任教。此后的 5 年卓泽渊一路破格飞速上升。1991 年晋升讲师,1993 年破格晋升副教授,1995 年破格晋升教授,成为当时全国最年轻的法学教授。2000 年他又在中国社会科学院研究生院获得法学理论博士学位。其主要研究领域为法理学、法政治学、比较法学、行为法学,近 20 年的学术生涯始终笔耕不辍,每年均有几十万字成果,先后出版了 5 部专著、主编了十几部学术著作,发表了 100 多篇学术论文,成果颇丰。

这位年轻的学者先后获得国务院政府特殊津贴、中国十大杰出中青年法学家、司法部优秀教师、司法部法学教育优秀育人奖获得者等众多荣誉,如今还身兼中国法理学研究会副会长、中国行为法学会副会长,西南政法大学法学理论博士研究生导师,湖南大学、福州大学兼职教授等诸多学术职务。

1999 年,从未担任过领导职务的卓泽渊被司法部大胆起用为西南政法大学副校长。西南政法大学对这位年轻的副校长充满了期待,而卓泽渊也没有令他们失望,在多次民意测验中,他都赢得了很高的评价。2001 年,卓泽渊赴加拿大约克大学法学院做一年的客座教授。其间西南政法大学换届,身在国外的卓泽渊再次连任副校长。然而,2002年,一个重要的选择摆在了卓泽渊的面前:是继续当西南政法大学副校长继而出任政府官员,还是到中共中央党校从事教学和理论研究工作。对教学和科研充满感情的卓泽渊最终选择了后者,他解释说:“我在领导位置上可以做得比较好,在学术研究上也可以做得比较好,但生命是有限的,教学和学术才是我一生最大的理想和目标。”

开拓创新　研教相长

多数人对卓泽渊的第一印象都是温文儒雅、谦和亲切,然而从他的言谈之中,可以感到这位法学家更加是一位个性鲜明、敏锐犀利、充满激情的学者。

最先倡导在人民法院设立行政法庭,较早对法的价值理论进行了开拓性研究,出版了内地第一部以《法治国家论》为题的理论专著,率先较为全面地研究了马克思主义部门法学理论与法律人权思想,主持编写了新中国第一部由学者编著的《法律小全书》,率先倡导进行法学理论的课程与教材模式改革等,从这些具有领先开拓性的成果不难看出,卓泽渊的学术之路是在不断创新中前进的。这种研究方式与他的性格和思维方式有着直接关联。卓泽渊讲了一个自己中学时代的小故事。当时教语文课的老先生很喜欢他。一次先生刚读完范文,卓泽渊就站起来“唱反调”,一一指出文章的不足,惹得老先生大怒,严厉地批评了他。这也是几十年后老先生对得意门生最感成功的教育。然而卓泽渊从不反驳已届高龄的先生,却仍在心中坚持自己当时的观点,但他从心底里感激老师让自己认识到异见之外还有异见,为自己的思维打开了更宽广的天地。

正如卓泽渊概括的,他的学术之路是历经了8年的广泛研究阶段,进而开辟出自己的学术疆土的。从马克思主义法学研究到城市经济体制改革中的法律问题研究,再到法的价值理论研究,每一个领域卓泽渊都处于开拓者的行列。其中,法的价值理论研究更是他写作硕士论文时就关注的,并且博士论文也以法的价值理论作为研究主题。先后出版了3部法的价值论作。如今,他的专著《法的价值论》更是脱销两年,急需再版。在卓泽渊看来,学术是一条极富吸引力的路,尽管路途艰难,然则只要有了勤奋与勇气,随着思维的开阔,学术之路也会越走越宽。

在研究的同时,卓泽渊长期从事教学,在讲台上,他神采飞扬意气风发的演讲式授课感染力极强,给每一位学生留下了深刻印象。卓泽渊很享受在讲台上的时刻,他也很在意学生的反馈。为了法学专业的学生课程结构的合理化,卓泽渊在20世纪80年代末就开始倡议法学基础理论学科的教学改革。他认为以往的法学基础理论课程对于入门的一年级学生过于艰深,但又不可或缺,因此主张将该课程一分为二,即分为《法学导论》和《法理学》在大学的不同阶段开课。其时卓泽渊刚担任助教,教改提议未获采纳,及至1996年他再次呼吁倡导教改,才开始推行。目前中国许多高校都采用卓泽渊主编的相关教材并采用他带动同事共同开创的教学模式。

尽管硕果累累,卓泽渊却常说"紧赶慢赶,自觉所成不多"。因此总是在不断开拓研究领域和深度。现在,刚完成一部法治国家理论专著的他又开始挖掘新的学术处女地——法政治学。

创法政治学　倡理性政治

"一个很长的历史时期,法律被等同于了政治,其恶果是使二者的差别消失,法律沦为政治的附属物,甚至为政治所取代。中国这方面的教训十分深刻。而与此同时,也造成了人们将对政治的厌恶加之于法律的身上，学界也产生了远离政治的倾向。然而改革开放至今，如果学术仍远离政治，不将政治放在其应有的位置上是不科学的。”卓泽渊教授认为是时候让政治、政治与法律之间的关系回归学术研究的常态了。

卓泽渊指出，与法学相关的交叉学科很多早已建立，如法社会学、法经济学、法伦理学等，但目前内地还没有法政治学，而国外也只是有院校开设了以材料类编作为教材的法政治学课程，成体系的法政治学研究尚属空白。

卓泽渊认为法政治学是一个大有作为的领域，而这种判断不仅是出自学术敏感，更多的是源于学者的良心。他非常强调政治的理性品格对于政治实践的作用，而学者正是这种品格的理论提供者。

对于法政治学学科的建立，卓泽渊思路明确，它首先要构建学科的理论基础，同时关注现实问题。为此，今年 42 岁的卓泽渊为自己定下了一个 45 岁前的学术计划，其中，一大目标就是在法学界为法政治学赢得较高认可。为了这个目标，他的春节假期都是在书房中撰写法政治学理论专著度过的，如今此书已经付梓。

卓泽渊对法政治学的前景信心十足：“众多的社会现象具备法律和政治的双重属性，并由此带来更多深刻而重大的法政治问题，如国家、权力、民主、宪政、选举等。尤其是中国现实社会又提出了政治民主化与法治化的目标，依法执政的时代为中国法政治学研究提供了最好的历史机遇。中共提出和谐社会的构建，这将引发一系列重大理论课题的研究，究竟何种学科可以承担相应的研究？无疑，这就形成了创立法政治学的极佳时机。”

个性学者　才情横溢

与卓泽渊教授在论坛上汪洋恣肆、表达自我的自在专注相反，这位法学家有着非常平和的心态，他对人生的理解有着说不出的谦冲洒脱，

“人来到世上，殊为不易，应尽其所能，奉献社会。深感自己所谓的成就与荣誉皆为非所应得，故而充满感激，理当谦和对人”。但对于学术则又是“永远不知足，这样才能既永远有期待，又有看不完的风景”。

卓泽渊自己这样做，也这样要求学生。这位常和学生一起论学术、打扑克、喝茶、聊天的良师益友，总会给他们灌输自己的“四天哲学”：比较昨天，抓住今天，为了明天，瞭望后天。他主张不要给人生设限，只要保证今天比昨天努力，明天比今天更美好，若干个努力而美好的明天组合起来，就是好人生。

说起自己心目中的幸福生活，卓泽渊一脸向往和真诚：“早起打开电脑，写写文章，晚上和家人散步，这是我很喜欢的日子。现在我既难以做到前者，更难以做到后者。”同为法学学者的妻子，在从事法学教材的编辑工作的同时，挑起了照顾家庭和教育女儿的责任。卓泽渊把这个幸福的小家庭，和自己的良师益友视作心中最灿烂的阳光。

除去学术研究，卓泽渊在文学上亦有造诣，曾经救朋友之急撰写电视政论片的解说词，意外获奖。打开他的学术网站，诗词歌赋、散文随笔竟占了不少篇幅。对此，这位富于文人才情的法学家解释说：“研究法学是一件很浪漫的事，难道追求正义不正是人类最具理想彩的浪漫事业吗？”

卓泽渊曾在一首小诗中写道：“公平像空气，与众生同在，宽容像春风，荡涤心灵尘埃……”或许那就是他心目中的理想国度。

（转自张远心：《中国法政治学的开路者》，载《镜报月刊》2005 年 4 月号。）

84. 抗战胜利 70 周年纪念活动第三场记者会

发布会摘要：

卓泽渊：东京审判的意义在法治

卓泽渊：建议制定法律推动革命老区建设

卓泽渊：中日应共同铭记历史缔造未来

卓泽渊：日本应反思“二战”教训

卓泽渊：《刑法修正案(九)》坚守公平正义原则

卓泽渊：推进依法治国意味着在国际上尊重法治

卓泽渊：特赦彰显中国法治、仁爱、人道精神

卓泽渊：用法治形式维护国际秩序

卓泽渊：依照法治思维选择符合法治的外交政策

卓泽渊：遵守国际法治是“二战”成果得以维系的第一手段

卓泽渊：国内国际理念相结合是中国新时代和平发展法治思维

2015 年 8 月 31 日 10 时，抗战胜利 70 周年纪念活动新闻中心在北京梅地亚中心举行第三场记者会，

邀请中央党校政法部常务副主任卓泽渊解读全面推进依法治国情况，并答记者问。以下为文字实录：

主持人陈陆军：女士们、先生们，各位记者朋友们，大家上午好！欢迎大家参加抗战胜利70周年纪念活动新闻中心举办的第三场记者会。

今天我们很高兴邀请到中央党校政法部常务副主任卓泽渊先生，请他向记者朋友们介绍和解读纪念抗战胜利和全面依法治国的情况，并回答大家关心的问题。现在请卓泽渊先生介绍情况。

中央党校政法部常务副主任卓泽渊：女士们、先生们，新闻界的朋友们，大家早上好！这是一个美丽的秋季，这是一个美丽的早晨，今天我们以记者会这种独特的形式，在这里纪念中国人民抗日战争胜利暨世界反法西斯战争胜利70周年。

谈到70年前那次惨绝人寰的世界大战，我们不能不说，中国人民与世界人民一道为此付出了极大的牺牲，作出了极为重要的贡献。经过了70年的风雨，中国人民艰苦卓绝，一路走来。到今天，我们有了一个和平、安宁的和谐建设的新时代。如果能借用刘禹锡那首古诗的话，我们就很高兴地说，真的是“沉舟侧畔千帆过，病树前头万木春”。在这美丽的早晨，我们将一起就“全面推进依法治国”这一主题进行交流。感谢有关部门的安排，也感谢新闻界的朋友们能给我这个与大家交流的机会。

当朋友们听说今天的主题是“全面推进依法治国”后会不会有疑问？为什么我们要有这样的主题？如果从法治的意义来考察，我以为我们必须立足现实，反思历史，着眼未来。我们的现实是什么样的现实？放眼神州大地，依法治国正在全面推进，依法治国成为中国的治国方略，一场声势浩大的法治行动在中华大地上演绎。我们看看当今世界，这是一个走向法治的世界，法治化的中国和走向法治的世界在这个时代奏响了一曲合奏曲。我们在这个时刻来纪念这么一次伟大的胜利,我们不忘历史,我们缅怀先烈,我们离不开反思。

人类走到今天,多么艰难而不容易！回想在第一次世界大战之前,我们甚至不必区分是不是侵略,只要是主权国家就可以发动战争。在“一战”后,在国际联盟的主导下,世界共同的认知就是我们必须反对侵略战争,而且认为侵略战争构成国际罪行。但是很遗憾的是我们还是不幸地发生了“二战”,人类又一次进入灾难的战争深渊。在“二战”后,我们成立了联合国组织;在“二战”后,人类又一次开始了对自己法治的反思,用法治来制约战争,用法治来阻止战争发生,用法治来消灭战争可能发生的因素,使人类能够持久和平。我们正是在这样不断努力中前行,但是我们依然可以看到世界并不平静,一些大大小小的国际纷争导致的国际战争冲突依然不时地出现在世人的眼中,令人忧虑。

未来的世界是一个怎样的世界？“二战”给我们带来的巨大创伤,我们抚今追昔;“二战”给我们带来的反思的成果,我们要把它转化成法治的制度设计,要成为人类走向未来的法治保障。那就是人类永久的和平与安宁,也就是这套和平与安宁所需要的法治环境、法治体制、法治机制。

所以,我们才有了今天上午共同探讨的话题。说到中国的法治,让我们把目光倒回去 100 年,中国的法治现代化是面对西方列强被迫开启的,开启中国最初法治现代化大门的是清王朝,清王朝做了极其艰苦的努力,也取得了一些重要成绩。但是清王朝没能把中国带进一个法治国家,没有建成法治国家。国民党政权,我们平心而论,对中国的法治也作出了重要贡献,推动了中国法治进一步发展。但是同样遗憾的是,中国也没有能在国民党政权下法治化,法治中国依然是遥不可及的梦想。1949 年以后,中国这块大地上出现了社会主义政权,在中国共产党的领导下,中国经历了 20 世纪 50 年代法治的欣欣向荣。

但是我们也知道，我们遭遇了严重挫折，“反右斗争”的扩大化，灾难的“文化大革命”，给中国法治带来了严重的伤害。是我们党在1978年十一届三中全会重新开启了民主与法治的大门，提出了“发扬社会主义民主，健全社会主义法治”的目标、口号、原则，中国开启了新的法治历程。经历了20多年的改革开放，到1997年中国共产党十五大确立了“依法治国，建设社会主义法治国家”的治国方略、发展目标。

1999年全国人民代表大会以宪法修正案的形式把依法治国确定为宪法原则。2002年，中国共产党的十六大提出了要落实依法治国的基本方略，2007年中国共产党的十七大提出继续落实依法治国方略，加快建设社会主义法治国家。到2012年，中国共产党的十八大召开，作出了一个伟大的决定：全面推进依法治国。继而在2013年，我们党作出了全面深化改革若干重大问题的决定，把法治作为改革的重要内容之一加以部署。2014年11月，中国共产党召开了十八届四中全会，作出了我党历史上第一个全面推进依法治国若干重大问题的决定，中国的全面法治建设、全面地依法治国由此拉开序幕，开启了新的历史历程。

中华民族面临着新的发展机遇，开创一个新的法治时代的号角已经吹响，奏响了全面依法治国的时代凯歌。就这个主题，就在这里，我先做这么一个简单的引言，欢迎在座的每一位朋友与我一起探讨，我将努力回答大家的问题，谢谢大家！

陈陆军：谢谢卓教授的介绍。现在进入提问环节，请记者提问的同时通报所在新闻媒体机构。

法制日报记者：今年抗战胜利70周年纪念活动的主题是“铭记历史、缅怀先烈、珍爱和平、开创未来”。在依法治国的框架下如何通过法治化形式将抗战胜利的精神固化下来？请教卓老师。

卓泽渊：谢谢您提问！这次纪念活动的主题是“铭记历史、缅怀先烈、珍爱和平、开创未来”。我们要珍爱和平，如何开创未来？法治是我们不可回避的，而且是我们必须牢记的重要法宝。面对当前的国际局势，我们应该怎么让这个世界能够持续地和平、安宁，我认为从法治意义上讲，可以考虑以下几个方面：

第一，以法治的形式来为国际和平奠定一个法治的基础。我们在一个国家内要搞法治，我们在国际社会也必须坚守法治，正如联合国一直倡导的，我们要坚决反对那些在国内搞法治，在国际不搞法治，或者在国际上搞法治，在国内不搞法治的国家。我们既要有国内的法治建设，还要有国际的法治建设；我们要建造国内的法治基础，也要打造国际的法治基础。我们要用法治的形式来为国际和平奠定基础，我们要倡导用协商、谈判、调停、斡旋、和解的方式来化解国际争端，我们要用国际法律化的仲裁乃至审判的方式等来解决国际冲突，总之我们要用法治的形式为国际的和平奠定法治基础。

第二，我们还要用法治的形式来解决历史遗留问题。人类总是渐进地向前发展，这个渐进的发展过程当中有很多问题是事后方知的，我们并不是早有预见地把国家之间的疆界划得那么清楚，把一些历史问题早就弄得那么明白。而是在历史发展过程中猛然发现前人给我们留下一大堆问题，我们自己还有许多问题在历史中沉淀在那里，还不时地被人们想起，还成为国与国之间的纷争。怎么办？用合乎国际法治的方式来认识矛盾、解决冲突、解决历史遗留问题。

第三，我们恐怕还应用国际法治的形式来面对新的国际争端。当今世界是旧账未了，新账又起，老问题没解决，新矛盾又发生了。旧的问题要靠法治，新的问题也要靠法治，所以我们要用法治的思维、法治的方式来解决我们这个世界在今日所面对的新问题。

第四，我们需要用法治的形式来维护国际秩序。国际秩序大体还是安宁的，还是有序的，我们要用国际法治有效制止、防止侵略的发生，我们要用法治的方式来切实地化解矛盾，解决争端，使目前的国际环境能够持续乃至变得更好。

如果说我们能从这四个方面努力的话,那我们就能真正实现珍爱和平、开创未来,而法治在其中的作用就必定会得到凸显。谢谢这位记者朋友的提问。

中国国际广播电台记者:请问卓教授,我们应该如何通过法治的形式将第二次世界大战的成果固化下来?

卓泽渊:谢谢您提问!如何用法治的形式将“二战”成果固化下来?“二战”坦率地说首先是场灾难,“二战”本身不是成果,“二战”的胜利是成果,因为这个成果的获得付出了极大的牺牲,我们的代价是极为沉痛的。有了这样沉痛的代价,在走向未来的时候,我们必须把那些来之不易的成果确定下来,确认下来,保障那些成果不会得而复失——得到了又丢掉了,那我们的牺牲就白费了。因此,在这种情况下我认为可以考虑几个方面。

第一,必须遵守国际法,遵守国际法治。服从、遵守国际法治恐怕是“二战”成果得以维系、得以巩固的第一手段。在“二战”即将结束或“二战”结束以后,当时的参战国和未参战的许多国家共同致力于新的世界和平的打造,订立了一系列的国际条约,这些国际条约不仅确认了相关国家的权利义务,而且这些国际条约在今天已经成为国际法的重要渊源,也成为国际法的重要构成部分。现在我们必须遵守这些国际条约,遵守“二战”后国际法所确立的那些基本原则。只有这样,“二战”的成果才能被我们坚守。

第二,“二战”结束后,世界持续了70年的和平安宁——当然是总体上这样的国际环境,人类积累了更为丰富的处理国与国关系的经验,建立了一些新的规则,也发现和运用了很多在新的时期解决国家与国家矛盾冲突的方法、形式、路径,我们要努力把这些方法、形式、路径上升为新的国际法规则,上升为国际法的新内容,从而固化当前国际和平的整体态势,维护这个和平的局面、和平的秩序状态。

第三,推动国际法创新。国际法从来就不是一成不变的,人类从有国际交往开始,国际法的规则就在相互交往中不断向前进步、丰富、发展,一直到了今日。我们要走向未来,我们也一定担负着推进国际法与时俱进的责任和使命。所以,我们要使国际法不断向前发展,使国际和平因为国际法的进步而得到更多、更大、更好的保障。谢谢这位记者朋友,谢谢你的提问。

路透社记者:位于中央党校校门前由江泽民亲笔题字的“中共党校”校名卧石,本月从中央党校南门外马路边移到校内,这个是不是对江泽民的不尊重?这是否意味着党中央对江泽民不满?另外,可不可以帮我确认一下这个字体是不是江泽民写的?

卓泽渊:谢谢这位朋友就国内国际很多朋友关注的事情提出问题,本来与今天的议题不相关,但是我作为中央党校的教授,能够提供更多的信息给朋友们,也是我很乐意的。

中央党校校名卧石放在中央党校大门口外 50 米外的草坪上,这是此前的一个状态,那个校名的确是江泽民同志所书写的。江泽民同志书写的校名卧石现移到校门之内办公楼主楼之前,为什么做这个移动?昨天党校媒体已经做了很正式的解释。放在大门边上,很多人到了中央党校大门口都想去照相,照相最好的背景就是党校校名,而碑前就是交通要道,因为我们正对面就是颐和园的围墙,中间隔着的是到颐和园北宫门的交通要道,常常因为照相的人影响交通,也会影响照相人的生命安全。基于这个原因,为了交通安全,为了照相人的人身安全,中央党校统一安排装修装饰,把它移进了主楼之前。其实这不意味着对江泽民同志的不尊重,我们一如既往地尊重他。同时,我们还在校园内的中轴线上矗立了马恩塑像和毛泽东、邓小平的塑像,都是这次一并规划实施的。所以我要谢谢你的提问,让我解释了这个问题。谢谢您!

香港中评社记者：在“二战”结束70周年之际，安倍内阁正在不断推动“安保法”走向合法化，这个月将在议会进行表决。我的问题是，在“二战”结束70周年之际，在依法治国的框架下，我们国家如何在外交政策上保证外交政策的平稳，特别是在钓鱼岛、南海问题上保证东亚地区的安全和周边的稳定？

卓泽渊：谢谢您提问！中国政府的外交政策是和平的外交政策，和平共处五项原则是中国信守的，也是中国与其他国家共同努力而缔造的一项国际法基本原则。所以中国处理中日关系如同处理其他任何国家关系一样，都会在和平共处五项原则的前提下进行。这是我要说的第一点。

第二，在这个时候，如同一如既往的主张，我们一定要铭记历史，只有铭记历史，才可能真正有持久的和平。我们要努力开创未来，而开创未来，我们一定要遵从国际法治。所以，任何一个国内立法必须考虑国际法的要求，必须考虑人类共同认可的国际法的基本原则。那么，国内法对国际法的尊重是理所当然的法理诉求，我相信世界上许多理性而民主的国家，都会在当今时代依照法治的思维最终选择符合法治的道路，谢谢！

凤凰卫视记者：请问您，日本是从“明治维新”开始逐渐走上军国主义道路的，您觉得从法治的角度有什么需要反思的地方？还有，这两天日本民众正在集会，抗议新安保法案通过，您觉得强推安保法案对日本或者对中日关系来说有没有什么影响？

卓泽渊：谢谢您提问！日本明治维新对日本的发展是至关重要的，它使日本走上了资本主义的发展道路，也使其国力得到大大加强，经济得到了很大的发展。但是在这里我要说，一个国家是走向战争还是走向和平，决定的不是它的经济，我认为是这个国家的国策。一个国家如果趋向于战争的国策，贫穷也会发生战争，穷就是战争的理由——因为我穷,看不惯你富,因为我穷,所以我要向富人挑战,不怕打。富也同样会成为战争的理由,成为战争的基础——我富了,有钱了,不怕打了,于是就膨胀了,军国主义就出来了。所以说,经济发展的快慢、贫穷与富裕,不是决定一个国家战争或者和平的决定性因素,而决定一个国家是走向战争,还是持久地推进和平,我以为是它的基本国策。

您刚才讲到日本推动安保法的变化,我也看到报道,日本国内许多人也把它命名为“战争法”。我认为日本政府、日本有关机构、日本的人民会思考这个问题,而且应该思考,尤其是在“二战”结束的今天,多么深刻的教训,历史的包袱不能背着,背着就永远是负担,我们只有坦然放下历史包袱,才能走向未来,才能使我们未来的脚步迈得更加轻松。谢谢您!

经济日报记者:请问卓教授,大家最近比较关注的是特赦,在庆祝抗战胜利70周年的大背景下,您认为特赦和依法治国是什么关系?怎么评价法律价值,怎么看待其意义?

卓泽渊:谢谢你提了一个中国现在正在实施的法治行动,就是特赦。第一,特赦在全世界都有,世界上许多国家都有,大量国家都在国家的庆典、国家的重要纪念日宣布特赦。中国历史上也有,这是第八次特赦了。特赦是国际社会,也是中国历史上已有之成例,已经有的先例。这是我说的第一点。

第二,特赦在我们国家是依照宪法和法律实施的,特赦的整个过程都严格依照宪法和法律所确定的程序来决定、实施、推动。所以我认为中国这次特赦彰显了中国新时代依法治国背景下如何进行特赦,也是一次很好的法治范例,这是我要说的第二点。

第三,法律的价值追求是多元的,法律的价值追求是公平、正义、和谐、美好、仁爱、人道,这些都是人类很美好的价值观。通过特赦来纪念抗战胜利70周年,纪念世界反法西斯战争胜利70周年,具有社会学上的意义,同时也具有法律上的重要意义。而且,在这次特赦中首先是特赦了那些曾经为中华民族的解放、新中国成立以及保卫国家主权、安全和领土完整作出过贡献,后来由于种种原因而犯罪的相关主体。我们其实还对75岁以上年长的在押重犯进行了特赦。这彰显了中国的法治精神、仁爱精神、人道精神,我认为这次特赦的意义是法治的,但并不仅仅局限于法治。在岁月的流逝中,这场特赦必将会展现出它的魅力,展示出它的美好。谢谢!

中国网记者:您刚才提到了国际法,每个国家都要尊重与遵守国际法,请问中国在国际法的建设与完善中起到了怎样的作用,中国国内法的完善与推进依法治国对于国际法的发展又有怎样的作用?

卓泽渊:您提了一个很好的问题,中国在国际法建设中有什么作用,中国的依法治国对国际法有什么作用?我不是研究国际法的学者,是研究法理学的,我依然从法学理论视角给你一个解读。中国为国际法作出了非常重大的贡献。中国作为世界的主权国家之一,而且是作为世界的大国之一,一向积极参与国际法治建设,在历史上就有很多很重要的法治贡献,尤其是自“二战”以来,中国作为联合国的创始会员国,在联合国的组建、联合国作用的发挥、联合国的运行、联合国一系列法律文件的制作上,中国都发挥了积极的作用。

比如,中国和印度及许多国家一起倡导的“和平共处五项原则”已经成为国际上公认的国际法基本原则。中国在处理国际事务中与相关国家友好协商、彼此协作,用一种合作友好的态度来化解相互之间的矛盾纠纷,解决各种争端与冲突,实际上就是国际法的实践。所以,中国不仅仅在国际法的原则上、国际法律制度的建构上具有重要的贡献,在国际法律的实践中,我认为也作出了中国应有的重要贡献。

中国的依法治国对当今国际法会有什么贡献?什么叫国际,国际就是国家和国家之间,国际关系就是国家与国家之间的关系,国际法是调解国家与国家关系的法律,是国际社会的法律,但这个法律必须依赖每一个国家的国内法来贯彻实施,甚至每一个国家的国内法也主导着其在国际社会中的行为方式。国家与国家之间的互动、相互作用、相互协调,都严重地受着国内法的制约。中国推进依法治国,就意味着中国要在国内实行法治,中国也要在国际上尊重法治和奉行法治。所以,我们可以看到,我们的宪法法律就确立了中国的"和平共处五项原则",确立了中国"和平发展"的外交政策和发展道路,也在跟其他国家订立的相关条约、协议等文本中体现了中国走向法治的国家诉求。我认为,这些方面都是中国对当今国际法建设的贡献。既然历史上我们努力过,在未来我们为国际法必将继续努力!谢谢!

香港卫视记者:《刑法修正案(九)》11月会实施,里面有一条规定是,构成贪污犯罪的官员可以终身监禁。您觉得这个《刑法修正案(九)》实施以后,会对我们以后的反贪反腐工作产生什么影响?

卓泽渊:《刑法修正案(九)》公布了,最近的法学家也开始解读,谢谢你把这个很时髦的问题提给了我。关于官方的解读,我们去读读媒体上的报道就很清楚了。但是作为学者,我是这样思考的。因为贪污受贿的犯罪,特别是数额极其巨大、情节特别恶劣的,在目前的背景下,常常可能判的是死刑缓期执行,按照现有的刑法典可以改为无期徒刑,然后改为有期徒刑。那人民群众意见就大了,那么严重的罪行,减下来后有可能执行刑罚就没几年了。除了人民群众有意见,我认为也不公正:怎么开始判那么重,后来变得那么轻!怎么才能反映人民群众的要求,怎么才能体现司法的公正,怎么杜绝发生这种现象的可能性,我认为这次《刑法修正案(九)》做的修改是,贪污犯罪可以减刑,但是不能减到以前那样的程度,要终身监禁。我们的刑法有仁爱的精神,我们的刑法也要讲罪刑相适应,也要讲有法必依的原则,我们也要综合社会的呼声,最终必须坚守公平正义。我认为这次《刑法修正案(九)》正体现了这一精神。

日本朝日新闻记者：卓教授，您刚才讲的内容当中提到日本政权的新安保法，但是抗日战争胜利70周年纪念活动的目的，中方一直说不是针对特别的国家，不是针对日本，有没有矛盾呢？

卓泽渊：谢谢您提问！我们纪念抗日战争胜利70周年，请大家注意，我们的主题除了庆祝抗日战争胜利以外，还有世界反法西斯战争胜利70周年。中国庆祝、纪念这个胜利的日子，不是狭隘的民族主义，不是狭隘的复仇主义，如果一个民族陷入复仇，陷入本民族狭隘的立场，这个民族其行不远也，这个民族怎么能有未来呢？一个有胸怀的民族，一个有未来的民族，必须立足于人类、立足于世界宏大的视角来考察历史，反思历史。

我认为，对当年包括日本在内的法西斯国家对人类带来的灾难，我们应该给予清算，清算法西斯侵略战争的罪行。“二战”时期法西斯的侵略战争其实当时已经就是国际犯罪，因为“一战”后国际联盟第六次大会就已经宣告反对侵略战争，但是这些国家依然对别国进行侵略，给世界带来如此深重的灾难。如果人类忘记了这些历史，真的只能归结为两个字——“背叛”，所以这是不能忘却的。但与此同时，我们也要共同缔造未来，包括要和历史上那些发起侵略战争的国家。我们今天就是要铭记历史，缅怀先烈，要珍爱和平，开创未来。我刚才回答一位记者朋友的问题时讲过，我们只有着眼未来，这个世界才有前途，人类才有希望。日本也罢，中国也罢，其他相关国家也罢，我们应一起努力打造一个和谐、安宁、永远和平的世界秩序，我们应一起为建立良好的国际法治秩序努力奋斗。这就是我的期待，谢谢你！

中国老区建设画报社记者：今年是抗日战争胜利70周年，我们革命老区为中国革命作出重大贡献和牺牲，现在70多年过去了，很多老区依然很贫困，有没有考虑过制定老区促进法或者是老区法？

卓泽渊:您提了一个在我们这个时代应该思考的问题,我要谢谢您!老区为革命、为我们的抗日战争、保家卫国,都付出了极大的牺牲,这是我们始终要铭记在心、感激在怀的,这是我要说的第一点。

第二,如你所说,我们很多老区还比较贫穷,比较落后。但是我也要在这里跟记者朋友们说,大家有没有注意到,我们党在最近许多年以来,尤其是改革开放以来,加大了老区建设,甚至设立了一些特殊的老区发展计划、规划,推动老区建设。其目的、其良苦用心,我认为是中国整体的繁荣与进步,也包含了对老区人民的那份感激。

第三,我们能不能制定一部法律来推动老区建设,表达我们内心的感激之情,我认为这个建议挺好的,我也希望我们的建议立法机关能听到,能论证考虑。因为立法要经过法定程序,我们期待类似的法律早点出台。你之所望也是我之所期待,愿我们一起努力,谢谢!

人民日报记者:时逢世界反法西斯战争胜利 70 周年,就不得不提"东京审判"。我想问,当年的东京审判对于中国,特别是今天的中国有什么样的意义,我们又如何理解法治对于避免战争,维护世界和平的作用?谢谢!

卓泽渊:当年的东京审判对战犯作出了法律上的结论,其实东京审判是跟欧洲的纽伦堡审判并行的,这正是人类法治意义上觉醒的重要体现。为什么我们要用审判的方式来追究这些战争罪恶,作出法律上的结论?因为这是人类的期盼,用法治来维护人类的永久和平,必须用法治来惩办相应的罪恶。惩办是手段不是目的,但是审判是必要的手段,而且是最理性的手段。什么东西最理性?用法治审判的方式来依法追究其责任是最理性、最文明的方式。所以东京审判的意义在法治,在人类历史上的意义是伟大的。这是我说的第一点。

第二,东京审判其实也为中日两国关系作出了法律上的确定,不仅因为中日之间的关系被卷入那场战争,被侵略的也不仅是中国,参与审判的不仅是中国的法官,进行控诉的也不仅是中国的检察官。这是“二战”后的一次国际意义的法律审判,它代表的是国际正义的力量,运用法律的武器作出法律的裁断。对中国来说,解决了中日之间相当一部分(不是全部)的战争问题,也为以后中国和日本、中国和其他国家、其他国家相互之间如何对待战争问题、纠纷问题,以及战争罪行的问题给予了标准,作出了示范。尽管这70年我们没有再次运用这样的手段,但是我相信它的警示意义,对于中国和世界,它的法律确定性的意义及其成果的影响,将是极其深远的。

问到法治的意义,中国未来在和平发展上有什么作用,其实,我认为首先是我们的法律可以确认我们外交的基本方针政策。正如我曾讲的,法律已经确认了“和平共处五项原则”,不仅是国际法原则,也是中国奉行的外交政策、外交原则。我们有对和平发展道路的选择和坚守,我们还有要用和平方式来解决一切国际争端的制度和机制设计。我相信,这都是中国法治对中国自己的贡献,更是,也同样是对世界和平的贡献。

新华社记者:我们现在正在倡导的深入推进依法治国,对中国走和平发展道路、避免战争有什么意义和作用?

卓泽渊:你提了一个我们中国人民应该思考的问题,恐怕也是国际朋友很关心的问题,谢谢你！中国从那场苦难的战争中走来,如果要说对战争伤痛的那种领悟,那种体会,中国人民一定是全世界最深切的国家。我们为此付出了数以千万计的生命,国家和社会的发展因此而中断。我们一定不能忘记这一段悲伤、痛苦的经历。中国要走向未来,法治怎么来保障我们的和平,我认为一是我们要继续坚守、遵循、实践和平共处五项原则,坚守国际法的基本原则,在国际社会中成为一个法治国家的典范。这是第一点,在原则上我们的宪法法律要确认,我们在行动上要坚守和平共处的原则。

第二,我们要坚持自己已经走过来的,还将继续走下去的和平发展道路。中国在发展,中国现在还是发展中国家,中国怎么发展?我们要和平发展。所以中国的依法治国,必须在国内从国内法的角度坚守和平发展的道路,同时在国际上坚守自己的和平发展理念。国内和国际这两个和平发展的理念结合在一起,就构成了中国在新时代和平发展的法治思维和法治理念。

第三,中国还要运用法治的方式来推动、维护国际法治秩序,维护国际和平。世界的和平不是一国的事,不是几个国家的事,这是人类共同的主题,也是共同的使命。作为当今世界大国之一,中国担负着自己的历史责任。所以,在未来的发展中,我认为中国应该也必将会坚持既定的原则,为世界的和平、为国际和平秩序、为世界的法治秩序作出自己应有的贡献。谢谢你,也谢谢大家!

陈陆军:今天发布会就到这里,谢谢卓教授,也谢谢大家!请大家明天继续参加新闻中心的记者会。

附记

据当时新闻宣传部门领导说,这是第一次请学者作新闻发布人,也是纪念抗日战争暨反法西斯战争胜利七十周年六场记者会中唯一由一个人担任发布人的专场发布会。在发布会现场,国内外 400 多家媒体的记者们给予了热烈而友好的回应。记者会结束后,有关领导说,新闻发布会非常成功,说这不是作者帮他们完成了任务,而是作者为国家完成了任务。在此要向中宣部新闻局陈陆军同志表示衷心感谢。

85. 抗战发布会火了最萌法学家

摘要

8月31日上午，在抗战胜利70周年纪念活动新闻中心举行的第三场记者会上，对依法治国进行解读的中央党校政法部常务副主任卓泽渊因其“诗意”解读而意外走红。“这是一个美丽的秋季，这是一个美丽的早晨……”卓泽渊以诗意化的语句开场，继而引用刘禹锡的诗句。解读过程中，他时而慷慨激昂，时而神情凝重，表情丰富的他经常出现独特的笑容，有网友称其为“年度最萌新闻发言人”。

据2014年从中央党校毕业至今仍和卓泽渊保持联系的网友李孟（化名）向探针介绍，在他眼中，卓泽渊的“讲课、讲座都是很有诗意的，这反映了他一贯的风格”。

爱作诗的法学家

李孟向探针介绍，卓泽渊爱写近体诗，认识他的人都知道。李孟还向探针提供了去年春节时他与卓泽渊以诗拜年的短信。

卓泽渊:“辞旧迎新天尤清,尽扫冬霾春色明。炊烟飘飞黎庶乐,爆竹声颂天下平。万寿如山君堪比,百望似梦家有成。伫立庄前东南看,轻舟早发白帝城。”

李孟回道:“致君尧舜六合清,国士萧条耀宋明。进退皆忧后人乐,喜悲两忘思太平。立心合许为天地,行道非必尽有成。绝知高处风光好,莫辞辛苦上重城。”

李孟认为卓泽渊的这首诗虽在平仄、对仗上有瑕疵,但却“激荡着一种天下国家情怀”,并称诗作是卓泽渊排遣情绪的方式。

在中央党校 2009 级世界经济专业硕士曹良继印象中,卓泽渊经常在讲课、报告中以诗开讲。他向探针表示,卓泽渊有时直接引用古人诗歌,有时则是用自己写的诗歌。

卓泽渊每年参加研究生院的元旦晚会以及出席学校一些重大活动时都会引用自己的诗,曹良继三年读研期间亲自听到的就至少有八九首。

2003 年 10 月卓泽渊调入中共中央党校政法部工作。据李孟介绍,“很多人是觉得惋惜的,认为他留在西政这样一个法学重镇,对他在学术界的影响无疑是更有利的。但是卓老师一次在课上跟我们讲说‘中国需要批评者,也需要建设者’”。

李孟眼中的卓泽渊待人诚恳、热情、谦恭,“他每次回复短信的速度很快,而且回复有趣,从不敷衍”。他向探针独家提供了与其交往中的几件事。

卓泽渊常在中央党校门口理发店理发,15 元一次。一次李孟在理发店遇到卓泽渊便想帮其一起结账,结果他扔下 50 元就跑了。李孟因此被一位同去的师弟嘲笑“拐老师的钱”。

李孟有次在学校门口吃饭时遇到卓泽渊,后者开玩笑地说“我这个老头子可以跟你们一起拼桌吗?”饭后结账时卓泽渊固执地结了账,并说:“我的学生,一定是工作了以后才有资格请我吃饭。”

李孟向探针表示,饭后一个多小时卓泽渊因工作调动给他们发表了“告别演说”,“他是利用中午的时间来写告别演讲的稿子,误了饭点”。

关爱学生的法学家

曹良继向探针介绍,卓泽渊对学生的生活、工作都特别关心,周围师生对他评价很高。

曹良继对探针介绍,卓泽渊还积极推动学生的就业工作。

曾有一些用人单位误把中央党校函授学历和全日制研究生学历混淆,给全日制研究生的就业带来不便。对此,卓泽渊带动研究生院的有关部门向各地用人单位(以党政机关为主)发函说明情况,同时还向各地的公务员局等部门进行解释,使多地的公务员报考资格向中央党校敞开。

(转自微信公众号“探针”,2015年9月1日。)

86. 将“诗朗诵”带进记者会的法学家

2015年8月31日，北京，抗战胜利70周年纪念活动新闻中心第三场记者会，中央党校政法部常务副主任卓泽渊受邀解读依法治国，他诗朗诵般的讲话视频在网络上瞬间走红。

将“诗朗诵”的习惯带到一场举世瞩目的记者会，中央党校教授卓泽渊无意中走红。如何研究法律与政治的关系，如何向官员讲解依法治国，如何看待对其个人风格的争议，这位两度进入中南海讲课的法学家接受了南方周末记者的采访。

回应质疑：记者会的活泼氛围是在前期协调会上就商定好的，“网上是有一些负面评价，我看过，笑一笑。而且这次的效果，主办方和有关部门非常满意”。

解读政策：多用中央重大决议、领导人讲话来阐述观点，不说或少说个人的主观评论，不能“把对中央意图的解读变成对自己意图的解读”。

三年前在西班牙访问时，许多当地人向卓泽渊抱怨交警“太坏了”：可罚款可不罚款时，一定罚；可轻罚可重罚时,一定重罚。

“为什么呢?因为西班牙法律规定,交管部门可以从罚款中提成。我当时睁大了眼睛,心想他们是不是派人到中国进修过啊?”

2015年9月20日上午,广东佛山金马剧院内,中共中央党校政法部常务副主任卓泽渊的一席话,让坐在台下听讲的500名律师笑成一团。

停顿三四秒后,卓泽渊收起笑意:“同志们,这说明不管中国还是外国,只要机制有问题,带来的弊端都一样。”

“这是一个美丽的秋季,这是一个美丽的早晨。”一个月前,抗战胜利70周年纪念活动新闻中心记者会上,“诗意的朗诵”和丰富的表情,让这名52岁的正厅级法学教授成了“网红”。

“网上的评论是有一些负面评价,我看过,笑一笑。”卓泽渊说,记者会的活泼氛围是在前期协调会上就商定好的,要求就是宽松自然,不能做成讲解会、宣传会。“而且这次的效果,主办方和有关部门非常满意。”

“敢说”的分寸

卓泽渊的繁忙程度,基本与中央依法治国的决策部署步调一致。

2014年10月23日,十八届四中全会通过《中共中央关于全面推进依法治国若干重大问题的决定》(以下简称《决定》),希望卓泽渊讲授解读依法治国的邀约纷至沓来。

“那段时间,我外出讲课的频率达到了这几年的峰值。今年春节之后,又慢慢归于平静。”卓泽渊说。

别看记者会上,卓泽渊的每一次答问都是谨小慎微、精细地拿捏着尺寸;到了课堂上,他比很多人想象的“敢说”。

在最近的佛山讲座上,卓泽渊甚至主动提及了一个“敏感话题”:一年前,因为看到有些文章重提阶级斗争,有企业家专门飞到北京向学者请教:是不是又要搞阶级斗争了?

文章发表七天后,中共中央总书记、国家主席习近平在国庆65周年招待会上的讲话中强调了八个必须坚持,其中包括:坚持以经济建设为中心;坚持高举团结的旗帜。

“同志们,‘以经济建设为中心’的说法来自十一届三中全会及其以后的《关于建国以来党的若干历史问题的决议》,提出了要把全党工作的着重点和全国人民的注意力转移到社会主义现代化建设上来,并果断停用了‘阶级斗争为纲’。”卓泽渊反问,“现在,我们要坚持高举团结的旗帜,还能搞阶级斗争?”

他的解读只三言两语,干脆利落。

对于演讲者来说,精准、恰当地诠释一项政策就像照着剧本表演,需要掌控分寸、拿捏火候。“这要靠学术上的、信息上的、资料上的长期积淀,还有判断力和敏感性。”卓泽渊说。

与一些学者喜欢发表个人见解不同,卓泽渊在做讲座时,常常引用中央重大决议、领导人讲话阐述观点,不说或少说个人的主观评论。在他看来,解读政策的基本要求是用事实、文件和逻辑说话,结论不能超出人们的常识认知。有时,一个论据出错、一个推导过火,就可能“把对政策的阐释变成对自己意图的解读”,听众们也会反感,会用脚投票、起身离席。20世纪80年代在西南政法大学读研时,卓泽渊就已通读了50卷马恩全集,对于近年来的中央文件和领导人讲话,更是烂熟于胸。尤其对那些与依法治国相关的标志性话语,最早出自哪里、依次被谁引用,以至于每一次被提及的时间、场合,他都是如数家珍。

在课堂上,卓泽渊经常提到《决定》中的一段话:坚持依法治国首先要坚持依宪治国,坚持依法执政首先要坚持依宪执政。

“很多人可能不知道,这两句话,最早出自2012年近平同志在首都各界纪念现行宪法公布施行30周年大会上的讲话,他说‘依法治国,首先是依宪治国;依法执政,关键是依宪执政’。听说后来有同志表示无法接受这一表述。是党的十八届四中全会的决定,将这一论述予以坚守,并做了进一步发展,成为了‘四个坚持’。”卓泽渊说,在去年的宪法日指示中,习近平又特别强调了《决定》的这一表述。

特殊的学堂

近年来,卓泽渊除了给中央及地方党校学员上课外,还有不少时间花在高校、国企和大众的讲座上。

2007年9月,卓泽渊在接受《法制日报》采访时表示,“中国的依法治国的事业实在是急迫地需要法学理论工作者走出书房,更多地宣讲法治、鼓动法治”。

他曾用“两个变化”概括个人的角色:从比较单纯地从事法学理论研究转向更多地关注依法治国上的法治实践;从主要从事法学的国民教育转向更多地参与依法治国中的干部法律培训。

卓泽渊参加过的最有影响力的讲座,当属2006年和2011年,两次进入中南海怀仁堂,为中共中央政治局集体学习讲课,讲座题目分别是《坚持科学执政、民主执政、依法执政》和《推进依法行政 弘扬社会主义法治精神》。

但提起这些幕后故事,他还是微微一笑,“不能说的,什么时候、什么场合都不能说”。“其实我讲课用的数据、资料都是公开的,不信你到网上去查。”他补充道。

对卓泽渊来说,受到校外讲座邀请在十几年前就是家常便饭,只不过当年的主题不是依法治国。

2002年,近40岁的卓泽渊受邀在深圳市读书月活动中主讲“公民权利与社会法治”。那是一场面向公众的讲座,需要买票。当时,“公民权利”在国内尚属新锐话题，有些香港学者以及美国驻港总领事，都专门跑来旁听。

2003 年，身为西南政法大学副校长，卓泽渊既可以到重庆市政府任职，也可以到中央党校工作。

最终，他选择离开歌乐山，去了颐和园北宫门外的中共中央党校，台下的倾听者从“同学们”变成了“同志们”。在很多人眼中，党校，尤其是中央党校是一个神秘的所在。但在其中浸润了十几年，卓泽渊觉得这座校园并非人们想象的那么神秘，“如果非说神秘，或许就是在里面学习、工作的那群人”。

每周五上午，党校会邀请一名省部级官员前来授课，听众以党校学员为主，但老师们如果时间允许，也会带上笔、本到场聆听、学习。给地方学员上课时，卓泽渊能够了解基层实践中的问题。党校有一种授课方式叫双向交流，学员和老师分两排面对面而坐，“可以提问、讨论任何问题，没有禁区”。交流中，学员把日常工作中的疑问、困惑与人分享，老师则一边解答，一边从中汲取养分，收获之丰厚“相当于搞了一次基层调研”。

一次，一名刚下课的县委书记向他询问：卓教授，我们县检察院查办腐败案件，请县委对几笔涉案款项提出认定意见，这个事能做不能做？卓泽渊答：当然不能，检察院没有义务向你汇报，你也没有权力干涉他的工作。“你要么装作不知道；要么口头答复他：按照法律，该怎么办就怎么办。”

尽管这位县委书记的问题看似多此一举，但与十年前相比，领导干部们的法治观念已经有了大幅提高。卓泽渊至今记得 2005 年的一次双向交流，当时，某省委副秘书长直言：依法治国根本不适合中国国情，中国就应该搞人治，因为法律离不开党的领导、离不开思想政治工作、离不开人的作用。

"现在,没人再说这种话了。中国的法治进程虽然曲折,偶有回流,但总体在前进。"卓泽渊说,新闻里那些自称因为不懂法律而贪腐的官员,只是在为自己找遁词;如果不牵扯个人利益,官员一般不会触及法律的红线,"因为风险太大了"。

严肃与浪漫

进入中央党校后,卓泽渊的研究重心从传统法理学转向法政治学。2005年,他出版了《法政治学》一书。

在法学界,"法政治学"是一门边缘学科。在卓泽渊看来,法律与政治有着天然的联系,但人们在处理二者关系时经常走偏:一是政治代替法律的现象,"可以说,政治挂帅,政治代替法的历史教训是极为深刻的"。二是法学排拒政治的现象。

他认为,法治作为一种整体的社会状态,它涉及的一个重要方面就是政治的法治化。如何把政治纳入法治的轨道?政治权力如何调控?政治责任如何确定?什么样的政治才是文明的政治?……这些都是需要解答的问题。

学术道路的转变,也契合了作为党校教授的职责。在不同的听众或学员中,领导干部是最主要的群体。他们关心怎样行使权力,以及与权力对应的责任问题,"特别是责任追究和责任分配"。

十八大以来,重大决策终身责任追究制度、责任倒查机制逐步建立,除追究行政首长、相关责任人外,还要对负有责任的其他领导问责。

"最后一点指的就是党委领导,这是1949年后几乎没有被追究过责任的一个群体。"卓泽渊说。他会援引2013年的青岛黄岛输油管爆炸事故、2014年的昆山金属粉尘爆炸事故和2015年上海外滩踩踏事故等追究党委正职官员的案例,着重放大对责任追究、责任分配的讲解,提醒台下的官员们要注意前车之鉴。

卓泽渊认为,要想获得听众的认可,演讲者必须超越事物本身,挖掘表象背后更深层次的东西。比如,说到反腐,就要找到引发腐败的制度原因、体制机制弊病,找到改变这种状况最直接的着手点。"你要说出一些'人人心中有、各个嘴上无'的剖析,这样才能真正抓住听众的心。"

不管走到哪里,卓泽渊总会带着他一以贯之的微笑,抑扬顿挫的声音和不时吟诵的诗作。在佛山,他又赋诗两首,填词一阙。其中一首《为十八大依法治国题诗》写道:

古国猛醒百年间,万世太平梦渐圆。
枕戈待旦夜色冷,闻鸡起舞晨风寒。
几度苦雨润青葱,一朝霞光映斑斓。
人民民主路已定,依法治国启新元。

诗作念完,台下响起一片掌声、笑声。卓泽渊从座位上微微站起,向观众席点头致谢。

这些鲜明的个人风格,也给他引来一些质疑。8 月 31 日记者会后,曾有网友调侃他的发言"像是诗朗诵",还有人觉得他的诗作水平不高。

卓泽渊对此不以为然:"当年奥巴马发表演说时小跑到主席台上,也是有人嘲笑有人推崇。我们为什么不能允许一位学者以一种浪漫的方式,对一个浪漫的主题作出回应?"

(2015 年 10 月 1 日首发于《南方周末》,作者滑璇。)

87. 十年磨一剑，建构法的价值论

我原来对卓老师只有匆匆的一见，偏巧在此后不久就接到编辑部里刚刚开辟的《法学英才》栏目的采访任务——第一个采访对象就是卓老师。脑子里一时浮现出那天见卓老师的情景：他那天大概是为《检察日报》第3版“法苑抒臆”撰稿事宜而来，当时我正从机房忙着回到编辑部，见到一个学者模样的人正和部主任交谈。只听见卓老师说，我就是特意来搞清你们对“法苑抒臆”的用稿要求的。短短一句话，说明了一个人诸多的特性。其一，他的谦逊儒雅；其二，他的一丝不苟；其三，他的这种为小小的用稿要求而不辞劳苦的作风，说明了他之所以为他——未过不惑之年即成就斐然的原因。在有关他的基本资料里，我们看到这样一些信息：西南政法大学副校长、法学教授、中国法理学研究会副会长、中国杰出中青年法学家。

翻开他的履历，可以看到法学青年学者的典型历程：中学毕业后就读于西南政法大学，从此一发而不可收，做学问，搞教学，与此同时还不停地深造，读了硕士读博士。他大概要算是我国高校中“纯科班”出

身的学者型领导的典型代表了，也是我国名牌大学最年轻的校级领导之一。

他以一种理性的眼光审视着我国的法制建设，在我国越来越趋完善的法治环境里，以一个法学家的社会责任感，时时检阅着我国法治进程中若干可以引起我们深思的东西。这可以从他新近写的几篇文章里充分体现出来。在《检察院：两把剑》一文里，他从我国检察机关作为法律监督机关在司法人员和普通民众中的接受程度，谈到我国的法治进程。从某法院院长把所有经他签发死刑命令的名单列出，不时翻阅他们的档案，生怕酿就错案这一细节，传导着一个司法工作者的良心和职责。字字珠玑，从卓老师深入浅出的法学随笔中，我们又何尝不能领会他作为一个法学工作者的良知与使命呢！

卓老师主攻的方向是法理学，在这一领域里，他对既有的法学基础理论教学与教材体系进行了重大变革。从多年的法理学教学实践中，他感到我国的法学基础理论教学存在明显的缺陷：传统的法理学课程设在大学一年级，在学生们还没有充分领会到法律精髓的时候对其进行深奥的法理学教育，违反了人们的认识规律。这一点我作为法科学生出身的记者，是深有体会的。一年级我最头疼的就是法理学的学习了，只能是死记硬背一些不甚了了的名词和原理。卓老师充分研究了欧美国家的法理学教育，在借鉴中华人民共和国成立前及我国台湾地区将法理学分为《法学绪论》和《法理学》教学模式的基础上，与同事们一道在国内率先将传统的法学基础理论体系“一分为二”，分别为《法学导论》和《法理学》两门课程。前者是对一年级法科学生的入门指导，后者则是对法律知识框架已基本形成的高年级学生的法学理论的深化。这种有步骤的教学，深得法律同行们的肯定。

当然，在法理学领域，卓老师还有其他引人注目的成果：参加了国家重点项目的研究课题《社会主义市场经济的法律问题研究》、国家社会科学基金项目《体制改革过程中民族区域自治法制问题研究》,著有《马克思主义法学新探》《法的价值论》《中国法治的过去与未来》等。其中,卓老师对“法律价值”的研究“情有独钟”。他认为,法的价值是涉及整个法学领域的基本概念,有必要对此全面认识。他强调人是法的价值主体,法的价值是以人与法的关系作为基础的法对于人的意义,强调的是法对于人的价值。由于以前意识形态的影响,我国法学界认为强调人的主体性是唯心主义的主张,因而对此缺乏系统的研究。目前,国家教委和司法部相关教材均在一定程度上采用了他有关法的价值的观点。

谈到他任职不久的西南政法大学副校长一职,由于不可避免地要占用一些时间,卓老师显得有点无奈。我提到有一些学者为了能使自己的学术思想得以有效地传播,还特意弃学求官,他未予评价,最终只是以“自我修养与服务社会的价值冲突”对此作结,显示了一位学者甘愿牺牲自我的博大胸襟。

访谈间,卓老师提到自己在情绪特别好或者是情绪不好的时候,往往以诗来外化或排解。诗是一种高雅的消遣,常人难以企及。而更为难得的是,卓老师有一位同行夫人——他夫人从事的是国际法研究,虽然也有自己的一番事业,但家务大多是由夫人悉心照料。说到这里,卓老师有一丝歉疚,也有一丝拥有这样一位夫人的自豪。一边是夫人如风相随,一边是诗海如云漫卷。这样的日子,即便忙碌,也堪可告慰。

卓老师实在是太忙,无暇顾家。他同时是教授、律师、仲裁委员会委员、区人大代表——找他采访时,他正在区人大。我想,正是这样一些有学问的忙碌者,预示着中国法治建设的希望。

(晏向华,《检察日报》2000 年 6 月 22 日。)

88. 法学与法治的探求者

“这是一个美丽的秋季，这是一个美丽的早晨。”在2015年纪念抗战胜利70周年的新闻发布会上，新闻发布人卓泽渊老师这样一句极具个性的开场白，引起了众多记者和网友的热议。在此后的很多讲座上，卓泽渊老师一旦以这样一句诗意的问候作为开始，听众总是报以会心的掌声和笑声。

从事法律学习与研究已有30多年，卓泽渊老师早已与法结下了不解之缘。这么多年的工作，虽然岗位有变化，但是他的人生从没有离开过法和法学，没有离开过教学与研究。

法论三部曲的吟唱者

法是什么？法的内容是什么？法的本质、功能和价值是什么？这些法学问题看似简单，实则十分复杂。说其简单，这些几乎是所有的法学入门者都首先要了解的问题；说其复杂，古往今来的法学大师都从这些问题起步，但是至今没有谁被公认穷尽了对于这些问题的解析与论证。

作为一名从事了30多年法学理论教学与研究的学者,对于这些基本而重大的理论与现实问题,卓泽渊老师一直都没有停止过思索,而是孜孜不倦地进行学术探索。1984年,卓老师本科毕业留西南政法学院任教;1987年攻读硕士研究生,开始研究法律价值,写作相关主题的硕士论文;1990年为西南政法大学《法理学》教材写作“价值论”部分;1994年出版《法律价值》专著;随后写作以法的价值论为题的博士论文;再以“卓泽渊法论丛书”连续出版《法的价值论》《法治国家论》《法政治学》三部著作。这三部著作被称作卓泽渊的“法论三部曲”,2018年分别再版它们的第三版或第四版。在卓老师看来,随着时代的发展,法自身的发展,人们对于法的认识也在发展。在我国社会的发展中,法的本质、法的功能、法的价值都在发生变化,对于法的这三个方面的认识,即本质观、功能观和价值观也应得到更新。伴随中国40年来的改革开放,我们逐步认识到司法机关及司法体制改革目标都应当是实现全社会的公平正义。就整个法律来说,其价值目标也应该是实现和维护全社会的公平正义,促进人类及其个体的全面自由发展。一个进步社会的法律,不是要不要公平正义的问题,而是在何种程度上实现了公平正义,是否真正实现了公平正义的问题。通过对公平正义的追求,最终促进人类的全面自由发展。

这三部著作的写作与再版,从卓老师1987年攻读硕士学位研究生,开始写作法的价值论著作起算,前后跨度30多年。著作几经修订,体现了卓泽渊老师对于法的学术认知与研究深化。

中国法政治学的开创者

法与政治是怎样的关系,古往今来,许多学者都有着大量论述,这是法学研究无法回避的重要问题。随着社会发展,法治国家建设的推进,政治与法治更是紧密地联系在一起。可以说,法治已经成为现代政治的重要目标,法治也成为民主政治的有力保障。无论是传统的政治学还是法学,在当今时代,都难以全面地担负起理论总结和指导的重任。因此,作为一门新的学科,法政治学的建立,显然具有紧迫而现实的意义。卓泽渊老师认为,创立法政治学的客观依据在于,法律与政治之间的密切关系,尤其是二者之间存在的交叉重叠关系,由此导致许多社会现象既具有法律属性,也具有政治属性,这些都为法政治学的创立提供了坚实基础。

早在 2004 年,卓老师就为西南政法大学的博士生开设"法政治学"专题讲座,在西南政法大学和中央党校分别招收法政治学方向的博士研究生。2005 年,卓老师在《现代法学》发表了《论中国法政治学的创立》一文,出版了《法政治学》著作。那时,卓老师广泛涉猎国内外相关研究资料,经过一年多的潜心研究,才完成了具有完整逻辑体系和独到理论内容的《法政治学》著作。说起《法政治学》这本著作,卓老师深有感触:"当时,在所有的汉语著作中都没有这个名词,在互联网上也检索不到这个汉语术语。在英语文献中,可以检索到的唯一的书名为 Politics of Law 的著作,是美国的一部与法律、政治相关的著作,为数十人集体合作的大学教材,但它不是将法政治学作为一个独立的新兴学科来研究的专著,也不是概念清晰、结构完整、逻辑严密、自成体系的学术著作。"卓泽渊老师的《法政治学》这本著作以及《论中国法政治学的创立》一文成为中国法政治学的发轫之作。

到今年,卓老师的法政治学著作已经出版了第 3 版,"法政治学"作为一门学科,已经得到学术界的普遍认可与重视。在卓老师的倡导或者参与推荐下,中央党校、西南政法大学、华东政法大学等先后以法政治学作为专业方向甚至二级学科招收博士研究生。

法治理念的传播者

2003 年的夏天，对于卓泽渊老师来说，是人生的一个重要转折点。那年的 8 月下旬，卓老师来到中央党校工作，开启了他人生的新篇章。

进入中央党校的十数日，他就开始了干部培训的课堂教学。时至今日，已经 15 年过去了。一路走来，工作岗位在变化，但是不变的就是法学教学与研究。给党政领导干部讲课，给学位研究生讲课，给社会公众讲课，他不遗余力地传播法治理念。其中最引人关注的，应当是他参与的给中央政治局集体学习主讲的两场讲座。2006 年 6 月 29 日，他与张志明教授一道为十六届中央政治局集体学习主讲了题为《坚持科学执政、民主执政、依法执政》的讲座；2011 年 3 月 28 日，他与胡建森教授一道为十七届中央政治局集体学习主讲了题为《推进依法行政与弘扬社会主义法治精神》的讲座。谈起这两次政治局的讲课，卓老师总是特别低调。用他自己的话来说，“只是幸运地得到组织和领导的信任，完成了自己的一个工作任务”。

多年来，卓老师始终坚持参加中央政法委、中宣部、司法部、中国法学会等组织的“百名法学家百场报告会”活动。2008 年 12 月，中央有关部门在人民大会堂举行“中国法治最佳宣讲奖”颁奖仪式，他作为获奖者之一获得了这一荣誉。

卓泽渊老师的法治宣讲并不仅限于这些讲座。说起来，引起热议的还有纪念抗日战争胜利 70 周年的中外记者新闻发布会。2015 年 8 月，暑假中的他突然接到通知，要出席纪念抗战胜利 70 周年的中外记者新闻发布会，主题为“全面推进依法治国”。发布会主题严肃、影响巨大、事关重大，全世界 400 多家媒体出席，中外电视和网络现场直播。中外记者的提问涉及许多始料未及的话题，又是同传翻译，不能给发布人多余的思考空间，更不能出任何差错。卓泽渊老师冷静淡定却不失精彩，用网友们的话来说，他呈现了一场充满诗意的新闻发布会。发布会很好地消除了国际社会对我国的一些误解，阐释了我国的许多重要主张，取得了很好的社会效果和国际反响，受到了各方的充分肯定。

法学教育的推动者

1996年，当时年仅33岁的卓泽渊老师就在前辈的帮助和同辈的支持下，在西南政法大学主持进行了“法学基础理论”课程与教材改革。当时的法学院校普遍开设的课程名称叫“法学基础理论”，兼具法学学科入门引导和理论深化的双重任务，各高校都开设在大学一年级。法学初学者很难理解诸如法的价值、法的功能等艰深的理论。卓老师与西南政法大学法理学科的老师们一道开创了“法学导论”和“法理学”分别在大学低年级和高年级开设的教学模式，成功解决了低年级入门引导与高年级理论深化难以兼顾的问题，这实际上是对当时中国法学课程结构体系的整体性改革。为此，他主编了相应的《法学导论》和《法理学》教材，被列入高等学校法学教材系列于1998年出版后三次再版。2003年他进入中央党校之后，独立写作了列入国家“十一五”规划教材的《法学导论》以及21世纪法学规划教材的《法理学》，这两本教材分别于2007年前后初版、2015年前后再版。

卓泽渊老师曾经先后两次参与了中央党校和西南政法大学的法理学博士授权点、法学一级学科博士授权点的申报工作，付出了极大的心血。2003年，卓泽渊老师来到中央党校工作之后，中央党校法学学科要申请法学理论博士学位授权点。根据有关文件规定，调入新单位的申请人，其申报成果必须是进入新单位之后的著作。为此，卓老师开始了长达一年多的艰苦努力。在2005年申报前，他用了一年半的时间完成了博士学位申报表中作为申请人之一的学术成果的全面更新。他承担了数个重要的科研项目，发表了十多篇学术论文，出版了《法政治学》这一具有原创性的学术专著。在学校领导的关怀下，他和同事们共同努力，2005年中央党校获得了法学理论博士学位授予权，随后获得了法学一级学科硕士学位授予权，2017年又获得了法学一级学科博士学位授予权。这是中央党校政法部的老师们十多年来孜孜以求的愿望。对此，卓老师感到非常欣慰。

卓泽渊老师常常自谦地说，自己是法学研究的一名微不足道、执迷不悟的求索者。他一直在以自己的方式和力量推动着法治理念的传播和法治中国的进程。

（戴菁，《学习时报》2018年9月8日。）

89. 敬畏法治，做个法治郎

法者,天下之程式也,万事之仪表也。党的十八大以来,党中央从实现国家治理体系和治理能力现代化的高度提出全面依法治国的重大战略部署,法治中国建设驶入“快车道”,公平、公正、民主、平等理念深入人心。科学立法、严格执法、公正司法的制度机制,让社会主义民主政治具有了更加鲜明的中国特色、时代特色,法律法规更加符合社会发展和人民意愿,回应时代命题,引领国家发展。

中国特色社会主义进入新时代,党的十九大报告对中国特色社会主义法治提出了新的要求,这些新要求对全面推进依法治国至关重要。9 月 19 日下午,中央党校(国家行政学院)大礼堂里举办了一场由卓泽渊教授主讲的《当代世界法治与中国司法改革》讲座。卓泽渊教授带着哲理、带着诗意般情怀开始了他的“五当代大报告”。他的课深度结合世界法治发展历史进程,梳理剖析我国近现代法治发展脉络,叙述精彩,生动幽默,让广大学员深受启迪。卓教授的讲座时而慷慨激昂,时而低回婉转;时而似大河奔流,时而似小溪潺潺。理性解析时,全场寂然,陷入深深沉思;动情演讲时,全场振奋,掀起阵阵掌声。广大学员在知识中增长见解、在案例中加深思索,深深体会“法治尽显锋芒,势若潮,不可挡。地利人和民所愿,天意谁能抗?思维法治化,做他个,法治郎。天地偏爱我,莫负好时光”。

全面系统,结构严谨。卓教授所讲的课主题宏大,立意高远。他从西方资产阶级革命讲起,从英国、美国的资本主义法律体系到法国、德国、日本的资本主义法律体系,娓娓道来,若行云流水。从资本主义国家的法治到社会主义国家的法治,侃侃而谈。对于世界司法改革的潮流从英美法系国家到大陆法系国家,面面俱到而又重点突出。从我国清末法治思维的启动到中国特色社会主义法治建设进程,理解深刻而又脉络清晰。

诗意盎然,语言幽默。卓教授的课既激情澎湃又蕴含深远,让学员在肆意畅想中领略知识的力量,感受人类的伟大。本来法律是严肃的字眼,甚至让人感觉枯燥。但是,用他的言语表达出来,就像诗人抒发感情一样,把枯燥的法学讲出诗意,从严谨的法理道出词韵,让人耳目一新。沿着他的思路,学员的思维就像河水一样潺潺流淌,仿佛置身诗句“留连戏蝶时时舞,自在娇莺恰恰啼”中的意境。卓教授列举的案例绘声绘色,引人入胜,对案例的剖析和点评充满睿智又不失风趣幽默。

旁征博引,寓意深刻。说到世界法治,拿破仑与法国民法典、吉提恩案、米兰达案、特朗普推特拉黑案、德国妻子告密案等案例,卓教授总能悉数讲解,大家在感受这些故事内涵的同时也暗暗赞叹卓教授学识渊博、见解深邃。在讲述中国司法时,对张扣扣杀人案、于海明反杀案等轰动国内的典型案例,总是条分缕析,一语中的,虽为精心选择,却无雕琢之感。

师生互动,精彩纷呈。只有心底的明媚,才能滋养出持久的赏心悦目。卓教授的课互动性极好,他与学员之间时时产生同频共振。在他举手投足之间、抑扬顿挫之时，时刻吸引着学员的目光，成为课堂上下的互动焦点，不时引起大家的共鸣和阵阵掌声，让大家在不知不觉间进入时间的隧道。两个多小时的授课，转瞬即逝，学员们个个意犹未尽。

一次短暂而精彩的授课，浓缩了中央党校“学高为人师、德高为人范”的教师风采。卓泽渊教授为了获得司法体制改革最新的资讯，在课前向相关部门核实请教。在备课时，他认真对待每一个引证、案例、数据和材料来源。卓教授对教育工作的热爱、对学术的追求践行着习近平总书记提出的“党校要以良好的学风校风保证教育培训质量”。

法治社会是现代国家的根基，社会治理是国家治理的关键。新中国成立以来，中国法治之河奔流不息。纵观其发展历程，可以说是“青山遮不住，毕竟东流去”。直至今日，浩浩荡荡，可谓“惊涛拍岸卷起千堆雪”。世界的司法体制改革已经启动，正以澎湃之势奔涌向前。中国司法体制改革异军突起，独领风骚。党的十九大报告指出：“深化司法体制综合配套改革，全面落实司法责任制，努力让人民群众在每一个司法案件中感受到公平正义。”如何深化？卓教授告诉我们必须着眼于体制、机制、制度。诚如习近平总书记所说：“司法不公的深层次原因在于司法体制不完善、司法职权配置和权力运行机制不科学、人权司法保障制度不健全。”我们要敬畏法治，让一切权力循法而行，依宪施政、依法行政的节奏越来越清晰，法治中国建设的步伐越来越稳健。

［作者陈庆立，2018 年秋季学期中央党校（国家行政学院）“推进构建人类命运共同体”厅局班学员，全国人大常委会办公厅联络局巡视员、副局长，2018 年秋发表于《学习时报》。］

90. 法治中国，莫负好时光

法治尽显锋芒，势若潮，不可挡。地利人和民所愿，天意谁能抗？

思维法治化，做他个，法治郎。天地偏爱我，莫负好时光。

讲座开场，卓泽渊教授诵读这首词。如果拿块醒木，这就该叫定场诗。作诗、诵读，据说是卓教授的日常。同样乡音顽固，卓教授一开口，就让人深感之前错怪了罗教授。公平点说，罗教授的“湘普话”，同卓教授的“渝普话”，难分伯仲，各有千秋。

诗性的开场，为整场讲座铺陈了诗意的底色。《当代世界法治与中国司法改革》，这么严肃有余的话题，被卓教授讲得洋洋洒洒，不时还穿插着自拟的诗作。听众频频鼓掌叫好，教授屡屡起身还礼。不由感慨，真希望中国的法治环境也能如此，良性互动，相得益彰。

讲座包括三大部分：第一，法治：当代世界的历史潮流；第二，司法改革：世界法治的重大主题；第三，司法改革：中国法治发展的重大主题。内容既有对欧美国家法治演进的溯源，也有包括中国在内的社会主义国家法治探索的回望；既有宏观法治进程的总体观照，也有“米兰达规则”“德国夫妻告密案”这样的细节点拨；既有对国外司法改革的情况介绍，也有对中国法治发展的具体阐释。两个多小时，内容丰富，脉络清晰，张弛有度。

……

卓教授在讲座中引述了“昆山反杀案”。2018 年 8 月 27 日晚，刘海龙驾驶宝马轿车在昆山市震川路西行至顺帆路路口，与同向骑自行车的于海明发生争执。刘海龙从车中取出一把砍刀连续击打于海明，后被于海明反抢砍刀并捅刺、砍击数刀，刘海龙身受重伤，经抢救无效死亡。9 月 1 日，昆山市公安机关以于海明的行为属于正当防卫、不负刑事责任为由对该案作出撤销案件决定。

这个案件的舆情发酵过程中，学界和舆论也有关于弱者和守法者的讨论。有学者表达的观点，像是教科书式的解读，但与舆论的总体倾向和情理差距很大，这恰恰反映了法治问题的复杂性。最终，法律的裁决，彰显了法治的价值，也契合了公众的普遍认知。

在讲座中，卓教授还提及“张扣扣案”。从法治角度看，这个案件留有若干遗憾和难题。由此看来，法治可能的确难以解决所有问题，尽管它可能是社会治理的最佳方式。这听上去很是沉重。沉重也许恰恰因为，它击中了现实的泪点。

好在，卓教授是个激情澎湃的学者，他在讲座最后，献上一首诗，让我们得以从无奈中触摸法治的亮色。

公正神圣掩尊颜，深陷重围相见难。
犹囿旧习形若狱，更因体制固如磐。
千呼司法黎民望，万唤公平獬豸还。
妙笔点睛能入梦，化作龙跃九州间。

“让我们为法治中国努力，让我们衷心祝愿中国的司法体制改革顺利成功！”卓教授说。

（作者赵强，中共中央党校2018年秋季中青班学员，时任《环球时报》副总编辑，现任《人民网》董事、常务副总编辑。本文摘自赵强：《理论的味道》，湖南人民出版社2018年版，第24~31页。）

91. 法治之路的过去与未来

这是读懂中国系列丛书中，一部立意深远又极具诗意的书（指卓泽渊的《中国的法治之路》）。

法治，行文章法向来以说理为主。但卓泽渊老师的中国法治之路，情理兼备，读起来令人为之赞叹、惋惜、哀叹、振奋，于五味杂陈中生出无限希望。

“写作本书是一个漫长的历程。没有想到一个文化类的法律读物，竟然会让我大耗心力，甚至到最后也只是不尽如人意。”

卓泽渊老师在本书结语中如此感慨道。我想，卓老师一定是怀抱着一份感动，于繁杂公务间偷取安宁，在月下寂静时又走了一遍这条中国法治之路。想说的还有很多，说不够。

每个字的背后都承载着卓老师一路走来的思考与感悟。今日，我们卒读行走，与卓老师一起，循着历史的路径去搜寻，又朝着更光明的未来前进。

卓老师以生动的笔法对中国的法治历程进行纵深考察，将一系列重大法律事件和生动故事娓娓道来，回顾法治的“艰难起步”，欣喜“法治新生”，感慨

“浴火重生”，振奋依法治国方略的确立和“全面推进”，探寻其中历史逻辑，理解中国法治发展。

• 历史的前奏和回响

中国古老的法制文明是当代中国法治发展的历史前提与影响因子，对这一历史过程的了解，是走进现代中国、走上当代中国法治之路的认知准备与文化前提。

中国的法制文明历史悠久、内容博大。从氏族、部落的传说时代走来，经历了夏商周以降，及至民国，在漫长的岁月中，中国积累了丰富的法律文化，其法制史辉煌灿烂。

中国，作为一个文明古国，早在公元前 21 世纪就出现了被称为“夏”的政治国家，与之相伴也出现了法律。唐朝的法律制度发展到了中国传统社会的顶峰。随着时代接续，法律不断地传承演进，经历了数十个王朝以至现代。

• 法治新生和浴火重生

从 1949 年 10 月中华人民共和国成立到 1966 年 5 月“文化大革命”爆发，经历了 17 年的岁月，中国法治得到了重大发展，也遭受了严重的挫折。

1976 年 10 月，中国“文化大革命”结束。1978 年 12 月，中共十一届三中全会提出了“发扬社会主义民主，健全社会主义法制”的口号，提出了“有法可依，有法必依，执法必严，违法必究”的法制方针。从此，中国开启了改革开放的大门，开始了民主与法治建设的新旅程。

• 方略确立和全面推进

中共十五大确立了依法治国的治国基本方略和建设社会主义法治国家的宏伟目标。中国的法治巨轮由此开启了新的航程。从中共十五大出发，经历了十六大、十七大、十八大乃至当前，中国社会日新月异，中国法治高歌猛进。

劳动教养制度的存续及其发展，虽然在一定意义上满足了社会管理的某种需要，但它严重地背离法治、侵犯人权，随着中国法治建设与人权事业的发展，劳动教养制度在全中国的废除已经成为历史的必然。这一废除，就是法治的胜利。

中华民族一路走来，其漫漫的法治之路，有着无数可歌可泣的伟大事件和生动实践。千辛万苦磨砺，万水千山踏过，中国法治从过去走来。

当然，还有更长更远的道路要走。还有更多的挫折和曲折横亘道路，但我们应该相信，中国法治有信心向未来走去。

我们深切地期待，以市场经济为动力，以民主政治作保障，中国能够全面深化依法治国实践，使从远古走来的中华民族，在 19 世纪末 20 世纪初启动的法治建设，在 2035 年基本建成法治国家、法治政府、法治社会，在 2050 年建成法治国家、法治政府、法治社会，在 2100 年建立起完善的中国法治。

“路漫漫其修远兮，吾将上下而求索。”回首与展望，这条路是一条坎坷的路，但一定是一条光明的路，成功的路！

（本文为国家创新研究会为“读懂中国丛书”《中国的法治之路》所作的介绍，原题为《卓泽渊：这条法治之路，从过去走来，并向未来走去》，署名为国创会，载国家创新研究会网站 2018 年 10 月 19 日发布。《中国的法治之路》于 2018 年由外文出版社以中英文版本向世界多国发行，并在当年参加了英国和美国书展。）

后　记

本卷是我申请的文化名家暨“四个一批”人才工程项目“中国改革的理想图景”的成果之一。

多年来,我一直从事法学的学术和教学工作,也一直与媒体有着较为密切的联系。我成长和工作在中国的改革年代,与媒体之间的互动从一个侧面体现了中国改革发展的历程,也展示了自己身居其间的感受。中国的改革道路从1978年走来并向前延伸,我愿意以此卷《法之言说》来记述和展示这一改革历程中我相关的法治思考。

说起与媒体的交往,心中有着无限的感慨。一是要衷心感谢媒体朋友们。是他们帮助我一路成长,并逶迤延伸到当下。二是要向有的媒体朋友表达歉意。你们中有的是被我拒绝采访的朋友,这实在不是我对您个人有什么意见,也许只是因为您要采访的问题,由于我学识有限,根本就不懂而不敢接受采访。这应该算是因我自己的无知而被迫拒绝了您的要求。有的也许只是因为您在采访前为我预设的台词,不能为我接受,所以我拒绝或者中止了采访,甚至驱赶了您和您的同事。现在想起来都很歉疚,也为当时的冲动追悔。

记得有一次,有个非常著名的媒体的知名记者朋友带着摄像人员等一行人来到我家里,只是由于我无法接受你们预设的台词而一言不和就驱赶了你们,让您和您的同事下不来台,十分尴尬。这都是因为我的任性,现在也无法补救了,在此深深表达我的歉疚,希望您能看到我的这段文字。当然也有的拒绝,只是因为纪律和程序的原因,最根本的是我自己的懒惰所致,不愿意去报备、不愿给组织和领导增添麻烦。说来,心中都深怀歉疚与不安。当然,我也有过十分严肃地批评个别媒体朋友的时候,也许是因为我对您的误解或者我个性的冲动;也许是因为您有意无意地将我拔高而伤害了我;也许是由于其他种种原因,发表出来的文字不是我修改过的稿子而是用了您原来的草稿。其实这些都使当时的我狭隘地以为蒙羞,现在想来羞愧的应该是我自己。这次辑录时,发现原文有许多文法的错漏以及表述的不准确,也对个别文字做了尽可能小的调整。现在想来,这一切都不算什么,荣辱已经随风而去,留下的都是难忘的记忆和深深的感激。

本卷第一编法言片语,是依照时间顺序排列的我所接受的采访等,包括媒体采访我的文字,我应邀为媒体写的文字。第二编法下独语,内容的时间跨度涵盖了在西南政法大学工作(包括在加拿大约克大学奥斯古德法学院作客座教授)、中共中央党校工作(包括在最高人民法院挂职司法体制改革办公室副主任)期间的部分稿件。主要是我在“法学·卓泽渊”网站上发表的文章,以及随意写作而未曾发表的文章。“法学·卓泽渊”网站,是2001~2002年,我申请域名而开办的个人网站,2003年后基本没有运行,于今已经消失在无垠的网络空间。正是由于网站消失等原因,现有收集的文稿,几乎都无法确知其写作的具体时间了,对其进行排列也只是尽可能按推测中的写作先后进行。由于资料查询的困难,有的文章是否曾经发表过也无法肯定,姑且加以收录。

第三编法边附录，是我为电视台写的政论片脚本、为电视台作嘉宾的记录稿，还有就是媒体对于我的非学术性质的报道，我担任发布人的新闻发布会记录，以及中共中央党校（国家行政学院）个别学员在文章和出版物中涉及我的部分文字等。

特别需要说明的是，在收集本卷文稿之初，我尽力收集了各种媒体采访我的文稿，后来出于对共同接受采访的前辈和同辈的尊重——既难以征求意见也无法保证那些采访言论都表达准确——也就忍痛割舍了涉及他们的内容。在此要特别感谢所有的媒体、记者朋友，感谢与我一起合作并给予我帮助的每一位前辈和同辈。特别要向收录或者附录其文稿的采访记者和编辑朋友表达歉意，因为种种原因而未能一一致电听取意见表示深深的歉意。总之，特别要衷心感谢新闻界的每一位朋友！

就本卷文稿的收集，特别要感谢华东政法大学的何勤华教授，他欣然同意将他主持的中国法学名家采访文稿加以收录；特别要感谢中国人民大学的何家弘教授，他同意将他主持的央视谈话节目的文字加以转载；特别要感谢全国人大的陈庆立同志、人民网的赵强同志，他们同意将其在中共中央党校学习期间发表或出版的涉及我的文字加以收录；特别要感谢我的博士研究生卓力雄同学，他将有关报刊文稿转化成为文字文档并进行了初步整理。还要感谢所有给予我采访机会与帮助的记者朋友们。

卓泽渊

2019 年 5 月 3 日于海淀区大有北里

图书在版编目(CIP)数据

法之言说 / 卓泽渊著. -- 北京 : 法律出版社,
2019
ISBN 978-7-5197-3594-4

Ⅰ. ①法… Ⅱ. ①卓… Ⅲ. ①法治-中国-文集
Ⅳ. ①D920.4-53

中国版本图书馆 CIP 数据核字(2019)第 119418 号

法之言说
FA ZHI YANSHUO

卓泽渊 著

责任编辑 邓颖君
装帧设计 汪奇峰

出版 法律出版社
总发行 中国法律图书有限公司
经销 新华书店
印刷 永清县金鑫印刷有限公司
责任印制 陶 松

编辑统筹 学术·对外出版分社
开本 A5
本卷印张 13.75
本卷字数 324 千
版本 2019 年 8 月第 1 版
印次 2019 年 8 月第 1 次印刷

法律出版社/北京市丰台区莲花池西里 7 号(100073)
网址/www. lawpress. com. cn
投稿邮箱/info@ lawpress. com. cn
举报维权邮箱/jbwq@ lawpress. com. cn
销售热线/400-660-8393
咨询电话/010-63939796

中国法律图书有限公司/北京市丰台区莲花池西里 7 号(100073)
全国各地中法图分、子公司销售电话:
统一销售客服/400-660-8393/6393
第一法律书店/010-83938432/8433 西安分公司/029-85330678 重庆分公司/023-67453036
上海分公司/021-62071639/1636 深圳分公司/0755-83072995

书号:ISBN 978-7-5197-3594-4
定价:228.00 元(全四卷)
(如有缺页或倒装,中国法律图书有限公司负责退换)

文化名家暨“四个一批”人才项目

法眼园窥

卓泽渊　著

法律出版社 LAW PRESS · CHINA

总 序

2014年底,我申请了文化名家暨“四个一批”人才自主选题项目“中国改革的理想图景”。经过数年来的努力,终于接近完成。这一项目成果由研究报告、本书(全四卷)以及作为阶段性成果的数十篇文章组成。

本项目的研究报告是在既有文本基础上重新整理与补充写作而成的。研究报告最初稿本的写作始于2012年春。那年6月我卸任中央党校研究生院院长后,行政事务大量减少,便能相对地集中精力写作,前后花费了一年左右的时间,以极大的热忱撰写了16万字的研究报告《未来中国:体制改革的理想图景》,提出并论证了中国那时亟须关注的100个重大改革问题。报告于2013年夏一个风雨交加的上午送府右街交中共中央办公厅有关部门,随后又请中央党校常务副校长送交有关领导以及有关文件的起草机构。2013年10月19日,中共中央办公厅领导来电话说,报告得到了有关领导的充分肯定,被有关文件部分采纳并将在以后继续采纳。接电话后我填了一首《浪淘

沙令》:“西苑远龙宫,沧海迷蒙。神州安乐梦几重。废忘一年思国是,苦尽心衷。　　盛夏犹寒冬,风雨苍穹。忽闻薪炭可炊中。感谢上天能爱我,昭示无穷。”该研究报告至今也没有发表和出版。2014 年底我申请了本项目之后,就在原有文稿基础上,针对尚未启动和尤须深化的改革事项,根据新的形势,重新整理——主要是删除已经改革和过时的部分,写作新的文本,作为本课题的构成部分——研究报告。谁知新的写作倍加艰辛,甚至难以推进。该新的研究报告将按照组织程序报送有关机构。

于我特别幸运的是,上大学的时间(1980 年)十分切近中国最新的这场改革的时间起点。本书结集出版的是我大学后期至现在,也就是我在中国改革历史进程中写作包括发表的部分文稿。它包括《法治期待》(法学短文汇编)、《法政讲堂》(在中央党校任教的讲稿汇编)、《法之言说》(与媒体互动的有关文稿与资讯汇编)、《法眼园窥》(任职中央党校研究生院院长期间的演讲文稿等的汇编)四个部分。这远不是我著作的全部,它并不包含我的个人学术专著、教材、篇幅较长的学术论文以及多数合著文稿。我期待这次结集的文稿可以成为自己教学与学术活动的剪影,期待它勾画出当代中国改革历程在一个法学学者心目中的轮廓。

改革是一个国家生生不息的动力,对于中国这个古老的国度更是如此。千百年来,正是一场又一场改革助推历史前行。于当代中国来说,改革更是一幅波澜壮阔的现实画卷。从近代以来这一百多年时间,中华民族一直置身于伟大的改革图景之中,尤其是最近这四十多年的改革,为中国发展注入了新的活力、新的动力,为中华民族赢得了无限生机和灿烂前景。它是中国从传统社会向现代社会的转型,从专制政治向民主政治的转型,从人治国家向法治国家的转型。如何描绘这一历史画卷,中国社会科学学者包括法学学者在内都有义不容辞的责任。

这正是我要申请相应项目，并通过课题研究立足现实、回望历史、走向未来的初衷。经过五年的努力，总算可以作一个小结。我愿意以自己的微薄力量为中国的改革与法治发展点赞、呐喊、加油。

如果说研究报告是前瞻性凝望，那么这四卷著作就是回顾性检索，它们共同构成了作为一个法学学者的我，所编织的中国改革图景的一个片段或者部分。我们曾经的改革是成功的，更期待未来的改革能够沿着既定道路一往无前，将中华民族带进那神圣的现代化理想之中，带进那伟大复兴的梦想之中。

就本项目研究包括相关著作的出版来说，我要特别感谢文化名家暨“四个一批”人才工程项目的领导和同志们的信任，特别感谢中央党校（国家行政学院）组织部前后负责项目工作的张伟、李朝旭、李洁、王宁宁等同志所给予的帮助，特别感谢我在政法部工作时的同事韩宁、赖先进所给予的帮助，特别感谢我的博士研究生卓力雄所提供的协助，特别感谢法律出版社伍彪、孙志华、王政君、孙东育、高山等领导以及这四卷著作的责任编辑王珊、黄琳佳、邓颖君、李军所给予的大力支持。

卓泽渊

2019 年 5 月 3 日于海淀区大有北里

引言:漫话学习与学术

研究生是学生。学生是什么含义?根据一般的理解,学生就是“在学校学习的人”。既然是学习的人,就必须以学习作为自己“质”的规定性,符合于自己的本质。也就是说,只有不断学习,坚持学习,以学习为事业的人才配得上学生的称号,否则就不是学生。研究生也当如是。研究生是学生,但又不同于其他学生,他们是既要潜心学习,又要钻研学术的一个特殊的群体。想必,我们的研究生同学对于学习和学术都有自己的思考,我想就此问题与同学们作一个交流。

研究生首先应该是学习的,当然是相应的专业知识,这是研究生学习的最基本内容。专业知识都荒疏的研究生,根本就不配作为研究生。研究生学习阶段专业化程度很高,专业知识非常深厚与渊博,专业知识的欠缺,将是研究生致命的缺陷。也有的研究生同学刚刚入学就开始勾画自己的未来——尤其是还要筹划做领导——错把期望当现实,并且极端功利地计划自己的学习和学术活动,实在是过于短视,这必将

有害于学习。其实,这样的同学并不明白,就是一定的领导也要依赖必要的专业根基才能得以立足。现在,我们并不是领导,而是研究生,所应该做的还是研究生所应做的一切事情,良好的专业学习是最基本的。但是,研究生并不是只要懂得专业知识就足够了。作为研究生不仅应该有深厚的专业知识,还应该有较为广博的人文知识和相关知识。现代社会,知识出现了细密化的学科划分倾向,其实也出现另一个倾向,这是被许多人都忽略的,就是它的综合性倾向。知识的分化与综合从来都是共生的。在分化的同时,综合的意义就体现出来了,因为有分化也就更需要综合。比如法学专业的研究生,如果不懂得一定的哲学、社会学、政治学、历史学、文化学、经济学知识,其法学知识将是孤立的,也将是很可怜的,法学也必然学不好。政治学专业的研究生如果不懂得一定的法学知识,也同样是不行的,因为法律本身就是非常重要的政治现象与政治现实。就经济学专业而言,其研究生如果对于法学尤其是法学中的民法学、经济法学、商法学知识一无所知,那么他在对所有制、产权、公司、市场交易进行研究的时候,就可能出现在法学界看来的常识性错误。反之,法学专业的研究生尤其是民法学和经济法学专业的研究生,如果对于经济知识无所知晓,那么在论及民法、商法、公司法、证券法等问题时就不可避免地会犯错误。至于文史、哲学的许多知识,都是每个学科需要具备的公共知识。所有的研究生都应该有一定的基础,否则就很难达到自己所在学科的高层次与高境界。文史和哲学专业的研究生的学习和研究,恐怕也需要其他学科提供材料和论据。对于相关学科的无知,对于文史与哲学学科的研究生来说,也是极为可惜的。在这里,为了说明我的论点,随意写了这些,其实,构筑起良好的知识构架,对于任何专业的研究生都是特别重要的。它甚至决定和影响着一个研究生所能达到的知识广度与深度以及在专业上的发展前景。

研究生是在导师的指导下学习的,向自己的导师学习,这是非常必

要的。实行一对一的导师制,正是研究生与本科生的重要区别所在。但是导师毕竟只是导师,尤其是在现行的导师体制下,导师并不是自己选定的,当然学生也同样不是导师所选录的,有时甚至就是行政命令使然,导师就更具有了一种工作的意味。鉴于此,研究生必须首先向导师学习,但是并不能仅仅局限于导师,向其他老师学习,也同样是必要的和重要的。学高为师,只要向老师学习能有所进益,又何必区分是否是导师呢?只要老师不拒绝就请教之。其实,作为老师,也没有拒绝的道理,除非老师具有某种人际关系的隐衷或者某种同事关系的顾虑,否则,老师是不会拒绝学生向其请教的。当然老师之间也许有某种工作分工,我们作为研究生可以尊重,但切不可自我设限,作茧自缚。作为研究生,不仅应向所有的老师学习,还应该向其他同学学习。孔子曰:“三人行,必有我师焉。”(《论语·述而》)更何况我们是那么多研究生一起学习呢。不同的人生经历,不同的专业背景,不同的学习历程,不同的知识结构,不同的治学方式,不同的性格习惯都构成了我们相互学习的前提。塑造一个完善的我——这是学生最应该有的修养口号——就有必要向一切优秀者学习。

但是研究生所应该学习的并不仅仅是知识,还应该有治学方式的学习。这比一般的知识更具有意义,也是更难学习到手的东西。为了学习治学的方式,就应悉心体会每个老师教学中所体现出来的治学理念、方法、技巧。老师的治学理念是他在自己的学术活动中积淀形成的,是其学术养成的基础,也是学术养成的结晶。治学理念,有时也许是明确的,也许是可以感知而难以言表的,作为研究生就应该默默地观察,认真地体悟,深入地思考,努力地践行。老师治学的方法是学生应该借鉴的地方。治学的方法各异,学生不必模仿老师,但是学生应该注意到对老师治学方法的学习与借鉴,进而形成自己的治学方法。治学的技巧是客观存在的,比如如何收集资料,如何了解现实,如何归纳总

结,如何判识资讯,如何形成自己独特的学术观点,等等,都是有技巧的。对于技巧,学生更要留心,技巧可以使效率增强,事半功倍,成效显著。

研究生是学生,就要有学生的姿态。作为一个人,明白自己的身份是第一位的。学生也是一种身份,对于这种身份的明确有助于处理好老师与学生之间的关系。老师是“传道授业解惑也”(韩愈:《师说》),因此,有疑问就得、就该向老师请教,切不可自以为是,更不可藐视老师。不能因为自认为老师不如自己就可以藐视老师。西方有哲人说:“吾爱吾师,吾更爱真理。”(亚里士多德)当然是对的,我们也应该有这种精神。但是对这句话有很多误解,有人就据此将老师与真理对立起来,将老师与自己对立起来,这显然是不对的。老师不是真理的化身,当然会有谬误,但是老师也不是谬误的同义语;老师即使不是真理,我们也没有理由与老师相对立。柏拉图是苏格拉底的学生,亚里士多德是柏拉图的学生,三代师承关系中,可以说学生都在一定程度上超过了老师,但是我们也从来都没有见到他们中哪一个学生有过藐视老师的言行,而且他们谁也没有因为谁而被贬低或者受到损害。恰恰相反的是,三位的思想之光交相辉映,装点了古希腊文明的天空,正是他们的代代师传与师承,才使古希腊的哲学、法学、政治学、逻辑学等众多学科灿烂辉煌。我们所秉持的态度也许应是“吾爱吾师,吾更爱真理”“吾爱真理,吾仍爱吾师”。老师即使有错误,但作为老师,他们往往比我们有更长的治学经历,更多的人生阅历,总体上,他们积累的人生财富比我们多,他们经受的人生挫折也比我们多。感受学术和感受人生是并列的、互动的,学术观是从属于人生观的,所以在与老师的相处中,低位以人,就可以赢得老师的信任,进而得到老师更好更多的教导。切不可自视过高,目中无人,否则就必然和老师相对立,影响自己的学习心态和学习效果。

当然,客观地说,老师不一定比学生强,这是唐代时韩愈早就论述过的"弟子不必不如师,师不必贤于弟子"。(韩愈:《师说》)而且学生本来就应该超过老师。真正配得上老师称号的人,都不会狭隘地瞧不起自己的学生,因为学生的名称就意味着在一定意义上不如老师,但是从发展的眼光来看,学生在总体上都会超过老师。如果学生都不超过老师,历史怎么发展进步呢?老师应该为自己的学生对自己的超越感到欣慰,而不是嫉妒,也绝对不会嫉妒。研究生更应以超越老师作为自己的最近目标。是否能够超越老师,是一个研究生素质与能力的表现,能否把对老师的敬重与超越结合起来,是对一个研究生人格、学格的检验,真正优秀的研究生都是能够很好结合的。那种在人前诋毁老师的学生一定不是好学生。即使老师有诸多过错,为尊者讳,才是中国学者的美德,也是一个君子的起码道德。这一点被忽略了很久,许多研究生似乎并不知道这一点,更不会奉行。别人在我们面前说我们老师的不好,是对我们的不尊重;我们对他人宣扬自己老师的不是,则形同自污自贱。这涉及颇多的伦理准则,想来我们的研究生是无须我赘述即能体会的。

研究生是从事研究性学习的学生,既然是研究生,就必须运用研究性的方法来学习。什么是研究?研究就是要思考、分析、归纳、推理、演绎,要有自己独特的理论概括和理论创新。创新性的学习是研究生与一般本科生的重要区别——最优秀的学生都应该能进行创造性学习。研究性的学习:第一,要对自己所学习的知识有准确把握,切不可一知半解就乱发议论,或对其批评或以其为基础发挥。批评和发挥说了不少,结果连文本本身都是被误读的,这不能不说是极为严重的问题。第二,要有对相关知识的深化。它包括必要的联想、比较、考订和考证。这是对于学习的完善,是创新的基础,但这些工作本身还不是创新,要在这个过程中去掌握知识、发现问题、探索未知。第三,深入思考在学

习和深化认识中发现的问题,并得出自己的创新结论。第四,对自己的结论做证成与证伪的双向工作。如果证成和证伪的工作非常顺利,即通过证成,证明自己的结论是科学的,有根据的;通过证伪,证明自己的结论不是错误的,不是谬误的,这种结论才是创新。第五,查证是否有学者作出过同样的结论或提出过相同的见解。如果发现别人早就有了同样的结论,这就说明自己认识进步了,但是并不是有所创新了。真正的创新还是指发现或认识了前人和他人都未发现或认识的结论。

研究生,既然是进行研究的,注定就要吃苦。没有吃苦耐劳的精神,要想轻易地在学术上取得真正的成功,是不可能的。我注意到许多同学都喜欢转引他人使用的材料,这是难免的。但是引证的时候,务必查对原文,弄清原意,没有查到原文的,也应该注明转引的出处,这是对科学和他人负责,是对别人劳动的尊重,也是对自己的负责。如果引证无法查证,就无法肯定引证的准确性,就无法保证自己结论的科学性。如果对转引出处没有注明,对于原引用者是不尊重的,因为人家的引证也是一种具有社会贡献意义的劳动。学者需要对自己负责,对自己的学术人格和学术声誉负责。严格的引证是一个学者人格的表现之一,进行研究,有时就是要为考订或考证一段引文而耗费大量的时间和精力。不要以为这是浪费时间和精力,其实查证的过程就是学习的过程,就是知识扩展的过程,也是深化认识的过程。在这个过程中,也许可以触类旁通、举一反三地发现新的问题,得出新的结论,引发新的创新。否定自己或者完善、更新自己,这本身就是研究,就是成就,就是在更新自我。只有这样才有助于“日新,日日新,又日新”。(《礼记·大学》)

研究生当然是进行学术研究的学者,那就要有良好的学术作风,这是非常重要的。现在的问题,一是错把宣传当学术,错把散文当论文。我发现许多研究生同学没有把什么叫学术研究与什么叫社会宣传,什么叫学术成果与什么叫普及文字区分开来。学术研究与社会宣传的重

大区别,关键是看在内容上有无创新性。人云亦云,何以谓创新呢?那是普及读物,那是宣传。也有同学受某种社会时尚的影响,总是把学术论文写成散文,或者错把散文作论文,这都是欠妥的。散文即使充满了思想的火花甚至学术的火花,但是它怎么也代替不了严密的学术论证。当然,我没有反对论文的文字最好很优美的意思——能如此何乐而不为呢。但是我们必须清楚,在形式上,学术论文都应该有严密的考订、考证、分析、论证,文字都十分严谨,注释也十分详尽。学术论文是要发人之所未发,言人之所未言,而普及文字不过是把既有的理论和知识加以组合,它并不产生新的理论成果,其目的也不在于进行理论创新或技术创新。当然要对它们进行彻底划分是很难的,但是大体还是可以区分的,有时甚至凭阅读直觉就可以清晰地划分。我认为,研究生可以做宣传,但是研究生不应是把宣传当学术的人。这一点,我们党校的研究生教育恐怕更应该加以特别的注意。引证的欠缺,论证的浮泛,注释的随意,都可能是我们许多同学被诟病之所在。二是错把拼凑当学术。很少的研究生有这样的学术恶习,这是极为恶劣的,务必警醒。古人说文章千古事。东拼西凑绝对不是学术。至于由此而恶性发展的抄袭,更为真正的学者所不齿,师生的学术声誉皆毁于一抄,实在是可悲焉。近年来,国内所发生的严重抄袭公案,教训是极为深刻的,作为学者要自警。其中,有些是老师的责任,好多也是由某些教授的研究生直接导致的。导师有自我约束不严的问题,更有教授无方的问题。“养不教,父之过;教不严,师之惰。”(《三字经》)于此,我们作为老师和学生都应该有所反思才是。

我常体会“人之所患者,好为人师;师之所患者,误人子弟”。这两点我都沾上了,不也悲乎。但是知识需要传承,我以一己之力也无所作为。但是既然忝列师名,也只有强颜以为之。编辑部和我的同事,约我写一导师寄语,实在惶恐,延宕数日,抵赖不过,只得勉力而为。不揣冒

味,献璞于同学,就教于同道。因是导师寄语,也就必须写得真切——至少我是想这么做的。真切的话语就难免把个人的歧见暴露出来。文字虽然粗略,但实出胸臆,寄语校内硕士生或博士生,或可共勉之。

(本文是作者调入中央党校后应约为中央党校研究院的刊物《研究生教育》所写的文章,发表于 2006 年第 1 期,辑录于此,作为本书的引言。)

目　录

1. 研究生——优秀的学生

很高兴在这里跟大家见面。一年一度秋风劲，不是春光胜似春光。这是一个非常美好的季节，大家乘着秋风来到了中央党校。秋季并非意味着凋零，也并不忧伤，它是金色的，更多的是收获，它是秋收的季节。秋天甚至是播种的季节，不是还有秋种秋播之说吗？当既有成果已经获得的时候，你新的努力就应当开始。在这里展开了一幅新的画卷，开始新的旅程，我们成为了中央党校的硕士研究生、博士研究生。研究生的称谓就意味着你已经成为当今社会的优秀者，这就是我今天的主题：研究生——优秀的学生。

大家会说我们都是研究生，但是做到优秀并不那么容易，对于研究生并且是优秀的学生该怎么诠释呢？

一、研究生是学生

什么是学生？细算一下，同学们已经当了十几年，甚至二十几年学生。什么叫学生，学生的定义是什么？如果把所有的定义汇聚在一起我们会发现，最

简单的就是,学生是在学校学习的人。这是最简单的定义,在学校从事学习的人就是学生。很显然,在座的每一位不管你此前怎么样,从今天起你又开始实践这个定义。研究生是学生中的特殊种类,今天我们在这里提出对“研究生”进行思考,是非常有价值的。这不是一句废话,原因在哪里?

从普通高校本科过来的硕士生,此前就是本科生。一下成为研究生,难免就有个别同学没有实现转换,还停留在以前本科生的阶段,用本科生的认知、观念、方法来判断他作为研究生所面对的一切。对于这样的同学,我们有必要提醒他——你已是研究生。当然还存在另一种形象,即我是研究生,不是本科生,甚至自己连学生都不是了,飘飘然起来。对于这样的同学,我们有必要提醒他——你是学生。

另外还有一些博士研究生,并不都是从普通高校直接过来的,而是在实践部门工作了许多年,又一次进入学校,走进研究生院,来到了我们这里。尽管人来了,心还在江湖之上,身份转化为了学生,但思想观念还没有转化。他的行为方式、思维习惯、用来考察世界的眼光,仿佛还在昨天,没有实现从社会向学校再一次的转化,没有从社会的实践者、工作者,向学校的学习者、研究者转化,即没有实现向研究生的转变。对于这一类同学我们有必要提示他——我们是研究生,研究生是真正的学生。

除了要确立学生这一观念之外,无论是从普通高校来的,还是从社会中来的同学,都必须注意“中央党校”这一称谓。中央党校是一所以培训和轮训党和国家中高级领导干部作为自己基本任务的学校。首先必须坚持党校姓党的原则,其次还要严格遵守国家标准。我们接受的是国民教育的硕士、博士研究生教育。有的同学一进入党校,以为党校是中高级领导干部学习的地方,就以为自己也成为中高级领导干部了,这是严重的身份错位。那么可不可能是呢?可能是,但不是在今天,也

不是在明天，而是遥远的未来，不能时光倒错，现在我们就是学生。说研究生就是真正的学生，有什么意义？非常有意义，一个意义就是正确定位自身，准确认识自己。一个人要认识世界是很难的，要认识社会也是很难的，但我要告诉大家的是，要认识自己比认识世界和社会更难。认识自己什么，首先是认识自己的身份。什么身份？学生的身份，这非常重要。柏拉图（Plato，公元前427~前347年）说过，每个人各安本分，社会便得到和谐。各安本分是什么意思呢？就是每个人做自己该做的事。如果每个人不干自己该干的，都干自己不该干的，那天下岂不是一团糟？对学生来说，明白了自己的身份，再进一步就是要明白自己的任务，学生的任务就是学习。学习是学生永恒的主题，学习是学生永远的使命，只要你没有超出学生的定义，就必须学习。作为学生来说，学习中至少要处理好以下三层关系。

第一，与学生相对的是老师，学生要处理和老师的关系。这是所有研究生都必须修炼的必修课，那么如何对待我们年级管理的老师，也就是组织员老师（我们的班主任老师）？如何对待专业的导师组的导师们？如何对待自己的导师？尊师重教对中华民族来说是一种传统美德，尊师重教也是全世界共同的人伦美德。尊敬老师是学生的本分，说是美德多少有点言过其实，本身就是该做的，有了它是正常，没有它才是不正常。当然，我无意诋毁尊师这一美德，只是说，我们要把尊师作为日常行为的一种方式，作为内在的心里定式，作为自身的思想逻辑。我们研究生院从今年教师节开始，向每个导师发一封问候信，送一个祝福卡。我们年级的老师也在这里，我们倡议全院的所有研究生，至少一个年级给老师写一张贺卡。可以搞一个“一张贺卡、一声问候、一个祝福”的活动。老师教导大家的时候兢兢业业、呕心沥血，我们作为学生难以回报老师的万一。节假日的时候，一张卡片、一个电话就会把无限的情感倾注于其中。作为老师的我，曾经也做了很多年的学生，如同你

们一样，小学、中学、大学一直到硕士生、博士生。老师们为我们花费的心血，可谓恩重如山，学生能够回报的只是点点滴滴。但是这点点滴滴我们要用真心来表达。在教师节的时候，我会打电话给我当年的老师。我的老师们非常非常的好。去年我一个满 80 岁的老师，生日那天我正好有公事在身没能去参加，但是我特意发去了祝福他生日的贺信，给他寄去我的一份心意，一份礼物。春节的时候，大年初一的下午，我给老师打电话，我的老师说，泽渊你一上午没有给我打电话，我一上午都没有出去玩，就等着你来电话，我知道你一定会给我打电话的。当时我就下定决心，以后每年按常规该打给老师的电话，要一个不漏地在大年初一一大早全面完成，否则老师们就会牵挂着你。孩子大了，父母牵挂自己的孩子，老师也是这样。我所说的在教师节的时候给老师发一个短信，不是让你去抄袭一段，而是指写几句你的心里话，是真诚的问候与祝福。目的是老师在收到短信时能收到一份心意。有的短信，老师收到了根本不知道是谁发的，因为称谓没有，署名没有，发了还不如不发。也许有的同学会说，老师你要求太高了。我不认为这要求有多高。同学们想想，你发了短信，老师不知道你是谁，那对于作为学生的你来说不是很冤枉吗？送出了一份真诚，没有留下姓名，老师都不知道你是谁，就等于白发了。师生之间的关系需要我们细心维护，真心对待。老师不仅仅限于导师，理当包括导师组的每一个老师。我来中央党校五年了，通过这五年的观察我觉得，好多研究生并不把自己的非导师当成老师，这跟普通高校不一样，这样做非常不好。导师组的老师既然作为导师组的成员，就是你老师。你入学的考试题不是他们命的吗？入学试卷不是他们评的吗？面试不是他们参加的吗？录取你的决定不是导师组作出的吗？然后你听的课不是由导师们讲的吗？你的论文答辩不都是由导师们在内的老师们通过的吗？难道我们给他们一张卡片的问候、一个短信的祝福、一份作为学生的尊重过分吗？我以前是老师，不

便于这样要求,现在我又回到了教育者、管理者、服务者的岗位上来,我相信有理由要求在座的每一个专业的同学共同给我们导师组的每一位老师发一张贺卡或者一条短信。研究生院的问候信、祝福卡都将通过你们送到导师那里,我们不送,这就是要以我们的行动带动你们的行动,用你们的行动来装点我们的行动。我们这些管理者、教育者、服务者和同学们一起来完成研究生院这个尊师重教的行动。

送贺卡是真情的表达,也是一种礼仪。礼仪是很重要的。诗云“谦谦君子,温润如玉”,其中就有严格要求自己、彬彬有礼之意。古人说“文质彬彬”,其中彬彬就是文质兼备、有礼貌的样子。礼仪是一个人人格的展现,是一个人内心状态的外化与表达。对老师要讲礼仪,比礼仪更进一步的是要真正向老师学习。两年前我们研究生院约请我写过一个导师寄语,里面谈到了相关的问题。我们要向老师学习,学习老师的人生品格、学术态度、行为方式。老师绝对不是我们人生的范本,不可复制,也不必复制,但是每一个老师都是我们学习的榜样。要把老师的每一个长处、可借鉴的东西,学到手中,融于心中。一个优秀的学生应超越自己的老师,一个优秀的老师则会期待学生超越自己。如果不是这样的学生,他就不是最优秀的学生;如果不是这样的老师,他也不是优秀的老师。要做到这一点,作为一个导师,不得有门户之见,也不能自我感觉天下唯我独尊,我已是独孤求败。天下学术多了,导师应该鼓励学生向其他老师学习。我们每一个同学,应该向你的导师或非导师的老师们学习。只有这样不拒细流,我们才能成其江海,才能变得优秀与卓越。

第二,学生不仅要处理好师生关系,还要处理好同学关系。同学是一笔巨大的人生财富和精神财富。当今社会描述人生很贴近的关系,是一起扛过枪、一起下过乡、一起同过窗。“同过窗”就是同学,同学关系的缔结并没有利害关系。缔结关系,不是咱们俩好就是同学,咱们俩

不好就不是同学，而是不管好不好都是同学。它的不可选择性，人生相遇的偶然性，使我们有了这一段缘分。有了这段缘分，我们为什么不珍惜呢？多么难得的一段人生情感啊！同学的友谊会伴随我们度过一生，直到多少年以后，我们离开了母校，走向了社会，有的甚至成为伟大而杰出的人物，但是，当年同学的友谊和曾经度过的分分秒秒依然是难以忘怀的往事。多少夜深人静的夜晚，多少个孤立无援的时刻，你想起了一幕一幕相聚、相诉、相助的情景，心里就会充满温馨和怀念。既然以后会有这样美好的回忆，为什么我们今天不珍视它呢？所以从今天开始吧，让我们建立起良好的同学关系，携手走向未来。

第三，就是要处理好和自己的关系。自己和自己要建立关系，自己就要和自己达成思想和行动的统一、理想与现实的一致、认识和实践的合一，否则就会人格分裂。有的同学也许会说，老师，我人格就在分裂之中，所以那就是痛苦。如何对待过往的自己，如何对待将来的自己，如何对待现在的自己，使思想和行动统一、理想与现实一致、认识与实践合一？这是一个研究生应该考虑的问题。研究生是一个历程，它不仅是一个学术的历程，还是一段心路历程，是人生自我认识和自我实现的过程。我们要深化自己的认知，提升自己的认知水准，为自己确定一个实际的、明确的而又充满希望的目标，一步一步向前走，就会通往美好的未来。正确认识和对待自己是很重要的，是不可忽视的大问题。作为研究生怎么做好自己呢？我想到了《道德经》第 48 章的一句话，“为学日益，为道日损”。这句话中的“为道日损”经常被误解。先说“为学日益”，就是说为学要一天天增加。为学，学的是政、教、礼、乐，那当然是越多越好，要每天增益。至于“为道日损”，为道，就是为了求得“道”，对于非“道”的东西必须不断克服，使之日渐减少。为道日损，损什么？就是要舍去那些非道的东西。如果每天坐在课桌前不是认真听课，而是想着今天晚上与某某聚会，想着如何在商场中谈生意，成本高

低、价格多少，想着今天要通什么门子、走什么渠道，哪还有心思去为道？所以《道德经》所说的损之又损，就是要把非本真、非道的东西损了又损，少了又少，每一天少，以至于到达无为的境界。这句话对于中央党校研究生院的硕士研究生、博士研究生们来说，是非常有价值的。

二、研究生是从事研究的学生

同学们都说，读研究生了，“研究”这个词怎么解释啊？简单来讲可以从三个方面来界定研究生的研究属性。

第一，学习内容的研究性。研究生要学什么？要学道、理、学、术四个方面或者四个层次的内容。道是至上的东西，是可以感知而又难以言说的永恒存在。“道可道非常道”，“天不变道亦不变”。世间万事万物，道相同，理相通。理是连接道与学的桥梁，既是道的延伸，又是学的基础。学是系统的专门知识和理论体系。术是学之下的实践性、专业性技能。道、理、学、术都要学习，最好是能纵向贯通、融会贯通。研究生不该把常识作为研究的内容，也不应该把简单地获得知识作为自己的目标。同学们可能会说那可就麻烦了，我既不学常识也不学知识，本来就常识少有、知识不足，现在到了研究生阶段，该怎么办？补啊！一边研究一边补，一边补一边研究。我以为，就社会工作而言，研究生应该扬长避短，你什么地方长就发挥出来，什么地方短就回避起来，工作要扬长而避短。学习则要扬长而补短，要把短处补起来，应该补齐常识与知识。研究生是做学术的，什么是学术？学术是指系统而专业的知识，系统的专业知识叫学术，它是很深入的，很专门化的，具有系统性的。不管你学什么专业，学有专长、术有专攻，那你的专长和专攻在哪里？你必须要有，否则就失去了研究生的研究本质。一个时期以来，我们对什么叫学术误解很多，首先是把宣传当学术，把写作宣传资料包括普及读物、大众读本叫学术。那叫学术吗？那简直叫对学术的玷污。

大众读物需不需要写？非常需要写，一点儿不能轻视，更不能忽视，但是它不是学术。这里的错误不在于你该不该写大众读物，而是你把学术和大众读物弄混了。我们党校的研究生总体上是非常优秀的，但是也有极个别研究生在一篇硕士论文或博士论文中，没有一个经典引证，没有一本参考书，写出来的全是大众常识，把宣传当学术。其次是把散文当论文，可以说这不仅是我们研究生容易犯的错误，几乎是整个学术界都有的通病，这是学术的堕落与变形。学术就是学术，论文不能以散文来代替。散文中有思想，尤其是有思想火花，但它没有系统的理论阐释、理论论证、论据考订，没有应有的创新与创见，这不叫学术。一篇学术文章写得跟随笔似的，花里胡哨、天花乱坠，读起来朗朗上口，韵味十足，结果空洞无物、观点模糊、无所见树，这是对学术的毁坏。学术就是要考订，有证成或证伪。通过你的论证，有的观点被你证成了，或者被证伪了，相关的理论因为你的研究而被深化了，这才叫学术。言之有理、持之有据，翔实考订、深入论证是学术的根本方法。我们要重新审视乃至拟定研究生论文通过标准，必须用严格的学术标准来要求，要把同学们引导到学术前沿上去。我们要求老师们把学生引到学术前沿上去作战，给同学指出敌人或者敌人的碉堡。当然那敌人应该是真敌人，碉堡应该是真碉堡，不是我们假想的风车，不是做堂吉诃德去与假想敌大战。我们培养的学生是学术前沿的勇士，绝对不是夜战风车的堂吉诃德。学术是我们学习的内容，这是内容的研究性。

第二，学习方式的研究性。研究的使命就是探索未知、创新知识，研究生要大胆写作、大胆思考，严密论证。思考可以很大胆，论证必须很认真逻辑要非常严密、无懈可击。一个一个论据考辨，找到论据最原始的出处，辨别真伪。我们反对不读书，提起笔来随意就写。当然我们更反对什么都不写，什么都不写，还怎么提高啊？在写博士论文、硕士论文前，不写若干篇论文打基础、作铺垫，一下就能写出几万字，甚至十

几万字很好的硕士论文、博士论文来？那是不可能的。学习是日积月累的，学术是循序渐进的，研究生要善于培养自己，勇敢地探索学术未知，培养自己的学术勇气。要敢于在学术讨论会上发言，有你在，就应有你的见解在，每次到会，就必有自己的论文。当“你等于学术”“学术等于你”的时候，自己就成为了一种学术符号，对你来说学术已经不重要了。当你还不是学术符号的时候，那就只有靠你的学术论文来证明你自己。你得去找天下相关的刊物，寻找可以发表自己见解的地方，这样不断磨炼、不断探索、不断进取，逐步累加。当你写上 10 篇、20 篇乃至更多论文，你也许就很有思想了，很有学术了，一定是这样的。作为研究生，要不畏惧权威，任何权威的观点，在学习中都可以怀疑，都可以尝试证明它的错误。但你写的论文一定要找出论据证明它的错误在哪里。如果你能把你的论据找出来，组合起来，又足以否定既有定论，这也叫学术创新。当你否定既有的观点和理论，同时，创立自己的观点和理论，你就成功了，你的学术大厦就逐步修建起来了。一定要培养创新意识、创新勇气，我们不怕研究生在探寻中发生错误，怕的是因平庸而毫无错误。作为老师，宁可自己的学生有一些探索学术的勇气，犯一些学术错误，努力去探索未知。要带着问题学习，要在教室里学习，在宿舍里学习，还要到图书馆去学习。也许今天到图书馆是信手翻阅一本杂志，结果发现了一个问题，那就要深究这个问题，去查找图书资料，将相关的书找来，搞清楚它。搞清楚后，你发现自己的想法是错的，你成功了；发现自己的想法是对的，你更成功了。甚至你发现了另一个问题，还可以把这个新的问题钻研下去，成为新的论题。也许这个新的论题就成为你未来学术的支撑点和生长点，这完全有可能。我指导的硕士生和博士生偶尔也会对我说，能不能给一个现存的题目让我做一做，我说不可以。你的学术主题只能靠你自己在图书馆中查找和发现，在社会调研中寻找，用你的心和你的眼搜寻，你找到的每一个论题都可以

跟我探讨,我可以给你的每一个题目提出建议,但我绝对不会指定一个你毫无兴趣的题目给你做,这就是我的导师观。我不想把我的学生培养成我的学术随从。在研究生学术探索中,学生是主体,老师是指导。老师的导就是因势利导。我当了那么多年的老师,就 8 个字的体会:因材施教、因势利导。那么你反过来讲也可以,因势利导、因材施教。作为学生也无非是能够得到老师的指导而已。研究生要在老师的引导下,在自主学习中去探索未知,这是学习的方式。

第三,学习目标的研究性。从研究生的学习目标上讲,也应是研究式的,那就要有创新的成果。学术创新无非就是提出前人未提出的观点,并加以严密的学术论证,这是创新,这是大家公认的第一类创新。第二类创新就是把前人的观点向前推进一步,前人已经提出来了,但是没有完成证明,或者说完成了 80%,还有 20%尚未完成,你把它完成了、深化了。第三类就是证伪,把一个大家公认的观点证明出来是错的。随着这个证伪的成立,也就完成了新观点的证成。学术无非就是这些,发现新的、深化旧的、否定现有的、开创更新的,这就是学术。

我们的研究生能在这三个方面,即学习方法、学习内容、学习目标上都具有研究性,其研究的性质也就有了。总而言之,在客观上,不管我们怎么研究,行动始终是第一的。这就使我想起了《论语》里的一句话,“学而时习之,不亦乐乎”,其中“习”怎么理解?现在很多阐释《论语》的书,对于这句话解释得都是不全面的,甚至解释得很不全面。基本的解释就是学习过程中,要不断地复习、温习巩固,这也是我们最常见的解释。这个解释对吗?不完全对。“习”,可能包含了温习、复习的含义,更重要的是操作、演练、实践的意思。学习不仅要重复、温习、复习,更重要的是把它付诸行动,不断地实践它,才能够真正地达到学习的目标。我以为将两个方面含义结合才是孔夫子“学而时习之”的本意。

三、研究生是优秀的学生

研究生应该是优秀的学生。为什么说研究生是优秀的?中国13亿人口,已经获得博士、硕士学位的人只有200多万,在校硕士、博士研究生只有100多万,北京在校硕士、博士研究生只有17万。对这些数字进行解读至少可以得出两个结论,13亿人中只有200万人,加上在校100万人,才300万人,简直是凤毛麟角。人生能得到研究生之称谓者当是佼佼者也,多么自豪啊!是的,刚才我们校领导说,有很多人都戴不上博士、硕士帽,有的戴上又得摘了,那么获得博士、硕士学位的人在13亿国人中,他们真是优秀者。但是同学们也不要太自我陶醉,北京都有十几万名研究生了,中央党校都有600多名研究生,我们现在的地厅级领导干部班60%左右是硕士研究生,70%左右都是研究生学历。甚至有一个班的学员构成中有4个大学校长,10个博导、教授,一个小班才40多个人。换个角度来讲,中国知识分子多如牛毛,你把二三百万人摆在一起,也可以说是浩浩荡荡。现然硕士、博士都不好找工作了,很多高校纷纷提高价码,一个硕士研究生要到一所大学找一份教职工作都很困难。前两天,我一个中学同学打电话来,他的孩子博士研究生毕业,问我能不能推荐一所高校去就职。我想起来都害怕。据说一个教师的席位,有50多个博士来竞聘。中国的博士、硕士可以说是遭遇了严峻的考验,在那么多人中你怎么脱颖而出?回答只有一个,你必须是优秀的,优秀的人从来不会畏惧。有关部门的同志跟我说,我们研究生院的同学有个问题,就是学生签了几个单位的合同,结果只去一家,对于其他几家都毁约了,人家一气之下不要党校研究生了。我觉得这当然会对我们党校形象有所损害,但是我还想到了更深一层,如果是不优秀的研究生能找到几个单位吗?不优秀的能有几个单位要你吗?几个单位都要你,都愿意跟你订合同,你自己必须是优秀者。你只有成为

优秀者,出类拔萃,才可能几个单位都要你。那么大家就会说,一个研究生怎么才叫优秀?我认为可以从以下三个角度来看。

一个研究生是不是优秀,第一要看是不是具有优秀的人格。优秀的人格一定是优秀研究生的首要标准。人格是指人的尊严、价值和品格等的总和。在这里我要阐释的主要是人的品格,主要包括特定主体内在的品质与外在的道德评价两个方面。优秀的人格是什么?就是一个人内在优秀的自身品格,与外在良好的道德评价。人格以一个人的人生观为基础,并被其所决定。人生观中的人生态度是非常重要的。怎么认识人生,怎么对待人生,这是研究生品格的认知基础,也是其品格中非常重要的内容,是其人格的重要构成部分。我指导研究生,与其第一次见面的时候,一般都会谈三个问题。第一个问题,我会跟他谈人生历程、学习历程是什么,读过什么书,经历怎样一个人生历程来到中央党校,即从哪里来。第二个问题,他将去向何方,未来想干什么。我不希望学生的答案是唯一的、统一的。它必然是多样的,结论应该是开放的,我要与他分析走向这些目标需要做什么样的努力。这是我必须和他探讨的第二个问题。第三个问题,如何才能达成自己的目标,实现人生理想。整个教学活动中,我都会关注其人格,包括心性的引导。因为我认为良好的心性是一个人最深刻的根基,是所有成功者的必要基础和重要保证。

人生的价值是什么?这是一个千古之谜。我愿意把我"两无两有"的人生认识奉献给大家,与大家商讨。所谓"两无":一是"人生无意义"。我认为人生本身是没有意义的。人生就是一个生命体在时间中流动的过程。一个物化的人,在时间的流动过程中,流动五十年就活了五十岁,流动八十年就活了八十岁,流动一百年就活了一百岁。万物终将毁灭,生命不过如此,生命就是一个过程。我们所要做的事就是将没有意义的人生变得丰富多彩,变得有意义。人生的意义在于人生过程

的发光发热，人生的过程或者壮怀激烈或者默默无闻，或者顺利成功或者黯然失色，这都是你。一个生命体在岁月中轻轻滑过，犹如一颗流星从天边滑过，几乎没有什么差异。如果说它在滑过的过程中发过热、发过光，影响了这个天地，影响了这个世界，展现了这个生命的历程和精彩，他的意义就可能被放大，就可以得到体现。人生无意义的结论，就是要让它精彩，让它有意义。

二是“人生无归宿”。多少人梦寐以求，向往着“采菊东篱下，悠然见南山”，向往着“归去来兮”，其实谁归去来兮过？谁都没有。不知秦汉与魏晋的桃花源在哪里？我告诉你，问苍天，苍天无语，问大地，大地无言。人生是没有归宿的。人生没有归宿，我们又怎么对待它呢？不知道我们的终点在哪里。朝着光明一往无前，抓住现实的目标一步一步向前走，你只要认定前途是光明的，不管走到哪里都很好。人生最多是抓住四天，最重要是三天，更重要是两天，当然最后只是一天。第一“昨天”，因为昨天是走过的路。知道昨天，才知道今天是否超越了昨天。如果今天还不如昨天，那么就要更加努力，解决现实的问题，改善今天。还看到“明天”，明天是今天的希望，明天是今天的未来，明天是很重要的！甚至可以说不知道明天就不知道今天。你的明天就是硕士研究生毕业、博士研究生毕业，你今天就要去为毕业而奋斗，有明天你才有希望。那么“后天”管不管，后天可以管，叫瞭望后天，你望一望就行了，现实的问题是怎么以优异的成绩毕业，获得硕士学位、博士学位，这是明天。后天即使是光辉灿烂的未来，也只需要瞭望一下，最后还是要回到现实——今天。最重要的是“今天”，没有今天，明天和后天都没有。“人生无归宿”就是要让自己别耽于空想，别流于虚幻的追逐而迷失了自我。被幻影所左右，就不能实实在在地去努力、去奋进。长亭更短亭的努力就是归宿。

我体会的人生两有：一是“人生有苦难”。苦难是人生永远无法摆

脱的魔鬼,但苦难又孕育出许多英雄人物。苦难出思想,苦难出人才。人类对苦难的认知太丰富了,没有苦难更没有释迦牟尼,就没有他想拯救人类的佛主情怀。没有苦难就没有耶稣基督拯救人类的行动。没有苦难更没有伟大的马克思主义及其共产主义的伟大理想。苦难给人类带来了多么伟大的壮举呀!苦难是一份财富,但是在这里我也得和同学们一起分享我的一个独特体会。我认为苦难必须被超越,如果不能超越苦难的话,苦难留给我们的将不是财富,而是思想的狭隘和行为的猥琐,它会成为人生前进的障碍。没有超越苦难的人,其心胸就难以开阔,眼界就难以宽广,就难以有坦荡、幸福的人生。我曾经资助过某高校的一些大学生,其实我多想告诉他们,资助他们仅仅是为了能让他们完成学业,帮助他们战胜贫困。贫困只是暂时的,你的思想必须超越它。只有超越它你才能战胜自己,才能变得人格伟大而免去卑微。我多少次想见见他们,但是我自己说服自己不应该见,为什么?我觉得我给他们一点小小的资助根本构不成教导他们的理由,我害怕从另一个角度伤害他们。但是我真的是在内心期待他们能从苦难中走出来,能够超越苦难。面对苦难时,我们要超越苦难、超越自我,努力会使人世间少一些苦难,你的人格就会因此而提升,你才会有悲悯的情怀。

二是"人生有责任"。人,渴望自由而又无所不在枷锁之中。人们渴望自由,但是往往得不到自由。这是卢梭——西方思想家中极具有革命精神的智者——对自由的呼唤。不自由的原因有很多,其中之一就是因为责任。你一生下来,父母抱着你的时候,一看你很聪明,将来一定会成才,一定要好好培养。现在还讲胎教,你没生下来时父母就寄予厚望。出生后从幼儿园、小学、中学、大学一直到了今天的硕士生、博士生,父母的眼睛永远关注着你的状态。你走到哪里,他们的期望就追随到哪里,这是父母的期望,同时也是我们对父母的一份责任。当你谈恋爱、成家,甚至养儿育女,担负的责任又从父母那里延伸了下去。我

们没有长大的时候,不断用自己的努力学习、成家立业来满足父母的期待;当我们长大了,父母年迈的时候,又要承担起为父母养老,使父母能够安度晚年的责任。天下还有那么多你熟悉或不熟悉,看到或没有看到的人,芸芸众生,都经受着该经受或不该经受的苦难。那我们该怎么办?上对父母,下对儿女,中对自己的爱人、朋友、社会,就应该勇敢担当起责任。

人生要怎样看待?我觉得就应该建立一种理性的人生观。

理性的人生观有两大元素:第一,进取。人生观不能是消颓的,而应该是积极进取的。作为老师,面对自己的学生一定不会告诉他,你应该放弃你的努力,绝对是鼓励他去追求美好的未来。相信他凭自己的能力完全可以做得更好,做得更优秀。这是一个老师的责任。作为老师就应该坚信,太阳在明天早晨一定会升起,阳光总会洒遍大地。进取的人生观是非常重要的,每个人都要把自己进取的精神融入到自己的血液中,成为自己内在的心理定势和思维模式,成为自己的秉性,永远不要想到退却,应该想到不断追逐。当年追逐太阳的后羿,即使会被太阳烤焦,也在所不惜。在追逐光明的路上前行,也许有些悲壮,但却十分光明。必须明白,平庸是一生,精彩也是一生,那为什么不让人生变得精彩呢?平淡是一生,辉煌也是一生,那为什么我们不让它辉煌呢?当你追逐不到,回头来总结的时候,尽管失败了,但我追求了,无愧于人生,多么美好啊!进取始终是我们的旗帜。

第二,达观。没有达观所保证的进取,就会出现问题。过于求急,欲速不达。达观地看待世界,达观地看待人生,达观对人,达观对己。你去找朋友帮忙,朋友帮不上你的忙,给你作了一番解释,也就释然了。你就想每个人都有每个人的难处,他也不容易,能如此坦诚相告,已属不易,心中也就豁然开朗了。考试很难,成绩甚至没有及格,没及格有什么关系,难道不及格我们就不过下去了,那就研究一下要及格怎么

办，那就补考呗，补考通过了不就过了吗？难道要为这点困难去寻死觅活？朋友误解了自己，解释呀，解释了好像也不管用怎么办？没有关系，误解毕竟是误解了，日久见人心，路遥知马力，让事实证明，让他自己觉悟去吧。他如果有求于你，你若能够帮助他也不应该拒绝他，你应该一如既往地对待他，用你的坦诚和乐助恢复你们的友谊。方便时告诉他事情本来的真相，不行就继续用时间和行动来告诉他。你要跟人家谈恋爱，人家就不爱你，非要爱不可，一定追爱到底，没必要。爱是手与手的相牵，是心与心的相通，还是人生与人生的组合。爱是两个人下决心一起走到生命的终点。别人都不愿意跟你一起走，你强迫人家干吗？不爱就不爱吧，失去的是一棵树，得到的是一片森林。你可以进入森林，继续寻找适合你的那棵树。这也叫达观。要坦荡对人，宽容对人，达观的人生态度是非常重要的。我们不能一味地强调进取，一定要强调达观。达观就是对人不刻薄，对己不苛求，对世界很坦然，如果你能有一种达观的心态，你就会在老师、同学、父母、家庭、爱人、朋友中获得幸福与快乐。美好的人生观是人生成败之关键。

研究生是做研究的，学习历程是学术历程，更是心路历程，还是人生修为的历程。中国知识分子的人生修炼讲的“修齐治平”即修身、齐家、治国、平天下。“修身”就是修己之身，内在修炼本性，外在修炼身体。“齐家”就是把自己的家治理好。“治国”指的是你做好所管的事，即工作事务，用现在的话来说，就是一个人得爱岗敬业。“平天下”则是指要为天下太平作贡献，推动和促进天下太平。“修齐治平”四个字前面还有四个字“格致诚正”，即格物、致知、诚意、正心。什么叫“格物”，就是认识世界、学习知识。“致知”，就是要掌握真理，把握规律。“诚意”，就是要树立起良好的世界观、价值观、人生观。“正心”，就是要有认识和对待世界正确而良好的心态。这是中国传统经典《大学》的要求。我主张硕士、博士研究生都要先修国学、再修西学、中西合璧、古今

会通。作为中国知识分子，你必须得读《大学》《论语》《孟子》《中庸》，乃至《易经》《老子》《诗经》等。这些经典都没读过，甚至不知是何物，你在中国传统文化意义上不过关，你就不是中国最好的研究生，当然也不会是优秀的知识分子。

《大学》里面讲的“格致诚正，修齐治平”是人生的整个历程，也是人生的最高理想。它是中国知识分子对人生认知高度浓缩的精华。良好的人格是人生的起点，人生的基础。我们培养的学生如果以后心理都是变态的、不正常的，那首先是我们教育的失败，老师的失误，对于每个同学来说更是绝对的伤害。我们不希望看到任何一个同学心理不正常。心理正常要靠人生修为，要修要炼。要想一想自己对人对事的做法对不对，对在哪里，错在哪里，怎么调整才对，这个不断校正的过程是必不可少的。我讲课的时候常说，一个社会要找一个绝对的小人不太好找，要找一个绝对的君子更难找，可能比找一个小人更难。就是我们自己，常以堂堂君子自称，偶尔也难免有点小人之心。那么如何避免自己的小人之心，就要不断反思，就要使自己近君子而远小人。《论语》中“近君子而远小人”是说，你要多跟君子接触，打交道，同时还要疏远小人，少来往。因为与君子交往，你就会被他感染，你就会大受裨益；与小人交往就难免受害。这就是“近君子而远小人”，这是外在的“远小人”。其实这句话还可以解释为，当你心中有君子和小人两种想法或意识的时候，你就要敢于抛弃小人之心，而拥有君子之念，要在内心“近君子而远小人”，从内心“远小人”这是更重要的。“远小人”有外在的和内在的。外在很重要，近朱者赤，近墨者黑，你和君子来往多了，你就会被君子感动，就会学得很君子，尤其是你的同学们，你不喜欢某些人的作派，那你就对他敬而远之。内心修养中得有一个“近君子而远小人”的问题，这只是我的解释。优秀的研究生，要靠自我不断地培养、修炼。

追求优秀永远是学生的本质追求。到硕士生、博士生这个层次，良

好的学业当然是我们的追求,硕士、博士学位论文必须写好。现在我们研究生院也在考虑,研究生一直是整批进来、整批出去,美其名曰按期毕业,其实这与整个国际教育发展趋势和中国教育发展走向并不一致。我们要逐步实行弹性学制,博士研究生可以三到五年毕业,这都可以认定你是在学制期限内毕业的。三年之后你可以搬到研究生院外去住,博士学位论文可以在入学的第四年、第五年时答辩。我们可以按照国家和学校的制度确定一个限度,可以确定多长时间内来答辩多少次。不必要求整批进来就要整批毕业,因为这样,同学压力很大,论文也写不好,更重要的是人才培养不好。第一年外语过关;第二年开始找工作,同时开题;第三年工作敲定,急匆匆地把论文写出来。老师让不让过?不让过,工作都找好了。老师也难,不让过关,好不容易找到一份工作;让他过关,论文根本就过不了关。我们的博士点、硕士点每几年就有一次评估,论文每年都有抽查测评,如果论文不过关的多了,就要撤销我们的学位点。那多悲惨啊!早知如此,何必当初,还不如一开始就严格点,要求高一点,这样上级评估和抽查,都能顺利过关。所以,我主张要求从严,过关适度。但如果是要求不严,过关严,学生就被害惨了,谁也不忍心害同学们。不热爱学生的老师,不是好老师;不热爱学生的老师根本就不配做老师。硕士在国外最快的有一年毕业的,一般为两年,硕士按国外的教育理念是一个本科到博士的过渡教育期。在中国把它当作一个很独立的学位。各国对硕士这种学位的要求比对博士的要求要低得多。你读博士,在三五年毕业都是正常毕业,一起进来一起出去是基于过去的办学理念。以后我们要严格论文标准,同时又要有一定的学制弹性。这样既能保证质量,也能使同学们不必担负不能按期毕业的恶名。它不存在不按期毕业的问题,因为你可以申请三年内答辩毕业、四年内答辩毕业。如果论文没达到标准,导师可以不推荐答辩,在规定时间内达到标准,再申请。这样,老师就能严格要求同

学,同学也获得了一份自由。一篇优秀的学位论文对老师来说,是一份极大的欣慰。老师看到一篇很糟糕的论文,那种糟糕的心情是难以言喻的。我就是,看不下去了,把论文扔在一边,过几天又拿起来看,看了一段又扔在一边,再过几天再看。一篇论文在我桌子上搁了很久的,一般都是很糟糕的,我要耐着性子把它看下去。面对糟糕的论文,老师也很为难。

最后我们必须要说,优秀的研究生必须要有优秀的行动。行动永远是最强大的决定力量。坐而议,不如起而行,一定要有实际行动。孟子有一段非常精彩的名言,“天将降大任于斯人也,必先苦其心志,劳其筋骨,饿其体肤,空乏其身,行拂乱其所为,所以动心忍性,曾益其所不能”。做学术就是要能吃苦,能忍耐。很多学术见解,都是在刹那间产生的,很容易在你指间滑过,在懈怠中遗漏。记得我刚刚大学毕业时,留校做了老师。我偶然看到有学者谈到行政法院和行政法庭的问题。那时才 1985 年,国内资料很少,中国人普遍不知道什么叫行政诉讼,什么叫“民告官”,我就立即查阅了国外的资料,根据中国的国情,连夜写了一篇文章《人民法院中可以设立行政法庭》。文章由《政治与法律》刊登出来后,好多刊物都进行了转载,包括《中国法制报》(现在《法制日报》的前身)、《法制文摘》,都以不同标题作了转载。据说这是中国第一个论证设立行政法庭的文章。人们也许想不到,我只是个 22 岁的小青年。其实我也就是灵机一动,有所感悟,就写出来了而已。同样,也是在那年的冬天我还写了另一篇文章——《影响婚姻自由的两个新因素》,后来这篇文章被《道德与文明》刊登后,《新华文摘》进行了转载,然后被有的出版物列为“1978—1988 年十年中国哲学社会新成果”。其实后来我很难再写这样的文章了,那时候真是年少不知事。人在年轻时无所畏惧,想到什么都敢说,想到什么都敢写。正是当年的那种锐气和勇气,成就了我后来小小的学术成绩。你们许多人都正是我当年

那个年纪,可以供你们参考。我认为关键是要有行动。记得清朝彭端淑有篇《为学》,开篇就是“天下事有难易乎？为之,则难者亦易矣;不为,则易者亦难矣。人之为学有难易乎？学之,则难者亦易矣;不学,则易者亦难矣”。他在文章中还讲了一个故事:一个穷和尚对一个富和尚说:“我要往南海去,您觉得怎样？”那个富和尚就问:“你怎么去？”穷和尚说:“我只要一个水瓶一个碗就足够了。”富和尚说:“我多年来都想买船来开到南海去,尚且未能成行。你靠什么前往？”到了第二年穷和尚从南海回来了,告诉了富和尚。富和尚当然还没有去南海,因为富和尚还没有筹够买船的钱,还没有南下,甚觉羞愧。行动力非常重要,行动决定未来。只有想法是不行的,做思想的巨人、行动的矮子,你永远不会获得成功。行动是走向未来的力量源泉。

今天我给大家讲了三大问题,研究生是真正的学生,研究生是研究的学生,研究生是优秀的学生。从今天开始,就拉开了你们在中央党校学习的序幕,我期待你们在这里所经过的岁月乃至每一个日子,都能够成为今后美好的回忆,也希望能成为大家走向未来的标记。为了辉煌而灿烂的未来,就让我们从现在出发。

(本文是作者出任中央党校研究生院院长后,2008 年 9 月 1 日下午,为 2008 级入学新生所作的迎新讲话,根据录音整理。)

2. 学生、学术与生命

同学们：

下午好！很高兴有这个机会能与同学们作交流。我要与大家交流的题目是“学生、学术与生命”。这是我在最近一个时期所作的思考，在这里与同学们分享，也接受同学们的批评。

一、学生

第一，我要讲的是，学生是当然的学习者。

这并不是一句废话。当被问及学生的含义是什么时，我们的回答可能就是，学生是在学校学习的人。最简单的说法就是，学生是学习的人。那么作为学习的人，你该干什么？首先必须完成应有的学业。所以说学习者就必须完成应有的学业。完成学业是什么？最简单的就是完成学校规定的学习任务，考试过关，只要是学生，没有不怕考试的，只要是学生，没有不牵挂考试的。考试是什么？考试是你学习效果的检验，成绩就是你学习状况的反映。考试，至少要及格，但是作为一个优秀的学生，恐怕及格是不够的，优秀才是我

们的目标。在我们的学习中,是否及格,不应成为我们探讨的问题。

如果说考试是第一个问题,论文就是第二个问题。论文必须合格。一个时期以来,我们看到了三种比较糟糕或者很糟糕的情形。第一种是论文不被导师推荐,当然就不能参加答辩。第二种是导师同意推荐答辩,但是上了答辩场,被答辩委员会否决,就不能毕业,不能如期拿到学位。第三种就是答辩也通过了,学位也授予了,后来被人举报抄袭舞弊,于是学位被撤销了。现在,每一所大学,每一个研究生院,都有不能毕业、拿不到学位的研究生。作为硕士研究生,就应拿到硕士学位,作为博士研究生,就应拿到博士学位。结果是中途倒毙,真是“出师未捷身先死,长使英雄泪满襟”。这样,同学不愿意,老师更不愿意。怎么办？必须从头抓起,这有老师的因素。客观地说,有的指导老师也不是尽心尽责的,有的教研部在实际的教学实施中也有疏忽大意。但是,你的学术是老师不能代替的,你的学术是教研部不能代替的。在同一个老师指导下,在同一教研部之中,为什么别人能过,你就不能过？此一人彼一人也,如何畏彼哉？别人是个人,我们也是个人,为什么我们就比别人差？有的同学本来该开题了,但一直推到很晚都不开题,直到最后一学期才提出开题问题,甚至到了论文答辩时题还没开。这样的导师不配做导师。我们的同学拿不出像样的题目来,开不了题,那么这样的学生恐怕也不能叫学生。今天谈的都是很实在的问题,在管理制度上必须要求论文答辩前一学年以上开题。你最后剩一个学期了,怎么开题？开题怎么写？所以,我对研究生院有关部门的同事们说,发通知,不管导师是谁,不能提前一个学年开题的人,或者拖延到最后一个学期才开题的人,必须推迟答辩,通报他的导师。他们说别冲动,导师们是赫赫有名的大学者,甚至是领导。其实不管是谁,只要你是研究生院的导师,你就应该承担教学工作的义务,除非你不是导师。指导学生是老师的天职,是导师当然的义务,和学习是学生的义务一样。教导学

生是老师的责任,我们只有这样要求老师,才能很好地要求我们的同学,我们要提高标准并严格执行标准。说实在的,我们研究生院的老师如同你们的导师一样,为什么要整你?你能过关为什么不让你过关?要求要很高很严,过关要适度。因为毕竟你们都是我们的孩子,我们的学生,我们为什么要与你为敌?为什么非要与你过不去?这没有道理。但是作为学生,自己做得要像样。人家说敷衍塞责,可是你责都不塞,敷衍都懒得敷衍,那怎么过关?有的同学就倒过来埋怨导师。早知如此又何必当初,平时自己要求严一点就可以了。在论文上,同学们必须高度重视。有人说,论文怎么突击写,几天就出来了,哪有这样的事?学位论文是学生获得学位的根据,是学习成绩的总集成,是学习效果的检验机制与手段。

平时不去图书馆读书,不去阅览室看学术期刊,不三更灯火五更鸡的熬夜,学术论文怎么出来?一天到晚东游西荡,不务正业,一心以为鸿鹄将至,心猿意马,论文绝对写不出来,写不好。我曾经在图书馆与领导开玩笑说,中央党校应有个统计,即图书馆“到馆率”,到馆率高的教授就是优秀教授。当然,对教授这么评价也未必妥当。但是对学生来说,不去图书馆,不去阅览室,不去自习教室学习,那怎么学习?说到自习教室,今天上午有位同学跟我说没有自习教室,我赶紧让办公室跟南院管理办公室(以下简称南管办)联系,9 月 28 日开始,开放 204 教室,可以容纳 200 人。然后有人提出这会不会浪费电?当然不存在这个问题,这是教育必需的成本,人少了灯可以少开。大家能够去图书馆、阅览室、教室学习,在寝室熬夜,你的论文就一定能写好。

有的同学会说,卓老师你这样要求我们,你们怎么不变革,不改改你们的制度呢?我们有些同学已经成家,上有老下有小,工作还繁忙,非常累。我们研究生院当然要改革。我们必须首先明白,学生是未来的建设者,所有同学必须把自己定位到中央党校研究生院学生上来,你

是来学知识、长本领、培养自己的。因此,不可以藐视自己,既然能够进入中央党校的研究生院,你就有足够的实力立足于世,就能够完成学业,走向社会,自立于社会。所以,态度上要有自信,自信是立身之本,没有自信就没有意志,就没有斗志,就是一个没有精神的人。除了不可藐视自己以外,还要脚踏实地地努力,要培养自己。如果你不培养自己,整天不藐视,整天很骄傲、很自豪,那叫狂妄。你还得努力地培养自己、充实自己、发展自己,靠每天的积累,每本书的阅读,每篇文章的写作,才能使自己真正成长起来。这就是培养自己。你可以不厌其烦地给你的导师打电话,可以时常向老师请教,向导师或非导师请教。其实没有一个老师会拒绝同学,至少在我自己的历程中,不管是我指导的学生还是没指导的学生找到我,我从来不会拒绝。最多是说"对不起今天没时间,我们能约下一个时间吗"?这是老师的身份所决定的,所以你要努力地向老师学习,用各种机会充实自己、完善自己、培养自己。

第二,学生是自己的管理者。

学生是未来的建设者,必须很好地管理自己,处理好自己的事务。有的同学邋邋遢遢,个人的事务都无法处理好,一室之不治何以治天下?

我们必须要管好自己的事务,不但要管好自己的事务,还应该有参与公共事务管理的自觉行动。这一次研究生会的选举就进行得很好。为什么要选研究生会干部,有三大理由:其一,是中华全国学生联合会(以下简称全国学联)章程等制度的要求。《中华全国学生联合会章程》(以下简称《全国学联章程》)、《北京市学生联合会章程》都明确规定,学生会或研究生会都是学生自治组织,学生要享有选举权和被选举权。这是这个组织的性质需要。我们长达二十七年没有进行研究生会的选举,是我们没有按章办事,不等于说这就是对的,必须要回到规章制度上来,按照规章制度办事。

其二,未来的研究生会将担负重要的责任。研究生会不是老师的助手,不是老师的拐杖。研究生会是自治组织,研究生会的委员会要拿出工作和活动方案,文艺、体育、学术、宣传甚至还有外联,该干什么都要有计划,年终要有总结,上一届研究生会要给下一届研究生会作报告。它的运作要按研究生会的章程、学联的章程来进行。研究生院要组织学术活动,要组织体育活动,要组织文艺活动,要对外联络并加强宣传,要承担很多责任。只有通过选举才能解决这三个问题,也就是干部愿意干,群众认可干,干部能够干。有好多同学踊跃参加选举。这样很好,参加选举是你争取为公众作贡献的一种可能性,选举成功了就可以获得为大家服务的机会。参与选举是一个锻炼,通过这种社会活动、学生内部的自治活动,可以提高你的认识能力、管理能力、组织能力、协调能力,同时还可以累积未来寻找工作或者丰富社会阅历的基础。当你告诉别人,你曾经是中央党校研究生会的主席、部长,社会会怎么看你,求职单位会怎么认识你?所以我们要充分调动同学们的积极性,参与自治,自我管理。研究生会也不要辜负这个期望。这些目标,只有通过选举才能达到,能干的人有机会被大家认可。

其三,是培养人才的需要。研究生院的目标是一切为了学生,一切为了培养学生。小学都在选举,幼儿园都在选举,中学选举,大学选举,到了我们硕士生博士生就没了,民主没了,你们最后的一站是没有民主的一站,怎么可以?我们希望你们治国平天下,中央党校的学生要比其他学校的学生更具有治国平天下的为民情怀和雄才大略。一个学生,他受到什么样的教育,就会以什么方式对待社会,这是我的认识。很难想象,一个在不民主的环境中成长起来的学生,他会民主地对待社会和他人,所以,这是一个培养人才的需要,培养优秀人才的需要,培养未来建设者包括市场经济建设者、民主建设者、法治建设者的需要。我们未来社会的三大元素是不可缺少的,一是市场经济,二是法治国家,三是

民主政治。政治的民主化、国家的法治化和经济的市场化,是你们必须去面对的世界。所以研究生院必须这样做。新同学、新成员来了,要成立新的研究生会组织。前天学校领导告诉我,有人写信控告我们的民主选举,我说没关系,我们全都有制度根据。同学们给领导写信没有什么不对,下一次最好复制一份给我。学生会也就是研究生会要实行选举,是坚定不移的。选举的具体方法,我都觉得不是尽善尽美的,有很多不一定妥当的地方。不妥当是存在的,但是,如果研究生会选举今年不搞,那么明年搞还会有不妥当之处。不如今年先搞,明年修正后再搞,明年再总结,后年也许就成熟了。民主的起步都是有诸多问题的,但是不要被问题吓到。选举几届,研究生会的选举制度就完备了,组织结构就健全了,运行机制就流畅了,同学们就不会有太多意见了。当领导告诉我的时候,我说,“对不起,可能是我组织得不好”。但领导说了两点。第一他们不写信给我,我还不知道二十多年没选举。第二研究生会就是该选举。研究生会选举的目的有三个:一是为了符合研究生会的本质,符合全国学联和北京学联的章程要求。二是为了调动同学们参与公共事务的积极性,发挥研究生会的作用。三是为了培养同学们的民主意识,培养同学们的民主管理能力,培养国家和社会需要的优秀人才。就这三个目的,我们要着眼于未来,未来需要什么样的人,我们就要培养什么样的人,并以此来完善我们的教学制度和管理制度。

第三,学生是管理的参与者。

任何学校制定政策的都是领导和老师,而从应然上讲,真正的中心者应该是学生。学生应该确立学校的主人心态。研究生院是共同的研究生院,这是你们的家,是你们的母校。我们有意见、有批评应该提出来,但是一定要尽可能是建设性的。批判也可以,但是最好以建设为目标。因为不以建设作为目标的一味批判,后果就值得忧虑。我认为,中国当今文化主要还应该是建设文化。记得有一年深圳读书月活动,请

了世界上华人区的大学者,金庸、余秋雨、唐浩明、李京文等,也请了我。在我那场记者会上,他们问我,你认为中国的文化应该是批判的文化还是建设的文化?我说,所有批判必须为一个目的——建设。如果不为建设的批判那将是破坏。城市建设,建设新小区,不是为了城市改造,为什么要拆旧房子?为什么要拆旧楼?既无新房又无旧房,尚无新房已无旧房,人们何以安身?所有的拆迁都是为了建设,所有的批判都是为了发展。

我建议在研究生宿舍C座门前设一个公告栏,把所有的信息放在那里发布。在公告栏旁边设立一个意见箱,同学们可以随时把意见和建议放到意见箱里。这个意见箱,我可以保证,一定看。客观地说,在研究生院当家也难,我们研究生院老师在能管的范围内,可以做到的,一定要做。但是,我们研究生院所在的南院是九龙治水,南院这块地皮很多人在管,真正管理的是办公厅。办公厅有一个专门管理南院的办公室——南管办,还有后勤服务部、财行局,财行部门有物管办,服务部门有绿化办,多个部门管这里。你们知道九龙治水的后面一句是什么吗?水难治。它的结果就是难治。这怎么办呢?没关系。校领导来我们研究生院视察,已经指示要就南院的多头管理拿出一个综合治理方案,这是学校领导的认识,大有希望。重要的是,我们要把自己的事管好,兄弟单位的事可以协调,协调时我们可以反映。有些事不是我们一家可以解决的,那就几家协商。今天上午我接到一个同学反映的意见,写得非常好,逻辑非常清晰,表述非常明确,论证非常充分。你们以后不用写得那么累,写明白就行,我要让你们花更多的时间去学习。有些问题,比如说你们出入北院,那些武警有的时候机械执法。严格执行法律和纪律是应该的,但是得具体情况具体分析。同学的出入证掉了还没有来得及补办,要去听报告,结果警卫不认学生证,房卡也不认,这样的证不认,那样的证也不认,那站岗警卫的职责是什么?是妨碍学习。

警卫就是保证安全的，就是落实我们身份的。有学生证，而且学生证上还有照片，和出入证的照片姓名没有差别，都能够核实身份。你不相信还可以打电话给我们班主任，说一千道一万就是不让进，不讲情理，我们又能怎么办呢，我们研究生院只能协调。我们向办公厅反映，然后跟武警交涉，跟门卫交涉，说你不能这样做。因为一个同学掉出入证，是偶然现象，但是就整个研究生院的学生掉出入证这件事而言，它是常见现象。只要能查明他的身份，他能证明自己的身份，就应该允许进入。这件事我们还要和办公厅、武警管理部门进行协调，研究生院自己做不到。比如餐厅的问题，也不是我们研究生院在管，餐厅也有一些小问题需要去解决。那怎么办呢，最近我想拜访一下餐厅管理者，去跟他们谈一谈，有的问题我们去协商，有的问题还有待时日。还有体育场的问题，有一部分场地被关起来了，我们研究生去哪里运动？这个地方是管理部门关的，他们说这个地方需要管理，但是管理不是一关了事。我们去跟有关部门协商，前提是必须尽快将场地投入使用。不能说大家的建议都没有用，你的建议也很有用，好多同学这个阶段的意见和建议都给了我们很多帮助。当然也不能说你提的建议全有用，超过我们研究生院和老师的能力范围，我们就不敢保证。这也希望同学们给予我们一点宽容和理解。

第四，老师是学生的服务者。

听到这里，也许有的同事心里面就犯嘀咕了。我充分相信研究生院的老师们都有这样的素质。研究生院的每一个老师都要想到我们是学生的服务者。如果老师们具有这个观念，要继续拥有；不具有这个观念，要转变观念；这个观念太弱，就要增强这个观念。“一切为了学生”要成为我们的口号和行动指南。我们要为了学生有良好的人文与价值观念，有优秀的人格与道德修养，有足够的知识和能力基础。人世间最崇高的职业，不管有多少，但其中有一个职业就是老师。我曾经在好多

场合说过,假如人生有来世,假如人生的来世需要填志愿,我愿意把所有的志愿填上大学教授。这是一个非常好的职业,作为一个大学的管理者、服务者,天天与那么多有活力的年轻人在一起,和他们一起学习和工作,和他们产生思想上的碰撞,和他们一起感受人生的美好,你会觉得这是一份独有的恩惠,一种幸福。为了这个目标就要修订我们的制度。我们研究生院的所有制度很快会进行一次清理。9 月,我们要参加深入学习实践科学发展观的活动,你们也得参加,这是全国全党性的,我们研究生院的领导和同志们也要参加。这次活动在我们研究生院的具体主题就是“学习科学发展观,争创一流研究生院”。我们首先要进行大讨论,每个部门都要探讨,我们每个部门怎么发展才能适应研究生教育、满足研究生教育事业发展的需要?怎么才能创建一流的研究生院,培养出一流的优秀人才?我们老师要讨论很多制度问题。最近一段时间,我都在和研究生院的老师们商讨学制问题。我们的学制和论文答辩制度,要体现出对同学真正的关爱,要使他们能够合格乃至优秀地顺利毕业。每一个同学成绩都好,每一个都能过关,每一个都优秀,何乐而不为,求之而不可得也。那么我们应该怎么做?我们可以把学制按照国务院学位委员会和教育部的有关文件,将博士学位的获得时间延长到 5~6 年。学习得不好,论文完不成就推迟一年。论文答辩通不过,可以缓一年。大学现在已经允许结婚了,到硕士研究生和博士研究生阶段,有的人就当父母了。为人父母真的很难,尤其是有的女同学,需要请假生孩子的,我们依照法律是允许的,不但要允许还要关爱女同学。这种情况下,还要她一定要在某个时间毕业,那怎么能够毕得了业呢?还有的同学在中央党校读研究生期间就想出国,我说在研究生期间,只要你想出国,办好手续,我们支持。说实话我很惭愧,我们老师应该惭愧,中央党校研究生院由于独特的研究生制度,导致难以与国外研究生院建立校际关系。对外没有联

系,这不是我们哪一个人的错,这是我们的体制和历史原因导致的,但是要改。由于我们还没有建立国际的校际联系,还不能通过国际校际联系把同学送出去,那么,我们的同学想要出去,当然应该支持。因此你们要延长一点学习时间,只要法律和制度允许,当然可以。如果能够按时完成论文,在国外一边学习一边完成论文,学习半年也是可以的,但是要依法依规履行手续。你出国要开证明,我们会跟领导商量,提供这个服务。我们的同学能够走出去,这是好事,这是光荣,也是期待。并不是说出国就一定好,想出去的可以出去,不想出去的就在这好好学习。尊重主体意愿,发挥主体能力,为学生创造更好的学习环境和空间,是我们院管理部门的责任。只要在研究生院老师的职权范围内的,我们就要努力做到。如果超过这个范围,的确很难做到的,我们要想方设法地做。我们要对很多制度、习惯做法进行重新审视,要做有利于同学们发展的思考和变革。当然,我们不能违反法律等制度,一定要在制度的范围内让那些制度最大限度地发挥出对学生的促进和推动作用。你能够出去学习然后回来答辩,这非常好。我们的老师和同学要定位在一个什么样的关系上,这是我对我的同行同事们讲的关系定位问题。我们是一种父兄对子弟的关系,老师相当于父亲,老师相当于兄长,学生相当于孩子,相当于弟弟。用这种心态来对待同学,就一定能协调好我们的关系。客观地说,同学们也不要以为老师是你们的服务者,服务者就应该给你打杂,服务者就是你的仆人。这种想法是错误的,如果这样想,你的父、你的兄也不会赞成。老师对学生除了道义责任、情感责任以外,更重要的还是工作责任。同学们在老师的服务过程中,也要尊重我们的老师,只有尊重别人,你才能获得尊重。我作为研究生院的老师,不该讲这样的话,但是作为一个领导又不得不说这样的话。我相信情感总是相互的,相互尊重是处理师生关系的伦理前提。

二、学术

学生是学习的,但是研究生的学习不是简单的学习,而是以研究来学习,为学术而学习。“学习”这两个字,我上次在新生入学时讲了学而时习之。学是把未知变成有知,习是练习,是实践。学是将未知变成有知的过程,学术是我们学习的内容,也许可以说是系统的知识、理论及其研究与创新。我们的学习与小学、中学甚至大学本科的学习都不一样,我们是以研究作方法、以学术为中心、以创新为目标的学习。

要做学术,第一,要培养学术热情。热情非常重要,热情是学术的先导,是很重要的基础。学术要有激情,而只有激情是不够的,还要有坚韧,要持之以恒。白天,当你上课的时候突然想到一个新观点,你可以拿起笔把那个新观点写下来;当你坐在出租车上时,突然有个新观点,你可以拿出手机把这个新观点写到你手机的记事本上;当你在湖边散步,在路旁林荫小道上跑步时,脑海中出现一个新观点,你可以停下脚步记下来或者马上跑回宿舍记下来。夜里,当你躺在床上,睡到半夜时,突然想到一个新观点,你可以翻身起床、打开灯将其奋笔疾书。你能做到这个程度,也许就叫有学术激情。做学术的人就要有思考,有思考就要有记录,记录不断累加,再用学术的方式表达出来,就成了学术创新。从事学术工作,光有激情还不够,还要有韧性,要长期拥有激情。学习是一项艰苦的事业,古人说“三更灯火五更鸡,正是男儿读书时。黑发不知勤学早,白首方悔读书迟”。说得非常好。我们应该趁着青春岁月,趁着满怀激情,努力地潜心学术。

第二,要讲求学术规范。学术规范是很重要的,你怎么写目录,怎么写引言,怎么去论证,怎么去阐释,怎么写结语,怎么做注释,乃至怎么运用标点,都是有规范的。必须遵守学术规范,不能别出心裁,不能在规范上独具一格。什么是规范,规范是一种行为准则,这个准则是通

用的，因此你得遵守普遍的学术规范。我们拟在2009年推出研究生院学报，在全国发行。现在我们正在商议之中，这个刊物的目标定位或许是“立足理论、关注现实、探求真知、报告发展”，刊物的名称，结合许多同志的意见，或者就叫作“学术与发展”。大家也可以一起来出主意。接下来后，我们将在全院招聘编辑，编辑部的成员主要由学生构成。为什么要这么做？主要是培养、锻炼同学们，为你们的发展奠定基础，奠定知识积累的基础。学术有通用的、通行的基本规范，学术最重要的是认真，最根本的是创新，它要遵守通用的、通行的学术基本规范。作为一个理论刊物要有一定的厚度，一定分量，文字没有1万字左右，观点不创新、探讨不深入、论证不充分的文章，就不可能被采用。学术期刊要发表你的文章，主要审查什么？也许首先是审查题目，看看题目是否具有新意，主题是否新鲜，整体上会不会、有没有创新。其次是看摘要，摘要是告诉你讲了几个问题，对文章的基本观点加以集中展示。有的人把摘要写成研究意义、写成引言，那都不叫摘要。最后是看参考文献、引文、注释，从这里就能看到你读了哪些书，吸纳了哪些资料，是不是立足于整个学术界现有的认知基础之上。至此，这篇文章用和不用，编辑心中就有一个初步的判断。进一步，编辑要去看你的论证方式、表达方式、遣词造句、标点符号等是否符合学术规范。编辑是一个很复杂的工作，遵守学术规范是一个编辑对于文章的起码要求。学术论文一般不要参考报纸和网络上的信息，要参考有一定意义或者很有意义的学术著作和学术期刊。

第三，要尊重学术道德。不得抄袭，凡是引证，就得加注释。这是尊重他人、尊重他人的劳动成果，也是非常重要的。尊重学术道德还表现在对待合作者问题上。对待合作者一定要有君子之风，在利益分配上最好是先小人而后君子，怎么署名、怎么分配利益，最好事先约定，努力做到友好相待、问心无愧，宁可舍己、不可亏人。当然，如果事前没有

说好,事后就要好好说。

三、生命

学生也罢,学术也罢,都依赖于生命。没有生命的话,什么都没了,万流归宗,生命是学术之源。

第一是让生命备受尊重。生命是学术之本,是人生之本,生命的尊严首先来自父母。每一个生命都是父母的心血结晶,其成长都离不开父母的精心抚育与用心打造。生命的尊严还来自生命的难得,每一个生命来到世间,其实都是偶然的,这种偶然就暗含了它的稀缺性与珍贵性。上帝一脚将我们踢下人世间,我们就要对得起上帝那高贵的一脚。这样想来,我们的生命不仅属于自己,还属于父母,还属于上天。我们没有任何理由藐视生命,必须确立生命神圣的观念,努力让生命放射出应有的光彩,最大的光彩。我们要感恩父母,感恩上天,感谢好不容易中奖的偶然性。人的生命论题中包含着生命的生成、安全和健康,我们要爱护生命,就是要保证生命的安全和健康。这是对自己负责,对家人负责,对父母负责,也是对上天负责,绝不允许轻视生命,哪怕是自己的生命。

第二是让宽容美化生命。人与人之间的关系,应该怎么去对待?应该学会宽容别人,还要学会宽容自己。这种宽容会使我们的生命充满快乐,使我们更加高尚,使人与人之间变得更加和谐而美好。人要学会宽容,宽容首先是对人,最终也要对己,要学会宽容别人,也要学会宽容自己。我们要努力做一个宽容的人,宽容家人、宽容朋友、宽容同事,甚至可以宽容曾经伤害过我们的人,这就使我想到了基督教。在基督教的教义中所讲的宽容,最大的宽容是宽容你的敌人,甚至是去爱你的敌人。这也使我想到了佛教,它主张谅解一切罪恶。基督教的《圣经》说,当人打你左脸的时候,你就把你的右脸伸上去。当然这是极端的说

法，但是其所表达的宽容，是那种震撼的力量，是让人心动、心惊的力量。会有这种人吗？我建议大家去读一读描述印度大英雄甘地的著作，当你读了以后，就会知道一个高尚的人是多么高尚，人世间会有那么美好的而又坚韧的品德。当然比这些宗教更崇高的是共产主义的理想，是解放全人类的马克思主义的博大胸怀。作为一个共产党人，更不能小肚鸡肠、蝇营狗苟，而是应该将有限的生命汇入到无限的为人民服务的事业之中。

第三是让生命放射光彩。人生是一个人的生命体在时间上的流动过程，我们所做的事就是要使生命的价值得到应有体现，使生命具有更大的意义。生命本身就是一个时间的流动过程，它原本没有什么意义，这意义来自你在这个过程中的发光发热，来自在这个过程中你做了什么，做成了什么，奉献了什么，这些对你的生命价值有着深远的影响。我们的一切努力都是要使生命放射出应有的光彩，放射出最大的光彩，用它照亮我们自己的路，照亮世人的路，乃至与别人的生命光焰汇聚在一起，去照亮曾经黑暗的世界，让它充满光明，让每一个生命都充满幸福。

（本文是作者2008年9月22日为全院研究生做的讲座，根据录音整理。由于录音效果原因，最后一部分内容并不完整，现在也无法补充完整了。）

3. 百感交集又岁末

同志们、同事们：

下午好！又到了岁末之际，可谓百感交集又岁末。回想2008年度，我先后在政法部和研究生院工作，谨将自己这一年的工作向同志们简要汇报如下：

上半年时间，在政法部作为教研部主管教学的副主任和教授，主要担负了整个教研部的教学组织和自己的教学工作。特别是组织实施了涉及法学、政治学、公共管理三大学科、三种方式的案例教学，使后起的政法部案例教学成为全校案例教学的先进单位之一。在上学期初，根据中央领导的批示和学校领导的指示，由我牵头开展“提高领导干部应对公共事件能力”的案例教学。花费了一个月多的时间，经过案例教学小组集体努力，使这一案例教学成功走上了课堂。截至目前，这一案例教学课程已经在中青一班、中青二班、地厅班、县委书记班、市委书记班、法学师资培训班等几乎所有的长时间班次开设，取得了优秀的教学效果。从开始至今，我在各个班次的这一案例教学评价中都一直保持优秀，并且由此带动了一些青

年教师的教学工作。共计本期我承担了6次主体班的教学任务，尤其是在市委书记班的案例教学等，获得了全校两个班次第一名的好成绩。

来到研究生院的下半年这一学期时间，也是我最为繁忙的一个学期，承担了7次主体班的课堂教学，参加了硕士研究生的法政治学、博士生的法学理论前沿问题研究的课程教学。2008年2月，我的《法的价值论》获得了“首届中国出版政府奖”的提名奖；11月我获得了中央政法委、中宣部、司法部、中国法学会颁发的中国法治最佳宣讲奖。下半年，更主要地投入到了研究生院的管理工作之中。各项工作，得到了段若鹏、刘春两位副院长和全院同事的大力支持和帮助，较快地进入了角色，使有关工作推展顺利。领导班子内部团结协作、相互理解、彼此支持，这要深深感谢学校校委、原分管领导和现分管领导的各项指示，感谢段若鹏同志、刘春同志的大力帮助，感谢在座和没有在座的各位同事的努力支持。粗略总结，我们在这学期的四个多月的时间内，完成了十项工作，启动了近十项工作，这是全院共同努力的结果，我只是与大家一起来完成而已。

一是我们组织参加了学校统一的“深入学习实践科学发展观活动”，目前正在推进中。在学习实践活动中，我们确立了一个目标——争创一流研究生院；明确了一个目的——一切为了培养一流研究生；提出了三个服务——为教学服务，为教师服务，为学生服务的口号。

二是我们按照全国学联的章程，顺利举行了第十届研究生会的直接选举，展示了新时代研究生的风采，锻炼和提升了研究生的民主自治能力，增强了研究生会的活力。

三是我们研究生院指导研究生会组织了院内辩论赛，从中选拔队员，精心组织辩论队参加了北京市研究生辩论大赛，在北京市众多的研究生院校中，取得了入围前八的好成绩。

四是在学校领导的正确领导与财务部门领导的热情帮助下，我们

顺利推进了教学课酬调整,新的一年中,将使老师们的劳动得到更多的价值认同。

五是我们第一次广泛收集了同学们300多条意见和建议,进行了分类处理,使同学们的学习生活条件获得了改善,设置了公告栏、意见箱,有效地改善了我们的研究生管理工作。

六是我们引进了择业咨询测评系统,为同学们提供了更好的择业指导,开设了就业指导讲座,开通了就业信息平台,改进了就业指导工作。这主要是学生处完成的。

七是我们引进了心理咨询测评系统,使同学们可以进行日常的心理测评和心理调适,并邀请心理学家前来指导,为相应的思想工作创造了条件。这也主要是学生处完成的。

八是我们开设了求是大讲堂,邀请了国内外名家进行学术演讲,计划每年推出一期学术演讲录,推动学术积累工作,扩大研究生院对外的学术影响。这主要是由培养处组织的。

九是我们正在重新制作研究生院简介并致函各省级党的组织与人事部门,申明我校学位研究生的国民教育性质,宣传我校我院研究生教育的成功范例。这是由办公室、学生处和培养处共同完成的。

十是我们将加强内部民主建设,逐步形成院务会、院长办公会的会议制度,使研究生院的民主决策制度和民主工作作风在原有的基础上得到发展。努力让院务会成员参与决策,努力使全体工作人员齐心协力地推动研究生院的发展。

我们正在着手和即将开始的工作主要有以下十项,这仅仅是我根据我们的一些组织决定和个人意见提出的,它只有在分别或者整体性地经过院务会讨论后,才成为全院的工作计划。

一是我们正在筹建研究生院党委,为更好地加强学生思想政治工作,发展学生党员,将政治思想工作与党的组织发展相结合,为激励学

生进步创造条件。

二是我们正在创办研究生院学报，并计划在新年试刊。根据李校长的提议，刊名拟定为《学术与发展》，我们将力争不断提高刊物的学术品位与层级。现在正在组建编辑部与征稿中。同时，我们要改版《研究生教育》期刊，使之成为我们研究生教育的历史记录，成为研究生学术的交流平台，成为师生互动的媒介，同时力争成为全国党校系统学位研究生教育内部的指导资料。

三是我们正在筹建研究生院校友会，并开展了收集信息的基础工作。目的在于凝聚校友情谊，发挥校友作用，创建教育品牌。

四是我们正在发起并筹办“2009·全国社会科学研究生学术论坛”，以彰显研究生们的学术形象。我们已经向全国各研究生教育机构发出了征稿函件。

五是我们即将在新年派出一个代表团访问西欧国家，以了解国外的研究生教育，同时对全国优秀研究生院进行调研，以向先进学习、向优秀学习，改进我们的管理工作〔1〕。

六是我们正在论证完善学制，依照国务院与教育部的文件要求，实行硕士研究生提前一年毕业与授位的制度，推行博士研究生 3～5 年弹性学制制度。

七是我们正在论证建立导师组制度，解决长期困扰我们的论文开题与答辩、导师不到位的问题，并使导师组形成指导合力，提高研究生指导质量。

八是我们正在设定新的优秀博士论文奖励制度，将大幅度提高优秀博士论文的学生与导师的奖励力度。

九是我们将建立学位研究生优秀导师和讲课教师奖励制度，争取

〔1〕 这一工作计划，由于后来的外事和财务制度改革及其变化而未能得以实施。

以学校名义奖励优秀教师,并努力使学位研究生的教学情况被学校作为职称评定的考量因素。

十是我们将努力建立对内和谐、对外友好、民主团结、富有活力的研究生院形象,确保各项教学、管理、服务工作有效推进,形成一个具有凝聚力、战斗力的团体。

就我们研究生院而言,我认为党校特色充分、国家标准不足依然是严重的问题,这个问题恐怕需要一两年乃至更长的时间才能解决。坚持党校特色、国家标准是我们长期的任务。就个人而言,今后一定要不断深入学习和实践科学发展观,提高自己的思想认识,把科学发展观作为指导思想和行动指南,贯彻在各项具体的工作之中,在 2009 年,努力把自己承担的各项工作做得更好。以上述职,请领导批评,请同志们指正。

(这是作者 2008 年 12 月在研究生院全院总结会上的发言。)

4. 感激更上心头

尊敬的老师:

您好! 春风又绿南院,感激更上心头。2008 年,在校委和校领导的正确领导下,在您和其他老师的帮助下,我们立足于研究生院的良好基础,共同完成了各项教学任务。

尤其是,在“深入学习实践科学发展观”的活动中,我们确立了争创一流研究生院的目标和一切为了培养一流研究生的目的,提出了为教学服务,为教师服务,为学生服务的口号;按照全国学联的章程,顺利进行了第十届研究生会直选,展示了新时代研究生的风采,锻炼和提升了研究生的民主自治能力,增强了研究生会的活力;指导研究生会组织辩论赛选拔队员,参加了北京市研究生辩论大赛,取得了入围前八的好成绩;在学校领导的正确领导与财务部门的热情帮助下,顺利推进了教学课酬调整,在新年中,将使老师们的劳动得到更多的价值认同;集中收集了同学们 300 多条意见和建议,并进行了分类处理,设置了公告栏、意见箱,改善了研究生管理工作;引进了择业咨询

测评系统，为同学们提供了更好的择业指导，开辟了就业指导讲座，开通了就业信息平台；引进了心理咨询测评系统，使同学们可以进行日常的心理测评和心理调适，并邀请心理学家前来指导，为相应的思想工作创造了条件；开办了求是大讲堂，邀请海内外学术大师，来院举办学术讲座，并初步拟定每年推出一期学术演讲录……

我们正在筹建研究生院党委，为加强学生思想政治工作，发展学生党员，激励学生进步创造条件；正在创办研究生院学报，期待您不吝赐稿，以提高本刊的学术品位与刊物层级；正在筹建研究生院校友会，目的在于凝聚校友情谊，发挥校友作用，创建教育品牌；正在发起并筹办“2009 全国社会科学研究生学术论坛”，协助办好我校申请并获得国家资助的全国哲学博士论坛，以彰显我院研究生的学术形象；将完善学制，依法完善硕士生提前毕业与授位制度，以及博士生弹性学制；将建立导师组制度，以强化教学指导与教学管理……所有这些努力未必能够使您满意，未必能使同学们满意，但是我们以满怀的热忱期待您的指点，期望您一如既往的帮助，我们会用真诚和行动回报您的关爱！

问候同人意切切，祝福师尊情深深。新年到来了，我们深知您会收到很多祝福，但是这份熔铸了全体员工、同学的祝福一定最真诚、最美好！我们要对您说，我们敬重您！需要您！感激您！我们最衷心地祝愿您及您的家人在新的一年中，身体健康，心情舒畅，事业进步，心想事成！

卓泽渊暨研究生院全体同人率中央党校全体在读研究生

2008 年 12 月 30 日

（本文为 2009 年元旦由作者起草的、给学校研究生导师的致敬函。）

5. 过街天桥或人行地道

在海淀区国际关系学院、颐和园、中央党校南院之间,是过街行人十分密集的地方。由颐和园路口、国际关系学院方向前往颐和园东门(正门)的游客、国际关系学院往返颐和园的师生、中央党校往返南北院的师生均需跨街行走。此处交通事故频发,人身安全、交通秩序均成为严重问题,在此修建过街天桥或人行地道十分必要。

这一建议工程必将有效改善这一路段的行人安全、交通秩序、城市形象、市政管理等难题,特此建议。

2009 年 1 月 6 日

(本文原题为“关于修建过街天桥或人行地道的建议”,是作者为中央党校的北京市人大代表起草的,致北京市人大的建议案。北京市人大将其列入代表建议案十三届人大二次会议第 044 号建议并有回函,有关代表将其转发给作者。作者根据回函所列联系

人及其电话多次询问，当初有关部门的回复是将进行勘测，后来又回答的是准备施工，再后来回答的是没有这个计划。之后，由于作者调离研究生院，再过问此事也成为僭越，也就不再询问。此建议过去十年了，工程依然没有施工，看来本建议属于无疾而终。)

6. 就业三心态

关于硕士、博士的就业问题,一时间成了全社会关注的重大问题。如何对待职业选择成为即将走向社会、走向工作岗位的同学们的第一难题。其实,这个问题说难也难,说易也易,其中首先就是求职者自身的心态问题。如果我们有积极务实的心态,也许求职难就会成为不太难。因为社会总是有相当的就业需求的,并不是完全无业可就,无业可择。这种积极务实的心态也就是始于足下、积于跬步、玉汝于成。

一是要有始于足下的心态。

《老子》第64章有曰:"合抱之木,生于毫末;九层之台,起于累土;千里之行,始于足下。"

"千里之行,始于足下",就是说要从目前的状况出发,而不是从未来出发。有的同学一求职就希望有个高就。能有当然是好的,但是找不到就要实事求是。任何选择都是在相对的选项中完成的,我们总是在相对中选择的。怎么去选择,我以为一定是选适合于自己条件的,有利于自己发展的,符合自己期待的,

待遇相对优越的。

如果我们不是做相对的选择，而是一定要一下子就找到最好的工作，也许这样的工作永远都不会出现。因为最好的工作一般都是隐藏在许多并不是特别满意的工作背后的，或者是通过不太满意的工作这个桥梁才达到的。

立定从自己的最低所能起步，也许是求职者最好的基本心态。还记得我的第一个硕士研究生的故事。他原本是其他老师招收的，由于他的导师调离了，他就来找我，希望我将其收入门下。我并不特别在意他的请求，但是他讲的入学时的故事深深地感动了我。他告诉我，入学时他带来了一个擦皮鞋的工具箱，如果不能获得公费就靠擦皮鞋而生存。我当即决定收下他，于是向组织交涉改为我所指导。现在他已经成为小有成绩的学者，并在英国从事学术工作。当时的他的确没有其他谋生的手段，擦皮鞋也许就是最不得已也最可行的选择，但是他那种敢于从擦皮鞋中谋生存的勇气的确是令人敬佩的，能有此种设想而求职者，何愁没有工作，又何愁没有美好的未来。

人生的机遇是无限的，难以把握的，说不定就在某个历程、某个驿站，它是在你进行途中的。你从来都不起步，那途中的机遇你又怎么可以遇见呢？因此，我主张，我们的同学在相对选择中奋力前行，在进行中寻找、调整、再选择，也许在不久的将来，就可能获得我们当初并未期待的喜出望外的成功。

从我自己的人生体验来看，我大学毕业留校的时候，就是懵懵懂懂。当时我不知道该去哪里，那时我们依靠的是组织分配，但是组织在分配前一般都会征求本人意见。我是在毕业前，一个老师建议我留校任教，并向一个教研室推荐了我。

当时的教研室主任对我说，你别到其他单位去了，就到我们那里吧！然后他们与我们管分配的老师进行了沟通，把我留了下来。留下

来后也没有想到要成为什么样的教授,就是听从领导安排,给各个教授、副教授、讲师做助教。做了3年助教后,又读硕士研究生,硕士研究生毕业后也没有发现更好的单位,或者必须另找单位,于是又再次留校了,然后就从助教、讲师、副教授、教授,一步一步走过来。

如果说学术上有点小成绩,那也是因为自己勤于笔耕、坚持不懈,再加上机遇不错,常有文字能够见诸学术期刊,常有演讲能够直面学术会议,天长日久便得到了学术界的些许认可,得到了单位和同事的些许认可。不知不觉之间,竟然还作出了一些成绩。

二是要有积于跬步的心态。

荀子在《劝学》中针对学习有这样的劝告:“不积跬步,无以至千里;不积小流,无以成江海。”其实,就业也是这个道理。

对于跬步,学者们有不同的解释,有人说跬步是指的半步,有人说是指的举步还不到半步。无论怎么解释,都可以认为是极近或者很近的距离。大学生,包括硕士、博士们的就业就有一个积于跬步的问题。面对各种可能的选择,有的同学总是求其高远。有高远之志是对的,但是一开始就要起于高远就不求实际了。

无论是什么专业的同学,甚至是某一专业的硕士、博士,专业再优秀,当真正面对实践时,你甚至还不如一个技工。因为理论归理论,理论要付诸实践还需要一个过程。更何况还有许多东西是课堂上绝对没有学习过,而必须在工作中学习的。因此,积于跬步就成了必需。

许多同学一求职就务求得到一份很高雅的工作,甚至拥有领导职位最好。你还没有进入单位,要得到别人高雅的工作或者成为别人的领导,根本就不可能。在你未进入之前,该单位就已经存在了,工作人员也存在了,单位已经有固有的组织体系,领导必然已经到位,你一去就做领导,那里原来领导怎么办,只好不要你。

领导并不是天生的，领导是在实践中成长并被更高的领导发现或者为群众所认可的，你连工作都还没有去做，就要以领导身份进入，那就只好请你另寻高就。走了几个单位，还不改变，抱着一去就要做高级职员甚至要当领导的心态，谁也不会录用你。就业也就真正成了困难。

这里所说的积于跬步的心态，也要求我们的同学们正确认识自己，不能好高骛远。高远都是未来，现实就是得半步半步地走，能起步就不错。

我觉得，在20世纪80年代毕业的大学生，就业问题是一个远比现在简单的事情。今天我们那些非常成功的同学，其实在分配工作时都很一般。现在已经是高级领导的同学，当初就是被分配到边远山区甚至少数民族地区的派出所或者一般单位的。现在的一些著名法学家，在当年也就是某个学校的小助教，或者是被分配到"老少边穷"地区，通过考研究生重新回到学术界的。

三是要有玉汝于成的心态。

北宋哲学家张载说："富贵福祥，将厚吾之主也，贫贱忧戚，庸玉汝于成也。"历经演变成为了"艰难困苦，玉汝于成"的成语。即艰难困苦像打磨雕琢玉石一样成就你自己。

以我从教二十多年的体悟，"玉不琢不成器"乃教育学之经典。它在教学过程中是对老师的要求，也是对学生的要求。学生求职也需要这种心理，要玉汝于成就必须能够战胜艰难困苦。诚如孟子所言："故天将降大任于斯人也，必先苦其心志，劳其筋骨，饿其体肤，空乏其身，行拂乱其所为，所以动心忍性，曾益其所不能。"这段话极其深刻地指出了，一个希望获得大任的人所必须承受的艰难困苦。

我们现在的许多同学，常有"天将降大任于斯人"的雄心与期望，但就是不能承受心志之苦，筋骨之劳，体肤之饿，其身之空乏，且莫说坚

持,连尝试的勇气都没有。有的同学勇敢地尝试了,但是遗憾的是往往不能坚守,不能动心忍性,当然就不能曾益其所不能,困难即转化为挫折,这是非常令人遗憾的。我们初出茅庐的同学,能有一个安身立命之所足矣。至于未来的发展还得从长计议,积以跬步,才能达至千里,绝非一蹴而就,一步登天。

艰难困苦是多样的。有的同学说求职的过程就是一个炼狱。我觉得对有的同学是,对有的同学则不是。这决定于三个方面:第一个是自身能力;第二个是有无机遇;第三个则是自身心态。

自身能力包括既有学习成绩、应聘考试成绩、面试表现状况都是重要的因素。我们不排除这个过程中的人际因素的影响,但是人际因素始终是第二位的。无论是什么单位,无论是什么领导都希望找到自己欣赏的、能够胜任工作的人才。要他们进一个无能无用的人,是断然不愿意的。

至于机遇,当然是可遇不可求的。但如果一定要"求",也是在寻找之中"求"得,如果我们连寻找的努力都没有,机遇也绝对不会从天而降。

在能力既定、机遇难寻的情况下,自我心态是很重要的,因为它是我们能够把握的。我们可以选择职业,也可以选择职位,甚至可以从我们所能的最低点做起。在求职过程中还可能受到各种委屈,要有面对委屈、不屈不挠的精神,甚至还要有面对误解、歧视的勇气。

比如我所在的中共中央党校研究生院,它拥有二十多个博士点,三十多个硕士点。所有的学位点都是与其他普通高校、中国社会科学院研究生院、中国科学院研究生院一样,通过一次一次的申报、审批得来的。所有的硕士、博士研究生都是通过同样的入学考试并经过严格的政治和专业培养而毕业授位的。

由于招生指标有限,我们 150 个硕士研究生导师每年只招收 110 个

硕士生,我们100个博士研究生导师每年只招收110个左右的博士生,这样的师生比一定是国内最高的,教学质量也是有充分保证的。我们的博士研究生外语入学考试题,多年来一直被称为“中国博士外语考试第一难”,但是他们的求职仍然要经受种种误解。许多单位把他们等同于非国民教育,混同于干部培训。甚至在党政公文中含含糊糊地写出“党校学历除外”之后,又错误地把他们等同于“党校学历”获得者。我们都为同学们感到冤枉,但是我们的学生怎么办?必须理性地面对,不停地申明。这种境遇是不公正的,但是我也苦笑着对他们说,这也就是“玉汝于成”吧!

面对难以改变的现实,我们的办法就只能是一边努力改变别人,还得努力改变自己,确立良好的心态,并坚忍不拔地行动。

(本文于2009年7月由《中华英才》2009年第14期发表,并在研究生院公告栏张贴,供同学们参阅。)

7. 担当起对未来的责任

亲爱的同学们、老师们、朋友们：

今天，我们在这里隆重举行“2009·社会科学研究生学术论坛”。来自全国各地的研究生，有关新闻媒体的记者朋友们，在这金风送爽、丹桂飘香的美丽季节，齐聚在中央党校，齐聚在中央党校研究生院，使我们感到格外欢欣。我代表中央党校研究生院的全体老师和同学们，向大家的到来表示最热烈的欢迎！你们的到来是对我们工作的最大支持和帮助，在此向你们表示最衷心的感谢！

当今时代，是一个巨大的历史变革时代。当代中国迎来了最大的历史转型和社会发展，在这样的历史时刻，我们理论工作者、学术工作者，担负着重大的历史责任。时代给了我们机遇也给了我们挑战。中国的老一代学问家、中年一代的学者们，他们是这个时代的中坚力量，但是，预示着中国学术与理论发展未来的，是中国的青年学者们。虽然在学术上，青年学者们与老一代学问家、中年一代学者们相比还显得有些稚嫩，但是，青年学者们更有活力，更有热情，一定

能担当起对未来的责任。

中央党校研究生院就是带着这样的情怀，主办了“2009 · 社会科学研究生学术论坛”。从 2008 年 10 月开始，我们研究生院的研究生总会便发起组织活动，历时一年的征文、评选、公布奖项，到今天论坛开幕，我们的目标基本实现了。一年来，我们就期待着今日的到来。这是一个良好的开端。我们开端的主题是“2009”。我们还将有“2010”“2011”“2012”，乃至无限。我们中央党校研究生院，将坚定地担负起这份责任，为中国社会科学的发展，完成我们应当完成的使命。

从开始征文到今天开会，全国各大院校的社会科学研究生踊跃参与，500 多位作者提交了 500 多篇论文，经过评选后，有 52 篇论文获奖。今天来到会场的同学们，就是参与征文并获奖的同学代表，是这 500 多个作者的代表。你们将代表全国众多的社会科学研究生们，在这个论坛上交流学术、激荡青春、飞翔理想。

我们中央党校研究生院，今天能迎来这么多在征文中脱颖而出的青年才俊，感到十分荣幸。我们坚信，这些在座的与没在座的莘莘学子，一定会接过前辈的学术火炬，用它来照亮我们的学术里程，来推动、促进中国社会的科学发展。我们相信，所有的同学们，在未来的岁月里，在人生的旅途中，一定大有可为，一定能大有作为。

最后，让我们热诚地欢迎各位的到来，衷心地祝愿学术论坛圆满成功！

（这是 2009 年 10 月 16 日，作者在中央党校研究生院主办的“2009 · 社会科学研究生学术论坛”开幕式上的致辞。）

8. 桐花万里丹山路

亲爱的同学们、老师们、朋友们：

“2009 · 社会科学研究生学术论坛”就要闭幕了。这次论坛，许多同学发表了学术演讲，展示了学术能力，加深了学术友谊，论坛取得了圆满成功。

在此，我代表中央党校研究生院，向来自全国各地的研究生同学们，向所有与会的同学们，向为大会付出了辛勤劳动的同学们和老师们，表示亲切的慰问和衷心的感谢。是你们的努力和付出才有了这次论坛的成功举办。你们辛苦了！谢谢你们！

“2009 · 社会科学研究生学术论坛”即将闭幕，“2010 · 社会科学研究生学术论坛”又将启动。在下一次学术论坛上，我们希望能征集到更多更有价值的学术文章，更符合规范的学术文章，更有创新内容的学术文章。我们衷心期待本届参与者、获奖者继续参与，衷心期待有更多的同学参与下一届的论坛征文，更希望有更多的同学获得奖励，参加我们的学术交流。

唐朝诗人李商隐有诗曰：“桐花万里丹山路，雏凤

清于老凤声。”南宋诗人杨万里说：“小荷才露尖尖角，早有蜻蜓立上头。”面对如此数量、如此优秀的青年才俊，我们对社会科学研究生论坛大有期待，我们对学术发展大有期待。让我们相约，“2010 · 社会科学研究生学术论坛”再相聚；让我们相约，在新时期、新阶段的发展征途中，相伴同行！

（这是作者于 2009 年 10 月 16 日在“2009 · 社会科学研究生学术论坛”闭幕式上的致辞。）

9. 附：首届全国社会科学研究生学术论坛

10月16日，首届全国社会科学研究生学术论坛在中共中央党校隆重召开。此次论坛的主题为“中国与科学发展”，参与代表是全国各地获奖的优秀论文的作者。副校长李书磊、研究生院院长卓泽渊出席会议并讲话。中央党校八部一所的老师、来自全国各地的嘉宾和获奖人员、研究生院博士生、硕士生以及新闻媒体代表参加了会议。

本次论坛由中共中央党校研究生院发起创办，2008年10月正式启动项目，筹备工作历时1年。论坛创办的主旨就是为全国，尤其是社会科学方面的研究生打造一个学术交流平台，营造启迪思维、大胆创新的学术氛围。主办方希望将此论坛打造成年轻人交流思想、碰撞观点、广交朋友、指点江山的高端平台和学术盛宴。

此次论坛主题是“中国与科学发展”，获奖论文立足改革开放30周年与新中国成立60周年的时代背景，探讨了中国在经济建设、政治建设、文化建设、法制建设、社会建设、党的建设等方面如何发展的现实

问题,以及深化改革的出路。

在开幕式上,李书磊副校长代表中央党校校委向光临中央党校的嘉宾表示热烈欢迎,向获奖的同学表示衷心祝贺。

李书磊副校长围绕如何做学术、怎样写文章作了重要讲话。主要分为以下四点:第一,爱读书,善读书,读好书。研究生阶段是人生的求学黄金时期,在读期间应多写文章,多动笔,打下扎实基础。第二,治学要严谨,养成写文章的好习惯。人的文字表达习惯养成有时间性,写文章是把思想外化、真实化、由不成熟到成熟的过程,因此要积极锻炼,及时抓住灵感,推敲和完善思想。第三,敢于创新,勇于探索。他赞成和鼓励同学们多读本学科经典,广泛涉猎其他学科知识,全面发展。对想法不要静态描写和凭空罗列,要动态展示思想过程。第四,把理论和实际紧密结合,敢于说真话,文章要真切。

最后,李书磊副校长希望各位嘉宾和中央党校研究生多多交流,碰撞出思想的火花,祝愿大家在中央党校生活愉快,留下美好回忆,并宣布论坛正式开幕!

卓泽渊院长致欢迎词。他代表中央党校研究生院的全体老师和同学向嘉宾的到来表示热烈的欢迎,对获奖人员表示衷心的祝贺,同时衷心感谢新闻媒体的积极参与。

卓泽渊院长指出,当今时代是一个巨大的历史变革时代,中国社会迎来了巨大的历史转型时期。在这样的历史时刻,我们理论工作者担负着重大的历史责任。时代给了机遇,也给了我们挑战。各位同学意气风发,有活力、有思想、有能力、有热情,代表着中国学术发展的未来和希望。此次“2009 · 社会科学研究生学术论坛”由研究生院主办,研究生院学生会总会承办。本次论坛共收到论文 514 篇,经过专家双向匿名严格评审,有 52 篇论文获奖。从 2018 年 10 月发起,经过征文、评选、公布奖项到今天举办论坛,进行学术交流,历时一年。一年来我们

积极准备并期待着今日的到来。这是一个开端,今后每年都会有学术征文活动。中央党校研究生院将担负起这一重任,为中国社会科学的发展承担起应当担负的使命。

最后卓泽渊院长指出,让我们在论坛上交流学术、激荡青春、飞翔理想。他希望同学们接过前辈的学术火炬,来照亮我们的学术之路,推动和促进中国社会的科学发展。坚信同学们在未来的人生旅途中,将继续奋发努力,一定能大有作为! 衷心祝愿“2009 · 社会科学研究生学术论坛”圆满成功!

在上午的政治与经济专场中,来自北京师范大学的林玮等研究生代表,就政治现代化、服务型政府、企业社会责任、如何合理利用外资等课题展开了深入的分析和论述。在下午的社会与哲学专场中,来自南开大学的吴晓林、中央党校的姚亮等研究生,就国家文化软实力、马克思主义中国化、中国的和平发展战略、粮食安全问题、信访制度问题、社会分层问题展开了深入的探讨。在场的学者和同学们也提出了很多颇具启发性的问题,与发言者进行了充分的交流与互动。会场气氛非常活跃与融洽。会后,参加论坛的学者和研究生纷纷表示希望形成长效机制,每年定期举办论坛。

据悉,论坛筹备委员会共收到 514 篇参赛论文。论坛专家组反复甄选、优中选优,最终评出 52 篇获奖论文。其中,一等奖 5 篇,二等奖 10 篇,三等奖 20 篇,优秀奖 17 篇,研讨会为这些获奖论文的作者进行了颁奖。预计论坛组委会将于 12 月出版论文集。

(2009 年 10 月 19 日,来源:人民网。)

10. 问题——现实——走向

各位领导、同志们：

早上好！我们本次大会的主题是贯彻落实《中国共产党党校工作条例》（以下简称《党校工作条例》）有关学位研究生工作的规定和精神，总结党校系统学位与研究生培养工作的经验，研究和交流新形势下党校学位研究生培养工作的规律和特点，提高党校系统学位研究生的培养质量。这是一个宏大的主题，就这个主题，校领导已经做了宏观的报告。要完成这个主题所揭示、所包含的重大任务，还需要我们共同努力。我这次讲话没有讲稿，更没有经过讨论，就是一个提纲。好在这是一个座谈会，我们可以自由地把自己的思想表达出来，一起商讨。今天在这里只是作一个发言，我想就中央党校研究生院的学位研究生教育所面临的问题、在近期已经开展的工作以及对未来的工作考量，跟同志们做一个汇报。欢迎大家给我们提出批评与建议。这只是一个可供批评的、社会学意义上的样本，发言之后我们一起研讨党校系统学位研究生教育该如何走向未来。

一、中央党校学位研究生教育的现实问题

中央党校学位研究生教育面临的问题,我认为主要是三个:第一个问题是外在的社会压力。中国的学位研究生教育,发展非常迅速,规模日益扩大,竞争也日益激烈。在这样的背景下,中央党校所面临的,首先是心灵之痛。为什么呢?我们历史上的本专科教育,给我们党和国家许多干部的学历提升与能力培养作出了重要的贡献,但是由于种种原因,也有一些负面影响。现在我们的本专科已经全面停办了两三年,但是它带来的社会影响并没有消除,许多人还在误解党校系统的学位研究生,以为它和以前的函授本专科没有什么区别。我们研究生院的好多学生,在受到误解后,就向意见箱里投意见(我们研究生院有个很大的意见箱),甚至有几个学生,还自发组织起来,要到其他高校去游说,宣传中央党校,去声明我们是学位研究生。当然,这种直截的宣讲是有问题的,它会产生一些负面的影响。考虑到这些,我亲自找相关的同学谈话,告诉他们,我们要做的应该是一些正面宣传,而不是申辩式地说“我不是什么什么”。那人家问你,你不是什么什么,那你又是什么?你永远说不清楚,而且这里面还涉及我们党的很多政策,以及对党校一些历史事项的评价问题,远非我们能力所及。还有我们大规模培养在职研究生,量的确太大,不仅中央党校量大,地方党校量总和起来就更大,量大到有些省级党校,甚至把班办到了乡镇。这是极端的情形,但是办到县里的是非常多了。我前不久去了一个省,这个省的党校的一个教研部主任告诉我,他数年来的星期日几乎都没有休息过。他干什么呢?他说“我叫周末出差教授”,周末要到全省很多县去讲研究生的课。把研究生办到了如此程度,社会评价就可想而知,这种评价也会影响我们的学位研究生。当然在职研究生和学位研究生有不同的教学目标,有不同的教学评价标准。两个种类不同的研究生摆在一块儿,

别人分不清,又会怎么评价你?这样也会给我们学位研究生形成一个压力。就学位研究生来说,我也是参加国家统考进来的,我的考试比别人甚至还难,那为什么我得到的评价那么低呢?像重庆市委党校,它的学位研究生教育是非常不错的,它有7个硕士点,一年招生指标12个,一个点只能招收一个多一点的学生,一个导师至多带一个学生,几个点还要轮流招生,那么它的质量当然能保证了。它去年毕业10个学生,有4个考上博士,就业率100%,那普通高校能达到吗?有的当然达不到。那么,假如重庆市委党校的学位研究生被人误解了,心里当然不舒服,我们中央党校就面临这样的问题。

另外整个社会的研究生教育的竞争压力加大,表现在哪些方面呢?一方面是导师竞争。客观地说,由于最近几年教育系统出台了很多评优,评等,评定"211""985",评定这样那样的工程、平台,这在客观上促成了导师成果的大批涌现。你不管如何评价这种成果,他们手上拿到的项目也越来越多。我们党校系统,基本上是不进入这些评价体系和竞争序列的,因此即使有能力去拿这些项目,去做这些成果,我们也不去做。这样我们与之同序列、同档次的导师,在客观上表现出来的科研成果量,表现出来的科研项目量、项目等级就不如别人。

另一方面是学术竞争。导师水平是以学术表现出来的,学术的竞争压力很大。研究生导师,一定是学术精英,甚至应该是学术大师。昨天我跟校领导还在商量,我们中央党校研究生院可以考虑搞一个导师代表作陈列室,把导师的代表作全摆出来。因为我们要面对整个国内学术界的竞争,甚至还有国际声誉的问题。去年,《党校工作条例》公布了,一发布,马上遇到了新的问题。因为1995年发布的《中国共产党党校工作暂行条例》第18条规定:"中央党校和省、自治区、直辖市委党校举办的学制二年以上的长期班次,学员学完必修课程,经考试考核合格者,授予党校学历,可享受国民教育相应学历的有关待遇。"但是新的

《中国共产党党校工作条例》没有这句话，是因为原来那个特定的党校学历的本专科，在该党校条例出台前两年都停办了，因此起草条例的时候（我也是参与者）大家一致认为，再作规定已经没必要了，是因为没有调整对象而没有规定了。但是《中国共产党党校工作条例》对学位研究生的规定是非常明确的。第 20 条明确规定，“中央党校和具备条件的省、自治区、直辖市委党校，依法取得硕士、博士学位授予权，并经国务院教育行政部门同意后，招收攻读硕士、博士学位的研究生，纳入国家学位管理体系”。但是那些好事者和部分新闻媒体一下子就笼统宣称，党校学历不再被承认了，有的人就进而误以为党校的学位研究生不被承认，其实学位研究生根本就不属于党校学历，它是国民教育的构成部分。这种社会压力是来自社会误解的客观压力。那么作为研究生教育机构，如何面对这些压力来作出自己的政策性应对，这是我讲的我们面临的第一个问题，即外在的社会压力。

第二个问题，是内在的发展不足。内在的发展不足，从学术上来说，因为没有统计数据，所以不好进行评说。我们都是搞学术的人，没有数据，没有材料证明，没有论据，那就不要作结论。但是有几点，我们是有共同感受的。

一是我们学位研究生的培养方式还没有完全转换到国民教育上来。我们的学位研究生教育是从干部培训方式延伸出来的。我们许多导师，是党校老师，然后成为了党校学位研究生导师，党校的干部培训方式，可以说是根深蒂固、习以为常，他天天运作的就是那种教学方式、教学模式。另外我们研究生的辅导员（我们中央党校叫组织员）模式，也是从党校的学员管理模式转换过来的。他们以前管的就是省部班、中青班，这些班的组织员转过来，对学生的日常管理模式，当然就会直接套用干部培训的方式方法。还有在管理上，我们学位研究生的管理工作，正在不断努力地全面国民教育化，我们的招生制度、培养制度、授

位制度，都是在干部培训的基础上发展起来的。我们中央党校的研究生院，原来就叫研究生部，研究生部的前身就是理论部，我们党校最早的研究生教学，还是归教务部统管的，那是更早的、最初的事。很显然，按干部培训的方式来培养学位研究生是我们的思维定式和习惯性工作方式。恐怕这些对于我们来说都有一个转换的问题。现在我们很有党校特色，但要坚持国家标准，就有一个如何达到国家标准的问题。

二是就业优势丧失。以前中央党校研究生院的毕业生不愁分配，我们的就业率一直是100%。为什么？历史上，我们相当一部分研究生是在职来读的，剩下不在职的，中央国家机关一听是中央党校的，政治素质好，又有国家规定的学位学历，一下就录用了。同等条件下，中央国家机关优先录用我们的学生。但是最近几年，公务员考试强势推行，逢进必考，中央党校的研究生也得跟别的研究生同步考试。一同步考试，在主观评价上的优势丧失了，价值判断上的优越性不具有了。我们长期不愁分配，普通高校长期愁分配。长期愁分配原本是一个劣势，但在这里就转化成了优势，他们有一套就业指导的经常性措施，很多高校甚至拿一栋楼来搞就业服务中心。他们长期有一套促进就业的措施，而我们没有。突然面对就业压力，你的就业优势丧失了，但是你的就业服务机制跟人家拉不平，就业指导机制跟人家拉不平，于是就成了你的劣势。

三是党校学科建设面临挑战。党校的学科建设，正在调整期和发展期。前两天，我给全国党校系统主管教学的副校长班讲了一个学科建设的讲座，讲到了这个问题。中央党校每年拿出300万元来搞教学、科研和学科建设，为此还成立了一个办公室，叫三项基金办。300万元拿来干什么？人才基金100万元，科研基金100万元，学科建设基金100万元。现在除了学科建设的100万元，其他的200万元，每年都用出去了，已经用了三四年，但是，学科建设这100万元，到目前一分钱都

没用过。中央党校最近新成立了一个机构，就是马克思主义理论部。2005年国务院学位委员会发了一个文件，在法学门类里增加了一个马克思主义理论一级学科。在法学门类中的一级学科第一个是法学，第二个是政治学，新增设的是第三个——马克思主义理论。那么马克思主义理论教研部设立以后，传统的经济学教研部马上就面临一些问题，有了马克思主义教研部，经济学教研部是不是还要讲马克思主义的政治经济学？马克思主义哲学的教学是否还属于原来的哲学教研部？是否应该把它们都统一到马克思主义理论部里去？这样一来，相关学科怎么发展就需要研究了。我认为，这些问题，下一步一定会成为一个研究重点，现在马克思主义理论部已经成立，正式对内对外开展学术的、教学的、研究生培养的工作。那么我们其他学科、其他教研部要不要作相应的调整？我相信这是我们要研究的。它会给我们的研究生教育带来影响，研究生培养的方向、专业等也应该有所变化。

我们的内在发展，在培养方式问题上、就业优势丧失上、学科建设挑战上都存在某些问题。当然我这个判断未必正确，尤其是来自中央党校的同行是不是赞同，我也不知道，但是我们可以一起来研究。

第三个问题是，相关的联系缺乏。中央党校学位研究生教育，缺乏与兄弟省市党校的联系。我们研究生院这方面工作做得不足，联系不够。虽然我们每两三年都会开一次座谈会，最近也出台了一些新的办法，但是，我们的联系受到客观限制，因为按照《中国共产党党校工作条例》，中央党校对省级党校的关系是协调与指导关系。我们没有领导关系，但是应进行相应的沟通，怎么沟通更好，联系更紧密，真正把协调的任务、指导的任务完成好，需要我们进一步探索。

另外我们缺乏与其他组织之间的横向联系。前不久我出席了中国政法大学研究生院的“学术新人大奖赛”论文颁奖，他们专门请我去颁奖，原因就是我是中央党校研究生院院长。我们现在的研究生会，已经

和北大、清华、社科院研究生院、中国人民大学、中国政法大学和全国很多知名大学的研究生会乃至团中央、全国学联都建立了工作联系，这是必要的。我们也参加了北京市研究生辩论大赛，参加了北京市的文化艺术节，我们还要做许多学术联系工作。今年我们研究生院搞了一个很大规模的活动，我们每个处、室，都将赴全国各地，分别去一个地方或者两个地方的研究生院进行调研，必须提交调研报告。前两天文史教研部领导找我，说他们教研部将外出调研学位研究生的教学情况，希望我们在相关方面予以支持。我当即表态：毫无问题。一方面我们在名义上支持，你们出去调研，我们给你们出手续，需要我们协调的，我们努力协调。另一方面你们调研的差旅费，因为是为我们调研，通过组织程序，我们可以提供一定的资助。在这些方面，我深感还有很多工作要做，面临的问题主要就是这三个方面——社会的压力、自身发展的不足和内外联系的缺乏。

二、中央党校学位研究生教育的现有工作

中央党校研究生院学位研究生现有的工作状况如何，即我们已经做了怎样的一些工作？我讲五个方面。

（一）力争准确定位

我们定位是不是准，在这里给大家谈一谈我们的想法。我们的定位是要实行“三定”。

第一，定性质。

中央党校的研究生教育，性质是什么？我们定位为中央党校的国民教育。研究生院就是中央党校的国民教育机构，其目标就是坚持国家标准、办出党校特色。后面我会进一步阐述我们理解的国家标准和党校特色。党校的研究生教育的意义是什么呢？我理解，它是四个平

台。一是培养高级人才的平台。你的主体班教学是培养中高级领导干部的平台;我们的研究生教育,则是培养高级理论与专业人才的平台。这是一个定位,培养高级理论与专业人才的平台。二是发挥人才作用的平台。中央党校有多少人才?很多。其中包括150个硕士研究生导师,100个左右的博士研究生导师,这些人你怎么让他把才华施展出来,能力体现出来?研究生教育就是他们施展才华的舞台。在研究生院办公场所从北院搬往南院的时候,去年秋天,学校主管后勤的校领导召集了一个协调会。在会上我说,我们研究生院在学校贡献不大,但是我们也努力地工作着,每年给学校提供了相当大数额的流动资金和做了一定创收,同时还完成了学位研究生的教学任务。校领导立即说,你别跟我谈你们找了多少钱,我们根本不在乎你们找钱,我们在乎的是你们给全校的专家学者们提供了一个展现其能力与才华的舞台,一个学科建设的平台。校长看中的是你在人才施展能力与才华上的效用,这让我很感动。其实我也想这样说,但我不敢这样说,你对一个管后勤、总务的领导,谈你的学术多么重要,至少这话不是随意好出口的。但是他这样一说,我马上自惭形秽了。三是党校学科建设的平台。在党校的学科建设上,学位研究生教育发挥着重大的作用,这一点必须充分肯定并充分实现其功能。四是对接普通高校的平台。我们很多导师,参加各种学术评审、会议等学术活动,我们很多单位要跟外面进行人才流动与交流,那么你用什么跟别人对接?无非就是教授职衔,还有就是硕士研究生导师、博士研究生导师,这是对接的一个平台。应该这样来认识定性,学位研究生教育是国民教育的组成部分,应纳入国家的学位教育体系,在党校具有重要的意义。

第二,定职责。

研究生院,怎么定位我们的职责?我们是学位研究生教育工作的管理部门和服务机构。管理部门是从行政职能上讲的,服务机构是从

工作目的上讲的。其实我们讲，要把政府建设成服务型政府，但服务型政府的称谓与目标绝对没有否认它是管理部门的意义。政府是服务型政府，服务型政府永远不可能放弃它的管理职能，它永远是管理者。管理的目的是服务，管理要体现出服务，确立服务型政府的目标并不等于就不要管理了。

客观地说，管理和服务还是有区别的，管理肯定是服务，反过来，服务不完全是管理。给我们研究生院打扫卫生的同志是为我们服务的，能不能说他们也在管理研究生院？当然不能。我们要用管理和服务来处理与其他教学部门、管理部门之间的关系，我们研究生院提出了一个口号——建立对内和谐、对外友好的研究生院。对内是和谐的，对外是友好的。根据管理和服务这一体两面的双重职责，就会产生出很多行为准则。我是 2008 年 8 月到研究生院就任的，就是去年秋季学期开学前到任的。一开学，刚到研究生院，就给我出了第一个练习题，什么练习题呢？9 月 1 日下午两点半，研究生院新生开学典礼，让我去作开学见面的讲话。讲话前，我们的办公室主任就告诉我，有一个学生昨天因打球跟××研究室员工的丈夫发生了摩擦，被打伤了，当场晕倒在地，送医院抢救，好在医生检查后说没有大问题。

在座的同志应该都熟悉中央党校，中央党校现在的办公区实际上是在北院，对面的南院，由于历史的原因住进了一个部级机构的家属，大约 140 户人家，还有一个招待所。在我们的地盘上，他们用的土地都是我们的，甚至他们相当一部分的房产证都是我们的，但是，他们在那里经营、居住、生活。他们的一位女工作人员和她的丈夫、她的妹妹、妹夫 4 个人，到我们学生的体育场打球，打球中与学生发生了冲撞，那位女士的丈夫就拿出钢条，对着学生的头部一棒打过去。学生当场倒地，同学打 110 报了警，受伤同学被送往海淀医院抢救。

会后，我接到学生给我打的电话说，派出所当初抓了对方的人，要

惩办对方，是因为奥运会召开在即，也怕学生出事儿。但是派出所之后又因为种种原因转变了态度，要求学生必须跟对方和解，如果不和解，超过 48 小时，他们就不管了。即使这个人坐牢，也得不到赔偿。后来我打电话给当时分管相关事务的院领导和办公室主任，让他们转告派出所我们的意见：第一，严格依法办事，维护学生合法权益。第二，公安局要调解可以，我们的学生是成年人，成年人有权自主决定。第三，学生伤势结论未鉴定出来前，我们研究生院不主张调解。谁知道学生状况怎么样啊？有个残疾怎么办？调解过后，最后人残疾了，谁来承担责任？第四，公安局要放人可以，只要是依法的就行。那么学生该怎么维护合法权益，当然是依法而行。我们怎么会怕呢？你把我们的学生打了，你犯法，我起诉你，告你，只要法院哪怕判你一个缓刑，你的工作就没了，你的前途就没了。你当然得依法承担责任，你凭什么打我们的学生？学生的合法权益都保护不了，那我们研究生院是干什么的？这几点传到了公安局，公安局立即表示，要积极做好工作。第二天上午，我处理完公务，就去海淀医院看学生，我私人拿出 2000 元钱，慰问他说这是我来看你的。为什么要这么做？这是管理机构的职责，你的责任，既是管理，也是服务。最后对方赔礼道歉，给了令学生满意的赔偿，调解结案。学生对此十分感激，我们只是做了自己该做的管理，也是服务，我对此感到十分欣慰。

到了研究生院之后，我发现从北院到南院，过公路非常危险，过路口时出现过严重的交通事故，我们的学生受过伤，我们的老师也受过伤，那么作为一个研究生教育机构，必须为学生的生命安全考虑。所以我去年上学期一开学，就特地给学生做了一个讲座，叫“学生、学术与生命。”告诉他们一个学生的定义是什么？一个学生的使命是什么？学生就是学习者，使命就是做研究、做学术。那么要成为学生，要实现学生的目标，就必须要珍爱生命，尊重生命，要正确地认知生命。除了讲座，

我还构想,若能在南北院之间修建人行地道就好了。然后打听到经济学部主任王东京教授,是北京市人大代表。于是在今年北京市人大开会的时候,我帮他起草了一个提案,交给王东京教授,王东京教授专门把我起草的提案上交给了北京市人大。就在两个星期前,北京市人大复函,并且附送了北京市路政局的红头文件,称中央党校南北院之间的人行地道可行,已经勘探考察完毕,方案已经制作,正在征求意见中,很快将付诸实施,请保持联系。当然在那个提案上,我写的不仅是要解决中央党校南北院交通的问题,而且包括国际关系学院、颐和园旅游者、中央党校人员都在内的通行问题。我们提案上写的是,在国际关系学院、颐和园、中央党校南院之间的交叉口存在道路安全的严重隐患,已造成多起严重的交通事故,故建议修人行地道,是这样表述的。事实上也是这样。实际上,单凭我们中央党校要去修人行地道几乎不可能。为什么?要修一个人行地道,需要很多部门批,城建批、规划批、建设部门批、公安局批、交通局批,你才能占道施工,而且还得花所有的钱,现在路政局来修就比较方便了。我们是乐观其成,但能不能成还难说。但是我们要努力推进(遗憾的是这个事在以后的岁月中无疾而终,我也因工作关系离开了研究生院而不便催问)。

既然研究生院是管理和服务部门,那么就会对学生的餐饮问题、心理疏导问题、出国学习问题、档案管理问题、政治思想品德问题、有关鉴定问题负责,你就会觉得,你有管理职责,更有服务职责,那么有了这样的定位,这些工作开展起来,就会受到学生欢迎。什么该你办你就办。不但要办,而且要热情地办,热情地服务。你就把学生当作你的孩子、你的弟弟或妹妹。你是父亲,是兄长,他是你的孩子,是你的弟弟妹妹。有了这样的情怀,很多事就好办了。

第三,定目标。

2008 年 9 月,我们研究生院随着全校的科学发展观学习,做了一个

与全校其他部门不完全相同的学习安排。根据我们自己的特色,提出了“113”要求——“一个目标,一个中心,三个服务”。全校提的是“学习实践科学发展观,贯彻党校条例,落实党校工作会议精神”三句话。我们提的也有这三句话,但我们加了一句“争创一流研究生院”。研究生院完全有能力、有资格,也应该去争创全国一流研究生院。我们能不能成为一流研究生院,那未知,但是我们可以争创。我们有二十多个博士点,三十多个硕士点,为什么不去争?我们有中央党校那么好的学术资源,几十年积累的学术声望,没有理由放弃第一流不去争。所以我们定的目标是争创一流研究生院。我们确立了一个中心,这个中心就是“一切为了培养一流研究生”。研究生院做的事,就是为了培养一流研究生的。为了这一个目标、一个中心,我们提出了三个服务,即“为教学服务,为教师服务,为学生服务”。为了这三个服务,我们去年年底拟定了 2009 年的财务预算,做了多达两百多万元的教学条件改善的预算。这个预算案的实施,可能需要一个过程,我们首先希望把所有教室的音响设备等教学条件全面改善。

为教师服务,我们提高了老师为在职研究生授课的酬金,我们也努力提出了提高学位研究生授课酬金标准的提案提供给学校。学校有关领导和部门看了我们的提案后,觉得很好,但是他们还需要在我们的基础上,做更深入的调研,做出更好的方案来。财行局也有这个想法,我们乐观其成。只要能把教师的待遇提高起来,用酬金来确认他们的劳动,我们的研究生教育就有了一个很好的基础条件。我们给老师们算工资,算课时,我开玩笑说,你们算可以,算错也可以,但是你往多处错,别往少处错,因为少了就会伤害教师的教学积极性。当然多算了,也不对,老师们也不会要。你要别人重视你的劳动,首先就得尊重别人的劳动。研究生院作为管理部门对研究生进行教育,就专业教育来说,我们无能为力。所有的专业教育都是靠教授们来完成的,我们不为这些教

授服务,我们研究生的教育工作依靠什么?

我们要为学生服务,优秀的毕业生才是我们的产品。为学生服务,就是为研究生院的声誉、地位、影响和发展服务。这是我们讲的第一个方面,力争准确定位,我也不知道这“三定”(定性质、定职责、定目标)是不是准确,我们还在探索中。

(二)强化招生录取

对招生录取工作必须重视。去年我们招生办(设在学生处)对全国所有招生信息,尤其是对中央党校相关的招生信息、网络媒体的传播进行了一次梳理。我们用各种方式进入相关宣传场所,宣传我们的研究生招生。为什么要进入呢?因为有些网站没有我们“中央党校研究生院”的名头。我们要求相关网站加入中央党校研究生院的网页和栏目。官方网站对宣传我们非常有价值的,即便缴费我们也要加入。当然费用不能太高,高了我们也承受不起。我们做了一次全面的梳理,把常规宣传和重点宣传相结合。最近我们发现北京有一个网站,说中央党校招收心理学博士,我们根本就没有心理学博士点,也从来没有招过心理学博士。显然这个是假冒的。我们采取了两个办法:一方面立即起草报告,向中央党校的保卫处报告,这可能是有些人以中央党校及其研究生院的名义行骗。另一方面我们也在自己的网站上发公告,公告中不仅指出这些信息是错误的,是具有欺骗性的,同时还对中央党校的研究生院的性质,研究生的状态进行了宣传,把我们的介绍写上去。在驱除鬼魅、消除杂音的同时,还要正面宣传自己,自我正名。

在强化招生录取中,必须重视考试、录取工作,这是我们的重中之重的任务。从报名到考试,再到评卷,直到最后发放录取通知书,我们要求强化制度化管理,一律依法依规。凡是法律制度有规定的,严格按法律制度办理;凡是法律制度没有规定的,按有利于考生的原则办理。

比如今年我们遇到了报名条件的问题,教育部有教育部的条件,教育部的条件和我们自己的条件不一致的时候,按教育部的办。学生考试的时候(我们中央党校的考试要求非常严),要求严是对的,有些学生可能故意地做记号,这叫违章,但也有无意识的,要区别对待。其中有个考生,大体上他认为重要的句子,就加着重号,但我们考试规则说的是不许加圆点。圆点和着重号怎么区分?学生在复查申请书中写到,着重号在国家语言文字工作委员会的文件中有规定,它是标点符号之一,和逗号、句号、书名号同属汉语的常规符号,他要求公布他的成绩。怎么办?我们研究,那就公布。要依照法律和制度办理,法律和制度不明确的,就按照有利于考生的原则办理。该坚持原则的,坚决坚持,凡是既有原则不能解决的,按有利考生原则处理。

(三)规范培养管理

规范培养管理涉及的内容很多,粗略看来至少涉及六大方面的问题。

第一是规范课程管理。中央党校的研究生院一直进行教师到课率、调课率、教学评价的统计工作。老师的到课率说的是,老师有没有到课堂,上没上课,上了多少课,是不是完成了既定的教学计划。调课率反映的是教师有没有调课,以及调课的多少?这些都需要认真统计。这里也要客观地跟同志们说,中央党校现在面临调课率高的问题,主要是受我们干部培训主体班讲课的影响。研究生教学是按学期排课的,比如每周星期三或星期五上午有课,但是我们教务部的主体班课是有他们的规律的,协调起来也很困难。那么他们排课的时候,也未必充分考虑了我们学位研究生排课的情况,同时我们也未必给他们提供了相关的资讯和要求。结果时间上冲突了,一旦冲突,老师们就会先上主体班的课,而后上研究生的课,于是研究生就得调课。当然也有个别导

师、个别研究生教师，因为外面有课而进行调课的，这种情形是不应该发生的。一个时期以来，我们加强了课程管理，适时公布到课率、调课率，以及学生的评价结果。不仅要求老师们到课，而且还要确保上课质量。

第二是规范论文答辩。我们今年推出了学术不端行为检测系统。大家可能注意到了，中央电视台的新闻联播播过，这是教育部推出的不端行为检测系统。把你的论文在网上进行检索，马上就可以查证你的论文跟既有学术成果的重复率，这个检测是由培养处在负责。我们派专人去学习，我们实行四句话十六字的原则“依规使用，谨慎使用，内部使用，专人负责”。2009 年的博士硕士论文答辩前，都经过了这个检测。检测的目的是警示学生，而不是惩罚，教育应该以关爱为本，论文出现了对他人著作的过多援引，当然其中可能有抄袭，只能说可能有抄袭，因为这套软件中包含新中国成立以前，40 年代起到目前为止的在期刊上发表过的文章。重复的部分有的是引证的，引证有注释，你不能说是侵权吧？当然有的引证数量过大，有些文字还不太好说，一般的作为论据使用的不超过 200 个字或者 250 个字，但是他是作为材料引用的，他要分析这个材料。那个材料或史实，说不定就需要 1000 个字。我们今年检测了 100 多份，有 6 份左右是超过 20%的，然后我们就给他们发电子邮件，告诉他们论文涉嫌不端学术行为，我们建议他们对论文引证部分和有疑问的部分进行修正。同学们非常感动，我们设计这个的目的不是要惩罚学生，因为我们的论文要经得起检验。现在正在构想建立中央党校硕士、博士论文文库，这个文库先做成电子文库，进行学术积累。你的论文摆在那里，以后任何人都可以查阅，按照国际惯例，凡是经过答辩的论文，即视为已发表，成果就应该是公开成果。进行学术积累是非常有必要的，学术积累起来，结果是抄袭他人的，跟别人重复率很高，这样会严重影响你的学术形象，也会导致不必要的麻烦。我们建

立学术论文库后,还有个使用范围的问题,这还可以进一步研究。关于学位论文,在目前还是部分匿名评审,我们设想逐步实行全面的匿名评审。2009 年入学的新生,在他们毕业时,就应该全面实行匿名评审。关于答辩,我们将做进一步的规范化和科学化的要求。

第三是建立弹性学制。我们正在起草关于中央党校研究生教育弹性学制的两个文件,现在已经进入了最后审议阶段,征求了“八部一所”(中央党校的教研部门)的意见。目前,中国硕士研究生的学制,是全世界最长的,一般都是三年,国外一般都一年到两年。我们应该允许优秀的学生提前毕业。什么叫优秀,要确立标准,不能想提前就提前。中国的博士研究生,在整个国际上比,我们的学制又太短了,我们三年,美国的博士生多数都需要五年左右才能毕业,法国、德国至少五年,欧洲有的国家甚至需要八年或者更长时间。太短会导致学术要求降低,有的学生找了工作,马上要出去了,但是论文不合格,导师非常痛苦,不让他毕业不行,让他毕业又不符合标准。所以,我们想建立弹性学制。

第四是设立论文奖励。对优秀博士生的论文,要进行重奖,尤其是入选全国优秀博士学位论文和北京市优秀博士学位论文的,我们要重奖。前不久我们跟财行局领导提了我们设想的力度,想送给他们征求意见。我们的力度在全国应该是较大的,如果能拿全国优秀博士学位论文,学生奖两万元,老师奖两万元,这个力度也是较大的。得了提名奖的学生奖一万元,老师奖一万元。为什么要这样奖励?因为一部优秀的学位论文,不但倾注了学生的心血,更倾注了老师的心血。

第五是完善导师制度。现在我们正在建立两个制度,一个是导师工作责任制度,使每个导师对学生的指导工作规范化。另一个是建立导师组制度,设立导师组组长。导师组制度可以解决个别导师无法到位和确保集体培养质量的问题。我们中央党校的导师情况很特殊,兄弟党校也许没有我们那么严重。我们有的导师就是现任部级领导,部

级导师的学生要见他一次面都很困难。如果实行导师自己组织论文开题和答辩的制度,必然会出问题。有些导师指导不到位,连见都见不到,怎么办?你也不能取消他的导师资格,而且有些部级领导,学术威望很高,我们还要借助他的学术声誉来培养研究生。那么怎么办?那就设立导师组来担负组织开题、组织答辩的责任,这样就解决了这个问题。同时,共同开题、共同答辩,质量肯定比老师单独组织要好,既保证了时间效率,也保证了培养质量。

第六是开展教师评优。我们将从今年开始对教师进行评优,我们力争这个评优能进入学校的评优系统,不再由研究生院来发奖,而是由学校来发奖。这是我们第一步的目标,我们已经制订了评优方案,征求了老师们的意见。许多同志都给我们提出了很多很好的意见和建议,我们把它集中起来,补充进去,然后上报组织部,力争由学校来奖励。学校如果不颁奖,我们再自己来。从今年开始,要把给研究生上课的工作量报送给学校学术职称评定机构,要把给研究生上课作为评定职称的重要工作内容。以前我们是不送的,评职称的时候,研究生的工作量是不算到职称评定的工作量里面去的,那是不对的。按照《中国共产党党校工作条例》,学位研究生教育就是党校的工作内容之一,既然是党校的工作内容,当然就要算他的工作量。这是我们做的工作的第三个方面,规范培养管理。

(四)重视政治工作

第一项是完善组织。我们在 2008 年 9 月进行了研究生会直接选举,研究生会干部由学生自己来选,要解决学生信任、干部愿干、干部能干这三个问题。从学生来讲,要信任;从干部来讲,他愿干和能干。所以我们改为直选。直选效果非常好,后来有几家媒体打电话跟我说想报道中央党校研究生会的直选,我说不要报道,我们做这个不是为了宣

传。后来有关于“某某大学的研究生会直选”的报道，他们比我们晚两个多月。但是我们不求宣传，只求实效，就是要使研究生会作为学生自己的自治组织，能够在党组织的领导下和团组织的指导下，依照法律法规、学校规章制度以及他们自己的章程，独立自主地开展工作。

另外，我们完善组织的一个很重大的举措，是成立研究生院党委，这是我们长达十几二十年的愿望。因为我们以前没有研究生院党委，学生的组织发展全放到了机关党委，机关党委一年最多开一次学生党员的组织发展会议，合格的同学因为开会困难的问题而无法入党。那也无法批评机关党委，这对机关党委也是额外负担，因为机关党委严格来说，是管机关干部的，机关党委没有管学员、学生党员发展的义务和责任。尤其是《中国共产党党校工作条例》发布后，更明确了发展学生党员不是其工作内容。机关党委的委员大部分都不了解学生的情况，就只听研究生院院长汇报，所以工作状态也不好——他们自己都觉得不是很协调。

那么，我们通过努力，现在已经成立了研究生院党委，而且已经开始了工作。现在至少可以适时地根据需要发展，这必将更有利于加强学生的思想政治工作。在英美国家，他们的研究生院不要党委是可以的，但是在中国国情下，不要是不可以的。这就是中国的国情，学生的管理模式、体制、人们的心理状态、上下左右的组织要求，都必须完善党的组织。所以这一次我们完善了，党委组织的内设机构正在考虑建立，随之也将考虑设立团委的问题。我们将在近期安排一个组织员工作会议，集中研究组织员的思想政治工作问题。这是重视思想政治工作的第一个方面，即完善组织。

第二项是听取意见。2008 年 9 月，学习实践科学发展观活动开始。我们从九月二十几日到十月初，花了半个月的时间，由新成立的研究生会广泛征求学生意见，重复收了 300 多条意见。由研究生会在学生处

的指导下，把 300 多条意见分类。是我们研究生院各部门负责的事情，各自整改回复，涉及学校其他部门的，写一封言辞恳切的恳求信，请他们予以解决或作出回复。学校这些部门都非常好，包括我们图书、医疗、餐饮、网络等方面的，他们都给了很好的回复。并且能改的都做了改进，这个改进力度也是很大的。同志们，以前我们学生一个月的上网费是 80 元，一年要八九百元，学生怎么承担得了？现在改为一年 280 元上网费，而且网络线路比以前还好，网络质量也改善了。

我们新设了公告栏，在公告栏旁边设立了一个很大的意见箱。我这次来开会临走前，让办公室的同志又给我开了一下意见箱，我担心出来又是几天，接着又是放假，看看有什么事需要我去处理。他们开箱后说里面没有意见。这学期到现在为止，只收到了几条短信，我待会儿可以给大家念念我手机收到的短信意见，但是意见箱里没有意见。

在去年，面对很多意见，我们度过了一段艰难的时间。2008 年 12 月 15 日左右，有学生给我写信，反映他的暖气不供暖的问题。我就批给办公室处理，因为暖气不归我们研究生院管，归后勤服务部门管，需要我们办公室与后勤部门协商。后勤服务部门也有他们的难处，难在哪里？我们研究生的学生宿舍，施工单位早已完工了，但是学校的管理部门长期不接管，原因是他们认为施工达不到交工要求，要求施工单位修好了再交给学校。但是施工方耍赖，认为既然已经使用了，就应该自己负责。这样一来，就成问题了。我们跟后勤部门提出，不管怎么样，学生保暖永远是第一位的，学校有关部门也经过了努力，但是有些地方就是改不了。到 18 日左右，我收到第二封意见信——意见书。意见书上是 40 几个人的签名，几乎是强烈抗议了，标题就叫《暖气不暖，人情冷漠》。18 日，办公室的同志从意见箱里取出交给我，19 日是星期六，20 日是星期天。20 日晚上我们去看了一个生病的同志，我跟办公室主

任和工会主席一起去看同事,从同事家里出来,看到天太冷,我就提议先不回家,去学生宿舍看看。

我回办公室把《暖气不暖,人情冷漠》那个意见拿出来按照签名和有关电话挨个房间找同学。经检查,的确有的房间很冷,非常冷。北京零下20度,那几天是最冷的,这样不行!但也有的房间很热,热得出汗。但是都在意见书上面签了名。后来我在全院的会议上问,房间热的为什么签名?他们说,卓老师我们主要是想给你们施加压力。我问,你是想解决问题还是想施加压力?他们说想解决问题,我说下次想解决问题就说问题,别乱施加压力。之后我们采取了措施,凡是能提升温度的就立即采取措施,提升不到北京市规定温度以上的,就换房间。

昨天上午我接到一个手机短信,这个短信说,"近日发现我们食堂的菜里面有蟑螂,有头发。卓院长,你过问一下这事",后面什么符号都没有,也没有一个谢谢,没有署名。我看后,第一个感觉是这问题需要处理,第二个感觉是那学生没有礼貌。然后我就把信转给了我们后勤服务部的张副主任,他分管这一块。我觉得学生短信这样写不礼貌,也不好,张主任也会觉得你们的学生没有修养。于是我就把短信补全,加上了"衷心感谢"之类的话,转给了张主任。张主任很快就回信说,立即派人处理这个事,一定搞好我们的工作。我就打电话回那个学生,他没有接,我就回了一个短信给他,然后他看到我打过电话,后来又打回来,我就告诉了他这个问题的处理情况。我想,我是一个教育工作者,学生如此没有礼貌,我不能不说。如果我不是你的老师,我可以不说,是你的老师我就必须说。我就告诉他,事给你办了,但是我要给你提意见:你发给我的短信,第一,句子不全,后面是叹号,还是问号,还是句号总得有吧?第二,没有一个署名,你怕什么?你没有署名可以,你总得有一个谢谢吧?第三,就是没有礼貌。我说这事就是你爸爸妈妈给你办,你也要说声谢谢。他说,"卓老师,我下一次一定注意,一定改正"。

作为老师来说,我理解,这就叫随缘施教。我们老师,不管是在管理中,还是在服务中,或者在教学活动过程中,该教导就应该教导。我们要认真听取学生的意见,切实解决实际问题,还必须要随缘施教。

第三项是加强学生的疏导。前不久我们引进了教育部的学生心理测评系统,学生有心理问题就可以自己测评。但是这个系统有很多保密的要求,必须倍加重视、高度警觉,学生的生命、健康永远高于一切。我们遇到过重大的问题,为此召开了紧急的专门会议,考虑如何准确又良好地解决问题。

此外,我们还设立了学生接待制度。每周五上午由院领导和各部门领导轮流定时、定地点接待学生。接受他们的意见,进行心理辅导。另外,我们还建立了院情通报的简报制度。不定期发布学生管理工作的简报。我最近在设想,还应该不定期召开院情通报会。我们研究生院不仅要使老师们、干部们成为研究生院的主人,也要使研究生成为研究生院的主人,该让他们知道的信息,该让他们参与的决策,要让他们知悉,要让他们参与。

(五)强化就业指导

为了强化就业指导,我们可以说是挖空心思,做了很多工作。我们一年有 200 多个研究生,每年按照总规模有 200 多个博士、硕士毕业。现在我们学生有工作岗位的越来越少,需要找工作的越来越多,像我们 100 多个硕士几乎是全部要找工作的,那么我们采取了什么样的措施?

第一是注重组织沟通。在年前,我们提前给全国各省委组织部、人事厅每个单位写了两封信,给他的办公室和干部处。写什么信?信里面包含了几份文件。第一个是学生推荐函,我们推荐学生;第二个是学生毕业专业、人数等情况的介绍;第三个是中央党校研究生院简介。说明我们是国民教育的,我们有多少专业,学生素质怎么样,然后发出去。

前不久我在学生就业座谈会上谈到这件事，有学生当即举手对我说："卓院长，你们也要反思一下，你们发的信有作用吗？"我明确告诉他，有作用我们要发，没有作用我们还要发。这一方面是推荐你们的问题，另一方面是宣传中央党校研究生的问题，说不定就有用。结果很快就有用了。经济学部一个副主任打电话告诉我，海南省渔业厅从组织部和人事厅知道了我们发的信函，提出需要招录中央党校的经济学和法学博士。后来我们的经济学、法学博士都找到工作了，他们又提出要硕士。他们说你们的硕士我们也要，这就是效应。

第二是强化就业宣传。我们在自己党校的网站上，用滚动广告进行宣传，为学生就业造舆论。我们把发给各个组织部、人事厅的材料传上网，学生可以下载，然后送给相关单位，也供其他单位进行网络查证和阅读。利用各种形式来宣传中央党校研究生，包括和凤凰卫视合作。我们派学生参加他们的节目，后来听说节目主持人在节目中说，我没有想到中央党校的研究生素质那么高，你们学生的口才以后可以当总统的。可见，你不去展示，别人就不知道你。

我们的有关活动必须走一定的组织程序，涉外的必须经组织批准。只要大力推进，持之以恒地做，我们的品牌就能打出来。另外，我也跟大家说，在给中央党校全体学员作"五当代"报告的时候，我制作了一个片头，制作了一个片尾，片头片尾都是中央党校研究生院学生就业的广告，标题就是"中央党校研究生院千里良骥翘望伯乐——国民教育的高级人才整装待发"这就是推荐我们的研究生，还有联系电话。有没有效果？当然有效。那些局级领导干部，参加学生的录用招考，一看是中央党校的研究生，立刻就能回忆起这个广告，那不就方便了吗？江西有个大学校长，听完这个报告后，一见我立即说，卓院长，我要你们的研究生，法学还有其他专业的我们都想要。前两天有同学告诉我，我们有两个学生到江西那个大学去了，据说已经签订合同了。这就是效用，我们

每年200个学生毕业，不断这样推，推出20个就是10%，40个就是20%，这样想，就有信心了。我们还建立了短信平台，学生处将就业信息通过手机短信发送到每一个毕业学生的手机上。我们还启动了导师就业指导工作。在学校“八部一所”的领导会议上，恳请他们帮助同学寻找工作，指导学生就业。这是我们已经做的五个方面的工作，也是我讲的第二个问题。

三、中央党校学位研究生教育的未来走向

关于中央党校研究生院的研究生教育未来的走向。我讲五个方面：

（一）坚持国家标准

坚持国家标准，是我们的生存之道，也是我们跟他人竞争的平等基础。没有国家标准，就不能巍然屹立，就不能得到别人的承认。哪些方面要坚持国家标准？我认为，主要是三方面：第一，招生录取的国家标准。第二，培养计划的国家标准。第三，学位授予的国家标准。这三个国家标准是最基本的。招生录取，这一入口要把住；研究生培养计划及其实施，研究生在读期间的各项管理，这是根本；学位授予，是出口关，也必须把好。我们下一步将对全校各个专业的课程设置进行一次梳理，主要是依靠各个教研部进行一次梳理。作出必要的调整，使课程设置更加规范化、科学化。

（二）办出党校特色

党校研究生教育的特色在哪里？我认为就中央党校来说，有三大特色：

第一个特色，是我们的政治优势。党校有别的高校难以具备的政

治优势。政治优势是什么？首先是政治教育方面的优势，其次是政治学科的优势，最后是政治资源的优势。我们有全国独特的周五上午的大报告，都是由部长们来讲，而且都是重要部门的部长才能来做周五大报告；还有“五当代”，“五当代”都由党校的知名学者和国内一流的学者教授来作报告；还有党性锻炼课程。我们的政治优势是很强的。拥有这些优势的同时，我们也面临一些转换，比如说虽然政治学习不能少，但是专业课时不能被挤占。不能占用专业课学习时间来搞政治学习。这是我们坚定不移的。去年中央党校第十届研究生会经过竞选，召开成立大会，成立大会那天下午，我到会后，有学生告诉我，他们是从时事政治大课堂那里请假过来的，后来我专门打电话给讲课的老师赔礼道歉。我说，这是我不对，没有想到有的老师有课和有的同学要上课的问题，我们的研究生会成立不应挤占正常的上课时间。我后来给组织员组和有关部门提出，这是一个制度，是一条纪律——不能用上课时间来搞政治活动。学生因为参加政治学习、组织活动，就不来上课，那学生还叫学生吗？政治学习不能少，上课课时不能占；反过来讲就是，上课课时不能占，政治学习不可少。后来我们党校研究生的入党积极分子培训，都放到晚上，放到课余时间。党校独特的政治优势，我们一定要保持，但是怎么保持这是一个问题。

第二个特色，是党校的学术资源。党校有丰厚的学术资源，党校很多优秀的学问家。中央党校不仅有法学，还有哲学、经济学、历史学、文化学、国际关系、党史、党建、科学社会主义、马克思主义研究。中央党校“八部一所”的学术资源非常丰富，二十多个博士点，三十多个硕士点。最近我们新增了法律硕士学位授权点，正在等待国务院学位委员会行文。今年我们实现了专业硕士点零的突破，获准了法律专业硕士点，下一步计划申报工商管理、公共管理硕士点，还有社会管理方面的

硕士点,这些专业硕士点,跟我们传统的学位不是一个系统。我们有150个硕士研究生导师,有100个左右的博士研究生导师,这么好的学术资源,这是我们的优势。

第三个特色,是外语考试的优势。我们博士生外语考试的题目,绝对是中国第一难。那么下一步我们将怎么办?保持中国第一难,不要改变它。有人会问,这是否合乎形势发展需要?复旦大学还招了一个拉三轮车的人读研究生,我们要健全制度,要建立特招制度,要招优秀的学者来深造。外语不行你能拿两本专著给我们?拿一本在国际国内有影响的著作,经过我们导师组同意,答辩。专业很好,为什么外语一定要求那么高?为什么要那样机械地要求人才?我们要的是人才,不是单一的外语专家。但是你没有特殊之处我们怎么认定你是人才?还得通过统一标准去检测。对于特殊的人才,要通过特殊的程序依法选拔。要使特色真正突出起来,要以培养最优秀的人才作为自己的目标,最终办出党校特色。

(三)实现学术立院

研究生院靠什么来立院?靠学术立院,就要营造学术氛围,倡导学术、首重学术。如果能设立一个导师代表作陈列室,让我们的学生怀着崇敬的心情去仰视导师们的学术著作,那对我们树立老师的学术形象、鼓励学生从事学术工作、倡导学术风尚,会发挥非常大的作用。但是这个地方在哪里找?现在还要进一步去想,怎么把它做得很漂亮,这是营造学术氛围所需要的。我们每年都有学术评奖,评奖后都有学术演讲,这方面的工作一定要继续做。我们十多年前曾经接受过一笔30万元捐款的,十几年下来,本金都用完了,因为银行利息越来越低,每年用,现在早就没有了,所以去年上半年颁的奖就没有颁奖金。后来我们想

了很多办法,找学校财行局支持,在我们有关经费中拨出一部分拿来作为学生奖金,解决了这个问题。但是这个奖无论如何要继续发下去。

我们还要办好学术刊物。现在中央党校研究生院有两个学术刊物,一个叫《研究生教育》,同志们都见过。这个刊物我们最近改版了,为什么要改版?因为我们创办了另外一个刊物即中央党校研究生院学报,这也是我们长达10~20年来想办的事,这个学报的刊名叫《学术与发展》,以书代刊,目前由世界图书出版公司出版,并向国内外发行。我们已经编辑完了第一卷,我昨天晚上到这里,上网还看到刘春副院长发给我的目录(刘春院长是这个刊物的主编)。我们期待把《学术与发展》做成一份很专业的学报〔1〕。现在是季刊,以书代刊的形式,通过我们的运作和策划,不需要学校投资一分钱,把这个刊物办起来。然后,我们的《研究生教育》会改版,里面增加了一个栏目,就是“地方党校研究生教育”这个栏目,让它真正成为联系中央党校和兄弟党校之间研究生教育的一个管道,一个平台。下一步我们也可以将这两个刊物同时做成电子期刊,放到我们研究生院的网站上去。由于有了两个刊物,所以我就对既有的《研究生教育》的编辑路向进行了调整,希望各个兄弟党校、在座的各位专家学者和领导给我们投稿。但是我们一定要坚持严格的学术标准。这段时间,我们“枪毙”了很多稿子,是因为稿子不符合学术规范,比如说一篇文章读下来,引证只有两三个,2/3都是引证自己的。有的文章整篇十几个注解,都引证同一本书,但又不是对这一本书的研究,当然不能刊用。有一个标题是,坚持什么道路,高举什么旗帜,长达几十个字,那是我们领导人讲话稿的标题,我们的学术刊物不

〔1〕 这个以书代刊的学报,至我调离党校研究生院时出版发行了两期,其后的状况不甚了解。

能用。我们做这个刊物的目的是要树立中央党校学位研究生的学术品牌。当然只是这样说,第一期的质量如何我也不敢担保,我们也才刚刚开始。前不久我跟刘院长说,我们还要有外文的摘要、目录,一律按国际通行的学术期刊标准做。

我们还要举办好两个学术论坛。就在今年内我们要举办两个学术论坛,一个是“全国哲学博士研究生论坛”,这是我们哲学教研部那边申报的,我们研究生院协助申报的,列入了国家创新计划,全国才 10 个,我们争得了一个。在下半年一开学的 9 月就举办。然后,我们在 10 月将举办“2009 · 社会科学研究生学术论坛”,这个论坛是由我们中央党校研究生院研究生会发起主办、承办的,全部是我们自己组织。我们筹集了 28 万元,向全国发出征稿函,现在收到了 514 篇应征稿件,经过初评,已经产生了 52 篇入围论文,全部是匿名评审,获奖名单已经出来了,我们计划在 6 月 1 日以前发布。下半年开会,要用我们的名义,给全国的研究生颁奖,要让全国最优秀的研究生到中央党校设立的平台上来发表学术演讲,跟中央党校的研究生 PK,也让我们的研究生了解国内研究生学术发展的状态。我们将以发奖金的方式奖励学生,不发差旅费。我们把差旅费折成奖金,发给他们的比差旅费还高。回去能报账就报,不报账也有奖金。他们的吃住,由我们承担,我们要搞成每年一届,把它做成品牌。承办者是我们的研究生会,不打其他品牌,研究生会就是一个品牌。我们研究生会能够承办全国这样大的赛事,那就是中央党校研究生学术水平的标志之一。

我们还要进一步突出导师作用。在研究生录取中,增加了导师录取权的权重。为什么要增加导师的录取权权重?导师录取权重太低,不便于发挥导师对学生学术潜力的判断,也不利于老师的学术指导,因为导师制研究生,多半还有一定的师徒性质,有学术传承的色彩。在老

师的权重适度加大的同时,也要提出一定的要求,设立相应的机制。我们正在建立导师职责制度、导师组长制度,还要建立学位论文的匿名评审制度,把好出口关,保证质量。这就是我们实现学术立院的想法。

(四)协调兄弟党校

这里为什么没有提“指导兄弟党校”?说实在的,我们深感惭愧,自己能力有限。我们主要是协调兄弟党校。我们要构建沟通平台,继续搞好师资培训。现在中央党校的全国党校师资培训是由我们研究生院负责的,而我在这里讲的师资培训还不是这个意义上的。除了这个意义之外,更重要的是研究生教育管理的师资培训,这方面我们要做起来。另外,强化工作联系,择机交叉检查,我们建议有学位点的党校之间,找时机对相关的学术论文交叉检查。包括我们中央党校的论文也应拿出来供兄弟党校检查,以提高学术水平,提高教育质量。

(五)正视未来竞争

对竞争,我们不回避。怎么正视竞争?第一个是参与竞争,第二个是推动竞争。参与竞争是什么意思?我们要有魄力、有勇气,去参加国内研究生教育的大合唱,不要怕,此一人也,彼一人也,如何畏彼哉?在国民教育体系中,在这个大合唱的进行曲中,必须要有党校的声音,甚至要有我们党校的声部。你连声音都没有,就得不到承认。当我们回避世界的时候,世界早就拒绝了我们。我们为什么要拒绝世界?拒绝世界,不如融入世界甚至去引领世界。

为此,我们研究生院发生了很大的思维转变。去年我们参加了北京市的研究生辩论大赛,在 300 多所拥有研究生教育机构的参赛者中,我们的辩论队入围前八名。下一次还要参加,还要争取更好的名次。

现在全国性的一些研究生、博士生论坛，我们有很多学生也去参加了，并且得奖了，我们鼓励学生去，而且我们要把这些奖作为我们评价教育质量的指标之一。从学位建设来讲，今年，我们在申报上有两大目标：一是申报法律专业硕士，已经成功。二是申报马克思主义专业一级学科博士后流动站，我们期待成功。我们已经提交了申报表，对于申报表，我们逐项研究。教研部为此做了很大的努力。我们的主观愿望是志在必得，当然，究竟怎么样还难说，但是一定要努力争取。

我们要培养竞争意识，树立竞争观念，鼓励学术竞争，重视就业竞争。我们不但要去参与，还要发起，我们搞学术论坛就是要发起竞争，让我们的学生在竞争的洪流中引领潮流。也正是因此，我们才要举办“2009·社会科学研究生学术论坛”。在明年将办“2010·社会科学研究生学术论坛”，乃至2011年、2012年，无限地办下去，它要成为中国研究生学术论坛中的一个旗帜、一个品牌。

为这个品牌，我们研究生院颇费心力。我们是去年申请的经费，后来学校财务部门给我们列进了常规经费，这就意味着没有经费。因为常规费用每年都是那么多，都用完了，现在将其列到常规经费里就等于没钱用。今年春节过后，我们研究生院几个处长和院领导一起去与财行局领导沟通交流。财行局同意使用20万元，后来发现20万元还不够，还差8万元缺口，我们又和财行局进行沟通，中央党校财行局也是很优秀的，他们又同意了扩大8万元的要求，我们就把经费凑齐了。本来我还想去出卖冠名权，谁愿意赞助我们30万~50万元，我们就出让冠名权。当然，钱少了我们也不卖，我们自己还出得起这点钱。

同志们，我们来到了长江之滨的重庆，面对大江东去，不禁感慨万千。有人说“大江东去，浪淘尽，千古风流人物”，有人说“滚滚长江东逝水，浪花淘尽英雄”，都是一个意思。社会在不断发展，世界在澎湃向

前，中国的学位研究生教育，正处在一个变革发展、激烈竞争的大时代、新时代。我们必须勇敢地面对挑战，引领时代的潮流。要敢于竞争，只有在竞争中我们才能高扬起我们的风帆。

（这是2009年5月2日，作者在重庆市委党校举行的全国党校系统学位研究生教育工作会上的讲话，根据录音整理。）

11. 学术与发展

古人曰“学有专长、术有专攻”，无疑包含着学术是专长与专攻统一的认知，意味着非寻常知识所能达到的境界。学术是系统而专门的学问，是思想、理论和学说，是思想、理论和学说得以建立的科学前沿。学术标志着一个国家或民族的思想深度、理论高度与创新程度。从事学术的人，他们必定是艰苦和勤勉的，正是这份艰苦和勤勉才创造了学术的奇迹，才建造了思想与理论的高峰，正是这些思想与理论指引着我们一路前行；他们也许是寂寞和孤独的，也许正是这份寂寞和孤独才缔造了独立与坚守的美德，正是这样的美德才铸就了期待和未期待的辉煌；他们必须是理性和智慧的，正是他们的理性和智慧才助产了学术与发展的史诗，正是这首史诗与人类丰富的文化一起传承了伟大的人文精神。尽管学术只是少数精英的事业，但是其成果一定是福泽广大、惠及众生。那些从事学术的精英用自己的艰苦和勤勉、寂寞和孤独、理性和智慧构筑了国家、民族乃至人类发展的思想灯塔和理论根基。学术是人类社会无限发展的先导和

生生不息的动力。

发展是世间万物与人类社会进步的动力与表现。发展是追求和路径,是比追求和路径更加科学的理想目标。人类须臾不离发展,没有发展,就没有进步;没有发展,就没有希望。只有发展,我们才不会故步自封或踯躅不前,才能不断进步并一往无前。发展既是成功的结果,更是前进的力量;既是现实的基础,更是未来的期待。没有发展,就没有基础,没有未来,更没有动力。发展中难免有曲折、挫折甚至有倒退,这些都无足畏惧,只要在发展,我们就有理由期待,未来一定会更加美好。发展中必定有付出,必要的付出总是发展的前提与成本。发展的过程是必要的,正是这个过程孕育了发展,为发展进行着全方位的准备。在发展的过程中,我们最不可失去的是信心和信念,最不可缺少的是坚韧不拔的不懈努力。

学术与发展、发展与学术相伴随行,二者具有独特的内在联系。学术是由专业人士承担的、专门人才的事业;发展是在不同时空存在的、不变的人类理想。没有学术,发展就缺乏足够的理性支持,甚至无法科学发展,非学富五车、才高八斗之人定不能从事学术的工作。长期的学术修养是学人的素质基础。学术也许是苍白的、灰色的,但是有了发展它就会朝气蓬勃、豪情满怀。发展是学术的目标,甚至学术本身也需要发展,学术以其独特的方式引导发展,推动发展,成为发展的前导;发展是学术自身及其关于自然与社会的意义与理想;发展是学术的期望和理想,是学术的梦想成真与春华秋实。学术与发展的联系,是异常紧密的,尤其是那些思想、文化、科技的发展更离不开学术。

中共中央党校研究生院是一个研习学术、传承学术的园地,如同中国任何一个严肃的学术机构一样,也是一个为中国乃至人类的发展而探求学术的殿堂。在这里,我们汇聚起一代又一代学术大师,送出去一

批又一批莘莘学子，他们从事着学术的事业，用他们的学术推动着中国的发展，探求着世界的未来。学术是他们的立身之本，发展是他们的企求所在。不管毕业者从事何种事业，也不管在校者将如何走向未来，学术都曾经并将一直是他们成功的基础，发展的保证。学术训练养成的求是精神，学术要求铸就的求是作风，学术经历锻造的求是品格，使其谋求发展、认识发展、引导发展、推动发展。学术会因发展而获得无限的生机与活力，展现出时代的风采，并将神圣的发展使命现实化。中共中央党校研究生院将永远立足学术，着眼发展，由是，我们推出了《学术与发展》，也推出了我们的自信、努力与期待！

（本文是作者在2009年6月为研究生院以书代刊的学报《学术与发展》所写的发刊词。）

12. 长风破浪会有时

各位老师、同学们：

早上好！今天，我们在这里隆重举行2009届学位授予仪式。我代表研究生院的全体同人向出席今天学位授予仪式的校学位评定委员会主席、各位评委、导师们表示最衷心的谢意！

三年来乃至更长时间以来，同学们作出了艰苦的努力。三年前你们满怀豪情，以优异的成绩，在众多考生中脱颖而出，入读了中央党校研究生院。数年来，你们历经千辛万苦，多少个不眠之夜，多少次灯下苦读，才锻造了今日硕士、博士的荣耀。硕士学位、博士学位是一个光荣、一个标志，也是一个已经成真的梦想。它是每个同学人生旅程中不断进取的新起点。为了这来之不易的荣誉与荣耀，我代表研究生院所有老师和同志们，向今天获得硕士、博士学位的同学们致以最衷心的祝贺！

数年来，老师们付出了辛勤的劳动。在座和未在座的老师们的谆谆教导，是同学们的人生航标；老师们的深深关爱，是照耀同学们前路的温暖阳光；老师

们的殷殷期待,是指引同学们奋斗的人生理想。每一次备课,都是老师们的心血在流淌;每一个课堂,都是老师们的思想在闪光;每一场讲座,都是老师们的智慧在飞扬。在又一批莘莘学子向母校挥手告别的时候,作为研究生院工作者和服务者的同事们,我们不能不满怀感激。我们要向所有的导师,所有为研究生讲课的老师们致以最崇高的敬意,向所有的老师们说一声:辛苦了!我们向你们致以最衷心的感谢!

数年来,我们结下了无限的情谊。入学时同学们带着梦想来到了中央党校研究生院。数年中,我们的工作和服务未必都使大家满意,甚至还留有丝丝遗憾。其中有可言说与不可言说的原因,也有我们工作的疏忽与失误,我要真诚地说一声:同学们,对不起!我们不敢说为同学们付出了多少,但是我们可以毫不怀疑地说,我们结下了深厚的情谊,留下了难忘的记忆。朝夕相处、风雨与共的师生情谊,绝对不会停留在过去,它将伴随我们每一个同学、每一个老师走过终生,走过我们不同的人生旅程。

离开了母校,你们还会遇到许多困难,尽管我们再难以为你们分忧解难,但是我们一定会一直注视你们,祝福你们,期待你们。同学们即将告别母校远行,我有一首小诗送给大家:

力胜群雄聚大有,历经磨砺三春秋。
晨起展卷天未竟,夜读无眠月沉钩。
教室凝神听宏论,蜗居萦怀系神州。
从兹挥手离校去,背负青天逍遥游。

作为母校的老师,我们衷心地祝愿所有的同学,在未来的岁月里"长风破浪会有时,直挂云帆济沧海"!

(本文是作者在2009年6月研究生院学位授予仪式上的讲话。)

13. 读书要“用选广心修”

读书对于我们学术工作者来说，应该是一个无限的人生活动。人生有限，读书无止。对于读书，我有几点体会，愿意与各位同事分享。

一、读书要致用

渐渐的，我们已经失去了为读书而读书的美好。匆匆的岁月与繁忙的工作，使我们不得不将读书这一高雅的活动更加世俗化，以至于读书最直接的目的就是运用，即学以致用。读书首先要读有用之书。读书的直接目的就是提高知识修养、提升理论素质，甚至就是要学到特定技能。这是读书最现实的目标。

二、读书要选择

我们该读什么，选择什么来读，这是一个很大的问题。人类在不断的创作与阅读之中，也大浪淘沙般地留下了大量经典，这些经典，当然是我们最应该阅读的，它们是人类智慧的精华，是人类思想的精华。读一部经典就领略了一个博大的世界。人类社会在不断发展，我们必须读历史文化经典，必须读在现代

社会中代表先进文化、引领时代潮流的著作。

三、读书要广泛

读书要全面阅读,广泛涉猎。只有广泛的阅读才能最好地开阔我们的视野,扩大我们的心胸。就读书的范围来说,不仅要阅读现代的著作,也要阅读古代的经典;不仅要阅读中国的著作,也要阅读西方的名著;不仅要阅读专业的著作,也要阅读公共的著作,等等。总之,要不断地扩展阅读的范围,扩大知识的视野。

四、读书要用心

读书是一件需要身心投入的活动。这里的用心首先是要求神情上的专心致志;其次是要用自己的内心去理解、感知、体悟各种著作的内在精神。只有用心地学习,才可能理解书中的真谛,才可能真正地学有所获。用心读书,要求用心地体会作者的原意,用心地理解其中的道理,用心地感知人生与社会。读书用心的极致,即是要用心地体悟、理解和感知那些著作的精神内涵和价值寓意。

五、读书要修身

读书是学习方式更是修身之道。读书实乃为学之始,为学又与为人、工作相联系。修身并不仅仅指物化之身更是指精神之身。只有把读书与修身相联系,我们的读书才具有深化认知、升华人格、完美人生的重要意义,才可能很好地体现自己的人生价值,为社会作出自己应有的贡献,使自己的人生更加美好。

(这是作者在学校中心组学习座谈会上的发言,发表于 2009 年 7 月 23 日《学习时报》。)

14. 我们从这里出发

欢迎同学们来到中央党校研究生院学习！在这里我代表研究生院全体老师和工作人员，向大家表示最热烈的欢迎，祝愿大家身体健康，学习进步，学术有成！

在美丽的秋天，我们相聚到了中央党校的研究生院。我今天讲课的主题就叫“秋天：我们从这里出发”。秋是什么，写下这个题目时，我写了这样一段文字：“秋是春的希望，是夏的收获，是冬的准备，是又一个春的期待。”春天盼望着秋季的收获，所以，秋天是希望之所在。秋是夏的收获，经过了一个酷热的夏季，我们等到了秋天的丰收，秋天来到了，我们沉醉在秋色之中、秋收之中。秋还是冬的准备，它意味着经过冰雪的孕育，又会带来新的希望，又是一个春天。明年的秋又成了明年春的期待。在这美丽的秋季，和同学们相逢了，让我们从这里启程。

我们来到中央党校的目的是什么？是学习，那就让我们从学习讲起。学习是一件需要持之以恒的事业，我们必须具有学而不厌的精神。

一、学而不厌

“学而不厌”一语来自《论语 · 述而》,这句话全文是:“默而识之,学而不厌,诲人不倦,何有于我哉?”这句话产生的背景是,有人问孔子说,你对自己怎么看?孔子说,没什么,我就是默默地不声张去学习,去掌握知识,去认识事物。“默而识之”是不张扬,不断地学习;“学而不厌”,厌是满足,学习永远没有满足;“诲人不倦”是教诲他人而不知疲倦。孔子是老师,他对自己的要求是:学而不厌,诲人不倦。学习是终生的事业,教学是终生的职业。

(一)志在学习

最近深圳媒体要做一个读书节的采访,昨天晚上他们采访了我。我对他们说,读书对于我来说是一种生活,也是一种职业,还是一项工作。我是一个教师,教书就要读书,就要学习,“学而不厌”是我们这种人职业、工作、生活乃至生存中所应有的一种态度。对于学生来说,“学而不厌”应是一种本质要求。为什么叫“学生”?学生的本质就是学习。学生要学专业,不仅要学习专业,还要学习专业以外的更多的东西,要有创造性的学习。

要向老师学习,向导师学习,他们是我们学习的榜样。要学习老师的人格和知识,学习老师如何做人,如何做学问,如何去思考问题,如何去认识事物,如何去阐发自己的学术见解。对于向老师学习的重要性,是自不待言的事情。

我们不但要向老师学习,还要更多地向书本学习。硕士生、博士生都具有相当的自学能力,要大量地阅读经典。我们有很优越的学习条件。最近有人问我,中央党校的专业图书比其他院校的图书多还是少?我想可能不会比别的专业院校多,但是,我们的学科门类非常丰富。昨

天,我对采访的记者讲,要读书,不能只学习自己本专业的书籍,还要学习专业之外的文化学、历史学、逻辑学、人类学、社会学,乃至经济学、政治学、管理学等诸多学科。既要学习现代的,也要学习古代的;既要学习中国的,也要学习外国的,乃至世界的。要广泛涉猎,不要以为专业很深入就很优秀,其实没有众多的知识作为基础,专业是深入不下去的。如果把人的知识结构比作一座山,众多的知识领域就是山底,没有山的底部,就没有山的高峰。山的底部不大,山的高峰也不会太高。山与山是相连的,是山脚与山脚、山谷与山谷相连。各个知识领域也是相连的,没有横向的相连,就没有纵向的高与深。所以,要向书本学习,要学习专业的知识,专业是我们的立身之本。但仅学习专业是不够的,因为每一个哲学问题、每一个历史学问题、每一个政治学问题等,都不仅是它自身的问题,而是诸多领域的问题,它的基础是诸多因素相互关联的社会现象。

我们不仅要向书本学习,还要向一切可学者学习,包括同学们彼此的学习。大家从四面八方、五湖四海来到了中央党校研究生院,每个人都有不同的学习经历、知识结构,不同的人生阅历,不同的社会背景,不同的文化根基,我们有幸在这里相逢,那么每一个个体都有它独特的成功之处,每一个人都要向同行者学习。古人说"三人行必有我师",而我们的同行者不是三人,是数百人,乃至上千人在这里学习,我们有理由要求自己以谦虚的胸怀来对待一切可以学习的榜样。要抓住在中央党校难得的学习机会,去听每一个可听的课,去听每一个能听的讲座。我觉得,广博的知识来自广泛的学习。我当年在西南政法大学读本科和硕士期间,几乎无遗漏地听完了每一个学术讲座。西南政法大学是所重点大学,主要集中在法学,但我听了文化学者的课、历史学者的课,甚至是语言学家的课,能听的课我都去听。我到社会科学院研究生院申请博士学位的时候,在那里待了整整一年时间。社会科学院研究生院

有非常独到的课程设计,它有一个成功之处是每周有一个学者报告,请国内外非常著名的专家来讲,我在那里听了于光远教授谈他对哲学、经济学和文学的认识,当然,还有他对生命的体验。于教授当时已经 80 多岁了。我在那里还听了美国著名学者杜维明教授的报告。听了他们一个又一个的讲座,极大地丰富了我既有的知识结构与体系,但我依然不成功。我希望我的朋友们,在座的每一位同学,你们沿着广泛吸纳而熔铸我心的学习路径,成就你们自己。

学习在课堂之内,学习也在课堂之外。得先课内而后课外。每天都不上课,一天到晚在海淀转,在王府井逛,还说这是不在课内而在课外,这叫什么课外?学习什么了?这叫走火入魔,误入歧途。课堂的学习是非常必要的。中央党校研究生院为大家提供了国内一流的学习条件。一个教室里只有七八个人,可以和老师充分交流和对话,可以用心体会老师做学问的心得。我们有 140 多名博士生导师,只招收 110 名博士研究生;我们有近 110 多名硕士生导师,只招收 107 名硕士生。可以说是一对一的教学,多么好的资源,多么好的条件,如果我们不去利用、不去发挥,就辜负了学校为我们创造的学习条件。

不但要在课堂内外学习,还要在书本内外学习。要认真读书,读好书。我们中央党校研究生院的同学应该成为中央党校读书的楷模。为什么?因为我们有最优越的读书条件,而读书就是我们当下的使命。我们要有良好的学习心态,自身就是学习者的身份,学习是我们的责任。因此,读书就成了我们真正的立身之本。不管是学什么专业,专业的书籍当然是必须读的,其他相关的书籍要尽力地读。只有读书才能进入伟人、圣人的心里,感觉到他们的伟大和崇高。只有沿着读书的路径,走进那些伟人的内心,才能发现原来伟人的精神世界有如此多的美好和神圣,才会感到自己的渺小,才会体会世界的博大,才会以良好的心态来面对一切,才能把人生的路走得更好,走得更坚实。我们不是一

般的学习者,是要完成学业的学习者。

（二）志在学业

我们是学生,学生就要完成学业。当你参加完所有的考试,通过你的硕士或者博士论文答辩后,你的学业才算完成。对学习的重要检验方式就是考试。没有不害怕考试的学生,即使自以为学习非常优异的人,考试的快感也多半是来自以后的回忆与感悟。在座的都有过学生的经历,回想考试前的准备,总是充满了艰辛,只有考后才知道考试也是一种快乐。当然,那一定是考好了的,如果考得不好,不及格,事后想起来考试还是一种痛苦。完成学业,要求我们专心致志、心无旁骛。我们要以学习为职守,为目标,为这个阶段的人生使命。学生的特定性就是学习,学生就是专门学习的人。对于在职学习的同学,完成学业是你们的职责和规定性要求,这里没有讨价还价,不能因为工作影响学习。对于脱产学习的同学,不要把社会上的兼职作为自己的主业,甚至以兼职为由减少学习,这是不允许的,这样必然会影响学业。父母和学校能够提供给你较好的生活条件,你就没有必要浪费大好的学习时光,去从事低廉的劳动。如果说学习也要实践,以后的工作都在实践中,这个时候就该集中精力学习,专心学习。只有精诚所至,才能金石为开,才能真正做到学有所成。没有"三更灯火,五更鸡"的精神,没有不畏艰苦的拼搏精神,如果是把学习当作一种由头去享受别的快乐,而不是把学习本身作为一种快乐,那么,你的学业就难以完成。如果学业无法完成,必将愧对父母,辜负导师,也愧对自己的人生。只有完成学业,才能成为事业的达人,才有可能在你学习的领域成为卓尔不凡的英才,那是我们的期待。

（三）志在学术

中国学术界有一个很大的误区，总是把知识、思想、理论、学术四者分不清楚。首先，错把知识当学术。当下庸俗的学术风气，在一定程度上使中国学术界不断堕落。知识就是知识，知识很重要，它是基础，但知识不是学术。知识就是告诉你世界是什么，把知识当学术必然是错误的。其次，思想也不是学术。中国学术界有的人常常把思想当学术，这同样是一个误解。什么叫有思想？或者可以叫“观念”“认识”“想法”“心里的打算”等。在文学作品中，散文到处都在闪耀思想的火花，甚至很有“思想”，但它不是学术。最后，理论也不是学术，理论和学术是有差异的。学术是一种专门化的，具有系统性、前沿性、探索性、创新性的认知、方法与劳动。理论有系统性，但未必具有前沿性、探索性和创新性。如果理论具有了前沿性、探索性、创新性，它就不再是一般的理论，而是兼具学术性质的理论，甚至就是学术了。现在，中国把知识、思想、理论当学术的现象有很多。我一般不这样批评中国学术界，因为今天是跟同学们商讨怎么做好学术，才这么说，其实我也是学术的探索者，甚至也不合格。中国当下，用散文作为学术的现象太多了。我已经下定决心，在近期之内，把上一届毕业的博士论文全部翻看一遍。为什么要这样做？为了了解情况。2009 级所有的博士论文将在毕业时实现全面的匿名评审，这就是要求，是国家要求。我们要把学生培养成优秀的人才，能够出类拔萃，就要有严格的学术要求或学术标准。学术是用心的事业，学术是一种专门化的事业，因此，学术不是谁都可以做的。真正的学术大师，一定是在知识的海洋中坚韧不拔、创新人类既有理论和认知的人。只有这样的人才配称为学术人，进而成长为学术大师。

二、天道酬勤

天道酬勤，就是上天会让勤勉者获得应有的收获，或上天会对勤劳者给予应有的回报。

（一）勤之所贵

勤奋是非常可贵的和重要的。勤奋对于一个普通劳动者能够使其有所收获；勤奋对于一个领导干部能够使其获得人民群众的拥护支持；勤奋对于一个学问者就可能使其取得学术的较多成绩或者较大成就。勤奋是我们的随身法宝，也是我们的立身之本。

不久前，我在《中华英才》发表了一篇谈就业问题的文章——《积极务实的三种心态》——始于足下、积于跬步、玉汝于成的三种心态。勤之所贵，贵在哪里？要别人帮你勤奋，要别人提醒你勤奋，要别人约束你才能勤奋，这都没有达到勤奋的应有境界。要让勤奋成为自己的秉性，就是要从现在开始，从自己开始，要将勤奋演变成为一种自觉行动。勤奋贵在自觉，要把勤奋贯彻到行动之中。我曾经提过一个玩笑似的倡议，即把中央党校教授到校图书馆的次数作为考察一个教授的勤奋标准。当然，许多人都不会赞成我这个倡议。因为到图书馆叫学习，在家里也叫学习，在办公室还叫学习，为什么非要去图书馆？但是，我相信去图书馆一定是检验一个人勤奋的标准之一。可是，从我到研究生院做院长后，就去过一次党校的图书馆，没时间去了，日复一日的行政办公，使我觉得自己在学术上懈怠了。后来我想，既然我是院长，就要负责，我每天从事行政管理，依然是勤，只是我没有勤学，我在勤工了。勤，贵在行动，贵在勤于你所承担的工作任务。勤，贵在坚持，贵在有恒。要把勤作为一种品德乃至本质，必须通过“有恒”加以实现。

（二）勤学与勤思

勤还表现为勤学习和勤思考。孔子说："学而不思则罔，思而不学则殆。""学而不思则罔"就是只学习不思考不行，必须把学习和思考结合起来。只学习而不思考，那么很多的疑惑就解决不了，就会彷徨，就会不解；只学习而不思考，就难以真正弄清楚学习的内容。"思而不学则殆"就是每天都在思考，就是不看书，就是不学习，不听课，结果整天思考就是思考不出来一部伟大的著作或者一个真理与真知来，那将是有害的、危险的。为什么？孔子说"思而不学则殆"，这个"殆"是什么意思？是疑惑，是有害，是危险。光思考不学习是很危险的。学生要抓住一切可能的时间去学习，学习的时候还要思考，不要以为思考是一个独立的单元。不能学归学、思归思，而是要在学习中有思考，思考中有学习。只有不断积累，实现学与思的互动与统一，才能成就一个学识渊博、富有思想、颇有创建的自我。

三、厚德载物

"天行健，君子以自强不息；地势坤，君子以厚德载物。"这是出自《周易》的两句话。"厚德载物"主要讲人要有优秀的品德，要不断加强道德修养，才能容载万物，有所作为。这两句话非常值得我们去体会，重点在于如何理解"德"，我以为德在人格、德寓平常、德自修养。

（一）德在人格

同学们满怀期待来到中央党校，以后还要满怀期待地走向未来，去完成或朴实无华或经天纬地的事业，或者是填充平淡的人生旅程，或者是实现辉煌的人生理想。我们今天加强自己的道德修养，加强自己人格的修炼，都是人生修炼的必要环节和重要基础。"德"在哪里？德在

人格,我们要有一个健全的人格。这里我送给大家两首诗,一首是唐代张九龄的《感遇·江南有丹橘》:

江南有丹橘,经冬犹绿林。
岂伊地气暖?自有岁寒心。

另一首是元朝王冕的《白梅》:

冰雪林中著此身,不同桃李混芳尘。
忽然一夜清香发,散作乾坤万里春。

这两首诗都是隐喻人的品格的,人格是人的品格,是一个人灵魂的外化和形象的概括。只有那些不断修养,真正能够严于律己、不入俗流、不坠青云之志的人,才可能具有高尚的人格。

(二)德寓平常

一个人的美好德行,就像王安石说的:

墙角数枝梅,凌寒独自开,
遥知不是雪,为有暗香来。

你和一个有德行的人交往就如入芝兰之室,久而久之就会受到其美德的感染,受其熏陶而完美自身。因为他的感染使你变得高尚起来,高尚的人不但自己人格高尚,还能感染别人,还能使和他接触的人因为他而变得更加美好。德在平常之中。同学们刚刚进入研究生院,现在还没有产生什么怨言,我告诉大家,随后你们绝对有怨言。2008 年 9 月,我们让同学们提意见,一下提了 300 多条,我们做了分门别类的处理。有些意见是要我们改进工作的,当然交由有关部门办理,有些意见则让你哭笑不得。比如有的意见说,有的同学在洗衣房洗完衣服,地上积了水都不打扫一下,洗衣机盖打开了,走的时候都不关上。这种意见让我们怎么处理呢?我们不可能派一个人去守着,等学生洗完衣服走了,再去把他留下的积水打扫掉,再把洗衣机盖关上。这类问题,就要

靠同学们自己的修养了,洗完衣服,顺手就处理了。把积水扫了,把洗衣机盖关上,使自己的洗衣工作善始善终,同时也为他人提供了方便。还有的意见提到,有的同学晚上喝酒回来时边走边唱歌,吵得大家睡不好觉。这种意见又怎么解决呢?还是得靠同学们的自律与自觉,或同学之间相互协商,通过和谐友好的方式提出建议来,让喝酒的同学改进。在座的同学们都是硕士生、博士生,都已成年,都有自律和处事的能力,像这类小事的处理,我们的确很难帮助大家,但同学们在这方面一定要严格要求自己,不然就会造成非常不好的影响。有时候你自己并无特别感觉,就是你自己习惯做法的无意行为而已,结果在别人看来就是异常严重的问题。

(三)德自修养

美好的德行来自修养,得之于修养。孔子说:“巧言令色,鲜矣仁。”其意大抵是说花言巧语的人,说得很好,其中包含的仁德就很少;或者说话花言巧语者,很少是仁者。与朋友交往,讲的是信誉,不是金钱,信誉比金钱更加宝贵。我们要维护并塑造自己良好的道德形象,信誉是第一的,没有信誉就没有朋友。所以我们在处理同学关系时要诚信,在处理师生关系时要诚信,在处理个人与组织的关系时要诚信,等等。熟人之间要诚信,陌生人之间同样要诚信。我们中央党校研究生院在2009年发起了社会科学研究生论坛,向全国征集了500多篇论文,上半年我们公布的奖项,获奖者将于10月来北京开会,接受奖励。我们把全国研究生的获奖者召集到中央党校研究生院来,这在我们自己的历史上是没有的。这个活动的运作者就是我们研究生院的研究生会。研究生会学术部的同学工作非常好,他们说无论多忙都要按时评完奖,公布获奖名单,这就是我们对社会的诚信。学术论坛是要无限期地开办下去的,承诺要实行,没有钱怎么办?中央党校的性质是参照公务员单

位,没有募捐的资格。我们反复和财行局交涉,多方想办法,终于把这次活动的28万元经费合法合规地落实了,但明年还要28万元,后年也还要28万元,我们的论坛将要不断地开展下去,经费问题总要有办法解决,这是我们的诚信责任。

道德要修养,要靠导之以德,要靠齐之以礼,要靠格之以法。“德”本身就是一种规则,也需要其他规则与之协调配合,其他规则就是我们的纪律、规章、制度、法律,道德是为规则所约束的。我们要加强人生修养,未来的人生道路有多远,我们就修养到多久。人生的修养过程是无限的过程,只有不断地提升道德水准,加强人格的修炼,使我们有一个完善的、美好的人格状态,才能使自己的人生从辉煌走向辉煌、从光明走向光明。

今年上半年2009届同学们毕业时,我们举行了一次规模宏大的学位授予仪式,在这个仪式上我送给了毕业同学们一首诗,现在将其修改几个字赠送给大家:

力胜群雄聚大有,将经磨砺三春秋。
晨起展卷天未竟,夜读无眠月沉钩。
教室凝神听宏论,蜗居萦怀系神州。
他日挥手离校去,背负青天逍遥游。

我们期待着同学们3年以后展翅腾飞,但是3年之内必须劳其筋骨,空乏其身。只有忍辱负重、坚韧不拔,我们才能迎得降大任于斯人的人生机遇。金秋,我们在中央党校研究生院相逢,就让我们身披金色的阳光,从这里出发!

(本文是作者于2009年9月1日为2009级学位研究生入学教育所做的专题讲座,讲话前没有文字讲稿,系根据录音整理。)

15. 祝贺、感谢、期待

同学们,中央党校第十一届研究生会今天成立了,值此,我讲三点:

第一,热烈祝贺第十一届研究生会成立。

中央党校研究生会是从第十届开始由同学们选举的,第十届的选举是分会直选,总会自动生成,实际上是完成了半直选。第十一届实行了全面直选,这是第一次全面直选。至此,中央党校的研究生组织,在经历了长达近 30 年的办学和成长过程后,第一次全面完成了由研究生自己选举产生研究生组织。这是一个研究生院发展史上具有划时代意义的事件。这项工作的完成是研究生院的老师们,尤其是学生处和组织员老师共同努力的结果,更是全体同学积极参与、积极推动的结果。同学们才是研究生会的主人,才是研究生会发展的最根本动力。因此,我们为第十一届研究生会实现全面直选产生而感到无比高兴。我们希望第十一届研究生会能发挥比往届研究生会更大的作用。我们对此抱有更大的期待。

第二,感谢第十届研究生会。

第十届研究生会圆满完成了使命,取得了很大成绩,给我留下了很多难忘的印象。第一个印象是发起了全国社会科学研究生学术论坛,开展了卓有成效的工作。这次学术论坛,从 2008 年 10 月发布公告,进行征文,经过组织评选、公布奖项、公布奖励名单,可以说一路艰辛,第十届研究生会全体同学,尤其是学术部的同学们为之付出了极为艰辛的劳动。我们要向他们表示衷心的感谢!第二个印象是组织 2009 年元旦新年晚会。那是中央党校研究生院近 30 年来文艺节目达到的一个少有的高度,赢得了学校各界的好评,为研究生院赢得了荣誉。第三个印象是组织参加了北京市研究生文化艺术节。这是我们研究生院首次参加这类比赛,辩论队一出场,就进入前八名,能在北京市 300 多个研究生教育机构中脱颖而出,说明了我们的实力。除了组织辩论赛,还组织参加了北京市研究生羽毛球比赛。羽毛球队虽然没有取得名次,但能够参与,能打出中央党校研究生院的旗号,就是成功。第四个印象是成功地组织了本研究生院的体育比赛和运动会。第五个印象是这届研究生会一成立,就收集了 300 多条建议,他们和老师一起,对这些建议进行分类整理,其中主要的分类工作都是由研究生会的同学们来完成的。第六个印象是拓展了对外的交流和交往。他们与全国学联、社科院、中国政法大学、北京大学等兄弟院校的研究生会建立了校际联系。我到中国政法大学研究生学术论坛给他们颁奖的时候,发现我们学校的研究生会参加了并表示了祝贺。总之,第十届研究生会是一个充满活力的研究生会,是一个非常成功的研究生会,是一个为中央党校研究生院作出了重要贡献的研究生会。在此我由衷地向第十届研究生会表示衷心的感谢!谢谢他们为中央党校研究生院赢得了荣誉!

第三,期待第十一届研究生会。

第十一届研究生会是在十届研究生会的基础上成立起来的,这是接力棒的传递。有了十届研究生会的基础,第十一届研究生会必将有更好的发展。第十一届研究生会面临着更大的挑战,要赢得更多的荣光,要发挥更重要的作用,就要更加努力。第十一届研究生会是直选产生的,研究生会之所以要直选,是有章程根据的。《全国学联章程》专门规定,所有的研究生都是研究生会的成员,而且都有选举权和被选举权。我们是依制度来进行的,不是别出心裁地要搞直选。

我是2008年秋季学期来中央党校研究生院的,9月1日同学们就入学了。研究生会的产生怎么办?必须改。必须改不是别的原因,是制度要求。但是要从根本上解决他愿意干、信任他干、他能够干这三个问题。要解决这三个问题,就必须靠民主。我们培养的学生,是未来国家政治和社会发展的人才和管理者。如果在读书期间都不讲民主,不讲法治,将来怎么去推动社会的民主化与法治化的进程?我们要培养的是经天纬地的治国之才。他们在这里蝇营狗苟,怎么可以担负起治国平天下的责任,把这个国家和民族引向光明?所以说,不要小看这个研究生会的选举,我是坚定不移的推动者。

选举过程中有不足,我们再总结、再完善。根本的目的是培养什么样的学生,怎么样去培养学生?这是我们作为一个教育机构的根本,是我们研究生会要如此建立的动力之所在。我们要通过这种方式来培养人才,这个过程就是一个培养人才的过程。研究生会的直选,好比一个老师带领同学试探性地往前走,是学步的一个环节。在这里,除了告诉他们该怎么做以外,还要告诉他们怎么做才能完美。在这个过程中,要让大家体悟,怎么样才叫公正、怎么样才叫民主、才叫法治、怎么做才叫对别人的尊重、怎么做才叫协调与协作。这样就可以把自己锻炼得更加成熟。

要做好研究生会的工作,就要明确研究生会的定性。《全国学联章程》规定,研究生会是自我组织、自我管理、自我教育的群众性组织。研究生会的任务,就是围绕着这“三自”来展开的。研究生会有四条任务,第一条是组织同学开展各项活动,促进全面发展。第二条是维护校规校纪,倡导良好学风。促进同学之间、同学与老师之间的团结,协助学校建设良好的教学秩序和学习、生活环境。研究生会是帮助同学们通过正常的渠道来反映意见,协助老师一起解决问题的,而不是站在一个对立者的方面和学校对抗,这样就不是《全国学联章程》所规定的那样性质的学生会。研究生会要团结同学,遵守校规校纪。研究生会每一个干部都有责任维护研究生会和研究生院的秩序,协调好和其他同学的关系。要及时消除同学们对研究生院的误解,有问题及时解决,有困难我们一起想办法来帮助同学克服。第三条是研究生会还要组织同学开展勤工助学、校园公益劳动等自我服务活动,协助学校解决同学们在学习生活中遇到的问题。第四条是要沟通学校党政与广大同学的联系,通过学校各种正常渠道,反映同学的建议、意见和要求,参与研究生院事务的民主管理,维护同学的正常权益。对研究生会的任务,大家可以查询《全国学联章程》的规定,研究生会要全面地实现它的功能,发挥创造性。

我们中央党校的同学是非常优秀的,也有很多非常优秀的校友。10 月 16 日,我去参加国际关系学院 60 周年校庆,坐在我旁边的是我们中央党校 83 级的硕士研究生。他说,他所在的班上,有 50% 以上的同学都是局级以上的领导,乃至部级领导。他非常眷恋我们研究生院,希望有机会回来看一看。他非常怀念在党校的研究生生活,和我谈起了他原来的班主任和各位老师,都感到非常亲切,这些成为了他美好的回忆。我告诉他,我们已经成立了校友会筹备办公室,条件成熟后准备成立中央党校的校友会。今天来了几位班主任老师,老师们要跟研究生

会一起努力，我们的班主任老师，对研究生会不是领导关系，而是指导关系。研究生会，尤其是分会要尽量听取班主任老师的意见，取得老师的支持。班主任老师要提出建议，要引导同学们正确处理各种关系。研究生总会直接在研究生院学生处的领导之下。我们的研究生院党委在4月才成立，是分管研究生会的。我们的党组织正在建设过程中，还没有把研究生会的工作完全接过去。中央党校研究生院的党委，跟其他学校的党委不一样，普通高校的党委，是党委领导下的校长负责制，而我们中央党校研究生院的党委，是在院行政的统一领导下工作的，就像中央党校没有党委，它的校务委员会是学校最高领导机构一样。所以，研究生院党委要管研究生会工作，研究生院领导仍要一如既往地支持研究生会的工作。

研究生会要创造性地开展工作。研究生会的很多工作要形成自己的自主性和机构活动的相对独立性。为什么这样说呢？因为研究生院的职能部门有大量繁重的工作，虽然这不是理由，但如果你们事事向学生处老师请示，他们会忙得不可开交。另外，我们要改进对学生干部的管理，让他们有工作的主动性和能动性，以锻炼提高他们的组织、协调能力，对他们的工作业绩要给予肯定。以后学生凡是做了公益的事情，在鉴定上尽可能都写上，凡是做过学生领袖的，在鉴定上和总结上都要写上，让学生的每一个优点，都能彰显出来，取得成绩，就要充分肯定。尤其在毕业的时候，要让用人单位及时了解我们的学生，哪怕是担任过学生小组长，或者是志愿者，只要他愿意写进去，我们都应该承认。这是一个积极向上的文化心态，要鼓励同学去追求进步，谋求发展，彰显其能力，在实现其才华的道路上正确引导他们。

中央党校研究生院也有一个明确的定位。我们研究生院的定位是：一个目标——争创一流研究生院；一个中心——一切为了培养一流研究生；三个服务——为教学服务，为教师服务，为学生服务。不为教

学服务,不为教师服务,不为学生服务,那么为谁服务啊？办学校,就是为了培养人才,这是学校的本质要求,也是伦理意义上的道德要求。

同学们要准确定位学生和老师的关系,尊重每一位老师,以及他们的辛勤劳动。师生之间的关系,更多的是父兄对子弟的关系,这更具有伦理和道德因素。我们更多地要沟通和理解,同舟共济。研究生会的同学要维护校风校纪,维护同学团结,维护同学和老师之间的团结。只有这样,服务好同学,协助研究生院搞好同学们的教学和生活,研究生会才能发挥应有的作用。

亲爱的同学们,我们研究生院的老师希望同学们能够在研究生会的统一领导下,真正地发挥出研究生会自我教育、自我管理、自我服务的功能,能够通过研究生会获得锻炼,能够得到更好的成长环境和成长条件。如果能达到这个目的,研究生会就没有辜负老师们的期望,研究生院的老师们也尽到了应有的责任,完成了组织交给的教育使命。最后,让我们师生共同努力,为中央党校和研究生院的荣誉与光荣作出更大的、更多的贡献。

(本文是作者2009年10月20日在中央党校第十一届研究生会成立会议上的讲话,根据录音整理。)

16. 我们的角色定位

党校研究生管理部门应该如何定位自己的角色，是我们必须面对并努力回答的问题。我将自己的思考奉献给大家，并与大家共同探讨。

一、学位研究生的教育者

研究生院的老师和干部都是教育者。作为教育者必须担负起教育者应有的责任，这个责任就是要严格要求、慈爱相待、循循善诱。

第一，严格要求。严格要求是教育者的责任。我们要培养什么样的研究生必须是明确的，要达成什么样的目标应当是确定的。我们研究生院的目标是“争创一流研究生院”，当然是要培养一流的研究生。一流的研究生就必须有一流的政治品质、道德修养、学术水准。对政治品质和道德修养必须有明确的要求，对学术水准明显达不到要求的，就不能敷衍过关。“教不严，师之惰”，作为教育工作者必须严格要求学生。“玉不琢，不成器”是我们必须秉持的重要理念。

第二，慈爱相待。教育者的目的是教育。有教无

类，什么学生都可以教育的理念，是最基本的理念。作为学生来讲，不管他有什么不对，毕竟是受教育者，我们所有的管束与处罚都必须是从教育出发并为教育服务的。教育是我们的责任，任何一个学生都不能放弃，他们毕竟是学生。我们与他们的关系应该是父兄对子弟的关系，对他们的某些错误，在严肃指出的同时，还要像父兄一样，宽容地笑笑，然后予以谅解。

第三，循循善诱。研究生院是学生的教育者，要指导他们如何学习，如何处理同学关系，如何树立正确的世界观、人生观和价值观。现在的硕士生年龄越来越小，即使是一些年长的同学也面临许多问题。在学习指导上，我们要请知名学者做论文写作、学术方法的专题报告。近期，我们计划对课程设置进行清理，普遍开设“学术方法”课程。在人生指导上，老师是学生的人生导师，我们要努力地帮助同学树立正确的世界观、人生观和价值观。我们要求每个同学必须读中国的传统经典，必须学习处世礼仪，目的是要促使其达到正心诚意的境界。这些都离不开我们研究生院老师们的循循善诱，悉心指导。

二、学位研究生的管理者

在学校的组织结构中，研究生院没有自己的专业教师，我们所有的导师，都分布在各个教研部所。我们对学生的管理主要是行政与教学事务的管理，而不涉及其专业内容。作为一个管理部门就会有一系列的管理事务，这些事务主要包括学生招录管理、学生培养管理、学生生活管理、学生纪律管理等。

学生招录管理是确保生源质量的第一关。如何把优秀的考生招录进来就是首要的问题。由于种种原因，我们研究生院的学位研究生不断遭到误解，这就有一个正名的问题。但是我们的正名工作又不能直接进行，否则就会事与愿违，必须讲究宣传的艺术。我们对现有网站进

行过梳理,凡是研究生网站,一定力争进入,甚至不惜依照规定缴费进入。为了宣传等目的,我们自己主办了“2009 · 全国社会科学研究生论坛”,参加了北京市研究生文化艺术节,派学生参加凤凰卫视的电视节目,等等。

学生培养管理的内容十分丰富,它包括课程设置、教学质量、考勤纪律等。近日我们对全校各个教学职能部门进行了走访,就“学位研究生教育与学校学科建设”进行了专题调研。其中一个内容就是要改变在历史中形成的“老师能讲什么课就开什么课、老师愿讲什么课就讲什么课”的课程设置模式,要转换到学科专业要求什么课程、学生学习需要什么课程就开设什么课程的轨道上来。对教学质量的管理一直是一个难题,我们近期正在尝试通过表彰优秀、激励先进的方式来提升教学质量,我们开始评选学位研究生教育的优秀教师。

学生生活管理是一个重大的难题。历史上,我们把学位研究生与干部学员同等对待,现在,在经费上与空间上都不可能了。在经费上,我们领导干部的伙食是有补贴的,而研究生的伙食是没有补贴的,同等待遇就有钱从何来的问题;在空间上,我们研究生院在南院,干部学员在北院,食堂也分设在南北两院,要给学位研究生以干部学员的待遇在空间上也不可能。这就导致了一系列问题,我们必须随时与后勤部门协调。要感谢后勤部门的同志,他们非常友好地解决了我们的很多困难。我们正在尝试设立联席会议制度,期待许多问题都可以通过不断协商来解决。

学生的学习纪律管理总是一个难题。没有纪律是根本不行的。纪律是保障学习和维系集体的重要保证。学生的集体生活纪律,比如宿舍安全问题、公共卫生问题、夜半歌声问题,有的要靠道德自觉,有的则要靠组织管理。现在我们遇到的问题,是管理的“度”的问题,不管不行,管得过多同学没有自由、没有隐私、没有尊严也不行。

三、学位研究生的服务者

在去年的“学习实践科学发展观”的活动中，我们研究生院提出了“113”的口号。即一个目标——争创一流研究生院；一个中心——一切为了培养一流研究生；三个服务——为教学服务，为教师服务，为学生服务。

一流研究生院的目标，是很高的，我们做不到一流，但是我们可以争创一流。一流的研究生院要求一流的老师、一流的学生、一流的管理、一流的服务。“一切为了培养一流研究生”就是这一目标的具体化，又是一切工作的中心，为此就必须对作为管理部门的研究生院提出“三个服务”的要求。

三个服务不能停留在口头上，要体现在制度设计之中、机制设立之中和实际工作之中。在制度设计上，我们设立了研究生会直接选举制度、年度学术论坛制度、学生党员组织发展制度；在机制设立上，我们建立了出入证补办机制、学生意见处置机制、学籍学历证明机制、后勤服务联系机制；在实际工作上，我们的处室与学校各个部门建立了良好的关系。

我们研究生院的治院理念是：建设一个以争创一流研究生院为目标，以培养一流研究生为中心，以服务教学、服务教师、服务学生为宗旨的，团结、互助、进取，对内和谐、对外友好的研究生院。研究生院是学位研究生的教育者、管理者，更是服务者，期待通过我们的努力，能够为党校的和谐发展、科学发展作出自己应有的贡献。

（本文是作者2009年11月应邀在湖北省委党校召开的全国党校系统学员管理座谈会上的发言。）

17. 发展与期待

尊敬的老师们：

下午好！从今天下午到明天，我们将就研究生导师的有关问题交换意见，相互交流，共同研讨。我们希望通过这个会议性质的培训或者研讨，能够使同志们加深对学位研究生导师工作的认识，增强我们在工作上的联系，推进我们共同的工作。这个班的目的，从根本上说是要共同努力来培养合格的甚至一流的研究生，完成学校交给我们的学位研究生教育任务。

从研究生院的现有状况说起，主要包括以下几个方面。

一是确立新的理念。这个新的理念可以概括为"113"理念，即一个目标——争创一流研究生院；一个中心——一切为了培养一流的研究生；三个服务——为教学服务，为教师服务，为学生服务。我们努力将"113"理念深化为研究生院全体同人的共识，并将其转化为行动。前不久，我们到"八部一所"调研，他们纷纷反映，现在我们各个处室较好地体现了服务精神，让我们深为感动。

二是树立服务宗旨。目前全院有23个博士点，33个硕士点，共有学生676名，硕士生371名，博士生305名；博士后分为哲学、政治学（分设在党史、党建、科学社会主义、国际政治、政法等多个教研部）、理论经济学、马克思主义理论四个学科，在站博士后36名。学生日常管理正常、有序。我们广泛收集意见，设立了意见箱，通过《学生手册》公布了服务电话，努力解决同学们学习中每一个需要组织解决的实际困难。比如有的学生要去台湾学习，我们派专人花一周的时间协调，终于顺利解决。我们还向学校提出申请，要求加强对学生的心理辅导和心理治疗，得到了后勤部门的大力帮助，成功地在党校医院开设了心理咨询门诊，今后我们要配合后勤部门与学校医院，做好学生心理疏导工作。

三是建立疏导机制。学生情绪的疏导问题，是学生管理上的重大问题。一个时期以来，我们将其作为组织员组乃至学生相关工作的重要内容。上学期，我们成立了应急小组，成功地处理了某某学生严重的偏执型心理疾病问题；有个学生天天来找我们要工作，经过疏导现在紧张的心理也得到了缓解；前几天，在后勤部门的帮助下，较好地解决了穆斯林同学的清真餐问题，化解了少数民族学生的对立情绪。

四是规范管理体制。我们成立了研究生院党委并卓有成效地开展工作。4月我们成立了研究生院党委，党委近期主要是建立和健全工作机制，通过实际工作来强化党委在学生思想政治工作中的作用。为此，制定了《研究生院发展党员工作实施细则》，上半年分两次发展了预备党员36人，批准转正了预备党员38人，目前确定了12名新的发展对象，计划在年内发展。学生的组织发展是我们党委的重要工作。在学生的组织建设上，实现了研究生会的直接选举，调动了学生的自治热情。完善了班级体系，以现有的支部为基础设立了班，并将在下学期全面完成班与支部并存的学生组织建设。同时，我们要加强学生管理的组织员队伍为重点的学生管理队伍建设。面对组织员半数变动的局

面，必须强化组织员队伍建设。在今年上学期放假前，召开了“学生工作暨组织员工作专题研讨会”，让所有的组织员发言，让各个部门从自身角度出发研讨如何做好学生思想工作，取得了良好的效果。但是在这个问题上，我们还需要下功夫。

五是强化就业指导。去年在校领导的直接关心下，我们取得了博士生98%、硕士生91%的就业成绩，2010年的就业准备工作已经开始。我们向全国各省、自治区、直辖市组织部、人事厅，以及副省级城市的组织人事部门寄发了400份宣传材料，其中包括发送学生就业推荐函、中央党校研究生院简介、中央党校学位教育情况介绍、毕业学生学科与专业介绍；我们通过《党政干部文摘》做宣传，通过学校网络“五当代”大课做广告；聘请华图公务员考试培训中心等专业培训机构，对毕业生进行公务员资格考试专门辅导，此项活动已经确定了培训机构，协调了培训经费，作出了培训计划。针对就业工作，我们要充分发挥研究生会的积极性与创造性，要在学生就业工作上形成师生互动、协同努力的日常工作机制。现在已经开了3次洽谈会——为国家安全部组织了三个局招聘公务员的洽谈会，港澳办近日会来，准备开座谈会。甚至我们主动为学生联系具体单位。

六是扩大对外宣传。具体说来，在去年，我们结合招生和就业宣传，对全国的网站进行了一遍梳理；在今年我们动员研究生会进行正名工作，针对社会各界对中央党校研究生教育的误解进行订正；主办了“2009·全国社会科学研究生学术论坛”并取得了圆满成功；协助哲学教研部申办了博士生会议“马克思主义哲学的中国化研究”达到了预期效果，产生了积极的社会影响。

七是促进师资建设。今年新增了硕士研究生导师22名，博士研究生导师31名，使博士研究生导师总额扩展为143名，硕士研究生导师总额达到117名。全校导师共260名；我们评选了研究生教育工作的优秀

教师，刚刚评选了14位学位研究生教学优秀教师；积极为学校组织部门提供教师评定职称所需要的研究生教学工作资讯，我们正在为组织部提供相应的资料；制作了这次会议发给大家的《导师手册》，希望大家提出批评和建议，使之进一步得以完善。再就是我们现在正在进行的工作，组织新导师培训，研讨如何做好硕士、博士研究生导师。

八是加强协调指导。我们研究生院如同学校其他部门类似工作一样，也对全国党校系统的学位研究生教育工作担负着业务指导的责任，全国党校系统现在有16个硕士授权单位，今年上半年召开了全国研究生工作座谈会，就如何统筹党校系统的研究生教育工作交流经验、协调行动；现在我们向全国党校系统的每一个学位研究生教育机构寄发了我们主编的《研究生教育》杂志和以书代刊的《学术与发展》；专门就福建和甘肃两家省委党校学位点遗留问题与教育部等相关各方沟通、反映、协调。

九是促进学科发展。研究生院一直视促进学校学科发展为己任。前几任院领导都十分重视以研究生教育促进学校学科建设问题，研究生教育是学校学科建设的重要平台。研究生院一定要从学位研究生教育的角度，落实学校学科建设的规划，推动学校学科建设的发展。根据学校领导的指示，我们开展了“学位研究生教育与学校学科建设的专题座谈调研”工作，为此，开学初我们就拟定了详细的工作方案，并将有关通知与要求分别送给了各个教研部，组建了专题调研的工作班子。今年，我们对“八部一所”进行了调研，现在走了7家，得到了各个教研部所的积极响应与大力支持，收效显著。

现在国民教育在研究生教育上的竞争越来越激烈。由于历史原因，社会对我们中央党校的研究生教育还有种种误解。他们将我们的国民教育系列的学位研究生等同于干部培训，或者等同于函授教学等成人教育，网络上和实际社会中都有对我们开展本专科国民教育的批

评，在谈到我们的研究生时也以成人教育来看待。一些同学在社会交流交往中，在就业报考中被误解了就很生气，甚至要组织队伍出去进行宣传。有同学来找我，我就跟他们说，简单的宣传是很难开展的，也可能导致更大更多的误解，我们只能也必须切实努力推动自我改革，使自己真正优秀起来，才具有说服力。所以我们要多方面着手开展工作，宣传舆论上的订正工作当然是直接的和重要的，但是提升教育质量、培养优秀人才才是长远的和根本的。

为了达成以上的目标，我们需要长期努力，不懈努力。在近期，我们要抓好几件工作，完成以下几个任务：

一是强化教材建设。我们计划编辑一套“中央党校学位研究生必读经典概览”大约 30 卷（28～29 个学科），初步策划是每卷 50 本书目，其中有简要的内容介绍，更有严格的学术评论。目的在于提升研究生教学活动的学术水平，确保研究生教育质量；促进导师强化专业修养，带动学生提升学术水准。我们将筹集 100 万元解决。继续推动并强化已经启动的教材建设，组织编写和出版一套“中央党校研究生主干课程教材”，目标是代表中央党校学术水平的学科基本经典。从有博士授予权的学科开始，每个二级学科专业出版三部左右，它们既是硕士研究生的基本教材，又是博士研究生入学考试的参考读物与提升学术的必读书目，其学术水准与篇幅分量力求到达国内一流水准。预计在 3～5 年内完成，预计总经费将达到 450 万元。研究生院希望得到学校支持，并通过运作为此协调筹措相关的学术出版经费。

二是开展课程清理。我们计划在对各个教研部所的调研的基础上，充分尊重教研部所的意见，推动研究生教学的课程改革。彻底改变有什么老师开什么课、老师能讲什么课就开什么课的既有课程格局，要力争实现学科和学生教育需要什么我们就开什么课的课程设置目标，促进课程建设的科学化。

三是开办独立网站。党的十七届四中全会强调网络对于党的建设的意义,其实对于我们研究生院也具有独特的意义。我们要强化网络建设,利用互联网树立中央党校研究生院的形象,树立中央党校学位研究生的国民教育形象,为一流研究生院建设做好舆论宣传和形象塑造工作。

四是确立高端战略。在硕士、博士、博士后的培养序列上,要立足于博士为主兼及博士后的发展路径。要优先录取高层次人才,尤其是普通高校副教授以上的人才来攻读中央党校的博士学位或者来做博士后。对于特殊人才,我们要建立破格录取特殊优秀人才的制度和机制。

五是提升培养质量。我们要积极进行学位研究生的学制调整。按照国务院学位机构和教育部的有关法规和文件规定,逐步建立弹性学制,使优秀的提前完成学习任务的硕士研究生,能够通过程序提前毕业,使难以如期完成博士论文的博士研究生,能够适度延长学习期限,尤其是博士生的培养质量必须作为重中之重加以强化和强调。要加大学生毕业论文匿名评审的数量并最终实现博士毕业论文的全面匿名评审。研究生院预计将在2009年级毕业时,建立起全面的博士研究生毕业论文的匿名评审机制。

为了完成这些任务,我们对老师们满怀殷殷期待,我们需要一大批道德高尚、学术优秀、关爱学生、严格要求的导师,在我们的殷殷期待中一定包括今天参加培训的每一位。谢谢大家!

(本文为作者在2009年12月举办的新导师培训会上的讲话。)

18. 过去的工作

美丽的2009年即将结束，我们一起来回顾过去一年的工作，以利于我们继续努力，在2010年开创新的工作局面，取得新的成绩。过去的2009年是收获的一年，我们主要做了哪些工作呢？

第一个方面是着力创新管理机制，增强整体活力。

研究生院在深入学习和实践科学发展观活动中提出，并在学校一流学府的大讨论中逐步完善了"113"工程，即一个目标——争创一流研究生院；一个中心——一切为了培养一流研究生；三个服务——为教学服务，为教师服务，为学生服务。2009年，全面推进了研究生院的各项工作，全院同志一道努力适应《党校工作条例》"坚持国家标准，办出党校特色"的新要求，借助创建一流学府的东风，打造一流的管理团队。

我们实行规范管理，进一步完善了相关的运行机制，努力建设一个管理先进、和谐友好、不断进取、充满活力的研究生院。创造性地实行了学年学期工作

计划制度;各个处室组分别制作工作流程表,以及学生管理工作模板;制定学生心理问题应急预案。实行了流程化的工作年历、月历与日历机制,将有关制度与重要工作事项印制在工作日历上。

我们重视员工的文化娱乐活动,取得了重要成效。举办体育运动会以及乒乓球、羽毛球比赛、摄影作品展,开展课间操活动,组织员工外出参观学习。我们举办了长城摄影展和金秋校园摄影展,将摄影展与办公场所装饰结合起来,美化了我们的办公环境。注重单位文化,使我们有一个积极向上的精神风貌。我们在全校的歌咏比赛中获奖。我们得到两次首都精神文明单位,并在申报第三届精神文明单位,目标是冲刺全国精神文明单位。

第二个方面是努力提高办学质量。

首先全面优化课程设置。在走访“八部一所”的基础上,把各个专业的硕士研究生和博士研究生的专业课、公共必修课、公共选修课进行了重新梳理。现在已经将征求意见稿发放全校听取意见,分别在 11 月 29 日与“八部一所”在职研究生座谈会上和 12 月 13 日评选优秀教师会议上,与各个部门进行沟通。下一步还将在明年初召开的导师培训会议上进行专题研讨。根据这个方案,所有的选修课实行在全校范围内,通过网络平台交叉选修。现在已经购进了清华大学的选课平台软件,包括课程选修、成绩公布、师生交流都可以利用这个平台进行。力求达到集中教学资源、降低教学成本、优化教学效果、提高办学水平的目的。

其次提升学生培养质量。具体说来,一是改革学习期限制度。根据国家和教育部的有关文件,以国际和校外学习期限的相关制度为参照,在不变更学制的前提下,博士生学位论文可以延长到 6 年内完成,硕士生可以依法依规提前毕业。二是今年毕业论文实行了 30% 的匿名评审,明年将继续推进,已经与北京大学研究生院达成了委托匿名评审的协作协议,建立了协作机制。三是抓好学术新人奖计划。学术新人

奖是教育部在今年推出的,研究生院被纳入首届 43 所试点学校之一,获得了 5 个名额(全国共 695 个名额),奖励办法已经制定,第一批获奖学生已经获得了 3 万~5 万元的学术资助。

再次扩大校际教学合作。2008 年开始,国际关系学院帮助我院的学生参加四六级英语考试之后,两所学校的关系愈加密切。经校领导批准,于 2010 年 7 月 1 日,我院与国际关系学院签署了合作协议。双方互选课程、互认学分;互相开放第二课堂,活跃研究生业余学术生活;导师资源共享;学科建设互相支持。使研究生院与国际关系学院之间结成了实质性的姐妹学校关系。鉴于论文匿名评审在 2011 年将全面推行的需要,积极开展与北京大学、中国人民大学等研究生机构的合作,在上学期的新导师培训中,邀请北大研究生院院长来授课,今年组织选派了一个博士后挂职担任北大的研究生院副院长。

复次抓好经典书目编写。积极策划编辑出版《中央党校学位研究生必读经典书目》。这套丛书要力求反映党校的学术实力,克服各种困难,分年度循序推出并加以完成。现在已经收到了 18 个二级学科的相关资讯,从中选出外国哲学、中共党史、国际政治和社会学四个学科,作为第一批书目编写专业,准备编写,目前在筹措经费和具体实施中。

最后完善教学管理制度。一是优化教学评奖。去年启动的优秀教师评奖活动产生了很好的影响,所评出的优秀教师和提供的研究生教学资料在教师职称评审中,都得到了评委们的普遍认可,发挥了应有的作用。2009 年我们在接受申请和推荐的同时,又请同学参与投票,最后评出了 10 名优秀教学奖获得者,已经在 12 月 13 日公布。二是加强督学工作。近期就调课率高、缺课率高等问题与有关教研部领导交换了意见,对有关老师提出了批评。随着全校选课制度和校际选课的推行,将加以改善。三是改善教学设施。2009 年上半年有老师提议我们在教室增添电脑,我们现在确保有两部电脑常备在教室管理室,确保教学课

件的使用。

第三个方面是完善学生管理。

一是切实关爱学生。首先我亲自负责学生组织员组，强化学生思想政治工作。其次收集学生意见，认真处理学生意见。我们有很大的意见箱，每周开箱一次，对每条意见逐条处理。再次关爱学生。重视日常消防管理，安全管理，努力确保学生人身与财产安全。最后及时解决清真食堂问题。当清真菜出现问题之后，及时道歉，与少数民族同学谈心沟通，通过国关学院食堂协商，借助我们北院食堂，通过我们自己改建食堂，彻底解决了清真餐饮问题。

二是办好全国学术论坛。完善全国研究生社会科学学术论坛的征文和相关会议的筹备工作，以提高研究生院的影响力。2009 年的论坛成功举办了“中国与科学发展”的专题研讨会，各大媒体做了很好的宣传报道。2009 年 6 月 25 日又举行了“中国国家软实力”的专题研讨会，从目前的情况来看，预期效果良好。收到论文 500 多篇，其中包括中国台湾文化大学的学生参与并获奖。同年 12 月，我院与中国博士后科学基金会成功地联合主办了“经济复苏期的中国：机遇与挑战”全国博士后论坛。来自全国 30 余家设站单位的近 60 位博士后，及北大、清华、人大、北师大、中科院等部分北京高校博士后联谊会理事长参加了论坛。

三是强化博士后工作成效。我们把 2009 年确定为博士后工作年，将博士后招生从以前每年 10 人扩大到 16 人。成立了博士后联谊会，与北京市博士后联谊会和全国博士后联谊会建立了联系，并积极参与相关活动。派员参加了“全国 2010 博士后联谊会理事长联席会议”，宣传了我校博士后工作，加强了我校与各地博士后联谊会的横向联系。从制度上，摸索制作统一的出站标准，推出相应学术成果，力争把博士后做成中央党校的品牌。与中央社会主义学院签署了联合招收博士后的协议书，并上报学校批准。本年度博士后科研项目申请中，有 1 人获中

国博士后科学基金会特别资助奖(最高奖项)10万元。与中国博士后科学基金会联合举办“经济复苏期的中国:机遇与挑战”博士后学术论坛。

四是设立“三助”制度。从2008年以来,对“八部一所”进行了学位研究生教育与学校学科建设的专题调研。根据调研的情况,去年召开了学生助管、助教、助研专题研究会,招聘了14位同学,2009年为了校庆需要,又增加到了16位同学,成功地帮助了困难同学,吸收学生参与教学活动和教学管理,加强了研究生院与教研部所的联系。三助制度很好地解决了学生勤工俭学和教学参与问题,也优化了学生参与研究生院管理的体制机制。

五是重视学生组织。我院党组织是双重结构的,即研究生院新成立的党委和研究生院一直存在的教职工党支部。由教职工党支部负责教职工的组织生活和组织活动;由院党委全力负责学生的党组织工作。研究生院有300多名学生党员,分为32个学生党支部,这主要是院党委承担的工作。院领导配合党委注意了解研究生党员的思想政治情况,通过意见箱与面谈等方式听取学生意见,发现问题及时解决。在去年五四青年节成立了团委,随后组建了研究生院志愿者服务队。健全了学生组织体系,充分发挥了研究生院党委、团委、班委在加强思想政治工作的作用。与风华爱心小学“心手相牵”义务支教、参加圆明园冰雪节。现在,学生的“三委两会”组织健全,作用充分。党委、团委、班委、研究生会、博士后联谊会各司其职,各尽其能,使学生管理有条不紊。

六是强化应急处理。我们几乎每年都有需要应急处理事件,都得到了成功处理,这是非常值得欣慰的。关于学生心理与疾病问题,例如某某男同学恋爱事件,某某女同学精神疾患,某某市委党校教师病危事件,都予以了很好的处理,无一出现重大问题。

七是促进学生就业。研究生的就业状况总体上不容乐观,但是结

果还不错。2009 年有 116 位硕士毕业,104 位博士毕业,其中有 189 位同学需要就业,最后就业率达到了 98%,现在已经达到了 100%,创造了历史新高。为此,我们专门聘请了最好的公务员考试辅导机构华图公司做专门辅导。

八是改革在职教育。按照学校“控制规模、加强管理、确保质量”的要求,我们进一步做到了管理工作的规范化、制度化。在管理中突出强调严格规范管理,加大了对各办学点工作人员的培训力度,同时,控制了招生规模。在培养方面,继续加强教学各环节的管理,实行教考分离,促进了学员读书学习和培养质量的提高。2009 年毕业了 2000 多人,新入学 1000 人,在校共 5000 人。2009 年通过对各个办学点和“八部一所”的调研,并协调函授学院,就在职研究生问题,向校委做了专题的汇报。

(本文是作者在 2009 年 12 月向学校汇报研究生院工作时的发言。)

19. 新春是一个美丽的梦境

尊敬的各位领导、老师们、同学们、朋友们：

晚上好！

2009 年迈着轻快的步伐即将从我们身旁走过，2010 年又迎面而来。在这辞旧迎新的美好时刻，一年一度的研究生院元旦迎新晚会又将在这里拉开帷幕。我十分荣幸地告诉大家，今天我们的晚会，有幸邀请到了学校的各位领导。出席今天晚会的还有我们研究生院发起评选的 2008—2009 学年度学位研究生优秀教师代表和其他导师与任课老师们、兄弟单位的领导和同志们。让我们以最热烈的掌声欢迎他们的光临！

在我们挥手告别 2009 年的美好时刻，我们倍加感谢学校的领导们；倍加感谢兄弟单位的领导和同事们；倍加感谢给我们研究生院全体研究生以谆谆教诲的老师们。我要代表研究生院的全体同事向各位领导、老师、同事、朋友们说一声：辛苦了，谢谢你们！

佳节迎春到，师恩总难忘。在 2009 年，我们研究生院发起并在全校评选出了 14 位学位研究生优秀教

师。下面我们宣读《关于表彰2008—2009学年度学位研究生优秀教师的决定》。让我们用热烈的掌声欢迎获奖老师登台领奖！有请中央党校分管学位研究生工作的李书磊副校长为获奖教师颁奖！

谢谢李书磊副校长！谢谢老师们！

今天下午，我为今天的晚会写了一首诗《在新春来临的今夜》，特别奉献给大家以表达我们对领导、老师、同学、同事们的祝福：

新春是一首古老的歌谣，
是唐虞夏商开始的传唱。
在新春来临的时刻，
让我们用心灵将它奏响。
只要我们伴随这美妙的旋律，
动人的歌舞，就是那激情在飞扬。

新春是一朵含苞的鲜花，
是春夏秋冬凝结的希望。
在新春来临的时刻，
让我们用付出赢得芬芳。
只要我们点燃这守岁的红烛，
绚烂的未来，就是那美丽的绽放。

新春是一壶陈年的老酒，
是祖祖辈辈窖藏的佳酿。
在新春来临的时刻，
让我们用真情加以品尝。
只要我们高举这欢乐的酒杯，
未来的日子，就是那醉人的辉煌。

新春是一个美丽的梦境，
是现实未来交汇的向往。
在新春来临的时刻，
让我们体会岁月的幽香。
只要我们追逐这美好的憧憬，
亮丽的新年，就是那幸福在闪光。

（本文是作者在研究生院2010年迎春晚会上的致辞，根据录音整理。）

20. 不懈努力育精英

记者:《党校工作条例》的颁布,对党校学位研究生教育提出了新的要求。请您谈一谈新形势下,党校学位研究生教育面临着哪些新的机遇与挑战?

卓泽渊:《党校工作条例》的颁布给党校学位研究生带来了新的机遇,我认为主要有三点:一是党中央再一次对党校学位研究生教育的国民教育性质的确认。《党校工作条例》明确地将党校学位研究生定位于,与全日制普通高校学位研究生教育性质相同的国民教育,这就为党校尤其是中央党校学位研究生教育的发展确定了方向,为之奠定了一个制度和政策的基础。条例的宣传、贯彻、实施必将使党校、全党乃至全国对党校的学位研究生教育,都有一个再一次的认知。为此我们党校正在采取一系列发展学位研究生教育的措施。所以说,第一个机遇本身就是条例和我们党校自己的认识与行动所带来的机遇。二是全国学位研究生教育的改革发展。全国学位研究生教育正处在改革发展之中,必然要求中央党校学位研究生教育与之同步,使之在整体改革发展中完成自身的改

革发展。三是研究生生源的扩大与优化。中国社会发展所处的特定历史阶段,本科生数量极为庞大,相应地硕士生、博士生数量也在加大,这就必然使我们的生源比历史上任何时候都更好。这也同样是研究生院所面临的发展机遇。

就我们研究生院而言,挑战主要来自三个方面:第一来自全国众多学位研究生教育机构之间的竞争。第二来自党校学位研究生教育面临的历史性误解。在特定的历史环境下,中央党校完成党交给的任务,担当自己的社会责任,开展了干部培训轮训以外的本专科教育,这些教育随着时代的变化,渐渐退出了历史的舞台,但是这些教育的影响却导致了对我们学位研究生的误解。有一些同志只知道党校有干部培训,而不知道党校有学位研究生教育,就将我们的学位研究生教育等同于干部教育中的培训轮训。这要靠我们宣传,靠我们优秀的毕业生以及由他们所产生的社会影响来展现我们党校研究生教育的实力。第三来自党校学位研究生教育自身发展的局限。中央党校的学位研究生教育发展将近 30 年,已形成了一整套教育理念、管理模式、组织结构,因此要改革它、发展它,还有一个认识提升、自我完善的过程。这是一个如何改进、发展,最终超越自我的问题。这对于研究生院来说,还是一个很大的挑战。

记者:《党校工作条例》中提道:“学位研究生教育要注重质量,坚持国家标准,办出党校特色。”中央党校研究生院在这一方面做了哪些努力?

卓泽渊:党校研究生教育要注重质量,质量为先,这个基本的定位和要求是非常准确的。质量的提升要通过“坚持国家标准,办出党校特色”来实现。“党校特色”和“国家标准”的关系就是:中央党校学位研究生教育必须达到国家标准,同时在此基础之上,作为一个独特的教育机构,它还应具有自身的特点。

中央党校研究生院一直坚持国家标准。在招录方面,我们的硕士研究生入学考试为全国统一的硕士研究生入学统考;我们的博士研究生入学考试严格按照国务院学位委员会和教育部的要求,举行统一考试。我们的专业考试在国内一直享有严格、认真和较高学术水平的社会评价;外语考试一直被认为是中国博士研究生入学考试中最难的考试试题之一。我们拥有良好的生源,硕士研究生和博士研究生考生每年分别在 1000 人左右。现有 143 个博士研究生导师每年只招录 110 个左右的博士研究生;117 个硕士研究生导师,每年只招收 110 个左右的硕士研究生,人均师生比在国内处于最好之列。在培养方面,我们严格执行国家学位研究生教育的培养计划、课程设置与论文答辩等规定。我们的硕士研究生至今还是统一的最长的学习期限要求——3 年。博士研究生在历史上一直是 3 年,在 2009 年,我们又作出了可以延长论文写作时间,以确保学位论文及其答辩质量的学习期限调整。我们恪尽努力地推荐硕士、博士毕业生。2009 年,我们的总就业率达到了 96%以上,其中博士研究生的就业率达到了 100%。

中央党校学位研究生注重将政治与学术相结合、实践与理论相结合、能力与素质相结合的传统优势将进一步得到强化。通过不断努力,相信党校学位研究生固有的特色一定能够得以充实、更新与提升。

记者:您认为党校学位研究生教育与干部教育之间的关系应当是怎样的?如何促进二者的良性互动、协调发展?

卓泽渊:现在的干部教育与国民教育的区分已经很明显,国民教育注重学科性、学科的逻辑性以及学科理论的完备性。干部教育的教学内容体现了研讨主题的重大性、教学内容的专题性、知识范围的广泛性。所有课程都是以专题、讲座的形式开设的,实际上是立足于学科又超越于学科的讲座式教学;是以学科为基础的跨学科、综合性专题教

学。这种教学必须要有其学科基础,这种学科基础就是靠学位研究生教育来提供和强化的。学位研究生教育为干部教育的发展提供了学科基础与平台。我认为这是学位研究生教育对干部教育第一个方面的意义,即学位研究生教育为干部教育强化学科平台。第二个意义就是学位研究生教育为干部教育提供了学术平台。干部教育中的教学内容,更多体现的是理论对实践的指导性,包括对现实问题的关注与对社会实践的指导。干部教育必须依赖于教授们积累学术、创新学术,并立足于学术高地之上,从理论的高度涵括现实,面对现实指点江山。这个高地就是在导师教育和指导学位研究生的过程中构筑的。第三个意义是学位研究生教育是党校教授与普通高校教授之间的一个对接平台。怎么把党校的专家学者与其他学术机构包括高等院校之间的专家学者在一个平台上来加以认知、沟通、连接,那么硕士研究生导师、博士研究生导师、博士后指导教师就是这样一个联结点。所以说在学科、学术、学人这三个意义上,学位研究生教育是干部教育的一个强大的支撑、基础、平台。

同样,干部教育对研究生教育的影响也非常大。第一,干部教育的高端性。中央党校以培养中高级党和国家领导干部为己任,教学内容的宏大主题以及政治性、实践性有利于开拓研究生教育的视野,也为我们学位研究生教育提供了一个很高的平台。第二,干部教育的政治性。我们每周都有重要领导人的专题时事报告,对于急需了解中国、关注世界,最终致力于治国平天下的莘莘学子来说,是非常难得的。我们每周要邀请一名国内一流学者来做关于当代世界的、具有最新信息和丰富学术含量的"当代世界"学术讲座。第三,干部教育的实践性。干部教育具有独特的实践性,他们会探讨大量的现实问题,这些现实问题为学位研究生们提供了可以参照的研究主题以及需要去完成的学术任务。每一期干部学员都会有"两带来",即

他们会带来大量的实践中需要解决的问题,和他们所在部门的实际情况。这些既是带给中央党校的,带给导师们的,同时也通过各种途径带给了学位研究生。党校教授针对学员带来的问题所进行的教学也同样具有很强的实践性,这也会对研究生教育产生潜移默化的影响。所以我认为干部教育的高端性、政治性、实践性这三个方面的资源,为学位研究生提供了很好的养分。

我们要将两个方面的优势集中起来,发挥出来,协调互补,共同发展。这就是中央党校在国民教育和干部教育两个方面相互结合,形成并彰显自己特色的重要基础和根据。

记者:请您谈谈如何培养党校学位研究生的理论创新能力?

卓泽渊:作为中央党校的研究生院,理论创新是我们的宗旨。我们培养硕士、博士、博士后的目的就是要完成理论创新,推出更多的理论创新成果,创新的目的在于指导实践、推进实践。我们主要应该注意两个方面:第一,培养学生的创新思维。我们研究生院每年都有学术征文比赛,并参与国内的学术创新活动。我们支持学位研究生参加全国各类机构开办的与研究生教育相关的学术论坛、学术会议,并且还发起和主办了一些学术创新活动,比如我们从2008—2009学年度开始,每年举办一次全国性的社会科学研究生学术征文及论坛研讨,2009年还举办了全国哲学博士生学术会议。通过这些活动培养学生的创新思维。第二,营造创新氛围。我们对学生中优秀的创新成果实行奖励,并且对所有的硕士、博士论文进行创新性检测,凡是发现涉嫌学术不端行为,在创新上存疑的情形,我们就会向学生发出警示。我们研究生院还组织其他各种学术论坛、讲座,长期开设"求是大讲堂",把全国甚至世界上的著名学者请来做演讲。我们把学生的创新性学术成果作为衡量导师指导工作是否优秀的一个重要因素。我们的研究生会采用演讲竞选的方式实行全面直选,学生在竞争中学习民主和规则,并在这种民主和规

则之下,去开展学生的自我服务、自我教育、自我管理。所以说创新性的思维不仅要表现在学术上,也要表现在学生自治上。

记者:请您描绘一下中央党校学位研究生教育的未来走向。

卓泽渊:我想可以概括为三句话:争创一流、高端发展、勤勉进取。争创一流一定是我们的目标。我们要高端发展,要将硕士研究生的招生数量保持稳定,博士研究生数量在稳定中逐步扩大,博士后将是发展的重点。勤勉进取是争创一流与高端发展的路径和保证,我们将脚踏实地,孜孜以求,恪尽努力。

记者:中央党校的研究生教育是要走精英化道路吗?

卓泽渊:一定是。中央党校基于自身的状况和它应有的定位,学位研究生教育必须走精英化道路,否则对不起中央党校这个平台,也与中央党校的地位与形象不相匹配。中央党校的教育资源是很丰富的。之所以丰富,是因为我们导师数量庞大,专家学者很多,拥有很多国内一流的专家学者。中央党校的博士教育、博士后教育就是精英教育,就是要出成果的教育,我们的要求是在校期间就要推出自己的创新性学术成果,就应该为中国学术理论的发展、为中国重大的社会实践问题作出自己的贡献。高端发展、走精英化教育的道路是中央党校研究生教育的未来之路。大众教育固然是非常重要的,但是它不是我们中央党校研究生院的使命,这是分工问题,不是价值观问题。为了高端发展,我们在招生制度、培养体制、毕业要求上都要作出更高的要求,并制定相应的制度来保证。今年我们研究生院开始组织有关教授编写出版涉及各个学科的《中央党校学位研究生必读经典书目》,每个学科 1 卷,拟在近三五年乃至更长一点的时间内完成。我们还要不懈努力,研究生院怎么在国内、国际的研究生教育层次上占有一席之地,不落后于国内的发展和国际的潮流,这是我们必须不断思考的一个问题。我们要一点一滴地去努力,一步一步地往前走,力争有所作为。中央党校的研究生

院经过一个时期的不懈努力，一定会更加接近自己的目标，与自己所担负的责任和社会对它的期待更加适应。

（本文是戴菁对作者所作的专访，发表于《学习时报·党校教育专刊》2010 年 3 月 22 日，题为《坚持标准创一流，不懈努力育精英——访中共中央党校研究生院院长卓泽渊》。）

21. 谱写时代的青春之歌

亲爱的同学们：

这是一个喜庆的日子，也是一个我们青年值得隆重纪念的日子——五四青年节。

今天，我们召开大会，宣告研究生院团委的成立。借此机会，我想讲三点：

第一，热烈祝贺。也就是祝贺我们团委成立。院团委的成立对研究生院来说具有标志性的意义。为什么这么说？首先，去年 4 月，我们成立了研究生院党委，使研究生院党的工作有了专门的领导机构，这是研究生院发展史上的重大事件。其次，研究生会从第十届开始了直接选举，现在的第十一届研究生会是更全面地实行了直接选举，产生了真正的学生的研究生会。最后，去年年底到今年年初，我们实行了班级改革，设立了班级制度。我们以前不分班，只有支部，通过改革，使班级与支部并存，使学生的行政管理体制得到了完善。今天，我们又成立了团委，这是研究生院基本组织机构全面建立的一个辉煌节点。因为，没有团委，我们就无法适应研究生院的发展和团员同

学日益增多的客观组织需求。团员同学要有自己的组织,那么组织在哪里呢?我们以前有团支部,但是没有自己的团委,直接归属校机关团委。校机关团委主要管机关事务,工作很难事无巨细地覆盖到每一个支部,而成立研究生院团委,我们就有了自己的组织。通过院团委的传导作用,就可以把校团委的阳光洒遍所有研究生团支部。另外,我们有了党组织,党组织总得有后备军来源,那么有了团委,党组织、党员的发展就有了后备军组织,党员的组织发展就有了团组织的依靠。所以说,院团委使我们党组织的工作有了更坚实的、新的支撑点和广泛的团员基础。研究生院团委的成立,使同学们又多了一个组织平台。我们研究生院的组织,不是多了,而是少了,学校生活,就是应该有不同的、多层次的组织存在。这种不同组织的交叉、融合和活动的开展,能够使同学们充满活力、生机勃勃,给同学们更多施展才华、实现自我的舞台。我们研究生院的青年很有创造力,有的同学多年从事志愿者服务工作,他们的成绩甚至引起了团中央的重视;有的同学对农民工问题进行了很好的研究,他们研究的课题正是团中央有关部门关心、重视和正在研究的。我们有了研究生院团委这个平台,通过校团委,就可以与团中央有更多的联系,而且,有些挂职机会也可以通过团组织推动,为同学们的就业提供更多条件。所以说,团委的成立,对研究生院来说是至关重要的,我认为是一个光辉的节点。在这里除了祝贺我们研究生院团委成立以外,还要祝贺我们新当选的团委委员们。

第二,衷心感谢。感谢谁?感谢校机关党委把阳光照耀到了研究生院的每一片土地上。没有他们的支持,去年我们的院党委就不能顺利成立起来。如果我们院党委成立不起来,我们每一期研究生党员的发展都要向机关党委会汇报,而机关党委每年只召开一次发展会,这样同学们加入党组织的机会就少了。另外,组织关系也要通过机关党委转进转出,这不仅给同学们带来了不便,也给机关党委带来了很大的工

作负担。现在，我们有了研究生院党委，研究生党员的组织关系就可以通过院党委进出；合格研究生就能够比较顺利地发展为党员，这就适应了我们培养优秀人才的需要。因此，批准研究生院成立党委是机关党委给了我们很大的帮助。校团委是机关党委的工作部门，今天，校机关党委通过校团委又给了我们阳光雨露，使我们能够顺利成立研究生院团委。这是研究生院落实创建“一流学府”这个重要决策的一个非常具体的措施。我相信，新成立的院团委在院党委的领导下，在校团委的领导下，在机关党委的领导下，一定能够作出自己应有的成绩，来回报校机关党委、校团委对我们的关怀。所以，在这里我要衷心说声谢谢！

第三，殷切期待。期待谁？期待我们院团委，期待我们院团委新当选的委员，期待我们全体团员，期待大家用行动来谱写新时代的青春之歌。江山代有才人出，一个时代最具有活力的是青年，不但未来是属于青年的，今天也是属于青年的。我们非常期望团员，甚至非团员的青年朋友们能够在团组织的领导下，施展自己的才华，在人生旅途中去感受、去体会组织的温暖，通过组织加强交流，实现发展。团组织是能够展现自我、实现自我的重要人生平台。我们研究生非常需要各种组织来表达意愿、代表利益和施展才华。我今天晚上去食堂吃饭，就有很深的感受，当时我想到，要是同学们反映意见，找谁反映？学生会是一个组织，班级是一个组织，团委也是一个组织，我们从来不反对有组织、有程序地反映意见，作为老师，能够获取意见，那就是一份收获。我们的目的不在于让大家服服帖帖，俯首帖耳；不在于要使大家逆来顺受。当然我也主张同学们反映问题要体谅组织，但是体谅组织不是隐瞒问题，有问题就要解决。譬如说清真食堂的问题，我们已经取得领导同意，现在正在加快协调，争取各方面的支持，以求尽快解决。其他工作还有，今年上半年全国的社会科学研究生论坛就要举办，从收到的论文看，情况非常好；下半年要办好博士后论坛。搞这些活动，就是要打造中央党

校研究生院的品牌,提升研究生院的社会知名度。我们提出了“113”口号,即一个目标——争创一流研究生院;一个中心——一切为了培养一流研究生;三个服务——为教学服务,为教师服务,为学生服务。这一理念已经深入人心,接下来是要坚定不移地贯彻执行。研究生院的一切制度,凡是与此相矛盾、相冲突的,要全部修改。为什么要这么做?目标就是要争创一流研究生院。争创一流研究生院的目标很远大,但我们对自己的定位很谦虚,我们的定位是“争创”,所以能不能做到还在努力中。因此,这是一个远大而又谦虚的目标。我希望如果有一天我不做研究生院院长了,我的后任还能坚持这个目标。当然,他们如果做成一流研究生院了,那么就把“争创”改成“保持”一流研究生院,那是最好的。去年募集资金给评出的优秀教师发奖金,也是为了争创一流研究生院,培养一流研究生而做的实际工作。

我相信,研究生院团委成立后,所有青年朋友一定能在团委的领导下认真学习,为争创一流研究生院发挥推动作用。也希望研究生院团委和全体青年朋友能够努力工作,积极进取,使我们研究生院的未来更加美好!

(本文是作者于2010年5月4日在研究生院团委成立大会上的讲话,根据录音整理。)

22. 你们是学术发展的硬实力

今天,我们中共中央党校研究生院主办的“2010社会科学研究生学术论坛”隆重开幕了。在这里,我们将对来自全国各地各个高校和研究机构的研究生同学的征文获奖者颁奖,将对我们围绕共同关心的时代主题——“中国国家软实力建设”,也是这次研讨会的主题,进行学术交流。我要代表中央党校研究生院对与会的全国各地嘉宾和获奖人员、北京高校研究生代表、新闻媒体的朋友们,表示最热烈的欢迎!还要特别向参与征文的同学们表示衷心的感谢,向获奖的同学们表示最热烈的祝贺!

中央党校研究生院创办于1981年,是在中央党校校委领导下的主管学位与研究生教育的直属机构。中央党校的学位研究生的入学考试依照国民教育的研究生制度执行,其学籍、毕业证书、学位证书均由国家教育部、国务院学位办统一注册,属于严格的国民教育体系的构成部分。中央党校学位与研究生教育走过了20多年的光辉历程,在不断探索、不断改革、不断发展中前进。在我们研究生院的成长中,得到了

中央党校历届领导的高度重视,得到了国家教育部门的亲切关怀和大力帮助,也得到了兄弟院校及其研究生院的积极支持,对此我们深怀感激。我们将用更多的努力来回报领导、社会和朋友们的关爱。

研究生是中国学术界最有活力、最富青春的学术力量,是祖国学术的未来。我们主办这次论坛的目的就是为中国社会科学的研究生们提供一个展现自我、奉献社会的平台,也为全国研究生的学术发展作出应有的贡献。学术总是一代又一代传承的,在学术传承的现代方式中,研究生教育是最不可缺少的环节与方面。研究生是学术青春与活力的典型代表,是学术青春与活力的化身。研究生群体富有激情,敢于创新,学术的未来属于你们,学术的现实也依赖你们。你们用学术研究增强国家建设的软实力,你们本身就是国家学术发展的硬实力。没有青年就没有未来,没有研究生就没有学术的未来。我们对中国的学术充满期待,我们对当下的研究生充满期待。

最后,我要衷心祝愿研讨会圆满成功,期待我们论坛能够为各位展现学术才华、交流学术认知、实现学术进步贡献绵薄之力,为中国国家软实力建设乃至硬实力的增强作出应有的贡献。谢谢大家!

(本文是作者2010年6月25日为中共中央党校2010社会科学研究生学术论坛开幕式所致的欢迎词。)

23. 附：2010·社会科学研究生学术论坛

6月25日，由中共中央党校研究生院主办的"2010·社会科学研究生学术论坛"在中央党校隆重举行。论坛的主题是"中国国家软实力建设"。中央党校副校长李书磊出席会议并讲话，研究生院院长卓泽渊致欢迎词，与会领导为获奖者颁奖。来自全国各地的嘉宾和获奖人员、北京高校研究生代表、中央党校研究生院博士生和硕士生以及新闻媒体参加了会议。

李书磊副校长围绕文化软实力建设与读书的重要性作了重要讲话。为促进文化软实力建设，研究生需要脚踏实地、认真读书。他提出三点要求：第一，认真读书，刻苦钻研。在研究生期间，要多读经典，认真思考。读经典是和圣贤、天才、古人、大家对话，是思维的训练，能够增加思维的穿透力。第二，广泛阅读，多读与本专业相关的中国古典。中国古汉语极其丰富，作为中国文化传人，多读古书，可以加深对古文学的了解，培养圣贤情怀，以达到丰富学识的目的。第三，敢于突破，勇于创新。在研读经典的同时，不被经

典束缚,在思想上敢于突破,勇于表达自己的观点。要多写文章,养成良好的写作习惯,促进自身思想的发展、提升和成熟。希望各位嘉宾和中央党校研究生多多交流,以文会友,碰撞出思想的火花。

卓泽渊院长在欢迎词中向与会代表介绍了中央党校研究生院的发展状况。中央党校研究生院创办于1981年,是在中央党校校委领导下的主管学位与研究生教育的直属机构。中央党校的学位研究生的学籍、毕业证书、学位证书均由国家教育部、国务院学位办统一注册,属于严格的国民教育体系的构成部分。中央党校学位与研究生教育走过了20多年的光辉历程,在不断探索、不断改革、不断发展中前进。卓泽渊院长指出,研究生是中国学术界最有活力、最富青春的学术力量,是祖国学术的未来。我们主办这次论坛的目的就是为中国社会科学的研究生们提供一个展现自我、奉献社会的平台,也为全国研究生的学术发展作出应有的贡献。

此次论坛自2009年10月底启动以来,得到了全国高等院校系统、党校系统、社科院系统、军事院校系统等高校和科研院所的大力支持,论坛首次出现台湾地区高校研究生的论文获奖。获奖论文立足提升我国国家软实力这一角度,从政治学、历史学、社会学、传播学等多学科出发,多角度、全方位、立体式地提出了许多独特的见解,为我国国家软实力建设进行了有益的探索。本次论坛共收到有效论文420篇。论坛本着“公平、公开、公正”的原则,经过初审和终审两轮匿名评审,评出一等奖5篇,二等奖10篇,三等奖15篇,优秀奖30篇,共计60篇。通过举办这一论坛,培养了研究生的创新能力,加强了各校研究生之间的学术交流,同时为社会科学的发展构建了学术交流平台。

(2010年6月25日,来源:人民网。)

24. 用成功展现风采

尊敬的学校领导、老师们,亲爱的同学们:

大家好!

经过多年含辛茹苦的寒窗苦读,今天你们在这里获得了硕士或者博士学位,再一次用成功展现了你们照人的风采。我要代表中央党校研究生院的全体老师和工作人员,向你们表示最热烈的祝贺和最衷心的祝福! 在这快乐、幸福的时刻,我们心中充满了无限的感激!

我们要感谢学校领导和各个兄弟部门的同志们。有了你们的领导、帮助和支持,我们研究生院才顺利完成了各项任务。今天又一批同学从这里启程,在为此欢欣鼓舞的时候,我们不能忘却你们所给予的关爱,我们要衷心地说一声:谢谢了!

我们要感谢同学们的老师。是全校的研究生导师和所有的任课老师,给了我们研究生院大力支持和热忱帮助,是全校的老师们给了我们全体同学无数教导与无限关爱。我要借此机会,向所有的老师包括今天前来为同学们授位的学位委员会委员、研究生导师

们，表示最衷心的感谢！是您的奉献使我们研究生院的工作得以顺利推进，是您的奉献使我们研究生院的同学们得到最良好的教育。老师们，你们辛苦了，我们谢谢您！

我们要感谢同学们的家人。今天我们特别邀请了同学们的家人来参加我们的授位仪式。我们是想通过这个仪式，让您与我们一起分享这份快乐与幸福，一起给同学们祝福。也许您是我们同学的父亲或母亲，也许您是我们同学的妻子或者丈夫，是您的支持与关爱，使每个同学获得了不竭的动力，并义无反顾地一往无前。您是他们心灵的慰藉，是他们不懈进取的激情，您给了我们研究生院极大的支持，谢谢您！

几年来，同学们付出了无数的辛劳，才赢得了今天的成功毕业和光荣授位。中央党校的课堂记录着你们的专注神情，大有庄的灯光诉说着你们的艰难求索，颐和园的清风传诵着你们的青春风采，神州大地的明天将展现出你们卓尔不群的英姿！

同学们，你们就要离开母校了，母校将永远牵挂着你们。昨天所有的遗憾都将转化为未来最亲切的怀念；今天所有的祝福都应该转化为明日最辉煌的现实。我期待你们能把党校及其研究生院的每一份美好加以珍藏，在夜阑人静的时刻，一一地加以怀想。中央党校及其研究生院虽然只是你的人生驿站，但是永远是你的心灵家园。我们将在颐和园的大有庄殷殷期盼，我们等待着你快乐幸福，成功如愿！用你的成功去展现中共中央党校研究生院硕士、博士的风采！

（本文是作者 2010 年 6 月 30 日在毕业生学位授予仪式上的讲话。）

25. 人生理想及其达成路径

同学们：

下午好，非常高兴能够给大家做开学第一讲，我要代表研究生院的全体老师们，向 2010 级所有的硕士、博士研究生同学，表示最热烈的欢迎！

今天，我们人生的巨著掀开了新的篇章，在这里我们又打开了通向人生理想的新大门。怎么走向未来，将要铸造怎样的人生？作为中国的学者、学术人、未来的建设者，应当建立怎样的人生观？让我们先回到中国传统的文化中去检索，从中国传统文化所内含的人生观说起，也许可以得到许多重要的启示。由于中国传统文化博大精深，人生哲学内涵非常丰富，不同的人有不同的感悟，也就会有不同的结论。每一个学者的阐释都是一个不同的版本，但是不管人们怎么阐释人生，它都有一个基本的理论源泉。要讲中国传统文化中的人生观，不得不从《大学》讲起。《大学》是一个什么著作，大学实际是取自《礼记》，是其中的一篇。这一篇是朱熹在编《四书集注》时，从《礼记》中摘出来的，他认为最精彩的一篇，放到《四书集注》

的最前面,作为第一篇。“四书”是其成书后中国知识分子的必读经典。它由《大学》《中庸》《论语》《孟子》构成,凝聚了中国思想文化的精华,成为中国重要文化典章的汇编。《大学》中有一段经典的论述:“大学之道,在明明德,在亲民,在止于至善……古之欲明明德于天下者,先治其国;欲治其国者,先齐其家;欲齐其家者,先修其身;欲修其身者,先正其心;欲正其心者,先诚其意;欲诚其意者,先致其知;致知在格物。物格而后知至;知至而后意诚;意诚而后心正;心正而后身修;身修而后家齐;家齐而后国治;国治而后天下平。自天子以至于庶人,壹是皆以修身为本。”这就把中国儒家学说中的格物、致知、诚意、正心、修身、齐家、治国、平天下,简称格、致、诚、正、修、齐、治、平,开列出来了,而且非常明晰地表现了出来。对这八者的最后归结是:“天子以至于庶人,壹是皆以修身为本。”那么这一论断究竟告诉了我们什么呢?

一、人生的外在目标:修、齐、治、平

“修身、齐家、治国、平天下”,一般简称“修齐治平”。我认为这是人生的外在目标。修身只是一己的范围之内的事情,齐家开始延展到了他人,延展到了你的配偶,你的父母、祖父母及更高更多的祖辈,延展到了你的兄弟、儿女,包括子孙。从家延伸到国,再延伸到天下。那么我们的目标最小在于一己之我的“修身”,最大在于“平天下”。我们先倒过来讲,先讲最伟大的人生理想。

(一)平天下

北宋张载留下了被中国知识分子认为是人生最高境界的几句格言“为天地立心,为生民立命,为往圣继绝学,为万世开太平”。这可真是伟大的理想,天地本无心,那么我们要为天地找到它的心,要为天地确立它的心,这个心,就是天地之间人的价值内核。精神世界的追求和精

神凝聚的焦点，这是为天地立心，使天地万物都有心的存在，归结到心，以心为核心。为生民立命，就是要为普罗大众，为他们安身立命创造条件，作出贡献。使芸芸众生、渺渺人世的普罗大众们都能够身有所安、心有所系，多么伟大的使命啊。还要为往圣继绝学，往圣是谁，孔子、孟子这些伟大的思想家们，他们开启了中国智慧的先河，并使这些伟大的思想能够代代传承。历史上许多伟大的思想在漫漫的时间长河中失落了，他们的学说和思想为不肖子孙们所抛弃。于是，这些伟大的精神再也难以在历史中得以延续，得以发扬光大。北宋时期的张载就呼吁，要高举前人的火炬，让过往圣人的伟大思想重新放射出新时代的光彩，于是他发出了一个深情的，也是一个历史性的呼唤"为往圣继绝学"。最后，为万世开太平。这是人类至高的理想，其实共产主义的伟大理想，就是一个万世太平的理想。我们怎么开万世太平？同学们，你们是非常幸运的。因为中国历史经过了几千年的发展，到了近现代，经历了一个前所未有的大变革。中国近100年来有一个重大的转型就是由传统向现代的转型。这个大变革就是从传统的农业社会，向工业社会、信息社会、互联网智能社会的过渡；从传统的集权专制向现代的民主法治过渡；从传统的自然经济向现代的市场经济过渡。另一个大转型是改革开放的大转型，我们赶上了改革开放的伟大时期，目睹了改革开放的整个历史转型到现在的过程。从三十年前的"文化大革命"结束转向现代化，这是一个转型，它的过程就是改革开放。非常幸运，我们能够生逢其时，能够身临其境。我要说的是，我们是幸运的，比你们更多地看到了改革开放的启动，而你们是比我们更幸运的，因为再等十年、二十年以后的中国，我敢说绝非今日中国之可比。经济、政治、文化一定会发生翻天覆地的大变化，而你们正是这个大变化过程的推进者和见证者。在你们手中，将演绎出多少历史欢歌，当然，也会有同学们说，可能还有历史悲歌。我从来不是这样悲观，对中国社会的发展始终充满着乐观

而向上的心态。只要能沿着现在的既定轨道一往无前,就有理由期待,十年后、二十年后的中国一定更美丽。十年后、二十年后中国的建设者包括在座的你们,一定能够获得更多的一显身手、一展才华的机遇。开万世太平者,有你、有我,更有你们。这是我们这个民族的向往,这是我们在座的每一个人共同的历史责任。在为这个伟大理想做准备的时刻,你们来到中央党校,开始硕士、博士研究生的学习,这一定是人生中一个美好的机缘。

(二)治国

平天下的意愿有了,若要实现,必须依赖一个一个"治国"行动。要平天下,必须要有治国之材、治国之能、治国之志,还有治国之行。治国是什么,治国首先是指治理国家政务。当今的青年,担负着为未来做历史准备的重任,我敢肯定,在座的和没有在座的你们这一代年青人,一定会产生新的时代英才,引领时代潮流,为国家、为民族作出自己的贡献。大家可以看到,中央党校的研究生院已经走出了很多著名的政治家、学问大家,政治、学术、经济领域的许多精英都是我们的学位研究生。中央党校研究生院培养了当今的众多英才,谁能说未来的政治领袖中就没有从这里走出去的?我敢肯定,一定会有。这些政治家他们就是治国理政的领袖。从原义上说,"治国"中的"国"还不是今天的国的含义,因为古代社会,天下才是指的中国,"治国"这个国只是指的邦国,在今天可以引申为自己所归属和管理的某一个方面、某一个领域。如果按照这样来解释,中央党校培养的莘莘学子中有很多已经成为了治国之材,管理着国家某一个方面、某一个领域的重要事务。治国除了管理国家政务以外,还要使国家达到治的状态。"治国"也可以理解为一个动宾结构,是使国家达到治的状态。治国是指定国安邦,能够使国家的某一个方面、某一个领域达到很好的秩序化状态。所以,你能平天

下，当然是英雄，能够为国家和民族作出你重要的贡献。同时，治国又是平天下的一个基础性台阶，要平天下，就要先治国。

(三)齐家

不要小看齐家的意义。家是一个社会最基本的单元，一个社会的细胞，每个人都在家中生活。那么治家首先就是处理家庭事务，你要很好地处理家庭事务，使家能够井然有序，充满活力，朝气蓬勃。无论是男同学，还是女同学，一家之不治便无法治国、平天下，治家是非常重要的，要使家庭成员齐心协力、和睦相处、同舟共济，这是治家。

治家应包括正确对待恋爱、婚姻、家庭在内。在座的同学们有已经结婚的，其余也到了该谈恋爱的时候，作为研究生院，我们从来都不反对谈恋爱，因为这是人生的一个必经历程，也是人生美好的一个方面，它虽然不是人生的全部，但是它很可能决定你整个人生的走向，影响你的发展和前景。要谈恋爱，就要好好谈，这很重要，恋爱也是有规则的。任何一个人都是在社会秩序范围里生活和工作的，这种秩序包含法律、道德。我们不反对年轻人谈恋爱，但是我们更主张大家用真心、真情、理智，用合乎规则的行为来达成自己的美好愿望。要发乎情，止乎礼，止乎法。如果你成家了，你也得处理好夫妻关系。放眼当今社会，你会发现婚姻并不一定能够成就一个人，但是，可以肯定地说，一个失败的婚姻完全可以毁坏一个人。大家务必注意，婚姻未必会成就你，但糟糕的婚姻很容易毁坏你。如何处理好婚姻关系，如何对待好自己的爱人，即丈夫或者妻子，这是每一个人的人生学问，你的人生品格、品德修养、知识修为，都会在处理与对方的关系中得以展现。有的男同学要对女同学示好，表达爱意，可以，但是一定要尊重对方，一定要理性地表达。不但要满足自己的愿望，还要尊重别人的感受。爱情如果不是双方的，那一定是灾难和苦难。单方面的苦苦追求，应该适可而止。让人不快

和反感,又有什么意义和价值呢?那根本不叫爱情。勉强既无法开出绚烂的恋爱之花,也无法结出丰硕的婚姻之果。这个问题,我在这里必须提醒大家,不必为那一棵树、一株草就死死纠结。百步之内必有芳草,失去了树木还有森林。你追求她又追不到,人家又不爱你,那不如再到森林里去看一看。对待恋爱、婚姻都需要达观的精神。

有同学问我,选朋友的标准是什么?我说,外在的标准一看就知道。你觉得他(她)可爱,他(她)就可爱,情人眼里出西施,是不是西施都是你的主观判断。其余你还要判断他(或者她)什么?我认为:第一你要看他对待你是否真诚。这是最基本的,没有真诚必无信任。第二要看他(她)对他或她自己的父母是否孝顺。如果一个人对他父母都不孝顺,我劝你趁早远离,一个不爱自己父母的人,他绝对不会把他的爱延伸给其他任何人。他即使爱你也是短暂的,甚至是虚伪的。因为父母给了他最多的爱,给了他生命,没有比这个更伟大的情感和恩惠。他得到那么珍贵的东西还不心怀感激,你能给他什么,你还能奢求什么?第三要具有怜悯的美德。一个人具不具有怜悯的美德,是一个人高尚与卑微的重要分界线。一个高尚的人、有爱心的人一定是悲悯的人,具有同情心的人。当然这三个标准只是我的个人认识,仅供参考。

齐家还包括正确对待父母、兄弟、姐妹。这是人生修养必不可少的方面,你如何处理与父母、兄弟、姐妹之间的关系,能不能对父母孝顺,对兄弟姐妹亲仁,这同样是一个人能不能齐家的表现。不但如此,我看到有学者解释齐家时还说,包括当你们做了领导干部时,能不能管好身边的人。什么叫身边的人,你的秘书、工作人员、司机,管好这些人同样是齐家之所需要。齐家是十分重要的环节,许多领导坏事就坏在不严格要求身边的工作人员,出事首先就出在不法的司机、秘书身上,出在身边工作人员的身上,坏事就坏在,纵容身边的亲友以权谋私,贪赃枉

法。当然根子还在于自己是否严于律己,能否奉公守法。齐家含义广泛,内容丰富,是人生一辈子的课题。

(四)修身

你要做到平天下、治国、齐家,那你就要修身,修身是一个目标。它是一个起步性的阶梯,怎么认识修身?修身要讲修养身心、涵养德性,要修外在之身,要修内在之性,内外兼修。

修身就是要通过锻炼修养使自己有健康的身体。同学们要注意体育锻炼,如果有病,也得抓紧诊断、治疗。身体的健康,是一切伟大事业和宏伟愿望的主体基础。没有很好的身体,有多少美好的愿望都将化作云烟,所以,身体对自己是非常重要的。身体不仅对自己是重要的,对别人也重要,尤其是对你的父母很重要。父母给你的身体,你拿来糟践,这也叫不孝,因为身体发肤受之父母,这是从来源讲的,身体首先是父母恩赐的。其次,你的身体关系着你的家人。一个人生病,一家人都不得安宁;一个人身体不好,一家人包括亲戚朋友都会牵挂你。身体和心性是相连的,除了身体锻炼之外你还得修性,修性就是修心。修性包含既要有道德修养——德行,又要有知识修养——智慧,要德才兼修,都是修身的含义。修性意义上的理想状态是指,人除了健康的身体还要有内在的修为。只有一个强壮的身体,没有灵魂和智慧,那躯体不就成了一个空壳吗?如果没有灵魂和智慧,这空壳式的躯体的行为方式和行动状态会怎么样,也值得怀疑。所以,修性能够使自己把内在的美好人性加以坚守与张扬,保持善与美。美德能够在你身体中保留,同时又能够散发出阵阵的芳香,这才是人生的至高境界。我看到一个佛教人士解释修身时还说,不但要修养身体,修养身性,而且还要"修语"——修炼语言。这什么意思呢?他说,你说话也要修炼,修身包括"修语"在内。你怎么表达你的情感,怎么说出话来让别人接受,让别人

感受到你的善与美,这就是"修语"。

对于修身,我认为,还有一个从善的问题,荀子说"见善,修然必以自存也;见不善,愀然必以自省也"。看见善,修养的状态就是要自己保持和保留;看到不善,就应当严肃而必须加以自我反省。见到各种好的,都要存之于自己;见到自己不好的,就要痛心疾首,努力改正;见到别人不好的,要严肃对待,引以为戒。这才叫修身。

修身、齐家、治国、平天下,这是人生的四个阶梯也是外在的四个目标,一个一个层层递进,由近及远。我们今天的话题,从平天下到治国到齐家再到修身,则是由远而近,最终切近自我,也就是"壹是皆以修身为本"了,必须从一己做起,从现实出发。

二、人生的内在修养:格、致、诚、正

人生的内在修养包括格、致、诚、正四个方面,也就是格物、致知、诚意、正心,大家可以看到在格、致、诚、正里面,格物是第一的,我们先从格物说起。

(一)格物

格物是什么呢?格物就是穷尽物理,认识世界。所以,在清末将西方的物理、化学引进来的时候,就叫它格物科学,其实就是说,它是认识世界的科学。因为物理、化学是技术性的,是认识世界的手段。格物就是要认识世界,它要求我们去学习。人们从幼儿园开始,然后小学、中学、大学、硕士、博士,就是一个在学校学习的过程,主要任务就是格物。格物包括扩展自己的知识,深化自己的认知,逐步使自己成为一个学富五车、才高八斗的有用之才。简单地说,格物就是认识世界,格物就是学习了解世界,掌握更多的知识。当然,格物是人生的使命,因为学海无涯。人生无止境,学习无止境。不仅在座的同学们需要学习,我们研

究生院的老师们也需要学习,甚至研究生导师们也需要学习。我是学法律的,对其他学科了解不多。今天给大家做这个讲座,下了很大的决心,这里讲的也不是我专业领域的知识,这东西我都不太懂,但是,我认为它很重要,值得与大家商讨。在此,只是奉献我的一得之见,若能在同学心里激起一个涟漪,产生一个浪花,我就已经满足了。

格物是我们人生的第一步,是人生走向社会的第一步。有的同学学过或者要专业学习社会学。社会学讲,人们上学包括上幼儿园、小学、初中、高中等,都叫社会化。一个人如果说他在各方面都没有跟人交往、接触,对社会了解不够,就会显得有些幼稚。有人就会很幽默地说,他社会化程度不够,社会化程度畸形,社会化尚未完成等。这话说起来可能有点不太礼貌,但是他指的的确就是人的学习不够,还处于最基本的阶段。学习是认识世界,是格物的过程、路径和手段。

(二)致知

致知是什么意思?致知并不是简单地求得知识与掌握知识那么简单。致知中的“知”,不是刚才讲格物中的那个知识,而是指的真知,求得正确的认识、科学的认识、真理性质的认识。进一步说,就是要获得正确知识,深刻把握规律,真切获得真理。浅层次上的知识就是要认识自然和社会,深层次的知识就是要达到真理层面,所以,致知不是简单地局限在表面上的知识,而要将认识深化达到对真理的把握程度,达到对规律的深刻认知这个境界,致知是对格物的进一步深化。同学们会发现,自己在学习和研究的过程中,认识会逐步深化,这是一个渐进的过程。当初被认为是错误的观念,也许在进一步的研究中,会发现那些原来被认为错误的观念甚至是正确的,反之亦然。原本被我们认为是正确的认识,在深化的认识中,却发现那根本就是错误的。我们还可以发现,当认识达到了一定层面之后,再深入探求下去,就会认识到更多

的层面;认识了事物的一个侧面,深入学习后会发现诸多的侧面,最后把握全部,接近真知。最近,网上炒得很热的是贪官要不要判死刑的问题,甚至有人写出文章说,贪官免处死刑是贪官的胜利。那么我们学法律的人,怎么才能正确地认知?废除贪官的死刑问题,应当从什么角度来认知?这个问题很复杂,说来话长,在这里我就不作结论了。以后有机会,我再给同学们讲。在纷纷扰扰的讨论中,你会莫衷一是,为什么莫衷一是?是因为没有致知,你看到的都是表象。你只有认识深刻了,才能真切地认知。对于国家的法律或政策来说,只有真切认识了,才有行动的坚决,认识的深刻,人们才不会动摇。你只有致知了,才不会为歧见所左右,才能立场坚定。去年到今年,网上炒得厉害的是年轻人在车上该不该让座,老年人有没有权利要求年轻人让座。许多人对于这种争论之所以莫衷一是,其实就是认识的深入程度不够,没到达到致知的程度。年轻人对老年人的让座,是道德义务,并不是法律义务,因此,我们要在道德上提倡年轻人为老年人让座,但不能从法律上强制年轻人让座。年轻人坐自己的座位是本分,让座是善举。认识到这里,你就不会为各种歧见所动,人云亦云,更不会是非莫辨。

(三)诚意

诚意最直接的解释就是真心诚意。意要诚,就是要树立诚的世界观。诚是世界观的问题,要诚其意。刚才我跟大家讲,一个人诚不诚,这是非常重要的。诚与不诚,不是简单的、外在的、偶然的一次两次,那只是表象,与世界观还有距离。一个人可能因为某种原因偶然的一次不诚,有些虚假,甚至说谎,这都是可以理解的。但是,作为本质的,进入世界观层面的诚实与虚伪,远非如此。诚与不诚是人的根本,诚意就是要使自己在本质上归于诚。比如谈恋爱,首先就要诚意。那么大家会说,难道谈恋爱还要通过现象看本质吗?不能通过现象看本质,怎么

能以身相许、终生相伴？那我劝你稍作停留，放慢恋爱的脚步，你再看一看。诚是世界观意义上的诚。这里的诚意是什么？是要使自己的意达到诚的境界。诚意的诚，不能简单地只理解为是一个形容词，在“诚意”中，“诚”更是一个动词，使意变得诚起来，使意达到诚的状态。“意”字是怎么写的？是上面一个音，下面一个心，是心上之音，心中之音。你如果有诚的美好，心上便能产生美好的声音或者音律。心动，那美妙的声音就能发散出来，传播开去。若你是一朵鲜艳的花，别人一见到你，除了看到你的美丽之外，还会用心去感受你的芳香、馨香。诚是内在的品德。你有了内在的诚，就会为你自己的不诚而羞愧、内疚，你就会为达到诚而努力。要把诚确立为内在的世界观，作为自己本质，这就需要我们加强人生修养，提升人生境界，不断将美德内化，养成品性。

（四）正心

正心，首先，可以简单地解释为是指正确的心理状态。正确首先是指道德意义上的、良知意义上的正确。正心是不容易的，正心就是你要确保有良知，将心调节到良好的状态。良知从道德意义上讲，就是指适合社会美好追求和价值判断的道德观。今年中央国家机关招录公务员的面试考试，我作为考官参加了。有一道考试题，有的同学答完以后，在我心中就觉得很难录用他。为什么呢？我就觉得其心不正。他心不正，要招聘进来，怎么能相信他对待我们的同学其心能正？一个什么题目呢？一个很简单的题目：某单位给灾区募捐，通知要求必须捐新衣服、新棉被，而且要出具发票。问你如何评价这个单位发出的这个通知？有一个考生回答：第一，我认为这个单位的做法是完全正确的。第二，你来捐衣服当然要捐新的，你捐旧的给人家，带来疾病怎么办呢？所以就要求你提供发票，没有提供发票就不能捐。第三，或者在收集募捐物品的地方设一个检验机构，拿来检验后发现没有病菌、没有问题的

衣物才能接收。他提出的这三点,我是不能接受的,我认为他没有常人最基本的正常价值判定。一是别人捐赠什么,都是一片美好之心的善意表达,捐赠的目的是帮助穷困者,帮助困难中的人,是一份美好。这个时候,你可以号召提供新的,但是你绝对不可以要求他人一定要捐新的。二是捐赠自己在穿的衣服,甚至自己买来多年没有穿的衣物,现在捐出去,发票没有保留,为什么就不能捐呢?如果政府要真为老百姓着想,就应该设立一个清洗机构,凡是捐的物品,旧的就消毒、清洗了再提供给灾民。作为政府机关或者公共管理机关怎么能逃避自己的责任,并将自己的责任强加给慈善的捐赠者呢?别人捐赠就是一份美好,是一份善意,是一份美丽的德行,粗暴对待捐赠人,就会打击捐赠人的积极性,从良知的意义上来讲,不能用这种粗暴的方式对待美好之心。这就是我的判断。

其次,我们还可以将正心解释为,要使自己的心符合于正确,使不正归于正,合于正的要求。也就是说正心是指要使你的心符合正、达至正的状态。当你不正的时候你要正起来,我们要"日三省乎己",发现自己不对的,就要默默地告诫自己改正,以提高自己的修养。

最后,正心也还可以解读为,当自己精神不集中时,使自己的精力集中而心无旁骛、专心致志、神情专注。使自己用心专一、集中精力,这也是正心,当然这是再一层次的正心。正心的第一个要求一定是自己要有良知,情感美好,能够有良好的心态对人、对事,接人待物。

三、达成目标的路径:博、审、慎、明、笃

人生的理想是神圣的,知识分子何以达成这样的理想?中国传统文化的回答是,"博学之,审问之,慎思之,明辨之,笃行之"。它取自《礼记》,它是儒家对士人即知识分子、读书人最基本的要求。

（一）博学

博学是非常重要的。中国传统文化中的博学是对每一个人的要求。对研究生，作为学术人和学习者来说，博学是我们天然的使命。一般的普罗大众还不至于吃了饭就以学习为职业，为生命的本质，但我们是学生。什么叫学生？学生以学为规定性，就是天天从事学习的人。在老师的指导下学习，这样的人，就叫学生。要使自己学识渊博，就要使自己兴趣广泛，充满热情而不故步自封、浅尝辄止，你要有浓厚的学术兴趣，浓厚的求知欲望。我们要求所有的博士、硕士研究生，必须对中国的传统经典著作有所涉猎。中国传统经典，比如《易》《大学》《论语》《孟子》《中庸》《老子》，还有《史记》《资治通鉴》等，乃至唐诗宋词元曲，以至明清以来思想家的著作，都需要学习。西方的，你至少要看看柏拉图的《理想国》、亚里士多德的《政治学》、洛克的《政府论》、孟德斯鸠的《论法的精神》，以及后来的《联邦党人文集》等。我们老师现在常常是为工作而学习，难以有精力、精神专门为读书而读书，其实我觉得为读书而读书的感觉，才是最美好的。当朝阳东升或夕阳西下，你能够静静地泡上一杯香茶，打开一本古典或者现代的著作，沉浸在书的世界中，去欣赏、思考、沉醉，进而觉悟、升华，多好呀。当你看了几个小时，猛然一抬头，已经过去了许多时间，因收获良多而志得意满。当你再看看自己，会发现刚才面对的世界，竟然是另外的一个世界，没有城市的喧嚣，没有无端的烦恼，突然觉得读书的境界竟然是这么美好！我大体上觉得研究生一年级就应该是为读书而读书，二、三年级就得被迫地主要为论文写作而读书了。不管你是什么专业的研究生，每一部著作都为我们打开了一扇窗，有的甚至为我们打开了一扇门，通向一个新世界。我们就可以走进这个窗，乃至走出这扇门，进入新的世界，或者

从这扇窗户、这扇门瞭望那个新世界，扩展视野，那可真是“窗含西岭千秋雪，门泊东吴万里船”了。你读政治、哲学、文化、历史、传记都可以，其实我自己非常喜欢读传记，有很多传记写得非常漂亮。你看一本传记，会看到一个速写的人生，浓缩的人生，你会看到人生的一个基本模型，看到传主的人生，看到作者对人生的解读，你可以从中得到很多启迪。学习一定要不厌其广博，广泛涉猎，广采博览，千沟万壑熔铸于心，千山万水都入法眼，那么你的境界就高了，你的视野就开阔了。“会当凌绝顶，一览众山小”，你要一览众山小必须会当凌绝顶。怎么才能走上绝顶，那些巨著就是一步一步的石阶，我们一次一次的阅读，就是一步一步的攀登，沿着这个石阶不断登攀，就会达到期待的顶峰。

(二)审问

审问就是要深入追问，认真探求，不断反省。我们看到一个命题，老师出了一个题目，或者是在阅读中发现了一个现象，你都要追问下去，要认真地探求，追根溯源。要去发现一般人所没有看到的东西，要去寻找到它与外部的联系，从而使你的认识更加全面、更加深刻。还要不断地反省自己，审问之。为什么我的认识会有问题，如何出的问题，问题出在哪里？如果我们能够追问一个问题、两个问题、八个十个问题、二十个三十个问题，那么这二十个三十个问题追问完，你就有大进步了。我们有同学说，我多么渴望毕业论文一开题老师就说，过关。那是好还是不好，当然是好。话又说回来，开题的过程，就是一个选择主题的过程。我常常对我的学生说，你能不能找三个题目，我们一起来研究，或者找更多的题目，一个一个来分析，从中找到最恰当的那一个。不要以为题目找到了，前面的过程就是浪费。据说有个傻子，他吃三碗饭，吃完第三碗饭，才终于吃饱了，然后他喟然长叹，早知道第三碗饭能

吃饱的话,我就直接吃第三碗了。我想在座的,智商不会低到如此程度。你放弃的,就是你获得的,你怎么寻找到一个题目,你怎么又放弃了这个题目,一定是你学习、思考、追问的结果。不去追问,不去深思的学者不是真学者。你随便找个题目,东拉西扯,天南海北地议论一通,就完了,那算学术吗?那是伪学术。中国多少学术垃圾,就是这样产生的,任何题目都敢接,任何题目都敢研究,但没有一个题目深入下去。我曾经训练我的研究生,我拿一本杂志给他,这本杂志一定是一流的、专业的杂志,让他把杂志的每一篇文章的段落、要点提出来,中心总结出来,然后找出这篇文章的缺点之所在,拿过来给我谈。这本杂志的文章他全读完,他就大大提高了。当然你会发现许多文章经不起这样推敲,你只要罗列出来一看,马上就会发现,它的题目延伸出去的东西跟题目之间缺乏内在的联系,延伸出去的要点之间没有整体性,缺乏横向联系,这样的学术就不是真学术。随便找一个题目,然后说为什么它成立,因为谁谁说过,就论证完了。一看文章,洋洋洒洒几千字、上万字,那是什么?如果有学者说,那谁谁本来就错了,你怎么办?你应该去找事物的科学性根据,在现实中的根据,历史中的根据,逻辑中的根据。有的学者用宣传代替学术,用政治口号代替学术研究,我们千万别学这个。我读你们的博士论文,有时候,读后的感觉是,这孩子走上歪路了,走火入魔了。做学术就是做学术,学术就要严格严谨,言之成理,持之有故。那么我们以后需要宣传性的语言怎么办呢?只要你掌握了根本,有了学术本领,宣传在你手上就变得很容易了,你用学术的方法来宣传将更有说服力、影响力。宣传性的东西相对于学术是容易的。审问就是要通过追寻根源,不断审思,对事理具有最深刻、最真切的把握。

（三）慎思

慎思就是要认真地思考，反复地思考，谋定而后动。你要思考是必需的，如果你只是把各种知识拿来，那么拿来就是传播、抄袭。我们研究生院必须严格遵守学术规范，抄袭别人的，这是绝对不能容忍的。还有的同学不断重复自己，其实也是“抄袭”自己。有的，自己写一篇文章，一下子发出来大同小异的五六篇，还有只写了一篇文章，改头换面发出十几篇的。难道年纪轻轻就江郎才尽了吗？我们对同学不作苛责，但必须向有错误的同学提出来，希望他改正，改正就好了，毕竟是学生。我们学位论文都要通过学术的创新性检测，我们现在是试行检测，检测方式还是非常温柔的，如果检测到你的论文有问题，私下给你发一封电子邮件，告诉你，慎加注意。但是以后一定会提高检测的要求。检测的目的不是害学生，我们的一切工作就是要培养一流的研究生，就是为了关爱，为了培养，为了你未来的发展。我们研究生院历史上发生过这种事，你不处理抄袭的学生，举报者就要告你，扬言要把学校搞臭。学位委员会怎么办？当然会坚持原则，再不忍也要很痛心地撤销抄袭者的学位。现在的博士、硕士论文都是上网的，你不查，别人要查。慎思，就是你要自己思考，要认真、慎重、深入、严谨地思考，要思考后才能作为你的学术观点、学术思想表达出来。慎思要求的不是一般的“思”，这也是我们对硕士研究生、博士研究生的要求，硕士、博士，其硕、博都是广的意思，硕和博都不慎思，谁慎思呢？知识分子是社会的良知，知识分子是社会最理性的责任担当者。你要担当责任，就必须慎思，必须是理性的。慎思是责任和使命，是自己特定身份的内在要求。

（四）明辨

要明确地分辨，辨的结果是要辨得清楚。这种明辨包括知识与道德两个层面。明辨很重要，你稀里糊涂的，就辨不了。一个行为有荣辱，一个结论有正误，那你怎么处置，怎么对待，就要靠明辨，第一要辨，第二辨得要明。别人要你去做一件事，这件事你拿不准，拿不准就去做了，稀里糊涂的，这不是明辨。如果别人是犯罪，别人是主犯，你就是从犯。就错误来说，犯了错误，就坦率地承认，不要掩盖。你越是掩盖就越是麻烦，一个谎言往往需要十个八个谎言来掩盖，一个谎言不让人注目，十个八个就特别引人注目。用十个八个谎言来掩盖一个谎言，你轻松吗？你能解脱吗？这就是不明辨，明辨了就不会犯糊涂。有个同学要毕业了，打电话到我办公室，说的只有一句话：我要当先进。我说，你要当先进的要求是好的，你有什么条件可以当先进吗？你有什么突出的成绩？或者为同学做了些什么？还是为集体做过点什么？他说，我都没有，什么都没有做。我说开运动会的时候你帮同学们鼓鼓掌，抱抱衣服，这些事你做了吗？他说也没有。你想当先进，一直什么事都不做，怎么能当先进呢？这样的要求，不仅为难了老师，自己也很尴尬，使自己难堪。早知如此，何必当初。不当先进，全世界人生活得好的多了，不当先进干得不错的人也比比皆是，不要把当先进看得那么重要。长达几年都没有被评为“先进”，临时让院长给你一个“先进”，现实吗？可能吗？院长不怕违纪、不怕犯错误？不怕对不起“先进”的同学？不怕问不过自己的良心？太让我为难了！这样的同学也许缺乏的就是“明辨”。当然，我们应该进步，理当积极争取，我主张进取而达观的人生观，也叫理性人生观。理性人生观第一就是进取，要不断争取进步，不断向前发展。为了明天不后悔，这也许就是告慰自己的格言，这也是

我的格言。今天所做的一切都为了明天不后悔,那你就能明白你今天该去做什么。明辨非常重要,明辨所依赖的不仅是智商还是情商,不仅是知识还是道德。明辨应能做到智商和情商的统一,知识和道德的统一。刚才我们讲到达观,达观就是看明白,既要看得很重,也要看得很淡,既要积极进取,也要自我安慰,总之要认识清楚、真正明白,然后才能归于理性。人生就是这样,人生不如意者,十之八九。要在一个组织中存在,要使自己的人生能够实现理想和目标,就得去努力。种下的是龙种,收获的可能是跳蚤,我们不但要为了收获龙种而努力,还要因收获跳蚤而自我安慰。不如意怎么办?还要活下去,还得努力面对一切,这同样也叫明辨。

(五)笃行

笃行,就是要切实履行,注重实践,落实到行动中。孔子要求“学而时习之”。“习”怎样解释,不要仅仅解释为学习了还要巩固,要去复习。这是对的,但是这个解释是不够的。“学而时习之”的“习”,更有实践、付诸行动的意思。“学而时习之”要求把理论与实践相结合。笃行要求专心实行,纯正踏实。笃是一种专心致志的状态,一种坚定不移的状态。笃,你认定的目标,你就应该笃定坚守、奋勇向前,你只要认为这个目标是你该追寻的,虽九死而不悔。笃行是很重要的,不为外物所利诱,不为物欲所驱使,只为了使自己达成高尚而美好的目标,如果做到这一点,那就有一点笃行的精神了。笃行什么,笃行自己的准则与事业,按照自己的品德,按照自己人生的理想,坚定不移地走下去。笃行在这里有认知的、道德的、行动的、理想的多重意义,它是诸多方面的统一。

今天我们一起来探讨人生的理想和达成理想的路径。今天是一

个美好的日子,在 2010 年 9 月 1 日,我们一起翻开了你们人生的新的一页。人生的巨著在这里开始谱写新的篇章,理想之门已经开启。我相信,你们的过往是成功;我更坚定地相信,你们未来的篇章必将更加雄伟壮丽、灿烂辉煌。你们一定能达成人生的理想,让我们一起向理想进发!

(本文是作者 2010 年 9 月 1 日为新生所作的入学教育专题讲座,原题为"让我们向理想进发——从中国传统文化中的人生观说起",系根据录音整理而成。)

26. 将梦想化为现实

尊敬的各位领导、同学们：

大家早上好！这是一个非常美丽的冬日，来到会场我还在想，今年冬天无雪，只为温暖迎嘉宾。今年这个冬季没有风雪交加，那是因为有今日的群贤毕至；这个冬季也没有滚滚寒流，那是因为有我们的朋友们从全国各地给我们带来了和煦的春风。在这里我代表中央党校研究生院欢迎来自全国各地博士后的朋友们，欢迎博士后科学基金会、兄弟院校的博士后研究生管理工作的领导和同志们。我们这次论坛能够成功举行，不可忘怀的是中国博士后科学基金会给予我们的帮助、关怀与信赖，他们带领我们共同举办了这次论坛，我代表研究生院向博士后科学基金会的领导和同志们表示衷心的感谢！

中央党校研究生院创办于 30 年前，它是 1981 年创办的。30 年来我们风雨兼程，30 年来我们含辛茹苦，30 年来我们高歌猛进。经过 30 年的努力，中央党校研究生院已经有 23 个二级学科博士点，33 个硕士点。博士后是知识阶层中精英分子所构成的精英团

体，博士后是一批追梦的人，他们不但有梦想，而且敢于为梦想奋争。作为一个学者，作为一个知识人，最重要的就是要有梦，更重要的是有追梦的行动，我们的博士后们不但有梦，而且要将梦想化为现实。这是一个多么美好的图景，这是多么令人敬重的动态画面，这幅画面正是我们这些博士后精英们为我们展示的。中央党校的博士后们愿意与全国各个院校的博士后，一起来缔造博士后这一优秀群体的辉煌。

最后，我衷心祝愿这次由中国博士后科学基金会带领我们共同主办的这次论坛能够圆满成功。我们这次博士后论坛是在中国经济复苏的主题下展开的，我们面对的是机遇与挑战，在这样宏大的主题下，我愿意把我最大的热诚和最虔诚的祝福奉献给大家。希望在未来的岁月中，中国的博士后们能够为中国经济的复苏和经济社会的全面发展作出更大更多的贡献，也祝愿中国新时代的发展因为有我们博士后的共同努力而更加精彩，更加辉煌！谢谢大家！

（本文是作者2010年12月10日在首届博士后学术论坛开幕式上的讲话。）

27. 附：培养人才和贡献社会

12 月 10 日，首届全国博士后学术论坛在中共中央党校举行。中央党校研究生院院长卓泽渊接受中国经济网记者专访时表示，举办全国博士后学术论坛的宗旨就是培养人才和贡献社会。

“整合博士后们的资源，凝聚他们的智慧，形成思想活力，使其智慧叠加、碰撞，最后让那些智慧放射出光芒。实际上最重要的目的就是，用博士后论坛这种形式，来推进学术发展，来研究中国现实存在的问题。”卓泽渊讲道。

卓泽渊介绍，中央党校研究生院对研究生教育的学术交流是一个整体设想，在每年的上半年，中央党校要发起一个全国社会科学研究生学术论坛，针对硕士学位研究生和博士学位研究生，向全国征文，然后评奖、颁奖，召开学术讨论会，已经举办了两届，现在正在筹办第三届。在每年下半年，就要举办全国的博士后学术论坛。今年是第一届，以后每年的下半年，都会如期举办。

卓泽渊最后提到，现在博士后社会参与度越来越

大。今后博士后们会继续走出去,到党政机关,到企业和事业单位进行调研,甚至和他们的研究课题相结合,直接为社会提供服务。

(2010 年 12 月 15 日,来源:中国经济网,记者:年巍、黄艳清。)

28. 附：为梦想奋争

12月10日，首届全国博士后学术论坛在中共中央党校举行。在开幕式上，中央党校研究生院院长卓泽渊讲到，博士后是一批追梦的人，他们不但要有梦想，而且要敢于为梦想奋争。

卓泽渊表示，中央党校研究生院创办于30年前。30年来风雨兼程，30年来含辛茹苦，30年来高歌猛进。目前，中央党校研究生院已经有23个二级学科博士点，33个硕士点。博士后已经成为知识阶层中精英分子所构成的精英团体。作为一个学者，作为一个知识人，最重要的就是要有梦，还要有追梦的行动。而博士后们不但要有梦，而且要将梦化为现实。

“中央党校的博士后们愿意与全国各个院校的博士后一起来缔造博士后这一优秀群体的辉煌。这次博士后论坛是在中国经济复苏的主题下展开的，面对的是机遇与挑战，中国的博士后们应当为中国经济的复苏和经济社会的全面发展作出更大更多的贡献。”卓泽渊寄语本次论坛。

卓泽渊最后讲到，这次论坛能够成功举行，不可

忘怀的是中国博士后科学基金会给予的帮助、关怀与信赖,并希望由中国博士后科学基金会与中央党校研究生院共同主办的这次论坛能够圆满成功。

(2010 年 12 月 15 日,来源:中国经济网,记者:年巍、黄艳清。)

29. 附：走的是一条精品化路线

“中央党校研究生院规模在全国不算大，每年只招收 110 名博士，130 名硕士，平均是一个学生是由多位导师指导。我们走的路线实际上是一个比较精品化的路线。”这是在首届全国博士后学术论坛上，中央党校研究生院院长卓泽渊接受中国经济网记者专访时，介绍中央党校研究生院的办学思路。

卓泽渊指出，30 年来，中央党校研究生院经过了多届领导人、全院教职工的共同努力，共培养了 3000 名硕士、博士，发展了 23 个博士点，33 个硕士点，拥有 143 名博士研究生导师、117 名硕士研究生导师。目前，中央党校拥有的 500 多个高级职称的专家学者，大部分都参与了研究生的教学工作。

“我们招生量的规模不大，可能跟社科院、科学院规模差不多。但就我们的师生比来说，我们的师生比应该在全国都算很好的了。我们这里培养了很多很优秀的人。比如，现在中国社会科学院的常务副院长王伟光教授、国务院研究中心的卢中原副主任就是这里的硕士、博士。”卓泽渊讲道。

卓泽渊进一步说,中央党校研究生院就办学来说,还是取得了令人比较满意、也令人瞩目的一些成绩。因为中央党校的研究生院借助了中央党校这个平台,在传统的学科,比如马克思主义研究、哲学、经济学、文史、政治学、国际关系、党史、党建等领域具有独特的优势。新中国成立以后,无数英才汇聚这里,他们都曾经影响了中国一代又一代人的思想。他们的学术、思想文化等对于推动中国社会发展具有很深刻的影响。并且现在一大批优秀的学者依然在中央党校执教,也为研究生院提供了很好的师资力量。

(2010 年 12 月 16 日,来源:中国经济网,记者:年巍、黄艳清。)

30. 争创一流研究生院

在开展建设“一流学府”讨论活动中，研究生院紧紧围绕“为什么要建设‘一流学府’、建设什么样的‘一流学府’和怎样建设‘一流学府’、如何争创一流研究生院、怎样为建设‘一流学府’贡献力量”这个主题，解放思想，发扬民主，畅所欲言，集思广益，深入分析了研究生院的现状与一流研究生院目标之间的差距，较好地把握了研究生院在建设“一流学府”中的作用、地位，明确了争创一流研究生院的思路、具体规划和措施。

我们要深刻认识到学位与研究生教育在党校干部教育事业中的地位和作用，充分发挥学位与研究生对党校学科建设、教师队伍建设、党校教学科研建设的积极作用，扎实实施“113”工程目标。即一个目标——争创一流研究生院；一个中心——一切为了培养一流研究生；三个服务——为教学服务，为教师服务，为学生服务。坚持党校姓党原则，坚持国家标准，突出党校特色，以提高研究生培养质量和创新能力为核心，以加强管理和制度建设为保障，以完善服务、构

建和谐环境为目标，进一步推进党校研究生教育事业的新发展。

争创一流研究生院、为建设一流学府贡献力量，目前重点抓好以下十项工作：

第一，创新内部管理机制。研究生院经过了近30年的不断发展，形成了既定的管理模式与运行机制，积累了丰富的经验，熔铸了一届又一届校领导和研究生院全体干部的心血。在贯彻《党校工作条例》“坚持国家标准，办出党校特色”的新要求中，借助创建一流学府的东风，打造一流的管理团队。具体来说，实行学期学年工作计划制度；各个处室组分别制作工作流程表，制作学生管理模板；制定学生心理问题应急预案。建立了“三助一奖”的学生勤工俭学制度，利用办学经费，通过公开招聘为“八部一所”各设立了一名助教，为5个处室组设立了一名助管，共十几个岗位，解决了学生勤工俭学和教学参与问题，也优化了学生的参与管理机制。健全了学生组织体系，充分发挥研究生院党委、团委、班委在加强思想政治工作、提升学术水平、争创一流研究生院的作用，进一步完善相关的运行机制，努力建设一个管理先进、和谐友好、不断进取、充满活力的研究生院。

第二，全面优化课程设置。力争在年内把各个专业的硕士研究生和博士研究生的专业课、公共必修课、公共选修课重新进行梳理。所有的选修课实行在全校范围内，通过网络平台交叉选修。已经购进了清华大学的选课平台软件，包括课程选修、成绩公布、师生交流都可以利用这个平台进行。力求达到集中教学资源、降低教学成本、优化教学效果、提高办学水平的目的。

第三，提升学生培养质量。具体来说，一是改革学习期限制度。以国际、国家和校外的学习期限的相关制度为参照，在不变更学制的前提下，博士生学位论文可以延长到6年内完成，硕士生可以依法依规提前毕业。二是今年毕业论文实行了50%的匿名评审，明年将推进到

100%,已经与北京大学研究生院达成了委托匿名评审的协作协议。三是抓好学术新人奖计划。学术新人奖是教育部在今年推出的,研究生院被纳入全国首届43所试点学校之一,获得了5个名额(全国共695个名额)。目前正在制定奖励办法,凡获奖学生可以获得3万~5万元学术资助。

第四,扩大校际教学合作。2008年开始,国际关系学院帮助我院的学生参加四六级英语考试之后,两所学校的关系愈加密切。目前正在推进与国际关系学院签署合作协议,实行交叉选课,互认学分,开放第二课堂,真正将研究生院与国际关系学院之间结成实质性的姐妹学校。鉴于论文匿名评审的需要,积极开展与北京大学、中国人民大学等研究生机构的合作,在上学期的新导师培训中,邀请北大研究生院院长来授课,今年组织选派了一个博士后挂职担任北大的研究生院副院长。

第五,抓好经典书目编写。积极策划编辑出版《中央党校学位研究生必读经典书目》。这套丛书要力求反映党校的学术实力,克服各种困难,分年度循序推出并加以完成。现在已经收到了18个二级学科的相关资讯。

第六,办好全国学术论坛。完善全国研究生社会科学学术论坛的征文和相关会议的筹备工作,以提高研究生院的影响力。2009年的论坛成功举办了"中国与科学发展"的专题研讨会,各大媒体做了很好的宣传报道。今年6月25日又举行了"中国国家软实力"的专题研讨会,从目前的情况看,预期效果良好。征文遍及98所高校,其中包括台湾中国文化大学的学生参与并获奖。下半年,我院与中国博士后科学基金会联合主办了"经济复苏期的中国:机遇与挑战"全国博士后论坛。

第七,强化博士后工作成效。要适度扩大博士后的招生规模,制作统一的出站标准,推出相应学术成果,力争把博士后做成中央党校的品牌。下半年还要搞好博士后论坛,为博士后的发展搭建平台。

第八，筹备成立校友组织。校友是所有普通高校发展的重要资源，加强校友间的联系是情感与发展的双重需要，力争在年内成立研究生院的校友会，校友会的一个重要作用就是整合校友资源，促进学生就业。今年的就业状况不容乐观，但是势头不错。2009 年有 116 位硕士毕业，104 位博士毕业，有 189 位同学需要就业。现在有 96 人签约或者正在考察之中，达到了 45%，比去年同期上升 10%。校友在其中发挥了重要的作用。

第九，完善教学管理制度。一是优化教学评奖，去年启动的优秀教师评奖活动产生了很好的影响，所评出的优秀教师和提供的研究生教学资料在教师职称评审中，都得到了评委们的普遍认可，发挥了应有的作用。下一步要争取各方资源，谋求建立长效机制。二是加强督学工作。近期就调课率高、缺课率高等问题与有关教研部领导交换了意见，对有关老师提出了批评。随着全校选课制度和校际选课的推行，将加以改善。

第十，探索促进学科建设。从去年以来对“八部一所”进行了学位研究生教育与学校学科建设的专题调研，根据调研的情况，将召开专题研究会，探索研究生教育与学校学科建设的内在规律，探索以学位研究生教育推进学科发展的的途径，为学校创建一流学府的目标服务。

建设一流学府理想远大，研究生院不过是一砖一瓦，我们愿意恪尽所能地贡献自己的绵薄之力。

（本文是作者 2010 年 12 月 20 日在学校“一流学府”讨论活动座谈会上的发言。）

31. 努力又一年

各位领导、同志们、同事们：

大家好！努力又一年。今天在这里我把研究生院的工作做一个简单的归纳，也是向领导和同志们做一个简要的汇报。

一、关于博士硕士生招生、培养和就业指导工作

（一）招生方面

在招生方面，严格按照教育部和北京市研招办的规定，规范化和信息化程度进一步提高，做到了公开和公平。招生报名、考试出题、考题保密、监考、阅卷、复试和拟录取人员的复查等各个环节都更加规范、严格，完成了 2011 年博士、硕士研究生的招生报名及 2010 年博士、硕士研究生的入学初试复试、审核录取、注册和全年度的学生学籍管理等工作。2010 年招收学位研究生 234 人，其中博士生 104 人，硕士研究生 116 人，西部代培生 14 人。

（二）培养方面

1. 启动“中央党校学位研究生必读经典书目导读

从书”编辑工作，推进优化课程设置改革工作。完成了研究生精品课程的立项、结项工作。从19门参选课中评出10门作为精品课程，每门课程资助1万元。

2. 组织教育部“2010年度博士研究生学术新人奖”评选，评选出陈承新等5人获奖并报教育部批准。组织研究生科研成果评比活动，评选出硕士获奖者27人，博士一、二、三等奖17名。组织学生在国际关系学院参加英语四、六级考试。上半年参加人数104人，下半年112人。

3. 大力推进信息化工作，引入“URP研究生教务管理系统”，在完成前期大量数据准备工作的基础上，拟于11月底软件上网试运行。

4. 组织完成了14名博士生参与北京市教工委组织的挂职锻炼。

5. 求是大讲堂的组织管理工作。全年共组织了5讲。

6. 出台了《中央党校硕士研究生提前毕业实施办法》，为学分制的施行创造条件。

（三）思想政治工作方面

加强研究生的思想政治工作，结合学生思想实际开展经常性的思想教育，抓好学生党团员政治理论课学习。重点抓了2008级硕士、博士政治理论课《努力掌握马克思主义，切实提高理论素养》和《贯彻理论联系实际的原则提高对社会发展中重大问题的认识》的学习讨论；2009级硕士、博士政治理论课《党章、党的基本知识》《加强党性修养发挥共产党员的先锋模范作用》《进一步树立马克思主义的世界观、价值观、人生观，坚定共产主义的理想信念》《遵守党的政治纪律，贯彻民主集中制原则》的讨论学习。

（四）党团组织建设方面

加强学生党团组织建设，积极支持研究生会开展工作。在校团委

和院党委领导下,积极组织学生参加研究生院团委选举大会,完成了院团委选举和成立的工作。

(五)就业方面

在就业方面,加大了工作的力度,增强了工作的针对性,加强了对研究生参加公务员考试工作的指导,并邀请公务员考试专家来校讲学,传授经验。针对研究生在报考公务员过程中出现的问题,有针对性地与相关部门进行交涉,帮助解决问题。提供有关就业信息,接待用人单位考察,就业工作比较顺利,完成了2007级毕业班的就业、毕业工作。

二、关于学位点建设和导师队伍建设

1. 完成了98位博士、113位硕士、43位同等学力申硕人员的学位论文检测与答辩组织工作;组织召开了校学位委员会会议,审议通过了学位授予决定;举行了2010届毕业生学位授予仪式。

2. 完成了博士、硕士学位授权一级学科点申报、评审答辩工作。理论经济学博士授权一级学科点、法学、社会学硕士一级学科点分别通过了北京市学位办初审,完成了北京市重点学科——国际政治的中期考核工作。

3. 完成了硕士生导师的遴选工作,新遴选出11位硕士研究生导师。

三、关于在职研究生工作

按照"控制规模、规范办学、深化改革、确保质量"的要求,进一步做到了管理工作的规范化、制度化。在管理中突出强调严格规范管理,加大了对各办学点工作人员的培训力度。同时,控制了招生规模,2010年

压缩到1000人。在培养方面，继续加强教学各环节管理，实行教考分离，促进了学员读书学习和培养质量的提高。

四、博士后流动站建设

1. 博士后招生、管理工作。与中央社会主义学院签署联合招收博士后的协议书，并上报学校批准。本年度博士后科研项目申请中，有1人获中国博士后科学基金会特别资助奖(最高奖项)。

2. 与中国博士后科学基金会联合举办“经济复苏期的中国：机遇与挑战”博士后学术论坛。

3. 我院博士后参加了“全国2010博士后联谊会理事长联席会议”，宣传我校博士后工作，加强了我校与各地博士后联谊会的横向联系。

五、中组部“西部之光”访问学者的培养工作

完成了中组部“西部之光”访问学者的生活管理、培养及教学参观活动。在加强管理的同时，完善服务工作。

六、地方党校师资班工作

按照学校的部署，配合教务部和教研部完成四期师资班的组织、下班及管理工作，每班为期一个月。

七、加强机关管理工作

1. 行政管理工作进一步制度化、规范化，严格贯彻落实学校和院里的各项制度规定。举办以消防安全为主要内容的教育培训活动。对学生中出现的一些违纪事件，敢于进行教育批评，按制度办事。广泛收集同学们的意见建议，进行分类处理，检查督办，有效地改善了研究生管理工作。

2. 加强工作的规范化，加强了对处室的文书档案的整理和规范工作。

3. 继续办好《研究生教育》、《研究生工作情况反映》和《学术与发展》，对于指导工作、交流经验、推进科研、培养人才、记载历史都起到了很好的作用。

4. 继续坚持按照国家和校财务的规定办事，加强对经费使用的管理，在办公等方面强调节约。今年，研究生院继续向学校上缴相当数量的收入。

八、对省级党校学位和研究生教育工作的指导

加强与省级党校学位和研究生教育管理部门的沟通联系，及时了解和反馈省级党校研究生教育工作的新情况、新经验、新问题，从宏观上提出指导性意见和建议。

（本文是作者在2010年研究生院工作总结会上的发言。）

32. 给导师们的汇报

老师们:谢谢您前来参加我们的导师研讨会。我首先简单介绍一下我们研究生院的基本情况。

日前全院每个年级有240名左右的学位研究生,共计720名左右的在校同学。另有60名左右的博士后,10名左右的西部学者,200名左右的师资培训班学员,校外4000多名在职研究生。

一、研究生教育的现有状况

1. 完善管理组织体系。2008年让研究生会直接选举,2009年成立了党委,2010年成立了团委、博士后联谊会。现在教职工党支部负责教职工的组织生活和组织活动;院党委全力负责学生的党组织工作。高度重视员工的文化娱乐活动,组织员工外出参观学习等。

2. 创新内部管理机制。借助创建一流学府的东风,打造一流的管理团队。实行学期学年工作计划制度;各个处室组分别制作工作流程表,制作学生管理模板;制订学生心理问题应急预案。完善了"三助一

奖”的学生勤工俭学制度。通过公开招聘为教研部设立助教，为内部处室设立助管，共十几个岗位，解决了学生勤工俭学问题，优化了学生参与的管理机制。

3. 全面优化课程设置。在走访“八部一所”的基础上，把各个专业的硕士研究生和博士研究生的专业课、公共必修课、公共选修课重新进行了梳理。分别多次与各个部门沟通。拟对所有选修课实行在全校范围内，通过网络平台交叉选修。力求集中教学资源、降低教学成本、优化教学效果、提高办学水平。

4. 提升学生培养质量。一是改革学习期限制度。以国际和校外的学习期限的相关制度为参照，规定博士论文可以延长到6年内完成，硕士生可以依法依规提前毕业。二是2010年毕业论文实行了50%的匿名评审。三是抓好学术新人奖计划。研究生院被纳入全国首届43所试点学校之一，获得了5个名额的新人奖。制订了奖励办法并得到了15万元的学术资助。

5. 扩大校际教学合作。经校领导批准，于2010年7月与国际关系学院签署了合作协议，双方互选课程，互认学分；互相开放第二课堂，活跃研究生业余学术生活；导师资源共享；学科建设互相支持。使研究生院与国际关系学院之间结成了实质性的姐妹学校关系。鉴于论文匿名评审在2011年将全面推行，积极开展与北京大学、中国人民大学等研究生机构的合作。

6. 抓好经典书目编写。编辑出版《中央党校学位研究生必读经典书目》，从18个二级学科中确定了外国哲学、中共党史、国际政治和社会学四个学科，作为第一批书目编写专业。

7. 办好全国学术论坛。2010年6月，再次举办“中国国家软实力”的全国研究生社会科学论坛，征文遍及98所高校，收到论文480多篇，其中包括台湾学生参与并获奖。同年12月，与中国博士后科学基金会

联合主办了“经济复苏期的中国:机遇与挑战”全国博士后论坛。

8. 强化博士后工作成效。将博士后招生从每年10人扩大到16人。博士后联谊会成立后,与北京市和全国博士后联谊会建立了联系,并积极参与相关活动。与中央社会主义学院签署了联合招收博士后的协议书,并上报学校批准。我校博士后申请获得了中国博士后科学基金会特别资助奖最高奖。

9. 重视学生就业指导。有116名硕士毕业,104名博士毕业,有189名同学需要就业。通过各种途径开辟就业路径,使就业率达到了98.6%的历史新高。

10. 筹备成立校友组织。校友是十分重要的资源。我们抽调专门工作人员从事校友联系工作,目前已经收集了绝大多数校友的资讯,跟各个省、市取得了联系。海南等省、市已经开始成立分会的工作。

11. 完善教学管理制度。优化教学评奖,加强督学工作。就调课率高、缺课率高等问题与有关教研部领导交换了意见,对有关老师提出批评。改善教学设施。

12. 探索促进学科建设。组织经济学、科学社会主义、政法三个教研部,申报了理论经济学等博士点、法学、理论经济学、社会学一级学科硕士点,已经通过省级评审,有望在国家学位委员会获得通过。

13. 更新在职教育工作。按照“控制规模、加强管理、确保质量”的要求,进一步做到了管理工作的规范化、制度化。在管理中严格规范管理,加大了对各办学点工作人员的培训力度。通过对各个办学点和“八部一所”的调研,并协调函授学院,由我为主向校委做了专题的汇报,并赢得了校委的新指示。

二、研究生教育的未来设想

继续建设“113”工程。行动的路径:忠于职守以实现价值,倡导学

习以提高素质,不断创新以改进机制,互相交流以增进了解,完善自我以美化人生。

1. 矢志不移,争创一流。

2. 规范管理,创新机制。

3. 优化课程,完善教学。

4. 匿名评审,提升质量。

5. 搞好院庆,开拓创新。

(本文是作者2011年1月20日在导师工作研讨会上的讲话提纲,没有录音稿。)

33. 学术与研究生

今天我们在这里举行“2011 · 全国社会科学研究生学术论坛”，我代表研究生院向来自全国各地的获奖代表表示热烈的欢迎，向征文获奖者表示衷心的祝贺，向所有的应征者表示诚挚的谢意！因为是你们装点了我们学术论坛的美丽星空。中央党校每年有两次学术论坛，一个是上半年的全国社会科学研究生学术论坛，另一个是下半年的全国博士后学术论坛。参加我们学术论坛征文的有来自全国各地的知名大学，甚至有来自海外的研究生共750多位同学寄来了750多篇论文。中央党校研究生院主办全国社会科学研究生学术论坛已经是第三届了。2009年的第一届我们收到了500多篇论文；2010年的第二届我们收到了480多篇论文；2011年的第三届我们收到了750多篇论文。我要代表组织者向所有的应征论文的作者表示崇高的敬意和衷心的感谢！

中国正处于改革开放的伟大时代，中央党校研究生院是乘着改革开放的春风发展起来的。我们从1981年开始招生，现在已经三十年了。三十年来，在

校委领导下,我们的学位研究生教育从当初的1个学科发展到现在的28个博士二级学科学位授权点,47个硕士学位点,培养了3000多名学位研究生,其中一大批成长为著名的学者、专家,有22位校友成长为副部级以上领导,也有很多人成为商界精英。取得这些丰硕成果,是中央党校全体同志共同努力的结果,同时,我们也对国务院学位办、教育部的领导,对社会各界和兄弟培养单位的支持,心怀感激。

我们今天处在伟大的时代,同时我们倍感任务艰巨。这是学术神圣、发展、繁荣的时代,我们为之欢欣鼓舞;但这个时代,学术的神圣与低俗同在,发展与衰败共存,繁荣与荒芜交替。学术和中国社会的发展,都急切呼唤着学者或学术界的良知,呼唤着学术新人的成长。参加今天论坛的研究生都是正在成长中的学术新人,我相信你们中的许多人会成长为优秀的学者,时代的代表。

这里,我想对学术和研究生的关系谈三点认识:

第一,学术是研究生的题中之义。"研究生"的名称本身就包含着学术,研究生要从事学术活动,推动学术发展,学术就是研究生的使命。为什么这么说?什么叫研究生?生者,"人"也,学生也。研究生,就是学习研究、从事研究的人。什么叫研究?研究就是对系统的专业学问进行比较深入的思考、钻研、探讨。学术是什么?学术是系统、专业的学问。所以,研究生的定义就和学术内在地联系在了一起,这也是学术的本质。因此,没有研究就不叫研究生。这是研究生和其他非研究生的区别,也是研究生作为研究生的本质特征。

第二,学术是研究生的进步之梯。中国古代典籍《大学》中写道"苟日新,日日新,又日新"。研究生对经典著作要反复研读,经常重温。学习要日日进步,还要更加进步,这就是我们研究生的追求。什么叫进步?进步就是向前发展,比原来更好。法国著名作家雨果(Victor Hugo,1802~1885年)说过,进步就意味着目标不断前进,视野不断开阔。

子贡曾问孔子什么是“文”,孔子的回答是“敏而好学,不耻下问”。所以,即使是聪敏智慧的研究生,也要努力学习,不耻下问。宋朝的司马光登山时曾吟诗道:“一上一上又一上,看看行到岭头上;乾坤只在掌中拿,四海五湖归一望。”我看用此诗形容学术的境界是很合适的,因为学术研究就是要不断提高,不断进步。唐朝王之涣的“欲穷千里目,更上一层楼”,杜甫的“会当凌绝顶,一览众山小”等诗句,都是说的这个意思。所以,学术是什么?学术是研究生的进步之梯,沿着这条道路,坚持不懈,就能够走到光辉的顶点。

第三,学术是研究生的成才之路。对于什么叫成才,可能有不同的标准,但社会一定是有基本共识的。对于大学、教育机构来说,一定是培养了多少学术方面的专家、多少政治家、多少商界精英。研究生培养单位一定以这样的标准来估量自己的教学成就。我对在我校进修的领导干部的学历进行了实证研究和分析,得出的结论是:年龄和学历呈等差关系。也就是说,越年轻的领导干部学历越高,有研究生学历的比例越大。这说明我们社会对政治精英学历的要求越来越高,研究生所占比例越来越大。因此,学术水准已成为评价政治领导人的重要标准之一。那么,学术研究对人才的需求怎么样呢?大家从各大高校招聘公告中可以看出,没有一所大学要博士以下的,进入地方高校也不会低于硕士学历。同样,在商界巨子中也有越来越多的高层次人才具有研究生学历,他们之所以能在商界脱颖而出,成为新时代经济建设的精英,与他们受过良好的教育是分不开的。所以,在座的同学能够有幸成为研究生队伍的一员,应该珍惜“研究生”这一崇高荣誉,认真领会和体现“研究生”所要求的学术内涵。

从事学术研究的事业是美好的,学术研究的步履是坚实的,学术研究的成就是辉煌的。所以,我们应该用学术的美好来美化我们的人生图景;用学术的坚实来坚定我们的人生步伐;用学术的辉煌来照耀我们

的人生前程。同学们,让我们共同高举学术的火炬,用它来照亮我们的人生,照亮中国,照亮世界!

(本文是作者于 2011 年 6 月 25 日在 2011 年全国社科研究生学术论坛开幕式上的讲话。)

34. 附：2011 · 全国社会科学研究生学术论坛

6 月 25 日，由中共中央党校研究生院主办、研究生会承办的“2011 · 全国社会科学研究生学术论坛”在中共中央党校育园楼顺利召开。本次论坛的主题是“中国共产党的理论创新：历程 · 成果 · 经验——纪念建党九十周年”。中共中央党校副校长李书磊，教育部党组成员、国家教育行政学院院长顾海良，中央党校研究生院院长卓泽渊，副院长刘春，北京市教工委副书记、市政府教育督导室主任线联平，《求是》杂志社经济编辑部主任李建军等领导出席论坛开幕式。来自全国各大高校的获奖作者、北京各大高校的研究生代表、中央党校的博士生和硕士生、相关新闻媒体获邀出席论坛。刘春副院长主持论坛开幕式。

本次论坛由李书磊副校长致开幕词，顾海良院长作为代表嘉宾致辞，卓泽渊院长致欢迎词。开幕词中，李书磊副校长围绕如何学习研究作了重要讲话，强调研究生要静心读书，尤其要多读经典；顾院长在嘉宾致辞中以毛泽东著名的《十六字令》为喻谈了做学问的三种境界；卓院长在欢迎词中对与会各方表示

谢意,并着重谈了学术之于研究生的重要性。在与会领导为获奖作者颁发获奖证书并合影留念之后,论坛进入上午和下午两个专场的发言交流。来自全国各地的获奖作者代表就其获奖论文做了发言交流,北京市教工委副书记、市政府教育督导室主任线联平和《求是》杂志社经济编辑部主任李建军作为嘉宾对上午专场做了精彩的点评,中央党校党建部教授、博士生导师梁妍慧,中央党校国际战略所世界经济教研室主任、教授、博士生导师陈江生,中央党校政法部政治教研室副主任肖立辉教授对下午专场做了详细的点评。本次论坛气氛十分热烈,师生互动良好,达到了在交流中进步,在讨论中提高的预期效果。

在全部交流发言与点评结束之后,论坛由中央党校研究生院副院长刘春致论坛闭幕词。刘院长强调,论坛征文评委大多是国内相关研究领域的权威专家、教授、博士研究生导师,程序是严谨的,过程是公开的,结果是公正的。论坛共收到 751 篇投稿,采取双向匿名评审制度,坚持公平、公正原则,严格按照评审专家的分数进行排名来确定获奖名单,共评选出一等奖 5 名、二等奖 10 名、三等奖 15 名、优秀奖 30 名。

最后,刘院长代表研究生院对与会的领导、专家学者、全国各地获奖代表、北京各大高校研究生代表以及提供会务服务的人员表示了由衷的感谢!

本次论坛从筹备到成功举办历时半年,它既是对中国共产党成立 90 周年的隆重纪念,也是中央党校研究生院庆祝学位研究生教育 30 周年活动的重要组成部分。在中央党校各级领导的关心和指导下,在研究生院论坛组委会领导的组织下,在全国各大高校、党校系统、科研院所及军队院校的支持下,本次论坛取得了圆满的成功。论坛在团结、和谐、胜利的气氛中隆重落幕。

(2011 年 6 月 30 日,来源:新华网。)

35. 国家标准与党校特色

同志们：

早上好！今天跟大家做一个交流，作为个人的发言，个人的看法。我们中央党校好多同行老师都在，全国兄弟院校的领导们，我们一起来研究党校研究生教育工作的一些问题，所以非得要定个题目的话，也可叫“学位研究生教育的国家标准与党校特色”。

第一个大问题：学位研究生教育的国家标准。国家标准，如何理解？

我首先讲第一个标准，是人才培养目标的国家标准。要切实坚持国家标准就是坚持人才的国家标准。《党校工作条例》中明确规定，党校学位研究生教育要注重质量，坚持国家标准，办出党校特色。这次会议的一个非常重要的主旨就是贯彻《党校工作条例》和全国党校会议工作精神。《党校工作条例》和党校工作会议都为我们研究生教育确立了基本的原则，就是坚持国家标准，办出党校特色。坚持国家标准，就是坚持国家人才培养的目标。目标要符合国家学位条

例所设定的人才培养标准,对这一点,我们中央党校研究生院最近三年来一直有一个口号,我们班子认识非常统一,全院坚定不移,我们叫“113工程”:一个目标,一个中心,三个服务。内含的一个目标就是争创一流研究生院。有的时候有的同志把“争创一流研究生院”改成“创一流研究生院”,可是我们和一流研究生院还有很大差距,我们还做不了一流研究生院,但是我们可以争创,所以“争”这个字不要丢。它表示我们的努力,我们主观努力的愿望。一个中心,就是一切为了培养一流研究生。我们力图用国家的统一标准来要求和衡量一流研究生。社会对我们党校研究生有各种各样的看法,昨天开会的时候,很多人说很多组织部门都不承认中央党校和地方党校的学位研究生的文凭。这个我是深有体会的,而且克服这个困难非常艰难。我们东部有个省,在组织部和人事厅的网站所列的选调生标准明确规定,党校研究生不在选调生范围之内。列了之后,我立即打电话给他们选调生办公室,告诉他们的做法是错误的。第一,他们是违反党的文件精神,违反党的制度性规定的,因为党中央《党校工作条例》和《关于新时期加强党校建设的决定》都明确指出党校的学位研究生教育是国民教育的构成部分。第二,他们是违反法律的,我们的《高等教育法》规定,高等教育的学生是包括普通高校的学生和国家批准授予研究生学位机构的学生,我们是国家批准的授予学位的机构,是《高等教育法》规定的机构,我们的学位法律制度也有类似这种规定。他们是违反《高等教育法》,违反学位法的。第三,他们侵犯了中央党校和地方党校学位研究生的合法权利。现在我们是代表中央党校研究生院跟他们提出正式交涉,这是组织交涉,希望他们尽快跟领导汇报。他说可以。当初不理我,我很郑重,就不能不理我了。理我过后从此电话再也打不通。当时我说你三天之内必须给我回复,不回复我们将向中组部汇报,将向中央汇报,我们不排除使用法律手段维护我们学生、学校的合法权益。电话始终打不通,我就通过

学校有关部门领导问到了他们省委组织部常务副部长的电话。我打电话就把那三点告诉他,第一违反党的规定,第二违反法律制度,第三侵犯合法权益。同时告诉他,我们要向中组部汇报,要向中央汇报,部长听了感觉很严重,然后保证说3天后给我回复。到第三天我给他打电话,他说他正要给我打电话,将全面修改文件。我告诉学生后,学生去网上登录还是报不了名,因为党校在登录程序上就被排除在外了。后来我又打电话给他,他说我们现在正在发书面通知,看来来不及,我们得一家一家交涉。这个障碍排除了,随后出现的还有中部某省明确规定党校系统的研究生不能录用。后来我找中组部办公厅跟他们协调,告诉他们,这样是违反法律规定的,该省组织部当即保证一定改正,绝不再犯。我们党校系统必须用党的政策和国家法律来维护党校研究生的合法权益,这是抗争中得来的。尽管我们反对斗争,但是,当你的合法权益受到侵害时,就必须依靠党的制度和国家的法律,并拿出魄力和勇气来抗争。昨天我也听到了有些兄弟院校也有这方面的信息。其实,我们最怕的是什么,是他莫名其妙地不要党校学生,然后并不告诉你;我们最不怕的是他写在文件上。谁敢写在文件上,我们就找谁,他写在文件上,侵权摆在那里,他不写在文件上,只在心底有,操作上有,你很难办。你的研究生要得到别人的认可,你得坚持国家标准,得让你的学生真正达到国家要求。你要人家尊重你的合法权益,你就得拥有合法的资格和水平。对于人才培养的目标,昨天有领导对我们中央党校的研究生提出批评,我觉得很有道理。我是长期分管学术的,曾任西南政法大学学位委员会的副主席,管学位,学位研究生毕业要不要发表论文,我认为是不必的,因为制度不要求,但是我们倡导要有一定的学术标准。我们都是做学术的人,当前社会科学的期刊摆出来,有多少是垃圾,我们心里都清楚。关键是我们学术培养的目标和标准,我们的培养水平如何,是不是有发表的文章,我认为不是绝对的,现在网上有很

多人在买卖文章。这就提出来了一个培养标准的问题,这是非常重要的。我们中央党校的学生中有非常差的学生,也有非常优秀的学生。我们有个博士叫丁太顺,2010 年得到了联合国特殊专家奖。他花了六个月时间去调研,然后写了一篇学术论文,联合国给了他特殊专家奖。还有个同学获得孙冶方经济科学奖,北大、人大的同学未必都是这样的。另外,我们研究生院办学三十年 3000 个校友,就研究生的社会贡献来说,中央党校应当是一流的。坚持国家标准一定要明白国家标准是什么,我们怎么坚持?我们的目标,就是争创一流研究生院,一个中心就是培养一流研究生,三个服务就是服务教学,服务教师,服务学生。我们研究生院最近三年来,凡是不符合这三条的都坚决改,可能我们还改得不彻底。来自兄弟院校单位的领导们也许有所耳闻,可能对我、对我们研究生院还有意见,但是我们的确非常努力,的确做了很多这样的工作。

第二个标准是学位教育观念的国家标准。要认识到你是在培养学位研究生,这对我们的重大意义是什么?如何将其与干部教育相区别?这对党校是非常重要的一个命题。党校最擅长的是干部教育,培养学位研究生很容易就走上了干部教育的路子,老师做一个 PPT,把一个教学整体分解为不同的专题,不同的老师一个人讲几个专题,一门课就讲完了,专题之间缺乏系统性,缺乏有机联系。这是叫干部教育还是叫学位研究生教育?学位研究生教育要强调两个,一个是知识的系统性,另一个是理论的学科性。知识的系统性就是要按章按节讲,尤其是基础课程,如果不按章节讲,那和干部培训没有区别。不讲概念,不讲理论体系,没有知识框架,没有理论的内在逻辑,学科性就不存在。如果按这种趋势发展,就会把我们的教师变成讲座教师,我们必须要求学位教育是国家标准,上课的老师一定要想到这是给学位研究生上课,不是给领导干部上课。现在我们党校系统有许多优秀的师资,但是也有个别

老师,一个题目出来,浮光掠影,讲两句俏皮话,抓两个案例,这个问题就讲完了,不去问这个问题是什么、为什么,也不对相关的问题进行学术的深度推导。像这种方式写的论文,答辩委员会三两个追问就问出问题了,因为,对一门科学没有深入、科学和全面的把握。国家标准当然地包含着学位教育观念的国家标准。从我们研究生教育机构的领导,到我们研究生课程的实际承担者——教授们,都要在观念上将其和干部教育区别开来。这并不是说干部教育不好,而是干部教育的功能跟学位研究生教育的功能是不一样的,不同的功能定位就要有不同的教育理念。

第三个标准是课程设置计划的国家标准。我们中央党校搞了个课程优化设置的研讨会,当时我们今天到场的许多老师都参加了,还提出了很多好的意见和建议。我们从新入学的学生开始实施新的课程计划,为什么不从已经入学的学生开始实施呢?以前的学生入学就制订了教学计划,以前的学生还得按以前的计划执行,新计划只能从新入学的学生开始。首先我们要求每个专业开设基础理论课。昨天晚上我们研究说党校要做实践性的、政策咨询性的研究,也要在课程上有所反映,这叫顶天的课程,但是顶天必须有立地作基础。没有坚实的理论基础,就立不了地,也就顶不了天,要顶天立地就必须把基础打好,所以基础理论是不能缺的,每个学科都必须有基础理论。但是有的导师跟我讲,硕士研究生就不要再开基础理论课了,比如西方经济学的就不要开西方经济学原理,法理学理论的就不要开法理学研究。他的理由是在大学本科学过了,因此可以不开了,这种说法是错误的。我们每个阶段都有每个阶段的基础理论要求,专科有专科的要求,本科有本科的要求,硕士有硕士的要求,博士有博士的要求,不同层级有不同层级的基础理论要求。到了硕士如果不开基础理论,到了硕士毕业,他的基础理论修养还是本科的理论基础,都是博士生了但支撑他的还是本科的基

础理论,那怎么行?所以我们要求所有的学科至少开一门基础理论课。其次我们有经典导读,必须开经典导读课。因为经典是和圣贤对话,是和先哲对话。现在的优秀文章也应该读,但它还不是和先哲对话,因为它还不能算经典。经典带有历史性、公认性和权威性,经典必须具备这几大特性,现实中的优秀著作也应该读,但是最好不要纳入经典,经典一定是穿透历史的、具有权威性和公认性的著作。经典著作导读这门课经过一段时间的实施,在一两年后应该专门开会研究其教学方法。经典著作应该怎样来读?我在西南政法大学的时候,采取过很多经典著作的教学方法。一个方法就是一本一本导读,老师一本书一本书地讲。比如马克思的《共产党宣言》《德意志意识形态》,卢梭的《论人类不平等的起源》《社会契约论》等,但是这样讲也有问题,学生可以不读书,只听就可以。后来又发明了一个方法就是一段一段地读。把《理想国》《政治学》拿来一段一段地读,但是也有问题,效率太差,推进太慢。经典著作的学习方法,我们中央党校应该探索。我们要求每个专业都要开课,这已经是要求新一年度的教学计划,一定要有经典导读这门课。这是形式要求,必须开。另外,我们打算把马克思、恩格斯经典著作单独列出来,不放在一般经典著作导读中。马克思主义是指导思想,但是其经典著作也不能代替其他的学术经典著作。最后,我们必须开学术方法论课,学术方法论是非常重要的,你不懂学术方法,就不能和学术界沟通,就不能参加大合唱。我是 2003 年到中央党校来的,2004 年中央发表了关于繁荣哲学社会科学的意见,中央党校为此开了一个研讨会。我在研讨会上讲到,中央党校、全国党校必须参加整个哲学社会科学的大合唱,要在整个哲学社会中有我们的声音,没有我们的声音,我们就只能在这里孤芳自赏、独自吟唱,剩下的只是自我满足、自鸣得意。得不到学术界的响应,就不能彰显你的地位,也就不能作出你应有的贡献,所以我们要开设学术方法论的课程。我们在一月开了全校

导师的研讨会,研讨会得出的结论就是开这三门课,即基础理论课、经典导读课、学术方法论课。这三门课程是我们通识性的要求。我们党校某些教学部门的开课,曾有个显著倾向,有什么老师就开什么课,爱开什么课就开什么课。比如说某学科,由于我们缺少某课程的老师,那个课程就不开了,那样不行。该进这方面的人才就进这方面的人才,研究生教育应该成为学校的人才建设的重要指挥棒。课程设置计划要从以前的"能开什么开什么,愿开什么开什么",过渡到这个学科"应开什么开什么,需要什么开什么"。如果不行,就和兄弟院校教师资源共享,现在我们和国际关系学院达成了学术共享计划,执行得非常棒,我们已经执行了两年。有些国际关系的课程,我们的同学就直接选国际关系学院老师讲的,我们有许多马克思主义、法律方面的课程,国关学院就直接选我们的。我们互认学分,这种方式非常好,这大大提高了党校教师讲课的责任感。过去个别老师上课想去就去,不想去就不去,但是有外校的同学听课,你不去,别人就会有意见,你必须去。这是外在压力,学生也会促使老师不断提升自己。不同院校的学生,接触的课程不一样,他提出的问题老师也不能不解答。我们还说要有党校特色。特色只能是锦上添花,不能说开不出那门课,就敷衍一下,那不叫特色。

第四个标准是坚持论文评审制度的国家标准。现在论文评审标准,我们国务院学位委员会做得非常高明,压力非常大。学位论文必须送交国家图书馆。现在已经授位的博士学位论文是由国家教育部学位管理机构委托专家评审,不到任何学校要文本,而是直接到图书馆调阅论文,指定评审专家。2011 年我们拿到的评审结果,我们 2009 年毕业的五个博士生的论文被抽中参加评审,每个论文三个专家评审。我们有一个学生很危险,三分之二合格,三分之一不合格,其他同学都顺利过关。这个结果令我欢欣鼓舞。如果是三分之二不合格,三分之一合格,那怎么办,这就非常难办了。博士研究生走到了这一步,硕士研究

生会不会走到这一步还不清楚,但是不管走到哪一步,我们都得遵循国家标准。2008 年的时候,我们对博士论文试点进行匿名评审;2010 年的时候,我们一下搞 50%的匿名评审;2011 年是 100%的匿名评审,我们有 110 篇左右的博士论文。有一个学生有两个评阅人认为不能过,培养处问我们怎么办,我说不能过就是不能过。有两个专家认为你的论文不能过,你还能过？导师还是非常知名的学者,这也不能说导师不优秀。再好的导师也不能保证把不优秀的学生都教好,孔子弟子三千,贤人才七十二,算一算优秀的比例,其优秀毕业生的比例还是极低的。有学生不能如期毕业,非常正常。匿名评审有很大很多的好处。前几天有几个教研部的老师跟我说匿名评审搞得好。他们说,以前同一个教研部的同事将其学生论文送给他们评阅,能不能过,不是看学生是谁而是看导师是谁,因为导师知道是他评审的,因此,只能借口比较忙,推出去。现在他们非常轻松,反正是双匿名,别人也不知道是谁的学生,我们也不知道是谁评审的。现在我们和人民大学、北京师范大学、中央财经大学建立了校际合作关系。我们博士生的论文都是他们匿名评审的,标准就是统一的博士学位研究生标准,中央党校没有例外的标准。所以说,改革也并不是任何时候都有阻力或者阻力都非常大。当改革全面推开后,反倒是比部分推开更加轻松。所有的都推开了,就没有导师过来求情了。过不了就是过不了,导师之间的关系也比以前融洽了,这是一个机制设计的问题。

对坚持国家标准,至少我想到了以上这四个方面,即人才培养目标、学位教育观念、课程设置计划、论文评审制度。至少在这四个方面都要坚持国家标准。

第二个大问题:学位研究生教育的党校特色。

我们说办出党校特色,党校特色究竟在哪里,最近我也在想,党校

特色可不可以概括为以下四句话。

第一句是坚持政治原则。这不是说其他高校不坚持政治原则，而是说党校所有学生都必须强调坚持政治原则。坚持政治原则在我们党校内部就是坚持党校姓党，党校姓党这个原则老师要坚持，同学也要坚持。前不久我们研究生院开了个会，我讲要保证我们学生的安全，学生安全永远第一。安全首先是生命安全，要把学生身体安全、心理安全放在第一位，这是根本之根本。作为办学单位学生身体不好，精神出问题，学怎么办下去？父母把孩子交给你，三两年出来后，人都毁掉了，怎么面对人家父母家人，怎么面对社会，这是责任。其次是政治安全，政治安全我们也坚定不移，对安全问题怎么强调都不为过，除了人身安全，就是政治安全。在政治安全上我们研究生院应该下功夫，学员干部是不会犯政治错误的，因为他要谋求政治发展，但是学位研究生就不一样。参与非法组织活动等，一旦有这样的事，我们就没法交代，我们的放任也就是对学生不负责任，因为他心智毕竟不成熟，这时候我们要求严一些对他是有好处的。

第二句是树立全局观念。是不是树立全局观念也是党校特色，什么是全局观念？要有国家观，要有学校观，要有班级观，这就是全局观。我们培养学生要有很好的国情认知，有很好的整体性认识，要有全局观念。这还包括视野开阔，按照我们党校的说法就是要有世界眼观、战略思维。中央党校条件相对比较好，地方党校也有自己独特的优势。每周三、周五我们都有大报告，只要不保密，我们学生都可以去听。我们学生出去工作的时候，用人单位看了你的简历与简介，你听了三四十个讲座，你受到的熏陶，你的观念就会不一样。这是我们党校很大的特色，很多学校一年能有一个部长去做一个讲座就不错了，我们一年听四五十个部长讲课，甚至还有中央政治局委员来讲课。我们地方党校要请省市领导来讲，也比一般地方高校要便捷，一些不保密的会也可以让

他们来听嘛。

第三句是注重实际能力。党校的研究生要注重实际能力培养。老师要注重培养学生的实际能力,学生要注重提高自己的实际能力,要让学生敢于担当。刚才我们李校长讲到论坛,我们中央党校现在有两个品牌。上半年是全国社会科学研究生学术论坛,我们办了三年,2009年是第一届,我们全国征文500多篇论文,2010年第二届有480多篇论文应征,今年2011年第三届有750篇论文应征,其中有香港、台湾地区的学生,甚至还有在美国读书的中国研究生参加征文,而且还能获奖。我们已经举办的论坛,每次都有几十家媒体报道我们的活动。我们举办全国征文,前后要准备一年,头一年秋季学期发公告,应征后我们组织评委进行评奖,评奖之后公布获奖名单,开学术研讨会,发证书,发奖金。之所以开论坛,我们就是要吸引全国研究生的目光看过来,党校系统的研究生教育要作出品牌,必须要让别人瞧得起。很多普通高校的研究生拿着中央党校发的奖去找工作、获得荣誉、去证明自己的实力,那就是给中央党校做广告。我们下半年是博士后论坛,2010年办了一届。全国一百多个博士后流动站参加了我们的论坛,我们和中国博士后科学基金会联办,钱由他们出,事由我们做,奖由我们颁,文章我们征。现在的论坛是上半年一个研究生的学术论坛,下半年一个博士后学术论坛。这个活动,第一届老师参加的工作很多,现在基本上全由学生来操作,职能部门只提供指导。学生能组织这么大规模的全国学术活动,学生能够搞完的话,素质和能力也得到了锻炼,也会提升其实际工作能力。这也是培养学生实际能力的一个方面一个路径,所以尽量由他们来组织。学生有什么不对的,予以点拨,学生就获得了进步。

第四句是严明组织纪律。党校学生要强调组织纪律,要服从组织纪律。党校就是一个组织纪律很严明的地方,这必须强调。维护党校的形象,维护党校的声誉,这一点坚定不移。首先党校的学生要严格要

求,其次党校的学生有事,也要依法对待。对人对事要以善良美好之心待之,既要讲规矩,也要讲关爱。对学生一定是要求从严,处罚适度。组织纪律是组织整体性和凝聚力的重要保证,组织纪律不是处罚学生的手段,对学生的关心爱护要体现在每一个环节。作为教育家,一定要意识到,没有学生是不应教育的,没有学生是不可教育的,没有学生是不值得教育的。他们都是应教育、可教育、值得教育的。对学生既要严格要求,也要宽怀以待。我们如何定位学生和老师的关系,可以叫父母对子女的关系。

党校特色可不可以从这四个方面,即政治原则、大局观念、实际能力、组织纪律来体现。还有没有其他,这是不是恰当,还在探索之中,还可以进一步研究。我们讲国家标准、党校特色,综合起来看,国家标准是基础,是根本,党校特色是国家标准基础之上的锦上添花。否则,我们的学生出去之后就不能跟别人进行同质较量,就不能获得同一标准的良好评价。现在,我们研究生教育的党校特色好像不是那么缺乏,倒是我们的国家标准做得不够,我们要有自知之明,要奋发图强。

第三个大问题是以优秀的学位研究生教育促进党校学科建设。

第一点,学位研究生教育是师资建设的学科动力。不管是什么学校,师资建设永远是学校建设的第一步。一个学校没有优秀的师资,没有大师,这个学校就不会是好学校,更不是很好的学校。比如西南联大,他们当时多么艰苦,甚至露天上课,但是当年西南联大培养了那么多世界级的大师,这首先是因为他们有那么多大师级的教授。师资建设不仅是有大师的问题,还有教师人才的结构问题。教师的人文素质、知识水平、理论修养乃至人才结构,都是我们师资建设所要考虑的重要方面。从人才结构上来讲,需要全面配置。我们有些课程必须开,但又没有自己的教师,那么最简单的方法就是外请教师,或者从外面引进相

关专业的教授,或者从我们现有教师中培养。我们都当过学生,如果某门课学校从来没有开过,老师从来都没有讲过,我们会很陌生,老师再差,只要老师领我们走过一遍,就有了一个自学的基本前提。我们党校的课程设置、师资培养、人才引进,学位研究生教育是一个动力。一定要改变以前那种“能开什么开什么,愿开什么开什么”的状况,一定要根据学位研究生学习需要来考虑开什么课,否则就是我们自己降格。各个学校要制定自己的学科建设规划,首先是队伍建设,就是师资建设规划,就有专业人才的配备问题。

第二点,学位研究生教育是干部培训的学科支撑。在党校能不能提学位研究生教育服务于干部培训教育?我认为不能,这个提法不是太好。学位研究生教育与干部培训教育是协同并行关系,不能简单地归结为服务关系。为什么不能简单提学位研究生教育要服务于干部培训?首先因为干部培训教育和学位研究生教育在《党校工作条例》中是并列的,并列的任务之间没有主次之分,这是我认为的第一点。其次如果要提学位研究生教育要为干部培训教育服务的话,那么怎么坚持国家标准?也就无法实现《党校工作条例》和党校工作会议对坚持国家标准的要求,如果都是党校特色,就没有了国家标准,就很难坚持国家标准。以干部教育为标准来要求学位教育,学位研究生教育的科学性、系统性和整体性就会受到影响。最后如果学位研究生教育要服务于干部培训教育,那是不是干部教育不需要了,学位研究生教育就要舍弃?是不是要紧跟在干部教育后面?那么尺度是什么,哪些是干部教育需要的学位教育?这个问题是没有办法解答的。所以协同并行的概括更妥当,学位研究生教育要为干部培训教育服务,干部教育同时也要为学位研究生教育服务相互协调、并行发展。

还有,为什么说学位研究生教育是干部培训教育的学科支撑,我们的干部培训的每一个专题、每一个讲题,都必须是建立在很深厚的学科

基础之上,必须以坚实的学科基本理论为前提。我曾经在某个地方听过某个党校老师的讲课,发现他讲课使用的很多名词术语都是莫名其妙的,找来教科书一查,发现他理解的概念全都不是教科书上概念的含义。作为党校老师必须有很好的专业基础,教师在干部培训中运用的知识理论要靠各个学科的基础理论来支撑,学位研究生教育的学科要求就是必须依靠概念、原理、体系架构起来,你的每一个知识点都必须建立在牢固而确实的学科基本理论之上。现在我们党校的学员各个方面的专家都有,他们一百个人中说不定就有一两个法学教授、社会学教授、政治学教授、经济学教授乃至科学家,你该怎么办?他们中只要有一个人质疑你,就可能导致全体对你的质疑。我们的学位研究生教育是干部培训在学科意义上的支撑,每个讲题都表现了教师的学科修养,也是赢得学员尊重的理论力量。你赢不赢得学员的尊重,学员只要发现你的若干基本概念是错误的,就失去了对你的尊重,就不会尊重你。

第三点,学位研究生教育是党校学术地位的学科标志。一个学科在同行中有没有地位,一个重要的标准就是看你有没有学位点。这虽然不是唯一的标准,但一定是重要的标准。这就涉及没有学位点的兄弟党校,这不是对你们的不尊重。刚才还有一个老师对我说,国家要大力拓展专业学位点,专业学位点是党校研究生教育发展的一个契机。为了这件事情,我和院里其他领导、学位办的同志一起去找了教育部学位委员会办公室的同志,与他们交换了意见。我们想能不能推动党校系统建立一个内部管理体制,能不能把全国党校系统的学位点申报问题作为一个独特的问题,在学位委员会获得解决。我们专门去谈这件事,当时国务院学位办说的意思,一是全国博士、硕士学位点的布点工作在全国已经完成,判断是基本能够适应社会主义现代化建设的需要。因此从总体规模上不再扩大授权点,只在原有的授权单位中完善。这就使我们没有授权点的单位,要成为授权单位非常困难。二是中央党

校想把全国党校统起来,国家学位委员会也有一个建议,就是由中央党校把全国党校的学位授予点收起来,下面的变成我们的分院。那怎么可以呢?这样全国各个党校研究生的办学自主权都被中央党校收走了,更何况所有的学位授予点都统起来,中央党校也承担不了这个光荣而艰巨的任务。中央党校要统起来的是要使地方党校获得学位点的申报权,我们想做的是这个。他们说这个很困难,没有办法解决。作为党校学科建设的标志,我们在学位点建设上,在设计的过程中,就得把学位点建设和干部培训结合起来,这样,效益就会大增。还要将研究生招生的学科和学校的学科发展规划结合起来,哪些学科要领先,就应该把学位点建设、人才培养、学位点申报计划结合起来,进而打造知名学者。党校系统要有打造学者的意识,这个意识在整体上还需要提升。很多高校在打造自己的学者方面不遗余力,高校要在全国各类学会争个副会长,甚至要争个常务理事,校长都可能给会长写亲笔信。跟会长说我们学科发展需要,我们人才更替需要,务必给我们增加一个副会长人选、常务理事人选。有一个副会长或常务理事,你这个学科就能说得起话,你的地位就能更好地得到认可。虽然这是形式,也是俗事,但是我们在这个俗化的世界中生活,党校就必须入俗,还不得超凡脱俗。学位研究生教育是学校学术地位的标志,这一点要引起高度重视。昨天有同志讲到,经济学年会要放在党校里面开,法学年会也要放在党校里面开。同志们,我们要接受这个观念是很难的。我们党校基本上是不召开公共性的学术讨论会的,这还是有问题。为了学科标志,我们得做一些工作。中央党校申报法学博士点时,是我与同事们一起申报的,我是具体组织者。我们把一些著名学者逐一请来党校进行学术交流,我说投票时不要你们舞弊,不要给我们优惠,只要你了解我们中央党校法学学科的力量,公正对待我们就可以了。后来在相关评审中,我们中央党校得了很高的分。他们了解了我们的情况后说,一直不知道我们力量

这么强,这么强早就该上了。我们一定要精心策划,要当作一个大事来做,尤其是分管研究生工作的校领导们,对于学位点建设的事,有关学校可以成立一个班子。有些机遇是转瞬即逝,你抓不住,机遇就过了。有的时候也要做一些策划,也要做一些有心无心的宣传工作。只要能把花树栽满庭院,我们就有理由期待满园锦绣。

第四点,强化规范管理以提高研究生的培养质量。规范管理是我们中央党校研究生院一年多以来的口号,即“推进规范管理,改进工作方法”。我们做了什么工作,我在这里简单说一说,你们也可以看看我们的材料。这些工作我们要逐步推进,现在研究生院的日历上有工作表,在座的每一位如果到我们研究生院做领导,只要拿着那个表,你就知道整个研究生院乃至每个处室组在做什么、将要做什么。同时我们每个处室组还有工作流程表,那么你当处长,你就知道每个人、每个岗位在做什么、将做什么。我们学生管理的第一学期、第二学期,一直到第六学期全做成了模板。新生入学有模板,毕业授位有模板,有了这样的模板,到时将模板调出来一改就是最新的工作安排。我们要建立完备的、规范的、科学的工作流程制度,这样就可以使我们的工作更顺利地整体推进,大大减少重复劳动,积累管理经验,使管理更加科学、更加合理。我们推进了一年,效果很好。我们还制定了学生应急预案,一旦有突发事件,怎么应对,可以把平时的经验转化为规范管理。

首先,行政工作的规范化。研究生管理机构严格意义上是一个教学行政管理部门,学生报名、学生报名资格的审查、档案审查、录取通知书发放、考试组织,这些都是行政工作。行政管理工作要规范化,这是最基础的。

其次,论文工作的规范化。论文管理工作也有流程,哪一学期开题、几月开题、开题后怎么推进、论文什么时候检测、什么时候送交匿名评审、什么时候答辩、什么时候送学位委员会,这些都要有流程。一定要避免那

种仓促应付,没有章法,否则我们的工作就会一团糟,就会乱。

再次,导师工作的规范化。导师什么时候遴选、导师遴选的标准、导师遴选的程序必须规范。作为研究生培养机构,如果按照规范操作,就会少很多矛盾;离开了规范,意见就来了,矛盾就来了。制度规章摆在那里,依照规章制度办,谁都没有话说。今年上半年工作非常忙,也考虑到培养处、学位办事情太多,关于博士研究生导师的遴选想放到下半年,但是学位办告诉我往年都是放在上半年。同时,我们还想改一改学位规则。这时,一个教授打电话跟我说不能改,因为他们正在按照已经公布的导师规则、导师任职条件努力。如果把规则改了,他刚刚达到的标准,马上就又达不到了。后来我跟有关领导和同事商量,决定现在不改了,按照惯例,就上半年举行。今年上半年我们已经布置了,很快就会进行导师遴选。遴选导师是对我们的一个考验,我们中央党校遇到的另一个严峻问题是什么,就是导师太多,招生人数太少。现在我们有 117 位硕士研究生导师,只招 110 位硕士;有 140 多位博士研究生导师,博士生加上西藏和新疆来进修的青年教师才 130 位博士生和准博士生,导师比学生人数多。今年一评下来,更多了,怎么办?有的博士研究生导师就没有名额招生。没有办法,现在不能不改革。一个教研部那么多导师,导师多了,谁带,谁不带,大家一定会想办法来改革,来建立一套新的制度机制。也许再过三五年,新的方案就会产生了。因为我相信党校各部门都有天才的创造能力,一定能解决这个问题。

最后,学生管理的规范化。管理不能依靠家长式的方法进行。我们讲的父兄对子弟的关系,说的是感情,不是管理的方式方法。管理就必须有规则,讲原则,讲规范。在伦理上我们可以把学生当孩子一样关爱,但是在规范管理意义上不能这样。学生的日常管理工作该怎么做,学生的应急处理怎么处理,学生的违纪违规按什么来办理,一定要遵章守纪,按制度办。按什么制度办,国家教委有学生违纪处罚的规定,我

们结合实际也有自己的规定。只有按制度办,才对得起我们的学生,才对得起组织,也才对得起自己的良心,按制度办才是一个规范化管理的教育机构。规范管理对全国党校系统的研究生教育都是有意义的。研究生教育是一个长期的任务,规范管理只有益处,没有坏处。必须提高管理能力和水平,减少工作负担,使我们的管理更加有效率,更加完善乃至完美。

今天我就把我对学位研究生教育工作的几点思考在这里跟同志们做一个简单的交流,我知道很多都是有出入的,甚至也是有错误的。只是希望我们相互启迪。我想这个会第一要争取有所实效,第二也是我们管理经验交流的俱乐部。我们在这里相互碰撞,共同推进党校研究生教育事业。在这里我要特别感谢四川省委党校,感谢刘校长及各位同人,尤其是四川省委党校研究生办的每一个同志所给我们的支持和帮助,也感谢兄弟院校的同志们能够光临这次研讨会。谢谢大家!

(本文是作者 2011 年 7 月在成都四川省委党校举行的全国党校系统研究生教育座谈会上的讲话,根据录音整理。)

36. 萧萧班马鸣

今天我们在这里隆重举行2011届毕业生学位授予仪式,我代表研究生院的全体老师,向获得学位的每一个同学及其家人,表示最衷心的祝贺!同时,向全校所有的导师和为同学们讲课的老师们,表示深深的谢意!向今天出席授位仪式并参予授位的老师们表示深深的感谢!

今天是2011届毕业的同学们在中央党校获得学位的日子。三年,乃至更长时间以来,同学们为了攻读硕士学位、博士学位,付出了无数的艰辛。今天终于实现了自己的梦想——戴上了硕士、博士的桂冠。三年来,1000多个辛勤的白昼,描绘出今天这份隆重的美丽;1000多个难眠的夜晚,编织成今天这顶桂冠的光荣。我们为你们高兴,我们为你们欣慰,我们为你们喝彩!

今天是你们与中央党校依依惜别的日子。从今以后,你们要走向更加广阔的天地。当今的中国正处于改革开放的伟大时代,这个时代充满着机遇和成功,也充满着苦难和挫折。我们不仅期待你们快乐幸

福，更期待你们为国家、为民族、为人民创造快乐幸福。去吧，去实现你们修身、齐家、治国、平天下的理想，去为天地立心、为生民立命、为往圣继绝学、为万世开太平。你们的理想就是我们的梦想，你们的希望就是我们的期望，你们的成功就是我们的成就。临别之际，我有一个小小的期待，当你们再回母校，再见老师的时候，你们能坦荡地说：党校父老若相问，一片冰心在玉壶。

今天是你们从中央党校整装出发的日子。从今以后，再难有食堂饭菜让你们批评责难；也难有老师同学与你们朝夕相处；更难有一个研究生院院长让你们责备评说。过去的一切不论是快乐或者忧愁，都将转化成亲切的回忆。作为老师，我们将一如既往地关注你们，祝福你们，期待你们。我们期待你们一路高歌，凯歌行进，马到成功，鹏程万里。大有庄校门的庄严，是母校给你们最美好的希冀；千翠山山顶的云霞，是母校给你们最深情的凝望；颐和园天空的灿烂，是母校给你们最虔诚的祝福！

今天是你们告别中央党校的日子。作为老师和朋友，我们依依不舍，但是为了更美好的相聚，又不能不作别在今日。我愿意借李白《送友人》一诗，送别我亲爱的同学们：

青山横北郭，白水绕东城。
此地一为别，孤蓬万里征。
浮云游子意，落日故人情。
挥手自兹去，萧萧班马鸣。

（本文是作者2011年7月14日在研究生院学位授予仪式上的讲话。）

37. 梧桐新绿

“君自故乡来，应知故乡事”，我给大家简要汇报一下母校的研究生教育情况。

现在中央党校研究生院有28个二级学科的博士点。去年拿到了理论经济学的一级学科博士点，这样使我们二级学科的博士点达到了28个，二级学科的硕士点增加到了47个，那么我们就有75个学位授权点，应当说规模不小，因为75个授权点都是集中在人文社会科学。

我们现在硕士研究生导师150人左右，博士研究生导师130多人，总和有280多个教授。在校的学生有800多人，包括硕士、博士、博士后，学制都是3年。硕士现在的招生计划，每年是130个，博士每年是110个，博士后最近几年增加了，增加到每年招收16个。我们研究生院除了承担这800人外，还有全国省级党校的师资培训，每年200人左右，这使研究生院常规在校生达到1000人左右。

最近两三年，我们收集了一些校友的情况。刚才胡坚会长也谈到，的确，我们为中央党校的研究生感

到骄傲,我们培养了一大批政治精英。现在我们初步统计有 20 多个副部级以上领导、上百个局级领导,还有一大批商界领袖以及学术专家。我们很多的政治领袖对中央党校的学位研究生教育很重视,领导们还是以能够进入中央党校研究生院并毕业于斯为荣。

我们研究生院目前是朝气蓬勃,当然这朝气蓬勃首先来自我们的学生。最近几年,研究生院搞了很多改革措施,我在这里简单跟同志们介绍一下。

第一,我们确立了研究生院"113"的工作宗旨。

"113"什么意思?第一个"1"就是"一个目标",即争创一流研究生院。我们感觉到我们与一流研究生院有差距,但是我们应该努力去争创一流。第二个"1"就是"一个中心",即一切为了培养一流研究生。所有的制度和工作都围绕这个中心。"3"是"三个服务",即为教学服务,为教师服务,为学生服务。这个就是我们研究生院的"113",一个目标,一个中心,三个服务。

我们现在的服务,要求坚决改变职能部门脸难看、门难进、事难办的状况。我们重新定位的师生关系,是父兄对子弟的关系。父兄对子弟,就是老师是同学们的父亲和兄长。以前,许多校友回校来,开学籍学历证明,有的校友是有怨言的,但是最近几年来,这种事情再也没发生过。我们要求一定是热情的、无偿的、永远的服务。有的时候,有的人提出说我们能不能像有的高校那样,每张学历证明收几元钱,那么一收,几十元钱就回来了。我说我们研究生院要那几十元钱干什么,我们的情谊绝对不是几十元钱、几百元钱的事。既然是我们的校友,作为学校意义上讲,就永远是学校的孩子,我们永远应该承担无偿的证明责任。

最近内蒙古有个同学要提拔了,周五晚上给我们打电话,说中组部

的人要看他的学籍证明,但是毕业证书丢了。于是我们周末加班,查档案,在周末传真给那边,提交给中组部。这个校友后来联系我说,很感谢我们那么重视。我说不用感谢,这是我们对校友的责任。如果校友因为我们证明不到位,该提拔的没有提拔,我们才会非常愧疚。

中组部最近在清查干部档案,对干部的档案进行梳理。发现有一个很有前途的干部,是正局,在我们学校读硕士研究生时候的档案材料不全。后来我们一查,这个档案放在哪里呢?他还保留在自己口袋里。那就把材料拿回来,拿回来就麻烦了。有关部门的同志就说,就盖一个章嘛。上午找我,说下午就要。我说第一,您放心,一定给您办好。第二,那个校友在读的时候研究生院还没有成立,当时叫理论部,你现在要这个章,理论部的公章早就销毁了,但是要盖研究生院的章到当年的学习文件中去,绝对是伪造,是害了他。那时候研究生院还没有成立,按照档案法绝不能这样做,这样做我们会害了我们的校友。我说,这个档案我们收进来,核对加以保存,我们这里出个证明,证明我们当时管理有疏忽。我们盖今天的章给你出证明,说这是真的,这是原件,它的确是原件。我跟大家说,如果你们以后回母校,受到任何刁难,可以找我们,一定要找我们。不仅对大家是这样,我说地方党校到中央党校来办事受到刁难的,我陪处长向他们道歉。所以说"三个服务"是要落到实处的,这个要给大家讲清楚。(胡坚:我们是不是要鼓个掌。全体鼓掌)谢谢大家!这是办学的基本理念。如果校友都厌倦母校,谈起母校都觉得很厌烦,学校还怎么办下去?你连对校友都没有面目,你有什么面目立于这个世上?我们是这样想的,所以说我们第一个就是工作宗旨的变化,我们要把工作宗旨贯彻到我们整个管理工作中去。

第二,我们搞课程改革。

刚才胡坚部长讲到学经典,我们这次课题改革是 2010 年开了一个

导师培训会,定了三点改革。第一,所有专业必须开经典著作课程。2011 年入学的全部按新计划执行,必须阅读经典著作。研究生院要编一套书,中央党校学位研究生必读经典图书,现在已经启动了。第一批四部书,我们想筹集一笔经费来出版这套书,把这套书做成中国的一个品牌。第二,必须开设基础理论课。党校的研究生教育是从干部培训中走出来的,有些思维不适合国民教育。现在要求必须开一门学科的基础理论课,这一次,我们坚决地提出要求,硕士有硕士的基础理论,博士有博士的基础理论,不同层次有不同层次的理论。第三,就是开学术方法论课。我们必须开学术方法论课,因为有很多同学临到毕业时不知道怎么写论文,不知道怎么做学问,不开学术方法论课,怎么带领学生做学术。即使以后要从政做政治领袖,到商界去做商界领袖,这种严格的学术方法训练,对他未来的成长、处事、思维方式都是极有价值的。所以我们这次强调了这三个课必开。2011 年我们编制教学计划基本完成,还有一点扫尾工作,但是新生入学要执行新计划。

第三,重视教学质量问题。

教学质量问题,我们现在已经开展了博士论文全面的匿名评审,还增加了一个博士论文的创新性检测程序。创新性检测,实际上是防止抄袭的,通过检测看有没有抄袭。但是我们的使用方法是全中国最人性、最温馨的,检测的人只有一个老师,检测后这个老师再给这个同学发一封电子邮件,告诉他哪些部分涉嫌抄袭,连他导师都不知道,但是每个同学自己是知道的。为什么要这样做,现在博士论文、硕士论文必须上网,一旦上网,发现抄袭,你的声誉完了,学校的声誉也完了。所以我们是对学生负责,实行专人负责,匿名检测,然后各个回复,督促学生做好学问。另外我们现在论文实行盲评,送出去评审。2010 年将 50% 的论文送出去,2011 年是 100%。我们论文的评审单位是北大、清华、人

大、北师大。所以,国内学术界也非常认可我们。这样也解放了我们的导师,现在全部送出去,都是匿名,没有人知道论文作者是谁。这样,我们有的同学会可能不能“按期毕业”,于是我们修改了制度。现在,博士论文可以延长到6年内答辩,6年内毕业,视为当期应届毕业。那么,这样就更好地确保了我们学生的培养质量。质量是一个学校教学、立身之根本。从2011年推行的状况看,社会反响很好。

第四,我们加强就业指导。

每年由我们研究生院、我们学校出钱,请华图公司来培训。华图是中国最好的公务员培训机构。现在中央党校研究生公务员考试的状况,在国内同行中,应该是最好的。我们的就业率,2009年是90%,2010年是98.6%,2011年同期比较,比2010年还好,2011年我们期待能达到100%。

加强就业指导后,我们的学生就业选择机会大大增加。比如说,2011年我们给重庆做工作,重庆把我们列为选调生单位。很不容易,因为重庆在北京的选调生单位目前只有3家——北大、清华、人民大学,现在扩大为4家。作为组织部的选调生,条件很优厚,不用参加公务员考试,一年后自动成为公务员。我们原来还大胆张口,问重庆要了20个指标,最后只去了8个同学。其中有2个同学主动要求去偏远地区,但最后偏远地区去了1个,7个都留在了主城区,重庆对我们学生的满意度还是很高的。我们每年要向全国发出600封推荐我们学生的推荐信,寄给各省、市、自治区和重点城市的组织部、人事厅(局),发我们的推荐函,推荐我们的学生,这个工作是很有成效的。

过去,中央党校研究生院面临着学位不被承认的误解问题,不被谁承认?我们是被国家承认的,但是不被社会某些机构或者个人承认,解决这个问题,在最近几年取得了实质性进展。举个例子,前年东部某省

委组织部在文件中明确写到，选调生不包括党校研究生。所以，后来我打电话给他们选调生办公室，向他们提出严重抗议，而且告诉他们，他们的做法是违反党的政策和国家法律的。因为党的《关于新时期加强党校建设的决定》《党校工作条例》明确规定党校的五大任务之一就是学位研究生教育。他们也是违反法律的，按照《高等教育法》，研究生教育除了普通高等教育以外，还包括国家认可的研究生教育机构，而我们就是国家认可的机构。《宪法》规定，公民就业平等，享有就业权，法律面前人人平等。然后就告诉他，如果他们不改文件，不改变他们的做法，我们就向中央反映，向中组部反映，乃至依法维权。后来，我们又跟组织部常务副部长交涉，学校也很重视，后来他们的确是在 3 天之内把文件改了，网上也修改了。最近一两年我们真的有学生到那个省被选调就业了。2010 年在中部某省，出现公开不要我们学生的情形，我们找到中组部办公厅反映，他们打电话督促纠正错误。我们就是这样一个一个克服。2010 年某个大银行总行，进了我们一个女同学，进的时候以博士进的，评职称的时候不承认她是博士了。后来我说我们给你出证明，之后处理得很好。这就是就业，最近几年我们花了很大工夫来做。

接下来，向大家汇报一下校友会的工作情况。

研究生院成立三十年是一个触发点，促动我们要抓校友工作。我们周莉莉老师是校友工作的开拓者，因为周老师和我们很多同学非常熟，研究生院一成立她就来了。当时的理论部，之后的研究生部，现在的研究生院三个阶段，她都参与了，所以我们专门把她抽出来。她很负责任，历经千辛万苦，广泛收集校友信息。她紧抓两条线索，一条是按年级，另一条是按地区收集信息，联络校友。现在，我们和全国各省级单位的校友都取得了联系，各个年级都取得了联系。

校友是我们一笔非常宝贵的财富，我相信学校和校友都需要有这

样一个情感的平台。这个活动会使我们中央党校的研究生院,在社会上以一个整体的形象展示出来,也会使我们的校友具有长期持久的归属感。

关于研究生院成立三十周年的庆祝活动。今年中央出了一个文件,严禁各个单位开办庆典活动。我们跟景田校长做过汇报,景田校长说该办也可以办,具体的向书磊同志再做个汇报,因为书磊同志分管研究生院工作。那么,下学期开学我们就要研究这件事了,校友通讯录力争能够在庆祝活动之前出来。庆祝活动今年搞有道理,因为 1981 年的时候得到培养学位研究生的教育部批文,1982 年说是入学三十年也讲得通,因为 1981 级是在 1982 年入学的,入学是在 1982 年完成的。那么,具体怎么做,我们听校委的意见,根据学校决定来办。我们是希望尽快有一个校友的通信录。另外从长远来说,我们想办一个校友通讯,也完全是内部的一个东西,通过邮寄方式,使我们校友之间有一个纸质的联系纽带。我们回去就研究,能不能在年底出一期,或者最迟明年上半年出一期。关于母校和研究生院的情况我就简单地介绍到这里。

今天我们浙江校友会成立了,作为来自母校的代表,我代表研究生院、代表我们党校、书磊校长,对我们刚刚成立的浙江校友会表示最热烈的祝贺,向这次筹备小组辛勤工作的同志们表示深深的感谢,谢谢你们!

最后,我今天上午填了一首词——《满庭芳》,是献给大家的:

“当年萍聚,大有庄内,日日晨昏与共。校蕴古风,杏坛春意浓。师生同窗相伴,到如今,湖岸留踪。千翠山,浓荫犹在,花开别样红。

梦中报告厅,群星闪耀,巍峨高耸。看南院,新树茁壮葱茏。凤凰三千展翅,思念里,祝福高颂。颐北园,梧桐新绿,期待早重逢。”

我们研究生院欢迎大家早日回到母校，回到研究生院，我们研究生院，将热情地欢迎大家的归来！

（作者积极倡导设立全国各地的校友会，与时任院领导分别参加了全国诸多地方的校友会成立大会。本文是作者 2011 年 8 月 13 日在浙江校友会成立大会上的讲话，此为浙江校友会当时提供的录音整理稿。）

38. 向理想奋飞

我代表研究生院向新同学的到来表示热烈的欢迎和衷心的祝贺！今天，我想跟大家探讨一下理想问题。

一、理想是最美好的希望

理想是目标，理想也是希望。这种目标和希望是合乎理性的。如果不合乎理性，它就成为一种幻想，不具有逻辑上的合理性和可能性。这种希望或目标，不仅合乎理性，而且是美好的，有它自己的价值，是对未来的向往、期待。所以，人不可以没有理想。就理想而言，没有绝对的好或绝对的坏，因为所有的理想都是好的，是一种美好的追求。因此，美好的理想没有贵贱之别，但有高低之分。

人生，是缺少不了理想的。无论人信奉什么样的宗教学说，都会为人生树立美好的目标。譬如说佛教，认为人生是苦的，苦海无边，人生轮回，但是能够超越苦海、超越轮回、洞达实相，能达至佛国净土的人生，也许就是佛教认为的人生最高境界。基督教也有

自己的目标，它的基本认知是人有人性，神有神性，它的理想就是保持人性，符合神性，达到天堂这一人生的至高境界，这就是基督教的目标。中国儒家学说与佛教、基督教有区别，儒教是半宗教，它的特点之一是世俗化，因为儒教不信神，也不信上帝。儒教是非常世俗化的，如儒教典籍《大学》指出："古之欲明明德于天下者，先治其国；欲治其国者，先齐其家；欲齐其家者，先修其身；欲修其身者，先正其心；欲正其心者，先诚其意；欲诚其意者，先致其知；致知在格物。"这里已经说得很清楚了，但为了把这一思想说得更明确，又反过来论证了一遍："物格而后知至；知至而后意诚；意诚而后心正；心正而后身修；身修而后家齐；家齐而后国治；国治而后天下平。"这段话内含着儒家的人生哲学，那就是"格、致、诚、正、修、齐、治、平"这八个字。这就是儒家的人生观，人生理想，它的最高境界就是"治国""平天下"。当然，还有其他各种人生观和各式各样的人生理想。譬如说，还有学术理想、人格理想、工作理想等。"在科学上没有平坦的大道，只有不畏劳苦沿着陡峭山路攀登的人，才有希望达到光辉的顶点。"那"光辉的顶点"就是科学的理想。所以，不同的人，在不同的方面，处于不同的时段，就会有不同的理想。共产党人还有最伟大的理想，即"实现共产主义"。就目前而言，中国有现阶段的理想，就是全面建成小康社会，实现中华民族的伟大复兴。因此，不但一个人有理想，一个政党有理想，一个国家和社会也有理想。

总之，理想是目标，理想是希望，而且是最合理、最美好的希望。

二、理想需要翱翔的翅膀

鸟儿需要翅膀，人也需要生出"翅膀"才能达成自己的理想。那么，人的"翅膀"是什么呢？我认为，有两个，一个是才，另一个是德。才是什么？才是才识、才能、才干。作为研究生的"才"，首先是专业方面的才识。因为，研究生是从事研究的学习者。什么是研究？进行专业化

的钻研、思考和创造性劳动的活动就是研究。学有专长,术有专攻。有的同学可能学过很多学科,但总是一个一个去完成,分门别类地研究。研究生在自己的研究领域要成为专才,形成应有的学术理念,成为这个领域的佼佼者。有的同学可能会说,其实我对自己的专业并不爱好,有的甚至是偶然选择了现在的专业。当然,如果能把爱好、兴趣与自己的专业结合起来是最好的选择,因为爱好是最好的老师。如果是偶然选择的专业,也要安心学习,因为,条条道路通罗马。任何一个专业就专业本身来说都是重要的,但对于人生来说都是次要的,它只是进步的人生阶梯。我们现在的领导人有学汽车的、学水利的、学矿产的,但他们在治国理政方面都取得了卓越的成就。中国从来就没有一个"总书记专业"或"总理专业"。无论什么专业,所进行的学习都是思维的训练、能力的培养、知识的积累。譬如说,原来中学时学的很多知识,如果长期不用都会被忘记,但这些学习都没有意义吗?不是的,它帮助我们培养了逻辑思维、形象思维、分析和解决问题的能力,这些能力已经在我们的内心积淀了下来。所以,知识会忘却,但能力却是永久的。这种能力是需要长期的、艰苦的学习才能培养起来的。有了严密的思维,有了发现问题、解决问题的能力,一旦超越各个专业的局限,就会成为治国理政的能力,成为经世济国的能力,成为面对新事物、适应新情况、解决新问题的能力。所以,无论学什么专业,只要在自己的专业打下坚实的基础,努力求索,深入研究,总能达到自己所追求的美好理想。因此,学什么并不重要,问题在于学得怎么样;而学得怎么样,在于怎么学。所以,不管你将来做什么,只有先在自己的专业上钻研下去,才能实现自己的人生价值。优秀人物的来源是极其广泛的,没有哪一个专业就一定出人才,也没有某一个专业就一定没有优秀的人才,而是行行出状元,每一个领域都可以产生出优秀的人才。不在于你研究什么,而在于你研究得怎么样,怎样研究。总之,不管学习什么专业,都要把本专业

学好,这是我们的立身之本。

现在学位论文的审查非常严格,有关部门直接到国家图书馆抽取论文进行评定。这给研究生本人带来了很大的压力,给导师带来了很大压力,也给研究生院带来了很大压力。所以,大家在做学位论文的时候要对自己严一点,多修改几遍,做到永无后顾之忧。不要认为老师要求严格是难为自己,严格的确是压力。很少有同学在学习期间喜欢严厉的老师,而只有在后来回忆的时候,才会觉得老师在古板中多少有一些可爱,在严格中还有令人怀念的温情。实际上,懈怠之心,人皆有之。教不严,师之惰。对学生要求不严格,是老师懈怠、懒惰的结果。当然,我的教育理念是,对学生要求要严格,但过关要适度,因为,教育的目的不是卡人,而是培养人才,增加其才干,这才是教育的目的。我坚信一个真理,即"玉不琢,不成器"。老师就是那"琢玉"的人。同时,每个同学都是一位雕刻师,每个人都在雕刻着一个"我"。希望同学们雕刻一个完善的"我"、完美的"我",把自己雕刻成最美好的人,使自己成为相关领域的优秀者。研究生的使命就是要探索未知领域,发现人之所未发现,研究人之所未研究。要研究得更新,研究得更深。只有做到"新"和"深",才会有所成就。

看到你们,我也想起了我当年求学时的情景。同学们不要因为自己年龄还小,还知之不多,就熄灭了自己的创造之火,压抑了自己的创新之心。我讲这些话主要是想说,趁我们年轻,努力为之,因为我们年轻,所以我们无所不能。现在写文章总是要考虑四平八稳,要考虑到社会的可接受度,还要考虑同行怎么评价,等考虑完各种因素后,就已经熄灭了创新的火焰,等文章发表出来以后,已经没什么创新可言了。年轻时的判断也许有些失却精准,认知也许还不是那么丰富、全面,但是这时最有活力。所以,我们非常鼓励同学们用年轻的生命去点燃学术的明灯,高举学术的火把去照亮我们的未来,去照亮我们的人生。总

之,要想飞起来,要翱翔的第一个"翅膀"就是"才"。

第二个"翅膀"是"德"。德是一个很空洞又很实在的东西。一个优秀的学者必须有良好的德行。不仅中国,就是在全世界,对学问家、政治领袖的德的要求,都是很高的。德说起来很虚无缥缈,但又非常现实。

中国传统文化中的道德理念今天依然有现实意义。譬如说,古人讲的"五伦"即"父子有亲,君臣有义,夫妇有别,长幼有序,朋友有信"。父子之间的孝道是必不可少的,恪尽孝道在任何时候都是需要的。今天虽然没有君臣,但依然有上下,依然有道德意义上的尊卑(不是人格意义上的)。下级对上级、对领导总得服从吧?个人对国家、对社会的义务总要尽吧?夫妇之间,一要恩爱,二要各安本分。安本分就是尽自己的义务,体现自己的家庭角色,琴瑟和谐,鸾凤和鸣。长幼有序要求处理好兄弟姐妹以及所有同辈之间的关系。朋友有信要求每个人都要对朋友讲诚信。这都是中国的美德。怎样判断人格的高低?人格判断的标准不是"才",而是"德"。与高尚的人交往,就感到"如入芝兰之室",会有美好的感受,使人愉快、美好,期待下一次相遇。总之,我们的研究生要加强道德修养。当然,现在的道德说教太空,太抽象。如果人们都不知道如何对父母尽孝,如何对别人守信,不知道什么叫宽容、仁爱、和平,而是流于虚假的口号,又怎能实现呢?所以,道德要求要再实在一点。譬如,当别人扛着沉重行李的时候,能不能上前帮别人一把?车上有老人、孩子在旁边的时候,能不能礼让一下?与领导、长者同行的时候,知不知道主动开一下门?与友人道别的时候,知不知道怎样礼送别人?高尚的道德需要高尚的行为,高尚的行为寓于平常之中。实际上,一个人的道德修养就是一个人身上散发出的气息。遇到有道德修养的人,你会觉得很愉快;相反,如果遇到没有道德修养的人,你会觉得非常尴尬。我建议同学们买一本礼仪书来看。礼仪不是虚伪,学礼

仪是为了表达自己，方便他人，塑造自己的人格形象。所以，我们希望同学们彬彬有礼，成为有修养、有德行、有很好的社会形象的人。不要小看这些细节，它可能直接影响你的机会，你的成败。一个有德行的人做事不一定会要求回报，但常常会得到超值的回报。人的行为展现着能力，也展现着人格修养。我们展现人格，表现能力，千万不要想着那是做出来给别人看的，如果是这样想，就会很功利，一旦功利，就达不到至上的境界。道德修养要融汇于自己的内心，渗透到行为之中，使它成为内在品德和内在学识的自觉外化。总之，只有有了“才”，又有了“德”，我们才能展开“翅膀”，在理想的天空中自由翱翔。

三、理想需要奋飞的努力

我们放飞理想，追逐理想，就要张开“翅膀”，努力奋飞。理想是美好的，但如果没有追逐理想的行动，就只能是空想或幻想。要把理想变成现实，就得努力。不管是什么学说，都强调经过历练达到目标。佛教告诉人们，要追逐涅槃的境界，超越生死的轮回，超越无边的苦海，就要有“戒”“定”“慧”三个法宝。要有“五戒”，有禅定，有智慧。儒家说要“修身”“齐家”“治国”“平天下”，那怎样才能做到呢？孟子说：“天将降大任于斯人也，必先苦其心志，劳其筋骨，饿其体肤，空乏其身，行拂乱其所为，所以动心忍性，曾益其所以不能。”这就指出了“治国”“平天下”的路径。“治国”“平天下”就是“天将降大任于斯人”，要想“降大任于斯人”就必须“苦其心志”，要经历磨难。对年轻人来说，一定的苦难是必须要有的，没有这种磨炼的经历，没有刻苦思索，没有苦苦挣扎，是走不出来的，是深入不下去的，是不可能成为大师或大家的。这就是“苦其心志”，这是内在的，外在的是“劳其筋骨”。有的同学不认真根据导师开的书单看书，甚至说没有时间看书，这是绝对不允许的。别忘了你是学生，要少一些应酬，晚上要关了手机学习，周末要泡图书馆。

最近看到一位领导写的三卷本的《社会主义五百年》，他利用繁忙工作的闲暇，在国家图书馆租了一间房子完成了这部作品。一个做学问的人更应该有这种好学的精神，真正做到“劳其筋骨”，要沉浸在图书馆中。我曾经提出过一个看似荒唐的建议，就是中央党校的教授应该以到图书馆的时间作为评价的重要指标之一。做学问最好的感觉，也许就是带上电脑，徜徉在图书馆的书架之间，和古人和智者对话。那是一个最美好的世界，没有纷争、没有嫉妒、没有仇恨，没有人与人之间的疏离与隔膜；那里所有的智者和古人都敞开了胸怀，让你走进他的世界。和他们的对话是愉快的、惬意的、沉醉的。所以，要让我们向着理想飞起来，这个“飞”就是“苦其心志，劳其筋骨”，甚至还有“饿其体肤，空乏其身”，而且还要“行拂乱其所为”。也就是说，前进中总会受到各种干扰，经常会打乱我们的计划，影响我们的行动，所以就要“动心忍性”。就是心要静，要有坚定的意志，坚持下去。“曾益其所不能”，也就是把我们不能做的做到了，把我们没有认识到的认识到了，使我们的才干增长起来。只有这样，“天”才“降大任于斯人也”。

孟子是非常严谨的学者，论述非常严密，而大诗人李白在《行路难》里却说得很哀怨，“欲渡黄河冰塞川，将登太行雪满山。……行路难！行路难！多歧路，今安在？长风破浪会有时，直挂云帆济沧海”。到了连自己在哪都不知道的地步了，一片迷茫，无所适从，前程灰暗，但最后的结尾很好，结尾是“长风破浪会有时，直挂云帆济沧海”。为什么会有这么豪迈的气魄？因为他心中有理想，理想就是召唤他前进的朝阳，就是他的目标，它能引领他走向他所追求的至善至美的境界。

总之，理想是美丽的，即使我们能生出飞向理想的双翼，我们也要奋力前行，也要奋飞。同学们今天走进了中央党校的大门，在这里会经历一千多个日子，度过三年的时间。这是一个美好的开端，这是一个新的开始。我们以前所有的荣耀都悄然而去，留在对于过往的记忆与回

忆之中。我们的未来一定是光明的,我们的前程一定是灿烂的,我们的理想就在远方召唤。让我们张开双翅,向着理想的目标奋飞!

(本文是作者2011年9月1日在年新生见面会上的讲话,根据录音整理。)

39. 附：社会管理体制改革需注重创新

近日，由中央党校、中国博士后科学基金会、光明日报社和中共北京市朝阳区委共同主办的“社会管理体制改革与创新”高端论坛暨中央党校第二届博士后论坛在中央党校举行。会后，中央党校研究生院院长卓泽渊在接受本网记者专访时表示，随着改革开放的深入，社会利益结构调整已经成为一个非常重大的政策问题。

卓泽渊表示，中国在社会管理方面已经取得了一定的成就，给公众带来了很大的信心。但是，我们不能就这样满足，还要勇于开拓创新，在模式、体制、机制上革旧出新，延续社会管理体制改革的积极成果。

卓泽渊认为，创新是对于守旧而言的，既包括在模式、体制、机制上革旧出新，也包括取其精华去其糟粕，不能彻底摒弃原有的改革经验，要通过一种延续的方式继续推进社会管理改革的进程。

目前，由于社会发展关系的变化，旧的体制虽然还残留活力的成分，但是已经不能适应当今形势发展了，不能再调整新的社会关系，不能再解决新的社会

问题,不能再化解新的社会矛盾,不能再重复被使用了。而创新,便被摆在了一个显著的位置。

实际上,创新的判定标准之一是看它是否能适应社会新的发展,能适应就是有效的创新举措,反之则不是。卓泽渊最后表示,我们谈创新,向来都不能脱离社会现实状况,随着社会快速的发展变化,我们要想推动中国社会的和谐发展,就要沿着这样的思路去寻找社会管理的新措施、新方法,这就是创新。

(2011 年 12 月 6 日,来源:中国经济网,记者:王雅洁。)

40. 附：中央党校研究生教育的显著特色

在12月2日举行的“社会管理体制改革与创新”高端论坛暨中央党校第二届博士后论坛获悉，理论联系实际已经成为中央党校研究生教育的显著特色。

中央党校研究生院院长卓泽渊在接受采访时说，中央党校一向倡导理论联系实际，理论来源于实践并接受实践检验，同时也服务于实践。中央党校的校训是“实事求是”，实事求是的进一步延伸就是要针对社会实践，为社会提供理论资源、理论支撑，以理论推动和引导社会发展。体现在博士后研究和培养上，就是着重研究重大社会现实问题。中央党校的博士后与普通高校以及其他的博士后培养在基本标准、程序、方法和最后的出站的验收没有什么不同。但由于中央党校是中高级干部培训和轮训的主阵地，所以学科结构与普通高校的不太一样。高校理、工、农、医都有，而中央党校主要围绕社会科学，主要有哲学、经济学、政治学和马克思主义理论。一般的普通高校的研究重点偏重于基础研究，企业偏重于操作性研究，中央党校既不是纯基本理论的研究，也不是像企业的工

作站研究某一项操作，它是充分贯彻和体现理论联系实际，研究在改革开放过程中，在落实科学发展观过程中，在社会管理过程中的新的理论以及贯彻这些理论的途径、方法和对策。

中央党校研究生院副院长刘春介绍，中央党校的学术特点就是突出理论联系实际，特别着重于把研究的重点放在改革开放重大的理论和实践问题上，特别是难点问题上。今年中央高度重视社会管理体制改革创新，这也正是中央党校学科发展的重点和优势。随着改革开放的不断深入，社会利益结构的调整，各种矛盾凸显，这就给我们的社会管理带来了一些重大课题。另外，中央党校还有一批指导博士后研究工作的出色的教授和专家，这对我们博士后课题的开拓，调研成果的取得，以及这些成果能够通过中央党校这个平台在社会上产生重大影响，都有积极的推动作用。

中共中央党校博士后工作领导小组办公室副主任，也是该校在站博士后的杨洪江博士有着切身体会，他认为，近几年中央党校博士后的合作课题大部分都是理论联系实际，无论是宏观理论研究、中观政策研究还是微观对策研究都紧密围绕着党和国家重大理论和现实问题展开。

（原题为《理论联系实际：中央党校研究生教育的显著特色》，2011年12月6日，来源：中国经济网。）

41. 撞响新年的晨钟

尊敬的各位领导、老师们,亲爱的同学们,各位来宾:

晚上好! 2010 年迈着轻快的步伐,即将从我们的身旁走过;美丽的 2011 年又迎面走来,回顾 2010 年的岁月:

我们顺利送别了 211 位博士、硕士,就业率高达 98.6%;我们又迎来了 238 位博士、硕士研究生,他们成为了研究生院的新秀。

我们培训了哲学、民族宗教理论与政策、中特理论体系和国际政治与经济 4 个师资班,他们是 191 位来自全国的党校教师。

我们开始创新管理机制,改进工作方法,有效地提升了研究生院的管理与服务水平。

我们启动了全面优化课程设置的工作,提出课程改革的初步方案,拟在新的一年实行全校性的跨学科选修。

我们启动了经典书目编写工作,确定了第一批编写书目,并即将进入实际写作阶段。

我们建立了研究生院团委、博士后联谊会,从而

完善了党委、团委和学生会、博士后联谊会的学生组织体系。

我们被教育部列为全国博士学术创新首批试点单位，有 5 位同学共获得了 15 万元的学术创新奖励。

我们与国际关系学院缔结了实质性的合作关系，互选课程，互认学分。

我们研究生院继 2009 年之后，2010 年又一次获得了“首都文明创建工作先进单位”的称号。

我们研究生院能有如此的发展，我们由衷地感谢学校领导，有关部门、兄弟单位给予的关爱与帮助。在此，我要代表研究生院表达我们最崇高的敬意与最衷心的感谢！

我们还要特别感谢所有的老师们，是你们给了我们全院同学谆谆教诲、无私帮助，我们谢谢你们！

特别荣幸的是，今晚我们邀请到了今年所有的“中央党校学位研究生教学优秀教师”，我们欢迎他们登上领奖台。有请李书磊副校长为获奖教师颁发证书。

谢谢李校长！请同学们为获奖老师献花！谢谢老师，祝贺老师们！

趁喜炮尚未腾空，请听：
史诗婉转，往事如风，
那是圆明园的叙述，
历历在目，声声伤痛。

趁天空尚未染红，请望：
城峦叠翠，亭台高耸，
那是颐和园的神韵，
标点历史，挥舞巨龙。

趁泪眼尚未朦胧,请看:
鲜花点缀,绿树葱茏,
那是大有庄的风姿,
郁郁葱葱,欣欣向荣。

这里是我们的家园,
这里有我们的梦。
辛勤园丁,用汗水凝聚成美丽的彩虹。
莘莘学子,用灯光装点起灿烂的星空。

学术在这里积淀,
思想在这里相碰。
学术的累加,构筑起民族的自信;
思想的闪光,照亮了前进的征程。

我们有缘,能与盛世相逢;
我们有幸,能在今生与共。
在这欢乐的夜晚,
让我们一起用歌舞去撞响新年的晨钟。

(本文是作者2010年12月31日在研究生院元旦晚会上的致辞。)

42. 赞赏——观念——问题

各位领导,各位老师,同学们:

下午好！也是晚上好,我们今天在这里举行了一整天的论坛。一天来,我们聆听了众多法学新秀的精彩报告,聆听了众多法学先进的精彩评论,我深感今天的北京师范大学星光灿烂,让我们用热烈的掌声向优秀的青年才俊,向那些优秀的点评老师们表示衷心的感谢!

在这里,我将讲三个词,第一个词是“赞赏”。

对这次论坛的赞赏来自三个关键点。第一,主题的设定。中国社会正面临着最大的社会转型,在这个历史性的转换时节,社会管理提出了千百万次的呼唤,创新,创新,再创新。中国的法治也由此而赢得了自己发展的新的历史机遇。中国的法治发展与中国的社会转型在这里相遇,法治为社会管理提供了新的思路、新的手段、新的途径、新的方式。社会管理的发展创新也为法治迎来了一个历史的大机遇。我们从这次论坛的主题设定来看,一个社会管理创新与中国法治发展的总主题,下面包括了三个单元——社会管

理的法律理论,社会管理格局的法治创新,特定领域社会管理的法治化。通过这三个部分的阐释,使我们对中国当前正面临的社会管理创新和法治发展有了一个概略的理解,我坚信,在这三个独立单元所迸发出来的智慧火花,必将在中国的法学星空中闪光,它将构成中国社会管理改革创新那幅宏大、壮丽的图景中重要的部分。

第二,我们这次论坛值得赞赏的尤其是我们这些青年才俊。他们以自己丰富的或者努力的社会实践,以自己所拥有的学术理论,以自己满怀的热诚投入到这一宏大主题的研讨中。他们的发言表现了当代青年的学术激情,是青春的闪耀。他们精彩的观点,他们为中国管理创新和社会发展所付出的热情令人尊重,值得赞赏。我们要为这些勇于创新的学术青年才俊们喝彩。

第三,值得赞赏的还有我们尊敬的法学家老师们。高铭暄老师等自不待说,那是我们敬仰的前辈。在今天论坛上发表评论意见的老师们,他们恪尽努力,尽其所长,对每一个报告都发表了他们的观点。同时,我们也得以了解他们的学术创新和学术功力,我认为这同样是值得我们赞赏的。

但是我要说,在这个论坛上,我们既是欣喜异常,也还是隐忧犹存。我一边听报告,一边看论文,我还深深地感觉到,虽然我们的青年学者在法学的实践、知识、逻辑、创新、价值这五大层面上,都有令人骄傲的成绩和贡献,但是也不能不遗憾地说,我们的青年才俊们如同我们一样,还要继续努力。我看论文时,发现了很多句读的错误和不经意的疏忽。学术是我们要用脚去做的,有人说这就是认真实践;学术也是需要用笔去做的,需要我们潜心写作;学术更需要用心去做,用热忱、真诚、敬畏去做。如果没有心血的付出,没有心力交瘁的努力,我们便无法走进真正的学术殿堂,无法把我们对社会管理、对法治的创见奉献于中国,奉献于我们这个时代。

所以,我在这里要倡导,我们的青年学者们,江山代有人才出,让我们一起去探索中国的法治实践,去创新中国的法治理论,去尊重学术的逻辑,弘扬我们的核心价值。在今天这样的会上,说得过于严厉或者过于苛责,显然有失师道的温和与中和。但是作为老师又不能不这样说,我们今天的评论好像过分注重学者之间美好的人际关系,甚至还不惜笔墨地要把我们这一代人和下一代人的学术友谊,在学术殿堂上加以渲染,我以为大可不必。因为年轻的学者也会学着我们这一代的样子,在不经的相互吹捧中获得愉悦的感受,过度了,就是学术的悲哀。学术是需要尊重的,必须对前辈、对学长、对老师表示足够的尊重。学术是需要培养和传承的,老师应该用他宽阔的胸怀,博大的胸襟,让学生超越自己的气魄来培养一代又一代青年学者。学术也是需要理性与严谨的,尤其需要老师们对学生的严格要求和批评教正。我们青年学者也该有这样的勇气,“吾爱吾师,吾更爱真理”。这是我讲的第一点,赞赏。

我讲的第二个词是“观念”。我今天听了一天的论坛发言,觉得法治要在社会管理创新中发挥出它应有的历史性的重大作用,必须树立以下的观念。这是我受到各位论坛发言的启示所想到的,仅仅是奉献给大家,与大家一起探讨。

第一,人民民主的观念。法学的研究如同政治学的研究一样,人类近代以来,政治学和法学的最大成果之一,就是确认了人民主权包括我们今天的人民当家作主的观念,法学学者必须有人民民主的观念。

第二,法律至上的观念。如果一个法律人、一个法学家不能高举法律至上的旗帜,他就是对自我生命本质的彻底否定。法律不能至上就不可能有法治。

第三,依法治国的观念。一个国家的权力必须从属于法治,必须服从于法治。只有当一个国家所有的政党、政治权力机构、司法机关都秉持法治精神的时候,这样的国家才配称是法治国家。

第四,人权保障的观念。在人权不张,人权得不到保障,人权的旗帜不能高高举起的国度,那个国家是没有真正的法治的,那样的社会也不会美好。

第五,科学立法的观念。立法发展助推了中国社会的进步,中国特色社会主义法律体系的形成,是立法发展的一个重大的历史性成就。路漫漫其修远兮,我们还必须上下求索。在科学发展的今天,如何谋求立法的科学发展与完善,将是中国立法未来的重大任务。

第六,依法行政的观念。没有法治的政府,必无法治。法治政府的建立,必须依赖依法行政作为路径、手段和过程。依法行政是法治政府的前提,也是法治政府的表现。

第七,自觉守法的观念。在一个社会的法治中,法律实施中,成本最低的就是守法。一个良好的法治国家和社会,守法是社会基本的旋律和基调。普遍的守法具有特别重大的意义。

第八,司法神圣的观念。我们要确立司法神圣,甚至我要呼吁法官神圣,没有司法神圣、法官神圣,中国法治就没有未来。司法神圣、法官神圣是法律神圣的直接表达和外在表现。当然我们的司法和法官要配得上神圣才是。

第九,依法创新的观念。法律对于它的价值目标来说,它是工具。法律对于社会管理创新来说,依然是工具。以什么创新,怎么创新?其中一定要依法。依法创新就是要以法的精神来谋求创新;以法的精神来设计创新的体制、机制;以法的精神,以法律制度来推动和保证创新。

第十,依法维权的观念。权利必须得到尊重,权利必须实现,但是权利实现有它特定的路径和方式。法治是实现权利的根本路径和重要方式。必须倡导依法维权,通过国家和社会治理的法治化,引导人民过法治化的生活。

第十一,法治维稳的观念。维护社会稳定是中国目前社会管理创

新的重要节点,也是中国社会矛盾的现实要求。但是用什么来维稳?坦率地说,除了用法治,别无第二法门。只有用法治的方式,才能达成长期的和谐、安宁、稳定。

第十二,法治社会的观念。必须高举法治的旗帜,法治不仅是一种约束权力的机制,不仅是一种权力运行的模式,不仅是严格遵守和服从法律的行为,还应该成为一种社会生活方式、社会管理模式和社会秩序状态。

我要讲的第三个词是"问题"。深化社会管理创新的研究,今天只是翻开了新的一页,社会管理创新与中国法治发展还有非常多的问题需要我们去研究,我也写下了 12 个问题,希望与同志们共同关注。

第一,中国社会管理的外延究竟多大?社会管理是否包括执政党的执政方式、执政的手段、路径?是否包括议会,在我国为人民代表大会,它的运作方式,对社会生活调整的手段?是否包括政府和司法机关参与社会管理的行为?

第二,社会管理为何要创新?要追问原因。我们不是已经有了一套体制吗?不是有了一套机制吗?这套体制机制经过了 60 年的发展,给我们带来了辉煌的成就,有非常丰富的经验,是非常成功的。那么为什么还要创新?

第三,社会管理何以创新,怎么实现创新,有哪些具体的措施?各个社会领域创新有不同的方法、手段和路径,有不同的措施,这是一个宏大的问题,涉及方方面面。

第四,社会管理创新的"新"如何理解?"复辟"叫不叫新,"逆向改革""反向改革"叫不叫新?历史中一些腐朽的东西死灰复燃,把一些不适应我们的东西拿过来随便就用,只要与我们现实状况不同,是不是就叫新?正如是不是学术论文用一些普遍看不懂的术语、符号、公式,说一些连同行都听不懂的话就是我们的学术创新?这些非常值得我们

研究。

第五,社会管理与法究竟是什么关系?法律与社会管理存在怎样的结构关系,内在的联系是什么?这种内在联系为我们的社会管理创新奠定了什么基础,设定了哪些前提?也需要我们研究。

第六,社会管理创新与法治是什么关系?法治是一种社会管理手段,法治是一种社会管理方式,法治是一种社会生活方式,法治是一种社会秩序状态。如果从这个视角来理解社会管理创新与法治的关系,也许会发现更加丰富的内在联系。

第七,社会管理创新与法律创新的关系是什么?两个创新之间的关系、互动、影响,都值得我们去研究。法学要在关注社会管理创新中关注法律创新,以社会管理创新来推动法律创新,以及以法律创新来推动社会管理创新。

第八,社会管理创新的核心价值在哪里?我们所有的创新是为了什么,我们所有的创新围绕什么样的核心价值来进行?这个问题是至关重要的问题,这个问题不弄清楚,就会迷失方向。

第九,社会管理创新中的局部与整体是什么关系?社会管理是一个宏大的工程,它由若干局部构成。不同的局部又有不同的影响和作用,如何处理各个局部与整体的关系,是我们要研究的问题。

第十,社会管理创新中的渐进性与终极目标的关系?改革的过程,社会管理创新的过程都有渐进性,甚至有分步推进性,在分步推进性和整体的终极目标之间有什么样的联系?

第十一,社会管理创新的根本内容是什么?千万不要忘记,社会管理创新的根本是体制创新。什么叫体制?几乎没有定论,是不是可以理解为体制是制度加机制,总之不要放弃体制这个根本。离开了体制的创新,首先可能会偏离方向,其次可能是虚假创新,最后甚至可能走向了创新的反面,是对创新的破坏。

第十二,社会管理创新的评价标准是什么?这是一个十分难以回答又必须回答的问题。没有一个标准,你就无法衡量与评估社会管理创新的状况。

我留下了12个问题,是想与我的同行包括老师和同学们一起商讨,一起思考,一起研究。社会管理创新是一个急迫的问题,一个长期的课题,也是一个内容不断变化的主题。法律作为社会管理的工具,法治作为一种良好的社会管理状态,就表明了法学工作者、法律工作者所肩负的独特使命。让我们携起手来,铁肩担道义,妙手著文章,用我们法学青年才俊的学术激情,去点燃法学学术的火炬。让我们一起努力,高高举起这个火炬,用它去照亮中国,照亮世界,照亮现实,照亮未来。谢谢大家!

(本文是作者2012年1月6日在北京师范大学为青年法学论坛闭幕式所作的总结致辞,系根据录音整理的发言稿。)

43. 学术与研究生教育

尊敬的老师们、同学们：

早上好！欢迎大家来到中央党校研究生院主办的“2012·全国社会科学研究生学术论坛”。我与大家就“学术与研究生教育”交流三点感受。

一、学术优秀是研究生教育的旗帜

任何一个学术机构，都必须以学术为己任。没有学术作为旗帜，任何学术机构都无法获得学界的认可，也无法赢得社会的尊重。研究生教育是教育机构的高地，是学术的高地，那块高地上高高飘扬的必须也只能是学术的旗帜。

中央党校是一个人才辈出的地方。从历史来看，如果用人杰地灵、英雄荟萃来形容中央党校，我以为毫不过分，甚至正得其宜。回想中央党校曾经的学术大师，不能不让我们感慨万千。像著名的哲学家杨献珍、艾思奇，著名的文学家、诗人何其芳，著名的经济学家王学文，著名的经济学家、翻译家郭大力等，他们像灿烂的群星，照亮了中央党校学术的星空。他们是

旗帜,永远在中央党校的学术论坛上飘扬。

我曾经在学校一个学科建设的讲座中发表感慨:大师随风去,我辈复何为?中央党校的研究生院办学三十年来,培养了大量的优秀人才,据不完全统计,3000 校友中有近 300 个地厅以上的领导,其中包括 28 个副部、130 多个正局、130 多个副局。培养了一大批学术专家,他们在中央党校、中国社会科学院、北京大学、清华大学、中国人民大学、北京师范大学等学术机构成为了著名的专家学者,引领着某方面或某些领域的学术潮流。我们在校的同学中,有获得联合国特殊贡献专家奖励的博士生,也有被俄罗斯大学聘请为副教授的博士生,还有入选国家"四个一批"人才的博士后。但是我们未来还需要特别努力。我们理当秉持中央党校光荣的学术传统,将学术的火炬高高举起,让中央党校研究生院的学术旗帜永远鲜艳,历久弥新。

二、学术积累是研究生教育的基础

学术积累是一切研究生教育的基础,也同样是党校研究生教育的基础。对教育机构来说,它的学术是一个历史的积淀过程,它需要几代人、十几代人甚至几十代人的传承与光大。要使学术风尚成为空气中的分子,弥漫在整个校园之中,只要人们轻轻地呼吸,就能感受到学术的气息。对学者个人来说,学术的积累是几年、十几年乃至几十年的累加过程。就是毕其一生也难说具有了多高的学术成就,或者具有多大的学术成就。既然我们走上了学术的道路,我们就应该责无旁贷,义无反顾,一往无前。

经过长达三十年的历史积淀,中央党校已经形成了自己的学术风格,办学特色,有了相当的学术积累。学术立院,是我们必须坚守的原则。只有学术积累才能为中央党校研究生院的未来发展奠定最坚实的学术基础。

三、学术创新是研究生教育的使命

研究生是最具有活力的学术力量，是学术队伍的新军，是学术发展的未来。研究生是否具有创新能力，能否进行学术创新，决定和制约着国家未来的学术前景。学术创新过去是、现在是、将来还是研究生教育的使命。也许有人会问，你们难道仅仅是为了培养学术人？当然不是。我们是希望通过严格的学术训练，培训起严格的学术精神，通过学术熏陶，使我们的同学形成实事求是、勇于创新的学术人格和学术品格，并将其熔铸于我们的人格、品格、修养、能力之中，要为研究生发展成为社会各个方面的杰出人物和优秀人才，进行严格的学术训练和培养。

为了这个目标，我们改革了学制，将以前的博士研究生统一的三年毕业，改为可以延长到六年内答辩。达不到标准的博士论文，宁可延期完成，也不急于求成，这既是质量的要求，也是创新的需要。我们推行了全面的论文创新性检测。我们实行了硕士、博士论文全面的匿名评审。我们改革了课程设置，要求所有的研究生各专业必须开设专业基础课、经典著作导读、学术方法论。我们开设并坚持了周二学术大报告制度。我们很快将设立经典著作阅览室，推行预答辩制度。相信，经过努力，我们会离目标更近。

我们中央党校研究生院愿意与全国的所有研究生教育机构一道，不懈努力，将学术的旗帜高高举起，依赖扎实的学术基础，朝着学术的目标奋力前行。各位嘉宾，各位同学，我代表中央党校研究生院的全体老师和同学欢迎你们，祝贺你们，并衷心祝愿今天开幕的论坛圆满成功！我愿意借用曾在中央党校任教的著名诗人何其芳教授的《预言》中的一节来结束我的欢迎词：

一定要走吗？请等我和你同行！
我的脚步知道每一条熟悉的路径，

我可以不停地唱着忘倦的歌,
再给你,再给你手的温存!
当夜的浓黑遮断了我们,
你可以不转眼地望着我的眼睛!

那眼睛,对于我们研究生来说,也许就是学术女神的眼睛,穿越黑暗的能量,应当来自对学术的忠诚,是学术的坚定、自信与创新。

(本文是作者2012年6月28日在中央党校研究生院主办的全国社会科学研究生学术论坛上所致的开幕词。)

44. 附：纪念南方谈话20周年

——“2012 · 全国社会科学研究生学术论坛”顺利举行

6月28日,由中共中央党校研究生院主办、研究生会承办的“2012 · 全国社会科学研究生学术论坛”在中共中央党校隆重举行。此次论坛为中央党校举办的第四届社会科学学术论坛,主题是“思想大解放与改革开放新道路——纪念邓小平南方谈话20周年”。中央党校研究生院院长卓泽渊出席开幕式并致欢迎词,副院长刘春、王军敏出席论坛并为获奖代表颁奖。来自全国各地的论坛征文获奖代表、新闻媒体记者、首都高校研究生代表以及中央党校研究生等120余人参会。

开幕式上,卓泽渊院长首先向光临中央党校的各位嘉宾表示热烈欢迎,向获奖同学表示衷心祝贺。卓院长发表了题为“学术与研究生教育”的开幕词。他指出,第一,学术优秀是研究生教育的旗帜。任何一个学术机构,都必须以学术为己任,没有学术作为旗帜,任何学术机构都无法获得学界的认可,也无法赢

得社会的尊重。研究生教育是教育机构的高地,是学术的高地,必须也只能飘扬起学术的旗帜。第二,学术积累是研究生教育的基础。学术积累是一切研究生教育的基础,也同样是党校研究生教育的基础。对教育机构来说,它的学术精神是一个历史的积淀过程,需要几代人、十几代人甚至几十代人的传承与光大。第三,学术创新是研究生教育的使命。研究生是最具有活力的学术力量,是学术队伍的新军,是学术发展的未来。研究生是否具有创新能力、能否进行学术创新,决定和制约着国家未来的学术前景。最后,卓院长表示,中央党校研究生院愿意与全国所有研究生教育机构共同努力,将学术的旗帜高高举起,夯实学术基础,朝着学术的目标奋力前行。

开幕式上,副院长刘春宣读了“2012 · 全国社会科学研究生学术论坛”征文获奖名单。出席论坛的各位领导为获奖同学颁奖并合影留念。

开幕式结束后,论坛进入获奖代表交流阶段。来自同济大学的黄立丰同学、西南政法大学的刘元贺同学、江西农业大学的邓志宏同学、中央党校的杨文伟同学、山东师范大学的孙海洋同学、中国社会科学院的杨莘同学、武汉大学的侯赞华同学七位获奖论文代表分别作了交流发言。中央党校党建教研部梁妍慧教授、国际战略研究所陈江生教授作为论坛嘉宾围绕获奖代表的发言进行了精彩点评。

最后,刘春副院长致闭幕词。他指出,纪念“南方谈话 20 周年”具有非常重要的理论和实践意义,本次学术论坛从筹备到结束历时 4 个多月,大致表现出社会反响大、征文数量多、论文主题集中和注重理论创新等特点。刘春副院长代表主办方感谢各高校和研究生培养单位的大力支持,感谢各位研究生同学的积极参与,感谢评审专家的严格把关和精彩点评,祝贺本次论坛圆满结束。

(2012 年 6 月 28 日,来源:新浪财经微博。)

45. 附：六位法学家履新最高人民法院

1月14日下午，最高人民法院机关暖意融融。在热烈的掌声中，最高人民法院院长、首席大法官王胜俊等与6位刚刚履新的知名法学专家见面。

在2012年12月底举行的十一届全国人大常委会三十次会议上，北京师范大学刑事法律科学研究院常务副院长卢建平被任命为最高人民法院刑三庭副庭长，中国人民大学法学院教授姚辉被任命为民一庭副庭长，中国政法大学法学院院长薛刚凌被任命为行政审判庭副庭长。这是最高人民法院首次集中邀请法学家交流挂职，消息一出，受到广泛关注。

一同到最高人民法院挂职的，还有另外3位法学家。由于不担任审判职务，他们不需经全国人大常委会任命。其中，中央财经大学法学院院长郭锋任最高人民法院研究室副主任，中央党校报刊社副总编卓泽渊任司法改革办公室副主任，中国政法大学研究生院常务副院长李曙光则担任中国应用法学研究所副所长。

“安排法学专家学者任职，有利于更好地在法院

司法制度建设、司法解释制定、司法政策研究、重大案件审理和司法课题调研等方面，充分听取和吸收意见建议，更多地将最新法学研究成果运用于司法实践、服务于司法实践，帮助审判人员开拓视野、提高能力。”最高人民法院常务副院长沈德咏在见面会上如是说。

从学者到法官

“挂职期间，我将秉持事业心和使命感，忠于祖国、忠于人民、忠于宪法和法律、忠于法官职责，为实现平安中国、法治中国尽最大的努力。”见面会上，年龄最小的姚辉代表6位专家发言。

姚辉今年48岁，主攻民商法，多次参与司法解释起草。在中国人民大学法学院，他的课堂经常人满为患，其中不少是来“蹭课”的学生。学生们评价他“有书卷气、条理清晰”。

其余5位专家也大有来头。卢建平是法国归来的博士，研究刑事政策、犯罪学等领域；薛刚凌是唯一一位女专家，从理工科跨入行政法领域，近年来为推动拆迁条例废止、房屋征收条例颁行作出了积极贡献；卓泽渊是著名法理学家。这三人都曾入选“十大杰出青年法学家”。

与薛刚凌一样来自中国政法大学的李曙光，长期研究司法制度和破产法，是破产法和企业国有资产法的起草者之一；中央财经大学的郭锋，则是一位证券法和金融法专家，曾在多起有重大影响的维权案件中担任首席律师，并推动了司法解释出台。

法学界人才济济，这6位挂职人选是如何确定的？最高人民法院政治部有关负责人透露，2012年8月，最高人民法院着手邀请部分法学院校、最高人民法院内设部门进行了推荐。挂职的学者须满足几个条件：一是坚持社会主义法治理念；二是专业能力较强，一般应为应用法学领域学术带头人或担任相应的教学领导职务；三是恪守职业道德，廉洁自律，无党纪政纪处分，等等。

“综合考虑推荐人选的政治素质、研究方向、专业水平和工作经历,并征求入选单位党委或组织部门同意,确定了6名挂职人选。”这位负责人说。

双向交流应制度化

最高人民法院集中邀请法学家挂职的背后,是2011年中央政法委、教育部发布的《关于实施卓越法律人才教育培养计划的若干意见》,和2012年7月最高人民法院制定的《关于建立人民法院与法学院校双向交流机制的指导意见》。

这两份文件明确提出,要建立法院与法学院校双向交流机制。双向交流包括“走出去,请进来”多种形式,其中加强人员互相交流是核心内容。

按照指导意见的规定,高级人民法院可定期与法学院校商议,选派优秀专家、学者到本院或下级法院挂职锻炼,担任相应领导职务;高级人民法院也可定期选派优秀法官,受聘担任法学院校兼职教师,支持他们建设专兼结合的师资队伍。

指导意见还明确,交流人员挂职期间参与所在单位领导班子的集体领导,与其他副职享受同样的权利,可出席有关会议、参加司法政策研讨、司法解释制定、重大案件研究、司法改革论证等工作;挂职期间不脱离原工作单位,一般不在非法院系统公务活动中使用挂任职务,不得以律师、顾问等身份参加有关诉讼活动。

本次挂职担任审判职务的3位法学家均未参加过国家司法考试,他们是否具有任职资格,引发了争议。

对此,最高人民法院政治部有关负责人告诉记者,全国统一的司法考试是2003年以后才有的,过去只有律师资格证等认证。这些专家多数都有从事司法实践的经历或当过律师,理论功底深厚,实践经历丰

富。挂职锻炼不等于正式选拔法官,从干部交流和培养人才的角度来讲,担任审判职务并无大碍。“而且,挂职岗位的确定是根据审判要求和专家特长而定,不会让他们主审一个案子,主要还是发挥理论研究的特长。”

“法学界的专家学者是推动我国法治建设的一支重要力量,法学专家与法官的角色转变,有利于提高法学教育的实用性和针对性,也有利于提高法官队伍的整体水平和审判水平。”最高人民法院行政审判庭庭长赵大光认为,法院与法学院校双向交流机制还应该制度化、常态化,通过相互学习、相互促进,对法学理论研究以及审判工作产生积极作用,共同推动法治建设。

专家小传

卢建平,法国蒙彼利埃大学法学博士,现任北京师范大学刑事法律科学研究院常务副院长、博士生导师,在刑事政策、犯罪学等领域科研成果较多,曾入选“全国十大杰出青年法学家”,挂职担任最高人民法院刑三庭副庭长。

姚辉,中国人民大学法学博士,现任中国人民大学法学院民商法教研室主任、博士生导师,在民商法领域学术成果颇丰,挂职担任民一庭副庭长。

薛刚凌,中国政法大学法学博士,现任中国政法大学法学院院长、博士生导师,长期从事行政法、行政诉讼法的教学工作,曾入选“全国十大杰出青年法学家”,挂职担任行政审判庭副庭长。

郭锋,中国人民大学法学博士,现任中央财经大学法学院院长,长期从事法学理论研究与教学工作,在民商法、证券法、金融法领域学术成果较多,挂职担任研究室副主任。

卓泽渊,中国社会科学院研究生院法学博士,先后在西南政法大

学、中央党校任教并担任教学领导职务，曾入选“全国十大杰出青年法学家”，挂职担任司改办副主任。

李曙光，中国政法大学法学博士，现任中国政法大学研究生院常务副院长、博士生导师，长期研究司法制度及破产法，挂职担任中国应用法学研究所副所长。

（2013年1月17日，来源：《光明日报》，本报记者王逸吟、龚亮。）

46. 因势利导，顺势而行

——专访中共中央党校政法部主任卓泽渊

《研究生教育》编辑部(以下简称编辑部):卓老师,感谢您在百忙之中接受我们的采访。我们代表中央党校研究生院的研究生向您问好,首先请您谈一谈研究生三年的生活应该如何规划?

卓泽渊:谢谢!对于研究生生活的规划,我认为,大家应该要有时间观念。目前研究生学制是三年制,三年转瞬即逝,因此同学们从当下开始就应该抓紧时间学习,把主要时间都用在听课、读书和写作上。

首先是听课。在课堂上,老师能把学术做最生动的讲解。通过课堂教学表达出来的教学内容与我们看书是不一样的,参与到教学活动中的感受和自己去读书的感受完全不一样:教学具有很强的场景感和参与意识,作为这个过程的参与者,我们有问题随时可以向老师提出,不但有知识上的交流、情感上的交流,还有知识和情感融合在一起的课堂氛围的教学环境。我们在课堂上不仅能够一直向老师学,而且还能向同学学,这些是读书所不具有的。听课是研究生的基本

学习任务,课堂学习能充实我们的学习生活,是我们学习生活中必不可少的主要部分,所以我认为所有的同学都应该认真去听课。当然老师上课不必太死板,当年孔子带着学生周游列国、杏坛设教是上课,柏拉图雅典学园漫步也是在上课。

其次是读书。研究生要博览群书。第一,要读自己本专业的书,本专业的经典性著作必须读,这可以说是专业知识上的立身之本;第二,要读本专业相关学科的书,每个学科都不是独立存在的,彼此都有密切的联系,通过读相关学科的书,使自己有一个很好的相关学科的知识体系;第三,要读人文科学知识的书,作为哲学社会科学的研究生,要有比较好的文史哲基础,对于古今中外具有普适性的名著要有相当的阅读量。这就是研究生读书的三个层次。通过读书建立了良好的知识体系,才会有良好的知识基础,良好的知识体系能使自己的知识结构更加科学化、合理化。我们的知识结构必须像金字塔,只有底座宽大,塔峰才能高耸;也可以说是必须像一个"T"字形的知识结构,"一横"表示我们知识的广度,"一竖"表示我们专业知识的深度。这提出了我们知识结构上宽和高、广和深的问题,所以我们读书就要以这两个方向为主。

最后是写作。研究生应该把自己的学习思考与研究创新的成果用学术化文字表达出来,通过写作来深化认知,进而逼迫自己扩展知识,以创造知识即创造性的学术活动,真正为学术作出贡献。其实,我们许多老师的学术创新都萌生在研究生学习阶段,写作是最好的学术训练,绝对不能只听不练,只学不练。写作是行走在学术前沿的实际活动与行动,不可忽略,不可忽视,必须作为研究生重要的学习内容来加以重视。只有通过实际的写作,才能避免学术上的眼高手低,才能切实地体验学术过程、领略学术魅力、增长学术能力。

大家要把握好听课、读书、写作的关系,在不同阶段侧重点要有所

不同。第一阶段以听课为主兼及读书；第二阶段读书准备写作；第三阶段写作为主。在这三个阶段，读书贯穿其中，是主轴线索，是核心。

编辑部：卓老师，学术可以说是研究生的主业，您也是在学术上非常有造诣的法学学者。在学术方面，您对研究生有什么建议？

卓泽渊：对于如何做好学术，我认为一要了解学术。研究生要知道学术领域的学术研究状况，即学术动态、学术重点热点、学术发展的由来走向、学术上知名学者的学术论著观点。二要参与学术活动。研究生要听学术报告，和老师一起参加学术课题的研究，和同学一起探讨学术问题，进行初步的学术写作。三要进行学术创新。学术创新的核心是继承性的，你的硕士论文或博士论文，是应该走在学术最前沿并且体现你的学术贡献的。很多优秀学者的硕士论文或博士论文都是具有开创性的，甚至奠定了他们一生的学术基础。我当然不优秀，但是我读研究生时很努力。我自己对法的价值论研究了长达三十多年，《法的价值论》出版了三版，还有《法律价值》《法的价值总论》等著作，它们都与我的研究生学习和研究相关。我的硕士学位论文就是《中国的法律价值观》、博士学位论文就是《法的价值总论》，它们锁定了我特别关注的一个重要的学术领域——法的价值论。另外，年轻人做学问有独特的优势，比如敏感性强、有激情、精力旺盛。所以，大家在确定学位论文选题的时候，要选择那些经过努力就能够达到的目标和经过努力才能够达到的目标。所谓“就能够达到”是指选题不要太高，通过努力可以达成；所谓“才能够达到”是指需要努力一“跳”才能达成，具有一定的挑战性、困难度，以使自己得到更大的提高。这个过程对于未来从事学术工作的人来说非常重要，对那些不以学术为职业的人也是一种非常好的思维训练、能力培养。能完成非常具有时代感、创新性而且具有一定挑战性的选题，最终形成学位论文，对以后的实际工作、理论工作、社会工作都有极为重要的意义，其意义不仅在于完成学位，更是为我们以后人

生发展奠定的基础。

编辑部:关于如何择业,也是同学们非常关注的一个问题。在这方面,您有什么建议分享给我们?

卓泽渊:关于如何择业的问题,我想从四个方面来和同学们谈一谈。

首先,自己的学位论文选题可以考虑自己的择业一项。我国的硕士和博士的教育,实际上是一个就业前的教育,同学们在选题的时候可以基于个人择业意向进行选题考虑。如果以后想从事理论研究,可以选择理论性比较强的主题;如果以后想从事社会实践的实务性工作,就需要了解更多有关社会现实状况的主题;如果你对某些行业领域感兴趣,就可以在自己的选题中突出这些问题。学位论文选题有助于相应的用人单位青睐我们,比如高校需要有较高理论修养的毕业生来工作,实务部门需要对本部门实际问题有思考研究的毕业生来工作。所以,论文选题是非常重要的,完成学业、进行学术创新是根本,但择业也是一个兼及的考虑。

其次,择业要和自己的个人愿望相结合。我们要在自己的择业意向上,根据自身的条件状况长处选择适合自己的职业,当然尽可能是自己所喜欢的工作。在工作选择上要扬己所长。学习上,我主张“扬长补短”;择业上,我主张“扬长避短”。尽可能使自己的特长、能力得到最好的体现,这也是努力使自己的人生价值得到最好的体现。

再次,择业要有弹性。择业只是一个方向,不是一个点或特定的岗位,它有一定的开阔度和模糊性,有多种选择的可能。我们要根据社会的需要适度调整自己的择业意向。我以为现在研究生毕业后的第一份工作,就是第一份。它也许会成为我们的终生选择,更有可能就是第一份工作、第一个单位而已,以后还会有更多的工作等着我们。要在意,但不必太为意。关键是尽可能找到适合自己的工作,发挥出自己的长

处，努力地、最好地实现自己的人生价值，为社会作出自己的最大贡献。

最后，择业要有现实可能。毕业生不要机械简单地追求高大上的工作岗位，因为这样的职位要求高，这对刚出校门的毕业生来说比较困难。毕业生要懂得适可而止，甚至可以考虑从基层做起，从低处做起，以更好锻炼提高自己。总之，无论选择什么样的工作，都要做到坚实和坚持，做到脚步坚实，坚持不懈，不畏艰难。

编辑部：卓老师，我们中央党校的研究生教育秉持“坚持国家标准，办出党校特色”的理念，您认为这个“特色”应该有哪些内涵，我们党校研究生应该如何通过自身努力去体现“特色”？

卓泽渊：党校是一个干部培训的机构，不得不承认它的这个功能是极为重大的，所以说，我们党校培养的研究生，至少应该具有以下四个方面的优势。

第一，政治理念。既然是党校的研究生，就应该有很强的政治理念、政治意识，以及很高的政治觉悟。位卑未敢忘忧国，这是第一位的。

第二，家国情怀。党校的研究生要具有很强的国家观念。为治国理政提供决策、咨询建议是党校的功能之一，也正因如此，我们要有忧国忧民的思想，要有家国意识，要有为国家和民族奉献自己的情怀，要有这样的理想和观念。

第三，务实精神。中共中央党校校训是“实事求是”。实事求是应是每一个党校研究生的原则——所学的理论要经世致用，要服务于社会实践，助推社会实践。研究生应该主动参与社会实践，在实践中，要脚踏实地、勤勉努力、讲求实效、不尚空谈。有了务实精神，我们就可以从小处着眼，从细微处做起，这对于研究生的成长都是十分重要的。

第四，勤勉美德。党校是政治家的摇篮，它要为老百姓服务、为社会服务、为公众服务，而且这种服务要无怨无悔，这个服务过程其实也是实现自我的过程，这种奉献过程也是人生价值得到体现的过程。勤

勉的美德不是我们一时兴起,就冲锋陷阵、一马当先,稍遇挫折,就懈怠放弃、止步不前,而是我们要具备坚韧不拔的精神,在挫折面前不退缩、不妥协,敢于迎难而上,解决问题。

编辑部:卓老师,您曾经担任研究生院院长4年,以您工作中所了解的情况,您认为,研究生应该避免哪些误区?

卓泽渊:我曾经在2008~2012年担任研究生院院长。研究生都是年轻人,都在成长中,有句话说得好,"年轻人犯错误,上帝都会原谅",这句话说明两点:首先,从客观方面来说,年轻人容易犯错误,容易进入误区;其次,虽然"上帝"原谅,但我们还是尽量不要犯错误。作为研究生,我认为以下四个误区需要同学们特别注意。

第一,学习误区。学生的本质就是学习,进入学校读研究生时,切记不要其心不一、用心不专,把大量时间花在从事各种社会兼职、从事社会上各种无意义的社交事务及各种与学习无关的活动上,一定要回归学生的本质,用心学习。韶华易逝,青春难再,务必珍视再珍视,珍惜再珍惜。

第二,观念误区。研究生时期也是我们心智成长的阶段,要使自己的心智得到完善,得到提升,就要不断加强自己的世界观、价值观、人生观的修养。许多同学都在"三观"形成期。树立正确观念,避免错误观念误区,这于我们是十分重要的,并且会影响我们的一生。

第三,行为误区。作为党校学生,我们要不断调整自身行为,使之符合社会发展的需要,社会潮流的走向,符合自己人生的理想。在我们中央党校,领导干部很多,有的同学过度关注与家乡来的领导之间的交流交往,而不是勤奋学习。这个是需要我们党校研究生特别注意的,行为是人格的外化,保持有尊严的人格是一个知识分子的素养。我们要加强自己的人格塑造和能力培养。格致诚正、修齐治平,这八个字对于我们每一个同学都是十分重要的,可以作为我们人生的座右铭。

第四，择业误区。研究生择业上最大的误区就是不切实际，在择业时，我们要把个人意向、社会需要和现实可能结合起来，不要陷入用主观愿望代替现实、用想象来指导自己行动的误区。

我们如果可以在学习上、观念上、行为上和择业上都避免陷入误区的话，就可能成为中央党校最出色的研究生，为我们母校带来荣光。

编辑部：卓老师，您多年担任博士生导师，根据您的经验，您认为怎样的师生关系是良好的师生关系？

卓泽渊：第一，师生如父子。师生之间具有一定的人伦亲情。研究生教育采取导师制，这种师生关系就有一种内在的亲情在里边。在父子关系中，作为父亲，孩子们的一切错误都是可谅解的，但是孩子们的一切错误，你都有责任去帮助他纠正。孩子们的困难你要体谅，要去帮助他解决困难，所以我觉得学生与老师的关系应该是传统师徒精神的传承，老师要起主导作用，学生要主动与老师沟通联系。

第二，师生是朋友。老师不能勉强学生，反过来，学生更不能勉强老师。老师要把学生当朋友，尊重学生，与学生交流、商讨，允许学生对自己的观点提出质疑。学生要尊重老师，与老师的观点有所不同时，可以用疑问的方式、请教的方式来表达。老师和学生都是在寻求真理，求道。在探寻学术、探寻真理的道路上，师生是同行者，所以老师要摆正心态，学生更要摆正心态。

第三，师生是师生。“师生是师生”，听起来是同语反复，但不是的。它强调的是老师与学生要各居其位，各自努力，彼此互动，教学相长。在师生之间，老师是教育者，是学生获得学术知识的重要来源。老师若发现学生的任何缺点，都应该及时指出，帮助学生改正，履行师职。学生就是学生，有问题的时候就应该向老师请教，请教过后要反思。首先你要反思自己是否理解了老师的意思，能否真正明白老师的这种见解，如还有疑问，就应该继续向老师提出，绝大多数的老师都会很坦诚地告

诉学生,他是如何思考的,我们也会从老师的回答中获得教益。学生对老师的观点即使不赞同,还是应该报以尊敬的态度来对待,也许许多年后你才发现老师就是老师,厉害!

师生关系是上天给我们的一段缘分,在人生的旅途上,能有师生之缘,是人生之大幸。它可以给学生留存一份美好,也可以给老师一份永远的温馨。当一个好老师是老师实现人生价值的方式。学生的成就是学生人生价值的体现,从一定意义上来讲,也是老师人生价值的再体现。

[注:2017级文艺学硕士生李洁也参与了本次访谈的部分文字整理工作。记者:刘超群(2017级马哲专业硕士生)、苟立伟(2017级党建专业博士生)。]

47. 自得园的记忆

我只是一个普通的教师。命运给了我独特的恩惠，让我能在国民教育的岗位上担任过西南政法大学副校长和中央党校研究生院院长。说起西南政法大学，都是美好的记忆。她是我的母校，那里的领导、老师、同事们给了我无限的关爱，同学们给了我深厚的友谊，我要深深地祝福他们。说到中央党校研究生院，新近一些，更是历历在目。要感谢那些美好的领导和同事们所给予我的帮助，尤其难忘的是那些可爱的同学们，我对他们充满无限的期待。

一

中央党校研究生院的主要办公场所和学生生活区，现在坐落在其南院，也是国际关系学院的对面。正是在我出任研究生院院长后从北院搬过去的。南院原本是颐和园的构成部分，被称为“自得园”。

今天的自得园依然美不胜收。湖光山色、绿树成荫、鸟语花香，尤其是透过研究生食堂的大玻璃窗，西望夕阳，景致更是令人震撼。举头遥望，近处的颐和

园万寿山熠熠生辉,远处的香山群峰逶迤。当你把目光收回来,平视出去,那湖对岸一长排古朴典雅、数进相连的四合院,就是清朝颐和园的升平署。

清朝时,颐和园的升平署就设在那里。这个机构掌管着整个颐和园的文化娱乐包括戏曲表演、歌舞活动等。根据陆波讲述的史料,电视剧《甄嬛传》中的果郡王,后来晋升为果亲王的允礼,就在此居住长达十多年[雍正三年(公元1725年)到乾隆三年(公元1738年)]。据说他在那里还留下了两首诗。一是《大有庄即事》:“太平人住太平村,面面青山正对门。篱落犬声知客到,呼僮命酒具鸡豚。”二是《大有村酒肆》:“闲趣山间村里,醉他沽酒人家。谁道官身多事,能来篱下看花。”

自得园至今还保留着古朴典雅的数进四合院落,而且是北京市的重要文物之一。几进院落全部都是连通的,至今的大门上还挂着这样的楹联匾额“松间鹤双立,柳外一洲横”,一派典雅的气象。

据说1949年春,中共八大书记从西柏坡进入北京的第一夜,就住在这个院子。第二天,毛泽东主席参加完阅兵式才移居香山的双清别墅,这是自得园新近的佳话。

二

作为研究生院院长,总会有一些偶发的事件,这些事件,回想起来就是一串串记忆的珍珠。

由于历史的原因,中央党校的南院除了其研究生院和报刊社之外(报刊社就是以《学习时报》报纸和《理论动态》内刊为代表的机构),还有另一个单位中央党史研究室的家属宿舍在里面。

我到任研究生院院长的第二天,也就是2008年9月1日,上午是学校的开学典礼,下午就是研究院的开学典礼。会前得知有学生在南院操场,因为打篮球争场地,被住在院子里的外单位的人用铁棒打伤了。

会后,我就与学生的组织员老师(中央党校沿袭了干部培训的班主任称呼叫组织员),一起去医院慰问。

受伤的学生告诉我,由于时近奥运,北京的治安管控很紧,派出所希望我们的学生不要闹事,就“努力动员”其和家长放弃诉求,于是打人方也就不理不睬了,他们也没有办法。

“派出所的态度可以理解,但是维护学生的合法权益是我们老师的责任。”我当即对分管学生的副院长和组织员说:“我们坚定地维护学生合法权益。告诉派出所,如果他们不能很好处理,我们就支持学生提起刑事自诉,依法维权。一旦对方被确认为犯罪,后果就十分严重。”

对方知道了我们的态度,就主动找学生及家长道歉,承担了全部医疗费用和赔偿责任。我到医院问学生及其家长:

“对于对方的道歉和赔偿,你们满意不?”

“满意了。谢谢老师!”

“有什么后遗症没?”

“应该没有。”听到这里,我如释重负。

三

学生管理者就是典型的服务者。孩子们远离父母家人,一千多人住校,学习自有教研部和导师负责,他们的冷暖乃至安危,研究生院的工作人员必须常挂在心上。

记得那是一个初冬的夜晚,我和办公室主任、工会主席(也是学生处的处长)一起去慰问生病的同事。走出同事家,阵阵寒风让人颤栗。我就向两位同事提议,去看看研究生院的同学们怎样?看看他们的暖气热不热。两位同事积极响应。我们来到学生宿舍一间一间地查问,了解到有的宿舍供暖效果不好,随即让有关部门布置各个年级、各个专业进行统计。凡是暖气不热的,立即通知后勤部门修理;凡是无法修好

的，一律调换到空置的宿舍中去。很快，全部落实了，终于放下了心。

与学生交往，总是最美好的，他们的率真、热情都时时感动着我。

研究生来校读书，首先是住的问题，其次就是吃的问题。那时中央党校研究生的住宿是很好的。硕士两人一间房，博士则是一人一间。吃饭的问题比较复杂，一个是食堂问题，另一个是津贴问题，最根本的还是津贴问题。说起津贴，就想起了一段有趣的经历。那时所有研究生，包括博士生们的津贴也是很低的，只有300多元。

大约是2010年春的一天早晨，我到办公室，一开门，发现门里被人塞进了几份材料，捡起来一看，原来是复印的教育部增加博士生津贴的新闻，以及有关高校增加博士生待遇的报道。可爱的孩子们竟然在教育部发文的新闻报道的复印件上旁批了"请院长看看教育部的规定"，在其他高校提高津贴的报道上旁批着"请院长看看别人"。

"呵呵，孩子们真的很可爱。"我找来学生处的领导了解情况，让他们联系教育部有关部门，查找文件。长期以来，由于管理体制的原因，教育部有关部门并不对我们学校或者研究生院下文，而且我们的财政预算也不来自教育部，而是伴随整个党校属于财政部。当拿到文件，问明情况后，我就去拜访校财行局领导，给他们讲明了情况，表达了按照文件执行的愿望，希望他们能够予以帮助。他们说我们研究一下就回复您，结果，他们的意见是：先从学校借款发放，而且是从教育部文件下达之时的2009年下半年补起。待财政的拨款到账后再还给学校。从此，每个学生可以每月拿到将近1000元的津贴。每月增加好几百元，对于这帮孩子来说可是巨款。

博士生的津贴按照制度解决了，而硕士生的生活困难问题又凸显了出来。于是我们研究实行学生助理制度，让学生参加院里有关部门的部分工作，发放助理经费。既解决困难硕士研究生的补助问题，又给学生以锻炼的机会，还可以减轻研究生工作人员人手紧张的压力。

四

由于历史原因，在改革开放初的一段较长时期，中央党校为了满足社会，尤其是一些领导干部对于学历或者说是文凭的需要，开办了一些函授本科班和在职研究生班。正是因此，以至于许多人、许多组织都误将属于国民教育系列的党校学位研究生教育，等同于党校不属于国民教育系列的在职研究生教育。

一段时期以来，对中央党校研究生性质误解的言论不绝于网络。为了以正视听，我们组织学生对网络上带有疑问的网文，有针对性地发帖，实事求是地加以订正说明。但其效果的体现是有一个过程的，社会印象的改变也非一日之功。一天，来自某省的一个同学找我，说回老家参加公务员招聘考试，被拒之门外了，连参加考试的资格都没有。因为他们省委组织部门在下达的文件中，明确规定，不得接受中央党校的研究生。

这是一个相当大的难题。尽管我们的学生未必要回那个省去工作，去了，也未必能通过考试，更未必被录取。但是作为国民教育，参加全国统一命题考试，与全国国民教育硕士生、博士生一样的研究生，连报名资格都要被剥夺，实在是匪夷所思。为此，我找来该省组织部常务副部长的电话，立即打电话，告诉他，中央党校的学位研究生属于国民教育系列，所有的考试资格、培养标准、论文答辩、毕业文凭、学位证书等，与普通高等院校的性质并无分别，希望他们能够更正所下发的文件，允许中央党校的学位研究生报名。他说，我们了解一下情况，研究后再给您答复。我说三天后我会打电话给您。

第四天一大早，我就给那位常务副部长打了电话。他明确说，我们改正。我将这一结果告诉了要去某省报名考试的学生，不久，学生来电话说，他要报名的地区回复并未接到省委组织部的通知，仍然不同意给

他报名。我又立即打电话给那位常务副部长,他表示,马上打电话通知下属的各个地区,尤其是会叮嘱那个拒绝学生报名的地区,先让学生报上名。

不久,学生给我来消息说,他报上名了。最后,他也没有回到家乡去,但是,他为自己的平等权利、法定权利所作的努力是值得的,应该的。我也做了一件自己该做的事,维护了学生的合法权益,维护了中央党校学位研究生的声誉。

五

学生管理有没有民主的问题。其实是有的。只要有公共事务、公共组织、公共管理,就有民主管理的问题。

我刚到研究生院就设立了很大的意见箱,广泛收集意见,居然两三天就收到了各种意见 300 多条。于是让办公室对意见进行分类整理,将重复的删除。召开班子会、院务会,一条一条分析。对于误解的,找机会说明情况;对于确实有问题的,找出解决办法;对于立即可以解决的,立即解决;对于不能立即解决的,创造条件解决;对于较长时间解决不了的,向同学们说明情况,争取谅解。研究生院的工作很好地运行了起来。

研究生院每年都有新生入学,也就每年都面临研究生会的选举。据了解,在我到来之前的研究生会干部都是由老师指定的。

也许是我来自普通高校,印象很深刻的是,研究生会既然是研究生群众性自治组织,每一个研究生当然有权选举自己的负责人和服务者。我查找了有关文件,学生会、研究生会均应由学生选举产生。我在想,现在小学生的班干部都要选举产生,每个大学的学生会干部也莫不如此,更何况是研究生会的干部。我主张按照有关文件的要求,在党组织的领导下,在职能部门和老师的指导下,由学生自主选举产生研究生会

的成员。

选举刚刚结束,就有老同志急匆匆来到我办公室说:“糟糕了,选举出问题了。”我问:“出什么问题了?”

他说:“我们预定的候选人都没有当选。怎么办?”

我问:“选举是否严格依照程序进行的?这个有没有问题?”

他说:“这个真还没有问题。”

我说:“既然是民主选举,程序也没有问题,当然选出来是谁就是谁了。”

他说:“组织意图没有实现啊!”

我说:“既然是民主选举,组织或者我们老师可能会有期待人选,但是集体意志从选票中已经体现出来,我们就必须尊重。这是对于规则的尊重,也是对学生民主权利的尊重。事前先预设人选实际上是我们的传统思维作怪,本身就应该被改革。”

于是,学生管理部门就按照研究生会民主选举的规则公布了选举结果。从此,开启了中央党校研究生会民主选举的历史。

不久有关领导告诉我说,接到了对于研究生会实行民主选举、破坏习惯做法的举报。好在当时的领导能够明辨是非,在询问了我们的情况后说:“没有问题,学生会理当民主选举,理当尊重选举结果。”我长长地舒了一口气。

六

我们研究生院所在南院的斜对面,就是著名的国际关系学院。两院的大门隔着一条颐和园路,遥相对应,学子们相互往来较多。有青春,有接触,就会有爱情。据说两院之间也缔结了不少良缘。但是两院的官方来往并不多,甚至是不相往来。

在收集学生意见时,一条比较集中的意见,给我们提出来了:中央

党校没有外语等级考试的考点。学生要参加外语等级考试,甚至要回到以前的母校去考。他们原来就读的学校,也会觉得为难,毕竟现在已经不是他们的在读学生了,即使他们的母校同意回去考试,有的也是路途遥远,往来奔波。

恰巧在北京市的一个会议上,我见到了北京市教委的领导,向他们反映了这个问题。他们说国际关系学院有考点,建议我们就在他们那里考试。于是我就与国际关系学院的领导沟通,他们愉快地答应了我们的请求。

学生的外语等级考试问题解决了,我们与国际关系学院的关系也连接上了。于是我们提出,就两院之间各自师资优势,实现优势互补、强弱搭配、强强联合,建立姐妹学校关系。在研究生的选修课上课程互选、互认学分。为此,还专门签订了书面协议。由此两院之间的友好关系掀开了新的篇章。一段时期,时不时都能见到国际关系学院的学生来中央党校听课,或者中央党校的研究生去国际关系学院学习。

我担任院长的四年时间,推进二十多项改革与较大事项,除了上面提到的之外,还主导建立了学位论文匿名评审制度,组织研究生参加北京高校的辩论大赛,举办正式的研究生学位授予仪式,开办全国博士后论坛和全国研究生社会科学学术论坛,对来自全国甚至海外的获奖者颁奖,承办了全国研究生学位工作会议,根据学校决定大幅度压缩了在职研究生招生规模,协调提高教师给研究生授课的酬金,开辟作为重庆等地选调生的就业门路(至今已经选派近百名研究生前去工作,持续了近十年之久),扩大中央党校学位研究生影响力,等等。当然这些小小的成绩都应该归功于中央党校的领导和老师们,以及研究生院同事们的共同努力。一时,中央党校研究生院吸引了众多的目光。

2012 年 7 月,在筹备完研究生院成立三十周年庆典的各项事宜之后,我根据组织决定,以“勇于改革的优秀领导”的评价被调离了研究生

院，随后到最高人民法院的司法体制改革办公室挂职做副主任，并同时兼任中央党校报刊社副总编，兼《理论动态》主编。那是一份新的美好，也是一份新的美丽。

7 月 10 日，中央党校研究生院的 2012 届毕业生参加完授位仪式后，纷纷向我致谢。我给他们写了一首《赠毕业同学》的小诗，今天读来还是那么温馨，也愿意以此久久地祝福他们：

挂角力行逐迷梦，大有庄前止萍踪。
晨练驱得霜意散，夜读迎来曙色红。
君怀壮志扬远帆，我立杏坛盼飞龙。
母校湖浅不堪待，师愿如风助鲲鹏。

（本文发表于中国人民大学何家弘教授主编的"法学杂文随笔集粹 2018"《法学家茶座》总第 49 辑，山东人民出版社 2018 年版。）

48. 附：老师说

1. 理想的人生观是理性的人生观，理性的人生观包含两大元素，一是进取，二是达观。

2. 人生有苦难、有责任、无意义、无归宿，这就是我“两有两无”的人生观，我们要超越苦难、担当责任、追寻意义、不懈努力。

3. 人生处处有苦难。人世间满眼生老病死，随处酸甜苦辣，时常爱恨情仇，为此，我们就要正视苦难，减少苦难，超越苦难。一个人如果不能超越苦难，他承受的越多，就越是不堪重负；曾经的苦难都会成为他沉重的负担，而使之自私、狭隘和偏执。

4. 人生时时有责任。一个人在儿时对父母有责任，成家后对配偶有责任，再以后对儿女有责任；从小到大，从少到老，从生到死，对父母、老师、国家、社会的责任无限。为此，我们就应毫不畏惧，勇敢地担当责任。

5. 人生本身无意义。人生不过是一个生命体在时间上的流动过程。为此，我们应努力使本无意义的人生具有意义甚至很有意义，努力使苍白的人生富有

色彩甚至升华成美丽。

6. 人生最终无归宿。人生没有终点,无其归宿,不过是长亭更短亭的旅程。一次单程旅行,最后都倒在了旅途。为此,我们要脚踏实地,不断进取,无怨无悔,一往无前。

7. 人生的意义体现在人生的过程之中。它是物质生命的精神升华,是人生永远的价值追求。人生的意义是什么,恐怕是人类最难解答也没有统一答案的问题,但是我们每一个人终其一生也只是在探求和证明。

8. 人生不过三四天,要立足今天,勿忘昨天,关注明天,遥望后天,根本的是把握今天。如果我们能为了每一个明天,把握住每一个今天,一个个闪光的今天连接起来,就是我们灿烂的人生。

9. 格致诚正、修齐治平,是儒家眼中理想的人生路径与目标。总体上说,格致诚正是人生的准备,修齐治平是人生的理想。从格致诚正到修齐治平是一个递进的过程。一个一个递进的环节,连接成人生进步的链条,不同的人可能会止步于不同的环节。治国平天下,也许只是那些伟人的梦想,而不是凡人的追求,我们最基本的就是“修”“齐”两字而已。

10. 满怀理想地一路走下去,即使是最卑微的人生也会具有最崇高的意义。

11. 人生道路,只能是因势利导、顺势而行。老师对于学生的指导,也不过是因材施教、因势利导。因势利导、顺势而行,应是人生的行进规则;因材施教、因势利导,应是教师的教育理念。

12. 立最高的目标,订最好的计划,作最坏的准备,尽最大的努力。最伟大的成功也起始于最细微的努力。伟人是在平常中成长的。

13. 必须在现实的迷雾中找到走向未来的路。历经磨难,是走向未来的艰苦试错,也是获得成功的必要准备。

14. 实现与奉献是一体两面，甚至就是一体一面。实现自我就是奉献社会，奉献社会就是实现自我。

15. “打你右脸，把左脸伸过去”是一种至大的精神——包容、宽恕。你交出去的不仅是脸，更是对人良心与良知的认同，更是把一颗良心、一份良知，呈现在打脸人的面前，是对打脸人的道德直视和审问，有可能产生出巨大的力量。

16. 为学与为人不能混同。为学需要真诚，较少需要艺术；为人则不同，不仅需要真诚，也需要艺术。

17. 不畏浮云遮望眼，必须身在最高层。会当凌绝顶，方一览众山小；欲穷千里目，须更上一层楼。

18. 人生苦短，必当珍惜。最大的珍惜，乃为其当为，莫为明天留遗憾，或者说，为了明天不后悔。

19. 政治是法学家逃无可逃的主题。法学家要回避政治，作为个体也许是可以的；作为群体则是不可以的，也是做不到的。逃避政治的法学家，谈不上高尚，也许最高尚的法学家都热心政治。

20. 政治的法治化本来是政治家的事，或者是政治学家的事，却需要法学家真诚地投入极大的热情。面对重大的政治事件，法学家不应集体沉默，现实会因我们的批评而美好，更会因我们的努力而改善。

21. 法治是法的目标，远不是法的终点。法还要追求自由、平等、民主、人权、公平、正义等价值理想。

22. 中国知识分子的情怀是卑微和崇高并存的。要对那些位卑未敢忘忧国的学者心怀敬意，要为他们点赞，我们自己也应该努力成为这样的学者。

23. 悲悯是一种至善的美德，它有可能升华出庄严、神圣和伟大。政治人、法律人乃至政治学人、法学人，都更应有悲悯的情怀。要从悲悯中升华出深切的关怀，而不是居高临下的怜悯。

24. 一个社会需要的学者是多元的，任何一个学者都无法扮演所有的角色。有的是批评家，有的是建设者，各有价值，各有贡献。那些知其所本、安其所分的学者是美好的；那些奉献自我、普渡众生的学者是崇高的；那些脚踏实地、尽其所能的学者是难得的。

25. 人的贡献、成就、地位、名望有高低，但人生的境界并不因此而有高低。人生境界的高低在于人格层次的高下、价值追求的等差及其身体力行的程度。

26. 哲人说，自由啊，多少罪恶假汝而行！我要说，人民啊，多少罪恶假汝而行！

27. 中庸，是正得其宜，不偏不倚。它是最好的认识哲学与人生哲学。能做到中庸者才是圣贤。

28. 一切人文教育在价值追求上都是为了弃恶扬善、远恶近善，启迪善根、去除恶因，净化灵魂、塑造人格。教育是为了善，止于至善。

29. 对于圣殿，不能登堂，不能入室，就不能知其奥妙。用行动来靠近，用心灵去感知。

30. 做学问的人，应知处处有禅机。月落日出，风起云涌，都会引发和认知和思想的升华。

31. 不是所有的人都忠于自己的出身，但所有的人都脱离不了自己的出身。只有超越自己出身而兼济天下的人，才会是优秀的人。

32. 在学术上装出卫道士的样子，就是对学术的亵渎，甚至是假学术、伪学术。学术探索的是真理，它需要的是热诚、真诚、坦诚，而不是虚伪。

33. 我们现行的教育方式，是教会式教学法。在东西方的古代都不如此，柏拉图老师带领弟子漫步学园，相互诘难；孔夫子老师带领弟子周游列国，杏坛讲学。

34. 老师在教学的过程中是不可有私的。作为老师教学的原则是：

因材施教、因势利导。导师不可以给予所有研究生完全相同的指导,否则必然是失败的。导师别让学生成为自己,学生也别想复制导师,否则将是双重的失败。

35. 学术精神需要在教学过程中潜移默化地让学生感悟、接受、秉持,再传递。师者,传道授业解惑也,首要的还是传道,对于研究生教育更是如此。研究生之间的差别既在学识,更在道行。学道、悟道、修道、行道才是得道的正道。

36. 要反对死记硬背,更要反对不记不背。没有记忆就没有学问,是极为浅显的道理。

37. 知识是不可以通过苦思冥想得来的,必须读书,必须接受教育。当您知识枯竭了的时候,最为简单而重要的办法就是读书,或者与智者交流。

38. 书看少了,就会看一部信一部,莫衷一是;书看多了,才会有自己的独到见解、深刻认知,乃至独树一帜、自成体系。

39. 现代教育缺乏"恕"的精神传承,其实更是"仁"的缺失,所以容易心生"嫉妒""仇恨"。务必要苦练心志,超越嫉恨,心怀宽恕,力行仁爱。

40. 学习法学的,应该学点政治学、经济学、文化学、历史学、社会学、人类学等,它们都可以丰富你的认知,提升你的学养,塑造你的人格。

41. 中国现在没有区分三个东西:知识、理论、学术。知识是基础。理论是对知识的概括与系统化,是体系化的知识。学术,是在理论层面的再升华,其根本是创新。一个人可以很有知识,但未必有理论,更不一定懂学术。

42. 散文有思想的火花,非常好,但散文不是学术,绝不能把论文写成散文,或者以散文冒充论文。论文是学术的载体,需要仔细的考订、

深入的思考、严密的论证、新颖的见解和科学的结论。论文和散文在语言上的确是不同的,能以优美的散文笔法写出严谨的学术论文,恐怕是一种极高的境界,我总觉得很难很难。

43. 文章千古事,不可小觑,不可随意。写作应当用心灵,用真诚,用善良,用美好,有时甚至需要用生命来进行。

44. 文章篇幅的宏大,并不代表思想的深刻、论证的充分、结论的成立。

45. 中国传统文化中有瑰宝,如四书《大学》《论语》《孟子》《中庸》,《易》《老子》《诗》,还有唐诗宋词元曲以及《三国演义》《水浒传》《西游记》《红楼梦》等。但是,我们还有不可示人、引以为耻的糟粕,如卑鄙无耻的《商君书》《罗织经》,良莠难辨的《资治通鉴》《群书治要》,还有被严重滥用的《孙子兵法》《三十六计》。我们讲要诚实信用,但是滥用兵法的人则讲“兵不厌诈”“兵者诡道”,讲的是阳奉阴违、借尸还魂、暗度陈仓、上屋抽梯等,使的是美人计、离间计等。你看看,它们被用于社会,毁坏社会;用于政治,败坏政治;用于家庭,破坏家庭。

46. “拼爹”“官二代”都是传统社会世袭制度、思想、文化在当代中国的表现。不是折射,简直就是直射。

47. 建议读些传记,传记是人生历程被浓缩后的集中展示。传记表现的是传主的人生,也体现了作者对传主生命的解读。它所记录的人生,都可以作为某种样本而予以陈列和尊重。

48. 学术人理当真诚求知,宽厚待人。学术要严谨,为人要宽厚。

49. 对于一个学者的评价,不必在意他研究什么,而在于他研究的立场是什么? 怎么研究? 研究的结论是什么? 研究的题材并不等同于他研究的价值取向,更不等于他的研究结论。

50. 学术的片面更容易推进认识的深刻,但不能为了追求深刻而去片面。

51. 学术只有达到一定境界后，才能有“会当凌绝顶，一览众山小”的感悟。如果一直在山下，也就只能是高山仰止了。

52. 学术的高峰是独异的，但是通往高峰的学术之路，应当是大路，是中道，绝不是旁门左道。

53. 掌握公权，必须谋公。把掌握权力当作终点的人，是没有终点的，也是俗不可耐的，结果必然亵渎权力。

54. 凡是以不正当方式攫取权力的人，都会以不正当的方式向社会攫取。

55. 人类在本能上更倾向于自由。如果一味地迁就本能，就永远也产生不了平等。平等的观念是人类的理性给予人类的启示，它是人类理性的产物，也可以认为是人类智慧的火光。

56. 人类社会在自发的发展中产生不了法治，任何地方的人民首先产生的只能是人治。英雄，是人类最早也是最持久的偶像。英雄之治是幸运，也是危险和灾难，因为它至多不过是最好的人治。正是基于人治的灾难，人类的理性才助产了国家和社会的法治。

57. 一个美好的社会，是人各安本分、各得其所。各安本分、各得其所的前提是个体的思想自由与行为自主，奴隶既无法安本分，也无法得其所。

58. 一个政党在理论上也许是很彻底的，但最不彻底的往往是行动。人们能否在糟糕的结果面前觉醒，要看心智、眼界，还要看决心。

59. 彻底的唯物主义者，如果没有高尚的道德做保证，一定是魔鬼，甚至比魔鬼还可怕。

60. 一个理性的法律人不仅要去反思政治领袖个人的对错，更要对历史、文化、哲学进行反思，对制度、体制、机制作出反省，担负起对民族、国家、人民应有的责任和使命。

61. 让宪法法律具有极大的权威性，是法律至上的另一种表达，这

是一种政治智慧。提口号、创理论,要被公众认可,必须无懈可击,理论要深刻,语言要简明,寓意要准确。

62. 工作是可以承包的,但人民意志是不可承包的;服务是可以承包的,但人民的主体地位是不可承包的。

63. 人总是在比较中进行相对选择的。决策的方案很难有绝对的好,往往只是避免绝对的坏,追求相对的好,综合的好。

64. 尊重少数人、保护反对者,就是尊重自己、保护自己。因为我们并不永远是多数人,也不会始终如一地属于主流者。

65. 如果把错误当作标准,那么所有的正确都是错误;如果把邪恶当作美好,那么所有的善良都是丑恶。

66. 看着一些地方的人们清雅而悠闲地生活,我常思考中国人的生活方式应该是什么?不停地劳作,不停地追求,或者不停地算计,不停地争斗,难道就是人生的本色?

67. 事物之间是对应的,要说对立,也是相对而立,是对应存在之意,并不是冲突对立的意思,更不是指相互矛盾。阴阳、天地、男女,等等,都是对应而立的,但并不是相互矛盾的,更不是彼此斗争的。它们之间所的关系是共存、依存,而不是冲突、斗争,更不是你死我活。

68. 辩证法与诡辩论的根本区别,仅仅在于是否承认事物转化的条件性,并重视这些条件。事物,如果加入价值判断就有好坏之分,好坏也不是可以随便转化的。有时好事就是好事,坏事就是好事,好与坏之间,不讲条件地随意转化,其实就是诡辩,甚至是精神错乱。

69. 一个政治人最大的错误,是对他人利益的忽略。在道德层面,推己及人是一种美德。在社会管理中,不能简单的推己及人,应该是己所不欲,勿施于人;己所欲,也不必施于人。

70. 人之患,在好为人师;师之患,在误人子弟。这两个错误,我都难以避免,所以不能不处处小心,时时谨慎。

71. 人生当彻悟,不可执迷。要彻悟,殊为不易;要执迷,却无须用心。

72. 无原则的善,常常会破坏规则,带来恶果,成为伤害原则的恶。

73. 法无定法是法的至上境界,达到化境的认知是最高认知,达到化境的人生才是最好人生。

74. 史料提供给阅读者的是思考素材,由史料而获得新知,而深化认知,那才是史料对于读者的意义。要通过世间万象去体悟其背后的道与理,万象都是表面的,道和理都隐藏在其深处。

75. 当上帝为你关上了一扇门的时候,也许已经给你打开了若干扇窗,甚至向你打开了更大的门。

76. 别说你奉献了什么,而要问你在奉献中得到了什么,因为奉献本身就是获得。

77. 学者容易出现的问题是,对自己的学问敝帚自珍,睥睨天下,藐视其余,有高度的自信;但同时,也会因过度自信而偏执与自傲。

78. 不能改变世界,就设法改变自己。只是改变自己的时候要特别小心,务必是使自己升华而不是使自己堕落。

79. 当不能说服他人时,我们就尊重他人,因为他人也没有强迫我们认同。

80. 博士论文的开题,如同确定人生的现实目标,不可太易也不可太难,纵身一跳,伸手可及即可。当然,博士论文起码还得达标,否则,你就与博士头衔无缘。

81. 追求高雅,力戒低俗。

82. 宗教解决的是人生问题、信仰问题、心灵问题,人们因她而幸福。

83. 人应该有进取、坚韧、达观的良好心性。三思而后行,不是三思而不行。坐而论,不如起而行。

84. 铁肩道义责无旁贷,妙手文章情有独钟。

85. 公正的理想应成为现实,理想的公正需化作行动。

86. 明荣知耻,近荣远耻。

87. 史实既可能是先有法治而后有民主,也可能是先有民主而后有法治。我们期待的则是既有民主又有法治,既有法治更有民主。

88. 权利是人们行为的动力,妥协则是权利之间最好的润滑剂。

89. 人生的际遇常常是无好无坏的。有的事情近看是害,远看则是利,此时是有害,彼时则是有利,反之亦然。一个优秀的人应得失随缘、宠辱不惊,在任何情况下都能应对裕如、游刃有余。众人皆言其害时,知其利;众人皆知其利时,防其害。大梦谁先觉,平生我自知,才是达人。

90. 治世,当是法有定法,始可法,有法方可法;可治学,应是法无定法,胜于法,无法而有法。

91. 辉煌是美好的期待,平庸是现实的状态。

92. 为人做事应只计其宜,不计其功,不计其利。

93. 人应该是动物性、社会性与意识性的统一体,非理性与理性的统一体,恶因与善因的统一体,能够很好地协调这些属性的人,才是优秀的人。

94. 人的理性是可信的,人的非理性是可爱的。完全理性是超圣人,完全非理性是真疯子。完人是非理性与理性的完美统一。

95. 人在总体上都有善恶的根因。因为人性有恶因,使法的产生成为必要;因为人性有善因,使法的产生成为可能。

96. 利害只是一时,荣辱更系一世,莫因一时害一世。

97. 利益是意志的基础,但利益的得失远不是行为的唯一准则,更不是行为的唯一依据,比利益重要的东西很多,诸如美德、人格、荣誉、尊严等。

98. 许多读书人想从政。读书人应该从政,从政也需要读书人,但是单纯的读书人是难以从政,甚至无法从政的。孔子说,学而优则仕,是说的应然,要求的也是优者。若学而差者混迹其中,悲剧也就由是而生。

99. 达则兼济天下,穷则独善其身,这两句话颠过去或倒过来读,顺序不同,意味有别。其基本思想,用今天的话来说,也许就是:给我一个舞台,还您一个精彩;没有那个舞台,我将独自精彩。

(本言论汇集由赵庆同学从法政治学听课笔记中列出,由有关同学补正,并经本书作者审阅修订。)

后　记

本卷是我申请的文化名家暨“四个一批”人才工程项目“中国改革的理想图景”的成果之一。

我是2003年秋季进入中央党校的，年底前重庆市党组织依照组织程序免去了我西南政法大学党委常务、副校长职务，将档案转入中央党校，中央党校校委任命我为政法部副主任。2008年7月，我被校委任命为研究生院院长，从此，又主要地回到了国民教育系列的工作中。2012年7月，我离任研究生院院长，随后前往最高人民法院司法体制改革办公室挂职副主任，并将校内组织关系和工作关系放到了报刊社。在研究生院的工作整整有四年时间。四年中，我努力地做了一个院长应做的工作，可谓恪尽职守。至于其效果，只有留给历史，留给我的那些研究生学生和研究生院的同事们评价了。四年中，围绕研究生教育，我出席了许多活动，作了许多讲座和讲话，其中每一份讲稿的提纲都是我自己拟定的，没有让有关部门起草过任何个人讲话的文稿。本卷收录的讲话文字都是后来根据录音整理的。这段时间于我是一段难忘的人生旅程，这些文字于时代也许是一些珍贵的片段

记忆。那段期间,在中央党校研究生院就读的研究生同学们是我最大的骄傲。不管他们是否还记得我,我都将为他们祝福。

2003 年秋季前,我在西南政法大学工作并担任了四年的常委、副校长,主要是协助校长和书记工作,即使有较为独立的演讲也没有留下什么像样的文字。尽其心、竭其力而已,谈不上有什么教育方面的见解。在中央党校作为研究生院的院长则不同,作为一个国民教育机构的“一把手”必须有自己的教育理念,并将其转化为教育管理的制度、措施、行为。一个研究生院的院长必须有思想、有追求、有办法、有担当。这样的经历于我是弥足珍贵的,所以我特别愿意将它记录下来,为时代留下一点印记。我期待在一己所能的范围内,以自己并不成功的人生历程和关于教育的肤浅思考,来标点这个伟大时代。

卷名之所以叫《法眼园窥》,我是这么想的:“法眼”乃法学人或法律人的眼睛之谓也。这个所谓的法眼,可能是庇护我的至圣法宝,也可能是让我受到羁绊的重要原因,必须感谢上天赐予我这样的眼睛。是上天给了我法律人的黑色眼睛。之所以叫“园窥”,乃袭用“管窥”之语,为“园中观察”之意也。中央党校研究生院是我担任院长后,搬迁到中央党校“南院”的。“南院”位于现在的国际关系学院对面,原本是颐和园的构成部分,原名“自得园”,据说曾是那个果亲王的府第。现在还有当年升平署(颐和园文化娱乐活动管理机构)的办公衙门在其中。“法眼园窥”也就是“用法学人的眼睛在自得园中作一个观察”之意。未必准确,聊以名之。

我要深深感谢在中央党校研究生院工作期间,给予我帮助的所有领导、同事、朋友以及当时在读的每一个研究生同学,是您的帮助和友谊成就了我这一份极为美好的记忆。

卓泽渊

2019 年 5 月 3 日于海淀区大有北里

图书在版编目(CIP)数据

法眼园窥 / 卓泽渊著. -- 北京 : 法律出版社, 2019
ISBN 978-7-5197-3594-4

Ⅰ. ①法… Ⅱ. ①卓… Ⅲ. ①法治-中国-文集
Ⅳ. ①D920.4-53

中国版本图书馆 CIP 数据核字(2019)第 119421 号

法眼园窥
FA YAN YUAN KUI

卓泽渊 著

责任编辑 李 军
装帧设计 汪奇峰

编辑统筹 学术·对外出版分社
出版 法律出版社
开本 A5
总发行 中国法律图书有限公司
本卷印张 9.375
经销 新华书店
本卷字数 220 千
印刷 永清县金鑫印刷有限公司
版本 2019 年 8 月第 1 版
责任印制 陶 松
印次 2019 年 8 月第 1 次印刷

法律出版社/北京市丰台区莲花池西里 7 号(100073)
网址/www.lawpress.com.cn
投稿邮箱/info@lawpress.com.cn
举报维权邮箱/jbwq@lawpress.com.cn
销售热线/400-660-8393
咨询电话/010-63939796

中国法律图书有限公司/北京市丰台区莲花池西里 7 号(100073)
全国各地中法图分、子公司销售电话:
统一销售客服/400-660-8393/6393
第一法律书店/010-83938432/8433 西安分公司/029-85330678 重庆分公司/023-67453036
上海分公司/021-62071639/1636 深圳分公司/0755-83072995

书号:ISBN 978-7-5197-3594-4
定价:228.00 元(全四卷)
(如有缺页或倒装,中国法律图书有限公司负责退换)